Stadtluft, Hirsebrei und Bettelmönch

Die Stadt um 1300

Stadtluft, Hirsebrei und Bettelmönch

Die Stadt um 1300

Die vorliegende Publikation erscheint als
Katalog zur Ausstellung »Stadtluft, Hirsebrei
und Bettelmönch – Die Stadt um 1300«

Stadtarchäologie in Baden-Württemberg und
in der Nordostschweiz. Eine gemeinsame
Ausstellung des Landes Baden-Württemberg
und der Stadt Zürich.

Zürich, im Hof des Schweizerischen
Landesmuseums
26. Juni bis 11. Oktober 1992

Stuttgart, im Haus der Wirtschaft
Frühjahr 1993

Stadtluft, Hirsebrei und Bettelmönch

Die Stadt um 1300

Herausgegeben vom
Landesdenkmalamt Baden-Württemberg
und der Stadt Zürich

Die Deutsche Bibliothek – CIP-Einheitsaufnahme
Stadtluft, Hirsebrei und Bettelmönch – Die Stadt
um 1300; (Katalog zur Ausstellung Stadtluft, Hirse-
brei und Bettelmönch - Die Stadt um 1300; Stadt-
archäologie in Baden-Württemberg und in der Nord-
ostschweiz; eine gemeinsame Ausstellung des
Landes Baden-Württemberg und der Stadt Zürich;
Zürich, im Hof des Schweizerischen Landes-
museums, 26. Juni bis 11. Oktober 1992, Stuttgart,
im Haus der Wirtschaft, Frühjahr 1993)/hrsg vom
Landesdenkmalamt Baden-Württemberg und der
Stadt Zürich. (Hrsg. und Red.: Marianne und Niklaus
Flüeler). – Stuttgart: Theiss, 1992
ISBN 3-8062-1059-4
NE: Flüeler, Niklaus (Hrsg.); Ausstellung Stadtluft,
Hirsebrei und Bettelmönch – Die Stadt um 1300
<1992–1993, Zürich; Stuttgart>

Herausgabe und Redaktion:
Marianne und Niklaus Flüeler,
Punktum AG, Buch- und Lexikonredaktion,
Zürich/Luzein
Graphische Gestaltung:
Heinz Schnieper, Zürich
Bildbeschaffung und Sekretariat:
Lia Thalmann, Paulette Pfammatter

© 1992 Landesdenkmalamt Baden-Württemberg
und die Stadt Zürich.
Alle Rechte vorbehalten.
Kommissionsverlag der Buchhandelsausgabe:
Konrad Theiss Verlag GmbH & Co., Stuttgart
Satz: Typobauer Filmsatz GmbH, Ostfildern,
und Offset-Satz AG, Zürich
Lithos: Pesavento AG, Zürich
Papier: Baumgartner Papier AG, Brunegg/AG
Druck: Fotorotar AG, Egg
Einband: Schumacher AG, Schmitten/FR

Printed and bound in Switzerland
ISBN 3-8062-1059-4

Zur Ausstellung und zu diesem Katalog

Sowohl in der Schweiz wie in Baden-Württemberg – ja allenthalben in Europa – waren und sind die mittelalterlichen Städte einem enormen Veränderungsdruck ausgesetzt. Der Umbau und die Erneuerung der Städte, die sich den Erfordernissen von Wirtschaft und veränderten Lebensformen anpassen sollen, greifen seit Jahren in bislang noch nie dagewesenem Ausmaß in die archäologische und baugeschichtliche Substanz der Stadt ein.

Gewinne und Verluste werden jetzt – nach knapp zwanzig Jahren – allmählich sichtbar. Man erkennt heute, nach einer systematischen Bestandesaufnahme durch das archäologische Stadt-kataster in Baden-Württemberg und – leider noch immer bruchstückhaft – auch in der Nord-ostschweiz, wie gewaltig die archäologischen und baugeschichtlichen Substanzverluste seit dem Ende des Zweiten Weltkrieges sind. Kaum ein Drittel der schriftlosen Stadtgeschichte im Boden und in den Bürgerhäusern ist gesamthaft gesehen erhalten geblieben. Auch heute noch geht täglich eine ungeahnte Fülle stummer Urkunden und Zeugnisse verloren, die Einblick geben könnten in die Alltagskultur und das städtische Leben, die in den Schriftquellen meist mit keinem Wort erwähnt sind.

Der geographische Rahmen, der durch Ausstellung und Katalog abgedeckt wird, ist derjenige des alten Herzogtums Schwaben, der südwestdeutsch-nordostschweizerische Raum also. Obwohl dieser heute durch politische Grenzen getrennt ist, verrät schon ein flüchtiger Blick in die Landesgeschichte zahlreiche verbindende Elemente, und das reicht zurück bis zum frühen Bistum Konstanz, das bis zu seiner Auflösung im Jahr 1827 weite Teile der Schweiz, Baden-Württembergs, Bayerns und Vorarlbergs umfaßte. Bis zu diesem Zeitpunkt war Konstanz der Sitz der Bischöfe von Zürich und Stuttgart; etwas, was man sich heute kaum mehr vorstellen kann.

Ausdruck dieser und damit der gemeinsamen Geschichte sind auch die zahlreichen Städte-bünde, die die nordostschweizerischen mit den südwestdeutschen Städten des Mittelalters ver-binden; gemeinsam ist diesen Städten eine sehr ähnliche Geschichte von Stadtentwicklung und Stadtgenese. Will man die Stadtgeschichte von Konstanz verstehen, ist die Kenntnis der stadtarchäologischen Forschungsergebnisse von Zürich unerläßlich: die kostbaren Gläser aus Konstanzer Latrinen beispielsweise finden ihre Entsprechung in den Wandmalereien des mittelalterlichen Zürich.

Die Stadtgeschichtsforschung in Baden-Württemberg und der Nordostschweiz hat eine lange Tradition. Sie weist ins 19. Jahrhundert zurück und stützte sich lange Zeit nahezu ausschließ-lich auf Schriftquellen. Auch heute noch scheint manchem Historiker der Zugriff auf die archäologischen Quellen relativ mühsam und wenig vertrauenswürdig. Vielerorts war und ist es noch möglich, unter Verweis auf die in den Archiven vorhandene Schriftlichkeit die Not-wendigkeit der Stadtarchäologie in Frage zu stellen.

Der Öffentlichkeit präsentiert sich die Stadtkernforschung häufig als Addition von schönen, ungewöhnlichen, kostbaren Gegenständen, von Keramik- und Glasgefäßen, Knochenkämmen und Holzschüsseln. Sie sind Zeugnisse der Alltagsgeschichte, des Lebens in, am Rand oder außerhalb der Stadt; sie dokumentieren sozialen Wandel und Veränderung und sind zugleich Zeugnisse handwerklicher Spezialisierung, die an den städtischen Kontext gebunden ist. Zugleich sind diese Realien aber auch Beleg für die Urbanisierung – ein langwährender Pro-zeß, der hierzulande im 9. Jahrhundert an den alten zentralen Orten wie Zürich, Konstanz oder Ulm einsetzt und schließlich in die breite Stadtgründungswelle des 13./14. Jahrhunderts einmündet. Um 1300 ist die mittelalterliche Stadt, so wie man sie heute aus eigenem Erleben erfahren und beschreiben kann, mit ihrem Gassen- und Straßennetz, mit ihren Plätzen und in ihrer Baustruktur voll ausgebildet. Dank der archäologischen Untersuchungen in der Nord-ostschweiz und in Baden-Württemberg versteht man jetzt diesen Prozeß, der bis heute die Stadtlandschaft bestimmt, wesentlich besser, und er läßt sich klarer beschreiben, als dies bisher möglich war.

Schon lange ist bekannt, daß hierzulande im 13. Jahrhundert die kommunale Selbstverwaltung einsetzt; die ersten Bürgermeister sind urkundlich belegt, die ersten kommunalen Gesetze, Bauordnungen beispielsweise, regeln das städtische Zusammenleben.

Die Vorschriften und Bauordnungen finden ihre Bestätigung im archäologischen Befund; die archäologische Untersuchung einzelner städtischer Grundstücke macht denn auch immer wieder deutlich, daß die urbane Verdichtung auf eine strengere Reglementierung des Zusammenlebens in der Stadt zurückzuführen ist. Schrittweise, aber flächig werden im ausgehenden 12. und im 13. Jahrhundert die bis dahin dominierenden Holzbauten in den Städten beseitigt. In der Zeit um 1200 entstehen die ersten städtischen Steinhäuser, das 13. und 14. Jahrhundert bringt dann die charakteristische bauliche Verdichtung hervor. Um den steinernen Kernbau herum agglomerieren An- und Neubauten, bis die Gassenfluchten geschlossen sind. In Städten, die nicht kriegszerstört sind – Ravensburg, Zürich, Winterthur oder Konstanz – entdecken die Archäologen hinter Fassaden der Barockzeit und des 19. Jahrhunderts diese kostbare Stadtstruktur wieder.

Grabungen auf diesen städtischen Grundstücken legen vielfach auch die zugehörigen Ent- und Versorgungssysteme frei: Aus den Brunnen und Latrinen, die häufig auch als Müllschlucker dienten, stammen die in der Ausstellung gezeigten und im Katalog wiedergegebenen kostbaren Funde. Die systematisierte Ent- und Versorgung ist ihrerseits wieder untrennbar mit der Urbanisierung des 13. Jahrhunderts, mit der Verdichtung städtischen Lebens verbunden. Als Ursache dauernder bürgerschaftlicher Auseinandersetzungen sind die Latrinen aus den Schriftzeugnissen des Spätmittelalters wohlbekannt. Die Archäologie kann erklären, warum: immer liegen die Latrinen möglichst nahe an der Grenze zum Nachbargrundstück. Nur mit Hilfe der Archäologie wird der Wandel von der Frühstadt mit ihrem vielteiligen, locker strukturierten, räumlich weit ausgreifenden Gefüge hin zur eng ummauerten, von Besitzgrenzen bestimmten mittelalterlichen Stadt anschaulich und begreifbar. Der mit dieser Entwicklung untrennbar verbundene Prozeß bürgerlicher Selbstverwaltung ist seinerseits wieder eng verknüpft mit den sich verändernden Lebensformen, der Alltagskultur eben, die sich vornehmlich in »Sachen«, in archäologischen Realien wiederfindet.

Eine Vorstellung von den sich allmählich ändernden Lebensformen, Ernährungsgewohnheiten und Gepflogenheiten gibt die Vielzahl von Geräten, wie sie von der Mitte des 13. Jahrhunderts an Eingang in die Küche finden und auf den Tisch kommen und die sich im Boden erhalten haben. Südimporte wie Feigen, Granatäpfel und Pfeffer, die eine Bereicherung der Tafel darstellen, lassen sich archäologisch aus Latrinen erschließen. Tongefäß und Glasbecher, Holzschüssel und Metallöffel – die attraktivsten Funde der Stadtarchäologie – dokumentieren allerdings mehr als nur »Alltagsleben«, geben nicht nur Einblick in das Leben armer und reicher Stadtbürger; zusammen mit dem archäologischen und dem baugeschichtlichen Befund, der die spätmittelalterliche Stadtentwicklung und den Stadtumbau heute deutlich erkennen läßt, und in Verbindung mit den Schrift- und den Bildquellen vermitteln diese Funde ein anschauliches Bild der Veränderungen, die sich um 1300 in und an den Städten und ihren Bewohnern vollzogen.

Die Ausstellung

Lebensgefühl und Lebensformen, Kultur und städtischer Alltag um 1300 – das ist das Thema der Ausstellung, die aus der engen und langjährigen wissenschaftlichen Zusammenarbeit zwischen dem Landesdenkmalamt Baden-Württemberg und dem Büro für Archäologie der Stadt Zürich hervorgegangen ist. In den vergangenen 20 Jahren hat sich die Mittelalterarchäologie vermehrt intensiv mit der Geschichte, den Entwicklungen und schrittweisen Veränderungen historisch gewachsener Städte befaßt. Resultat dieser Stadtkernforschung ist nicht nur eine Vielzahl bemerkenswerter Funde und Befunde, von denen zahlreiche erstmals in dieser Ausstellung zu sehen sind. Die Grabungen in den insgesamt 14 süddeutschen und ostschweizerischen Städten erbrachten vor allem auch verläßliche Erkenntnisse darüber, wie die Bürgerinnen und Bürger der mittelalterlichen Stadt in ihrer Mehrheit lebten und arbeiteten, wie sie Handel trieben, Feste feierten, wie sie wohnten, sich ernährten, wem sie ihr Seelenheil anvertrauten, woran sie erkrankten, wie sie starben und bestattet wurden.

Es sind der mittelalterliche Alltag in einer durchschnittlichen Stadt und das Leben ihrer Bewohner, die in dieser Ausstellung zur Darstellung kommen. So gesehen bildet »Stadtluft, Hirsebrei und Bettelmönch« die Fortsetzung und sinnvolle Ergänzung der Ausstellung über die Manessische Liederhandschrift, die 1991 im Schweizerischen Landesmuseum zu sehen war.

Wehrhaft und nach außen hin von einer hohen Mauer umgeben wie die mittelalterliche Stadt, so präsentiert sich auch die Ausstellung. Im Innern dieser »Stadt« finden Besucherinnen und Besucher zwei große thematische Bereiche:

Die Städteporträts
Insgesamt 14 Städte – von den alten, zentralen Orten wie Konstanz, Ulm und Zürich über die »Gründungsstädte« Freiburg, Rottweil und Winterthur, Städte im Schatten einer Burg wie Marbach oder Ravensburg, kurzlebige Gründungen wie das schon bald wieder zerstörte Glanzenberg an der Limmat, bis hin zu Sonderformen wie Regensberg und Kleinstädten wie Böblingen, Sindelfingen, Herrenberg oder Zurzach – werden in ihrer Entstehung und wechsel-

vollen Geschichte reich dokumentiert porträtiert. Die 14 Städte, stellvertretend für die weit über 300 anderen mittelalterlichen Städte im einstigen Herzogtum Schwaben, sind charakteristisch für die unterschiedlichen Voraussetzungen und Bedingungen, unter denen diese Städte entstanden, blühten, stagnierten oder zugrunde gingen.

Die Lebenskreise
Der mittelalterliche Alltag, Lebensformen und Lebensgefühl – das ist das Thema, das mit einer Vielzahl neuerer Funde und Befunde in der Ausstellung selbst dargestellt wird. Hausbau und Architektur, Ernährung, Handwerk und Handel, Frömmigkeit und Lebensgefühl, Krankheit und Tod, Wachstum und Veränderung der Stadt, die Rolle der Bettelorden, Fragen der Versorgung und Entsorgung bis hin zum Umweltschutz – all diese Aspekte mittelalterlichen städtischen Lebens sind Inhalt der »Lebenskreise«, die sich um den eigens für diese Ausstellung geschaffenen Gemäldezyklus zu den vier Jahreszeiten in einer mittelalterlichen Stadt von Jörg Müller, Biel, gruppieren.

Der Katalog

Es ist sinnvoll und kein Zufall, daß diese Ausführungen mit einigen Bemerkungen zum Katalog enden.
Wenn alles vorbei ist, wenn die Zelte wieder abgebrochen, die Artefakte in den Depots verschwunden oder am richtigen Ort in den Museen plaziert sind, bleibt von einer Ausstellung außer einigen Erinnerungen jeweils bloß noch der Katalog. Er ist somit das Bleibende, wenn auch nicht unbedingt das Wertvollste, was die Ausstellung hervorgebracht haben wird. Denn wertvoll waren vor allem die Erfahrungen, die die Autoren, Graphiker, die Photographen und die Herausgeberequipe bei dieser zwar nicht neuen, aber noch immer etwas unvertrauten Form der grenzüberschreitenden Zusammenarbeit sammeln durften.
Von allem Anfang an war den Veranstaltern jedenfalls klar, daß Ausstellung und Katalog zwar die gleiche Absicht verfolgen, dies jedoch auf je verschiedene Weise tun. Der Katalog hat, inhaltlich ähnlich, didaktisch jedoch anders als die Ausstellung die Aufgabe, all das, was an wissenschaftlichen Ergebnissen der archäologischen Forschung aus den letzten 20 Jahren in den beiden Hoheitsgebieten zur Zeit vorliegt, in verständlicher, attraktiver, zugleich aber seriöser und grundsolider Weise zusammenzufassen und dem Leser in konzentrierter Form darzubieten.
Konzentriert schon darum, weil auch in einem Katalog von 508 Seiten Umfang nicht sämtliche Resultate der Stadtkernforschung und der Mittelalterarchäologie in Baden-Württemberg und in der Nordostschweiz Platz finden. Dazu muß man nach wie vor auf die Fachliteratur und vor allem auf die in beiden Gebieten regelmäßig publizierten Jahrbücher zurückgreifen. Der Ausstellungskatalog liegt somit irgendwo mittendrin: Er holt in Text und Bild weiter aus als die Ausstellung; auf der andern Seite stellt auch er ein Konzentrat dar und beschränkt sich folglich auf eine repräsentative Auswahl der Forschungsergebnisse und Forschungsresultate der letzten 20 Jahre.

Dank

Zuletzt bleibt uns beiden Verantwortlichen noch zu danken für das Vertrauen und die Unterstützung, die wir von unseren politischen Behörden und den Vorgesetzten erfahren durften, zu danken für die Mithilfe durch unsere Kolleginnen und Kollegen und für den unermüdlichen Einsatz der Herausgeberequipe unter Marianne und Niklaus Flüeler, Zürich, sowie der Ausstellungsmacher unter Cornelia Staffelbach und Knut Lohrer, Zürich/Stuttgart. Die meisten von ihnen arbeiten aktiv in der archäologischen Denkmalpflege oder stehen ihr seit Jahren nahe. Ihre gelegentliche Verzweiflung und ihre Hoffnungslosigkeit, aber auch ihr Mut und ihre Zuversicht im alltäglichen Bemühen um die Erhaltung unserer mittelalterlichen Städte im und über dem Boden sind in die Katalogbeiträge eingeflossen.
Zu danken haben wir schließlich auch dem Schweizerischen Landesmuseum in Zürich und seinem Direktor, Dr. Andres Furger, die der Ausstellung Gastrecht im Hof des Museums gewährten, und den Herren Ueli Stahel und Peter Wegmann, die in jeder nur denkbaren Weise bemüht waren, den Aufbau des Zeltes und die Einrichtung der Ausstellung im Hof des Landesmuseums zu erleichtern.

JUDITH OEXLE
JÜRG E. SCHNEIDER

Zum Geleit

Die Ausstellung »Die Stadt um 1300« führt nicht einfach in die Vergangenheit. Sie vergegenwärtigt den Ort und den Ursprung einer Lebensweise, die uns zur zweiten Natur geworden ist. Paul Nizon nannte sie »das stadtgewordene Bild der Menschheit«.

Archäologie hat zwar mit Monumenten und Fragmenten zu tun. Aber ihr Ansatz ist so universalistisch wie die Stadt. Sie fragt nach Lebenszusammenhängen. Die archäologische Ausstellung »Die Stadt um 1300« veranschaulicht das Leben in einer Zeit, als die lockere frühstädtische Bebauung sich zur mittelalterlichen Stadt zusammenschloß und die städtische Gesellschaft sich verselbständigte. Die Ausstellung handelt dabei ebenfalls von uns. Denn zu dem, was wir sind, gehört nicht allein das schmale Stück Gegenwart an der offenen Grenze zur Zukunft; es umfaßt ebenso und in aller Breite die Vergangenheit: die Sedimente individueller und kollektiver Erfahrung, die Kultur, aus der wir leben und unsere Identität beziehen.

Fernand Braudel sagte von der Stadt der Neuzeit, sie sei im Zeichen einer unerhörten Freiheit gestanden und habe sich als autonome Welt nach eigenen Gesetzmäßigkeiten entwickelt. Den Schnittpunkt des zwischenmenschlichen Austauschs bildete der Markt. Er bedeutete Befreiung, Öffnung und Zugang zu einer andern Welt. Daneben – und häufig auch später – konstituierte sich eine eigenständige Öffentlichkeit: Städte stellten Orte der gesellschaftlichen Selbstorganisation dar.

Längst haben die Märkte nicht nur den engen Rahmen der Stadt gesprengt, sondern sich über alle nationalen Grenzen hinweggesetzt. Der Markt ist die Welt, erschlossen durch das enggeknüpfte Netz der Kommunikations- und Verkehrsbeziehungen. Wenn die Öffentlichkeit ihre normative Kraft und ihre Handlungsfähigkeit zurückgewinnen will, muß sie sich international, als Weltgesellschaft, konstituieren.

Städte haben bestanden, lange bevor es Nationalstaaten gab Städte werden auch in der Weltgesellschaft Bestand haben. Je weiter der Markt, je internationaler das Netz der Kapital-, Waren- und Verkehrsströme, desto bedeutsamer die Stadt: Denn sie ist der »Schnittpunkt des zwischenmenschlichen Austauschs«. Die Stadt als unser gemeinsames europäisches Erbe erinnert daran, daß dieser Austausch sich nicht in wirtschaftlichen Funktionen erschöpft, sondern Lebenszusammenhänge erschließt. Ernst Bloch bezeichnete sie als den Versuch, menschliche Heimat herzustellen. Heimat vermittelt Identität und gibt Geborgenheit; sie hilft, sich zurechtzufinden im Bekannten und im Unbekannten; sie bildet den Ausgangspunkt für die notwendige dialogische Auseinandersetzung mit der Welt. Stadt verkörpert zugleich den Anspruch auf Selbstorganisation und darin eingeschlossen auf Freiheit. Er trifft auf ein Gefälle, das sich in unserer zunehmend komplexen Gesellschaft nur noch verstärkt: dasjenige zwischen persönlicher Betroffenheit und übergeordnetem politischem Entscheid. Um dieses Gefälle zu überwinden, braucht es mehr denn je die anregende, in Lebenszusammenhänge und Lebensläufe integrierte, Identität und Freiheit vermittelnde Vielfalt der Stadt-Urbanität als Lebensform.

JOSEF ESTERMANN
STADTPRÄSIDENT VON ZÜRICH

Die Ausstellung »Die Stadt um 1300 - Stadtarchäologie in Baden-Württemberg und in der Nordostschweiz« läßt schon im Titel erkennen, was das Besondere dieses Vorhabens ist: Die erste gemeinsame Ausstellung des Landesdenkmalamts Baden-Württemberg und der Stadt Zürich im Bereich der Denkmalpflege. Damit knüpft die Ausstellung thematisch an frühe Zeiten gemeinsamer Geschichte an, als das Bistum Konstanz weite Teile der Schweiz und Südwestdeutschlands umfaßte. Der einheitliche schwäbisch-alemannische Sprach- und Kulturraum verbindet noch heute unsere beiden Länder und Regionen.

Die Ausstellung zum Leben in der mittelalterlichen Stadt zu beiden Seiten des Bodensees und des Hochrheins macht das Lebensgefühl und die Lebensformen im städtischen Alltag um 1300 wieder lebendig. Mit Hilfe der Archäologie werden die gemeinsamen Wurzeln im wahrsten Sinne des Wortes ausgegraben - das »finstere Mittelalter« wird durch Schaufel und Spaten ans Tageslicht gebracht und für uns heute Lebende anschaulich gemacht.

Die Stadtarchäologie stellt dabei ihre hohe Leistungsfähigkeit und Aussagekraft unter Beweis. Die vorgestellten neun baden-württembergischen Städte sind aber nur ein Ausschnitt unserer insgesamt 306 Städte und Gemeinden, die auf mittelalterliche Gründungen zurückgehen. Deren Erbe zu bewahren und zu pflegen ist ein wesentliches Anliegen der Kunst- und Kulturpolitik unseres Landes. Das im März 1992 eingeweihte Archäologische Landesmuseum in Konstanz legt Zeugnis für die Bedeutung ab, die wir der archäologischen Denkmalpflege entgegenbringen. Aber auch das eindrucksvollste Ausstellungsprojekt sollte uns nicht den ständig fortschreitenden Verlust an archäologischer und baugeschichtlicher Stadtsubstanz vergessen lassen, sondern vielmehr zu einem sorgfältigen Umgang mit diesen unersetzlichen »Stadtarchiven« unter und über der Erde mahnen.

Es ist der Wunsch der Landesregierung von Baden-Württemberg, daß diese Ausstellung und der dazu erarbeitete Katalog die Verbundenheit zwischen unseren Ländern und Städten weiter stärken und neben den immer enger werdenden Wirtschafts- und Verkehrsbeziehungen auch die geschichtlichen und kulturellen Verbindungen unseres Raumes vertiefen mögen. Ich hoffe, daß die Bürgerinnen und Bürger Baden-Württembergs und der Nordostschweiz in großer Zahl im Sommer 1992 nach Zürich und im Frühjahr 1993 nach Stuttgart kommen werden, wo ihr gemeinsames europäisches Stadterbe anschaulich präsentiert wird. Mein besonderer Dank gilt der Stadt Zürich für die hervorragende Zusammenarbeit mit dem Landesdenkmalamt Baden-Württemberg bei der Vorbereitung dieser Ausstellung und des vorliegenden Ausstellungskatalogs.

DIETMAR SCHLEE, MdL
INNENMINISTER DES LANDES BADEN-WÜRTTEMBERG

Inhalt

Leihgeber

Museum im Steinhaus, Bad Wimpfen
Archäologischer Dienst des Kantons Bern
Medizinische Anthropologie der Universität Bern
Zimmereriausbildungszentrum Biberach
Stadtmuseum Breisach
Ziegelei-Museum, Cham/Meienberg
Ortsmuseum Dietikon
Grabungsmuseum und Ev. Kirchengemeinde, Esslingen
Dr. Hansueli Etter, Zürich/Bäretswil
Benediktinerinnenkloster Fahr
Colombi-Schlößchen, Freiburg
Landesdenkmalamt Baden-Württemberg, Außenstelle Freiburg
Stadtmuseum und Ev. Kirchengemeinde, Göppingen
Universität Hohenheim
Archäologisches Landesmuseum Konstanz
Landesdenkmalamt Baden-Württemberg, Außenstelle Konstanz
Rosgarten-Museum, Konstanz
Prof. Dr. Hansjörg Küster, München
Burghard Lohrum, Ettenheimmünster
Denkmalpflege und Archäologie des Kantons Luzern
Stadtmuseum Mainhardt
Atelier d'Archéologie Médiévale, Moudon
Jörg Müller, Biel
Heimatmuseum Remshalden-Buoch
Amt für Vorgeschichte, Schaffhausen
Museum zu Allerheiligen, Schaffhausen
Landesdenkmalamt Baden-Württemberg, Stuttgart
Württembergisches Landesmuseum, Stuttgart
Landesdenkmalamt Baden-Württemberg, Außenstelle Tübingen
Landesdenkmalamt Baden-Württemberg, Außenstelle Ulm
Museum der Stadt Ulm
Stadtmuseum, Villingen
Atelier Berti, Kohler & Wyss, Zürich
Baugeschichtliches Archiv, Büro für Archäologie der Stadt Zürich
Büro für Denkmalpflege, Zürich
Kantonsarchäologie, Zürich
Schweizerisches Landesmuseum, Zürich
Zentralbibliothek Zürich, Graphische Sammlung
Museum »Höfli«, Zurzach

Sponsoren

Die Realisierung der Ausstellung und des Katalogs wurde dank der Unterstützung durch folgende Personen, Firmen und Institutionen wesentlich erleichtert:
Dr. Otto Coninx und Gattin, Zollikon
Atelier d'Archéologie Médiévale, Moudon

Konzept, Gestaltung

Trägerschaft:
Landesdenkmalamt Baden-Württemberg und die Stadt Zürich

Ausstellungsarchitektur und -gestaltung,
graphische Gestaltung:
Atelier Lohrer
Knut Lohrer, Architekt dwb, Stuttgart
mit Ingrid Breuninger
        Andrea Gauß
        Theodor Grasberger
        Dr. Birgit Mershen
Cornelia Staffelbach, Anna Müller
Visuelle Gestaltung, Zürich

Idee und inhaltliches Konzept:
Dr. Judith Oexle
Dr. Jürg E. Schneider
Hildegard Storz-Schumm M.A.

An der ausstellungstechnischen Einrichtung beteiligte Firmen und Personen:
Zeltbau:
Strohmeyer Hallen GmbH, Radolfzell
Ausstellungsbau:
Heinzelmann KG, Mühlacker
Baumeisterarbeiten:
Anton Bonomo's Erben AG, Zürich
Elektroeinrichtung:
Elektro M+C Zürich AG
Buchbinderarbeiten:
Fa. Krieger, Fellbach-Schmiden
Satzarbeiten:
Münzer-Fotosatz GmbH, Achern
Mitarbeit beim Aufbau:
Jörg Leitermann
Birgit Kata

Katharina Mitschke
Günther Sülzle
Horst Roeske

Schweizerisches Landesmuseum, Zürich:
Ueli Stahel
Peter Wegmann

Restaurierung:
Rolf-Dieter Blumer, Landesdenkmalamt Baden-Württemberg
Jutta Cott, Landesamt für Denkmalpflege Weimar
Roland Haid, Archäologisches Landesmuseum, Außenstelle Konstanz
Kathrin Hubert, Konstanz
Dietmar Johannsen, Landesdenkmalamt Baden-Württemberg
Hubert Leithner, Landesamt für Denkmalpflege Weimar
Annette Lerch, Landesdenkmalamt Baden-Württemberg
Helmut Preuss, Archäologisches Landesmuseum, Außenstelle Konstanz
Horst Roeske, Landesdenkmalamt Baden-Württemberg
Werner Wimmel, Colombi-Schlößchen, Freiburg

Photographie:
Manuela Gygax, Zürich/Ludwigshafen (Bodensee)
Manuela Schreiner, Archäologisches Landesmuseum, Außenstelle Konstanz
Karl Natter, Landesdenkmalamt Baden-Württemberg

Luftbilder:
Otto Braasch, Schwäbisch Gmünd
Heinz Leuenberger, Desair, Wermatswil
Swissair Photo AG, Zürich

Autoren

Ade-Rademacher, Dorothee, Dr., Tübingen
Bänteli, Kurt, Amt für Vorgeschichte, Schaffhausen
Barraud Wiener, Christine, Dr., Hombrechtikon/ZH
Becker, Bernd, Prof. Dr., Universität Hohenheim
Brem, Hansjörg, lic.phil., Amt für Archäologie, Frauenfeld
Cueni, Andreas, dipl.nat., Aesch/BL
Descoeudres, Georges, Dr., Zürich
Drack, Walter, Dr., Uitikon/ZH
Dumitrache, Marianne, Landesdenkmalamt Baden-Württemberg, Außenstelle Konstanz
Ecker Ulrich, Dr., Stadtarchiv Freiburg i. Br.
Eggenberger, Peter, Dr., La Tour-de-Peilz
Eitel, Peter, Dr., Stadtarchivdirektor Ravensburg
Etter, Hansueli, Dr., Zürich/Bäretswil/ZH
Eugster, Erwin, Dr., Rämismühle/ZH
Gildhoff, Christian, Freiburg
Goll, Jürg, lic.phil., Müstair/GR
Gross, Uwe, Dr., Landesdenkmalamt Baden-Württemberg, Stuttgart
Hecht, Winfried, Dr., Stadtarchivdirektor Rottweil
Hermann, Rudolf, Dr., Ministerialrat im Innenministerium Stuttgart
Höfler, Edgar, Dr., Konstanz
Illi, Martin, Dr., Zürich
Imholz, Robert, Dr., Zürich
Jezler, Peter, Dr., Hermatswil/ZH
Junkes, Marina, Dr., Kantonsarchäologie Thurgau, Frauenfeld
Kaltwasser, Stefan, M.A., Freiburg i. Br.
Kokabi, Mostefa, Dr., Landesdenkmalamt Baden-Württemberg, Arbeitsstelle Hemmenhofen
Küster, Hansjörg, Prof. Dr., Universität München
Lehmann, Peter, lic.phil., Kantonsarchäologie Zürich
Lohrum, Burghard, dipl. ing., Ettenheimmünster
Maurer, Helmut, Prof. Dr., Stadtarchivdirektor Konstanz
Müller, Ulrich, Dr., Kiel
Oexle, Judith, Dr., Archäologisches Landesmuseum, Außenstelle Konstanz
Prohaska-Gross, Christine, Heidelberg
Rösing, Friedrich W., PD. Dr., Universität Ulm ·
Rösch, Manfred, Dr., Landesdenkmalamt Baden-Württemberg, Arbeitsstelle Hemmenhofen
Ruckstuhl, Beatrice, lic.phil., Schaffhausen
Schäfer, Hartmut, Dr., Landesdenkmalamt Baden-Württemberg, Stuttgart
Schmidt-Thomé, Peter, Dr., Landesdenkmalamt Baden-Württemberg, Außenstelle Freiburg i. Br.
Schnack, Christiane, Dr., Landesdenkmalamt Baden-Württemberg, Arbeitsstelle Konstanz
Schneider, E. Jürg, Dr., Stadtarchäologie Zürich
Scholkmann, Barbara, Prof. Dr., Landesdenkmalamt Baden-Württemberg, Außenstelle Tübingen
Schubert, Ernst, Prof. Dr., Universität Göttingen
Schuck, Marianne, Freiburg i. Br.
Seiler, Roger, Dr., Medizinhistorisches Institut der Universität Zürich
Sennhauser, Hans-Rudolf, Prof. Dr., Zurzach
Sillmann, Marion, Dr., Landesdenkmalamt Baden-Württemberg, Arbeitsstelle Hemmenhofen
Soffner, Andrea, M.A., Konstanz
Storz-Schumm, Hildegard, M.A., Landesdenkmalamt Baden-Württemberg, Arbeitsstelle Konstanz
Sydow, Jürgen, Prof. Dr., Stadtarchivdirektor i.R., Tübingen
Untermann, Matthias, Dr., Landesdenkmalamt Baden-Württemberg, Außenstelle Freiburg i. Br.
Wahl, Joachim, Dr., Landesdenkmalamt Baden-Württemberg, Arbeitsstelle Hemmenhofen
Walliser, Margarethe, Dr., Landesdenkmalamt Baden-Württemberg, Außenstelle Tübingen
Windler, Renata, lic. phil., Kantonsarchäologie Zürich

Die mittelalterliche Stadt als Forschungsfeld der Archäologie

Ferdinand Keller (24.12.1800–21.7.1881) war Lehrer in Zürich und zunächst Aktuar der naturforschenden Gesellschaft, bevor er 1832 die »Gesellschaft für vaterländische Altertümer« (später »Antiquarische Gesellschaft«) gründete. Am bekanntesten wurde Keller durch die Beschreibung der 1853/54 entdeckten »Pfahlbauten« bei Obermeilen, über
die er 1854 einen Bericht veröffentlichte, dem weitere sieben Pfahlbautenberichte folgten.

Rückblick: Vom 19. Jahrhundert bis 1945

Die archäologisch-historische Stadtforschung kann in den ehedem römischen Gebieten Süd- und Westdeutschlands und der Schweiz auf eine lange Tradition zurückblicken. Systematische Grabungen, die teilweise schon im 19. Jahrhundert einsetzten, erbrachten in Trier, Köln und Mainz, in Bonn, Xanten, Rottweil und Rottenburg, in Basel, Genf und Avenches, um nur einige Beispiele zu nennen, außerordentliche Ergebnisse zur Gestalt, Struktur und Genese römischer Städte. Die mittelalterlichen Befunde wurden jedoch bei solchen Grabungen in der Regel als Störungen beiseite geräumt. Im besten Fall gelangten da und dort Einzelfunde in bereits bestehende Sammlungen. So berichtet Ludwig Leiner, der Gründer des Konstanzer Rosgartenmuseums, wie er den Gasleitungsgräben, die im ausgehenden 19. Jahrhundert in der Stadt Konstanz ausgehoben wurden, gefolgt sei und dabei Funde aufgehoben habe »wie eine Krähe die Saatkörner«. Die so zusammengetragenen mittelalterlichen Bodenfunde stellte er im »Waffensaal« des Rosgartenmuseums gleichrangig neben römische und frühmittelalterliche Bodenfunde in unmittelbare Nachbarschaft zum Stadtmodell und zum translozierten Erker des 1865 abgebrochenen Salmannsweilerhofs. Aus Selbstzeugnissen Leiners geht auch hervor, daß ihm der Verlust der erlebbaren mittelalterlichen Stadt Konstanz der Anstoß war, in seinem Museum das im gebauten »Original« Verlorengegangene wenigstens in den noch verbliebenen Fragmenten zusammenzutragen und en miniature – gruppiert um das Stadtmodell – wieder erstehen zu lassen.

Leiner war in vieler Hinsicht ein Einzelfall und Einzelgänger, eine Gesamtschau ging den meisten Archäologen, Gräbern und Sammlern von Altertümern noch lange Zeit ab. Die Mentalität, wie sie dem Kuriositätenkabinett der Renaissance zu Gevatter stand, prägte dabei weitgehend auch noch die Altertumskunde des l9. Jahrhunderts, wobei hier zunehmend eine nationale, vaterländische Note die Ausrichtung der Sammlungsbestrebungen bestimmte. Der Zürcher Johann Jacob Breitinger formulierte den Auftrag bereits 1741 so: »... es ist doch nun auch für den Ruhm unserer Nation nicht wenig daran gelegen, daß von dergleichen Denkmahle, die von Zeit zu Zeit entdeckt werden, so geringe sie auch etwann scheinen möchten, mit der äußersten Sorgfalt aufgehoben, durch Beschreibung und Abbildungen bekannt gemachet, und von dem Untergange gerettet werden ...« Als man 1853/54 am oberen Zürichsee die Pfahlbauten entdeckte, wären an sich die Voraussetzungen für die Entwicklung einer Siedlungsarchäologie gegeben gewesen, aber der Zeit entsprechend galten die vermeintlichen Pfahlbausiedlungen nun als hochwillkommener Beleg für die keltische Herkunft der Schweizer. Die 1832 gegründete Antiquarische Gesellschaft Zürich verlegte sich denn auch, wie ihr Vorbild, die »Society of Antiquaries of London« und vergleichbare Körperschaften in den verschiedenen deutschen Ländern, weiterhin auf die »Erforschung und Bewahrung vaterländischer Alterthümer«. Entsprechend den großen archäologischen Grabungen jener Zeit in Ur, Ninive und in Troja, bei denen man Schicht um Schicht in die Vergangenheit vordrang, war auch die einheimische Altertumskunde vornehmlich an Chronologien und an der Periodisierung der Geschichte interessiert, wie ein Beitrag in der ersten Nummer der »Mitteilungen der Antiquarischen Gesellschaft« von 1841 verrät. Unter dem

Titel: »Zürichs Münzgeschichte im Mittelalter« stellt der Autor die Fragen: »Und wer erkennt nicht bei der Betrachtung von Münzen schnell den großen Unterschied zwischen dem Alterthum und dem Mittelalter? Wer bemerkt nicht, daß ganz andere Völker, andere Staatseinrichtungen, andere Sitten in beiden Perioden herrschen, kurz daß alle Verhältnisse des Lebens im Mittelalter anders geworden sind?« Solche Charakterisierungen drückten freilich noch lange nicht eine globale Wertschätzung des Mittelalters und entsprechender Funde aus; gefragt waren nach wie vor in erster Linie einmal »kostbare und unersetzliche Überreste aus der Vorzeit«, die »Geistlichen, die Beamteten der Gemeinden und die Bauern« waren aufgefordert, »Überbleibsel aus der Vorzeit, die in geschichtlicher oder künstlerischer Hinsicht merkwürdig sind«, der Antiquarischen Gesellschaft zu melden, um »durch Verhütung des Unterganges solcher Gegenstände einen schönen Beweis ihrer Vaterlandsliebe an den Tag zu legen«.

Kriterien der Auswahl und der Suche nach mittelalterlichen Realien waren somit deren vaterländische oder kunsthistorische Bedeutung, nicht etwa archäologische Fragestellungen an die mittelalterliche Stadt. Gesucht und gegraben wurde denn auch vornehmlich draußen in den Gemeinden oder gar ganz auf dem Land. Deutlich zeigt diese Entwicklung zum Beispiel auch das Inventarbuch des Rosgartenmuseums in den zwanziger und dreißiger Jahren, das kaum mehr einschlägigen Zuwachs belegt. Das Museum hatte sich gewandelt, es war zum Kunstmuseum geworden. An die Stelle zahlloser sorgsam beschrifteter Scherben war das herausragende Einzelstück, das Kunstwerk getreten. Der Bedarf an mittelalterlichen Scherben war gedeckt, allenfalls noch ein Aquamanile hätte den Weg in eine der Vitrinen gefunden. Die Stadtgeschichtsforschung selbst, soweit sie sich nicht ohnehin auf Schriftzeugnisse beschränkte, machte sich im Suchen nach alten, urkundlich belegten Stadtmauerzügen fest an vermeintlich charakteristischen Ehgräben, Gassenverläufen, auffälligen Parzellenzuschnitten, die als »Wachstumsnähte« oder »Stoßfugen« zwischen den einzelnen Stufen schematisch begriffener Stadtentwicklung gedeutet wurden.

Drei oder gar vier Bedingungen mußten zunächst erfüllt sein, bevor sich die Archäologie der Stadt zuwandte und bis daraus die Stadtkernforschung nach

Blick in den Waffensaal im Konstanzer Rosgartenmuseum mit dem Modell der mittelalterlichen Stadt Konstanz, dem der Apotheker und Amateurarchäologe Ludwig Leiner (1830–1901) all jene Funde beigesellte, die er bei Grabungen liebevoll aufhob und als Zeugnisse der abgehenden und allmählich überformten mittelalterlichen Stadt in sein Museum verbrachte.

Blick in die 1937 durch Emil Vogt durchgeführte Grabung auf dem Zürcher Lindenhof, die in den damaligen Krisenjahren dank der Hilfe Arbeitsloser verwirklicht werden konnte. Ausgrabungsstelle von Südosten mit den Fundamentresten des valentinianischen Kastellturms aus dem 4. Jahrhundert.

heutigem Verständnis entstand. Die eine Voraussetzung war, daß man sich wissenschaftlich ernsthafter für das Mittelalter zu interessieren begann, als dies bis dahin – und das heißt eigentlich bis in die zwanziger Jahre dieses Jahrhunderts – der Fall war. Eine weitere Voraussetzung war die, daß man die Stadt und die Geschichte der Städte als eigenen Forschungsgegenstand zu betrachten anfing. Als Drittes galt es, die herkömmlichen Methoden der Archäologie den spezifischen Gegebenheiten innerstädtischer Grabungen und den oft komplexen, vielfach gestörten und sich durchdringenden Schichtabfolgen anzupassen und weiterzuentwickeln. Schließlich bezog die Stadtkernforschung in einem vorläufig letzten Schritt auch die Fragestellungen der Historiker nach Alltags-, Mentalitäts-, Sozial- und Wirtschaftsgeschichte in ihre Grabungen mit ein und bediente sich dabei, wie die »extra muros« arbeitenden Archäologen auch, zusätzlich einer Vielzahl neuer wissenschaftlicher Hilfsdisziplinen mit Spezialkenntnissen und -techniken. All dies brauchte seine Zeit.

Louis Blondel mit seinen Grabungen in Genf – ab 1923 – und vor allem Emil Vogt mit der Forschungsgrabung auf dem Lindenhof in Zürich 1937 zählten zu den ersten, die hin zur Mittelalterarchäologie führten, nicht zu vergessen der Postbeamte Karl Heid, der aus eigenem Antrieb 1937 bis 1940 die Stadtwüstung Glanzenberg an der Limmat erforschte. In Genf veranlaßte die Frage nach dem Weiterleben, nach Siedlungskontinuität oder Diskontinuität der spätantiken Stadt über die Jahrhunderte des frühen Mittelalters hinweg erstmals systematische Kirchengrabungen. Aus analoger Fragestellung heraus waren zur gleichen Zeit im Bonner Münster und unter der Stiftskirche St. Viktor in Xanten zu großflächige Untersuchungen vorgenommen worden. Wenige Jahre später, 1943, umriß Hektor Ammann programmatisch in einem ungewöhnlich weitsichtigen Aufsatz »Die Möglichkeiten des Spatens in der mittelalterlichen Städteforschung der Schweiz«: »Vor allem drei Gebiete der Stadtgeschichte können grundlegende neue Erkenntnisse von dem Einsatz des Spatens erhoffen. Das ist einmal die

Frühgeschichte der Städte vor dem Einsetzen der großen Gründungswelle im 12. Jahrhundert. (...) Die Bodenforschung kann durch die Feststellung der Besiedlung in den verschiedenen Zeiträumen und durch die Untersuchung der Ausdehnung des Siedlungsraumes und der Gestaltung der Siedlung mit ihren Kirchen und Befestigungen völlig neue Wege weisen. In zweiter Linie kann von der Bodenforschung die Kenntnis der großen Gründungswelle unserer Städte vom 12. bis zum 14. Jahrhundert sehr vieles gewinnen. (...) Von den gegen 150 Gründungsstädten unseres Landes zum Beispiel ist nur bei den wenigsten der genaue Vorgang ihrer Gründung (...) bekannt. Hier kann die Bodenforschung einsetzen und feststellen, ob man es mit Gründungen auf vorher unbesiedelten Boden zu tun hat oder nicht. (...) In dritter Linie vermag die Bodenforschung auch für die spätere Städtegeschichte bei der Feststellung der räumlichen Entwicklung und damit bei der Kenntnis der allgemeinen Zustände der Städte sehr viel mitzuhelfen. Sie kann auch das Bild der städtischen Kultur durch die Funde reicher und lebendiger gestalten.«

Damit waren die Aufgaben einer künftigen Stadtarchäologie – mit besonderer Betonung auf siedlungsarchäologischen Fragen – zum ersten Mal programmatisch für die südwestdeutsch-schweizerische Stadtlandschaft umrissen, wobei das landesgeschichtliche Interesse bei Ammann wohl noch im Vordergrund stand. Bemerkenswert ist freilich auch der siedlungsarchäologische Ansatz Ammanns, da fast zur gleichen Zeit im Norden Deutschlands unter Leitung von Herbert Jankuhn in Haithabu großflächige Grabungen durchgeführt werden, aus denen heraus die archäologischen Fragen nach der Entstehung des Städtewesens in den Gebieten des ehemaligen freien Germaniens erwachsen. Ammann wird jedoch weder von den Historikern noch von den Archäologen rezipiert, erklärbar wohl nur durch die unglückliche ideologische Verstrickung des Autors.

Die Nachkriegszeit bis 1970

Einen ersten entschlossenen Schritt in die Stadt unternahmen in den fünziger Jahren schließlich die Engländer. Sir Mortimer Wheelers Grabungen im römischen Verulamium hatten dabei das Terrain vorbereitet und machten deutlich, wie sich im Verlauf ihrer Entstehung die Kerne der Städte verlagerten oder verlagern konnten.

Gleich nach dem Krieg, von 1947 bis 1962, unternahm dann W.F. Grimes im zerbombten London ausgedehnte und großflächige Grabungen in der Stadt, womit wohl erstmals die systematische archäologische Untersuchung einer Stadt an die Hand genommen wurde. Grimes' Grabungsbericht von 1968 zählt auch heute noch zu den wichtigsten und lesenswertesten Darstellungen einer Grabungskampagne im innerstädtischen Gebiet. Eine weitere Grabungskampagne in der City of London nahm 1973 ihren Anfang, durchgeführt durch das Department for Urban Archaeology beim Museum of London, das erste und bis heute eines der wenigen europäischen Museen, die die Ergebnisse archäologischer Forschung museographisch und didaktisch attraktiv umzusetzen verstanden. Weitere wichtige Daten aus der Geschichte der angelsächsischen Archäologie der Stadt des Mittelalters sind die umfassenden Grabungen in Winchester von 1962 bis 1972, das Erscheinen der Zeitschrift »Medieval Archaeology« 1957 und die Gründung des Urban Research Committee 1967 im Rahmen des Council for British Archaeology. Entscheidend wurden für die Stadtkernforschung indes vor allem die späten sechziger und die siebziger Jahre, nicht nur in Großbritannien und den nordischen Ländern, sondern auch in Deutschland und in der Schweiz.

Die letzten Jahre des Zweiten Weltkriegs hatten massiv und irreversibel in die deutsche Städtelandschaft eingegriffen: Freiburg, Pforzheim, Heilbronn, Ulm, Stuttgart wurden fast vollständig zerstört, Schaffhausen und Stein am Rhein erlitten als Grenzstädte empfindliche Verluste, während Konstanz nicht verdunkelte und so die letzten Kriegsjahre unversehrt überstand. Zumindest punktuell führten die großflächigen Kriegsbrachen in der Bundesrepublik und der DDR zu erfolgreichen Grabungen, so in Köln, Hamburg und Lübeck, in Magdeburg, Leipzig, Dresden und den beiden Frankfurt, und erbrachten dabei bedeutende Ergebnisse zur historischen Topographie. In Baden-Württemberg geschah nichts dergleichen, sieht man von einzelnen Schürfungen und Baugrubenbeobachtungen – meist durch Laien – ab, obwohl an schwer kriegsbeschädigten Orten wie

In den siebziger und achtziger Jahren des 19. Jahrhunderts wurde in Zürich das Kratzquartier mitsamt dem Kratzturm (Bild) abgerissen, um Platz für die Anlage der neuen, modernen Bahnhofstraße zu schaffen. Archäologische Untersuchungen oder baugeschichtliche Beschreibungen der einzelnen damals zerstörten Bauten wurden selbstverständlich keine vorgenommen.

Stuttgart und Freiburg archäologische Institutionen ihren Sitz hatten. Rigorose Wiederaufbauplanungen, verbunden mit Neuparzellierungen der Innenstädte, so in Pforzheim oder Stuttgart, löschten den spätmittelalterlichen Stadtgrundriß über große Flächen hinweg aus und beseitigten in Ulm bedenkliche Teile der karolingisch-ottonischen Pfalz sowie des zugehörigen suburbiums. Freiburg hingegen, das ebenfalls schwer beschädigt worden war, erfuhr unter der Leitung von Joseph Schlippe einen behutsamen »konservativen« Wiederaufbau, der gewachsene Strukturen zu berücksichtigen suchte und damit – fast zufällig – den archäologischen Befund schonte, ohne daß derartige Forderungen von seiten der Archäologen formuliert worden wären.

Auch in der Schweiz ist die Stadt für die Archäologie in jenen Jahren zunächst kein Thema. Eine Petition zum Schutz der Zürcher Altstadt, wie sie 1954 von einigen besorgten Bürgern eingereicht und dann 1955 vom Stimmvolk als zu extrem abgelehnt wird, hat vor allem den Schutz des vertrauten Bildes der Altstadt zum Ziel, das durch Abrisse und Neubauten gefährdet erscheint – Vorboten eines Baubooms, der richtig geballt erst in den sechziger Jahren einsetzt. Der Vorstoß führt immerhin dazu, daß in Zürich 1958 erstmals eine Schutzverordnung für die Altstadt erlassen wird und daß das seit 1946 bestehende »Büro für Denkmalpflege« umgewandelt wird. Als Teil des damals ebenfalls neu geschaffenen Baugeschichtlichen Archivs wurde gleichzeitig auch die wissenschaftliche Denkmalpflege, das heutige »Büro für Archäologie«, ins Leben gerufen. Im selben Jahr 1958 schließlich wurde auch das Kantonale Amt für Denkmalpflege geschaffen, dem seitdem Denkmalpflege wie Archäologie im Kanton unterstehen.

Die Fragestellungen und damit auch die Grabungen der Mittelalterarchäologie knüpfen in Baden-Württemberg zunächst noch an die Vorkriegszeit an, die Kirchen als Kristallisationspunkte der Siedlungsgeschichte erkannt hatten. Die große Grabung von G. P. Fehring in der Stadtkirche St. Dionysius zu Esslingen seit 1960 setzte dabei Maßstäbe für tadellose Grabungsqualität und begründete zugleich den interdisziplinären Ansatz von Archäologie, Mediävistik und Naturwissenschaften. Fortgeführt wurde dies mit den Grabungen in Unterregenbach (1960–63, 1964–68), wobei die Kirchengrabung in St. Veit – erstmals in Baden-Württemberg – mit den historischen Siedlungsbereichen um die »Alte Burg« und

Die Stuttgarter Altstadt vor und nach den Zerstörungen im Zweiten Weltkrieg: Oben der Blick von der Stiftskirche in Richtung zum Belemhäuser Klosterhof in einer Aufnahme von 1931, links Blick von der Hirschstraße zum zerstörten Belemhäuser Klosterhof 1946. Durch die radikalen Wiederaufbaumaßnahmen über einem neuen Straßenraster ging in Stuttgart in den Jahren nach dem Krieg freilich mehr archäologische Substanz verloren als durch die Bombardierungen durch die Alliierten.

den ehemaligen Herrensitz »Frankenbauer« verknüpft wurde. Daß die Stadtkirche, wie die Kirchen in ländlichen Siedlungen, in ihrer Baugeschichte und in ihren Aussagemöglichkeiten zur frühen Christianisierung weiterhin fast isoliert untersuchtes Forschungsobjekt bleibt, dokumentiert der Forschungsüberblick von G.P. Fehring zu den »Arbeiten der Archäologie des Mittelalters in Baden-Württemberg« im Jahr 1970. Im Jahr 1988 konnte H. Schäfer dann insgesamt 96 Kirchengrabungen allein für den württembergischen Landesteil zusammenstellen. Den Grabungen auf dem Grünen Hof, dem Weinhof zu Ulm (1961–63, 1969–72) und in der Oberen Vorstadt zu Sindelfingen (1967–1970) kommt so im Gesamtüberblick nur untergeordnete Bedeutung zu.

Archäologie und Stadtsanierung in den siebziger Jahren

Von der archäologischen Denkmalpflege weitgehend unbemerkt, traten die baden-württembergischen Städte Ende der sechziger Jahre in eine zweite Phase der Erneuerung. Nachdem die Beseitigung der großen Kriegsschäden und der Wiederaufbau im wesentlichen abgeschlossen waren, griff nun die Stadtsanierung, in der Bundesrepublik noch flankiert durch das Städtebauförderungsgesetz, erstmals massiv und breit mit Großbauvorhaben auch in die bis dahin unversehrt erhalten gebliebenen mittelalterlichen Städte und Quartiere ein.
Eingesetzt hatte die Diskussion um die Veränderung und den Umbau der Städte bereits Anfang der sechziger Jahre. Die Veröffentlichung von Sir Colin Bucha-

In den frühen fünfziger Jahren geht über die Zürcher Altstadt eine Sanierungswelle hinweg. Mit der Begründung, die Altstadt brauche genausoviel Luft und Sonne wie die Genossenschaftssiedlungen draußen am Stadtrand, wurde gegen die engen Gassen und düsteren Hinterhöfe polemisiert, Dutzende von Gebäuden wurden ohne vorgängige Untersuchungen des Baus oder des Untergrunds abgerissen, der Baugrund eingeebnet. Auf diese Weise verschwanden etwa Gebäude wie das Haus »Zum heiligen Geist« (links) aus dem 14. Jahrhundert (später als »alte Unterschreiberei« bezeichnet) und die drei Häuser »Apfelbäumli«, »Geduld« und »Grünes Schaf« an der Schweizerhofgasse (gegenüberliegende Seite).

nans »Traffic in Towns« 1963, die Pläne für einen City-Ring in Zürich und entsprechende Pläne und Vorhaben in Dutzenden anderer europäischer Städte riefen erstmals den einigermaßen geschlossenen Widerstand kritischer Städteplaner und Soziologen und dann auch der Historiker und Archäologen hervor. 1970 entstand in England »Rescue: A Trust for British Archaeology», 1972 dann veröffentlichte der »Council for British Archaeology« die bahnbrechende Schrift von Carolyn Heighway »Erosion of History. Archaeology and planning in Towns«, die letztlich den Anstoß gab zur flächendeckenden Bestandesaufnahme der historischen, »archäologieverdächtigen« Städte und die zugleich auf die Gefährdung des archäologischen Potentials hinwies, sofern die Entwicklung wie befürchtet über die historisch und archäologisch relevanten Städte hinwegfegen würde. Gleichzeitig formulierten Heighway und Martin Biddle aufgrund der Grabungen in London und insbesondere in Winchester die Forschungsschwerpunkte und methodologischen Richtlinien einer neuen, zeitgemäßen Stadtkernforschung. G. P. Fehring hat dies jüngst nochmals deutlich herausgearbeitet und darauf hingewiesen, daß Dänemark, Schweden, Finnland, Norwegen, Frankreich und die Niederlande sehr schnell mit qualifizierenden archäologisch-historischen Bestandesaufnahmen nachzogen, aufgrund deren, gestaffelt nach Bedeutung und Möglichkeiten archäologischer Untersuchung, Forschungsziele formuliert wurden.

Die Bundesrepublik hingegen, vor allem aber der stadtreiche Südwesten – Baden-Württemberg allein hat 306 mittelalterliche Städte aufzuweisen – konnte noch 1982 keine Gesamtübersicht über den stadtarchäologischen Bestand oder gar Konzepte künftiger stadtarchäologischer Arbeit vorlegen. »Die Übersicht hat

ergeben, daß eine archäologisch-historische Stadtforschung – mit Ausnahme römischer Stadtgeschichte – in Süddeutschland nirgends existiert, daß nur den Fragen der Kontinuität vom Altertum zum Mittelalter einige Aufmerksamkeit gewidmet wurde, daß aber über hochmittelalterliche Stadtstrukturen fast nichts bekannt ist trotz der sichtbaren ständigen Vernichtung stadtgeschichtlicher Quellen«, mußte Heiko Steuer 1984 bedauernd feststellen. Ähnliches gilt im übrigen auch für die Schweiz. Dort allerdings setzte von den siebziger Jahren an in einzelnen Städten, darunter Basel und Zürich (seit 1975), eine systematische Stadtarchäologie ein, ähnlich wie in Deutschland in Göttingen, Braunschweig, Lübeck, Hamburg, Schleswig und Stade. Parallel dazu erfolgten erste größere Stadtgrabungen in Baden-Württemberg, so in Rottweil, Breisach, Ladenburg und Konstanz (ab 1984), zu einem Zeitpunkt allerdings, als schon nahezu 200 mittelalterliche Städte in Baden-Württemberg Sanierungsgebiete ausgewiesen hatten, die durchweg archäologierelevante Erneuerungsmaßnahmen nach sich zogen.

Aktueller Stand und Ausblick

1987 wurde in Baden-Württemberg die Stadtarchäologie institutionalisiert, um Grundlagen für eine systematische denkmalpflegerische Betreuung der Städte und eine Basis für künftige Schwerpunktsetzung archäologisch-historischer Stadtforschung zu schaffen. An Stelle einzelner Schwerpunktgrabungen, die eher zufällig im »Stadtbestand« ansetzten und an vorhandene institutionelle und

Eine der zwischen 1988 und 1991 erfolgten großflächigen stadtarchäologischen Grabungen in Ulm. Die größeren Zusammenhänge jeweiliger Stadtentwicklung und Stadtveränderung, die Herausarbeitung kirchlicher, sozialer und herrschaftlicher Topographien und eine Vielzahl anderer Fragestellungen lassen sich aufgrund grossflächiger Grabungen besser und modellhafter untersuchen, als dies auf jeweils kleinen Flächen beliebiger Bauten oder bei Not- und Sondiergrabungen möglich ist. So kommt man allmählich auch weg von der Vorstellung, gegraben werden sollte überall, wo es etwas zu graben gibt; statt dessen ist heute vermehrt »exemplarische Archäologie« gefragt.

personelle Strukturen anzuknüpfen suchten, an Stelle einzelner Fundbeobachtungen und -bergungen von Latrinen, Brunnen, Stadtmauerzügen und anderen Einzelbefunden vor allem spätmittelalterlicher Zeitstellung sollten zunächst die Grundlagen erarbeitet werden, die im Rahmen des denkmalpflegerischen Auftrags eine Entscheidung darüber ermöglichen, wo angesichts des übergroßen Grabungsbedarfs archäologisch angesetzt werden sollte, wobei die Grabung selbst sich an einem klaren Fragenkatalog zu orientieren hätte. Die Stadtarchäologie meint dabei im Sinn Deneckes die mittelalterliche Stadt als solche in ihrer gesamten topographischen und funktionalen Entwicklung, die über den spätmittelalterlichen »Stadtkern« vielfach hinausgreift. Die mittelalterliche Stadt wird dabei mitsamt ihren vielfach »extra muros« gelegenen vor- und frühstädtischen Entwicklungsstufen als historische Einheit begriffen. Angeregt durch die beispielhaften Erhebungen von Gabriele Isenberg in Westfalen, die zwischen 1980 und 1989 172 Städte Westfalens in einer archäologisch-historischen Schnellinventarisation erfaßt hatte, sollte auch für Baden-Württemberg ein archäologisches Stadtkataster erarbeitet werden, das in drei Stufen folgende Übersicht ermöglicht:

Für Stufe eins, die Benennung der stadtarchäologischen Interessensfelder im archäologisch-topographischen Überblick, wurde eine Kartierung aller bekannten römischen, früh- und hochmittelalterlichen Fundstellen in der spätmittelalterlichen Stadt und ihrem Umfeld auf der Basis der vorhandenen Unterlagen (Ortsakten, Publikationen) auf einheitlichen Kartengrundlagen erstellt und 1990 abgeschlossen. Die spätmittelalterliche Stadt, wie sie vom 13. Jahrhundert an greifbar wird, wurde schematisch innerhalb des meist bekannten Befestigungsrings eingetragen. Parallel dazu wurden die Sanierungsgebiete nach Städtebauförderungsgesetz und die im Rahmen der Sanierung verwirklichten Großbauvorhaben (Tiefgaragen und ähnliches) bereits in diesen Plänen als »Negativzone« vermerkt.

Stufe zwei (in Arbeit) sieht eine Negativkartierung aller bereits eingetretenen Verluste vor. Um hier die Kosten in einem vernünftigen Rahmen zu halten, mußte auf eigene Erhebungen verzichtet werden und statt dessen über vorhandene Unterlagen (zum Beispiel Bauakten in den Kommunen) und allenfalls punktuelle Begehungen eine Bestandsübersicht erarbeitet werden. Eine detaillierte, am Einzelobjekt überprüfte Negativkartierung, wie sie Jürg Schneider 1986 für die Stadt Zürich vorlegte, wäre innerhalb vertretbar kurzer Zeit für die über 300 baden-württembergischen Städte nicht zu erarbeiten. Ziel der Negativkartierung ist es vielmehr, einen groben Überblick über noch vorhandene archäologisch relevante Restflächen zu schaffen, um damit nicht nur für das Gebiet jeweils einer Stadt, sondern auch für größere Räume »quantitative« Entscheidungsgrundlagen bereitzustellen, wenn es darum geht, ein Gebiet zu erhalten, darin zu graben oder auf die Grabung zu verzichten. Dabei kamen bemerkenswerte Befunde zutage, so zum Beispiel »inverse« Befundlagen in kriegszerstörten Städten wie Pforzheim oder Ulm, wo archäologische Befunde zum Teil auch unter den neuen, nach 1945 trassierten Straßen zu erwarten sind, die außerhalb der wiederaufgebauten und total ausgekofferten Quartiere liegen. Lange Zeit hatten diese Straßenbereiche, zum Beispiel die neue Straße in Ulm, die über die ältesten, frühstädtisch besiedelten Flächen hinweg angelegt wurde, außerhalb jeglichen stadtarchäologischen Interesses gelegen. Soweit möglich, wird in dieser Erhebungsphase kartographisch unterschieden zwischen Kellern und andern Bodeneingriffen vor und nach 1850, um eine erste chronologische Unterscheidung der »Fehlstellen« zu erreichen. Punktuell können hier bereits die Ergebnisse der Inventarisation der Bau- und Kunstdenkmalpflege übernommen werden, die für einzelne Städte (Freiburg, teilweise auch Konstanz) bereits detaillierte baugeschichtliche Erhebungen vorgelegt haben.

Die dritte Stufe markiert dann die qualifizierende archäologisch-historische Erhebung. Sie wird folgende Schritte umfassen:

- Erfassung aller nachweisbaren Grabungen und Einzelbeobachtungen sowie chronologische wie chorologische Grobauswertung der Befunde und Funde (Bilanzierung der bisherigen archäologischen Forschungen).

- Beschreibung der topographischen Faktoren (Untergrund, Oberflächenrelief, Gewässer), die die Stadtgründung und Stadtentwicklung geprägt haben, beziehungsweise Beschreibung der räumlich-topographischen Veränderungen (Überschwemmungsgebiete, Aufschüttungen, Planierungen), die stadtentwicklungsbedingt sind.

- Bewertung der zu erwartenden archäologischen Erhaltungsbedingungen (Feuchtböden, Mineralböden).

- Erfassung der Stadtansichten und aller historisch-topographisch auswertbaren Stadtpläne.

- Erfassung der Schriftquellen zur mittelalterlichen Stadtgeschichte, Stadtgründung, Stadterweiterung, Stadt- beziehungsweise Siedlungsverlagerung unter historisch-topographischen Gesichtspunkten. Erstellung eines Kurzabrisses zur Stadtgeschichte auf der Basis der Schriftquellen.

- Zusammenstellung der bekannten obertägigen Baudenkmale (Stadtbefestigung, Stadtburgen, öffentliche Bauten, Verkehrseinrichtungen wie Häfen sowie Kirchen, Klöster, Klosterhöfe auch außerhalb des spätmittelalterlichen Berings).

Diente Stufe 1 einer ersten, schnellen Orientierung der Kommunen, so werden die Resultate der Stufen 2 und 3 künftig eine tragfähige Basis für den Schutz archäologisch relevanter Bereiche bilden, Grundlagen für die präventive Archäologie, die mit Hilfe des denkmalrechtlichen Instrumentariums eine archäologieverträgliche Stadterneuerung anstrebt. Auch hier wird es angesichts des nicht abnehmenden Veränderungsdruckes in Innenstädten wohl nicht möglich sein, gleichrangige Erhaltungsbedingungen für alle archäologisch bedeutsamen Flächen in den mittelalterlichen Städten und in deren Umfeld durchzusetzen. Der baden-württembergische Versuch, in der Wertigkeit gestufte Relevanzzonen zu benennen, zielt darauf ab, ein statisches durch ein dynamisches, an gestaffelte Schutz- und Grabungsvorbehalte gebundenes Erhaltungskonzept zu ersetzen. Dieser Ansatz führt zugleich zu den notwendigen Entscheidungsgrundlagen für eine stadtarchäologische Schwerpunktsetzung, denn es wäre – auch bei großzügigster Bereitstellung öffentlicher Mittel – nicht möglich, eine flächendeckende Stadtarchäologie in allen mittelalterlichen Städten des Landes zu realisieren. Es muß also entschieden werden, ob jede Latrine, jeder Stadtmauerzug, jeder Brunnen des Spätmittelalters ausgegraben werden muß, ob »archäologische Quellen in Städten ausgegraben werden, weil es sie eben gibt« (Henri Cleere), oder ob eine an wissenschaftlichen Fragestellungen orientierte Triage vorgenommen, das heißt ob eine Auswahl aus dem Angebot an Möglichkeiten

Zu den frühesten großflächigen Grabungen in der Stadt Zürich zählt die Grabung im Bereich des Münsterhofs (1977/78), die bald auch unter die den Platz säumenden Gebäude reichte und in die Altstadt hineingriff. Die dabei zutagegetretenen Funde und Befunde und die dort gewonnenen Erkenntnisse brachten der Archäologie in Zürich nicht nur einen beträchtlichen Wissenszuwachs, die Grabungen und die geschickte Popularisierung durch Führungen und Presse trugen Entscheidendes dazu bei, das das Interesse an Archäologie und Geschichte in der Öffentlichkeit von da an eigentlich immer wach blieb.

getroffen werden muß (und kann); so kann man sich fragen, ob jede »Gründungs-stadt« des Spätmittelalters ungeachtet des vorhandenen Volumens an archäo-logischer Substanz gleiche Aufmerksamkeit verdient oder ob hier gezielte, exemplarische Archäologie betrieben werden muß. Die Diskussion hierüber ist hierzulande noch offen.

Hingewiesen sei an dieser Stelle immerhin auf das nach wie vor große Grabungs- und Kenntnisdefizit im vor- und frühstädtischen Bereich. Ansätze wie in Rott-weil und Ulm, die vor dem 12./13. Jahrhundert eine polyzentrische Siedlungs-entwicklung beziehungsweise eine mehrfache Siedlungsverlagerung auf dem Weg zur Stadt erkennen lassen, müssen ergänzt werden durch weitere Unter-suchungen, die sich alten »zentralen Orten« und ihrem komplexen, zum Teil bis in die Merowingerzeit zurückführenden Siedlungsgefüge widmen und dabei ge-zielt über die heutige spätmittelalterliche Stadt hinausgreifen. Orte wie Villin-gen, Rottenburg am Neckar, Langenau, Giengen, aber auch Meersburg oder Überlingen, zählen zum reichen »Stadtbestand«, an dem derartige Untersuchungen möglich wären. Die beiden letztgenannten Städte am Bodensee führen zu einem weiteren Fragenkreis, der bislang kaum angemessene Berücksichtigung fand: Es geht um die Frage nach frühen Produktions- und Handelsplätzen und nach Verkehrseinrichtungen wie Häfen, die man für diese Städte ebenso zwin-gend voraussetzen muß wie für Arbon, Rorschach, Radolfzell und Allensbach. Die punktuellen Untersuchungen in Konstanz und Zufallsbeobachtungen in Allensbach zeigen, wo dort die frühstädtischen Häfen und Anlegestellen zu erwarten sind: Sie liegen unter den zum Teil meterdicken Auffüllungen des 13./14. Jahrhunderts, die im Zug der Baulandgewinnung für die im Spätmittel-alter wachsenden Städte über das alte Uferland und die dort vorhandenen Ver-kehrseinrichtungen in den Bodensee hinausgeplant wurden. Nach wie vor unzu-reichend ist die Quellenbasis für die hauskundliche Forschung für die Zeit vor dem 13. Jahrhundert, wiewohl Grabungen etwa in Sülchen bei Rottenburg oder in Ulm hier einen ersten Quellenzuwachs erbracht haben. Im Vergleich dazu ist man über die Stadt des 13. Jahrhunderts wesentlich besser orientiert. Gerade die intensiven bauarchäologischen Untersuchungen in schweizerischen wie in baden-württembergischen Städten haben hier im letzten Jahrzehnt einen großen Wissenszuwachs erbracht. Wie sich die Stadt nach dem großen Stadtumbau und Stadtwandel des 12./13. Jahrhunderts präsentierte, zeigt sich mittlerweile wesentlich deutlicher als noch vor 10 Jahren, vor allem auch, seit man dank der monumentenarchäologischen Untersuchungen weiß, wieviel an spätmittelalter-licher Substanz in den nicht kriegszerstörten Städten noch vorhanden ist. Zu-gleich zeichnen sich aber Bereiche ab, in denen die systematischen Kenntnisse trotz vieler Einzelbefunde nach wie vor sehr dürftig sind, so zum Beispiel auf dem Gebiet der Ent- und Versorgung der Städte im 13. und 14. Jahrhundert.

Gemessen an den bescheidenen und disparaten Anfängen in den sechziger Jah-ren hat die Mittelalterarchäologie in Baden-Württemberg und in der deutsch-sprachigen Schweiz ein geradezu unvorstellbares Maß an öffentlicher Zuwen-dung und personeller wie finanzieller Ausstattung erfahren dürfen. Die Erfolge der letzten Jahre, die Verwunderung über den noch immer großen Bestand an stadtarchäologischen Quellen findet ihre Ergänzung im Bestreben, den Anschluß an die konzeptionell wie inhaltlich weit fortgeschrittene Stadtarchäologie der Nachbarländer zu gewinnen. Es wird so die Aufgabe der nächsten Jahre sein, den Mut zu finden, den quantitativen Schritten die notwendigen qualitativen Ziel-setzungen an die Seite zu stellen und im Rahmen des denkmalpflegerischen Erhaltungsauftrags die wissenschaftliche Fragestellung an künftige Grabungen gemeinsam zu erarbeiten.

JUDITH OEXLE/JÜRG E. SCHNEIDER

Der Beitrag der Stadtarchäologie aus der Sicht des Historikers

Blick in eine ausgegrabene und zum Teil geleerte Kloake einfacher, bescheidener Machart. Konstanz.

Die Geschichtswissenschaft hat sich auf eine Fülle verschiedener Quellen zu stützen, die zu ihr im Verhältnis von »Hilfswissenschaften« stehen, auch wenn sie in sich selbst eigenständige Wissenschaften sein können. Neben die geschriebenen Quellen treten Quellen, die aus den verschiedensten Gegenständen und Begriffen bestehen können; der Historiker kann das Geschehen der Vergangenheit selbständig betrachten, oder er kann aus der Sicht der Rechtsgeschichte, Wirtschaftsgeschichte, Sozialgeschichte und andern mehr an sie herangehen. Von der Universalgeschichte und Reichsgeschichte hat sich in den letzten Jahrzehnten der Blick etwas abgewandt, um sich vermehrt der Geschichte des Landes und der Landschaft, der Stadt und des Städtewesens zuzuwenden.

Daß die Landesgeschichte wie auch die Stadtgeschichte einen besonders engen Kontakt zur Vergangenheit vermitteln können, steht wohl außer Frage; denn hier wird diese sozusagen zum Greifen nahe. Dazu hilft ganz besonders die noch junge »Hilfswissenschaft« der Stadtarchäologie, die die materiellen Überreste der Geschichte aufdeckt und auszudeuten hilft, dadurch auch die übrigen Aspekte der Stadtgeschichte erweitert oder manchmal überhaupt erst sichtbar macht. Oft sind die schriftlichen Quellen zur Geschichte einer Stadt vor allem in ihrer Frühzeit nur wenig aussagekräftig, so daß eine Ergänzung durch die Funde der Stadtarchäologie äußerst erwünscht sein kann. Wichtig ist auf jeden Fall eine enge Verbindung zwischen »klassischer« Geschichtswissenschaft und Stadtarchäologie, die manchmal noch zu wünschen übrig läßt.

Freilich erfreut sich die Stadtarchäologie mit ihrem Zugriff auf Grund und Boden in der Stadt nicht immer der uneingeschränkten Zustimmung der Öffentlichkeit. Dafür gibt es mehrere Gründe, die ihre Ursache alle in der Verzögerung haben, die eine Grabung für eine Überbauung zwangsläufig mit sich bringt. Verwaltung und Gemeinderat, aber auch private Grundeigentümer sträuben sich gegen den Zeitverlust, der sich nicht selten noch in die Länge zieht und dem gelegentlich dann nicht einmal ein wichtiger Fund als Ausbeute gegenübersteht. Derartige Vorwürfe werden teilweise auch dann erhoben, wenn keine grundsätzliche Ablehnung der Geschichtsforschung vorliegt, und sie sind uns auch aus dem Bereich der Untersuchung vermuteter Altschäden in der Umwelt bekannt. Oft wird man Kompromisse finden müssen, die vielfach für beide »Parteien« schmerzhaft sein werden, auch wenn das gegenseitige Verständnis, vorhanden ist.

Während Auseinandersetzungen um handfeste Interessen irgendwie nachvollziehbar sind, können die vom Historiker Otto Borst mehrfach vorgebrachten Auffassungen über historische Arbeit und historisches Verständnis, über Denkmalpflege und Denkmalarchäologie eigentlich nur verwundern. Wer im oben angegebenen Sinn kooperationsbereit ist und Archäologie als l'art pour l'art ablehnt, wird den teilweise mit ätzendem Spott vorgetragenen Überlegungen dieses Verfassers bis hin zur Horrorvision eines durch die Denkmalspflege gleichsam «getöteten» urbanen Lebens keinesfalls folgen können.

Funde informieren aus sich selbst heraus

Allerdings deckt sich dieser Angriff nicht mit der allgemeinen Meinung über die Stadtgeschichtsforschung. Diese begrüßt vielmehr auf breiter Front die neue

Blick in eine sorgfältig gemauerte und vollständig entleerte Kloake. Der Arbeiter auf der Sohle der Grube vermittelt eine Vorstellung von der Größe einer solchen Anlage. Zürich.

Wissenschaft der Stadtarchäologie, die der Stadtgeschichte nicht nur ergänzende und ältere Auffassungen bestätigende Quellen bereitstellt, sondern auch Neufunde liefert, die zum Umdenken veranlassen. Dabei sollte man allerdings nicht, wie es oft geschieht, von »Archiven unter der Erde« oder von »Urkunden im Erdboden« sprechen, da beide Begriffe ja bereits etwas ganz Bestimmtes bedeuten und nicht übertragbar sind. Ein Archiv nämlich ist die Stelle, an der das amtliche Schriftgut der Vergangenheit geordnet aufbewahrt wird, eine Urkunde beglaubigt in schriftlicher Form einen rechtlichen Vorgang, der verschiedenster Art sein kann.

Beides trifft auf die Ergebnisse und Funde der Stadtarchäologie nicht zu. Sie sind daher jener Gruppe zuzurechnen, die die historische Methodenlehre als »Überreste« bezeichnet, worunter Bauten und Baureste, Bestattungen, Geräte, handwerkliche und künstlerische Erzeugnisse aller Art und anderes mehr zu verstehen sind. Alle diese Überreste verbindet die Eigenheit, daß sie nicht dazu geschaffen wurden, wie schriftliche Zeugnisse geschichtliches Wissen zu vermitteln; sie machen ihre Aussage sozusagen unabsichtlich durch ihre Existenz, Beschaffenheit oder Eigenart. Was der Archäologe findet, wurde nicht in den Boden gelegt, um die Nachwelt zu unterrichten oder gar, wie dies bei manchen literarischen Quellen der Fall ist, um die Gegenwart oder die Nachwelt zu beeinflussen; was die Archäologie zutage fördert, informiert aus sich selbst heraus durch seine Form, sein Dasein oder seine Fundstellung, ohne daß mit ihrer Existenz der Zweck einer historischen Unterrichtung verbunden wäre.

Der Stadthistoriker wird demnach über diese Erweiterung seines Quellenmaterials, das ihm ja erst seit kurzer Zeit zur Verfügung steht und immer noch anwächst, sehr zufrieden sein. Im heutigen Bundesland Baden-Württemberg ist ja mit einer Stadt auf 118 km² die Städtedichte in ganz Deutschland am größten, und auch benachbarte Regionen wie die nördliche Schweiz, der bayerische Regierungsbezirk Schwaben und das Elsaß sind mit einem dichten Städtenetz überzogen. Das ist historisch bedingt; dieser Quantität entspricht nun aber leider keineswegs die Qualität der erhaltenen schriftlichen Quellen. In ausgesprochenem Gegensatz zur Städtedichte steht hier die Quellenarmut. So gibt es denn nur recht wenige Städte, die über eine Gründungsnotiz oder gar eine Gründungsurkunde verfügen und weitere Quellen, vor allem zur frühen Geschichte der Stadt, besitzen. Die Quellenlage bei den meisten Städten ist also sehr dürftig, und selbst bei Städten, zu denen bereits eine größere Zahl von schriftlichen Quellen vorliegen, lassen sich daraus vielfach nur partielle Erkenntnisse gewinnen.

Es ist daher verständlich, daß der Stadtgeschichtsforscher es begrüßt, wenn ihm neue Quellen zur Verfügung gestellt werden, wie das jetzt vermehrt durch die

Stadtarchäologie geschieht. Dabei wird er sich stets auch der Schwierigkeiten bewußt, mit der die Archäologie zu kämpfen hat und die dazu führen, daß die archäologische Forschung nicht selten Stückwerk bleiben muß. Im überbauten Stadtgebiet etwa stößt sie schnell an Grenzen, wo nicht weitergeforscht werden kann. Die Chancen, die nach den Zerstörungen des Zweiten Weltkriegs vorhanden gewesen wären, sind durch den Bauboom des Wiederaufbaus unserer Städte endgültig vertan, und Funde älterer Zeiten ermangeln oft genug der Bearbeitung mit den ausgeklügelten Methoden heutiger Wissenschaft, so daß sie nur begrenzt aussagekräftig sind.

Es sind also oft nur Bruchstücke, die dem Boden entnommen werden, und das entsprechende Puzzle läßt sich vielfach nur teilweise zusammenordnen. Dazu kommt, dass die Stadtarchäologie nicht über eine unbegrenzte Zahl von Mitarbeitern oder über uneingeschränkte Geldmittel verfügt, so daß sie unter Berücksichtigung zahlreicher anderer Überlegungen stets entscheiden muß, wo sie – von den immer wieder anfallenden Notgrabungen einmal abgesehen – nun eine gründliche archäologische Ausgrabung durchführen will.

Aus diesen allgemeinen Bemerkungen dürfte deutlich geworden sein, daß Stadtgeschichte und Stadtarchäologie eng aufeinander angewiesen sind und sich ergänzen, selbst wenn auch dann noch viele Fragen unbeantwortet bleiben werden. Gewiß kann die Stadtarchäologie vieles auch zeitlich genauer eingrenzen, vor allem, wenn moderne naturwissenschaftliche Forschungsmethoden wie beispielsweise die Dendrochronologie eingesetzt werden können. Aber vielfach wird man sich mit ungefähren Zeitangaben begnügen müssen, die allerdings dann oft präziser sind als diejenigen, die aus dem kargen schriftlichen Quellenmaterial, das bisher zur Verfügung stand, gewonnen werden konnten. Dafür, was in dieser Hinsicht in ausgewählten Städten des Untersuchungsraums erreicht worden ist, finden sich in dem vorliegenden Werk vielfältige Beispiele.

Zwei Disziplinen, die sich ergänzen

Sehr oft ist es so, daß im einen Fall Funde der Stadtarchäologie die schriftlichen Quellen ergänzen und gelegentlich auch korrigieren können, während in einem andern Fall dann wieder schriftlich überlieferte Tatbestände den Archäologen bei der richtigen Einordnung ihrer Funde zu helfen vermögen. Deshalb ist es dringend notwendig, daß zumindest die wichtigsten Ergebnisse der Stadtarchäologie innert nützlicher Frist auch der Stadtgeschichte zur Verfügung stehen. Gewiß ist die Arbeitsweise beider Wissenschaften verschieden. Die in der Regel nur dürftigen schriftlichen Quellen, die dem Historiker zur Verfügung stehen, sind fast alle seit langem bekannt; sie können nur durch eine bessere Interpretation, durch einen erneuten Vergleich mit anderen Quellen und allenfalls noch durch den äußerst seltenen Fund einer bisher unbekannten Quelle in einem anderen Licht gesehen werden. Der Archäologe dagegen steht vor der Schwierigkeit, daß sein Untersuchungsfeld praktisch der gesamte Untergrund der Stadt ist, ob der nun zugänglich oder wegen seiner Überbauung unzugänglich ist, daß er aber trotz der letztlich unermeßlichen Aufgabe aus Zeitgründen und infolge stets beschränkter Mittel gezwungen ist, wissenschaftliche Schwerpunkte zu setzen, so schmerzlich das sein mag. Außerdem haben die Archäologen sich immer wieder zu entscheiden, ob ihre Arbeit Ergänzungen und Bestätigungen einer relativ reichen Schrifttradition erbringen soll oder ob nicht eher allenfalls völlig neue Einblicke in eine schriftlich kaum dokumentierte Stadtgeschichte gefragt sind.

Bei allen Unterschieden der Methoden und der Möglichkeiten ergänzen sich die beiden Wissenschaften äußerst glücklich. Eine schriftliche Quelle, eine Urkunde beispielsweise oder ein Brief, eine Chronik oder etwa auch ein altes Rechnungs- oder Amtsbuch, vermögen zwar sehr viel auszusagen, doch dazu müssen sie gedanklich erst aufgearbeitet werden, ehe ihr ganzer Inhalt konkret faßbar wird, und auch dann bleiben diese Inhalte Bilder unserer Vorstellungskraft. Die Stadtarchäologie dagegen verrät mit ihren Funden ganz unmittelbar, wie die Objekte einstmals aussahen, von denen die Historiker nur sprechen können. Eine Mittelstellung nimmt hier übrigens die Realienkunde des Mittelalters ein, wenn sie ältere bildliche Darstellungen von Außen- und Innenräumen sowie von Gegenständen untersucht. Andererseits hat es der Historiker letztlich mit handelnden Menschen und Menschengruppen zu tun, während die Forschungsobjekte der Archäologen die dinglichen Zustände, die Gegenstände und ihre

Zwei Beispiele für Kupfer- beziehungsweise Messingfunde aus Konstanz.

Entwicklung sind. So wie der Historiker zur Ergänzung seiner Kenntnisse auf die Funde des Archäologen angewiesen ist, kann er dem Archäologen aber auch Hinweise zur Einordnung dieser Funde in die stadtgeschichtliche Entwicklung geben. Dies betrifft praktisch alle Gebiete der Stadtgeschichte. Wenn auch sehr oft alle schriftlichen Quellen für die Gründung oder Anlage einer Stadt fehlen, so kann doch der Boden Auskunft über Umfang, Planung und die ursprüngliche Befestigung geben. Gleiches gilt natürlich auch für den weiteren Ausbau, die Erweiterungen und die Vorstädte. Schwere Brände stellen einschneidende Zäsuren in der Entwicklung einer Stadt dar, die sich anhand von Brandschichten feststellen lassen. Zwar berichten auch schriftliche Quellen vielfach darüber, doch erst in den Brandschichten wird das Ausmaß der Verheerung deutlich. Als besonders eindrucksvolles Beispiel verdient Ulm genannt zu werden, wo am Grünen Hof die ursprünglich hier stehenden Holzhäuser ergraben wurden, die bei den Belagerungen der Stadt 1131 und 1134 in einer Feuersbrunst untergingen. Wie schwer die Verwüstungen waren, geht daraus hervor, daß über dem Brandschutt eine Schicht von Pflanzenresten lag, was darauf hindeutet, daß das Gelände einige Jahre brach lag. Nun liegen die Quellen über die Belagerungen der Stadt Ulm den Ereignissen zeitlich sehr nahe, so daß ihre Bestätigung durch die Befunde der Ausgrabungen besonders sicher ist. Aber auch in Städten, deren Quellenlage viel schlechter ist, vermag die Stadtarchäologie bisher nur in Umrissen faßbare Geschehnisse und Gegebenheiten plötzlich in ein klareres Licht zu setzen. Überdies kann die Archäologie die Richtigkeit späterer Quellen bestätigen oder ihre Fehlerhaftigkeit deutlich machen.

Ein Zuwachs an Anschaulichkeit

Der Stadthistoriker wird gern auf Erkenntnisse der Stadtarchäologie zurückgreifen, wenn es darum geht, Anlage und Struktur mittelalterlicher Städte zu erforschen. Er kann so die ehemalige Straßenführung erkennen oder sich die vielfältigen Veränderungen der Bebauungsgrenzen gerade der Märkte verdeutlichen, wo hölzerne Verkaufsbuden und vergleichbare Bauten sozusagen verfestigt und allmählich durch einzelne oder ganze Gruppen von Steinbauten ersetzt wurden und dem Markt damit ein neues Gesicht gaben. Wichtig ist es auch, von den Archäologen zu erfahren, wann und wo die städtische Bebauung den Übergang vom Holzbau zum Steinbau durchmachte. Auch spricht kaum eine schriftliche Quelle davon, in welcher Technik mittelalterliche Straßen gebaut wurden, so daß hierüber nur die Stadtarchäologie Auskunft geben kann. Und vor allem auch

Schmuckstücke, Schmuckstück-Fragmente und Amulette aus Metall. Fundort Konstanz.

29

Zinnteller. Altfund aus Konstanz.

unser Wissen um mittelalterliche Hafenanlagen ist äußerst beschränkt, so daß hier allein die Archäologie weiterhelfen kann. In der mittelalterlichen Stadt war es weithin üblich – wenn auch nicht eine absolut eingehaltene Regel –, daß sich gewisse Handwerker auf bestimmte Straßen konzentrierten, die zum Teil noch heute nach ihnen benannt sind (Hafnergasse oder Töpfergasse, Metzgergasse, Gerbergasse usw.). Das hängt damit zusammen, daß diese Handwerker unter anderem einen besonders hohen Bedarf an Wasser hatten, so daß sie ihren Standort in Wassernähe suchen mußten, oder aber die Betriebe wurden wegen der Feuergefährlichkeit des Gewerbes am Rand der Stadt angesiedelt. Was man meist erst im Spätmittelalter eher zufällig aus den Quellen erfährt oder durch die damals allmählich aufkommenden Straßennamen weiß, das wird, obwohl eine derartige Anordnung von Handwerksbetrieben schon seit langer Zeit nicht mehr üblich ist, durch die Stadtarchäologie bestätigt, wenn sie jeweils in dem betreffenden Quartier auf Werkstätten von Handwerkern stößt. Selbstverständlich können Grabungen in Handwerkervierteln auch Aufschluß über die handwerklichen Tätigkeiten selbst vermitteln. Man lernt Arbeitsgeräte kennen, wie sie damals üblich waren, und Zeugnisse einstiger handwerklicher Tätigkeit werden nicht nur in den Mülldeponien, sondern vor allem auch am ehemaligen Arbeitsort gefunden, und das gilt besonders für ortsfeste Anlagen wie Backöfen oder Brennöfen. Die Archäologie ist zudem in der Lage, Veränderungen und Verbesserungen handwerklicher Produktionsmethoden und Erzeugnisse aufzuzeigen.

Unterkiefer eines vermutlich verspeisten Hundes mit Schnittspuren. Maßstab 1:1,2.

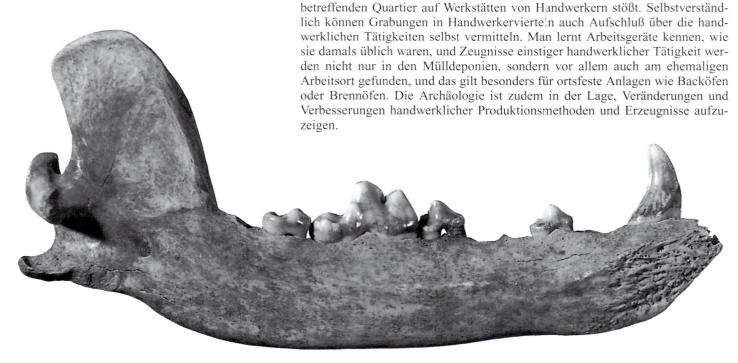

Bereits im Mittelalter stellten sich Probleme der Versorgung und Entsorgung. Beim Stichwort »Versorgung« wird man vor allem an die Versorgung mit Wasser denken, das schon damals sowohl als Trinkwasser wie auch als Brauchwasser diente. Alte Brunnen und alte Wasserleitungen geben Zeugnis davon. Zum Thema »Versorgung« gehört aber auch die Belieferung mit allen erforderlichen Dingen, besonders auch mit Lebensmitteln. Dieser städtische Handel, der nicht zuletzt auf dem Markt erfolgte, ist allerdings schwer zu fassen, da beispielsweise bei den Lebensmitteln neben innerstädtischen Waren auch Produkte von außerhalb der Stadtmauern und aus dem Ausland gehandelt wurden und diese meist kaum zu unterscheiden sind, sofern nicht eindeutige Merkmale etwas über ihre Herkunft verraten. Gewißheit besteht jeweils nur da, wo auch Überreste ausländischer oder gar überseeischer Waren gefunden werden. Wenn Münzfunde größeren Umfangs gemacht werden, dann bestätigen sie die auch anderweitig zustandegekommenen Erkenntnisse der städtischen Wirtschaftsgeschichte, da größere Geldbeträge nur durch Handel zu erzielen waren. Wichtige Aufschlüße über die städtische Infrastruktur geben auch die Entsorgungseinrichtungen, so die Abflußgräben (Ehgräben) und Abflußkanäle. Besonders wertvolle Funde verdankt die Archäologie immer wieder den mittelalterlichen Latrinen, in die eben auch der Hausmüll geschüttet wurde, so daß hier neben Geschirr und Geräten auch allerkleinste Speisereste wie Kerne oder Schalen und Knochen gefunden werden können. Ähnliches Fundgut findet sich auch in Geländeauffüllungen wieder, wie es beispielsweise in Konstanz am Bodenseeufer gehoben wurde. Der reiche Inhalt dieser einstigen Müllkippe und Schuttdeponie gibt einen besonders guten Einblick in Leben und Alltag der Bürger einer mittelalterlichen Stadt.

Keine Stadtgeschichte ohne Stadtarchäologie

Dank der Grabungstätigkeit der Stadtarchäologie der jüngsten Zeit ist das Bild der mittelalterlichen Stadt wesentlich griffiger und farbiger geworden, zahlreiche Aspekte des Lebens, so, wie es damals um 1300 war, kann man sich heute leichter vorstellen. Kommt dazu, daß die Funde selbst einen besonderen, unmittelbaren Reiz auf den Betrachter ausüben. Schriftliche Quellen sind für den Bürger, der sich für die Geschichte seiner Stadt interessiert, im allgemeinen wenig attraktiv. Gewiß vermögen sie ihm ein Gerüst von zeitlichen Fixpunkten zu geben, aber die Urkunden, Chroniken, Steuerbücher und Ratsbeschlüsse sind äußerlich vielfach unansehnlich, sie sind kein gutes Ausstellungsgut, und oft sind sie nur durch den Fachmann zu lesen, während die zahlreichen aufgefundenen oder vergrabenen Gegenstände, Mauerzüge, Brandschichten und weiteren Befunde den Alltag der gesamten Gesellschaft spiegeln und nicht nur das Leben der Oberschicht, die sich durch eine ganze Reihe von wertvollen Hinterlassenschaften bereits früher dokumentiert und dargestellt hatte.

Die Stadtarchäologie, für das Spätmittelalter noch ergänzt durch die mittelalterliche Realienkunde, gibt dem Stadthistoriker heute die Möglichkeit, die Dar-

Ofenkacheln und Ofenkachelfragmente. Fundort Konstanz.

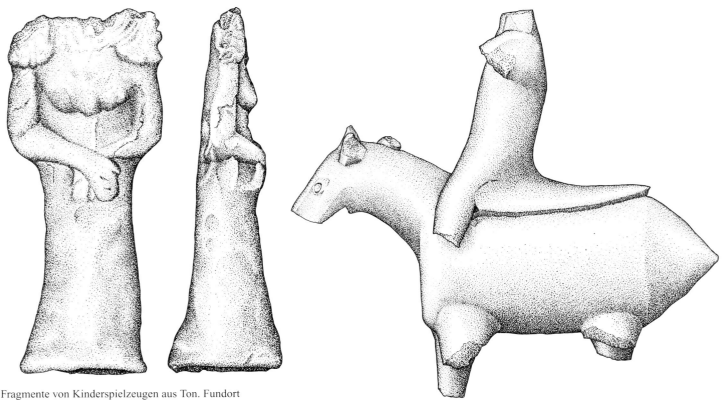

Fragmente von Kinderspielzeugen aus Ton. Fundort Konstanz.

stellung des mittelalterlichen Städtewesens auf eine wesentlich breitere Basis zu stellen, als dies vor zwanzig Jahren noch der Fall war. Das tägliche Leben in der Stadt um 1300 wird sichtbar, man vermag zu erkennen, was damals gegessen worden ist und welches Tischgerät dazu benutzt wurde. Wenn sich darunter dann eindeutig auch Importwaren feststellen lassen (auswärtige oder gar ausländische Speisen und ebensolches Geschirr), dann wird man freilich nur für diejenigen Städte von einem eigenen Fernhandel sprechen können, für die (wie im Fall von Konstanz) auch noch andere Nachrichten dies verbürgen. Sonst wird man davon auszugehen haben, daß diese Erzeugnisse in den Handelsmittelpunkten erworben wurden. An Knochenresten läßt sich erkennen, ob und welche Haustiere gehalten wurden, neben Kinderspielzeug finden die Archäologen Unterhaltungsspiele der Erwachsenen wie Brettspiele oder Schach, und neue Erkenntnisse ergeben sich auch über die Kleidung und das Schuhwerk. Der Zusammenhang, in dem die Funde stehen, vermag schließlich auch etwas darüber auszusagen, seit wann ein bestimmtes Stadtquartier überbaut ist, so daß die Wachstumsvorgänge einer Stadt deutlicher werden. Eine anthropologische Untersuchung von Skelettfunden in Bestattungen schließlich wird Rückschlüsse auf den Gesundheitszustand jener Menschen ermöglichen, die schon von vielen Krankheiten geplagt wurden.

Der kurze Überlick macht deutlich, daß eine gute Stadtgeschichte, vor allem eine Geschichte des Beginns der städtischen Entwicklung, aber auch des Spätmittelalters und der früheren Neuzeit, ohne Berücksichtigung der Forschungsergebnisse der Stadtarchäologie heute nicht mehr geschrieben werden kann. Allerdings fehlen diese Voraussetzungen noch an allzuvielen Orten. In zahlreichen Städten sind zwar da und dort punktuell Funde gehoben worden, die sich aber nicht einmal zu einem schemenhaften Bild zusammensetzen lassen; oft verhindert auch das weitgehende Fehlen einer schriftlichen Überlieferung eine weitergehende Interpretation dieser Funde. Daneben gibt es selbstverständlich auch Städte, die dank ihrem Reichtum an Funden und Befunden verraten, um wieviel klarer und breiter unsere Kenntnis der Vergangenheit sein könnte, wenn wir über mehr Material verfügten. Der vordringlichste Wunsch der Stadtgeschichtsforschung ist es somit, über dieses Material möglichst schnell und umfassend verfügen zu können.

JÜRGEN SYDOW

Das Denkmalrecht in Baden-Württemberg und in Zürich

Der rechtliche Schutz von Bau- und Bodendenkmalen in den alten Stadtkernen Baden-Württembergs

306 der 1111 Städte und Gemeinden Baden-Württembergs sind mittelalterliche Gründungen. In 70 Prozent dieser Siedlungen sind heute städtebauliche Sanierungsgebiete ausgewiesen. Bereits aus diesen Zahlen wird das Spannungsverhältnis zwischen der Erhaltung des baulichen und archäologischen Erbes und der Stadterneuerung sichtbar. Beispiele für zerstörerische Bodeneingriffe lassen sich leicht finden: Tiefgaragen auf historischem Grund, erstmalige Unterkellerungen von Wohn- und Geschäftshäusern, Straßenunterführungen, Verlegung neuer Ver- und Entsorgungsleitungen, tiefeingreifende Neugestaltung von Straßen und Plätzen usw.
Die rechtlich verbindliche Grundlage für den Schutz *aller* Kulturdenkmale — darunter fallen sowohl Baudenkmale als auch die archäologischen oder Bodendenkmale sowie bewegliche Kulturdenkmale — ist in Baden-Württemberg das Denkmalschutzgesetz (DSchG) vom 25. Mai 1971. Dieses hat sich in den letzten 20 Jahren als wirkungsvolles Instrument zum Schutz sowohl der baulichen als auch der archäologischen Denkmale als historische Quellen der frühen Landesgeschichte erwiesen. Unter den einheitlichen Oberbegriff des Kulturdenkmals in § 2 DSchG fallen alle »Sachen, Sachgesamtheiten oder Teile von Sachen, an deren Erhaltung aus wissenschaftlichen, künstlerischen oder heimatgeschichtlichen Gründen ein öffentliches Interesse besteht«. Immer dann, wenn ein Objekt die Merkmale des Denkmalbegriffs aufweist, steht es bereits kraft Gesetzes unter Denkmalschutz; eine besondere Eintragung in eine Denkmalliste ist in Baden-Württemberg — anders als in einigen anderen Bundesländern — nicht Voraussetzung für die Geltung der allgemeinen Schutzbestimmungen des Gesetzes. Der Vorteil dieses normativen Denkmalbegriffs liegt gerade für Bodendenkmale in der Möglichkeit einer sofortigen Unterschutzstellung aller wichtigen Funde kraft Gesetzes, ohne zeitaufwendige Erfassung und Verwaltungsmaßnahmen. Aus Gründen der Transparenz für die Betroffenen (Eigentümer, Planungsträger, Genehmigungsbehörden) werden daneben die Kulturdenkmale in einer Liste mit *nachrichtlichem* Charakter erfaßt. Besonders bedeutsame Bau- und Bodendenkmale genießen als »Kulturdenkmale von besonderer Bedeutung« den zusätzlichen Schutz der §§ 12—15 DSchG durch Eintragung in das Denkmalbuch.
Die Eigentümer oder Besitzer eines Kulturdenkmals, seien es der Staat, die Gemeinde oder ein Privateigentümer, haben dieses im Rahmen des Zumutbaren zu erhalten und zu pflegen (§ 6 DSchG). Bei einem Bodendenkmal ist natürlich die sichere Kenntnis vom Vorhandensein des Denkmals Voraussetzung für die Schutzverpflichtung. Darin kann für die Stadtarchäologie bei nur vermuteten Bodenfunden ein Problem liegen. Konkret bedarf nach § 8 DSchG jede Zerstörung oder Beseitigung eines Kulturdenkmals wie auch jede Beeinträchtigung seines Erscheinungsbildes der Genehmigung durch die zuständige Denkmalschutzbehörde. Dasselbe gilt für die Entfernung von Denkmalen aus ihrer Umgebung, soweit diese für den Denkmalwert von wesentlicher Bedeutung ist. Da gerade ein Bodendenkmal durch (Aus-)Gra-

bung praktisch immer unwiederbringlich zerstört beziehungsweise aus seiner geschützten Umgebung entfernt wird, kommt dieser Genehmigungsbedürftigkeit für bodendenkmalrelevante Grabungen eine zentrale Bedeutung für den Schutz archäologischer Kulturdenkmale in den alten Stadtkernen zu. Ohne akute Gefährdung werden deshalb in Baden-Württemberg heute keine archäologischen Grabungen mehr genehmigt oder durchgeführt.

Die Entscheidung der Denkmalschutzbehörde (in der Regel ist das die untere Baurechtsbehörde, das heißt in Gemeinden mit mehr als 8000 Einwohnern, sonst das Landratsamt) ergeht nach pflichtgemäßem Ermessen (§ 7 DSchG). In diese Ermessensentscheidung ist die Prüfung der Zumutbarkeit der Erhaltung des Kulturdenkmals für den Eigentümer eingebunden. Durch Ausgleich der denkmalbedingten Mehrkosten der Erhaltung mittels Zuschüssen des Landes, der Stadt oder eines Dritten (beispielsweise der Denkmalstiftung Baden-Württemberg) kann die Zumutbarkeitsschwelle für die Erhaltung des Kulturdenkmals entsprechend angehoben werden. Kommt eine Erhaltung des Kulturdenkmals insgesamt nicht in Betracht, so kann die Genehmigung der Zerstörung, Beseitigung, Beeinträchtigung des Erscheinungsbildes oder Entfernung des Denkmals mit Auflagen oder Bedingungen verknüpft werden (§ 7 Abs. 2 DSchG). Dies ist gerade beim Zusammentreffen von Bauvorhaben und Bodendenkmalen in den Städten häufig der Fall. In Betracht kommen dabei beispielsweise: Duldung einer vorangehenden Rettungsgrabung zur Dokumentation der archäologischen Substanz und wissenschaftlichen Auswertung der Funde beim Bau von Tiefgaragen oder Straßenunterführungen; teilweise Untersagung der Unterkellerung eines Gebäudes beziehungsweise Pfeilergründung zum Schutz von Bodenfundstellen; gebündelte Führung von Ver- oder Entsorgungsleitungen; Tiefenbeschränkung der Bodenabtragung bei der Neugestaltung eines archäologisch bedeutsamen Platzes usw.

Verweigert die Denkmalschutzbehörde im Interesse der Erhaltung eines bedeutsamen Bau- oder Bodendenkmals die erforderliche Genehmigung beziehungsweise Zustimmung zu einem Bauvorhaben, so kann das im Bereich eines entsprechenden Bebauungsplanes oder von im Zusammenhang bebauten Ortsteilen (§ 34 des Baugesetzbuches) einem Bauverbot mit enteignender Wirkung gleichkommen und eine Entschädigungspflicht nach § 24 DSchG als Konkretisierung der Eigentumsgarantie des Artikels 14 des Grundgesetzes auslösen.

Die für die Erteilung der Genehmigung zuständige untere Denkmalschutzbehörde ist ihrerseits an das Einvernehmen mit dem Landesdenkmalamt als fachlicher Landesoberbehörde sowohl für die Bau- als auch für die archäologische Denkmalpflege in Baden-Württemberg gebunden. Kommt kein Einvernehmen zustande, so entscheidet nach Anhörung des Landesdenkmalamts entweder das Landratsamt als Rechtsaufsichtsbehörde oder das Regierungspräsidium als höhere Denkmalschutzbehörde abschließend (§ 3 Abs. 3 DSchG).

Verschiedene Formen des Denkmalschutzes

Zum Schutz ganzer Straßen-, Platz- und Ortsbilder können die Gemeinden sogenannte *Gesamtanlagen*, an deren Erhaltung aus wissenschaftlichen, künstlerischen oder heimatgeschichtlichen Gründen ein besonderes öffentliches Interesse besteht, durch eine gemeindliche Satzung unter Denkmalschutz stellen (§ 19 DSchG). Veränderungen am geschützten Bild der Gesamtanlage bedürfen dann der besonderen Genehmigung der Denkmalschutzbehörde. Der Gesamtanlagenschutz steht neben dem Schutz der einzelnen Kulturdenkmale in ihrem Bereich; er ist auf den *Bildschutz* beschränkt, wohingegen die einzelnen Bau- und Bodendenkmale durch das Denkmalschutzgesetz in ihrer Originalsubstanz geschützt werden.

Neben dem Gesamtanlagenschutz nach § 19 DSchG haben die Gemeinden die Möglichkeit, den historischen Baubestand durch Erlaß örtlicher Bauvorschriften gemäß § 73 Abs. 1 und 2 der Landesbauordnung in Form einer *Gestaltungssatzung* sowie durch Einführung besonderer Genehmigungspflichten (bei Abbruch, Änderung, Nutzungsänderung oder der Errichtung baulicher Anlagen) nach § 172 Abs. 1 Nr. 1 des Baugesetzbuches in Form

Zürich, Neumarkt 4, »Zum unteren Rech«. Der Lichthof vor und nach der Restaurierung. Blick von Süden
in den geschlossenen Lichthof, der durch den spätgotischen Spitzbogendurchgang von 1534 erschlossen wird.
Die Fenster der vorderen Lichthofwand sind mit Deko-
rationsmalereien von 1534 und 1574 geschmückt.

einer *Erhaltungssatzung* zu schützen. Gesamtanlagenschutz-Satzung, Gestaltungssatzung und Erhaltungssatzung unterscheiden sich in Schutzzweck
und Schutzumfang und können deshalb selbständig nebeneinander stehen.
In der Praxis wird dies allerdings nur selten der Fall sein.

Ein weitergehender Schutz von Bodendenkmalen kann durch die Ausweisung eines *Grabungsschutzgebiets* durch eine Rechtsverordnung der unteren
Denkmalschutzbehörde in Gebieten erreicht werden, »die begründeter Vermutung nach Kulturdenkmale von besonderer Bedeutung bergen« (§ 22
DSchG). In solchen Grabungsschutzgebieten dürfen Arbeiten, durch die verborgene Kulturdenkmale zutage gefördert oder gefährdet werden, nur mit
Genehmigung der Archäologischen Denkmalpflege des Landesdenkmalamts
vorgenommen werden. Dieser – auf den ersten Anschein ideale – Schutz von
Bodendenkmalen war in der Vergangenheit freilich in dicht bebauten und
teuren Stadtquartieren aus praktischen und finanziellen Gründen häufig nur
schwer zu verwirklichen. Ziel muß es jedoch bleiben, durch ein entsprechendes Engagement der öffentlichen Hand oder privater Träger mit den Natur-
schutzgebieten vergleichbare archäologische Schutzgebiete mit Hilfe von
Grunderwerb und Nutzungsbeschränkungen (beispielsweise durch Ausweisung als Grünanlage) als sogenannte *Archäologische Reservate* künftig vermehrt auch in Städten auszuweisen und dadurch eine dauerhafte Sicherung
wertvoller archäologischer Lagerstätten zu gewährleisten. Mittel zum Erwerb
entsprechender Grundstücke stehen im Staatshaushaltsplan des Landes seit
einigen Jahren zur Verfügung.

Auch der *Anzeigepflicht* beim zufälligen Fund beweglicher oder unbewegli-
cher Kulturdenkmale (§ 20 DSchG) kommt bei Tiefgrabungen in den Städten eine große praktische Bedeutung zu. Sie ist Voraussetzung für eine
Bewertung des Fundes durch das Landesdenkmalamt und ein eventuelles
Tätigwerden der Denkmalschutzbehörde (etwa die Veranlassung der Einstellung von Bauarbeiten). Auch die Gemeinden sind verpflichtet, die ihnen
bekannt werdenden Funde unverzüglich dem Landesdenkmalamt anzuzeigen. Ergänzend dazu bedürfen alle Nachforschungen, insbesondere Grabungen, die das Ziel haben, Kulturdenkmale zu entdecken, der Genehmigung

Zürich, »Grimmenturm«, vom Neumarkt aus gesehen. Links Zustand vor der Renovation (1964), rechts der Turm nach der 1968 erfolgten Renovation.

des Landesdenkmalamts (§ 21 DSchG). Damit kommt der Archäologischen Denkmalpflege eine Schlüsselstellung bei der Genehmigung von Untersuchungen jeglicher Art zu. Voraussetzung für eine Grabung ist natürlich zusätzlich die Genehmigung des jeweiligen Grundstückseigentümers; dies gilt übrigens auch für Grabungen des Landesdenkmalamts, wobei nur durch eine frühzeitige Grabungserlaubnis spätere Verzögerungen und Konflikte bei den Bauarbeiten vermindert werden können.

Eine gewisse Besonderheit des baden-württembergischen Denkmalschutzgesetzes ist schließlich das sogenannte *Schatzregal*, das besagt, daß bewegliche Kulturdenkmale, die herrenlos sind oder die so lange verborgen gewesen sind, daß ihr Eigentümer nicht mehr zu ermitteln ist, mit der Entdeckung Eigentum des Landes werden (§ 23 DSchG). Voraussetzung ist die Entdeckung bei staatlichen Nachforschungen oder in Grabungsschutzgebieten oder ein hervorragender wissenschaftlicher Wert des Fundes. Das Schatzregal wurde vom Bundesverfassungsgericht als mit dem Grundgesetz vereinbar bestätigt (Beschluß vom 18. 5. 88).

Zur Bewältigung von Konflikten zwischen der Denkmalpflege und der Stadterneuerung tragen die Grundsätze des Innenministeriums Baden-Württemberg vom 27. 9. 1988 über das Verhältnis der städtebaulichen Erneuerung und der Denkmalpflege bei. Danach ist es bei gebietsbezogenen Stadterneuerungsmaßnahmen notwendig, die Denkmalpflege möglichst frühzeitig (spätestens in der Phase der vorbereitenden Untersuchungen nach § 141 des Baugesetzbuches) zu beteiligen und ihr ausreichend zeitlichen Spielraum zur Prüfung und Stellungnahme gegenüber der Gemeinde zu lassen. Dies ist für das Einbringen der Belange der Baudenkmalpflege und der Stadtarchäologie von entscheidender Bedeutung. In der Phase der Durchführung der Stadtsanierung gibt das Landesdenkmalamt als Träger öffentlicher Belange Einzelstellungnahmen zu Bebauungsplänen (unter anderem Hinweise auf archäologisch relevante Zonen, die nachrichtlich in den Bebauungsplan übernommen werden) und zu einzelnen Baugesuchen aus bau- und bodendenkmalpflegerischer Sicht ab. Daneben obliegt der Archäologischen Denkmalpflege die Durchführung von Grabungen mit begleitenden Untersuchungen sowie die Dokumentation und wissenschaftliche Aufarbeitung der Grabungsergebnisse. In bestimmten Ausnahmefällen können 50 Prozent der Kosten archäologischer Grabungen aus Stadterneuerungsmitteln gefördert werden, wenn das Landesdenkmalamt aus personellen oder finanziellen Gründen eine Grabung aus eigener Kraft erst in späteren Jahren beginnen könnte, das Stadterneuerungsvorhaben aber keinen so langen Aufschub duldet.

Die Rahmenplanung

Schließlich wird durch die Grundsätze das Landesdenkmalamt mit der Erarbeitung einer Übersicht denkmalpflegerischer Schwerpunkte in Städten und Gemeinden, in denen Stadterneuerungsmaßnahmen vorgesehen sind, beauftragt.

Für den Bereich der Bodendenkmalpflege wurde dazu im Januar 1991 vom Landesdenkmalamt der erste Erhebungsschritt für ein umfassendes *Archäologisches Stadtkataster Baden-Württemberg* vorgelegt. In der Bestandserhebung sind die archäologisch relevanten Bereiche sowie die Sanierungsgebiete für städtebauliche Erneuerungsmaßnahmen für alle 306 mittelalterlichen Städte und Gemeinden Baden-Württembergs lageplanmäßig dargestellt. Die Bestandserhebung wird jetzt Schritt für Schritt durch Positiv- und Negativkartierungen verfeinert und durch Relevanzzonen unterschiedlicher archäologischer Wertigkeit ergänzt. Die daraus entstehende *Archäologische Rahmenplanung* wird für die Kommunen eine wichtige Planungshilfe für ihre künftige Stadtplanung und Stadterneuerung darstellen, die sich nicht nur konfliktvermindernd, sondern zugleich bestandserhaltend für das archäologische Erbe der Städte und Gemeinden Baden-Württembergs auswirken wird.

Insgesamt wird man dem baden-württembergischen Denkmalschutzgesetz bescheinigen können, ein umfassendes rechtliches Instrumentarium zum Schutz der Bau- und Bodendenkmale in den alten Stadtkernen bereitzustellen. Wenn trotzdem in den vergangenen Jahren und Jahrzehnten viel Erhaltenswertes verlorengegangen ist, so lag das nicht an den fehlenden rechtlichen Möglichkeiten, sondern an den widerstreitenden städtebaulichen und wirtschaftlichen Interessen, manchmal wohl auch am fehlenden Verständnis und Erhaltungswillen der politisch Verantwortlichen in Stadt und Land.

RUDOLF HERMANN

Das Altstadtschutzrecht in Zürich

Auf die großen Verluste an historisch wertvoller Bausubstanz in den Altstädten der Schweiz wird von Kunsthistorikern, Denkmalpflegern und Heimatschutz-Vereinigungen schon seit Jahren mit deutlichen Worten aufmerksam gemacht. Im Kanton Zürich legten die beratenden Fach-Kommissionen der Archäologie und Denkmalpflege im Jahr 1985 in einem Memorandum die zunehmende Zerstörung der Dörfer und Städte durch Um- und Neubauten dar und forderten die Behörden zur Ergreifung von Schutzmaßnahmen auf. Der Stadtrat von Zürich (Exekutive) hat bereits im November 1986 zur Erhaltung der Altstadt eine Schutzverordnung erlassen, mit welcher alle Gebäude und Anlagen, die vor 1945 erstellt wurden, unter Schutz gestellt sind. Das Verwaltungsgericht hat diese Schutzverordnung in einem bedeutsamen Entscheid aus dem Jahr 1989 (vgl. »Baurechtsentscheide Kanton Zürich«, 1989, Nr. 12) anfänglich geschützt. Das Bundesgericht hat wegen der personellen Zusammensetzung des Verwaltungsgerichts eine Beschwerde von Grundeigentümern gutgeheißen und den Streitfall an das Verwaltungsgericht zurückgewiesen. Im August 1991 hat das Verwaltungsgericht neu entschieden und — wider Erwarten — die Schutzverordnung Altstadt aufgehoben. Der Entscheid wurde vor allem damit begründet, daß für einen solchen Erlaß die Legislative zuständig sei, die schutzwürdigen Einzelobjekte vorgängig zu untersuchen seien und die Schutzverordnung nicht notwendig und zu wenig präzis sei.

Im folgenden werden die rechtliche Erfassung von schutzwürdigen Altstädten und archäologischen Stätten sowie die gesetzlich möglichen Schutzmaßnahmen im Kanton Zürich dargestellt.

Die Altstadt als Schutzobjekt

Im zürcherischen Altstadt- und Denkmalschutzrecht werden die schutzwürdigen Objekte wie folgt definiert (vgl. § 203 lit. c. und d. des Planungs- und Baugesetzes, PBG, in der Fassung vom 1. September 1991):
»Schutzobjekte sind:
c. Ortskerne, Quartiere, Straßen und Plätze, Gebäudegruppen, Gebäude und Teile sowie Zugehör von solchen, die als wichtige Zeugen einer politischen, wirtschaftlichen, sozialen oder baukünstlerischen Epoche erhaltenswürdig sind oder die Landschaften oder Siedlungen wesentlich mitprägen, samt der für ihre Wirkung wesentlichen Umgebung;
d. vorgeschichtliche und geschichtliche Stätten und ortsgebundene Gegenstände sowie Gebiete von archäologischer Bedeutung.«
Die Schutzobjekte sind nicht direkt durch das Gesetz geschützt; sie sind abstrakt als schutzfähig definiert und können mittels behördlicher Schutzanordnungen vor Beeinträchtigung und Zerstörung geschützt werden. Es ist somit für ein bestimmtes Gebäude oder auch für eine Altstadt individuell-konkret die wichtige Zeugenschaft nachzuweisen, da Schutzobjekte gegenüber »gewöhnlichen« Objekten besonders qualifiziert sein müssen. Diese eher enge Voraussetzung der wichtigen Zeugenschaft wird in der Schweiz nur vom Kanton Zürich verlangt; andere Kantone schreiben ein öffentliches Interesse an der Erhaltung oder einen wissenschaftlichen oder künstlerischen Wert des Objekts vor (vgl. z. B. die Kantone Bern, Basel-Stadt oder Uri). Die wichtige Zeugenschaft ist aufgrund von Inventaren, Begutachtungen und historischen Untersuchungen nachzuweisen.
Im erwähnten ersten Entscheid in bezug auf die Altstadt von Zürich hält das Verwaltungsgericht fest, daß hier auf engem Raum eine Vielzahl von Bauten vorhanden sei, die von einer politischen, wirtschaftlichen, sozialen oder baukünstlerischen Epoche zeugen und ästhetisch erhaltenswert seien. Der bauhistorische Wert liege offen zutage, und dieser beschränke sich nicht auf das äußere Erscheinungsbild der Fassaden, sondern beziehe sich ebensosehr auf die vielschichtige innere Bausubstanz. »Oft reichen Bauteile von Altstadtbauten in das Mittelalter oder gar in die Römerzeit zurück, so daß sie Schlüsse auf die damalige Bau- und Wohnkultur, die Lebensweise der Bewohner sowie auf das soziale, politische und wirtschaftliche Umfeld erlauben. Derartige Funde erweitern den geschichtlichen Kenntnisstand im umfassenden Sinne und sind daher wichtige Bestandteile des schweizerischen kulturellen Erbes, das der Nachwelt erhalten werden muß . . . Ohne griffigen Schutz würde die überlieferte Bausubstanz voraussichtlich innert kurzer Zeit weitgehend zerstört. Daß die Stadt Zürich diese Entwicklung aufhalten will, ist rechtlich geboten.« (vgl. »Baurechtsentscheide Kanton Zürich«, 1989, Nr. 12, Ziffer 6.a.).
Auch im zweiten Entscheid hebt das Verwaltungsgericht hervor, daß die Altstadt von Zürich in ihrer Gesamtheit unzweifelhaft ein Schutzobjekt im Sinne von § 203 lit. c. PBG darstelle. »Sie vereinigt auf engem Raum eine Vielzahl von Bauten, die ästhetisch erhaltenswert sind und/oder von politischen, wirtschaftlichen, sozialen oder baukünstlerischen Epochen zeugen. Bei zahlreichen Bauwerken liegt die Schutzwürdigkeit offen zutage.« Im weiteren wird darauf hingewiesen, »daß sich der kultur- und bauhistorische sowie der sozialgeschichtliche Wert der Altstadt nicht im Erscheinungsbild ihrer Fassaden und Innenräume erschöpft, sondern ebensosehr in der vielschichtigen inneren Bausubstanz liegt . . . Daß solche wertvolle innere Bausubstanz erhalten bleiben muß, kann im Ernst nicht bestritten werden«. Somit darf festgehalten werden, daß eine mittelalterliche Altstadt wie Zürich ein wichtiger Zeuge einer politischen, wirtschaftlichen, sozialen oder baukünstlerischen Epoche darstellt und rechtlich als Schutzobjekt zu qualifizieren ist.

Die archäologischen Schutzobjekte

Aufgrund des obengenannten § 203 lit. d. PBG stellen auch vorgeschichtliche Stätten und ortsgebundene Gegenstände sowie Gebiete von archäologischer Bedeutung Schutzobjekte dar. Für diese Objekte der Archäologie (Bodendenkmäler) ist die wichtige Zeugenschaft nicht vorausgesetzt; es genügt der Nachweis der archäologischen Bedeutung durch die zuständigen Fachstellen. Aufgrund von Art. 724 des Schweizerischen Zivilgesetzbuches gelangen herrenlose Altertümer von erheblichem wissenschaftlichem Wert in das Eigentum desjenigen Kantons, in welchem sie gefunden werden. Der Finder hat die Pflicht, solche Gegenstände der kantonalen Denkmalpflege zu melden, und er darf die Fundsituation nicht verändern (§ 28 der zürcherischen Natur- und Heimatschutz-Verordnung). Zudem hat der Finder einen Anspruch auf eine angemessene Entschädigung, die den Wert des Gegenstandes aber nicht übersteigen soll. Nachforschungen, insbesondere archäologische Grabungen, dürfen nur mit Bewilligung der kantonalen Baudirektion vorgenommen werden.

Im Kanton Zürich haben die Gemeinden von der Denkmalpflege ein Inventar der archäologischen Schutzobjekte erhalten. Werden diese Objekte durch Bauvorhaben tangiert, so haben die Gemeinden die Denkmalpflege hierüber zu informieren. Diese prüft hernach, ob und wie die archäologischen Gegenstände erhalten oder allenfalls ausgegraben und wissenschaftlich ausgewertet werden sollen. Dieses Vorgehen hat sich in der Praxis im allgemeinen gut bewährt. Hingegen werden die kantonalen Behörden damit oft unter zeitlichen und finanziellen Druck gesetzt, archäologische Rettungsgrabungen durchzuführen. Es wird deshalb inskünftig vermehrt geprüft werden müssen, ob in speziellen Fällen, wo bedeutende Funde gemacht werden, anstelle einer Ausgrabung nicht vermehrt Schutzmaßnahmen erforderlich sein werden, damit die archäologischen Stätten an Ort erhalten werden können.

Die rechtlichen Schutzmaßnahmen

Im Kanton Zürich können Objekte des Denkmalschutzes sowie der Archäologie mittels planungsrechtlicher Maßnahmen (z.B. Kernzonen und Freihaltezonen), Verträgen (Dienstbarkeiten), Schutzverfügungen oder Schutzverordnungen vor der Zerstörung bewahrt werden (§ 205 PBG). Bei der Erhaltung von Altstädten und Dorfkernen fallen die Verträge und die Verfügungen, die sich nur auf Einzelbauten beziehen können, aus Gründen der Praktikabilität weg. Bei archäologischen Funden, insbesondere ortsgebundenen Stätten, kommen Verträge und Verfügungen oft zur Anwendung. In den Verträgen erklärt sich der Eigentümer bereit, die Schutzobjekte zu erhalten und allenfalls zu pflegen; der Kanton leistet dem Privaten hierfür eine Entschädigung oder trägt die Kosten für die Restaurierung.

Maßnahmen des Planungsrechts, insbesondere die Schaffung sogenannter Kernzonen, haben sich in der eingeschlagenen Praxis als völlig ungenügend erwiesen, wie dies übrigens auch das Verwaltungsgericht feststellt. Die üblichen Kernzonen-Vorschriften sehen sogenannte Ersatzbauten vor, was bedeutet, daß Abbrüche sogar ausdrücklich ermöglicht werden und rechtlich als zulässig erklärt werden. Auf diese Weise werden Altstädte jedoch nur in ihrer äußeren Erscheinung, nicht aber als historisch bedeutsame Zeugnisse in ihrer baulichen Substanz erhalten. Insbesondere dieses Ungenügen der Kernzonenvorschriften hat zum eingangs erwähnten Memorandum der Fachkommissionen geführt. Zum Schutz der Umgebung einer Burgruine oder einer Altstadt vor Überbauungen kann der Erlaß von Freihaltezonen, in welchen ein Bauverbot statuiert ist, durchaus zweckmäßig und genügend sein.

Als rechtliches Instrument zur Erhaltung von Altstädten steht somit die Schutzverordnung im Vordergrund, die größere Gebiete erfaßt und für eine Vielzahl von Grundstücken Schutzanordnungen enthalten kann (§ 205 PBG). Während beim Landschafts- und Naturschutz solche Schutzverordnungen schon seit 50 Jahren üblich sind (z.B. Verordnung zum Schutz des Greifensees von 1941), sind diese beim Altstadtschutz erstmals im Jahr 1986 vom Stadtrat von Zürich erlassen worden.

Art. 724 Schweizerisches Zivilgesetzbuch:
»Werden herrenlose Naturkörper oder Altertümer von erheblichem wissenschaftlichem Wert aufgefunden, so gelangen sie in das Eigentum des Kantons, in dessen Gebiet sie gefunden worden sind. Der Eigentümer, in dessen Grundstück solche Gegenstände aufgefunden werden, ist verpflichtet, ihre Ausgrabung zu gestatten gegen Ersatz des dadurch verursachten Schadens.
Der Finder und im Falle des Schatzes auch der Eigentümer haben Anspruch auf eine angemessene Vergütung, die jedoch den Wert der Gegenstände nicht übersteigen soll.«

§ 28 der Natur- und Heimatschutzverordnung:
»Werden in oder an einer Baute oder Anlage Teile oder Darstellungen entdeckt, denen künstlerischer oder kultur- und kunstgeschichtlicher Wert zukommen könnte (Fresken, Riegel, Gebäudekonstruktion usw.) oder werden ortsgebundene archäologische Gegenstände (Siedlungs- und Baureste, Gräber, Brandschichten usw.) gefunden, so ist der Fund unverzüglich dem Gemeinderat und der kantonalen Denkmalpflege anzuzeigen. Die Fundsituation darf nicht verändert werden.
Gezielte Nachforschungen, insbesondere archäologische Grabungen, bedürfen der Bewilligung der Baudirektion. Gemeinden mit ausgewiesenen Fachstellen können von der Baudirektion ermächtigt werden, solche Bewilligungen zu erteilen.«

§ 205 PBG:
»Der Schutz erfolgt durch:
a) Maßnahmen des Planungsrechts;
b) Verordnung, insbesondere bei Schutzmaßnahmen, die ein größeres Gebiet erfassen;
c) Verfügung;
d) Vertrag.«

§ 207 Abs. 1 PBG:
»Die Schutzmaßnahmen verhindern Beeinträchtigungen der Schutzobjekte, stellen deren Pflege und Unterhalt sicher und ordnen nötigenfalls die Restaurierung an. Ihr Umfang ist jeweils örtlich und sachlich genau zu umschreiben.«

Schutzverordnung Altstadt Zürich vom 19. November 1986:
Ziffer 4:
»Die Zürcher Altstadt ist ein Schutzobjekt im Sinne von § 203 PBG. Gebäude und Anlagen, die vor 1945 erstellt wurden, stehen unter Schutz. An ihnen dürfen keine Änderungen vorgenommen werden, die ihren kulturhistorischen, baukünstlerischen oder sozialgeschichtlichen Wert beeinträchtigen.
Diese Gebäude, Anlagen und Freiräume sind in ihrer Substanz zu erhalten, durch geeigneten Unterhalt wirksam zu sichern sowie vor Beeinträchtigung und Beschädigung zu schützen.
Veränderungen an Gebäuden, Anlagen und Zugehör von solchen können bewilligt werden, wenn die Abklärung ergibt, daß die kunst- und kulturhistorisch bedeutsame Substanz und der Gebietscharakter nicht beeinträchtigt werden.«

Aufgrund von § 207 PBG können mit Schutzverordnungen Beeinträchtigungen von Schutzobjekten verhindert sowie deren Pflege und Unterhalt sichergestellt werden. Bei Altstädten müßte insbesondere ein Abbruchverbot für oberirdische Bauten und ein Veränderungs- oder Aushubverbot für unterirdische archäologische Stätten erlassen werden. Nötigenfalls kann sogar die Restaurierung angeordnet werden, was jedoch eher mit Verfügungen für Einzelbauten ergänzend zur Anwendung kommen dürfte. In Altstädten müßte generell, das heißt für alle Bauten oder für Bauten von einem bestimmten Alter oder näher bezeichnete Bauten, ein grundsätzliches Abbruchverbot statuiert sein, und davon sollte man nur ausnahmsweise und aufgrund einer wissenschaftlichen Begutachtung abweichen dürfen.

In der Schutzverordnung Altstadt von Zürich wurde beispielsweise vorgeschrieben, daß an den vor 1945 erstellten Gebäuden keine Änderungen vorgenommen werden dürfen, die den kulturhistorischen, künstlerischen oder sozialgeschichtlichen Wert beeinträchtigen, daß die Bauten in ihrer Substanz zu erhalten seien und sie durch geeigneten Unterhalt vor Beeinträchtigungen und Beschädigungen zu sichern seien. Veränderungen an Gebäuden dürfen nur bewilligt werden, wenn die Abklärung ergibt, daß die kunst- und kulturhistorisch bedeutsame Substanz nicht beeinträchtigt wird. Der Bauwillige hat *vor* der Realisierung von baulichen Maßnahmen bei den städtischen Behörden eine Abklärung über den Umfang der Schutzmaßnahmen zu verlangen. Hernach wird der Schutz des einzelnen Gebäudes in einem Verwaltungsakt, das heißt einer individuell-konkreten Anordnung, erlassen. Es kann jedoch auch eine vertragliche Lösung in Frage kommen, sofern der Eigentümer hierfür Hand bietet. Nicht ausgeschlossen ist, daß in Ausnahmefällen auf Schutzmaßnahmen verzichtet wird, insbesondere dann, wenn das Objekt oder die benachbarten Objekte nicht beeinträchtigt werden, keine erhaltenswürdige Bausubstanz verlorengeht oder der Bau in einem derart schlechten Zustand ist, daß keine Sanierung mehr möglich ist. Auf individuelle Schutzmaßnahmen kann auch verzichtet werden, wenn durch diese die Stadt unverantwortbar finanziell belastet würde oder andere überwiegende öffentliche Interessen entgegenstünden.

Das Verwaltungsgericht hat nun in seinem neueren Entscheid vom August 1991 entschieden, daß das Vorgehen der Stadt Zürich nicht zulässig sei. Eine solche Schutzverordnung müsse mit einem Katalog der schützenswerten Einzelobjekte verknüpft werden. Es müsse eine systematische Bestandesaufnahme der schutzwürdigen Bausubstanz vorgenommen werden, die hernach in die Schutzverordnung einzufließen habe. Zudem seien die gesetzlichen Regelungen über die Bewilligungspflicht genügend, weshalb die stadträtliche Schutzverordnung nicht notwendig sei. Das Verwaltungsgericht hat mit diesem Entscheid die Anforderungen zur rechtlichen Sicherstellung des Altstadtschutzes sehr erschwert. Der erforderliche Arbeitsaufwand für eine Gesamtuntersuchung der Bausubstanz der Altstadt von Zürich ist kaum zu bewältigen. Die rechtlichen Voraussetzungen für den Altstadtschutz im Sinn einer Erhaltung größerer baulicher Gesamteinheiten sind somit zur Zeit sehr unklar.

Das Verwaltungsgericht geht davon aus, daß der Schutz von Altstädten im Kanton Zürich zweistufig zu erfolgen habe: Mit einer Schutzverordnung soll vorerst ein größeres Gebiet in genereller Weise vor Zerstörung und Beeinträchtigung bewahrt werden, und in einem zweiten Schritt sollen individuell-konkrete Schutzmaßnahmen aufgrund vertiefter wissenschaftlicher Abklärungen bei den einzelnen Gebäuden, insbesondere im Innern, angeordnet oder vereinbart werden.

Zum Schutz von archäologischen Stätten und Gegenständen können ohne weiteres auch Schutzverordnungen in Frage kommen. So wurde beispielsweise in der Umgebung einer Burgruine mit einer Schutzverordnung ein Bauverbot sowie ein Tiefpflügverbot erlassen. Es ist darauf hinzuweisen, daß im Rahmen einer Altstadt-Schutzverordnung ohne weiteres auch der Schutz der archäologischen Objekte miterfaßt werden kann. Dies dürfte insbesondere in Stadtkernen, die als alte Siedlungen bekannt sind, angebracht sein. In der Schutzverordnung der Stadt Zürich sind denn auch diese Objekte ausdrücklich miterfaßt.

Zuständigkeiten

Über die Schutzobjekte erstellen der Kanton sowie die Gemeinden Inventare (§ 203 Abs. 2 PBG). Seit der Revision des Planungs- und Baugesetzes (PBG) vom 1. September 1991 erläßt die Baudirektion Inventare der Schutzobjekte von überkommunaler Bedeutung; der Gemeinde- oder der Stadtrat (kommunale Exekutive) erstellt die Inventare der kommunalen Schutzobjekte. Es ist festzuhalten, daß die Inventare gegenüber den privaten Eigentümern keine rechtlichen Wirkungen entfalten. Für die kantonalen und kommunalen Behörden hingegen haben die Inventare verschiedene rechtliche Konsequenzen, auf welche hier nicht weiter eingegangen werden kann. Eine Folge sei hier jedoch besonders erwähnt: Die Inventare regeln die Zuständigkeiten für den Erlaß von Schutzmaßnahmen.

Der Erlaß von Kernzonen und kommunalen Freihaltezonen liegt in der Kompetenz der Gemeinde-Legislative (Gemeindeversammlung, Parlament oder Urnenabstimmung). Ein solcher Gemeindebeschluß bedarf der Genehmigung des Regierungsrates. Für den Erlaß von überkommunalen Freihaltezonen ist die Baudirektion zuständig.

Die Festsetzung von eigentlichen Schutzmaßnahmen, so etwa mittels Verfügung, Verordnung oder Vertrag, über kommunal eingestufte Objekte ist Sache des Gemeinde- oder des Stadtrates (Exekutive der Gemeinde). Stehen hingegen Schutzmaßnahmen zugunsten eines als überkommunal qualifizierten Objekts zur Diskussion, so ist die kantonale Baudirektion für deren Erlaß zuständig. Aufgrund der verwaltungsgerichtlichen Praxis kann die Gemeinde jedoch auch über Altstädte, die als überkommunal gelten, eine Schutzverordnung erlassen. Vor deren Erlaß haben sich die Gemeinwesen gegenseitig über ihr Vorgehen zu informieren.

Somit sind also für Schutzverordnungen, welche beim Altstadtschutz im Vordergrund stehen, je nach Bedeutungsklassierung die kantonale Baudirektion oder die kommunale Exekutive zuständig (§ 211 PBG). Das Verwaltungsgericht vertritt in seinem Entscheid vom August 1991 jedoch die Auffassung, daß die Schutzverordnung Altstadt »ihrer Form nach weitgehend Gesetzescharakter« aufweise, weshalb für deren Erlaß die Legislative zuständig sei.

§ 211 Abs. 1 und 2 PBG:
»Die Baudirektion trifft die Schutzmaßnahmen für Objekte, denen über den Gemeindebann hinausgehende Bedeutung zukommt. Sie hört vorgängig die Gemeinde und den regionalen Planungsverband an. Der Gemeinderat trifft die Schutzmaßnahmen für Objekte von kommunaler Bedeutung.«

Zusammenfassung

Zusammenfassend kann gesagt werden, daß der Schutz von mittelalterlichen Altstädten und Ortskernen sowie von archäologischen Stätten im Kanton Zürich gesetzlich möglich und geregelt ist. Vorerst wird die Altstadt mit einer allgemeinen Schutzverordnung als bauliche Gesamtheit erfaßt, hernach sind individuelle Schutzanordnungen (Verfügungen oder Verträge) bei den einzelnen Gebäuden oder Gebäudeteilen erforderlich. Für den Erlaß von solchen Schutzmaßnahmen sind je nach Bedeutungsklassifizierung die kantonale Baudirektion oder die Exekutive der Gemeinde beziehungsweise die Legislative zuständig. Der Schutz von Altstädten kann im Kanton Zürich aufgrund der eingeschlagenen Praxis durch Kernzonen nicht sichergestellt werden. Erst mit dem Erlaß von Schutzverordnungen oder Einzelverfügungen kann der Verlust von historisch wertvoller Bausubstanz verhindert werden.

Das rechtliche Instrumentarium zur Erhaltung von mittelalterlichen Städten ist vorhanden. Durch den Verwaltungsgerichts-Entscheid vom August 1991 ist der rechtliche Weg zur Erhaltung von Altstädten und Dorfkernen sehr erschwert worden. Da seit einiger Zeit historisch wertvolle Bausubstanz verlorengeht, ist es Aufgabe der zuständigen Behörden, für den notwendigen Schutz in verstärkter Weise besorgt zu sein. Hierfür bedarf es tatkräftiger und engagierter Behörden in den Gemeinden sowie auf der Kantonsebene.

Robert Imholz

42

·QVO· QVISꝘ· LOCO· VICTORIA· POCIT⁹ SIT· QVO· Ꝑ· TERGA· PREBVERIT· HOSTI· OCVLARI·
·DEMÕSTRACIõE· EDOCES· IN· QVA· QVISꝘ· HELVECIORVM· LOCO· S· LRA· ꝐOfiNTVR·

VND· GANSE· LANTSCHAFT· STET· SLOS· VND· DVRFE· IM·S·WEITꝪ· LAND· VND· EIN·
DEIL· FON· SWABE· LANT· VND· WAIR· EIN·S· STATT· GETꝪEICHNIT· DAS· IST· DENS·WEITꝪ·
VND·WORFE· DASAND· DERICH· VND· DE·SPRVNCK· VOM· REIN· VND· THONAW· BEIDE·

Das Werden einer Städtelandschaft

Kunst- und Baugeschichte

Was verbindet »um 1300« Zürich mit Konstanz und gar mit den Städten im Inneren Schwabens? Und wie kann man überhaupt auf den Gedanken verfallen, die »Lebensspuren« von Bürgern miteinander zu vergleichen, deren Städte seit dem späten Mittelalter diesseits und jenseits einer Staatsgrenze gelegen sind? Gibt es eine historische Begründung für eine solche Zusammenschau, wie sie die Archäologen allein aufgrund vergleichbarer Befunde wagen?

Auf den ersten Blick sieht es nicht danach aus, als ob es gerechtfertigt sein könnte, Beobachtungen und Funde, die die Stadtarchäologie des Mittelalters in Zürich und Konstanz, in Ravensburg und Rottweil zu gewinnen vermochte, für die Zeit »um 1300« mit einer auch nur halbwegs zusammenhängenden historischen Städtelandschaft zu verbinden. Bei näherem Zusehen erweist sich jedoch die Herausforderung, vor die sich die Historiker durch die Nachbardisziplin gestellt sehen, als überaus anregend und fruchtbar. Denn nach und nach entsteht aus der Zusammenschau vielfältiger Erkenntnisse, die im Lauf der letzten fünfzig Jahre auf den verschiedensten Teilgebieten historischer Forschung diesseits wie jenseits der heutigen deutsch-schweizerischen Grenze für das Leben der Stadtbürger und vor allem für die Kontakte unter den Bürgern ganz bestimmter Städte im Spätmittelalter haben gewonnen werden können, ein neues, überraschendes Bild.

Eine in dieser Hinsicht gewichtige Entdeckung ist im Lauf eines langen Denkprozesses der kunstgeschichtlichen Forschung gelungen. Kunsthistorikern war immer wieder aufgefallen, in welch naher stilistischer Verwandtschaft etwa die mit großer Sicherheit in Zürich kurz nach 1300 entstandene sogenannte Manessische Liederhandschrift und die zwischen 1310 und 1320 mit ebenso großer Wahrscheinlichkeit in Konstanz geschaffene sogenannte Weingartner Liederhandschrift zueinander stehen. Und ähnliche Zusammenhänge wurden immer wieder aufs neue auch für die in Zürich ebenso wie in Konstanz in Häusern bürgerlichen wie geistlichen Besitzes entdeckten Wandmalereien aus den ersten Jahrzehnten des 14. Jahrhunderts ermittelt. Gestützt auf diese Erkenntnisse versuchte man bisher mit noch nicht ganz ausreichenden Charakterisierungen die Existenz einer »Kunstlandschaft« zu postulieren. Jüngst aber ist »die Zugehörigkeit von Konstanz und Zürich zu einer gemeinsamen Region ... in der Zeit der großen Liederhandschriften« »... auf eine gemeinsame Formentradition« zurückgeführt, ist auch mit genauer stilkritischer Argumentation die gleichzeitige Aufnahme einer »Formenrichtung in der Region zwischen Konstanz und Zürich« um 1300 herausgearbeitet worden. Diese Beobachtungen führten zum folgenden Schluß: »Im Bodenseegebiet entwickelt sich im frühen 14. Jahrhundert ein Stil, der sehr rasch eine über dieses Gebiet hinausgreifende Verbreitung erfährt und zu einer über ein Jahrhundert anhaltenden, auffällig rückwärts gewandten Tradition wird.«

Mit diesen kunstgeographischen Feststellungen, die aus dem Vergleich herausragender Denkmale der Buch- und Wandmalerei des beginnenden 14. Jahrhunderts gewonnen wurden, stimmen Ergebnisse überein, die der baugeschichtlichen Forschung zu verdanken sind. Ihr ist aufgefallen, daß die

Vorangehende Doppelseite: Vier Blätter aus der Folge von sechs Kupferstichen »Der Schweizerkrieg« des Meisters PW aus dem Jahr 1499. Mit dem Schwabenkrieg von 1499 ist es mit der »Einheit um den See« zu Ende, die Städte nördlich und südlich des Rheins leben sich allmählich auseinander.

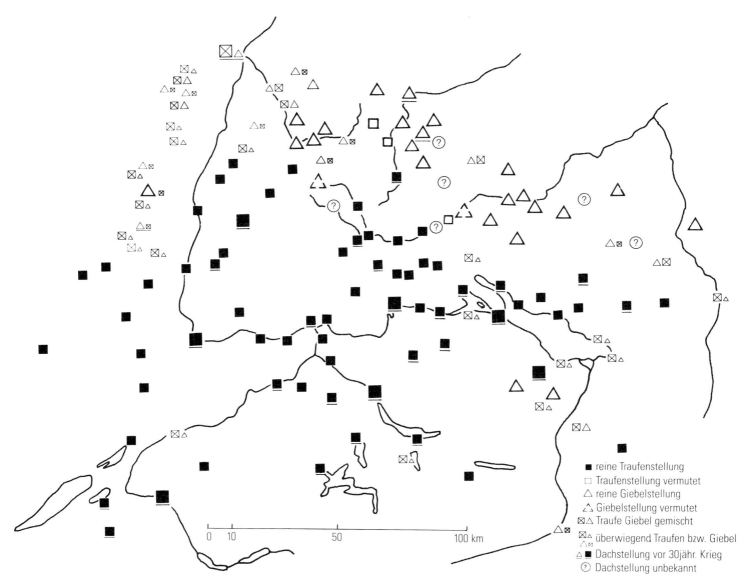

reine Traufenstellung
Traufenstellung vermutet
reine Giebelstellung
Giebelstellung vermutet
Traufe Giebel gemischt
überwiegend Traufen bzw. Giebel
Dachstellung vor 30jähr. Krieg
? Dachstellung unbekannt

»Traufenstellung des Bürgerhauses vor allem für jene Gegend typisch« sei, »die wir ›alemannisch‹ nennen«. Und so wird denn die »Entstehung eines räumlich faßbaren gemeinsamen Selbstverständnisses verschiedener Städte untereinander«, das sich im Gebrauch dieser Hausform spiegelt, vor allem in den Städten rund um den Bodensee einschließlich Zürichs gesucht. Hier werde »ein durch einzelne Zentren gegliedertes Kräftefeld erkennbar, das die Vermutung erlaubt, die Vereinheitlichung der Dachform für das 14./15. Jahrhundert anzusetzen und zugleich nicht ein allmähliches Vordringen der Traufe, sondern eine weitgehende räumliche Gleichzeitigkeit der Entstehung im Verbreitungsgebiet anzunehmen«. Der neusten baugeschichtlichen Forschung verdankt man im übrigen die Erkenntnis, daß die traufseitige Bebauung der Gassen sowohl in Zürich als auch in Konstanz in größerem Umfang bereits im letzten Drittel des 13. Jahrhunderts eingesetzt hat. So sind denn also »um 1300« zumindest in Zürich und Konstanz gemeinsame Formen des Hausbaus in Gebrauch gekommen, und es bleibt zu vermuten, daß auch in den anderen Städten im weiteren Umkreis des Bodensees und der nach Norden angrenzenden Landschaften Schwabens etwa zur gleichen Zeit die Gassen mit traufseitig ausgerichteten Häusern bebaut worden sind.

Verbreitung der trauf-, beziehungsweise giebelseitigen Bebauung der Gassen im städtischen Baubestand Südwestdeutschlands im 18. Jahrhundert. Nach C. Meckseper.

Wirtschaftliche Gemeinsamkeiten

Von der Kunstgeschichte und der Baugeschichte zu den Ergebnissen wirtschaftsgeschichtlicher Forschung: Seit langem ist bekannt, daß die Städte

Die Entstehung des Barchent- aus dem Leinengewerbe im späten Mittelalter. Nach Stromer von Reichenbach. Die Zahlen bezeichnen die Ortschaften, die Jahreszahl das Jahr der (ersten) urkundlichen Erwähnung. 1 Basel 1368; 2 Schaffhausen —; 3 Konstanz 1382; 4 St. Gallen 1427; 5 Zürich 1419? 1431?; 6 Lindau —; 7 Wangen —; 8 Isny —; 9 Kempten 1640; 10 Immenstadt 1640; 11 Ravensburg 1379; 12 Waldsee 1429; 13 Leutkirch 1640; 14 Biberach 1386; 15 Memmingen 1398; 16 Ulm 1375; 17 Weißenhorn (1403) 1458; 18 Pfaffenhofen 1534; 19 Kirchberg 1403? 1534; 20 Babenhausen 1534; 21 Günzburg (1403?); 22 Burgau (1403); 23 Lauingen 1388; 24 Nördlingen 1368; 25 Donauwörth 1447; 26 Augsburg 1372; 27 Graben im Lechfeld (1367?); 28 Mindelheim 1487; 29 Landsberg am Lech 1456; 30 Kaufbeuren (1415?) 1447; 31 Regensburg (1376) 1383; 32 Landshut 1375; 33 München 1423; 34 Passau 1428; 35 Salzburg 1417; 36 Steyr 1391; 37 Kirchdorf an der Krems v. 1398; 38 Wien 1368/73; 39 Straßburg 1537; 40 Speyer 1415; 41 Frankfurt am Main 1415; 42 Köln (1371?) 1407; 43 Esslingen 1437; 44 Ansbach 1409; 45 Nürnberg (1413) 1488; 46 Kulmbach 1414; 47 Bayreuth 1434; 48 Münchberg 1434; 49 Hof 1432; 50 Prag 1384; 51 Schweidnitz 1387; 52 Breslau (1380/86) 1436; 53 Krakau-Kasimierz 1385; 54 Kaschau 1411; 55 Bartfeld 1424; 56 Preßburg 1419; 57 Ofen 1419; 58 Hermannstadt 1421; 59 Dinkelsbühl 1425; 60 Bozen 1242.

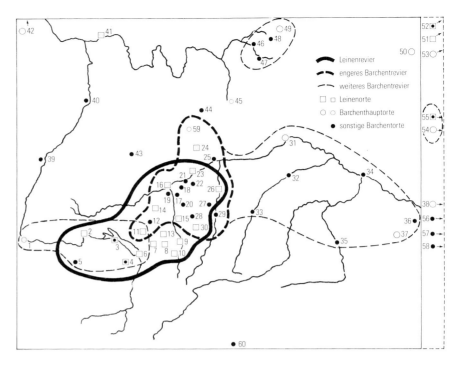

nördlich und südlich des Bodensees, von Zürich bis hin nach Augsburg, gemeinsam mit ihrem jeweiligen ländlichen Umfeld während des 13. und 14. Jahrhunderts eine zusammenhängende Textil-Gewerbelandschaft gebildet haben. »In Stadt und Land« wurde dort »bodenständiger Flachs im Hausgewerbe und Nebenerwerb zu Leinen verarbeitet. . .« Die Kaufleute in den größeren Städten, in Konstanz, in Lindau, in Ravensburg und in St. Gallen waren es sodann, die die fertigen Produkte aus dieser ausgedehnten »Industrielandschaft« bereits zu Anfang des 13. Jahrhunderts in alle Welt vertrieben. Ein solch gemeinsames wirtschaftliches Tun in einem von anderen »Gewerbelandschaften« weitgehend abgrenzbaren Bereich bildete die Voraussetzung dafür, daß sich während des 14. Jahrhunderts wiederum einigermaßen gleichzeitig »binnen weniger Jahrzehnte« ein tiefgreifender Wandel in der Textilherstellung vollziehen konnte. Vor allem im östlichen Teil dieser »Leinenindustrie-Landschaft«, zwischen Schussen und Lech sowie Alpen, Bodensee und Donau, mit Ausläufern bis hin nach Zürich und Schaffhausen, wurde nun die Baumwollweberei zum wichtigsten Gewerbe, verwandelte sich das bisherige Leinen-»Produktionsrevier« in eine »Barchentindustrie-Landschaft«.

Als allgemeine Erklärung für Entstehung und Wandel derartiger »Gewerbe-« bzw. »Industrielandschaften« im Spätmittelalter wird dies vorgetragen: »Es hat eine Konzentrierung zahlreicher Betriebe in einem Raum stattgefunden, in dem durch obrigkeitliche oder zünftige Satzungen oder durch den sogenannten Verlag eine für Markenartikel notwendige Standardisierung und gewährleistete Qualität durchzusetzen waren.« »Es waren Bündel von soziokulturellen, ökonomischen, politischen und technischen Bedingungen in Wechselwirkung, die dafür Produktionsreviere gerade in ganz bestimmten Regionen entstehen, gedeihen, sich wandeln, einige vergehen und die meisten überdauern ließen.« Man sieht: Die Herstellung von Leinwand ebenso wie die sie ablösende Produktion von Barchent haben die Städte südlich des Sees mit denjenigen »Oberschwabens« sowohl vor wie nach 1300 zu einem weitgehend einheitlichen »Industrierevier« zusammengeschlossen.

Angesichts solcher wirtschaftlicher Verflechtungen verwundert es nicht, daß gerade im Bereich von Handwerk und Gewerbe innerhalb einer einigermaßen abgrenzbaren Landschaft die gleichen Begriffe verwendet worden sind. Längst hat die Germanistik, hat die »Historische Wortforschung« erkannt, daß für die kaufmännischen und gewerblichen Genossenschaften der mittelalterlichen Städte in Deutschland verschiedene Bezeichnungen Verwendung fanden: so etwa außer dem Wort Zunft die Begriffe Gilde, Amt, Gaffel, Werk, Innung, Zeche, Einung und Handwerk. Genaue wortgeographische Untersuchungen über den Gebrauch des Begriffs Zunft, das sich vom lateinischen

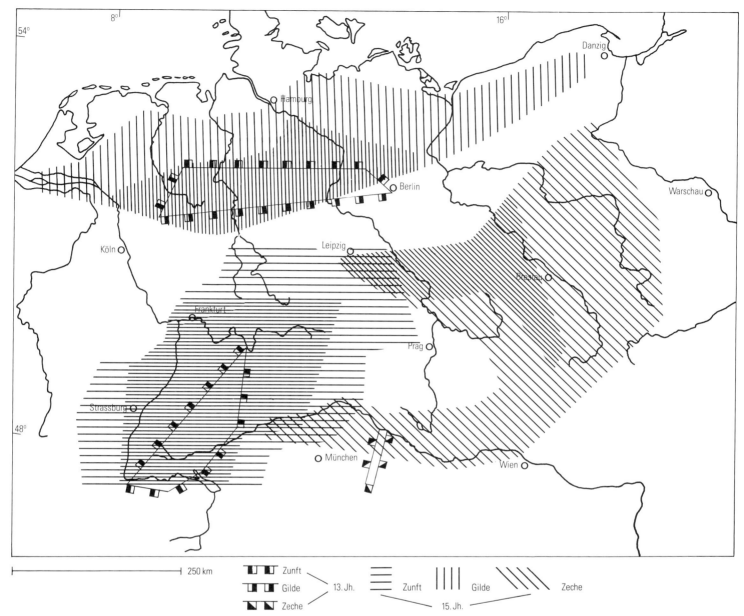

Wort »conventus« im Sinn einer nach einer bestimmten Regel lebenden Personengruppe ableitet, hat ein überraschendes Ergebnis gezeitigt: »Die Bezeichnung Zunft ist eindeutig dem oberdeutschen Raum zuzuordnen, genauer seinem südlichen beziehungsweise südwestlichen Teil. Die ersten Belege — sie stammen aus dem 12. und 13. Jahrhundert — finden sich in Basel, Rheinfelden, Zürich, Schaffhausen, Überlingen, Ulm und Würzburg. Das ursprüngliche Zentrum des Zunftgebiets liegt demnach im Umfeld des Bodensees und gehört dem hochalemannischen Sprachgebiet an. In seiner gesamten Ausdehnung umfaßt es aber auch das Schwäbische und Ostfränkische. Die geographische Verbreitung des Wortes »Zunft« verweist erneut darauf, daß sich »um 1300« von Zürich über Konstanz bis hin zu den Städten im Innern Schwabens eine Städtelandschaft auszubilden begann, die sich auch im Gebrauch gleicher Begriffe im gewerblichen Bereich auszeichnete.

Übersicht über die regionale Verteilung der Bezeichnungen Zunft, Gilde und Zeche im 13. und im 15. Jahrhundert. Nach K. Obst.

Gemeinsame rechtliche Bestimmungen

Die Beobachtung, daß eine »Gewerbelandschaft« unter anderem auch durch »obrigkeitliche oder zünftige Satzungen« ähnlichen Inhalts Gestalt angenommen haben könnte, führt schließlich zu Einsichten, die den Rechtshistorikern zu verdanken sind. Ihnen ist schon lange aufgefallen, daß Zürich, Konstanz, Schaffhausen und St. Gallen zu Beginn des 14. Jahrhunderts weit-

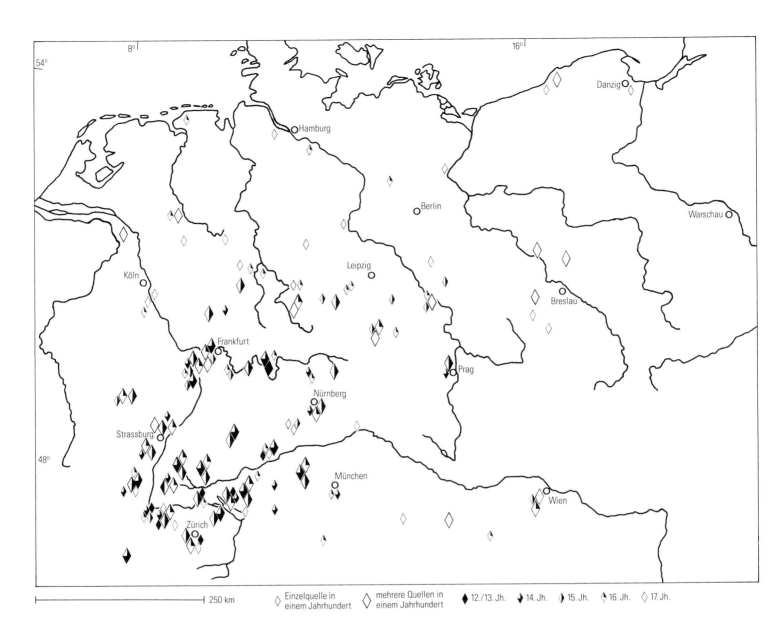

Häufigkeit der Bezeichnung Zunft in den Quellen des 12. bis 17. Jahrhunderts und ihre regionale Streuung. Nach K. Obst.

gehend verwandtes Recht aufzuweisen hatten, das letztlich auf eine Satzung der Zürcher Stadtgemeinde aus der Mitte des 13. Jahrhunderts zurückgehen dürfte. Dort hatten sich Bürger und Rat wohl noch in der ersten Hälfte des 13. Jahrhunderts einen ersten »Richtebrief« gegeben, an den sich der Rat halten wollte und der die entscheidende Grundlage für die richterliche Tätigkeit des Rats abgeben sollte. Mit Hilfe dieser nicht vom Stadtherrn, sondern von der Bürgerschaft beziehungsweise vom Rat selbst erlassenen Satzung sollte vor allem der Friede in der Stadt gewahrt, sollten aber auch Fragen der Wirtschaft und des Handels geregelt und die Autorität des Rates festgeschrieben werden. In den ersten beiden Jahrzehnten des 14. Jahrhunderts ist der Inhalt des »Zürcher Richtebriefes« — vielleicht auf Veranlassung Kaiser Heinrichs VII. (1308–1313) — in den jeweils notwendigen Abwandlungen auch in Konstanz, in Schaffhausen und in St. Gallen übernommen worden. Eine genauere Untersuchung der Texte macht deutlich, »daß der Redaktor des ›Konstanzer Rechtbuches‹ nicht geistlos verfuhr, sondern bei jedem Artikel sich genau überlegte, was er unverändert übernehmen und wo er etwas ändern, weglassen oder beifügen wolle. Er ging ähnlich vor, wie nach ihm der St. Galler Vertrauensmann, der für seine Stadt das ›Konstanzer Rechtbuch‹ ausbeutete, bei aller Wahrung der sanktgallischen Besonderheiten«. Auf diese Weise haben »um 1300« vier benachbarte Städte südlich des Bodensees ihr Recht in vielen Bereichen einander so angeglichen, daß Bürger, die von der einen Stadt in die andere übersiedelten, sich mit vertrauten »Gesetzen« konfrontiert sehen konnten.

Welche Auswirkungen gemeinsame rechtliche Bestimmungen auch auf die bauliche Gestaltung, auf den Hausbau aller vier Städte haben konnten, mag als Beispiel eine einzige Vorschrift zeigen, die in allen vier Stadtrechten in ähnlichem Wortlaut enthalten ist. So heißt es etwa in der Konstanzer Fassung, die auch für Schaffhausen verbindlich war, ins Neuhochdeutsche übersetzt: »Alle Backöfen in der Stadt sollen Platten und Eisenfenster aufweisen und nicht vorne offen sein. Ein Bäcker, der dies nicht beachtet, hat der Stadt als Strafe 1 Pfund Pfennige zu zahlen.« Auch relative Kleinigkeiten innerhalb der feuerpolizeilichen Bauvorschriften hat die eine Stadt von der anderen übernommen.

Dieses letztere Beispiel vermittelt einen ersten Einblick sowohl in den Vorgang selbst wie auch in die Art und Weise, wie eine sich schon in den verschiedensten »Lebenskreisen« abzeichnende Städtelandschaft heranwächst: Es ist der ganz konkrete Kontakt zwischen Räten und Bürgern der Städte, zunächst einmal im Süden des Bodensees, hergestellt durch den Austausch rechtlicher Aufzeichnungen. Was auf dem Gebiet der Buch- und Wandmalerei, der Gestaltung des Hausbaus, der Herstellung von Leinen und Barchent, der Verwendung von Begriffen für handwerkliche Zusammenschlüsse allenfalls zu ahnen war, wird im Bereich des Rechts, wird auf der gewissermaßen offiziellen, auf der politischen Ebene offensichtlich.

Die Bündnispolitik

Es ging damals um andauernd enge, schriftlich und erst recht — wenn auch an dieser Stelle erst zu vermuten — mündlich hergestellte Kontakte zwischen den Führungsgremien der Städte. Und diese Kontakte sind denn auch gerade »um 1300« in ihrer ganzen Dynamik ablesbar an den Bündnissen, die die »Reichsstädte«, zunächst einmal wieder(um) diejenigen im Süden des Bodensees, auf Geheiß Kaiser Heinrichs VII. miteinander abschlossen. Eine derartige Bündnispolitik konnte doch wohl nur zwischen Städten betrieben werden, deren Bürger sich durch Gemeinsamkeiten und durch ein gewisses Zusammengehörigkeitsgefühl verbunden sahen. Der Rahmen eines derartigen engeren Kontakts zwischen Reichsstädten südlich wie nördlich des Sees schien sich bereits abzuzeichnen, als König Heinrich VII. im Jahr 1230 Schultheiße und Bürger der Städte Konstanz, Zürich, Lindau, Überlingen, Schaffhausen, Rottweil, Ravensburg und Pfullendorf mit dem Schutz des Klosters Salem beauftragte. Ein solcher Auftrag hatte selbstredend zur Folge, daß die Führungsgremien der betreffenden Städte miteinander schriftlich oder auch mündlich in Verbindung treten mußten. Und die gleiche Konsequenz dürfte jene Reise König Rudolfs von Habsburg gehabt haben, auf der er im Herbst des Jahres 1281 zunächst in Konstanz, dann auch in Zürich, in Schaffhausen, in Basel und in anderen oberrheinischen Städten den ersten schwäbischen Landfrieden beschwören ließ. Damit ist bereits das Stichwort gefallen, mit dem man letztlich die Motive aller Städte, auch derjenigen rund um den Bodensee, um 1300 benennen kann: Es ging ihnen in diesen Zeiten, da in Schwaben seit langem kein Herzog und seit noch nicht ganz so langer Zeit — abgesehen von Rudolf von Habsburg — auch kein Herrscher mehr für Frieden und Rechtssicherheit im Land Sorge trug, um den Schutz von Frieden und Recht für ihre Bürger. Denn diese waren, sobald sie die bergenden Mauern ihrer Stadt verließen, ständig in Gefahr, Opfer von Fehden und Raubüberfällen des Adels zu werden. Gerade in einer Landschaft, deren Städte zu bedeutenden Handelsplätzen herangewachsen waren und deren Handwerker und Kaufleute sich zumindest auf dem textilen Sektor um die Herstellung und den Vertrieb weitgehend gleicher oder ähnlicher Produkte bemühten, war es entscheidend, daß die Handelswege sicher waren und daß vor allem draußen, im vom Adel beherrschten »flachen Lande«, die Fehde weitgehend ausgeschaltet wurde. Aber auch im Inneren der Städte ging es darum, im Fall eines Aufruhrs die Herrschaft des Rats aufrechtzuerhalten. Derartige Motive hatten bereits im Jahr 1307 die niederschwäbischen Reichsstädte dazu bewogen, ein Landfriedensbündnis zu schließen und sich eine bündische Organisation zu geben.

Wenige Jahre später folgten die sämtlich südlich des Bodensees gelegenen Städte Konstanz, Zürich, Schaffhausen und St. Gallen nach. Auf Befehl Kai-

Landfrieden und Städtebündnisse im Bodenseeraum und in Schwaben

24. Mai 1312

Räte und Bürger von Konstanz, Zürich und Schaffhausen haben auf Gebot König Heinrichs zum Frieden und Schutz ihrer Städte und Güter geschworen:
1. Einander zu raten und zu helfen bis 24. Juni 1316 gegen jeden, der ihnen durch Gewalt und Unrecht schadet.
2. Schadet ein Landmann den Städten an einem ihrer Leute, soll dessen Stadt von diesem Landmann Recht fordern. Verweigert er dieses, sollen die drei anderen Städte Recht von ihm fordern und es für die eine Stadt bieten. Verweigert er dies ihnen auch, sollen die drei Städte der einen helfen in dem Maße, wie es notwendig und recht ist. Will die eine Stadt mehr Hilfe, sollen von jeder Stadt drei Bürger mehrheitlich darüber entscheiden.
3. Jede Stadt kann sich wegen ihr zugefügten Schadens gütlich richten. Vermag sie dies nicht, soll sie ihre Sache den anderen vorlegen, die dann entsprechend den Bestimmungen (Art. 1 und 2) helfen sollen.

20. November 1331

Kaiser Ludwig hat seinen Söhnen Ludwig, Markgraf von Brandenburg, Stephan und Ludwig d.J., Herzöge von Bayern, dem Land Oberbayern, dem Grafen Berthold von Graisbach und Marstetten von Neufen, Hauptmann zu Bayern, Heinrich von Gumppenberg, Viztum in Oberbayern beziehungsweise deren Amtsnachfolger, Bischof Ulrich von Augsburg und den Städten Augsburg, Ulm, Biberach, Memmingen, Kempten, Kaufbeuren, Ravensburg, Pfullendorf, Überlingen, Lindau, Konstanz, St. Gallen, Zürich, Reutlingen, Rottweil, Weil [der Stadt], Heilbronn, Wimpfen, Weinsberg, [Schwäbisch-] Hall, Eßlingen und [Schwäbisch-] Gmünd geboten, daß sich die Städte mit seinen Söhnen, den genannten Herren und dem Land zu Bayern verbünden und diese mit ihnen.
1. Gegenseitige Hilfe in allen Sachen mit allen Kräften.
2. Das Bündnis soll bis zum Tode des Kaisers dauern und danach noch zwei Jahre.
3. Herren und Städte behalten sich vor: Wird innerhalb dieser zwei Jahre ein König gewählt und ihnen dies mitgeteilt, sollen sie alle nach Augsburg kommen und mehrheitlich über dessen Anerkennung als König entscheiden. Erkennen sie ihn an, soll das Bündnis erledigt sein. Entsteht ein Krieg um das Reich, sollen alle innerhalb eines Monats nach Bekanntwerden nach Augsburg kommen und dort sollen die Herzöge von Bayern oder zwei ihrer Räte, der Hauptmann zu Bayern, Bischof Ulrich von Augsburg oder sein Nachfolger, wenn dieser im Bündnis sein will, zwei vom Rate von Augsburg und je einer von allen Reichsstädten im Bündnis mehrheitlich darüber entscheiden, welchen König sie anerkennen wollen. Danach soll das Bündnis ebenfalls erledigt sein. Ist die Mehrheit der Herren und Städte auf diesem Tag anwesend, gilt ihre Entscheidung auch für die abwesenden Herren und Städte.
4. Hilfe in allen Kriegen, außer in den alten.

ser Heinrichs VII. schlossen sie untereinander ein bis zum 24. Juni 1316 geltendes Bündnis, dessen hauptsächlicher Inhalt letztlich durch Bestimmungen über die Wahrung des Friedens im Land geprägt wurde. Am 24. Mai 1312 wurden in Konstanz auf Veranlassung von »Räten und Bürgern« der vier Städte vier gleichlautende Urkunden ausgefertigt, deren jede mit den Siegeln aller beteiligten Städte zu beglaubigen war. Geschrieben wurden diese vier Exemplare offenbar alle von einem Konstanzer Schreiber. Bei dieser Gelegenheit sind also zumindest »Ratsherren« der vier Städte Zürich, St. Gallen, Schaffhausen und Konstanz zusammengekommen und haben damit einem Kontakt endgültigen Ausdruck verliehen, der gewiß zuvor schon zwischen den einzelnen Städten durch »Gesandte« vorbereitet worden war. Das Bündnis sanktionierte diese offiziellen Kontakte und schrieb sie fest. So sollten etwa in dem Fall, daß ein »lantman« dem Bürger einer der Bündnisstädte »gewalt ald unfüge« (Gewalt oder Unfug) antun würde, jeweils drei Bürger der drei übrigen Städte zusammenkommen und darüber entscheiden, wie man die gemeinsame Hilfe für die angegriffene Stadt bei Fortdauer des Streits gestalten könnte. Und ähnlich wollte man es halten, wenn in einer der Bündnisstädte ein innerstädtischer Aufruhr nicht vom Rat und von den Bürgern der betroffenen Stadt selbst beigelegt werden könnte. In einem solchen Fall »sol von den anderen drin steten allenthalben der rât und die burger hine senden erebâre lûte, daz si daz uz rihten«, sollten also Räte und Bürger der drei anderen Bundesstädte vertrauenswürdige Männer in die betroffene Stadt entsenden, um den Streit zu schlichten.

Das bedeutet mit anderen Worten, daß zumindest während des meist nur sehr kurzen Zeitraums, für den ein solches Bündnis Geltung besitzen sollte, die Möglichkeit intensiver offizieller Kontakte zwischen den beteiligten Städten durch die Entsendung von »Abgesandten« gegeben war. Als die Räte der vier Städte dieses ihr erstes Bündnis abschlossen, taten sie es im übrigen nicht zuletzt im Hinblick darauf, daß Zürich, eine der Partnerstädte, mit Schwyz wegen Einsiedeln in schwerer Fehde lag.

Schwyz war eine der vier Waldstätte, die im Jahr 1291 den Bund der »Eidgenossenschaft« mit beschworen hatten. Hier kam also das Bündnis der vier Bodenseestädte — freilich in wenig freundlicher Weise — mit einem von bäuerlichen Genossenschaften geschlossenen Bund in Berührung. Noch in der Mitte des gleichen 14. Jahrhunderts sollte indessen die »Eidgenossenschaft« in Zürich so attraktiv werden, daß die Stadt an der Limmat nach 1362 endgültig aus dem Beziehungsgeflecht der Bodenseestädte und damit auch demjenigen der schwäbischen Städte insgesamt ausschied. Damals begann ihre volle Orientierung nach Süden, und von da an konnte von einer einigermaßen einheitlichen Städtelandschaft, die von Zürich über Konstanz bis in das Innere Schwabens reichte, nur noch in einem entsprechend eingeschränkten Sinn die Rede sein.

Zunächst aber hatte das Bündnis von 1312 noch eine Ausdehnung nach Norden erfahren: Am 8. Februar 1315 kamen in Konstanz mit den Vertretern der Räte und der Bürger von Konstanz, Zürich, St. Gallen und Schaffhausen auch diejenigen von Lindau und Überlingen zusammen, um ein ähnliches Bündnis wie dasjenige von 1312 zu schließen. So wurden erstmals auch zwei Reichsstädte, die am Nordufer des Bodensees lagen, in das Städtebündnis einbezogen. Damit war ein entscheidender Schritt in das Innere Schwabens getan. Daß diese Vorgänge Teil einer zielgerichteten Bündnispolitik waren, trat vollends zutage, als auf Veranlassung Kaiser Ludwigs des Bayern am 20. November 1331 in Ulm die Städte Konstanz, Zürich, Lindau, Überlingen, Ravensburg und St. Gallen, sowie später noch Buchhorn (= Friedrichshafen) zusammen mit einer Vielzahl weiterer schwäbischer Städte, darunter so wichtiger wie Ulm, Esslingen und Rottweil, mit dem Haus Wittelsbach ein Bündnis schlossen. Dabei zeichneten sich unter den schwäbischen Reichsstädten die »Costenzer und ir gesellschaft umb den sêe« mit Konstanz, Zürich, St. Gallen, Ravensburg, Pfullendorf, Überlingen und vielleicht auch noch Wangen bereits als eine mehr oder weniger zusammenhängende Städtegruppe ab.

Es ist offensichtlich: Intensives Verhandeln und Korrespondieren im Rahmen ständiger Kontakte hatten auch die Führungsgremien der Reichsstädte nördlich des Bodensees und in »Oberschwaben« zum Eintritt in ein Bündnis zu veranlassen vermocht, das fortan seinerseits — einmal in dieser, einmal in jener Zusammensetzung — Bündnisse auch mit den innerschwäbischen Städten eingehen konnte. Daran sollte sich auch nichts ändern, als sich Zürich, die südlichste der »Bodenseestädte«, am 1. Mai 1351 mit Luzern und den drei Waldstätten verband und damit die endgültige Trennung von den Bodenseestädten und den Städten Schwabens insgesamt einleitete.

Am Beispiel der immer wieder von neuem abzuschließenden Bündnisse zwischen den Reichsstädten um den See offenbart sich, daß hier — sicherlich schon längst vor 1312 — Gemeinsamkeiten, gleiche politische und wirtschaftliche Interessen und ein Zusammengehörigkeitsbewußtsein vorhanden waren. Die Notwendigkeit der Friedenssicherung verlangte danach, diese Gemeinsamkeiten durch ständige Kontakte auch auf oberster Ebene weiter auszubauen. Die Vertreter der Städte, als Mitglieder des jeweiligen Rats zumeist Angehörige der Oberschicht, wußten so, was in den anderen Städten vor sich ging, gaben in den Städten, die sie aufzusuchen hatten, durch ihre Berichte Anstöße zu Neuerungen und brachten umgekehrt Anregungen mit in ihre Heimat. Es kam — vor allem unter der Führungsschicht — zu einem ständigen Erfahrungsaustausch, der notwendigerweise die beteiligten Städte zu einer durch zahlreiche Gemeinsamkeiten geprägten Städtelandschaft werden ließ.

Am Beispiel der Städtebündnisse wird die Dynamik deutlich, die der Ausbildung einer solchen Städtelandschaft zugrunde lag. Dabei lassen sich die Kontakte, die auf den Gebieten der künstlerischen Tätigkeiten, des Bauens, der wirtschaftlichen Produktion, der Rechtssetzung oder des Sprachgebrauchs allenfalls zu erahnen waren, unmittelbar belegen. So etwa, wenn am Ende des Jahres 1312, des gleichen Jahres, da der erste »Bodensee-Städtebund« geschlossen wurde, Rudolf Ruhe, der Konstanzer Reichsvogt, über seine »in der burger dienst« unternommenen Ritte Rechnung ablegt: Unter anderem hatte er nach Nürnberg, nach Lindau und Ravensburg, aber auch nach Schwyz, Zug und Zürich reiten müssen. Für Zürich gibt es ähnliche Beispiele. 1337, in einem für die Stadt politisch kritischen Jahr, weiß man von einem lebhaften Botenverkehr, der von Zürich unter anderem nach Schaffhausen, Konstanz, Überlingen und Nürnberg führte. Und als Zürich im Februar 1362 — neben seinem Bündnis mit den Waldstätten und dem Herzog von Österreich — doch noch einmal ein Bündnis mit Konstanz, St. Gallen, Lindau, Ravensburg, Überlingen, Wangen im Allgäu und Buchhorn abschloß, fielen für die Ritte von Gesandten Kosten an: So waren etwa Ritter Eberhard Müllner nach Konstanz, Eberhard Brun nach Pfullendorf und Johannes von Seon im Auftrag der Stadt Lindau von Zürich zum Bischof von Konstanz geritten.

All diese offiziellen Treffen und Gesandtschaften zwischen Zürich, St. Gallen, Schaffhausen, Konstanz und den Städten nördlich des Sees, ja im Inneren Schwabens »um 1300« und vor allem nach 1300 sind gewiß nur die am deutlichsten sichtbaren Beispiele für die Pflege des Kontakts zwischen den Menschen dieser sich von Süden nach Norden entfaltenden Städtelandschaft. Als nicht weniger wichtig, wenn nicht sogar bedeutsamer sind wohl die zahlreichen Möglichkeiten des Zusammentreffens einzuschätzen, die sich den Bürgern all dieser Städte bei mancherlei geselligen Anlässen, so etwa bei Turnieren, Schützenfesten, Kirchweihen, Hochzeiten und Fasnachtsbesuchen boten. So ritten im Jahre 1368 die Konstanzer Patrizier zu einem Turnier nach Zürich, und noch ein Jahrhundert später — bei einem Freischießen zu St. Gallen im Jahr 1485 — trafen sich Schützen aus Zürich, Schaffhausen, Appenzell, Esslingen, Ulm, Biberach, Ravensburg, Kempten, Isny, Konstanz, Überlingen und Buchhorn. Derlei Beispiele gäbe es für das 13. und 15. Jahrhundert noch viele zu nennen.

Angesichts derart häufiger und intensiver Festtagsbesuche hat man zu Recht bemerken können, daß »eidgenössische Orte« »noch lange . . . eher nach außen als nach innen orientiert (waren): (so etwa) die Städte Zürich, Schaffhausen, St. Gallen nach dem schwäbischen Raum«. Es zeichne sich »unverkennbar ein süddeutsch-nordostschweizerischer bürgerlicher Kontaktkreis« ab, »eine Gruppe von Städten, deren Anliegen und Bedürfnisse zusammenliefen, wenn auch die politischen Entwicklungen sie in der Folgezeit entfremden sollten«.

HELMUT MAURER

Konstanz

Naturräumliche Rahmenbedingungen

Die naturräumlichen Voraussetzungen haben die Siedlungsgeschichte von Konstanz entscheidend bestimmt und geprägt. Auf zwei Seiten ist die Stadt bis heute von Wasser umgeben, im Norden vom Seerhein und im Osten vom Obersee. Im Westen breiteten sich überdies außerhalb der Stadtmauer vor der Aufschüttung und Bebauung im 19. Jahrhundert weite Feuchtflächen aus, die nur punktuell besiedelt waren. Von Wasserflächen und ehemaligen Feuchtgebieten umgeben, erstreckt sich in Nord-Süd-Richtung der jungeiszeitliche Moränenrücken, auf dem Konstanz liegt. Er steigt am Münsterhügel bis zu 404 m ü. M. auf, nach Norden greift er spornartig zum Rhein aus, nach Süden zieht er sich als langer, schmaler Rücken, dessen Scheitel die heutige Hussen- beziehungsweise Wessenbergstraße markieren, dahin und bildet zugleich die Landbrücke zum südlich der Stadt gelegenen Thurgau, zu dessen Höhen die alte Straße in steilen Kehren hinaufführt.

Bis zum Neubeginn der Konstanzer Stadtarchäologie in den achtziger Jahren dieses Jahrhunderts war unbekannt, daß das Areal der »heutigen« mittelalterlichen Stadt fast doppelt so groß ist wie die Fläche, die den ersten Siedlern auf dem Konstanzer Stadthügel im ausgehenden 2. Jahrhundert v. Chr. zur Verfügung stand. Ludwig Leiner, der Nestor der Konstanzer Archäologie und Begründer des Konstanzer Rosgarten-Museums, hatte 1872 mit einer Skizze der damaligen Befundsituation auf dem Münsterplatz angedeutet, daß der Konstanzer Stadthügel nicht nur nach Osten, zum See hin, steil abfällt, sondern daß er auch nach Westen ein deutlich ausgeprägtes Gefälle besaß. Ein auf der Basis neuer Untersuchungen gefertigter West-Ost-Schnitt durch den Stadthügel bestätigt heute Leiners Vermutung und zeigt ein Geländerelief, das an die Inselberge des Alpenrheintals erinnert.

Forschungsgeschichte

Mit dem Apotheker Ludwig Leiner (1830–1901) ist der Beginn der Konstanzer Stadtarchäologie untrennbar verbunden. Er war noch weitgehend einem ganzheitlichen Geschichtsbegriff verpflichtet, so daß in seinem Museum naturgeschichtliche Altertümer gleichrangig neben Tafelmalerei, Teilen mittelalterlicher Stadtarchitektur wie auch prähistorischen Altertümern aus den Pfahlbauten und eben römischen und mittelalterlichen Realien aus dem Konstanzer Stadtgebiet eingeordnet waren. Den Zugriff auf die archäologischen Zeugnisse von Konstanz ermöglichte ihm die Verlegung des städtischen Gasleitungsnetzes; das dabei anfallende Fundgut barg er »wie eine Krähe die Saatkörner«. Großflächige Umbauten führten mehrfach zu erheblichen Bereicherungen der Museumsbestände. So wurde beispielsweise bei Bauarbeiten am Stadionschen Domherrenhof, der ehemaligen Brauerei Buck, eines der größten bekannten Ensembles spätromanischer dekorierter Bodenfliesen freigelegt, und der Umbau des Stiftes St. Johann trug der Sammlung ein reichhaltiges Sortiment römischer und spätmittelalterlicher Altertümer ein. Die Grabungen bei St. Johann im Jahr 1894 realisierte aller-

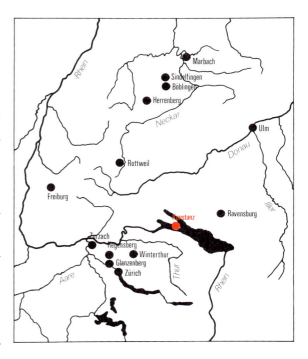

Linke Seite: Diese spätbarocke Vogelschau von Süden (Mitte 17. Jahrhundert) zeigt Konstanz noch ganz im mittelalterlichen Siedlungszuschnitt, nur die umfangreichen Schanzenanlagen sind jüngeren Datums. Gut erkennbar ist die ab dem 13. Jahrhundert gewachsene innere Stadtmauer und der im Süden vorgelagerte Ort Stadelhofen, der erst im Spätmittelalter in die Ummauerung einbezogen wurde, aber bereits im 10. Jahrhundert als bischöflicher Hof belegt ist. Nach Westen greift dann die äußere Stadtmauer weit bis an den Rhein aus. Mit Ausnahme der kleinen Fischersiedlung im »Paradies« ist dieses – den »Brühl« sowie das innere und das äußere »Paradies« umfassende – Gebiet weitgehend unbesiedelt. Der Brühl allerdings war ein beliebter Treffpunkt der Bevölkerung: Spiele, Turniere und Zweikämpfe wurden auf dem »statt Blatz« abgehalten. Bebaut wurde dieses Gebiet erst im 19. Jahrhundert, und dabei hat man die Befestigung fast völlig beseitigt. Vom Rheintortum spannt sich die um 1200 errichtete 260 m lange Rheinbrücke zum Kloster Petershausen; die einzige Verbindung der Stadt zum rechtsrheinischen Ufer. Es mußten sie alle passieren, die nach Norden auf den Bodanrück oder vor allem auf die Fähre nach Staad gelangen wollten. Im Osten schließlich liegt knapp südlich der Insel, wo sich 1236 die Dominikaner niederließen, das 1388 errichtete Kaufhaus mit der vorgelagerten »Brugg«, der Schiffslände.

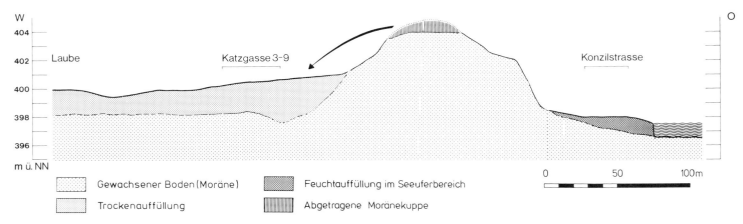

W .... O

404

402   Laube   Katzgasse 3-9   Konzilstrasse

400

398

396

m ü. NN   0   50   100m

▢ Gewachsener Boden (Moräne)   ▨ Feuchtauffüllung im Seeuferbereich

▢ Trockenauffüllung   ▥ Abgetragene Moränekuppe

Oben: Überhöhter West-Ost Schnitt durch den Konstanzer Stadthügel: An beiden Flanken der in Nord-Süd-Richtung verlaufenden Moräne lagern sich breite Auffüllgebiete des 13. Jahrhunderts an.

Rechts: Der Nestor der Konstanzer Archäologie: Ludwig Leiner (1830—1901). Rechts Mitte: Dem Historiker Konrad Beyerle (1872—1933) sind die ersten systematischen Grabungen im Konstanzer Stadtgebiet zu danken. Rechts außen: Nachdem von den zwanziger Jahren an das Interesse an der Archäologie merklich zurückgegangen war, trug der Lehrer Alfons Beck (1890—1968) vor allem in der bauintensiven Nachkriegszeit große Mengen mittelalterlichen Fundmaterials zusammen.

dings ein anderer: Konrad Beyerle (1872—1933), der als junger Student dort als erster die Spuren einer keltischen Siedlung identifizierte und umfangreiche römische Baureste beobachtete, die sich allerdings heute nicht mehr zu einem interpretierbaren Befundzusammenhang fügen lassen. Auf diese Vorarbeiten stützte sich dann Alfons Beck, ein Konstanzer Volksschullehrer, der von den zwanziger Jahren an bis zu seinem Tod 1967 die Konstanzer Stadtarchäologie bestimmte. Sein Wirken zeichnete sich, wie dies bei vielen engagierten Laien der Fall ist, durch große Hingabe, aber zugleich auch eine sehr pointierte, gelegentlich eigensinnige Interpretation seiner Befunde aus, die er vornehmlich in Zeitungsartikeln und in Regionalzeitschriften der Öffentlichkeit zugänglich machte. Seine Sicht auf die mittelalterliche Stadtentwicklung von Konstanz gründete auf Plänen von F. Hirsch, der zusammen mit K. Beyerle das Konstanzer Häuserbuch erarbeitet hatte, und auf den Analysen des Architekten Heiermann. Beck folgte ihnen im scharfsinnigen Aufspüren vermeintlich charakteristischer Straßen- und Ehgrabenverläufe, in denen er Wachstumsringe der mittelalterlichen Stadt zu erkennen glaubte. Die mangelnde Berücksichtigung naturräumlicher Voraussetzungen verleitete Beck unter anderem dazu, einen Verlauf der hochmittelalterlichen Stadtmauer anzunehmen, der — wie man heute weiß — quer durch der Stadt vorgelagerte Flachwasserzonen geführt hätte. Andere, von Beck nicht minder energisch vertretene Auffassungen, so das zähe Festhalten an der Existenz einer militärischen Befestigung in Konstanz, haben heute eine späte Rechtfertigung erfahren. Hans Stather, der sich in den siebziger Jahren um die Betreuung der Stadtarchäologie verdient gemacht hat, unterzog die Beckschen Analysen einer sehr kritischen Revision. Immerhin hat er damit der jetzt erfolgten Bearbeitung des römischen Fundmaterials entscheidende Impulse gegeben. Zum Jahresende 1983 entschloß sich das Landesdenkmalamt Baden-Württemberg, in Konstanz schwerpunktmäßig aktiv zu werden. Aus bescheidenen Anfängen erwuchs daraus innerhalb von 10 Jahren eine intensive stadtarchäologische Betreuung Konstanz'. Die zum Teil großflächigen Grabungen am Fischmarkt, an der Oberen Augustinergasse, am Pfalzgarten, in der Wessenbergstraße-Katzgasse, auf der Marktstätte und demnächst auch im Bereich von Neugasse und Dammgasse haben entscheidende neue Erkenntnisse zur Frühgeschichte der Stadt, ihrer Entstehung und ihrem Wandel im Mittelalter gebracht. Zunehmend wurde und wird dabei deutlich, daß Konstanz bis heute sein mittelalterliches Gesicht bewahrt hat — im Gegensatz zu vielen anderen mittelalterlichen Städten des Landes. Die rückläufige wirt-

Die letzten Kriegstage in Konstanz.

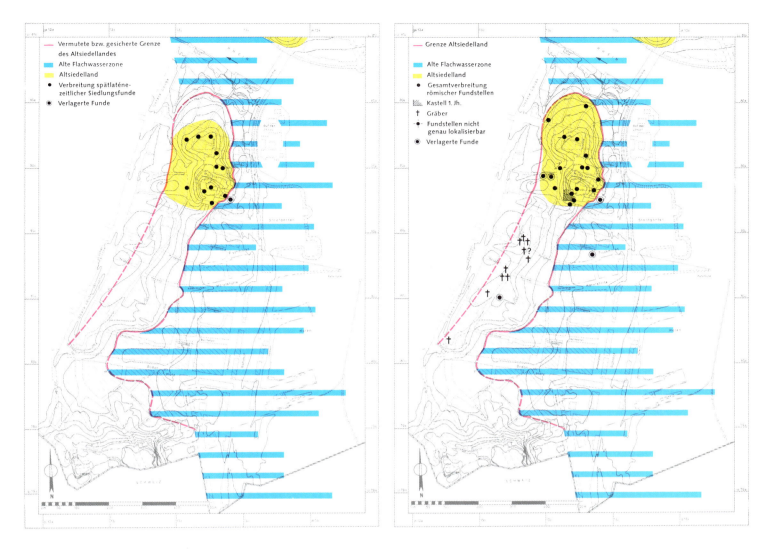

schaftliche Entwicklung vom 16. Jahrhundert an und die Verlagerung der bischöflichen Residenz nach Meersburg waren die Ursache dafür, daß in Konstanz von da an kaum mehr gebaut wurde und so eine Stadt des beginnenden Spätmittelalters als archäologisches Musterbeispiel und als Baudenkmal fast unversehrt erhalten blieb. Auch im Zweiten Weltkrieg, in dem zahlreiche Städte völlig zerstört wurden, blieb Konstanz angesichts der Grenzlage und dank seiner Funktion als Lazarettstadt verschont. Erst die Nachkriegszeit riß Wunden in Baubestand und archäologischen Befund. Auch wenn weitere Eingriffe nicht zu verhindern waren und auch in Zukunft nicht verhindert werden können, so ist es in Konstanz doch immerhin gelungen, die archäologische Voruntersuchung weiterer Bauflächen durchzuführen und Sensibilität im Umgang mit den stadtarchäologischen Quellen zu wecken.

Oben links: Übersicht über das spätlaténezeitliche Siedlungsareal auf dem Konstanzer Stadthügel. Es beschränkt sich auf die Hochlagen um den späteren Münsterhügel herum.

Oben: In römischer Zeit hat sich die Siedlungsfläche nur unwesentlich vergrößert; an der höchsten Stelle, auf dem Münsterhügel, sind Reste des castrums aus dem 1. Jahrhundert n. Chr. gesichert, weit nach Süden erstreckt sich extra muros entlang der nach Süden führenden Straße das spätantike Gräberfeld.

Von der keltischen Siedlung zur hochmittelalterlichen Stadt

Das Altsiedelland, diejenigen Flächen also, die ohne umfangreiche menschliche Eingriffe besiedelbar waren, läßt sich bereits auf der Verbreitungskarte der ältesten Besiedlungsspuren auf dem Konstanzer Stadthügel ablesen. Die Siedlungsspuren lassen sich dabei im Bereich der Hochlagen um den Münsterberg und um die südliche Niederburg feststellen; zeitlich sind sie zwischen das ausgehende 2. Jahrhundert v. Chr. und die erste Hälfte des 1. Jahrhunderts v. Chr. einzuordnen. Insbesondere durch die münzdatierten Befunde aus dem Pfalzgarten ist die 1. Hälfte des 1. Jahrhunderts absolutchronologisch gut gesichert.
Mit zunehmender Befunddichte und der Bearbeitung des Altfundmaterials wird auch immer deutlicher, daß das Ende der keltischen Besiedlung des Stadthügels zugleich auch einen Siedlungsunterbruch markiert. Um die vier-

Ganz oben: Eine Auswahl spätlatènezeitlicher Keramik aus der Brückengasse 5/7 in Konstanz (spätes 2. bis mittleres 1. Jahrhundert v. Chr.). Charakteristisch sind die weitmundigen, geglätteten Schalen sowie die rauhtonige, fingernagel- und spateldekorverzierte Gebrauchskeramik.

Oben: Nur in wenigen Stücken vertreten sind stratifizierte Belege drehscheibengefertigter rottoniger, weiß und rot bemalter Flaschen (Konstanz, Pfalzgarten, 1. Hälfte des 1. Jahrhunderts v. Chr.).

Rechte Seite: Das spätantike Gräberfeld extra muros wurde ab 1872 wiederholt angeschnitten. Damals stieß man am Obermarkt auf mindestens drei Körpergräber, darunter je ein beigabenführendes Männer- und ein Frauengrab. Das Männergrab und die beigabenlose Bestattung waren mit Ziegelplatten eingefaßt. Aus dem Frauengrab des mittleren Drittels des 4. Jahrhunderts stammt der gläserne Standfußbecher (oben links) sowie ein bronzenes Armringpaar, davon ein Armring mit Löwenkopfenden (oben rechts).

Rechte Seite, unten links: Links im Bild eine bronzene Scheibenfibel im Tassilokelchstil (Rheingasse 15, mittleres 8. Jahrhundert), rechts oben eine kleine bronzene Scheibenfibel mit Resten des Emaildekors (spätes 9./10. Jahrhundert), darunter das Fragment einer weiteren Emailscheibenfibel (11. Jahrhundert), beide emaildekorierten Fibeln stammen aus der Grabung Wessenbergstraße-Katzgasse (ca. 2-fach vergrößert).

ziger Jahre des 1. Jahrhunderts n. Chr. setzt die römische Okkupation des Stadthügels ein, und offenbar gleichzeitig kommt es zur Einrichtung eines castrums auf dem Münsterhügel. Bereits Ende des 19. Jahrhunderts und erneut 1932 war der zugehörige Spitzgraben angeschnitten und sachgerecht angesprochen worden; ein weiteres Mal wurde er 1976 beziehungsweise 1989 erfaßt; damit war die Existenz dieser Militäranlage endgültig nachgewiesen. Eindeutige Baubefunde aus dem Innenbereich des castrums liegen ebensowenig vor wie aus dem vicus, der nach der Aufgabe des castrums im ausgehenden 1. Jahrhundert n. Chr. durch Kleinfunde belegt ist. Leiner, Beyerle und Beck erfaßten immerhin wiederholt Überreste von Steinbauten, und sie weisen auch auf römische Estriche und Ziegelfußböden hin. Seit kurzem ebenfalls nachgewiesen ist eine Siedlungstätigkeit auf dem rechten Rheinufer, im Areal des späteren Klosters Petershausen. Fundmaterial des 1. und 2. Jahrhunderts n. Chr. belegt die mit dem Rheinübergang an dieser Stelle zu erwartende Besiedlung.

Auch im ausgehenden 3. beziehungsweise im 4. Jahrhundert, nach dem Fall des obergermanisch-rätischen Limes, wurde Konstanz im Rahmen der Befestigung des spätantiken Limes mit Sicherheit zumindest durch einen Burgus gesichert. Die Vermutung, dieser habe sich im Quartier um St. Johann befunden, bedarf jedoch erst noch einer archäologischen oder doch einer archäoprospektiven Absicherung. Gesichert ist jedoch das extra muros gelegene spätantike Gräberfeld, das seit 1872 wiederholt angeschnitten wurde. Es erstreckt sich vom mittelalterlichen Schnetztor im Süden bis zur Kirche St. Stephan im Norden. Aufgrund ihrer Lage und des Patroziniums ist zu vermuten, daß es sich bei St. Stephan um eine im Kern spätantike Memorialkirche handelt. In die Spätantike fällt dann zugleich auch die Namensgebung von Konstanz: Constans oder Constantius II. dürften die Namensgeber gewesen sein. Zeitgenössische schriftliche Quellen zum römischen Konstanz selbst existieren nicht; die früheste Nennung findet sich beim Geographen von Ravenna im 9. Jahrhundert.

Erst im frühen Mittelalter gibt die älteste Vita des heiligen Gallus eine genauere Beschreibung der Topographie des um 600 neu eingerichteten Bischofssitzes, doch sie läßt offen, ob dieser aus wilder Wurzel gegründet oder von Windisch nach Konstanz verlegt wurde. Dabei vermag auch die Archäologie die zarten Konturen dieser Bischofsstadt kaum weiter zu umreißen; die Funde aus einem vielleicht frühmittelalterlichen Gräberfeld »bei St. Johann«, die einer Hofstelle in der Nieder-Burg, unterhalb der Bischofsburg, zugeordnet werden könnten, sind im Krieg verlorengegangen. Daß — von zwei im Tassilokelchstil verzierten Objekten einmal abgesehen — frühmittelalterliche Funde wie Befunde bislang fehlen, hängt zum einen mit der dichten Bebauung des Altsiedellandes, zum andern mit der ungestörten Erhaltung der städtischen Platzflächen zusammen, deren (nicht erwünschte)

Unten: Ebenfalls ins frühe Mittelalter datiert eine aus Geweih gearbeitete und auch im Tassilokelchstil verzierte Riemenzunge (?). Sie wurde wahrscheinlich aus einem größeren Dekorstück unbekannter Funktion herausgetrennt, wie die willkürlich durchschnittene Verzierung der Schauseite vermuten läßt (ca. 4-fach vergrößert).

Ganz unten: In der Sakristei der Kirche von Vindonissa ist eine »um 600« zu datierende Kirchweih- oder Bauinschrift eingemauert, in der der Name eines Bischofs Ursinus erscheint. Da ein Ursinus auch in der Konstanzer Bischofsliste genannt wird, gilt dies als Hinweis darauf, daß um 600 das Bistum von Windisch nach Konstanz verlegt wurde. (Übersetzung: Zu Ehren des heiligen Martin, des Bischofs, Ursinos, Bischof, Detibaldus. Linculfus hat sie erbaut).

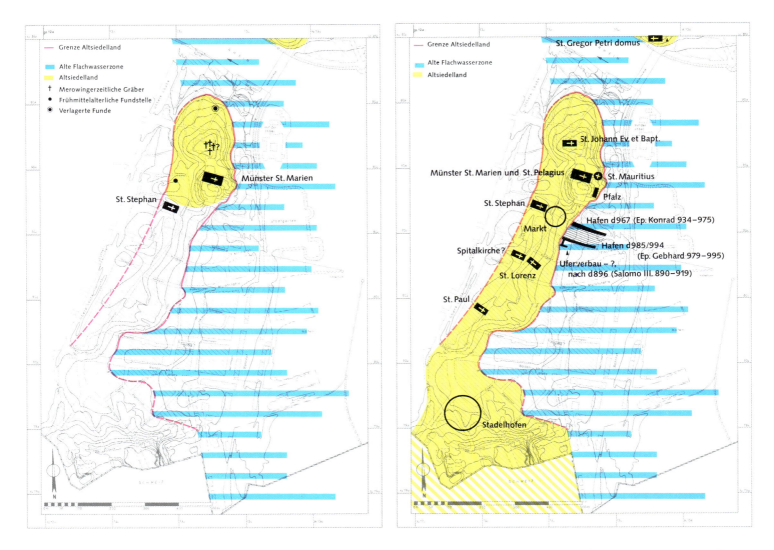

Oben: Die Siedlungstopographie des Bischofssitzes Konstanz. Die frühmittelalterliche Siedlungsfläche ist noch nicht durch Positivfunde gesichert, einzig die südliche Grenze ist durch die Schriftquellen dokumentiert, da St. Stephan als »extra oppidum« gelegen genannt wird.

Oben rechts: Die Topographie von Konstanz im 10. Jahrhundert. Das Altsiedelland ist in dieser Zeit größtenteils besiedelt; einzig St. Paul, eine Gründung des 10. Jahrhunderts, liegt noch außerhalb der Stadt.

Blick auf die Horizontalverbretterung der Stegkonstruktion, die, im ausgehenden 10. Jahrhundert gebaut, durch die Flachwasserzone an der Ostseite der Stadt in tiefere Gewässer führte.

archäologische Untersuchung mit Sicherheit frühmittelalterliche Befunde erbrächte.

In den Schriftquellen wesentlich schärfer konturiert erscheint die Felix mater Constantia des 10. Jahrhunderts. Mit der spätestens unter Bischof Salomo III. (890-919) einsetzenden bischöflichen Münzprägung und dem Markt vor St. Stephan sind wesentliche Elemente frühstädtischer Strukturen bereits genannt. Die besondere Rolle der Bischofstadt Konstanz im Kontext der übrigen im Voralpengebiet gleichzeitig entstehenden Frühstädte schlägt sich im Ausbau der kirchlichen Topographie der Stadt zu einer Kirchenfamilie nach stadtrömischem Vorbild durch die Bischöfe Konrad (934-975) und Gebhard (979-995) nieder: St. Paul, St. Lorenz, St. Stefan, das Marienmünster, St. Johann und, jenseits des Rheins, St. Gregor Petri domus vertreten sinnbildlich die römischen Patriarchalkirchen.

Schlaglichtartig beleuchtet der »Modus liebinc«, ein Spielmannslied des 10. Jahrhunderts, den wirtschaftlichen Hintergrund der Stadt. Dieses »Lied vom Schneekind« berichtet vom Fernhandel der Konstanzer Kaufleute, der sie »übers Meer an fremde Gestade« führt. Leider fehlen bis heute im Fundmaterial Spuren der für den Fernhandel charakteristischen frühstädtischen Emporien. Von großer Bedeutung ist daher, daß im Zug der archäologischen Begleitung der Kanalisationssanierung im Fischmarktgebiet der Nachweis einer Hafenanlage des 10. Jahrhunderts gelang: In der Salmannsweilergasse und der Zollernstraße kamen unter den Auffüllschichten des 12. und 13. Jahrhunderts in einer Tiefe von bis zu 2 m dendrochronologisch datierbare Holzkonstruktionen zum Vorschein. Bemerkenswert ist, daß sie nahezu parallel zur Straße verlaufen; konstruktiv bestehen sie aus mächtigen, grob vierkantig behauenen, eichenen Vertikalpfosten, die in einem Abstand von rund 1,8 m stumpf auf dem Gewachsenen aufsitzen. In die zwei-, gelegentlich auch dreiseitig eingehauenen Vertikalnuten sind dicke Horizontalbohlen als dichte

Verbretterung eingelassen. Aller Wahrscheinlichkeit nach handelt es sich dabei um die hölzernen Substruktionen für hölzerne Hafenstege, die jedoch wegen der schmalen Untersuchungsgräben jeweils nur einseitig erfaßt wurden. Aufgrund des archäologischen Befundes ist eindeutig, daß sie an der Grenze des Altsiedellandes, die etwa in der Flucht der heutigen Hohenhausgasse verläuft, ansetzen und von dort weit in die alte Flachwasserzone hinausgreifen. Entsprechend den dendrochronologischen Datierungen waren es auch hier wieder die Bischöfe Konrad und Gebhard, denen die Einrichtung dieses Hafens an der Verkehrsseite der Stadt zu verdanken ist. In der topographischen Überlagerung von Marktort, bischöflicher Kirchenfamilie und Hafen geben sich die Bischöfe demnach als Herren am Seeufer zu erkennen: Der Hafen liegt fast unmittelbar bei der Bischofskirche und nur wenige Schritte östlich des Markts, der vor St. Stephan abgehalten wurde.

Auf noch frühere, spätkarolingische Bemühungen, das Ufer zu befestigen, deuten ältere, nur sehr bruchstückhaft erfaßte Holzbefunde hin. Für eine Uferbefestigung spricht, daß die gefundenen Hölzer nicht rechtwinklig zum Ufer verlaufen, sondern uferparallel; die Dendrodaten weisen in die Zeit Bischof Salomos III. Die Befestigung der ottonischen Felix Mater Constantia ist auch durch Schriftquellen überliefert – doch jeder archäologische Befund fehlt bis heute. Die Vermutung, diese Stadtmauer habe die mittlere Zollernstraße, die Salmannsweilergasse und die Münzgasse gekreuzt, konnte durch Negativbefunde bei den Kanalisationsgrabungen widerlegt werden. Auch künftig wird die Suche nach einer Steinmauer mit Sicherheit ergebnislos verlaufen. Denn für das Jahr 1122 ist durch Schriftquellen belegt, daß das Stift Kreuzlingen Material zur Ausbesserung der »Mauer« zu liefern hatte – nicht Steine oder Mörtel, sondern Seekreide, ein am Bodensee wohlfeiles und bis ins 12. Jahrhundert wiederholt eingesetztes Baumaterial. Vermutlich wurden damit – wie in Ulm – Wall und Graben ausgebessert, die als von West nach Ost verlaufende Abschnittsbefestigung möglicherweise den Stadthügel nach Süden sicherten. Karolingische Türme oder Tore, die Beck und andere in einigen städtischen Turmhäusern, so der »Vorderen Katz«, zu finden glaubten, sind jünger, gehören ins 13. Jahrhundert und haben mit der Befestigung der Felix Mater Constantia nichts zu tun.

Bis 1300 entsteht eine neue Stadt

Weitgehend gesichert ist dagegen der Verlauf der großen spätmittelalterlichen Stadtmauer, die bis auf Rheintorturm, Pulverturm, Schnetztor und ein daran anschließendes Teilstück im 19. Jahrhundert vollständig geschleift

Die Stadtansicht von Nikolaus Kalt (um 1600) zeigt Konstanz nach dem großen Stadtumbau zwischen 1200 und dem ausgehenden 14. Jahrhundert. Quartiere und Gassen sind in Gestalt und Verlauf festgelegt und dicht bebaut. Auch der Hafen ist bereits verfüllt. Er lag an der Stelle der breiten Marktstätte, die sich unmittelbar oberhalb der »brugg«, der jüngeren Schiffslände mit dem Kran, erstreckt. Nur die Kirchen erinnern noch an die Frühstadt Konstanz des 10. Jahrhunderts, die nicht einmal die Hälfte der späteren Siedlungsfläche beanspruchte. Mit Linien eingetragen ist die Vorstellung der Stadtentwicklung, wie sie Konrad Beyerle und Anton Maurer 1908 entwickelten. Auch die frühen Etappen der Stadtentwicklung – ausgehend vom Römerkastell, Bischofsburg, Niederburg, Markt und Markterweiterung – werden als ummauert angenommen. Nicht eine dieser Mauern, deren Reflexe die beiden Autoren in charakteristischen Straßen- und Ehgrabenverläufen oder in Turmhäusern wiederfinden wollten, waren im archäologischen Befund bislang verifizierbar. Negativbefunde sichern vielmehr, daß es eine steinerne Ummauerung einzelner Etappen des Stadtausbaues vor dem 13. Jahrhundert nicht gegeben hat, als die Stadt erstmals unter Einschluß des Neugassenquartiers ummauert wurde. Auch gibt es keine Hinweise darauf, daß im 15. Jahrhundert an der Seeseite der Stadt ein zweiter Mauerring errichtet und der ältere, weiter landeinwärts gelegene Bering des 13. Jahrhunderts niedergelegt wurde.

Übersicht über die spätmittelalterliche Stadtfläche von Konstanz unter Einschluß der Vorstadt Stadelhofen im Westen.

Rechte Seite: Durch die Überlagerung von dendrochronologischen Datierungen der aufgehenden Bausubstanz sowie der archäologisch erfaßten Baubefunde (d), archäologischen Datierungen sowie urkundlichen Nachrichten (u) läßt sich ein recht präzises Bild der Auffülletappen zwischen späterer Marktstätte und Zollernstraße gewinnen. Ausgehend vom Altsiedelland beginnt die Auffüllung an der Marktstätte nach neuesten, im Plan noch nicht berücksichtigten Ergebnissen bereits um die Mitte des 12. Jahrhunderts. Kurz danach, wahrscheinlich um 1200, dürfte die Kaimauer bereits aufgerichtet gewesen sein. Damit war Ersatz geschaffen für die alte ottonische, weiter nördlich gelegene Anlegestelle. Nach Ausweis der Schriftzeugnisse war dort bereits vor 1217 mit der Verfüllung begonnen worden. Die ersten Bauten konnten dort 1238/39 aufgeführt und dann etappenweise nach Osten ausgreifend weiter aufgefüllt werden. Erst mit dem Bau des Kaufhauses 1388 und der nochmaligen Verlegung der Schiffslände unmittelbar östlich davor ist dieser komplexe Prozeß der Landgewinnung abgeschlossen.

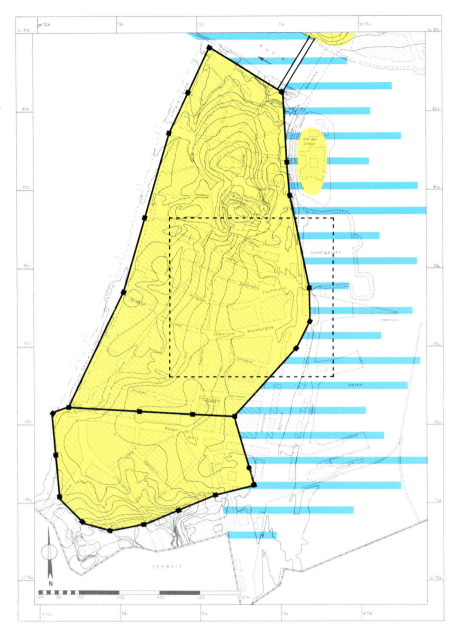

wurde. Im Osten griff die Mauer weit in den See hinaus und wird daher 1252 als »mure ze se« urkundlich genannt. Ausmaß und Dynamik des Stadtwandels und Stadtumbaus zwischen dem ausgehenden 10. und dem 13. Jahrhundert werden augenfällig, wenn man die Siedlungsfläche des 10. mit derjenigen des 13. Jahrhunderts vergleicht. Am eindrucksvollsten zeigen sich dabei die Veränderungen auf der Seeseite, der Verkehrsseite der Stadt.

Erst vor dem Hintergrund der archäologischen Zeugnisse wird dann die Bedeutung einer Nachricht aus dem Jahr 1217 verständlich, wonach die Mönche der Zisterze Salem vom Konstanzer Bischof die Erlaubnis bestätigt bekamen, Land am Seeufer aufzuschütten, um darauf zu bauen. Die Mönche hatten somit die Erlaubnis erhalten, mit der Verfüllung des alten Konstanzer Hafens — er lag zumindest teilweise im Bereich des späteren Salemer Stadthofs — fortzufahren. Die Grabungen auf der Konstanzer Marktstätte haben dazu einige überraschende neue Erkenntnisse erbracht. Über einer ersten Auffüllung, die vermutlich bereits in die erste Hälfte des 12. Jahrhunderts datiert und die im Schutz von Spundwänden und Faschinenwerk errichtet wurde, baute man in mehreren Phasen eine dendrochronologisch in die zweite Hälfte des 12. Jahrhunderts zu datierende Holzbebauung. Damit wird erstmals von der Grenze des Altsiedellandes aus in den Uferbereich ausgegriffen. Nach Osten, zum See hin, quert eine jüngere mächtige, steingefügte Mauer die Marktstätte. Sie muß, zumindest in ihrer ersten Bauphase, um

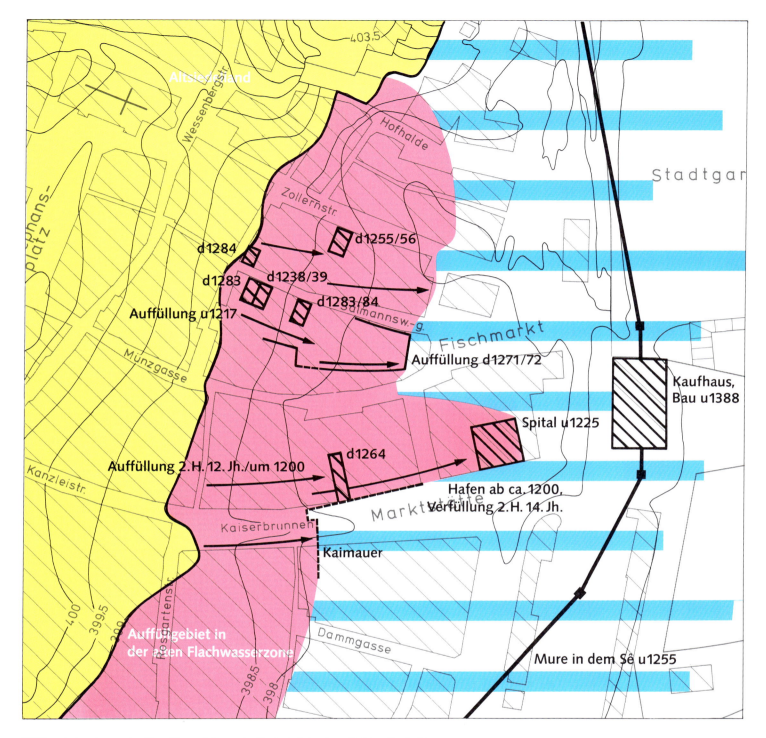

1200 entstanden sein. Vor dieser Mauer befindet sich eine dicht mit plattigen Wacken besetzte Fläche und bildet so eine befestigte Flachwasserzone, geeignet für das Ent- und Beladen von Schiffen, die bei Niedrigwasser auch dicht an die Kaimauer herangezogen werden konnten.

Erst in der zweiten Hälfte des 14. Jahrhunderts wird das Hafenbecken, die spätere untere Marktstätte, verfüllt, denn ab 1388 wird außen an die Stadtmauer das Kaufhaus angebaut und unmittelbar davor der Hafenanleger aufgefüllt. Diese dreimalige Verlegung der wichtigsten Infrastruktureinrichtung des mittelalterlichen Konstanz belegt beispielhaft, wie außerordentlich schnell die Stadt vom 12. Jahrhundert an wächst. Diese Entwicklung wird — stellvertretend für andere Quartiere der Stadt — besonders eindrücklich durch den Salmannsweilerhof, den Konstanzer Stadthof des Zisterzienserklosters Salem, dokumentiert: Die erste Landgewinnung setzt vor beziehungsweise um 1217 unmittelbar östlich der alten Uferlinie ein, und bereits 1238 beziehungsweise vor 1238 waren die ersten Steinhäuser des großen Hofes

Oben: Blick auf die Kaimauer aus der Zeit um 1200, die die Konstanzer Marktstätte quert. Davor erstreckt sich die Flachwasserzone, zum Teil mit großen Wacken befestigt, seitlich flankiert von hölzernen Faschinen.

Rechts oben: Detail der Faschinen- und Spundwandbefestigung, die die ersten Auffüllungen des mittleren 12. Jahrhunderts auf der Marktstätte sichert.

Rechts unten: Detail der ältesten, hölzernen Bebauung der Marktstätte, die — vorbehältlich der dendrochronologischen Datierungen — aus der zweiten Hälfte des 12. Jahrhunderts stammt. Im Bild sichtbar sind die mit Steinen unterfangenen Holzschwellen sowie im Profil die dichte Abfolge von Brandschichten und Fußböden, die zum Teil aus Seekreide bestanden.

errichtet. Offensichtlich prosperierte die Niederlassung derart, daß im späten 13. Jahrhundert eine weitere Expansion in Richtung Bodensee unumgänglich wurde. Im Winter 1271/72 ging man daran, in der alten Flachwasserzone auf großen Holzschwellen eine Umfassungsmauer weit in den See hinaus zu bauen. Sie schützte die gewaltigen Sandplanierungen, die den neuen, nun hochwassersicheren Baugrund für künftige Neubauten abgaben. Nur wenig später, im Winter 1311/12, begann man mit dem Neubau. Die Ecken des fünfgeschossigen Gebäudes — der sogenannten Herberge — ruhten dabei auf dichtgefügten Spickpfahlrosten, die zusätzlich noch von langen Holzschwellen überlagert waren. Die »Herberge« bildete so das Kopfende und stand auf der äußeren Baulinie am unteren Fischmarkt. Zugleich setzten nach 1271/72 südlich außerhalb der Salemer Grundstücksummauerung die Auffüllungen ein — Unrat, Latrinenmaterial und Handwerkerabfälle wurden in großen Mengen dort abgelagert und das Gelände ebenfalls schnell überbaut.

Soweit man das im Augenblick beurteilen kann, erfolgte die Erstbebauung über den Auffüllschichten sofort entlang der Flucht der heutigen Gassen — in der Salmannsweilergasse wird diese Beobachtung durch dendrochronologisch datierte Bauten gestützt, einzelne Hinweise liegen inzwischen auch für die Zollernstraße und die nördliche Marktstätte vor. Letztere scheint bis zum Spital, das bereits 1225 weit in den See vorgeschoben auf einer Kieskuppe errichtet wurde, die Nordseite des Hafenbeckens als zumindest teilweise bebaute Flucht begleitet zu haben. Die südliche Randbebauung der Marktstätte dürfte dagegen erst später entstanden sein — sicherlich nicht vor 1273, wahrscheinlich aber erst im 14. Jahrhundert.

Links oben: Die großflächigen Sandauffüllungen am Konstanzer Fischmarkt wurden von den Zisterziensern innerhalb der 1269–1271 errichteten Umfassungsmauer ausgeführt.

Links Mitte: Angesichts des weichen, kaum tragfähigen Baugrunds konnte 1311/12 die Herberge des Stadthofs nur auf umfangreichen Substruktionen errichtet werden. Unter jeder Ecke des Gebäudes vedichtet ein Spickpfahlrost aus bis zu 450 Einzelpfählen den Baugrund.

Links unten: Übersicht über die Baubefunde am Konstanzer Fischmarkt.

Oben: Auch die Umfassungsmauer des Grundstücks des Salemer Stadthofs mußte 1271 auf einer hölzernen Gründung errichtet werden. Die unbehauenen Eichenschwellen stoßen stumpf aneinander, Querunterzüge stabilisieren sie zusätzlich unter dem Gewicht des auflagernden Mauerwerks.

Von dieser »Bürgerstadt«, dem neuen Konstanz, das auf feuchtem Grund unter schwierigsten Bedingungen neu errichtet wird und in dem kirchliche Institutionen nicht zufällig nur in Randlagen Platz finden, hebt sich der Umbau der alten Bischofsstadt oben auf dem Stadthügel in mehrfacher Hinsicht deutlich ab. Unmittelbar westlich der Kathedralkirche liegt das Quartier zwischen Wessenbergstraße und Katzgasse. Vom 10. Jahrhundert an befindet

Ansicht des Salemer Stadthofes von Osten (J. Moosbrugger, 1865).

sich das Areal unmittelbar gegenüber der Bischofskirche nachweislich in bischöflichem Besitz. Ab 1273 geben die Quellen und Urkunden, nicht zuletzt wegen eines Brandes und eines daran anschließenden Grundstücksverkaufs, detaillierte Auskunft über die Besitzverhältnisse. Zahlreiche Liegenschaften sind als Domherrenhöfe ausgewiesen, nach Westen, gegen den Stadtrand hin, sind dann Vertreter der Ministerialität, so die Familien von Sulgen-Schmerli, von Schaffhausen und von Ulm, als Grundeigentümer belegt. Über älteren Schichten mit spätlatènezeitlichen, römischen, früh- und hochmittelalterlichen Spuren früherer Besiedlung und Bebauung wird in diesem Bereich ab dem ausgehenden 12. und frühen 13. Jahrhundert eine Geländeaufhöhung vorgenommen. Wie das Fundmaterial in den Auffüllschichten verrät, geschieht dies — und das zeigen insbesondere die zahlreichen römischen Altfunde — mit Material, das aus dem Altsiedelland stammen muß. Im Gegensatz zum Fischmarkt findet man hier keine »Müllplanierungen«, was sich dadurch erklären läßt, daß die Geländeerhöhung relativ früh in Angriff genommen wurde. Von der ersten Hälfte des 13. Jahrhunderts an entstehen auf dem so geschaffenen Baugrund — zum Teil in charakteristisch rückwärtiger Grundstücksposition — die auch aus anderen oberdeutschen Städten bekannten steinernen Turmhäuser. Sehr schnell, schon vor 1287, wahrscheinlich um die Mitte des 13. Jahrhunderts, rücken die Fassaden der Gebäude dann an die heutige Gassenflucht vor. In der zweiten Hälfte des 13. Jahrhunderts und im 14. Jahrhundert »füllen« sich dann die Grundstücke,

64

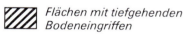
Flächen mit tiefgehenden Bodeneingriffen

Wohntürme im Sanierungsgebiet

—·— Grenzen des Sanierungsgebietes

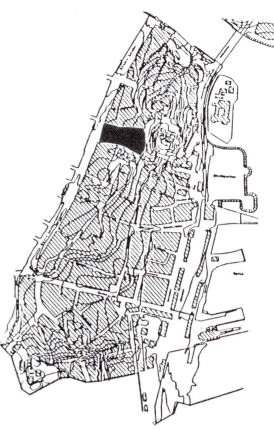

Mitten in der Bischofsstadt Konstanz liegt das Sanierungsgebiet Wessenbergstraße-Katzgasse (oben), in dem seit mehreren Jahren flächige Grabungen durchgeführt werden müssen. Trotz geringer Bautätigkeit zeigt die Fehlstellenkartierung, welcher Verlust an archäologischer Substanz bereits eingetreten ist (links oben). Eine Untersuchung erbrachte Hinweise auf die ältesten Steinbauten aus der Zeit um 1200: Turmhäuser, die in charakteristisch rückwärtiger Grundstücksposition angetroffen werden (links unten).

Unten: Nur zwei Geschosse dieses ehemals vermutlich viergeschossigen Turmhauses haben sich unter dem barocken Pyramidendach erhalten. Die ehedem bossierte Eckquaderung ist abgearbeitet, der romanische Außenputz mit Fugenstrich blieb jedoch unter barocken und modernen Putzschichten erhalten.

bis 1424 der letzte Bauplatz an der Katzgasse, die »Rückseite« einer von der Torgasse nach hinten ausgreifenden Parzelle, mit dem Geschlechterzunfthaus zur Katze besetzt wird. Insoweit folgen die Konstanzer Befunde dem, was aus Freiburg oder Zürich wohlbekannt ist. Zur Vorsicht mahnen jedoch einige erst jüngst gemachte Beobachtungen. An einigen Brandwänden des 13. Jahrhunderts (Katzgasse 1/Wessenbergstraße 43 und Katzgasse 9) fanden sich im Aufgehenden Abdrücke älterer mehrgeschossiger verblatteter Holzbauten, die spätestens im 13. Jahrhundert bereits straßenbündig auf den erst später mit Steinhäusern überbauten Grundstücken gestanden haben dürften. Wegen der später erbauten Steinkeller sind sie als ehemals ebenerdig errichtete Baukörper archäologisch nicht mehr nachweisbar und können nur durch Zufälle erschlossen werden. Vermutlich entstanden sie etwa zur gleichen Zeit wie die auf den hinteren Teilen der Grundstücke gelegenen Turmhäuser; es stellt sich somit die Frage, inwieweit die Turmhäuser tatsächlich als isolierte »Kernbauten« anzusehen sind; ferner ist abzuklären, ob diese Turmhäuser von allem Anfang an wirklich nur Wohn- und Repräsentationszwecken dienten.

Die kombinierte baugeschichtliche und archäologische Untersuchung dieses Quartiers ermöglichte es zugleich, in den Hinterhöfen die Entstehung der Grundstückseinteilungen zu erkennen. Schlichte Holzzäune trennten die Grundstücke zunächst voneinander; sie wurden erst später durch Steinmau-

Bei den grundstücksübergreifenden Grabungen in den Hinterhöfen der Katzgasse 1—9 konnten verschiedentlich die bis ins frühe 13. Jahrhundert zurückführenden Parzellengrenzen erfaßt werden. Neben steinernen Hofmauern gelang auch der Nachweis von Holzzäunen, die sich im archäologischen Befund nur im Reflex der Pfosten erhalten haben.

Rechts: Im Original knapp 3 cm groß ist diese Kleinbronze aus der Zeit um 1200, die bei den Grabungen in der Wessenbergstraße-Katzgasse geborgen wurde. Möglicherweise gehörte das außerordentlich detailliert gearbeitete Figürchen eines sitzenden Mannes mit linksseitig erhobenem Schild zum Fuß eines Leuchters.

ern ersetzt. Teilweise verwischten diese Mauern ältere Grundstückseinteilungen — die durchweg an den Grundstücksrändern, dicht bei den Nachbargrundstücken eingetieften Latrinen ermöglichten jedoch Rückschlüsse auf die alten Grundstücksgrenzen.

An weiteren untersuchten Plätzen der Stadt läßt sich gut beobachten, wie in der zweiten Hälfte des 13. Jahrhunderts und um 1300 die heutigen Gassen-, Straßen- und Platzfluchten durch die Bebauung endgültig definiert und festgelegt wurden. Mit der Liegenschaft Münsterplatz 13, einem Domherrenhof, wird 1286 seewärts (Dendrodatum) die letzte Lücke im Quartier zwischen Brückengasse und Theatergasse geschlossen. Kurz zuvor, 1252, hatte ganz im Süden der Stadt der Patrizier Heinrich in der Bünd seinen Obstgarten parzelliert und stückweise an zuzugswillige Bürger verkauft. So entstand die Neugasse, deren kleinteilige Grundstücksgliederung sich bis heute erhalten hat. Charakteristisch für die Entwicklung der Stadt im 13. Jahrhundert ist ferner, daß allenthalben die Ent- und Versorgung systematisiert wird. Latrinen und Brunnen übernehmen nun die bis dahin dem einzelnen überlassenen Fäkalienentsorgung und die Versorgung mit Frischwasser. Es ist dies eine unumgängliche Maßnahme für die explosionsartig gewachsene Stadt, die ihre Fläche innert weniger Jahrzehnte — zwischen der zweiten Hälfte des 12. und dem ausgehenden 13. Jahrhundert — mehr als verdoppelte. Der Entsorgungsdruck, besser der »Organisationsdruck« in dieser schnell wachsenden Stadt

schlägt sich nicht nur in den Müllkippen am Fischmarkt nieder, er spiegelt sich gleichzeitig in Ordnungsmaßnahmen wider, wie beispielsweise in der Bauordnung, die 1291 erstmals schriftlich festgehalten wird. Dieser auch archäologisch faßbare Stadtumbau verweist zugleich auf jene, die eine solche Bauordnung formulieren, als städtisches Gesetz fixieren und mit eigener Gerichtsbarkeit für die Durchsetzung sorgen: Es sind dies die Bürger der Stadt, deren Rat, das »Consilium civitatis«, erstmals 1225 noch in engem Zusammenwirken mit dem Bischof tätig wird. So bestätigt auch der Konstanzer Bischof noch 1217 den Salemer Mönchen eine ältere Erlaubnis, am Seeufer aufzufüllen, bei den später weit in den See ausgreifenden Baumaßnahmen hört man jedoch nichts mehr von ihm. Er hatte seine Rechte am Seeufer eingebüßt, die Bürger realisierten in eigener Rechtszuständigkeit den Neu- und Umbau der Stadt am See.

In der Folge konzentrierte sich die Bautätigkeit auf Innenausbauten, auf Umbauten, auf die Zusammenlegung oder Trennung von definierten Grundstücken. Das »Haus zum Weingarten«, 1962 zugunsten des Hertie-Neubaus abgebrochen, war mit seinen prächtigen spätmittelalterlichen Wandmalereien ein gutes Beispiel für diese Entwicklung, ebenso das »Haus zur Leiter«, dessen prächtige Renaissanceausstattung einem Umbau des späten 19. Jahrhunderts zum Opfer fiel.

»Um 1300« ist — so geht aus alledem hervor — gleichbedeutend mit dem Zeitpunkt, zu dem der Stadtumbau in Konstanz nach dem jetzigen Kenntnisstand weitgehend abgeschlossen war. In diesem baulichen Rahmen fand das Konzil 1414—1418 statt, und in den im beginnenden Spätmittelalter formulierten »baulichen Grenzen« leben wir bis heute.

Judith Oexle

1962 wurde das Haus zum Weingarten (Hussenstraße 21) zugunsten eines Kaufhaus-Neubaus abgebrochen. Eine Dokumentation des kostbar ausgestatteten Hauses erfolgte nicht, erhalten geblieben sind einzig Teile der abgelösten spätmittelalterlichen Wandmalerei, die zwei turnierende Ritter zeigt.

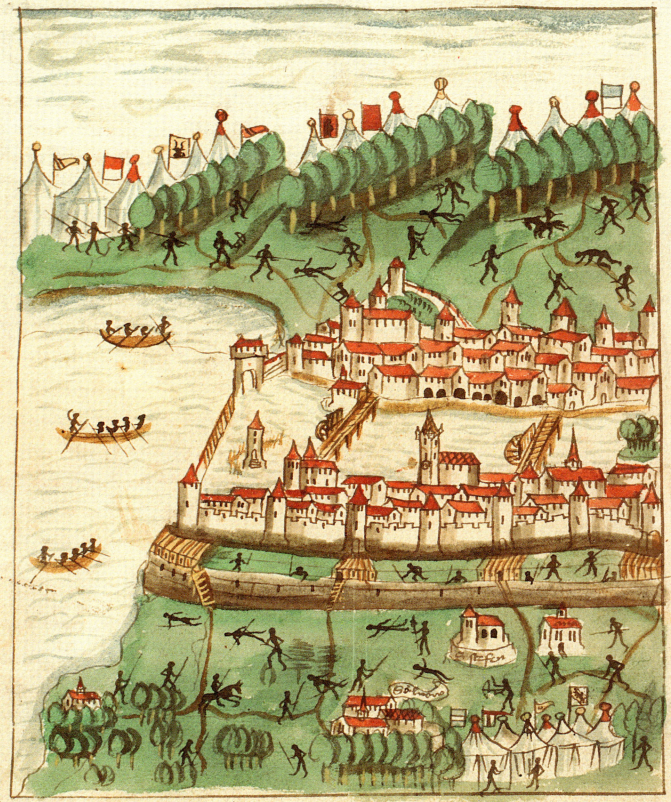

Vnd lagend also dar vor vf wuchē vnd iij tag vnd schlugend die
von Lucern vnd vo Zug mit sampt der herrschaft baden von dem
ampt wagental zu die klein̄ statt an die sell ein vn
salnow da zū / die od lucern lagend an sew bis kratten
am zürich berg / Do lagend die von Schwitz vnd glariß zū hettinn

Zürich

Der Vicus Turicum

Die römische Landnahme

Die Eingliederung der heutigen Schweiz in den Einflußbereich des römischen Imperiums erfolgte etappenweise. Sie zog sich über zwei Jahrhunderte hin und war 15 v. Chr. mit dem Alpenfeldzug des Kaisers Augustus abgeschlossen.

Die Frage, wann genau auf dem Lindenhof in Zürich ein erster Militärstützpunkt errichtet worden ist, läßt sich nicht beantworten. Möglicherweise ist er, noch vor der Lagergründung von Vindonissa, zusammen mit demjenigen von Windisch und den drei Türmen Strahlegg, Biberlikopf und Voremwald am Walensee während der Vorbereitungen zum Alpenfeldzug von 15 v. Chr. entstanden. Wenn man von dieser Annahme ausgeht – und dies läßt der historische Rahmen zu –, so signalisierte diese Reihe von Stützpunkten, die wohl bis Basel an den Rhein gereicht hat, den auflüpfischen Rätern ein deutliches »Bis-hierher-und-nicht-weiter«. Der Ausgang des Alpenfeldzuges, der unter dem Kommando der beiden Adoptivsöhne des Kaisers Augustus, Tiberius und Drusus, stand, war innert Jahresfrist entschieden: Die Alpenpässe waren damit gesichert und das nördliche Alpenvorland bis zu Rhein und Donau eingenommen. Für Zürich und die anderen Stützpunkte heißt das, daß hier spätestens im Jahr 15 v. Chr. römisches Militär anwesend war. In den folgenden Jahren entsteht zur Sicherung der Herrschaft eine Reihe von festen rechtsrheinischen Stützpunkten, so beispielsweise Dangstetten (Baden-Württemberg) gegenüber von Zurzach; außerdem werden »ältere« militärische Posten durch die Umsiedlung ziviler Bevölkerungsteile oder duch die Inbesitznahme und Umnutzung bereits bestehender Siedlungsstrukturen durch das Militär konsolidiert. So oder so stellten diese verkehrsgeographisch wie strategisch günstig gelegenen Stützpunkte auch als Siedlungsplätze und zentrale Orte dem zugehörigen Hinterland Garanten für Ruhe, Ordnung und Versorgung dar.

Die Zollstation am Wasserweg

Der antike, keltische Name des Ortes ist zwar in mittelalterlichen Schriften – z. B. in der Passio SS. Felicis et Regulae und in der Vita Sti. Galli – teils gut, teils etwas entstellt überliefert, war aber den Humanisten des 16. Jahrhunderts nicht mehr unbekannt. Jedenfalls verschwand die vom Geschichtsforscher und Geographen Glarean verwendete Bezeichnung »Tigurum« erst wieder, als 1747 bei Bauarbeiten auf dem Lindenhof der Grabstein des Lucius Aelius Urbicus aus dem späten 2. Jahrhundert mit der Nennung der Statio Turicensis entdeckt wurde. Der Stifter des Steins, Lucius Aelius Unio, der Vater des kaum anderthalbjährigen Verstorbenen, war kaiserlicher Freigelassener und als Vorsteher der Zollstation für die Erhebung des gallischen Ein- und Ausfuhrzolls von 2,5 Prozent an der Grenze nach Rätien zuständig.

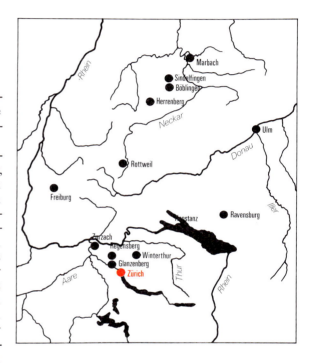

Linke Seite: Zürich von Westen, früheste (seitenverkehrte) Ansicht der Stadt. Die im wesentlichen die Stadttopographie richtig wiedergebende Darstellung zeigt die Belagerung Zürichs durch die Eidgenossen während des alten Zürich-Kriegs (1443/44). Aquarellierte Federzeichnung aus der Chronik von Gerold Edlibach (1454–1530).

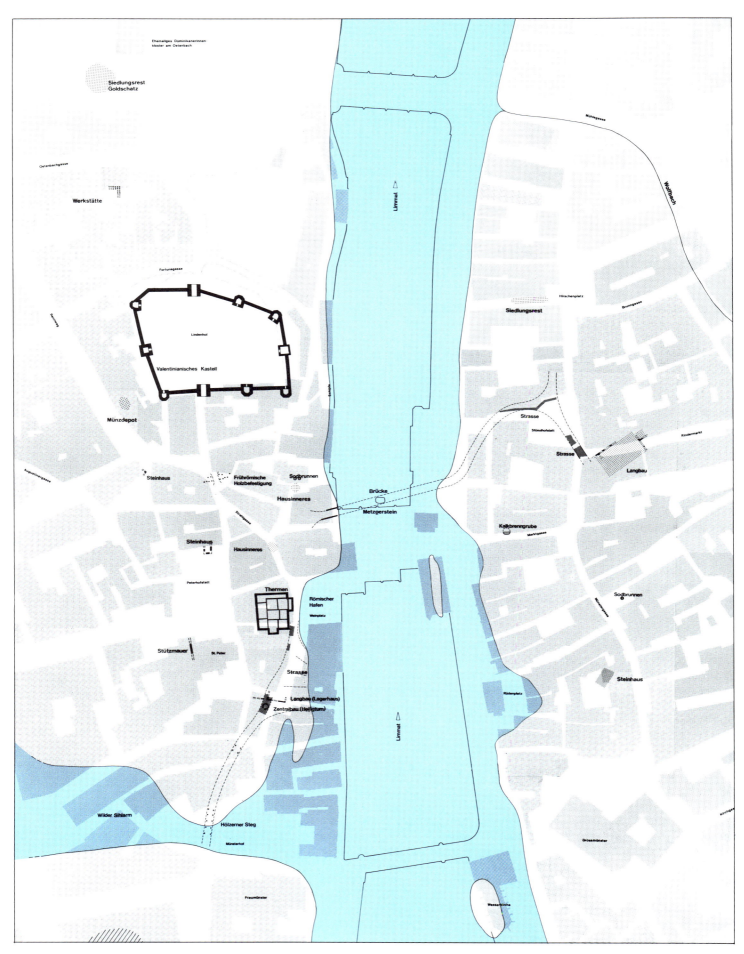

Ehemaliges Dominikanerinnen-
kloster am Oetenbach

Siedlungsrest
Goldschatz

Oetenbachgasse

Werkstätte

Fortunagasse

Lindenhof

Valentinianisches Kastell

Münzdepot

Augustinergasse

Steinhaus

Frührömische
Holzbefestigung

Sodbrunnen

Hausinneres

Steinhaus

Hausinneres

Peterhofstatt

Thermen

Römischer
Hafen

Weinplatz

Stützmauer

St. Peter

Strasse

Langbau (Lagerhaus)

Zentralbau (Heiligtum)

Wilder Sihlarm

Hölzerner Steg

Münsterhof

Fraumünster

Limmat

Mühlegasse

Wolfbach

Siedlungsrest

Hirschenplatz

Brunngasse

Strasse

Stüssihofstatt

Strasse

Rindermarkt

Langbau

Brücke

Metzgerstein

Kalkbrenngrube

Marktgasse

Sodbrunnen

Steinhaus

Rüdenplatz

Limmat

Kirchgasse

Grossmünster

Wasserkirche

Der Vicus Turicum wurde in all den Jahren von keiner der großen römischen Hauptstraßen berührt. Die wichtige Achse entlang dem Jura-Südfuß zog von Aventicum (Avenches) über Salodurum (Solothurn), Vindonissa (Windisch), Vitudurum (Winterthur) und Ad Fines (Pfyn) nach Arbor Felix (Arbon). Zürich lag an einer Nebenstraße, die bei Aquae Helveticae (Baden) abzweigte, dem rechten Zürichseeufer folgte und zum Walensee und damit nach der Provinz Rätien führte. Von Zürich aus konnte man auch auf einer andern Straße über den Milchbuck und über Oerlikon, Seebach, Glattbrugg nach Kloten und zur erwähnten Hauptstraße gelangen. So ist Zürichs Bedeutung als römische Zollstation wohl weniger durch den Landverkehr als durch die Lage am Ende der Wasserstraße Walen- und Zürichsee zu erklären. Hier mußten die Güter von See- auf Flußschiffe umgeladen werden. Aus diesem Grund wurde die Zollstation auch nicht am Walensee, wo die eigentliche Grenze zwischen den Provinzen Rätien und Belgica lag, sondern an der geeigneteren Stelle am Ende des Zürichsees errichtet.

Der Vicus Turicum erlebte seine Blütezeit im späteren ersten, im zweiten und in der ersten Hälfte des dritten Jahrhunderts. Das römische Imperium hatte damals seine Grenzen weit hinauf in den Norden vorgeschoben, die Zollstation an der Limmat döste im geruhsamen Halbschlaf eines Etappenortes an einer nicht ganz unbedeutenden Nebenverkehrsachse vor sich hin. Der Vicus mag zu jener Zeit etwa 250 bis 350 Menschen gezählt haben, eine Bevölkerung, die im zweiten Jahrhundert weitgehend romanisiert war.

Der Lindenhofhügel — von Wasser umgeben

Seit dem Fund römischer Brandgräber des späteren zweiten Jahrhunderts n. Chr. beim Bau des »Zentralhofes« an der Poststraße im 19. Jahrhundert durfte man annehmen, daß in diesem Bereich einst eine römische Straße gelegen hatte. Gräber wurden im Altertum stets außerhalb der geschlossenen Siedlungen, an den Ausfallstraßen, angelegt. Die Grabungen von 1977/78 auf dem Münsterhof brachten nicht nur eine Bestätigung dieser Annahme, sie zeitigten noch weitere Ergebnisse. Die geologischen Untersuchungen im Bereich des Münsterhofs ergaben nämlich, daß sich die Sihl bei Hochwasser jeweils nicht nur bei der Papierwerdinsel und dem Letten in die Limmat ergoß; ein wilder Seitenlauf floß einst quer über den heutigen Münsterhof in eine Limmatbucht. Diese Bucht nahm etwa die Hälfte des heutigen Platzes ein. Auch bei niedrigem Wasserstand scheint das Gebiet nicht trocken gelegen zu haben; es wurde von einem hölzernen Steg überbrückt. Der Lindenhof- und der St.-Peter-Hügel glichen dadurch einer Insel mit natürlichen Wassergrenzen und drängten sich zur Anlage einer Siedlung geradezu auf, vor allem auch, weil in unmittelbarer Nähe der Hügel die schmalste Stelle der Limmat lag, die sich für einen Brückenschlag besonders gut eignete. Diese Verengung der Limmat unterhalb des heutigen Rathauses muß einst noch markanter gewirkt haben, denn seit den Grabungen von 1979/80 ist bekannt,

Oben: Römische Keramik augusteischer Zeit vom Lindenhof. Höhe des größten Gefäßes (gallisches Vorratsfaß/Dolium): 48 cm.

Rechts: Römischer Goldschmuck aus dem 1. Jahrhundert n. Chr., gefunden am 27. Juli 1868 im Hof des ehemaligen Oetenbachklosters. Größter Durchmesser der Armringe 8,4 cm.

daß die Uferlinie im Bereich des südlichen Weinplatzes, also beim jetzigen Hotel Storchen, buchtartig bis auf die heutige Häuserflucht beim Spielwarengeschäft Pastorini zurücksprang. Das in dieser Bucht gefundene, mit Abfällen durchsetzte Schuttpaket läßt auf ein ruhiges, teilweise vielleicht durch Molen geschütztes Hafenbecken schließen. Seine Auffüllung wurde erst im Verlauf des Hochmittelalters abgeschlossen.

Neue Anhaltspunkte gewann man auch für die römische Limmatbrücke beim ehemaligen Metzgerstein in der Flußmitte unterhalb der heutigen Rathausbrücke, sowie für den Verlauf der römischen Hauptstraße von Vindonissa her über Rennweg / obere Strehlgasse—Limmatbrücke—Stüssihofstatt / Münstergasse / Oberdorfstraße Richtung rechtes Seeufer zu den Bündner Pässen.

Die Therme am Weinplatz im heutigen Stadtkern

Bereits 1979/80 fiel auf, daß das Material zur Auffüllung der Bucht zu einem großen Teil aus Abbruchschutt eines römischen Gebäudes bestand. Mosaiksteine und Reste bemalten Wandputzes wiesen überdies auf einen gehobeneren Wohnkomfort hin. Daß es sich vornehmlich um den Schutt aus dem Abbruch der antiken Bäder handelt, konnte man allerdings damals noch nicht wissen. Erst die von Frühjahr 1983 bis Anfang Sommer 1984 in drei Etappen durchgeführten Notgrabungen haben ergeben, daß mitten im Stadtkern, beim Weinplatz — dem einstigen römischen Hafenbecken —, öffentliche Thermen lagen. Der ältere Badekomplex — ein Reihentypus — gehört in die flavische Zeit, ins spätere erste Jahrhundert n. Chr. Vom gut 9 × 16 Meter messenden Balneum konnten das Caldarium (Warmbaderaum), das Tepidarium (mäßig warmer Raum) und das Frigidarium (Kaltbaderaum) mit einer jüngeren Piscina (Schwimmbecken) freigelegt werden. Kurz nach der Mitte des zweiten Jahrhunderts mußte dieses Bad einem neuen Gebäude weichen. Der Grundriß des Neubaus — in der Anlage eines Blocktypus — hat sich dabei knapp vervierfacht und betrug nun 21 auf 25 Meter. Um- und Erweiterungsbauten weisen in die Zeit des dritten Jahrhunderts n. Chr. Mit den römischen Bädern fällt neues Licht auf den Vicus Turicum: Das ältere Balneum verrät zweifelsohne die Nähe des bedeutenden Militärlagers von Vindonissa, die jüngere und komplexere Therme ist als Neubau sichtlich Ausdruck der prosperierenden kleinstädtischen Zivilsiedlung und Zollstation im mittleren zweiten Jahrhundert.

Zürich-Außersihl, frühmittelalterliches Gräberfeld Bäckerstraße: Schmuck und Trachtbestandteile aus den Frauengräbern 25 (oberes Bild) und 16. Die beiden großen Achtknopffibeln sind wie die S-Fibeln aus vergoldetem Silber und wie die goldenen Vogelfibeln teilweise mit Glasfluß dekoriert. Bunte Glas- und Bernsteinperlen sowie eine silberne Armspange fanden sich ebenfalls in diesen 1898 geborgenen Gräbern aus der 2. Hälfte des 6. Jahrhunderts.

Die spätrömische Festung als Verkehrssicherung

In der Regierungszeit Kaiser Valentinians I., 364 bis 375, wurde das spätrömische Kastell auf dem dominierenden Lindenhofhügel erbaut, das mit wohl acht gemauerten Türmen und sicher zwei Tortürmen ein dem Gelände angepaßtes unregelmäßiges Fünfeck bildete. Die weithin sichtbare Festung diente in der Spätzeit der römischen Herrschaft der Verkehrssicherung, vor allem des Schiffsverkehrs. Dieser respektable Festungsbau erfüllte den selben Zweck, wie der kleine Militärposten in den ruhigeren ersten 250 Jahren der Kaiserzeit am selben Ort. Offenbar waren bedrohlichere Zeiten gekommen, die schließlich mit dem Abzug der Römer im Jahr 401 endeten.

Storchengasse 13: Gürtelgarnitur des 18jährigen Jünglings aus Grab 10 (vgl. Seite 76). Die Garnitur der Stufe C/Tierstil, die als qualitätvoller Vertreter dieser Gruppe bezeichnet werden darf, datiert kurz nach der Mitte des 7. Jahrhunderts.

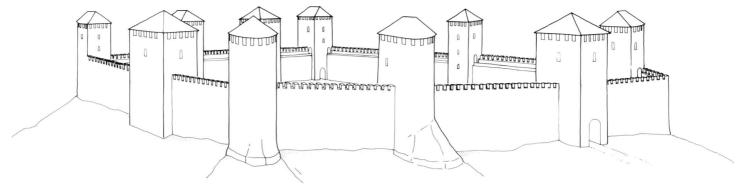

Überarbeiteter Rekonstruktionsversuch des valentinianischen Kastells aus spätrömischer Zeit von Emil Vogt. Ansicht von Nordosten.

Das römische Zürich war ein offener Vicus, der bei der Aufgabe Südwestdeutschlands und der Rückverlegung der Grenze an den Rhein im mittleren dritten Jahrhundert dem Alamanneneinfall kaum widerstehen konnte. Der Münzschatz, der 1878 am Rennweg gefunden wurde und der Wissenschaft gleich wieder verlorenging, weist auf diese Unsicherheit zur Zeit des Kaisers Gallienus, 253/60 bis 268, hin. Er wurde in jener Zeit vergraben, und sein Besitzer hatte aus irgendeinem Grund keine Möglichkeit mehr, ihn seinem Versteck wieder zu entnehmen. Mit dem Oetenbacher Goldschatz mag es sich ähnlich verhalten haben. Die Blütezeit Turicums wie auch die des übrigen römischen Schweizer Gebietes war vorbei. Die meisten Siedlungen konnten sich von diesen Heimsuchungen nicht mehr erholen und kümmerten dahin.

Wie sich die örtlichen Verhältnisse in spätrömischer Zeit gestalteten, ist weitgehend unklar, Funde spätrömischer Siedlungsreste sind aus dem Stadtgebiet bislang nicht bekannt. Den Kern des kleiner gewordenen Ortes bildete damals ohne Zweifel das Kastell auf dem Lindenhof. Das Gelände in unmittelbarer Nachbarschaft zur Festung war sicherlich von Bauten frei. Die zivile spätrömische Überbauung wird auf der Peterhofstatt und beim Flußübergang mit dem Hafen gelegen haben. Auf dem rechten Limmatufer gab es wohl lediglich im Bereich des Brückenkopfs Ost noch eine bauliche Verdichtung. Sicher aber ist die Siedlungsfläche wesentlich kleiner, die Überbauung lockerer geworden. Es ist indes nicht auszuschließen, daß Turicum schon zu jener Zeit – auf dem St.-Peter-Hügel, dem ältesten sakralen Zentrum – seine erste christliche Kirche erhielt.

Zürich im Mittelalter

Die frühmittelalterliche Flußsiedlung

Grundriß und Rekonstruktion des Thermen-Umbaus nach Jürg E. Schneider, wohl frühes 3. Jahrhundert.

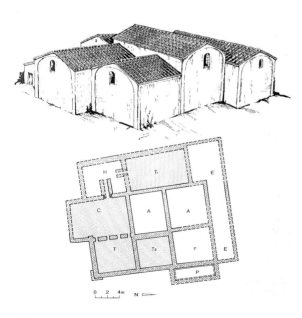

Nach dem Abzug der römischen Besatzung verfiel das valentinianische Kastell auf dem Lindenhof allmählich, doch mit dem Rückzug des römischen Militärs hörte die Besiedlung des Vicus Turicum nicht einfach auf. Romanische Einheimische werden weitergelebt haben, und im Zug der alamannisch-fränkischen Landnahme und Ausdehnungspolitik ließen sich neue Bevölkerungsschichten um und in Ziurichi nieder. Darauf lassen etwa das kleine Hofgräberfeld aus der zweiten Hälfte des 6. Jahrhunderts schließen, das man an der Bäcker-/Kernstraße in Zürich-Aussersihl ausgraben konnte, und die karolingischen Holzbauten, die 1978/1983 auf dem Münsterhof zum Vorschein kamen. Auch die in die Zeit zwischen dem 5. und dem 7. Jahrhundert zu datierenden romanischen Gräber auf dem Hügel der St. Peter-Kirche und im Bereich Storchengasse/In Gassen weisen nicht nur auf einen kontinuierlich belegten Friedhof hin, sie machen auch deutlich, daß auf dem Moränenhügel eine Vorgängerkirche gestanden haben muß, bevor an ihrer Stelle im 8. oder frühen 9. Jahrhundert der älteste archäologisch nachweisbare Kirchenbau errichtet wurde. Nördlich der Kirche mit dem ihr vorgelagerten Friedhof lag im 7./8. Jahrhundert auch der älteste Siedlungskern. Im Sattel zwischen Lindenhofhügel und St. Peter, im Bereich Strehlgasse, Glockengasse und St. Peterhofstatt, befand sich die obere bauliche Verdichtung; die untere lag beim Limmatübergang und um die Bucht herum, die heute den

Weinplatz bildet. Am Südfuß des St.-Peter-Hügels lag noch im frühen 9. Jahrhundert eine sumpfige Niederung, die immer wieder durch die Hochwasser eines wilden Sihlarms überflutet wurde. Westlich der Wasserscheide von Lindenhof- und St.-Peter-Hügel fiel der Moränenrücken steil in eine Senke ab, die sich nach Norden über das spätere Augustinerkloster hinaus bis etwa zur gleichnamigen Gasse hinzog.

Auch auf der rechten Limmatseite müssen im 5. und 6. Jahrhundert Siedlungseinheiten bestanden haben, wie die kleinen Hofgräberfelder deutlich machen, die man bei Grabungen 1971 – 1983 im Bereich von Spiegelgasse und Oberen Zäunen gefunden hat. Wahrscheinlich handelt es sich beim Hofgräberfeldbezirk an der Spiegelgasse um den direkten Vorgänger des Friedhofs auf dem Großmünsterhügel. Nach der »Entdeckung« der Heiligengräber von Felix und Regula und deren Sanktionierung durch die Kirche war das Auflassen des »wilden Hofgräberfelds« an der Spiegelgasse zugunsten der Bestattung »ad sanctos« nur noch eine Frage der Zeit. Die demographischen Befunde, der Grabbau und die spärlichen Beigaben sowie die vergleichsweise reichen Mauergräber auf und am St.-Peter-Hügel lassen vermuten, daß sich die rechtsufrige Bevölkerung von den Bewohnern der linken Limmatseite deutlich unterschied. Der wohl minderprivilegierten und kleinwüchsigen bäuerlichen Bevölkerungsschicht auf dem Hofgräberfeld Spiegelgasse/Obere Zäune stand beim St.-Peter-Hügel eine vermögendere und auch politisch mächtigere Schicht alamannischer Familien gegenüber, die starken romanischen Einschlag zeigten.

Der fränkische Etappenort und ein bedeutsamer Grabfund

Im 7./8. Jahrhundert wird die bescheidene Flußsiedlung jäh aus ihrem Halbschlaf gerissen. Als Etappenort auf dem Weg zu dem für die fränkische

Oben: Das Martyrium der Zürcher Stadtheiligen vor dem (zweit-)ältesten Stadtbild Zürichs. Tafelgemälde von Hans Leu d. Älteren um 1500. Im Mittelgrund der baumbestandene Hügel des Lindenhofs über der Limmat.

Unten: Zürcher Pfennig; Felix und Regula als Januskopf (4fach vergrößert), 2. Hälfte des 13. Jahrhunderts.

75

Topographische Situation sowie früh-, hoch- und spätmittelalterliche Gräberfelder auf dem Gebiet der Zürcher Altstadt.

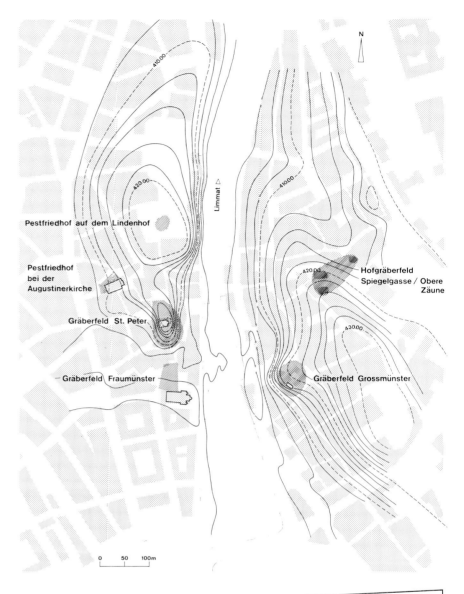

Unten: Storchengasse 13. Gemörteltes Mauergrab 10
mit der Bestattung eines 18—19jährigen Jünglings aus
der Zeit kurz nach der Mitte des 7. Jahrhunderts; Umzeichnung und Rekonstruktionszeichnung (vgl. S. 73
unten).

Unten rechts: Frühmittelalterliches Gräberfeld (7./frü-
hes 8. Jahrhundert) am St. Peter-Hügel/Storchengasse.

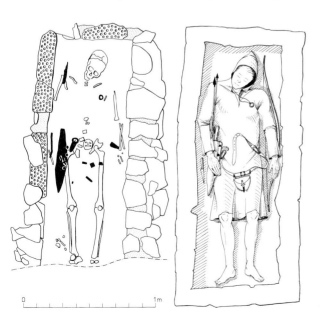

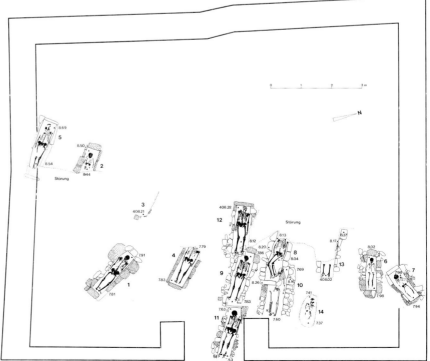

Reichspolitik wichtig gewordenen Alpenraum erhält Zürich erneut als Zollposten Bedeutung, wie dies schon in römischer Zeit der Fall gewesen war. Zur selben Zeit werden bei dem vorübergehend in Vergessenheit geratenen Gräberfeld auf dem nachmaligen Großmünsterhügel die Bestattungen der Märtyrer Felix und Regula »entdeckt«. Der willkommene Fund wird rasch kirchlichen Zwecken dienstbar gemacht und auch politisch in Szene gesetzt. In der Folge erfährt Zürich − im Interesse der Reichspolitik − die mannigfaltigsten Förderungen. Im fortschreitenden 8. Jahrhundert wurde die Wallfahrtsstätte auch baulich organisiert. Neben dem kirchlichen Urbau entstanden für den geistlichen Unterhaltsdienst »Konvents«-Bauten, und sicherlich scharten sich um den kirchlichen Kristallisationspunkt bald auch weltliche Bauten, deren Besitzer in irgendeiner Form mit der bereits im 9. Jahrhundert erwähnten Chorherren-Kongregation in Beziehung standen.

Diese bauliche Entwicklung wirkte sich im doppelten Sinn auf den nördlich gelegenen rechtsufrigen Brückenkopf aus: Zum einen kamen zur Gruppe von Einzelhöfen im Bereich der Spiegelgasse weitere Bauten hinzu, zum anderen war durch diese bauliche Verdichtung die Notwendigkeit eines neuerlichen Brückenschlags im 9. oder 10. Jahrhundert gegeben. Die Ausdehnung des Siedlungsgebiets rechts der Limmat wird sich dabei auf den Bereich der Brunngasse und des Rindermarkts bis hin zum Wolfbach erstreckt haben.

Der städtische Impuls kam von Ludwig dem Deutschen

Mit der vor dem 8. Juli 853 erstmals urkundlich erwähnten Bezeichnung »in castro Turicino iuxta fluvium Lindemaci« erfährt man von der Existenz eines befestigten Bauwerks am Limmatufer. Aus der Urkunde aber gleich eine umfassende Stadtbefestigung herauslesen zu wollen, ist sicher falsch. Mit dieser Burganlage ist das von Emil Vogt 1937/38 ergrabene karolingische Pfalzgebäude auf dem Lindenhof gemeint. Ob dieser Etappenort des für die damalige Zeit typischen Reisekönigtums zu diesem Zeitpunkt bereits fertiggestellt war, ist zu bezweifeln. Die erste Pfalz war, verglichen mit den bescheidenen Holzbauten im Sattel und am Hügelfuß, wohl ein »castrum«, ein großer Steinbau, der sich gut 16 m breit und über 40 m lang auf der Ostseite des dominierenden Lindenhofhügels hoch über der Limmat auftürmte. Die ganze Anlage mit den verschiedenen Nebengebäuden, für deren Bau die verfallenen Mauern des valentinischen Kastells als Steinbruch herhalten mußten, war jedoch nicht befestigt, denn der massive Steinbau war bereits Festung genug.

In Verbindung mit dem bereits bestehenden Männerkloster an der Grablege der Märtyrer Felix und Regula auf dem Hügel über dem rechten Limmatufer stiftete König Ludwig der Deutsche, ein Enkel Karls des Großen, 853 ein Frauenkloster. In der Folge wurde für den Frauenkonvent, dem keine geringere als Ludwigs Tochter Hildegard als Äbtissin vorstand, auf der linken Flußseite eine wahrhaft königliche Kirchen- und Klosteranlage errichtet und 874 geweiht. Wahrscheinlich ist, daß damals an beiden Anlagen gleichzeitig gebaut wurde, denn für die Errichtung der Pfalz auf dem Lindenhof und für den Bau des Fraumünsters wurden die selben mechanischen Mörtelmischer verwendet. Im Hinblick auf dieses bauliche Großprogramm stellt sich auch die Frage, ob damals nicht auch der wilde Sihlarm bewußt trockengelegt wurde, um der Wallfahrtsstätte an der Grablege der Heiligen auf der gegenüberliegenden Seite des Flusses eine ebenbürtige Anlage entgegenstellen zu können. Das besondere Gewicht dieser vorerst doppelklosterartigen Verbindung geht auch daraus hervor, daß im 9. und 10. Jahrhundert fast ausschließlich hochadelige Damen an der Spitze des Fraumünsterkonvents standen. Schließlich darf man für das 9. und 10. Jahrhundert bereits auch eine erste, wohl noch kleine Kirchenanlage auf der Wasserkircheninsel vermuten, wo die Stadtheiligen gemäß der Überlieferung enthauptet worden waren. Erst später, im frühen 13. Jahrhundert, wurden Großmünster, Wasserkirche und Fraumünster durch einen hölzernen Steg über die Limmat miteinander verbunden, so daß die Pilger Grablege, Richtstätte und das Fraumünster als weitere Station der Reliquienverehrung nun nacheinander in geordnetem Ablauf besuchen konnten.

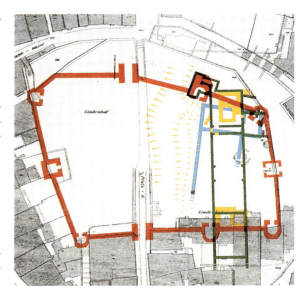

Oben: Lindenhof; Phasenplan der römischen und mittelalterlichen Baubefunde. Rot: Valentinianisches Kastell (2. Hälfte 4. Jh.). Blau: Karolingische Pfalz (9. Jh.). Grün: Ottonische Pfalz (10. Jh.). Gelb: Ausbau zur Pfalzburg (11.−13. Jh.).

Unten: Die Pfalz auf dem Lindenhof. Überarbeitete Rekonstruktionsversuche (nach Emil Vogt) der karolingischen und der ottonischen Pfalz sowie der lenzburgisch-zähringischen Pfalzburg.

Münsterhof; Rekonstruktionsversuch (nach Emil Vogt, Jürg E. Schneider, Daniel Gutscher), gestützt auf die Befunde für die Zeit des späteren 12. Jahrhunderts.

Mittlerweile sind durch systematische Stadtkernforschungen in Zürich auf dem Münsterhof die Reste einer Gruppe von fünf karolingischen Holzbauten freigelegt worden. Die Grundrisse verraten mit ihren Maßen von etwa 6 × 9 Metern, aber auch durch ihre Ausrichtung auf einen gemeinsamen Meßpunkt, eine einheitliche Planung. Als Konstruktionsweisen sind für die Nebenbauten Pfosten-Schwellen-Bau und für Wohnhäuser Schwellenbauten mit Stabwand auf einzeln gereihten Unterlagssteinen oder ein- bis zweilagigen Trockenmauerfundamentsockeln festgestellt worden. Der Abgang der Holzbauten und der Ersatz durch Steinhäuser erfolgte vom späten 10. bis ins mittlere 13. Jahrhundert. Ähnliche Beobachtungen an etwas jüngeren Überresten von Holzbauten konnten im Bereich der heutigen Storchengasse 8/13 gemacht werden. Alles in allem zeugen die Siedlungsreste von einem äußerst bescheidenen Wohnkomfort, wie man ihn heute höchstens noch in Alphütten vorfindet. Die Hauskonstruktion stand direkt auf dem Boden, wo festgestampfter Lehm auch den Fußboden bildete. Ebenerdig lagen im Innern die Feuerstellen. Sie waren nicht nur Kochplätze, sondern brachten in die kaum befensterten Räume auch Licht, Wärme und damit Trockenheit. Wohnen, Arbeiten und die alltäglichen Verrichtungen dürften sich — ohne große Abgrenzung der verschiedenen Bereiche — alle in diesem Erdgeschoß abgespielt haben. Auch das wenige Vieh, das zu jedem Hof gehörte, wird sich teil- und zeitweise in den Häusern aufgehalten haben. Einzig die Schlafstätten werden wohl nicht ebenerdig sondern unter dem Dach untergebracht gewesen sein. Betrachtet man die spärlichen Hinweise, die für die frühmittelalterlichen Bauten vorliegen, so verwundert es auch kaum, daß Infektionen zu den häufigsten Krankheiten gehörten.

Nobilissimum Sueviae oppidum . . .

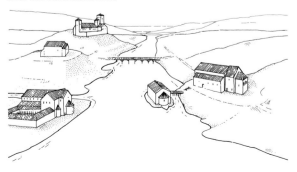

Blick von Süden in die Kirchen- und Pfalzstadt des frühen 13. Jahrhunderts.

Bischof Otto von Freising (1158), der Onkel von Kaiser Friedrich I., nennt in seiner Barbarossa-Biographie Zürich »nobilissimum Sueviae oppidum«, »die vornehmste Stadt Schwabens«, gleicherweise bedeutsam für Könige und Kaiser, an deren »Tor« geschrieben stehe »Nobile Turegum multarum copia rerum«, »Zürich, edel durch die Fülle an vielen Dingen«. Ein erstaunlicher Wandel im Verlauf von 400 Jahren! Nachdem Zürich im 8./9. Jahrhundert kirchliches Zentrum und als Etappenort auf dem Weg zu dem für die fränkische Reichspolitik wichtig gewordenen Alpenraum Zollposten geworden war, werden im 10. Jahrhundert Markt, Zoll und Zürcher Münze urkundlich erwähnt; alle drei dürften aber weit ins 9. Jahrhundert zurückreichen. Der entscheidende Impuls kam jedenfalls vom Reich, das mit den Kristallisationszentren Pfalz, Groß- und Fraumünster die Voraussetzungen für die eigendynamische Entwicklung der Stadt schuf. Die institutionelle und bauliche

Zusammenfassung der verschiedenen Siedlungskerne zur geschlossenen Stadt setzte in Zürich um die Jahrtausendwende ein.

Die Großbaustelle im 13. Jahrhundert

In keinem Jahrhundert zuvor und kaum einem danach wurde eine solch große Bautätigkeit innerhalb der entstehenden und damals weitgehend auch fertiggestellten Stadtmauern entfaltet, wie dies im 13. Jahrhundert der Fall war. Erst das 20. Jahrhundert mit seiner neuen Technologie ist baulich-quantitativ noch »produktiver«.

Nach dem Aussterben der Zähringer — den königsähnlichen Stadtherren — im Jahr 1218 hatte Friedrich II. Zürich in den Schutz des Reiches gestellt. Das so entstandene machtpolitische Vakuum wurde von der Interessengemeinschaft des Bürgertums vor allem dazu genutzt, der Stadt ein möglichst hohes Maß an politischer und wirtschaftlicher Autonomie zu sichern.

Die selbstbewußt gewordene städtische Bürgerschaft schleifte dabei die lenzburgisch-zähringische Pfalzburg auf dem Lindenhof, errichtete das Rathaus und eine obere Brücke, umgürtete ihre wachsende städtische Selbständigkeit mit einer Stadtmauer und schuf mit dem heutigen Münsterhof für lange Zeit den einzigen repräsentativen Platz, einen Freiraum »intra muros« an städtebaulich bedeutsamer Stelle.

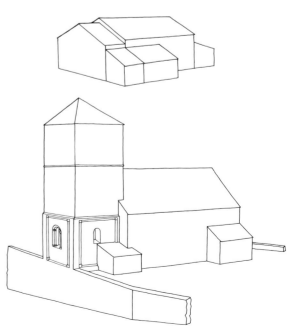

Rechts: Das Großmünster von Südwesten (nach Daniel Gutscher). Der um 1100 begonnene Neubau wurde 1220/30 vollendet: Gewölbe im Mittelschiff mit Lichtgaden, Erhöhung und Einwölbung von Chor und Altarhaus.

Unten: Wasserkirche von Südosten (nach Jürg E. Schneider). Die Rekonstruktion zeigt die erste gotische Kirche (1288) mit dem ältesten »Helmhaus« (1253).

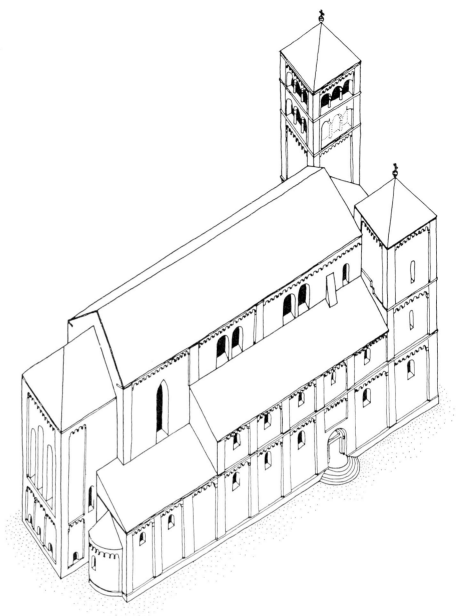

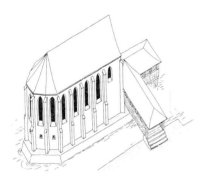

Die St. Peter-Kirche wurde neu errichtet, die Fraumünster-Abtei, das Großmünster und die Wasserkirche wurden um- beziehungsweise fertiggebaut. In den teilweise unüberbauten städtischen Räumen nahe des geplanten oder bereits aufgeführten Befestigungsrings siedelten sich die Klöster der Bettelorden an: die Prediger (Dominikaner), die Barfüßer (Franziskaner), die Augustiner und die 1285 in die Stadt verlegten Dominikanerinnen vom Oetenbach. Diese Beispiele zeigen, daß die wirtschaftlich denkende Bürgerschaft recht klare siedlungspolitische Ziele verfolgte.

Parallel zu diesen Großbauunternehmungen der öffentlichen und der toten Hand (Kirche) wuchsen die Steinhäuser wie Pilze aus dem Boden und ersetzten die in Holz gefügten Vorgängerbauten. Deutlich wird dabei immer mehr, daß das von Städtebauhistorikern den Zähringern unterstellte Verdienst, den späteren Grundriß der Stadt ein für allemal festgelegt zu haben, für diese organisch gewachsene Stadt bislang überhaupt nicht nachzuweisen ist. Dies umso mehr, als sich bis ins Spätmittelalter auf dem Platz Zürich keine verbindliche Norm des Grundrisses ausmachen läßt.

Diese große Zeit der baulichen Stadtentwicklung, die Hand in Hand mit der politischen vor sich ging, hatte einen nicht bloß baulich-quantitativen, sondern ebensosehr einen politisch-qualitativen Inhalt. Die Mehrzahl der repräsentativen »Adelstürme«, die von der älteren Literatur ins 11. und 12. Jahrhundert wenn nicht noch in frühere Zeiten zurückdatiert wurden, gehören

aufgrund monumentenarchäologischer Untersuchungen eindeutig ins 13. Jahrhundert. Sie sind Zeugen einer zum Teil stark in Interessengemeinschaften und Parteiungen gespaltenen Führungsschicht und gleichzeitig Repräsentationsbauten nunmehr regimentfähig gewordener Kaufleute.

Die erste Stadtmauer entstand im späten Mittelalter

Eine mittelalterliche Stadt, so glaubt man gerne, sei eine von allem Anfang an durch Mauer und Graben geschützte Ansammlung von Häusern gewesen, eine Burg der Bürger sozusagen. Das mag in vielen Fällen durchaus zutreffen, doch für Zürich liegen die Dinge anders. Die verschiedenen Theorien aus der Zeit zwischen 1829 und 1960 über erste Zürcher Stadtbefestigungen im 9. oder 9./10. Jahrhundert und dann im 10./11. beziehungsweise 12. Jahrhundert neu geschaffene oder erweiterte Mauern mußten 1976 aufgegeben werden. 27 Untersuchungen in der am linken Limmatufer gelegenen Minderen und der Mehreren Stadt in Zusammenhang mit der Sanierung der Altstadtkanalisation und bei Hausumbauten haben an Stellen, wo der Verlauf solcher Wehranlagen vermutet wurden, nichts zutage gefördert, was auf ältere Befestigungswerke hätte schließen lassen: Es fanden sich weder tiefgreifende Fundamente noch tiefe und weite Gräben mit steilen Böschungen, weder Palisadenreste noch Pfostenlöcher, die zu derartigen Holzwehren gepaßt hätten, von wehrhaften Steinmauern in bestehenden Häusern ganz zu schweigen.

Zürich war bis ins 13. Jahrhundert eine nicht befestigte offene Stadt. Erst im 13. und frühen 14. Jahrhundert wurde die erste – und einzige – mittelalterliche Stadtmauer errichtet. Es gibt bezeichnenderweise auch keine zeitgenössischen schriftlichen Quellen, die etwas anderes beweisen. Ein erster sicherer Hinweis auf eine von der Gesamtheit der Bürger errichtete Stadtmauer stammt aus dem Jahr 1230: Nach altem Recht verbot Bischof Konrad von Konstanz der Zürcher Bürgerschaft, vom Klerus Frondienstleistungen und Abgaben für den Mauer- und Grabenbau zu verlangen oder zu erheben.

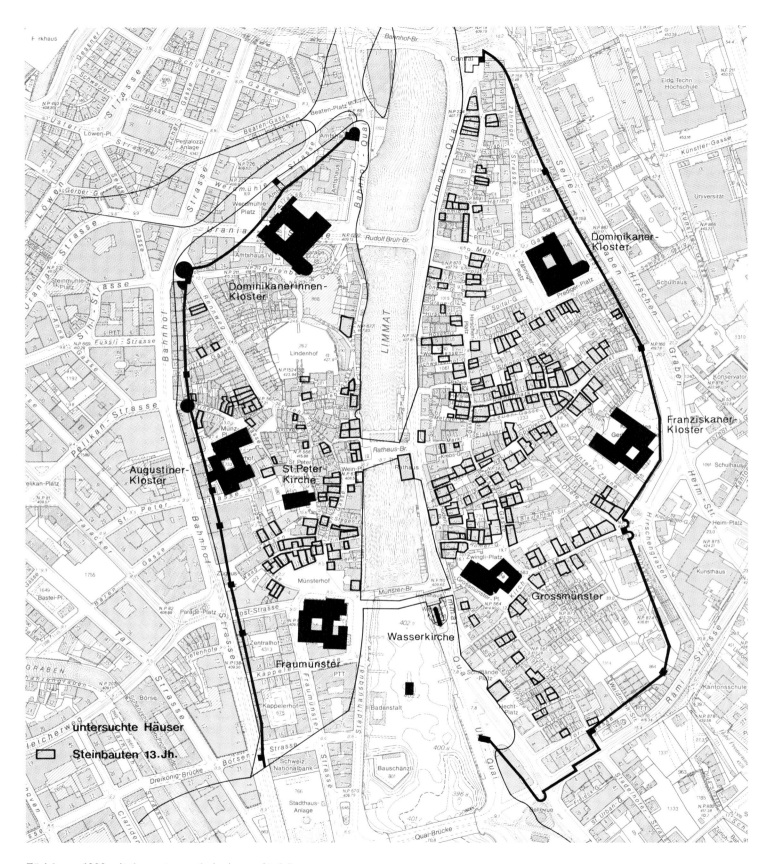

Zürich um 1300 mit der ersten und einzigen mittelalterlichen Mauer, den Kirchen und Klöstern sowie den
bis 1991 monumentenarchäologisch nachgewiesenen
Steinbauten.

So ist der Mauerbau ganz und gar die Leistung der Zürcher Bürgerschaft, ein gewaltiges äußeres Zeichen der reichsunmittelbaren Stadt, ein steingewordenes Aufatmen in der erst unlängst gewonnenen Freiheit und Ausdruck wehrhafter Selbständigkeit.

Der älteste Stadtbering

Der Bau der einzigen mittelalterlichen Stadtmauer war ein Großbauprojekt der Bürgerschaft, das links und rechts des Seeausflußes gut 38 ha Land umschloß. Die Murersche Stadtansicht von 1576 zeigt die erste Stadtmauer mit ihren sieben Tor- und weiteren Wehrtürmen in eindrucksvoller Weise. Die Befestigung der Mehreren Stadt bestand dabei aus zwei konzentrischen Mauern: Die eigentliche Mauer war über 7 m hoch, mit Zinnen versehen und hatte eine Länge von ungefähr 1250 m. Zwischen dieser und der Kontermauer lag ein trockener, gut 10 m breiter Graben, der spätere Hirschen- und Seilergraben. Die Mindere Stadt schützte eine einfachere zinnenbewehrte Mauer von gut 1150 m Länge. Ihr waren zwei nasse Gräben vorgelagert. In einem der beiden Gräben — dem im 19. Jahrhundert verfüllten und danach zur Bahnhofstraße gewordenen Fröschengraben — floß das Wasser aus dem See bis zur Limmat.
Verstärkt wurde die Ringmauer durch eine Reihe auf Bogenschußweite voneinander getrennter, fester viereckiger Türme. Zum Teil waren diese in die Wehrmauer eingebauten Türme bis zum Dach über 25 m hoch. Die dem Feind zugekehrte Seite der Türme bestand meist aus Findlingen und war ein »Zyklopenmauerwerk« von gegen 3 m Mächtigkeit. Einzelne Türme waren zur Stadtseite hin ursprünglich bis ins 16. Jahrhundert hinein offen. Bei gezinnter Brustwehr wurde die Verteidigung vom nicht überdachten Laufsteg des Mauerkranzes aus geführt.

Die baulich geordnete Stadt

Überbaute Flächen

Der Stadtbering umschloß, wie schon erwähnt, eine Gesamtfläche von gut 38 ha Land, davon wurden vom 13./14. Jahrhundert an etwa 21 ha weltlich überbaut. Knapp 8 ha blieben Freiräume, die zum Teil bis heute als solche erhalten geblieben sind. Die Frage stellt sich, ob man in Zürich den Mauergürtel damit zu weit geschnallt, sich baulich verausgabt und verrechnet hatte. Während vergleichbare Städte wie Basel, Augsburg und Straßburg sich im Spätmittelalter kräftig weiterentwickelten, geriet Zürich in eine Phase der Stagnation, die erst nach der Mitte des 17. Jahrhunderts überwunden werden konnte. Die Frage, warum Zürich den letzten großen flächen- und damit bevölkerungsmäßigen Entwicklungssprung im mittleren 13. und dann im 14. Jahrhundert nicht mehr mitgemacht hat, läßt sich vom Archäologen nicht beantworten; sie muß dem Historiker gestellt werden.
Vom 11./12. Jahrhundert an hatte die Stadt begonnen, sich auf beiden Seiten von der Limmat weg zu entwickeln und auszudehnen. Eine derartige Wachstumszone in unüberbautem Gebiet und damit »Neusiedelland« befand sich auch an der oberen Kirchgasse. Ein halbes Dutzend monumentenarchäologischer Untersuchungen hat bisher gezeigt, daß die Erschließung hier erst in der Mitte des 13. Jahrhunderts in Gang kam. Dank der Nähe zum Großmünster und zum Lindentor sowie dank ihrer sonnigen, unverbauten Hanglage bildete diese Vorstadt von Anfang an eine bevorzugte, vornehme Wohngegend: Die Wohnstätten der Chorherren, die curiae claustrales, standen neben Häusern, deren Besitzer zu den ritterlichen und bürgerlichen Ratsgeschlechtern gehörten. Etwas früher setzte die bauliche Entwicklung längs der Ausfallachse am Rennweg ein. Eine »sogenannt zähringisch geplante Neustadt«, wie sie von Stadtbauhistorikern gern postuliert wird, konnte indes auch hier weder archäologisch noch baugeschichtlich nachgewiesen werden; die Grundstückgrößen wie auch deren Überbauung variieren am oberen und am unteren Rennweg sehr stark und folgen im späten 12. und frühen 13. Jahr-

Neumarkt 3, »Deutsche Schule«. In der ersten Hälfte des 13. Jahrhunderts gab es auf dem Areal Neumarkt 1 und 3 drei freistehende Steinhäuser am Wolfbach (oben).

Erweiterungsbauten in der zweiten Hälfte des 13. Jahrhunderts führten schrittweise zum Schließen der Gassenflucht. Damals ging das Haus vom Kloster St. Blasien an die Ritterfamilie Brun über (Mitte).

In der ersten Hälfte des 14. Jahrhunderts kam es zum Zusammenschluß der beiden Steinbauten »uff dem Bach«. Eine Rampe führte von der Gasse zum neugeschaffenen Keller (unten).

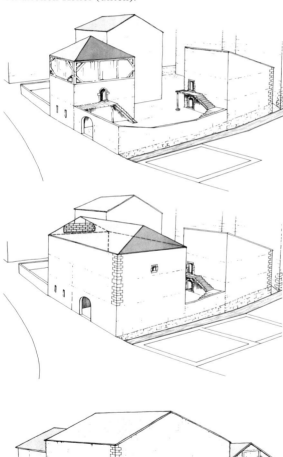

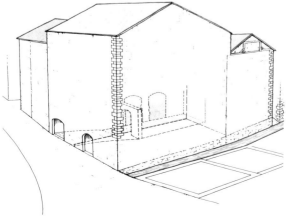

Auf dem heutigen Grundriß dargestellte Entwicklung der steinernen Bausubstanz vom 12. bis zum 14. Jahrhundert, wie sie durch die Bauuntersuchungen in den einzelnen Häusern festgestellt werden konnte. Auf den grobpunktierten Rasterflächen standen um 1400 noch Holzbauten. Im Vordergrund gestrichelt die Stadtmauer aus der 1. Hälfte des 13. Jahrhunderts.

Funde und Befunde erzählen über die Entwicklung des Quartiers

Das »Augustiner«-Projekt umfaßt zwanzig Häuser mit hofseitigen Wirtschaftsbauten, die 1986 und 1989/90 einer Bauuntersuchung unterzogen wurden.

Städtebauliche Zentren früher »Versteinerung«: Rennweg/Widdergasse
Im Gegensatz zur eher bäurischen Bausubstanz in den bereits sanierten unteren Augustinergassehäusern findet sich hier oben ein Zentrum der frühen »Versteinerung«. Noch vor dem Bau der mittelalterlichen Stadtmauer und der Erstellung des Augustinerklosters im mittleren und späten 13. Jahrhundert entstehen am oberen Rennweg Kernbauten, die zur Straße hin einen Freiraum offenlassen.

Wohlhabende Besitzer – reiche Häuser
Die spätmittelalterlichen und neuzeitlichen Raumausstattungen mit ihren reichen Malereien und Stukkaturen sind Ausdruck einer wohlhabenden Besitzer- und Führungsschicht, die durch Gewerbe und Handel zu Wohlstand kam. Ritterbürtige Bewohner, wie die von Hünenberg und Manesse, wetteiferten im Spätmittelalter baulich mit den Zunftmeistern der Metzgern (Widder), der Schneidern, der Weggen, der Zimmerleuten und der Kämbel. Gleich in drei gassenseitigen Erdgeschoßräumen findet sich barocker Dekor, der kontorähnliche Geschäftsräume des 17. Jahrhunderts geschmückt hatte: Der Rennweg war als repräsentative Handelsgasse die Zürcherische »Bahnhofstraße« des 17. bis 19. Jahrhunderts.

Das »Industriequartier« des Mittelalters
Das untere Augustinerquartier hingegen lag abgewandt vom Stadtzentrum, am Fuß der Lindenhofmoräne, nahe der Stadtmauer und den sumpfigen Niederungen im Bereich des Fröschengrabens.
Es handelt sich um eines der Ausbauquartiere des späteren 13. Jahrhunderts, die ungefähr gleichzeitig wie die Stadtmauer entstanden. Für das Gepräge dieser Siedlung war ihre periphere Lage am Stadtrand entscheidend, die sie zum »Industriequartier« des Mittelalters und der frühen Neuzeit werden ließ. Vor allem den Metzgern boten die vielen freien Flächen und die Entfernung von den Nasen empfindlicher Mitbürger Raum zur Haltung des Schlachtviehs.

Einfache Hausbesitzer – hölzerne Bauten
Die Gebäude an der unteren Augustinergasse und an der Kuttelgasse blieben auch in der Neuzeit zumeist in der Hand von einfachen Hausbesitzern. Unter ihnen waren, entsprechend den vorhandenen Arbeitsgebäuden, viele Schmiede, Spengler, Zinngießer und Bäcker. Die Kuttelgasse, die ursprünglich »Neue Gasse« hieß, erhielt ihren Namen von den vielen Kuttlern, die hier in einer lokalen Konzentration ihr Handwerk betrieben. So erstaunt es denn nicht, daß die Gebäude in diesem Bereich bis ins Spätmittelalter aus Holz bestanden und erst allmählich durch Riegel- und selten durch Steinwerk ersetzt worden sind: Die heterogene Sozialstruktur ist ein Zeichen der spätmittelalterlichen und frühneuzeitlichen Stadt; ein Spiegelbild davon ist die direkte Nachbarschaft von eher armseligen Behausungen und herrschaftlichen Gebäuden.

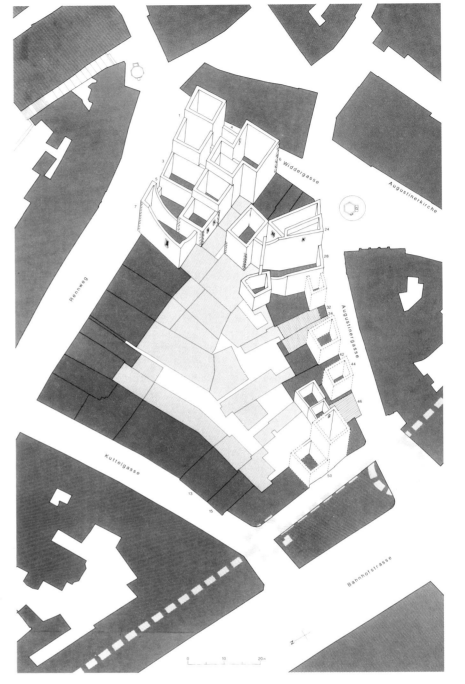

hundert überhaupt keiner Gesetzmäßigkeit. Gleiches gilt auch für die andere Limmatseite, die »Mehrere Stadt«. Hier nahm vom 11./12. Jahrhundert an die bauliche Entwicklung stark zu: Zwischen dem Wolfbach einerseits und dem Bereich der Schoffel-, Napf- und Spiegelgasse andererseits verdichtete sich die Bebauung zusehends. Der nördliche Zipfel dieser rechtsufrigen Stadtsiedlung wurde, im Gegensatz zur ebenfalls urkundlich erwähnten *superiori parte civitatis*, (oberen Stadtteil) um 1150 entsprechend als *Inferiori Platea*, (untere Ebene) bezeichnet. Außerhalb der mehr oder weniger geschlossenen Bebauung entwickelten sich entlang der Hauptachsen – fingerartig ausgreifend – vorstadtähnliche Gruppen von Bauten, die den Auftakt zu urbaner Verdichtung darstellten. Das erstmals 1145 erwähnte *Novum Forum* hat man sich so zunächst einmal längs einem Sträßchen auf dem Wiesland jenseits des Wolfbachs vorzustellen. Am Neumarkt erhält diese Vorstadt ihren städtebaulich-architektonischen Zusammenhalt durch die hohen Steinbauten des Bilgeri- und des Grimmenturms (erstes und letztes Drittel des 13. Jahrhunderts) am unteren und durch den Torturm am oberen Ende der Gasse. Der damit auch baulich orientierte Gassenzug war zuvor nicht viel

Blick von der Hofseite auf die Häuser am oberen Rennweg, an der Widder- und Augustinergasse, welche im
Hinblick auf die geplante Neunutzung als Hotel baugeschichtlich untersucht werden konnten.

mehr als ein von einzelnen Häusern gesäumter Gassenraum gewesen. Diese
und die andern wild gewachsenen Vorstädte erhielten erst im 13. Jahrhundert eine durch die Obrigkeit verfügte Ordnung.

Kirchen- und Kultbauten

Im Bannkreis der mittelalterlichen Reichsstadt Zürich gab es ab dem
13./14. Jahrhundert bis zur Reformation ungefähr 38 Kirchen und Kapellen,
9 Stifte, Klöster und Sammlungen sowie 17 Schwester- und Bruderhäuser.
Kirchlich waren die Gotteshäuser der vor der Stadt gelegenen Bauerndörfer
eng mit den Pfarreien Großmünster und St. Peter verbunden.
Im 13. Jahrhundert gesellten sich zum weltlichen Chorherrenstift am Großmünster, dem adligen Damenstift Fraumünster und dem Kloster St. Martin
am Zürichberg noch die Bettelorden – Dominikanerinnen und Dominika-
ner, Franziskaner und Augustiner – sowie die Zisterzienserinnen in Selnau.
Im Umkreis der Prediger ließen sich Begharden und Beghinen, die sogenann-
ten »willig arm Brüeder und Schwöster« nieder und führten zwischen
Ordens- und Laienstand ein geistliches Leben nach den Vorschriften des
Evangeliums.
An der heutigen Froschaugasse, im Haus Nr. 4, befand sich die Synagoge.
Spätestens ab 1383 war hier auch eine Judenschule, die dem Haus seinen
Namen gab, hatte doch der Rat in diesem Jahr im Anschluß an vorgekomme-
nen Rauf- und Schlaghändel befohlen: »Es sullent ouch all Juden in unser
stat in ein schuol zuo einander gan«. Eine zweite Synagoge existierte vermut-
lich in der Liegenschaft »Zum Judentempel« an der Marktgasse 4.

Hauptverkehrsachsen

Die wichtigsten frühstädtischen Straßenzüge verloren auch nach der
Ummauerung nichts von ihrer Bedeutung. Die Hauptverbindung von Norden nach Süden war und blieb für den Warenverkehr indes wie schon in
römischer Zeit der Wasserweg – die Limmat und der See also. Seit eh und je
wurden im untersten Seebecken, das faktisch bis zum Engnis bei der Rat-

Ausschnitt aus dem Stadtprospekt Zürichs von Jos Murer, 1576, mit der zuverlässigen Darstellung der baulichen Verhältnisse in der spätmittelalterlichen Reichsstadt an der Limmat. Der erste und einzige mittelalterliche Stadtbering umfing eine Gesamtfläche von gut 38 ha.

hausbrücke reichte, die Frachten der geräumigeren Seeschiffe gelöscht und in die wendigeren Flußschiffe umgeladen.

Im Spätmittelalter lag die Hauptanlegestelle im Bereich Schifflände/Hechtplatz, doch die Umschlagplätze erstreckten sich limmat-, beziehungsweise seeabwärts dem Stad am rechten Ufer entlang bis gegen die (untere) Brücke, wo sich der Fischmarkt befand. Diesem gegenüber lag der heutige Weinplatz, der freilich erst im 13. Jahrhundert nach der Verfüllung des einstigen römischen Hafenbeckens, entstand und mit dem ersten städtischen Kornhaus überbaut wurde. Zum Freiraum und Wein(platz)-Markt wurde dieser Ort aber erst im 16. Jahrhundert.

Der Verkehrsknotenpunkt der Flußsiedlung lag in römischer Zeit und erneut wieder vom 9./10. Jahrhundert am (unteren) Brückenübergang am Fuß des Lindenhofs. Die obere Brücke führte als Fußgängersteg ab dem frühen 13. Jahrhundert vom Fraumünster unmittelbar vor der Wasserkirche durch zum Großmünster.

Wandmalereien aus dem Haus »Zum langen Keller«, Rindermarkt 26 (heute abgelöst im Landesmuseum). Datierung: Erstes Viertel des 14. Jahrhunderts. Die erste Ritterszene zeigt eine Schar Geharnischter vor den Toren einer Stadt. Den Wächtern wird von zwei Personen ein Trunk gereicht, beziehungsweise es wird etwas erbeten.

Mit Ausnahme des Rennwegtors werden die Tortürme kurz nach der Mitte des 13. Jahrhunderts erstmals erwähnt. Die Landstraße aus dem Limmattal überquerte auf einer Brücke die Sihl, erreichte das erstmals 1334 genannte Rennwegtor und folgte durch Rennweg- und Strehlgasse über die (untere) Brücke und dann durch Marktgasse, Münstergasse und Oberdorfstraße zumindest streckenweise der römischen Straßenführung. Eine Abzweigung, die untere Kirchgasse, endete am Hafen, der bald *in litore*, bald »am Stad« genannt wird. Vor dem Oberdorftor hieß die Hauptachse auch *strata publica ville superioris* (1266), »öffentliche Straße der oberen Stadt«. Die rechtufrige Hauptachse führte vom Milchbuck zum Niederdorftor und von dort im Bereich der ehemaligen römischen Uferverbauung auf einer natürlichen, gegen Süden sanft ansteigenden Moränenschwelle zur oberen Marktgasse. Hier, beim *Foro communi seu publico* (1277), beim »öffentlichen Markt«, traf sie auf die Hauptachse aus dem Limmattal. Vom Neumarkttor wie vom Lindentor her leiteten Nebenstraßen zu den beiden Hauptachsen.

Gepflästert waren diese Straßen im ganzen Mittelalter nie. Die älteste nachweisbare Straßenpflästerung wurde vor der Mitte des 17. Jahrhunderts auf dem Hauptplatz der Stadt, dem Münsterhof, verlegt. Es war aber keine durchgehende, sondern eine Platzrand-Pflästerung; der innere Bereich des Münsterhofs blieb naturbelassen. Die Haupt- und Nebenachsen, die noch ungefähr den selben Verlauf wie im Mittelalter aufweisen, wurden gar erst zwischen 1818 − 1831 durchgehend gepflästert.

Stadtgeist und Stadtkultur

»Höfische« Steinhäuser

Kernzonen der frühen »höfischen« Steinbauten sind in Zürich die Gruppen um die kirchlichen Kristallisationspunkte St. Peter, Frau- und Großmünster sowie diejenigen beim westlichen und vor allem beim östlichen Brückenkopf im Bereich des Rinder- und Neumarkts. In einigen dieser Bauten haben sich spätmittelalterliche Wandmalereien erhalten, die zum Schönsten gehören, was es in Zürich aus diesem Zeitraum gibt. Auf eine bewußt zur Schau gestellte späthöfische Tradition gehen auch die Wandmalereien in den Stein-

Meister Johannes Hadlaub. Der Zürcher Bürger und Minnesänger erwarb am 4. Januar 1302 eine Liegenschaft am Neumarkt. Doppelminiatur des Grundstockmalers aus der Manessischen Liederhandschrift, um 1300.

Rindermarkt 18, »Zum goldenen Apfel«. Der korridorartige Raum im dritten Obergeschoß wurde kurz nach 1370 mit illusionistischem Pelzwerk »verkleidet«.

bauten der Römergasse zurück, die den ältesten steinernen »Wachstumsring« der Großmünstergruppe bildet. Eine Parallele dazu läßt sich auf der anderen Seite der Limmat in den Häusern am in der zweiten Hälfte des 13. Jahrhunderts zum Platz gewordenen Münsterhof aufzeigen.

Die im Mittelalter beliebte Quadermalerei reicht beim Profanbau ins 13. Jahrhundert zurück, bei Kirchenbauten läßt sie sich bereits vom 11. Jahrhundert an fassen. Die durch Fugenbemalung imitierten Quader sind dabei hälftig versetzt und täuschen so ein aus regelmäßigen Hausteinen aufgeführtes Mauerwerk vor, während die Mauern in Wirklichkeit aus verputzten Bollen- und Bruchsteinen gefügt waren. Zuweilen zeigen diese »Steine« auf verschiedenen Grundfarben aufgetragenen ornamentalen und figürlichen Maldekor, der von den Wänden gelegentlich auch auf die rohen Deckenbalken »überspringt«. Diese Technik der im Spätmittelalter als vornehm geltenden »opus-sectile«-Malerei geht letztlich auf antikes Erbe zurück und verdrängte vielerorts den ebenfalls in antiker Manier tradierten ältesten Putzdekor: den orthogonalen »pietra-rasa«-Fugenstrich.

Wappen, Tücher, Pelzbehang

Die Darstellung des Wappens und der Wappenfolge — als Sinnbild adeliger Herkunft und noblen Umgangs — ist Ausdruck der gottgewollten hierarchischen Ordnung der mittelalterlichen Gesellschaft. Das Wappen des Auftraggebers wurde dabei zum Gruppenemblem, und eingeordnet in die heraldische Malerei war es Zeugnis seiner Beziehungen zu den höher gestellten Geschlechtern.

In Zürich scheinen das späte 13. und die erste Hälfte des 14. Jahrhunderts eine eigentliche Blütezeit der heraldischen Malereien gewesen zu sein. Im Großmünster-Chorherrenstift fand die Heraldik aufmerksame Pflege: Dort schuf der 1281 verstorbene Magister und Kantor Konrad von Mure das heraldische Lehrgedicht »Clipearius Teutonicorum«, dort auch amtete 1296/97 als Kustos jener Johannes Manesse, der dem in der nahen Münstergasse wohnenden Ritter Rüdiger Manesse die Minnelieder sammeln half.

Auf der berühmten Zürcher Wappenrolle aus der Mitte des 14. Jahrhunderts, einem Pergamentstreifen mit 559 Schilden des hohen und niederen Adels und 28 Bannern deutscher Bistümer, sind die einzelnen Schilde beschriftet. So ist das älteste erhaltene Zeugnis dieser Art im Römischen Reich wohl weniger ein Kunstwerk als vielmehr eine unschätzbare Quelle der Heraldik. Ebenfalls im mittleren 14. Jahrhundert ist die heraldische Malerei im Haus »Zum Tor«, am Münsterhof 7, entstanden. Hier haben sich — angeordnet in fünf Reihen — 89 Wappenschilde des hohen und niederen Adels erhalten. Ein untrügliches Zeichen dafür, daß der standesbewußte Auftraggeber mit diesem »höfischen Gästebuch« gelebt und es »nachgetragen« hat, sind die Fehlstellen, wo durch Auskratzen die Wappen einzelner Geschlechter gelöscht worden sind.

Geraffte Tücher als Draperie und die heraldische Abstraktion für Pelzwerk boten sich als illusionistischer und pflegeleichter Ersatz für tatsächlichen Wandbehang aus Textilien und Pelzen an. Das jüngste Beispiel dieser für Zürich recht typischen Pelzwerkmalerei fand sich im Sommer 1985 im »Goldenen Apfel« am Rindermarkt 18. Der aus der zweiten Hälfte des 14. Jahrhunderts stammende, erstaunlich frische Fehbesatz »verbrämte« einstmals den Flur im dritten Obergeschoß.

Die bildnerische Wandgliederung unterliegt im späten 13. und 14. Jahrhundert keinerlei Gesetzmäßigkeiten; da findet man alles, was möglich ist, eine ganz mit Fehbesatz verbrämte Wandscheibe beispielsweise, wie im »Goldenen Apfel«, oder eine Wand mit einem kleinen Fries im deckennahen Bereich und einem langen Tuchbehang als Draperie, wie im Haus »Zur Treu« an der Marktgasse 21. Am häufigsten ist die dreiteilige Gliederung, die aus einer Figurenzone, einem Abschluß- oder Trennband und der Sockelzone besteht. Letztere ist vielfach mit an Stangen aufgehängten Tüchern oder mit Pelzwerk bekleidet, sie kann aber auch »solide«, mit illusionistischen Quadern »aufgemauert« sein. Im »Silberschild« an der Oberdorfstraß 36 wurde im frühen 14. Jahrhundert die Wand besonders reich gegliedert: Einem deckenbegleitenden Eichenlaubfries folgen großblumige Rosenranken über

einer zinnengekrönten Abfolge von Frauen- und Männerdarstellungen in Dreipaßarchitektur. Den unteren Abschluß bildet ein drapiert gezeichneter Wandbehang. Ein Charakteristikum dieser höfischen Malerei ist die Verschmelzung von allgemein gehaltenen Szenen wie Jagd, Kampf, Spiel und Tanz mit Einzelbildern aus populären mittelalterlichen Romanen, wie etwa demjenigen von Tristan und Isolde, dem idealen Liebespaar des Mittelalters. Die Helden als Vorbilder und »adoptierte« Ahnen bildeten dabei einen festlichen Rahmen und stellten zugleich eine ideelle Überhöhung des eigenen gesellschaftlichen Lebens dar.

Stadtansicht von Osten her, aus der Schweizerchronik von Cristoff Silberysen (vollendet 1576). Die Darstellung berichtet von einer Heuschreckenplage im Jahr 1338 in der Stadt und der Landschaft Zürich.

Eine mittelgroße Stadt wie jede andere

Zürich zählte um 1300 kaum 5000 Einwohner und lag an einer Nordsüdverbindung zweiter Ordnung. Im Bistum Konstanz war die reichsfreie Stadt — am äußeren Ende eines großen, ausschließlich landwirtschaftlich geprägten Einzugsgebietes gelegen — klar die Nummer zwei. Dieses Schicksal teilte Zürich mit der am anderen Ende der Diözese gelegenen Handelsstadt Ulm. Im Kulturraum zwischen Bodensee und Oberrhein fühlte sich Zürich weit mehr zu ersterem hingezogen. Dies mag kirchenpolitisch und auch kulturell mit dem Bistumssitz Konstanz zusammenhängen und mit den später erst sichtbaren politischen Interessen Zürichs zur Ostschweiz hin, aber auch mit der doch eher geographischen »Ferne« von Basel und Straßburg. Die besondere Stellung von Konstanz auf allen Gebieten der Kunst um 1300 im süddeutschen Raum wird durch den ungewöhnlich reichen Wandmalereibestand einerseits und die geradezu phantastischen archäologischen Bodenfunde zum mittelalterlichen Alltag andererseits deutlich. In diesen Kulturraum eingebunden waren in Zürich als Träger kulturellen Schaffens vor allem die Propstei Großmünster, aber auch die Prediger und die ihnen unterstellten Dominikanerinnen vom Oetenbach, die wohl alle drei ein Skriptorium besaßen und durch ihre mannigfaltigen Beziehungen zum städtischen Patriziat und zum ländlichen Adel ausgesprochen aristokratische Züge aufwiesen.

Jürg E. Schneider

Karte: Zürich um 1300. Auf dem aktuellen Katasterplan sind die Stadtmauer mit den Toren (I–V) und Türmen, die wichtigsten Kirchen, Klöster und Stifte sowie
die Synagoge (A–J), ferner die Haupt- (−) und Nebenachsen (-) sowie der Hafen (K) eingetragen.

Stadttore: I Rennwegtor II Oberdorftor III Niederdorf-
tor IV Lindentor V Neumarkttor
Kirchen, Klöster, Stifte: A St. Peter B Fraumünster
C Großmünster D Wasserkirche E Dominikanerkloster
(Prediger) F Franziskanerkloster (Barfüßer) G Augusti-
nerkloster H Dominikanerinnenkloster Oetenbach
J Synagoge

1 Wandgemälde in Seccotechnik. Haus zur Treu, Marktgasse 21, Um 1322, 1978 abgelöst.
2 Fensterumrahmung aus stempelverzierten Backsteinen. Zisterzienserkloster St. Urban LU oder Zürich.
  1280/85. Weingasse 7/9.
3 Tafelgeschirr aus der 2. Hälfte des 13. Jahrhunderts.
  Münsterhof.
4 Lederfragmente (B + C) aus einer Fäkaliengrube auf
  dem Münsterhof ermöglichten Rekonstruktionen
  von Schuhen aus der 2. Hälfte des 12. Jahrhunderts.
  A: Bridenschuh; Sohle, Einfassung und Riemchen
  original. D + E: Knöchelhoher Schuh mit Schnallen-
  verschluß, Größe etwa 31–32.
5 Unglasierte und glasierte Röhren-, Napf-, Teller- und
  Medaillonkacheln. 13./14. Jahrhundert Limmatquai
  und Rennweg.

6 Grün glasierte Reliefkachel; Liebespaar, das von einem älteren Mann beobachtet wird. 2. Hälfte 14. Jahrhundert. Rennwegquartier.

7 »Grimmenturm«, Spiegelgasse 29. Letztes Viertel des 13. Jahrhunderts. Den Bindern des Buckelquader-Verbands ist immer noch ein weiterer Stein beigesetzt, was für viele Bauten jener Zeit geradezu typisch ist.

8 »Zum Waldries«, Spiegelgasse 11. Türgewände aus St. Urban-Backsteinen mit eingestempelten Verzierungen. Model aus der Zeit um 1270/75. Türblatt aus dem Frühbarock.

9 Ausschnitt aus der Wappenrolle von Zürich. Heraldische Malereien auf Pergament, um 1340.

Freiburg im Breisgau

Topographie

Freiburg liegt unmittelbar am Austritt des Dreisamtals in die Rheinebene am
Fuß der westlichen Ausläufer des Schwarzwalds auf eiszeitlichen Schottern.
Etwas südlich davon erhebt sich der Schauinsland als einer der höchsten
Schwarzwaldgipfel, mit seinen reichen Erzvorkommen, was ihm im Mittelalter den Beinamen Erzkasten eintrug. Das westliche Vorland wird nach Südwesten und Westen durch den Höhenrücken des Tunibergs und durch den
Kaiserstuhl begrenzt. Die Erhebungen sind mit Löß überdeckt, während die
Niederung von Schwemmschottern gebildet wird. Das Grundwasser steht
relativ hoch an, was zusammen mit dem weniger fruchtbaren Untergrund in
früheren Zeiten eine wenig rentable Landwirtschaft zur Folge hatte. So finden sich hier auch heute noch große, zusammenhängende Waldgebiete und
entlang den Flußläufen feuchte Wiesen. Durch die Dreisambucht und das
Wagensteigtal sowie das weiter nördlich einmündende Glottertal führen die
alten Verkehrswege über den Schwarzwald nach Osten. Nach Westen führen
die Verbindungswege zum Rhein und ins Elsaß, nach Breisach südlich um
den Kaiserstuhl und bei Sasbach und Jechtingen nördlich um den Kaiserstuhl herum. Die alten Nord-Süd-Verkehrswege begleiten einerseits den Fuß
der Schwarzwaldvorberge, andererseits durchqueren sie in vermutlich ziemlich geradem Verlauf die Freiburger Bucht.

Frühe Besiedlung

Aus dem engeren Stadtgebiet sind vorrömische Funde bislang nicht bekannt
geworden. Dagegen finden sich in dichter Folge in den Lößgebieten der Vor-
bergzone, des Tunibergs und des Kaiserstuhls prähistorische Siedlungsspuren und Begräbnisplätze in großer Fülle, ebenso auf den Erhebungen des
Lehener Bergs und anderen in der Freiburger Bucht isoliert gelegenen niedrigen Höhenrücken. Im östlichen Talkessel des Dreisambeckens befand sich
die große, von einem Wall umgebene Fläche von Tarodunum mit der unmittelbar benachbarten Siedlung nahe den Dörfern Zarten und Kirchzarten. Auf
einem der prominentesten Vorberge, dem Schönberg, finden sich Reste einer
Höhensiedlung mit Wallanlage, und auch auf dem Zähringer Burgberg ist
eine prähistorische Siedlung zu vermuten.

Während in den letzten Jahren auf den Gemarkungen der westlich von Freiburg liegenden Dörfer immer wieder neue römische Fundplätze bekannt
wurden, lassen sich für Freiburg selbst keine Siedlungsspuren aus dieser Zeit
nachweisen. Zwar wurden im frühen 19. Jahrhundert auf dem Schloßberg
Bruchstücke eines römischen Mosaikfußbodens gefunden und in einer Hauswand der Altstadt vermauert ein römischer Inschriftstein, doch ihre Herkunft
bleibt wohl immer ungewiß. Auch alemannische oder merowingerzeitliche
Funde sind aus dem Freiburger Stadtgebiet nicht bekannt. Dagegen finden
sich viele Grabfunde dieser Zeitstellung in den Umlandgemeinden. Durch
Ausgrabungen der letzten Jahre wurde auch auf dem Zähringer Burgberg
eine befestigte Höhensiedlung aus alemannischer Zeit nachgewiesen.

Linke Seite: Freiburg i. Br., um 1715. Ausschnitt aus
dem sogenannten »Fischer-Plan« (bekannt nach seinem mutmaßlichen Autor Johann Georg Fischer). Der
Plan zeigt die Stadt nach dem Ausbau zur poligonalen
Festung zur Zeit der französischen Besetzung 1677-1697.

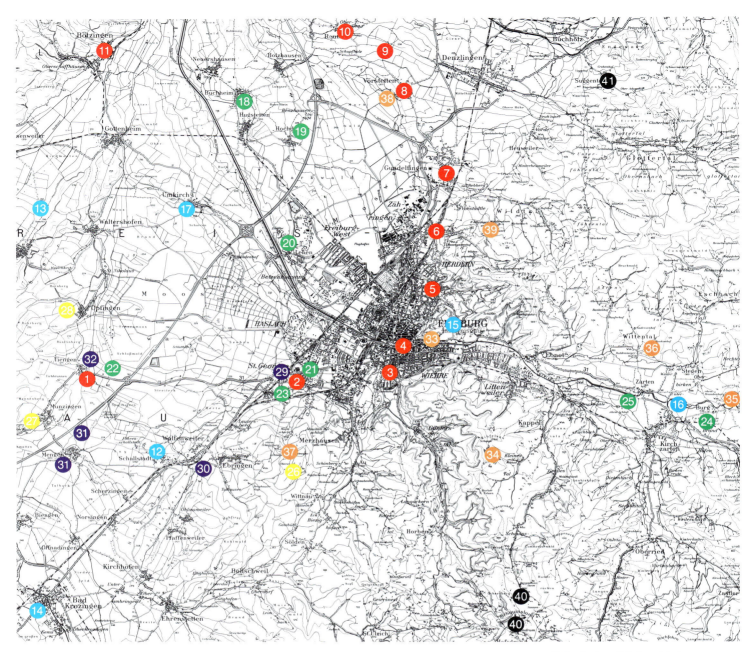

Karte von Freiburg und Umgebung (1:50 000) mit
Angabe der Orte der Wildbannurkunde von 1008 und
einer Auswahl wichtiger »vorfreiburgischer« Siedlungs-
zeugnisse.

**Orte der Wildbannurkunde Kaiser Heinrich II.
von 1008 für den Bischof von Basel**

1 Tiengen (Villa Togingen)
2 Uffhausen (Villa Ofhusen)
3 Adelhausen (Adelhosun)
4 Wiehre (Worin)
5 Herdern (Harderen)
6 Zähringen (Zaringen)
7 Gundelfingen (Gondaluingen)
8 Vorstetten (Wersteten)
9 (Thiermondingen)
10 Reute (Ruthtin)
11 Bötzingen (Bezscingen)

Römische Fundstellen (Auswahl)

12 Schallstadt (Gräberfeld)
13 Merdingen (Villa)
14 Bad Krozingen (Töpferofen)
15 Freiburger Schlossberg (Mosaikfragmente)
16 Burg (Villa)
17 Umkirch (Siedlung)

Hallstatt- / Latènezeit (Auswahl)

18 Buchheim (Grabhügel, Hallstatt)
19 Hochdorf (Siedlung, Hallstatt)
20 Betzenhausen (Siedlung, Hallstatt)
21 St. Georgen (Gräber, Hallstatt)
22 Tiengen (Gräber, Latène)
23 St. Georgen (Gräber, Latène)

24 Burg-Tarodunum (Befestigung, Latène)
25 Zarten (Siedlung, Latène)

Ältere Kulturen

26 Schönberg (Höhensiedlung)
27 Munzingen (Siedlung Jungpaläolithikum)
28 Opfingen (Siedlung Bandkeramik)

Alamannenzeit, Völkerwanderungszeit, Merowingerzeit

29 St. Georgen (Friedhof)
30 Ebringen (Friedhof)
31 Mengen (Friedhof und Siedlung)
32 Tiengen (Friedhof)

Burgstellen

33 Freiburg – Schlossberg
34 Freiburg – Kibburg auf dem Kibfelsen
35 Buchenbach – Wieseneck
36 Stegen/Wittental – Falkenstein
37 Ebringen – Schneeburg auf dem Schönberg
38 Vorstetten
39 Gundelfingen/Wildtal – Burg Zähringen

Mittelalterlicher Bergbau

40 Schauinsland
41 Suggental

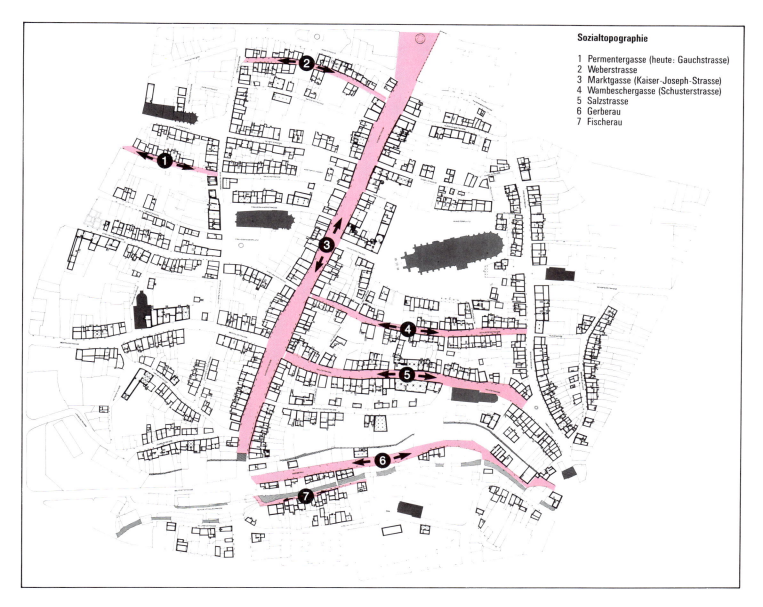

Die meisten Umlandgemeinden sind urkundlich bereits seit dem 8. Jahrhundert, insbesondere im Zusammenhang mit der Güterausstattung des Klosters St. Gallen, belegt. Auch für die folgenden Jahrhunderte werden die Geschichtszeugnisse für die Besiedlung der Freiburger Bucht und des Dreisambeckens immer zahlreicher. Die Wildbannurkunde Kaiser Heinrichs II. für den Bischof von Basel aus dem Jahr 1008 benennt die Gemeinden südlich, westlich und nördlich von Freiburg. Dabei »überquert« die Aufzählung der unmittelbar in der Umgebung des heutigen Freiburg gelegenen Orte Uffhausen, Adelhausen, Wiehre, Herdern, Zähringen gewissermaßen das heutige Stadtgebiet. Erstmals werden damit die topographischen Gegebenheiten des künftigen Freiburg vor der Marktgründung belegt.

Die Entstehung von Marktsiedlung und Stadt

Hinweise auf »vorfreiburgische« Siedlungen im späteren Stadtgebiet werden seit langem im Bereich der Martinskapelle, bei der später (1246) die Franziskaner ihr Kloster gründeten, und bei der St. Peterskirche in der nachmaligen Lehener Vorstadt, einer Filiale der Pfarrei Umkirch, »bei der Wiehre gelegen«, vermutet. Auch im eigentümlich unregelmäßigen Verlauf der sich in Oberlinden gabelnden Herrenstraße auf der einen und der Salz- und Bertoldstraße auf der anderen Seite sieht man Hinweise auf alte Strukturen. Archäologische Befunde sind jedoch aus »vorfreiburgischer« Zeit in der unmittelbaren Nachbarschaft dieser Punkte nicht bekannt geworden.

Sozialtopographie der Stadt Freiburg i. Br. im 13. Jahrhundert. Einzeichnung in den sogenannten »Kellerplan« der Freiburger Altstadt. Zustand um 1890. Die patrizischen Geschlechter und der Adel scheinen sich früh längs des aus der Zeit vor 1120 stammenden Straßenzugs der Salzstraße und der Marktgasse niedergelassen zu haben. Eine schwerpunktmäßige Ansiedlung der besonders auf Wasserzufuhr angewiesenen Gerber und Fischer an den Runzen (Gerberau/Fischerau) ist anzunehmen. Alt und auf die Konzentration der betreffenden Handwerke dort hinweisend sind auch die Namen der Weber-, Schuster-, Wambescher- (Wamsmacher-) und der Permentergasse (Pergamentmacher).

Siegel der Stadt Freiburg i. Br. in seiner vierten, seit 1255 nicht mehr veränderten Form. Schon das erste, ab 1218 vorkommende Siegel wies eine symbolische Wiedergabe der ältesten Stadtbefestigung auf. Von 1255 an erschienen daneben Sterne und Lilie als Symbole der eigenen Rechtspersönlichkeit und weitgehenden gerichtlichen Autonomie.

Unten links: Graf von Freiburg. Nischenfigur am unteren Teil eines Turmstrebepfeilers des Freiburger Münsters. Um 1280. Die Grafen von Freiburg waren ab 1218 Nachfolger der Herzöge von Zähringen als Stadtherren.

Unten rechts: Sogenanntes Grabmal Herzog Bertolds V. von Zähringen im Freiburger Münster. Die überlebensgroße Tumbenfigur eines Hochgrabes (vermutlich Graf Friedrich von Freiburg † 1356) wurde 1667 an der südlichen Seitenschiffwand aufgestellt.

Für die Entstehungsphase Freiburgs zwischen dem ersten Beleg für die Nennung des Ortsnamens 1091 und der Marktgründung 1120 liegen seit den jüngsten Ausgrabungen in der südlichen Altstadt erstmals auch archäologische Befunde vor (vgl. »Der steinerne Wohnbau in Südwestdeutschland«, Seite 225). Eine bislang nicht beobachtete dichte Bebauung mit Holz- und Steinbauten reicht bis in die Zeit um 1100 zurück. Sie liegt auf einem Geländeniveau, das nahezu 2 m unter dem der heutigen Straßenoberflächen liegt. Zunächst wurde dieses Gelände als Werkplatz für die Weiterverarbeitung der vermutlich am Schauinsland gewonnenen Erze (Silber, Blei, Kupfer) genutzt.

Stadtverfassung, Institutionen und Rechtswesen

Die Errichtung und Privilegierung des Freiburger Markts war 1120 von Konrad von Zähringen (†1152), unter Mitwirkung seiner angesehensten Ministerialen, mit ausgewählten Vertretern der Marktbewohner eidlich bekräftigt worden. Letztere, zu denen vor allem Mitglieder der Gruppe der herbeigerufenen Kaufleute, der »mercatores personati«, sowie Vertreter der Siedlungsgemeinschaft des bereits vor 1120 vorhandenen »Burgus« gezählt haben dürften, bildeten den Kreis der 24 Marktgeschworenen, von denen schon in der »Erweiterten Handfeste« von 1186, dann mehrfach wieder im »Stadtrodel«, einer um 1218 von den Bürgern selbst ausgefertigten Fassung ihrer Rechtsprivilegien, die Rede ist. An ihrer Spitze stand der von der Bürgerschaft gewählte und vom Stadtherrn bestätigte Stadtrichter, der Schultheiß. Er, wie auch die Mitglieder im »Rat der Vierundzwanzig«, die durch Zuwahl auf Lebenszeit berufen wurden, rekrutierten sich aus den patrizischen Geschlechtern. Eine Beteiligung weiterer Bevölkerungsgruppen am Regiment brachte die Verfassungsänderung von 1248. Gegen die »Vierundzwanzig« war die Klage erhoben worden, sie verwalteten »die öffentlichen Angelegenheiten eigenmächtig ohne Zustimmung und Ratschlag der Gemeinde«. Sie mußten dann auch die Einrichtung eines zweiten, regelmäßig durch die Gemeinde neuzuwählenden Ratsgremiums, der »Jüngeren Vierundzwanzig« zulassen, ohne dessen Einverständnis sie künftig in Gemeindeangelegenheiten nicht handlungsbefugt sein sollten. Lediglich die Gerichtssachen blieben dem alten Rat vorbehalten. Er war aber nicht auf die reine Gerichtsfunktion beschränkt, sondern hat vielmehr in allen Gemeindeangelegenheiten auch weiterhin dominiert. Die »Jüngeren Vierundzwanzig« werden erst wieder in einem der beiden Verfassungsentwürfe von 1275 mit minimalen Befugnissen erwähnt. Erst das neue Stadtrecht von 1293 nennt »Alte« und »Jüngeren Vierundzwanzig« als gleichberechtigtes Beschlußgremium. Die »Jüngeren Vierundzwanzig« setzten sich zu diesem Zeitpunkt zu je einem Drittel aus Mitgliedern der Geschlechter, aus Kaufleuten und Handwerkern zusammen. Das Aufblühen von Handel und Gewerbe hatte den Kaufleuten und Handwerkern ein unübersehbares Gewicht gegeben, das ihre Beteiligung am Stadtregiment unausweichlich machte.

Freilich wäre dennoch ihr Einfluß auf die Stadtpolitik gering geblieben, wenn sie nicht gleichzeitig das Recht zur Schaffung einer machtvollen Organisation in Gestalt der Zünfte erhalten hätten. Den an der Spitze stehenden Zunftmeistern wird das Recht zugestanden, Satzungen für ihre Zünfte vorzulegen und in Bagatellsachen selbst über die Zünftigen zu Gericht zu sitzen. Sie führen im Kriegsfall ihre Zünfte, die zugleich auch militärische Verbände sind, ins Feld und haben bei der Verwaltung des öffentlichen Guts mitzureden. Ohne ihr »Wissen und Willen« dürfen keine Steuern und Abgaben eingeführt werden. Die Verfassung von 1293 sieht das Amt eines jährlich neu zu bestellenden Bürgermeisters vor. Schon 1300 ist es den Bürgern gelungen durchzusetzen, daß sich der Stadtherr bei dessen Ernennung an den Willen der Ratsmehrheit zu halten habe. De facto scheint inzwischen der Bürgermeister Haupt der Stadtverwaltung geworden zu sein, während die Befugnisse des Schultheißen immer mehr auf die Rechtsprechung beschränkt wurden. Neben der niederen Gerichtsbarkeit nahm der Schultheiß im Auftrag des Stadtherrn in der Regel noch die hohe Gerichtsbarkeit wahr, sprach allerdings sein Urteil gemäß den von den Bürgern beschlossenen und von der Herrschaft bestätigten Rechtssatzungen. Daneben entwickelte sich im Lauf des 13. Jahrhunderts noch eine besondere Ratsgerichtsbarkeit: Als Ord-

Stammbaum der Herzöge von Zähringen und der Grafen von Freiburg. 1593 ausgeführt von David Schmidlin nach einer Vorlage von David Wolleber.

nungsbehörde konnte der Rat, der 1282 auch das Recht, Polizeiordnungen zu erlassen, erworben hatte, Geldbußen, Ehrenstrafen, aber auch Stadtverweisungen verhängen. Die Stadt bildete also einen eigenen Rechtskreis. Selbst der Stadtherr, der außerhalb dieses Kreises stand und bei Übergriffen nur schwer belangt werden konnte, mußte schließlich 1300 die Unverletzlichkeit des Freiburger Rechtsraumes bestätigen.

Das städtische Selbstverständnis

Den Bürgern ist es bis zum Ende des 13. Jahrhunderts gelungen, den Grafen wesentliche Zugeständnisse im Verfassungs- und Rechtswesen abzuringen. Dieser Prozeß verlief nicht konfliktlos, da diese, beständig in kostspielige kriegerische Unternehmungen verwickelt, ihrerseits auf eine — besonders finanziell nutzbare — Ausweitung ihrer Macht gegenüber der Stadt bedacht waren. Fortschreitende finanzielle Abhängigkeit von den Bürgern schwächte jedoch zunehmend die Position der Grafen. Sinnbildlichen Ausdruck fanden das neue Selbstverständnis und das wachsende Selbstbewußtsein der Bürgergemeinde im Bau eines eigenen, 1303 erstmals erwähnten Rathauses sowie in der frühen Führung eines Stadtsiegels.

Unten: Freiburger Stadtrodel, ca. 1218. Erstes von zwei Pergamentblättern, die ursprünglich mittels eines durchgeflochtenen Pergamentstreifens verbunden waren. Der Rodel ist eine von den Bürgern auf der Basis älterer Dokumente vorgenommene Zusammenstellung des geltenden Stadtrechts.

Unten links: Siegel des Freiburger Stadtrodels, um 1218. Frühestes erhaltenes Stadtsiegel von Freiburg i. Br. Seine weitgehend zerstörte Umschrift lautete: SIGILLUM CIVIUM FRIBURGENSIUM IN BRISGOIA. Das Siegel zählt zu den ältesten deutschen Stadtsiegeln.

Unten rechts: Verfassungsänderung von 1248. Schultheiss, Räte und Gemeinde von Freiburg i. Br. vermehren mit Zustimmung Graf Konrads von Freiburg den Rat um weitere 24 Mitglieder.

Sozialstruktur und Sozialtopographie

In den Geschlechtern des 13. Jahrhunderts wird man nicht nur Nachfahren der »mercatores personati« von 1120 sehen dürfen. Auch Ministeriale und Edelfreie aus der Umgebung der Zähringer, die Güter und Rechte im Breisgau hatten, scheinen bei der Entstehung der Führungsschicht eine Rolle gespielt zu haben. Nach der Handfeste von 1186 durften Ministeriale oder Eigenleute des Stadtherrn nur mit Einwilligung der Gesamtheit der Bürger in der Stadt wohnen oder das Bürgerrecht erhalten. Gerade diese Bestimmung zeigt, daß das Interesse der Ministerialen am Bürgerstatus groß war. Allerdings duldete die gewachsene Eigenständigkeit der Bürger innerhalb des eigenen Rechtskreises keine Gruppe mehr zu zweierlei Recht. Man verlangte deshalb, daß der Herr seinen Mann bei Annahme des Bürgerrechts aus seiner rechtlichen Zuständigkeit entlasse. Die später nachweisbare Ministerialensiedlung vor dem Schwabentor ist wohl aus dieser Problematik heraus entstanden.

Deutlich wird in diesem Zusammenhang auch, daß die Stadt für den Adel attraktiv zu werden begann; die städtische Gemeinschaft wurde im 13. Jahrhundert zu einem Ort, an dem sich Rittertum und Bürgertum durchdrangen. Noch vor der Mitte des 13. Jahrhunderts gelang es den Freiburger Patriziern, sich durch die Übernahme von Lehen mit Herrschaftsrechten den Weg in den Ritterstand zu ebnen. Sie blieben jedoch weiterhin als Bürger in der Stadt. Andererseits erwarben mehr und mehr landsässige Ritter das Bürgerrecht und Besitz in der Stadt. Ausweis einer zunehmend engeren Verbindung von Bürgertum und Rittertum ist schließlich die Tatsache, daß um 1300 immer häufiger die zu Adligen gewordenen bürgerlichen Familien mit den zu Bürgern gewordenen ehemals landsässigen Adelsfamilien versippt sind.

Das gewerbliche Element war bereits vor der Marktgründung im »Burgus« vertreten. Zum Bürgerrecht zugelassen wurde, wer nicht verpfändetes Grundeigentum im Wert von einer Mark Silbers in Freiburg besaß, seine persönliche Freiheit nachweisen konnte oder seit Jahr und Tag von seinem Herrn unangefochten in der Stadt lebte. Von solchen Bedingungen angezogen, scheinen zahlreiche Leibeigene und Hörige in die Stadt gekommen und dort zu freien Bürgern geworden zu sein. Sie bildeten eine Händler- und Handwerkerschicht, die sich wohl schon vor der verfassungsmäßigen Anerkennung der Zunftorganisation, 1293, zur Wahrung ihrer Interessen korporativ zusammengeschlossen hatte. Der Einfluß der Zünfte wuchs nach 1293 beständig. Die Verordnung von 1338, wonach künftig jeder, der ein Vierteljahr in Frei-

Oben links: Kaiser Ludwig der Bayer verleiht der Stadt Freiburg i. Br. die Rechte von Köln, 1339.

Links: Graf Egino von Freiburg und sein Sohn Konrad beurkunden ihre Versöhnung mit der Stadt Freiburg, 30. Januar 1300.

Oben: Martinstor in Freiburg i. Br. Ansicht von Norden, um 1900.

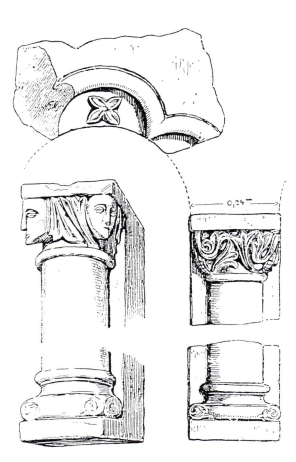

Romanische Architekturfragmente aus der Zeit um 1200 vom früheren Heilig-Geist-Spital, das Anfang des 19. Jahrhunderts abgebrochen wurde.

Fragmente eines emailbemalten »syrofränkischen« Glasbechers, aus einer mittelalterlichen Abortgrube auf dem Grundstück Salzstraße 26 in Freiburg (13./14. Jahrhundert).

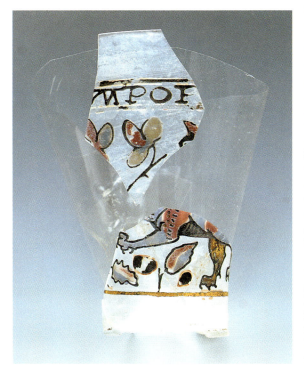

burg ansässig ist, einer Zunft beizutreten und einen Harnisch zu beschaffen habe, ist aber wohl als wehrpolitische Maßnahme und noch nicht im Sinn eines Gewerbeverbots für Nichtzünftige zu interpretieren. Nachrichten über die Unterschichten ohne Bürgerrecht liegen für die Zeit um 1300 nicht vor.

Der Baubestand der Zähringerzeit

Die Anziehungskraft der Stadt, die unter anderem in die Bildung einer durchmischten bürgerlichen und adligen Führungsschicht mündete, fand ihren Ausdruck auch in der Bautätigkeit. Die ältesten, teilweise unterkellerten Bauten wurden wohl um die Mitte des 12. Jahrhunderts im Zuge eines ersten Stadtmauerbaus wieder aufgegeben. Aber bereits im frühen 12. Jahrhundert entstanden neben ihnen, unmittelbar am Südrand der Grünwälderstraße, auffallend qualitätvolle Steinbauten, die erst zu einem späteren Zeitpunkt unterkellert wurden. Die Baugrenzen zwischen den einzelnen Baukörpern des 12. Jahrhunderts waren teilweise bereits bestimmend für die bis in die Neuzeit fortbestehende Parzellenstruktur in diesem Teilgebiet der Altstadt. Die Ausgrabungsfläche im Bereich der ehemaligen Harmoniegaststätte, die drei mittelalterliche Parzellen umfaßte, läßt schon für das beginnende 13. Jahrhundert eine rege Bautätigkeit — Neubauten, Gebäudeerweiterungen und Abbrüche — erkennen. Die Bauqualität der Steinbauten legt zudem die Vermutung nahe, daß hier eine überdurchschnittliche Sozialstruktur bestand.

Die ebenfalls erst vor wenigen Jahren durchgeführten Ausgrabungen im Bereich Gauchstraße/Unterlinden nahe des Standorts des ehemaligen Dominikaner-(Prediger-)Klosters im Nordwesten der Altstadt erbrachten für die Baustruktur des frühen Freiburg ein ganz anderes Bild. Insgesamt läßt sich dort die Besiedlung nur bis in die Wende vom 12. zum 13. Jahrhundert eindeutig fassen. Das Grabungsgelände umfaßte etwa 12 spätmittelalterliche Parzellen ganz oder teilweise. Zunächst waren hier wesentlich größere Grundstückseinheiten durch Umfassungsmauern eingefriedet, die dann im Lauf der Jahrhunderte immer kleinteiliger parzelliert wurden. Teilweise ließ sich auch eine Umnutzung der Grundstücke nachweisen, indem über dem einplanierten Keller eines ursprünglichen Wohngebäudes nach dem Ende des Mittelalters offenbar nur noch Wirtschaftsgebäude bestanden. Auch in diesem Grabungsgelände treten bereits so massive Kellermauern des ausgehenden 12. Jahrhunderts auf, daß man zumindest teilweise auch hier von Steinbauten ausgehen kann. Diese Bauten richteten sich ebenfalls bereits nach den heute bestehenden Straßen aus.

In groben Zügen läßt sich mittlerweile das Bild der Stadt gegen Ende der Zähringer-Zeit (Bertold V. starb 1218 als letzter Zähringer) skizzieren: Der Umriß der Kernstadt, wie er heute noch auf dem Stadtplan nachvollziehbar ist, wird von der Marktgasse in Nord-Süd-Richtung durchquert. Das Straßengefüge mit den quer dazu verlaufenden Nebengassen, die ihrerseits untereinander durch Gassen verbunden sind, dürfte im wesentlichen im 12. Jahrhundert festgelegt worden sein. Der unregelmäßige Verlauf der Salz- und Bertoldstraße sowie der Herrenstraße, die sich bei Oberlinden gabeln, und der Zugang zu diesem Straßenzug vom Schwabentor aus gehen auf Bestände aus »vorfreiburgischer« Zeit zurück. Für die Stadtpfarrkirche samt Friedhof ist ein Baublock östlich der Marktgasse ausgespart. Der Grundriß der älteren Kirche des 12. Jahrhunderts wurde unter dem heutigen Münster teilweise ergraben. Im Bereich des späteren Franziskanerklosters und vielleicht auch des Augustiner-Eremitenklosters finden sich Kapellen — sicher mit zugehörigen Wohnbauten — aus der Zeit vor der Marktgründung. Die Wohnbebauung weist zumindest im südlichen Stadtbereich, sowohl in der Umgebung von Oberlinden als auch im Bereich Grünwälderstraße/Salzstraße, prominente Steinbauten auf, die nahe oder unmittelbar an der Straße liegen. Auch in anderen Bereichen der Altstadt treten bereits Steinbauten neben Gebäuden leichterer Bauweise auf.

Schon um die Mitte des 12. Jahrhunderts besitzt die Stadt eine Befestigung. Ob diese bereits mit den noch erhaltenen Stadtmauerteilen identisch ist, ist bislang nicht geklärt. Um 1200 erhält diese Befestigung Tortürme, die gegenüber der Mauerflucht nach innen in die Stadt zurückgesetzt sind. Das Mar-

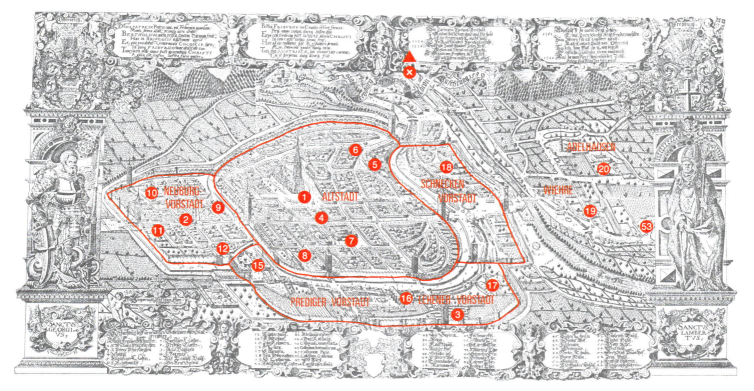

tinstor am Südende der Marktgasse ist dendrochronologisch auf das Jahr 1201/1202 datiert worden.

Im Osten erhebt sich über der Stadt auf dem äußersten Ausläufer des Roßkopfs das Burghaldenschloß. Sein Ursprung geht ebenfalls, sicher zumindest in der frühen Entstehungszeit Freiburgs, auf die Marktgründung zurück. Es dürfte auch der eigentliche Wohnsitz der Stadtherren, also der Zähringer beziehungsweise ihrer Vertreter gewesen sein. Über seine ursprüngliche Baugestalt ist nichts bekannt. Wohl noch in zähringischer Zeit wird der Kernbau in Gestalt eines Donjon über dem tief in den Fels eingeschnittenen Halsgraben entstanden sein. Die wenigen bildlichen Darstellungen entstanden erst kurz vor dem Dreißigjährigen Krieg, nachdem das Burghaldenschloß zahlreiche Veränderungen erfahren hatte. Die Festungsbauwerke des 17. Jahrhunderts beziehungsweise ihre Zerstörung im 18. Jahrhundert haben das mittelalterliche Schloß bis auf wenige Mauerreste verschwinden lassen.

Die in der bisherigen wissenschaftlichen Erörterung für »typisch zähringisch« gehaltene Baugestalt der Stadthäuser formt sich allerdings erst im Verlauf des 13. Jahrhunderts heraus und dürfte dann tatsächlich zu Beginn des 14. Jahrhunderts einen gewissen »Standardtyp« gebildet haben, wobei Gebäudeuntersuchungen der jüngeren Vergangenheit zeigen, daß wesentliche Bestandteile durch die Weiterbenutzung der bereits bestehenden Bauten vorgegeben waren (vgl. Beitrag »Der steinerne Wohnbau in Südwestdeutschland«, Seite 225). Im Verlauf des 13. Jahrhunderts entstanden vor den Stadttoren vorstadtartige Siedlungen, die schrittweise durch die Übernahme des Stadtrechts und den Bau von Mauern fest in den Stadtorganismus eingebunden wurden. Nur entlang des Gewerbebachs als Nebenlauf der Dreisam wird man schon in Freiburgs Frühzeit eine Besiedlung und Gewerbebauten (vor allem Mühlen) annehmen dürfen, da dieser Bereich eigentlich zu dem bereits 1008 belegten Ort Wiehre gehört.

Der Baubestand um 1300

Die Stadtgestalt des beginnenden 14. Jahrhunderts ist anhand der Vogelschauansicht aus dem Jahr 1589 im wesentlichen noch nachvollziehbar. Neben der Münsterpfarrkirche haben sich in der Kernstadt die Dominikaner, die Franziskaner und die Augustiner-Eremiten angesiedelt. Weitere Klöster, vor allem die Frauenorden, aber auch die Ritterorden, finden ihre Niederlassung in den Vorstädten. In der nördlichen, der Neuburg, erhebt sich die Filial-

Mittelalterliche Kirchentopographie, eingezeichnet in den sogenannten »Großen Sickinger-Plan«, der die mittelalterliche Stadtbefestigung Freiburgs und seiner Vorstädte zeigt, wie sie bis zum Festungsbau im 17. Jahrhundert bestand.

1 Münster
2 Nikolauskirche
3 Peterskirche
4 Heiliggeistspital
5 Augustiner-Eremiten-Kloster
6 Kloster und Spital der Antoniter
7 Franziskanerkloster mit Martinskirche
8 Prediger-Kloster
9 Augustiner-Chorherren-Stift Allerheiligen
10 St. Johannes (Niederlassung der Johanniter)
11 Deutsches Haus (Niederlassung des Deutschen Ordens)
12 Armenspital
15 Kloster St. Maria-Magdalena der Reuerinnen
16 St. Clara-Kloster (Klarissen)
17 St. Agnes-Kloster (Dominikanerinnen)
18 Kloster der Wilhelmiten aus Oberried
19 St. Catharina-Kloster (Dominikanerinnen)
20 Kloster Adelhausen (Dominikanerinnen)
53 Gutleut-Haus (Aussätzigenspital)
X Kartause Johannisberg (außerhalb des Kartenausschnitts)

Oben: Aquamanile in Tiergestalt mit menschlichem Oberkörper aus der Latrine des Freiburger Augustiner-Eremitenklosters, um 1300.

Mitte: Gedrechselte Holznäpfe aus der Latrine des Freiburger Eremitenklosters, teilweise mit eingebrannten Bodenmarken, um 1300.

Unten: Glasiertes Keramikkännchen mit Deckel, der über eine Ringöse mit dem Gefäß verbunden ist, aus der Latrine des Freiburger Augustiner-Eremitenklosters, frühes 14. Jahrhundert.

kirche St. Nikolaus, nahe dem Tor der Lehener Vorstadt die bereits erwähnte St. Peterskirche als Filiale von Umkirch. Große Flächen, insbesondere der westlichen Vorstadt, werden nicht überbaut. An den Verzweigungen des Gewerbekanals in der südlichen »Schneckenvorstadt« drängen sich die wasserabhängigen Gewerbe. Im Zentrum nahe dem Münsterplatz steht das Heilig-Geist-Spital. Weitere Fürsorgeeinrichtungen finden ihren Platz in der Neuburg beziehungsweise im Gelände vor den Stadtmauern. Vor allem in der Nähe der Martinskirche (als Franziskaner-Klosterkirche Nachfolger der »vorfreiburgischen« Martinskapelle) entstehen die administrativen Gebäude der Bürgerschaft mit der Gerichtslaube, deren älteste Teile noch aus dem 13. Jahrhundert stammen, dem Stadtarchiv und dem spätmittelalterlichen Rathaus. Das Kornhaus aus dem 14. Jahrhundert erhebt sich nördlich des Münsterplatzes.

Archäologische Untersuchungen fanden früher nur in wenigen Fällen und als punktuelle Notdokumentation statt. So wurden bei Arbeiten an der Heizung der Martinskapelle die Fundamente des mutmaßlichen Vorgängerbaus und daran anstoßender Profanbauten festgestellt, und bei Bauarbeiten in der Gerberau stieß man gelegentlich auf die Überreste von Gerber- und Färber-Werkstätten, wie denn in diesem Bereich noch manche andere Häuser im Baubestand die alten Handwerke in Erinnerung rufen. Umfangreiche Planierschichten von Abfallprodukten der Edelsteinschleiferei auf einer Parzelle am Gewerbekanal weisen sodann auf diesen für Freiburg vom Spätmittelalter an sehr bedeutenden Gewerbezweig hin.

Die wirtschaftliche Entwicklung

Hauptantriebskräfte für die Entwicklung der Wirtschaft nach der Marktgründung waren die Entfaltung eines weitergespannten Handels und vor allem der Silberbergbau im Südschwarzwald, der von der Wende zum 13. Jahrhundert an immer intensiver wurde. Dahinter stand unter anderem ein wachsender Silberbedarf zur Versorgung der neuen Münzstätten am Oberrhein. Die Abbauberechtigung der Grubenbetreiber, der »Froner«, beruhte auf der Verleihung des Bergregals durch deren Inhaber im Breisgau, die Grafen von Freiburg. Eine Reihe von Freiburger Patrizierfamilien waren am Silberabbau beteiligt; sie verdienten sowohl an den Bergwerken selbst als auch am Betrieb von Erzaufbereitungs- und -verhüttungsanlagen, am Silberhandel und an Pfandgeschäften: Die Grafen von Freiburg, ständig in irgendwelche Kriegshändel verwickelt, waren wiederholt genötigt, ihre Einnahmen aus dem Bergbau zu verpfänden. Umstritten ist, ob die Patrizier durch den Bergbau oder eher durch den Handel zu Reichtum gelangten. Die Belege für einen von Freiburger Kaufleuten betriebenen aktiven Fernhandel sind allerdings spärlich. Hingegen gibt es eindeutige Hinweise auf die Beteiligung am Regionalhandel zwischen Straßburg, Basel, Schwaben und Bodensee, der im ausgehenden 13. Jahrhundert in den Händen von »koufflüten« gelegen habe, die einen eigenen Zusammenschluß außerhalb der Zünfte bildeten, deutlich getrennt von den kleinen Detailhändlern der Krämerzunft. Angesichts der wachsenden Stadtbevölkerung nahm die Bedeutung des innerstädtischen Markts im Vergleich zum außerstädtischen — dem Verkauf von Waren des Fern- und Regionalhandels und der Versorgung des Hinterlandes mit Erzeugnissen des städtischen Gewerbes — beständig zu. Das gilt insbesondere für das Nahrungsmittel- und Bekleidungsgewerbe, während die Produkte des Textilgewerbes — Grau- und Weißtuche des breiten Konsums — im Oberrheingebiet und in der Schweiz Abnahme fanden. Für die Entwicklung eines differenzierten Schmiedehandwerks waren wahrscheinlich die Bedürfnisse des Bergbaus maßgebend. Die größte Zunft bildeten indes die Rebleute, was die erhebliche Bedeutung des Weinbaus anzeigt.

Die eigene agrarische Produktion war von großer Wichtigkeit für die Versorgung der Stadtbevölkerung. Entscheidender — im Hinblick auf die Landwirtschaft als Einkommensquelle — war jedoch, daß Adel und patrizische Familien besonders im ausgehenden 13. Jahrhundert in steigendem Maß Grundbesitz in der Umgebung erwarben, der in bäuerlicher Erbleihe ausgegeben wurde. Die daraus fließenden Zinsen sowie die zahlreichen unter Ausnutzung der wachsenden Verschuldung ländlicher Gutsbesitzer zusammenge-

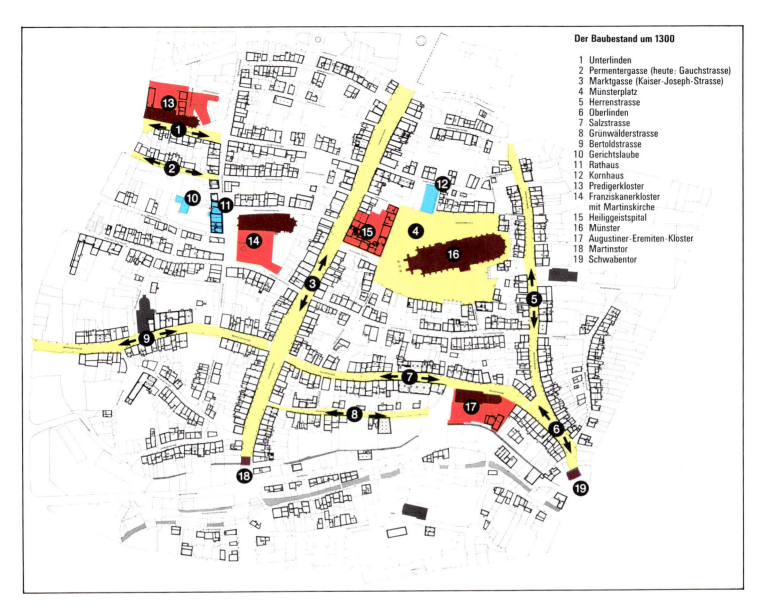

kauften einträglichen Gülten und Renten trugen zur Anhäufung beträchtlicher Vermögen bei — nicht zuletzt auch bei den kirchlichen Einrichtungen in der Stadt, die überdies von den zahlreichen Stiftungen profitierten.

Der Baubestand in Freiburg i. Br. um 1300

Stadt-Land-Beziehungen und Bündnisse

Von 1381 an betrieb Freiburg eine eigene Territorialpolitik, die freilich erst ab 1426 mit der Schaffung der Talvogtei im Dreisamtal einen systematischen Charakter erlangte. Die Schaffung eines Landgebiets war nur die letzte Stufe einer Expansion, die bereits im 13. Jahrhundert begonnen hatte. Das Bemühen um eine Ausweitung der Besitzesgrundlagen und des Einflußbereichs entsprang sowohl wirtschaftlichen Interessen als auch einem erhöhten Sicherheitsbedürfnis der Stadt, das inbesondere durch die Konflikte mit ihren Grafen sowie die Gefährdung von Handel und Wandel durch Fehden und Raubrittertum genährt wurde. Vor allem das Instrument der Gewinnung von »Ausbürgern« diente diesen Zielen. Zu den Ausbürgern zählten bäuerliche Pfahlbürger, aber auch auswärtige Ritter und geistliche Institutionen. Indem die Stadt diesen das Bürgerrecht mit den zugehörigen Vorteilen gewährte, schuf sie sich im Umland eine Gefolgschaft, die ihr zu Loyalität und militärischer Hilfeleistung sowie zur Steuerzahlung verpflichtet war. Die Stadt kettete so nicht nur den breisgauischen Adel erfolgreich an sich, sondern nutzte auch die immer stärkere Verflechtung der Geschlechter mit dem Landadel: Von den Patriziern, die um die Stadt herum Burgen, Güter, Rechte

Ausschnitt aus dem sogenannten »Bäckerfenster« im Freiburger Münster, um 1320. Die jeweils im unteren Teil der drei Bahnen abgebildete Brezel kennzeichnet das Fenster als Stiftung der Bäckerzunft.

Bergbaudarstellung auf einem Glasfenster des Freiburger Münsters. Unterer Teil der ersten Bahn des sogenannten »Tulenhauptfensters«, ca. 1340. Das Fenster zeigt einen Bergmann beim Stollenvortrieb mit Schlägel und Eisen. Die Inschrift bezeichnet einen Geländepunkt auf dem Schauinsland.

Unten: Wappen der Stadt Freiburg i. Br. Wappenstein an der Alten Münze in der Münzgasse (jetzt Schwarzwälder Hof). Das Wappen der Stadt, ein rotes Balkenkreuz im weißen Feld, ist wohl ursprünglich ein Fahnenzeichen. Es taucht erst um die Mitte des 14. Jahrhunderts auf.

Ganz unten: Münstermarkt in Freiburg i. Br. mit historischem Kaufhaus, 1906.

und Herrschaften an sich brachten, ließ sie sich das »Öffnungsrecht« in ihren festen Sitzen einräumen, also das Recht zur Nutzung derselben als strategische Außenposten im Fall von Krieg und Fehde. Die zunehmende herrschaftliche Durchdringung des Breisgaus durch die Stadt wurde durch Bündnisverträge flankiert, die vom 14. Jahrhundert an mit dem benachbarten Adel eingegangen wurden. Schon von der Mitte des 13. Jahrhunderts an beteiligte sich Freiburg an Städtebünden, die auf die Sicherung des Landfriedens und den Schutz des Handels angelegt waren, aber auch der Behauptung der Bürger gegenüber den Feudalgewalten dienten. So gehörte Freiburg auch zu den über 60 vorwiegend rheinischen Städten, die sich 1254 gegen Straßenräuberei sowie gegen unrechtmäßige Zölle und Steuern zu gegenseitiger Hilfe zusammenschlossen. Mehrfach erneuert wurde der Bund, zu dem sich Freiburg 1326 mit Basel und Straßburg zusammentat. Diese Trias gehörte auch einer weiter gespannten Einung mit Städten am Mittelrhein, am Bodensee und in der Schweiz an, die 1327 zustande kam. Im selben Jahr mußten die Grafen von Freiburg den Bürgern ihrer Stadt das Recht auf freien Abschluß von Bündnisverträgen ausdrücklich bestätigen.

Das Schicksal der Stadt in nachmittelalterlicher Zeit

Grundlegende Veränderungen erfuhr die Stadt erstmals im Verlauf des Dreißigjährigen Kriegs. Mehrfache Belagerungen führten zur Entvölkerung der Vorstädte und zur teilweisen Zerstörung derselben. Auch innerhalb der Stadt wurden zahlreiche Gebäude erheblich beschädigt. Bereits während des

Kriegs wurden die Stadtmauern an einzelnen Punkten durch Festungsbastionen ergänzt. Ab 1680 erfolgte der Bau der französischen Festung nach Plänen Vaubans; die nördliche Vorstadt Neuburg und die westliche Lehener- und Prediger-Vorstadt wurden gänzlich geschleift und die Stadt somit auf den Kern der ursprünglichen Altstadt einschließlich der südlichen Vorstadt reduziert. Ein Großteil der mittelalterlichen Stadtmauern und zwei Tore wurden dabei niedergelegt. Die Klöster in den Vorstädten und einige klösterliche Einrichtungen im Vorgelände wurden aufgegeben beziehungsweise zusammengelegt und an anderer Stelle neu erbaut. Die mittelalterliche Burg schließlich wurde zur Zitadelle ausgebaut und mit zahlreichen Bastionen in das gesamte Festungssystem eingebunden. Eine Vielzahl von Festungsplänen auch aus der Übergangszeit vom mittelalterlichen zum barocken Bestand sind überliefert. Diese Bautätigkeit griff auch auf den Kern der Stadt über. Großdimensionierte Baukomplexe brachten auch hier wesentliche Veränderungen. So entstanden etwa das Jesuitenkolleg mit Klosterkirche an der heutigen Bertoldstraße und das Adelhauserkloster als Sammlungsstelle verschiedener aufgegebener Nonnenklöster. Der Deutsche Ritterorden errichtete gleicherweise ein großzügiges Palais wie die Freiherren von Sickingen. Ihre einander gegenüberliegenden Fassaden an der Salzstraße wurden nach den Kriegszerstörungen 1944 wieder rekonstruiert. Bei diesen Neubauten der Barockzeit wurden vielfach die bestehenden Gebäude nicht gänzlich abgebrochen, sondern zu wesentlichen Teilen in die neue Bausubstanz integriert, die Fassaden hingegen wurden einheitlich nach den neuen Stilkriterien überformt. Auch zahlreiche Bürgerbauten wurden im Stil des 18. Jahrhunderts erneuert, wobei man auch in diesen Fällen vielfach mehrere benachbarte Häuser zu einer Einheit zusammenfaßte.

Sogenannter »Lerch-Plan« von Freiburg i. Br., Panoramabild von Joseph Wilhelm Lerch, entstanden 1852. Das von der Stadt in Auftrag gegebene Bild bietet von der Höhe des Schloßbergs aus einen Blick auf die Stadt und die Rheinebene bis hin zu Kaiserstuhl und Vogesen.

Brotmaße am Turmstrebepfeiler beim Hauptportal des Freiburger Münsters.

Oben: Das Freiburger Münster »Unserer Lieben Frau«
von Westen, vor dem Ersten Weltkrieg.

Oben rechts: Altstadt Freiburg i. Br. mit Münster, 1917.

Rechts: Altstadt Freiburg i. Br. mit Münster nach der
Zerstörung beim Luftangriff am 27. November 1944.

Nach den Kriegsläufen in der ersten Hälfte des 18. Jahrhunderts schließlich
wurden durch die Schleifung der Festung in den Jahren 1744/45 die
ursprünglichen Strukturen der Stadt ein weiteres Mal empfindlich gestört.
Aber auch die Aufklärung des späten 18. Jahrhunderts hatte manche einschneidende Veränderung innerhalb des Stadtbildes zur Folge. Am auffällig-
sten war dabei sicherlich die Aufgabe des Friedhofs auf dem Münsterplatz.
Die Friedhofsmauer wurde niedergelegt, die Gräber wurden eingeebnet und
der gesamte Platz in der Form gepflastert, wie er heute noch besteht. Auf den
die Altstadt umgebenden Überresten der gesprengten Festungsanlagen entstanden Gärten und Weinberge und teilweise kleine Landhäuser.
Das frühe 19. Jahrhundert brachte zunächst die Verlängerung der ehemaligen Marktgasse, die nunmehr Kaiser-Joseph-Straße genannt wurde, durch
nachklassizistische Gebäude nach Norden und Süden. Später folgte die

Anlage neuer Vorstädte im Norden, Süden und Westen. Der ehemalige Festungsring wurde zum Straßenzug ausgebaut. Eine Begrenzung nach Westen für diese erste Stadterweiterung bildete zunächst die Bahnlinie. Gegen Ende des 19. Jahrhunderts erfolgte dann der Ausbau der Kaiser-Joseph-Straße zur Prachtstraße im Sinn der Gründerzeit: Im Bereich des einstigen Stadtmauerrings wurden repräsentative öffentliche Gebäude, wie Universität, diverse Gymnasien, Stadttheater usw., errichtet. Zum Bahnhof hin folgten Verwaltungsbauten, wie Hauptpost und Telegraphenamt, sowie Hotels. Die Nebenstraßen der Altstadt hingegen blieben in ihrer Struktur weitgehend unberührt. Ebenfalls zu Ende des 19. Jahrhunderts entbrannte eine heftige Diskussion um Erhalt oder Abbruch der beiden letzten erhaltenen Stadttore, des Martinstors und des Schwabentors. Schließlich erfuhren sie eine städtebauliche Aufwertung zwischen den benachbarten gründerzeitlichen Gebäuden durch Aufstockung im Sinne des Historismus.

Zwischen den beiden Weltkriegen setzt sich allmählich die Tendenz durch, alte Bausubstanz im Sinn einer modernen Denkmalpflege zu erhalten. Freiburg bleibt eine Universitäts- und Verwaltungsstadt, in der auch zahlreiche Beamte und Akademiker aus dem gesamten Reichsgebiet ihren Ruhesitz wählen, Industrie siedelt sich nur in sehr geringem Umfang an. Unter Stadtbaumeister Schlippe entstehen in den dreißiger Jahren Rahmenpläne für eine städtebauliche Neuordnung, die unter anderem auch eine Reduzierung der Gründerzeitarchitektur entlang der Kaiser-Joseph-Straße vorsieht. Die Erdgeschosse der Gebäude sollten Fußgängerarkaden erhalten, um eine leistungsfähigere Verkehrsführung auf der Hauptstraße zu ermöglichen.

Während der Erste Weltkrieg kaum nennenswerte Kriegsschäden verursachte, wurden im Zweiten Weltkrieg nahezu 80 Prozent der Innenstadt bei einem Angriff im Herbst 1944 durch Brandbomben zerstört. Nur das Münster und im wesentlichen die südöstliche Altstadt blieben einigermaßen verschont. Bis etwa 1950 war die Einebnung der Trümmergrundstücke weitgehend abgeschlossen. Der Wiederaufbau folgte vielfach den von Schlippe erarbeiteten Plänen. Beibehalten wurden die mittelalterliche Straßenstruktur und relativ niedrig dimensionierte Baukörper. Wo das Ausmaß der Kriegszerstörungen es rechtfertigte, erfolgte eine Verbreiterung der Straßenzüge, wobei stellenweise ein Drittel der ehemaligen Baugrundstücke in den Straßenbau einbezogen wurden. Ermöglicht wurden diese einschneidenden Maßnahmen durch eine systematische Neuordnung der betroffenen Grundflächen. Bis in die beginnenden 70er Jahre waren die letzten Kriegslücken weitgehend geschlossen. Mittlerweile waren sowohl an der Peripherie der Altstadt als auch teilweise innerhalb des Altstadtbereichs großräumige Tiefgaragen angelegt worden.

Was die Archäologie betrifft, so wurden der gesamte Wiederaufbau und die meisten der Garagenbauten nur von gelegentlichen Baustellenbeobachtungen und Fundbergungen begleitet. Erst im Verlauf der 70er Jahre erfolgten umfangreichere archäologische Untersuchungen. In den letzten Jahren wurden auch die letzten noch bestehenden Kriegslücken geschlossen. Auch hat mittlerweile eine zweite Neubauwelle eingesetzt, die nicht nur Teilbereiche des Wiederaufbaus erfaßt, sondern auch in die noch erhaltenen Reste der Altstadt übergreift, wobei die Tendenz dahin geht, die alten Bauwerke auszukernen und sich auf eine optische Sanierung zu beschränken. Dies vor allem im Bestreben, die Grundstücke durch den Bau von Quartiersgaragen und die Ausweitung von Ladengeschäften ins erste Kellergeschoß maximal auszunutzen. Zwar ermöglichten diese Baumaßnahmen in der letzten Zeit sowohl spektakuläre Einzelfunde als auch wesentliche neue Forschungsergebnisse, gleichzeitig aber bedeuten sie auch den nahezu endgültigen Verlust der Originalsubstanz an Ort und Stelle.

Peter Schmidt Thomé/Ulrich P. Ecker

Mittelalterliche Latrine aus Bruchsteinen in Trockenmauerwerk, gefunden 1973 in der Baugrube für die Schloßberggarage in Freiburg. Die Aufnahmen zeigen den Zustand vor und nach der Öffnung.

Rottweil

»Es ist diese Reichsstadt von anfang biss zu unsern zeiten auff die vierdte Hoffstatt verruckt und gebawen worden. Anfaenglichen ist es ein Dorf gewesen und gelegen auf der andern seiten des Neckers.« *(Sebastian Münster, Cosmographey 1544)*

»Vor dreihundert jharen, nachdem Rotweil die statt zum drittenmal uf ain andern hofstatt verendert, . . .« *(Zimmerische Chronik (1564–66)*

Sebastian Münster, dem Basler Professor, und Graf Froben Christoph von Zimmern, dem gebildeten Chronisten und Nachbarn Rottweils, verdanken wir die frühesten Darstellungen zur Geschichte der Reichsstadt. Den Umstand, daß der Ort mehrfach seinen Platz gewechselt hatte, bevor er die Stelle einnahm, die noch heute im Stadtbild als vermuteter historischer Kern zu erkennen ist, betonen beide; allein, über die Häufigkeit der Verlagerung besteht keine Übereinstimmung, obwohl gerade dieser Aspekt für die heutige Forschung von Interesse ist. Beide waren sich einig, daß das älteste Rottweil auf der rechten Neckarseite gelegen haben mußte, und beide zogen als Beleg bereits archäologische Funde heran. »Das bezeugen (. . .) die römischen münzen, so vor unser zeit von allerlei metallen bei der roten staig und darunter zu baiden seiten der Preim in den eckern und andern guetern gefunden worden. . .« liest man in der Zimmerischen Chronik.

Rund 250 Jahre vergingen dann, bis zum ersten Mal in Rottweil archäologische Ausgrabungen durchgeführt wurden, und zwar genau an dem Ort, wo die beiden Autoren die römische Stadt lokalisiert hatten: auf dem flachen Geländerücken zwischen Neckar und Prim und in einem Bereich, der schon im 12. Jahrhundert den bezeichnenden Flurnamen »Hochmauren« trug. Im Jahr 1784 untersuchte dort, von der Stadt finanziert, der spätere Bürgermeister Johann Baptist Hofer Gebäudereste, und er hatte das Glück des Pioniers auf seiner Seite. Es gelang ihm die Aufdeckung eines prachtvollen Fußbodenmosaiks mit einer Darstellung des römischen Sonnengottes Sol.

Das Engagement Hofers blieb ohne direkte Nachfolge. Zwar wurde die Arbeit des 1831 gegründeten Vereins zur »Aufsuchung von Alterthümern in hiesiger Gegend« mit dem Fund des Orpheusmosaiks durch einen ähnlich spektakulären Coup gekrönt, aber nach wenigen Jahren kam die Grabungstätigkeit wieder völlig zum Erliegen. Mit dem Weggang des in dieser Hinsicht äußerst rührigen Bergrates Friedrich von Alberti erlosch das archäologische Interesse weitgehend. Aus heutiger Sicht war dies nicht unbedingt ein Nachteil, da sich Rottweil lange Zeit nur sehr zögernd über die Grenzen der hochmittelalterlichen Gründungsstadt, der heutigen Kernstadt, hinaus entwickelte und archäologisch bedeutsame Überreste somit kaum gefährdet waren. Zwar wollte sich der Verein gemäß seiner Satzung auch um »teutsche Alterthümer« kümmern, die römische Vergangenheit dominierte jedoch das Forschungsinteresse bis in die heutige Zeit. 1884 setzten erneut umfangreiche Grabungen ein, ehe der Erste Weltkrieg deren Einstellung erzwang. Es folgten Jahrzehnte nur sporadischer archäologischer Untersuchungen, aber seit 1967 wird praktisch Jahr für Jahr im römischen Rottweil gegraben, dessen Topographie mittlerweile in großen Zügen als geklärt betrachtet werden darf.

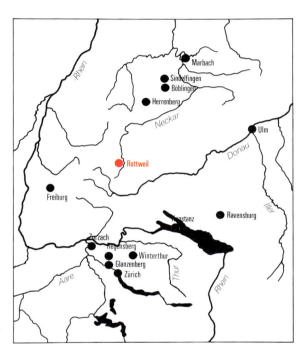

Linke Seite: Naturalistische Darstellung Rottweils auf der Pürschgerichtskarte des David Rötlin, 1564, die im Original einen Durchmesser von fast 2 m aufweist. Im Mittelpunkt die Kapellenkirche, auf deren Turm der Zeichner arbeitete.

109

Das von Johann Baptist Hofer 1784 entdeckte Fußbodenmosaik mit der Darstellung des Sonnengottes Sol. Originalzeichnung von 1784/85. Da sich das Solmosaik bei seiner Wiederauffindung 1915 in einem sehr schlechten Erhaltungszustand befand, vermag heute nur noch diese Zeichnung einen vollständigen Eindruck davon zu vermitteln.

Das römische Arae Flaviae

Im Zug der Eroberung Südwestdeutschlands errichteten die Römer ab dem Jahr 72 n. Chr. in rascher Folge mehrere Kastelle rechts und links des Neckars bei Rottweil. Das größte von ihnen, Kastell I (zugleich das bislang größte bekannte Lager Baden-Württembergs), konnte mit rund 15 ha Fläche nahezu eine Legion aufnehmen. Der zunächst rein militärische Stützpunkt zur Sicherung der Nachschubwege und der Kontrolle des Flußübergangs entwickelte sich ab dem späten 1. Jahrhundert zur Zivilsiedlung auf der Flur Hochmauren. Das Areal der später aufgegebenen Kastelle III, IV und V wurde dabei vollständig überbaut. Mittlerweile als gesichert gelten darf auch die Identität des Platzes mit dem vom griechischen Geographen Ptolemaios (87–165 n. Chr.) genannten Ort Arae Flaviae. Die anfänglich dort errichteten Holzbauten wurden bald durch Steingebäude abgelöst. Die auf dem linken Neckarufer isoliert gelegene eindrucksvolle Badeanlage, die lange Zeit als Indiz für eine beabsichtigte Ausweitung der Stadt gedeutet wurde, ist nach einer jüngeren Arbeit im Zusammenhang mit den frühen Kastellen errichtet worden. Somit muß wohl auch die Vermutung, daß hier ursprünglich eine größere Stadtanlage geplant war, neu überdacht werden.

Weitgehend im Dunkeln liegt das Ende des Municipiums Arae Flaviae. Der Limesdurchbruch 233 n. Chr. dürfte auch in Rottweil zu nachhaltigen Veränderungen geführt haben. Es existieren aber – anders als im benachbarten Sumelocenna/Rottenburg – keinerlei Befestigungsanlagen, die erkennen ließen, daß sich eine größere Restbevölkerung gegen die germanischen Angreifer zur Wehr gesetzt hätte. Einzelne römische Münzen des späten 3. und 4. Jahrhunderts und geringe Spuren von Siedlungsaktivitäten auf dem linken Neckarufer mögen ein schwaches Weiterleben andeuten. Hier läßt die 1990 wieder aufgenommene Untersuchung des römischen Gräberfeldes genauere Auskunft erwarten. Ebenso dürftig sind die archäologischen Hinweise auf

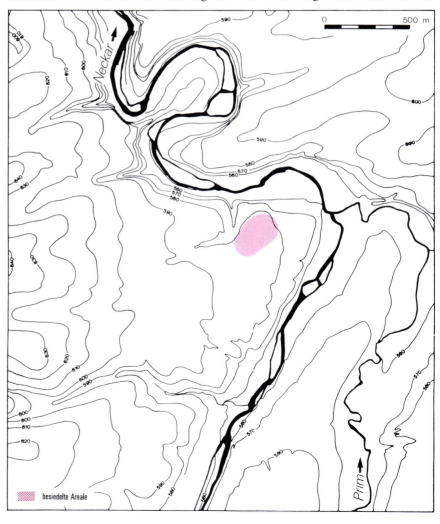

besiedelte Areale

Die Überreste einer Siedlung der Bandkeramiker etwa aus der zweiten Hälfte des 6. Jahrhunderts v. Chr. bilden die ältesten Spuren menschlicher Aktivität im Rottweiler Raum.

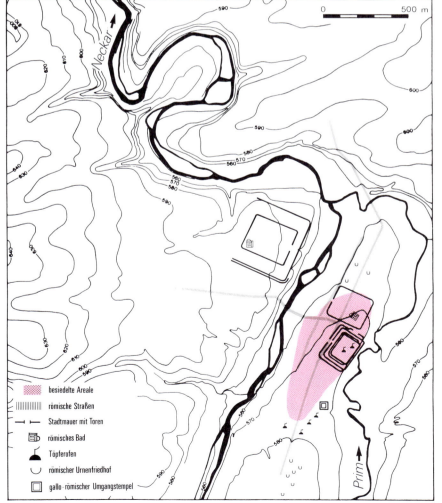

Aus einem römischen Brunnen wurde 1950 dieses Wachstäfelchen geborgen, auf dem ein am 4.8.186 n. Chr. in Arae Flaviea abgeschlossener Geschäftsvertrag festgehalten ist. Die Zeile »...*actum municipis aris*...« das heißt »ausgestellt in der Stadt Arae« lieferte den endgültigen Beweis, daß es sich bei Rottweil um das antike Arae Flaviae handelte.

besiedelte Areale
römische Straßen
Stadtmauer mit Toren
römisches Bad
Töpferofen
römischer Urnenfriedhof
gallo-römischer Umgangstempel

Arae Flaviae – das römische Rottweil vom 1. bis zum 3. Jahrhundert n. Chr. Hinweise auf eine unmittelbare Vorgängersiedlung der Kelten fehlen, wenn auch vereinzelte Spuren ihrer Kultur vorgefunden wurden. Die Keramik der Neusiedler zeigt hingegen deutliche Beziehungen zur Schweiz – fast 15 Jahrhunderte bevor Rottweil als Zugewandter Ort einen Ewigen Bund mit der Eidgenossenschaft schließt.

111

Bei den Überresten dieses in das 8. Jahrhundert zurückreichenden Steinhauses könnte es sich um Teile der Hauptgebäude des Königshofs handeln. Dafür spricht neben der für diese frühe Zeit noch seltenen Steinbauweise vor allem die zentrale Lage, zumal auch die spätmittelalterliche Überlieferung in diesem Bereich den Königshof lokalisiert hat.

alamannische Neusiedler. Kontinuität im Sinn andauernder Bevölkerungspräsenz ist daher unwahrscheinlich; die »älteste Stadt Baden-Württembergs« ist jünger, als sie auf den ersten Blick aussieht.

Mittelstadt und Königshof

Sehr viel deutlicher macht sich dann erst wieder die Zeit ab dem 7. Jahrhundert im archäologischen Fundmaterial bemerkbar. Zahlreiche Gräber und Friedhöfe tauchen jetzt im Umkreis der Stadt auf. Vor allem aber rückt ein vom Neckar aus dem Muschelkalk herausgeschnittenes Plateau mit 20 m hohen Steilhängen nach Norden und Osten in den Mittelpunkt; ein Platz, der heute noch den Namen Mittelstadt trägt und an dem sich für mehr als ein halbes Jahrtausend die historischen Aktivitäten im Raum am oberen Neckar konzentrieren. Die spärlichen schriftlichen Überlieferungen — 771 n. Chr. ist erstmals »rotuvilla« schriftlich bezeugt — konnten vor allem durch die in den Jahren 1975—79 von L. Klappauf durchgeführten archäologischen Untersuchungen wesentlich ergänzt werden. Danach ist bereits ab dem 8. Jahrhundert eine Intensivierung der Siedlungstätigkeit festzustellen, die sich in zahlreichen Pfosten- und Schwellbalkenbauten, in der Zunahme der Gräber und der Errichtung eines steinernen Gebäudes niederschlägt. Die verkehrstechnisch günstige Lage an möglicherweise noch intakten römischen Straßen dürfte für die fränkischen Herrscher Anlaß gewesen sein, von hier aus die Konsolidierung ihrer Macht im inneralamannischen Raum zu betreiben. Die Karolinger richteten daher nicht nur Rottweil als Amtssitz zur Verwaltung des Königsguts im Umland ein, sondern sie nutzten den Platz durchaus auch selber, wie man aus einer schriftlichen Nennung vom Ende des 9. Jahrhunderts weiß, »Curtis regalis«, als Königshof also. Dieser Königshof bildete dabei nicht nur das Zentrum eines Fiskus, sondern konnte auch Herr-

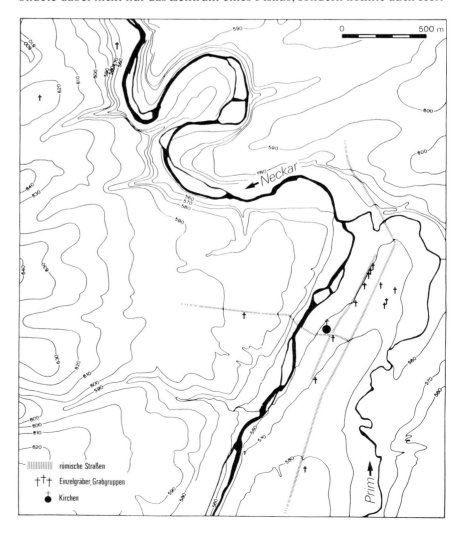

Die Verbreitung der Gräber des 7. und 8. Jahrhunderts in der Umgebung Rottweils. Es muß offen bleiben, ob die zahlreichen Gräber nördlich der früheren römischen Siedlung Arae Flaviae tatsächlich die Überreste eines geschlossenen großen alemannischen Friedhofs darstellen. Wahrscheinlicher ist, daß es sich eher um kleine Gräbergruppen, vielleicht Familienbestattungen, handelte.

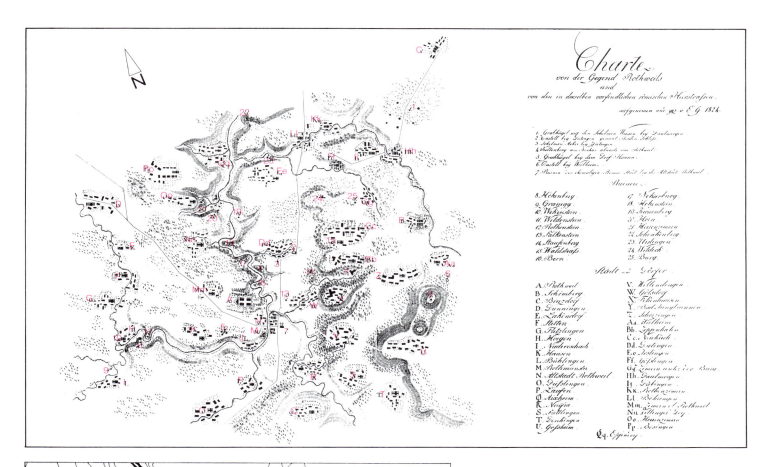

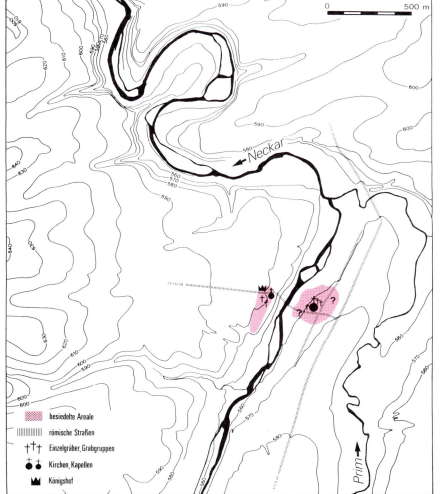

Diese stark schematisierte Karte von 1824 zeigt die noch im 19. Jahrhundert sichtbaren – zum Teil auch rekonstruierten – Überreste früherer römischer Straßen. Somit scheint durchaus vorstellbar, daß diese Strecken rund ein Jahrtausend vorher, in der Frühzeit des Königshofes, tatsächlich genutzt wurden.

Rottweil in der Zeit vom 9. bis 11. Jahrhundert. Während die Siedlung links des Neckars – südlich des Königshofs und der Mauritiuskapelle – auch in ihrem Umfang recht gut nachgewiesen werden konnte, gibt das gegenüberliegende Ufer manche Rätsel auf. Seit wann eine Niederlassung rund um St. Pelagius besteht, muß zunächst offen bleiben, denn bislang wurde hier kaum archäologisch gegraben. St. Pelagius ist allerdings die älteste – und bis ins ausgehende Mittelalter einzige – Pfarrkirche im Raum Rottweil. Dieser Umstand und die zahlreichen frühen Gräber sprechen für ein hohes Alter der Bebauung. 1971 konnten Reste eines (Kreis-?) Grabens östlich der Kirche beobachtet werden, die allerdings keine datierbaren Funde enthielten.

Grabung Königshof, 1975-79: Grubenhaus aus dem 10. Jahrhundert.

Diese beiden Aufnahmen dürften um die Jahrhundertwende entstanden sein. Sie zeigen den damals noch weitgehend intakten Wall, vermutlich im südlichen Verlauf. Das untere Bild läßt sehr gut den Aufbau erkennen, der an dieser Stelle aus einem reinen Erdkörper bestand und keine steinernen Einbauten aufwies.

scher wie die Karolinger Karl III. (887) und Ludwig das Kind (906) sowie den Salier Heinrich III. (1040) mit ihrem Gefolge für längere Zeit beherbergen. Die Itinerare weiterer Herrscher lassen vermuten, daß Rottweil für sie am Weg vom Bodensee zum mittleren Neckar wahrscheinlich ebenso Station gewesen sein kann wie von Straßburg her in Richtung Ulm.

Auch in den folgenden Jahrhunderten läßt sich im Bereich der Mittelstadt eine lückenlose Besiedlung nachweisen, deren Umfang jedoch im wesentlichen konstant bleibt. Allerdings bahnen sich mit einem politischen Bedeutungswandel erhebliche Veränderungen an. Rottweil war von der zweiten Hälfte des 11. Jahrhunderts an Vorort der Herzöge von Schwaben, neben Ulm einer der wichtigsten Stützpunkte herzoglicher Macht. Unter ihnen vollzieht sich dann im darauffolgenden Jahrhundert der Übergang vom Königshof zur Stadt.

Noch zu Beginn dieses Jahrhunderts war auf dem linken Neckarufer ein bis zu 2 m hoher und über 2 km langer Ringwall im Gelände sichtbar, der eine Fläche von 35 ha umschloß, darunter auch den Platz, den man als königlichen Hof kennt. Eine 1906 von P. Goeßler durchgeführte Untersuchung erwies seine mittelalterliche Zeitstellung, nachdem zunächst schon die Kelten und Römer als Erbauer bemüht worden waren. Allerdings war eine präzisere Datierung nicht möglich; die Anlage als Befestigung des Königshofs zu deuten, erschien angesichts ihrer gewaltigen Ausdehnung schon immer problematisch. Nun konnten hier trotz der weitgehenden Zerstörungen durch die rasche Expansion der Stadt seit dem Zweiten Weltkrieg, vor allem in den 80er Jahren und meist im Zusammenhang mit der Erforschung der römischen Kastelle, größere Flächen untersucht werden. In Verbindung mit den von L. Klappauf ergrabenen Befunden und vereinzelten Baubeobachtungen der 50er und 60er Jahre erlauben sie, zumindest in groben Zügen ein Bild der Frühzeit der Stadt zu skizzieren. Danach muß der Platz im 12. Jahrhundert einen merklichen Aufschwung erlebt haben. Die Siedlungsfläche vergrößert sich rasch um ein Vielfaches, und nahezu im gesamten Areal innerhalb der Umwallung finden sich jetzt Spuren von Häusern. Lage und Patrozinium der Nikolauskapelle deuten zudem das Bedürfnis nach verbesserter kirchlicher Versorgung gerade in dieser Zeit an. Es spricht manches dafür, daß hier bereits ein erster Stadtgründungsversuch erfolgte, an dem Herzog Friedrich VI. von Schwaben, der Sohn Barbarossas, beteiligt war, und daß in diesem Zusammenhang auch die Befestigung des Platzes erfolgte, so daß möglicherweise bereits mit der Errichtung einer Stadtmauer begonnen wurde. Vielleicht schon ab 1160 oder 1170 verfügte der Ort zudem über eine Münzprägestätte. Rottweil würde sich damit einreihen in den großen Stadtwerdungsprozeß des 12. Jahrhunderts.

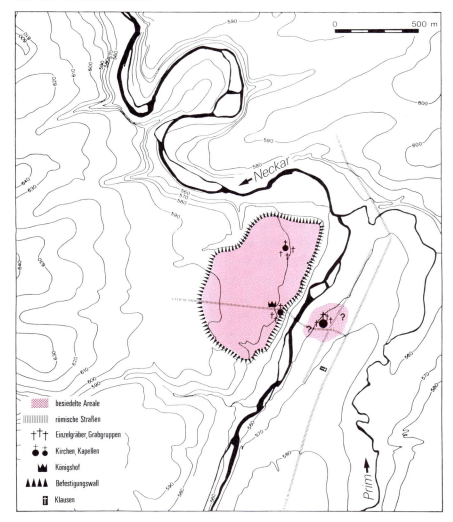

besiedelte Areale
römische Straßen
††† Einzelgräber, Grabgruppen
Kirchen, Kapellen
Königshof
▲▲▲▲ Befestigungswall
Klausen

Rottweil im 12. Jahrhundert. Innerhalb des Walls bestand eine recht lockere und unregelmäßige Bebauung ohne eindeutig erkennbare Gehöftstrukturen. Die in großer Zahl angetroffenen gebrannten Lehmbrocken mit Balken- und Rutenabdrücken lassen auf Holzständerbauten mit Flechtwerkwänden schließen, die zum Teil schon mit Kachelöfen beheizt wurden. Zahlreiche neuangelegte Brunnen und Zisternen weisen auf einen Anstieg der Bevölkerungszahl hin. Die über den Ruinen von Arae Flaviae errichtete sogenannte Altstadt auf dem rechten Neckarufer wird erstmals 1225 erwähnt. Sie entwickelte sich um die Pelagiuskirche, deren heutiger Bau auf das späte 11. Jahrhundert zurückgeht. Die frühesten archäologisch datierbaren Siedlungsspuren stammen jedoch erst vom Ende des 13. Jahrhunderts. Kurz darauf setzt auch eine dichtere urkundliche Überlieferung ein.

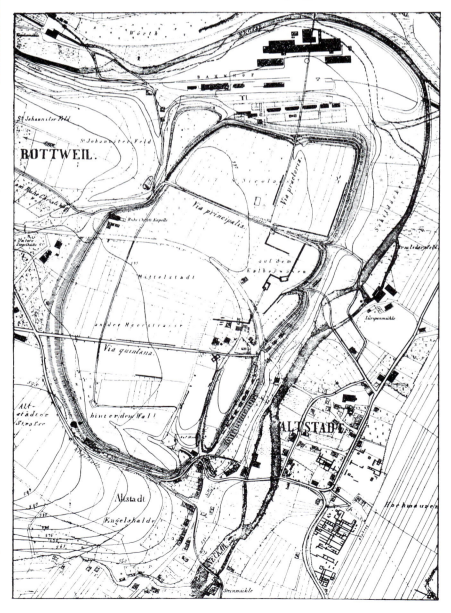

Das Ende der Mittelstadt

Diese erste Blüte der jungen Stadt dürfte allerdings nur von kurzer Dauer gewesen sein. Im archäologischen Befund sind kaum Überschneidungen von Häusern oder Gruben festzustellen, was auf wenig mehr als zwei bis drei Generationen von Siedlern schließen läßt. Das Formenspektrum der Keramik bleibt nahezu unverändert und bricht etwa um 1200 ab.

Die Motive für diese anscheinend plötzliche Aufgabe entziehen sich letztlich den Möglichkeiten archäologischer Erkenntnis. Vorgetragen seien daher einige Beobachtungen und eine daran geknüpfte Hypothese: Es macht den Anschein, als ob der größere Teil der Hausbauten Brandschutt in teilweise erheblichen Mengen enthielt. Dabei läßt sich feststellen, daß in nicht wenigen eingetieften Gebäuden die brennenden Decken- oder Dachbalken herabgestürzt waren, ohne daß man diese Bauten wieder instandgesetzt hätte. Der gleiche Befund zeigt sich wiederholt bei Brunnen und Zisternen, obgleich gerade hier eine Erneuerung am vordringlichsten gewesen wäre. Es ist daher zu erwägen, ob nicht ein verheerender Brand das Ende dieses ersten städtischen Rottweil herbeigeführt hat. Hinweise auf solche Katastrophen in der Frühzeit kann man den Chroniken mehrfach entnehmen, wenn sie sich auch nie explizit auf die Mittelstadt beziehen. Die Art der Überlieferung läßt aber durchaus die Möglichkeit einer Verwechslung zu. An einem im Frühjahr 1990 aus einem Brunnen geborgenen, stark verkohlten Holzbrett konnte B. Lohrum ein Datum von 1198 n. Chr. für den jüngsten erhaltenen Jahres-

Spätmittelalterlicher Überlieferung zufolge zog sich der nachmalige König Konrad III. 1134 vor dem Heer Kaiser Lothars in das oppidum imperiale (die Reichsstadt) Rottweil zurück. Die Zimmerische Chronik bemerkt hierzu: »Als aber hernach konig Conradt zum Reich kommen, hat er die statt Rottweil mit vil freihaiten und gnaden, auch sonderlichen mit dem hovegericht begabt, ...«. Sofern sich der Chronist nicht irrt, könnte es sich hier um eine Privilegierung der Stadt als Gegenleistung für die Konrad 1134 gewährte Unterstützung handeln. Die Darstellung in der zwischen 1430 und 1435 entstandenen Ordnung des erwähnten Rottweiler Hofgerichts zeigt König Konrad inmitten der von Wall und Graben umgebenen Stadt.

Der erste gedruckte Gesamtplan des römischen Rottweil, 1892 von K. Miller veröffentlicht. Die Karte zeigt die sogenannte Mittelstadt mit dem sie umgebenden Wall und den Resten einer Ende des 19. Jahrhunderts ergrabenen steinernen Befestigung. Die anfänglich für römisch gehaltenen ausgedehnten Mauerzüge stellen nach wie vor ein ungelöstes Rätsel dar, da sich bedauerlicherweise keine Grabungsdokumentation erhalten hat. Vergleichbare Mauerreste wurde bei Grabungen 1980 angeschnitten und könnten die mittlerweile vermutete mittelalterliche Zeitstellung bestätigen.

ring ermitteln. Dieses Datum stützt nicht nur die lokale Keramik-Chronologie, sondern bildet auch einen weiteren zeitlichen Anhaltspunkt für das Ende der Mittelstadt.

Keramik des 12. Jahrhunderts aus Rottweil. Kennzeichnend für diese Ware ist die Herstellung von Hand und die nachträgliche Überarbeitung auf der Töpferscheibe. Noch ist die nahezu einzige Gefäßform der Topf. Daneben wurden becherförmige, ziemlich plumpe Ofenkacheln hergestellt.

Das »neue« Rottweil

Was auch immer letztlich den Ausschlag gegeben haben mag, für die Neugründung wählte man einen rund 1 km nordwestlich gelegenen Platz. Von der Fläche her deutlich kleiner, war er durch seine Lage auf einem nach Osten abfallenden, spornartigen Geländerücken mit mindestens 30 m hohen Steilhängen zum Neckar hin wesentlich besser zu verteidigen als die vorangehende Gründung. »Es ist diese Statt gar starck und vest/sie ligt auf einem Berg/hat gute weit/und selb gewachsen Gräben/die sind sehr tieff«. Mit den »selb gewachsen Gräben« meinte Sebastian Münster jene schluchtartigen natürlichen Einschnitte, die die Stadt nach Norden und Süden sicherten.

Da sich der Zweite Weltkrieg auf die historische Bausubstanz Rottweils nur geringfügig auswirkte, bietet die Stadt noch heute, mit gewissen Einschränkungen, den Anblick, den schon Sebastian Münster und Froben Christoph von Zimmern kannten und den ihr Zeitgenosse David Rötlin in seiner 1564 entstandenen Rottweiler Pürschgerichtskarte festgehalten hat. Nach wie vor bestimmend ist das breite, in Nord-Süd- und Ost-West-Richtung angelegte Straßenkreuz, das eigentlich keine richtige Wegkreuzung mehr ist, da ab 1266 das neugegründete Predigerkloster den Stadtausgang nach Norden abriegelte. Da insbesondere die nördliche Stadthälfte, vor allem 1696 und 1762, von schweren Bränden betroffen war, denen über 100 Gebäude zum Opfer fielen, sind Aussagen zum Bild der Stadt im 13. und 14. Jahrhundert mit Vorsicht zu treffen, auch wenn umfangreiche Bausubstanz jener Zeit dendrochronologisch nachgewiesen ist.

Wesentliche Aufschlüsse versprechen hingegen die archäologischen Grabungen vor allem des letzten Jahrzehnts. Bereits 1912–14 wurden anläßlich der Münsterrenovierung archäologische Befunde dokumentiert, und sporadische Berichte über kleinere Untersuchungen liegen ab den 20er Jahren vor, ehe Konrad Hecht 1971 in der Predigerkirche die erste Grabung durchführte, die heutigen wissenschaftlichen Ansprüchen genügt — allerdings unter primär baugeschichtlichen Aspekten. Bereits hier wiesen die Befunde auf eine ältere, profane Bebauung hin.

117

In erheblich größerem Umfang wurden der kirchlichen Nutzung des Platzes vorausgehende Bauten im Zug der Grabung Kapellenkirche 1980–82 freigelegt. Leider erzwangen statische Gründe die Einstellung der Ausgrabungen, so daß der älteste Siedlungshorizont nur sehr beschränkt untersucht werden konnte. Dies gilt besonders für die geringen Spuren von Holzgebäuden, die sich zuunterst fanden. Die Fundleere gerade der frühesten Schichten schränkt zudem die Möglichkeiten einer Aussage über den Beginn der Besiedlung dieses Areals ein. Mindestens drei Fußböden und mehrere Erweiterungen weisen auf wiederholte Umbauten eines frühen Steingebäudes hin, das in der ersten Hälfte des 14. Jahrhunderts dem Langhaus der Kapellenkirche weichen mußte. Bemerkenswert ist eine in Nord-Süd-Richtung verlaufende Straßenpflasterung, die vom ersten Kirchenbau noch respektiert wurde, ehe sie dann der 1478 errichtete Chor überdeckte.

Für die Stadtgeschichte noch aussagekräftiger waren die Ergebnisse der 1987–88 erfolgten Ausgrabungen im Bereich des früheren Predigerklosters. Das im letzten Drittel des 13. Jahrhunderts erbaute Kloster überdeckte ein siedlungstechnisch bereits vollständig erschlossenes Gelände, wobei die in diesem Zusammenhang erfolgte Aufplanierung bis auf fast 4 m die älteren Befunde hervorragend konserviert hatte. Die früheste Besiedlung schließt hier zeitlich direkt an das Ende der Mittelstadt an. Vor allem die Strukturierung der Parzellen und der Gebäude läßt sich sehr gut erkennen; die recht großen Grundstücke zeigen noch nicht den schmalrechteckigen Grundriß, den man in späterer Zeit antrifft. Die Häuser stehen noch vereinzelt; zum Teil liegen sie im rückwärtigen Abschnitt der Parzellen. Überträgt man diesen Grabungsbefund einmal auf den frühesten erhaltenen Stadtplan, so ergeben sich auffallende Ähnlichkeiten: Nicht nur stimmen die Fluchten der Gebäude und Parzellen mit den modernen Strukturen überein, auch eine entsprechende Ausrichtung auf einen Vorläufer des heutigen Kriegsdamms beziehungsweise auf eine nördliche Verlängerung des Friedrichsplatzes

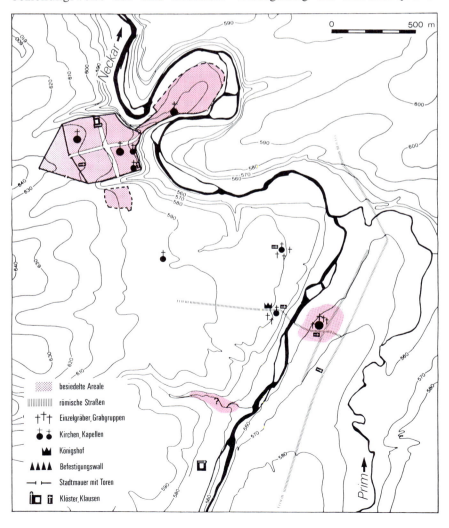

Rottweil im 13. und 14. Jahrhundert. Zu Beginn des Spätmittelalters stellt sich die Rottweiler Siedlungstopographie außerordentlich differenziert dar. So blieb das Gebiet der ehemaligen Mittelstadt keinesfalls brach und öde, sondern zahlreiche Bürger der Stadt verfügten hier über Grundbesitz, Gärten, Wiesen und auch Häuser. Besonders im Hinblick auf die Versorgung mit leichtverderblichen Produkten dürfte dieses Areal für die Stadt von Bedeutung gewesen sein. Nördlich des Zisterzienserinnen-Klosters Rottenmünster bestand eine kleine Siedlung am Holdersbach, über deren Geschichte leider so gut wie nichts bekannt ist.

besiedelte Areale
römische Straßen
Einzelgräber, Grabgruppen
Kirchen, Kapellen
Königshof
Befestigungswall
Stadtmauer mit Toren
Klöster, Klausen

erscheint denkbar. Erinnert wird man dabei an einen ähnlichen Befund unter der Kapellenkirche, wo es sich bei der ergrabenen Pflasterung durchaus um das Verbindungsstück zwischen Johannsergasse und Hauptstraße gehandelt haben könnte.

Diese beiden Grabungen, ergänzt durch weitere Beobachtungen, können natürlich nur ein sehr ausschnitthaftes Bild der Stadt Rottweil um 1300 vermitteln. Es macht den Anschein, als ob der auf uns überkommene Stadtgrundriß im wesentlichen schon bei der Gründung festgelegt war. Unerwartet ist der Umfang an Steinbebauung, zum Teil schon mit Ziegeldächern, bereits im ausgehenden 13. Jahrhundert. Auch erste Hinweise auf eine Befestigung der Straßen liegen vor. Während man in den Randzonen noch eine zwar regelmäßige, aber lockere Bebauung vorfindet, könnte der Befund unter der Kapellenkirche bereits eine Verdichtung andeuten. Zumindest waren in der Kernstadt offenbar kaum mehr größere Freiflächen vorhanden, wie die beiden Grabungen unter Kirchenbauten des späten 13. und frühen 14. Jahr-

Ausschnitt aus der Pürschgerichtskarte. Im Mittelpunkt die Kapellenkirche, am unteren Bildrand, auf dem Kopf stehend, die Auvorstadt. Links im Bild, bereits jenseits des Stadtgrabens, die Hochbrücktorvorstadt. Über eine breite, im Bild quer, tatsächlich aber von Süden nach Norden verlaufende Straße gelangt man zum Dominikanerkloster am gegenüberliegenden Stadtrand, erkennbar am turmlosen, lediglich einen Dachreiter aufweisenden Kirchenschiff. Etwas weiter oben sieht man zunächst den Turm des Heilig-Kreuzmünsters und schließlich den sogenannten Hochturm, der zur Stadtbefestigung gehört. Der erste gravierende Eingriff ins Stadtbild erfolgte mit dem Abbruch der Hochbrücktor- und der Auvorstadt während der Belagerung von 1643. Um 1790 wurden die auf dem Straßenkreuz liegenden Gebäude, darunter das alte Kaufhaus, beseitigt, und nach 1820 mußten dann große Teile der Stadtbefestigung weichen.

119

Keramik des 13. und 14. Jahrhunderts aus Rottweil. Im Verlauf des 13. Jahrhunderts verändert sich zunächst wenig an der Herstellungsweise der Keramik, außer daß die Proportionen insgesamt etwas schlanker werden. Erst gegen Ende und dann vor allem ab der Jahrhundertwende treten Neuerungen auf. Das erste Mal kommen jetzt glasierte Gefäße in Gebrauch, die Keramik wird nun vollständig auf der Drehscheibe hergestellt und härter gebrannt als bislang.

Rechte Seite: Stadtgrundriß von Rottweil nach C. Meckseper mit den um 1300 belegten Gebäuden. Den baulichen Zustand Rottweils im frühen 19. Jahrhundert zeigt der Urkataster von 1838. Trotz einiger Veränderungen dürfte dieser Plan in den wesentlichen Zügen dem Gründungsschema des 13. Jahrhunderts entsprechen. Nach der Untersuchung C. Mecksepers geht die Stadtbefestigung auf die Zeit um 1200 zurück. Den eigentlichen Stadtkern bildet ein leicht nach Nordwesten verzogenes Rechteck, welches durch das zugleich als Markt dienende Straßenkreuz in die vier historisch überlieferten Stadtteile Heilig-Kreuz-, Lorenz-, Johannser- und Sprengerort unterteilt wird. Die frühe Sozialtopographie läßt sich noch heute in der Parzellierung erkennen. Das große Gelände in der Nordost-Ecke gehörte der Familie Bock, die zu den Müßiggängern, wie die führenden Familien der Stadt hießen, gezählt wurden. Ebenso auffällig ist in dieser Hinsicht die Niederlassung des Johanniterordens in der Südwest-Ecke. Das nördlich gelegene Spital und zumindest Teile des Geländes unter dem Dominikanerkloster gehen auf adelige Stifter zurück.
Die Waldtorvorstadt diente wohl primär Verteidigungszwecken. Von ihrem westlichsten Punkt, dem Hochturm, bis zum am Ost-Ende des Straßenkreuzes gelegenen Au-Tor fällt das Gelände um etwa 60 m ab. Eine Verteidigung der Stadt war daher ohne Sicherung des weltlichen Vorgeländes nicht denkbar. Eine ähnliche verteidigungstechnische Funktion hatte wohl die am südlichen Ausgang der 1280 erstmals genannten Hochbrücke gelegene Vorstadt. Überdies findet man hier Betriebe, die wegen der Brandgefahr in der Innenstadt nicht erwünscht waren, wie beispielsweise Schmieden. Dies gilt besonders für die in den Neckarauen gelegene Auvorstadt, die man als das mittelalterliche Gewerbegebiet Rottweils bezeichnen darf. Hier finden sich Schmieden, Mühlen, Gerbereien und textilverarbeitende Betriebe.

hunderts hier zeigen. Denn in den gleichen Zeitraum fallen die ersten schriftlichen Nennungen von Häusern in den drei Vorstädten, und eine Sondierung in der Hochbrücktorvorstadt ergab 1989, daß hier um 1300 die alte Wall-Graben-Befestigung in Stein ausgebaut worden war.
Zur weiteren Klärung des bisher gewonnenen Eindrucks vom Rottweil des 13. und 14. Jahrhunderts wäre es wünschenswert, auch im Bereich profaner Bebauung parzellenübergreifend mögliche ältere Strukturen untersuchen zu können. Ebenso läßt die zeitliche Stellung der Stadtbefestigung noch eine Reihe von Fragen offen. Immerhin kann man heute doch schon etwas optimistischer sein, als es 1821 Carl von Langen war, der in seinen »Beiträge(n) zur Geschichte der Stadt Rottweil« einleitend schrieb: »Der Name und die erste Gründung Rotweils verliert sich in die Sagen des grauen Alterthums, und man kann schlechterdings nichts bestimmtes davon angeben.«

Zur Geschichte

Mit der Verlegung Rottweils in die »neue« Stadt ging die schrittweise Verlagerung der meisten wichtigen Funktionen vom Königshof in die Neugründung einher. Deren Ausbau war um 1241 abgeschlossen, als ihr Friedrich II. die Reichssteuer teilweise erließ und die Verwendung des Betrags zur Befestigung der Stadt anordnete; der Kaiser hatte Rottweil bereits 1214 und 1217 besucht, weshalb Karl Weller etwa die Gründung der Stadt in diesen Zeitraum legte. Jedenfalls entstanden in der Regierungszeit des Staufers zwischen 1220 und 1240 die wichtigen erhaltenen stauferzeitlichen Bauten der Stadt: der Hochturm, das Schwarze Tor, Heiligkreuz mit den drei Untergeschossen des Turms und die Hochbrücke.
Verwaltet wurde das staufische Rottweil von »ministri«, wie sie der Kaiser 1237 mit dem Schutz der Zisterzienserinnenabtei Rottenmünster beauftragte. Sicher handelte es sich dabei um einen Kreis, der bereits in der Mittelstadt wichtige Einrichtungen des Königshofs verwaltete – die Münzstätte beispielsweise oder die Vorratshaltung. Mit dem Wachsen der Stadt zogen diese Familien vom Königshof ins »neue« Rottweil. Zu erwähnen sind hier Geschlechter wie die von Balgingen, die Bletz, die Boller, die zur Brücke, die Freiburger, die Hagg, die Imhof, die Münzer, die von Rüti, die Schappel, die von Schilteck, die Vocke, die von Wehingen und die an der Waldstraß.

120

Die genannten Familien behielten ihren Einfluß auch nach dem Untergang der Staufer. Die Reichsvogteirechte trat Herzog Konrad von Teck nach 1273 an Rudolf von Habsburg ab; die Tecker dürften diese Rechte noch unter Herzog Konradin, der vor seinem Aufbruch nach Italien in Rottweil weilte, für nicht näher bekannte Dienste erhalten haben. Das Schultheißenamt und die Rottweiler Königsrechte verpfändete König Rudolf bereits 1285 an seinen Schwager Albrecht II. von Hohenberg. Dessen Familie erlangte von da an eine so starke Stellung in der Stadt, daß man Rottweil ganz im Mittelpunkt der hohenbergischen Territorialbildung sehen kann.

Aufhalten konnten freilich weder die Tecker noch die Hohenberger Rottweil auf seinem Weg zur Reichsunmittelbarkeit. 1299 wurde die Stadt von auswärtigen Gerichten befreit, 1348 erhielt sie einen Freiheitsbrief gegen Verpfändung und 1359 den Blutbann. Das Schultheißenamt gelangte erst 1401 in ihren endgültigen Besitz, das Pürschgericht als Teil der mit dem Königshof verbundenen Gerechtsame sogar erst 1415.

1311 erscheint Rottweil erstmals mit Villingen verbündet. Um die gleiche Zeit wurde die Siedlungskarte um die Stadt bereinigt. Im Norden wurden Omsdorf und Briel zu Wüstungen und ihre Markungen mit derjenigen von Rottweil vereinigt. Im Süden wurde die Altstadt 1375 erworben und fortan als eigener Stadtteil behandelt. Die später so erfolgreiche Rottweiler Territorialpolitik setzt erst 1377 mit dem Erwerb Sinkingens ein.

A Grabung Predigerkirche 1971
B Grabung Kapellenkirche 1990-82
C Grabung Dominikanerkloster 1987-88
D Grabung Villa Duttenhofer (Hochbrücktorvorstadt).

1 Hochturm 2 Neutor 3 Flöttlinstor 4 Schwarzes Tor 5 Predigerturm 6 Hochbrücktor mit Hochbrücke 7 Oberes Au-Tor 8 Heilig Kreuz 9 Predigerkirche 10 Kapellenkirche 11 Johanniterkirche 12 St. Anna 13 Weiße Sammlung 14 Johanniterkommende mit Komturei 15 Alpirsbacher Klosterhof 16 Klosterhof von St. Blasien 17 Klosterhof von Rottenmünster 18 Heilig Kreuz-Bruderschaft 19 Spital 20 Rathaus 21 Brotlaube 22 Kaufhaus (bereits 1789/90 abgerissen) 23 Wachthaus 24 Metzig 25 Katzensteigmühle 26 Rathausbrunnen 27 Marktbrunnen 28 Spitalbrunnen 29 Kapuzinerkloster 30 Michaelskirche

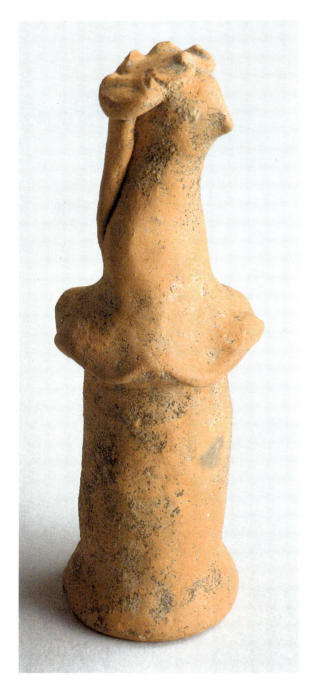

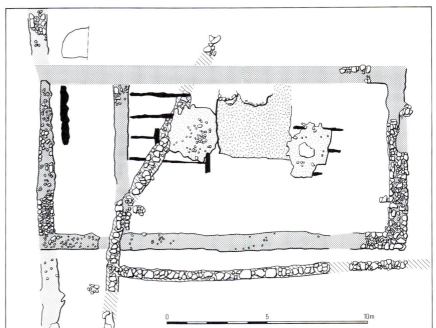

Oben: Kinderrassel aus dem 13. oder frühen 14. Jahrhundert.

Oben rechts: Plan der Grabung Kapellenkirche 1979-82. Die zahlreichen Umbauten lassen kaum erkennen, ob hier ursprünglich vor dem Erstbau der Kapellenkirche ein oder zwei Gebäude aus Stein gestanden haben. Die aufgefundene Keramik reicht bis in die Gründungszeit Rottweils, also in die erste Hälfte des 13. Jahrhunderts, zurück.

Zur Rottweiler Stadtverfassung liegen für das 12. Jahrhundert nur chronikalische Nachrichten vor. Gesichert ist das Amt des Schultheißen von 1230, jenes des Bürgermeisters von 1289 an. Die Entwicklung des Rottweiler Rats wird von 1265 an greifbar, als neben dem Schultheiß »consules« in Erscheinung treten. Erst 1290 werden Richter (»iudices«) in der Stadtregierung erwähnt. Wahrscheinlich handelt es sich hier von Anfang an um »Richterräte«, mit Aufgaben bei Rechtsprechung und Verwaltung; schon 1290 sind aus diesem Kreis »Vögte und Pfleger« des Spitals genannt. Zusammen mit Schultheiß und Bürgermeister umfaßte ihr Gremium ursprünglich 13 Personen. Bis 1314 wurde es aus den Zünften zum Kleinen Rat ergänzt. Der Rottweiler Tradition zufolge wurden die ursprünglich elf Zünfte der Stadt unter Rudolf von Habsburg ausgebildet. Sie waren 1314 voll entwickelt und saßen 1316 auch im Grossen Rat, der 80 Mitglieder zählte. Das nun benötigte Rathaus wird 1321 urkundlich faßbar, nachdem entsprechende Aufgaben zuvor wenigstens teilweise im Haus des Bürgermeisters erledigt wurden.

Das Ansehen Rottweils im Spätmittelalter war stark an das bei der Stadt tagende Hofgericht geknüpft, das um 1300 seine endgültige Ausprägung erhielt. Erwachsen aus dem Domanialgericht des Königshofs und den Rechtsbefugnissen des schwäbischen Herzogslandtages, erhielt es seine bekannte Gestalt wohl ebenfalls unter Rudolf von Habsburg und wird 1299 erwähnt. Zwischen Gotthard und Niederrhein und von den Vogesen bis zum Thüringer Wald war es höchste Instanz der freiwilligen Gerichtsbarkeit und angesehene Beurkundungs- und Beglaubigungsstelle. Die Grafen von Sulz hatten das Hofrichteramt vermutlich für ihren Verzicht auf Grafschaftsrechte in der Baar bekommen, konnten sich gegen die Freiherren von Falkenstein und von Wartenberg aber erst von 1360 an endgültig behaupten. Beisitzer des Gerichts wurden die Inhaber der vornehmsten Rottweiler Stadtämter. Allerdings tagte das Gericht bis 1418 »under der linden« auf dem Königshof, bevor es in den »tiergarten« vor den Mauern der Rottweiler Hochbrücktorvorstadt verlegt wurde.

Nur wenig läßt sich für die Zeit um 1300 zur baulichen Entwicklung Rottweils der schriftlichen Überlieferung entnehmen. Die Vorstädte müssen bereits um 1300 befestigt gewesen sein, denn in der Au wird 1322 das Höllensteintor erwähnt, im Waldtorort schon 1313 das Flöttlinstor genannt.

Eine besondere Rolle scheint in Rottweil die Versorgung mit Wasser und dessen Entsorgung gespielt zu haben, denn bereits früh deckt eine große Zahl von als Kellerzisternen angelegten Hausbrunnen den Wasserbedarf. Dies war beim zum Neckartal sanft abfallenden Stadtgelände, das wasserführende Schichten anschnitt, vergleichsweise einfach. Bei der starken Bautätigkeit versiegten jedoch die meisten dieser Wasservorkommen anscheinend schon

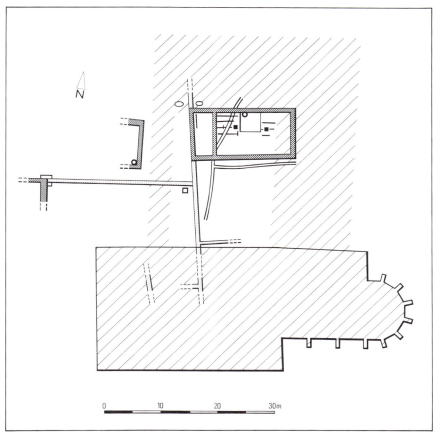

Plan der Grabung Dominikanerkloster in den Jahren 1971 und 1987/88. Das leicht nach Norden beziehungsweise Nordosten abfallende Areal war, wie die erhaltenen Überreste von Hofmauern zeigen, in mindestens vier relativ große Grundstücke aufgeteilt. Die Gebäude waren offenbar mit der Schmal-, also der Giebelseite auf die Straße ausgerichtet; ein insofern bemerkenswerter Befund, als die heute das Rottweiler Straßenbild bestimmende Traufenstellung der Dächer lange Zeit als Indiz für eine zähringische Gründungsstadt gegolten hatte.

Zu den bestausgestatteten Häusern seiner Zeit in Rottweil gehörte dieses mehrräumige Gebäude, das im letzten Drittel des 13. Jahrhunderts abgebrochen wurde. Den hohen Wohnkomfort zeigen die beiden geheizten Stuben, deren Kachelöfen von der dazwischenliegenden Küche aus befeuert wurden. Im Abbruchschutt fanden sich neben einer sehr qualitätsvollen glasierten Keramik Scherben von Glasgefäßen, darunter vermutlich in Venedig hergestellte Rippenbecher.

bald, wie das Beispiel der Heilquelle bei der Kapellenkirche für das 14. Jahrhundert zeigt. Um oder kurz nach 1300 scheinen danach auf den wichtigsten Plätzen Straßenbrunnen entstanden zu sein; von ihnen ist der Brunnen beim Rathaus schon 1323 belegt, der Spitalbrunnen 1381.

Von den vier innerstädtischen Badstuben wird das Johanniterbad 1312 erstmals erwähnt. Es folgen 1383 das Spitalbad, 1420 das Rumpferbad und 1441 das Grabenbad. Brunnen und Badstuben wurden wahrscheinlich schon zu jener Zeit über Deichelleitungen von zwei Quellzonen außerhalb der Stadt im Zimmerner Grund und oberhalb des Roßwasens gespeist. Die Entsorgung der Stadt erfolgte jeweils in südlicher beziehungsweise nördlicher Richtung in gedeckten Dohlen zum Stadtgraben und zum Nägelesgraben, die an den rückwärtigen Grundstücksgrenzen zwischen den Häuserzeilen verliefen. Durch die Stadtgräben floß das Abwasser in Richtung Neckar.

Der älteste Markt in der neuen Stadt war der Heiligkreuz-Markt an Kreuzerhöhung Mitte September, erst 1397 folgte der Georgi-Markt. Mit dem 1285

Nur wenige Überreste von Malerei aus der Zeit um 1300 haben sich in Rottweil erhalten. Dazu gehört diese bemalte Sandsteinplatte mit den Bildern von Christus und Johannes. Die Platte lag im Abbruch- schutt der profanen Bebauung in der Südost-Ecke des ältesten Baus der Kapellenkirche.

als Kornlaube genannten, vielleicht schon damals über 49 m langen Kauf- haus, der Brotlaube (1293), der Kürschnerlaube (1344) und der Metzig (1345) besaß Rottweil für den Handel auf seinem »Straßenkreuz« zentral gelegene, ausgezeichnete bauliche Voraussetzungen. Der städtische »Tummelhof« im Waldtorort taucht in einer Urkunde von 1377 auf. Um 1300 waren in der Stadt auch schon mehrere Klosterhöfe eingerichtet, so für Peterhausen (1297), St. Blasien (1327), Gengenbach (1351) und bald auch Alpirsbach (1359). Eine Judengemeinde entstand wohl zur Zeit Rudolfs von Habsburg; 1324 lieh ein Rottweiler Jude Ludwig dem Bayern Geld. Die Gemeinde fiel im Winter auf 1349 einem Pogrom zum Opfer.

In Reichweite einer Kreuzung der wichtigen Römerstraße durch den Schwarzwald lag Rottweil günstig am Südrand der schwäbischen Kornkam- mer, andererseits bereits in einer von Viehzucht und Viehhandel bestimmten Zone, was der Name »Rindermarkt« für den größten städtischen Platz ver- deutlicht. Der Nachteil, an einem nicht schiffbaren Fluß zu liegen, wurde durch dessen starkes Gefälle aufgewogen, das früh zur Anlage einer ganzen Reihe von Mühlen führte.

Im 14. Jahrhundert wurde Rottweil ein Zentrum für den Glockenguß. Die später auch sonst beherrschende Stellung der Stadt in der Metallverarbeitung legt den Schluß nahe, daß dem Vorstufen vorausgingen. Auch die Rottweiler Pulvermacherei dürfte ins 14. Jahrhundert zurückreichen. Angenommen werden kann ferner, daß es am östlichen Schwarzwaldrand schon um 1300 Versuche im Silberbergbau gab, an welche die Rottweiler später anknüpften. Impulse erhielt das Wirtschaftsleben bestimmt auch von der Münzstätte, die 1347 in der Nachbarschaft der Johanniterkommende genannt wird.

Vollends ausgebildet wurden offensichtlich ab etwa 1260 die wichtigsten sozialen Einrichtungen der Stadt. Eine erste Krankenanstalt, ein »siechuz«, unterhielten die Schwestern von Rottenmünster schon vorher. Das Rottwei- ler Spital wird in einer Papsturkunde von 1275 erwähnt und wurde anfangs von Klerikern betrieben. Das Rottweiler Leprosenhaus südlich der Hoch- brücktor-Vorstadt wird zwar erst 1298 erwähnt, erfüllte seine Aufgabe aber offenbar schon früher. Das Haus der Heiligkreuz-Bruderschaft, das wichtige Aufgaben bei der Betreuung von mittellosen Schülern, von Vaganten und Bettlern sowie von alten Menschen übernahm, läßt sich seit 1314 nachwei- sen.

Kirchliches Leben

Im Areal des »neuen« Rottweil war wohl von Anfang an Gelände für ein gro- ßes, als Pfarrkirche geeignetes Gotteshaus und einen entsprechenden Fried- hof ausgewiesen. Es ist jedoch anzunehmen, daß St. Pelagius in der Altstadt

Reste einer Warmluftheizung aus dem ehemaligen Dominikanerkloster.

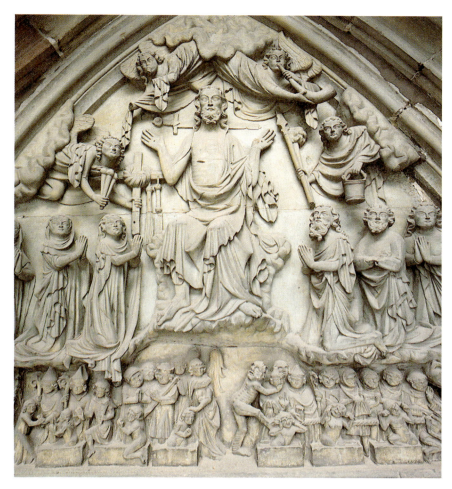

nominell bis zu Beginn des 15. Jahrhunderts die einzige Pfarrkirche blieb. Allerdings saßen die Rottweiler Pfarrherren längst bei Heiligkreuz, das von 1307 an auch gegenüber den Rottweiler Dominikanern die Funktion einer Pfarrkirche zu behaupten vermochte; in St. Pelagius wirkten dagegen nachgeordnete Geistliche. Um 1375 gab es Versuche, das Pfarrgut zu teilen. Zwei getrennte Pfarreien sind aber erst ab 1441 gesichert. Das starke Engagement der Rottweiler in der 1313 erstmals genannten Kapellenkirche mit ihrem etwa 1325 begonnenen, prachtvollen Turm beruht wohl vor allem auf dem erstarkten Selbstbewußtsein der Bürgerschaft der Stadt, das sich auch gegen Patronatsherren ihrer Pfarrei richtete.

Einen bedeutsamen Platz im entstehenden spätmittelalterlichen Rottweil, aber auch bei der allmählichen Aufgabe des Siedlungszentrums um den Königshof, nimmt die Entwicklung des klösterlichen Lebens ein. Während auf dem Königshof sowie zwischen Neckar und Prim nur Klausen und Kleinklöster wie St. Moritz, St. Nikolaus und St. Jakob auf der Mittelstadt oder Hochmauren und die beiden Klausen bei St. Pelagius verblieben, hatte dort die 1221 gegründete, spätere Zisterzienserinnen-Reichsabtei Rottenmünster immerhin noch ihre Wurzeln. Daneben wurde schon um 1247 von den Johannitern im »neuen« Rottweil eine burgartige Kommende errichtet – wie es scheint, nach Auflösung des älteren Ordenshauses von Schwenningen. Früh in der jungen Stadt beheimatet war der Rottweiler Dominikanerkonvent, der wohl um 1260 von Dominikanern aus Esslingen oder Freiburg als Herberge in einem Besitzkomplex angelegt wurde, der mit einiger Wahrscheinlichkeit den Herzögen von Teck gehörte. 1266 wurde dieses wichtigste Rottweiler Kloster als vollberechtigter Konvent in die Ordensprovinz Teutonia des Predigerordens aufgenommen. Schließlich folgten mit einem kleineren Konvent die Dominikanerinnen.

CHRISTIAN GILDHOFF/WINFRIED HECHT

Ausschnitt aus dem Weltgerichtsrelief des Westportalbogenfeldes am Kapellenturm, Christusmeister, um 1340.

Ofenkachel vom Oberhohenberg, grünglasiert, Rottweiler Arbeit (?), Ende des 14. Jahrhunderts.

Hegi

Ryßmüli

ober mülli

Ober Winterthur

Hüdermüli

ober Seegen

Hottgenwyler

Münch

Stocken

Seegen

der Wald

Winterthur

Winterthur

uff dem
Heiligenberg

S: Jörgen am
feld

Eschenberger

Brüderhus

Palten

Töß

Brül

Wülfflingen

Winterthur

Winterthur, das sich im letzten Jahrhundert zu einer wichtigen Industriestadt und in jüngster Zeit immer mehr zu einem Dienstleistungszentrum entwikkelt hat, ist heute die sechstgrößte Schweizer Stadt. Mit zahlreichen weiteren Städten und Städtchen der Nordostschweiz teilt Winterthur indes das Schicksal, im Mittelalter nie zu größerer Bedeutung und Unabhängigkeit gelangt zu sein. Von den Kyburgern ging die Stadt nach deren Aussterben 1264 an die Habsburger über. Nach einer vorübergehenden Zeit der Reichsfreiheit zwischen 1417 und 1442 verpfändeten die Habsburger Winterthur an Zürich, unter dessen Herrschaft es bis 1798 verblieb. Diese Abhängigkeit, in wirtschaftlichen Belangen vor allem von der nur rund 20 km entfernten Stadt Zürich, ist charakteristisch für die Situation Winterthurs, das aber dennoch in gewissen handwerklichen Sparten überregionale Bedeutung erlangen konnte. Erwähnt sei hier nur die Blüte der Ofenbaukunst vor allem im 17. Jahrhundert, die zu jener Zeit bereits auf eine lange Tradition der lokalen Keramikproduktion zurückblicken konnte. Es gilt somit nicht, den Glanz eines mittelalterlichen Zentrums, wie es beispielsweise Konstanz war, zu zeigen, sondern das Bild einer Stadt bescheidenen bis mittleren Zuschnitts.

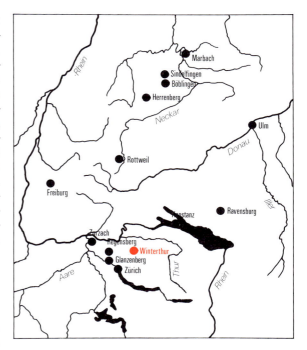

Die Lage der Altstadt

Die Winterthurer Altstadt liegt in einer Ebene auf rund 440 m ü. M., die im Süden, Westen und Norden von Anhöhen umgeben ist und sich gegen Osten hin weitet. Das Wasser der Eulach, die beim Rückzug der eiszeitlichen Gletscher den Kies der Schotterebene antransportiert hatte, trieb im Mittelalter und in der frühen Neuzeit die Wasserräder zahlreicher Gewerbebetriebe an, die sich am Flußlauf südlich der Altstadt aufreihten. Besonders wichtig für die geographische Situation der Winterthurer Altstadt ist jedoch ihre Lage an einer wichtigen Verbindungsstraße. In römischer Zeit war dies die Hauptstraße durch das schweizerische Mittelland von Vindonissa über Baden, Oberwinterthur, Pfyn an den Bodensee nach Arbon und weiter nach Bregenz. Im Mittelalter trat die Verbindung von Konstanz nach Zürich an deren Stelle. Diese Straße war für die Entstehung und Entwicklung von Winterthur bestimmend. Während in römischer Zeit und im Frühmittelalter das Hauptgewicht der Siedlung in Oberwinterthur, etwa 3 km nordöstlich der Altstadt, lag, verschob es sich im Lauf des Hochmittelalters hinunter in die Ebene, nach Niederwinterthur.

Zur archäologischen Erforschung der Altstadt

In Oberwinterthur lenkten seit jeher immer wieder archäologische Funde aus römischer Zeit, vor allem Münzen, die Aufmerksamkeit auf sich; die ältesten bekannten Meldungen aus der Altstadt stammen dagegen erst von 1893. Damals war man an der Marktgasse, der Hauptgasse von Winterthur, »auf eine Reihe von zehn bis zwölf nebeneinanderliegenden Gerippen gestoßen«. Heute weiß man, daß es sich dabei um einen Teil eines Gräberfeldes aus

Linke Seite: Ausschnitt aus der »großen Landtafel des Zürcher Gebiets« von Hans Conrad Gyger (1664/67). Die Karte ist geostet.

Ganz oben: Die Vedute eines anonymen Künstlers, datiert auf das Jahr 1648, zeigt die Winterthurer Altstadt aus der Vogelschau von Norden. Gut erkennbar sind die Kernstadt sowie die ebenfalls ummauerten Vorstädte im Osten und Westen. Im Zentrum der Kernstadt befindet sich die Stadtkirche, etwas abgerückt von der West-Ost gerichteten Hauptachse. Entlang der Eulach, die am Südrand der Altstadt vorbeifließt, stehen mehrere Mühlen. Auf Freiflächen vor der Stadt sind Tuchbahnen zum Bleichen ausgelegt.

Oben: der Raum Winterthur-Oberwinterthur auf der zwischen 1843 und 1851 aufgenommenen Dufourkarte. Gut erkennbar ist die Straße, die nach einem Flußübergang bei Töss durch die Altstadt nach Oberwinterthur und weiter nach Nordosten führt.

dem 6. und 7. Jahrhundert handelte, von dem noch die Rede sein wird. Auch die meisten folgenden Fundmeldungen sowie die ersten eigentlichen Untersuchungen, 1923 und, etwas großflächiger, 1959, betrafen diesen Friedhof. In den auf diese Untersuchungen folgenden zwei Jahrzehnten konnten in Baugruben immer wieder — in erster Linie mittelalterliche, aber auch neuzeitliche — Funde gemacht und Strukturen beobachtet werden. Als bedeutendster Einzelfund ist ein mit 2284 einseitigen Pfennigen, sogenannten Brakteaten, gefüllter Münztopf zu nennen, der 1970 bei Kanalisationsarbeiten zum Vorschein kam. Der Topf muß kurz nach 1261 unmittelbar außerhalb der Altstadt vergraben worden sein.

Einen neuen Abschnitt in der archäologischen Erforschung der Winterthurer Altstadt leiteten die 1980 bis 1982 in der Stadtkirche durchgeführten Ausgrabungen ein. Damals stieß man unerwartet auf mehrere, bis ins Frühmittelalter zurückreichende Vorgängerbauten der Kirche. Diese bedeutende Entdeckung bildete den Auftakt zu einer systematischen Erfassung sämtlicher durch Bauprojekte gefährdeten Zonen. So mußte die Kantonsarchäologie Zürich seit 1980 rund 30 kleinere und größere Ausgrabungen durchführen, denen in den letzten Jahren zunehmend auch die systematische Auswertung der entsprechenden Befunde folgt. Zu den wichtigsten Entdeckungen der letzten 10 Jahre zählen neben den Vorgängerbauten der Stadtkirche und verschiedenen Siedlungsbefunden vor allem aus dem 13. Jahrhundert große Teile eines Kachelofens aus dem 13. und ein Webkeller aus dem 14. Jahrhundert, ein Töpferofen aus der Zeit um 1400 sowie ein umfangreiches, dem ehemaligen Besitzer zuweisbares Geschirrinventar aus der Zeit um 1700.

Die Zeit vor der Stadtwerdung

Die ältesten bisher bekannten Siedlungsspuren in der Winterthurer Altstadt gehen in römische Zeit zurück. Einzelne prähistorische Funde lassen aber eine noch ältere Besiedlung des Stadtkerns oder doch des nächsten Umkreises vermuten. Aus römischer Zeit, am wahrscheinlichsten aus den Jahren um Christi Geburt oder aus dem 1. Jahrhundert n. Chr., stammen die Reste von Befestigungsgräben. Sie gehörten wohl zu einer militärischen Anlage, die an der bereits erwähnten Hauptstraße durch das Mittelland errichtet worden war. Etwa 3 km nordöstlich der Altstadt, im heutigen Oberwinterthur, war um Christi Geburt, bei der Inbesitznahme des schweizerischen Mittellandes durch das römische Imperium, ein »vicus« entstanden. Nach einer Zeit wirtschaftlicher Prosperität im 1. und 2. Jahrhundert, in einer Epoche innerer und äußerer Bedrohung im 3. Jahrhundert, entstand im Zug der Konsolidierung des Reichs unter Kaiser Diokletian auf dem heutigen Kirchhügel von Oberwinterthur ein Kastell, dessen Errichtung dank einer Inschrift ins Jahr 294 datiert werden kann. Auf dieser Bauinschrift ist erstmals der Name »vitudurum«, Winterthur, genannt. Diese Siedlung, die wohl auch nach dem Ende der römischen Herrschaft (401 n.Chr.) kontinuierlich weiterbestand, bildete während der folgenden Jahrhunderte das Zentrum der Region. Im Lauf des Hochmittelalters ging diese Funktion jedoch an die Siedlung in der Ebene über. 1180 wird die Siedlung erstmals in einer schriftlichen Quelle erwähnt und darin — zur Unterscheidung von Oberwinterthur — als Niederwinterthur bezeichnet. Aus archäologischen Quellen geht hervor, daß dieses Niederwinterthur damals schon seit längerem bestanden haben mußte; bereits um die Mitte des 6. Jahrhunderts hatte nämlich eine Bevölkerungsgruppe damit begonnen, ihre Toten nördlich der heutigen Marktgasse zu bestatten, die in ihrem Verlauf wohl der bereits genannten Hauptstraße entspricht. Von diesem Gräberfeld, das auch im 7. Jahrhundert benutzt wurde, sind bis heute etwa 40 Bestattungen bekannt. Diese Zahl entspricht jedoch sicher nur einem kleinen Teil der ursprünglich vorhandenen Gräber; die Mehrzahl

Unten: Die frühesten archäologischen Entdeckungen gehen ins Jahr 1893 zurück, als an der Marktgasse merowingerzeitliche Bestattungen aufgedeckt wurden. Nach wenigen Ausgrabungen (ausgefüllte Dreiecke) und Beobachtungen (leere Dreiecke) vor 1980 konnte mit den Untersuchungen in der Stadtkirche (1980–1982) die archäologische Erforschung deutlich intensiviert werden. Zwischen 1980 und 1990 erfolgten 24 Rettungsgrabungen (Punkte) sowie zahlreiche Beobachtungen (Raster).

Ganz unten: Die kontinuierliche Besiedlung der Winterthurer Altstadt geht ins 6. Jahrhundert zurück. Davon zeugt ein Gräberfeld (1) an der Marktgasse. Der Bestattungsplatz wurde im 6. und 7. Jahrhundert benutzt. Wohl im 7. oder 8. Jahrhundert errichtete man an der Stelle der heutigen Stadtkirche eine erste Kirche in Holz (2). Die ältesten Gräber bei der Kirche (3) dürften aber ins 8. Jahrhundert zurückgehen. Spärliche Siedlungsspuren finden sich verteilt über das ganze Altstadtgebiet (Punkte: Siedlungsstrukturen, Kreise: Funde).

129

Rechts: Bei Ausgrabungen in der 1180 erstmals erwähnten Stadtkirche wurden mehrere Vorgängerbauten aufgedeckt. Im Bild die Befunde im Schiff. Weiß markiert die Pfostenstellungen des ältesten, hölzernen Kirchenbaus, der im 7. oder 8. Jahrhundert errichtet und noch vor 1000 durch einen größeren Steinbau ersetzt wurde. Von dessen Nordmauer sind nördlich der Pfostenstellungen (im Bild unten) geringe Fundamentreste erkennbar.

Unten: Neue Erkenntnisse über die Stadtbefestigung ergaben 1989 Grabungen am Rand der Neustadt. Im Erdprofil sind über einem dunklen, fossilen Humus die schräg nach links ansteigenden Schüttungsschichten eines Erdwalls aus der Mitte des 13. Jahrhunderts zu erkennen. Er bildete zusammen mit einem Graben die älteste Befestigung der östlichen Vorstadt, die um 1300 durch eine erste Stadtmauer ersetzt wurde (Mitte). Ganz rechts ist die noch erhaltene jüngere Stadtmauer, links der Ansatz des Stadtgrabens erkennbar.

Ganz unten: 1970 wurde am Südrand der Altstadt ein Münzschatz mit 2284 Pfennigen entdeckt. Als Behältnis diente ein gewöhnlicher, unglasierter Topf, der mit einem Stein abgedeckt war. Numismatische Untersuchungen ergaben, daß der Schatz kurz nach 1261 vergraben wurde.

wurde wohl durch die spätere Bebauung zerstört. Vermutlich im 7. oder 8. Jahrhundert errichtete man südlich der Straße, im Zentrum der späteren Kernstadt, eine erste Kirche. Es handelte sich um einen kleinen Holzbau mit einem rechteckigen Schiff und einem eingezogenen, rechteckigen Chor, wie man anhand der im kiesigen Untergrund gefundenen Pfostengruben feststellen konnte. Zwischen dem 8. und dem 10. Jahrhundert wurde die Kirche dann etwas größer und in Stein neu gebaut. Spätestens zu jener Zeit wurde der Friedhof bei der Kirche angelegt. Im alten Gräberfeld nördlich der Marktgasse hatte man vermutlich schon vom späten 7. Jahrhundert an nicht mehr bestattet. Spuren der frühmittelalterlichen Siedlung sind — wenn auch bisher nur spärlich — über das gesamte Altstadtgebiet verstreut gefunden worden. Erst für das 12. Jahrhundert fließen die archäologischen Quellen — Funde und Bebauungsspuren verschiedenster Art — reichlicher. Im Lauf des 13. Jahrhunderts schließlich begann die Siedlung städtische Züge anzunehmen.

Winterthur als »Gründungsstadt«

Winterthur gilt in der Forschung allgemein als Gründungsstadt der Kyburger, die in der Ostschweiz — ähnlich den Zähringern in der Westschweiz und im Breisgau — als Städtegründer hervortraten. Die Stammburg dieses bedeutenden, aber bereits 1264 ausgestorbenen Grafengeschlechts liegt nur wenige Kilometer südlich von Winterthur. Wie bei zahlreichen anderen mittelalterlichen Gründungsstädten wurde allerdings auch im Fall von Winterthur nicht eine Stadt neu gebaut, sondern einer bereits bestehenden Siedlung das Stadtrecht verliehen. Indes ist weder ein schriftlich fixiertes kyburgisches Stadtrecht noch der Zeitpunkt dieser »Stadtgründung« für Winterthur belegt. In der bereits erwähnten Urkunde von 1180 wurde die Kirche von Niederwinterthur rechtlich von der Pfarrei Oberwinterthur abgetrennt. Damit wurde ein offensichtlich langwieriger Streit zwischen den Kyburgern und dem Pfarrherrn von Oberwinterthur zu Gunsten der Kyburger entschieden. Aus dieser Urkunde geht zudem hervor, daß in Niederwinterthur »mercatores«, also Kaufleute, ansässig waren. In einer Urkunde von 1230 tauchen dann erstmals auch Bürger sowie ein »scultetus« (Schultheiß) von Winterthur auf, 1249 wird die Siedlung erstmals als »civitas« beziehungsweise als »oppidum« bezeichnet, was sich beides mit »Stadt« übersetzen läßt. Das älteste bekannte Stadtrecht datiert von 1264. Erst als nach dem Aussterben der Kyburger die Stadt an die Habsburger übergegangen war, entstand offensichtlich der Wunsch nach einer schriftlichen Fixierung der Rechtsverhältnisse.

Stadtanlage und Entwicklung der Befestigung

Die beiden prägenden Elemente der Winterthurer Stadtanlage sind zum einen die erwähnte überregionale Verbindungsstraße, die in west-östlicher Richtung die Hauptachse bildet, zum anderen die Stadtkirche im Zentrum der sogenannten Kernstadt. Beide stammen − wie bereits dargelegt wurde − aus »vorstädtischer« Zeit. Westlich und östlich der Kernstadt liegen entlang der Hauptachse die beiden Vorstädte, das Untertorquartier beziehungsweise die Neustadt. Sie waren im Mittelalter durch Gräben sowie zwei innere Stadttore, den oberen und den unteren Bogen, von der Kernstadt abgetrennt. Wie aus den archäologischen Quellen hervorgeht, reicht die Besiedlung in beiden Vorstädten ins Frühmittelalter zurück. Auffällig sind die im Vergleich zur Kernstadt lockere Bebauung und verhältnismäßig große Freiflächen, die vom 17. Jahrhundert an auch auf bildlichen Darstellungen deutlich sichtbar werden und sich zudem in der allgemein etwas geringeren Dichte an archäologischen Befunden niederschlagen.

Eines der charakteristischsten Merkmale einer mittelalterlichen Stadt ist die Stadtbefestigung. Sie konnte in Winterthur im Jahr 1989 an zwei Stellen, zum einen im Bereich der Kernstadt, zum andern unmittelbar außerhalb der Neustadt (der östlichen Vorstadt) archäologisch untersucht werden. Der Mauerring der Kernstadt scheint demnach auf das späte 12. oder frühe 13. Jahrhundert, also auf die Zeit der Stadtwerdung, zurückzugehen. Komplexer ist die Entwicklung in der Neustadt. Dort wurde in einer ersten Phase, um die Mitte des 13. Jahrhunderts, ein Erdwall aufgeschüttet, dem wohl ein Graben vorgelagert war. Diese Erdbefestigung entspricht dem »vallum«, das der Stadtrechtsbrief von 1264 nennt. Sie hatte wohl etwa ein halbes Jahrhundert Bestand und wurde in der Zeit um 1300 oder etwas später durch eine Mauer ersetzt. Diese erste Mauer kam erst bei den archäologischen Untersuchungen 1989 rund 1,5 m außerhalb der noch bestehenden jüngeren Stadtmauer zum Vorschein und ist aus schriftlichen Quellen nicht bekannt. Etwas später als die Neustadt (die östliche Vorstadt) scheint im späten 13. Jahrhundert dann auch das Untertorquartier (die westliche Vorstadt) befestigt worden zu sein.

Archäologische Funde und Befunde aus der Zeit um 1300

Vor allem die rund 30 Ausgrabungen der letzten 20 Jahre förderten eine Vielzahl von Überresten aus dem 13. und 14. Jahrhundert zutage, so daß hier nur punktuell auf einzelne Resultate eingegangen werden kann. Von einer zusammenfassenden Darstellung ist man ohnehin noch weit entfernt, teils

Oben links: In der östlichen Vorstadt (Tösstalstraße 7) wurde 1990 ein Webkeller des 14. Jahrhunderts, der einem Brand zum Opfer gefallen war, ausgegraben. Auf engstem Raum hatten hier vier Weber gearbeitet. Von den vier Trittwebstühlen waren noch die vier Eckpfosten des Webstuhlgerüsts sowie Reste der Tretwerke erhalten geblieben; gut sichtbar sind auf dem Bild auch die vier trapezförmigen Gruben, in denen die Tretwerke mit den Pedalen fixiert waren.

Oben rechts: Bei Bauuntersuchungen und Ausgrabungen in den Häusern Obergasse 7−13, im Bereich der Winterthurer Kernstadt, konnte die Bauentwicklung seit dem 12. Jahrhundert erforscht werden. Dieses Backsteinfenster gehört zu einem Steinbau, der nach einer Feuersbrunst um 1300 an der Stelle von Holzbauten errichtet worden war.

Unten: Im Webkeller an der Tösstalstraße (vgl. oben links) fanden sich in größerer Zahl verkohlte Textilreste. Es handelt sich dabei durchweg um feine, leinenbindige Gewebe, wohl aus Flachs.

131

Oben: Aus dem Brandschutt des Webkellers an der Tösstalstraße stammen kleine, verkohlte Fragmente eines Webblattes (unten im Bild). Ein Webblatt neuerer Zeit aus dem Safiental GR (oben im Bild) ist in der Konstruktion identisch. In derselben Art sind die Zähne zwischen zwei Holzstäben und durch eine Schnur mittels Umwicklung und Verschlaufung fixiert.

Die Darstellung eines Webstuhls aus der Mitte des 13. Jahrhunderts — einer der ältesten bildlichen Zeugen für einen Horizontalwebstuhl mit Tretwerk — illustriert den archäologischen Befund eines spätmittelalterlichen Webkellers (vgl. Seite 131). Wie bei den archäologisch nachgewiesenen Webstühlen findet sich auch hier ein Grundgerüst mit 4 Eckpfosten. Nicht eingetieft erscheint in der Zeichnung das Tretwerk mit nur zwei Pedalen.

wegen der oft kleinen, sehr zerstückelten Ausgrabungsflächen, teils wegen der erst vor kurzem begonnenen Auswertung verschiedener Grabungen, deren Ergebnisse hier nicht vorweggenommen werden sollen.

Die Mehrzahl der Häuser bestand um 1300 mit Sicherheit aus Holz. Diese Bauweise prägt noch heute gerade in den hinteren Gassen das Bild Winterthurs. Von den Holzhäusern hoben sich die Steinbauten, die sich für das 13. Jahrhundert archäologisch mehrfach nachweisen lassen, deutlich ab. Im Gegensatz zu den bedeutenderen Städten Konstanz und Zürich hat in Winterthur eine sogenannte Versteinerung nur sehr beschränkt stattgefunden. Während sich die Reste von Steinbauten vor allem in Brandmauern, zum Teil über mehrere Stockwerke hinweg, erhalten haben, ließen sich die Holzbauten aus der Zeit um 1300 bis jetzt nur im Boden nachweisen. Es handelt sich dabei um eher unscheinbare Spuren: Lehmböden, Schwellmäuerchen, Schwellbalkennegative oder Reste von Flechtwerkwänden. Bemerkenswert sind die Erdkeller, die bisher an vier Stellen näher untersucht wurden. Die Entstehung dieser Kellerbauten mit einer Grundfläche von etwa 5 × 6 m und etwa 2 bis 2,5 m Tiefe verteilt sich zeitlich über das 12. bis 14. Jahrhundert. Die in den festen anstehenden Kies abgetieften Kellerwände waren wohl ursprünglich mit Brettern verkleidet, und in bisher zwei Fällen konnte als Abgang ein Kellerhals nachgewiesen werden. Mindestens ein Teil dieser tiefen Keller diente einer gewerblichen Nutzung.

Besonders aufschlußreich war ein Befund in der Neustadt, an der Tösstalstraße 7, wo sich im Lehmboden eines Erdkellers die Standorte von vier liegenden Webstühlen abzeichneten. Sie waren anhand länglicher, trapezförmiger Gruben, in denen die Pedale zur Bedienung der Schäfte eingetieft waren, sowie aufgrund von Pfostenstellungen der Webstuhlkonstruktion zu erkennen. In der 2. Hälfte des 14. Jahrhunderts fielen der Keller und die dazugehörigen ebenerdigen Bauten einer Feuersbrunst zum Opfer. Der Keller wurde danach aufgegeben und mit Brandschutt aufgefüllt. Dank dieser Feuersbrunst blieben die hölzernen Pedalkonstruktionen, Teile eines Kettbaums, Tuchfetzen, Reste eines Webblattes und anderes mehr erhalten. Aus den vorhandenen Befunden läßt sich das Bild eines Webkellers rekonstruieren, in dem vier Weber dicht gedrängt, teils Rücken an Rücken, Tuch herstellten. Ein kurzer Blick auf das historische Umfeld: Die Leinwandproduktion war im Spätmittelalter, wie aus schriftlichen Quellen hinlänglich bekannt ist, im Bodenseeraum — und dazu gehörte auch Winterthur — eine erstrangige Exportindustrie; so wurde Bodenseeleinwand beispielsweise in Frankreich,

Flandern, im ganzen Mittelmeer- und gar im Schwarzmeerraum verhandelt. Winterthurer Tuch verkaufte man im 15. Jahrhundert auf den Frankfurter Messen und im Südtirol. Auch die sich immer wiederholenden Ratsverordnungen über das Leinwandhandwerk zeigen, daß dieses in Winterthur eine nicht geringe Bedeutung besaß. Im Webkeller in der Winterthurer Neustadt wird somit für einmal eine Werkstatt dieses Gewerbes greifbar, das zwar aus den Schriftquellen gut bekannt ist, sich archäologisch aber nur schlecht erfassen läßt.

Forschungsziele

Dank der archäologischen Quellen kann die Geschichte Winterthurs weit vor die erste schriftliche Nennung der Siedlung im Jahr 1180 zurückverfolgt werden. Für die nachfolgende Zeit, in der schriftliche Nachrichten allmählich zahlreicher fließen, geben archäologische Quellen vor allem zu Fragen der Bauentwicklung, der Wirtschafts- und Alltagsgeschichte ergänzende Auskunft. Inwieweit spiegelt sich darin das spezifische Bild einer Stadt, die nie überregionale Bedeutung erlangte? Welche Unterschiede zeigen sich in der archäologischen Hinterlassenschaft im Vergleich mit den benachbarten Zentren im Nordosten und Südwesten, mit Konstanz und Zürich?
Verschiedenheiten lassen sich bereits heute in der Bauentwicklung, dem sehr unterschiedlichen Grad der Versteinerung etwa, feststellen. Mit dem Webkeller kann Einblick in ein Gewerbe gewonnen werden, das seine Produkte weit über die Grenze hinaus verhandelte. Von besonderer Bedeutung für Winterthur ist schließlich die Keramikproduktion, die sich bisher erstmals für das 13. Jahrhundert archäologisch nachweisen läßt. Neben der Auswertung der Funde am Produktionsort müßte indes vermehrt auch der Verbreitung der Produkte nachgegangen werden. Wichtige Voraussetzung für solche, aber auch viele andere Untersuchungen, die über den Mauerring einer Stadt hinausreichen, wäre eine umfassende Siedlungsarchäologie, die neben Städten und Burgen vermehrt auch ländliche Siedlungen mit einbezieht.

Renata Windler

Ganz oben: Die Fragmente von Modeln (linkes Bild), die zur Herstellung von Reliefkacheln dienten, sowie der Fehlbrand einer Ofenkachel (rechtes Bild) zeugen von der spätmittelalterlichen Ofenkachelproduktion in Winterthur. Letzterer stammt aus dem Bereich einer Töpferei in der westlichen Vorstadt (Untertor 21–25), die in der Zeit um 1400 vor allem Geschirr, daneben Ziegel und Ofenkeramik herstellte.

Oben: Das ab 1290 gebräuchliche Stadtsiegel von Winterthur mit zwei schreitenden Löwen. Sein Vorgänger, das ab 1252 verwendete Siegel, wies nur im unteren Teil einen Löwen auf.

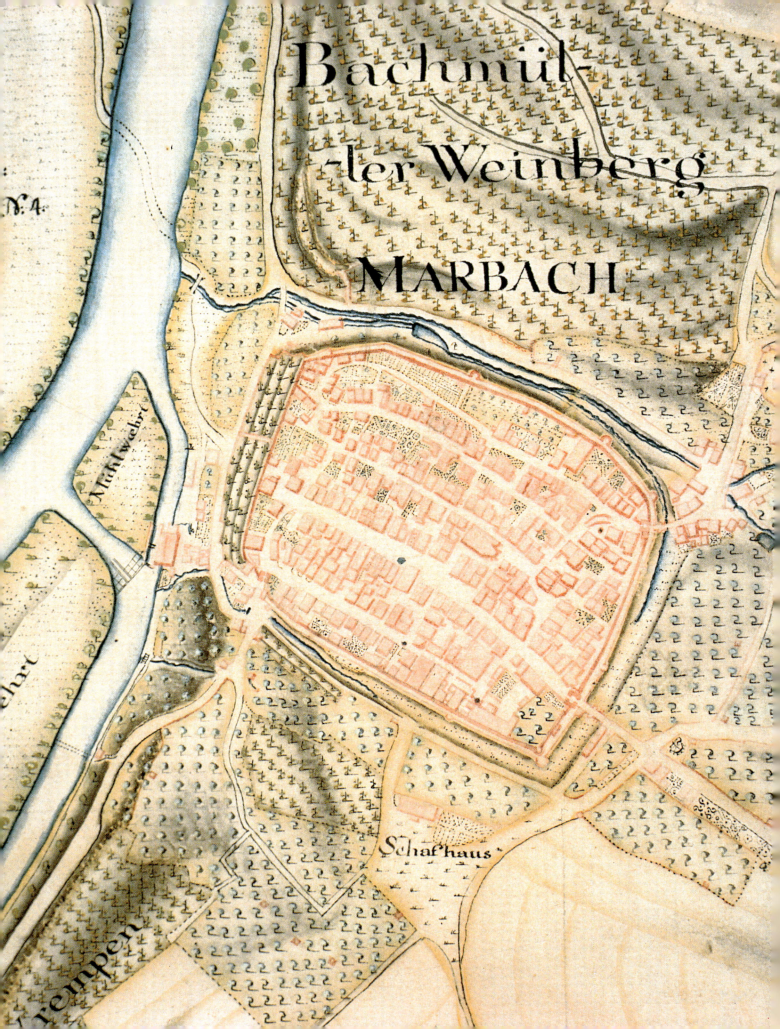

Marbach am Neckar

Marbach, hoch über dem Neckar im Kreis Ludwigsburg gelegen, ist heute eine kleine Landstadt. Ihre mittelalterliche Vergangenheit erschließt sich dem Besucher in gewohnter Weise: An der Süd-, West- und Nordseite der Stadt haben sich, begünstigt durch die geomorphologische Situation, die Stadtmauer und teilweise auch die spätmittelalterliche Zwingermauer in recht gutem Zustand erhalten. Im Osten dagegen blieb sie nur zwischen dem Turm des am östlichen Ende der Marktstraße gelegenen, sogenannten Oberen Tors – dem einzigen erhaltenen Marbachs – und der Südwestecke der Stadt vom Abbruch verschont. Südlich der spätmittelalterlichen Stadtkirche, beim heutigen Rathaus, deutet die Breite der Straße (Marktstraße) auf ihre Funktion als Markt hin. Die heutigen historischen Gebäude Marbachs gehen im wesentlichen auf die Zeit des Wiederaufbaus nach dem Stadtbrand von 1693 zurück; die städtebaulichen Grundstrukturen des Mittelalters dürften sich jedoch weitgehend tradiert und damit bis heute erhalten haben.

Die Quellenlage

Über die Geschichte der Stadt Marbach ist aus schriftlichen Quellen nur wenig zu erfahren. Die Urkunden, die in der Stadt selbst aufbewahrt wurden, sind beim bereits erwähnten Brand Marbachs während der Franzosenkriege im Jahr 1693 vernichtet worden. Nur Quellen, die auch an anderer Stelle verwahrt wurden, können über die ältere Geschichte der Stadt Auskunft geben. So nennt eine Schenkungsurkunde des Jahres 1282 an das nahegelegene Kloster Steinheim eine Esslinger Bürgerin, die aus der Stadt Marbach stammte, was als Beleg dafür angesehen werden kann, daß Marbach zu diesem Zeitpunkt Stadtrechte besaß. Marbach ist mithin eine der zahlreichen Stadtgründungen des 13. Jahrhunderts.

Warum gerade hier und nicht an einem anderen, in der Siedlungsgeschichte früher faßbaren Ort eine Stadt gegründet wurde, darüber lassen sich nur vage' Vermutungen anstellen. Die erste Nennung des Orts Marbach datiert in das Jahr 972. Am 29. Januar überträgt der Diakon Wolvald dem Bischof Balderich von Speyer die Curtis Marbach mit allem, was dazu gehört. Die Urkunde wurde in Marbach ausgestellt. In einer am 17. März 1009 in Duisburg ausgefertigten Urkunde verbrieft König Heinrich II. dem Speyrer Bischof Walter das Marktrecht und das Recht, in Marbach Münzen zu schlagen.

Es ist bisher nicht bekannt, wo sich die 972 genannte Curtis befunden hat. Man wird sie sich als Herrenhof vorstellen müssen, der im Zusammenhang mit der außerhalb der mittelalterlichen Stadt gelegenen Alexanderkirche gestanden haben dürfte. Einen Hinweis auf die Lokalisierung des urkundlich überlieferten vorstädtischen Marktes bietet möglicherweise die Flurbezeichnung »Alter Markt« im Norden der Alexanderkirche. Aus einer Baugrube nördlich der Kirche stammen denn auch die bisher einzigen aus archäologischen Schichtenzusammenhängen heraus geborgenen frühmittelalterlichen Keramikfunde.

Die Alexanderkirche blieb auch nach der Stadtgründung die außerhalb des Berings gelegene Pfarrkirche. Bei ihrer Renovierung 1926/28 wurden Funda-

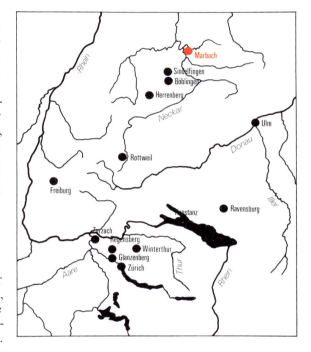

Linke Seite: Auf der Grundlage von Vermessungen des Jahres 1777 zeichnete H. Haug 1796 den »Zehend- und Gemarkungsriß der wirtembergischen Oberamtsstatt Marbach«. Die Ortslage ist dabei als Teil der Gesamtmarkung kleinmaßstäblich wiedergegeben, wodurch der Genauigkeit der Darstellung Grenzen gesetzt waren. Immerhin sind der Stadtgrundriß, die einzelnen Bauten und Freiflächen gut ablesbar.

135

Das Fundmaterial der Stadtburg Marbach ist insbesondere durch die Gefäßkeramik der sogenannten Schwäbischen Feinware charakterisiert, die hier erstmals in Baden-Württemberg in einem breiten Spektrum angetroffen wurde. Diese Warenart stellt die regionale Qualitätskeramik der Zeit dar und wurde in einer Manufaktur im nahegelegenen Remstal hergestellt.
Die Bügelkanne und die Ofenkacheln aus dem 13. Jahrhundert geben einen Eindruck von der Vielfalt der Produktion.

Die 1400 gestiftete Wendelinskapelle, am Oberen Tor und gegenüber der Stadtburg gelegen, dokumentiert mit ihrem architektonischen Anspruch den Wandel der Stadtgesellschaft und ist zugleich ein frühes Beispiel einer »Flächensanierung«.

mente einer hochromanischen basilikalen Vorgängeranlage festgestellt, die allein schon aufgrund ihres für ländliche Verhältnisse ungewöhnlichen Grundrisses auf eine Kirchenanlage hindeutet, die überregionale Bedeutung besessen haben mußte. Bei den Bauarbeiten wurde der spätmittelalterliche Fußboden der Kirche, in den viele Grabsteine eingefügt worden waren, entfernt. Dabei zutage tretende archäologische Befunde wurden zwar dokumentiert, jedoch keine systematischen und gezielten archäologischen Erhebungen durchgeführt, so daß die Anfänge dieser Kirche als nicht erforscht gelten müssen. Der heutige, anstelle der hochromanischen Basilika errichtete Bau geht auf den Beginn des 15. Jahrhunderts zurück. Die Umwehrung des Kirchhofs erfolgte erst im Spätmittelalter, der nördliche Teil des Mauerrings wurde beim Bau der Eisenbahn beseitigt.

In jedem Fall war der Siedlungsplatz des frühmittelalterlichen Marbach — dies läßt sich aufgrund der archäologischen Aufschlüsse mit hinreichender Sicherheit feststellen — nicht mit dem der mittelalterlichen Stadt identisch. Deutlich belegen die Urkunden im übrigen das Interesse des Bistums Speyer an Marbach, sicherlich ein Ausdruck bischöflicher Territorialpolitik, die bis ins hohe Mittelalter hinein ihre Wirkung zeigten.

Die nächst jüngeren Urkunden datieren in das 13. Jahrhundert, geben jedoch keinen Hinweis darauf, wann sich die dörfliche Siedlung auf die südlich der Alexanderkirche gelegene Anhöhe verlagerte.

Das älteste Stadtsiegel Marbachs findet sich an einer Urkunde des Klosters Steinheim aus dem Jahr 1301, die erste Nennung eines Stadtherrn findet sich in der Urkunde vom 12. Juli 1302, die den Verkauf Marbachs durch Hermann von Teck an Graf Eberhard I. von Württemberg regelt. Ob es sich hier um die Stadt in ihrer Gesamtheit oder nur um Besitzanteile, nämlich um, wie es in der Urkunde heißt, »die lute vnd daz gut« handelt, wird man aufgrund des Textes nicht entscheiden können.

Aus der schriftlichen Überlieferung ist somit kein direkter Hinweis auf die Zeit der Stadtgründung abzuleiten, so daß hier nur die Sachforschung weiterhelfen kann. Eine Betrachtung des bis heute erhaltenen Baubestandes bietet dazu keinen Anhaltspunkt, denn der Brand von 1693 hat, soweit man bis heute weiß, die mittelalterliche Fachwerkbebauung völlig zerstört; bis in die Anfänge der Stadt zurückreichende Großbauten aus Stein, die datierbare Details liefern könnten, bestehen nicht. Unter diesen Voraussetzungen ver-

mag allein die archäologische Forschung neues Quellenmaterial zu erschließen und zu Ergebnissen zu gelangen, die sich jenseits spekulativer Geschichtsrekonstruktion ansiedeln lassen.

Vom Herrensitz zur Burg

Umfangreichere archäologische Untersuchungen wurden zwischen 1978 und 1982 im Bereich des aus Schriftquellen bekannten, beim oberen Tor gelegenen Württembergischen Schlosses durchgeführt. Bereits der Primärkataster aus der ersten Hälfte des 19. Jahrhunderts und schon vor ihm der »Zehend- und Gemarkungsriß der wirtembergischen Oberamtsstatt Marbach«, der auf der Grundlage von Vermessungen des Jahres 1777 von H. Haug 1796 gezeichnet wurde, zeigt hier ein zum Anwesen Marktstraße 5 gehöriges Gartengelände (Parzelle 113), das im Vorfeld eines Neubauvorhabens vollständig untersucht werden konnte.

Von der Schloßanlage wurden dabei relativ geringe archäologische Reste erfaßt. Nach dem Stadtbrand von 1693 verzichtete man auf den Wiederaufbau, die noch benutzbaren Kellerräume wurden vor ihrer endgültigen Aufgabe und dem Verkauf noch eine Zeitlang notdürftig instandgehalten. Bereits 1694 erhielt ein Marbacher Bürger die herrschaftliche Erlaubnis, auf eigene Kosten auf dem Platz des abgebrannten Marstalls ein Scheuerlein, eine Stallung samt einer daran angebauten Wohnung mit allem Zubehör zu errichten. Der Grund für systematische Ausgrabungen waren indes weniger Fragen im Zusammenhang mit dem Württembergischen Schloß, als vielmehr die Hypothese, wonach das Schloß Nachfolgebau einer möglicherweise bis in die Anfänge der Stadt zurückreichenden herrschaftlichen Anlage gewesen sein könnte. Diese Vermutung bestätigte sich rasch, so daß nun zwei ältere Bebauungshorizonte in den Mittelpunkt der Untersuchungen rückten.

Die älteste erfaßte Anlage datiert in das ausgehende 12. und beginnende 13. Jahrhundert, sie entstand somit fast ein Jahrhundert vor dem Zeitpunkt, der in der Landesgeschichte bis anhin als erste — indirekte — Nennung der Stadt Marbach galt. Bei der Anlage handelte es sich um Reste aus Holz errichteter Gebäude und Erdkeller, denen eine aus jüngeren Befunden erschließbare Grabenbefestigung im Norden und Westen zuzuordnen ist. Aufgefunden wurde zudem eine Gußanlage für Buntmetall und ein Fundmaterial, das auf wohlhabende Bewohner hindeutet. Damit kann wohl schon dieser älteste Bau als Herrensitz angesehen werden.

Auch außerhalb des befestigten Kernbereichs konnten einfache Baureste festgestellt werden. Ob es sich hier bereits um die Anfänge der städtischen Besiedlung handelt oder ob die älteste Siedlungsschicht die Reste eines herrschaftlichen Anwesens mit der zugeordneten Nutz- und Wohnbebauung birgt — also allenfalls die Nachfolgebauten der für 972 überlieferten Curtis —, kann heute noch nicht endgültig beantwortet werden. Immerhin ist festzustellen, daß sich die Lage des befestigten Platzes eigentlich nur verstehen läßt, wenn man diesen einem städtischen Siedlungsareal zuordnet. Hätte man im ausgehenden 12. Jahrhundert lediglich einen Platz für einen befestigten Herrenhof gesucht, hätte man ihn in unmittelbarer Nähe am Hang zum Neckar zur Verfügung gehabt. Die für einen befestigten Herrensitz nur schlecht geeignete Lage und der Umstand, daß sich die Nachfolgebauten dann eindeutig auf die Stadt Marbach beziehen und ihre Verteidigungsfähigkeit an ihrer schwächsten Stelle stärken, sind deshalb gewichtige Argumente dafür, die Anfänge der Stadt Marbach bereits im ausgehenden 12. Jahrhundert anzusetzen. Um in dieser Frage letzte Sicherheit zu erlangen, bedarf es weiterer archäologischer Aufschlüsse in anderen Bereichen der Stadt.

Abgelöst wird der Herrensitz durch den Neubau einer aus Stein errichteten Stadtburg. Erfaßt wurden bei der Grabung die Reste eines quadratischen Wehrturms sowie zweier Gebäude, die sich an die Ringmauer anlehnten. Ferner zeigte es sich, daß sich im Ostgiebel des heute südwestlich an das innere Burgareal anschließenden Gerichtsgebäudes Teile der Traufseite eines mittelalterlichen Wohnbaus, des Palas, erhalten hatten.

Die Gebäude wurden von einer Ringmauer umgeben, der zur Stadt hin, nach Norden und Westen also, ein Graben vorgelegt war. Wie sich aus verschiede-

Oben: Reste des Hauses im nordwestlichen Eckbereich der Stadtburg. Die Brand- und Zerstörungsschicht aus der Zeit um 1300 überlagert ältere Befunde. Darin eingebettete Steinkugeln belegen den Zusammenhang mit einer Belagerung Marbachs.

Mitte: Unter dem Niveau des mittleren 13. Jahrhunderts fanden sich Reste einer älteren Holz/Erde-Bebauung. Trotz der einfachen Konstruktionsweise läßt das Fundmaterial auf wohlhabende Bewohner schließen.

Unten: Das Untergeschoß des Wehrturms der Stadtburg. Die bautechnischen Details deuten darauf hin, daß diese Anlage um die Mitte des 13. Jahrhunderts fertiggestellt wurde.

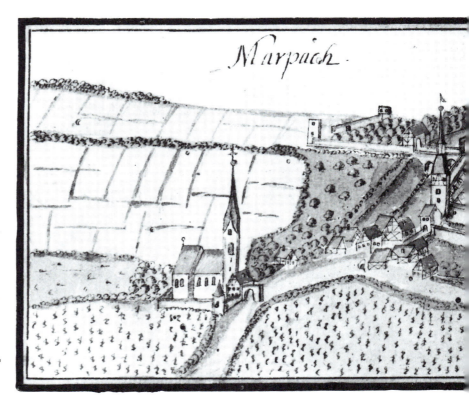

Unten: Syrofränkisches Glas aus der ehemaligen Stadtburg Marbach, Rekonstruktionsversuch.

Ganz unten: Die Pfarrkirche, die Alexanderkirche, lag außerhalb der Stadt. Der heutige gotische Bau ersetzte eine hochmittelalterliche Basilika. Auf vermutbare, noch ältere Vorgängerbauten fehlen bislang archäologische Hinweise. Der Standort der Kirche entspricht in etwa der Lage der dörflichen Siedlung, die zugunsten der Stadtgründung aufgegeben wurde.

nen Anhaltspunkten schließen läßt, wurden dafür die Erdbefestigungen des vorausgegangenen Herrensitzes wiederverwendet. Die Mauerbegrenzung nach Osten und Süden ließ sich bei den Grabungen nur unvollständig klären, da hier keine stratigraphisch verwertbare Substanz vorhanden war. Diese Seiten werden heute von der Stadtmauer gebildet, die sich sicher bis ins Spätmittelalter zurückverfolgen läßt, und es besteht auch im Vergleich der Mauerstrukturen kein Grund, sie nicht im Zusammenhang mit dem Bering der Stadtburg zu sehen. Wie an diesen Seiten die Grabenbefestigung zu rekonstruieren ist, muß hingegen offen bleiben.

Das beschriebene Baukonzept der Stadtburg verdeutlicht ihre Funktion im frühstädtischen Zusammenhang des mittleren 13. Jahrhunderts: Sie hatte sowohl die Aufgabe, die Stadtbefestigung an ihrer schwächsten Stelle, der Bergseite, zu stärken, war aber auch als Sitz des Stadtherrn durch Mauern und Graben deutlich von der städtischen Siedlung abgesetzt, die Burg eignete sich zugleich dazu, Leben und Bürger in der Stadt zu kontrollieren.

Belege für die Stadt vor 1300

Die Marbacher Stadtburg muß nach Auskunft sowohl des Fundmaterials als auch der Architekturmerkmale um die Mitte des 13. Jahrhunderts fertig gewesen sein. Auch scheint sie zu belegen, daß Marbach zu diesem Zeitpunkt die Qualitäten einer Stadt besaß. Die archäologische »Gegenprobe« dieser Folgerung kann sich bisher allerdings nur auf eine schmale Materialbasis stützen.

Nördlich der Stadtburg, auf der gegenüberliegenden Seite der Marktstraße, befindet sich die spätgotische Wendelinskapelle. Archäologische Untersuchungen ihres Innenraums ergaben, daß die Kapelle 1430 anstelle einer profanen städtischen Bebauung errichtet worden war. Der unmittelbare – und unterkellerte – Vorgängerbau, der für den Bau der Kapelle abgebrochen wurde, ließ sich anhand eines Münzfundes in die Wende vom 13. zum 14. Jahrhundert datieren. Spuren eines älteren Schwellenbaus dürften aufgrund des Fundmaterials mindestens bis in die Zeit der Marbacher Stadtburg zurückreichen.

Um 1300 muß die Stadtburg eine umfangreiche Beschädigung oder Zerstörung erfahren haben. In etlichen Bereichen wurde massiver Brandschutt festgestellt, in der Nordwestecke deckte er vorausgehende Befunde kompakt ab.

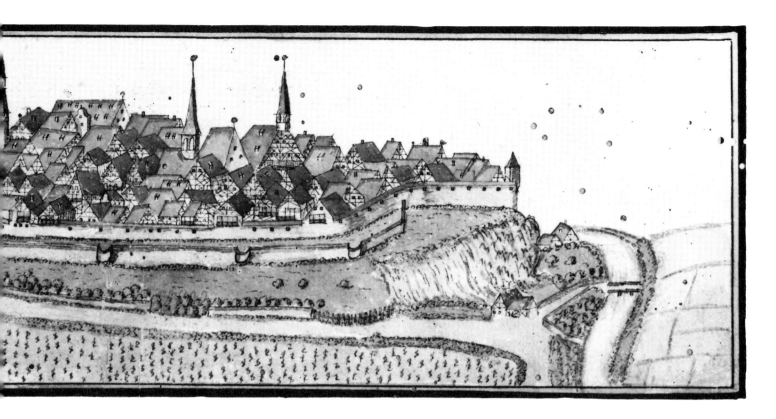

Ansicht der Stadt Marbach aus dem Kieserschen Forstlagerbuch von 1686.

Gleichsam eingebettet in den Brandschutt wurden hier steinerne, von Bliden abgeschossene Kugeln gefunden. Da noch Aufprallstellen festzustellen waren, läßt sich folgern – und dies findet in der topographischen Umgebung Marbachs seine Bestätigung –, daß die Burg aus südöstlicher Richtung, von der Bergseite her, beschossen worden sein muß.

Dieser militärische Angriff, der in der Burg Marbach offenbar einen Großbrand verursachte, wird durch zahlreiche weitere Geschoßfunde, nicht nur in der Burg und im Burggraben, sondern auch im übrigen Stadtgebiet, belegt. Die aufwendige Kriegstechnik, die darauf hindeutet, daß es sich um einen recht bedeutenden militärischen Vorgang gehandelt haben muß, läßt nach einem historisch verbürgten Ereignis Ausschau halten, das mit dem archäologischen Befund übereinstimmen könnte. Denkbar ist, daß es sich dabei um die für das Jahr 1302 überlieferte Eroberung Marbachs durch Konrad von Weinsberg im Reichskrieg gegen Graf Eberhard I. handelt.

Die Beschädigungen der Stadtburg wurden behoben, und dabei erfolgte auch eine fortifikatorische Änderung im Bereich der Ringmauern. Es ließ sich feststellen, daß die noch bis in die Zeit des Herrensitzes zurückreichende Grabenanlage, die den Kernbereich der Burg gegen die Stadt trennte, neu gestaltet wurde. Besaß die Ringmauer des mittleren 13. Jahrhunderts eine Berme, wurde hier nun an der Kante des älteren Grabens eine zweite Umfassungsmauer errichtet und der davorliegende Graben so überformt, daß seine Sohle horizontal gegen den Mauerfuß anzog. In dieser Form bestand die Burg bis gegen 1400. Zu diesem Zeitpunkt scheint sie kaum mehr Wehrfunktion gehabt zu haben, denn die Ringmauern wurden geschleift, um Platz zu schaffen für jene herrschaftliche Anlage, die als Württembergisches Jagdschloß tradiert ist und zu deren Bau auch ältere, bestehende Mauern verwendet wurden. Einen summarischen Eindruck des Gesamtkomplexes geben die Stadtansichten des 16. und 17. Jahrhunderts.

Insgesamt führten die Ausgrabungen auf der Parzelle 113 zur Aufdeckung eines so umfangreichen Baubestandes aus dem 13. und 14. Jahrhundert, daß die Genehmigung für das Bauvorhaben, das die Untersuchungen notwendig gemacht hatte, widerrufen wurde. Das Projekt mußte reduziert und den historischen Vorgaben soweit angepaßt werden, daß der Kern der Stadtburg Marbach von einer Bebauung ausgespart werden konnte. Die Erhaltung eines für die Geschichte und Stadtentwicklung bedeutsamen Bereichs wurde nun freilich zum denkmalpflegerischen Problem, das sich mit Erfolg nur dadurch lösen ließ, daß man die Eingliederung der historischen Baureste in

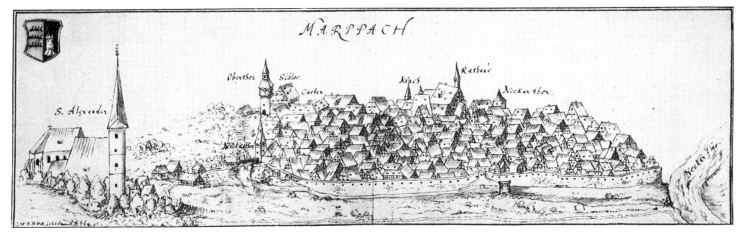

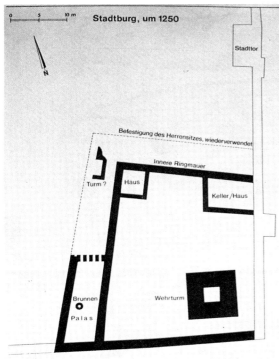

Stadtburg, um 1250

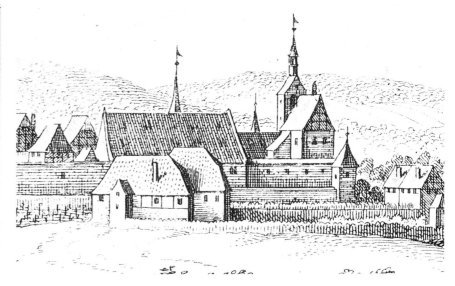

die bestehenden Stadtstrukturen anstrebte. Um zu einer städtebaulich befriedigenden Lösung zu gelangen, wurde ein Wettbewerb durchgeführt und danach die Sicherung des historischen Mauerbestands sowie eine didaktisch angelegte architektonische Gestaltung der Anlage nach Plänen des Architekturbüros Wick + Partner (W. Schaufelberger) verwirklicht.

Ganz oben: Georg Wilhelm Kleinsträttels Ansicht der Stadt Marbach von Norden aus dem Jahr 1664 bezeichnet zwar den Schloßbereich, liefert jedoch nur sehr schematische Anhaltspunkte zur Stadtstruktur.

Oben: Plan der Befunde aus der Frühzeit der Stadt Marbach.

Oben rechts: Die Ansicht der Stadt Marbach von Süden, von Matthäus Merian im Jahre 1643 gefertigt, zeigt den Bereich des Württembergischen Jagdschlosses am deutlichsten, ohne jedoch eine konkrete Vorstellung von der äußeren Gestalt vermitteln zu können.

Der Weg zum Bild des alten Marbach

Was sich im Ablösungsvorgang Burg/Schloß andeutet, die grundlegende Veränderung des Verhältnisses zwischen dem Stadtherrn und den Stadtbürgern bis zum Jahr 1400, wird besonders eindrucksvoll auch durch den bereits erwähnten Bau der Wendelinskapelle belegt: An bedeutender städtebaulicher Stelle — beim Oberen Tor, gegenüber dem Burg/Schloß-Bereich — stifteten der reiche Marbacher Bürger Heinz Schmied und seine Frau Beta Vischerin eine Kapelle, für deren Errichtung ältere Bauten abgetragen wurden. Es handelt sich bei der Wendelinskapelle nicht nur um ein anschauliches Beispiel spätmittelalterlicher Frömmigkeit, sondern zugleich um ein Dokument des »bürgerlichen« Selbstbewußtseins des beginnenden 15. Jahrhunderts: Die stilistischen Merkmale der Kapelle sind nicht dem gängigen Repertoire der Bau- und Schmuckformen zuzuordnen, sondern zeigen eine für jene Zeit außergewöhnliche Progressivität. Die Maßwerke der Rechteckfenster im polygonalen Chor und an der Südseite sind ohne unmittelbar vergleichbare Parallele. Ebenso mutet die in der Planung rekonstruierbare, jedoch wegen technischer Schwierigkeiten offenbar nie ausgeführte Wölbung der Apsis geradezu gewagt an. Man wollte eine Rippenkonstruktion errichten, die Flächen zwischen den Rippen (die Gewölbefelder) jedoch nicht ausmauern, eine Konzeption, die die großflächigen, rechteckigen Fenster vorgeben, so daß das Filigran der Rippen gegen eine flache Decke des Apsisraumes sichtbar gewesen wäre.

Die gesellschaftliche Situation Marbachs um das Jahr 1400 spiegelt sich deutlich in den baulichen Veränderungen im Bereich des Oberen Tors. Zwei Baustellen liegen hier einander gegenüber: Die Stadtburg des Stadtherrn wird abgebrochen und durch ein Jagdschloß ersetzt, gegenüber dieser topographisch bedeutenden Stelle entsteht eine bürgerliche Kapellenstiftung, deren Formensprache gewiß nicht bescheiden und zurückhaltend ist.

Über die Baustrukturen in der übrigen Stadt liegen bisher keine umfangreicheren archäologischen Aufschlüsse vor. Um hier jedoch wenigstens eine Art Grundtextur ermitteln zu können, wurden die Keller im gesamten Stadtgebiet ausgemessen und zu den Grundflächen der darüber stehenden Häuser in Beziehung gesetzt. Diese katastermäßige Aufnahme der mittelalterlichen Keller zeigt, daß man im Zug des Wiederaufbaus nach dem Stadtbrand von 1693 die Baulinien neu festlegte. Zwischen den heutigen Hochbauten und den darunter liegenden Kellern gibt es zum Teil erhebliche Abweichungen; sie machen deutlich, daß die steinernen mittelalterlichen Keller beim Wiederaufbau beibehalten wurden. Daraus ergeben sich konkrete Hinweise auf die Stadtgestalt vor 1693. Danach gab es vor 1693, im Gegensatz zur neuzeitlichen Konzeption, keine durchlaufenden Baulinien; vielmehr waren die Einzelgebäude gestaffelt angeordnet, so daß die Abgrenzung zum Straßenraum nicht immer eindeutig war. Die Zugänge der Keller — die Kellerhälse — waren auf die Straße ausgerichtet, die Größe der Keller selbst — dies spiegelt sich noch in den heutigen Verhältnissen wider — gibt zugleich Auskunft über die Wohlhabenheit der Hausbewohner.

Eine Bestätigung der Hypothese, wonach die Keller die ältesten Teile der heutigen Bebauung darstellen, erbrachten die Umbauarbeiten im Gebäude Marktstraße 32. Dieses Barockgebäude erhielt zur Anlage eines Treppenhauses eine neue Zwischenwand, die auf dem Gewölbe des darunterliegenden Kellers aufgesetzt werden sollte. Nach der Entfernung des aus jüngerer Zeit stammenden Bodens wurde die darunter liegende Auffüllung abgegraben. Dabei stieß man auf einen Depotfund von 1004 Goldmünzen, die zwischen

Aufgrund der archäologischen Befunde und des umfänglich aufgedeckten mittelalterlichen Baubestandes wurde die ursprünglich vorgesehene Neubebauung des Stadtburgareals nicht realisiert. Das Ziel, die historischen Überreste der Stadtburg möglichst unverändert zu erhalten, zugleich aber dem Bereich der Stadtburg eine neue innerstädtische Funktion zuzuweisen, wurde über einen Architekturwettbewerb erreicht.

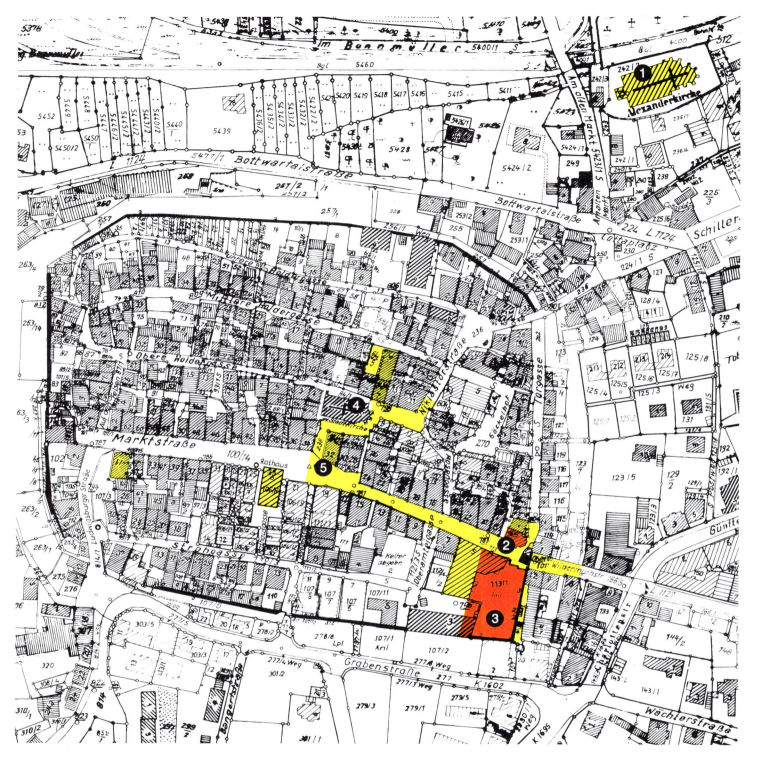

Marbach, Plan der Stadt mit Eintrag der archäologisch untersuchten beziehungsweise im Rahmen von baubegleitenden Untersuchungen beobachteten Bereiche.

1340 und 1395 geprägt wurden. Bei den Arbeiten wurde der Befundzusammenhang zwar zerstört, er ließ sich aber aus den spärlichen Resten und den Schilderungen des Finders mit hinlänglicher Sicherheit rekonstruieren. Danach waren die Münzen zu kleinen »Türmchen« gestapelt; Reste von verfallenem Holz deuteten auf ein Kästchen hin, das hier in die Auffüllung zwischen Gewölbe und Fußboden eingelassen war.

Es scheint sich demnach bei diesem Fund um eine Art Tresor zu handeln. Nicht nur das leider nicht mehr ermittelbare Ordnungsprinzip der aufeinandergestapelten Münzen, auch die Tatsache, daß es sich ausschließlich um Goldmünzen handelt, sprechen dagegen, daß hier Geld in einer Notsituation versteckt wurde. Vielmehr zeigt sich hier, wie auch am Beispiel des aufwendigen Baus der Wendelinskapelle, daß sich im Marbach des 14. Jahrhunderts offenbar nicht unbeträchtliche Vermögen erwirtschaften ließen.

1004 Goldmünzen, die über dem Scheitel des Kellergewölbes im Haus Marktstraße 23 aufgefunden wurden, belegen die wirtschaftliche Leistungskraft der Stadt Marbach ebenso wie die von einem wohlhabenden Bürger gestiftete Wendelinskapelle. Dieser Münzschatz, dessen wissenschaftliche Auswertung noch nicht abgeschlossen ist, läßt Antworten auf Fragen zur Geld-, Wirtschafts- und Handelsgeschichte der Region erwarten.

Der Altstadtbereich von Süden gesehen.

Die Forschungen, die in den vergangenen Jahren die Kenntnis der Marbacher Stadtgeschichte ein gutes Stück erweitern konnten und Material erschlossen, das wenigstens bis zu einem gewissen Grad den Verlust aller beim Brand von 1693 zerstörten Archivalien wettzumachen vermag, können sicher noch nicht als abgeschlossen gelten. Die noch offenen stadtarchäologischen Fragen lassen sich aber vor dem Hintergrund der Grabungsergebnisse heute deutlich formulieren, so daß der Weg für eine weitere, vor allem aber gezielte archäologische Erforschung erkennbar ist.

HARMUT SCHÄFER

143

Ravensburg

Die geographische Lage

Das Schussental spielte wohl bereits in neolithischer Zeit eine wichtige Rolle als Verbindung zwischen dem Bodenseebecken und dem Schwäbischen Hügel- und Seengebiet, und in römischer Zeit scheint dieser Verkehrsweg zur Straße ausgebaut worden zu sein. Entscheidend für die Entstehung Ravensburgs just an der Stelle, an der sich die Stadt heute befindet, war wohl vor allem die besondere topographische Situation hier im mittleren Schussental, das sich auf der Höhe der heutigen Stadt auf rund 1 km Breite verengt. Ravensburg entstand auch unterhalb des Veitsbergs auf dem eiszeitlichen Schuttkegel des Flattbachs, der bei Ravensburg aus südsüdöstlicher Richtung in die Schussen mündet. Der Schuttkegel auf der einen und der von Westen in die Schussen fließende Höllbach mit seinem Geschiebe auf der anderen Seite bildeten auf der Höhe des späteren Ravensburg eine natürliche Furt, und so kreuzte sich dort, wo später die Stadt entstehen sollte, die alte Nord-Süd-Straße mit der Straße, die das Allgäu mit dem westlichen Bodenseeraum verband.

Vorgeschichtliche und römische Besiedlung

Wohl aufgrund der beherrschenden Lage im mittleren Schussental wurde der über der heutigen Stadt aufragende Veitsberg bereits vom Endneolithikum an und mit Unterbrechungen bis in die Hallstattzeit als Siedlungsplatz genutzt. Funde und Befunde weisen dabei auf Siedlungsschwerpunkte in der mittleren Bronzezeit sowie in der Späthallstattzeit hin. Auf der Kuppelnau (nordnordwestlich der heutigen Altstadt) wurde ein aus 30 Bronzespiralen bestehender frühbronzezeitlicher Hortfund geborgen und in der Flur »Breitenen«, etwa 800 m nordöstlich der Altstadt, konnten Teile eines römischen Gutshofs ergraben werden. Einige weitere römische Funde sind außerdem vom Veitsberg sowie aus dem Altstadtgebiet bekannt.

Frühmittelalterliche Siedlung, Fronhof und Burg

Einige sicher aus zerstörten Gräbern stammende Funde, die aus der Kirche des ehemaligen Karmeliterklosters und im Bereich des davorliegenden Marienplatzes, in der Stadt selbst geborgen wurden, zeigen, daß in der Nähe bereits eine frühmittelalterliche Siedlung lag. Diese dürfte etwas westlich der heutigen Altstadt in der Nähe der Schussen zu suchen sein. Vermutlich wurde bereits beim Bau des Klosters im 14. Jahrhundert ein alamannisches Gräberfeld zerstört, über dessen Größe keinerlei Aussagen mehr möglich sind; die wenigen Funde lassen auf eine Belegungszeit vom späten 5. oder frühen 6. bis zum 7. Jahrhundert schließen. Die Besiedlung setzte hier offenbar gleichzeitig oder etwas später als in Altdorf, dem heutigen Weingarten, ein. Dort wurde ein großes, von der zweiten Hälfte des 5. Jahrhunderts an belegtes Gräberfeld mit über 800 Gräbern aufgedeckt.

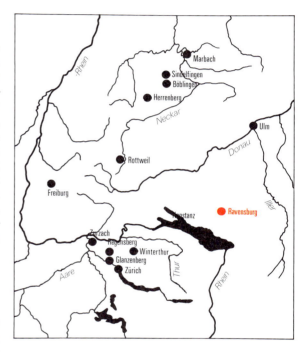

Linke Seite: Die Reichsstadt Ravensburg aus der Vogelschau von Westen. Ausschnitt aus einem Ölbild von David Mieser, 1625.

145

Kupferne Spiralen aus dem frühbronzezeitlichen Hortfund von der Kuppelnau/Ravensburg

Tasse und Flasche aus Ton, die bei Bauarbeiten in der Kirche des ehemaligen, am südlichen Stadtrand gelegenen Karmeliterklosters (heutige evangelische Pfarrkirche) geborgen wurden. Die fast vollständig erhaltenen Gefäße weisen auf ein frühmittelalterliches Gräberfeld hin, das vom späten 5. oder frühen 6. Jahrhundert bis zum 7. Jahrhundert belegt war. (Maßstab 1:2)

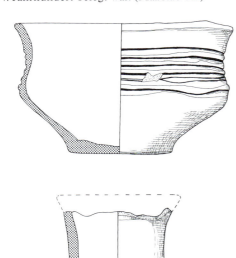

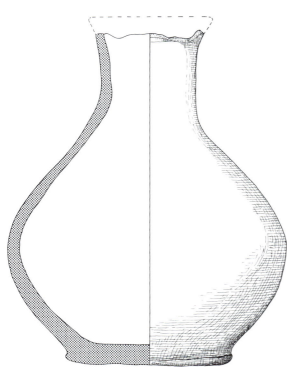

Ungefähr 550 m westlich des Rathauses, im Bereich der späteren Vorstadt »Pfannenstiel«, befand sich möglicherweise an derselben Stelle wie die frühmittelalterliche Siedlung ab dem 8. oder 9. Jahrhundert ein Fronhof. Wie alles Grundeigentum im mittleren Schussental gehörte er den Welfen und gelangte später an das Prämonstratenserstift Weißenau.

Die Welfen – das mächtigste Geschlecht des hohen Mittelalters in Schwaben – sind vom 9. Jahrhundert an als Grafen des karolingischen »Fiskus Schussengau« nachweisbar. Der Hauptwohnsitz dieser Hochadelsfamilie dürfte bis ins 11. Jahrhundert auf dem heutigen Martinsberg oberhalb von Altdorf gelegen haben. Danach wurde die Ravensburg auf dem Veitsberg zum Sitz der Welfen. Bei der 1980 auf einem kleineren Areal im Nordosten des Plateaus durchgeführten archäologischen Untersuchung wurden die Reste einer mit doppeltem Palisadenzaun gesicherten Burg aus Holz und Lehm freigelegt, die bereits im 10. Jahrhundert errichtet worden sein muß. Der geringe Fundanfall macht deutlich, daß diese nicht ständig bewohnt war und offensichtlich als Fluchtburg diente.

Die frühmittelalterliche Siedlung, der Fronhof an der Schussen und die »Fluchtburg« zeigen, daß bereits vor der Entstehung des Burgfleckens Siedlungskerne vorhanden waren, auch wenn sich ihre Bedeutung und Rolle für die Platzwahl und spätere Stadtentwicklung derzeit noch nicht genauer einschätzen lassen.

Die Ravensburg

Zu welchem Zeitpunkt die Welfen ihre Residenz von Altdorf auf die Ravensburg verlegten, läßt sich aus dem historischen Kontext nur annäherungsweise bestimmen. In der um 1170 entstandenen Hausgeschichte der Welfen, der »Historia Welforum«, ist das castrum »Ravenspurch« erstmals für das

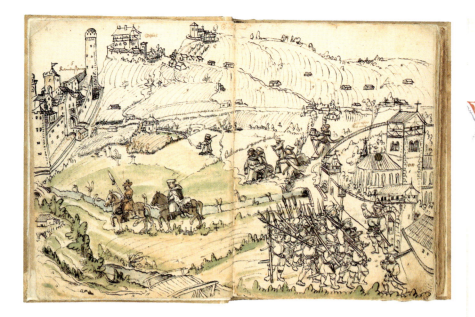

in ophenwanc duof agrof. trn̄ quē ibi
habemus qui etiā fuus erat illum uen
didit prius cum alio predio fuo.

Ve curte uidanshouen. ·······

Vt gefte rei memoria tam ap moderñof q̄
apitr pofterof non pear. fiunt de hoc diulof
gnerū fcripta. Hofū p p̄fens fcriptū tam
p̄fentibs quā futuris notū facim quom̄ no
bilis dux welfo ecc̄lie aug dedit curtem
uidanshouen. anno. d̄. e. lxxv. regnante
fiderico imp̄atore. p̄dictus dux welfo ha
burt dominiū uiū tre tā fup minifteria
les quā fup caftra et p̄dia. habuit etiā tūc
temporis in fua poteftate curtem uidanf
houen. et quia uicina erat clauftro ficut
adhuc hodie eft. uenabilis oewolfus ip̄oſt̄
aug ev fr̄es fui dn̄i laborauerunt ap̄ p̄dictū
ducē ut eandē curtē ecc̄lie eox̄ ut̄ uen

Jahr 1088 belegt. Damals ließ Herzog Welf IV. den Bischof von Augsburg als Gefangenen auf die Burg bringen und dort zwei Jahre lang festhalten. Es muß zu jener Zeit also bereits eine starke und gut befestigte Burg bestanden haben. Die archäologischen Untersuchungen in der 1647 weitgehend abgebrannten Burg zeigen, daß etwa in der Mitte des 11. Jahrhunderts eine Neubebauung stattfand, die immer noch — mit Ausnahme der allerdings nur indirekt nachgewiesenen Steinbefestigung — aus einfachen eingetieften Holzgebäuden, sogenannten Grubenhäusern, bestand. Der großen Menge an Funden zufolge war die Burg von da an ständig bewohnt. Die einfache Bebauung, die aus ebenerdigen und später auch auf Schwellmauern errichteten Holzhäusern bestand, ist im Bereich des Grabungsareals während drei weiterer Bauphasen bis in die Neuzeit nachweisbar. Befunde wie Backöfen, Feuerstellen, ein Keller sowie eine Zisterne zeigen, daß hier der im nordöstlichen Teil der Burg direkt an die Umfassungsmauer anschließende Wirtschaftsbereich mit Küche, Backöfen, Vorratsgebäude usw. aufgedeckt worden war.

Vermutlich steht die Verlegung der Welfenresidenz auf die Höhenburg in Verbindung mit der Übernahme der Herrschaft durch Welf IV., einen Neffen des 1053 kinderlos verstorbenen Welf III., der im Bereich des vermuteten ehemaligen Herrenhofs auf dem Martinsberg in Altdorf auch das Kloster Weingarten anlegen ließ. Aus dem Umstand, daß sich die Welfen noch bis ins 12. Jahrhundert hinein als »duces de Altdorf« bezeichneten, kann jedenfalls nicht gefolgert werden, daß sie so lange auch wirklich noch in Altdorf saßen. Der Name der Burg und späteren Stadt gibt immer noch Rätsel auf. Am wahrscheinlichsten ist eine Ableitung vom altdeutschen Rufnamen Rafan, der in fränkischer Zeit besonders weit verbreitet war. Da dieser Personenname bei den Welfen aber unbekannt ist, wäre auch denkbar, daß der frühmittelalterliche Fronhof Ravensberg hieß und diese Bezeichnung auf den Berg beziehungsweise die Burg übertragen wurde.

Vom Burgflecken zur Stadt

Von einem »suburbium«, einem Burgflecken Ravensburg, ist erstmals 1109 die Rede, und zwar im Zusammenhang mit einer Michaelskapelle am Berghang unterhalb der Ravensburg. Das Michaels-Patrozinium könnte auf eine bereits frühmittelalterliche Gründung hinweisen. Diese Kapelle unterstand der Pfarrkirche in Altdorf. Ihr Sprengel und Besitz wurden 1109 zwischen Welf V. und Heinrich dem Schwarzen geteilt. Herzog Welf V. schenkte seine Hälfte dem Kloster Weingarten, in der anderen Hälfte dürfte Herzog Welf VI., der Sohn Heinrichs des Schwarzen, Mitte des 12. Jahrhunderts die Kapelle der heiligen Christina von Bolsena gestiftet haben, die 1197 mitsamt ihrem umfangreichen Zubehör, darunter dem oben erwähnten Fronhof, dem 1145 gegründeten Prämonstratenserstift Weißenau übereignet wurde. Aus

Oben links: Zeichnung aus der um 1525 entstandenen Bauernkriegschronik des Weißenauer Abts Jakob Murer mit der ältesten Ansicht der Veitsburg. Neben dem überhöht dargestellten Palas ist der 1751/52 zum »Bagnato-Schlößchen« umgebaute Bergfried zu sehen und dahinter die 1833 abgerissene Veitskapelle. Links von der Burg der ebenfalls überhöht gezeichnete »Mehlsack«.

Oben: Darstellung Welfs VI. († 1191) aus der Weißenauer Handschrift von 1220. Unter ihm erwuchs Ravensburg zur Stadt.

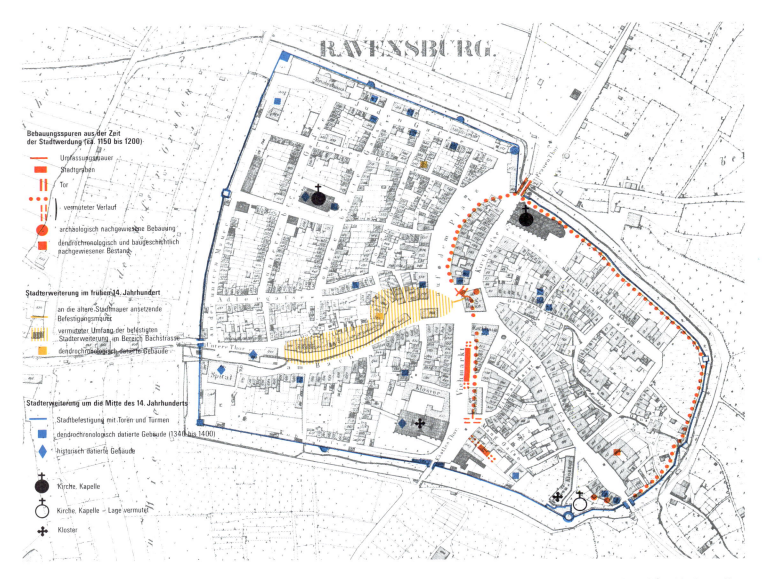

Die Stadtentwicklung von Ravensburg. Diese Karte
zeigt die archäologischen Befunde und dendrodatierten
Gebäude vom frühen bis zum späten Mittelalter.

Unten: Die Fassade des spätromanischen Steinhauses
an der Mohrengasse 8 mit erhaltenem romanischem
Zwillingsfenster.

der Christinenkapelle erwuchs im 13. Jahrhundert eine Pfarrkirche, allerdings außerhalb der Stadt, während in dem 1109 an Weingarten gelangten
Teil des Sprengels der alten Michaelskapelle, zu dem das suburbium Ravensburg gehörte, später eine neue, Maria geweihte Kapelle am Nordwestrand
der Stadt entstand, aus der sich die Pfarrkirche Unserer Lieben Frau entwik-
kelte.

Im suburbium, das den Namen der Burg übernahm, lebten Kaufleute und
Handwerker, die im Dienst des welfischen Hofs auf der Ravensburg standen.
Sie siedelten sich in erster Linie entlang des Wegs an, der von der alten Fernstraße Donau–Bodensee hinauf zur Burg führte. Mittelpunkt des Burgflek-
kens war ein Marktplatz, das 1152 erstmals belegte »forum«, übrigens der
älteste Markt Oberschwabens, der im Stadtgrundriß noch gut erkennbar ist.
Vom 14. Jahrhundert an erscheint er unter der Bezeichnung »Alter Markt«.
An diesem Platz wurden auch die ältesten Gebäude der Ravensburger Altstadt nachgewiesen, das heutige Gebäude Marktstraße 59 (dendrochronologisch auf 1178 datiert) und das dahinter liegende Steinhaus Mohrengasse 8,
dessen romanisches Zwillingsfenster auf sein hohes Alter verweist. Zwei weitere, wohl bis ins 12. Jahrhundert zurückgehende ältere Gebäude konnten
auf der gegenüberliegenden Straßenseite teilweise archäologisch untersucht
werden. Unter dem 1378/79 errichteten Haus Marktstraße 36 wurde ein älterer, durch das heutige Gebäude zerstörter Steinbau erfaßt. Und in das um
1365 errichtete Haus Marktstraße 40 wurde der ältere, wohl an die Stadtmauer angebaute Wohnturm integriert, der heute noch im Grundriß des
bestehenden Baus ablesbar ist. Die beiden Beispiele zeigen, daß zumindest
an der Südseite der Marktstraße die Bebauung in romanischer Zeit offensichtlich weiter nach Südwesten zur Stadtmauer hin zurückversetzt war und

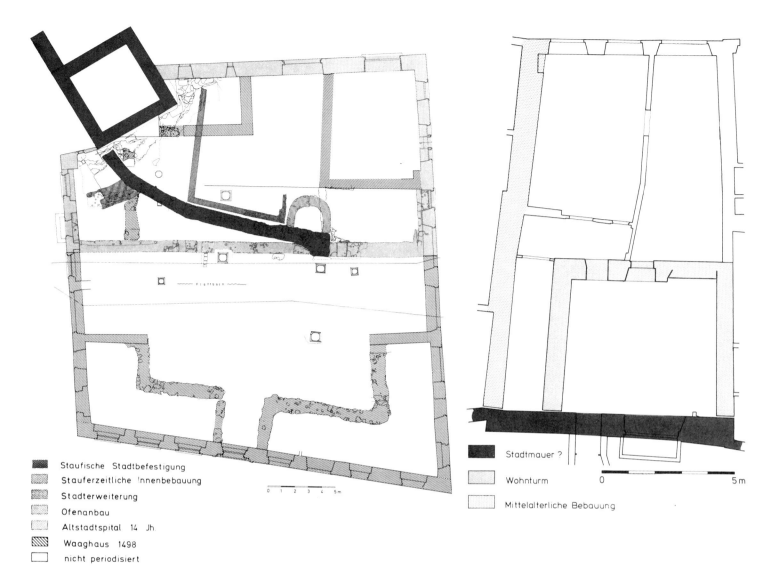

Staufische Stadtbefestigung
Stauferzeitliche Innenbebauung
Stadterweiterung
Ofenanbau
Altstadtspital 14 Jh.
Waaghaus 1498
nicht periodisiert

Stadtmauer ?
Wohnturm
Mittelalterliche Bebauung

0 1 2 3 4 5m

0   5m

der »Markt« folglich breiter gewesen sein muß. Die typischen langgestreckten, schmalen und traufständigen Häuser, die auch noch heute das Stadtbild prägen, entstanden – so ergaben die dendrochronologischen Untersuchungen – erst im Lauf des 14. und 15. Jahrhunderts.

Für das Aufblühen des welfischen Burgfleckens und Markts war nicht nur die große Burg der welfischen Herzöge mit ihrem Bedarf an Konsumgütern und Dienstleistungen maßgebend, sondern auch die hervorragende verkehrsgeographische Lage in nächster Nähe der bereits beschriebenen Fernstraßenkreuzung.

Im Lauf des 12. und 13. Jahrhunderts dehnte sich die Siedlung über die Marktstraße hinaus nach Norden in den Bereich der heutigen Kirch- und Herrenstraße und nach Süden bis zur Burg- und Eichelstraße sowie der Ratshausgasse aus. Als Marktort war das suburbium vom 12. Jahrhundert an eine Immunität mit eigenem Marktrecht, Marktgericht und Zoll, und erfüllte somit bereits wesentliche Voraussetzungen für die Entwicklung zur Stadt. Die einzelnen Hofstätten wurden von den welfischen Grundherren unter den für die Belehnten sehr günstigen Bedingungen des »Marktrechtes« verliehen, was viele Siedler, vor allem auch Untertanen des benachbarten Klosters Weingarten, anlockte.

Die staufische Stadt

Zwischen 1178 und 1191 gelangte Ravensburg zusammen mit dem gesamten schwäbischen Welfenbesitz an die Staufer. Es ist hier nicht der Platz, auf die großen reichspolitischen Auseinandersetzungen zwischen Welfen und Stau-

Oben links: Die archäologischen Befunde unter dem Ende des 15. Jahrhunderts errichteten Waaghaus mit der ältesten in das 13. oder sogar noch in das 12. Jahrhundert zurückreichenden Stadtbefestigung und Resten der Innenbebauung. Eine nach Südwesten abzweigende Mauer belegt eine bisher unbekannte Stadtentwicklungsphase im 13. oder frühen 14. Jahrhundert. Mit der umfangreichen Erweiterung Mitte des 14. Jahrhunderts wird die ältere Stadtmauer aufgegeben und an dieser Stelle das Spital errichtet. Das ehemalige Stadttor wird als Blaserturm in die spätere Bebauung integriert.

Oben: Grundriß des um 1360 erbauten Hauses Marktstraße 40. Im Hausinnern haben sich über drei Geschosse die Grundmauern eines unterkellerten Wohnturms erhalten, der offenbar an die älteste Stadtmauer angebaut war. Der Eingang des spätromanischen Gebäudes lag im ersten Obergeschoß.

149

Ganz oben: Konradin von Hohenstaufen auf der Falkenjagd (Manessische Liederhandschrift). Er soll sich mehrfach auf der Ravensburg aufgehalten haben und hat in seinem Testament die Klöster Weißenau und Weingarten mit Zuwendungen bedacht. Das Wappenschild in der linken oberen Ecke entspricht dem Schild im ältesten Ravensburger Stadtsiegel.

Oben: Das Ravensburger Stadtsiegel von 1267. Dargestellt ist die Torburg mit zwei Seitentürmen und dem offenen Tor in der Mitte. Über dem Tor befindet sich ein Wappenschild mit Kreuz, das vermutlich von Konradin von Hohenstaufen in das Stadtsiegel eingefügt wurde.

fern einzugehen, die diesem Machtwechsel in Oberschwaben vorangegangen sind. Mit dem welfischen Eigenbesitz um Ravensburg erlangten die Staufer aber einen neuen Schwerpunkt ihrer Herrschaft im Herzogtum Schwaben. Den genauen Zeitpunkt, zu dem Ravensburg eine Stadt im Rechtssinn wurde, kennt man zwar nicht, doch dürfte die Stadtwerdung in der 1. Hälfte des 13. Jahrhunderts abgeschlossen gewesen sein. Eine »universitas burgensium« (Bürgergemeinde), Indiz einer aufkeimenden städtischen Selbstverwaltung, wird in Ravensburg erstmals 1224 erwähnt, der Begriff »civitas« ist ab 1251 belegt (cives aber schon 1241). Auf die überregionale Bedeutung der Ravensburg zur Zeit Kaiser Friedrichs II. als Sitz der staufischen »Prokuration« im Herzogtum Schwaben kann hier nicht näher eingegangen werden. Erwähnung verdient in diesem Zusammenhang aber die Verlegung des ab 1221 nachweisbaren Landgerichts Oberschwaben, das zunächst zwischen Ravensburg und Altdof »apud Sulce« (?) getagt hatte, an die Mühlbruck bei Ravensburg um 1250, an die Stelle, wo ab etwa 1100 die vom Allgäu nach Meersburg führende Straße die Schussen überquerte.

An der Spitze des Gemeinwesens stand ein königlicher Ammann, der den benachbarten »burgus« Altdorf mitverwaltete. Wenn auf dem Siegel dieses Ammanns im 13. Jahrhundert »minister de Ravenspurg« stand, so ist dies als Bezeichnung eines Verwaltungsbezirks, des ehemaligen »patrimonium Altorfensium« zu verstehen, das Burg, Stadt und nähere Umgebung einschließlich Altdorf umfaßte. Man kann zumindest bis zum Ende der Stauferzeit von einer Verwaltungsgemeinschaft Ravensburg-Altdorf sprechen, die besonders deutlich im (vermutlich auf der Ravensburg entstandenen) Reichssteuerverzeichnis von 1241 sichtbar wird, nach welchem die »cives de Altdorf et de Ravinsburc« einen Steuerbezirk bildeten. Noch weit ins 14. Jahrhundert hinein wurde der Ravensburger Stadtammann vom König automatisch zum Ammann des »Fleckens« Altdorf bestellt.

Die städtische Siedlung dürfte bis um 1250 die Größe der heutigen Oberstadt erreicht haben und voll befestigt gewesen sein. Ob die an mehreren Stellen erfaßte älteste Ummauerung mit vorgelagertem Graben erst unter den Staufern oder teilweise bereits unter den Welfen entstand, konnte bislang ebensowenig geklärt werden, wie ihr genauer Verlauf. Während der östliche Teil der Befestigung in etwa der späteren Stadtmauer entsprach, verlief der westliche im Bereich des heutigen Marienplatzes. Im Westen konnten zwei Stadttore erfaßt werden, das ältere Kästlinstor im Süden und das »Niedere Tor«, das als »Blaserturm« in das 1497/1498 erbaute Waaghaus integriert wurde. Die ebenfalls bereits zur älteren Stadtbefestigung gehörenden Tore, im Südosten das »Obertor« und im Norden das »Frauentor«, wurden in späterer Zeit umgebaut. Die im Bereich des »Niederen Tors« nachgewiesene Bebauung reichte bis dicht an die Stadtmauer heran. Einem großen Holzgebäude mit Schwellmauerfundament folgte ein an die Stadtmauer angebauter halbrunder Ofen, in dem vermutlich Ziegel gebrannt wurden.

Reichsstadt und Fernhandelszentrum

In den Jahren des staufischen Machtzerfalls und des Interregnums wurde Ravensburg de facto Reichsstadt mit eigenem Rat (1275 belegt), Gericht, Münze, Siegel usw. Die beiden Privilegien, die Rudolf von Habsburg 1276 und 1286 der Bürgerschaft verlieh, bestätigten und präzisierten nur noch einen Status, den die Stadt ohnehin bereits besaß: direkte Unterstellung unter König und Reich, Freiheit von fremden Gerichten, Rechtsgleichheit aller Stadtbewohner, Ausdehnung des Marktfriedens über den eigentlichen Machtbezirk hinaus auf alle auswärtigen Marktbesucher, die damit unter den Schutz des im Namen des Königs richtenden Stadtgerichts gestellt wurden. Neu war das Versprechen König Rudolfs, die Stadt niemals zu verpfänden oder auf andere Weise dem Reich zu entfremden, und neu war auch die bis heute geltende Festsetzung des Samstags als Markttag.

Ein wichtiger Faktor in der weiteren Geschichte der Stadt wurde die Landvogtei Oberschwaben, die König Rudolf von Habsburg 1274 in Anknüpfung an die »Prokuration« der Staufer einrichtete. Wichtigste Aufgabe des Landvogts, der seinen Sitz auf der Ravensburg hatte, war es, die Rechte des Reichs in Oberschwaben zu wahren. Dementsprechend beanspruchte er als Beamter

des Königs auch eine Art Oberaufsicht über die Stadt, ein Umstand, der in der Folge zu häufigen Reibereien zwischen der aufblühenden, auf ihre Selbständigkeit bedachten Kommune und der Landvogtei führte, zumal diese Institution allmählich zu einem Instrument habsburgischer Territorialpolitik wurde. Sichtbarer Ausdruck dieses Gegensatzes zwischen Stadt und Burg ist der »Mehlsack« genannte Turm (1425–29 dendrodatiert, aber Vorgängerbau vermutlich aus dem späten 13. oder frühen 14. Jahrhundert), von dem aus die Bürger das Burggelände kontrollieren und notfalls sogar beschießen konnten.

In das letzte Viertel des 13. Jahrhunderts fällt auch die Errichtung einer eigenen Pfarrei innerhalb der Stadt. Die bereits erwähnte Marienkapelle ist 1274 erstmals als »ecclesia« belegt und wurde 1279 förmlich dem Kloster Weingarten inkorporiert. 1286 ließ sich Weingarten vom König zudem den Besitz der alten Michaelskapelle und der Burgkapelle St. Veit bestätigen. Beide Kapellen wurden 1292 dem Benediktinerkloster inkorporiert. Indirekt galt dies auch für die vor 1287 gestiftete Spitalkapelle zum Heiligen Geist, die der Marienkirche unterstand.

So stellt sich Ravensburg um 1300 als eine ummauerte Stadt mit einer Fläche von etwa 12 ha dar, mit Marktplatz, Pfarrkirche, Spital, zwei Kapellen, einem kleinen Frauenkloster (»Sammlung« bei der Michaelskapelle), mit wirtschaftlichen Einrichtungen wie Schuh- und Brotbänken (1269/70) und einem »Kramhaus« (1328 erwähnt). Außer einigen wenigen Steinhäusern (neben den bereits erwähnten werden noch weitere Steinhäuser 1278, 1298 und 1318 ausdrücklich genannt) dürften die meisten Gebäude in Fachwerk-

Oben links: Marktprivileg König Rudolfs von Habsburg, 1286. Die beiden Privilegien von 1276 und 1286 bestätigten die direkte Unterstellung der Stadt unter König und Reich, Gerichtsfreiheit, Rechtsgleichheit, Ausdehnung des Marktfriedens und Festsetzung des Samstags als Markttag.

Ganz oben: Ravensburger Brakteat, um 1220, mit einer Vorform des Stadtwappens. Die von den Staufern geprägte Münze zeigt die typische Torburg. Der über dem Torbogen dargestellte Königskopf belegt, daß hier eine königliche und keine reichsstädtische Prägung vorliegt.

Oben: Ravensburger Brakteat mit dem Königskopf im Torbogen, um 1260/70.

151

Siegeltypar (oben), um 1360, das die Torburg und das ursprünglich königliche Wappenschild mit dem Kreuz zeigt; darunter das Siegel.

Stadtwappen mit Torburg und Reichswappen mit dem Reichsadler am Fenstergewände des Kleinen Ratssaals im Rathaus (2. Hälfte 14. Jahrhundert).

technik errichtet worden sein. Rat und Gericht wurden von einer kleinen, aus Stadtadeligen und Fernhändlern bestehenden Oberschicht, dem »Meliorat«, beherrscht.

Um 1300 war Ravensburg eine blühende Exportgewerbestadt, in der die Produktion von Leinwand im Vordergrund stand. Die ersten Belege für den Export von Ravensburger Leinwand nach Italien reichen weit ins 13. Jahrhundert zurück. Eine weitere Wurzel des Wohlstands waren die Wochen- und Jahrmärkte mit einem sehr großen Einzugsgebiet. Welche politische Bedeutung Stadt und Burg um 1300 besaßen, zeigt auch die Tatsache, daß König Friedrich der Schöne im April 1315 seine Hochzeit mit Elisabeth von Aragon auf der Ravensburg feierte.

Nachdem Herzog Philipp von Schwaben 1197 das Kirchengut von St. Christina dem Chorherrenstift Weißenau geschenkt hatte, war dieses der größte Grundherr in und um Ravensburg. Das weitere Wachstum der jungen aufstrebenden Stadtgemeinde war somit nur noch durch den Erwerb von Weißenauer Grund und Boden möglich. Dies gelang im Verlauf des 14. Jahrhunderts. Vermutlich gab Weißenau um 1300 seinen alten Fronhof nahe der Schussen auf und stellte ihn der Stadt für den Bau eines Leprosenhauses zur Verfügung.

Nach 1320 setzte ein starker Wachstumsschub ein. Nun wurde auch das Gebiet im Westen der Stadt, die heutige Unterstadt, besiedelt. Von zwei heute noch stehenden Gebäuden in diesem Stadtteil (Bachstraße 12 und Charlottenstraße 12) weiß man, daß sie 1327/28 erbaut wurden. Ein nördlich des »Niederen Tors« nach Westen abzweigendes, an die alte Stadtmauer angesetztes Mauerstück könnte darauf hinweisen, daß die vorstadtähnliche Siedlung im Bereich der Bachstraße sogar befestigt war.

1324 wurde ein Bürgeraufnahmebuch angelegt, das dokumentiert, welchen Zulauf Ravensburg damals zu verzeichnen hatte, nicht zuletzt aus dem benachbarten Altdorf. Das veranlaßte den Rat um 1340, die Stadtmauer zwischen Frauentor und Kornhaus teilweise abzubrechen, den davorliegenden Stadtgraben einzuebnen und westlich davon neue Straßenzüge anzulegen. Das etwa 16 ha große Gelände der »Neustadt«, mit annähernd rechteckigem Grundriß im Westen der staufischen Stadt wurde in der Folgezeit befestigt und überbaut. Das neu errichtete Untertor sicherte der Stadt den Zugang von Westen, das ältere Kästlinstor wurde abgebrochen und weiter nach Süden verlegt. Die Stadttore und Ecktürme der neuen Befestigung sind gemäß den Dendrodaten zwischen 1363 und 1400 errichtet worden, ebenso eine ganze Reihe von Gebäuden. Durch die Zuschüttung des Grabens entstand zwischen der Altstadt und der Neustadt eine breite, von Norden nach Süden verlaufende Achse, der heutige Marienplatz. Die überflüssig gewordene alte Stadtmauer wurde mit Häusern überbaut. In der Folgezeit verlagerte sich der Markt immer mehr auf diesen Platz, an dem auch wichtige öffentliche Gebäude wie Rathaus, Kornhaus, Waaghaus und Lederhaus sowie das ab 1344 erbaute Karmeliterkloster am Südrand der Stadt entstanden. Die archäologische Untersuchung des 1487/88 erbauten Waaghauses gab Aufschluß über den Grundriß des Altstadtspitals, dessen Mauerwerk nach dem Abbruch dem nördlichen Teil des Waaghauses als Fundament diente. Das Spital war nach der Aufgabe der an dieser Stelle abgerissenen Stadtmauer errichtet und das »Niedere Tor« als Eckturm in das Gebäude miteinbezogen worden. Bemerkenswert am Waaghaus ist der mitten unter dem Gebäude durchfließende kanalisierte Flattbach, der die Stadt von Osten nach Westen als Gewerbebach durchzieht.

Altstadt und Neustadt unterscheiden sich auch unter sozialtopographischen Aspekten. Während in der Oberstadt (Altstadt) überwiegend das Patriziat und die Kaufmannschaft wohnten, siedelten sich in der Unterstadt (Neustadt) hauptsächlich Handwerker an. Eine Judensiedlung befand sich ebenfalls in der Unterstadt, im östlichen Teil der Grüner-Turm-Straße (ehemals Judengasse).

Die starke Zunahme der Bürgerschaft nach etwa 1320 führte sehr bald zu einer politischen Emanzipation des »gemeinen Mannes« gegenüber den bis dahin allein tonangebenden »meliores«, den »Besseren«, der Oberschicht des Stadtadels und der Fernhändler. So kam es schließlich zur schriftlichen Fixierung des in der Stadt geltenden Gewohnheitsrechts und zur Einführung einer Zunftverfassung. Damit verbunden war eine endgültige rechtliche Tren-

nung zwischen Ravensburg und Altdorf. Ihren deutlichsten Ausdruck fand diese Trennung 1332 im Verbot Kaiser Ludwigs des Bayern, Eigenleute des Klosters Weingarten (und damit also auch die Bewohner von Altdorf) als Bürger in die Stadt aufzunehmen.

Die wirtschaftlichen Aktivitäten der Ravensburger Bürgerschaft gipfelten in der Gründung der »Großen Ravensburger Handelsgesellschaft« (etwa 1400–1530), nach Zahl der Teilhaber, Handelsvolumen, eingesetztem Kapital und geographischer Ausdehnung das größte deutsche Handelsunternehmen des 15. Jahrhunderts. Die Begründer waren Mitglieder der einheimischen Familien Humpis, der Mötteli aus Buchhorn und der Muntprat aus Konstanz. Auf der Grundlage der Leinwand- und Barchentherstellung entfaltete die Gesellschaft einen europaweiten Warenhandel.

Ravensburg in der Neuzeit

Das Ende der Ravensburger Handelsgesellschaft im Jahr 1530 markiert zugleich den Beginn des wirtschaftlichen und politischen Niedergangs Ravensburgs. Infolge der sich abzeichnenden Umwälzungen zogen viele der bis dahin im Fernhandel engagierten Patrizier aus der Stadt und lebten fortan als »Landadelige« von ihrer Grundrente.

Die Reformation erreichte Ravensburg erst spät (1544–1546) und erfaßte nur etwa die Hälfte der Bürgerschaft. Von 1548 an gehörte die Stadt zu einem der wenigen »paritätischen« Gemeinwesen im Deutschen Reich. Mit der von Kaiser Karl V. 1551 oktroyierten Verfassungsreform wurde der von der Mitte des 14. Jahrhunderts an bestehende politische Einfluß der acht Zünfte stark reduziert. Bis zum Ende der reichsstädtischen Zeit herrschte in Ravensburg nun ein patrizisch-oligarchisches Regiment, das sich in kleinlicher Lokalpolitik verzettelte.

Das letzte bedeutende Gebäude, das die Reichsstadt in eigener Regie errichtete, war die 1625 erbaute Brotlaube. Danach ging es für lange Zeit bergab.

Oben: Der kleine Ratssaal mit gewölbter spätgotischer Holzbalkendecke und -täfelung aus dem 15. Jahrhundert.

Unten: Marke der um 1400 gegründeten »Großen Ravensburger Handelsgesellschaft«, 1475/76. Sie war das größte deutsche Handelsunternehmen im 15. Jahrhundert.

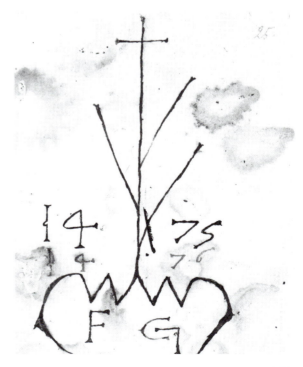

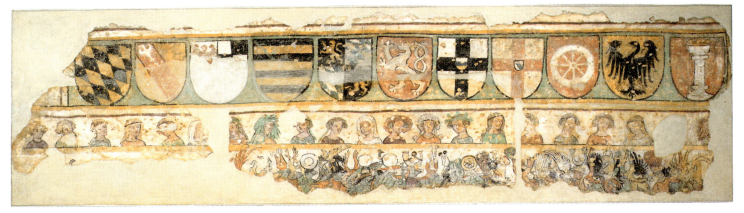

Der Dreißigjährige Krieg wirkte sich in Ravensburg verheerend aus; die Einwohnerzahl nahm von etwa 5500 auf 2500 ab. 1647 ging die Burg in Flammen auf. Auch die lange Friedensperiode im 18. Jahrhundert brachte nur einen bescheidenen Wohlstand. Während die benachbarten Reichsklöster aufgrund ihrer andersartigen ökonomischen Basis (Landwirtschaft) im Zeitalter des Barock eine großartige Bautätigkeit entfalten konnten, kam die alte Exportgewerbestadt aus den Schulden nicht mehr heraus. Daran war nicht zuletzt die Landvogtei Schwaben schuld, die sich zu einem Instrument der österreichischen Territorialpolitik entwickelt hatte. Sie behinderte mit Erfolg die wirtschaftliche Regeneration Ravensburgs. So wurde denn nach 1648 in Ravensburg auch fast nichts mehr gebaut. Im Stadtbild fehlen barocke Elemente fast vollständig.

1802 kam Ravensburg zunächst zu Bayern, 1810 dann zum Königreich Württemberg. Zwar dauerte es lange, bis die Bürgerschaft sich daran gewöhnt hatte, nicht mehr reichsfrei, sondern württembergisch zu sein; in wirtschaftlicher Hinsicht war jedoch die Zugehörigkeit zu einem großen Wirtschaftsraum von Vorteil. Mit dem Bau der Eisenbahn 1847–1850 blühte in Ravensburg eine neue Industrie auf – jetzt vor allem mit Spinnereien, Stickereien sowie Maschinenfabriken. Dagegen konnte sich die traditionelle Papiermacherei, die vor den Toren der Stadt im Flattbachtal schon sehr früh, um 1392, begonnen hatte, im 19. Jahrhundert nicht behaupten und verschwand schließlich vollständig.

Ein wichtiger wirtschaftlicher Faktor blieb auch im 19. Jahrhundert die Funktion der Stadt als zentraler Marktort, besonders für Getreide und Vieh. Die Ravensburger Kornschranne war nach jenen in Ulm und Biberach die größte in Württemberg, noch größere Bedeutung besaß zeitweise der Vieh- und Pferdemarkt.

Die Einwohnerzahl der Stadt wuchs von etwa 3400 im Jahr 1802 auf rund 13 500 im Jahr 1900. Nach 1945 konnte die Stadt ihre zentralen Funktionen ohne Unterbrechung wahrnehmen. Der wirtschaftliche Aufschwung, der nach der Währungsreform einsetzte, wirkte sich auch in Ravensburg positiv aus, allerdings nicht im selben Maß wie anderswo. Immerhin bewirkte die gesamtwirtschaftliche Entwicklung ein weiteres Bevölkerungswachstum. Nach der Kommunalreform, durch die die Gemeinden Schmalegg, Taldorf, Eschach und Adelsreute nach Ravensburg eingegliedert wurden, beträgt die Einwohnerzahl heute 46 000.

Stadterweiterung und Eingriffe in die historische Bausubstanz

Über den nach der Stadterweiterung im 14. Jahrhundert erreichten Umfang wuchs die Stadt bis in die erste Hälfte des 19. Jahrhunderts nicht nennenswert hinaus. Die erste moderne Stadterweiterung wurde an der Straße nach Friedrichshafen angelegt, danach folgte die Erweiterung nach Westen in Richtung Bahnhof sowie nach Norden in Richtung Altdorf-Weingarten. Im Westen, Süden und Südosten siedelten sich nach und nach Industriezweige an. Zur gleichen Zeit kam es auch zu größeren Eingriffen in die Stadtbefestigung: Die Stadtmauer wurde in ihrer Höhe reduziert, an manchen Stellen

Oben: Außenfresko am Gebäude Marktstraße 63, um 1416-20. Es handelt sich um ein Memorialbild des Konstanzer Konzils und der Wahl Papst Martins V., dessen Wappen im äußersten rechten Bildrand dargestellt ist. Nach links reihen sich in hierarchischer Folge die Wappen der am Konzil beteiligten Fürsten.

Mitte: Ofenkachel aus der zweiten Hälfte des 14. Jahrhunderts, gefunden im Bereich des Marienplatzes in Ravensburg. Ungewöhnlich ist die zweifarbige gelb- und rotbraune Glasur sowie die Aufteilung in vier Felder, in denen die Vorder- und Rückseite eines Feigenblatts, ein Hahn und ein Kiebitz dargestellt sind.

Unten: Der Kachelmodel mit einer Darstellung der Auferstehung stammt aus der Werkstatt des Ravensburger Hafnermeisters Andreas Mauselin (1585-1619), die sich im Haus Marktstraße 36 befand.

ausgebrochen; ferner hat man auch das Kästlinstor vollständig abgerissen. Dank der Tatsache, daß Ravensburg von Stadtbränden und Kriegszerstörungen bis zum heutigen Tag weitgehend verschont geblieben ist, hat sich der Grundriß der ummauerten Stadt, so wie er sich bis zum Ende des 14. Jahrhunderts entwickelt hat, fast ohne Einbußen erhalten. Auch die von zahlreichen hohen Türmen geprägte Stadtsilhouette ist noch vorhanden. Erst die 50er, vor allem aber die 60er und die 70er Jahre brachten schwerwiegende Eingriffe in die historische Bausubstanz mit sich. Neben vereinzelten um- oder neugestalteten Gebäude sind es unter anderem einige Kaufhäuser und ein Parkhaus, die nicht ins Bild der historisch gewachsenen Stadt passen; den Eindruck mittelalterlicher Geschlossenheit vermögen sie allerdings kaum zu beeinträchtigen.

Die Stadt bemühte sich denn auch immer wieder um die Erhaltung und Bestandsaufnahme der Altbausubstanz. So wurden wichtige historische Bauten instandgesetzt und die Altstadt verkehrsberuhigt. Von großer Bedeutung ist die große Anzahl von Dendrodaten, die im Auftrag der Stadt ermittelt wurden und die Aufschlüsse über die Entstehungszeit der Gebäude und die Stadtentwicklung geben.

Die Rolle der archäologischen Forschung

Archäologischen Untersuchungen stand die Stadt nicht nur aufgeschlossen und interessiert gegenüber, sondern sie förderte sie auch in vorbildlicher Weise. Seit 1980 hat das Landesdenkmalamt im Rahmen der Altstadtsanierung mehrere Baubeobachtungen und Notgrabungen durchgeführt. Dadurch wurden wichtige Erkenntnisse zur Stadtentwicklung gewonnen, die das auf historischen Forschungen beruhende Bild ergänzen, bestätigen und korrigieren. Die wichtigsten Ergebnisse für die Stadtgeschichte erbrachte die bereits erwähnte, 1986 durchgeführte Grabung unter dem Waaghaus, die Auskunft über die Bebauung und Stadtbefestigung an dieser Stelle gab. Im Haus Marktstraße 36 wurden die Überreste einer von der zweiten Hälfte des 16. Jahrhunderts bis zum frühen 19. Jahrhundert im Erdgeschoß betriebenen Hafnerwerkstatt mit Brennofen gefunden. Ausschußware einer weiteren Hafnerwerkstatt aus dieser Zeit sowie Gebrauchskeramik und Töpfereiabfall aus dem 14. Jahrhundert konnten beim Tiefgaragenbau unter dem Marienplatz geborgen werden.

Aus dem bisher noch nicht vollständig ausgewerteten Fundgut lassen sich, wenn auch mit Einschränkungen, Einblicke in den Alltag und Lebensstandard der Stadtbewohner gewinnen. Über den Zeitraum des 13./14. Jahrhunderts gibt vor allem das bereits erwähnte Fundgut vom Marienplatz Auskunft. Es besteht überwiegend aus Tongeschirr, während Metallfunde nur spärlich vertreten sind. Neben einfachem Koch- und Haushaltsgeschirr finden sich glasierte, teils plastisch und figürlich verzierte Gefäße, die bei Tisch verwendet wurden (vgl. Beitrag »Keramik«, Seite 320). Sie verraten — wie auch die Trinkbecher aus Glas — Bedürfnisse und Wünsche des gehobenen Bürgertums; so wie auch die in der Töpferei hergestellten Spielzeugpüppchen und -pferdchen ihren Absatz in der Stadt fanden. Auffallend ist die große Anzahl von becher- und schüsselartigen Ofenkacheln, die — zusammen mit den wenigen Blattkacheln — auf den Wohnkomfort hinweisen. Sämtliche Gegenstände, vielleicht mit Ausnahme der Gläser, sind einheimische Produkte. Importgüter, wie man sie in einer Fernhandelsstadt erwarten würde und wie sie beispielsweise aus Konstanz bekannt sind, wurden in Ravensburg bislang nicht gefunden. Die Erklärung dieser Tatsache, wie auch die Beantwortung zahlreicher noch offener Fragen zur Stadtgeschichte gehören zu den künftigen Herausforderungen, denen sich die archäologische Forschung stellen muß.

Dorothee Ade-Rademacher/Peter Eitel

Grabstein des Kaufmanns Henggi Humpis, Bürgermeister und Mitgründer der Großen Ravensburger Handelsgesellschaft († 1429).

REGENSPURG.

Regensberg

Die Geschichte des Städtchens Regensberg ist gleich in mehrfacher Hinsicht exemplarisch für die Zeit um 1300: Als Neugründung einer Stadt zählt Regensberg zu den rund zwei Dutzend Städten und Städtchen, die in der Zeit zwischen 1200 und 1350 in der weiteren Region entstehen. Der eindrucksvolle Standort auf einem letzten Ausläufer der Lägern und die von Anfang an als Vorburg zur gleichzeitig errichteten Burg konzipierte Stadtanlage weisen eindeutig auf die Absicht der Regensberger hin, hier das Zentrum einer möglichen Landesherrschaft entstehen zu lassen. Symptomatisch ist aber auch, daß die um 1244 errichtete Herrschaftsanlage auf dem Lägernsporn nicht einmal hundert Jahre später in habsburgischem Besitz und ab 1406 in Zürcher Eigentum ist. Regensberg erinnert damit an ein Kapitel bewegter Landesgeschichte, als der Adel einen tiefgreifenden Wandel durchmachte und sich in viele »Verlierer« und wenige »Gewinner«, die zukünftigen Landesherren, differenzierte. Das Städtchen hat im Rahmen dieser Veränderungen seine bevorzugte Stellung als Dynastenstadt verloren und ist zum einfachen Sitz eines (Land-)Vogts geworden. Die Entwicklung Regensbergs erlebte so zur gleichen Zeit einen Bruch, in der auch seine Gründer mehr oder weniger unvermittelt aus den Quellen verschwinden.

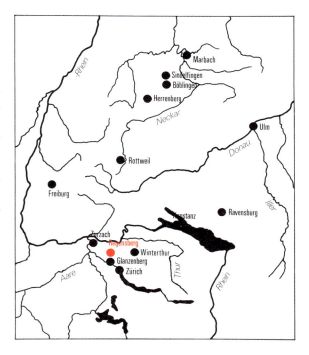

Die Regensberger

Die Anfänge des hochfreien Adelsgeschlechts derer »von Regensberg« sind von der Mitte des 12. Jahrhunderts an genauer faßbar. Obwohl die Regensberger an der zürcherischen Limmat bereits 1130 ihr Hauskloster Fahr gestiftet und mit Gütern ausgestattet hatten, spielten sie als zürcherisches Adelsgeschlecht erst gegen Ende des 12. Jahrhunderts eine zunehmend wichtigere Rolle.

Der südrheinische Aufstieg der Regensberger um 1200 war maßgeblich dadurch bedingt, daß diese Herren vom Lenzburger Erbe profitieren konnten. Von 1190 an usurpierten sie entlang der Lägern nach und nach lenzburgische Erbsplitter, die vorübergehend in die Hand staufischer Ministerialien gelangt waren. Überdies okkupierten die Regensberger im Zürcher Oberland Besitzungen bei Rüti und bei Uster, die aus dem Erbe der ehemals lenzburgischen Gefolgsleute von Alt-Rapperswil stammten, und schließlich könnten die Regensberger von den Zähringern auch Reichslehen im Zürichgau erhalten haben.

Spätestens nach dem Aussterben der Zähringer 1218 begannen die Regensberger eine selbständige landesherrliche Politik zu betreiben. Symptomatisch für den offenbar angestrebten Aufstieg ist beispielsweise der Grafentitel, den Lütold V. von Regensberg explizit benützte und der auch noch das Siegel Lütolds VI. schmückte. Was die Landespolitik selbst angeht, so lassen sich bis etwa 1230 zwei Stoßrichtungen regensbergischer Politik erkennen: Zum einen geht es um die Ausweitung des Einflußbereichs rund um die Vogteirechte bei Dürnten/Mönchaltorf in Richtung Neu-Rapperswil und Uster, zum andern versuchen die Grafen offenbar mit einem zangenartigen Vorstoß

Linke Seite: Vedute von Regensberg um 1765, Ansicht von Westen. Täfermalerei im ehemaligen Amtshaus am Untertor in Winterthur, von Christoph Kuhn (»Stöffi Kuhn von Rieden«).

Rechts: Plan des Städtchens Regensberg im Jahr 1751.

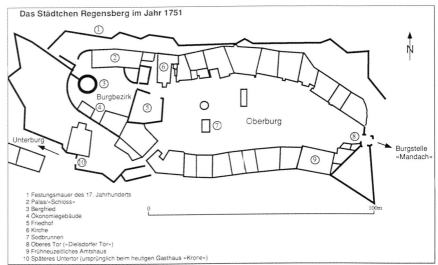

Unten: Grabplatte von Freiherr Ulrich I. von Neu-Regensberg. Um 1255 wurde die regensbergische Herrschaft zwischen den Söhnen von Lütold VI., dem Stifter Neu-Regensbergs, aufgeteilt. Ulrich I. von Neu-Regensberg übernahm Neu-Regensberg mit den umliegenden Besitzungen und die Rechte im Limmattal (Fahr, Glanzenberg). Lütold VII. erhielt die Burg Alt-Regensberg und die Güter im Zürcher Oberland, im Aargau und nördlich des Rheins. Er gründete die »Linie« Alt-Regensberg.

aus dem Furttal an die Limmat zu gelangen. Deshalb erhoben sie Anspruch auf weitere Besitzungen entlang der Lägern bis gegen Baden und strebten eine Heirat mit dem Haus Habsburg an, die den Regensbergern zumindest eine Option auf Schlieren/Dietikon jenseits der Limmat eröffnet hätte. Bei ihren Machterweiterungsversuchen stießen die Regensberger jedoch bald auf den Widerstand gleich mehrerer Konkurrenten, denen sie — auf sich allein gestellt — nicht gewachsen waren: Auf den Druck der Neu-Rapperswiler und der Toggenburger hin mußten sie auf die Vogtei über das Kloster Rüti weitgehend verzichten, das sie kurz zuvor noch mit okkupiertem Gut ausgestattet hatten. Im Raum westlich der Lägern arrangierten sich die Kyburger und die Neu-Rapperswiler miteinander und blockierten den Regensberger Vorstoß durch die Stiftung des Klosters Wettingen. Ebenso erfolgreich widersetzten sich die Kyburger dem regensbergischen Zugriff auf die Gebiete links der Limmat: Dietikon und Schlieren wurden nicht zufällig der Kyburgerin Heilwig, der Mutter des späteren Königs Rudolf von Habsburg, als Heiratsgut zugewiesen.

Von etwa 1230 an begannen die Regensberger ihre Politik denn auch bewußt zu ändern: Statt Konfrontation suchten sie nun den Ausgleich und den Kompromiß mit ihrem wichtigsten Gegner, dem Grafen von Kyburg — mit dem Ergebnis, daß Kyburg und Regensberg ihre primären Einflußgebiete sukzessive gegeneinander abgrenzten. Regensberg gab dabei seine aktive Politik im Thurgau auf; im Gegenzug dazu gab Kyburg den Regensbergern freie Hand im Zürcher Oberland, was im kyburgischen Verzicht auf die St. Galler Lehensrechte rund um Dürnten und Mönchaltorf gipfelte. Im nordwestlichen Zürichgau schließlich scheinen sich Regensberg und Kyburg auf eine gemeinsame Verdrängung der Herren von Kaiserstuhl geeinigt zu haben.

Damit ist kurz und knapp das politische Umfeld skizziert, in dem die Gründung Neu-Regensbergs erfolgte. Ganz im Stil angehender und energisch handelnder Landesherren haben die Regensberger dabei versucht, die Herrschaft in den ihnen verbliebenen Einflußgebieten zu intensivieren und nach Norden sogar noch auszubauen. Ein wichtiges Mittel, um dieses Ziel zu erreichen, waren die Regensberger Stadtgründungen: Um 1245 wurde Neu-Regensberg gegründet, kurz danach, noch vor 1250, entstanden Grüningen und Glanzenberg (vgl. Beitrag »Glanzenberg«, Seite 201), und um 1250/55 kam es — zumindest unter Regensberger Mitwirkung — zur Gründung von Kaiserstuhl.

Stadt als Zeichen der Herrschaft

Am Beispiel Neu-Regensbergs wird zugleich sichtbar, welche Ziele ostschweizerische Dynasten im 13. Jahrhundert mit der Gründung solcher Städtchen vielfach verfolgten: Neu-Regensberg diente nicht in erster Linie wirtschaftlichen Zielen. Es war vielmehr primär einmal Zubehör der Burg. Als solches verdeutlichte es den Regensberger Herrschaftsanspruch auf das Furt- und

das Wehntal beziehungsweise auf die Gegend zwischen Kaiserstuhl und Glanzenberg schlechthin. Ganz im Stil einer auf unpraktischer Felsenhöhe errichteten Ritterburg markierte die Anlage die Präsenz der Herrschaft. Daneben bot das Städtchen Platz für die nicht eben zahlreiche ritterliche Gefolgschaft der Regensberger, die im Normalfall die vergleichsweise bequeme Unterkunft im Städtchen der windigen Behausung auf der »Ritterburg« vorgezogen haben wird. Schließlich bedingte der hochadlige, landesherrliche Anspruch der Regensberger auch die Existenz einer Gruppe von Bediensteten, die im engen Ökonomieteil der eigentlichen Burg unmöglich Platz finden konnte. Das Städtchen beherbergte zudem eine kleine Anzahl von Handwerkern, den Arzt und insbesondere den regensbergischen Vogt oder Ammann.

Das Amt des Ammanns weist denn auch noch auf eine weitere Funktion Regensbergs hin: Das Städtchen ist auch ein Hinweis darauf, daß die Regensberger versucht haben, ihre Herrschaft zu straffen und neben der quasi »traditionellen« Ministerialität eine »moderne« Beamtenschaft einzusetzen. Diese residierte nicht mehr auf lehensrechtlich ausgegebenen und damit schwer zu kontrollierenden Burgen, sondern wohnte in unmittelbarer Nähe der Herrschaft.

Oben: Regensberg, Ansicht von Südwesten, links die Unterburg, rechts die Oberburg.

Unten: Der Bergfried – einziger Bauzeuge aus der Gründungszeit. Er ist 21 m hoch, seine Mauern sind bis zu 3 m dick. Er hatte bis 1766 einen runden Spitzhelm. Die Verbindungsbrücke zum Schloß stammt aus dem 18. Jahrhundert.

1244–1302: Prunkstück eines Dynasten

Die Kenntnisse über Regensbergs Geschichte im 13. und 14. Jahrhundert beruhen fast ausschließlich auf schriftlichen Quellen, insbesondere auf

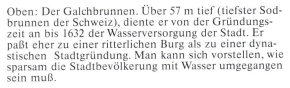

Oben: Der Galchbrunnen. Über 57 m tief (tiefster Sodbrunnen der Schweiz), diente er von der Gründungszeit an bis 1632 der Wasserversorgung der Stadt. Er paßt eher zu einer ritterlichen Burg als zu einer dynastischen Stadtgründung. Man kann sich vorstellen, wie sparsam die Stadtbevölkerung mit Wasser umgegangen sein muß.

Oben rechts: Das 1583–85 erbaute Schloß. Es zeugt von der Funktion Regensbergs in der frühen Neuzeit, als das Schloß als vornehmer Sitz der Zürcher Landvögte diente. Das mittelalterliche »Schloß«, der Palas der Herren von Regensberg, war viel kleiner, dafür aber mit Zwinger, Halsgraben, Brücke und Vormauern versehen.

Urkunden und Verwaltungsschriftgut. Während etwa über die Burg Alt-Regensberg und über die regensbergische Gründung Glanzenberg auch archäologische Untersuchungen vorliegen, haben auf Regensberg selbst systematisch ausgewertete, wissenschaftlich durchgeführte archäologische Untersuchungen bisher nicht stattgefunden. Irrtümer und spätere Korrekturen oder Präzisierungen durch die Archäologie vorbehalten, präsentiert sich die Geschichte Regensbergs heute etwa wie folgt:

Um 1244 läßt Lütold VI. von Regensberg (nach der Zählweise im »Genealogischen Handbuch der Schweizergeschichte«, Band IV) auf einem östlichen Ausläufer der Lägern über dem Furttal eine Herrschaftsanlage bauen. Diese — im Gegensatz zur Furttaler Burg »Neu«-Regensberg genannt — umfaßt von Anfang an einen Burgkomplex (Bergfried, Palas, Ökonomiegebäude) und ein unmittelbar östlich daran anschließendes Städtchen. Für die Gegend einzigartig ist die Lage von Burg und Stadt auf einem Felssporn über dem Tal. Es ist dabei unklar, ob der Baugrund der ganzen Anlage schon vor 1244 kultiviert war. Archäologisch abzuklären wäre einmal, ob hier oder bei der nahen Burgstelle Mandach nicht schon vorher ein Herrschaftssitz bestanden hat, wobei dieser nicht unbedingt im Besitz der Regensberger gewesen sein muß. Jedenfalls hält das Habsburger Urbar noch anfangs des 14. Jahrhunderts merkwürdige Besitzverhältnisse fest: Ein Teil des Baugrundes ist jedenfalls selbst noch zu jener Zeit formal Eigentum des Klosters St. Gallen.

Größe

Die Burganlage inklusive Oberburg mißt rund 170 auf 75 m. Zur Oberburg führen zwei Tore im Südwesten und im Osten. Letzteres verband im Mittelalter die Stadt auch mit der nahen Burg Mandach. Die Oberburg ist in der Gestalt eines U um den Brunnen und den Friedhof angelegt. Die lokale Geschichtsschreibung geht davon aus, daß sich ursprünglich je 12 Hofstätten planmäßig auf beide Längsseiten der Stadt verteilt und mit ihren blinden Rückseiten die Stadtmauer gebildet haben. Belegt ist, daß es in Regensberg um 1683 14 Hausbesitzer gab. 1751 standen hier zwanzig Häuser — die Kirche, das Zeughaus und die Bauten am Obertor nicht eingerechnet.

Bevölkerung

Gegen Ende des 13. Jahrhunderts sind die ersten Stadtbewohner namentlich belegt. Die näheren Bezeichnungen weisen zum einen auf die Existenz eini-

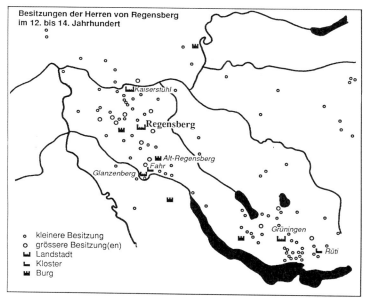

Besitzungen der Herren von Regensberg im 12. bis 14. Jahrhundert

- o kleinere Besitzung
- o grössere Besitzung(en)
- Landstadt
- Kloster
- Burg

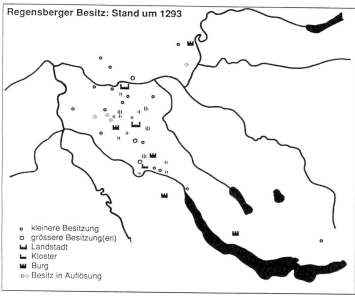

Regensberger Besitz: Stand um 1293

- o kleinere Besitzung
- o grössere Besitzung(en)
- Landstadt
- Kloster
- Burg
- Besitz in Auflösung

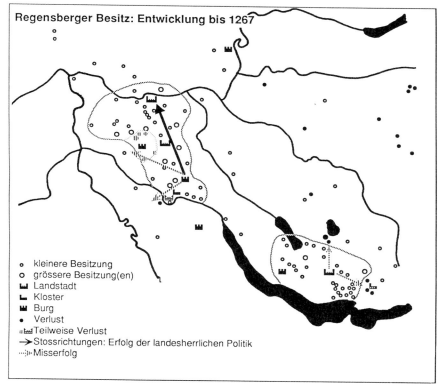

Regensberger Besitz: Entwicklung bis 1267

- o kleinere Besitzung
- o grössere Besitzung(en)
- Landstadt
- Kloster
- Burg
- Verlust
- Teilweise Verlust
- → Stossrichtungen: Erfolg der landesherrlichen Politik
- Misserfolg

Die drei Karten vermitteln einen Überblick über die Veränderung und den jeweiligen Bestand des regensbergischen Besitzes in der Zeit vom 12. bis zum 14. Jahrhundert.

ger Handwerksbetriebe *(Arzt, Schwerter, Schneider, Schmid)* hin, zum anderen darauf, daß sich auf Regensberg herrschaftliche »Amtsträger« aufgehalten haben müssen *(Schad, diverse Ritteradlige).* 1764 leben in der Oberburg rund 120 bis 130 Personen. Um 1300 dürfte die Bewohnerschaft Regensbergs eine ähnliche Größenordnung erreicht haben — zumindest in Zeiten, in denen sich die Herrschaft auf der Burg und in der Stadt aufhielt.

Organisation

Spätestens um 1300 verfügte die Bürgerschaft Regensbergs über ein eigenes Siegel. Sie bildete also in dieser Zeit eine eigene Körperschaft. Der Vorsitz stand dem »Vogt« zu, der ab 1308 durch den Schultheiß abgelöst wurde. Vogt beziehungsweise Schultheiß erhielten ihr Amt von der Herrschaft. Von 1307 an stand ihnen ein Rat zur Seite, der sich zu jener Zeit noch aus drei ritterlichen Adligen zusammensetzte. Die Kompetenzen der Regensberger Körperschaft selbst sind nicht genau bekannt. Ein Marktrecht ist ebensowenig

Alten-Regensperg.

Die Ruine Alt-Regensberg, der Stammsitz der Regensberger im Furttal. Tuschfederzeichnung aus der ersten Hälfte des 18. Jahrhunderts.

belegt wie ein mittelalterliches Stadtrecht. Immerhin bestätigt ein Habsburger Privileg von 1362, daß die Stadtbürger nur vor ihr eigenes Stadtgericht gerufen werden dürfen. Um 1300 besaßen die Bürger Regensbergs also bestenfalls eine Gerichtsstätte, an der Handänderungen gefertigt wurden. Ob in der Stadt auch ein Niedergericht abgehalten wurde, das den Regensbergern — und später den Habsburgern — zustand, bleibt ungewiß.

Um 1302: Vom Landesherrn verschluckt

Das Städtchen Regensberg ist so, wie es sich um 1260 präsentierte, ein typisches Beispiel für jene Stadtgründungen in der Ostschweiz, die in der kurzen Phase dynastischer, landesherrlicher Politik entstanden sind, jedoch nicht in erster Linie der territorialen und marktmäßigen Erschließung eines Herrschaftsgebiets dienten und deshalb beispielsweise auch kein eigenes Recht und keine Marktprivilegien erhielten. Regensberg erfüllte vielmehr primär das regensbergische Bedürfnis nach Repräsentation. Verwaltungstechnisch hatte es — etwas überspitzt formuliert — die Funktion einer erweiterten Vorburg. Regensberg ist damit auch ein Zeichen herkömmlicher, von damals bereits überholten Traditionen geprägter politischer Mentalität, und so überrascht es auch nicht, daß das Städtchen durch den politischen Niedergang der Regensberger besonders hart und direkt getroffen wurde.
Die Regensberger hatten sich zu spät und mit zu dürftigen materiellen und verwaltungsmäßigen Grundlagen in den Territorialisierungsprozeß eingeschaltet. Dies und die in ihren Konsequenzen nachteilige Spaltung in zwei Regensberger Linien hätten wahrscheinlich ohnehin dazu geführt, daß die

162

Regensberger im Wandlungsprozeß, den der ostschweizerische Adel um 1300 durchmachte, zu den Verlierern gehört hätten. Der Umstand, daß die Regensberger um 1267 zu allem Überfluß auch noch die Konfrontation und nicht die Zusammenarbeit mit Rudolf von Habsburg gesucht haben, hat diesen Niedergang wahrscheinlich nur noch beschleunigt. Jedenfalls lassen sich nach der Regensberger Niederlage in zunehmendem Maße Liquidationen regensbergischen Guts feststellen.

In dem Maß, wie der Einfluß der Herren von Regensberg sank, verlor auch ihre Vorburg an Bedeutung. Um 1302 ging Neu-Regensberg in den Besitz Habsburgs über. Die Regensberger Finanznot mag bei dieser Veräußerung eine Rolle gespielt haben, doch nur schon die Tatsache, daß jeglicher Hinweis auf einen Verkauf Neu-Regensbergs fehlt, läßt vermuten, daß die Regensberger die für sie nur schon aus Prestigegründen ganz zentrale Stadt nur unter massivstem habsburgischem Druck veräußerten. Auch eine im Zusammenhang mit dem Aussterben der Alt-Regensberger Linie erzwungene »Auflassung« von Burg und Stadt samt zugehörigen Herrschaftsrechten wäre ohne weiteres denkbar.

Der Übergang charakterisiert jedenfalls die Ablösung der Dynasten von Regensberg durch den Landesherrn von Habsburg. Regensberg wurde dadurch zu einem bloßen Verwaltungszentrum eines spätmittelalterlichen Landesherren, erlebte jedoch im 14. Jahrhundert mit dem Bau einer weiteren Vorstadt, der Unterburg, sogar noch ein Wachstum außerhalb des anfänglichen Stadtbezirks. Entsprechend ist das Städtchen nicht verdorft und hat gegen 1308 endlich auch städtische Privilegien bekommen. Es erhielt zudem einen Rat, in dem nun habsburgische Ministeriale und nicht die alteingesessenen Regensberger den Ton angaben. Ein Delegierter Habsburgs leitete dieses Gremium. So bildet Regensberg vom Beginn des 14. Jahrhunderts an einen der zahlreichen habsburgischen und später zürcherischen Verwaltungsmittelpunkte. Nach einer vorübergehenden Verpfändung geht Regensberg 1409/1417 definitiv an die Stadt Zürich über, die das Städtchen zum Sitz der Ober- beziehungsweise Landvogtei über die umliegenden 13 »Gemeinden« umfunktioniert.

1831 wird Regensberg vorübergehend Bezirkshauptort; nach seiner Ablösung durch Dielsdorf besteht es als selbständige politische Gemeinde weiter.

Nach einem katastrophalen Brand 1540 wird die Oberburg wieder aufgebaut, so daß die älteste heute noch erhaltene Bausubstanz der Oberburg aus dieser Zeit stammt.

Auch das »Schloß« wird 1583—85 völlig umgebaut, so daß der Rundturm heute das einzige Bauzeugnis aus der Zeit um 1300 darstellt.

Weitere Veränderungen erfährt die Stadt vor allem im 17. Jahrhundert mit dem Bau des Amtshauses und dem Bau eines neuen Befestigungsrings. Seit 1946 ist das Ortsbild Regensbergs durch eine kantonale Verordnung geschützt.

ERWIN EUGSTER

Auf dieser Darstellung des Städtchens Regensberg im 16. Jahrhundert aus der Chronik des Johannes Stumpf (1548) ragt am rechten Bildrand vor dem einstigen Dielsdorfertor der Turm der Burg Mandach aus dem Wald auf. Sie war Sitz des Ministerialengeschlechts derer von Mandach. Bereits 1412 wird der Turm als Burgstall bezeichnet, wurde also schon nicht mehr bewohnt.

Siegel des Freiherrn Lütold VI. von Regensberg an einer Urkunde von 1253.

Ulm

Topographie und Naturraum als Rahmenbedingung der Siedlungsentwicklung

Kennzeichnend für das heutige Altstadtgebiet von Ulm ist ein großflächiges Lößplateau. Im Norden, jenseits der heutigen Olgastraße, wird das Plateau durch den »Boden« begrenzt, ein weites, erst im 19. Jahrhundert vollständig aufgefülltes und bebautes altes Flußbett der Blau. Vermutlich war es einst nur über eine schmale Landbrücke in der Verlängerung der nördlichen Frauenstraße passierbar. Im Osten erinnert das »Gries« an ein am Rand der Altstadt gelegenes Feuchtgebiet. Im Süden schließlich umgreift die Donau das mittelalterliche Stadtgebiet; die einstigen Uferkonturen sind jedoch durch die frühneuzeitlichen Befestigungen stark überformt, aufgefüllt und verändert worden. In die Donau mündet von Nordwesten her die Blau; bevor sie im Spätmittelalter in zwei schmalen Läufen kanalisiert wurde, mäandrierte sie ursprünglich in einem breiten Talgrund, über dessen östlicher Uferflanke der Weinhofsporn steil aufsteigt. Auch das gegenüberliegende, westliche Ufer der Blau steigt nach Westen hin mächtig an und ist oberhalb der Hochwasserlinie besiedelt.

Die Forschungsgeschichte

Der Beginn archäologischer Forschung in Ulm geht zurück auf Konrad Hassler (1803—1873), der ab 1850 Vorstand des 1841 gegründeten Ulmer Vereins für Kunst und Altertum war. Sein archäologisches Interesse beschränkte sich jedoch auf das große merowingerzeitliche Gräberfeld am Fuß des Kienlesbergs. Dieser Friedhof liegt weit außerhalb der mittelalterlichen Stadt und wurde von Hassler als eines der ersten südwestdeutschen Reihengräberfelder 1857 systematisch freigelegt. Gezielte Beobachtungen oder gar größere Grabungen in der Stadt unternahm er jedoch nicht.

Später, vor allem im ausgehenden 19. und in der ersten Hälfte des 20. Jahrhunderts, kommt es vermehrt zu eigentlichen stadtgeschichtlichen Forschungen, die sich außer auf Schriftzeugnisse auch auf baugeschichtlich-topographische Befunde und Analyse stützen. Bedeutende Stadtgeschichtsforscher jener Jahre sind vor allem der Oberstaatsanwalt Max Ernst (1869—1945) und der Obersteuerrat Adolf Kölle (1869—1927). Nur vereinzelt griffen sie jedoch auf die Ergebnisse einzelner archäologischer Schürfungen und Beobachtungen zurück, die im Zusammenhang mit baulichen Eingriffen anfielen — so 1879 im alten Friedhof, als man auf die Grundmauern der Kirche »ennet feld« stieß.

Nicht nur für Ulm charakteristisch für den Umgang des 19. Jahrhunderts mit archäologischen und baugeschichtlichen Zeugnissen ist das Schicksal des Ulmer Münsterplatzes: Nach langer, heftiger Diskussion, in die sich auch der damalige Württembergische Generalkonservator E. Paulus d. Ä. einschaltete, entschied der Rat der Stadt 1873, zur Freistellung und besseren Präsentation des Ulmer Münsters als herausragendes deutsches Nationaldenkmal, die Barfüßerkirche abzubrechen. Wiewohl bekannt war, daß es sich im Kern um

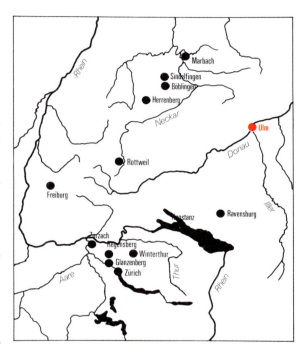

Linke Seite: Ulm in einer Vogelschau aus der Zeit um 1597: im Vordergrund die Donau, in der Bildmitte dominierend das Münster, das allerdings erst 1377 als Pfarrkirche in der Stadt neu errichtet wurde. Für den Neubau wurde dicht besiedelte Stadtfläche planiert und das westlich vor dem Münster liegende Barfüßerkloster rückte in dessen Schatten. Im Bildhintergrund sichtbar ist die Stadtmauer, die im Zug der großen Stadterweiterung 1316 aufgeführt wurde. Die Frühstadt Ulm ist von der spätmittelalterlichen Stadt überlagert und nicht mehr erkennbar.

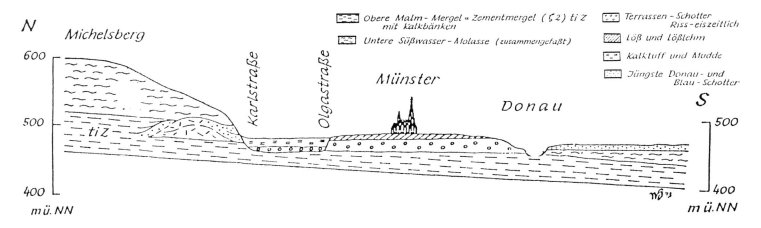

Geologischer Querschnitt durch das Ulmer Stadtgebiet vom Michelsberg bis zur Donau. Siedlungsgeographisch bedeutsam ist, daß der Bereich zwischen Karlsstraße und Olgastraße ohne großflächige Aufschüttungen nicht besiedelbar war. Dieses Feuchtgebiet, das sich unmittelbar nördlich der mittelalterlichen Stadt erstreckte, wurde erst im 19. Jahrhundert erschlossen.

einen spätstaufischen Bau handelte, wurden beim Abbruch kaum Aufzeichnungen gefertigt, geschweige denn, daß die Zeitgenossen den zugehörigen Konvent sowie weitere Profanbauten der Dokumentation für würdig befunden hätten. Archäologische Untersuchungen gar lagen außerhalb des Vorstellbaren.

Erst der Zweite Weltkrieg veränderte die Situation der Stadtarchäologie drastisch. Der Bau öffentlicher Luftschutzräume machte erste archäologische Beobachtungen auf dem Weinhofareal möglich. Sie stehen jedoch in keinem Verhältnis zu den gewaltigen Verlusten an Bausubstanz durch die Bombardierungen Ulms 1944 und 1945. Nahezu 80 Prozent der Stadt wurden dabei zerstört, nur kleine Teilflächen, so das Fischerviertel an der Blau, ein Quartier zwischen Herrenkellergasse und Platzgasse nördlich des Münsters und das Quartier »auf dem Kreuz«, blieben verschont. Mit dem Verlust baulicher Zeugen ging ein erheblicher Verlust archäologischer Substanz im Boden einher, und die Fehlstellenkartierung schließlich dokumentiert eindrücklich die Lükken, die der Wiederaufbau in der archäologischen Substanz hinterließ. Der Ulmer Wiederaufbau, vorangetrieben vom Stadtbaurat Max Guther, war gekennzeichnet durch einen rücksichtslosen Umgang mit der mittelalterlichen Stadt. Wo man die Wahl hatte zwischen der »Wiederaufnahme der alten Struktur« und einer radikalen Erneuerung der Bausubstanz, entschied man sich für das Neue. Viele der im Krieg verschont gebliebenen Bauten wurden so voreilig abgerissen, massive Straßenverbreiterungen und die Anlage neuer Straßenfluchten − darunter der Bau der Neuen Straße, für die ein ganzes Stadtquartier geopfert wurde − Grundstücksumlegungen, die Auflösung ganzer Quartiere mit ihrer charakteristischen giebelständigen Bebauung haben der archäologischen Substanz Schäden zugefügt, deren Umfang man erst jetzt erkennt. Nur etwa 30 Prozent archäologisch auswertbarer Fläche sind noch erhalten, vor allem unter den großen historischen Plätzen wie dem Marktplatz, dem Judenhof oder dem Weinhof. Deren besondere Bedeutung als unversehrt erhaltene archäologische Restareale liegt auch darin, daß ihre Konturen sich erst im Verlauf des 13. Jahrhunderts herausbildeten und daß sich unter der Platzoberfläche ältere, vor- und frühstädtische Strukturen erhalten haben. Die platzsäumenden Hofraiten jedoch wurden wieder und wieder bebaut; zumindest die den Straßen und Plätzen zugewandten Grundstücksseiten sind seit dem 13. Jahrhundert zumeist unterkellert, so daß intakte Stratigraphien vielfach nur noch in den Hinterhöfen anzutreffen sind. Zu den archäologischen Reserveflächen gehören in Ulm ferner die Kriegsbrachen, auf denen bis heute teilweise noch die provisorischen, ebenerdigen Notbebauungen der Nachkriegsjahre stehen − und paradoxerweise die großen, neuen Straßenzüge, wie beispielsweise die Neue Straße. Unter der Oberfläche der eilig vorbereiteten Straßen liegen bis zum heutigen Tag in hervorragendem Erhaltungszustand nicht nur präurbane und frühstädtische Befunde; in den Fundament- und Kellerbereichen sind außerdem auch die ältesten profanen Steinbauten nachzuweisen. Mangels systematischer baugeschichtlicher Untersuchungen − die bis heute in Ulm bei Baumaßnahmen im Bereich der verbliebenen historischen Restsubstanz keine Selbstverständlichkeit sind − ist man für die frühe Geschichte des Profanbaus auf die Bodenbefunde angewiesen. Albrecht Rieber und Ernst Reutter, die beiden bedeutendsten Exponenten und letztlich auch Begründer der Ulmer Stadtarchäologie,

Das Ulmer Münster und die Walfischgasse in einer Aufnahme aus der Zeit um 1930 (links) sowie ein im Januar 1945 aufgenommenes Bild, das die Zerstörungen in der Walfischgasse nach dem Luftangriff vom 17. Dezember 1944 zeigt (rechts). Nach Kriegsende waren 70 Prozent der Ulmer Altstadt zerstört.

Der Wiederaufbau hat das Gesicht Ulms dann endgültig und unwiderruflich verändert: Das alte Straßennetz wurde aufgeweitet beziehungsweise umgelegt, der Parzellenzuschnitt veränderte sich durch Grundstücksumlegungen. Auch die Neue Straße entstand nach dem Zweiten Weltkrieg als über 30 m breite Straßenachse, die längs über ein Stadtquartier planiert wurde. Unter der schützenden Decke des Asphalts hat sich an dieser Stelle das hoch- und spätmittelalterliche Ulm bewahrt, da abgesehen von den Leitungstrassen keinerlei Bodeneingriffe stattfanden.

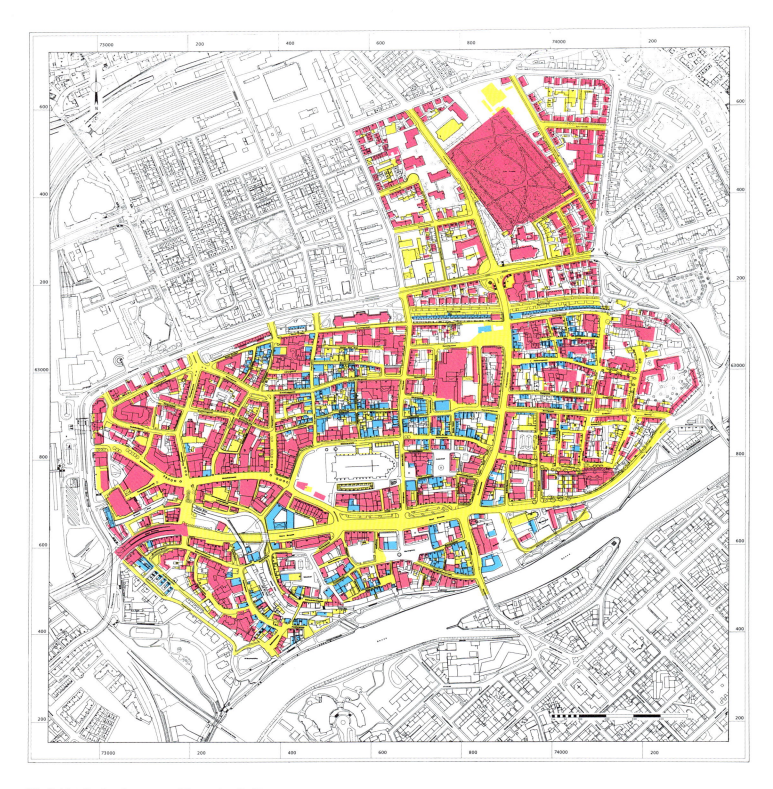

Die Fehlstellenkartierung von Ulm weist die Zonen aus, in denen die archäologische Substanz zur Gänze beziehungsweise in Teilbereichen zerstört ist. Sehr deutlich heben sich die wiederaufgebauten Quartiere mit den flächigen Fehlstellen (rot/gelb = teilzerstört) ab. Nördlich des Münsters sind zwischen Platzgasse, Kohlgasse und Herrenkellergasse im Spiegel der mittelalterlichen und frühneuzeitlichen Keller noch die alten Parzellenzuschnitte zu erkennen (blau). Dieses Quartier lag in den Kriegsjahren geschützt »im Schatten des Münsters«; wohl eher zufällig hat auch das Quartier »Auf dem Kreuz« zwischen Radgasse und Hahnengasse den Krieg überstanden. Die Sanierung jedoch versah die großen Innenhöfe mit Quartierstiefgaragen, so daß auch dort die archäologische Substanz empfindlich reduziert ist.

168

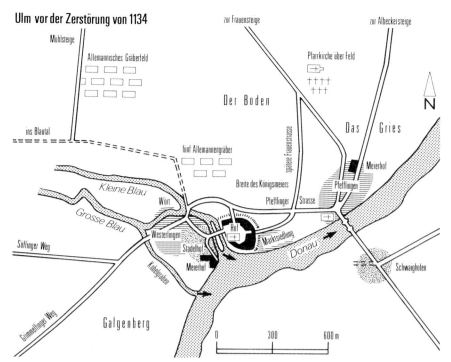

Ulm vor der Zerstörung von 1134

haben die Situation nach Kriegsende denn auch sofort erkannt. Im Rahmen ihrer beschränkten Möglichkeiten begleiteten die beiden den Wiederaufbau der Stadt, auch wenn die knappe Zeit meist kaum mehr als eilige Dokumentationen in Baugruben oder die Anlage nur schmaler Sondiergräben zuließ, so beispielsweise vor dem Schwörhaus (1953) auf dem Platz der Pfalz.
Erst mit den Grabungen von G. P. Fehring auf dem Weinhofsporn (1961–63) und weiteren Untersuchungen auf dem Grünen Hof (1970–73, 1978 und 1987) sowie den großflächigen Grabungen auf dem Münsterplatz (1988–1991), auf dem Kreuz (1988) und auf der Rosengasse (1989–1991) wurde man sich der Bedeutung dieser Stadt für die Archäologie allmählich bewußt – zum Teil bereits wieder zu spät. Denn die städtebauliche Erneuerung hatte von den siebziger Jahren an auch auf die noch erhaltenen Quartiere übergegriffen und zur Folge gehabt, daß beispielsweise im Fischerviertel der bereits hochmittelalterliche Stadelhof durch Tiefgaragen zerstört wurde. Vor diesem Hintergrund entschloß sich die Stadtarchäologie am Ende der achtziger Jahre, vor allem auf den akut gefährdeten Großflächen zu graben; beschränkte finanzielle Mittel und enge Termine erzwangen zusätzlich die inhaltliche Beschränkung auf früh- und hochmittelalterliche Befunde unter Preisgabe spätmittelalterlicher Horizonte.

Die Siedlungsentwicklung bis um 1200

Die erste urkundliche Erwähnung des Orts Ulm als »Hulmam palatio regio« stammt aus dem Jahr 854, als Ludwig der Deutsche hier seine Pfalz bezog. Ältere schriftliche Nachrichten fehlen, da sich die auf das Jahr 813 datierte Urkunde Karls des Großen, die den königlichen Ort Ulm auf das Kloster Reichenau übertrug, als Fälschung des 12. Jahrhunderts aus der Hand des Reichenauer Mönchs Odalrich erwiesen hat. Erst von der zweiten Hälfte des 9. Jahrhunderts an fließen die Nachrichten zu den Königsaufenthalten reicher, da Ulm neben Bodman zu einem der wichtigsten Pfalzorte in Schwaben heranwuchs. Die Könige aus dem sächsischen Haus hingegen besuchten Ulm nur ein einziges Mal, während die Salier, vor allem Heinrich III. und Heinrich IV., den Ort häufig aufsuchten. Gleiches gilt für die Kaiser und Könige aus staufischem Haus, die Ulm zur königlichen Pfalz und Pfalzstadt ausgestalteten. Spätestens von der ersten Herzogswahl 1079 an war Ulm aber zugleich Vorort des Herzogs von Schwaben.
Nachrichten über die bauliche Gestalt dieses bedeutenden Orts aus jener Zeit fehlen. Zwar weiß man, daß wahrscheinlich bereits im Hochmittelalter

Oben links: »Ulm vor der Zerstörung 1134« nach M. Ernst (Umzeichnung). Diese erste Skizze der Ulmer Siedlungstopographie aus dem Jahr 1937 entwarf Max Ernst, der erstmals archäologische Aufschlüsse, urkundliche Nachrichten und topographische Vorgaben überlagerte. Bemerkenswert ist, daß er den Weinhofsporn nicht mit einer Mauer, sondern mit einer Erdbefestigung umgibt, was der archäologische Befund inzwischen bestätigt hat.

Oben: Die Grabung auf der Ulmer Rosengasse kurz vor dem Abschluß. Das im zweiten Weltkrieg zerstörte Gebiet am Nordrand der mittelalterlichen Stadt war nur provisorisch wiederaufgebaut worden. Auf rund 6000 m² Fläche entsteht jetzt eine Tiefgarage; die Grabungen erbrachten flächig präurbane Siedlungsbefunde des 11.-13. Jahrhunderts, die sich in den Hofflächen zwischen den mittelalterlichen Kellern exzellent konserviert hatten.

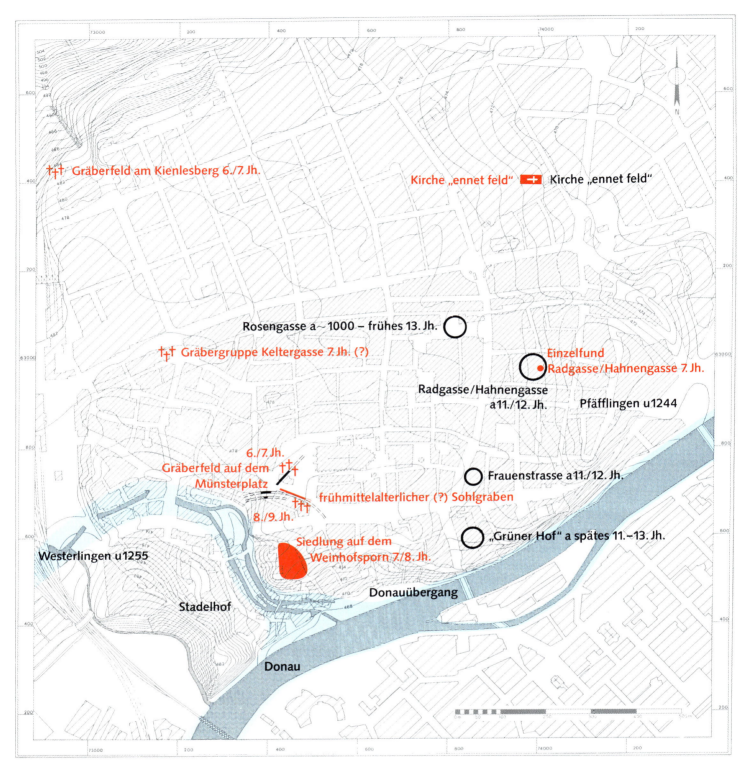

Übersicht über die frühmittelalterliche (schwarz) und hochmittelalterliche (rot) Siedlungstopographie von Ulm nach dem aktuellen Kenntnisstand. Gesichert ist die frühmittelalterliche Hofstelle auf dem Weinhofsporn mit dem nördlich vorgelagerten Gräberfeld. Die ältesten noch beigabenführenden Bestattungen sind nach neusten Erkenntnissen in die Zeit um 700 zu datieren. Möglicherweise war diese Siedlung mit einem Sohlgraben befestigt. Die Kirche »ennet feld« weist auf ein zweites Siedlungsareal hin, das sich entlang der Frauenstraße erstreckte, aber bislang erst hochmittelalterlich gut zu fassen ist. Das Gräberfeld am Kienlesberg, jenseits des »Boden« gelegen, gehört zu einer abgegangenen Siedlung, deren Ort nicht bekannt ist. Die hochmittelalterliche Siedlungstopographie zeigt das bereits befestigte Pfalzareal auf dem Weinhof mit dem nördlich vorgelagerten Oppidum. Zumindest in Ausschnitten erfaßt sind die ländlichen Siedlungen im Umfeld im Bereich der Rosengasse, im Quartier Radgasse/Hahnengasse (»Auf dem Kreuz«) sowie dicht beim Donauübergang am »Grünen Hof«.

Links: Blick auf das Gräberfeld auf dem Münsterplatz. Nach dem jetzigen Kenntnisstand setzt die Belegung um 700 mit zwei beigabenführenden Männergräbern, ausgestattet jeweils mit Spatha und Sporenpaar, ein. Die ansonsten beigabenlosen Gräber sind durchweg orientiert und die Toten in gestreckter Rückenlage beigesetzt. Die Belegung des Friedhofs endet spätestens um das Jahr 1000.

Oben: Ein frühmittelalterlicher Triens aus dem 7. Jahrhundert ist im Gebiet zwischen Radgasse und Hahnengasse bislang der einzige merowingerzeitliche Fund (vgl. Plan auf der gegenüberliegenden Seite).

zur königlichen Pfalz auch ein Wirtschaftshof, der jenseits der Blau gelegene Stadelhof, gehörte, daß die Münzprägung mit den Ulmer Denaren Konstanzer Schlages für die Zeit Heinrich III. belegt ist und daß 1052 die Reliquien des heiligen Zeno von Verona nach Ulm übertragen wurden und dem 1027 als »oppidum quod Ulma vocatur« bezeichneten Ort eine kultisch-religiöse Weihe verliehen. 1128 wird Ulm erneut als oppidum genannt, aber erst die Jahre 1131/32 und 1134, als der Ort durch den Welfenherzog Heinrich den Stolzen belagert und schließlich in den »territoria, suburbia et villae« zerstört wurde, bringen knappe Hinweise auf ein differenziertes, mehrteiliges Siedlungsgefüge. Die 1134 genannten »praestantiores«, Vertreter einer herausragenden sozialen Schicht, aus denen später das städtische Patriziat hervorgegangen sein dürfte, und 1164 urkundlich gesicherte (Fern-)Kaufleute vermögen das in den Urkunden nur undeutliche Bild jedoch nicht wesentlich zu bereichern. Selbst eine eigentliche Stadtrechtsurkunde fehlt: Die 1274 ausgefertigte, späte Verleihung des Esslinger Stadtrechts deutet Specker als »Verlegenheitslösung«.

Was bis vor kurzem noch zur Ulmer Stadtentwicklung vorgetragen wurde, basiert auf den wenigen urkundlichen Nachrichten, die mit den spärlichen archäologischen Befunden verknüpft wurden. Vor allem aber stützt sich die Geschichte auf die »Parzellenrückschreibung«, mit der man — mangels anderer Aufschlüsse — in den Fluchten spätmittelalterlicher Hofraiten hochmittelalterliche Stadtstrukturen wiederzufinden hoffte. Sie beschreiben alle eine dreistufige Genese der Stadt: Von dem ab 1140 (!) ummauerten Palatium auf dem Weinhofsporn mit vorgelagerter Fernhändlersiedlung und dazugehörigen Markt führt die Entwicklung über die staufische Kernstadt hin zur spätmittelalterlichen Stadterweiterung von 1316.

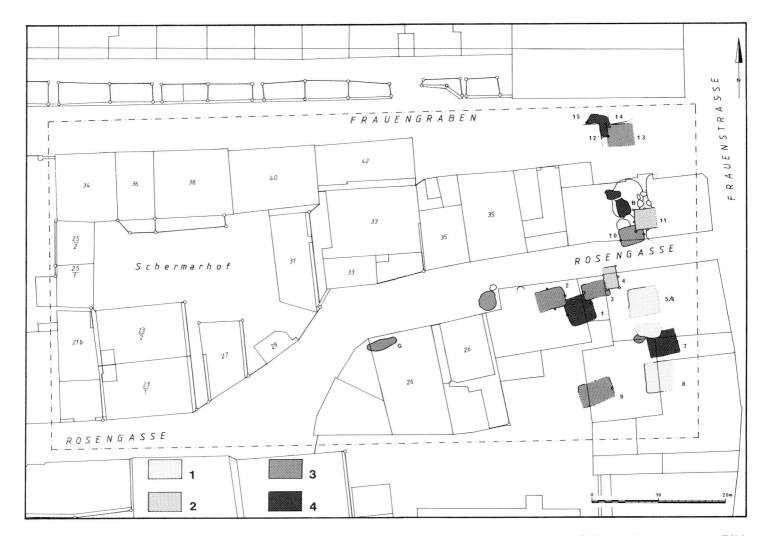

Überblick über die präurbanen Siedlungsbefunde im Bereich der Rosengasse. Die Hausgrundrisse konzentrieren sich entlang der alten Straßenführung, die noch heute in der Flucht der Frauenstraße ablesbar ist (nach Th. Westfalen). 1: 13. Jahrhundert; 2: 12. Jahrhundert; 3: spätes 11. bis 1. Hälfte 12. Jahrhundert; 4: 11. Jahrhundert. 1–15: Grubenhäuser, Holzbauten; B: Backofen; G: Glockengußgrube.

Die neuen archäologischen Aufschlüsse modifizieren dieses vertraute Bild der Stadtgenese. Vorab auszuscheiden ist das große Gräberfeld am Südfuß des Kienlesbergs; jenseits des »Boden« angelegt, gehört es zu einer bislang unbekannten, sicher außerhalb des Altstadtgebiets zu lokalisierenden frühmittelalterlichen Siedlung.

Innerhalb des Altstadtgebiets liegen jedoch vereinzelte frühmittelalterliche Fundstellen, so einige wenige Reihengräber in der Keltergasse, die sich indes einer präziseren Datierung entziehen. Auf dem Weinhofsporn förderten verschiedene Schürfungen wiederholt frühmittelalterliche Keramik des 7. und 8. Jahrhunderts zutage, die Fehring als Belege »einer nicht nur kurzfristigen alemannischen Besiedlung« bezeichnet. Die Deutung der am Schwörhaus beobachteten Aufschlüsse durch Rieber und Reuter als »Küche, Keller, Speicher und Kunkelhaus eines alemannischen Herzogshofes« geht entschieden zu weit und projiziert ohne tragfähige Grundlage die spätere Bedeutung des Orts ins Frühmittelalter zurück. Dieses eher dürftige Siedlungsbild gewinnt durch die auf dem Münsterplatz kürzlich erfaßten, mit Spatha und Sporn ausgestatteten Männergräber aus der Zeit um 700 allmählich deutlichere Konturen: Die Nähe der Gräber zum Weinhof weist sie als Teil des zugehörigen Bestattungsplatzes aus.

Die Vermutung, daß es im Stadtgebiet, am Grünen Hof, eine zweite frühmittelalterliche Keimzelle gegeben haben könnte, ist dagegen archäologisch eindeutig widerlegt. Dennoch hat man mit einer polyzentrischen Siedlungsentwicklung zu rechnen: Ein zweiter frühmittelalterlicher Siedlungskern ist im Umfeld der Marienkirche »ennet feld« zu vermuten. Zuletzt hat man Immo Eberl auf das hohe Alter dieser möglicherweise reichenauischen Gründung hingewiesen und sie in die Zeit Dagoberts I. gerückt. Er folgt darin Walter Schlesinger, der vermutet, »daß sie älter war als der Ort Ulm« und vielleicht gleichzeitig mit einem fränkischen Königshof errichtet wurde, der an der Stelle der späteren Pfalz auf dem Weinhof zu suchen wäre.

Die neuen Grabungen ordnen diese — bis ins 19. Jahrhundert extra muros gelegene — Kirche in einen neuen siedlungsgeschichtlichen Zusammenhang ein. Die Flächen zwischen Radgasse und Hahnengasse und an der Rosengasse, beide unweit südlich der Kirche »ennet feld« gelegen und heute durch die Frauenstraße voneinander getrennt, haben zwar an frühmittelalterlichen Funden bislang nur einen Trienten des 7. Jahrhunderts erbracht. Entscheidend ist jedoch, daß zwischen Radgasse und Hahnengasse insgesamt 14 eingetiefte Hausgrundrisse des 11./12. Jahrhunderts und in der Rosengasse 16 eingetiefte Häuser nachgewiesen wurden, die in die Zeit zwischen der Jahrtausendwende und dem ausgehenden 12. Jahrhundert datiert werden können. Die Kirche »ennet feld« rückt damit in die unmittelbare Nähe eines größeren, bislang nur in Bruchstücken erfaßten, ländlichen Siedlungsgefüges, dem das Gotteshaus vermutlich als Pfarrkirche diente. Eine Glockengußgrube aus dem 12. Jahrhundert in der Rosengasse paßt jedenfalls gut zu dieser Annahme. Über die Größe dieser Siedlung vor den »Toren der Pfalz« lassen sich vorderhand keine Aussagen machen; möglicherweise erstreckte sie sich weit nach Süden bis zum Donauübergang. Unbekannt bleibt ferner, welche Flächen dieser vermutlich »nicht ortsfesten Dauersiedlung« gleichzeitig genutzt wurden und wo die frühmittelalterlichen Siedlungsabschnitte zu suchen sind. Offen bleiben muß auch, ob sich hinter dem archäologischen Befund der urkundlich 1244 erstmals genannte Ort Pfäffingen verbirgt, der wiederholt im Osten der Stadt, in der Nähe von Rad- und Hahnengasse, vermutet wurde.

Die Pfalz als eigentlicher Herrschaftsmittelpunkt rückt, wenn diese Annahmen zutreffen, in die Nachbarschaft eines ländlichen Siedlungsgefüges, das sich vor den Toren der Pfalz entlang einer alten Nord-Süd-Achse, der heutigen Frauenstraße, erstreckte. Doch auch zur Pfalz selbst haben die Grabungen entscheidende neue Erkenntnisse erbracht. Schon länger bekannt, wenn auch in Datierung und Befundrekonstruktion nicht über alle Zweifel erhaben, war die Heilig-Kreuz-Kapelle, ein schlichter Saalbau, der der Ulmer Forschung, wiewohl dies nicht durch Schriftquellen gesichert ist, als Pfalzkirche gilt. Das Pfalzareal war, folgt man dem von Rieber veröffentlichten Plan, ab 1140 von einer Buckelquadermauer umgeben. Bei sorgfältiger Überprüfung der von Rieber vorgelegten Befunde zeigt sich freilich, daß diese »Pfalzummauerung« nur im Süden und Westen des Weinhofsporns gesichert ist; die

Ganz oben: Rosengasse: Blick auf die romanische Glockengußgrube.

Oben: Fragmente des tönernen Glockengußmantels aus dem 12. Jahrhundert.

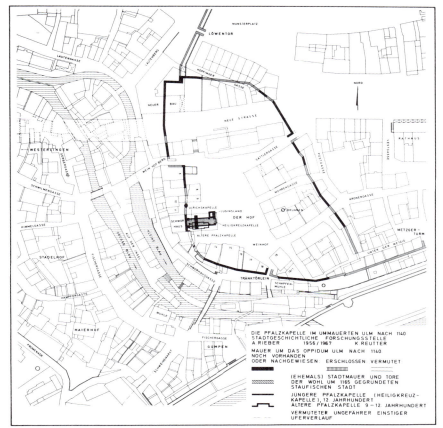

Übersicht über den Weinhofsporn mit Eintrag der »Ummauerung« der Pfalz nach Rieber. Inzwischen ist gesichert, daß eine derartige Ummauerung der Pfalz im 12. Jahrhundert nicht existierte; in wesentlichen Strecken ist die Ummauerung erschlossen beziehungsweise vermeintlich in Brandwänden der jüngeren Steinbebauung wiedergefunden. Gesichert ist einzig der Streckenverlauf im Süden und Westen — es handelt sich hierbei allerdings um die erste Stadtmauer aus dem ausgehenden 12. beziehungsweise frühen 13. Jahrhundert. Eine abschließende archäologische Datierung dieser Stadtmauer steht noch aus.

Oben: Querschnitt durch die beiden Spitzgräben der Abschnittsbefestigung der Pfalz.

Rechts: Übersichtsplan mit dem Sohlgraben und dem Gräberfeld aus der Zeit zwischen dem 8. und dem 10. Jahrhundert auf dem Münsterplatz.

restlichen Verläufe sind rekonstruiert. Die Datierung »um 1140« greift auf urkundliche Nachrichten zurück, ergibt sich jedoch keineswegs zwingend aus dem Baubefund. Aufgrund der neuen Grabungsbefunde gehört diese »Pfalzummauerung« weder in die erste Hälfte des 12. Jahrhunderts, noch hat sie in dieser Gestalt je existiert; sie ist in den gesicherten und zum Teil heute noch erhaltenen Partien Teil der ersten steinernen Stadtmauer.

Bei den Grabungen auf dem Münsterplatz und somit unmittelbar nördlich der Pfalz, stieß man auf einen größeren, mit rund 47 Gräbern belegten Teil eines Friedhofs, der zeitlich wie räumlich an die bereits erwähnten frühmittelalterlichen Bestattungen anschloß. Angesichts der Tatsache, daß die Toten hier ohne jede Beigabe bestattet wurden, kann der Friedhof nicht vor dem frühen 8. Jahrhundert angelegt worden sein. Ein breiter, nicht genau zu datierender Sohlgraben trennt den Friedhof von der merowingerzeitlichen Begräbnisstätte. Auch das Ende der Bestattungstätigkeit läßt sich nicht sicher bestimmen: Es ist spätestens auf den Zeitpunkt der Bebauung des Münsterplatzes um die Jahrtausendwende (Dendrodatum 995 +/- 10) festzusetzen. Auch dieser Friedhof ist angesichts der topographischen Situation dem Weinhofsporn zuzuordnen, allerdings nicht mehr der frühmittelalterlichen Hofstelle, sondern nun bereits dem Palatium. Dank der Grabungen ist ferner erwiesen, daß im Verlauf des 11. Jahrhunderts der Pfalzbezirk durch eine doppelte Grabenanlage gesichert wurde, die man sich als Abschnittsbefestigung des gesamten Weinhofsporns vorzustellen hat. Nördlich davon breitete

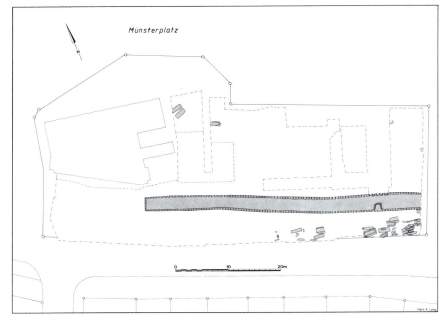

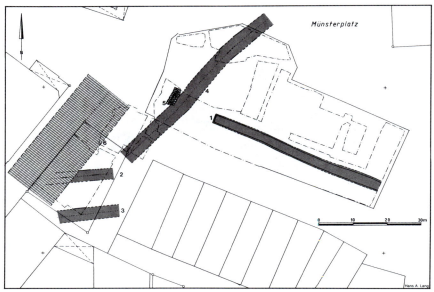

Übersichtsplan der auf dem Münsterplatz angetroffenen Grabenanlagen; 1 Sohlgraben (Frühmittelalter?); 2, 3 doppelte Spitzgrabenbefestigung der Pfalz; 4 Spitzgrabenbefestigung des der Pfalz nördlich vorgelagerten Oppidums; 5 erste, staufische Stadtmauer; 6 staufischer Stadtgraben.

sich dann von der Jahrtausendwende an eine Siedlung aus, auf die man erstmals bei den Grabungen auf dem Münsterplatz stieß und deren eingetiefte Häuser die älteren Bestattungen durchschlagen.

Insgesamt vier immer wieder an derselben Stelle erneuerte Hausgruppen mit 26 eingetieften Häusern lassen sich erkennen. Sie verraten eine erstaunlich lange Siedlungskontinuität, die bis ins frühe 13. Jahrhundert reicht. Ein mächtiger Graben, der unmittelbar auf die Befestigung der Pfalz zuführte, sicherte diese Siedlung bis ins 12. Jahrhundert hinein. Die Lage unmittelbar nördlich der Pfalz, die Befestigung und die Kontinuität der Bebauung heben diese Niederlassung deutlich von den ländlichen Siedlungen bei der Kirche »ennet feld« ab. Es handelt sich um das suburbium, einen Teil des »Oppidum Ulm«, aus dem heraus sich die mittelalterliche Stadt Ulm entwickelte.

Der mähliche Wandel der Hausformen in dieser Frühstadt belegt beispielhaft die Entwicklungsschritte hin zur Stadt des Mittelalters: Die ältesten, eingetieften Sechs- und Achtpfostenhäuser sind noch gekennzeichnet durch die exzentrischen Pfostengruben, und gelegentlich sind diese Häuser des 11. und frühen 12. Jahrhunderts zusätzlich noch durch außenliegende, in den anstehenden Löß eingegrabene Treppen erschlossen. Die Häuser aus der zweiten Hälfte des 12. Jahrhunderts und der Zeit um 1200 weisen hingegen einen großzügigen Zuschnitt mit einer Grundfläche von rund 65 m^2 und fortgeschrittenere Bautechniken auf: Sie sind als Ständerbauten auf einem Schwellenkranz errichtet, der sich im eingetieften Keller noch als Schwellenabdruck im Löß nachweisen läßt. Analog zu besser erhaltenen Befunden darf man sich diese Häuser wohl mehrgeschossig vorstellen: Hohlziegel sowie größere Mengen von Becherkacheln in der Verfüllung dokumentieren eine feste Dachhaut und eine geschlossene Wärmequelle, einen Kachelofen. Mit hoher Wahrscheinlichkeit standen diese Häuser bereits im Schutz der staufischen Stadtmauer, die nicht vor dem Ende des 12. Jahrhunderts errichtet wurde.

Diese kontinuierliche Entwicklung steht in scharfem Gegensatz zum Einschnitt, den — geläufiger Deutung folgend — die völlige Zerstörung der territoria, suburbia et villae in den Jahren 1131/32 und 1134 für Ulm bedeutet haben muß. Nicht nur auf dem Münsterplatz, sondern auch in der Rosengasse und zwischen Radgasse und Hahnengasse fehlen flächige Brandschichten. Zudem endet die Siedlungstätigkeit in der Rosengasse nicht etwa in der ersten Hälfte des 12. Jahrhunderts, sondern erst gegen Ende desselben oder im frühen 13. Jahrhundert. Nicht primär die welfische Zerstörung, sondern die Herausbildung der staufischen Stadt, die mit einer signifikanten Reduktion der bebauten Fläche einhergeht, führte zur Auflassung dieser präurbanen Bereiche. Nur die Kirche »ennet feld« überstand diesen Wüstungsprozeß, da sie bis zum Bau des Münsters 1377 als Ulmer Pfarrkirche galt. Und auch was den Kernbereich des Oppidum Ulm betrifft, zeigt es sich, daß erst der Stadtumbau des ausgehenden 12. und frühen 13. Jahrhunderts — verbunden

Oben: Schnitt durch den Graben des Oppidums auf dem Münsterplatz.

Mitte: Münsterplatz, Haus 4; Gesamtaufnahme. Rechts oben sind die durch die Hauseintiefung gekappten Bestattungen zu erkennen.

Unten: Münsterplatz, Detail von Haus 11 (spätes 12. Jahrhundert). Im Löß exzellent erhalten haben sich der Abdruck der hölzernen Ecküberblattung sowie der Abdruck des Zapfens des Eckständers.

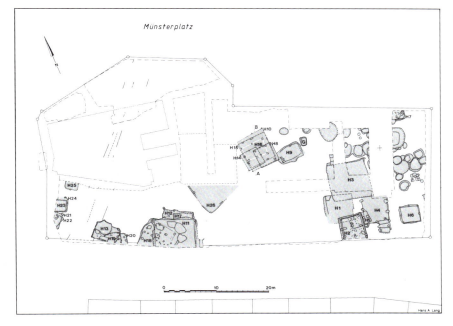

Übersichtsplan über die insgesamt 26 eingetieften Hausgrundrisse, die auf dem Ulmer Münsterplatz angetroffen wurden. Die ältesten Befunde (Haus 18) datieren in die Zeit um 995 +/- 10, die jüngsten Befunde (Hausgrundrisse 3, 11, 26) gehören bereits in das ausgehende 12. Jahrhundert.

175

Eine Auswahl hochmittelalterlicher Keramik des 11./12.
Jahrhunderts vom Münsterplatz in Ulm; das Gefäß
ganz links datiert bereits ins frühe 13. Jahrhundert.

Metallfunde aus den Grabungen auf dem Münsterplatz
und an der Rosengasse: Die Greifenapplique (12. Jahrhundert) sowie die beiden Scheibenfibeln (die obere
datiert ins frühe 13. Jahrhundert, diejenige mit Email-
einlage ins späte 11. Jahrhundert) stammen von der Rosengasse, das bronzene Ortband (11./12. Jahrhundert)
wurde auf dem Münsterplatz geborgen.

In einer Latrine vom Neuen Bau auf dem Münsterplatz konnte ein ungewöhnlich reiches Ensemble spätmittelalterlicher und frühneuzeitlicher Gläser geborgen werden. Das Spektrum reicht von einigen wenigen Krautstrünken aus der Zeit um 1500 über zahlreiche Spechter, Standfußbecher mit blau-grünen Nuppenauflagen bis hin zu Pokalen des frühen 17. Jahrhunderts.

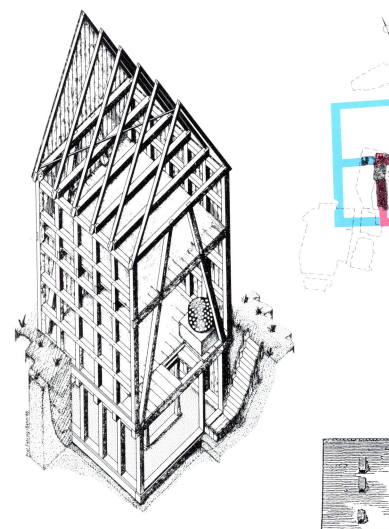

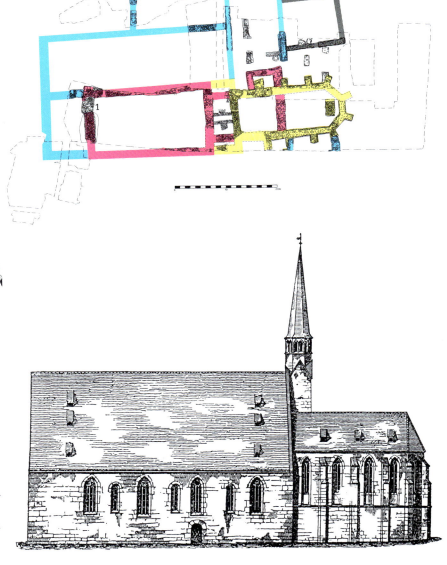

Oben: Rekonstruktionsvorschlag für Haus 11 auf dem Münsterplatz in Ulm. Die Schwellenkonstruktion ist durch den Abdruck des Schwellbalkens im Befund gesichert; Becherkacheln sowie Ziegelfragmente belegen Kachelofenheizung und eine feste Dachdeckung (Rekonstruktionsvorschlag nach G. P. Fehring; Lübeck, Alfstraße).

Rechts oben: Münsterplatz, Übersichtsplan über die Baubefunde der Barfüßerkirche und der zugehörigen Koventbauten: 1 staufische Stadtmauer; 2 spätromanischer Kirchenbau; 3 Umbauphase um 1300; 4 spätmittelalterliche Erweiterung des Kirchenschiffs; 5 spätmittelalterliche Profanbebauung.

Aufriß der Südseite der Barfüßerkirche (nach Gurlitt). Gut ablesbar sind die zwischen den spätgotischen Fenstern erhaltenen romanischen Fensteröffnungen und das wahrscheinlich ebenfalls zum ältesten Bau gehörige Portal.

mit dem Bau der Stadtmauer, deren mächtiger, bis zu 14 m breiter Graben am Lautenberg die älteren Befestigungslinien durchschnitt – die älteren, frühstädtischen Strukturen, so auch die Trennung zwischen Pfalz und »oppidum«, definitiv beseitigte und damit die Voraussetzungen für die Herausbildung der Stadt Ulm des 13. Jahrhunderts schuf.

Die mittelalterliche Stadt bis zum Jahr 1316

Das Bild des mittelalterlichen Ulm im 13. Jahrhundert muß sich noch immer weitgehend auf Schriftquellen stützen. Dies gilt vor allem für die verfassungsrechtlichen Verhältnisse in dieser Stadt, die sich schrittweise aus der königlichen Verwaltung löste. Gegen Ende des 13. Jahrhunderts wird der königliche Ammann erstmals nicht mehr ernannt, sondern von den »meliores de civitate« gewählt, und bereits 1255 ist ein städtischer Rat belegt, dem dann, schrittweise an die Stelle des Ammans tretend, der Bürgermeister vorstand. 1292 ist mit Ulrich Strölin der erste »capitaneus«, später »burgermaester«, belegt. Ihren Abschluß fand diese Entwicklung mit der Verfassung des kleinen Schwörbriefs, der 1345 den Ammann endgültig von allen Regierungsgeschäften ausschloß und die Stellung des Stadtoberhaupts dem Bürgermeister zuwies. Aber auch für die Beantwortung von Fragen zur baulichen Ausgestal-

Oben links: Münsterplatz. Überblick über die Profanbebauung des 13. Jahrhunderts unter dem spätmittelalterlichen Konvent. Im Vordergrund sichtbar ist ein Steinkeller aus dem 13. Jahrhundert mit dem erhaltenen Treppenabgang, der von außen in den Keller führte.

Oben Mitte: Münsterplatz: Unter den jüngeren Planierschichten hat sich bis zu einer Höhe von 75 cm die zweiphasige Lehmummantelung eines Kachelofens aus dem 13. Jahrhundert mitsamt den in situ liegenden Becherkacheln erhalten.

Oben: Erst im Zug der großflächigen Abbrucharbeiten auf dem Münsterplatz im Jahr 1873 wurde diese Liegenschaft abgebrochen, deren schuttverfüllter Keller im Rahmen der Grabungsarbeiten noch einmal freigelegt wurde. Dabei fanden sich exzellent konservierte Reste von roter Quadermalerei an den erhaltenen Wandpartien.

Links: Diese Bodenfliesen, die bei den Grabungen auf dem Münsterplatz geborgen wurden, gehörten vermutlich zur Erstausstattung der ersten Barfüßerkirche.

tung der Stadt des 13. Jahrhunderts ist der weitgehende Rückgriff auf Schriftzeugnisse unerläßlich, die naturgemäß vor allem die kirchlichen Bauten beleuchten. So weiß man, daß 1215 die Verlagerung des 1183 auf dem Michelsberg errichteten Klosters St. Michael auf die westlich der Stadt gelegenen Blauinseln erfolgt, bis 1402 ein Neubau an der heutigen Stelle erfolgte. Ebenfalls außerhalb der staufischen Stadt wurde 1226 am Zusammenfluß von großer und kleiner Blau das Deutschordenshaus mit Kirche gestiftet. Auch die Klarissinnen ließen sich während ihrer Ulmer Jahre, zwischen 1237/ 39 und 1258, extra muros, »im Gries«, nieder, 1281 erhielten die Dominikaner unmittelbar östlich vor der staufischen Stadtmauer das Niederlassungsrecht, nachdem ihnen eine großzügige Stiftung dort Grundbesitz vermacht hatte. Systematische archäologische Untersuchungen dieser Kirchen hat es nicht gegeben, ihre Baugeschichte ist meist nur umrißhaft bekannt, zum Teil sind die Niederlassungen — so etwa diejenige der Klarissinnen — nicht mehr lokalisierbar.

Archäologisch untersucht sind einzig Kirche und Kloster der Franziskaner, die sich nach einer — allerdings nicht zweifelsfrei gesicherten — Überlieferung 1229 in Ulm niedergelassen haben. Von herausragender Bedeutung ist hier,

Grüner Hof; Grundriß der Nikolauskapelle und des Steinhauses (um 1200, ursprünglicher Zustand rekonstruiert, Maßstab 1 : 200, nach B. Scholkmann).

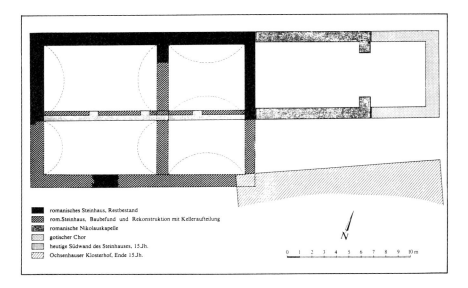

romanisches Steinhaus, Restbestand
rom.Steinhaus, Baubefund und Rekonstruktion mit Kelleraufteilung
romanische Nikolauskapelle
gotischer Chor
heutige Südwand des Steinhauses, 15.Jh.
Ochsenhauser Klosterhof, Ende 15.Jh.

0 1 2 3 4 5 6 7 8 9 10 m

daß der älteste Kirchenbau sich schützend über ältere, frühstädtische Befunde legte. Zudem sicherte die spätere schrittweise Erweiterung des Konvents die darübergelagerten jüngeren profanen Baubefunde des 13. und 14. Jahrhunderts, die ein recht anschauliches Bild von Ulm »um 1300« vermitteln.

Der Rat wies den Franziskanerbrüdern auf ihr Bitten hin nach 1229 einen Bauplatz nben dem Löwentor zu. Dabei erhielten die Mönche nicht nur den zum Löwentör gehörigen Turm und einen Teil der anschließenden Stadtmauer; nach lokaler Überlieferung haben darüber hinaus auch einzelne Bürger dem Kloster ihre Häuser vermacht: »Fil wichen aus Iren heysern und gabens diesen hayligenn leutten zum kloster«. Es ist denkbar, daß die jüngsten unter dem Kirchenbau ergrabenen großen »Stadthäuser« Eigentum dieser Stifter waren. Spätestens 1283, als in Ulm das erste Provinzialkapitel der Franziskaner seine Arbeit aufnahm, muß der erste Kirchenbau, ein schlichter Saalbau mit charakteristischem, langrechteckigem Chor, fertiggestellt gewesen sein. Bis zum Abbruch 1873 haben sich im Aufgehenden Teile dieses ältesten spätromanischen Baus erhalten: ein Aufriß aus dem Jahr 1848 zeigt noch drei der wahrscheinlich ursprünglich sechs romanischen Rundbogenfenster und ein Rundbogenportal. Gemäß der architekturgeschichtlichen Datierung Wortmanns wurde um 1300 das Schiff nach Osten verlängert und mit einem Fünfachtelchor versehen.

Der romanische Konvent konnte archäologisch nicht nachgewiesen werden; hingegen war ein solcher Nachweis für die in der dritten großen Bauphase – die das Erscheinungsbild der Kirche bis zu ihrem Abbruch prägte – entstandenen Konventgebäude möglich. Erfaßt wurden die inneren Mauerzüge des Konvents sowie, südlich davon, ein zweites Schiff. Es war nördlich an den bestehenden Kirchenbau angefügt, der zugleich nach Westen hin verlängert worden war. Wie die Untersuchung des Mauerwerks ergab, muß dieser Erweiterungsbau im 14. Jahrhundert erfolgt sein. Entsprechende Baugeschichten fehlen; einen terminus post quem liefert die Niederlegung der staufischen Stadtmauer um 1316. Schefold ordnet diesen großen Umbau mit guten Argumenten dem Jahr 1348 zu, während er nach Mauch 1392 und nach Wortmann 1412 erfolgt sein soll. Untrennbar mit der Kirche und dem Konvent verbunden ist der große Friedhof, aus dem insgesamt über 500 Beisetzungen geborgen werden konnten. Die Bestattungstätigkeit innerhalb und außerhalb der Kirche setzte bereits in der ersten Bauphase ein und wurde bis zu dem durch die Reformation bedingten Abzug der Mönche 1525/31 fortgeführt.

Entscheidend für das Bild der Stadt um 1300 aber ist, daß unter den freigelegten Konventbereichen Ausschnitte des älteren profanen Ulm erfaßt werden konnten. Gesichert sind zwei Steinkeller aus dem 13. Jahrhundert. Davon war einer durch eine außenliegende Steintreppe erschlossen, während zum andern eine Heißluftheizung gehörte, deren Reste erhalten geblieben sind. Der zweiten Hälfte des 13. Jahrhunderts zuzuweisen sind hervorragend konservierte Überreste eines Kachelofens, dessen äußerer, mit Kalksteinen durchsetzter Lehmmantel bis zu 75 cm hoch stehen geblieben war. Im inneren Lehmmantel hatten sich in situ drei Becherkachellagen erhalten, die zugleich den Innenraum umschlossen, der zwei Aschelagen aus verschiedenen Phasen barg. Auch die Feuerungsöffnung mit der zugehörigen Sandsteinplatte hatte sich konserviert. Allerdings fehlt der zugehörige Baukörper – vielleicht ein ebenerdiger Bau, dessen Gründung nicht mehr nachweisbar ist. Aus einer jüngeren Phase – also schon aus dem 14. Jahrhundert – stammen zwei weitere Keller, die bereits gegen die bestehenden Mauern des Konvents beziehungsweise jene des Kirchenschiffs gesetzt sind. Da er erst 1873 verfüllt worden war, blieb in einem der beiden Keller eine rote Quadermalerei auf hellem Putzgrund erhalten. Für die kurze Zeit zwischen (Wieder-)Entdeckung und endgültigem Abbruch stellte dieser Keller einen für Ulm nahezu singulären Befund dar; analoge Beispiele waren durch Krieg und Wiederaufbau vernichtet worden.

Ein weiteres prominentes Beispiel Ulmer Architektur des frühen 13. Jahrhunderts hat – wenn auch schwerst beschädigt – am Ostrand der staufischen Stadt überlebt. Kurz nach 1200, aber sicher vor 1222 hatte der kaiserliche Notar Marquard dort vom Kloster Reichenau Grundbesitz erworben und darauf einen Domus, ein Steinhaus, und, direkt daran angefügt, eine Nikolauskapelle errichtet. Weitere Befunde sind für die Zeit vor 1300 in Ulm nicht verfügbar. Bereits in die Zeit nach 1300, genauer nach 1316, datieren dann die steinernen Kellerfundamente aus der Ulmer Rosengasse. Nach der Stadterweiterung von 1316, bei der nun auch die zahlreichen extra muros liegenden geistlichen Niederlassungen einbezogen wurden, entstand dort, am Rand der Stadt, ein neues, dicht bebautes Stadtquartier, nachdem das Areal nach der Erstbebauung zwischen dem frühen 11. und dem ausgehenden 12. Jahrhundert für Lehmgruben und andere Materialentnahmen genutzt worden war. Dieser letzte Entwicklungsschritt verlieh der Stadt ihre Grundgestalt, wie sie bis zum 19. Jahrhundert bestand. Einzig im Stadtkern brachte das Jahr 1377 noch einmal einen weitreichenden städtebaulichen Eingriff. Die Errichtung des Münsters mitten in der dicht bebauten staufischen Kernstadt vertrieb die dort in der Nachbarschaft der Franziskaner schon vor 1284 niedergelassenen Terziarinnen und erzwang, wie aus den Schriftquellen hervorgeht, auch die Aufgabe eines Badhauses und weiterer Bürgerhäuser, um Platz für den ausgreifenden Neubau zu schaffen. Zu diesem Zeitpunkt verlor dann auch die Kirche »ennet feld« die Rechte als Pfarrkirche, die an das intra muros gelegene Münster übergingen. Damit schließt sich der Kreis – das letzte Zeugnis der komplexen, vielgeschichtigen Ulmer Stadtgenese verliert seine über Jahrhunderte bewahrte Funktion. Wie in den andern zentralen Orten des südwestdeutschen Alpenvorlandes erweisen sich das ausgehende 12. und das 13. Jahrhundert auch für Ulm als die Zeit, in der die mittelalterliche Stadt entsteht. Sie löst das vielteilige, polyzentrische, wahrscheinlich locker strukturierte und räumlich weit ausgreifende frühstädtische Gefüge aus dem Früh- und Hochmittelalter ab. An dessen Stelle entsteht die ummauerte, von Bezirken, von Parzellen, von Plätzen, von Gassen- und Pfalzfluchten definitiv bestimmte Stadt, ein Vorgang, der untrennbar mit der entstehenden bürgerlichen Selbstverwaltung verbunden ist. Ulm bietet – anders als das aufgrund der topographischen Voraussetzungen gesondert zu betrachtende Beispiel der Bischofsstadt Konstanz – eine Entstehungsgeschichte, die exemplarisch auch für andere Orte den Weg der Stadtwerdung zu veranschaulichen vermag. Die Zeit für Erforschung und Bewahrung ist aber knapp geworden: In wenigen Jahrzehnten wird bei weiter anhaltender Bauintensität der Rest an früher Stadtgeschichte, der eben nicht im Stadtarchiv liegt, und der vor den Schäden des Kriegs verschont blieb, durch die Begleiterscheinungen der Friedenszeiten endgültig zerstört sein.

JUDITH OEXLE

Ganz oben: Rosengasse: Überblick über die spätmittelalterlichen Kellergrundrisse der Stadterweiterung nach 1316.

Oben: 1990 wurde eines der letzten spätmittelalterlichen Fachwerkhäuser im Bereich der Rosengasse, die den Krieg überstanden haben, das Haus Frauengraben 42, abgebrochen.

Böblingen, Sindelfingen, Herrenberg

Die Lage

Die Städte Böblingen, Sindelfingen und Herrenberg entstanden in geringer Entfernung voneinander unter gleichartigen naturräumlichen Voraussetzungen. Sie liegen im Zentrum des heutigen Baden-Württemberg, am nördlichen Rand eines großen zusammenhängenden Waldgebiets, dem sogenannten Schönbuch, und seinem nördlichen Ausläufer, dem Glemswald, wo dieser in die fruchtbare Käuperebene des sogenannten Oberen Gäus, des »Korn- oder Strohgäus«, übergeht. Die Gäuebene bot zu allen Zeiten günstige Voraussetzungen für die Ansiedlung von Menschen. Die topographische Situation läßt darüber hinaus keine Merkmale erkennen, die die Entstehung der Städte besonders begünstigt hätten.

Vorgeschichtliche und römische Besiedlung

Auf der Markung der späteren Städte sind Spuren der Anwesenheit von Menschen erstmals für die mittlere Steinzeit und für den ganzen Zeitraum der Vorgeschichte nachgewiesen. Funde und Gräber belegen eine Nutzung der fruchtbaren Böden des oberen Gäus. Nach der römischen Eroberung Südwestdeutschlands setzt sich diese Besiedlung fort. Ländliche Gutshöfe (Herrenberg), Überreste von Töpfereien (Böblingen) und vor allem zahlreiche Spuren einer früh entstandenen Siedlung mit Marktcharakter auf Markung Sindelfingen zeugen von einer intensiven Nutzung. Alle diese Siedlungsspuren liegen jedoch nicht unmittelbar im Bereich der spätmittelalterlichen Stadtkerne, sie haben also deren Standort nicht beeinflußt.

Frühmittelalterliche Siedlungen

Mit der Niederlassung der Alemannen nach dem Rückzug der Römer beginnt sich in Südwestdeutschland das heute noch bestehende Siedlungsbild zu formen. Für Böblingen, Sindelfingen und Herrenberg ist gesichert, daß alemannische Siedlungen im Zusammenhang mit der Platzwahl für die späteren Städte stehen. Böblingen und Sindelfingen haben als Städte die Ortsnamen frühmittelalterlicher Siedlungen übernommen; zur Namenskontinuität kommt in beiden Fällen teilweise eine solche des Platzes.
Auf Markung Böblingen wird das namensgebende Dorf im Bereich der südöstlich der ummauerten Stadt gelegenen, späteren »Oberen Vorstadt« vermutet, wo in der Nähe einer »extra muros« gelegenen, Maria geweihten Kirche im 19. Jahrhundert mehrfach merowingerzeitliche Bestattungen zutage traten. Alle entsprechenden Funde sind verschollen, und das Areal, wie auch jenes der inzwischen profanierten Kirche, wurde auch im Zusammenhang mit jüngst erfolgten Baumaßnahmen archäologisch nicht untersucht. Um 1100 nennt sich ein Hochadelsgeschlecht »de Bebelingen«, sein Herrenhof könnte am Standort der späteren Burg Böblingen oder aber auf dem Burgstall »Alte Burg« westlich der späteren Stadt gelegen haben.

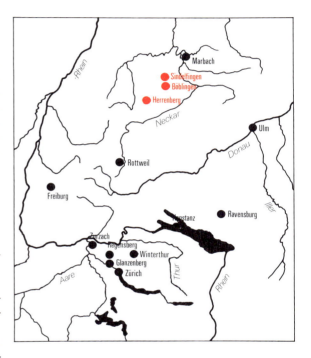

Linke Seite: Die mittelalterlichen Stadtkerne der drei Städte: Oben Böblingen, Mitte Sindelfingen, unten Herrenberg. Luftaufnahme von Südwesten, 1991.

183

»Das Hailigen Roemischen Reichs Schwaebische Kreis sambt seinen Umb und Inliegenden Landen.« Historische Karte von David Seltzlin 1572. Ausschnitt mit Lage der drei Städte. Maßstab ca. 1:500 000.

Römischer Reliefstein mit einer Darstellung des Gottes Merkur, 2./3. Jahrhundert n. Chr. »Gefunden bei Böblingen in einem Wiesenthal . . . und soll vor diesem in dem Wald Schönbuch gestanden seyn«. (Beschreibung des Fundorts aus dem Jahr 1835). Der Stein ist heute im Lapidarium des Württembergischen Landesmuseums ausgestellt.

Weitaus besser ist die frühgeschichtliche Besiedlung auf Markung Sindelfingen erforscht. Drei Gräberfelder mit zum Teil reichen Beigaben aus der Mitte des 5. bis zum Ende des 7. Jahrhunderts belegen drei Ansiedlungen in der entsprechenden Zeit. Das größte, zeitlich am weitesten zurückreichende läßt sich mit hoher Wahrscheinlichkeit dem Dorf Sindelfingen zuweisen, das, wie Lesefunde belegen, am Südrand der mittelalterlichen Stadt lag und teilweise später in diese miteinbezogen wurde. Die zum Teil außergewöhnlich reichen Grabbeigaben sind ein sicherer Hinweis auf die Anwesenheit einer reichen Oberschicht in diesem Dorf. Ein weiterer spätmerowingischer Siedlungskern ist im Bereich des späteren Stifts nachgewiesen, und zwar ein Herrenhof sowie indirekt eine frühe Kirche. Die erste Erwähnung Sindelfingens in den Schriftquellen reicht ins Ende des 11. Jahrhunderts zurück.

Auch auf Markung Herrenberg sind zwei frühmittelalterliche Siedlungen bekannt, die beide schon 775 in den Schriftquellen bezeugt sind, die Wüstungen Reistingen und, nach dem Ortsnamen zu schließen wohl jünger, Mühlhausen. Beide lagen wenig mehr als 1 km südlich beziehungsweise südwestlich der späteren Stadt und beide besaßen eine Kirche. Drei teils bis ins 5. Jahrhundert zurückreichende Gräberfelder, die zumindest teilweise diesen Siedlungen zugerechnet werden müssen, ferner Flurnamen, ältere Lesefunde und neue Ausgrabungen in der Siedlung Reistingen dienen als sichere Belege für die Existenz der beiden Dörfer und ihre Lage. Anders als bei Böblingen und Sindelfingen ist ihre Bedeutung für die Platzwahl der späteren Stadt offenbar erheblich geringer, da weder eine Namens- noch eine Platzkontinuität zu dieser besteht.

Alle bekannten frühmittelalterlichen Siedlungen hatten sicher ländlichen Charakter, eine Ausnahme bildet nur der Sindelfinger Herrenhof. Für keine von ihnen ist in dieser Frühzeit eine überlokale Bedeutung mit zentralörtlicher Funktion zu erschließen. Auch eine Einbindung in ein überregionales Verkehrsnetz ist nicht nachweisbar, im Gegenteil: Die wichtigste Fernverbindung Ulm–Speyer, die sogenannte Rheinstraße, führt im Abstand von mehreren Kilometern westlich an Böblingen vorbei.

Burg und Stift

Weitaus wichtiger als die im Frühmittelalter entstandenen Siedlungen sind für die Entstehung und Lage der Städte des 13. Jahrhunderts offensichtlich die hochmittelalterlichen vorstädtischen Siedlungskerne. Am besten überliefert ist ein solcher Kern in Sindelfingen. Bald nach der Mitte des 11. Jahrhunderts errichtet Graf Adalbert von Calw hier ein Chorherrenstift. Zur Beschaffung von Baumaterial wird das »Castrum«, der an dieser Stelle archäologisch nachgewiesene Herrenhof, abgerissen. Gleichzeitig entsteht daneben, ebenfalls archäologisch nachgewiesen, eine Siedlung im Bereich der späteren Oberen Vorstadt. Das Stift gehört zu den wichtigeren klösterlichen Niederlassungen im 12. Jahrhundert in unserem Raum. Seine Lage im Norden der späte-

184

Grabbeigaben aus dem alemannischen Gräberfeld »Auf dem Feger« auf Markung Sindelfingen. Hier wurden von der 2. Hälfte des 5. bis zum ausgehenden 7. Jahrhundert wahrscheinlich die Bewohner des Dorfes Sindelfingen bestattet, das der späteren Stadt den Namen gegeben hat.

Oben: Zweischneidiges Langschwert, sogenannte »Spatha«, 2. Hälfte 5. Jahrhundert. Der Holzgriff ist mit Goldblech umkleidet, die mit Leder überzogene und mit Fell gefütterte Holzscheide wurde mit aus Silber gefertigten und vergoldeten Riemendurchzügen und Nieten ausgestattet. Solche Goldgriffspathen sind nur in wenigen Exemplaren bekannt. Ihre Träger zählten sicher zu den einflußreichsten Personen ihrer Zeit.

Links: Goldscheibenfibel (Gewandschließe), 2. Drittel 7. Jahrhundert. Die aus Goldblech gefertigte und mit Golddraht verzierte Schauseite ist mit Bergkristall-, Achat- und Glaseinlagen geschmückt. Sie wurde von einer der Oberschicht zugehörigen Frau getragen.

ren Stadt ist durch den dort befindlichen Herrensitz vorgegeben, und es erhält bei der Gründung einen Teil des Dorfes Sindelfingen. Seine 1133/34 vollendete, dem heiligen Martin geweihte Kirche, eine romanische Basilika, ist noch heute erhalten. Die Vogtei geht später von den Grafen von Calw an die Welfen, dann wahrscheinlich an die Staufer über und ist spätestens 1243 in der Hand der Pfalzgrafen von Tübingen. Ein 1973 bei der archäologischen Untersuchung in der Stiftskirche geborgener Münzschatz mit über 900 Münzen aus der Zeit um 1160/80 belegt außerdem eine Münzstätte des Stifts.

In Böblingen wird 1243 ebenfalls ein »Castrum« erwähnt. Es befand sich im Besitz der Tübinger Pfalzgrafen. Die Burg lag wohl auf einem Spornausläufer des Glemswalds über der Gäuebene, dort, wo später das Schloß entstand. Über ihre bauliche Gestalt im 13. Jahrhundert und den Zeitpunkt ihrer Entstehung sind keinerlei Aussagen möglich. Die ältesten Bildquellen reichen nicht weiter als ins 16. Jahrhundert zurück. Zu dieser Zeit zeigt sich die Anlage als Zweiflügelbau mit Querbau und Turm. Das Schloß ist heute vollständig verschwunden; ob es sich bei den innerhalb der heutigen Stadtkirche freigelegten Fundamentresten einer apsidialen Choranlage um den Rest einer Burgkapelle handelt, wie die lokale Stadtgeschichtsforschung vermutet, ist nicht mehr zu ermitteln.

Besser unterrichtet ist man über die Burg Herrenberg, die 1228 erstmals als »Castrum« im Besitz der Pfalzgrafenfamilie genannt wird. Rudolph II. von Tübingen-Herrenberg, der hier eine Urkunde ausstellte, ist zugleich der erste

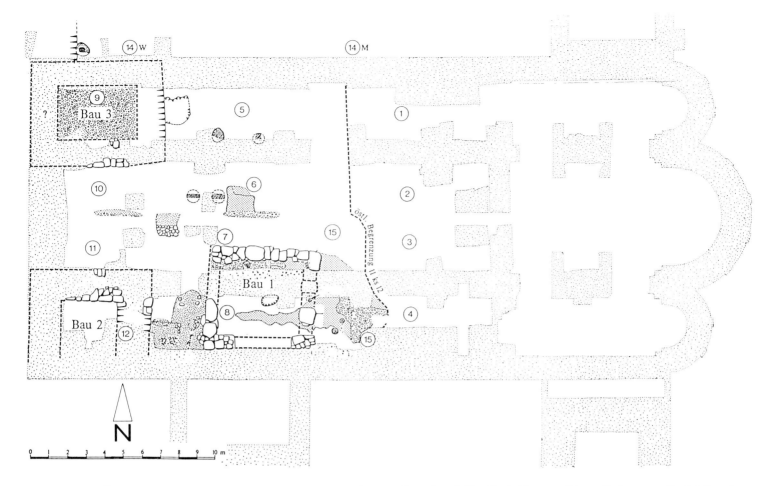

Archäologische Überreste des Herrenhofs der Grafen von Calw unter der Sindelfinger Stiftskirche (Grabung 1973). Erfaßt wurden drei Steinbauten und weitere Siedlungsspuren, die spätestens im 10. Jahrhundert entstanden sind.

nachweisbare Vogt des Stifts Sindelfingen. Die auf einem steil abfallenden Sporn am Schönbuchrand in einer für eine hochmittelalterliche Höhenburg typischen topographischen Situation errichtete Anlage wurde im 19. Jahrhundert bis auf geringe Reste abgebrochen. Auch über ihre Entstehungszeit und ihr Aussehen im 13. Jahrhundert lassen sich nur Vermutungen anstellen. Die älteste Ansicht von 1470 zeigt eine wehrhafte Feste mit Bergfried, einem weiteren Turm, mehreren Gebäuden, Mauern und einer Zugbrücke. Ob sich schon nach ihrer Entstehung am Fuß des Burgbergs eine Burgsiedlung entwickelte, ist nicht bekannt, aber durchaus möglich.

Die Entstehung der Städte

Die Gründung der drei Städte erfolgte in einem Zeitraum von nur etwa 25 Jahren, im dritten Viertel des 13. Jahrhunderts. Der Wunsch, innerhalb ihrer Besitzungen Städte zu gründen, der sich bei vielen adligen Familien im 13. Jahrhundert zeigt, war bei den Pfalzgrafen von Tübingen offenbar besonders ausgeprägt. Bedingt durch die um 1200 einsetzenden Teilungen und die Aufsplitterung des Besitzes entstanden schon vor 1200 drei Städte (Tübingen, Bregenz, Feldkirch). Die Stadtgründungspolitik setzt sich mit insgesamt über 20 weiteren Gründungen im 13. und dann auch noch im 14. und 15. Jahrhundert fort. Allein im weiteren Umkreis des Schönbuchs entstanden Blaubeuren, Heimsheim, Horb, Asperg, Scheer (Donau), ferner Lonsee als »mißglückte« Stadtgründung, in Oberschwaben Leutkirch, Tettnang, Ertingen, Immenstaad, Langenargen und Langenau, im heutigen Österreich und am Alpenrhein noch Bludenz, Sargans und Werdenberg.
Gründer der drei Städte am Schönbuchrand waren zwei Vettern, Rudolph I., »der Scherer« von Tübingen-Herrenberg, und Rudolph, Graf von Tübingen-Böblingen. Urkunden, die den Rechtsakt der Stadtgründung festhalten, sind, wie für die meisten Städte des 13. Jahrhunderts, nicht überliefert. Dennoch ist man zumindest über die Entstehung der Stadt Sindelfingen recht gut unterrichtet, und zwar durch eine Urkunde, die im April 1263 ausgestellt

Die Sindelfinger Stiftskirche St. Martin von Süden, um 1850.

wurde. In ihr legt der Stadtgründer die Rechte des Stifts gegenüber der neu entstehenden Stadt fest. Er läßt festhalten, daß er beabsichtige, »auf seinem Besitz bei Sindelfingen eine Stadt zu gründen« und ». . . ihren Bürgern das Recht der Freiheit nach dem Vorbild der Freiheit der Stadt Tübingen zu übertragen gedenke«. Die bauliche Realisation der Gründung schritt offenbar schnell voran; schon 1284 wurde das letzte Viertel der Stadtmauer fertiggestellt.

Weitaus weniger gesichert ist die Entstehung von Böblingen und Herrenberg. Für beide Städte können nur indirekte Zeugnisse für den Zeitpunkt der Gründung herangezogen werden. Der sicherste Beleg ist für Böblingen die Nennung von »Cives«, also Bürgern, im Jahr 1272, eine Gründung kann etwa zwischen 1250 und diesem Datum angenommen werden. Auch bei Herrenberg belegt die erste Nennung von Bürgern, 1271, die Existenz der Stadt. Hinzu kommt ein seit 1278 überliefertes Stadtsiegel. Auch hier könnte die Gründung ein oder zwei Jahrzehnte vorher erfolgt sein. Der Gründer ist derselbe, dem auch Sindelfingen seine Entstehung verdankt.

Die Gründe für die Entstehung von Städten sind in Böblingen und Herrenberg eindeutig: Der Pfalzgraf hatte den Wunsch, neben dem »Castrum« als Sitz der Familie auch eine Stadt zu besitzen. Schwieriger zu erklären ist hingegen die Entstehung der Stadt Sindelfingen in unmittelbarer Nachbarschaft zu Böblingen, denn die Urkunde von 1273 zeigt nur die Absicht, nicht aber die Gründe dafür auf. Ob es sich um eine »Konkurrenzgründung« handelte, ob die Sicherung eines randlich gelegenen Besitzes des Stadtgründers beabsichtigt war, oder ob ausschließlich militärische Gründe im Zusammenhang mit Streitigkeiten zwischen den beiden Häusern ausschlaggebend waren, läßt sich nicht mehr ermitteln.

Das Schicksal aller drei Städte bleibt jedenfalls in den ersten Jahrzehnten nach der Gründung eng mit jenem der Familie der Stadtherren verknüpft, was sich maßgeblich auf ihre weitere Entwicklung auswirkt. Die einzelnen Linien der Pfalzgrafen verarmen, bedingt durch weitere Teilungen, immer mehr. Die Bildung eigener Herrschaften, in deren Zusammenhang auch die Gründung der Städte gesehen werden muß, gelingt nicht. Schon wenige Jahrzehnte nach der Gründung Sindelfingens zwingt die Finanznot die Böblinger wie die Herrenberger Grafen zu Übergriffen auf das reiche Sindelfinger Stift. Das Ende der Herrschaft der Stadtgründerfamilie über Sindelfingen kündigt sich an. 1299 wird die Stadt letztmals als tübingen-herrenbergisch erwähnt, 1326 gehört sie den Grafen von Rechberg, ist also an diese veräußert worden. Über den Verkauf selbst sind keine Einzelheiten bekannt. Die Stadtherrschaft der Rechberger ist indes von kurzer Dauer; schon 1351 kaufen die Grafen von Württemberg Sindelfingen um 5000 Pfund Heller. Bereits sieben Jahre zuvor, 1344, hat Götz III. von Tübingen-Böblingen seine Stadt um 2000 Pfund Heller an die Grafen von Württemberg veräußert, darf sie aber vorläufig »pflegsweise« noch behalten; der endgültige Übergang an Württemberg erfolgt 1357. Am längsten bleibt Herrenberg in pfalzgräflicher Hand. 1347 wird die Stadt selbst unter Rudolph und Konrad von Herrenberg aufgeteilt, 1382 schließlich verkauft der letzte männliche Nachkomme der Herrenberger Linie seine gesamte Herrschaft mit Burg und Stadt um 40 000 Pfund Heller an die Württemberger. Am Ende des 14. Jahrhunderts sind alle drei Städte in das württembergische Territorium integriert.

Kleinstädte als Normalfall

Betrachtet man die mittelalterliche Städtekarte des heutigen Baden-Württemberg, so zeigt sich, daß die weitaus überwiegende Zahl der Städte Kleinstädte mit weniger als 2000 Einwohnern waren; ihnen stehen nur wenige sogenannte Mittelstädte (bis 5000 Einwohner) und noch weniger Großstädte gegenüber. Auch Sindelfingen, Böblingen und Herrenberg waren solche Kleinstädte. Ihre Einwohnerzahl wird um 1500 auf zwischen 800 und 1200 geschätzt, sie dürfte um 1300 kaum höher gewesen sein. Der Versuch, ein Bild dieser Kleinstädte im Spätmittelalter nachzuzeichnen, ist mit Schwierigkeiten verbunden, denn die Zeugnisse sind gerade für sie lückenhaft, und archäologische Untersuchungen fehlen bisher fast vollständig. Sie sind auch in Böblingen, Sindelfingen und Herrenberg nicht durchgeführt worden. So

Reitersiegel des Grafen Rudolf I., genannt »der Scherer« von Tübingen-Herrenberg, des Gründers von Sindelfingen und wahrscheinlich auch von Herrenberg, 1260.

Wappen der Linien des Hauses Tübingen mit der »dreilatzigen« Gerichtsfahne.
Ein Angehöriger der Tübinger Pfalzgrafenfamilie gab die um 1330/40 entstandene »Zürcher Wappenrolle« in Auftrag, in der die Wappen des süddeutschen Hochadels aufgezeichnet sind. Hier sind die vielverzweigten Linien des pfalzgräflichen Hauses dargestellt, darüberhinaus stellt das Dokument ein eindrückliches Zeugnis des Selbstbewußtseins dieses Adelsgeschlechts dar.

Die sogenannte Stadtgründungsurkunde von Sindelfingen von 1263. Graf Rudolf, genannt »der Scherer« von Tübingen-Herrenberg legt die Rechte des Chorherrenstifts gegenüber der neuen Stadt fest.

werden manche Fragen unbeantwortet bleiben. Andererseits bietet die gemeinsame Betrachtung der drei Städte die Möglichkeit, Lücken zu überbrücken. Die erkennbare Parallelität der Erscheinungen und Entwicklungen scheint darüber hinaus gewisse Regeln ablesbar zu machen, die das Bild dieser drei Städte über den Charakter eines individuellen Portraits hinausheben.

Die Gestalt der Stadt

In allen drei Orten wird die spätmittelalterliche Stadtgründung an die hochmittelalterlichen vorstädtischen Kerne angelagert, ohne daß diese selbst in die Stadt einbezogen sind. Die wichtigsten Quellen für die Stadtgestalt sind, mangels archäologischer Untersuchungen, die ersten Planaufnahmen aus dem 19. Jahrhundert, hinzu kommen verschiedene seit dem 16. Jahrhundert überlieferte Ansichten. Allerdings ließ sich bislang nicht abklären, inwiefern die Stadtanlagen, wie sie in den Plänen des 19. Jahrhunderts wiedergegeben sind, den Gründungsgrundriß spiegeln und wie weit sie durch spätere Veränderungen überformt worden sind.
Die drei Städte sind von ihrer Größe her vergleichbar, ihre jeweilige Form wird durch die Geländesituation bestimmt. Böblingen und Herrenberg bilden ein Halboval am Fuß der Burg, Sindelfingen ein unregelmäßiges Viereck zwischen Stift und dem älteren Dorf. Eine gewisse Regelhaftigkeit der Straßenführung unter Anpassung an die topographische Situation ist in allen Plänen erkennbar. Böblingen und Sindelfingen verfügen über eine Hauptstraßenachse, auf die rechtwinklig Querstraßen bezogen sind. Bei beiden Städten fallen im Grundriß in der Südostecke Unregelmäßigkeiten auf; in jenem Bereich, in dem möglicherweise ältere Dorfteile in die Stadt einbezogen wurden. Herrenberg hat zusätzlich zur Hauptachse eine dem Hang entsprechend bogenförmig verlaufende Querachse, der mehrere Parallelstraßen zugeordnet sind. Während in Sindelfingen vielleicht ein später überbauter Straßenmarkt an der Hauptachse angenommen werden kann — der Marktplatz lag vom Spätmittelalter an außerhalb der Stadt —, ist in Böblingen die Erweiterung der Hauptachse zum Straßenmarkt erhalten geblieben, und in Herrenberg bildet der trapezförmige Marktplatz das Zentrum der Stadt, wobei offen ist, ob er in dieser Form und Größe schon zur Gründungszeit bestand, oder ob er seine Gestalt erst einer Sanierungsmaßnahme nach einem der beiden überlieferten Stadtbrände (1466 und 1635) verdankt. Alle drei Städte lassen auf den Plänen des 19. Jahrhunderts einen Mauerring erkennen, von dem heute nur noch geringfügige Reste erhalten sind. Böblingen und Sindelfingen hatten zwei Stadttore, Herrenberg deren drei.
In Sindelfingen wurde nie eine eigene Stadtkirche errichtet. Die außerhalb der Stadt, im Stiftsbezirk gelegene Stiftskirche diente nach der Gründung der Stadt auch als Pfarrkirche für die Bewohner. In Herrenberg dagegen wurde vermutlich bereits 1276 mit dem Bau der Stadtkirche St. Maria begonnen. Noch erhaltene Teile und archäologische Untersuchungen erlauben die Rekonstruktion einer dreischiffigen Basilika mit polygonalem Hauptchorabschluß und nördlichem Chorseitenturm; es handelte sich also um einen verhältnismäßig anspruchsvollen Bau. Die Lage zwischen Stadt und Burg macht die Doppelfunktion als städtische Bürgerkirche und Herrschaftskirche deut-

Titelblatt der Chronik des Sindelfinger Chronisten Andreas Rüttel von 1560. Dargestellt sind, vor dem Hintergrund des Schönbuchs, die drei Städte Sindelfingen, Böblingen und Herrenberg (von links nach rechts) und die Wappen der Grafen von Calw, der Pfalzgrafen von Tübingen, des Hauses Württemberg und der Stadt Sindelfingen.

lich. Ob sich in der Kirche ein Erbbegräbnis der Herrenberger Linie der Pfalzgrafen befand, wie man annimmt, läßt sich nicht belegen.

Fragen ergeben sich auch zur Lage und Funktion der Stadtkirche St. Dionysius in Böblingen, die erst 1344 bezeugt ist. Der aus dem Spätmittelalter stammende einschiffige Bau mit polygonalem Chorschluß und Westturm wurde 1943 zerstört. Die bei Renovierungsarbeiten 1983 aufgenommenen Fundamente eines einschiffigen Vorgängerbaus lassen eine Datierung nicht zu; somit bleibt auch die Frage offen, wie bald nach der Gründung mit dem Bau der Stadtkirche begonnen wurde. Ungeklärt ist auch, ob die außerhalb der Stadt gelegene Kirche St. Maria, bei der sich bis 1836 der Friedhof befand, nicht die ältere Kirche war, bei der das Bestattungsrecht verblieb. Die Funktion der Stadtkirche als Herrschaftskirche und Begräbnisstätte der Stadtherrenfamilie ist hingegen belegt.

Über das Aussehen der städtischen Häuser bis zur Mitte des 14. Jahrhunderts lassen sich nur Vermutungen anstellen. Ein Hausbestand aus der Gründungszeit hat sich in keiner der drei Städte erhalten. Die Altstadtkerne von Sindelfingen und Herrenberg zeigen heute ein fast ausschließlich von Holzarchitektur geprägtes Bild. Privathäuser und öffentliche Gebäude (Rathäuser) sind Fachwerkbauten, nur die Kirchen weisen eine reine Steinbauweise auf. Gleiches galt für die nicht mehr erhaltene Altstadt von Böblingen. Steinbauten waren in Böblingen und Herrenberg auch die Schloßgebäude. Die Altstadt von Herrenberg stammt in ihrer heutigen Form allerdings erst aus dem

189

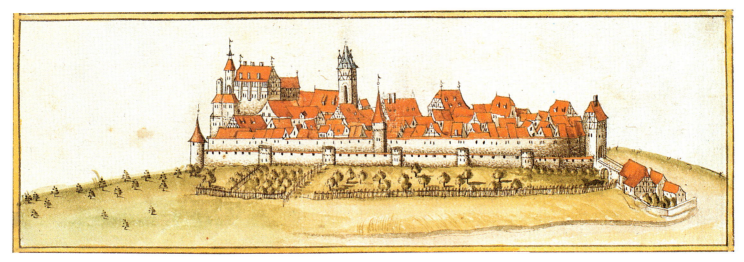

Die Ansichten der drei Städte von Andreas Kieser 1683. Oben Böblingen, in der Mitte Sindelfingen, unten Herrenberg. Bei der Darstellung von Sindelfingen ist dem Zeichner ein Fehler unterlaufen. Die Stiftskirche liegt nicht, wie die Abbildung zeigt, in der Stadt, sondern nördlich außerhalb derselben. Eine eigene Stadtkirche wurde nie erbaut.

17./18. Jahrhundert, und in Böblingen gibt es lediglich einige wenige Gebäude, die indes auch erst im 16. Jahrhundert entstanden sind. Am besten erhalten geblieben ist der mittelalterliche Stadtkern Sindelfingens; eine gefügekundliche und dendrochronologische Untersuchung zahlreicher Bauten ergab einen umfangreichen Hausbestand aus dem 15. Jahrhundert, einige Gebäude reichen gar bis ins ausgehende 14. Jahrhundert zurück. Die Fachwerkhäuser lassen keinen eigentlichen städtischen Haustyp erkennen: Es sind meist zweigeschossige Wohn-Stall-Bauten mit einer gesondert liegenden Scheune. Archäologisch belegt sind in dem nördlich der Stadt gelegenen Siedlungsteil für das 13. und selbst noch bis zum Ende des 14. Jahrhunderts Holzbauten in Pfostenbautechnik mit Grundrissen, die im 14. Jahrhundert zum Teil bereits engste Parallelen zum Grundriß städtischer Häuser aufweisen. Die Annahme, daß auch die Bauten in den im 13. Jahrhundert gegründeten Städten aus Holz errichtete Fachwerkhäuser waren und — trotz ihrer Lage

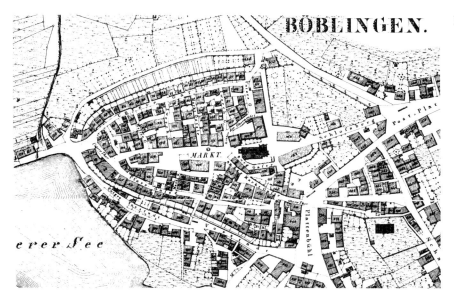

BÖBLINGEN.

Die ältesten Planaufnahmen der drei Städte von 1830.

SINDELFINGEN

Unten: Grundrisse eines in der Sindelfinger Oberen Vorstadt ergrabenen und dendrochronologisch in die 2. Hälfte des 14. Jahrhunderts datierten Hauses mit eingegrabenen Pfosten (oben) und eines auf Steinschwellen errichteten und noch erhaltenen Fachwerkhauses von 1447 (früher Obere Vorstadt Nr. 33, jetzt versetzt, unten). Deutlich zeigt sich der Übergang von der altertümlichen Pfostenbauweise zum mittelalterlichen Ständerbau.

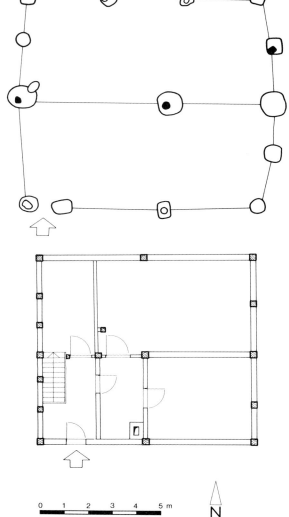

HERRENBERG

191

Oben: Sindelfingen, Hintere Gasse 1, erbaut 1393, das älteste erhaltene Haus in der Stadt. Unter dem Verputz verbirgt sich die mittelalterliche Fachwerkkonstruktion.

Oben rechts: Sindelfingen, Untere Burggasse 5, erbaut um 1470. Mit seiner charakteristischen Fachwerkkonstruktion, dem »liegenden« Dachstuhl und den Fenstererkern, die zu den Stuben mit Bohlenbalkendecke gehören, stellt es ein besonders eindrückliches Beispiel für die »Fachwerkstadt« Sindelfingen dar.

in der Stadt — eher landwirtschaftlicher Nutzung dienten, ist deshalb wohl berechtigt.

Die Städte und ihr Umland

Die Stadtgründungen haben in allen Fällen nachhaltige Auswirkungen auf das Umland und die dort bestehenden Siedlungen gehabt. Ein Indiz dafür ist das Verschwinden älterer Siedlungen auf den Markungen der Städte. Am besten faßbar ist dies bisher in Herrenberg, wo die Dörfer Reistingen und Mühlhausen, offensichtlich im Zusammenhang mit der Stadtgründung, abgingen. Die archäologische Untersuchung eines Teilbereichs der Wüstung Reistingen ergab eine ländliche Siedlung mit ebenerdigen Pfostenbauten und Grubenhäusern, die, zumindest im ergrabenen Areal, um 1200 verlassen worden sein mußten. Beide Siedlungen sind jedoch keineswegs abrupt und vollständig verschwunden; sie werden auch im 14. Jahrhundert noch genannt, die Kirchen überleben länger, und Mühlhausen behält bis 1752 das Begräbnisrecht für die Bewohner Herrenbergs. Auch die auf den Markungen Sindelfingen und Böblingen gelegenen, neben den namengebenden Dörfern bestehenden Ansiedlungen müssen in den Städten aufgegangen sein. Die neu entstehenden Städte bewirken somit kleinräumige Verschiebungen im Siedlungsgefüge, die Städte selbst entwickeln sich zu Kernen einer Siedlungskonzentration. Inwieweit dabei die Stadtherren auf die Entwicklung Einfluß nahmen, läßt sich nicht mehr rekonstruieren.

Städtische Organe und Einrichtungen

Die Institutionen, die zu einer Stadt im Rechtssinn gehören, sind in allen drei Städten bis zur Mitte des 14. Jahrhunderts nur lückenhaft überliefert. Gesichert ist die Verleihung des Tübinger Stadtrechts an Sindelfingen im Jahr 1263 (die Bestätigung erfolgte 1274), und man nimmt an, daß auch Böblingen und Herrenberg in jenen Jahren das Stadtrecht erhielten. Die Erwähnung von Bürgern findet sich in Sindelfingen 1263, in Herrenberg 1271, in Böblingen 1272. In Herrenberg gab es 1271 einen Schultheißen, 1278 ein Stadtsiegel, 1322 ein Sondersiechenhaus, 1342 eine Badstube und 1347 Rich-

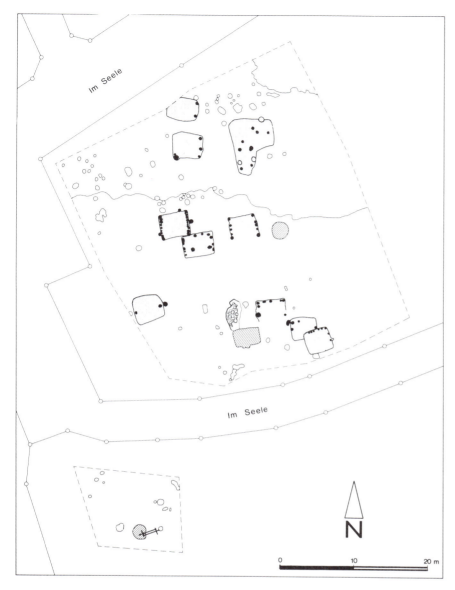

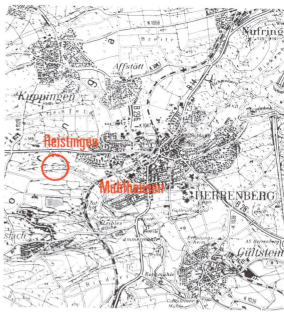

Oben: Lageplan der Stadt Herrenberg und der beiden abgegangenen Siedlungen Reistingen und Mühlhausen.

Links: Das abgegangene Dorf Reistingen bei Herrenberg. Der 1989 ausgegrabene Teil der Siedlung mit Überresten von eingetieften Baustrukturen, sogenannten Grubenhäusern, und ebenerdigen Pfostenbauten.

ter, sowie einen Markt. In Sindelfingen gibt die Urkunde von 1263 keine Auskunft über die Stadtverfassung, und auch aus der Verleihung des erst 1388 aufgezeichneten Tübinger Stadtrechts lassen sich keine Angaben über städtische Organe gewinnen. Ein Schultheiß ist indes 1271 belegt, 1275 werden »Consules« genannt, die auch gerichtliche Befugnisse gehabt haben müssen. Ein Marktrecht hat Sindelfingen erst 1450 erhalten; ob es zuvor einen Markt gab, ist ungewiß. Das älteste Stadtsiegel stammt aus dem Jahr 1383.

Auch Böblingen verfügt nachweislich erst ab 1340 über ein Stadtsiegel. Der Schultheiß wird hier 1291 erwähnt, 1383 wurden erstmals auch Richter genannt, ein Marktrecht ist im Mittelalter nicht überliefert. Insgesamt scheint die Ausbildung kommunaler Einrichtungen nur allmählich erfolgt zu sein. Wie sehr alle drei Städte in ihrem Selbstverständnis vom Stadtherrn geprägt waren, läßt sich an den Siegeln ablesen: Böblingen und Herrenberg übernehmen das Wappen der Tübinger Pfalzgrafen, Sindelfingen das der zweiten Stadtherren, der Grafen von Württemberg.

Alltagsleben in der Kleinstadt

Aussagen zum Alltagsleben in den drei Städten können sich nur auf indirekte Zeugnisse stützen. Die Entwicklung der Städte selbst läßt erkennen, daß sie offenbar in erheblichem Maß von der Landwirtschaft als Ernährungsgrundlage geprägt waren. Das vom Ende des Mittelalters an faßbare Bild typischer Ackerbürgerstädte, die ohne ein über den lokalen Bedarf hinaus produ-

Mittelalterliche Stadtsiegel der drei Städte: Links Böblingen, 1353, rechts Sindelfingen, 1383, unten Herrenberg, 1289.

193

Der Münzschatz aus der Sindelfinger Stiftskirche nach seiner Auffindung anläßlich der Grabung von 1973. In dem Tontopf, dessen obere Hälfte zerbrochen ist, sind die Lagen der darin rollenweise verborgenen 940 Silbermünzen sichtbar. Sie sind zwar durch die Lagerung im Boden miteinander verbacken, jedoch dank des hohen Silbergehalts nur teilweise mit einer grünen Oxydationsschicht überzogen. Warum dieser wertvolle Schatz mit Münzen, die größtenteils aus der Münzstätte des Stifts selber stammen, bald nach 1180 in der Kirche verborgen und vor allem, warum er nicht wieder gehoben wurde, ist nicht erschließbar.

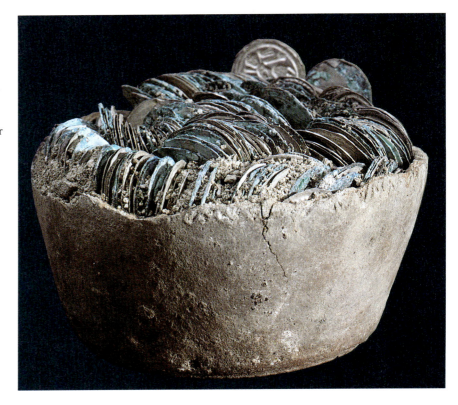

Backmodel aus Ton, 2. Hälfte 15. Jahrhundert, gefunden 1973 in der ehemaligen Propstei des Sindelfinger Chorherrenstifts.
Das nur 5,4 cm lange und 3,7 cm breite Stück zeigt die nackte Schöne, die vom Tod überrascht wird. Die Umschrift auf dem vielfach verschlungenen Schriftband lautet: »ich bin wol gethan un lebe (l)an(ge)sunder wan ach du armer sack von erden was ich bin da(s) mustu werden«.

zierendes Handwerk und ohne entsprechende Handelsbeziehungen zu existieren vermögen, läßt sich wohl auch in die Frühzeit der Städte übertragen. Für Böblingen und Sindelfingen, wo detaillierte Untersuchungen für die Zeit um 1500 vorliegen, läßt sich zeigen, daß selbst die Handwerker noch Landwirtschaft betrieben. Auskunft über den Lebensstandard gibt, mit gewissen Einschränkungen, das Fundgut der Ansiedlung unter der Sindelfinger Oberen Vorstadt, in der sich das Leben von demjenigen in der Stadt kaum wesentlich unterschieden haben dürfte. Es ist ein sehr durchschnittliches Inventar, dem alle Glanzlichter fehlen. Beim Hausrat dominiert die lokale Keramik, auch nur aus dem weiteren Umkreis importierte Stücke wurden praktisch keine gefunden. Einfache Holzgefäße ergänzen das Tongeschirr. Trinkbecher aus Glas sind kaum vertreten, Metallfunde, auch als Kleingerät, selten. Die gefundenen Gerätschaften gehören zur Landwirtschaft oder zum Hauswerk, daneben fanden sich kaum Schmuck oder Gegenstände der persönlichen Frömmigkeit, nur wenig Spielzeug, geringe Hinterlassenschaften von Handel und Marktbetrieb. Im Fundgut ferner zwei Schreibgriffel als Hinweis auf Bildung und Wissen, rekonstruierbar im weitern ein Speisezettel, der nichts enthält, was man nicht selbst erzeugte und was nicht auf sorgfältige Nutzung aller Nahrungsressourcen hinweist — alles zusammen ergibt ein Bild des Alltagslebens, das dem der baulichen Struktur und den Beobachtungen zur Entwicklung der kommunalen Einrichtungen entspricht. Es läßt einen städtischen Lebenszuschnitt, wie er beispielsweise für die Großstädte Konstanz und Zürich sichtbar wird, weitgehend vermissen. Er dürfte aber der durchschnittlichen Lebensrealität der meisten Bürger in den Kleinstädten der Region weit eher entsprechen als das, was die Ausgrabungen in den großen Orten als Spiegel vergangener Wirklichkeit hervorgebracht haben.

Die württembergischen Amtsstädte

Das Ende der pfalzgräflichen Zeit und der Übergang an Württemberg macht Böblingen und Herrenberg zu Verwaltungsmittelpunkten, sogenannten Oberamtsstädten, Sindelfingen wird dem Amt Böblingen zugeschlagen. Hinweise auf zentralörtliche Funktionen sind in Böblingen der Sitz eines bäuerlichen Flurgerichts, in Herrenberg die Anlage eines der vier Landesfruchtkästen. Alle drei Orte nehmen im Lauf des 15. Jahrhunderts vorübergehend an Bedeutung zu, doch verdanken sie das ausschließlich den herrschaftlichen oder geistlichen Einrichtungen in ihren Städten. Böblingen erlebt eine Glanzzeit, als das Schloß zwischen 1394 und 1519 Sitz fürstlicher Witwen aus dem Hause Württemberg wird, so der Gräfin Mechthild, Mutter Herzog Eberhards im Bart, die ihre Heirat mit Albrecht von Habsburg in Böblingen feiert. Später wird das Schloß nur noch als Jagdschloß benützt und verliert an Bedeutung. Die Stadt wird vor allem durch den 30jährigen Krieg schwer getroffen. Im 18. und bis zum Beginn des 19. Jahrhunderts folgt eine Zeit der Bedeutungslosigkeit und des Verfalls.

In Sindelfingen ist es das Stift, das im 15. Jahrhundert an Bedeutung gewinnt, einflußreiche Persönlichkeiten, darunter illegitime Söhne des Hauses Württemberg, sind Stiftsherren. Die Geschichte des Stifts findet ihren Höhepunkt und Abschluß mit der Verlegung nach Tübingen, wo es die Grundlage für die dort von Herzog Eberhard neu gegründete Universität bildet; Gründungskanzler und Gründungsrektor sind Sindelfinger Chorherren. Die Abwanderung des Stifts, dessen Nachfolgeeinrichtung 1535 reformiert wird, bedeutet für die Stadt einen deutlichen Einschnitt, und auch die Erhebung zur Oberamtsstadt von 1605 bis 1807 ändert daran nichts; Sindelfingen bleibt eine bedeutungslose Kleinstadt.

In Herrenberg gründen Ulrich und Ludwig von Württemberg 1430 ein Chorherrenstift, das Eberhard im Bart 1481 mit den von ihm besonders geförderten Brüdern vom gemeinsamen Leben besetzt. Der Umbau der Stadtkirche zur anspruchsvollen spätgotischen, dreischiffigen Hallenkirche mit qualitätvoller Ausstattung, insbesondere dem 1518/19 entstandenen großen Flügelaltar des Jörg Rathgeb, bezeugen die Blütezeit des Stifts, die freilich durch die Reformation jäh unterbrochen wird. Auch Herrenberg versinkt so schließlich in die Provinzialität einer kleinen württembergischen Amtsstadt, die zudem durch Kriegs- und Brandkatastrophen immer wieder in Mitleidenschaft gezogen wird.

1968–70 ergrabenes Gehöft in der Oberen Vorstadt in Sindelfingen, 2. Hälfte 14. Jahrhundert. Das Gehöft ist von einem Palisadenzaun umschlossen. Es besteht aus mehreren Bauten, von denen Haus 2 wohl das Wohnhaus und Haus 1 ein Vorratsgebäude war. Haus 3 läßt sich nicht sicher rekonstruieren und in seiner Funktion bestimmen. Zum Gehöft gehören Abfallgruben und zwei Zisternenbrunnen. Alle Gebäude sind in der altertümlichen Pfostenbauweise mit eingegrabenen Stützen errichtet. Die Wände von Haus 1 bestanden aus senkrechten Bohlen, Haus 2 könnte eine Wandgestaltung mit lehmbeworfenen Flechtwänden oder horizontale Bohlenwände aufgewiesen haben.

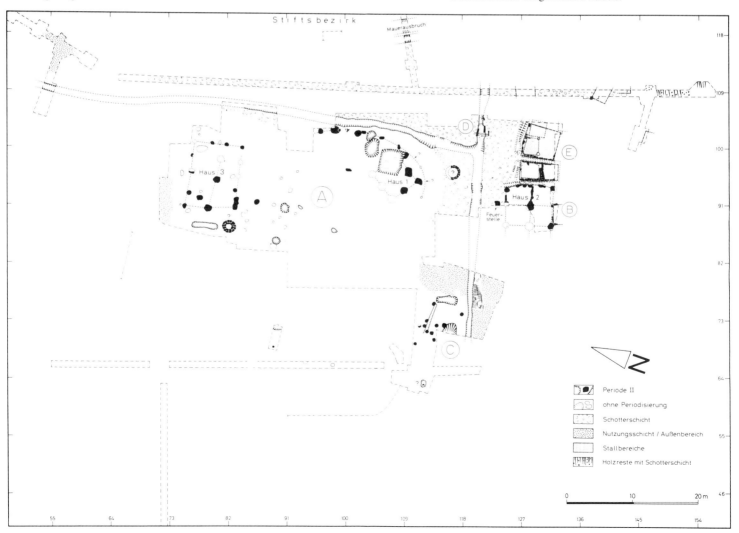

195

Unten: Mittelalterliche Kleinfunde aus Ton aus der Grabung in der Oberen Vorstadt in Sindelfingen: Töpfchen, 14. Jahrhundert; kleines, glasiertes Dreifußgefäß, 15. Jahrhundert; Bruchstücke von zwei Tonpüppchen, 14./15. Jahrhundert; Bruchstücke von zwei Spielzeugpferdchen, 13./14. Jahrhundert.

Ganz unten: Mittelalterliche Metallfunde aus der Grabung in der Oberen Vorstadt in Sindelfingen: Ovale Gürtelschnalle, zeitlich nicht näher eingrenzbar; rechteckige Gürtelschnallen, wahrscheinlich 15. Jahrhundert; Pilgerzeichen in Form einer Jakobsmuschel, 14./15. Jahrhundert; Schreibgriffel für Wachstafeln, Mitte 14. Jahrhundert.

Die Entwicklung bis zur Gegenwart

Geradezu atemberaubend erscheint im Vergleich zu früheren Jahrhunderten die Entwicklung der drei Städte seit dem Beginn der Industrialisierung. Voran geht Böblingen, wo schon im ersten Drittel des 19. Jahrhunderts eine Industrialisierungswelle einsetzt. Einen wichtigen Impuls bringt der Anschluß an das Eisenbahnnetz 1879; bis 1910 hat sich die Einwohnerzahl gegenüber 1800 verdreifacht. Auch Sindelfingen profitiert vom Anschluß an die Eisenbahn im gleichen Jahr, jedoch geht die Entwicklung hier zögernder vor sich. Die Anlage eines Militärflughafens zwischen Böblingen und Sindelfingen gibt hier den entscheidenden Anstoß. Ihm verdankt Sindelfingen die Ansiedlung eines Zweigwerks einer großen Automobilfabrik, die heute das rund 50fache der Fläche der mittelalterlichen Stadt bedeckt. Die Entwicklung Herrenbergs vollzieht sich dagegen langsamer; der Charakter eines von ländlichen Strukturen geprägten Städtchens bleibt hier über den Ersten Weltkrieg hinaus erhalten.

Die für die Biographie der Städte in Deutschland so einschneidenden Folgen des Zweiten Weltkriegs treffen die drei Städte ganz unterschiedlich, und dies mit nachhaltigen Auswirkungen auf ihr heutiges Erscheinungsbild. In Böblingen wird der größte Teil der Altstadt mit Schloß und Kirche, insgesamt 40 Prozent der bebauten Stadtfläche, durch Luftangriffe zerstört. Der Wiederaufbau leitet eine Stadtexpansion ein, die zu einer Zunahme der Wohnbevölkerung um mehr als 200 Prozent gegenüber 1939 führt. Damit einher geht die Ansiedlung bedeutender Industrieunternehmen und die »Nachkriegszerstörung« der restlichen Teile der Altstadt durch moderne Überformung. Auch Sindelfingen hat Kriegszerstörungen hinzunehmen, die jedoch den historischen Baubestand kaum treffen. Auch hier expandiert die Stadt in der Nachkriegszeit in gewaltigem Ausmaß. Die Bevölkerung wächst gegenüber 1939 um über 400 Prozent. Die intensive Ausweitung der Bebauung auf der Markung läßt aber den historischen Stadtkern in großen Teilen lange Zeit unberührt; der mittelalterliche Hausbestand bleibt erhalten. Die am Ende der 60er Jahre drohende Zerstörung der Altstadt kann verhindert werden. Eine »erhaltende Erneuerung« bewahrt hier in wesentlichen Zügen deren mittelalterliches Gesicht. Herrenberg wird von den Kriegszerstörungen am wenigsten getroffen. Überdies setzen die Veränderungen der Nachkriegszeit weniger stürmisch ein, auch wenn die Bevölkerungszahl gegenüber 1939 stark ansteigt, um etwa 100 Prozent. Bauliche Eingriffe in die Altstadt erfolgten, wie in Sindelfingen, bis vor wenigen Jahren nur in geringem Umfang. Das Bemühen um die Erhaltung des Erscheinungsbilds der Altstadt führte im Jahr 1983 zur Ausweisung als denkmalgeschützte Gesamtanlage.

Zum Umgang mit den archäologischen Quellen

Das Verhältnis zu den oberirdisch noch erhaltenen Zeugnissen der eigenen Stadtgeschichte spiegelt in allen drei Städten gleichzeitig den Umgang mit deren Überresten im Boden. Zum fast vollständigen Verlust mittelalterlicher Bausubstanz in der Altstadt kommt in Böblingen inzwischen ein ebensolcher der archäologischen Quellen. Große Teile davon sind in der Altstadt durch die Anlage von Tiefgaragen zerstört worden, der Prozeß der Zerstörung archäologischer Substanz setzt sich heute in den zur Klärung der Fragen nach einer vorstädtischen Besiedlung aufschlußreichen Zonen fort. Kennzeichnend ist, daß die einzige »archäologische Maßnahme« eine im Zug der Renovierung der Stadtkirche 1983 gemachte Notbeobachtung ist, die keine auswertbaren Ergebnisse zeitigte. Gleichzeitig nimmt aber das Bemühen um die Kenntnis der Stadtgeschichte zu, wie eine 1990 gezeigte Ausstellung mit dem Titel »Böblingen, eine Stadt sucht ihre Wurzeln« zeigt. Ob allerdings das dort vorgestellte, mit den Mitteln einer sogenannten »empirischen Stadtforschung« ermittelte »neue Bild des alten Böblingen« — jenem einer stadtähnlichen Siedlung mit städtischen und ländlichen Strukturen schon um 1100, einem Stadtgrundriß und einer Struktur, die von den Pfalzgrafen nur übernommen worden sein soll — wirklich die Wurzel Böblingens ist, kann mit Recht bezweifelt werden. Die archäologischen Quellen sind beseitigt, es darf spekuliert werden . . .

Oben: Altaraufsatz vom Herrenberger Altar des Jörg Rathgeb von 1519.

Dargestellt ist die Verkündigung, die zwei hochrechtek-kigen Mitteltafeln tragen das Datum und das Mono-gramm des Künstlers. Im Jahr 1517 erhielt »Maister Jerg malern« aus Schwäbisch Gmünd von den Chorher-ren des Herrenberger Stifts den Auftrag, einen Flügel-altar für den Chor der Stiftkirche zu malen. Das Werk wurde schon von den Zeitgenossen als meisterhaft be-wundert und gehört heute zu den bedeutenden Zeug-nissen schwäbischer Malerei im Umbruch von der Go-tik zur Renaissance. Der Altar wurde 1537 nach Einfüh-rung der Reformation abgebrochen, Teile gingen verlo-ren. Im Jahr 1890 wurde er an die »Staatssammlung va-terländischer Altertümer« in Stuttgart verkauft und ist heute in der Staatsgalerie Stuttgart ausgestellt.

Links: Gräfin Mechthild von der Pfalz. Darstellung von 1452 im Codex Ingeram (Wien). Mechthild, geboren 1419, hatte 1436 den Grafen Ludwig von Württemberg geheiratet. Nach seinem Tod im Jahr 1450 zog sie sich auf Schloß Böblingen, ihren Witwensitz, zurück. Dort fand im August ihre Hochzeit mit Albrecht VI., dem Bruder Kaiser Friedrichs III., statt, ein besonders glanz-volles Ereignis in der Geschichte Böblingens. Die Grä-fin ist als anmutige Dame dargestellt. In ihrer rechten Hand hält sie einen Spiegel als Sinnbild weiblicher Ei-telkeit und Klugheit zugleich.

Auch in Herrenberg hat bisher eine archäologische Untersuchung nur in der ehemaligen Stifts- und Stadtkirche stattgefunden. Die Kellerkartierung für die Altstadt zeigt jedoch, daß, bedingt durch die Bautätigkeit im 16. und

Rechts: Die Böblinger Altstadt um 1910. Die historische Bausubstanz ist noch vollständig erhalten.

Rechts unten: Das kriegszerstörte Böblingen, Aufnahme nach der Bombennacht vom 7./8. Oktober 1943. Böblingen war Ziel des ersten großen Bombenangriffs auf eine kleinere süddeutsche Stadt. Der Kern der Altstadt wurde weitgehend zerstört.

Böblingen als wachsende Industriestadt: Luftaufnahme während des ersten Weltkriegs. Rechts erkennt man die Hallen des Militärflughafens.

17. Jahrhundert, die archäologische Substanz nur beschränkt erhalten blieb. Die Unterschutzstellung als Gesamtanlage wird künftig Eingriffe ohne Beteiligung der Archäologen verhindern. Das Interesse der Archäologie richtet sich hier insbesondere auf die Erforschung der vorstädtischen Siedlungskerne, die bis heute größtenteils nicht überbaut wurden. Vor allem im Gebiet der abgegangenen Siedlung Reistingen wurden Grabungen durchgeführt. Sie leisten einen Beitrag zur Erforschung des Verhältnisses Stadt/Umland.

Die bisher umfangreichsten archäologischen Untersuchungen konzentrierten sich auf Sindelfingen, letztlich weitgehend aufgrund des persönlichen Interesses eines ehrenamtlichen Stadtmuseumsleiters. Der ersten großen Tiefgaragenplanung konnte 1967 bis 1970 eine archäologische Untersuchung vorgeschaltet werden. Beim fraglichen Gebiet handelt es sich um die schon erwähnte »Obere Vorstadt«, eine außerhalb der ummauerten Stadt gelegene und vor dieser entstandene Siedlung, die nach der Stadtgründung weiterbestand und erst nach dem Weggang des Stifts im Spätmittelalter der Stadt als Vorstadt angegliedert wurde. Zur Entwicklung des Besiedlungsgefüges auf der Markung, zur Ausbildung von Gehöftanlagen und zum Übergang vom ländlichen zum städtischen Hausbau sind dabei wichtige Erkenntnisse gewonnen worden, ebenso zu Fragen nach dem Lebensstandard und Lebenszuschnitt der Bewohner. Die 1973 in der Stiftskirche durchgeführte archäologische Untersuchung erbrachte den Nachweis eines Herrensitzes der späte-

Oben: Der Marktplatz von Herrenberg mit Blick auf Rathaus und Stiftskirche.

Links: Sindelfingen. Luftaufnahme von 1982. Man erkennt das Werksgelände der Firma Daimler Sindelfingen in der unteren Bildhälfte, im oberen Bildteil das Areal der mittelalterlichen Stadt. Das Firmengelände umfaßt etwa die 50-fache Größe der mittelalterlichen Kleinstadt.

ren Stiftgründer in der späten Merowingerzeit und damit eines weiteren vorstädtischen Siedlungskerns. Hinzu kommen kleine Untersuchungen im Stadt- und Stiftsbereich, die zusätzlich punktuelle Aufschlüsse ergaben. Zerstörende, tiefreichende Eingriffe erfolgten außer in den Randbereichen der Altstadt erst vor kurzem im nordöstlichen Teil des Altstadtkerns. Leider wurde die Möglichkeit, die frühe Stadt in mehreren Parzellen zu erfassen, nicht genutzt. Die Kellerkartierung zeigt in Sindelfingen einen ganz erheblichen Bestand an noch erhaltener archäologischer Substanz.

Eine Zukunft für die Stadtarchäologie?

In Böblingen hat die Stadtarchäologie nichts mehr zu erforschen. In Herrenberg schränkt der Erhaltungszustand der Quellen die Möglichkeiten ein. Nur Sindelfingen bietet die Chance, eine spätmittelalterliche Kleinstadt in ihrer Entstehungsstruktur zu erfassen. Die Fragestellungen sind erarbeitet, die Vorarbeiten geleistet, die archäologische Substanz ist noch vorhanden. In Sindelfingen wäre somit eine beispielhafte archäologische Erforschung einer Kleinstadt noch möglich, eine Untersuchung jenes Stadttyps, der den »Alltag im Städtewesen Südwestdeutschlands« um 1300 darstellt.

Barbara Scholkmann

Glanzenberg

Die Politik der Regensberger

Gründung und Geschichte, vor allem aber auch die gewaltsame Zerstörung des rund 8 km unterhalb der Stadt Zürich auf dem rechten Ufer der Limmat gelegenen Städtchens Glanzenberg hängen eng mit dem Versuch der Herren von Regensberg zusammen, ihre Herrschaft im Limmattal auszubauen. In der Umgebung von Zürich urkundlich nachgewiesen und dabei ausdrücklich als »Regensberger« bezeichnet sind die in der Gegend schon länger ansässigen und offenbar auch begüterten Freiherren von Regensberg erstmals in der zweiten Hälfte des 11. Jahrhunderts: Lütold II., der urkundlich zwischen 1080/1083 und 1130 faßbar wird, schenkt – zusammen mit seiner Gattin Judenta und seinem Sohn Lütold III. – gemäß Urkunde vom 22. Januar 1130 dem Kloster Einsiedeln zur Gründung eines Frauenklosters im »Fahr« ein Hofgut samt bestehender Kapelle und Zubehör. Der Stammsitz der Regensberger, die Burg Alt-Regensberg (östlich des heutigen Regensdorf) muß freilich bereits früher, vielleicht um etwa 1040 erbaut worden sein.

Im frühen 13. Jahrhundert stehen die Regensberger an der Limmat, entlang den Lägern, im Furttal, im Glattal und im Zürcher Oberland in Konkurrenz zu den Habsburgern, den Kyburgern und den Herren von Neu-Rapperswil sowie den Grafen von Toggenburg. Dabei müssen sie sich – offensichtlich in Absprache mit den Grafen von Kyburg – allmählich auf ihre Besitzungen im Zürcher Oberland und rund um den Stammsitz Alt-Regensberg konzentrieren.

Gleichzeitig müssen die Regensberger jedoch weiterreichende Pläne gehabt haben: Die Gründungen Regensbergs (1244), Grüningens (vor 1250), die Beteiligung an der Gründung von Kaiserstuhl (1250/55) und die Gründung Glanzenbergs durch die Regensberger Lütold VI. und zwei seiner Söhne – Lütold VII. und Ulrich I. – dienten wohl unter anderem dem Ausbau und der Sicherung einer Verkehrsachse, die vom Rhein an Zürich vorbei, bei Fahr/Glanzenberg über die Limmat und von dort über Maschwanden, Alt-Eschenbach und Luzern zum Vierwaldstättersee und von da zum Gotthard geführt hätte.

Die Limmat selbst war damals eine intensiv genutzte Wasserstraße – vorab für den Zürcher Handelsverkehr –, die in der Gegend von Fahr, wie schon der Name andeutet, mit Fähren und außerdem über eine Furt, die »Kräuelfurt«, traversiert werden konnte. Deshalb liefen hier wichtige Straßen zusammen – zum einen aus dem Mittelland und dem Aaretal, zum andern aus der Innerschweiz und dem Reußtal –, und da, wo die Straßen aus dem Süden die Limmat erreichten, stand am linken Limmatufer die Wasserburg Schönenwerd. Die Verlockung, die beiden Ufer durch eine Brücke miteinander zu verbinden, die Kontrolle über die Burg Schönenwerd zu gewinnen und Schlieren/Dietikon – beispielsweise durch eine Heirat – in die Hand zu bekommen, war denn auch ebenso groß wie verständlich.

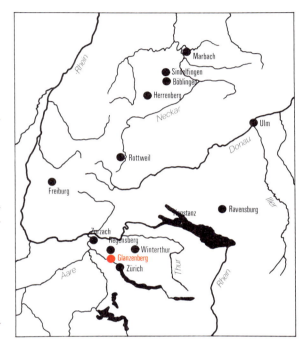

Linke Seite: Rekonstruktionsversuch (1940) des ehemaligen Städtchens Glanzenberg durch H. Defatsch (1883–1964) aufgrund der Grabungsbefunde und Angaben von K. Heid und G. Hartmann. Das Modell befindet sich heute im Ortsmuseum Dietikon, die Aufnahme aus der Vogelschau zeigt rechts die Limmat in ihrem alten Verlauf und damit die Südseite des Städtchens, in der Mitte der Anlage den von K. Heid festgestellten bekiesten Platz, an den Stadtmauern die in den Grundrissen gefaßten Bebauungen.

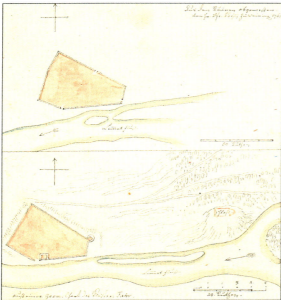

Ganz oben: »Geometrischer Grundriß aller Marken der Gerichts-Herrlichkeit des Gotthauses Wettingen ...« von 1693, gezeichnet nach der Kantonskarte von H. C. Gyger. Auf dem Plan sind die »Rudera des Stettlin und der Burg Glantzenberg« noch deutlich zu erkennen; erst allmählich verschwanden sie aus dem Bewußtsein und damit auch aus den Karten.

Oben: Planskizzen des einstigen Städtchens (oben im Bild) und (darunter) des Städtchens mit der Burg (»Schloß«), 1761 angefertigt durch Pfarrer J. J. Köchli aus Weiningen nach älteren Plänen aus dem Kloster Fahr.

Bau und Anlage von Glanzenberg

Das für die Anlage der geplanten Stadt Glanzenberg vorgesehene Gebiet war eine Auenniederung auf dem Nordufer der Limmat, rund 1,5 km südwestlich des von Lütold II. 1130 gegründeten Klosters Fahr und insofern nicht einfach Neuland, als da in unmittelbarer Nähe des Siedlungsgebiets bereits eine ältere Burganlage bestand, die den Übergang über die Limmat sicherte. Diese Burg stand auf dem südlichsten Punkt der den Fluß um rund 40 m überragenden Hardwaldterrasse und beherrschte so das ganze, von der Limmat in weitem Bogen umflossene regensbergische »Klostergebiet«, die Fähre beim Kloster sowie das für die neue Stadt vorgesehene, nur knapp 300 m entfernte Auengelände.

Nachrichten über Beginn und Verlauf der Bauvorhaben Lütolds VI. in Glanzenberg fehlen. Aus einigen zwischen 1257 und 1267 ausgestellten Urkunden lassen sich indes ein paar wichtige Daten zum geplanten Brückenbau sowie zu Burg und Stadt erschließen. Laut einer im Rathaus Zürich am 20. Januar 1257 besiegelten Urkunde hatten Heinrich von Schönenwerd und sein Sohn den Bürgern von Zürich zu geloben, ihre Auen gegenüber von Glanzenberg nicht für einen Brückenbau zu verkaufen, sondern einen solchen im Gegenteil zu verhindern, solange dies den Zürchern nicht genehm wäre. Die Zürcher – und im Hintergrund vielleicht die Habsburger – erkannten somit sehr wohl, was mit dem Bauvorhaben in Glanzenberg beabsichtigt war.

1259 scheint die möglicherweise erneuerte Burg fertiggestellt, die Stadt selbst hingegen erst im Bau gewesen zu sein. Jedenfalls wurde am 1. November jenes Jahres eine Urkunde noch bei der Burg Glanzenberg – *apud Glanzenberg castrum* – ausgestellt; im Dokument selbst wird ein Streit zwischen Graf Rudolf von Habsburg, dem Kirchherrn von Dietikon, und Propst Eberhard von Fahr über die Pfarrgrenzen dahingehend entschieden, daß die Stadt Glanzenberg, nahe der Burg gleichen Namens gelegen – *situm prope castrum eiusdem nominis* –, zur Pfarrei Weiningen gehöre. In den Jahren 1259 bis 1216 dürften die Bauarbeiten an der Stadt somit massiv vorangetrieben worden sein, denn die weiteren Urkunden Glanzenbergs wurden in der Stadt selbst besiegelt. Mit Datum vom 20. März 1267 liegen gleich drei in der Stadt Glanzenberg – *intra muros ville Glanzenberk* – ausgefertigte Schriftstücke vor, und diese Dokumente sind insofern bedeutsam, als sie für jenen Zeitpunkt noch ein gutes Einvernehmen zwischen den Freiherren von Regensberg auf der einen und der Stadt Zürich sowie den Grafen von Habsburg auf der andern Seite zu dokumentieren scheinen.

Warum und wie es kurz darauf zur bewaffneten Auseinandersetzung zwischen Graf Rudolf IV. von Habsburg und den beiden Regensberger Freiherren und im Anschluß daran wohl auch zur Zerstörung von Glanzenberg und zur Schleifung der Burg kam, ist bis heute nicht ganz geklärt; einem angestrebten Einigungsversuch mit den Regensbergern muß sich unter anderem auch »unsere (der Habsburger) Ritterschaft« widersetzt haben, und so kam es im Mai erst zur Zerstörung der Burg Wulp ob Küsnacht und im September 1267 dann zum Angriff auf das Städtchen Glanzenberg sowie möglicherweise auf die Üetliburg.

Anlage und Aussehen der Stadt

Die zahlreichen Beurkundungen in Glanzenberg vermitteln von Burg und Stadt nur die dürren Begriffe »castrum« (Burg) beziehungsweise »muri« (Mauer, Stadtmauer) und »villa« (Stadt), jedoch keinerlei Vorstellungen oder Angaben über Größe, Gestalt, Einrichtungen und Ausbaugrad der Anlagen. So ist man hier vollständig auf die Ergebnisse der Ausgrabungen angewiesen, die in insgesamt vier Etappen und aus jeweils ganz unterschiedlichen Anlässen durchgeführt wurden.

Durch den Verkauf von »Hof und Auen zu Glanzenberg und der Mühle zu Lanzenrain« durch Freiherr Lütold I. von Neu-Regensberg, »hern Ulrichs seligen Herren von Regensberch sun«, am 28. November 1301 kamen die Ruinen von Burg und Stadt Glanzenberg in klösterlichen Besitz. Deren Mauerreste dienten nach der Überlieferung fortan als Steinbrüche, unter anderem 1650 auch für den Bau der Kirche Weiningen. Weitere große Zerstörun-

a. *Oppidum Glanzenberg duarù horar. spatio Tiguro distans A:o 1268. à Com. Rudolfo pariter astu capitè,* a. Das Städtli glantzenb: 1 Stund v. Zürch nahm Gr. Rudolf A:o 1268 ebenfals mit list ein, indem Er mit 2 Schiffen soldaten, so zu grossen Fässern
bentur duabns navibus, quæ dolia multis repletis imposita erant, b. flumine sinat desluebat; et in occultè versteckt, b. den Limat fluß hinab fuhr und an einem verborgenen Ort anländte, einige Kriesch ins wasser warf und darauff ein
singulis appellens, nonnulla in amne projiciebat magno simul sublato clamore quadà ex oppido statutibù à sis- gross geschrey machte, einige auß dem Städtlein fischten das Gerät auf, die meisten aber liessen denen sich verungliückt stellen,
p:tur studebant, plurima vero properabant, ut afflictos, se simulantes interimerent; Veru à Tigurinis male ex- den sie, in dem Vorsatz sie umzubringen, alleyn sie würden von den Zürchern übel empfangen; unterdessen siele der Hinciphali
cipiebantur, interim insidiis locati, ex silva ¶ erumpebant et subjecto igne oppidu¹ in cineres redigebat, c. auß dem Wald ¶ in das Städtlein Sitzdete selbiges an und verstörte es zu gründ. c. das Schloß. d. der Hasenberg. e.
Arx. d. mons leporu¹. e. Ottwylera. f. planities Wettingera. der Ottwiler. f. der Wettinger.

I. M. Füßlin del.   Andr. Hoffer sc.   C. P. S. C. M. ij   Mart. Engelbr: exc. A. V.

gen erfolgten zu Anfang dieses Jahrhunderts durch bauliche Eingriffe: 1909 wurde der Südteil des Burghügels für die Anlage eines Industriegleises bedenkenlos abgetragen und das so gewonnene »Kiesmaterial« in Altstetten als Auffüllgut verwendet; 1912 zerstörte man ansehnliche Teile der Burggrabenanlage, um einerseits Platz und andererseits Material für den Bau des Hochwasserdamms zugunsten der Fahrweid zu gewinnen. Außerdem waren Teile des einstigen Vorgeländes der Stadt im Lauf der Jahrhunderte durch die Limmat erodiert worden, bevor der Fluß im 19. Jahrhundert begradigt wurde.

Eine erste wissenschaftliche Erforschung des ehemaligen Stadtgebiets unternahm die Antiquarische Gesellschaft Zürich 1924. Dabei wurden allerdings bloß einige Sondierschnitte angelegt und in einem Plan eingezeichnet; ein klarer Grundriß der Stadtanlage ließ sich nicht herausarbeiten. Dies gelang erst Karl Heid dank seinen umfassenden Ausgrabungen in den Jahren 1938–1940, deren Resultate er in zwei fast gleich gehaltenen Berichten vorlegte.

Demzufolge hatte das ehemalige Städtchen einen unregelmäßigen oblongen Grundriß von 180 m größter Länge und einer Breite von 45 m auf der Ost- und 110 m auf der Westseite. Mit dieser Größe übertraf diese Anlage die nächstverwandten Städte Regensberg, Maschwanden und Alt-Eschenbach beträchtlich.

Im Innern fand K. Heid nur einen bekiesten »Platz«, von der Ummauerung aber folgende Überreste:

– im Osten auf der ganzen Länge die 1,2 m starken Fundamentreste der Stadtmauer und dieser entlang auf der Innenseite Spuren von Holzbauten;
– im Norden fast durchgehend die mit Mauerschutt gefüllte Fundamentgrube und ebenfalls – wie schon im Osten – Spuren von Holzbauten, dazu im Mittelabschnitt die Fundamente eines 6 × 6 m großen Torturms mit 3,5 m weitem Durchlaß, eines östlich daran angebauten, 5 × 17,5 m großen Gebäudes (ohne Innenteilung) und eines 17 m weiter westlich gleichfalls an die Stadtmauer gelehnten kleinen Baus von 3,5 × 7 m Größe;
– im Westen lediglich noch Spuren der Fundamentgrube;

Ganz oben: Die Einnahme von Burg und Stadt Glanzenberg unter der Anführung von Graf Rudolf von Habsburg im September 1267 in einer barock überhöhten und verklärten Darstellung. Stich von Johann Melchior Füssli, 1715.

Oben: Mauerreste der sogenannten Kapelle des einstigen Städtchens Glanzenberg von Süden, nach der Konservierung 1976.

203

Die Städtchen der Freiherren von Regensberg – Kaiserstuhl, Regensberg und Glanzenberg – und der Freiherren von Eschenbach – Maschwanden und (Alt-)Eschenbach (auf der Karte nicht mehr sichtbar) – an der Verkehrsachse, die vom süddeutschen Raum her Richtung Zentralschweiz und Gotthardpass führte.

– an der der Limmat zugewandten Südseite der Stadt im westlichen Teil die im Westabschnitt fast durchgehend vorhandene Fundamentgrube, während im östlichen Teil alles weggespült war; im Mittelbereich die Fundamentreste der Stadtmauer, und diejenigen eines größeren Gebäudes von 6,4 × 11 m, mit einer östlich daran anschließenden Schlupf-Pforte; an der Mauerinnenseite wieder Spuren von Holzbauten und in der Südostecke schließlich die Überreste eines 7 × 7 m großen Turms mit 1,2 m dicken Mauern und einer westlich angebauten – zweiten – Schlupf-Pforte samt Innenhof.

Im Bereich dieses Eckturms entdeckte Heid zudem eine zweite, höhere Kulturschicht mit bis gegen 1350 datierbaren Kleinfunden, während sich die Datierung des darunter und in den Holzbautenzonen und Steinbautenruinen sichergestellten Fundguts auffällig mit dem Zerstörungstermin deckt.

1975 mußte sich die Kantonale Denkmalpflege im Rahmen der Vorarbeiten für die Verbindungsstrecke zwischen den Nationalstraßen N 1 und N 20 der Stadt Glanzenberg und der ihr benachbarten Burg erneut annehmen. Dazu wurden nicht nur die von K. Heid bereits beobachteten Mauerreste nochmals eingehender vermessen, untersucht und besser konserviert, sondern auch fotografisch dokumentiert; außerdem wurden zahlreiche archäologische Sondierschnitte ausgeführt. Dabei kamen viele zusätzliche Elemente zutage: je etwa 3 m vor beziehungsweise außerhalb der östlichen und nördlichen Stadtmauerreste Relikte einer 1 m breiten »Vormauer« – teils in Form von Fundamentstreifen, teils als Fundamentgruben – sowie etwa 10 m von dieser »Vormauer« beziehungsweise etwa 13 m von der eigentlichen Stadtmauer entfernt der einstige, bis 1 m tiefe und bis 14 m breite Wassergraben, der ehedem das ganze Städtchen dort zu sichern hatte, wo es nicht an die Wasser der Limmat anstieß.

Die Zerstörung Glanzenbergs

Was Rudolf IV. von Habsburg mit seinen Rittern im September 1267 überfiel, zerstörte und schleifte, war somit eine Stadt im Aufbau. Charakteristisch für eine Neugründung von bewußt verkehrsstrategischer Bedeutung ist wohl, daß man beim Bau der Stadt zunächst mit dem Bau der Mauern und dem Ausheben der Gräben begann und sich erst in einer zweiten Phase auch dem Innenausbau zuwandte. Vorgesehen war dabei offensichtlich der Bau einer doppelten Stadtmauer oder einer Mauer mit Vormauer, die die Stadt bei hochgehender Limmat vor Überschwemmungen geschützt hätte. Außerdem sollte dort, wo die Stadt nicht direkt an die Limmat stieß, ein durch die Limmatwasser gespeister Graben die Stadt landeinwärts zusätzlich sichern. Im gleichen Arbeitsgang wie die bis zur Zerstörung der Stadt streckenweise nur »einschalig« fertiggestellte Mauer wurde offenbar auch der Bau dreier Türme in Angriff genommen oder möglicherweise gar vollendet. Während der eine Turm als Torturm mit einer 3,5 m breiten Durchfahrt für den Warentransport konzipiert war, hatten die Türme gegen die Limmat hin wohl vor allem die Funktion wehrhafter Wacht- und Beobachtungstürme, wobei man vom Turm in der Südostecke der Stadt aus die ganze Limmat überblicken konnte und bei klarer Sicht bis Zürich sah. Auf dieser besonders exponierten Seite verfügte die Stadtmauer denn auch lediglich über zwei Schlupfpforten, die nach außen führten.

Wie weit und wie dicht Glanzenberg zum Zeitpunkt seiner Zerstörung besiedelt und mit Wohnbauten versehen war, läßt sich aufgrund der archäologischen Befunde nur vermuten. Spuren von Holzbauten fanden sich lediglich entlang der Fundamentreste der einstigen Stadtmauer, im Innern der Stadt selbst fand der erste Ausgräber, K. Heid, bloß einen bekiesten Platz vor. Mit etwas Glück lassen sich aus den vorhandenen Befunden rund 40 zivile Bauten von allerdings eher bescheidenem Zuschnitt extrapolieren, und nicht bei all diesen Gebäulichkeiten wird es sich um Wohnbauten gehandelt haben. Entsprechend niedrig wird auch die Bevölkerungszahl der Stadt gewesen sein, und selbst wenn sich die Regensberger den Luxus einer verteidigungswilligen Garnison geleistet haben sollten, war die Stadt gegenüber einem Angriff durch habsburgische Ritter, die vermutlich koordiniert mit Zürcher Bürgern vorgingen, chancenlos.

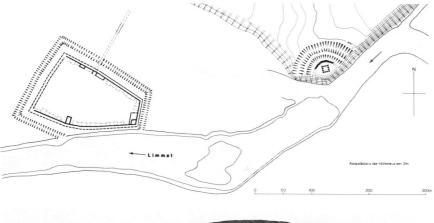

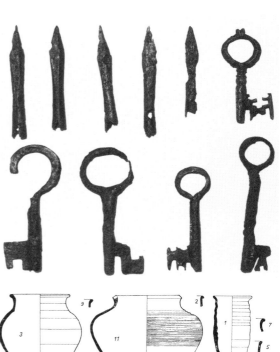

Nach der Eroberung und weitgehenden Zerstörung der Stadt war die Auseinandersetzung mit den Regensbergern offenbar erledigt; schon bald nach 1267 müssen die beiden Freiherren wieder zu Ehren gekommen sein. Die Niederlage von 1267, eine vorangegangene Erbteilung und eine damit verbundene Trennung in zwei Linien vermochten die Regensberger aber offensichtlich weder wirtschaftlich noch biologisch zu verkraften. Mit dem Tod Lütolds VII. 1302 erlosch erst die Linie Alt-Regensberg, und mit Lütold I. von Neu-Regensberg ging 1331 auch die Linie Neu-Regensberg zu Ende.

In Glanzenberg selbst ging derweil eine bescheidene Siedlungstätigkeit weiter, und es ist anzunehmen, daß auf dem Gebiet der ehemaligen Stadt noch eine Zeitlang ein Hof weitergeführt wurde. Im Bereich des südöstlich in die Stadtmauer integrierten Wacht- und Wehrturms barg K. Heid, wie schon erwähnt, in einer zweiten, höheren (und damit jüngeren) Kulturschicht eine Reihe von Kleinfunden, die in die Zeit von etwa 1250 bis 1350 datiert werden können, so daß die Annahme berechtigt ist, daß der Turm bis etwa 1350 einem Verwalter als Wohngebäude diente, bis das Kloster Fahr, seit 1301 Besitzerin der zerstörten Stadt und der Burg, für den Bau keine Verwendung mehr hatte.

WALTER DRACK

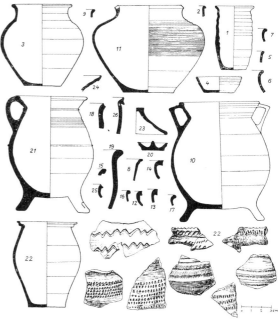

205

Omnibus xpi fidelibus presentem paginam inspecturis Albertus diuina pietate Abbas totusq; conuentus monasterii in
insule augiensis ad Romanam ecclesiam inmediate pertinentis Salutem et sinceram in dno caritatem Tempus malicia memoria labilis que geruntur scriptis amonent annotarii Presentes igitur nouerint et futuri quod cum monasterium nostrum propter malignorum hominum insultus varios, multis esset debitis oneratum, nec possemus creditoribus ppter penuriam de pecunia nobis accidita dampnis et usuris excrescentibus in inmensum satisfacere Hos ad exonandum monasterium nostrum antedictum a dap-
nis huiusmodi curtim ipsam in zurzach cum omnibus suis pertinentiis iure patronatus ecclesiarum in clingenowe et in zurzach et
plenarium in dicta ecclesia zurzach instituturum aduocatia et feodis que vulgariter dicuntur manlen zinslen ut erbelen tam possesionum
tam hominum qui dicte curti et sce vene quocumque iure primo dnostrum tam omnibus aliis suis pertinentiis videlicet et extra cultis
et incultis forestis nemoribus pratis pascuis et piscinis Venn. in xpo patri et dno dei gratia epo constant nomine ipsius ecclesie uend-
dimus pro certa pecunie quantitate videlicet recentis marcis puri et legalis argenti ponderentes et prestantes presentes in usum sepe-
fati monasterii nostri utilem esse pecunia antedicta tradendo manibus dicti dni epi cum omni sollempnitate et legalitate que in huiusmodi consueuit donationibus et tradicionibus uenditionum adhiberi omnium eorum quorum interat accedente consensu possesionem liberam
et uacuam curtis prescripte de cetero quiete ac pacifice possidendam Renunciando nichilominus pro nobis et successoribus nostris omni iuri
quod eidem monasterio nostro tam in proprietate quam possessione iuris et in sepe fate etis ac quibuslibet pertinentiis suis qualitercumque nomine cen-
seantur competebat ut videtur opere ab antiquo necnon iuris canonici et ciuilis auxilio consuetudini restitutioni in integrum huius
priuilegiis indulgentiis impetratis et impetrandis per quod ingenuo quidem si uendito posset aliqualiter reuocari In cuius rei testimo-
nium presens instrumentum sepedicto dno epo nomine ecclesie sue tradidimus sigillorum nostrorum munimine roborati Acta sunt hec p
sentibus Reuerendo in xpo Bertoldo diuina prouissione abbe sci galli Cunrado maioris ecclesie istant Walt sci stephani ibidem Aur-
tolco episcopalis celle ptbris Bertoldo custode Baldewehtro de Amoularii hainr de clingenbch Rudolfo de hardelsch magistro
Walcone magistro alberto de phine canonicis constant magistro Cunr canonico sci stphi et notario pfati dni epi Marquardo de Ra-
mestam rectore ecclesie in Vlma albero pbro in ermetingen H. notario pbro in schinon C. capellano nobilibus viris R. seniore
de hewin Rudolfo de gotingen et vlr filio suo hainr de Rauenspurch Cunr de bodemen H. dco burzelar H. de Alespach vlr
de Wellenbch vlr de winuelden H. ullico de trowingen Rudolfo de staine Algoro H. de bilstain militibus Cunr uiuore
de Salunstain hainr et vlr de Wellenbch Albro de birzenbch Wn galle aliisq; quam pluribus, apud alospach Anno dni M.
cc. xxx. vi. kl Junii Indictione viii.

Ego Marqus Decanus huic venditioni et donationi interfui et eam consensi et presentibus subscribo. Ego fridericus prpositus huic venditio
ni et donationi interfui et in eam consensi et presentibus subscribo. Ego hainricus custos huic venditioni et donationi interfui et in ea consensi et presentibus subscribo

Ego Cunradus de torwen monachus prescripti monasterii huic venditioni interfui et donationi et ea consensi et presentibus subscribo. Ego fridr
de zeggenhusen monachus prescripti monasterii huic venditioni donationi interfui et in eam consensi et presentibus subscribo. Ego Rudolfus de guetingen mona
chus prescripti monasterii huic venditioni et donationi interfui et in ea consensi et presentibus subscribo. Ego chunradus de brundolwingen monachus prescripti monasterii huic
venditioni et donationi interfui et in ea consensi et presentibus subscribo.

Der Flecken Zurzach

Ungefähr sieben Kilometer oberhalb der Aaremündung liegt auf der glazialen Schotterterrasse zwischen Tafeljura und Rhein der alte Marktflecken Zurzach. Die Bezeichnung »Messe-« oder »Marktflecken« weist darauf hin, und die Aufreihung der Häuser an zwei in L-Form aneinanderstoßenden Dorfstraßen macht es anschaulich: Straße und Verkehr standen am Anfang. Weder das Nebelklima noch der Schattenhang des Achenberges als »Rebberg« (bis ins 19. Jahrhundert), noch irgend eine andere natürliche Voraussetzung – die Thermalquelle ist erst seit 1914 bekannt und wird erst seit 1955 genutzt – erklärt die Standortwahl; geographische Gegebenheiten und historische Ereignisse, die in den letzten zwanzig Jahren besser erforscht werden konnten, veranlaßten die Gründung der Ortschaft und begleiteten sie mindestens mit ihren Nachwirkungen bis in die Neuzeit: Straße, Rheinübergang, die Römerzeit, das Grab der heiligen Verena, Kloster und Stift am Heiligengrab, Wallfahrten und im Zusammenhang damit die Warenmärkte. Erst die letzten 150 Jahre haben mit Bahn, Industrialisierung und Bad neue Bedingungen geschaffen.

Die Verkehrslage

Der Rheinübergang, die Zufahrtsstraße aus dem Landesinnern und die Wege nach Süddeutschland waren ausschlaggebend: Die Straße durchs schweizerische Mittelland führte nach dem Jurator bei Windisch ins untere Aaretal, das bis in die Neuzeit sumpfig und für Waren- und Schwerverkehr nicht benützbar war. Die Ausweichroute – mit einem Flußübergang, zwei Steigungen und zwei recht steil in Flußtäler abfallenden Senken – war zwar beschwerlich: bei Stilli/Freudenau über die Aare, von Würenlingen nach Tegerfelden übers Ruckfeld, ins Surbtal hinunter und über den Achenberg nach Zurzach. Sie führte aber geradewegs zum Rhein, wo er oberhalb Koblenz zum erstenmal ohne Schnellen und Steilufer überquert werden konnte, und über die Lücke bei Bechtersbohl ins Klettgautal, von dem aus Schaffhausen, Donautal und Süddeutschland leicht zu erreichen waren.
Eine vorgeschichtliche Völkerstraße hat man die Verbindung von Süddeutschland dem Jurafuß entlang durchs Mittelland nach Genf und ins Rhonetal genannt, und Handel und Verkehr bedienten sich ihrer sicher schon in vorgeschichtlicher Zeit. In Zurzach weisen denn auch bronzezeitliche Funde (um 1200 v. Chr.), sicher aber die Gräberfunde aus der La-Tène-Zeit (um 400 v. Chr.) auf eine Siedlung hin.

Die Römerzeit

Für die Epoche der römischen Herrschaft ist die Bedeutung der Straße und des Platzes Zurzach deutlicher zu fassen. In Vindonissa trafen sich die Straßen aus dem Rhonetal, von den Pässen über die Westalpen her und aus Graubünden; in Zurzach erreichten sie den Rhein und jenseits teilten sie sich wieder in Richtung Westen (Straßburg) und hin zur Donau.

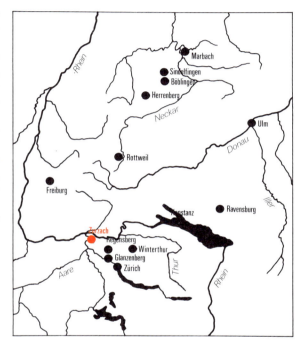

Linke Seite: Urkunde vom 1. Juni 1265: Abt Albert (von Ramstein, † 1294) und Konvent des Klosters Reichenau verkaufen den Hof zu Zurzach mit allen zugehörigen Rechten, den Patronatsrechten über die Kirchen von Klingnau und Zurzach samt Pfründen und dem gesamten Besitz, für 300 Mark Silber an den Bischof Eberhard II. (von Waldburg, 1248-1274) von Konstanz. Die sechs Zeilen in kleinerer Schrift enthalten die Unterschriften des Dekans, des Propstes und des Kustos, sowie von vier Mönchen des Kosters Reichenau. Aus der Nennung »in der Kirche von Zurzach eingerichteter Pfründen« wird geschlossen, daß Zurzach beim Übergang von der Reichenau an Konstanz bereits Chorherrenstift war.

Zurzach und Umgebung. Ausschnitt aus der Karte von Ernst Heinrich Michaelis 1844/45 (Original 1:50 000). Die Karte gibt die Situation wieder, wie sie sich vor den Veränderungen im untersten Aareabschnitt darbot. Diesem früher sumpfigen und unwegsamen Gelände verdankt Zurzach wohl seine Bedeutung als römischer Lagerort, mußte doch die Straße von Vindonissa an den Rhein nach Osten über das Ruckfeld, das Surbtal und den Zurzacherberg ausweichen, um dann bei Zurzach den Rhein überqueren zu können.

Der Raum Vindonissa-Dangstetten mit dem Rheinübergang bei Zurzach bot sich den Römern als Einfallstor nach dem freien Germanien in ähnlicher Weise dar wie etwa Mainz als Tor zum Maintal und Xanten für das Lippetal. Dem niederrheinischen und dem mittelrheinischen entsprach der oberrheinische Ausgangspunkt der römischen Legionen bei ihren letztlich gescheiterten Versuchen, Germanien dem römischen Reich einzugliedern. Aus dieser ersten, der Angriffszeit, stammt das eine Fläche von etwa 12 Hektaren umfassende Militärlager bei Dangstetten, das Holzbauten aufwies, eine türmebestandene Umwehrung aus Holzschalwänden mit Erdfüllung besaß und zusätzlich durch einen Spitzgraben und eine Palisade geschützt war. Es dürfte im Jahr 15 v. Chr. angelegt und 9 oder 8 v. Chr. wieder verlassen worden sein.

Nach dem anfänglich raschen Vordringen der Römer in Süddeutschland und solange der Limes standhielt, war Zurzach Etappe, die uralte Straße über den Rhein ein Binnenweg. Es ist indes denkbar, daß schon die Schlacht im Teutoburger Wald (9 n. Chr.), bei der auch die früher in Dangstetten stationierte 19. Legion aufgerieben wurde, zur Vorsicht gemahnt hat und eine Neuanlage des Zurzacher Kastells sinnvoll erscheinen ließ. Als dann unter Kaiser Probus (276 – 282) die Reichsgrenze zurückgenommen und von der weniger vertrauenswürdigen Landbefestigung ans Ufer des breiten und reißenden Wassergrabens verlegt wurde, den der Rhein darstellt, wurde Zurzach wieder zur Grenzfestung und Kopfstation mit Verteilerfunktion zu den Grenzposten. Eine neue Doppelfestung mit Vorwerk auf der rechtsrheinischen Seite wurde angelegt; beide verband eine starke Brücke mit sechseckigen steinernen Pfeilern auf dicht gestellten Eichenpfählen mit Eisenschuhen. Etwa hundert Jahre lang bot das neue Dispositiv offenbar ein Gefühl der Sicherheit, und nachdem der Vandale Stilicho als Oberbefehlshaber des Hee-

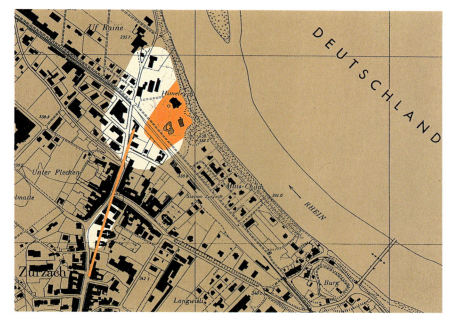

Zurzach in frührömischer Zeit
Die Straße von Vindonissa führte vom Zurzacherberg
her in gerader Linie (gelb) zum Rhein. Dort wird eine
Brücke vermutet. Auf der Rheinterrasse befand sich
östlich der Straße eine Kastellanlage, deren Endzu-
stand gegen Mitte des 1. Jahrhunderts n. Chr. in der
Karte festgehalten ist (gelb). Die Ausdehnung der zivi-
len Siedlung (weiß) ist noch nicht bekannt; sie mag
sich vom Rand der Rheinterrasse bis etwa zum heutigen Rathaus erstreckt haben. Nach römischem Brauch
lag der zugehörige Friedhof (weiß) am Siedlungsrand,
beidseits entlang der Straße nach Vindonissa.

Das spätantike Tenedo
Im 4. Jahrhundert entstanden (gelb) das Doppelkastell
auf Kirchlibuck/Sidelen und eine neue Rheinbrücke
(dendrochronologisch auf das Jahr 368 datiert) mit
Brückenkopf auf der gegenüberliegenden Seite (Rheinheim). Im größeren Kastell stand im 5. Jahrhundert
eine Kirche mit Baptisterium (rot). Aus der gleichen
Zeit stammt die älteste kleine Kirche im Friedhof unter St. Verena (rot). Ihre Lage im Gräberfeld ist offenbar von einem Grab oder einem Gedächtnisbau derart
zwingend bestimmt worden, daß die Straße nach Westen verlegt werden mußte. Die Abzweigung der Straße
zum Kastell konnte bis jetzt archäologisch nicht nachgewiesen werden. Bei der Verenakirche bildete sich im
Lauf des Frühmittelalters ein religiöses Zentrum mit
einem Kloster heraus, dem frühesten auf Aargauer
Boden.

Zurzach im Spätmittelalter
Der im 7. Jahrhundert erwähnte Name »Wrzacha« bezeichnet wohl nicht mehr den Ort der alten Pfarrkirche
im Kastell, sondern schon den Kern der Ansiedlung
um das ehemalige Kloster und des späteren Chorherrenstifts. Nördlich des Klosters (rot), lag der Kelnhof
(gelb), der dem Grundherrn, nach 1265 dem Bischof
von Konstanz, gehörte. Daneben erstreckt sich der Unterflecken entlang den beiden Hauptgassen, eine geschlossene Siedlung von kleinstädtischem Gepräge, mit
Rathaus, den vornehmen Bürgerhäusern und den großen Markteinrichtungen. Oberhalb des Stifts liegt der
Oberflecken mit den Widumhöfen (grün). Das sind die
der Pfarrkirche gewidmeten Pfrundgüter, die seit 1294
dem Stift gehörten. An der Stelle der spätrömischen
Rheinbrücke wurde 1269 eine neue Pfahljochbrücke
(gelb) errichtet. Das Burgquartier steht in engem Zusammenhang mit der Fähre, die hier seit dem Verlust
der Brücke (vermutlich im 14. Jahrhundert) bis 1906
die beiden Rheinufer verband.

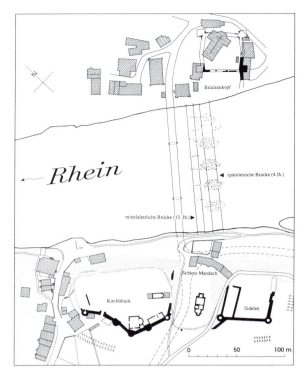

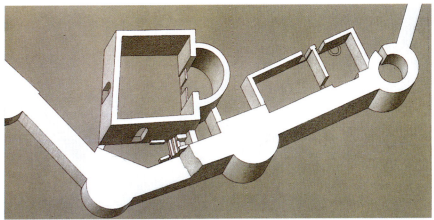

Oben: Zurzach, Situation von Burgquartier, Schlößchen Mandach, Rheinbrücken und den spätrömischen Kastellmauern. Von der frühchristlichen Kirche und dem Taufbecken war im Mittelalter nichts mehr zu sehen. Im 16. Jahrhundert hingegen wurde man auf die Ruinen des Kastells und die im Rheinbett steckenden Pfähle von Brückenpfeilern aufmerksam.

Oben rechts: Zurzach, Kirche des 5. Jahrhunderts mit Nebengebäude im spätrömischen Kastell. Zwischen Kastellmauer und Kirchenschiff war das Baptisterium (Taufraum) eingerichtet.

res im Jahr 401 die Grenztruppen zum Schutz Italiens nach der Heimat zurückbeordert hatte, scheinen die Germanen während weiterer hundert Jahre auf dem rechten Rheinufer seßhaft geblieben zu sein.

Die frührömischen Lager

Das ist der historische Rahmen für die archäologischen Funde von 1912 auf dem Kirchlibuck, von 1975 im Verenamünster und von 1983-1987, als die Umfahrungsstraße zwischen Flecken und Rhein angelegt wurde — um nur die drei wichtigsten Etappen zu nennen.

Aussagekräftige Funde für die frühe und mittlere Kaiserzeit sind beim Bau der Nordumfahrung gemacht worden. Sie erbrachten völlig unerwartet im Norden des Fleckens, hauptsächlich auf dem Areal der ehemaligen Zuberbühler-Villa »Himmelrich«, Reste dreier aufeinanderfolgender Lagerfestungen, deren erste aus der Zeit des Dangstetter Lagers stammen dürfte. Das älteste Lager war, wie es scheint, nur von zwei Spitzgräben umzogen und besaß keine Palisadenumwehrung. Die Soldaten hausten hier wohl nur in Zelten. Eine Brücke mag zur Insel und von dort ans heutige deutsche Ufer hinüber geführt haben; Überreste davon sind nicht gefunden worden und können wohl nur von späteren umfassenden und aufwendigen Untersuchungen erwartet werden. Daß sämtliche Pfähle einer Brücke — auch jene am Gleitufer — ohne Ausnahme herausgeschwemmt worden sein sollen, ist aber doch wenig wahrscheinlich.

Das zweite Lager, vielleicht unter dem Eindruck der Ereignisse im ausgehenden ersten Jahrzehnt des 1. Jahrhunderts angelegt, griff auf das erste zurück, erweiterte aber dessen Fläche beträchtlich. Noch vor der Mitte des ersten Jahrhunderts wurde es abermals erneuert und nun sicher mit Holzbauten versehen. Wie lange dieses dritte Lager Bestand hatte, weiß man vorläufig nicht. Der zugehörige Friedhof, von dem Teile unter dem Verenamünster zum Vorschein kamen, zeigt aber, daß die Bevölkerung, die sich westlich und im Osten des Lagers, sowie südlich entlang der Straße angesiedelt hatte, während der mittleren und späten Kaiserzeit weiterlebte.

Das spätrömische Kastell

Mit der Rücknahme der Reichsgrenze an den Rhein gewann Zurzach neue Bedeutung. Das geht unter anderem daraus hervor, daß statt des ehemaligen und schon lange aufgegebenen Holzkastells weiter rheinaufwärts ein mächtiges steinernes Festungswerk entstand, das die Soldaten im Verlauf des vierten Jahrhunderts, während dessen die Rheinlinie zunehmend befestigt und verstärkt wurde, zum Doppelkastell mit Vorwerk auf der rechten Rheinseite ausbauten.

Das größere, westliche Kastell, auf dem Kirchlibuck gelegen, war etwa 100 Meter lang. Seine mit vollrunden und gestelzt halbrunden Türmen besetzte massive, 3,5 m starke Ummauerung folgte dem Terrain. Das kleinere, östlich davon, auf Sidelen, gelegene Kastell, dessen Grundriß die Form eines verzo-

Verena mit dem Knecht, der sie beim Priester des Weindiebstahls bezichtigt (links) und dem Priester (mit Stola, Mitte). Ausschnitt aus einer Bilderseite zum Monat September. Chorbuch für die Prim, Kloster Zwiefalten, zwischen 1138 und 1147.

Armreliquiar der heiligen Verena im Zurzacher Kirchenschatz. Frühes 14. Jahrhundert. Zeigefinger und Daumen halten den Kamm, der neben dem Krüglein eines der Attribute der Heiligen ist. Am Sockel Darstellungen aus dem Leben der Heiligen in Grubenschmelztechnik.

genen Quadrats aufwies, scheint vier Ecktürme besessen zu haben. Wie beim Vorwerk bei Rheinheim war das Gelände zwischen Festung und Rhein seitlich durch Mauern abgeriegelt. Ein Wehrgraben umzog die beiden Kastelle. In der Senke zwischen den beiden Kastellhügeln ist das gemauerte Kastellbad aufgedeckt worden; die Kastell-Innenbauten der ersten Zeit scheinen dagegen aus Holz bestanden zu haben. Die zugehörige Brücke ist in jüngster Zeit dendrochronologisch datiert worden; sie muß im Jahr 368 erbaut und 376 repariert worden sein. Das ist vorläufig das einzige verläßliche Datum, auf das man sich im Zusammenhang mit dem mächtigen Festungswerk am Rhein stützen kann.

Aus der Zeit, in der das Doppelkastell seinen Dienst versah, aus der Spätantike, ist auch der Name für Zurzach erstmals überliefert. Eine wahrscheinlich offizielle Landkarte, auf der die Staatsstraßen und Reiserouten des römischen Reiches eingetragen sind und die als sogenannte Peutingersche Tafel (nach dem ehemaligen Besitzer, dem Humanisten Konrad Peutinger, Augsburg, † 1547) in einer Umzeichnung aus dem 12./13. Jahrhundert erhalten geblieben ist, enthält den Vermerk »Vindonissa VIII Tenedone«, das heißt: Von Vindonissa nach Tenedo sind es 8 Leugen (eine Leuga entspricht 1,5 römischen Meilen oder etwa 2200 m). Diese Distanzangabe kann sich nur auf Zurzach beziehen, das demnach zur Römerzeit den vorrömischen Namen Tenedo trug.

Zurzach im Frühmittelalter

Das Kastell beim heutigen Rheinübergang und die Siedlung, die in Verbindung mit den ersten Lagern entstanden war, beziehungsweise ihr Friedhof, der sich südlich davon neben der Straße erstreckte, wurden zum Ausgangspunkt des mittelalterlichen Zurzach.

Im Kastell ist 1954 eine Taufkirche aus dem 5. Jahrhundert ergraben worden. In einer Ausbuchtung und somit im unmittelbaren Schutz der Kastellmauer liegt die saalförmige Kirche mit ihrem leicht breitrechteckigen Schiff und der eingezogenen weiten, ungefähr halbrunden Apsis. Der Raum zwischen Kirche und Kastellmauer wurde für die Einrichtung eines Baptisteriums genutzt. Das Gebäude muß seinem Zweck längere Zeit gedient haben; das ursprünglich quadratische Taufbecken wurde nachträglich verändert und in eine rechteckige Form gebracht. Die Entstehungszeit der Kirche berechtigt zur Annahme, daß auch hier die Geistlichkeit nach dem Abzug der Legionäre an die Stelle der bisherigen Obrigkeit, des Kastellkommandanten, trat und daß Verteidigung und Verwaltung vom Klerus organisiert wurden — ein Vorgang, wie ihn Eugippius in seiner Vita des heiligen Severin für die Zeit um 500 mit Bezug auf die gallorömische Bevölkerung in den norischen Gebieten an der

Donau schildert. Die Kirche wurde somit innerhalb der sicheren Mauern der nicht mehr von regulären Truppen besetzten Festung erbaut – seit 391 war das Christentum Staatsreligion –, und in Notzeiten scharte sich die Bevölkerung hier um ihr Gotteshaus.

Etwa gleichzeitig entstand im Dorffriedhof ein zweites christliches Zentrum: Bekannt geworden ist davon die Kirche, ein Annexsaal mit eingezogener Apsis. Er fällt unter anderem dadurch auf, daß sein Schiff auf das Bett der Straße übergreift, die weiter südlich und im Norden weiterhin benützt wurde – dort, wo die heutige Straße, wenn auch auf im Verlauf der Zeit aufgehöhtem Niveau, noch den alten, bereits zur Römerzeit gültigen Verlauf aufweist. Ohne zwingenden Grund kann die Kirche nicht ausgerechnet hier, teils auf dem Friedhofsgelände, teils auf der Straßentrasse, entstanden sein. Wahrscheinlich stellt der aufgefundene Bau bereits eine zweite Stufe dar; man wich wohl aus Platzmangel auf die Straße aus, während die Monumente einer ersten Bauetappe noch daneben gelegen hatten. Der ursprüngliche Bau bestand vermutlich aus einem Grab, das mit einem Schutzbau versehen und von Nebengebäuden so umgeben war, daß eine Erweiterung nur nach Westen möglich war – die klassische Situation eines Heiligengrabes also, das in einem Friedhof »entdeckt« (Inventio) und verehrt wird. Seit den Reliquieninventionen des heiligen Ambrosius von Mailand – für 386 ist die Auffindung der Gebeine der heiligen Gervasius und Protasius in der Basilika der Märtyrer Felix und Nabor und für 395/97 die Auffindung der Körper der heiligen Nazarius und Celsus in einem ehemaligen Friedhof vor der Stadt überliefert – wurden verschiedentlich, so unter anderem in St-Maurice, solche »Entdeckungen« gemacht. Denkbar wäre sogar, daß die seltsamen Attribute der heiligen Verena von Zurzach – Kamm und Krug – auf Beigaben zurückzuführen sind, die in jenem Grab entdeckt wurden. So gab es also in Zurzach im Abstand von etwa 1,5 km zwei Kirchen – die eine im Kastell, die andere im Friedhof entstanden – die erste eine Gemeindekirche mit Taufanlage, die zweite eine Gedächtniskirche. Wann sich beim Grab ein Kloster herausbildete, ist unbekannt; in karolingischer Zeit existierte es jedenfalls bereits, wie aus dem Reichenauer Verbrüderungsbuch hervorgeht. Erst für das 10. Jahrhundert ist die Wallfahrt bezeugt; wie der Bau des Klosters dürfte aber auch die Entwicklung zum Pilgerort viel früher erfolgt sein. Die Zurzacher Messen (Warenmärkte), deren Entstehung ohne die Wallfahrten kaum denkbar wäre, und für die erste Anzeichen in den Nachrichten des 10. Jahrhunderts enthalten sind, sind gar erst 1363 in eindeutigen schriftlichen Zeugnissen faßbar.

Aus dem um 1010 entstandenen Mirakelbuch (Wundertaten der heiligen Verena) ist der Abschluß einer Entwicklung zu ersehen, die mit der Inventio des Heiligengrabes einsetzte: Am Heiligengrab besteht jetzt ein Benediktinerkloster. Darum herum hat sich auch die Bevölkerung angesiedelt. Die Kirche im Kastell ist aufgegeben, das überaus lebendige neue Zentrum ist in der ehemaligen Stätte der Toten, im Friedhof entstanden; das Heiligengrab ist damit nicht nur zum geistlichen, sondern auch zum Siedlungszentrum geworden.

Im Frühmittelalter bekam die Siedlung schließlich auch ihren heutigen Namen: Nach der Deutung von Beat Zehnder (1991) entstand aus dem spätlateinischen Orti-acum (Landgut des Ortius) über ein vermutetes Urziacha und ze Urzi-acha das heutige »Zurzach«.

Zurzach, Verenastift. Siegel 14. Jahrhundert: S(IGIL-LUM) CAP(ITU)LI S(AN)C(T)E VERENE DE ZURZACH (Gipsabdruck).

Übergang an das Kloster Reichenau

Kaiser Karl III. hatte 881 das Klösterchen Zurzach (minorem abbatiam) seiner Gemahlin Richardis übertragen mit der Bedingung, daß es nach ihrem Tod »zum Unterhalte der Lichter« an das Kloster Reichenau gelangen solle, wo er sich beisetzen ließ. Drei Jahre zuvor hatte Karl seiner Gemahlin bereits die Frauenklöster Säckingen und Zürich geschenkt. Der Kaiser starb 888. Von da an und bis 1265 gehörte die »kleine Abtei« Zurzach zum Reichenauer Kloster, und in dieser Epoche wurde das Benediktinerkloster zum Chorherrenstift. Nach einer Mitte des 16. Jahrhunderts faßbaren Tradition soll der Übergang unter Bischof Gebhard II. (979–995) von Konstanz erfolgt sein.

1265 verkaufte das schwer verschuldete Inselkloster seine Besitzung Zurzach mit Rietheim und Mellikon an den Bischof von Konstanz, Eberhard II. von Waldberg, für den diese Erwerbung Ausgangspunkt für die Schaffung einer kleinen Territorialherrschaft zwischen Aare und Rhein wurde: Vier Jahre später erwarb das Bistum Konstanz Klingnau, 1294 Stadt und Burg Kaiserstuhl und 1295 das Dorf Weiach. Das Kapitel des Stifts bestand ursprünglich, beziehungsweise nach der Reorganisation des Stifts im Jahr 1279, aus neun Chorherren und einem Propst; die Zahl der Chorherrenpfründen wurde später auf zehn erhöht. Johannes Rassler oder von Rast war 1424 der erste Propst, der seinen ständigen Wohnsitz in Zurzach hatte. Die früheren Pröpste dagegen, Chorherren in Zürich oder in Konstanz, blieben auf ihren bisherigen Pfründen. Neben dem Amt des Propstes gab es jenes des Dekans, der als Pfarrer und geistlicher Leiter des Stiftes amtete. Dem Cellerar oblag es, die Einkünfte einzutreiben und sie satzungsgemäß zu verteilen. Von 1279 an bestand das Amt des Schulmeisters (Scholaster), 1333 wurde dasjenige des Kustos gestiftet, der um Kirchenbau, liturgische Ausstattung und Bibliothek besorgt war, und 1358 dasjenige eines für Kirchendienst (und Schulleitung) verantwortlichen Kantors.

Vom 14. Jahrhundert an wurden die Chorherren durch vier Kapläne unterstützt. Zwei Kaplanenpfründen gingen allerdings im 16. Jahrhundert ein, weil das Stift für die Besoldung des reformierten Pfarrers und für das Salär des Pfarrers der neugegründeten Pfarrei Unterendingen aufzukommen hatte. 1696 wurde aber durch die aus Baar stammenden Brüder Schmid, beide Chorherren in Zurzach, eine neue Kaplanei »ad sanctam Eucharistiam« gestiftet. Bis 1447 besetzte der Bischof von Konstanz Chorherrenstellen und Stiftsämter. Damals gingen die Kollaturrechte für die ungeraden Monate an den Papst über, bis 1512 Papst Julius II. die Bestellung der Chorherren und der

Die Zurzacher Messen, Holzschnitt aus der Chronik des Johannes Stumpf, 1548 (Original 7,5 x 10 cm). Gezeigt werden vor allem Pferdemarkt und Lustbarkeiten. Vom Flecken sind Verenamünster und Marienkirche dargestellt, umgeben von Häusern mit zum Teil geöffneten Verkaufsläden. Im Hintergrund, jenseits des Rheins, Weinberge und die Küssaburg (rechts oben).

213

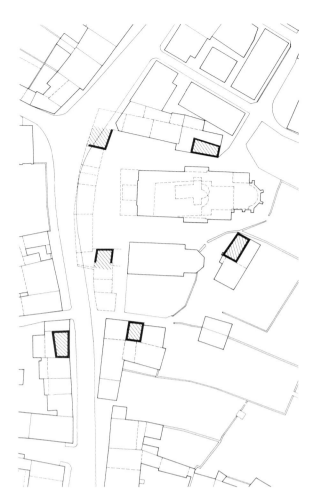

Zurzach, Stiftsbezirk. Hier konnten die ältesten Steinbauten des mittelalterlichen Zurzach (schraffiert) archäologisch gefaßt werden. Die meisten sind urkundlich belegt; sie stammen aus dem 13./14. Jahrhundert.

Ämter in den »päpstlichen« Monaten den Eidgenossen überließ, was unter anderem zur Folge hatte, daß von nun an häufig Mitglieder von Innerschweizer Familien Chorherrenstellen und Stiftsämter erhielten. Diese Chorherren zogen ihrerseits Künstler nach Zurzach, die sie persönlich kannten oder die sich in ihrer engeren Heimat einen Namen gemacht hatten. Mit dem Friedensschluß nach dem zweiten Villmerger Krieg 1712 gingen dann das Recht der Chorherrenbestellung und jenes der Wahl der stiftischen Dignitäre in den ungeraden Monaten an die drei Stände Zürich, Bern und Glarus über.

Bis Zurzach 1813 unter Generalvikar Freiherr von Wessenberg durch ein Konkordat mit dem Kanton Aargau zu einer Pfründenanstalt für verdiente Seelsorger wurde, blieben die spätmittelalterlichen Verhältnisse bestehen. Nachdem das Stift schon zur Zeit der Helvetik knapp der Aufhebung entgangen war — der Senator und Zurzacher Bürger B. E. Attenhofer scheint es gerettet zu haben —, war es in den Wirren der dreißiger Jahre Landammann Dr. Ulrich Schaufelbühl, der erneut den Bestand sichern konnte. Als aber der Kulturkampf im Aargau hohe Wellen warf, schlug die Stunde der Auflösung: 1876 wurde das altehrwürdige Stift durch den Großen Rat des Kantons Aargau aufgehoben.

Seither dient die Stiftskirche als Pfarrkirche; die daneben stehende ehemalige Pfarrkirche, die bis zum Bau eines eigenen Gotteshauses durch die Reformierten nach dem zweiten Villmerger Krieg paritätisch genutzt wurde, war jahrzehntelang außer Gebrauch; sie ist 1944 restauriert worden und wird heute als stimmungsvoller Rahmen für Konzerte und Ausstellungen benützt.

Die Zurzacher Messen

Bis nach der Mitte des 19. Jahrhunderts fanden in Zurzach die bedeutendsten Warenmessen der Nordschweiz statt; gesamtschweizerisch gesehen sind seine Märkte die langlebigsten. Spätestens im 14. Jahrhundert erlangten sie überlokale Bedeutung. Mag Zurzach auch unter den oberdeutschen Messeorten einer der kleineren gewesen sein, so reichte sein Einzugsgebiet im Spätmittelalter doch bis Nürnberg, Straßburg, Genf und im Süden bis Oberitalien. Wegen seiner günstigen Verkehrslage in der Nähe der Aaremündung, dank seiner Lage in den »Gemeinen Herrschaften« der Acht Alten Orte, aber auch wegen der blühenden Verenawallfahrt konnte Zurzach überleben und sich gegen die Konkurrenz neu gegründeter Märkte in Waldshut, Klingnau, Baden und Lenzburg, aber auch gegen Basel und Zürich — die sich bezeichnenderweise zum Teil terminlich den Zurzacher Messen anschlossen — mit Erfolg behaupten. In Zurzach bürgerten sich als Markttermine der Tag nach St. Verena (1. September) und ein nicht näher bestimmter Zeitpunkt nach Pfingsten ein, ein Herbst- und ein Frühsommermarkt also. Waren die Märkte zunächst auf einen Tag beschränkt, so erweiterte sie ein Privileg König Ruprechts im Jahr 1408 auf drei Tage. Im 16. Jahrhundert dauerten sie 8 Tage; spätere Versuche, sie auf zwei Wochen auszudehnen, scheiterten unter anderem am Rechnungsverkehr: Je länger die Messen dauerten, desto weniger konnten die Kaufleute sicher sein, ihre Gläubiger und Schuldner in Zurzach anzutreffen. Der Basler Andreas Ryff schreibt vom Zurzacher Verenamarkt, er sei »ein herlicher und in der Eidgenossenschaft der größte Jarmarkt, da gar mächtig viel Volks hinkommt und ein stattliche Summa Waren aus England, Niederland, Frankreich, Lothringen, Burgund, Italien und ganz Deutschland hingeführt und verhandelt werden«. Schiffergenossenschaften in Schaffhausen, Laufenburg und Koblenz sorgten für den Warentransport auf dem Wasser; von Klingnau aus bestand auch ein reger Fuhrverkehr. Eine besondere Blütezeit erlebten die Zurzacher Messen gegen Ende des 16. Jahrhunderts. Hauptsächlich wurden hier Tuche und Leder gehandelt, und zwar sowohl Rohmaterialien — Leinwand, Rohseide, Rohbaumwolle — als auch Fertigprodukte, darunter Seidenbänder, Tüchlein, Strickereiwaren. Verkauft wurden aber auch rohe Häute, Leder und Pelze, daneben Sattlereiwaren, Schuhe, Gürtlereiprodukte und Handschuhe, außerdem Gewürze und Kolonialwaren, Seife, Drogen (Gallen, Indigo, Cochenille und Blauholz) und Arzneien, sowie Tabak, Eisen-, Messing- und Silberwaren. Auch Hutmacher setzten hier ihre Waren ab, und selbst Hersteller von Schreibfedern und Papier. Zu Messezeiten verkauften Bäcker aus den umliegenden Dörfern in Zurzach Brot;

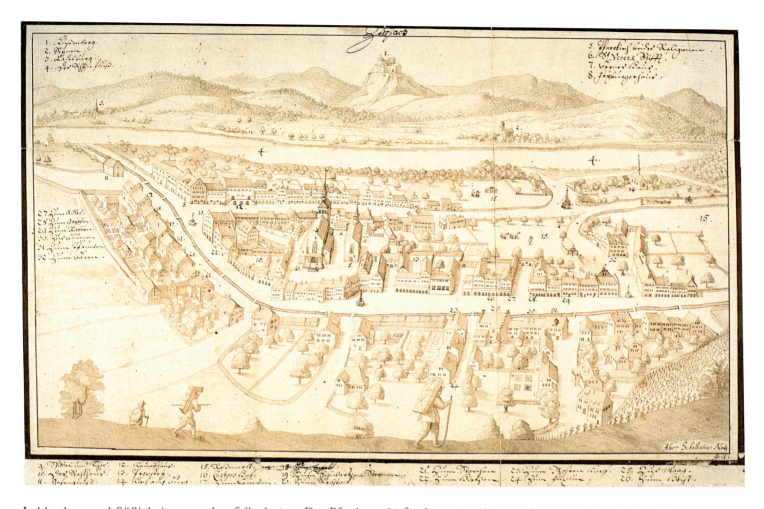

Lebkuchen und Süßigkeiten wurden feilgeboten. Der Pferdemarkt fand am letzten Tag (Hauptmarkttag) der beiden Messeperioden statt; man ist darüber aus den Gerichtsakten recht gut unterrichtet. Er profitierte zuweilen – wie im Pfälzerkrieg zwischen 1688 und 1697 – von Exportsperren und Schmuggel. Außer Pferden wurden aber auch Rindvieh, Schafe und Schweine verkauft. Entsprechend gewann mit der Zeit auch der Zahlungsverkehr an Bedeutung; so wurden die Daten der Zurzacher Messen zu allgemein anerkannten Zahlungsterminen. Mit den Zurzacher Messen hängt es aber auch zusammen, daß sich vom 17. Jahrhundert an mehr und mehr Juden im Surbtal – auf halbem Weg zwischen den Märkten von Baden und Zurzach – niederließen, in den späteren »Judendörfern« Endingen und Lengnau. Sie befaßten sich hauptsächlich mit Kleinhandel und Geldverleih. »Hausierer« und Jude wurden dadurch soweit zum Synonym, daß man noch in den dreißiger Jahren in Zurzach, ohne in den Verdacht des Antisemitismus zu kommen, sagen konnte: »Ein Jud ist an der Türe«, wenn ein reisender Kleinhändler mit seinem Bauchladen an der Klingel zog.

Die Zurzacher vermieteten den auswärtigen Händlern das Jahr über die Warengewölbe, die sie im Erdgeschoß ihrer Häuser an den zwei Zurzacher Straßen – der Hauptstraße und der Judengasse (Schwertgasse) – eingerichtet hatten. Von außen waren diese Gewölbe an den hohen und mit festen zweiflügligen Türen verschlossenen Rundbogentoren zu erkennen. Zur Messezeit hatten die Zurzacher das Recht, Stände vor dem Haus aufzustellen – »Dischle« nennt sie ein Tiengemer –, in ihren Häusern Gäste aufzunehmen und zu wirten. Diese besondere Nutzung kommt zum Teil auch in der Bausubstanz zum Ausdruck: In gewißen Zurzacher Häusern findet sich im ersten Stock eine geräumige Halle, in der vor Wandbänken lange Tische aufgestellt werden konnten. Die Zurzacher vermieteten nämlich während der Messe nicht selten ihre Wohnräume und zogen sich in den Dachstock zurück, der notdürftig mit Kammern, zum Teil nur roh gezimmerten Verschlägen, ausgestattet war – soweit sie nicht auch diese noch an Kaufleute oder deren Dienstboten vermieteten. Zwischen den Messen war der Flecken »tot«; man

Ansicht von Zurzach. Lavierte Sepiazeichnung von Abraham Schellhammer, Kartenzeichner und Notar (1675-1755), nach Merian.
Der städtisch geschlossene Unterflecken (im Bild links neben und hinter dem Verenamünster) als eigentliches Marktzentrum wird von den großen Kaufhäusern der Städte Biel, Bern, Freiburg und der Gemeinde Zurzach dominiert. Im Gegensatz dazu wirkt der durch zahlreiche Seitengassen aufgelockerte Oberflecken (im Bild rechts vom Verenamünster) eher als dörflich-bäuerliches Straßendorf. Erst in der letzten Zeit der Messen entstanden hier die schönen Messehäuser.

Zurzach, Verenamünster. Ornamentfries als oberer Abschluß der Mittelschiffwände. Weiße Blattranke auf schwarzem Grund (ergänzt), um 1340.

lebte von den Einkünften während der Messezeit, hielt einen kleinen Viehbestand, übte ein Handwerk aus, widmete sich irgendwelchen Handarbeiten und hatte im übrigen viel Zeit, sich vor dem Gericht des Landvogts mit den Chorherren zu streiten, deren Logis und Gewölbe sich bei den fremden Kaufleuten besonderer Gunst erfreuten und die während der Messe sogar auf dem Kirchhof zwischen Chorhöfen und Kirche gelegentlich Verkaufsstände einrichteten.

Zurzach galt als »sicherer« Markt; er stand unter dem Schutz der Eidgenossenschaft. Eröffnet wurden die Märkte jeweils mit dem Auftritt des Landvogts, der vom Landvogteischloß in Baden (dem Niederen Schloß an der Limmat) über Ehrendingen, Schneisingen, Kaiserstuhl in Zurzach einritt (10 Pferde waren ihm schon 1418 erlaubt), und mit einem Hochamt in der Verenakirche. Der Landvogt, dem das Hohe Gericht zustand, hatte sich für diese Tage auch die Niedere Gerichtsbarkeit gesichert. Daneben hatte er freilich auch noch andere Obliegenheiten: »Zu Zurzach auf dem Hurentanz« beschenkte der Vogt traditionsgemäß die hübscheste Dirne mit einer üppigen Gabe (bis 1798 sind in den eidgenössischen Rechnungen dafür 2 Pfund 10 Schilling vermerkt), und so sind denn auch in den berühmten Fresken Holbeins im Kloster St. Georgen in Stein am Rhein vor allem die geselligen Seiten der Zurzacher Messen dargestellt.

Schon im 18. Jahrhundert machten sich indes neue Tendenzen bemerkbar, die den Zurzacher Messen abträglich waren: Neue Straßen entstanden und die Verkaufsmethoden änderten sich. Schriftlicher Verkehr und Reisende nahmen den Handelsherren vielfach die Mühen der Fahrten nach Zurzach und den direkten Verkehr mit den Kunden ab; in den Städten zeigten sich Monopolisierungsbestrebungen bei den Handwerkern. Protektionistische Maßnahmen und Zollschranken kamen vermehrt auf.

Anlage und Profanbauten

Die Häuser des Fleckens Zurzach gruppierten sich um die Hauptstraße – die alte Römerstraße – die vom Zurzacherberg hinunter an den Rhein führt, und die quer dazu stehende Schwertgasse, die früher auch Judengasse hieß. Sie führt hinaus zur »Hafenvorstadt« im Burgquartier bei Kirchlibuck (Burg) und Rheinbrücke. Hier hatte schon das spätrömische Kastell eine Brücke bewacht. Eine zweite Brücke, deren Pfähle datiert werden konnten, ist 1269 errichtet und 1275 teilweise erneuert worden. Im Erbauungsjahr der zweiten Zurzacher Brücke hatte der Bischof von Konstanz das Städtchen Klingnau erworben, das spätestens ab 1251/53 (und bis 1418) eine Aarebrücke besaß. Er wollte nun offenbar den Anschluß über den Rhein und durchs Klettgautal nach Schaffhausen gewährleisten – und kontrollieren – und zugleich die Brücke von Kaiserstuhl umgehen, das erst 1294 durch Kauf an den Bischof gelangte. Nachdem aber auch das Brückenstädtchen Kaiserstuhl bischöflichkonstanzisch war, wurde die vermutlich von einem der häufig auftretenden Sommerhochwasser weggerissene Zurzacher Brücke nicht mehr erneuert, sondern durch eine Fähre ersetzt. Allen Bemühungen der Zurzacher zum Trotz bekam die bischöfliche Rheinbrücke von Zurzach erst 1906/07 eine

Nachfolgerin. Belege für reißende Hochwasser zwischen Bodensee und Basel findet man genügend, zum Beispiel für die Jahre 1268, 1274, 1275, 1302, 1343, 1374, 1378. Zum Hochwasser an Jakobi (25. Juli) 1343 berichtet die Klosterchronik von Tänikon TG, »desgleichen hat der Rägen faßt alle brücken hinweggeführt«; die Basler Chronik präzisiert und spricht von den Brücken von Basel, Rheinfelden, Säckingen, Laufenburg und Breisach. Unter den flußaufwärts gelegenen hätte sie vielleicht Zurzach nennen müssen. Auch an der heutigen Rheinbrücke hat der Rhein noch einmal seine urtümliche Gewalt bewiesen, als seine hochgehenden Fluten im Jahr 1906 die im Bau befindliche Brücke zum Einsturz brachten. Vielleicht erstaunt die bescheidene Konstruktion der Brücke aus dem 13. Jahrhundert: Pfahlreihen, auf denen die Querhölzer unter den von Joch zu Joch gelegten Brückenbalken aufruhten – so stellt man sich die Brücke auf Grund der bisherigen Veröffentlichungen vor. Eine vergleichbare Bauweise ist für die 1225 durch den Basler Bischof Heinrich von Thun erbaute Basler Rheinbrücke anzunehmen, die am Prallufer »sieben Holzstelzen aus Eichenpfählen« (Gustav Schäfer) aufwies.

Das mittelalterliche Zurzach hat sich um das Grab der heiligen Verena herum gebildet. Der Stiftsbezirk blieb Kern des Fleckens. Er wurde noch zu Beginn dieses Jahrhunderts »Adelboden« genannt, im Gegensatz zur »Geissemeierei« im Oberflecken und zum Unterflecken. Im Oberflecken lagen die alten stiftischen Widumhöfe, im Unterflecken das bischöflich-konstanzische Amtshaus, das Rathaus, Kaufhaus, die Häuser fremder Kaufleute (z.B. das Freiburgerhaus) und auch der Gefängnisturm. Dem 1378 angelegten Jahrzeitenbuch ist zu entnehmen, daß im 14. Jahrhundert – und wohl schon seit längerer Zeit – die beiden Dorfteile »Burg« (bei der Lände am Rhein) und »Flecken« bestanden. Daneben ist die Rede von »Nidkilchen«, in dem man das heutige »Mittskirch« erkennt, die Flur westlich »Burg«, die aber wohl erst in neuerer Zeit überbaut wurde.

Eine Gruppe ältester Steinbauten – einräumig, mit gemauertem Fundament und oft mit trapezförmig verzogenem Grundriß – ist im Stiftsbezirk und im Oberflecken faßbar geworden. Sie stammt aus dem 13., vielleicht zum Teil aus dem 14. Jahrhundert, und ihre Lage macht deutlich, daß die breiten Zurzacher Straßen in der Zeit um 1300 bereits bestanden. Zumindest was die Hauptstraße betrifft, ist die Breite wohl damit zu erklären, daß der Zurzacher Bach offen durch diese Straße dem Rhein zufloß; anderswo, vor allem dort, wo sich die Straße platzartig weitet – beim Sternenbrunnen, beim »mittleren« und beim Rathausbrunnen –, hat wohl schon früher der Platzbedarf des Zurzacher Warenmarkts ein Hinausbauen der Häuser auf die Straße verhindert.

Wo die Konventgebäude des Klosters lagen und wie sie aussahen, weiß man vorläufig nicht. Auf der Südseite des Münsters kann kaum ein Mönchshaus oder gar ein reguläres Klosterviereck gestanden haben, denn hier war der verfügbare Platz schon zur Klosterzeit durch die Marienpfarrkirche besetzt. Im Westen der Pilgerkirche gab es wohl einen Vorplatz; diese Vermutung wird durch eine Erzählung im Mirakelbuch gestützt, wonach ein Pferdedieb ins »Atrium« der Kirche sprengte und dort mit zerrissenen Kleidern und zerschundenem Gesicht ohnmächtig zu Boden stürzte. Lagen die Wohngebäude, wie beim Mutterkloster auf der Reichenau im Frühmittelalter, auf der

Zurzach, Verenamünster. Zwei Scheibenfragmente der ornamental (und wohl auch figürlich) verzierten Glasfenster aus dem 1347 geweihten Chor. Die mit jenen von Königsfelden vergleichbaren Chorfenster wurden 1733 durch Blankscheiben ersetzt. Einige Fragmente der alten Verglasung wurden damals von einem Arbeiter unter das Chorgestühl gewischt.

217

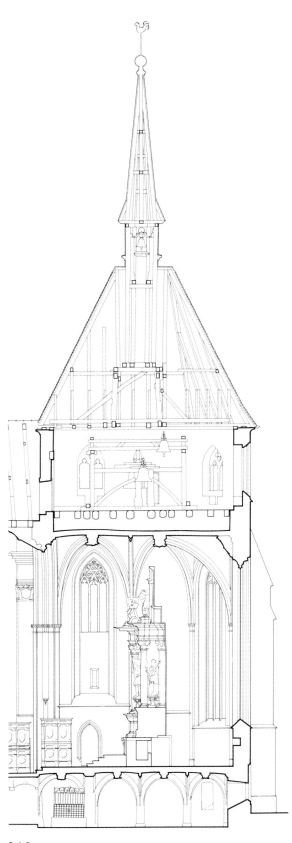

Zurzach, Verenamünster. Längsschnitt durch Chorturm, Krypta, Chorhaus und Glockenstube. (Ca. 1:200)

Nordseite der Kirche? Der spätere Stiftsbezirk erlaubt kaum Rückschlüsse auf die Situation der klösterlichen Bauten; sie ist wohl nach einem der häufigen Brandfälle gründlich verändert worden. Im Verlauf des 13. und vor allem im 14. Jahrhundert entstand der dichte Kranz der Chorherrenhäuser, die den durch ein »unteres« und ein »oberes« Tor zugänglichen inneren Stiftsbezirk umgaben.

Um 1300 hatte noch nicht jeder Chorherr seine Amtswohnung; schon 1378 verfügte das Stift aber gemäß dem Jahrzeitbuch über zehn Häuser und damit über ein Pfrundhaus für jeden Chorherrn. Es kamen in der Folge Kaplanenhäuser, das Sigristenhaus, das Kapitelhaus und die stiftische Trinkstube hinzu; 1459 gehörten dem Stift insgesamt 18 Häuser, derweil der Flecken 40 bis 50 Herde besaß.

Zahlreiche Brände sind aus dem Mittelalter bekannt: 1294 brannten Kirche und Stiftsbezirk ab; 1428 heißt es in einer Urkunde des Stiftskapitels: »als kürzlich etlich unser Chorhöf von ungestüme und füres not wegen abgegangen und verbrunnen sind . . .«. 1471 wurde der Unterflecken durch Feuer zerstört; weitere Brände, für die es keine Belege gibt, sind anzunehmen. Deshalb hielt man früher die Bausubstanz der Zurzacher Häuser zur Hauptsache für barock und jünger. Die systematischen Untersuchungen der letzten Jahre haben nun aber mehr und mehr gezeigt, daß viele Häuser im Kern weit älter und daß ganze Bauten und sogar Dachstühle aus dem 15. und 16. Jahrhundert erhalten geblieben sind.

Als einzigartig galt lange der Typ des »Zurzacher Messehauses«: Dem hohen, mehrgeschossigen, traufständigen Vorderhaus, durch das eine Toreinfahrt in den Hof führt, entspricht das Hinterhaus (»Packhaus«) mit Stallung und darüberliegenden Kammern oder einem Saal. Zu beiden Seiten des Hofs liegen Bauten mit Warengewölben im Erdgeschoß und Kammern im Obergeschoß, die von einer Laube aus zugänglich waren. Das Messehaus erlaubte das Einstellen der Zugtiere, die Unterbringung der Wagen im Hof sowie der Waren in den Gewölben, und es enthielt genug Räume, in denen Gäste zur Messezeit wohnen, speisen und sich unterhalten konnten. Inzwischen weiß man, daß solche Bauten vom Spätmittelalter an recht verbreitet waren; so findet man diesen Haustyp zum Beispiel auch in Straßburg.

Die gut erhaltenen Zurzacher Beispiele stammen vor allem aus dem 19. Jahrhundert; erste Hinweise auf die Existenz solcher komplexer Hofbauten lassen sich bis ins spätere 16. Jahrhundert zurückverfolgen. Neben diesen behäbigen Bauten standen schmale Handwerkerhäuschen, die im Erdgeschoß neben dem Flur Werkstätte und Kammer oder Schopf/Stall, beziehungsweise Laden und Werkstätte besaßen und deren Obergeschoß auf der Rückseite des Hauses über Laubentreppen zu erreichen war.

Noch heute wird die Straßenfront der Häuserzeilen geprägt durch die großen Rundbogentore der Warengewölbe im Erdgeschoß, in denen heute meist Ladengeschäfte untergebracht sind. Die Häuserfronten sind traufständig, die Ecken zu den Nebengassen aber werden durch giebelständige Gebäude betont, und diese Giebel sind meistens abgetreppt.

Zurückgesetzte oder vorspringende Häuser erweitern die Straße oder schließen sie optisch ab, markante Bauten bilden an den Grenzen der Dorfteile einen Riegel – die beiden Bauten am Ende der Schwertgasse standen einst näher beisammen als die übrigen Häuser, der enge Raum dazwischen war mit einem Torbogen überspannt. Der Flecken besaß nur dieses einzige Tor; es lag bezeichnenderweise auf der Seite, von der die Warentransporte hereinkamen, die bei der Lände (beim »Anker«) auf Wagen verladen wurden. 1811 wurde vor diesem Tor eine Allee angelegt. Sie war wohl in erster Linie ganz praktisch »im Interesse der fremden Kaufleute« gedacht, deren Fuhrwerke hier im Schatten der Bäume warten konnten, bis sie zum Wägen und Registrieren ihrer Waren an der Reihe waren.

Besonders markante Bauten sind die Propstei und das Rathaus. Die Propstei wurde 1773 unter Propst Urs Victor Nicolaus Schwendbühl (Coadjutor und Propst 1772 bis 1798) durch den Baumeister Franz Anton Schwarz aus Bremgarten errichtet. Sie liegt zwar außerhalb des engeren Stiftsbezirks, besitzt aber wegen der einst gleich daran anschließenden Chorherrenhäuser nur eine repräsentative Fassade gegen die Hauptstraße hin – eine breitgelagerte, gerade Front, deren zwei Geschosse auf dem mit Rundbogen geöffneten Erdgeschoß (Warengewölbe) ähnlich den Berner Bauten breitspurig dastand.

Der einfache Giebel und die über zwei Geschosse gezogenen Pilaster zeigen, daß damals bereits der strengere Geist des Louis-seize Einzug gehalten hatte. Lebendig und meisterlich gearbeitet ist der plastische Fassadenschmuck von Franz Ludwig Wind (1719 bis 1789) aus Kaiserstuhl. Der Schlüsselstein im Fensterbogen wird zur Maske, links und rechts gehalten von Voluten mit Hängeblumen und Rocaillenwerk; aus den Ohrmuscheln werden riesige Blätter und Rocaillen. Grämliche Greise, jugendliche Köpfe mit keckem Barett, ein Mohr mit vollen Lippen, Wettergreise mit flatternden Haaren und Bart, ein Bacchus mit Trauben im Haar — Märchengestalten, Charakterköpfe, vielleicht auch Anspielungen, deren Sinn heute nicht mehr verständlich ist, schauen nach rechts und nach links, wenden sich einander zu, und ihr Blick ist bestimmt und klar. So wird die Schauwand der Propstei zu einem ähnlich humorvollen Bilderbuch wie die Straße selbst mit ihren Hausnamen und Hausschildern. Hausschilder, in Stuck, aus Holz oder Eisen gefertigt, sind verbreitet; süddeutschem Brauch entsprechend hat jedes Zurzacher Haus seinen Namen. Nachdem die Propstei neu erbaut war, wollte auch die Gemeinde nicht zurückstehen; 1778 ersetzte sie das alte Rathaus durch einen Neubau, der in den 1960er Jahren abgebrochen wurde. Das heutige Rathaus kopiert sein Äußeres in den großen Linien. Auch hier die üblichen Rundbogentore im Erdgeschoß und zwei Stockwerke; der mächtige Baukörper wird zusammengefaßt durch ein Mansartdach, auf dessen First ein kleines Glockentürmchen sitzt. Auf der Vedute von Merian (1642) besitzt das Gebäude noch den an Straßenecken üblichen Treppengiebel.

Die beiden Hauptkirchen

Der Brand von 1294 zog zwar das ganze Münster in Mitleidenschaft, vor allem die Ostpartie wurde jedoch offenbar so schwer beschädigt, daß man sich zu einem Neubau entschloß. Ein Turmchor hatte vermutlich schon der romanische Vorgänger besessen; man wollte vom gewohnten Bild nicht abrücken und wählte darum für den Neubau eine originelle, bei gotischen Kirchenbauten unübliche Lösung: ein mächtiges, turmartiges, mit Streben besetztes Chorhaus, das nach außen hin wie ein dreigeschossiger Zentralbau wirkt. Ein hohes Sockelgeschoß, in dem die Krypta untergebracht ist, greift hinauf in die Zone der Chorfenster. Als Tambour wirkt das Glockengeschoß mit den zweiteiligen Maßwerkfenstern, und wie eine Laterne sitzt der Glockenreiter auf dem steilen Dach. Das romanische Langhaus wurde aufgehöht und erneut mit einer flachen Decke versehen. Von den spätgotischen Baumaßnahmen ist freilich nur noch wenig zu sehen; der heutige Bau ist wesentlich geprägt durch die barocke Umgestaltung. Eingeleitet wurde die Barockphase durch den Anbau der Chorkapellen an den Seitenschiffen und durch den Einbau eines neuen Westportals. Im Jahr 1733 erfolgte unter der Leitung des Deutschordensbaumeisters Johann Kaspar Bagnato die entscheidende Veränderung des Inneren: Die Decke im Schiff und die Wände mit ihren Régencestukkaturen des Hannibal Schnell gehen auf diese Erneuerung zurück. Damals wurde auch der gotische Lettner durch ein Chorgitter ersetzt und das Kanonikerchor höhergelegt.

Der aufmerksame Betrachter erkennt das romanische Langhaus unter der Stuckverkleidung; das gotische Chor wurde um 1900 durch eine mutige Denkmalpflege von seiner barocken Verkleidung befreit, fügt sich aber mit dem während der letzten Restaurierung (1975/77) wieder schwarz marmorierten Hochaltar und dem massiven Chorgestühl, den Seitenaltären, dem Gitter und den Wandbildern mit dem Langhaus in hoheitsvoll-festlicher Einheit zusammen. Die reformierte Pfarrkirche (1716/17), deren Bau durch Zürich maßgeblich untersützt wurde, ist nach Wilchingen SH (1676) eine der frühesten Bauten des Querkirchentyps. Etwa gleichzeitig entstand in der Bündner Herrschaft die Kirche von Maienfeld (1721—24), später folgten Wädenswil (1764—67), Embrach (1779/80), Horgen (1780/81) und bis zur Mitte des 19. Jahrhunderts viele andere. Der behäbige Bau mit dem mächtigen, zwiebelhelmbekrönten Eingangsturm steht an repräsentativer Stelle; zwischen Allee und Tor. Er ist ein Monument des nach dem zweiten Villmerger Krieg erstarkten reformierten Selbstbewußtseins.

Zurzach, Verenamünster. Gotische Schlußsteine in der Krypta mit originaler Fassung. Der Schlußstein über dem Grab der hl. Verena (unterstes Bild) ist reicher ausgestaltet als die übrigen.

219

Zurzach, Verenamünster. »Verena-Gruft«, dreischiffige Hallenkrypta, von Süden her zugänglich. Das Joch mit dem Verenagrab stand ursprünglich als abgeschlossene Kammer zwischen der dem Volk zugänglichen Krypta und dem ebenerdigen Kanonikerchor.

Der Weg zur Gegenwart

Nachdem in Zurzach keine Messen mehr stattfanden, wandelte es sich zu einem von Handwerkern und Kleingewerblern bewohnten Dorf mit einem dem Untergang geweihten Stift. Die bis dahin mehrmals knapp vermiedene Aufhebung des Stifts wurde nun von leidenschaftlichen »Liberalen« zielstrebig vorangetrieben. Der letzte Stiftspropst, Johannes Huber (1812 – 79) wußte, daß sogar zwei seiner Chorherren und mehrere Inhaber von Regierungsämtern im Aargau zu dieser Bewegung gehörten. Der »Kulturkampf« bot dann den Anlaß: 1876 sprach der Große Rat die Aufhebung aus.

Im gleichen Jahr befuhr der erste Eisenbahnzug die Rheintallinie. Die Steine des damals abgebrochenen »Hadlaub-Schlößchens« Schwarzwasserstelz waren zum Bau des Zurzacher Bahnhofs und für den Eisenbahntunnel durch den Dettenberg verwendet worden. Man setzte jetzt auf ein neues Zeitalter – das »goldene«, wie Propst Huber in seinen Schriften bitter bemerkte –, in dem Verkehr und Industrie, Unternehmergeist, Kapital und »Fortschritt« maßgebend sein sollten.

Tatsächlich änderte sich vieles, als 1872 Jakob Zuberbühler (1840 – 1904), ein findiger Unternehmer aus dem Appenzellischen, die Möglichkeiten erkannte, die sich angesichts der leerstehenden Räume und der arbeitsuchenden Zurzacher Bevölkerung boten. Zuberbühler führte die Stickereiindustrie und die Schuhfabrikation ein. Zurzach blühte wieder auf; hatte es 1856 noch 948 Einwohner gezählt, so waren es 1910 bereits 1 287 (1988 rund 3 600). Neue Wohnquartiere entstanden – unter anderem die »Mandschurei« und »Marokko«. Diese volkstümliche Bezeichnung nimmt auf weltgeschichtliche Ereignisse aus jener Zeit Bezug, auf den russisch-japanischen Krieg von 1904/05 und auf die Marokkokrise von 1905/06. Fabrikbauten entstanden, Zuberbühler selbst ließ für seine Familie in einem weiten Park auf der Terrasse am Rhein die Villa »Himmelrich« erstellen – auf dem selben Areal, auf dem die Römer ihre ersten Lager errichtet hatten. Die »Villa«, neuerdings gelegentlich auch als »Schloß« bezeichnet, ist eine der letzten in gutem Zustand erhaltenen Fabrikantenvillen im Kanton Aargau.

Auch durch den Abbruch der Chorherrenhäuser im Westen des Münsters veränderte sich das Gesicht des Fleckens spürbar, außerdem, hauptsächlich im Unterflecken, auch durch Bauten der Gründerzeit. In der Krisenzeit der dreißiger Jahre zerfiel Zuberbühlers Werk, aus dem Stickerei- und Weißwarengeschäft wurde die Korsett- und Frottierweberei »Triumph Spiesshofer und Braun Zurzach«, eine Zweigfirma der Triumph Spiesshofer und Braun in Heubach (Württemberg), die Schuhfabrik lebte als »Schuhfabriken Odermatt und Co. AG« bis in die neuere Zeit weiter.

Um 1900 gründete Franz Minet eine Rohrmöbel- und Kinderwagenfabrik, die von den dreißiger Jahren an als »Franz Minet Möbelfabrik AG« überwiegend Sitzmöbel herstellte. In den 50er Jahren des letzten Jahrhunderts begann der Gemeindeammann von Leuggern, Kornelius Vögeli (1823 – 1911), nach Steinkohlelagern zu suchen. 1892 fand er in Koblenz, 132 m unter dem Boden, eine Steinsalzschicht von 11 m Mächtigkeit. Starke Salzbänke liegen, wie sich bald zeigte, auch in 300 – 350 m Tiefe unter Zurzach. Sie wurden von 1914 an durch die »Schweizerische Sodafabrik AG« (1922 von der belgischen Firma Solvay und Co. übernommen) ausgebeutet. Salz und der in Mellikon gebrochene Kalkstein bildeten die Basis für die Sodafabrikation. Die für Zurzach typischen, mit dunklen Brettern verkleideten Bohrtürme im Feld »Barz«, zwischen Flecken und Rhein, sind bekannte Denkmäler der sogenannten Industriearchäologie. Heute stellt »Solvay (Schweiz) AG« Grundstoffe für die chemische Industrie her. Die »Sodi« ist neben dem Thermalbad die größte Arbeitgeberfirma in Zurzach geblieben.

Das Thermalbad ist eine Spätfolge der Funde Kornelius Vögelis: 1914 war bei der Überprüfung der Mächtigkeit eines Salzlagers eine warme Quelle angebohrt worden, die aber, weil man eine Beeinträchtigung der Bäder in Baden und Schinznach befürchtete, verstopft und erst 1955 durch die »Thermalquelle AG« wieder erbohrt wurde. Am Westrand des Fleckens und von ihm durch einen Grünstreifen getrennt, ist seither das Badquartier entstanden. Zurzach ist indessen in den letzten 35 Jahren nicht »kurörtlich« geworden; es hat seinen Charakter kaum geändert, und der Versuch, den Ortsnamen durch den Zusatz »Bad« zu veredeln, brachte keinen Prestigezuwachs.

HANS RUDOLF SENNHAUSER

Der Zurzacher Oberflecken. Aquarell, signiert: Hauser fec. 1800 (Franz Heinrich Hauser 1774-1830). Die äußerst zuverlässige Darstellung zeigt den Blick vom Südeingang des Fleckens die Hauptstraße hinunter (nach Norden) zum Stiftsbezirk.

Die ersten Badegäste von Zurzach kurz nach der Erbohrung der Thermalquelle am 5. September 1955.

221

Der städtische Hausbau

Der steinerne Wohnbau in Südwestdeutschland

Das Straßenbild in den deutschen Städten um 1300 unterschied sich ganz deutlich von der Vorstellung, die wir heute von der malerischen, »mittelalterlichen« Stadt haben, denn diese wird von Straßen- und Platzfassaden bestimmt, die erst in der Zeit um 1500–1800 entstanden sind.
Zwei in jüngster Zeit relativ gut erforschte süddeutsche »Großstädte« des Mittelalters, Schwäbisch Gmünd und Freiburg, lassen darüber hinaus deutliche lokale Unterschiede erkennen. An beiden Orten haben großflächige Grabungen, sorgfältige Bauuntersuchungen und zahlreiche dendrochronologische Untersuchungen (d) in den Jahren 1987–1991 fundierte Aussagen zum Steinbau des 12./13. Jahrhunderts möglich gemacht. Hier und an Einzelbefunden aus anderen Städten der Region wird deutlich, daß es im Wohnbau nur wenige gemeinsame Entwicklungen gab: zwischen 1200 und 1300 hat offensichtlich jede Stadt ihre eigene Baugestalt gehabt.

Schwäbisch Gmünd

Die ersten historischen Quellen für die Stadt Schwäbisch Gmünd gehen auf das Jahr 1168 zurück; wann die eigentliche Gründung stattfand, ist nicht bekannt. Allerdings scheint es nach Aussage der Quellen wie nach den bisherigen archäologischen Befunden keine frühere Siedlung gegeben zu haben; in die Frühzeit der Stadt gehören allenfalls einige nicht unterkellerte, bescheidene Holzbauten, die im Westteil der Altstadt unter der Augustinerkirche (1288 im Bau) und auf der Brandstatt ergraben wurden.
Erst aus dem 13. Jahrhundert lassen sich Steinhäuser, steinerne Keller und Sockelgeschosse für Fachwerkhäuser nachweisen, die nun in recht großer Zahl und im ganzen Stadtareal verteilt entstehen, bis an die Stadtmauern heran. Vielfach umgestaltet, sind diese Steinbauten im heutigen Straßenbild nur noch vereinzelt erkennbar. An manchen Stellen blieben einzelne, meist eingeschossige Quadermauern ohne klar erkennbaren Bauzusammenhang in jüngeren Häusern erhalten; ihre Funktion ist bis jetzt nicht abgeklärt worden. Nur wenige Bauten wurden bauarchäologisch so untersucht, daß sie als vorläufige Fixpunkte für eine zusammenfassende Darstellung dienen können. Die ganz aus Stein gebauten Häuser waren dreigeschossig und unterkellert, zwei weisen noch das Dachwerk der Erbauungszeit auf (Münsterplatz 4, um 1228, Imhof 9, 1288, Rinderbachergasse 6, 1296, Rinderbachergasse 1, Buhlgäßle 4). Außerdem gab es Häuser mit steinernem Erdgeschoß, Keller und hölzernen Obergeschossen (Münsterplatz 9, Rinderbachergasse 10, Klösterlestraße 2); die erhaltenen Fachwerkaufbauten stammen hier allerdings aus jüngerer Zeit. Schließlich ist auch ein Holzhaus über einem gemauerten Steinkeller des 13. Jahrhunderts ergraben (Brandstatt). Da die Mauerreste und die Ausgrabungsbefunde sehr fragmentarisch sind, ist es schwierig, sich zwischen den ersten zwei Grundtypen zu entscheiden, jedenfalls war nur das bis zum Giebel aus Stein gebaute Haus für den damaligen (wie auch den

Linke Seite: Der Blick in das von allen nachmittelalterlichen Strukturen befreite »Schäniserhaus« auf dem Münsterhof 6 in Zürich vermittelt ein annähernd authentisches Bild einer Baustelle um 1300.

Schwäbisch Gmünd, Katasterplan von 1831; eingetragen sind die archäologisch gesicherten Steinhäuser des 13. Jahrhunderts (2, rot), die häufig nicht unmittelbar an der Straße stehen, sondern in einem früheren Hofareal, sowie die Fachwerkhäuser des 14. Jahrhunderts (1, blau).

heutigen) Betrachter als »Steinhaus« erkennbar. Und man kann vorerst nicht behaupten, diese »Steinhäuser« seien nur von einer bestimmten sozialen Gruppe in der mittelalterlichen Bürgerschaft errichtet worden und würden sich im repräsentativen Anspruch von aufwendigen, großen Fachwerkbauten (gegebenenfalls mit Steinsockel und Keller) unterscheiden.

Der Grundriß ist bei beiden Hausformen gleich, jeweils etwas überquadratisch; er mißt etwa 9 × 10 m bis 11 × 13 m – nur das Haus Münsterplatz 9 war mit 16,1 × 9,6 m deutlich langgestreckt. Ein deutlich trapezförmiger Hausgrundriß (Klösterlestraße 2) beziehungsweise eine abgeschrägte Südostecke am Haus Münsterplatz 9 zeigen, daß sich zumindest einige Steinbauten des 13. Jahrhunderts schon in ein bestehendes Parzellensystem einfügen mußten.

Ursprünglich standen die Häuser allseits frei, vermutlich am Rand von größeren Hofgrundstücken; von mindestens zwei Seiten her konnte man Keller und Erdgeschoß betreten, oft sogar von drei oder sogar allen vier Seiten her.

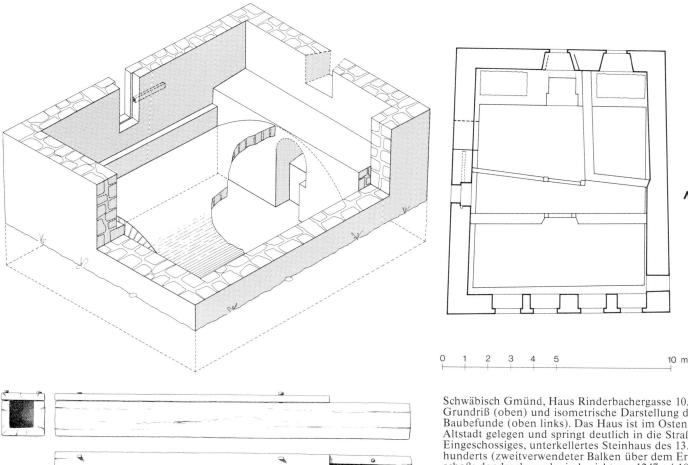

An keiner Stelle der Stadt war es bislang möglich, den ursprünglichen Parzellenzuschnitt sicher zu erschließen. Bei der zunehmenden Verdichtung der Bebauung spätestens im 14. Jahrhundert mußten viele der Türen vermauert werden. In den meisten Straßen hat man allerdings die Nachbarhäuser nicht unmittelbar angebaut, sondern sie durch charakteristische, schmale Traufgassen abgetrennt. Die vom Spätmittelalter an bis heute gültige Parzellenteilung erlaubt also keinen Schluß auf die Hofgrößen und die »Stadtplanung« des 13. Jahrhunderts.

Die Keller waren ursprünglich um 1,70–1,90 m in den Boden eingetieft, so daß das Erdgeschoß bis zu einem Meter über dem Hof- und Straßenniveau lag. Sie wurden an einer Schmalseite durch eine breite Tür betreten, die Kellertreppe lag meist außerhalb und ragte in den Straßen- beziehungsweise Hofraum hinein. Praktisch alle Keller hatten eine zweite, schmalere Tür in einer Längswand oder an der anderen Schmalseite, mit einer zweiten, ebenfalls außenliegenden Kellertreppe. Dies hat zur Vermutung geführt, daß die heutigen Kellerräume ursprünglich zu ebener Erde lagen; 1988/89 konnten jedoch an den Kellern des Hauses Klösterlestraße 2 und jenen auf der Brandstatt die alten Hofniveaus und die zugehörigen Außentreppen archäologisch nachgewiesen werden.

Häuser aus dem 14. Jahrhundert können bislang vorwiegend dendrochronologisch über ihre Dachwerke zeitlich bestimmt werden. Soweit feststellbar, bestanden Keller und Brandwände fast ausschließlich aus Bruchstein, sie wiesen keinerlei Schmuckformen auf und traten im Stadtbild nicht in Erscheinung, denn Fassaden und Obergeschosse wurden zu jener Zeit allgemein aus Holzfachwerk gebaut. Die Hausgrößen entsprechen ungefähr den Bauten des

Schwäbisch Gmünd, Haus Rinderbachergasse 10, Grundriß (oben) und isometrische Darstellung der Baubefunde (oben links). Das Haus ist im Osten der Altstadt gelegen und springt deutlich in die Straße vor. Eingeschossiges, unterkellertes Steinhaus des 13. Jahrhunderts (zweitverwendeter Balken über dem Erdgeschoß: dendrochronologisch nicht vor 1247 +/-10 datiert), mit jüngerem Fachwerkobergeschoß, einbezogen in einen barocken Neubau; Größe 7,9/10,7 × 9,6 m. Mauerwerk aus hammerrechten Bruchsteinen und mit gequaderten Türgewänden. Keller mit straßenseitigem Zugang und kleiner Tür in der Längswand; Erdgeschoß mit Hauptzugang in Längsseite, hier befindet sich auch der dendrochronologisch (d) auf 1222 +/- 10 datierte, balkengefaßte Schieberiegel (links) in der Mauerdicke. Die zweite schmale Tür am Ende der anderen Längswand führte möglicherweise zum Abort. Originale Fenster sind keine erhalten. Der Keller wurde nachträglich tonnengewölbt, nachdem er zuvor über eine Balkendecke auf Mauerlatte verfügte.
(Bauuntersuchung LDA – H. Masula 1987 – nach Teilzerstörung bei Umbau.)

Schwäbisch Gmünd, Münsterplatz 9, Schnitt durch das Gebäude mit den verschiedenen Bauphasen. Der Bau befindet sich südlich der Heilig-Kreuz-Pfarrkirche; ab 1462 war er Kaplanei der St.Leonhards-Pfründe. Eingeschossiges, unterkellertes Steinhaus des 13. Jahrhunderts, mit zwei Fachwerk-Obergeschossen und Dachwerk von 1434; stark umgebaut 1510; Bruchsteinmauerwerk mit Großquaderecken und gequaderten Türgewänden; Größe außen 16,1 × 9,6 m, eine Ecke abgeschrägt. Keller mit großer straßenseitiger Tür und seitlichem Nebenausgang; im Erdgeschoß Fassade bei Umbau abgebrochen, je eine Tür in den drei erhaltenen Wänden, drei Wandnischen in einer Längswand; kein originales Fenster erhalten. Von einer schmalen Pforte im Erdgeschoß abgesehen sind alle Türen rundbogig, in segmentbogig überwölbten Nischen. Keller 1510 tonnengewölbt; zuvor Balkendecke auf Mauerlatte. (Bauuntersuchung J. Cramer 1986, vor Umbau.)

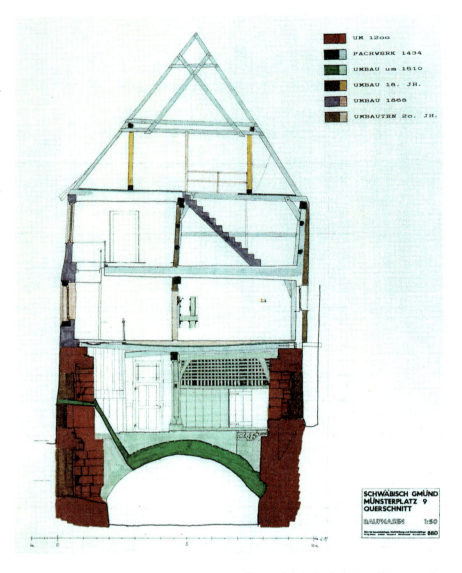

13. Jahrhunderts, in den Seitenwänden öffnen sich jedoch keine Türen mehr – die Straßenzeilen wurden damals zum geschlossenen, spätmittelalterlichen Stadtbild verdichtet.

Eine erste Gruppe von Häusern entstand 1308–1313, eine zweite in den Jahren um 1333–1346, zahlreiche weitere dann im späten 14. und 15. Jahrhundert – diese zweite große Blütezeit der Stadt wird auch durch die Baudaten des monumentalen Neubaus der Heilig-Kreuz-Pfarrkirche (vor 1341 bis bald nach 1381) umrissen. Bei den älteren, mehrgeschossigen Steinhäusern hat man wohl im 14./15. Jahrhundert in den Obergeschossen das Mauerwerk durch Fachwerk-Fassaden ersetzt (Buhlgäßle 4, Münsterplatz 9: 1354 d?); bei den eingeschossigen Steinbauten waren ohnehin schon ursprünglich Obergeschosse aus Holz aufgesetzt. Der monumentale profane Steinbau verschwand damit aus dem Straßenbild; Schwäbisch Gmünd bot nach 1300 und im gesamten Spätmittelalter das Bild einer reichen Fachwerkstadt.

Das Mauerwerk

Das Mauerwerk besteht bei den Steinbauten aus dem 13. Jahrhundert aus hammerrecht behauenen Bruchsteinen oder aus sorgfältig gefügten, glatt geflächten Buntsandstein-Großquadern, mit Schichthöhen bis zu 50 cm und Quaderlängen bis etwa 1 m. Vereinzelt treten auch beide Bauweisen an einem Gebäude auf; eine chronologische Differenzierung ist hier vorerst nicht möglich. Beim Haus Münsterplatz 4 weisen die Quader eines der Bauabschnitte Steinmetzzeichen auf. Im Keller ist das Mauerwerk normalerweise rund 1 m, gelegentlich sogar bis 1,4 m dick, zu Erd- und Obergeschossen hin verjüngt es sich über die Rücksprünge für hölzerne Mauerlatten, welche die Deckenbalken trugen.

Der Großquader-Steinkeller aus der Brandstatt weist im Gegensatz zu den bislang genannten ein- bis zweigeschossigen Steinbauten nur eine geringe Wanddicke von etwa 0,58—0,68 m auf; er war deshalb sicher nur mit einem Fachwerkhaus überbaut.

Stockwerke, Böden und Treppen

Ursprünglich waren in Schwäbisch Gmünd alle Keller und alle Obergeschosse mit Holzbalken gedeckt. Die charakteristischen, früher oft als »staufisch« bezeichneten Kellergewölbe wurden erst nachträglich eingezogen, meist im 15./16. Jahrhundert.

Die Deckenbalken lagen über dem Keller und über den höheren Geschossen durchwegs quer zur Traufe und ruhten auf Mauerlatten von 12—20 cm Breite. Die ursprüngliche Balkenlage ist bislang nur über dem Erdgeschoß des Hauses Münsterplatz 4 (um 1228 d) nachgewiesen; der Balkenquerschnitt beträgt hier etwa 30—40 × 40 cm. Die ursprüngliche Fußbodenkonstruktion und die Innentreppen zum zweiten und allfälligen dritten Obergeschoß sind bislang noch bei keinem Haus bekannt. Im Haus Münsterplatz 4 liegt der Treppenwechsel in der Balkenlage über dem Erdgeschoß an der westlichen Längswand. Auch die aus den Niveauverhältnissen ablesbaren Außentreppen zum Hochparterre blieben nirgends erhalten.

Türen

Alle Türöffnungen sind rundbogig und aus schmucklosen, sorgfältig gearbeiteten Sandstein-Großquadern gefügt; die innere Laibungsnische ist immer segmentbogig überwölbt. Die Erdgeschoßtüren waren dabei mit 0,9 bis 1,25 m Breite deutlich schmaler als die 1,2—1,85 m breiten Kellerzugänge. Einen geraden, steinernen Sturz weisen nur einige schmale Obergeschoß-Türen auf, die sich jeweils nahe einer Raumecke befinden und vermutlich zu Abortbauten führten.

Das Türblatt wurde an den Haupttüren mit einem hölzernen oder eisernen Schieberiegel gesichert, der in einem gemauerten Riegelkanal in der Mauerdicke verlief. Am Haus Rinderbachergasse 10 bestand diese Riegelführung aus einem vierkantig ausgestemmten und mit Brettern abgedeckten Balken.

Fenster

Auffällig ist, daß Erd- und Obergeschoßwände bei zahlreichen Häusern fensterlos waren, auch wenn die Außenwände ursprünglich frei zu einem zuge-

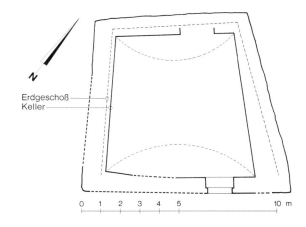

Erdgeschoß
Keller

N

0 1 2 3 4 5   10 m

Schwäbisch Gmünd, Klösterlestraße 2, Grundriß des hochmittelalterlichen Steinhauses (oben) und Südwand von außen (ganz oben links) sowie von innen (ganz oben rechts). Das 1987 abgebrannte Haus lag im Süden der Altstadt, von der Straßenflucht abgerückt und hinter einem später davorgesetzten Fachwerkhaus. Eingeschossiges, unterkellertes Steinhaus des 13. Jahrhunderts (datiert durch Keramikfunde) mit jüngerem Fachwerk-Obergeschoß; Mauerwerk teils aus Großquadern, teils aus hammerrecht behauenen Bruchsteinen; Ecken und Türgewände gequadert; Grundriß (oben) trapezförmig, 10,7/7,9 × 9,6 m, Mauerdicke 0,92 m. Keller mit zwei gegenüberliegenden Rundbogentüren in segmentbogig überwölbten Nischen, mit außenliegenden Kellertreppen; nördliche Tür später verschoben; ursprünglich balkengedeckt, auf Mauerlatte, später tonnengewölbt. Vom Erdgeschoß ist nur die fensterlose Westmauer erhalten. (Bauuntersuchung und Grabung LDA — Boës, H. Fries 1989 — nach Brandzerstörung 1987.)

229

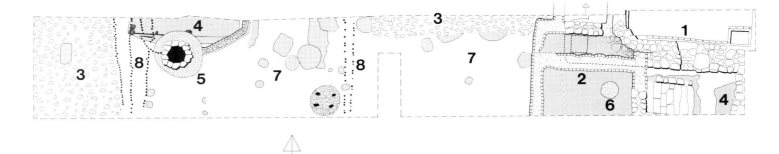

Schwäbisch Gmünd, Brandstatt, Gesamtplan der Befunde (ganz oben) und Blick in den aus Quadern gebauten Keller eines Holzhauses (oben). Die Brandstatt liegt in der weiteren Umgebung des Münsters, nicht weit vom historischen Rathaus entfernt und nahe der historischen Nord-Süd-Verkehrsachse. Südlich der Brandstatt wurden nach einem Brand im Winter 1987/88 im Gebäude Klostergasse 2 die Reste eines Steinhauses aus der Zeit um 1200 festgestellt, die bei weiteren Grabungen Aufschlüsse über die Siedlungsentwicklung der Stadt erwarten lassen. 1 Keller des 1793 abgebrannten Hauses. 2 Keller vor Errichtung von 1. 3 Hof- und Wegbefestigung. 4 Hausgrube. 5 Brunnen mit Steinfassung. 6 Brunnen mit Holzfassung (?). 7 Reste von Holzbebauung (Pfosten und Gruben). 8 Steckenspuren, Parzellenbegrenzung (?).

Rechts: Bönnigheim, Meierhof 7 (1294—96). Ansicht des Meiereihofs des Landkapitels zu St. Michael auf dem Michaelsberg bei Cleebronn. Zweigeschossiges, unterkellertes Steinhaus mit originalem Dachwerk, erbaut 1294—96; Bruchsteinmauerwerk mit Buckelquaderecken und gequaderten Tür- und Fenstergewänden, Größe außen 15,4/16,2 × 11 m, Mauerdicke 1,15 bis 1,3 m. Keller auf Langseite über Außentreppe zugänglich; im Erdgeschoß und Obergeschoß je ein Kamin in der Längswand; in Ober- und Dachgeschoß je ein rechteckiges Doppelfenster mit überwölbten Sitznischen; alle Türen rundbogig, mit überwölbten Nischen. Keller und Erdgeschoß in Querrichtung auf konsolengetragenen Streichbalken überdeckt, Tonnengewölbe im Keller 1350 zugefügt. (Bauuntersuchung B. Lohrum 1989, vor Umbau.)

hörigen Hofgelände standen. Am Haus Münsterplatz 4 war das Erdgeschoß ganz fensterlos, das 1. Obergeschoß hat in den drei erhaltenen Wänden ebenfalls keine Lichtöffnungen, erst im 2. Obergeschoß gab es in zwei Wänden jeweils zwei Schlitzfenster; vermutlich gab es jedoch Fenster in der nicht mehr erhaltenen Straßenfassade. Gerade die straßenseitigen Fassaden sind auch an allen anderen Steinhäusern nur in jüngeren Umbauzuständen erhalten oder ganz zerstört.

Große, rundbogige Fenster sind bei zwei Häusern in jeweils einer der hofseitigen Wände des 1. und 2. Obergeschosses nachgewiesen (Rinderbachergasse 1, Buhlgäßle 4). Kleine, unverschlossene Fensterlichte mit beidseits stark geschrägten Gewänden und geradem Sturz gibt es außer im Haus Münsterplatz 4 auch im Erdgeschoß der Häuser Rinderbachergasse 1 und Buhlgäßle 4.

Nischen und Kamine

Kleine, rechteckige Wandnischen sind im fensterlosen Erdgeschoß des Hauses Münsterplatz 4 erhalten. Dieser Raum zeichnet sich außerdem durch einen großen Wandkamin neben der straßenseitigen Tür aus; seine Haube wurde ursprünglich von säulengetragenen Kaminwangen gestützt.

Diese Bauentwicklung ist nicht auf Schwäbisch Gmünd beschränkt: in vielen Stadtgründungen des 12. Jahrhunderts sind erst nach 1200 Steinhäuser bekannt, nicht aber aus der Frühzeit. So entsprechen etwa die in Ladenburg und Wimpfen erfaßten Bautypen weitgehend denen in Schwäbisch Gmünd. Ebenso charakteristisch ist dort, daß der »vollständige«, dreigeschossige Steinbau eine Episode darstellt und das Stadtbild sowohl vor 1200 als auch wieder nach 1300 ganz von Fachwerkfassaden geprägt wird — schmuckloses Steinmauerwerk blieb natürlich aus technischen Gründen für Keller, Erdgeschoß und Brandmauern üblich.

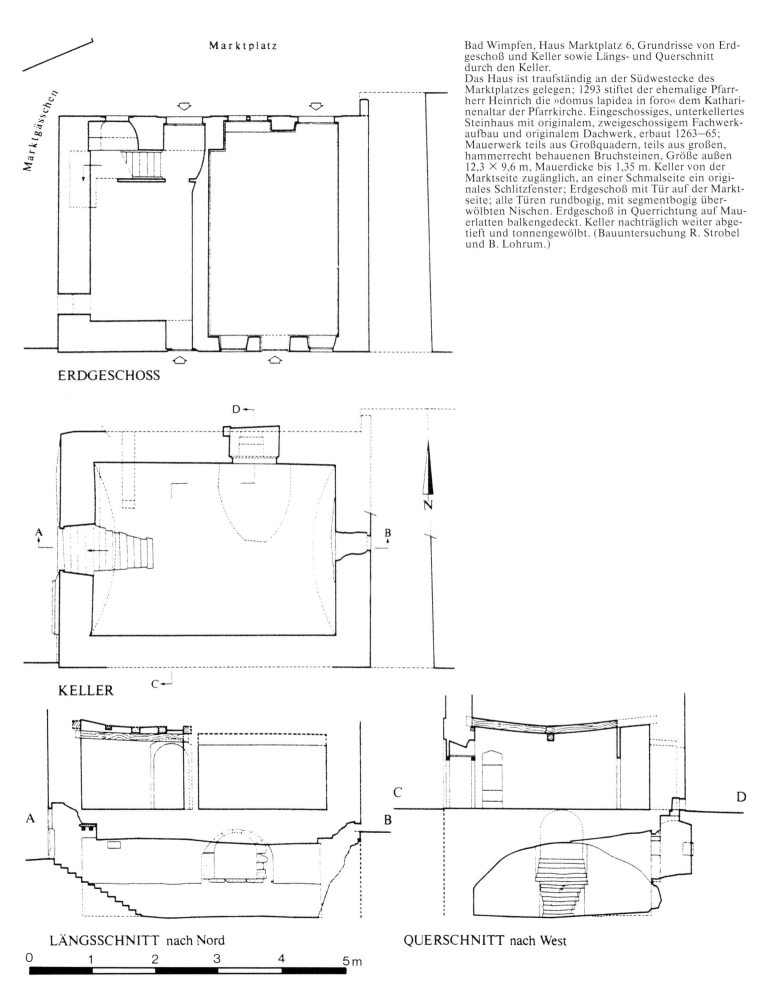

Marktplatz

Marktgässchen

ERDGESCHOSS

D

N

A

B

KELLER

C

A

B

LÄNGSSCHNITT nach Nord

C

D

QUERSCHNITT nach West

0 1 2 3 4 5m

Bad Wimpfen, Haus Marktplatz 6, Grundrisse von Erdgeschoß und Keller sowie Längs- und Querschnitt durch den Keller.

Das Haus ist traufständig an der Südwestecke des Marktplatzes gelegen; 1293 stiftet der ehemalige Pfarrherr Heinrich die »domus lapidea in foro« dem Katharinenaltar der Pfarrkirche. Eingeschossiges, unterkellertes Steinhaus mit originalem, zweigeschossigem Fachwerkaufbau und originalem Dachwerk, erbaut 1263–65; Mauerwerk teils aus Großquadern, teils aus großen, hammerrecht behauenen Bruchsteinen, Größe außen 12,3 × 9,6 m, Mauerdicke bis 1,35 m. Keller von der Marktseite zugänglich, an einer Schmalseite ein originales Schlitzfenster; Erdgeschoß mit Tür auf der Marktseite; alle Türen rundbogig, mit segmentbogig überwölbten Nischen. Erdgeschoß in Querrichtung auf Mauerlatten balkengedeckt. Keller nachträglich weiter abgetieft und tonnengewölbt. (Bauuntersuchung R. Strobel und B. Lohrum.)

Bei einem Luftangriff am 27. November 1944 wurden mit Ausnahme des Münsters und der südöstlichen Altstadt große Teile der Innenstadt von Freiburg im Breisgau zerstört. Nachdem während des Wiederaufbaus nur gelegentliche Untersuchungen erfolgten, führen jüngste Baumaßnahmen – im wesentlichen Auskernungen und Fassadensanierungen – in den noch erhaltenen Resten der Altstadt zu neuen Forschungsergebnissen. Allerdings geht damit auch der endgültige Verlust der historischen Substanz einher.

Freiburg im Breisgau

Ganz anders verlief die Entwicklung in Freiburg im Breisgau. Der Ort, am Ende des 11. Jahrhunderts wohl im Zusammenhang mit dem zähringischen Silberbergbau entstanden, erhielt 1120 von Graf Konrad das Marktrecht verliehen und wurde daraufhin planmäßig zur Stadt ausgebaut. Steinerne Wohnbauten wurden hier spätestens um 1120 üblich und bestimmten schon im 12. Jahrhundert große Teile des Stadtbildes. Der älteste Siedlungsbereich lag am Hochufer des Dreisamtals und war in den ergrabenen Bereichen Grünwälder Straße 16/18 und Salzstraße 20 einheitlich parzelliert: die Grundstücksgröße entsprach dort bis zum 13. Jahrhundert dem im Stadtrecht genannten »Hofstättenmaß« von 50 × 100 Fuß (etwa 512 m²).

Auf jedem Grundstück stand straßenseitig ein großes, oft nicht unterkellertes zweigeschossiges Steinhaus, meist einseitig an die Parzellengrenze angebaut. Zum Nachbarhaus hin verblieb eine Traufgasse, auf die sich Fenster oder Türen öffneten. Den Hauptzugang des Erdgeschosses bildete, soweit nachweisbar, eine breite Tür zur Straße hin.

Für die Zeit ab Mitte des 12. Jahrhunderts sind gleichartige Häuser auch am Markt (Kaiser-Joseph-Straße 219) und in der Umgebung der Pfarrkirche (Münsterplatz, Herrenstraße) nachweisbar. Das einzige bekannte freistehende Steinhaus westlich des Straßenmarkts folgt noch im frühen 13. Jahrhundert diesem Typus (Franziskanergasse 6; 1910 abgebrochen). Keller können bei diesen Häusern erst für die Mitte des 12. Jahrhunderts nachgewiesen werden; bei den älteren Bauten ist jedoch das Erdgeschoß durch die Aufhöhung des Straßenniveaus schon im 13. Jahrhundert zum Keller geworden.

Noch im heutigen Baubestand sind die frühen Steinhäuser jeweils bis zur Traufe beziehungsweise bis zum Giebel des 1. Obergeschosses erhalten. Sie waren 7–9,3 × 9,5–12,5 m groß und wiesen im Erdgeschoß keine weiteren Raumteilungen auf. Das Mauerwerk bestand im Erdgeschoß bei den besonders reichen Häusern aus Kleinquadern oder Bruchstein, meist aber aus gro-

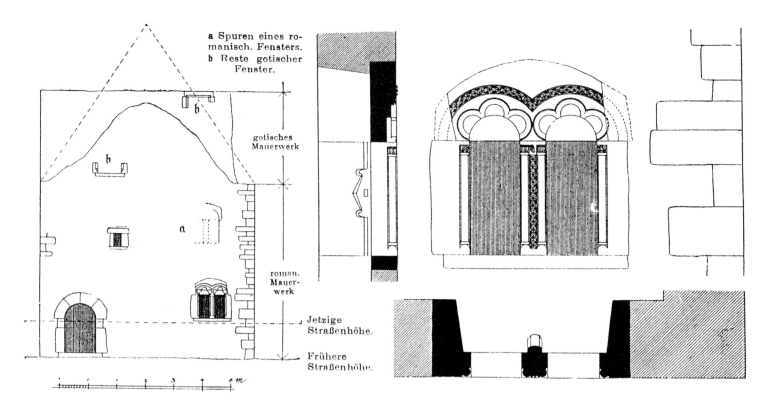

a Spuren eines romanisch. Fensters.
b Reste gotischer Fenster.

gotisches Mauerwerk

roman. Mauerwerk

Jetzige Straßenhöhe.

Frühere Straßenhöhe.

ßen Kieseln (»Wacken«), oft im lagenhaften Wechsel mit Bruchstein; die rundbogigen Tür- und Fenstergewände sowie die Eckquaderungen waren durchwegs aus Sandstein-Großquadern gearbeitet. Im Innenraum und in den oberen Außenwandteilen war Wackenmauerwerk üblich, das steinsichtig verputzt wurde. Der »pietra rasa«-Verputz war in Erdgeschoß und Keller mit durchlaufenden horizontalen und kurzen senkrechten Ritzfugen verziert (»gequadert«); am Haus Salzstraße 20 wurde diese Gestaltung erstmals auch im 1. Obergeschoß sowie am Außenbau nachgewiesen.

Noch im 12. Jahrhundert wurden die meisten dieser Häuser nachträglich in den Hof hinein erweitert und erreichten damit eine Bautiefe von 13–20 m. Das Erdgeschoß des Anbaus Grünwälder Straße 18/I wurde bei einem Umbau wohnlich ausgestattet; hier hat man mit zwei Holzwänden eine 4,5 × 2,8 m große Stube abgeteilt, die mit einem Kachelofen beheizt war; bei den anderen Häusern kennt man die Raumaufteilung nicht. Das Haus Oberlinden 12 hat man gleich mit zweiteiligem Grundriß neu gebaut; hier ist der halb eingetiefte Keller erhalten. In seinem rückwärtigen Teil hat man im Winkel zwei auf einem Eckpfeiler abgestützte gequaderte Bögen eingebaut, die wohl die Erdgeschoßmauern des hinteren, zweiräumigen Gebäudeteils trugen.

Neben den Steinhäusern sind auch in Freiburg im ganzen 12. und 13. Jahrhundert Holzbauten auf Schwellbalken errichtet worden. Im Bereich des ältesten Siedlungskerns (Grünwälder Straße 18) standen im frühen 12. Jahrhundert zwei Holzbauten, eine mit einem bemerkenswerten Steinkeller, die andere, teilunterkellert, mit einem holzausgekleideten Kellerraum. Beide Bauten mußten im mittleren 12. Jahrhundert dem Bau der Stadtmauer weichen.

Auf den rückwärtigen Grundstücksteilen sind Holzbauten, teilweise mit holzausgekleideten Kellern, aus dem 13.–14. Jahrhundert mehrfach archäologisch nachweisbar; sie dienten als »Hinterhäuser« gewerblichen Zwecken, im Ober- und Dachgeschoß vermutlich auch als Wohnraum für ärmere Bevölkerungsgruppen. Auch entlang den Straßen gab es Fachwerkhäuser, zumindest in den später besiedelten, weniger vornehmen Wohnquartieren. Sie hatten zum Teil Steinkeller, die sich in Größe und Gestaltung nicht von den Kellern der Steinhäuser unterscheiden; daneben gab es aber auch Holzbauten, die nicht unterkellert waren. Diese Fachwerkhäuser sind oft erst im 15./16. Jahrhundert durch Steinbauten ersetzt worden.

Freiburg, Franziskanergasse 3, Aufriß der Ostfassade und Detail der Fenster, aufgenommen 1910 vor dem Abbruch des Gebäudes. Der Bau lag westlich des Straßenmarkts, gegenüber des 1246 auf bereits bebauten Hofstätten errichteten Franziskanerklosters. Zweigeschossiges, nicht unterkellertes Steinhaus des 13. Jahrhunderts mit steinernem Giebel; traufständig, etwas von der Straße abgerückt; Wackenmauerwerk mit Bruchsteinecken, im Erdgeschoß Rundbogentor und reich verziertes Rechteckdoppelfenster, im Obergeschoß Fensterlicht und Rest eines weiteren verzierten Rechteckfensters. Ostgiebel bei Abbruch 1910 entdeckt und dokumentiert, Fenstergewände erhalten.

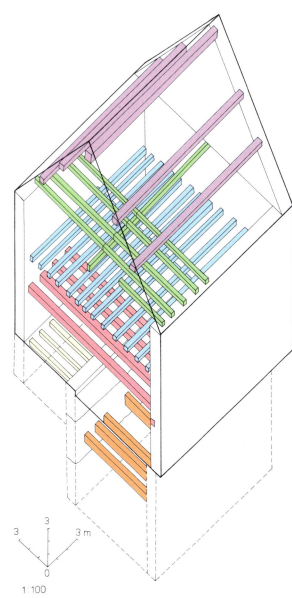

3 ┐
3 ┘ └ 3 m

0

1:100

Freiburg, Kaiser-Joseph-Straße 219–221, isometrische
Darstellung des Baubefunds. Zweigeschossiges unterkellertes Steinhaus von 1293–94d; steht traufständig
am Straßenmarkt. Die Deckenbalken laufen über dem
Erdgeschoß und dem 2. Obergeschoß giebelparallel
durch die gesamte Haustiefe, zum Teil auf einem mittleren Unterzug gestoßen; über dem 1. Obergeschoß
traufparallel. Das 1. Obergeschoß war im hinteren
Hausdrittel in vier Räume geteilt; Dielenboden teilweise erhalten. Pfettendach mit First- und zwei Zwi-
schenpfetten, Mauerlatten und fünffachem stehendem
Stuhl. Im Keller des vorderen Hausteils ist ein älteres,
straßenparallel stehendes, unterkellertes Steinhaus von
7,8 × 11,2 m Größe erhalten. Im Mauerwerk wechseln
Lagen von Wacken und Bruchsteinen; innen im Keller
pietra rasa-Verputz mit feinteiliger Quaderritzung. Nach
1173d wurde dieses Haus in den Hof hinein erweitert;
in der hofseitigen Wand Reste eines reich verzierten
Rechteckfensters (vgl. auch Franziskanergasse, Seite
233). Beim Neubau 1293 wird der vordere Keller weiter
abgetieft und dreigeschossig unterteilt. Die untere
Decke wurde damals mit neuen Balken (1293d) gebaut,
die mittlere mit zweitverwendeten Balken (nach 1194d,
1222d). (Bauaufnahme und dendrochronologische Untersuchung 1986 durch K. H. Theissen und B. Lohrum).

Der Hausbau des 13. Jahrhunderts war somit in Freiburg nicht, wie andernorts, von einem Wechsel vom Holz- zum Steinbau bestimmt; er wurde vielmehr schon vom Übergang zu dicht bebauten, geschlossenen Straßenzeilen
geprägt, wie sie das spätmittelalterliche (und auch das heutige) Stadtbild
bestimmen.

Im Bereich des ältesten Siedlungskerns fand damals eine Neuparzellierung
statt. Während hier ein Teil der älteren, schmalen Steinhäuser bestehen blieb,
wurden die Traufgassen durchwegs überbaut, in mindestens zwei Fällen vom
ehemaligen Nachbargrundstück aus, das man gleichzeitig aufgeteilt hatte. In
dem um 1200 noch weithin unbesiedelten Westteil der Stadt waren die Bau-
gebiete schon früh durch Straßen erschlossen und die Grundstücke parzelliert worden, lange bevor hier die ersten Häuser entstanden. Zwischen der
Erschließung und dem Baubeginn sind im Nordostquartier der Stadt zum
Teil weit mehr als 100 Jahre verstrichen.

In der Gauchstraße 21 wurde eine typische Stadthaus-Parzelle der Zeit um
1200 vollständig ergraben. Das schmale, leicht trapezförmige Grundstück
mißt 19,8 × 6,0 m, also rund 120 m²; die rückwärtige Parzellengrenze entspricht dabei der Mitte des Baublocks. Dieser charakteristische, »innerstädtische« Grundstückszuschnitt, mit einem Areal von kaum einem Viertel der
älteren Großparzellen, war offensichtlich im voraus abgesteckt gewesen; die
Nachbarhäuser wurden nämlich erst später gebaut. Das Haus nimmt nun die
gesamte Grundstücksbreite ein, dazu gehört ein schmaler Hof, der von einer
steinernen Mauer umschlossen war. Unmittelbar hinter dem Haus lag die
Latrine mit der runden, 5,5 m tiefen, kuppelförmig überwölbten Sinkgrube
von 2,5 m Durchmesser. Der hölzerne Latrinensitz über der Scheitelöffnung
war auf Hofniveau angeordnet. Die Breite der Nachbarparzellen beträgt
7,5 m (25 Fuß). Die Nachbarhäuser selbst waren nicht unterkellert und teilweise aus Fachwerk gebaut. Steinerne Grenzmauern blieben hier, wie in
anderen Stadtteilen, selten; die vermutlich hölzernen Hofbegrenzungen sind
erst im späten Mittelalter weitgehend durch Mauern ersetzt worden. Neben
den »normalen« Parzellen gab es auch in diesem Baublock große Grundstücke, die nun allerdings durch Zusammenfassen mehrerer schmaler Parzellen entstanden (Merianstraße 8).

Das typische Freiburger Stadthaus des 13. Jahrhunderts, wie es an der
Gauchstraße 21 errichtet wurde, besteht aus zwei Baukörpern. Straßenseitig
liegt das Hauptgebäude, das, wie es zu dieser Zeit schon die Regel ist, einen
zweigeschossigen Keller erhält. Es ist 5,3–9,0 m breit (an den Hauptstraßen
vereinzelt bis 11 m), und weist an den Hauptstraßen eine Tiefe von
9,8–13,5 m, an den Nebenstraßen eine solche von 7,5–9,5 m auf. Zum Hof
hin ist ihm ein Anbau vorgelagert, der die Bautiefe auf 15–20 m beziehungsweise 11–13 m erweitert. Die Funktion dieser Anbauten ist vorderhand noch
unklar, da die Erd- und Obergeschoßteilung fast überall späteren Umbauten
zum Opfer fiel.

Gut erhalten ist meist das Kellergeschoß mit einem »Vorkeller«, der nicht die
Breite des Hauptkellers aufnimmt (2,7/4,8 × 3,6/6,8 m) und in der Regel von
einer Tonne überwölbt ist. Er öffnete sich in ganzer Breite, über einer weit
nach innen reichenden breiten Treppe, mit dem Rundbogen des Gewölbes
zum Hof hin; die eigentliche Türöffnung lag in der Wand zum Hauptkeller.
Der schmale Bereich zwischen Vorkeller und Parzellengrenze wurde teils von
einem schmalen, fensterlosen Kellerraum mit seitlichem Eingang eingenommen, teils war er gar nicht unterkellert. Eine Vorform dieser Hausaufteilung
kennt man aus dem späten 12. Jahrhundert; aber die entsprechenden Anbauten des 12. Jahrhunderts waren immer balkengedeckt und allenfalls mit einer
normalen Tür zum Hof hin geöffnet. Gelegentlich hat man auch noch im
13. Jahrhundert den Keller unter dem hofseitigen Bauteil nicht nach außen
geöffnet und dann auch nicht mit einer Tonne überwölbt.

In Brandmauern erhaltene Hausgiebel zeigen, daß die Häuser des 13. Jahrhunderts ein bis zwei Obergeschosse hatten und traufseitig zur Straße standen. Damit entsprechen sie bereits dem bis zum 19. Jahrhundert in Freiburg
üblich bleibenden Haustyp. Die älteren, meist giebelständigen Steinhäuser
sind allerdings oft erst im 15.–16. Jahrhundert traufständig umgebaut
worden. Die originalen Balkendecken blieben in den Kellern häufig erhalten,
in den höheren Geschossen aber nur selten, da man viele Häuser im
16.–17. Jahrhundert grundlegend neu gestaltete.

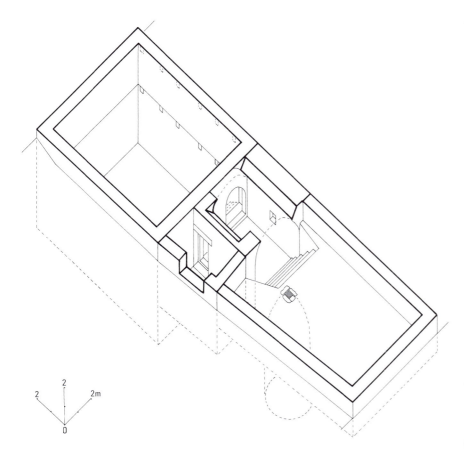

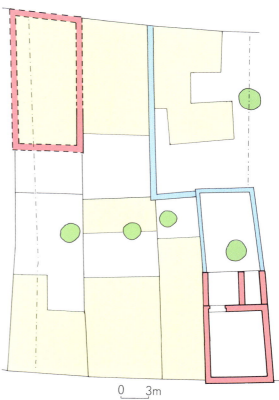

Bis zum Dachwerk steht noch das 1293/94 über einem älteren Kellerkomplex neu gebaute, dreigeschossige Haus »zum Palast«, Kaiser-Joseph-Straße 219. Die ursprüngliche Innenteilung des 12,5 × 15,4 m großen Gebäudes war im 1. Obergeschoß noch ablesbar: es wurde durch eine mittlere Längswand und eine zur Rückseite hin gelegene Querwand, beide aus Bohlen gefügt, in vier Räume geteilt. Die meisten älteren, einfach unterkellerten Häuser hat man diesem Bautyp angepaßt; sie erhielten in der Zeit nach 1225 ein Tiefkellergeschoß und eine Zwischendecke im Keller, oft auch einen Anbau mit tonnengewölbtem Vorkeller. Unklar ist bislang, ob es in Freiburg, wie andernorts, hölzerne Stockwerke über steinernen Sockeln oder Obergeschossen gegeben hat; eindeutige Befunde dazu fehlen.

Aus dem 14. Jahrhundert sind in Freiburg auffallenderweise keine Wohnhaus-Neubauten bekannt: die Straßenzüge waren schon um 1300 fast vollständig geschlossen. Dem Abschluß des Münsterturmbaus und dem Baubeginn des monumentalen Umgangchors (1354) stehen also keine großen privaten Bauprojekte in der Stadt gegenüber; faßbar sind nur die Fertigstellung der Augustiner-Eremitenkirche (Chordachstuhl 1333/34 d) und der Bau der Gerichtslaube am Rathaus.

Mauerwerk

Das sorgfältig gearbeitete, charakteristische Mauerwerk der Steinbauten des 12. Jahrhunderts findet sich an Bauten des 13. Jahrhunderts nicht wieder. An die Stelle lagenhaft gesetzter Wacken- und Kleinquadermauern mit glatt geflächten Eckquadern tritt ein ungeordneter Verband von grob zurechtgehauenen Bruchsteinen unterschiedlicher Größe, die nur ungefähr in Lagen versetzt sind; Wacken werden dabei relativ selten verwendet, meist zum Ausstopfen größerer Fugen. Die Mauerdicke beträgt 0,8 m, bei Hofmauern rund 0,6 m. Die Innenwände werden im 13. Jahrhundert glatt und deckend verputzt, ohne Verzierung durch Quaderritzung.

Nicht sicher datierbar ist bislang das Auftreten von Backsteinen im Mauerwerk. Stratigraphisch sind sie in Schichten des 13. Jahrhunderts nachgewiesen, aber nur im Zusammenhang mit Ofenkacheln oder Feuerstellen. Auch Dachziegel-Fragmente sind in Mauern und Gewölben des 13. Jahrhunderts an Wohnbauten nicht eindeutig belegbar.

Freiburg, Gauchstraße. 21, Gesamtplan (ganz oben), Isometrie (oben links) und Blick in die Grabung (oben). Nur das Kellergeschoß blieb erhalten; Hauptgebäude mit zweigeschossigem Keller, Anfang 13. Jahrhundert; vom Straßenniveau aus etwa 4,2 m eingetieft; Zugang durch eine Rundbogentür, von der Holztreppen in die Kellerräume hinauf- beziehungsweise hinabführten. Vorgelagert war ein um 2,15 m eingetiefter, überdachter Vorplatz mit Mörtelestrichboden, von dem eine neunstufige Steintreppe in voller Breite zum Hof hinaufführte. Wenig später Anbau eines tonnengewölbten Vorkellers. Mauerwerk ähnlich dem Hauptkeller. Daneben wurde wohl im 15. Jahrhundert ein schmaler Kellerraum gegraben. Im frühen 16. Jahrhundert wurde das Haus abgebrochen, Keller verfüllt. (Grabung LDA – H. Rudolph, M. Untermann 1988/89 – vor Neubebauung.)

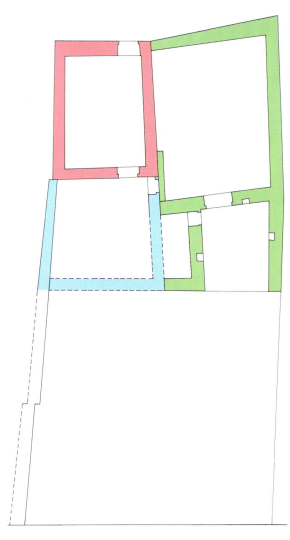

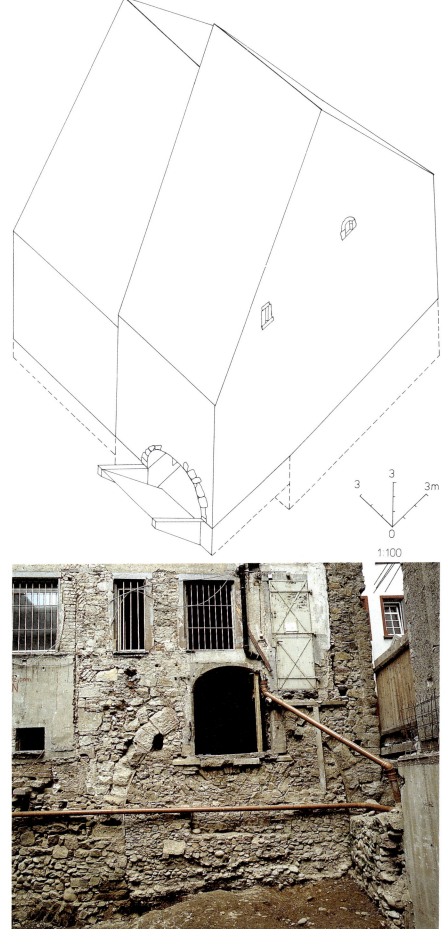

Freiburg, Salzstraße 20, Grundriß (oben), isometrische
Darstellung (oben rechts) und Hofansicht (rechts). Bau-
komplex von zwei Häusern und verschiedenen Hofge-
bäuden auf einem Grundstück an einer der Hauptstraßen der Stadt. 1506 zu einem Haus zusammengefaßt.
Die umfangreichen Untersuchungen sind noch nicht
abschließend ausgewertet. Archäologisch erfaßt ist im
vorderen, östlichen Grundstücksteil ein großer, zweitei-
liger, unterkellerter Holzbau. Daneben steht im Westen
ein nicht unterkellertes, zweigeschossiges Steinhaus
(um 1130). Der östliche Holzbau wird im 12. Jahrhundert abschnittsweise durch ein unterkellertes Steinhaus
ersetzt, von dem nur Reste der östlichen Kellerwand erhalten sind. Das westliche Haus wird 1233d hofseitig
um einen zweigeschossigen steinernen Anbau erweitert, gleichzeitig wird das Dach gedreht und überspannt
nun traufständig den ganzen Baukörper. Der Kernbau
wird wohl gleichzeitig unterkellert, das Erdgeschoß dabei höhergelegt. 1303d wird das östliche Haus als zweigeschossiges Steinhaus neu gebaut, dabei wird der Zwischenraum zum westlichen Haus geschlossen. Die Hofbebauung besteht zunächst aus Holzbauten; diese werden im Lauf des 12. und 13. Jahrhunderts mit steinernen Brandmauern und einer steinernen Fassade versehen; die hofseitigen Wände der wiederholt umgebau-
ten Nebengebäude bestehen zum Teil bis 1750 aus
Fachwerk. Bauuntersuchung und Grabung LDA (F.
Löbbecke, M. Untermann, 1991–92).

236

Stockwerke und Böden

Die Hauptkeller wurden im 12./13. Jahrhundert ausschließlich mit Holzbalken gedeckt, ein Tonnengewölbe wiesen im 13. Jahrhundert im allgemeinen nur die Vorkeller auf. Alle anderen heute vorhandenen Kellergewölbe entstammen nachmittelalterlichen Umbauten.

Die Balken liegen in den Kellern des 12. Jahrhunderts parallel zur Schmalseite. Im 13. Jahrhundert wechseln dann Längs- und Querbalkenlagen ohne klares System; dabei erreicht die Spannweite bis zu 13 m. Beim traufständigen, im Lichten 11×14 m großen Haus Kaiser-Joseph-Straße 219 von 1293/94 liegen die Balken über dem Keller und dem Erdgeschoß längs zur Haustiefe, über dem 1. Obergeschoß quer, die Dachbalken über dem 2. Obergeschoß wieder längs.

Die Balken haben fast durchwegs einen rechteckigen Querschnitt und sind hochkant in die Wand eingemauert. Aus dem 12. Jahrhundert sind Größen von 28/30 × 35/38 cm bekannt. Im 13. Jahrhundert wurde der Querschnitt auf ein charakteristisches Maß von 25/27 × 41/44 cm vergrößert. Der Abstand zwischen den Balken ist im allgemeinen unregelmäßig und beträgt meist 80–95 cm. Konsolen und Streichbalken erscheinen in Freiburg erst in nachmittelalterlicher Zeit. Als Stockwerksböden sind im 13. Jahrhundert bislang nur einfache Holzdielenböden von rund 6 cm Dicke nachgewiesen; weitere Bodenaufbauten wurden bis heute nicht gefunden. Die Fußböden der Kellerräume und der nicht unterkellerten Erdgeschosse sind meist jüngeren Umbauten zum Opfer gefallen. Nachgewiesen sind hier Böden aus gestampftem Lehm (mit angeziegelten Bestandteilen) oder dünne Mörtelestriche auf Kiesschüttungen, gelegentlich blieb auch der trockene, sehr feste, anstehende Kies offen liegen. Es läßt sich freilich nicht immer ausschließen, daß aufliegende Holzdielen- oder Ziegelplattenböden entfernt wurden, wie sie dann für das 14./15. Jahrhundert – gleichzeitig mit sorgfältig gesetzten Wackenpflastern in Hof und Keller – nachweisbar sind.

Türen

Alle im originalen Zustand überlieferten Türöffnungen waren rundbogig und unverziert; ihre Gewändequader wurden im 12. Jahrhundert glatt geflächt, später gelegentlich auch ornamental gespitzt oder leicht bossiert belassen. Der Sturz über der Türlaibung bestand ausnahmslos aus Holz, ebenso die innenliegende Schwelle; nur vereinzelt ist auch die innere Schwelle aus Quadern gesetzt worden. Die Haupttüren zu Straße und Hof waren 1,45–1,9 m breit, Nebentüren zur Traufgasse oder zum Nebenraum des Vorkellers nur 0,8–0,95 m. Ein mittelalterliches Türblatt ist an einem Freiburger Haus nicht erhalten. Nach den Aufhängungsspuren war der Türverschluß ausnahmslos einteilig, mit eisernen Drehzapfen in Angellöcher in Schwelle und Sturz gesetzt und nach innen zu öffnen. Als Verschluß sind einfache Riegel und Türfallen an Aussparungen im Gewände nachweisbar, nur selten gab es ins Mauerwerk eingelassene Schieberiegel. Frei eingelegte Holzriegelbalken erscheinen wohl erst später.

Fenster

Von den bislang bekannten Steinhäusern des 12. Jahrhunderts hat nur das Haus Salzstraße 20 ein schmuckloses Rundbogenfenster im Erdgeschoß bewahrt, das indessen schon im 13. Jahrhundert vermauert wurde. Die ehemaligen Brandmauern waren schon damals fensterlos. Die dichtgereihten Häuser aus dem 13. Jahrhundert müssen im wesentlichen von den Straßen- und Hoffassaden her belichtet gewesen sein. Der Rest eines hofseitigen Erdgeschoßfensters aus dem frühen 13. Jahrhundert kam zweitverwendet im Haus Kaiser-Joseph-Straße 219 zutage; erhalten war hier ein Kantensäulchen mit Basis und Kapitell. Das Fenster sah vermutlich ähnlich aus wie das 1910 zerstörte Doppelfenster in der quer zur Straße liegenden Giebelfassade des Hauses Franziskanergasse 6. Dort wurden die Gewände der beiden rechteckigen Lichtöffnungen von gleichartigen Ecksäulchen gerahmt, der Fenstersturz war jeweils mit einer rundbogig überfangenen Kleeblattbogenblende geschmückt. Die Obergeschosse und Giebel der Brandmauern wiesen Fenster auf, wo immer sie die anstoßenden Häuser überragten. Hier sind vereinzelt schmucklose Rundbogen- und Spitzbogenfenster sowie schlitzförmige Fensterlichte erhalten geblieben.

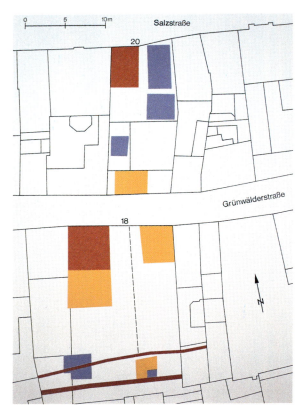

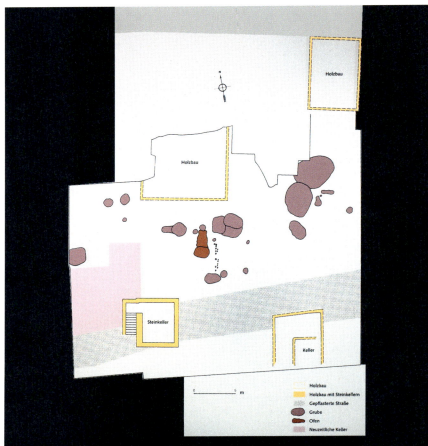

Oben: Freiburg, Salzstraße 20 und Grünwälderstraße 18; frühe Holzbauten und Steinhäuser (ca. 1100—1130). Blau: unterkellerte Holzbauten; gelb: nicht unterkellerte Holzbauten; rot: nicht unterkellerte Steinhäuser und Stadtmauer.

Oben rechts: Freiburg, Grünwälderstraße 16—18 (»Harmonie«-Gelände); Zustand um 1180, schematischer Befundplan. Im Norden an der Grünwälderstraße zwei nicht unterkellerte Holzhäuser, im Süden zwei Holzbauten mit Keller, im Hofbereich dazwischen verschiedene Gruben und ein Ofen.

Freiburg, Grünwälderstraße 16—18 (»Harmonie«-Gelände); Zustand um 1180, schematischer Befundplan. Im Norden an der Grünwälderstraße zwei große, nicht unterkellerte Steinhäuser mit hofseitigen, steinernen Anbauten, im Süden die Stadtmauer mit einem angeschütteten Rondenweg, im Hof die Latrinengruben.

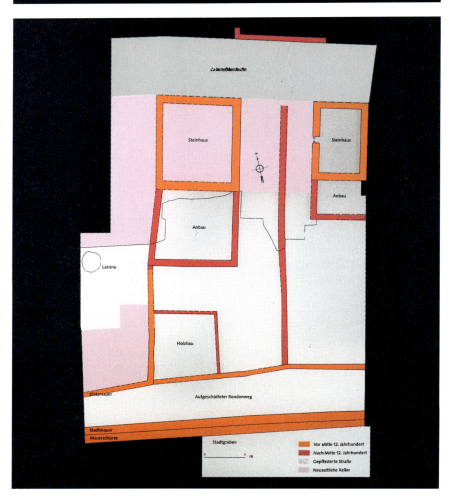

238

Nischen, eingemauerte Töpfe und Mauerlatten

Rechteckige Wandnischen waren vor allem in den Vorkellern üblich, die sich in ganzer Breite und Höhe zum Hof hin öffneten; meist sind zwei oder drei Nischen in den Seitenwänden eingelassen. In den Hauptkellern sind solche Nischen nur für das 12. Jahrhundert belegbar; in Erd- und Obergeschossen erscheinen sie vereinzelt auch an Häusern des 13. Jahrhunderts.

Unbekannt ist bislang die Funktion von eingemauerten Töpfen, die in einigen Häusern des 12. und 13. Jahrhunderts in einer Höhe von 0,5 m oder 0,8 m über dem zugehörigen Fußboden in die Wände von Keller oder Erdgeschoß eingefügt sind. Es handelt sich um ausgediente, bauchige Kochtöpfe, meist mit deutlichen Gebrauchsspuren, fehlenden Böden oder fehlendem Oberteil, die gleich beim Bau mit der Öffnung zum Raum hin ins Mauerwerk eingefügt wurden. Mehrere Steinhäuser des 12. und 13. Jahrhunderts weisen ferner in einer Wand einen oder zwei horizontal in die Mauer eingelassene Balken von beträchtlicher Tiefe auf. Möglicherweise dienten diese Balken zur Befestigung einer hölzernen Wandverkleidung.

In den anderen Städten Baden-Württembergs war der städtische Steinbau im 12. Jahrhundert zweifellos noch nicht so entwickelt wie in Freiburg. Zwei durch dendrochronologische Daten gesicherte Bauten sind in Villingen (1193) und Ravensburg, Hauptstraße 61/63 (1179/80), zu nennen. Beim Ravensburger Haus waren die Innenwände mit Quaderritzputz verziert. Sicher vergleichbar mit Freiburg ist der frühe Steinbau in der nahen Bischofsstadt Basel. Dort sind regelmäßige Parzellierungen und aus Stein gebaute Häuser nicht nur in gehobenen Wohnlagen, sondern auch in Handwerkervierteln des 12. Jahrhunderts bekannt. Private »Wehrtürme«, wie in Basel, hat es in Freiburg allerdings nicht gegeben. Die Sozialstruktur einer hochadligen Stadtgründung mit Ansiedlung abhängiger Ministerialen und freier Kaufleute unterscheidet sich von der großen Bischofsstadt Basel mit ihrem selbstbewußten Stadtadel.

Die Rolle des profanen Steinbaus in den südwestdeutschen Städten um 1300 war also recht unterschiedlich. In den meisten kleineren, aber auch in vielen großen Städten waren steinerne Wohnbauten damals bemerkenswerte Einzelobjekte, so beispielsweise in Wimpfen, Bönnigheim und Rosenfeld. Daneben gab es aber Städte wie Esslingen, Schwäbisch Gmünd und Schwäbisch Hall, in denen schon um 1300 der repräsentative Charakter der großen Steinhäuser des 13. Jahrhunderts kaum noch geschätzt wurde. All diese Städte waren vom 13. Jahrhundert an Fachwerkstädte. In Freiburg im Breisgau hingegen erlebte der städtische Steinbau schon von der Marktgründung an (1120) eine besondere Blüte; für die dichte Aufsiedlung des Stadtgebiets im späten 12. und 13. Jahrhundert wurden Steinhäuser bis in die einfacheren Quartiere hinein üblich, und Fachwerkhäuser spielten eine eher untergeordnete Rolle. Überdies setzte die Verdichtung der Straßenzeilen hier fast ein Jahrhundert früher ein als in den nördlichen und östlichen Landesteilen. Inwieweit sich hier die Nachbarschaft zum Burgund auswirkte, wird Gegenstand weiterer Forschungen sein.

Matthias Untermann

Der mittelalterliche Steinbau in Zürich

Der entscheidende Impuls für die Stadtwerdung von Zürich ging vom Reich aus, und so wurde mit den Kristallisationszentren Pfalz (Lindenhof), Groß- und Fraumünster die Voraussetzung für die eigendynamische Entwicklung der Stadt geschaffen. Die institutionelle und bauliche Zusammenfassung dieser Siedlungskerne zur geschlossenen, aber noch unbefestigten Stadt setzte in Zürich um die Jahrtausendwende ein.

Die Ablösung der Holzhäuser durch Steinbauten geht weit ins Hochmittelalter zurück. Kernzonen der frühen »Versteinerung« sind zunächst die kirchlichen Niederlassungen, ferner das Umfeld des Markts, die Brückenköpfe und andere bevorzugte weltliche Standorte im werdenden Stadtgefüge. Angeregt wurde der profane Steinbau in Zürich und anderswo sicherlich

Unten: Zürich, Neumarkt 4, Haus »Zum Rech«. Durch die Unterkellerung wurden die im Lauf der Jahrhunderte gewachsenen historischen Kulturschichten vollständig zerstört. Die Dokumentation des abgehenden Bestandes bleibt in einem solchen Fall oft das einzige, was sich für die Nachwelt erhalten läßt.

Ganz unten: Zürich, Limmatquai 76, »Glentnerturm«. Blick vom Dachgeschoß des limmatseitigen Anbaus an die freigelegte Schaufassade des Geschlechterturms. Sorgfältig gefügtes Hausteinmauerwerk umschließt das romanische Rundbogenfenster.

Zürich, Münsterhof 7, »Zum Tor«. Seccomalerei des mittleren 14. Jahrhunderts im 2. Obergeschoß. Freilegungsarbeiten an der Wappenwand. Die heraldischen Malereien zeigen eine Abfolge von gegen 90 Wappenschilden.

durch die Architektur geistlicher Immunität, durch feudale Strukturen wie etwa die Pfalz, aber auch durch den mittelalterlichen Stadtmauerbau. Während der Bau der Pfalz und früher Klöster noch vom königlichen Hof ausging, als Ausdruck einer weitsichtig geplanten Reichsorganisation, ist die Versteinerung der Städte als sichtbares Zeichen wachsender bürgerlicher Selbständigkeit zu interpretieren.

Im späten 12. und vor allem im 13. Jahrhundert wuchsen die Steinhäuser wie Pilze aus dem Boden und ersetzten die in Holz gefügten Vorgängerbauten. Gleichzeitig setzten vereinzelte in Stein errichtete Türme neue Akzente oder leiteten Quartierentwicklungen innerhalb der Stadtmauern ein. Schon in römischer Zeit lag der Schwerpunkt der baulichen Entwicklung am alten Brückenkopf am Fuß des dominierenden Lindenhofhügels, und er verteilte sich in der Folge gleichmäßig auf die »min-dere« linksufrige und die »mehrere« Stadt. Grundsätzlich blieb jedoch die Flußstadt Zürich jahrhundertelang auf die Limmat hin, ihren eigentlichen Lebensnerv, orientiert. Das heutige Wissen über die Entwicklung des städtischen Hausbaus beruht auf der seit 20 Jahren sorgfältig durchgeführten Monumentenarchäologie. Deren Arbeitsweise geht weit über das rein formalästhetische und stilistische Betrachten der Baukörper hinaus. Unter Monumentenarchäologie sind vollständige Hausuntersuchungen zu verstehen – von der ältesten Kulturschicht und den Vorgängerbauten tief im Boden einer Liegenschaft bis zur Dachhaut derselben – mit Registrierung aller Baufugen, Aufstockungen, Fußbodenniveaus, Wand- und Deckenverkleidungen, Fensterveränderungen und aller Putz- und Malschichten. Parallel dazu erfolgt das Erfassen der urkundlichen Überlieferung und die Erstellung möglichst lückenloser Besitzer- und Bewohnerlisten. Die Summe archäologisch-baugeschichtlicher und archivalischer Erkenntnisse ergibt dann eine eigentliche Hausgeschichte. Solche Hausgeschichten sind zusammen mit den Ergebnissen der verschiedenen Teilwissenschaften auf dem Gebiet der Stadtforschung Bausteine zu einer zusammenfassenden »Stadtkunde«.

Zürich, Baukörperentwicklung der frühen Steinhäuser am »höfischen« Kern Rindermarkt/Neumarkt. Dunkler Raster: erste Hälfte 13. Jahrhundert. Hellerer Raster: zweite Hälfte 13. Jahrhundert. Heller Raster: 13./14. Jahrhundert.

240

Der Steinbau

Im 13. Jahrhundert werden in den Urkunden einzelne Häuser ausdrücklich erwähnt. Ein »gemurotes Hus« wird auch als »domus murata« oder »domus lapidea« genannt. Sorgfältig werden die »edificiis lapideis et ligneis« unterschieden. Allerdings weiß man nicht, wie im Hochmittelalter ein Haus mit gemauertem Erdgeschoßsockel und aufruhendem Ständerbau bezeichnet wurde. Wenn man jedes Mißverständnis ausschließen wollte, war von einem »huss mit muren für (und) für« die Rede. Recht eigentlich Schwierigkeiten bereitet die vielfältige Terminologie im Zusammenhang mit festen Häusern: Begriffe wie Turm, Turmhaus, Wohnturm, Wehrturm, Wighus, Wicborg usw. sind vom Historiker und Rechtshistoriker zu deuten und zu ordnen. Der Stadtarchäologe oder Denkmalpfleger steuert dazu lediglich die monumentenarchäologischen Befunde bei.

In einem in Basel geschriebenen und hernach von Kaiser Friedrich I. 1180 besiegelten Diplom wurde bestimmt, daß »es niemandem ohne Bewilligung des Bischofs gestattet sei, eine Befestigung (municionem), die man Wigburg nennt (que vulgo dici Wicborc), in dortiger Stadt zu erbauen oder eine schon vorhandene zu behaupten«. Unter Wigburg hat man sich mehr als nur ein Steinhaus vorzustellen; hier handelt es sich unzweifelhaft um einen Wehr- und Wohnturm. Wohntürme oder sogenannte Adels- oder Patriziertürme kommen in Basel und Zürich wie auch in Regensburg und anderswo nur in den älteren Stadtgebieten – das heißt in den Kernzonen früher baulicher Verdichtung – vor. In den allmählich gewachsenen Vorstädten können sie nicht nachgewiesen werden. Im Gegensatz zu Regensburg und Basel gibt es den Typus des unbewohnbaren Wehrturms in Zürich nicht. Die älteren Beispiele des 12./13. Jahrhunderts mit quadratischem oder annähernd quadratischem Grundriß von etwa 6 × 6 bis über 9 × 10 Meter lichter Weite waren sicherlich Wohntürme und zählten höchstens fünf Stockwerke. Die Gruppe der jüngeren Zürcher Beispiele mit unwesentlich größerem Grundriß gehört der Frühgotik an und weist durchwegs an den Turm anstoßende palastähnliche Bauten auf. An ihrer Rückseite schlossen sich – oft um einen Hof gruppiert – Nebengebäude an, wie Stallungen, Warenlager und Remisen.

Die zunehmende Verwendung von Stein als Baumaterial – anstelle des bisher üblichen Holzes – ist Spiegel einer bestimmten städtischen Blüte und Entwicklungsstufe. Nach Ansicht der Fachleute läßt sich diese »Versteinerung« erst in zweiter Linie als Ausdruck des Wunsches nach besserer Haltbarkeit und größerer Sicherheit interpretieren. Im 11. und 12. Jahrhundert waren die Besitzer der Steinhäuser wohl weitgehend ritterlichen Standes und gehörten den Kreisen des hohen Adels und der Ministerialen an. Im Verlauf des 13. und 14. Jahrhunderts indes wurde dann dieses »Recht« den Angehörigen aller vermögenden Schichten und selbst den zu Ansehen gelangten Handwerkern und Bauern zugestanden.

Der Grundriß

Von einer einheitlichen oder gar gesetzmäßigen Grundrißentwicklung der hochmittelalterlichen Steinbauten kann keine Rede sein. Die Häuser der einzelnen Wachstumsringe im Umkreis markanter geistlicher oder weltlicher Zentren zeigen weder innerhalb derselben noch untereinander einheitliche Grundrisse. Wenn überhaupt von einer Einheitlichkeit gesprochen werden kann, dann bezieht sich dies allein auf die manchmal annähernd quadratischen, mehrheitlich aber langrechteckigen und trapezoiden Grundrisse. Generell ist zu sagen, daß sich im späten Hochmittelalter eine Tendenz zu größeren Grundrißmaßen abzeichnet. Im 12. wie auch im 13. Jahrhundert hat es aber in Zürich – gemessen am Mittelwert – nebeneinander sehr große (11 × 16 m) und eher kleine (5 × 6 m) Grundflächen gegeben. Eine verbindliche Norm gab es also nicht. Vielmehr wird ein organisches Anpassen an die Vorgängerbauten und die örtlichen Gegebenheiten deutlich.

Die Entwicklungsstufen vom früh- zum hochmittelalterlichen Hausbau lassen sich bei den karolingischen Holzhäusern auf dem Zürcher Münsterhof erkennen. Nicht nur ist zwischen dem späten 10. und dem 13. Jahrhundert die Versteinerung derselben festzustellen, sondern es lassen sich einzelne Häuser als Urbauten heute noch aufrechtstehender Liegenschaften erkennen. Gleiches kann beispielsweise in Basel für die Hauptphasen der baulichen

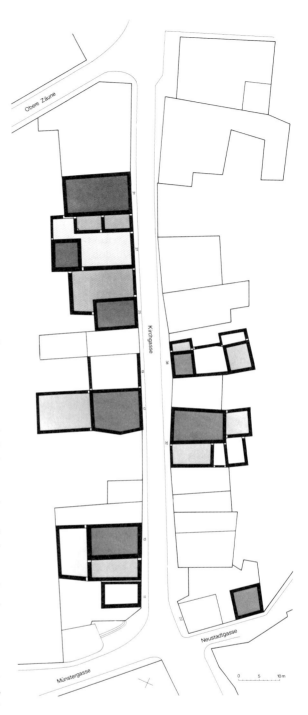

Zürich, Baukörperentwicklung an der oberen Kirchgasse. Dunkler Raster: erste Hälfte 13. Jahrhundert. Hellerer Raster: zweite Hälfte 13. Jahrhundert. Heller Raster: 13./14. Jahrhundert (vgl. auch die Abbildungen auf den folgenden Seiten).

241

Zürich, Baukörperentwicklung an der oberen Kirchgasse in der zweiten Hälfte des 13. Jahrhunderts (von oben nach unten):
— Älter als der Kernbau (C) der »Engelburg«, die 1265/66 erbaut wurde, sind die beiden benachbarten Bauten »St. Katharina« (A) und »Wolkenstein« (B).
— Um 13oo wurde die Lücke zwischen der »St. Katharina« und der »Engelburg« geschlossen.
— Um die Mitte des 14. Jahrhunderts wurde die »Engelburg« (I) aufgestockt und überrragte nun die »St. Katharina«, nicht aber den »Wolkenstein« (B).
— Im späteren 14. Jahrhundert erfuhr die »St. Katharina« eine Aufstockung (K) und überragte nun ihrerseits die »Engelburg« (I).
— Vor 1576 wurde die »Engelburg« um eine weiteres Stockwerk (L) auf vier erhöht. Die neue Firsthöhe lag nun nur wenig unterhalb derjenigen von »St. Katharina« (Gegenüberliegende Seite).
— Ein weitreichender Umbau der »Engelburg« 1601 bis 1604 gibt schließlich dem Bau das Aussehen, das er bis heute bewahrt hat (Gegenüberliegende Seite).

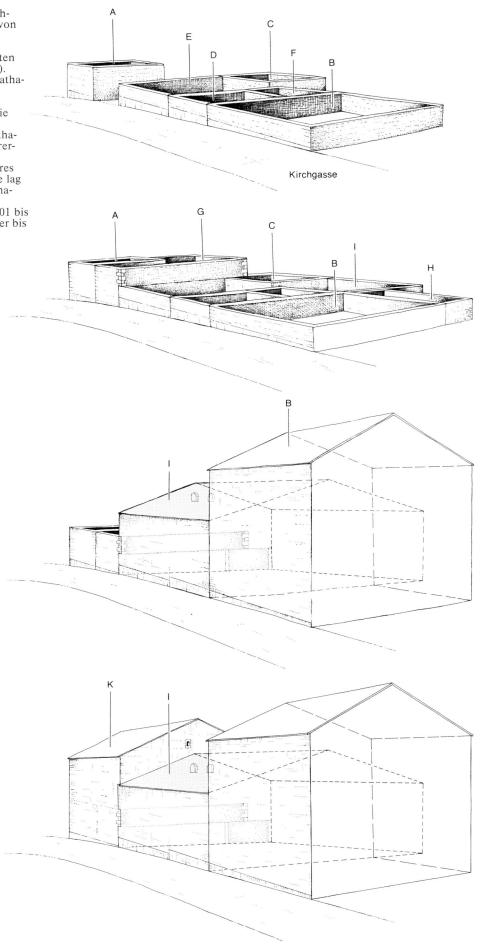

Kirchgasse

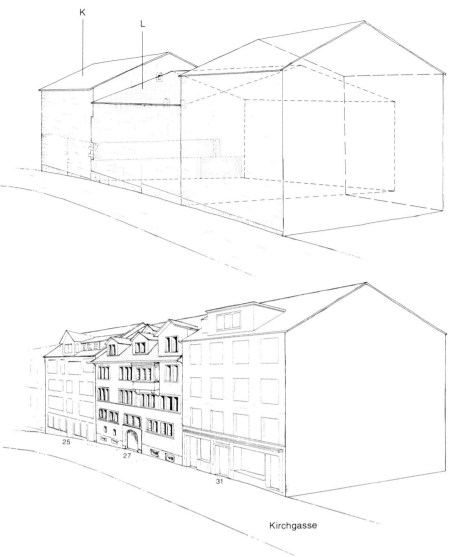

Kirchgasse

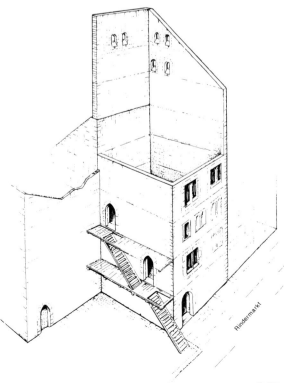

Zürich, Rindermarkt 18, Haus »Zum Goldenen Apfel«. Rekonstruktion des ältesten Steinbaus von 1318. Die Erschließung des Gebäudes durch die Hocheingänge erfolgte bis in die Mitte des 14. Jahrhunderts über den gassenseitigen Hof des zurückgesetzten »Greifen« am Rindermarkt 20.

Entwicklung von den mittelalterlichen Kernhäusern an der Stadthausgasse wie auch im alten Siedlungskern zwischen Andreasplatz und Totengäßlein gesagt werden. Hier wie dort müssen die Befunde und Erkenntnisse allerdings noch gründlich durchdiskutiert werden, bevor es zu einer übergreifenden Synthese kommen kann.

Uneinheitlich ist in Zürich wie auch andernorts die Stellung des steinernen Kern- oder Urbaus zum Gassenraum. Kann man verallgemeinernd daraus schließen, daß gassenbündige Bauten, beziehungsweise solche, die schon früh Teil der sich allmählich schließenden Gassenfront waren, vornehmlich mit Handwerk aller Art zusammenhängen? Waren es Gewerbetreibende, die ihre Erzeugnisse in die weit in den Gassen- oder Hofraum vorgerückten Verkaufsläden anbieten wollten? Waren es umgekehrt das Patriziat, die Geistlichkeit oder Verwaltungsleute, die ihren Steinbau von der lärmigen Gasse durch eine Hofmauer trennen wollten und deshalb an den hinteren Rand des Grundstücks zogen? Fragen über Fragen, die erst nach beharrlichem Sammeln von archäologischen und historischen Befunden zu einer brauchbaren Sozialtopographie geordnet werden können.

Der Zugang

Bei den zürcherischen Stein- und Stein-/Holzbauten des 12. und 13. Jahrhunderts wird anhand der monumentenarchäologischen Unterlagen immer wieder deutlich, daß das lichtarme Erdgeschoß ebenerdig begangen wurde, die oberen Stockwerke, die eigentlichen Wohngeschosse, aber aus Sicherheitsgründen über hölzerne Außentreppen und Lauben durch seitlich oder von der Gasse abgewandt liegende Hocheingänge erschlossen wurden.

Im Zug der fortschreitenden Überbauung der meisten Grundstücke und der

243

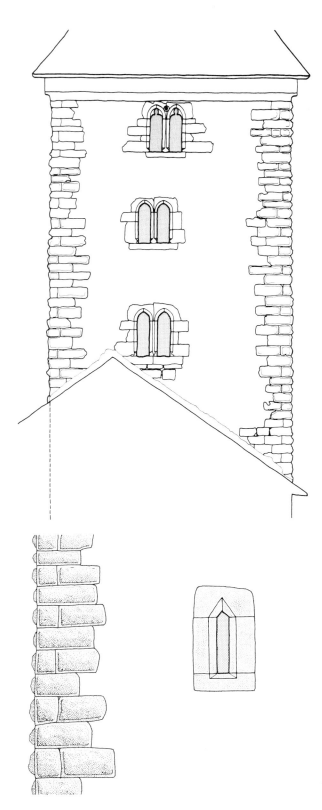

Zürich, Spiegelgasse 29, »Grimmenturm« (oben). Der Turm muß im letzten Viertel des 13. Jahrhunderts entstanden sein. Den Bindern des bossierten Buckelquaderverbands mit Randschlag ist immer noch ein weiterer Stein beigesetzt – ein typisches Merkmal vieler Bauten des späteren 13. und frühen 14. Jahrhunderts. Beim in der zweiten Hälfte des 13. Jahrhunderts aufgestockten »Bilgeriturm« am Neumarkt 5 (unten) sind Fensterformen, gotische Lichter, Eckverband, Dachgesims und Steinmaterial praktisch identisch mit jenen des zeitgleichen »Grimmenturms«.

Entwicklung geschlossener Gassenzüge im 13./14. Jahrhundert wurden diese Hocheingangserschließungen verstellt; die Portale wurden als unnütz zugemauert und die Laibungen vielerorts zu bemalten Wandnischen. Die oberen Stockwerke wurden nun vom Erdgeschoß aus durch ein, meist in eine hintere Ecke gerücktes, neues Treppenhaus erschlossen.

Was die Form der Türen angeht, so ist im 12./13. Jahrhundert das schlichte Rundbogenportal mit geradem Gewände – selten mit begleitendem Rundstab – üblich, das ohne Kämpfer in die Archivolte übergeht – eine zeitlose Türform, die sich in Zürich bis in die Barockzeit verfolgen läßt. Im späteren 13. Jahrhundert tritt zusätzlich das Spitzbogenportal mit gefastem Gewände auf; es findet sich – zusammen mit dem Schulterbogenportal – bis ins ausgehende Mittelalter. Erst aus dem letzten Drittel des 13. Jahrhunderts stammen die im Kloster St. Urban hergestellten und bis weit in die Ostschweiz verhandelten oder auch im Raum Zürich in Lizenz gebrannten (?) »frühindustriellen« Zisterzienserbacksteine, wie auch die Fertigelemente für Türen und Fenster sowie die Bodenfliesen.

Das Fenster

Der frühe Steinbau besaß nur wenige und kleine Fenster. Zunächst waren sie nichts weiter als Öffnungen für ein bißchen Licht und Luft, also rein zweckdienliche Aussparungen im Mauerwerk. Vom 13. Jahrhundert an werden dann aber die Lichtöffnungen als wesentliches architektonisches Element in die Gesamtkonzeption des Hauses miteinbezogen. Im mittleren 13. Jahrhundert gibt es sowohl das schlicht geschrägte oder leicht gekehlte romanische Rundbogenfenster, wie auch gotische Spitzbogenfenster. Eine zeitliche Abfolge der beiden Stile läßt sich deshalb nur in groben Zügen ablesen. Bereits in der ersten Hälfte des 14. Jahrhunderts kommt das gekuppelte Spitzbogenfenster völlig außer Gebrauch. Das schlichte Rechteck-, das Pfosten- und – in Zürich erst im 16. Jahrhundert – das Kreuzstock- und Staffelfenster haben zu dieser Zeit die kleinflächigen Fensteröffnungen weitgehend abgelöst.

Die Stockwerke und der Innenausbau

Die Geschoßbalken der einzelnen Stockwerke sind in lockeren Abständen von etwa 0,4 bis gut 0,8 m gesetzt. Sie alle sind unmittelbar ins Mauerwerk eingefügt. Erst in der frühen Neuzeit finden sich auf Konsolen mit Streifbalken abgestützte Obergeschoßböden. Die Raumhöhe schwankt zwischen etwa 2,3 und 4,0 m. Das als »Keller«, Stallung, Schuppen und Werkstatt dienende lichtarme Erdgeschoß besitzt oft die größte Raumhöhe.

Der Erdgeschoßboden, meist als Lehmestrich ausgebildet, konnte auch mit einem gepflästerten korridorartigen Weg verfestigt sein. Zuweilen finden sich auch direkt auf dem Erdreich oder auf Balkenlager aufruhende Bohlen oder Riemen. Seltener war der Mörtelgußboden mit oder ohne Unterlagsrollierung. Die Böden der Obergeschosse wurden aus den quer zu den Balken gelegten Bohlen oder Riemen gebildet. Letztere stießen manchmal ihrerseits mit Fälzen aneinander und waren mittels Holznägeln auf den Geschoßbalken befestigt. Die jüngere Konstruktionsart des in Nuten eingeschobenen Schrägbodens mit Zwischenbodenfüllung und darüber liegenden Riemen gehört erst der frühen Neuzeit an.

Mit der Zunahme der Grundrißgröße und damit der Balkenlänge und des Gewichts des Decken-/Bodenaufbaus kommt im 13. Jahrhundert eine »neue« Stützkonstruktion mit Stud und Sattelholz auf sowie ein Unterzug, der, quer zu den Balkenlagen in der Raummitte stehend, die Last aufnahm. Als Ausdruck des gesteigerten Wohnkomforts, aber wohl auch als Maßnahme des Brandschutzes, wurden zu jener Zeit vielerorts auch in den Obergeschossen Mörtelestriche aufgegossen; im Neubau Widdergasse 6 hat sich der originale Bodenaufbau von 1300, bestehend aus Bodenbrettern und Rollierung mit Mörtelguß, über vier Stockwerke erhalten.

Wenig jünger ist der weitgehend intakte Innenaufbau im »Rehböckli«, an der Preyergasse 16. Binnenwände aus der Frühzeit des Steinbaus haben sich in den oberen Geschossen nur selten erhalten. Verputzbrauen machen indes vielerorts deutlich, daß es sich um leichte Holzkonstruktionen mit senkrechten oder liegenden Bohlen sowie um verputzte Flechtwerkwände gehandelt haben muß. Die Inneneinteilung im »Rehböckli« wiederholte sich bei die-

sem Steinbau von 1310 in allen drei Obergeschossen: ein für die damalige Zeit überaus großzügig befenstertes »Wohn«-Eckzimmer im Nordosten und daran anschließend ein langrechteckiges, mit einer Sitznischenbifore versehenes »Schlaf«-Zimmer längs der südlichen Brandmauer. Alle diese Räume wurden durch Wände mit senkrecht gestellten Bohlen getrennt. Teile derselben, mit genuteten Ständern und auf Stoß gearbeiteten, 10 cm dicken Brettern, blieben — zusammen mit dem Schwellenkranz — in allen drei Stockwerken erhalten. Im ersten Obergeschoß belegen die Nut an den eichenen Fensterstürzen und dem oberen Balken der Binnenwand sowie die hier noch erhaltenen Balkennegative und der Einschubschlitz, daß das Eckzimmer ursprünglich eine Bohlen-/Balkendecke aufgewiesen hatte. Es ist dies das älteste zürcherische Beispiel eines solchen Deckentypus, der sich bis in die frühe Neuzeit erhalten hat.

Die Erschließung vom Treppenhaus her erfolgte von der Südwestecke in die »Stube« und von hier aus erst in das »Schlaf«-Zimmer. Die Gliederung im Hausinnern war einfach und zweckmäßig. Eingemittet zwischen den drei Obergeschossen und über das Treppenhaus erreichbar, das den Wohn- und Schlafbereich vom Küchen- und Wirkbereich trennte, lag die in die Nordfassade eingebaute Latrine.

Der Kamin mit zugehörigem Rauchhut, oder der zu jener Zeit ebenfalls übliche Kachelofen mit Becher- und Napfkacheln, befand sich immer im Erd- und/oder im Obergeschoß. War der Herd an die Wand oder in eine Ecke gerückt, wurde der über das offene Feuer gestellte Rauchfang im Mauerwerk verankert, oder er war als Kamin mit vorkragenden Seitenwangen und dem Abzugschacht Teil der Mauer selbst.

Um 1339 wurde im gartenseitigen Anbau des »Kleinen Propheten« (Froschaugasse 8), eine von einem vierteiligen Fenster belichtete Wohnstube von etwa 3,5 auf 3,5 m eingerichtet. Die flach gewölbte Decke bestand aus eng verlegten profilierten Balken mit eingenuteten Bohlen, war also eine sogenannte Konstanzer Bühne. Die zum Treppenhaus gerichtete Wand wurde aus senkrecht gestellten Bohlen mit geschnitztem Blendmaßwerk gebildet. Ein drittes Beispiel gehört ins mittlere 14. Jahrhundert. Damals wurde im dritten Obergeschoß des »Großen Propheten« (Froschaugasse 10) ein Saal gebaut, dessen Gassenfront gänzlich mit Fenstern durchbrochen war. Dieser Raum zeichnete sich aber auch im Inneren durch eine außergewöhnliche, repräsentative Ausstattung aus: Die Fensterlaibungen waren mit aufgemaltem Pelzwerk und einer Darstellung des heiligen Antonius geschmückt. Zum Pelzwerk auf den Wandflächen gesellte sich an der Nord- und Südmauer zusätzlich ein Wappenfries, der auf einem gelbschwarzen Band die Sichtbalkendecke begleitete.

Ganz oben: Zürich, Froschaugasse 10, »Großer Prophet«. Rekonstruktion des 3. Obergeschosses, des piano nobile, Mitte 14. Jahrhundert.

Oben: Zürich, Preyergasse 16, »Zum Hinteren Rehböckli«. Blick vom »Wohn«-Eckzimmer in die »Schlaf«-Stube des 1. Obergeschosses von 1310. Sichtbar sind die ursprünglichen Geschoßstrukturen: tragende Balkendecke, raumtrennende Bohlenwand und die bemerkenswerte Bodenkonstruktion (vgl. auch Zeichnung Seite 246 oben).

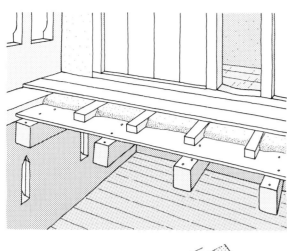

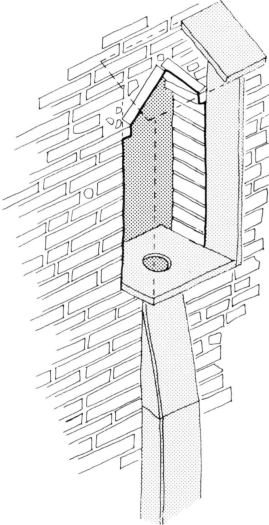

Zürich, Preyergasse 16, »Zum Hinteren Rehböckli«.- Rekonstruktion des Bodens im Eckzimmer. Ergänzt wurden die Spitzbogenfenster und die ursprüngliche Bohlen-/Balkendecke (oben). Rekonstruktion der ursprünglichen Latrine (Aborterker) von 1310 im Backsteinverband der Nordfassade (unten).

Keller

Eigentliche Keller, wie wir sie doppelgeschossig sogar aus Freiburg i. Br. kennen (vgl. Seite 232), sind in Zürich im hier betrachteten Zeitraum selten. Vielerorts ist das Erdgeschoß gegenüber dem zugehörigen Außenniveau leicht abgetieft; aber von einem Keller kann da kaum gesprochen werden, eher — modern ausgedrückt — von einem Tiefparterre.

In Zürich, am Münsterhof 12, ist an die Rückwand des Kernbaus aus der zweiten Hälfte des 13. Jahrhunderts ein trocken gemauertes kleines Geviert (2 × 2,5 m im Licht und gut 1,8 m tief) mit Lehmboden angefügt worden, welches — vielleicht überdeckt von einem Speicher — wohl als Keller- oder Vorratsgrube benutzt wurde.

Der älteste bisher gefundene Keller (etwa 9 × 3 m groß und gut 2,8 m hoch), mit einer Eichenbalken-/Bohlendecke, fand sich im Haus »Zum Rechen« am Rindermarkt 24; er kann dendrochronologisch ins späte 13. Jahrhundert datiert werden. Eine eigentliche Unterkellerungswelle setzte in Zürich dann mit der Barockzeit ein. Im limmatnahen Raum ist aus begreiflichen Gründen erst das 20. Jahrhundert mit seiner modernen Technologie der Wasserhaltung am Ausschachten!

Latrine

Im geräumigeren Steinhaus des 13./14. Jahrhunderts wird die Latrine, eine Örtlichkeit, die ein Jahrhundert zuvor — wegen der ohnehin knappen Raumverhältnisse im frühen Steinhaus und vor allem aus hygienischen Gründen — als »schißgruob« abgesetzt vom Haus irgendwo im zugehörigen Hof lag, in den Neubau einbezogen. Entweder war sie nun in einer Maueröffnung mit hölzernem Latrinenerker der Hinterfassade vorgeschnallt — das Fallrohr führte direkt in die Fäkaliengrube — oder sie kragte in den Ehgraben, der — zeitweise bewässert — der Entsorgung diente. Mit dieser baulichen Neuerung konnte den Bewohnern auch der bisweilen beschwerliche und nicht ungefährliche Weg hinunter in den Hof erspart werden.

Die Bedachung

Die vielen angewitterten Hohlziegelbrüchlinge (Mönch-/Nonnenziegel) und die wenigen Flachziegelfragmente (Biberschwanzziegel) in Aufstockungen des 14. und 15. Jahrhunderts machen deutlich, daß damals die »erste Generation« von Bedachungsmaterialien als Ziegeldurchschuß im Mauerwerk mitverwendet worden ist. Sicher waren aber die mit Ziegeln bedeckten Häuser im Spätmittelalter noch nicht in der Mehrzahl, wie eine ausdrücklich formulierte Auflage in der dem Zürcher Maurer Blümli erteilten städtischen Baubewilligung deutlich macht: Am 8. Januar 1300 schrieb ihm der Rat vor, daß er sein Steinhaus — als Teil der Stadtmauer — mit Ziegeln eindecken müsse. Viele Häuser waren damals noch mit Brettschindeln bedeckt.

So wie die heutigen Schindeln sind auch diejenigen des 13. Jahrhunderts aus der Grube 4 des Münsterhofs radial von Nadelholzstämmen mit engen Jahrringen abgespalten. Die Dicken und Größen dagegen entsprechen nicht mehr ganz den heutigen Formen. Die Breite von gut 20 cm übersteigt diejenige der heutigen Schindeln um bis zu 10 cm, die Länge mit über 80 cm um mindestens 20—30 cm. Mit der durchschnittlichen Dicke von 6 mm (2—14 mm) stehen sie zwischen der Nageldachschindel (3—5 mm) und der heutigen Brettschindel (10 mm). Wie schon in römischer Zeit sind die Holzarten Tanne und Fichte vertreten; Eichenschindeln fehlen. Wenn engringige Stämme zur Verfügung standen, wurden sowohl Tanne als auch Fichte verwendet. Die hohe Anzahl Tannenschindeln entspricht wohl dem häufigeren Vorkommen dieser Baumart in der Gegend.

Der Dekor im »höfischen« Steinhaus

Die im Mittelalter beliebte Quadermalerei — sie galt geradezu als Symbol für das Wohnen in steinernen Häusern — reicht beim Profanbau ins 13. Jahrhundert zurück, bei Kirchenbauten läßt sie sich bereits vom 11. Jahrhundert an fassen. Die durch Fugenbemalung imitierten Quader waren dabei hälftig versetzt und täuschten so ein aus regelmäßigen Hausteinen aufgeführtes Mauerwerk vor, während die Mauern in Wirklichkeit aus verputzten Bollen- und Bruchsteinen gefügt waren. Zuweilen zeigen diese »Steine« auf verschiedenen Grundfarben aufgetragenen ornamentalen und figürlichen Maldekor,

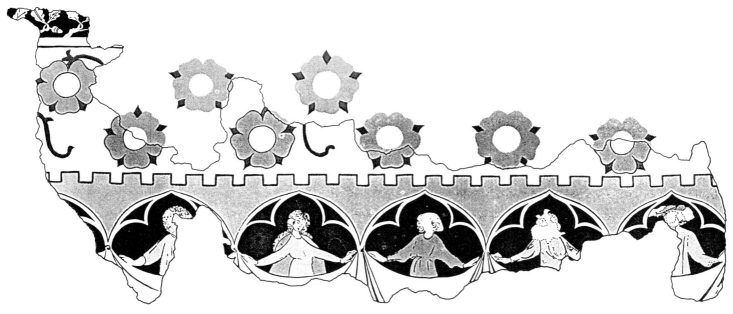

der von den Wänden gelegentlich auch auf die rohen Deckenbalken »überspringt«. Diese Technik der im Spätmittelalter als besonders vornehm geltenden »opus-sectile«-Malerei geht letztlich auf antikes Erbe zurück und verdrängte vielerorts den ebenfalls in antiker Manier tradierten ältesten Putzdekor, den orthogonalen »pietra-rasa«-Fugenstrich. Die mittelalterlichen Wohnräume waren nur spärlich möbliert, dadurch kamen die großflächigen Quadermalereien an den Wänden und die verwandten Dekorationsformen der Decken besonders gut zur Geltung.

Im Haus »Zum Blauen Himmel« (Obere Zäune 19) fand sich eine bemalte Balkendecke, deren »opus-sectile«-Dekor zu den ältesten profanen Malereien in Zürich zählt und dem späten 13. Jahrhundert zuzuweisen ist. Die Balken tragen im Wechsel Felder, die in mannigfacher Weise durch ornamentale und figürliche Darstellungen belebt sind. Die Dielenbretter zeigen — eingebunden in regelmäßig angeordnete Ranken — fünfblättrige Rosen. Neben Köpfen von Menschen und Mischwesen zeigen die Malereien eine Vielfalt von Netz- und Wellenbandmotiven sowie Imitationen einer Marmor-Inkrustation, wie man sie auch aus den etwas jüngeren Wandmalereien im Haus »Zur Hohen Eich«, an der Spiegelgasse 13 und in der »Deutschen Schule« am Neumarkt 3 kennt. Vergleichbare Beispiele sind in Basel an der Martinsgasse 13, am Heuberg 20 und im »Schönen Haus«, am Nadelberg 6, sichtbar. Ebenfalls Ausdruck der bewußten Zurschaustellung des Reichtums anhand einer entsprechenden Wohnkultur sind die als Draperie gemalten Tücher und die heraldische Abstraktion für Pelzwerk, der Fehbesatz, mit welchem Nischen und Wände »verbrämt« wurden.

Mit der Anbringung von gemalten Wappen schließlich wird die vornehme Herkunft belegt und damit zugleich die Zugehörigkeit zu einer bestimmten Gesellschaftsschicht von adligen und patrizischen Familien demonstriert, der allein das Führen von Wappen vorbehalten war. Zu nennen sind hier die kulturgeschichtlich bedeutsamen Deckenbemalungen des Hauses »Zum Loch« an der Römergasse 13. Die Wappenfolge wurde auf den Balkenseiten angebracht, während die Stirnseiten und Zwischenböden lediglich ornamentalen Schmuck aufweisen. Die Schildereien und der Dekor sind — scheinbar roh und flüchtig, aber mit geübter Hand — einst auf das weißgekalkte Holz aufgetragen worden. Wohl etwas jünger ist der ausgezeichnet erhaltene Fries aus dem Haus »Zum Langen Keller«, dem Palas des »Grimmenturms« (Spiegelgasse 29/Rindermarkt 26), dessen Wappen die Embleme der sieben Kurfürsten des Deutschen Reichs und diejenigen aus der zürcherischen Sicht des hohen Adels zeigen. Natürlich erhielt nicht jeder Raum eine Ausstattung mit gemalten Wappen, mit illusionistischem Pelzwerk und Tuchbehang. Meist wurde nur ein Raum, das vornehme Zimmer, allenfalls ein ganzes Stockwerk — der piano nobile — mit Malereien versehen, seltener auch das Treppenhaus.

Jürg E. Schneider

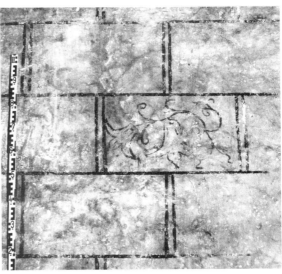

Ganz oben: Zürich, Oberdorfstraße 36, Haus »Zum Silberschild« Manessezeitliche Wandgliederung des frühen 14. Jahrhunderts. Das an einem isolierten Mauerzug im 1. Obergeschoß entdeckte Wandmalereifragment zeigt Eichenlaub und Rosenranken über einer zinnenbekrönten Abfolge von Frauen- und Männerdarstellungen in Dreipaßarchitektur. Ein gezeichneter Wandbehang bildet den Abschluß.

Oben: Zürich, Rosengasse 6, Haus »Zum Kleinen Regenbogen«. Der piano nobile im 2. Obergeschoß wurde um 1330 vollständig mit roter Wandquadrierung ausgemalt. Sparsam nur hat der Maler die dreiblättrigen Blumen (Lilien?) in die Quader-»Steine« eingebunden.

Schlußbemerkungen

Entgegen den immer wieder geäußerten Vermutungen, Freiburg i. Br. sei nach den Kriegszerstörungen eine Stadt ohne mittelalterliche Bausubstanz, zeigen die monumentenarchäologischen Untersuchungen von Immo Beyer (Städtisches Hochbauamt) und die Grabungen des Landesdenkmalamts, daß dieses Vorurteil mit jedem untersuchten Objekt stärker korrigiert werden muß.

In keiner Stadt des südwestdeutsch-ostschweizerischen Raums, Zürich ausgenommen, sind so viele Steinhäuser des 12. Jahrhunderts bekannt wie in Freiburg i. Br. Die meisten dieser Bauten waren ursprünglich nicht oder nur einfach unterkellert und erhielten im zweiten Viertel des 13. Jahrhunderts ein Tiefkellergeschoß. Neubauten des 13. Jahrhunderts wurden oft gleich mit einem zweigeschossigen Keller errichtet. In Freiburg wie in Zürich werden die Gassenzüge im ausgehenden 13. Jahrhundert geschlossen. In Freiburg setzt sich die traufständige Bauweise durch, die dann bis zur Gegenwart für diese Stadt typisch bleibt. In Zürich sind mittelalterliche Steinbauten weder von Anbeginn an noch bei Erweiterungen nach einem einheitlichen Grundmuster errrichtet worden; hier finden sich bestehende Bauten mit der Längs- oder der Schmalseite an der Gasse und in giebel- oder traufständiger Bauweise bis heute nebeneinander.

Die Mehrzahl der drei- und viergeschossigen Häuser ist in Zürich fest in Stein gefügt und trug allenfalls ein Dachgeschoß in Ständerbauweise, wogegen die flächendeckenden Untersuchungen des Hausbestands in Schwäbisch Gmünd im Rahmen der Inventarisation (R. Strobel) anhand von dendrodatierten Befunden zeigen, daß die Fachwerkbauweise bald nach 1300 dicht einsetzte. Es gibt Häufungen um 1310 und um 1350, vor allem was die Dachstühle und Innengerüste betrifft, während die erhaltenen Fachwerkfassaden aus dem 15. und 16. Jahrhundert stammen. Auch die anderen württembergischen Städte (z.B. Tübingen, Schwäbisch Hall) zeigen sich im heutigen, vom 15. bis zum 18. Jahrhundert entstandenen Straßenbild als reine »Fachwerkstädte« mit nur ganz vereinzelten, monumental-repräsentativen Steinbauten. Für Freiburg lassen sich dazu keine genaueren Angaben machen, weil hier zum einen für das 14. Jahrhundert bisher keine Wohnhausneubauten bekannt sind, zum andern bislang keine Obergeschosse von ursprünglichen Straßen- und Hoffassaden in aussagekräftigem Zustand angetroffen wurden.

MATTHIAS UNTERMANN/JÜRG. E. SCHNEIDER

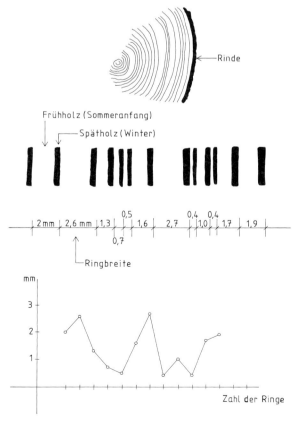

Zeichnerische Umsetzung von Jahrringbreiten in eine Jahrringkurve zur dendrochronologischen Datierung von Holz.

Fachwerkbau

Der Versuch, anhand des erhaltenen Baubestandes einen Überblick über das städtische Bauen und Wohnen in den Jahrzehnten rund um 1300 zu vermitteln, verlangt zunächst nach einer eingehenden Darstellung der Belegbasis. Dies betrifft vor allem das verfügbare Quellenmaterial und die am Objekt angewandten Forschungsmethoden. Im Vordergrund steht hierbei die zeitliche Einordnung der Bauwerke, der Umfang des bekannten Bestandes sowie die Frage nach dem jeweiligen Erhaltungsgrad und nach der daraus ableitbaren Aussagekraft des baulichen Informationsträgers.

Wesentlich für die Beurteilung von Bauen und Wohnen ist hier wiederum die Gegenüberstellung von Befunden auf annähernd gleichen Zeitebenen. Erst dadurch wird es möglich, Differenzierungen und Gemeinsamkeiten, Verharrungen und Veränderungen gewissermaßen in einer Vielzahl exakt fixierter

Momentaufnahmen festzuhalten und in einen historischen Prozeß einzuordnen. Hier verfügt die moderne Bauforschung mit der Jahrringdatierung (Dendrochronologie) über eine Datierungsmethode, die es erlaubt, die vor allem bei Holzbauten und den hier im konstruktiven Verbund verarbeiteten Bauhölzern absolut genau zu datieren.

In den letzten Jahren hat der Einsatz dieser absoluten Datierungsmethode zu einem bis vor kurzem noch für unmöglich gehaltenen Wissenszuwachs geführt. Nach zunächst noch objektbezogenen Einzeldatierungen und ersten gezielten Reihenuntersuchungen in Sindelfingen und Esslingen lag im Jahr 1989 dank einer Gesamtuntersuchung für die Katharinenvorstadt in Schwäbisch Hall der erste dendrochronologisch abgesicherte Baualtersplan der Bundesrepublik vor.

Werden all die in der Vergangenheit erzielten Datierungsergebnisse zusammengefaßt, so konnten bis Ende 1991 in der Bundesrepublik insgesamt 10 Fachwerkbauten in das 13. Jahrhundert datiert werden. Davon stehen allein 11 Bauten in Baden-Württemberg. Für den Zeitraum von 1300 bis 1350 ist eine bundesweite Zusammenstellung absolut datierter Fachwerkgebäude kaum noch möglich. Allein im Südwesten beläuft sich der zur Zeit bekannte Bestand auf 54 Objekte, und es gilt als sicher, daß sich diese Zahl in Zukunft noch beträchtlich erhöhen wird. Damit wird es aber auch zunehmend schwerer, neben einer aktuellen Übersicht über den mittelalterlichen Baubestand auch den Zugriff auf die dazugehörigen Befunddokumentationen zu erhalten. Initiativen für eine landesweite Dokumentationszentrale, wie sie zum Beispiel in Bayern seit einigen Jahren eingerichtet ist, brachten bislang keinen Erfolg. Das vorhandene Quellenmaterial ist weit über das Land verstreut in Ordnern abgeheftet und damit weitgehend einer Auswer-

Unten: Aufstellung einer datierten Jahrringkurve (Standardkurve): Ausgehend von einem bekannten Fälljahr (1991) wird nach gesicherter Überlappung die Kurve in die Vergangenheit verlängert.

Ganz unten: Ermittlung des Fällungszeitraums eines Bauholzes aufgrund der Übereinstimmung der Jahrringkurve des gefällten Holzes mit der Standardkurve.

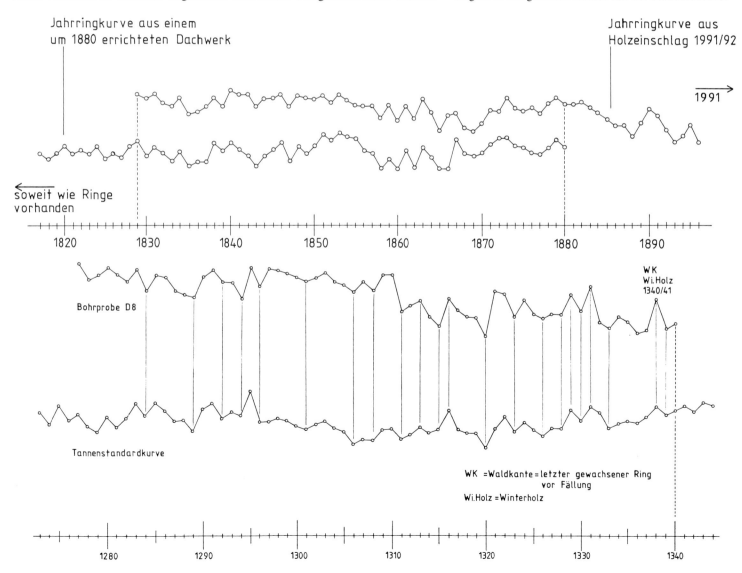

249

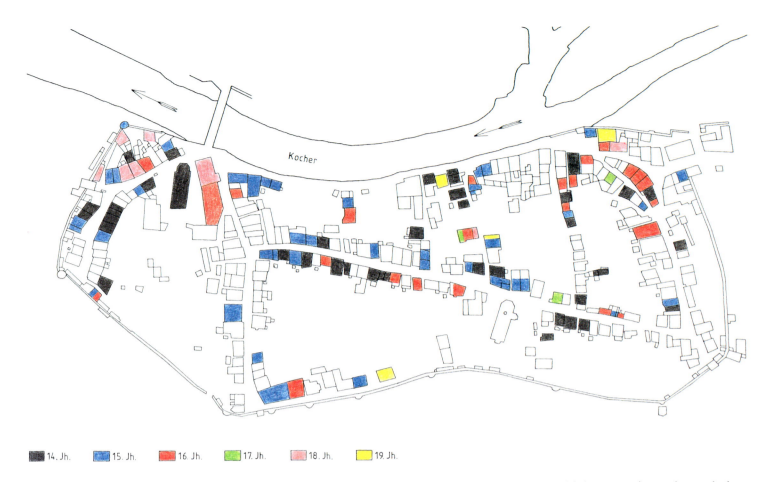

Oben: Dendrochronologisch datierter Baubestand der Katharinenvorstadt in Schwäbisch Hall auf der Grundlage des Katasterplans von 1827.

Befund und Ergänzung am Beispiel Überlingen, Luciengasse 8, 1314d.

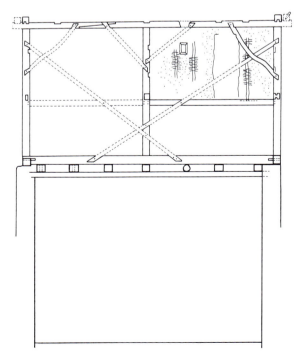

tung entzogen. Bis vor wenigen Jahren hielt man einen derart hohen Bestand an mittelalterlichen Hausbauten kaum für denkbar. Allerdings bedeutet dieser enorme Zahlenzuwachs nur einen quantitativen Fortschritt. Von den 68 bekannten Bauten des 13. und 14. Jahrhunderts wurden bislang lediglich 14 Objekte wissenschaftlich genau dokumentiert und auch ausgewertet, doch umfassende Publikationen darüber liegen nicht vor. Bei der Mehrzahl der erfaßten Bauten beruhen die jeweiligen Ergebnisse auf nur kurzen Untersuchungen, wobei in der Regel vorab definierte Fragestellungen die Zielrichtung der Untersuchungen vorgaben. Diese Untersuchungen erfolgten hauptsächlich im Rahmen dendrochronologischer Datierungen und Kurzanalysen. Sie dauerten zwischen zwei und zwanzig Stunden und beschränkten sich im wesentlichen auf die Erfassung der erhaltenen Originalsubstanz.

Bleibt noch die Beantwortung der Frage nach der am Objekt angewandten Forschungsmethode: Sehr anschaulich läßt sich das durch eine Skizzierung des damals vorherrschenden Bauablaufs beschreiben: Unmittelbar nach der Fällung und Zustellung des Bauholzes begannen die Zimmerleute mit dem Ablängen und Zurichten der Bauhölzer. Dabei waren vor allem die beabsichtigte Baukonstruktion sowie die geplante Nutzung des Gebäudes zu berücksichtigen. Die Standfestigkeit der Baukonstruktion beruht unter anderem auf der Gründung, der Tragfähigkeit und der Aussteifung des Hausgerüsts, während sich die beabsichtigte Nutzung hauptsächlich in den Ausmaßen, den Nutzungsebenen, der Grundrißgliederung und der Ausstattung des Gebäudes niederschlägt. All diese Faktoren mußten bei der Abzimmerung des Holzwerks berücksichtigt werden. So wurden zum Beispiel die Hölzer innerhalb eines geplanten Wandverlaufs mit Nuten zum Halt einer Wandfüllung versehen, das Gebälk über einer Feuerstelle zur Anlage eines Rauchabzugs ausgewechselt, oder Ständer mit Vertiefungen wie Blattsassen und Zapfenlöchern für ansetzende Aussteifungshölzer und Riegel ausgestattet. All diese zimmermannstechnischen Details wurden in der Regel auf dem Zimmerplatz ausgeführt, wobei bis zur Fertigstellung des gesamten Holzgerüsts immer wieder eine Abstimmung mit den konstruktiv angrenzenden Bauteilen stattfand. Für den endgültigen Zusammenbau auf dem Bauplatz markier-

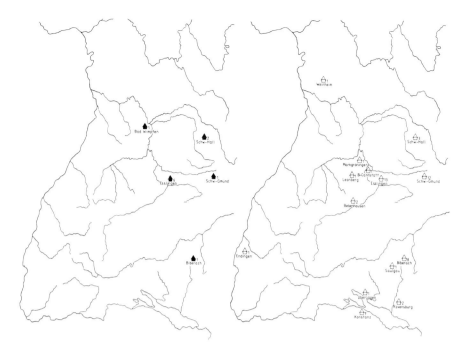

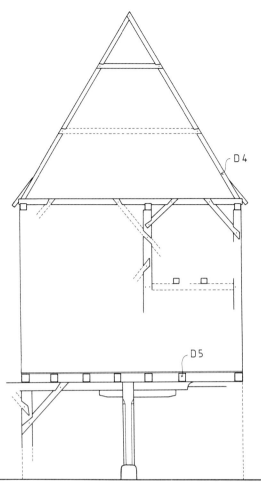

ten die Zimmerleute die einzelnen Bauhölzer mit eingeritzten, ausgestemmten oder aufgemalten Abbundzeichen. Die Zeichen sollten einen rationellen Ablauf des Aufrichtvorgangs gewährleisten und wurden im Mittelalter nach regional oder gar individuell unterschiedlichen Systemen angebracht. Diese Markierungen, verbunden mit der Entschlüsselung des jeweiligen Systems, sowie eine Vielzahl von technischen Details ermöglichen es, auch noch nach Jahrhunderten den in der Regel nur in Resten erhaltenen Baubestand gründlich zu erfassen und auszuwerten. Daß durch die Gerüst- und Gefügeforschung nicht nur Aussagen zur ursprünglichen Baukonstruktion, sondern auch fundierte Hinweise auf die ehemalige Gliederung und Nutzung des Gebäudes möglich sind, wurde schon angedeutet.

Im Vordergrund der folgenden Ausführungen steht daher nur eine eingeschränkte Betrachtung des mittelalterlichen Hausbaus. Sie bezieht sich hauptsächlich auf die technische Auswertung der erhaltenen Konstruktionen und auf die Schlüsse, die sich daraus hinsichtlich der Wohn- und Wirtschaftsstruktur ziehen lassen. Die Kombination dieser Aussagen mit den Ergebnissen anderer Untersuchungszweige, so zum Beispiel der Bauarchäologie, der restaurativen Bauanalyse, der schriftlichen und bildlichen Quellenauswertung oder auch der jeweiligen Stadtgeschichtsforschung, ist in Baden-Württemberg noch weitgehend unterentwickelt.

Gerüstkonstruktionen

Bei den ältesten bislang bekannten Fachwerkbauten in Baden-Württemberg handelt es sich fast ausnahmslos um städtische Objekte. Ihre Holzgerüste fußen in der Mehrzahl auf erhöhten Mauerstreifen oder auf einem massiven Erdgeschoß und sind so weitgehend gegen die Erdfeuchte geschützt. Diese Gründungstechnik war die Voraussetzung für ein hohes Lebensalter dieser Bauten und verschaffte ihnen einen entscheidenden Vorteil gegenüber den entwicklungsgeschichtlich älteren und kurzlebigeren Pfostenbauten, deren Traghölzer im Boden eingegraben waren und im heutigen aufgehenden Baubestand nicht mehr nachweisbar sind. Wie die jüngsten archäologischen und dendrochronologischen Ergebnisse aus Villingen und Esslingen zeigen, war dieser qualitative Entwicklungsschritt zumindest im städtischen Hausbau schon ab der zweiten Hälfte des 12. Jahrhunderts vollzogen.

Neben dieser fortschrittlichen Gründung besitzt der älteste Fachwerkbestand aber auch eine hochentwickelte und variantenreiche Abzimmerungstechnik. Das tragende Gerüst dieser Konstruktion bilden Holzständer, die in ihrer verbauten Länge über eine bis drei Etagen oder gar bis zum Dachfirst reichen. Entsprechend der gewünschten Grundrißgliederung sind entlang

Oben links: Baden-Württemberg, dendrochronologisch datierter Fachwerkbestand bis 1300 (vgl. Tabelle S. 266).

Oben Mitte: Baden-Württemberg, dendrochronologisch datierter Fachwerkbestand 1301–1350 (vgl. Tabelle S. 266).

Oben: Dendrochronologische Dokumentation Esslingen, Landolinsgasse 9:
– Skizzenhafte Erfassung des erkannten Bauzusammenhangs mit Eintragung der Holzprobenentnahme;
– Dendrochronologische Daten (Auswahl):
Probe D4 Eiche 87 Ringe WK Fällung: Winter 1336/37
Probe D5 Eiche 45 Ringe WK Fällung: Sommeranfang 1339

251

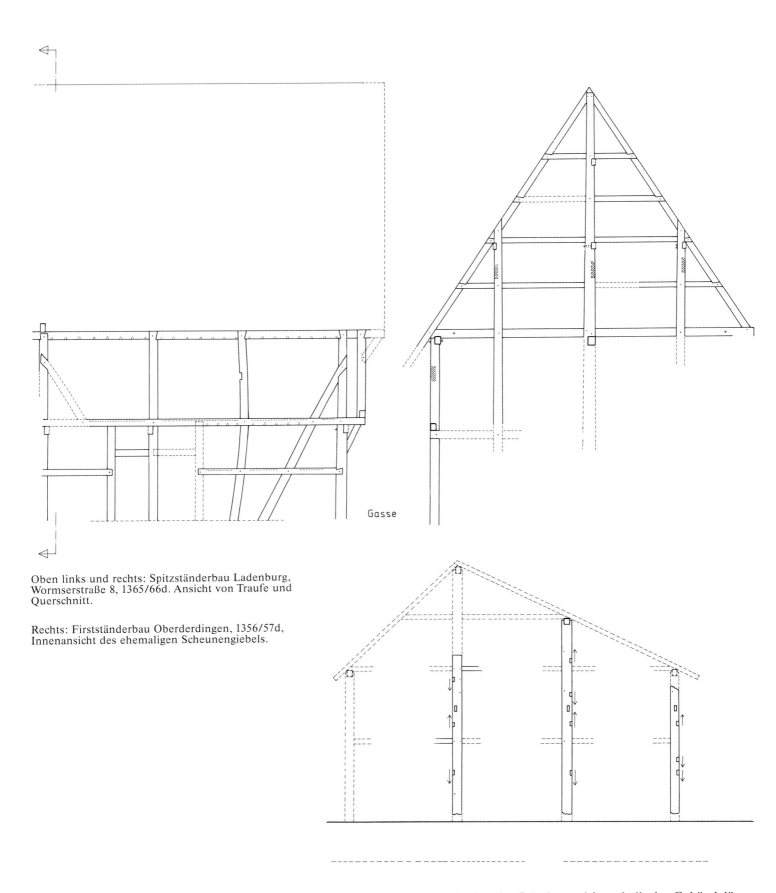

Oben links und rechts: Spitzständerbau Ladenburg,
Wormserstraße 8, 1365/66d. Ansicht von Traufe und
Querschnitt.

Rechts: Firstständerbau Oberderdingen, 1356/57d,
Innenansicht des ehemaligen Scheunengiebels.

Gasse

der Gebäudebreite drei oder vier Ständer und innerhalb der Gebäudelänge
drei bis fünf Hölzer in relativ großen Abständen aufgestellt.
Abgesehen von den beschriebenen Gemeinsamkeiten fällt es schwer, weitere
allgemeingültige Aussagen zu machen. Schon die wenigen Altbauten des
13. und frühen 14. Jahrhunderts lassen nämlich neben einer Fülle von unterschiedlichen Gerüstkombinationen Ansätze zu regionalen und lokalen

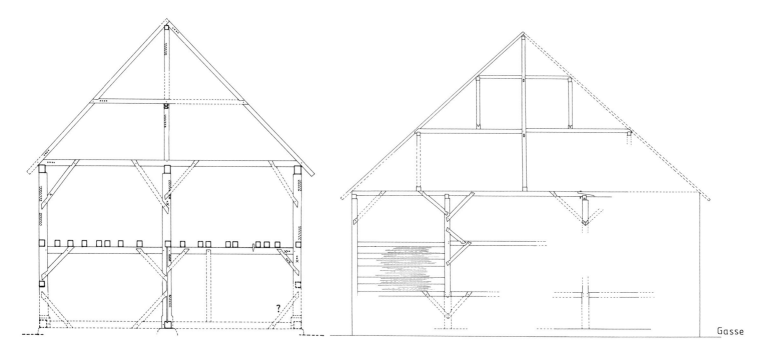

Abzimmerungstraditionen erkennen. Der mittelalterliche Fachwerkbau des späten 13. Jahrhunderts steht somit in jener Zeit bereits nicht mehr am Anfang seiner baugeschichtlichen Entwicklung. Im Gegenteil, die erhaltenen Bauten zeigen bereits ein ausgeprägt hohes technisches Niveau, das ohne eine längere Erfahrungs- und Abzimmerungspraxis nicht denkbar ist. Funktions- und nutzungsbezogene Anwendung der zimmerungstechnischen Möglichkeiten und die daraus resultierenden Konstruktionsvariationen verraten demnach schon für die Zeit um 1300 eine Fachwerkentwicklung mit ausgesprochener Eigendynamik.

Als entwicklungsgeschichtlich älteste Hauskonstruktion im Südwesten gilt der Firstständerbau. Das bezeichnende Merkmal dieser Bauweise sind die in einer Länge von der Gründungsebene bis zum Dachfirst durchlaufenden Firstständer. Sie tragen die Firstpfette, von der beidseitig die Dachhölzer herabhängen. Dach- und Unterbau bilden damit eine konstruktive Einheit, bei der die Dachlasten anteilig über die Firstständer beziehungsweise über die äußeren Wandständer abgetragen werden. Als ältester und bislang einziger Beleg für die städtische Firstständerbauweise gilt eine rudimentär erhaltene Konstruktion aus den Jahren um 1297 in Esslingen am Neckar. Ein weiteres Beispiel datiert in die Mitte des 14. Jahrhunderts und stammt, wie der Großteil der Belege des 15. Jahrhunderts, aus dem ländlichen Bereich.

Bis zum Dachfirst reichen auch die Spitzständer. Im Gegensatz zu den Firstständern tragen sie jedoch keine Firstpfette, sondern enden stumpf unter dem Firstdreieck. Während die Firstständer zur Ableitung von Dachlasten ausgenutzt werden können, trifft dies auf die Spitzständer nicht zu. Möglicherweise erfüllten die ältesten bekannten, in der Tradition der Firstständerbauweise ausgeführten Spitzständerkonstruktionen eine andere Aufgabe.

Analog zum Firstständer sind Spitzständer durch die Überkreuzung mit waagrechten Hölzern fest im Unterbau eingespannt. Im Verbund mit den äußeren Wandständern und eventuell weiteren senkrechten Hölzern werden durch die Wandfüllungen geschlossene und in den Unterbau eingespannte Giebeldreiecke gebildet. Sie nehmen die Windkräfte auf und verhindern so, ähnlich wie beim Firstständerbau, eine Verschiebung des Dachwerks. Zwischen diesen beiden Giebelscheiben ist ein vom Unterbau konstruktiv unabhängiges Dachwerk abgezimmert. Streng genommen besteht der Unterschied zwischen Firstständer- und Spitzständerbau daher nur in der unterschiedlichen Dachkonstruktion zwischen den Giebel- beziehungsweise den inneren Querscheiben. Die ältesten bislang datierten Spitzständerbauten stammen aus der Mitte des 14. Jahrhunderts und finden sich im Nordwesten des Untersuchungsgebiets. Offensichtlich stehen diese Bauten in einem Traditions-Zusammenhang zu den frühen Konstruktionen im benachbarten Hessen, wo diese Gerüstbauweise schon ab dem späten 13. Jahrhundert

Oben links: Biberach, Zeughausgasse 4, 1318/19d. Zweigeschossiger Fachwerkbau, Querschnitt.

Oben: Konstanz, Wessenbergstraße 10, 1314d. Dreigeschossiger Fachwerkbau, Giebelansicht.

Unten: Beispiel eines Mischgerüsts: Weinheim, Marktplatz 18, 1343/44d, Giebelansicht. Zweigeschossiger Unterbau mit einstöckigem Aufsatz. Der Aufsatz bildet mit dem Dachgiebel eine konstruktive Einheit.

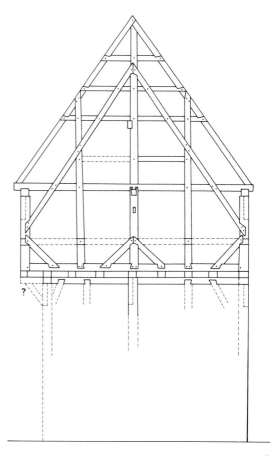

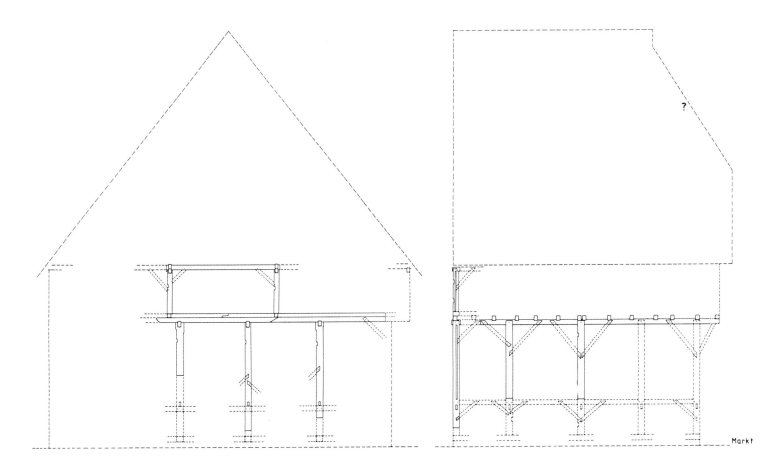

Beispiel eines Mischgerüsts: Biberach, Marktplatz 7, 1292/93d, Quer- und Längsschnitt. Zweigeschossiger Unterbau mit einstöckigem Aufsatz. (Vgl. dazu auch Abb. Seite 258, Schwäbisch Hall, Untere Herrengasse 2).

belegbar ist. Streng genommen gehören sowohl die First- als auch die Spitzständerbauten zur Gruppe der Geschoßbauten. Gemeinsam ist beiden Gerüstkonstruktionen die konstruktive Wandausbildung. Sie besteht aus hohen Wandständern, die in einer Länge bis zu den Dachtraufen reichen.

Der Unterschied zu den Spitz- beziehungsweise Firstständerbauweisen besteht darin, daß sie auf Gerüsthölzer, welche die Basis des Dachdreiecks durchstoßen, verzichten. Unterbau und Dach sind in diesem Fall konstruktiv getrennt. Dieser Befund trifft auf den weitaus größten Teil des mittelalterlichen Baubestands zu. Nicht zuletzt aus diesem Grund ist es ratsam, die Gerüstbauweise des Unterbaus von der des Dachwerks getrennt zu behandeln. Innerhalb der Gruppe der Geschoßbauten gehören die zweigeschossigen Gerüstkonstruktionen ohne Zweifel zu den einfacheren und damit wohl ältesten Hauskonstruktionen. Sie sind im städtischen Bereich sowohl in der Kombination mit einem massiven Sockelgeschoß wie auch als reiner Fachwerkbau ab der zweiten Hälfte des 13. Jahrhunderts belegt. Zwischen den hohen Gerüstständern sind Riegel eingebaut, auf denen das Deckengebälk lagert. Sie unterteilen das Gerüst in zwei Geschoßebenen. Das Gebälk ist entweder quer oder parallel zum Firstverlauf verlegt. Entsprechend der Verlegerichtung sind die unterstützenden Riegel im Zug der Traufen und inneren Längsachsen oder innerhalb der Giebelscheiben beziehungsweise der inneren Querachsen eingebaut. Der heute bekannte Bestand aus der ersten Hälfte des 14. Jahrhunderts ist über das gesamte Untersuchungsgebiet verstreut, die nordwestlichen Landesteile ausgenommen. Schon bei diesen ältesten Beispielen werden in der Regel die Deckenbalken zur Auskragung des oberen Geschosses herangezogen. Die überstehende Abzimmerung diente dabei in erster Linie der repräsentativen Gestaltung der zur Straße hin orientierten Hausseite, wobei die größten Auskragungsweiten bei den ältesten Bauten anzutreffen sind. Der Wunsch nach einer Auskragung führte überdies dazu, daß die zweigeschossigen Gerüstkonstruktionen partiell zergliedert wurden: Die Gerüstständer im Bereich der Auskragung sind schon bei den ältesten untersuchten Bauten nicht in einer Länge über die gesamte Höhe des Unterbaus abgezimmert, sondern entsprechend den jeweiligen Geschoßhöhen zergliedert und entsprechend der gewünschten Überstandsweite auch in versetzter Lage angeordnet.

Nur eine Variation und keine grundlegend andere Technik der Abzimmerung stellt die dreigeschossige Gerüstkonstruktion dar. Diese hohen Geschoßbauten sind ebenfalls ab der 1. Hälfte des 14. Jahrhunderts belegbar und teilweise mit weiten Überständen an den Schauseiten ausgestattet. Wird auch hier die konstruktive Trennung von Unterbau und Dachwerk als Unterscheidungskriterium herausgestellt, so ist festzustellen, daß diese Abzimmerungsvariante für den Nordwesten bislang noch weitgehend unterrepräsentiert ist. Daß sowohl die zweigeschossige Gerüstabzimmerung als auch die etagenweise Zergliederung der Gerüstständer schon weit vor 1300 praktiziert wurden, zeigen die Mischkonstruktionen aus der zweiten Hälfte des 13. Jahrhunderts. Grundsätzlich sind zwei verschiedene Varianten bekannt. Wohl eine weitgehend lokale Tradition steht hinter den Mischgerüsten der Stadt Esslingen. Wie in keiner anderen Stadt im Untersuchungsgebiet werden hier ab der zweiten Hälfte des 13. Jahrhunderts bis weit in das 14. Jahrhundert hinein auf einem selbständig abgezimmerten Unterstock zweigeschossige Überbauten mit durchlaufenden Ständern abgebunden. Demgegenüber besitzen die Mischkonstruktionen des 13. und 14. Jahrhunderts aus Schwäbisch Hall, Schwäbisch Gmünd, Biberach und Pfullendorf einen hohen zweigeschossigen Unterbau und darauf einen einstöckigen Aufsatz. Gemeinsam ist beiden Varianten die vollständige Trennung des gesamten Unterbaus in zwei eigenständige Abzimmerungseinheiten. Sie sind letztlich als eine Weiterentwicklung der partiellen Gerüstzergliederung im Bereich der auskragenden Hausfassaden anzusehen. Nicht zuletzt zeigen gerade diese Mischkonstruktionen eine aufwendige Auskragung der oberen Bauteile.

Die konsequente Anwendung der stockwerkweisen Abzimmerung am gesamten Hausgerüst und über alle Etagen ist nach der bisherigen Belegbasis erst ab der Mitte des 14. Jahrhunderts erfaßbar. Dabei scheint man die Vorteile dieses Verfahrens — vereinfachter Bauablauf, die Möglichkeit kürzere Bauhölzer auszunutzen, die problemlose Auskragung aller Stockwerke und eine einfachere Höhenentwicklung — zuerst im Südosten erkannt und genutzt zu haben. Bis auf einzelne technische und strukturelle Verbesserungen im 15. Jahrhundert, wie zum Beispiel die Auskragung über Stichgebälk, die Ausbildung der Stockwerkbauten mit gedoppelten Rähmhölzern und die Anlage von variierenden Grundrißgliederungen innerhalb der jeweiligen Nutzungsebenen, verbunden mit der allmählichen Verbreitung dieser Gerüstvariante im Untersuchungsgebiet, erfährt das südwestdeutsche Fachwerkgerüst in der Neuzeit keine wesentlichen Verbesserungen.

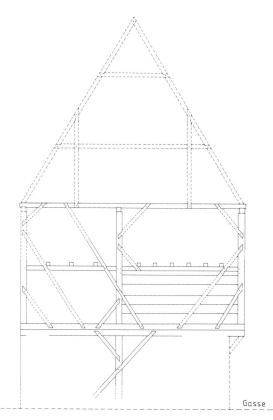

Beispiel eines Mischgerüsts: Esslingen, Apothekergasse 5, 1342/43d, Giebelansicht. Einstöckiger Unterbau mit einstöckigem Aufsatz (Vgl. dazu auch Abb. Seite 256, Esslingen, Webergasse 8).

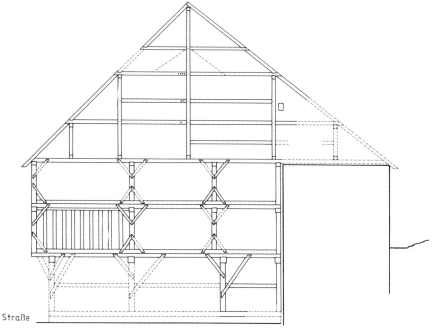

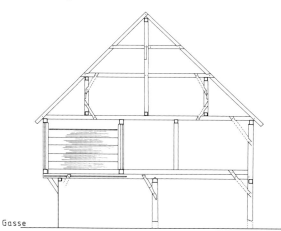

Beispiele von Stockwerksbauten:
Ravensburg, Marktstraße 36, 1377d, Giebelansicht (unten links). Stockwerkweise Abzimmerung des gesamten Unterbaus.
Ravensburg, Obere Breite 44, 1341d, Innenansicht des Giebels (unten). Stockwerkweise Abzimmerung bis auf die rückwärtige Traufe.

255

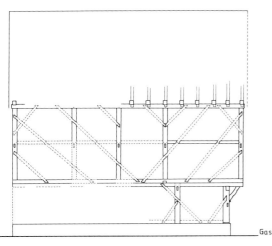

Beispiel einer Gefügeausbildung: An Schwelle und Rähm angeblattetes und mit Ständer überblattetes Gefügeholz (Steigband).

Beispiel für eine Flächenaussteifung: Esslingen, Webergasse 8, 1266/67d, Traufansicht. Die weit ausladenden Gefügehölzer steifen die gesamte Wandscheibe aus.

Gefügeausbildungen

Die Standsicherheit des mittelalterlichen Fachwerkgerüsts wird hauptsächlich durch das Gefüge gewährleistet. Grundsätzlich handelt es sich hierbei um Aussteifungshölzer, die das tragende Holzgerüst vor einer Schiefstellung sichern sollen. Um einer Verschiebung entgegenzuwirken, wird das Gefüge schräg in das Gerüst eingebaut. Bis weit ins 15. Jahrhundert hinein ist dabei, bis auf wenige Ausnahmen, die verblattete Holzverbindung zwischen Gerüst- und Gefügeholz die allgemein übliche Technik. Ähnlich wie bei den Gerüstausbildungen, zeigt auch bei den Gefügeausbildungen der noch erhalten gebliebene Bestand Ausführungen, bei denen die Aussteifungshölzer die Basis des Dachdreiecks durchstoßen. Diese konstruktive Verbindung von Unterbau und Dachwerk läßt sich nicht auf die Gerüstvarianten von First- und Spitzständerbau beschränken. Bis weit ins 15. Jahrhundert ist diese Abzimmerungstechnik sowohl an Geschoß- wie auch an Stockwerkbauten anzutreffen. Die Mehrzahl der aus dem 13. und 14. Jahrhundert bekannten Hauskonstruktionen zeigt jedoch eine konsequente Trennung zwischen Unterbau- und Dachgefüge, dies zum Teil mit erheblichen Qualitätsunterschieden.

Die nachfolgenden Ausführungen beschränken sich vorerst auf das Gefüge des Unterbaus. Spätestens von dem Zeitpunkt an, da die Holzgerüste auf erhöhten Fundamenten gegründet wurden, maß man auch der Winkelsicherheit eine größere Bedeutung bei. Geht man davon aus, daß bei den Pfostenbauten die erforderliche Aussteifung zumindest zum Teil durch die Einspannung der vertikalen Traghölzer erreicht wurde, so führte die fortschrittliche Gründungstechnik zu einem Teilverlust der Standsicherheit. Dies verlangte nach einer angepaßten und in der Folgezeit weiterentwickelten Gefügeausbildung. Wie diese Entwicklung vonstatten ging, ist unbekannt, denn am erhaltenen Fachwerkbestand sind diese Vorgänge kaum noch nachvollziehbar. Bei den ältesten Bauten zeigt sich, daß die Gestaltung der Aussteifung, ähnlich wie die Gerüstbauweise, schon im 13. und 14. Jahrhundert hochentwickelt und vielfältig war.

Grundsätzlich sind für das mittelalterliche Gefüge des Unterbaus zwei verschiedene Varianten herauszustellen. Zu den ältesten Formen scheint die weit ausladende, recht flach angelegte und über die gesamte Gerüsteinheit reichende Aussteifung zu gehören. Im Prinzip handelt es sich um die Aussteifung von Wandflächenteilen der ganzen Wandscheiben, hauptsächlich an den Langseiten der Häuser, wobei man sich schon im 13. Jahrhundert bei dieser Ausführungsart auf die weniger einsehbaren Außenwände oder auf die hohen Bauteile der Mischkonstruktionen beschränkt zu haben scheint. Diese Gefügeanordnung kann ohne weiteres als eine handwerkstechnische Reaktion auf die Erhöhung der Geschoßzahl bei Fachwerkbauten und die daraus resultierenden Anforderungen an die Standfestigkeit angesehen werden. Gestützt wird diese Annahme auch dadurch, daß derartige Aussteifungsformen bislang nur an Bauten mit drei oder mehr Etagen angetroffen wurden. An den nicht von den Straßenseiten einsehbaren Hausseiten hat sich die Flächenaussteifung bis in die zweite Hälfte des 14. Jahrhunderts gehalten. Für das 13. Jahrhundert ist noch eine weitere Form des Gefüges bekannt. Es handelt sich hierbei um die punktuelle Winkelsicherung jedes einzelnen Gerüstständers. Untersucht man die bekannten Bauten im Hinblick auf die Anwendung einer dieser beiden Gefügeanordnungen, so stellt man fest, daß durchaus an einem Gebäude sowohl Ständeraussteifungen wie auch Flächenaussteifungen ausgeführt wurden. Im Gegensatz zur Flächenaussteifung wurde jedoch die Ständeraussteifung bei der Mehrzahl der Gebäude hauptsächlich an den Schauseiten beziehungsweise an den niederen Bauteilen der Mischkonstruktionen angewandt. Daraus darf man schließen, daß die Ständeraussteifung die zu jener Zeit modernere und damit repräsentative Gefügegestaltung darstellte. Diese Annahme wird auch dadurch gestützt, daß sich die Belege für Flächenaussteifungen im Verlauf des 14. Jahrhunderts verringern und parallel dazu die ständerbezogenen Gefügeausbildungen immer mehr das mittelalterliche Fachwerkbild prägen.

Abgesehen von den erwähnten allgemeinen Unterschieden bei der Gefügeanordnung lassen sich für das ausgehende 13. Jahrhundert noch weitere voneinander abweichende Merkmale aufzeigen. So besteht bei der Ständeraus-

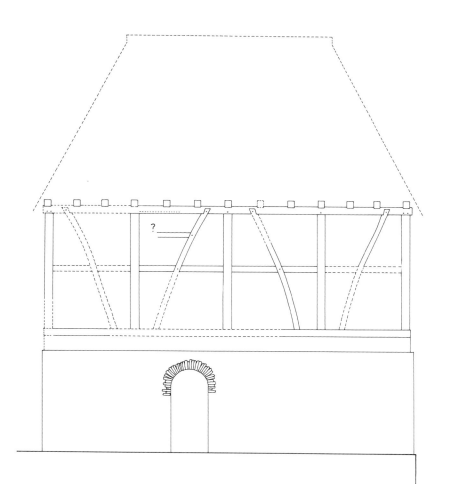

Beispiel einer Flächenaussteifung: Bad Wimpfen, Marktplatz 6, 1265/66d, Ansicht Rücktraufe. Die Gefügehölzer steifen die einzelnen Wandabschnitte zwischen den Ständern aus.

steifung die Möglichkeit, das Gefüge im Fuß- beziehungsweise im Kopfbereich der Gerüstständer oder gar in Kombination miteinander anzuordnen. Eine eindeutige Bevorzugung der einen oder anderen Technik, geschweige denn eine Aussage über deren historische Abfolge, läßt sich auf Landesebene nicht belegen. Schon bei den ältesten Objekten kommt die ständerbezogene Gerüstaussteifung in allen drei Formen in ausgewogener Häufigkeit, ja zum Teil in ausgeprägt symmetrischer Anordnung vor. Dabei ist es sogar die Regel, daß die verschiedenen Ausführungen an ein und demselben Bau anzutreffen sind, was sich vor allem an den Mischgerüsten des 13. Jahrhunderts beobachten läßt. In Esslingen zum Beispiel weisen die hohen Bauteile ein ausgesprochen aufwendiges Flächengefüge beziehungsweise eine ausgeprägte kopf- und fußzonige Aussteifung auf. Im Gegensatz dazu sind die Gerüstständer am niederen Bauteil aber vor allem im Bereich der Giebelseiten durch kurze Kopf- und Fußbänder weitaus einfacher ausgesteift. Entsprechende Beobachtungen wurden, wenn auch mit gewissen Variationen, auch bei den erhaltenen Bauten in Bad Wimpfen, Schwäbisch Hall und Biberach gemacht. Noch sind indessen zu wenige Beispiele des späten 13. Jahrhunderts bekannt und die am erhaltenen Bestand erfaßten Gefüge zu variationsreich, als daß bereits eine abgesicherte Abfolge von Entwicklungsschritten aufgezeigt werden könnte.

Anders verhält es sich für die Jahrzehnte nach 1300. Die aus dieser Zeit erhaltenen Beispiele verdichten das lückenhafte Bild aus dem 13. Jahrhundert und lassen dabei regional unterschiedliche Gefügeausbildungen zum Teil deutlich erkennen. Noch vor der Mitte des 14. Jahrhunderts vermehren sich in Biberach die Beispiele; vor allem an den Großbauten sind die ausgeprägten Fußaussteifungen hier nur noch an den Rückfassaden anzutreffen. An den Schauseiten ist die Gefügeausbildung durch eine aufwendige, fast ausnahmslos kopfzonige Aussteifung gekennzeichnet. Die eindeutige Bevorzugung dieser Gefügeanordnung am hohen Bauteil, verbunden mit den kurzen Fuß- und Kopfbändern am aufgesetzten niederen Bauteil, beherrscht das Biberacher Fachwerkbild bis um die Mitte des 15. Jahrhunderts.

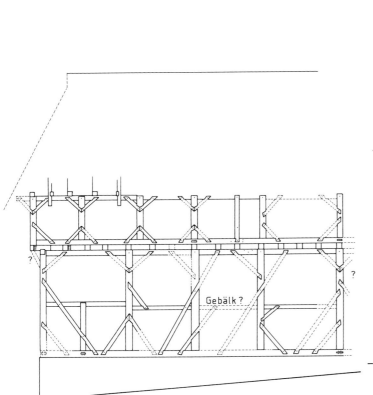

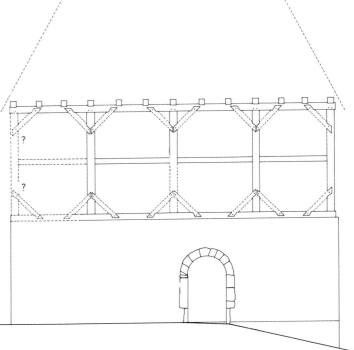

Beispiele von Ständeraussteifungen:
Schwäbisch Hall, Untere Herrengasse 2, 1289d. Traufansicht (oben). Im Gegensatz zum Aufsatz besitzt der Unterbau eine stark überladene Aussteifung der Gerüstständer.
Bad Wimpfen, Marktplatz 6, 1265/66d, Ansicht Haupttraufe (oben rechts). Ausgewogene Kopf- und Fußaussteifung der Gerüstständer.
Biberach, Schrannenstraße 10, 1341/42d, Traufansicht (rechts). Ausgepräge Kopfaussteifung der Gerüstständer.

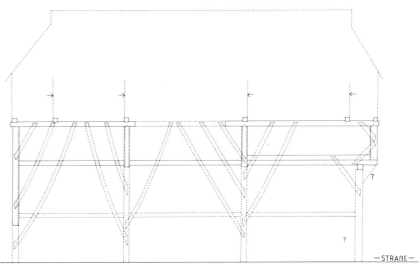

Wie für Biberach, so liegen auch für Esslingen Belege dafür vor, daß die im 14. Jahrhundert angewandte Aussteifungstechnik das Resultat einer schon im 13. Jahrhundert praktizierten Abzimmerungstechnik ist. So werden zum Beispiel die zweigeschossigen Bauteile bis weit ins 14. Jahrhundert mit hoch ansetzenden Fußbändern abgezimmert. Diesen beiden relativ gut erforschten Reichsstädten stehen diejenigen Städte gegenüber, deren Fachwerkbestände noch keine gesicherten Aussagen zur Gefügeausbildung zulassen. Für Pfullendorf, Schwäbisch Gmünd und Schwäbisch Hall liegen zwar punktuelle Belege für kopfzonige Aussteifungsvarianten vor, doch lassen gerade die lokal älteren Bauten vermuten, daß hier eine inzwischen weitverbreitete Modeabzimmerung zur Anwendung kam. Ausgeschlossen werden kann diese bislang nicht eindeutig belegte Annahme dagegen für die Städte Weinheim und Ladenburg und ganz allgemein für die nordwestlichen Fachwerkstädte. Die aus diesen Gegenden bekannte Gefügeanordnung steht zwar ebenfalls in der Tradition des 13. Jahrhunderts, doch liegen Belege für kopfzonige Aussteifungsvarianten an den Schauseiten aus diesen Gebieten bislang nicht vor.
Wie bei den Gerüsten, so erfolgte im Verlauf des 14. Jahrhunderts auch bei

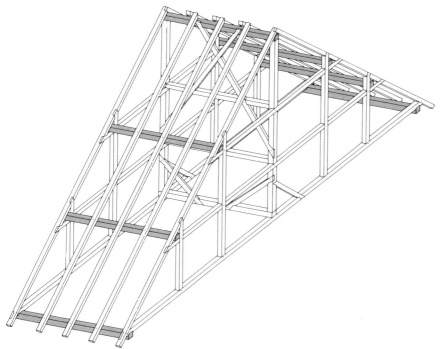

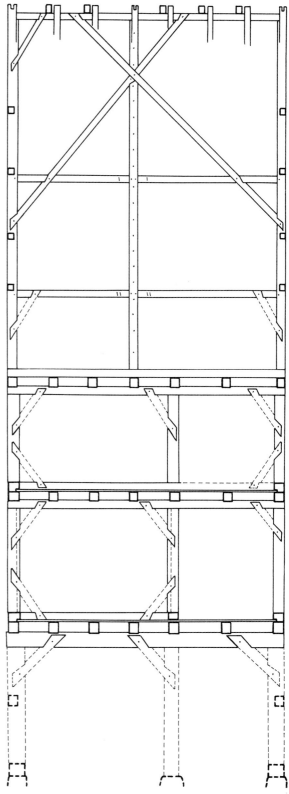

der Gefügeausbildung eine zunehmende Zergliederung der Aussteifungshölzer. Am konsequentesten wurden entsprechende Techniken und Verfahren zuerst an den Schauseiten mit den etagenweisen Auskragungen und innerhalb der einstöckigen Abzimmerungseinheiten der Mischkonstruktionen angewendet. Es sind jedoch zum Teil auch Bauten bekannt, bei denen die Begrenzung der Gefügehölzer auf die jeweiligen Etagenhöhen zuerst bei der inneren Gerüstaussteifung erfolgte. Für eine ausführlichere Beurteilung der zeitlichen und regionalen Verbreitung dieses Typs fehlen jedoch noch ausreichende Befunde.

Allen Aussteifungsvarianten des 13./14. Jahrhunderts gemeinsam ist die äußerst flache Anordnung der Gefügehölzer; die Neigungswinkel der kurzen fuß- und kopfzonigen Aussteifungshölzer betragen um 45 Grad. Erst gegen Ende des 14. Jahrhunderts wird das Gefüge zunehmend steiler eingebaut. Die im Querschnitt äußerst flach gehaltenen Aussteifungshölzer sind durch einfache Blattverbindungen an die Gerüstständer angeblattet oder mit den Ständern überblattet. In der Regel besitzt das Blatt nur einen leichten Versatz. Lediglich einige wenige Beispiele des 14. Jahrhunderts zeigen eine aufwendigere Blattgestaltung. Ausgesprochen schmuckhafte Blattverbindungen und repräsentative Fachwerkfiguren kommen erst im 15. Jahrhundert auf.

Dachwerke

Die noch erhaltenen mittelalterlichen Hausdachwerke in Baden-Württemberg zeigen mit dem Pfetten- und Sparrendach zwei grundsätzlich verschiedene Dachkonstruktionen. Dabei kann schon ab der zweiten Hälfte des 13. Jahrhunderts das Pfettendach den südlichen Landesteilen, das Sparrendach den nördlichen Gebieten zugeordnet werden.

Ein großer Vorteil des Pfettendachs besteht darin, daß über die in Firstrichtung verlaufenden Pfetten die Dachlasten mehrerer benachbarter Dachhölzer (Rofen) aufgenommen werden und damit konzentriert in das Gerüst des Unterbaus abtragbar sind. Dazu werden die Pfetten von dachhohen Firstständern, kombiniert mit bis unter die Dachschräge reichenden Stuhlständern, unterstützt. Spätestens ab der 1. Hälfte des 14. Jahrhunderts erfolgt die Anordnung von Dachfirstständer und seitlichen Stuhlständern innerhalb einer gemeinsamen Querachse, was zu einer lastabtragenden Querbinderausbildung führt. Parallel zur Abzimmerung dieser senkrechten und waagrechten Gerüsthölzer war schon bei den ältesten untersuchten Bauten eine ausgeprägte Verzimmerung von winkelsichernden Aussteifungshölzern üblich.

Beispiele von Pfettendächern:
Konstanz, Wessenbergstraße 12/II, 1314d (oben links). Die am First nebeneinanderliegenden Dachhölzer (Rofen) werden neben der Firstpfette von je zwei Mittelpfetten (auf Querhölzern in den Giebelscheiben aufliegend) und den Traufrähmen unterstützt. Kein Kehlgebälk.
Ravensburg, Marktstraße 36, 1377d, Längsschnitt (oben). Alle Pfetten werden von Ständern getragen. Außer in den Giebelscheiben unterstützen sie keine Kehlbalken (Vgl. dazu auch Abb. Seite 255 unten).

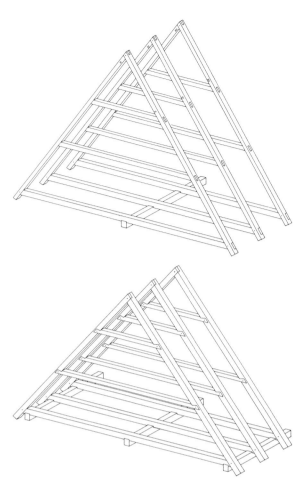

Beispiele von Sparrendächern:
Esslingen, Roßmarkt 31, 1299/1300d (ganz oben).
Selbsttragende Sparrendreiecke mit verzapften Kehlbalken.
Schwäbisch Hall, Untere Herrengasse 2, 1289d (oben).
Selbsttragende Sparrendreiecke mit angeblatteten Kehlbalken.
Schwäbisch Gmünd, Rinderbachergasse 6, 1297/98d (unten rechts). Selbsttragende Sparrendreiecke mit Sparrenunterstützungen.

Dachbinder und Dachwerkaussteifung waren demnach ab der zweiten Hälfte des 13. Jahrhunderts gängige Konstruktionselemente im Süden des Untersuchungsgebiets. Die ältesten Sparrendachkonstruktionen datieren ebenfalls in die zweite Hälfte des 13. Jahrhunderts. Erstaunlich ist, daß sie die gleichen Konstruktionsmerkmale aufweisen wie die ältesten erhaltenen Bestände von Kirchendachwerken, die aus der ersten Hälfte des 12. Jahrhunderts stammen. Anders als beim Pfettendach mit den lose verlegten Rofen, bildet jedes einzelne Sparrendreieck, bestehend aus den beiden Sparren und dem waagrechten Dachbalken, ein eigenständiges Traggerüst. Jedes dieser hintereinander aufgerichteten Traggerüste überträgt seinen jeweiligen Dachlastanteil selbständig auf die Außenwände. Dazu sind alle Sparrendreiecke, ungeachtet der Tatsache, daß die Dachbalken durch einen inneren Längsunterzug unterstützt werden, nach dem gleichen Konstruktionsprinzip abgezimmert. Entsprechend der Gebäudebreite, der gewählten Dachneigung und dem daraus resultierenden Dachquerschnitt besitzen die Dachdreiecke ein bis drei Kehlbalken, und zur Verringerung der Kehlbalkenspannweite beziehungsweise zur Verstärkung des Sparrenfußpunkts fand man verschiedene Lösungen. So sind zum Beispiel bei den ältesten Dachwerken die Sparren mit den Dachbalken überblattet, während bei den jüngeren Dächern die Sparren in die Dachbalken eingezapft werden. Diese Änderung erfolgt in Esslingen kurz nach 1300, in Schwäbisch Gmünd jedoch erst in der zweiten Hälfte des 14. Jahrhunderts. Im Vergleich zum Pfettendach ist das Sparrendach weit anfälliger für eine Längsverschiebung. Um dieser Gefahr zu begegnen, wurden recht unterschiedliche Konstruktionsvarianten angewandt. Neben der Anbringung von beidseitigen Vollwalmen sind hier vor allem die einseitigen Vollwalme in Schwäbisch Gmünd und Schwäbisch Hall sowie die beidseitig mit Steilgiebeln abgezimmerten Dachwerke, wie sie im mittleren Neckarraum und in den nordwestlichen Landesteilen üblich waren, zu vermerken. Während die Giebeldächer in Esslingen durch an die Sparrenunterseiten aufgenagelte Windrispen ausgesteift werden, erreichen die Zimmerleute das gleiche Ziel im Nordwesten durch den Einbau von Spitzständern und die dadurch im Unterbau eingespannten Giebeldreiecke. Diese im Vergleich zu den Winkelsicherungen der Unterbauten äußerst einfach konstruierten Dachwerke erfahren ab dem 14. Jahrhundert mit dem Einbau stehender Stuhlkonstruktionen eine wesentliche Verbesserung. Dabei ist bemerkenswert, daß zwischen diesen Einbauten und der Nutzung der oberen Dachebenen als Lagerflächen kein direkter Zusammenhang besteht; die Abzimmerung von Stuhlkonstruktionen diente vorrangig der Verstärkung der Dachwerkaussteifung.

Der Einbau stehender Stuhlkonstruktionen in die Sparrendächer erfolgte im Untersuchungsgebiet zu verschiedenen Zeiten und zeigt unterschiedliche Konstruktionsarten. Im Bereich der Spitzständerkonstruktionen wurden wohl schon kurz nach 1300 die in den Dachraum reichenden Spitzständer

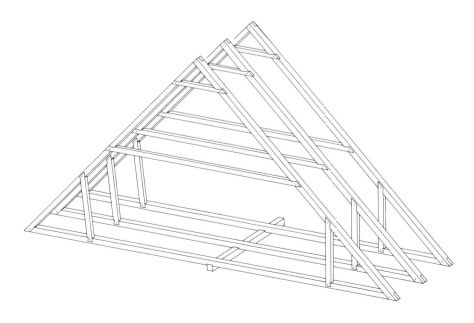

mit einer oder mehreren Riegelfolgen untereinander verbunden und durch eine aufwendige Kreuzverstrebung ausgesteift. Von diesem sogenannten einfachen, unter dem Firstverlauf angeordneten Spitzständerstuhl unterscheidet sich die zweifache Stuhlkonstruktion unter den Kehlbalkenenden. Dieses Konstruktionsmerkmal ist für den äußersten Süden schon in der zweiten Hälfte des 13. Jahrhunderts belegt, und die Technik scheint sich von hier allmählich Richtung Norden auszubreiten. So datieren die ersten Stuhlkonstruktionen im mittleren Neckarraum aus den Jahren nach 1330, während sie für Schwäbisch Gmünd und Schwäbisch Hall erst in der zweiten Hälfte des 14. Jahrhunderts belegbar sind. Bei der Mehrzahl der Dachwerke hätte die Möglichkeit bestanden, im Zusammenhang mit den Stuhleinbauten auch die Lagerkapazität im Dachraum zu vergrößern, doch bis weit ins 14. Jahrhundert wurde nur die untere Dachebene als Lagerfläche genutzt. Dies trifft auch auf die südlichen Pfettendächer zu. Im Gegensatz zu den ältesten Sparrendächern besitzen Pfettendächer zwar von jeher eine lastaufnehmende Stuhlkonstruktion, doch fehlen zur Untergliederung der Dachhöhe die auf den Pfetten aufgelegten Kehlbalken. So gehören zum Beispiel Kehlbalkeneinbauten in die Wohnhausdachwerke von Konstanz und Ravensburg noch um 1380 zu den seltenen Ausnahmen. Die nutzungsorientierte Erweiterung des Dachraums ist eine Folge des Austauschs von konstruktiven Sparren- und Pfettendachelementen. Dieser setzt im 14. Jahrhundert ein und führt durch eine ständige Optimierung unter anderem zu den mit liegenden Stühlen abgezimmerten Mischkonstruktionen, wie sie ab dem 15. Jahrhundert für die südwestdeutsche Dachlandschaft typisch sind.

Wand- und Deckenaufbauten

Aufgrund der ältesten Befunde lassen sich zwei prinzipiell verschiedene Arten von Wandaufbauten nachweisen: Die in der Mehrzahl auf Etagenhöhe unverriegelten Wände sind entweder mit einer Flechtwerk- oder einer Holzfüllung geschlossen.

Die hohen Flechtwerkwände bestehen aus armdicken Stakungshölzern. Oben sind sie in Bohrungen eingelassen, unten wurden sie in Dreiecksnuten eingetrieben, der Abstand zwischen den Staken beträgt rund 30 cm. Zur Begrenzung von Tür- und Fensteröffnungen wurden etwas stärkere Staken gewählt und im Öffnungsbereich mit Anschlägen und Fasen versehen. Die Wendebohlen der Türblätter lagern mit ihren Drehzapfen unten in Pfannen und werden oben durch angenagelte Führungen gehalten. In ähnlicher Weise wurden auch Fensteröffnungen gestaltet, wobei innen Schwenkläden angebracht wurden, deren Wendebohlen in seitlichen Führungen lagerten. Diese Bauweise ist bisher nur für die erste Hälfte des 14. Jahrhunderts belegt. Von dieser Zeit an lassen sich auch einfach verriegelte Wände nachweisen, wobei die die Fensteröffnungen begrenzenden Stiele auf die Riegel aufgestellt sind. Zweifach verriegelte Wandaufbauten sind grundsätzlich erst dem 15. Jahrhundert zuzuordnen. Gleiches gilt auch für Bruchsteinausfachungen und die im Süden weit verbreiteten Backsteinausfachungen. Aus Ravensburg ist auch die bislang älteste, aus der ersten Hälfte des 15. Jahrhunderts stammende Farbfassung der Sichtfassaden belegt.

Bisher nur im Süden des Untersuchungsgebiets anzutreffen sind Wandaufbauten aus geschoßhohen Verbretterungen. Die etwa 3,5 cm starken, untereinander gespundeten Bretter sind in der Mehrzahl liegend, vereinzelt – nach allerdings lückenhaften Befunden – auch stehend verbaut. In beiden Fällen werden die Bretter in kantig ausgehobelten Nuten gehalten, wobei die in den Bretterwänden ausgesparten Türöffnungen nach dem bei den Flechtwerkwänden angewendeten Prinzip verschließbar sind. Gesicherte Belege für Fensteröffnungen liegen zur Zeit noch nicht vor. Für die nördlichen Hausbauten konnten bislang noch keine Bretterfüllungen nachgewiesen werden. Nach den vorliegenden Befunden beschränken sich die abwechselnd aus Ständern und stehenden Brettern erbauten Stabbauwände ebenfalls auf die Bauten im Süden. Gesicherte Aussagen hinsichtlich ihrer Anwendung liegen aber erst aus der zweiten Hälfte des 14. Jahrhunderts vor.

Besondere Beachtung verdienen die verbohlten Wandaufbauten; deren Bohlen besitzen eine Stärke zwischen 8 und 14 cm und sind ähnlich wie die Bret-

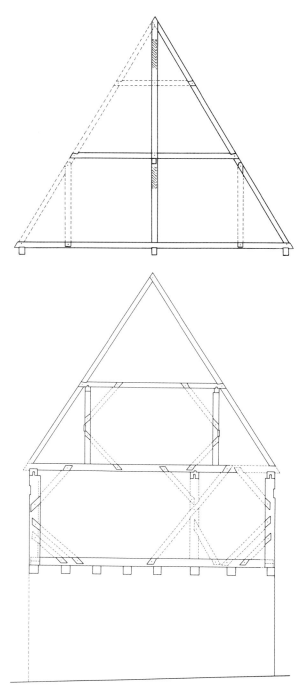

Beispiele von Sparrendächern:
Weinheim, Marktplatz 18, 1343/44d, Querschnitt (ganz oben). Sparrendach mit eingebautem Spitzständerstuhl.
Leonberg, Zwerchstraße 11, 1342d, Giebelansicht (oben). Sparrendach mit eingebautem, zweifach stehendem Stuhl.

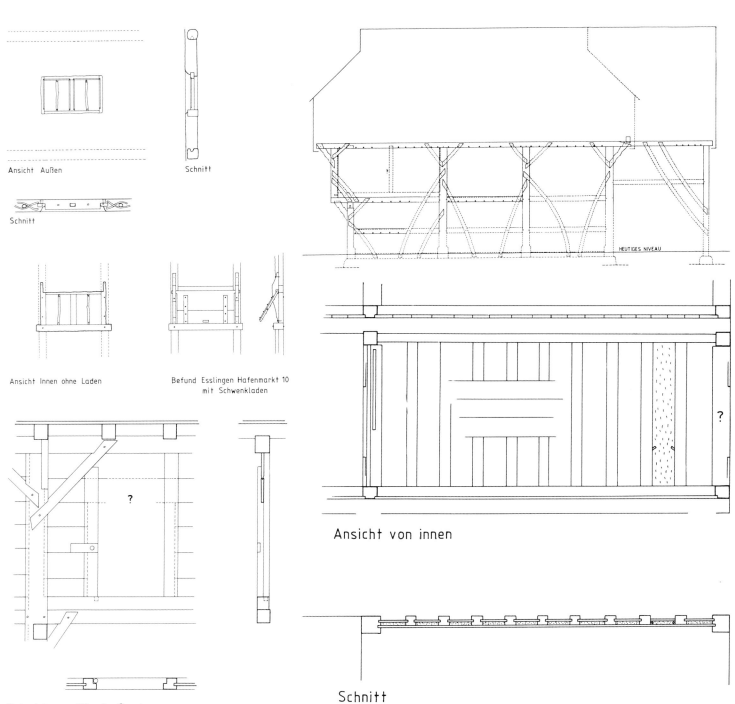

Ansicht Außen

Schnitt

Schnitt

Ansicht Innen ohne Laden

Befund Esslingen Hafenmarkt 10
mit Schwenkladen

?

Ansicht von innen

Schnitt

Beispiele von Wandaufbauten:
Esslingen, Hafenmarkt 6/8, 1330/31d (ganz oben). Geschoßhohe Flechtwerkwand mit Doppelfensteröffnung zwischen zwei Stielen. Der Verschluß erfolgte durch einen innen angebrachten Schwenkladen, wie er im zeitgleichen Gebäude Hafenmarkt 10 erhalten ist.
Biberach, Zeughausgasse 4, 1318/19d (oben). Geschoßhohe Bretterwand mit Türöffnung. Die Bretter sind untereinander gespundet, das ehemalige Türblatt mit Wendebohle lagerte unten in einem Drehzapfen.
Beispiele von Wandaufbauten:
Biberach, Zeughausgasse 4, 1318/19d (oben rechts). Traufansicht. Einfach verriegelte Flechtwerkwand im Erdgeschoß. Rückwärtiger Anbau von 1353/54d.
Ravensburg, Marktstraße 36, 1377d (unten rechts). Stabbauwand im Bereich der Stube. In die Nuten der Stiele sind stehende Bretter eingebaut, die Holzkeile in den Brettern tragen einen Lehm-Stroh-Auftrag. Den Abschluß bilden waagrecht aufgenagelte Bretter. Beide Brettfüllungen lagern in Doppelnuten der äußeren Gerüstständer. (Vgl. dazu auch Abb. Seite 255 unten)

ter in nahezu allen Fällen liegend verbaut. Ihre Verwendung beschränkt sich im historischen Hausbau auf Räume von besonderer Wichtigkeit, und dabei handelt es sich meist um die Wohnstuben. Die Fensteröffnungen sind in die starken Bohlen eingeschnitten. In der Regel wurden mehrere kleine Ausschnitte nebeneinander angeordnet. Aus dem späten 13. Jahrhundert sind bis heute kleine spitzbogige Öffnungen, aus dem frühen 14. Jahrhundert größere rechteckige Ausschnitte bekannt. Die erkerartigen Fenster auf leicht vor die Gebäudeflucht vorstehenden Brust- und Sturzriegeln werden wohl erst im 14. Jahrhundert zur gängigen Stubenbelichtung.
Die starken Wandbohlen bilden gleichzeitig die Auflager für eine vom eigentlichen Deckengebälk unabhängige Stubendecke. Der Deckenaufbau selbst besteht aus nebeneinander verlegten Balken mit seitlichen Nuten, in die zwischen den Balken verlegte Bretter eingelassen sind. Diese wechselweise Anordnung von Balken und Brett verläuft in der Regel im rechten Winkel zu dem darüber in einem gewissen Abstand verlegten Deckengebälk und überspannt die Stube in leichter Wölbung. Bereits bei den ältesten Beispielen

262

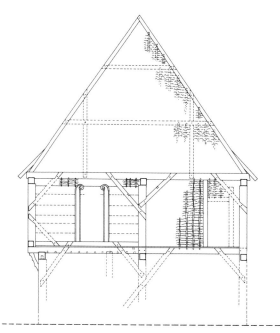

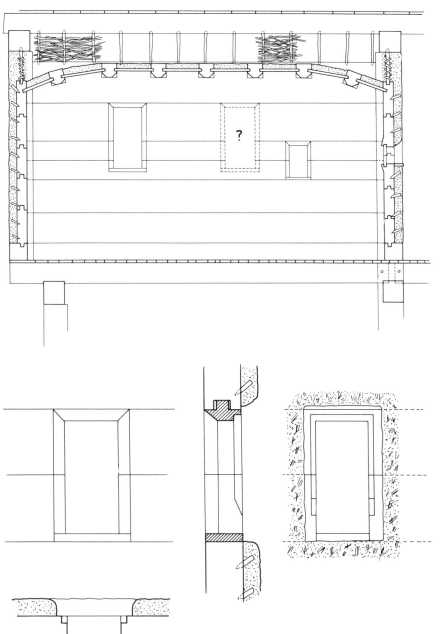

Beispiele von Bohlenwänden:
Esslingen, Obertorstraße 74, 1348/49d (oben links).
Querschnitt durch die Stube mit Innenansicht der Giebelwand.
Esslingen, Obertorstraße 74, 1348/49d, Querschnitt (oben). Bohlen im Stubenbereich und Flechtwerk im Küchenbereich, beide Wandaufbauten mit Lehmauftrag und Türöffnung. (Vgl. dazu als Beispiel einer sichtigen Bohlenwand Esslingen, Apothekergasse 5, Seite 255, Abb. oben).
Esslingen, Obertorstraße 74, 1348/49d (links). Detail einer Fensteröffnung in der Bohlenwand.

tragen die Balken ornamentalen Schmuck verschiedenster Art. Zur Speicherung der Raumwärme ist auf den Bretteroberseiten eine Lehmschicht oder ein Kalkestrich aufgebracht. Dem gleichen Zweck dienen auch die Blindbodeneinbauten im Bereich des unter der Stube verlegten Deckengebälks. Im Norden wurden dazu mehrheitlich Stakungen mit einer Lehmumwicklung benutzt, während bei den südlichen Häusern in der Mehrzahl eingenutete Bretter mit Lehm- oder Kalkauftrag anzutreffen sind. Ob auch die Stubenwände einen Isolierauftrag besaßen, ist zur Zeit noch nicht eindeutig nachgewiesen, kann jedoch angenommen werden. Im Verbund mit den Wandbohlen bildet die Balken-Bretter-Decke einen in das Ständergerüst eingefügten Holzkasten, der wegen seiner anspruchsvollen Technik nur für den Bau wichtiger Räume, so etwa der Wohnstuben, in Frage kam. Der Deckenaufbau der übrigen Räume besteht lediglich aus einer auf dem Deckengebälk aufgelegten Dielung, die mehrheitlich mit Holznägeln aufgenagelt wird. In den Jahrzehnten um 1300 überwiegt die gespundete Verbindung der rund 3,5 bis 5 cm starken Dielen, während die gefalzte Ausführung wohl erst ab dem späten 14. Jahrhundert angewandt worden zu sein scheint.

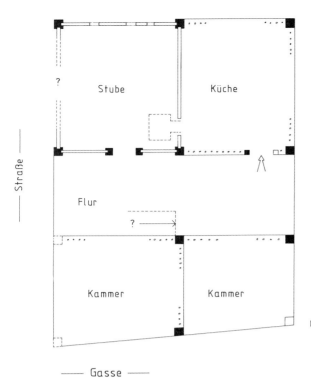

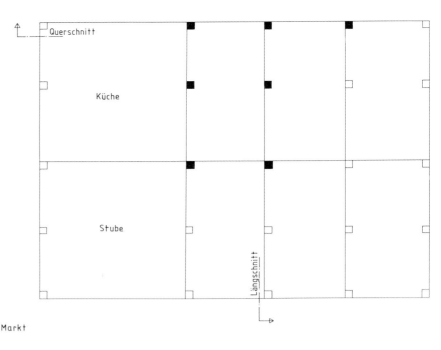

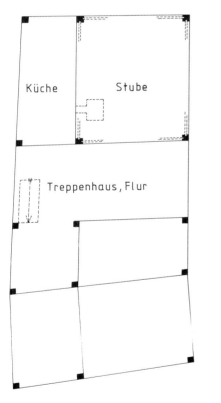

Beispiele von Grundrißgliederungen und Nutzungen:
Esslingen, Obertorstraße 674, 1348/49d (ganz oben).
Dreizoniger Grundriß mit Stuben-, Flur und Kammerzone.
Esslingen, Hafenmarkt 10, 1331–33d (oben). Vierzoniger Grundriß mit Wohn-, Flur- und Kammer(Lager)bereich.
Biberach, Marktplatz 7, 1293/94d (oben rechts). Ständergerüst mit weitgehend ungeklärter Grundrißgliederung. Lediglich die Stube und die Küche können in ihren ursprünglichen Ausmaßen bestimmt werden.

Nutzungen

Nähere Aussagen über die Nutzung der erhaltenen Bauwerke sind, wo Schriftquellen und eindeutige Befunde fehlen, vor allem über die Auswertung der noch erkennbaren Grundrißgliederung, der vertikalen Baustruktur und der Lage innerhalb des Siedlungsgefüges möglich. Entscheidendes Merkmal eines Wohngebäudes ist im Südwesten die durch einen Kachelofen heizbare Stube, die in Verbindung zu einer Herd- oder Küchenanlage steht. Berücksichtigt man, daß Stuben nicht ausschließlich Teil einer Wohnung, sondern zum Beispiel auch Rats- und Trinkstuben sein konnten, so erkennt man eine ehemalige Stube an ihrem verbohlten Wandaufbau und an der beim Fachwerkbau vom Dachgebälk unabhängig eingebauten Stubendecke, und zwar gerade auch an den dadurch notwendigen Vorrichtungen am Holzgerüst. Verbohlte Stuben sind ab dem 13. Jahrhundert belegt und im städtischen Wohnbereich bis um die Mitte des 16. Jahrhunderts nachweisbar. Die Stube selbst befindet sich in der Regel in der zweiten Etage, doch nicht selten findet sich bereits bei den ältesten Beispielen eine weitere, im Erdgeschoß angelegte Stube. Bemerkenswert ist, daß das Untersuchungsgebiet im Bereich der Stubenverbohlung keine einheitliche Befundlage aufweist. Weder aus dem Rheingraben noch aus dem nördlichen Baden sind bislang verbohlte Stuben bekannt. Uneinheitlich ist daneben auch die Lage der Stube. Dies gilt vor allem für das südliche Baden; hier scheint sich, hauptsächlich bei den ärmeren Schichten, das Wohnen schwerpunktmäßig auf das Erdgeschoß beschränkt zu haben.

Der aus Stube und Küche bestehende zentrale Wohnbereich ist an den durch das Ständergerüst gegebenen Grundriß gebunden. Ab dem 14. Jahrhundert entsteht mit der Gerüstgliederung durch drei Längsachsen mit jeweils vier Ständern und durch vier Querachsen mit jeweils drei Gerüstständern gleichsam der Grundtyp für den Hausbau. An dem dadurch entstandenen Grundriß mit seinen drei Zonen und den zwei Schiffen kann in der zweiten Etage an der repräsentativen Hausseite die Stube abgelesen werden. Die der Stube funktional zugehörige Küche befindet sich dann entweder im benachbarten Schiff oder innerhalb der rückwärtigen Zone. Der Treppenaufgang und weitere Kammern liegen grundsätzlich in der mittleren Zone oder beanspruchen die Fläche der abschließenden dritten Zone. Im Erdgeschoß sind vorrangig Wirtschafts- und Gewerbeflächen angelegt.

Um die gesellschaftliche Stellung der Nutzer richtig abschätzen zu können, muß auf auffällige Abweichungen von diesem Grundrißstandard geachtet werden. Schon für das 13. und 14. Jahrhundert läßt sich bei den erweiterten Grundrissen eine zum Teil bereits wieder traditionelle und wohl nutzungsbedingte Variationsbreite feststellen. Dazu gehören etwa die vierzonigen

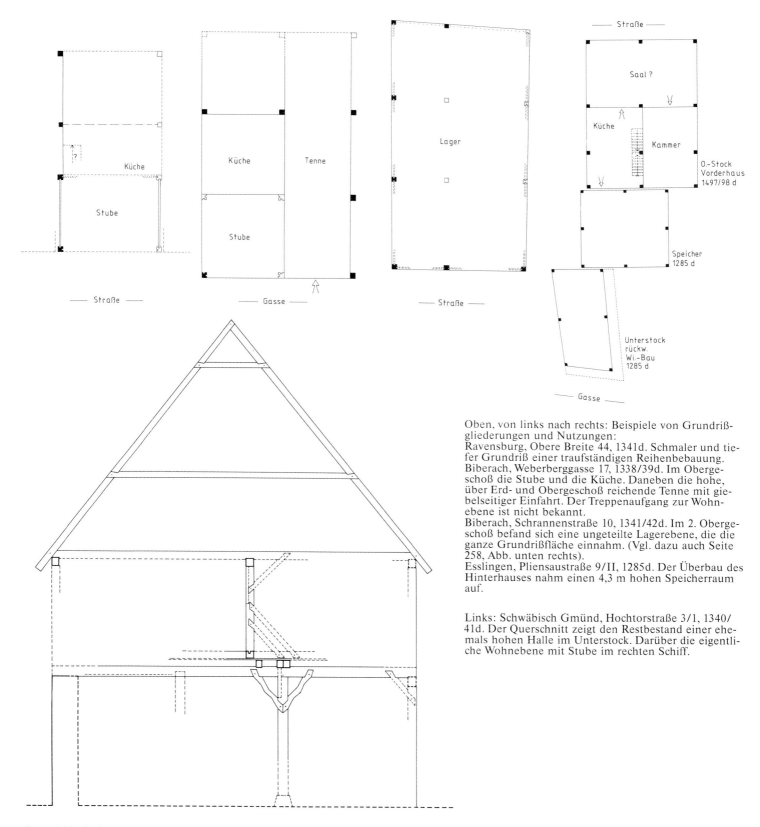

Oben, von links nach rechts: Beispiele von Grundrißgliederungen und Nutzungen:
Ravensburg, Obere Breite 44, 1341d. Schmaler und tiefer Grundriß einer traufständigen Reihenbebauung.
Biberach, Weberberggasse 17, 1338/39d. Im Obergeschoß die Stube und die Küche. Daneben die hohe,
über Erd- und Obergeschoß reichende Tenne mit gie-
belseitiger Einfahrt. Der Treppenaufgang zur Wohnebene ist nicht bekannt.
Biberach, Schrannenstraße 10, 1341/42d. Im 2. Obergeschoß befand sich eine ungeteilte Lagerebene, die die
ganze Grundrißfläche einnahm. (Vgl. dazu auch Seite
258, Abb. unten rechts).
Esslingen, Pliensaustraße 9/II, 1285d. Der Überbau des
Hinterhauses nahm einen 4,3 m hohen Speicherraum
auf.

Links: Schwäbisch Gmünd, Hochtorstraße 3/1, 1340/
41d. Der Querschnitt zeigt den Restbestand einer ehemals hohen Halle im Unterstock. Darüber die eigentliche Wohnebene mit Stube im rechten Schiff.

Grundrißgliederungen der Esslinger Hausbauten oder die dreischiffigen
Gliederungen der Biberacher Fachwerkhäuser. Unterschiede zu den Stan-
dardbauten sind aber auch bei der vertikalen Nutzungsgliederung auszumachen. Ähnlich wie beim Grundriß zeigen sich schon um 1300 regionale
Typenbildungen, die sich in der Regel an der angewandten Gerüstkonstruktion ablesen lassen. So wurden zum Beispiel in Biberach innerhalb der zweigeschossigen Bauteile hohe Tennen mit zumeist giebelseitigen Einfahrten
geschaffen und in den aufgesetzten Bauteilen geräumige Lagerflächen angelegt. Bei den Esslinger Bauten liegen im Unterstock großflächige Hallen und

BADEN-WÜRTTEMBERG
Dendrochronologisch datierter Fachwerkbestand bis 1300

Esslingen	Heugasse 3	1261/62 d
Bad Wimpfen	Marktplatz 6	1265/66 d
Esslingen	Webergasse 8	1266/67 d
Esslingen	Pliensaustraße 9/I	1285 d
Esslingen	Peterlinggasse 1	1285/86 d
Schwäbisch Hall	Untere Herrengasse 2	1289 d
Biberach	Marktplatz 7	1293/94 d
Schwäbisch Hall	Untere Herrengasse 5	1297 d
Schwäbisch Gmünd	Rinderbachergasse 6	1297/98 d
Esslingen	Ehnisgasse 18	1297/98 d
Esslingen	Roßmarkt 31	1299/1300 d

Dendrochronologisch datierter Fachwerkbestand 1301–1350

Esslingen	Ehnisgasse 4	1301/02 d
Konstanz	Hussenstraße 24	1301/02 d
Saulgau	Eckstraße 7	1306/07 d
Schwäbisch Gmünd	Milchgäßle 20	1308 d
Schwäbisch Gmünd	Rinderbachergasse 50	1308/09 d
Schwäbisch Gmünd	Kornhausstraße 31	1309 d
Schwäbisch Gmünd	Seebaldstraße 5	1310 d
Überlingen	Luciengasse 8	1314 d
Konstanz	Wessenbergstraße 10	1314 d
Konstanz	Wessenbergstraße 12/I	1314 d
Konstanz	Wessenbergstraße 12/II	1314 d
Schwäbisch Hall	Am Markt 11/I	1315 d
Biberach	Karpfengasse 8	1318/19 d
Biberach	Zeughausgasse 4	1318/19 d
Konstanz	St.-Stephansplatz 29	1325 d
Esslingen	Hafenmarkt 5	1328/29 d
Biberach	Schrannenstraße 12	1330/31 d
Esslingen	Hafenmarkt 6/8	1330/31 d
Esslingen	Mittlere Beutau 3/I	1330/31 d
Konstanz	Katzgasse 13	1330/31 d
Esslingen	Hafenmarkt 4	1331/32 d
Esslingen	Hafenmarkt 10	1331-33 d
Schwäbisch Gmünd	Buhlgäßle 6	1333 d
Esslingen	Unt. Metzgerbach 10	1336/37 d
Schwäbisch Hall	Langestraße 14	1336/37 d
Biberach	Webergasse 21	1337/38 d
Schwäbisch Gmünd	Rinderbachergasse 39	1337/38 d
Bebenhausen	Forsthaus	1338/39 d
Biberach	Webergasse 17	1338/39 d
Esslingen	Landolinsgasse 9	1339 d
Schwäbisch Gmünd	Nikolausgasse 1	1339 d
Biberach	Ochsenhauser Hof	1339/40 d
Ravensburg	Marienplatz 39	1339/40 d
Schwäbisch Gmünd	Marktplatz 31	1340 d
Bebenhausen	Beim Schloß 17	1340/41 d
Schwäbisch Gmünd	Hochtorstraße 3/1	1340/41 d
Schwäbisch Hall	Zollhüttengasse 7	1340/41 d
Ravensburg	Obere Breite 44	1341 d
Biberach	Schrannenstraße 10	1341/42 d
Schwäbisch Gmünd	Rinderbachergasse 37	1341/42 d
Leonberg	Zwerchstraße 11	1342 d
Esslingen	Apothekergasse 5	1342/43 d
Konstanz	Tirolergasse 14	1343 d
Weinheim	Marktplatz 18	1343/44 d
Biberach	Consulentengasse 11	1344/45 d
Esslingen	Rathausplatz 11/II	um 1345 d
Schwäbisch Gmünd	Buhlgäßle 8	1345/46 d
Esslingen	Webergasse 17	1346/47 d
Esslingen	Apothekergasse 7	1347 d
Markgröningen	Schloßgasse 8	1347 d
Schwäbisch Gmünd	Hospitalgasse 24	1347 d
Bad Canstatt	Brählergasse 21	1348 d
Esslingen	Obertorstraße 74	1348/49 d
Endingen	Obere Kirchstraße 7	1350 d

im zweigeschossigen Überbau kleinräumige Lager. Mit den Esslinger Bauten vergleichbar sind die hohen Hallen aus Schwäbisch Hall, Schwäbisch Gmünd, Saulgau und Pfullendorf.

Das Umfeld

Die Auswertung der Grundriß- und Baustruktur wird ergänzt durch Beobachtungen zur Lage der Bauwerke innerhalb der historischen Siedlungsstruktur. Die Mehrzahl der Großbauten mit ihrer verhältnismäßig bescheidenen Wohnnutzung und den überdimensionalen Lagerflächen liegt in der Regel am zentralen Ort in der Stadt, in unmittelbarer Nähe des Markts oder an einer der Handelsstraßen, die durch die Stadt führen. Diese Bauwerke dokumentieren zweifellos die Wohn- und Wirtschaftsweise reicher Kaufmannsfamilien. Daß sich Wohnen und Wirtschaften nicht auf die eben beschriebenen Gebäude beschränkte, belegen einzelne Beispiele aus Esslingen und Überlingen. Wie später die steinernen Speicherbauten auf den rückwärtigen Grundstücksflächen in Konstanz und Ravensburg, so dienten auch manche rückwärtigen Fachwerkbauten rein gewerblichen Zwecken. Für diese Annahme spricht, daß der Nachweis einer ehemaligen Wohnnutzung nicht gelang; eine zusätzliche Bestätigung erbringt die vorliegende Baustruktur: So verfügt das Esslinger Beispiel auf einer annähernd quadratischen Grundrißfläche über einen rund 4,3 m hohen aufgeständerten Hohlraum ohne jegliche Unterteilung. Gerade diese Befunde zeigen auch, wie schwierig es ist, über allgemein gehaltene Aussagen hinaus, lediglich aufgrund der Bauwerkbefunde, zuverlässig etwas über die Funktion eines Gebäudes sagen zu wollen. Das galt zum Beispiel auch für das Haus aus Bad Wimpfen. Angesichts seiner zentralen Lage und der in beiden Fachwerkebenen ungeteilten und unbeheizbaren Flächen, dann auch wegen seiner repräsentativen Gerüst- und Gefügegestaltung, dürfte es sich wohl bei dem Gebäude am ehesten um einen Verwaltungsbau in der Art eines Rathauses oder einer Gerichtslaube gehandelt haben.

Neben diesen großen mittelalterlichen Baukomplexen, die sich im Zug der baulichen Verdichtung der Stadtkerne in die Höhe und auf den abgemessenen Parzellen in die Tiefe entwickeln, werden die Hausbauten gegen die Randlagen des städtischen Siedlungsgefüges hin zunehmend kleiner. Das zeigt sich besonders schön am erhaltenen Bestand in den planmäßig angelegten Vorstädten. Als geradezu klassisches Beispiel darf hier die Unterstadt von Ravensburg gelten, in der ab der ersten Hälfte des 14. Jahrhunderts regelrechte Reihensiedlungen von schmalen Handwerkerhäusern angelegt werden. In diesem Zusammenhang ist auch der Esslinger Befund aus der Pliensau-Vorstadt zu sehen. Nicht nur seine Randlage, auch die im städtischen Hausbau um 1300 bereits veraltete Firstständerkonstruktion weist eindeutig auf sozial und wirtschaftlich schlechter gestellte Hausbewohner hin.

Schlußfolgerung

Werden die aus den ältesten erhaltenen Fachwerkbauten gewonnenen Einzelaussagen zusammengefaßt, so ist als allgemeingültiges Ergebnis folgendes festzustellen: Der Fachwerkbau historischer Bauten in den südwestlichen Städten verrät an der Wende vom 13. zum 14. Jahrhundert eine hochentwickelte und in jeder Hinsicht vielfältige Abzimmerungstechnik. Er spiegelt sowohl regional wie auch lokal weit in die Vergangenheit zurückreichende Bautraditionen wider, die es generell verbieten, dem frühen Holzbau den Stempel einer mittelalterlichen Altertümlichkeit und Bescheidenheit aufzudrücken. Das Gegenteil ist der Fall. Gerade für die untersuchte Zeitspanne ist ab den ersten Jahrzehnten des 14. Jahrhunderts eine breit gefächerte Holzbaukonjunktur zu vermerken. Daß dabei nicht selten alte Steinarchitekturen durch Fachwerkbauten ersetzt werden, unterstreicht die dem Holzbau zugeschriebenen Qualitäten. Diese Qualitäten zumindest in Ansätzen aufzuzeigen, war Gegenstand der vorliegenden Ausführungen.

BURGHARD LOHRUM

Baumaterial

Nter dem Namen der Bau-Materialien wird allerley Zeug verstanden, woraus ein Bau bestehet, nemlich Holtz / Steine / Ziegel / Sand / Kalck / und allerhand Metallen; welches alles bey Zeiten zur Stelle geschaffet werden muß, damit wann man nun im Bau begriffen, darüber keine Hinderung fürfallen, sondern alles in einer richtigen Ordnung fein hurtig von statten gehen möge.

So beginnt das Kapitel über das Baumaterial im »Allgemeiner Kluger und Rechts-verständiger Haus-Vatter« des Francisci Philippi Florini. Es wurde 1722 im Sinn der Aufklärung als Anleitung für den bauwilligen Hausvater verfaßt. Uns gibt es eine Vorstellung von der Art der Auswahl, der Vorbereitung und der Verwendung traditioneller Baumaterialien im frühen 18. Jahrhundert.

Das Werk stammt zwar aus der Barockzeit, darf aber mit Fug und Recht auch als Quelle für das mittelalterliche Bauwesen herangezogen werden. Obwohl seit dem Mittelalter für Dachkonstruktion, Brückenbau oder Wölbetechnik neue Lösungen gefunden wurden, hat sich das Spektrum der Baumaterialien nicht wesentlich verändert. Die wenigen technologischen Fortschritte in der Baustoffproduktion — man denke etwa an verbesserte Brennöfen bei der Kalk- und Ziegelherstellung oder an den Einsatz von Schwarzpulver im Steinbruch — haben vor allem das Angebot vergrößert.

Erst im 19. Jahrhundert werden dank der Massenproduktion von Gußeisen, Walzstahl, Glas und Zement ganz neuartige Konstruktionen möglich (Glashäuser, Stahlskelette). Stahl, Beton und die neu hinzugekommenen Buntmetalle und Kunststoffe verdrängen im 20. Jahrhundert die herkömmlichen Baumaterialien weitgehend.

Die Liste der traditionellen Baumaterialien umfaßt Holz, Stein und Lehm, Ziegeleikeramik, Kalk, Sand, Gips, Metalle und Glas, daneben diverse organische Materialien wie Stroh, Laub, Moos, Häute, Leder, Haare, Textilien sowie Pflanzenfasern für Schnüre und Seile, dann auch Harz, Wachs und Knochenleim. Diese wenigen Werkstoffgruppen bestimmten früher das Bauwesen. Auf die Frage, welches Baumaterial wann und wozu eingesetzt worden ist, gibt es zwei Antworten. Die erste lautet: In der Stadt um 1300 sind alle genannten Baumaterialien bekannt und werden auch eingesetzt. Die zweite Antwort stellt eine Einschränkung der ersten dar: Die Verfügbarkeit der Baumaterialien entscheidet letztlich über deren Wahl. Diese Verfügbarkeit ist abhängig vom Angebot, von der Finanzkraft der Bauherren, vom technischen »Gewußt wie« und von einigen sozialrechtlichen Einschränkungen.

Das Angebot

Es war eine grundlegende Frage, ob die Stadt oder der Stadtherr seinen Bürgern Bauholz zur Verfügung stellte oder ob ein Monopol die Nutzung des Waldes einschränkte. Im allgemeinen waren die Waldbestände im schweizerisch-süddeutschen Raum ausreichend. Engpässe konnte es geben, wenn viele Bauherren gleichzeitig bauen wollten, zum Beispiel unmittelbar nach Stadtgründungen oder Stadtbränden.

An Steinen fehlte es nicht. Fast überall konnte man Bruch- und Hausteine in Steinbrüchen oder aus Moränenblöcken und Findlingen gewinnen. Meistens behalf man sich aber mit den billiger zu beschaffenden Lesesteinen aus

Der Wasserweg war im Mittelalter und bis in die frühe Neuzeit die bequemste und einfachste Transportverbindung, die Landwege hingegen waren schlecht ausgebaut. Es war mühsam, schwere Güter über weite Strecken zu karren. Längere Transportwege wirkten sich schnell auch auf die Baukosten aus. Deswegen versorgten sich See- und Flußstädte vorzugsweise auf dem Wasserweg. Zürich wurde vom 12. Jahrhundert an auf dem Seeweg mit Hausteinen beliefert. Schon früh sicherte sich die Stadt Rechte an Steinbrüchen am oberen Zürichsee. Zum Entladen der schweren Steinblöcke aus dem Lastenkahn wurde in Zürich eigens ein Kran mit Tretrad eingerichtet, wie der Ausschnitt aus dem Stadtprospekt von Jos Murer von 1576 zeigt. Auch Kalkstein wurde zeitweise am See bei Thalwil gebrochen, gebrannt und in Fässern nach Zürich verschifft.

Flußbetten oder Äckern. So war man denn auch nirgends gezwungen, wegen Steinmangels auf die Backsteinproduktion auszuweichen, wie zum Beispiel in Norddeutschland. Aber dennoch gehört der hier behandelte Raum nicht zu den traditionellen Steinbaugebieten: die Holzbautradition behauptet sich in den mittelalterlichen Städten hartnäckig bis ins 16. Jahrhundert hinein. Eine wichtige Rolle bei der Versorgung mit schwerem Steinmaterial spielten auch die Transportwege; See- und Flußstädte versorgten sich vorzugsweise auf dem Wasserweg.

Auch an brennbarem Lehm bestand kaum Mangel. Dies belegen die vielen Ziegeleien, die vor allem im 19. Jahrhundert entstanden sind. Die Lehmgruben mit dem geeigneten Rohstoff lagen aber nicht immer in idealer Nähe zur Stadt. Deshalb wurden die Gruben häufig erst nach dem Ausbau eines leistungsfähigen Verkehrsnetzes ausgebeutet. Backsteine wurden in Süddeutschland und der Schweiz im Mittelalter darum verhältnismäßig selten verwendet. Die städtischen Ziegeleien konzentrierten sich primär darauf, die Nachfrage nach Dachziegeln, Herd- und Kaminsteinen zu befriedigen. Das hatte seinen Grund: Der Energiebedarf einer Ziegelei war groß und stand in Konkurrenz zur Brennholzversorgung einer Stadt.

Überall, wo Kalkstein vorhanden ist, kann auch Kalk gebrannt werden. Auch Tuffstein und sogar Marmorspolien aus antiken Abbruchobjekten wurden zu Kalk gebrannt. Gebrannter Kalk, mit Wasser gelöscht und mit Sand vermischt, ergibt schließlich den Mauer- und Verputzmörtel.

Das Bergwerkregal für abbauwürdige Erzvorkommen lag häufig in den Händen weltlicher und geistlicher Herren oder bei Klöstern, im Spätmittelalter bei Kaufleuten und Großunternehmern, kaum je bei der Stadt selbst. Deswegen waren die Stadtbürger bei der Belieferung mit Metallen auf den Handel angewiesen. Wichtig war auch das Altmetallangebot.

Die Kosten

Das Bauen war, nicht anders als heute, eine Frage der Finanzkraft des Bauherrn. Klöster oder Adlige konnten sich für ihre Stadtresidenzen exklusiveres Baumaterial leisten als gewöhnliche Handwerker. Wer es bezahlen konnte, ließ das gewünschte Baumaterial einführen, oder man zog gar für den Bau einen auswärtigen Fachmann zu. Nebst der Größe des Hauses und dem Aufwand für die Verarbeitung (Schmuck, Zier) war seit je die Wahl des Baumaterials ein sichtbares Zeichen für den Reichtum des Bauherrn. In der wohlhabenden Handelsstadt entstanden denn auch bessere Häuser als im ärmlichen Burgstädtchen. Wie Reichtum sich unmittelbar in der Bauweise niederschlug, zeigt sich etwa am Beispiel der Schweiz, wo nach dem Sieg über Karl den Kühnen in den Burgunderkriegen die dabei erbeuteten Schätze am Ende des 15. Jahrhunderts einen wahren Bauboom auslösten.

Die Gestehungskosten bestimmten wesentlich auch die Hierarchie der verschiedenen verwendeten Baustoffe. Bessere Häuser wurden mit Vorliebe in Stein oder in aufwendigem Fachwerk gebaut, einfachere Handwerkerhäuser nur in Holz. Im frühen und hohen Mittelalter war die Steinbauweise lediglich im Zusammenhang mit sakraler oder herrschaftlicher Bautätigkeit anzutreffen. So besaß etwa das Städtchen Sülchen, das im 13. Jahrhundert zugunsten der neugegründeten Stadt Rottenburg aufgegeben wurde, noch keine Steinbauten.

Auch eine Hierarchie der Bodenbeläge ist festzustellen: Repräsentationsräume wurden mit reliefierten Fliesen gekachelt, während Flure und Küchen in Bauten reicher Leute Mörtelböden erhielten. Weniger anspruchsvoll waren Pflästerungen und Holzböden, und ganz unten auf der Liste standen Lehmtrampelböden oder Erdböden.

Für das Dach gilt ähnliches: Metalldächer wären zwar unübertrefflich gewesen, waren aber praktisch unerschwinglich. Ein Ziegeldach ist teurer, aber auch dauerhafter als ein Schindeldach. Bessere Bürgerhäuser waren mit Hohlziegeln gedeckt. Reicher ausgestattete Repräsentationsbauten mit aufwendigen steilen Dachstühlen deckte man mit Flachziegeln, die — wenn der Anspruch es erforderte — sogar glasiert wurden. Die meisten Bürgerhäuser waren aber bis zum Ende des Mittelalters — wiederholt bekräftigte Bauvorschriften belegen es — mit Schindeln gedeckt.

Vom 14. Jahrhundert an gaben sich die Städte Baugesetze und erließen entsprechende Vorschriften. Insbesondere aus Angst vor Stadtbränden wurden vielerorts feuersichere Baumaterialien vorgeschrieben und oft sogar subventioniert.

Kenntnisse und Fertigkeiten

Im städtischen Bauwesen um 1300 waren spezialisierte Handwerker gefragt. Das enge und organisierte Zusammenleben in der Stadt hat die Arbeitsteilung gefördert und damit die Lösung komplexerer Bauaufgaben ermöglicht. Was bis dahin nur Klöstern mit ihrer streng geregelten Arbeitsteilung möglich war oder hochspezialisierten Bauhütten, die wie Generalunternehmer für die allerreichsten Auftraggeber tätig waren, das konnten sich dank dem Zusammenspiel spezialisierter Fachkräfte in der Stadt nun auch Bürger leisten.

Engpässe und Lieferschwierigkeiten waren jedoch nicht selten. In den Zieglerordnungen etwa schlägt sich deutlich nieder, daß man versuchte, den Ziegler zur Produktion einer Mindestmenge zu verpflichten und die Preise möglichst niedrig zu halten. Solche Abmachungen führten regelmäßig zu Konflikten. Vielfach wurden die Ziegler von der Stadt sogar vereidigt, um zu gewährleisten, daß die Vorschriften eingehalten wurden. Nicht selten kam es auch vor, daß Ziegler von einer anderen Stadt abgeworben wurden. Für die Schweiz und Süddeutschland läßt sich die frühere Annahme nicht erhärten, wonach die Backsteintechnik nur durch die großen europäischen Orden der Zisterzienser und Prämonstratenser eingeführt worden wäre. Es scheint vielmehr, daß der Adel, vorab die Zähringer, den Backsteinbau gefördert haben. Hingegen haben die Klöster diesen Impuls sogleich aufgegriffen und die Backsteintechnik zur Hochblüte entwickelt. Wenn man zu verstehen versucht, warum der Backsteinbau im 13. Jahrhundert an einem Ort jeweils nur kurz und in begrenztem Umfang in Erscheinung tritt, so gewinnt man den Eindruck, ein wandernder Ziegelhüttentrupp habe nach Bedarf da und dort gearbeitet. Ferner macht es den Anschein, als sei es dem Trupp in St. Urban LU dabei gelungen, ein Zentrum der Backsteinkultur zu schaffen, bevor er kurz darauf weiterzog. Dafür spricht zum einen die Tatsache, daß der Backsteinbau fast wie eine Welle über jeweils einen Ort hinweggeht und dann wieder abebbt. Zum andern ist es die auffällige Übereinstimmung der Formate und Formen im 13. Jahrhundert, die sowohl für Backsteine wie für Bodenplatten und Dachziegel gilt. Weil außer den Klöstern kaum jemand in der Lage war, die offenbar hochstehende Ziegelhüttenorganisation weiterhin aufrechtzuerhalten, blieb in den Städten nach Abzug des Trupps bestenfalls eine kleine Ziegelhütte mit einem Ziegler bestehen.

Bedeutend gefragter als Ziegler waren im Mittelalter die Schmiede. Ihre Unentbehrlichkeit verhalf ihnen zu hohem sozialem Ansehen, was sich in der Zugehörigkeit zu einer eigenen Zunft und den Aufstiegsmöglichkeiten in die politischen Ämter niederschlug.

Einzelne Baumaterialien

Die Tabelle auf Seite 270 zeigt Anwendungsmöglichkeiten für die einzelnen Baumaterialien, wobei sich im Einzelfall für den städtischen Profanbereich in Baden-Württemberg und in der Nordostschweiz für die Zeit um 1300 noch nicht alle Anwendungen immer auch belegen lassen. Fehlendes wird durch Befunde aus Burgen- und Klostergrabungen ergänzt, auf anderes kann durch Nachweise aus jüngerer Zeit rückgeschlossen werden. Unabhängig vom unterschiedlichen Forschungsstand in den einzelnen Materialgruppen vermittelt die Tabelle einen guten Gesamtüberblick. Über Holz als Baumaterial existiert dank der gründlichen Erforschung einer ganzen Reihe von Fachwerkhäusern und wegen seiner idealen Datierbarkeit durch die Dendrochronologie ein umfangreiches Wissen. Und für Bauten aus Stein interessierten sich Kunsthistoriker schon immer. Holz- und Steinbau werden im vorliegenden Katalog denn auch gesondert betrachtet (vgl. S. 248 und 225).

Andere Werkstoffgruppen hingegen sind weniger gut oder zumindest unter-

Auf dem prominenten Weinmarkt in Luzern stehen noch um 1500 Bohlen-Ständerbauten neben verputzten Steinhäusern, deren Zierglieder in Haustein ausgeführt sind. Auf dem Bild des Luzerner Chronisten Diebold Schilling sind vier verschiedene Dachdeckungsarten zu erkennen: In der Bildmitte das altertümliche, flache Brettschindeldach mit Steinbeschwerung, am linken Bildrand ein Schindeldach aus kurzen Lärchenschindeln, rechts daneben vermutlich eine Flachziegeldeckung und ein Mönch-Nonnendach auf dem Haus hinter dem steinernen Weinmarktbrunnen. Verglaste Fenster, um 1300 noch die Ausnahme, waren um 1500 mittlerweile zur Regel geworden. Fensterläden lassen sich entweder hochklappen oder (auf anderen Bildern der Chronik) seitwärts öffnen. Metalle findet man bei Türbändern, Türangeln und Türschlössern, beim Befestigungshaken der Fensterläden, am Wirtshausschild, bei den Brunnenröhren des Weinmarktbrunnens von 1481 sowie bei der Verbleiung der Glasfenster. Mit einer Kopfsteinpflästerung beschäftigte sich der Luzerner Rat erstmals 1427; folglich dürfte auch der Weinmarkt erst im Verlauf des 15. Jahrhunderts gepflästert worden sein.

Anwendungsbereich Baumaterial	Erde	Boden	Wand	Decke	Dach	Diverses
Holz	Kanal/Teuchelleitung Ehgraben Balkenrost/Pfahlbündel Keller Vorratskisten Regenwassertonne/Gewerbebottich Brunnen/Zisternen Latrinen Spundwand	Prügelweg Laufsteg/Brücke Kuhgitter Holzboden Palisaden/Zaun Sprieße	Fachwerk Block-/Bohlen-/Faschinenwand Bretterwand/Täfer Holzgitter Pfosten Maueranker Sperrbalken	Deckenbalken/Unterzüge Bohlen/Bretter Konsolen/Streifbalken Holzdielen Täferdecke	Dachstuhl Schindeln/Brettschindeln Regenwassersammler Schneerutschstangen Türmchen Kamin	Türen/Fenster/Läden Bau-/Gerüstholz Kaminhut/Kaminzug Wandkasten/Nischenbrett Treppen/Leitern Aufzug/Galgen Holznägel Holzschloß/Türriegel
Stein	Kanal/Rinnen Brunnen/Zisternen Fundamente Steinbett für Bodenbeläge (Rollierung) Latrine	Pflästerung Plattenbelag Kiespackung Steinsockel	Bruch-/Lesesteinmauer Eckquader Gewände Gesimse Schüttstein	Gewölbe Füllung von Blindböden Bodenunterlage (Rollierung)	Schiefer-/Steinplattendach Steinbeschwerung Hausteindach/Maßwerk Dachgesimse Dachrinne Kamin	Brunnentrog/-säulen Kanalabdeckplatten Treppen Herdsockel/Herdplatte
Lehm Erde	Wall Damm Graben Dichtungsmaterial	Lehmtrampelboden Bodenisolierung Feuergrube	Lehmziegel Stampflehmwand Ausfachung Lehmbewurf (Hüttenlehm) Lehmmörtel Lehmverputz	Isolation in Blindboden Ritzendichtung Lehmestrich	Lehmsoden Grassoden (Wasen)	Ofengewölbe/Ofenausstrich Kamin
Keramik	Röhren Kanal Wassermörtel	Tonplatte/Fliesen Ziegelschrot in Mörtelboden Bodenisolation	Backsteinwand Ziegelbänder Ziegeldurchschuß Ausfachungen Gewände/Gesimse/Konsolen Bogen Zinnen Wandtöpfe Lichternischen	Gewölbe Gewölbetöpfe/Wölbtöpfe Verkleidungen Rippen Füllung von Blindböden	Ziegel Wasserspeier Zierat (Krabben usw.)	Zierfries Kaminplatten Herdplatten Ofensteine Backsteintreppe Schalltöpfe
Kalk Sand Mörtel Gips	Verlegesand/-mörtel Röhrendichtung	Mörtelestrich Gipsmörtelestrich Inkrustationen	Mauermörtel Verputz/Fugenstrich/Rasa-Pietra Tünche	Isolation in Blindböden Verputzte Decken Tünche Stuck Gewölbemörtel Gipsmörtelgewölbe	Mörtelunterzug Verlegemörtel Dichtung	Kunststein: Bauplastik Gewände Brüstungen
Metall	Röhren Teuchelmuffen Schieberhahnen Faßringe	Scharreisen	Bauklammern Zuganker Gitter Säulenkern/Versetzblei Schilder Fenstergitter/-kreuz	Klammer Anker Verbindungsbolzen	Dachplatten Nägel Turmhaube, Wetterfahne dir. Zierat Kehlen/Wandanschlüsse First- und Gratbleche Wasserspeier	Beschläge/Bänder/Angel Windstangen Fensterbleie Hahnen/Rohre Schloß/Riegel Blech Türachsen Ketten Glocken
Organisches Material Stroh Leder Haare Harz Laub Wachs Moos Pflanzenfasern Farn Knochenleim Häute Stoff	Lederdichtung	Streue	Ausfachung Isolation/Dichtung Armierung von Putz	Isolation/Dichtung Trennschicht unter Mörtelstrich	Strohdach/Schilfdeckung Lehmsoden	›Fenster‹; Seile/Schnüre
Glas						Fenster

Übersicht über die verschiedenen Werkstoffe und die Anwendungsbereiche der einzelnen Baumaterialien.

schiedlich erforscht. So gibt es für gewisse Teilbereiche, wie beispielsweise die Ofenkeramik innerhalb des Themenkreises »Lehm und Baukeramik«, recht gründliche Untersuchungen, während man sich der Ziegeleikeramik erst vor wenigen Jahren wieder zugewandt hat. Neuere Forschungsergebnisse liegen hier für die Schweiz, für Konstanz und Rottweil vor. Die Glasforschung erhielt jüngst durch ergiebige Neufunde die notwendigen Impulse. Noch immer bleiben dagegen Metallfunde der aufwendigen Konservierungsbedingungen wegen ununtersucht in den Depots der archäologischen Ämter liegen.

Holz

Holz ist das Baumaterial mit den vielfältigsten Anwendungsmöglichkeiten, und es kann sozusagen überall eingesetzt werden. Holz ist zudem vergleichsweise einfach zu verarbeiten, und es war in ausreichender Menge vorhanden. Mit Holz konnte ein Haus in all seinen Teilen gebaut werden. Weniger

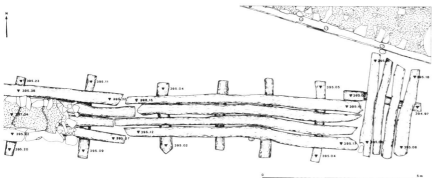

Oben: In Luzern bediente man sich beim Fundieren des Vorgängerbaus des heutigen Ritterschen Palasts noch 1464/65 des gleichen Prinzips, wie es um 1300 in Konstanz angewendet wurde, wobei die Weißtannenbalken durch kunstvolle Schwalbenschwanzverbindungen verklammert wurden (links). Die Zwischenräume sind mit einer senkrechten Pfählung ausgefüllt. Der aktuelle Bau von 1558, das heutige Regierungsgebäude, steht auf einer senkrechten Pfählung (rechts).

Links Mitte: Die Umfassungsmauer des Salmannsweilerhofs in Konstanz war mit einem Balkenrost fundiert, der auf dem wenig tragfähigen Boden eine gleichmäßige Verteilung der Lasten garantierte. Dendrochronologisch datiert 1271/72.

Links unten: Brunnenfassungen, -schächte und -becken sowie Brunnenstöcke und Fundationen können aus Holz gefertigt sein. Mit Holzkasten, Reisigbündeln, Rutengeflecht, aber auch mit Sand- und Steinpackungen versuchte man dabei, das Grundwasser zu filtern.

Ganz oben. Der Astteppich vom Fischmarkt in Konstanz besteht aus bis zu armdickem Nadelholz. Er stammt aus der Zeit um 1272 und sollte im weichen Ufergelände eine einigermaßen trittfeste Arbeitsfläche bilden. Im Hintergrund ist ein senkrecht in den Boden gerammtes Pfahlbündel, ein sogenannter »Besen«, für eine punktförmige Fundierung zu sehen.

Oben: Uferbefestigung eines Bachs aus Faschinen im Areal des Kornhauses in Tübingen. Zugespitzte, etwa 10 cm starke Pfosten wurden im Abstand von 50 cm in den Untergrund gerammt und mit starkem Zweiggeflecht verbunden. Dabei wurde für die Pfosten und das Flechtwerk nahezu ausschließlich Eichenholz verwendet. Die Hölzer sind dendrochronologisch auf 1175, eine Erneuerung ins Jahr 1190 datiert.

Oben rechts: Palisadenreihen im Seegrund dienten der Kontrolle des Schiffs- und Warenverkehrs und verhinderten das Einlaufen unerwünschter Boote in den Hafen. Zugleich ergänzten sie den Mauerring um die Stadt gegen die unbefestigte Seeseite hin. Auf der Landseite gehörten Palisadenreihen, Wall und Graben zu den vor- und frühstädtischen Schutzbauten.

Gegenüberliegende Seite:
Straßen oder Plätze wurden selten gepflästert, im besten Fall verfügten vielbegangene Wege und Plätze, dies wenigstens den Häusern entlang, über eine Pflästerung. Meistens handelte es sich dabei um Kieselbollen, die in einem Sandbett aneinandergereiht wurden. Seltener waren zugerichtete Kalkquadern wie sie in Tübingen freigelegt wurden (Bild oben).

bekannt sind die zahlreichen Einsatzmöglichkeiten von Holz im Tiefbau und im Wasserbau. Beim Leitungsbau reichte das von unterirdischen, mit Brettern ausgekleideten Kanälen über gebohrte Teuchelleitungen bis zu offenen Wasserrinnen, die als Zuleitungen zu Brunnen oder Wasserrädern ebenso Verwendung fanden wie zur Ableitung von Abwässern. Pfähle oder Pfahlbündel stützten Steinbauten im sumpfigen Gelände. Kräftige Holzbalken, zu massiven Rahmen verbunden, hatten als schwimmende Fundamente steinerne Aufbauten zu tragen. Mit stehenden Eichenbalken wurden in nassem Gelände Arbeitsplattformen geschaffen (Kornhaus in Tübingen), mit einem Astteppich der Bauplatz vorbereitet oder mit Knüppeln ein Weg begehbar gemacht (man vergleiche dazu Wegnamen wie »Knüppeldamm« oder »Bohlweg«). Rutengeflecht diente zur Verstärkung von Uferböschungen (so in Konstanz und Tübingen). Mit Flechtwerk oder Holzbrettern konnten auch Abfallgruben ausgesteift werden (Villingen, Konstanz), und selbst Vorratskisten aus Holz wurden in den Boden eingelassen oder ganze Keller mit Eichenbohlen ausgekleidet (Kornhaus Tübingen, vor 1280).

Hölzerne Laufstege führten über Ehgräben und kleine Wasserrinnen. Vermutlich hat man stellenweise mit Laufbrettern auch den städtischen Straßenmorast zu überbrücken versucht. Mit Staketen, Ruten und Palisaden schließlich wurde eingezäunt und abgegrenzt.

Beim Hausbau verwendete man Holz nicht nur für den Bau selbst, sondern auch für verschiedenste Hilfskonstruktionen, vor allem für den Gerüstbau und für alle möglichen Arten von Absprießungen. So hat man bei Unterfangungen das alte Fundament zunächst mit Holzstreben unterstützt und diese dann kurzerhand eingemauert (Unterhof in Dießenhofen TG, von 1329, und Oberlinden 6 in Freiburg i. Br., um 1220/75). Stehende oder liegende Holzbalken wurden zur Versteifung des Mauerwerks ummörtelt. Sie gaben dem frischen Mauerwerk den nötigen Halt, bis sich der langsam abbindende Kalkmörtel verfestigt hatte. Ankerbalken oder hölzerne Ringanker glichen Schub- und Zugkräfte im Mauerwerk aus. Und schließlich darf nicht vergessen werden, daß nicht nur Wände und Ausfachungen, sondern auch Kaminhüte und ganze Kaminzüge nur aus Brettern oder aus mit Lehm bestrichenem Rutengeflecht bestanden.

Dächer waren im Mittelalter mehrheitlich mit langen Brettschindeln (Zürich, Münsterhof, Fundlage 14. Jahrhundert) oder kurzen, gespaltenen Lärchenschindeln gedeckt. Bei einer Grabung im »Grünen Hof« in Ulm wurden verkohlte kurze Schindeln aus einem Grubenhaus des 13. Jahrhunderts geborgen. Ungenagelte Brettschindeldächer wurden zum Schutz vor heftigem Wind mit großen Steinen beschwert.

Stein

Der »kluge Hausvatter« empfiehlt, für Mauern große Steine zu beschaffen, die länger sind als 2 Schuhe, außerdem Platten für das Pflaster des Vorhauses, den Keller und die Küche. Tuffsteine eignen sich wegen ihrer Leichtigkeit für Bögen und Gewölbe. Sie sind leicht zu bearbeiten, einfach zu sägen, nehmen den Mörtel leicht an und *»geben ein leichtes, trockenes und zur Gesundheit diensames Gemäuer«*. Er rät jedem Bauwilligen, das Steinmaterial auf die Probe zu stellen, indem er es 2 Jahre lang Wind und Wetter, Sonne und Frost aussetzt. Steine für Feuerstellen seien einer Brand- und Wasserprobe zu unterziehen.

Steine können trocken, das heißt ohne Kalkmörtel, zu Mauern geschichtet werden. Diese Methode wird vor allem im Bodenbereich angewendet, sei das nun zur Schaffung der Fundamentlage eines Holzbaus, beim Bau einer Brunnenfassung oder der Einfassung einer Latrinengrube, als steinerne Führung einer Wasserleitung aus Bleiröhren (Kloster Hirsau, 12. Jahrhundert) oder für niedrige aufgehende Trockenmauern. Steine werden aber auch zu Bodenbelägen gefügt, als Pflästerungen in Hausfluren, Kellern oder Höfen (so im Denkendorfer Pfleghof, Esslingen, und im Bebenhäuser Pfleghof, Tübingen).

Gegen die Bodenfeuchtigkeit findet man bei Holzbauten Trockenfundamente oder gemauerte Sockelzonen, und zum Schutz vor Brandgefahr wurde der Bereich des Herdfeuers häufig ummauert. Schiefer- und Steinplattendächer kommen in den hier behandelten Gegenden nicht vor, doch sind die Schindeldächer der voralpinen Zone vielfach steinbeschwert, damit Fallwinde das leichte Dachmaterial nicht zerzausen. Vogt und Rat von Schaffhausen verordnen jedoch 1342, daß man Schindeldächer nageln und nicht mit Steinen befestigen soll.

Beim Bau des Dormitoriums des Klosters Klingenthal (1274) in Basel endete die Dachtraufe direkt auf der Mauerkrone. Deswegen wurden dort Dachrinnen aus Sandstein eingemauert. Hausteindächer sind im Profanbau nicht bekannt. Man findet sie aber auf romanischen Kirchtürmen im Elsaß und am Oberrhein sowie im 14. Jahrhundert als gotische Maßwerkturmhelme.

Lehm

Das Erdmaterial Lehm läßt sich, fehlen ihm die bindenden Eigenschaften des Tons, höchstens für Damm- und Wallbauten einsetzen. Toniger Lehm hingegen war ein häufig verwendetes Baumaterial, das sich heute neuer Beliebtheit erfreut. Der feucht gehaltene Lehm ist ein ideales Dichtungsmaterial für Kanäle, Rohrleitungen, Brunnen (Pforzheim), Zisternen (Breisach, Kapuzinergasse), Latrinen (Hertie und Katzgasse 5, beide Konstanz) und eingegrabene Daubenfässer (Gerberbottiche in Geislingen). Getrocknete Lehmwände sorgen für einen guten Feuchtigkeitsausgleich und schaffen dadurch ein gesundes Raumklima. Schließlich ist Lehm auch widerstandsfähig gegen Feuer und Hitze und wurde deshalb als Schamottelehm beim Ofen- und Kaminbau eingesetzt.

Lehmstampfböden sind billig und isolieren gegen die aufsteigende Bodenfeuchtigkeit. Deshalb befinden sich neben Lehmböden in Keller- und Erdgeschoßräumen (so in Freiburg i. Br., in Zug, Konstanz, Dießhofen usw.) auch isolierende Lehmschichten unter ebenerdigen Holzböden (Torgasse 8 in Konstanz; Pforzheim; Biberach). In Unterregenbach (Stadt Langenburg, Kreis Schwäbisch Hall) ist ein Lehmestrich aus dem 1. Obergeschoß nachgewiesen. Mit Lehm isolierte man auch Blindböden.

Lehm wird mit Strohhäcksel gemagert und armiert zu Quadern geformt, die dann wie Backsteine zu Mauern geschichtet werden. Der »Hausvatter« meint, daß solche Lehmziegel *»nur im Gebrauche sind, wiewohl auch jene von dürftigen Leuten selbst zuweilen, so gut es seyn mag, gestrichen und zu Backöfen oder an anderen Orten, wo sie vom Feuer ausgebrennet werden, und an kein Wetter kommen, angewendet und gebraucht zu werden pflegen«*. Zwischen eine Schalung, ein doppeltes Flechtwerk beispielsweise, gestampft, verdichtet sich Lehm zur Stampflehmwand. Der Bau von Lehmmauern und Stampflehmwänden wurde im Verlauf des 13. Jahrhunderts in unsern Gebieten aufgegeben. Häufiger findet man lehmverstrichene Flechtwände im Hausinnern, außerdem bei Außenwänden von Grubenhäusern aus dem 13. Jahrhundert (Wüstung Sülchen) und bei Fachwerkbauten. In einer Berner Verordnung

Zwei Arten von Lehmbewurf einer Fachwerkwand von 1412 in Blaubeuren (Mitte). Die Stubenwand rechts aus Holzbohlen trägt Reste eines Lehmschlags, der mit kleinen eingeschlagenen Holzstiften verankert war. Oben ist noch die kalkgetünchte Oberfläche sichtbar. Im linken Teil, zur Küche hin, hat sich im oberen Bereich die mit Strohlehm verstrichene Flechtwand erhalten; unten im Bereich der Feuerungsstelle eine späte Backsteinausmauerung.

Aufwendige Deckenkonstruktion von 1251 in der Zisterze Schönau: schwere Balken, die im Erdgeschoß auf Streichbalken, in den Obergeschossen auf Konsolen aufruhen (unten). Deckenuntersichten mit Brettern verkleidet, die in seitliche Nuten der Deckenbalken eingeschoben sind. Darüber sind in einer Reihe von Einkerbungen horizontale Stakhölzer eingelassen. Die Zwischenräume wurden mit Strohlehm abgedichtet.

273

Tonröhren sind im Mittelalter sehr selten und wurden bisher nur bei Klostergrabungen aufgefunden. Die Zürcher Tonrohrleitung (um 1230) besteht aus graugebrannten Röhren, auf einer Seite konisch geweitet, auf der anderen Seite als Anschlag für das nächstfolgende Mundstück leicht gestaucht. Die Leitung ist mit ziegelschrothaltigem »Wassermörtel« in einen unterirdischen Kanal gebettet, der seitlich von Backsteinen, Formbacksteinen und Flachziegeln mit Rechteckschnitt begrenzt wird. Sie ist oben von Hohlziegeln überdacht. Eine Flickstelle aus dem 14. Jahrhundert besteht aus einem gestreckten Rohr mit kantig abgesetztem Muffenstück.

In der Klosterziegelei von St.Urban (Kt.Luzern) wurden in der zweiten Hälfte des 13. Jahrhunderts Bodenfliesen und riesige Backsteinwerkstücke hergestellt, unter anderem auch für den Verkauf. Bemerkenswert sind nicht nur die Ausmaße der in Formen gestrichenen Werkstücke, die über 70 cm lang sein können und im Baukastensystem zu Tür- und Fenstergewänden, zu Gewölberippen, zu Gesimsen und Kreuzgangarkaden zusammengestellt wurden; von besonderem Interesse sind auch ihre Reliefverzierungen. Es sind ungefähr 120 verschiedene Stempelvarianten bekannt. Zum Bilderschatz gehören neben reinen Ornamenten auch Fabelwesen und Wappen von Adelsgeschlechtern der Umgebung. Diese wurden in Holz geschnitzt und in den noch ungebrannten, lederharten Ton eingedrückt. In seltenen Fällen wurden freie Motive und Inschriften direkt mit dem Messer aus dem feuchten Lehm herausgeschnitten. Das abgebildete Fenster wurde um 1280 in St.Urban hergestellt und in der Weingasse in Zürich verbaut.

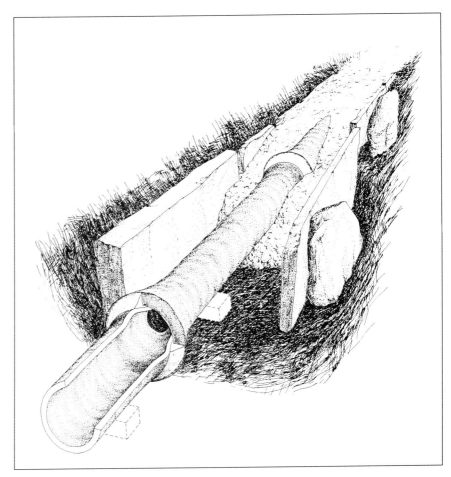

von 1406 wird gefordert, man müsse »leiminen hüser in ziegel teken«. Vermutlich handelte es sich dabei um Ständerbauten mit Wänden aus lehmverstrichenem Rutengeflecht. Aus solchem Flechtwerk mit Lehmüberzug sind oft auch Ofengewölbe und Kaminschächte gebildet worden. Durch die im Ofen entstehende Hitze oder bei einem Hausbrand wurde der Lehm gehärtet und gerötet; als sogenannter Hüttenlehm findet man ihn dann bei archäologischen Grabungen wieder (Kornhaus in Tübingen; Torgasse 8 und Landstraße 9 in Konstanz; Entengasse in Ettlingen und auch in Heidelberg).

Lehm-, Wasen- oder Torfziegel (Werdenberg SG) werden zur Ausfachung von Riegelwerk verwendet. Diese Füll- und Isoliermaterialien sind oft verschindelt, verbrettert oder verputzt.

Lehm kann anstelle von Kalkmörtel auch dazu verwendet werden, Mauersteine zu binden. Wenn der Lehm dabei mit etwas Kalk und Sand vermischt ist, spricht man von Lehmmörtel.

In Nordeuropa kennt man in ländlichen Gegenden heute noch Gras- oder Lehmsodendächer. Lehmsoden stellt man auf einfache Art aus Strohbündeln her, die man mit Lehm versteift und verdichtet. So kann man im Schaffhauser Stadtbuch von 1385 nachlesen: »Und sol man och dü hüser tekken mit ziegeln oder mit schoben, die mit laim gesodet sind.« Unter diesem Aspekt läßt sich der Begriff »tarrassen« im Zürcher »Richtebrief« um 1300 vielleicht auch als Sodendeckung interpretieren.

Ziegeleikeramik

Aus gebranntem Ton werden Tonröhren und Bodenplatten, Backsteine und Dachziegel hergestellt. Tonplatten als Bodenbeläge waren schon im Mittelalter sehr beliebt. Reliefverzierte Fliesenböden haben in Literatur und Forschung zwar besondere Beachtung gefunden; sie kommen aber im Profanbau selten vor, am häufigsten noch in Stadthöfen reicher Klöster.

Weder Baden-Württemberg noch die Nordschweiz sind typische Backsteingegenden. Backsteine sind im Fundgut mittelalterlicher Stadtgrabungen und als Backsteindurchschuß im Mauerwerk von der Mitte des 13. Jahrhunderts an zwar oft vertreten, aber jeweils so spärlich, daß kaum je auf eine vollstän-

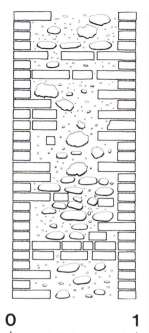

0 ⌊⌊⌊⌊⌊⌊⌊⌊⌊⌊⌊ 1

Oben links: In der Zähringerburg von Burgdorf wurden in der Schweiz zum erstenmal in einem profanen Bauwerk Backsteine großflächig verbaut. Die Querschnittzeichnung zeigt eine zweihäuptige Schalenmauer aus Backsteinen mit einem Mauerkern aus Kieselwacken und Mörtelfüllung. Als Ausgleichsschichten, wohl ungefähr den Bauabschnitten der Mauer entsprechend, ziehen horizontale Backsteinlagen quer durchs Mauerwerk. Sie gewährleisten einen besseren Zusammenhalt der Mauer.

Ganz oben und oben: Backsteinmauer in einem ergrabenen Keller in der Burgdorfer Marktlaube, Kirchbühl 11 aus dem 14. Jahrhundert. Der Backsteinquader stammt aus dieser Mauer und besitzt die Masse 34,5 × 18 × 9–10 cm. Ähnliche Exemplare wurden auch in der Klosterziegelei St. Urban (Kt. Luzern) hergestellt.

Links: Bemerkenswert ist die Art und Weise, wie in Basel um 1414 Backsteine als ausgleichende Bänder in Bollensteinmauern integriert wurden. Vier bis sechs horizontal verlegte Flußkiesellagen wechseln mit einer Backsteinlage als Ausgleichsschicht ab. Sämtliche Backsteine sind quer zur Mauer eingebunden und definieren mit ihrer Länge von 30 cm die Dicke der Mauer. In derselben Art wurden auch Fenster- und Türgewände erstellt. Auch bei Spitzgiebelnischen bestimmt die Größe der Backsteine die Nischenmasse.

dige Backsteinmauer geschlossen werden kann. Die älteste datierte profane Backsteinmauer der Schweiz wurde in Burgdorf um 1200 errichtet. Auch die Kirche des Mitte des 13. Jahrhunderts entstandenen Klosters St. Urban LU, dessen Ziegelei auf die Herstellung verzierter Backsteine spezialisiert war, wurde nur zum Teil aus Backsteinen erbaut, ebenso die Abteikirche von Schwarzach, die vermutlich im ersten Drittel des 13. Jahrhunderts entstand. In Basel gibt es für die zweite Hälfte des 14. Jahrhunderts Hinweise auf eine blühende Backsteinproduktion. In Ravensburg wurde im 14. Jahrhundert ein Ziegelofen an die Stadtmauer angebaut, und zum Bau des Ulmer Münsters wurde Ende des 14. Jahrhunderts eine leistungsfähige Ziegelwerkstatt eingerichtet.

Im übrigen wurden Backsteine nur gezielt an wichtigen Stellen verbaut, zum Beispiel als Fenster- und Türlaibungen, als Entlastungsbögen über Fenstern, als Fensterbrüstungen (»Hinteres Rehböckli«, Zürich, um 1301–1307), als Einfassung von Lichternischen und überall dort, wo Feuerfestigkeit gefragt war, wie etwa bei Herdstellen und Kaminen.

Im 12./13. Jahrhundert dominierten bei der Ziegeldeckung die Hohlziegel. Die um 1300 nur für herausragende Bauten verwendeten Flachziegel ver-

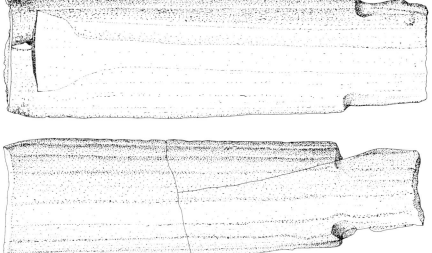

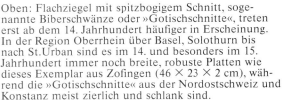

Oben: Flachziegel mit spitzbogigem Schnitt, sogenannte Biberschwänze oder »Gotischschnitte«, treten
erst ab dem 14. Jahrhundert häufiger in Erscheinung.
In der Region Oberrhein über Basel, Solothurn bis
nach St.Urban sind es im 14. und besonders im 15.
Jahrhundert immer noch breite, robuste Platten wie
dieses Exemplar aus Zofingen (46 × 23 × 2 cm), während die »Gotischschnitte« aus der Nordostschweiz und
Konstanz meist zierlich und schlank sind.

Oben rechts: Noch um 1300 prägten Hohlziegel die
Dachlandschaft. Im Spätmittelalter wurden sie durch
Flachziegel abgelöst und sind heute außer auf wenigen
historischen Dächern (meist steilen Turmdächern) fast
nur noch als First- und Gratziegel üblich. »Nonnen«
(obere Zeichnung) mit Nasen zum Anhängen an der
Lattung sind 12–16 cm breit und 1,5–2 cm dick, während die »Mönche« (untere Zeichnung, ohne Nase)
9,8–13 cm breit und 1,4–1,8 cm dick sind

Rechts: Vom 12. bis ins 14. Jahrhundert sind Rechteck-
schnitte häufig. Ihr Format bewegt sich in den Maßen
45–48,5 cm Länge, 18–23 cm Breite und rund 2 cm
Dicke. Der abgebildete Ziegel (Vorder-und Rückseite)
aus dem 13./14. Jahrhundert (46 × 22 × 2,2 cm)
stammt von der Kapelle St.Peter in Solothurn. Ähnliche Ziegel sind aus Winterthur, Zürich, Basel, St.Urban,
Konstanz, Villingen und Freiburg i.Br. bekannt. Nach
1500 wurde dieser Typ kaum mehr hergestellt.

drängen im 15./16. Jahrhundert die Hohlziegel fast ganz. Glasierte Flachzie-
gel gibt es seit dem 13. Jahrhundert (St. Urban LU; Stadtkirche Winterthur;
Rottweil). Anfänglich handelte es sich um eine grünliche transparente Glasur, die man auf die Ziegel auftrug, und die die rote Ziegelgrundfarbe ins
Braune veränderte. Im 14. Jahrhundert wird die Palette der Glasuren bunter:
Durch Unterlegen einer hellen Engobe wurde zusätzliche Leuchtkraft erzielt
(Münster in Konstanz, wohl 14. oder noch 13. Jahrhundert, wie der Dachstuhl[?]; »Grüner Turm« in St. Gallen, 1368; diverse Stadttürme, Kirchen-
und Rathausdächer des 15. Jahrhunderts, so in Breisach, Villingen, Mühlhausen, Basel, Solothurn, Zofingen, Baden AG, Zug u. a. m.). In Ulm leistete
man sich anfangs des 15. Jahrhunderts für das Rathaustürmchen blattvergol-
dete Dachziegelchen, ein Unikum, das sonst nur noch in Buda (Ungarn)
bezeugt ist. Bürgerhäuser trumpfen auf mit glasierten Erkerdächern, die man
ab der zweiten Hälfte des 15. Jahrhunderts mit plastischen Krabben versah
(Feldkirch, Marktgasse 5, 1482). Auch tongeformte Giebelzier auf Firstziegeln gehörte zum damaligen Schmuckrepertoire.

Seltene Beispiele von Keramik am Bau stellen etwa Ziegelschrotbeimengungen in Mörtelestrichen (Kloster Steinheim an der Murr) und im Dichtungsmörtel von Tonrohrleitungen (Predigerkloster in Zürich) dar. Eine Rarität bilden auch die Ulmer Reliefplatten aus dem 12. Jahrhundert, die wohl als Schmuckfries an die Wand genagelt worden waren.

Kugeltöpfe als Bodenisolation fand man in Braunschweig-Hagen in Norddeutschland. An verschiedenen Orten sind eingemauerte Wandtöpfe nachgewiesen worden, deren Funktion ganz unterschiedlich interpretiert wird. Ein Winterthurer Töpferofen wurde um 1400 nachweislich mit Wölbtöpfen überkuppelt.

Kalk, Sand und Mörtel

Ohne das Gemisch von Sand und Kalk können Steine oder Ziegel »nicht vereinbart und bevestigt« (»Hausvatter«) werden. Auch die einfach scheinende Mörtelzubereitung erfordert große Erfahrung und Materialkenntnis. Es zeigt sich gerade auch heute bei Restaurierungen wieder deutlich, wie schwierig es ist, qualitätsvollen Kalkmörtel herzustellen; viele Handwerker haben den Umgang mit diesem Baustoff verlernt.

Ganz oben: Ebenso einmalig wie die St. Urban-Backsteine sind die Ulmer Relieftafeln aus gebranntem Ton. Bei Grabungen auf dem Weinhof (1958) wurden Bruchstücke mit der Darstellung eines Löwen, eines Greifen sowie das Fragment einer Lilie gefunden. Die relativ dünnen Platten wurden in Modeln gepreßt. Die abgebildete Tafel mit dem Greifen wurde rekonstruiert, die Fehlstellen durch Abgüsse von Details anderer Tafeln ergänzt. Die Löcher weisen auf eine Befestigung an der Wand hin. Die einst bemalten Tafeln waren vermutlich als Fries außen an der nach 1140 erbauten Heiligkreuzkapelle angebracht.

Oben links und rechts: Wandtöpfe wurden in Keller- und Erdgeschoßräumen in Griffhöhe eingemauert und waren gegen den Raum hin offen. In einem Raum befanden sich bis zu 3 Töpfe, jeweils nahe einer Raumecke. Ihre Funktion ist aus dem Befund noch nicht erschließbar; sie werden sowohl als Ablagefach oder »Tresor«, wie auch als Nischen für Öllämpchen oder gar als Vermessungshilfen interpretiert.

Der Sand, meint der »Hausvatter«, könne folgendermaßen geprüft werden: »Welcher Sand in der Hand gerieben rauschet und knirschet; und auf ein weiß Tuch geworffen, keine Flecken hinterläßt: oder in ein Wasser gerühret, dasselbe nicht sonderlich trübe macht, der taugt wol. Der Sand soll nicht allzulang an der Luft gelegen seyn. Zu reinem Gemäuer soll man reinen Sand nehmen, darunter keine Erde vermischt ist.« Der »Hausvatter« unterscheidet zudem zwei Sorten von Sand: den Grubensand und den Flußsand. Beim Grubensand »hat der röthlichte und Gold-Farbe, und voraus der Lichtspielende und funkelnde, so aber rar ist, den Vorzug«. Grubensand sei ungünstig für Putze, weil er reiße, dagegen eigneten sich gewaschene Flußsande für Außenputze. Flußsande wiederum sind schlecht für Innenwände, weil sie schwitzen, »nässeln und häßlich anlaufen«. Zur Verbesserung des Flußsandes sollte man deshalb bis zu einem Drittel Ziegelbruch beigeben, ein Ratschlag, der indes kaum befolgt worden ist.

Kalk wird aus Kalkstein gewonnen, wobei nach dem »Hausvatter« der gebrochene Kalkstein besser sein soll als der »zusammengeklaubte«. Kalk wurde häufig in Ziegelhütten gebrannt, da sich deren Öfen dazu eigneten, doch wurden auch Öfen eigens für die Kalkbrennerei gebaut. Das Brennen von Kalkstein in Ziegelöfen hatte dabei Vorteile für den Ziegelbrand selbst. Die Kalksteinschicht zuunterst im Ofen schützte die Backsteine und Ziegel vor der unkontrollierbaren Hitze des direkten Feuers, speicherte die Wärme und gab sie kontinuierlich an das Ziegel-Brenngut ab. Dadurch fiel beim Ziegelbrand immer auch eine gewisse Menge gebrannten Kalks an.

F. Guex hat für Zürich nachweisen können, daß die Mörtelzubereitung mit frisch gelöschtem, »heißem« Kalk das übliche Verfahren war. Der ungelöschte, gebrannte Kalk wurde in Fässern gelagert und transportiert. Gelöscht wurde er jeweils direkt auf der Baustelle. Nach viertägigem Einsumpfen konnte man den Kalk bereits zur Mörtelherstellung verwenden. Erst im 17. Jahrhundert begann man den schon fertig gesumpften Grubenkalk vorzuziehen. Je länger dieser Sumpf- oder Grubenkalk gelagert wird, desto geschmeidiger und weicher wird der daraus hergestellte Mörtel.

Kalk wird nach mittelalterlichen und barocken Rezepten im Verhältnis 1:3 mit Sand gemischt. Mörtel aus Flußsand ist, gemäß »Hausvatter«, fetter anzumachen, das heißt etwa im Verhältnis 1:2. In raffinierten Rezepten findet sich die Empfehlung, Mörtel für einen guten Verputz mit Magerquark zu vermengen – dies wegen der Bindewirkung des Caseins – und zur Armierung Kuhhaare oder Schweineborsten beizumischen. Die Stadt Zürich beispielsweise kaufte 1508 und 1545 Hirschhaare, um Kalkschlämme und Stuckmasse zu armieren.

Wasserdichten Mörtel, sogenannten Wassermörtel, erzeugte man durch Beimischen von Ziegelschrot, so zum Beispiel zur Einbettung von Tonrohrleitungen. Und selbstverständlich dienten Sand und Mörtel auch zur Einbettung von Stein- und Tonplattenböden.

Mörtelestriche, oft oberflächig mit einer Ziegelschrotschicht rot gefärbt, waren in Kirchen vom frühen Mittelalter an üblich, kommen aber auch im städtischen Profanbereich vor. Beispiele dafür sind vor allem aus Freiburg i. Br. bekannt, von der Grünwälder Straße 18, aus einem nicht unterkellerten Erdgeschoßraum des 12. Jahrhunderts, und aus einem Keller des 13. Jahrhunderts an der Grünwälder Straße 19. Außer für Mörtelestriche wurde Mörtel auch als Brandschutz und zur Isolation in Blindböden eingesetzt (Unterhof in Dießenhofen, 1276 als Mörtelboden im 1. Obergeschoß und 1315 in einem Blindboden). Im Keller des Marthastifts in Basel aus dem 13. Jahrhundert überspannen schmale, hourdis-artige Tonnengewölblein aus Gipsmörtelguß mit eingemauerten Leistenziegeln die Zwischenräume der Holzbalkendecke. Gipsmörtel, also eine Art Stuckmasse, wurde in hoch- und spätmittelalterlicher Zeit unter anderem in Basel, Olsberg AG und Rottweil verwendet, und zuvor sowohl als Verputz- und Mauermörtel wie auch als Gußmasse bei inkrustierten Böden.

Metall

Der »Hausvatter« rät, gut vorzubereiten, was während des Bauens versetzt werden muß: »Kreuzgitter, Beschläge, Angeln, Schnallen, Hand-Haben, Anleg-Ketten, Reibel, Schlösser, Gitter, Fensterstöcke, Dachfahnen, Knöpfe« und vieles andere mehr.

Die Fenstergitter im Palas des Unterhofs in Dießenhofen sind 1315 beim Bau des Fensters eingesetzt und seither nicht verändert worden (unten). Ein Eisenband verbindet die Stangen an den Kreuzungspunkten. In die Laibungen eingelassene Dornen hindern auch kleine Personen am Einsteigen in den fürstlich ausgestatteten Saal (gegenüberliegende Seite).

Wasserleitungen aus Bleirohren sind nur aus Klöstern bekannt (Hirsau, Steinheim an der Murr, Franziskanerkloster in Freiburg i. Br.). Teuchelmuffen – das sind Eisenringe, die als Verbindungsstücke beidseitig ins Hirnholz hölzerner Wasserleitungsröhren geschlagen wurden – wie man sie aus dem Bebenhäuser Pfleghof in Tübingen kennt, sind wohl in die Zeit vor 1280 zu datieren.

Bauklammern sind von Burgen aus dem 14. Jahrhundert überliefert und waren sicher auch in den Städten nicht unbekannt. Eisenanker und Zugstangen wirkten dem Schub von Gewölben entgegen oder hielten windexponierte Bauzier, wie beispielsweise Fialenwerk, fest. Häufig wurden im Spätmittelalter Unterzugsbalken mit Eisenankern verbolzt, die, durch die Mauer hindurchgesteckt, außen durch einen Splint gesichert waren, der die Form einer Jahreszahl annahm oder sonstwie ornamental ausgebildet war. Das eiserne Fenstergitter an der Katzgasse 9 in Konstanz dürfte um 1300 geschmiedet worden sein, jenes im »Unterhof« zu Dießenhofen TG um 1315. Häuser wohlhabender Bürger besaßen bereits Fenstergläser, die man in Blei faßte und bei größeren Flächen mit Windstangen verstärkte.

Metalldächer, vornehmlich aus Blei oder Kupfer, konnte sich der gemeine Bürger nicht leisten. Sie sind außerdem enorm schwer und waren bei Brandkatastrophen sehr gefährlich, weil geschmolzenes Blei zu fließen beginnt und dadurch die Ausbreitung des Feuers begünstigt. Hauben, Wetterfahnen, Kugeln, Kreuze, Kreuzblumen, Kronen, Sterne und Wappenfiguren aus Metall waren dagegen beliebter Zierat für Turmspitzen und Dachfirste. Ulrich von Ensingen entwarf eine metallene Marienfigur für den Turm des Straßburger Münsters. In Luzern trägt der »Männliturm« der Stadtbefestigung spätestens seit Mitte des 15. Jahrhunderts eine große, weithin sichtbare Kriegerbüste mit Schwert und Fähnchen aus Eisenblech.

Organische Materialien

Wer einen Mörtelestrich auf Holzbretter gießen möchte, dem empfiehlt der »Hausvatter«, zuerst Farnkraut, Stroh oder Spreu auszubreiten, damit das Holzwerk durch den Kalk »nicht verderbt werde«. Die erwähnten Materialien dürften überdies auch eine Gleitschicht gebildet und Risse im Mörtelboden verhindert haben. Farnkraut trifft man überdies in Rottweil auch als Isolation in Zwischenböden von 1315 an. Ebenfalls um 1315 isolierte man im »Unterhof« in Dießenhofen TG mit Moos, und noch 1535 erwarb die Stadt Zürich zwölf Säcke Moos in der Absicht, damit im Rathaus und in der Papiermühle Ritzen zu stopfen.

Haare schließlich dienten vielfach dazu, Mörtel zu armieren, während Lehm meist mit Stroh oder Strohhäcksel verfestigt wurde. Bevor man sich Fensterscheiben leisten konnte, behalf man sich mit Tüchern, geölter Leinwand, gegerbten Häuten, Tierblasen oder Holzverschlüssen. 1413 bezahlte das St. Galler Säckelamt »linituech zu venster« für die große Ratstube. Selbst das Konstanzer Rathaus besaß neben verglasten Fenstern noch lange solche mit Stoffbespannung: 1473 kaufte Oberbürgermeister Ehringer persönlich eine Elle Fenstertuch für die Ratsstuben, rechnete aber gleichzeitig mit Glasern über Scheiben ab. Erst 1578 ersetzte man hier die letzten »mit thuech« verschlossenen Fenster durch Glas. Leder diente als Dichtungsmaterial, besonders an feuchten und nassen Stellen. So mußte man sich 1541 in Zürich Leder beschaffen, um Teuchelleitungen abzudichten.

Harz, ein vielseitiger Werkstoff, diente vor allem im Schiffsbau und in der Küferei zum Abdichten; im Hausbau fand Harz wohl weniger Verwendung. Stroh- und Schilfdächer lassen sich für die Zeit um 1300 nurmehr indirekt, aufgrund von überlieferten Verboten, nachweisen. Die Bauordnungen erwähnen in diesem Zusammenhang insbesondere Scheunen und Stallungen, und es scheint, daß in unseren Gegenden bereits im 14. Jahrhundert kaum mehr ein städtisches Wohnhaus mit Stroh gedeckt war. Offenbar vermochte man die Strohdächer erfolgreicher zu eliminieren als die Schindeldächer, obwohl Strohdächer die Wärme vorzüglich zurückhalten, gegen Schnee gut abdichten und vor allem leicht ausgebessert werden können. Strohdächer verschwinden gegen Ende des Mittelalters ganz aus dem Stadtbild und auch aus den Schriftquellen.

Glas

Für das 13. Jahrhundert sind Butzen- und Rautenverglasung im dörflichen (Unterregenbach) wie im städtischen (Konstanz) Bereich verbürgt. Um 1300 verfügten wohl erst wenige Repräsentationsräume über verglaste Fenster, was sich im Lauf der folgenden zwei Jahrhunderte freilich änderte: Um 1500 ist ein Großteil der Fenster in Bürgerstuben verglast. An Fenstergewänden des 13. Jahrhunderts sind manchmal Fensterfälze zu beobachten, doch fehlen Dübellöcher, wie sie für die Kloben und Reiber bei beweglichen Fensterflügeln erforderlich gewesen wären. Möglicherweise waren Glasfenster oder Tierhäute in hölzernen Rahmen mit Keilen befestigt, oder man konnte die Fenster wenn nötig mit Holzplatten verschließen.

Jürg Goll

Heizanlagen im Bürgerhaus

Die klimatischen Bedingungen im nordalpinen Raum sind der Grund dafür, daß die Feuerstelle hier seit je einen festen Bestandteil der menschlichen Behausung bildete. Sie spendete in Einraumbauten nicht nur Licht und Wärme, sondern diente gleichzeitig auch als Kochgelegenheit. Im Frühmittelalter offen und einfach, entwickelte sie sich in der Zeit um die Jahrtausendwende zu einer geschlossenen Heizanlage mit Rauchabzug. Dieser Ausdruck eines anspruchsvolleren Wohnens fand sich ursprünglich vor allem in Ritterburgen und Herrensitzen, hielt dann aber im Lauf des 13. Jahrhunderts auch in den städtischen Bürgerhäusern Einzug.

Wenden wir uns zuerst den einfachen, offenen Feuerstellen zu. Diese befanden sich entweder direkt auf dem festgestampften Lehmboden oder, damit ein Aufsteigen der Bodenfeuchtigkeit verhindert werden konnte, auf einem Unterbau. Dazu wurden auf dem Untergrund in runder oder eckiger Form Steine verlegt und mit Lehm abgedeckt, das Ganze oft auch noch mit hochkant gestellten Steinen umrahmt; der Zweck dieser Einfassung war einerseits, die nur wenige Zentimeter vom Boden abgehobene Feuerstelle im Raum deutlich zu begrenzen, vor allem aber, das Auseinanderfallen der Feuerglut zu verhindern.

Bei den Ausgrabungen auf der Marktstätte in Konstanz wurde 1991 eine mit besonderer Sorgfalt aufgebaute Anlage aus der ersten Hälfte des 13. Jahrhunderts freigelegt. Sie befand sich in einem Holzhaus, einen halben Meter von der Westwand entfernt, und besteht aus großen Sandsteinplatten, die von hochkant gestellten, lehmgebundenen Gesteinsbrocken, sogenannten Wacken, umrandet sind.

Typisch für offene Feuerstellen ist die Lage mitten im Raum, um die Brandgefahr zu mindern und den Abzug des Rauchs durch das Dach oder durch die Tür zu erleichtern. Bei der oben erwähnten Feuerstelle deutet das Näherrücken an eine Außenwand wohl darauf hin, daß an der Wand ein Rauchabzug angebracht gewesen war; er könnte aus einem lehmverstrichenen Flechtwerk bestanden haben. Dieser Einbau hat sicher nur begrenzt ein rauchfreies Wohnen ermöglicht; dieses wurde erst durch eine geschlossene Ofenanlage erreicht.

Neuere Forschungen auf diesem Gebiet haben ergeben, daß die ältesten durch Ofenkeramik und gemauerte Unterbauten belegten Ofenanlagen im ausgehenden 10. und frühen 11. Jahrhundert in den süddeutschen befestigten Höhensiedlungen »Runder Berg« bei Urach und »Michelsberg« bei Cleebronn gestanden haben. In der Lehmwandung dieser Öfen waren topf- oder flaschenförmige Gefäße mit der Mündung nach außen eingebaut worden. Vorbild waren wohl einfache Lehmbacköfen gewesen, wobei für den Einbau von Gefäßen in der Ofenwandung Impulse aus dem mediterranen Raum nicht auszuschließen sind.

Einige Jahrzehnte später, um 1100, treten auch in schweizerischen Ritterburgen, deren Besitzer sich ebenfalls eine anspruchsvollere Ausstattung ihres Wohnbereichs leisten konnten, Ofenanlagen mit eingebauten Gefäßen auf. Ofenkeramikfunde aus der Zeit um 1200 zeigen, daß Kachelöfen nun auch in

Unten: Konstanz, Marktstätte. Zwei übereinander liegende, mit Wacken umrandete Feuerstellen. Um 1200.

Ganz unten: Konstanz, Marktstätte. Feuerstelle mit Sandsteinplatten und steinerner Umrahmung. Erste Hälfte 13. Jahrhundert.

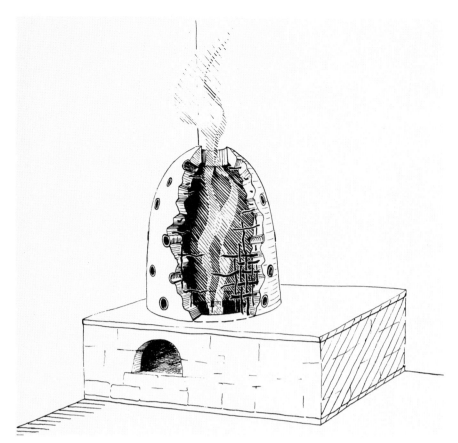

Wohnungen der Stadtbewohner eingebaut werden; Nutznießer dieser technischen Errungenschaft waren wohl Angehörige gehobener sozialer Schichten, wie Kirchenbedienstete, Patrizier oder reiche Kaufleute.

Die Geschichte

Ofenbefunde sind bei archäologischen Ausgrabungen bis jetzt nur selten aufgedeckt worden, und meist handelt es sich dabei nur um die unterste Partie des Kachelofens. Für die Rekonstruktion des Oberbaus ist man auf wenige bildliche Darstellungen aus der Zeit um 1300 angewiesen. Während der Rettungsgrabungen 1977/78 auf dem Zürcher Münsterhof wurden die Fundamente eines in der zweiten Hälfte des 11. Jahrhunderts errichteten Steinhauses aufgedeckt. Gegen Mitte des 13. Jahrhunderts muß in der Südwestecke ein Ofen eingebaut worden sein, von dem der gemauerte Sockel, verziegelte Lehmbrocken und Becherkacheln geborgen wurden. Ein Rekonstruktionsversuch zeigt auf dem Sockel einen gewölbten, aus lehmverstrichenem Flechtwerk bestehenden Oberbau mit eingelassenen Becherkacheln. Auf die Frage, warum in den Ausgrabungen so selten Ofenbefunde zutage treten, kann nur die Geschichte städtischen Hausbaus selbst eine Antwort geben.

Im 13.–14. Jahrhundert wird in den Städten Bauland immer knapper. Die Grundstücke sind oft nur wenige Meter breit. Dieser Situation werden die Stadthäuser angepaßt; sie werden mit der Schmalseite zur Straße gerichtet und entwickeln sich mit der Zeit in die Höhe. Während Keller und Erdgeschoß zum Lagern von Handelsgut, für Handelstätigkeiten oder handwerklich genutzt wurden, hatte das Obergeschoß eine Wohnfunktion im weitesten Sinn: Hier spielte sich das Familienleben ab, hier wurde gekocht, gegessen, oft auch geschlafen, wurden die langen Winterabende in der Nähe einer wärmespendenden Anlage verbracht. Um 1300 ist wohl die Zeit, in der im Obergeschoß ein Raum zur Straße hin abgesondert wird, die sogenannte Stube. Sie ist zum täglichen Aufenthalt bestimmt und mit einer Heizung versehen. Auch wenn zu dieser Zeit die Stuben noch spärlich möbliert waren, so kommt hier doch eindeutig eine neue Wohnkultur der wohlhabenden bürgerlichen Gesellschaft zum Ausdruck.

281

Die Formen

In der neben der Stube gelegenen Küche benutzte man für die Zubereitung
der Speisen weiterhin eine offene Feuerstelle, die nunmehr vom Boden abge-
hoben war. Über Stein- und Ziegelbögen wurde eine lehmverstrichene Herd-
platte eingerichtet. Sie wurde an die Brandwand gesetzt, war von drei Seiten
zugänglich und besaß meistens auch einen Rauchabzug. Ein Küchenbild aus
dem 15. Jahrhundert, das wohl auch für das 14. Jahrhundert Gültigkeit
besitzt, zeigt einen Koch an einem kniehohen Herd. Während er in einem
Topf rührt, muß er gleichzeitig Holz auflegen, damit das Feuer auf dem Herd
nicht ausgeht. Es ist nun verständlich, daß durch die Verlegung der häuslichen Feuerstellen vom Erdgeschoß in die obere Etage diese Anlagen als
direkte Bodenbefunde in den archäologischen Stadtgrabungen nur in Ausnahmefällen faßbar werden. Um so bedeutender sind für die Forschung die
wenigen bildlichen Darstellungen von Kachelöfen, die den Aufbau und das
äußere Aussehen dieser Heizanlagen zeigen.
Im Zürcher Haus »Zum langen Keller«, Rindermarkt 26, wurden Wandmalereien entdeckt, die sich heute im Schweizerischen Landesmuseum befinden.
Die um 1300 datierten Fresken stellen eine Folge von 12 Monatsbildern dar.
Das Dezemberbild zeigt eine Ofenkonstruktion, die aus einem Unterbau,
dem sogenannten Feuerkasten, und einem durch eine gesimsartige Vorkra-
gung abgesetzten gewölbten Oberbau besteht. Der Ofenkörper ist verziert
mit rotgrünen Kreisen, die Becher- oder Napfkacheln darstellen. Ein Mann

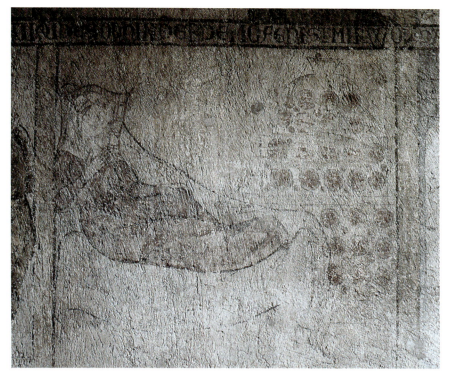

Oben: Zürich, »Haus zum langen Keller«, Freskomalerei. Dezemberbild mit Kachelofen. Anfang 14. Jahrhundert.

Oben links: Konstanz, Haus »Zur Kunkel«. Freskomalerei 1319/20. Kachelofen.

Links: Zürcher Wappenrolle. Wappen der Familie Stubenwid mit zwei Darstellungen von Kachelöfen. Um 1340.

schürt das Feuer und muß sich mit einem Hut vor der Hitze schützen. Hier ist ein sogenannter Vorderladerofen dargestellt, der in dem Raum, in dem er aufgestellt war, beheizt wurde.

Ein Schritt nach vorn in der Entwicklung der geschlossenen Ofenanlagen ist der sogenannte Hinterladerofen, der vom Flur oder von der Küche aus bedient wurde; dadurch blieb der beheizte Raum, die Wohnstube, völlig frei von Asche und stechendem Rauch. Einen solchen Ofen zeigt ein Bild der im 19. Jahrhundert aufgedeckten »Weberfresken« aus dem Konstanzer Haus »Zur Kunkel«, Münsterplatz 5, das neuere dendrochronologische Unter-

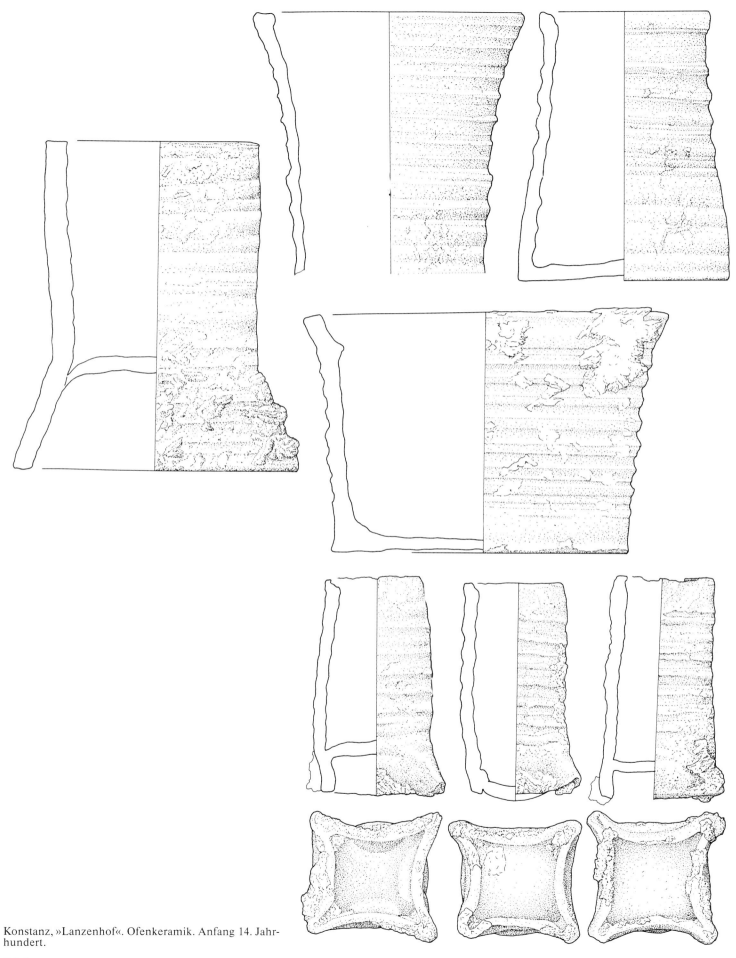

Konstanz, »Lanzenhof«. Ofenkeramik. Anfang 14. Jahrhundert.

suchungen nach 1319/20 datierten: Eine Frau liegt auf einem hohen Lager neben einem Ofen, der eine Dreiteilung aufweist; über einem mit Sockel versehenen Feuerkasten steht ein abgesetztes Mittelstück mit Kuppel, die mit einem Knauf gekrönt ist. Alle Teile sind mit Kreisen versehen, die eingebaute Kacheln andeuten sollen.

In der um 1340 datierten Zürcher Wappenrolle mit 559 Schilderdarstellungen ist auch das Wappen der Familie Stubenwid vertreten. Hier sind zwei gleiche Ofenanlagen wiedergegeben, deren Ofenkörper wiederum eine Zweigliederung aufweisen: Feuerkasten und abgesetzte Kuppel. Auch hier stellen die eingezeichneten Kreise die eingebauten Kacheln dar. Auf der Kuppel ist, wie beim Konstanzer Ofen, ein Knauf vorhanden. Alle drei Ofendarstellungen mit einer Zwei- oder Dreigliederung des Ofenkörpers zeigen, daß die wichtigsten Bauteile dieser Heizanlagen die durch runde Medaillons dargestellten Kacheln sind. In den archäologischen Fundbeständen des 13.–14. Jahrhunderts ist diese Keramikgruppe sehr gut vertreten. Konzentriert wurden sie aus Bauschuttplanierschichten, Abfallgruben oder Latrinen geborgen.

Charakteristisch für das 13. Jahrhundert sind für das oberrheinische Gebiet die zylindrischen, gewülsteten und nachgedrehten Becherkacheln mit leicht nach außen geneigtem Rand. Zur besseren Haftung im Lehmmantel des Ofens wurde die Gefäßwandung oft mit einer spiralig umlaufenden Furche versehen. Durch den Einbau der Gefäße in die Ofenwandung, mit der Mündung nach außen, sollte die wärmeausstrahlende Oberfläche vergrößert werden. Der dünne Gefäßboden erhitzte sich sehr schnell und leitete die Wärme

Konstanz, »Lanzenhof«. Drei Röhrenkacheln und eine Tellerkachel. Anfang 14. Jahrhundert. Die Kacheln sind aus einem scheibengedrehten Tubus und einem handgeformten Blatt zusammengesetzt. Die olivgrüne Glasur unterstreicht den dekorativen Charakter dieser Kacheltypen.

Ganz oben: Konstanz, »Lanzenhof«. Unglasierte Napfkacheln. Anfang 14. Jahrhundert. Im Fundkomplex der
Ofenkeramik aus dem Lanzenhof sind die Napfkacheln
am stärksten vertreten, was die Vermutung zuläßt, daß
sie im unteren und mittleren Ofenkörper eingebaut waren, während glasierte Röhrenkacheln wohl eher für
den oberen Ofenteil verwendet wurden.

Oben: Konstanz, »Lanzenhof«. Becherkacheln aus rot-
gebranntem Ton mit konisch zulaufender Wandung.
Anfang 14. Jahrhundert. Rußspuren auf der Innenwan-
dung deuten darauf hin, daß diese Kacheln mit der
Mündung zum Ofeninnern angebaut waren.

in kürzester Zeit nach außen. Der 10–15 cm starke Lehmmantel erwärmte
sich dadurch langsamer, speicherte aber die Wärme länger. Wiederholtes Auf-
heizen und Abkühlen bewirkte in der Ofenwandung große Spannungen, die
zu Rißbildungen führten und den Ofen mit der Zeit baufällig machten. Auch
die sehr gut gebauten Öfen konnten kaum mehr als 10–20 Jahre überleben.
Sie mußten niedergerissen und neu aufgebaut werden, wobei alte Kacheln
sicher wiederverwendet wurden. Der Ofen war also keine Langzeitinvestition.
Nach der Konstanzer Ofendarstellung zu urteilen, muß mit einer Mindest-
zahl von rund 160–180 Gefäßen gerechnet werden, die zum Aufbau eines
Ofens benötigt wurden. Der Kauf, der Aufbau beziehungsweise die oft nach
wenigen Jahren notwendige Erneuerung waren sicher eine recht teure Angelegenheit.

Noch im 13. Jahrhundert treten neben den Becherkacheln die sogenannten
Pilzkacheln auf. Der Boden ist vorgewölbt, manchmal verziert. Der Einbau
dieser Gefäße erfolgte mit der Öffnung zum Ofeninnern. Neuere Bodenfunde aus Winterthur, Obergasse 4, verdeutlichen, daß Becher- und Pilzkacheln zusammen eingebaut wurden. Hier wurde auch ein Aufsatz aus
Lehm mit der Darstellung eines Gesichts geborgen, der den Ofen wohl
bekrönt hatte.

Um 1300 ist bei der Ofenkeramik eine Vergrößerung des Formenschatzes zu
beobachten. Einen guten Querschnitt durch die Formenvielfalt liefert ein
Fundkomplex, der 1987 im »Lanzenhof«, einem bedeutenden Patriziersitz
am Westrand der Stadt Konstanz (Torgasse 8), geborgen wurde. Der Kachel-
komplex setzt sich aus fünf verschiedenen Gefäßtypen zusammen, die alle in
demselben Ofen eingebaut waren; unglasierte Napfkacheln, zylindrische und
konisch zulaufende Becherkacheln sowie glasierte Teller- und Röhrenkacheln. Während die Napfkacheln im innern Randbereich helle Tünchespuren aufweisen, was beweist, daß dieser Kacheltyp mit der Mündung nach
außen eingebaut war, haben die Becherkacheln Rußspuren an der Innenwan-
dung, ein Hinweis darauf, daß diese Gefäße mit der Mündung zum Ofeninnern eingelassen waren. Besonders die konisch zulaufenden Becherkacheln
erleichterten durch ihre Form den Bau von runden Ofenkörpern, wie die auf
der Marktstätte in Konstanz geborgenen Ofenwandteile mit leicht konvexer
Oberfläche und eingelassenen konischen Becherkacheln belegen.

Die erwähnten Teller- und Röhrenkacheln besitzen keinen Boden mehr, sondern ein vorgesetztes, tellerförmiges oder nach außen gewölbtes Blatt, und
weisen wie die Napfkacheln Tünchespuren auf. Bei den Röhrenkacheln sind
die Ränder quadratisch geformt und die Ecken zusätzlich gekniffen. Diese
Randform ermöglicht einen enganliegenden Einbau der Kacheln und führt

zu einer Reduzierung des Lehmmantels auf ein Minimum. Der Schmuckcharakter dieser hier nur in einer kleinen Zahl vorkommenden Kacheltypen wurde durch die Auftragung einer Glasur betont. An welcher Stelle des Ofenkörpers allerdings die verschiedenen glasierten und unglasierten Kacheln eingebaut waren, kann heute nicht mehr ermittelt werden. Im 14.–15. Jahrhundert wird der Kachelofen aus quadratischen, glasierten und reich verzierten Blatt- beziehungsweise Reliefkacheln zusammengesetzt. Er entwickelt sich zu einem repräsentativen, oft kunstvoll geschmückten Ausstattungsgegenstand der Wohnstuben.

Unter den mittelalterlichen Heizanlagen sind auch die Heißluftheizungen und die Kamine zu erwähnen. Während jene in Klöstern, Rathäusern oder andern Großanlagen anzutreffen sind, kommen Kamine in Bürgerwohnungen vereinzelt vor. Es sind offene, in der Zimmerwand eingelassene Feuerstellen mit Rauchmantel. Im Zürcher Haus »Zum Loch« (Zwingliplatz 1/ Römergasse 13) hat sich ein solcher Kamin aus dem Anfang des 14. Jahrhunderts erhalten (heute im Schweizerischen Landesmuseum). Der mit einem Blumenmuster geschmückte Kaminmantel ruht auf zwei mit Kapitellen versehenen Halbsäulen. Der Wohnraum ist ebenfalls prunkvoll mit Decken- und Wandmalereien ausgestattet, was auf besonders hohe Wohnansprüche und Repräsentationsbedürfnisse der damaligen wohlhabenden Bewohner hindeutet.

Marianne Dumitrache

Zürich, Zwingliplatz 1/Römergasse 13. Haus »Zum Loch«. Repräsentativer Saal mit offenem Kamin. Anfang 14. Jahrhundert (heute im Schweizerischen Landesmuseum, Zürich).

287

Viscera .i. intestina. Ceo pso. fri. 7 sic iuz. Electo arietu. iuuanitum britib; stom valde. cu
inquo cib; feruet. Nocumitum britib; narices .i. grossas uenas iuolutas i cruribz 7 difficile
digeruntur. Remo noeti. si p ellisentur bn pea sparentur. cu aceto/pipe galega 7 similib;
Quid gnat fla grossum. Couenint mag. cal. 7 sic. iuuenibz hyeme. 7 motanis regiobz.

Essen und Trinken

Pflanzliche Ernährung

Einführung

Mit der Frage, welche Pflanzen in der Ernährung des mittelalterlichen Menschen eine Rolle gespielt haben, befassen sich heute vor allem Botaniker, die in Bodenproben aus Latrinenfüllungen, Gruben und Auffüllschichten mittelalterlicher Siedlungen nach mikroskopisch kleinen Pflanzenresten suchen: Getreidekörner und deren Spelzen, Obststeine und -kerne, Samen und Früchte von Gemüsepflanzen und Gewürzen. Dies war im Verlauf der Forschungsgeschichte nicht immer so; zunächst galt die Ernährung in früheren Jahrhunderten als Untersuchungsgebiet der Philologen, Historiker und Mediävisten befragten schriftliche Quellen, Kunsthistoriker deuteten die Pflanzen, die auf Bildern dargestellt wurden.

Doch konnte aus dieser Arbeit ein realistisches Bild der Ernährung im Mittelalter entwickelt werden? Wenn man nach Kochbüchern sucht, die ja eigentlich eine hervorragende Quelle sein müßten, stellt man fest, daß es aus der Zeit unmittelbar um 1300 keines gibt. Zudem muß man sich vor Augen halten, daß in Kochbüchern vor allem Rezepte für die Speisen der Privilegierten enthalten sind, denn nur Lesekundige hatten ein Kochbuch, und auch sie griffen nur danach, wenn es galt, ein kompliziertes Gericht zuzubereiten. Wie man Alltagsspeisen zubereitete, wurde mündlich tradiert, und das ist heute nicht anders: Es gibt kaum ein Kochbuch, in dem beschrieben wird, wie man Kartoffeln kocht! Dies obwohl die Kartoffel heute eines der wichtigsten pflanzlichen Nahrungsmittel ist. In den Kochbüchern aus dem späten Mittelalter ist denn auch viel nachzulesen über die Verwendung von Pfeffer, Safran und Ingwer; das waren aber natürlich keineswegs Grundnahrungsmittel, und die teuren Gewürze konnte sich bestimmt nicht jedermann kaufen. Die besonderen, teuren Pflanzen tauchen auch in den Urkunden auf, die den Fernhandel bezeugen, man sprach und schrieb vor allem über sie, weil sie kostbar und exotisch waren. Und aus demselben Grund wurden sie — auch erst wieder in späterer Zeit — auf Tafelbildern abgebildet, zum Beispiel von den altniederländischen Malern.

In anderen schriftlichen Quellen ist von den Naturalien-Abgaben die Rede, die die Bauern der Dörfer an ihre Grundherren und an die Städte abzuführen hatten. Da wird etwa beschrieben, welche Menge Korn abzuliefern war; oft wird aber nicht gesagt, um welche Getreideart es sich dabei handelte — und genau das wüßten wir gerne. Einigen Pflanzen wurde eine besondere kultische Bedeutung beigemessen, weswegen man sie erwähnte oder abbildete. So war eine Reihe von Gartenpflanzen der Jungfrau Maria geweiht: Lilie, Löwenzahn und Primel. Es waren auch Nahrungspflanzen darunter, wie etwa Erdbeere und Schlafmohn, doch läßt sich aus ihren Nennungen und Darstellungen nicht ableiten, wie häufig sie waren, ja nicht einmal, ob sie überhaupt dort vorkamen, wo über sie geschrieben wurde. Denn es war im Mittelalter Prinzip, alles, was man als Gelehrter erfahren hatte, auch zu Papier zu bringen, ohne das nur Gelesene als Zitat kenntlich zu machen.

Kolbenhirse   Rispenhirse

Hirse

Blick in eine mittelalterliche Küche (Miniatur aus dem »Tacuinum sanitatis«, 15. Jahrhundert). Sowohl der einfach gedeckte Tisch im Hintergrund als auch die von den beiden Frauen vorn zubereiteten Speisen — Innereien und Kutteln — deuten darauf hin, daß es sich um die Küche einer Familie handelt, die in eher bescheidenen Verhältnissen lebte.

PFLANZENFUNDE IM MITTELALTERLICHEN KONSTANZ

Fundort	Fischmarkt Auffüllschicht		Hertie 481/487	Latrine VII	Latrine II/IV
Datierung	2. Hälfte 13. Jahrhundert	vor 1311/1321	spätes 13. Jahrhundert frühes 14. Jahrhundert	nach 1301	1336

Getreide
- Dinkel
- Einkorn
- Emmer
- Gerste
- Hafer
- Kolbenhirse
- Rispenhirse
- Roggen
- Weizen

Gemüse, Gewürze usw.
- Ackerbohne²
- Bohnenkraut
- Dill
- Erbse¹·²
- Fenchel
- Gurke
- Hanf
- Kerbel²
- Koriander
- Kresse
- Lein
- Leindotter¹
- Linse
- Melde
- Petersilie
- Pfeffer¹
- Rübe
- Schlafmohn
- Sellerie
- Ysop²

Gartenpflanzen
- Akelei¹
- Blaustern?¹
- Hiobsträne¹
- Kronenlichtnelke¹
- Nachtviole
- Nelke?²
- Ringelblume?²
- Schleierkraut¹

Obst, Nüsse
- Apfel
- Birne
- Brombeere
- Eichel
- Erdbeere
- Eßkastanie
- Feige
- Granatapfel
- Hagebutte (Rose)
- Haselnuß
- Heidelbeere
- Himbeere
- Johannis-/Stachelbeere
- Kornelkirsche
- Kratzbeere
- Krieche
- Mandel
- Maulbeere
- Pfirsich
- Pflaume
- Roter Holunder
- Quitte
- Sauerkirsche
- Schlehe
- Schwarzer Holunder
- Süßkirsche
- Vogelbeere
- Walnuß
- Wein

weitere mögliche Nutzpflanzen
- Brunnenkresse
- Färberkamille
- Hopfen
- Kümmel
- Möhre
- Pastinak
- Portulak
- Raps
- Rüben
- Schildampfer
- Schwarzer Senf
- Wacholder
- Weißer Senf

¹ nur in jüngeren Schichten (14./15. Jahrhundert) vom Fischmarkt
² nur bei anderen Grabungen in Konstanz gefunden (Funde zum Teil noch nicht abschließend datiert)

Legende:
- ▮ (rot) +
- ▯ (weiß) −
- ▮ (rosa) ?

Selbst in den wenigen Pflanzen-Lehrbüchern des Mittelalters, zum Beispiel den Werken der Heiligen Hildegard von Bingen und Albertus Magnus, ist vieles aus antiken Quellen abgeschrieben worden, was die Autoren aus eigener Anschauung nicht kannten. Wird also eine Pflanze im zeitgenössischen wissenschaftlichen Schrifttum erwähnt, weiß man nicht, ob sie im Mittelalter tatsächlich bekannt war oder ob sie nur in der antiken Quelle genannt wurde. Die philologische Beschäftigung mit dem Thema »Pflanzliche Ernährung im Mittelalter« stößt also überall an Grenzen. So wurde die Frage nach der mittelalterlichen Ernährung mehr und mehr den Botanikern gestellt. Aber auch die botanischen Resultate entsprechen nie genau der damaligen Realität, obwohl man durch sie den tatsächlichen Verhältnissen vielleicht am nächsten kommt.

Pflanzliche Reste erhielten sich in den Sedimenten mittelalterlicher Siedlungen vor allem unter zwei Bedingungen: wenn die organischen Reste unter Luftabschluß vor dem Zugriff zersetzender Mikroorganismen geschützt blieben (in der Regel war dies unterhalb des Grundwasserspiegels gegeben), oder wenn die Pflanzenteile dem Feuer ausgesetzt waren und dabei verkohlten, so daß ihre Überreste, deren Formen noch genau erkennbar sind, auch nicht mikrobiell zersetzt werden konnten. Nun suchte man aber den Abbau pflanzlicher Substanz schon im Mittelalter zu beschleunigen, indem man Kalk in Gruben und Latrinen schüttete. So blieben dann nur besonders widerstandsfähige Pflanzenreste erhalten, wie etwa Erdbeer- und Traubenkerne. In seltenen Fällen trifft man auf optimal erhaltenes und reichhaltiges pflanzliches Fundmaterial: Da findet man dann zahlreiche Hirsereste, Spelzen vom Dinkel, Reste aller möglichen Gewürze, oft auch feine Häutchen von Getreidekörnern, die fein zerrissen sind – ein Zeichen dafür, daß diese Reste im Mehl enthalten waren, denn beim Mahlen wurden die Körner und ihre Außenhäute zerkleinert.

Viele Pflanzenteile, wie beispielsweise kleinste Blattfetzen, bleiben unbestimmbar. Es lassen sich daher vor allem diejenigen Pflanzen nicht benennen, von denen man nur die Blätter und Knollen beziehungsweise Wurzeln aß, also Salate, Blattgemüse, Knollen- und Wurzelgemüse sowie Blattgewürze.

Und was wurde getrunken? Reste von Getränken kann der Botaniker nicht nachweisen. Zwar findet man Traubenkerne, doch ist denen nicht anzusehen, ob daraus Wein hergestellt wurde oder ob die Kernansammlungen die Verwendung von Weinbeeren oder Rosinen anzeigen. Dies können dann wieder eher die schriftlichen Quellen verraten.

Noch problematischer wird die Deutung der Funde, wenn man nur verkohlte Körner in den Bodenschichten finden kann. Verkohlt auffindbar sind nämlich fast ausschließlich Getreidekörner, und das hat unter anderem den Grund, daß man die Körner am offenen Feuer oder in einem Holzbackofen trocknete oder darrte. Dabei konnte es immer wieder vorkommen, daß die Körner verkohlten, für die Ernährung unbrauchbar wurden und in den Abfall gerieten. Mit Obst und Gewürzen jedoch wurde nicht auf diese Weise verfahren, so daß sie kaum je in verkohltem Zustand zu finden sind.

Die von Botanikern und ihren Technikern und Präparatoren durchgeführten Analysen ermöglichen also ebenfalls eine Vorstellung von der mittelalterlichen Pflanzennahrung, doch bleibt die Ernährungsgeschichte ein Forschungsthema, zu dem verschiedene Fachrichtungen ihren Beitrag leisten müssen: Botanik, Mediävistik, Kunst- und Kulturgeschichte vermögen im Rahmen interdisziplinärer Forschungsarbeit ständig neue Erkenntnisse auf einen Nenner zu bringen und zu einem aussagekräftigen Ganzen zu fügen. Noch liegen aber Milliarden von Pflanzenresten aus dem Mittelalter in den Bodenschichten der alten Stadtkerne. Sie zu analysieren, ist harte Arbeit, denn eine fundreiche Probe von einem Viertelliter Probenumfang kann Tausende von bestimmbaren Pflanzenteilen enthalten, weswegen der Botaniker sich damit tage- oder gar wochenlang befassen muß, bis alle Pflanzenreste aus dem umgebenden Erdmaterial herausgeschlämmt, sortiert, bestimmt, gezählt, vermessen, fotografiert und konserviert sind. Daß sich diese Arbeit lohnt, soll an den folgenden Beispielen demonstriert werden.

Oben: Flachs. Unten: Linse, Erbse, Ackerbohne

291

Kultur- und Nutzpflanzen in Konstanz

Seit 1985 untersucht man in der Arbeitsgruppe für Vegetationsgeschichte der Universität München Bodenproben von jeder Grabungsstelle in Konstanz. Es werden dabei Proben aus Latrinen oder Kloaken betrachtet, den bis weit unter den Grundwasserspiegel gegrabenen »Müllschluckern« des Mittelalters. Ferner wird der Inhalt von Auffüllschichten untersucht. Die Auffüllschichten bieten zwar, wenn sie am Seeufer angelegt wurden und unterhalb des Wasserspiegels zu liegen kamen, hervorragende Erhaltungsbedingungen für pflanzliches Material, doch sind in den Latrinen reichhaltigere Pflanzeninventare anzutreffen. Dies ist allerdings nur dann der Fall, wenn die Latrinen nicht zur Beschleunigung der Kompostierung gekalkt wurden, wie etwa in Latrinen von der Grabungsstelle Wessenbergstraße/Katzgasse, wo leider nur ein Teil der Pflanzenreste erhalten blieb.

Das Untersuchungsprogramm für Konstanz ist sehr breit angelegt, und die Untersuchungen sind noch keineswegs abgeschlossen; sie werden noch mehrere Jahre in Anspruch nehmen. Doch gibt es schon jetzt von kaum einer anderen europäischen Stadt des Mittelalters eine derart lange Liste botanisch nachgewiesener Kultur- und Nutzpflanzen (vgl. Tabelle). Das hängt natürlich mit der großen Zahl an untersuchten Bodenproben zusammen (bisher einige hundert), aber auch mit der großen Bedeutung von Konstanz im Mittelalter.

Getreide

Zwei Getreidearten überwiegen im Fundmaterial eindeutig, und sie sind auch an jedem Fundort anzutreffen: Dinkel und Rispenhirse. Dinkel war wohl im Mittelalter in Schwaben das wichtigste Getreide: er ist sozusagen eine schwäbische Spezialität bis in die Gegenwart geblieben. Dinkel ergibt ein eiweißreiches, kleberhaltiges Mehl, das sich ausgezeichnet zur Herstellung von Spätzle eignet. In kaum einer anderen Gegend hat man das »Schwabenkorn« in den letzten Jahrhunderten derart geschätzt wie an Bodensee, Neckar, Hoch- und Oberrhein. Rispenhirse findet man in jeder mittelalterlichen Stadt in großer Menge, hingegen ist sie in dörflichen Siedlungen fast nie zu beobachten. Andere Getreidearten wurden in Konstanz in viel geringerem Ausmaß gefunden, was besonders beim Roggen erstaunt: Dieses Getreide war andernorts im Mittelalter sehr verbreitet, so zum Beispiel in Norddeutschland, Bayern und im östlichen Mitteleuropa.

Gemüse und Gewürze

In der Rubrik »Gemüse, Gewürze etc.« sind Pflanzen zusammengefaßt, die verschiedenen Zwecken dienten, bei denen zum Teil unklar ist, weswegen sie überhaupt angebaut, beziehungsweise wie sie hauptsächlich verwendet wurden. Schlafmohn liefert Gewürz, Öl und Opium, aus Hanf kann sowohl Tauwerk wie auch etwa Rauschgift hergestellt werden. Lein wiederum ist eine Öl- und eine Faserpflanze. Sellerie und Fenchel kennen wir heute als Gewürz und als Gemüse; im Mittelalter dürften sie vor allem als Gewürz genutzt worden sein, denn Knollen wurden erst in der Neuzeit gezüchtet.

Lein ist in besonders großer Menge nachweisbar, in einigen Proben stieß man auf Tausende von Kapselbruchstücken dieser Pflanze, was auf eine Leinverarbeitung an Ort und Stelle schließen läßt. Leinenherstellung war am Bodensee im Mittelalter ein sehr wichtiger Wirtschaftszweig, aus schriftlichen Quellen geht hervor, daß Bodensee-Leinen über sehr weite Distanzen hinweg gehandelt wurde.

Gartenpflanzen

Zum Bemerkenswertesten, was in Konstanz nachgewiesen wurde, gehört eine größere Anzahl von Gartenpflanzen. Bezeichnenderweise traten Überreste dieser Gewächse aber vor allem in den jüngeren Bodenschichten auf. Es ist daher anzunehmen, daß Zierpflanzen wohl erst nach 1300 in die Gärten kamen. Alle Funde entstammen dem späten 14. und dem 15. Jahrhundert.

Obst und Nüsse

Einige Leckerbissen enthält die lange Liste von Obst und Nüssen: Feige,

Oben: Hafer. Unten: Ackerbohne

Granatapfel, Mandel, Maulbeere und Pfirsich. Bei einem Teil dieser Pflanzen handelte es sich wohl um Importe, dies dürfte vor allem für die Feige und den Granatapfel gelten. Andere könnten aber durchaus in der vom Klima begünstigten Umgebung von Konstanz angebaut worden sein. Bei vielen Pflanzen dieser Rubrik läßt sich indessen nicht unterscheiden, ob sie angebaut oder in der Umgebung der Stadt als Wildfrüchte gesammelt wurden.

Weitere Pflanzen

Auch innerhalb der Gruppe »Weitere mögliche Kulturpflanzen« sind Pflanzen aufgeführt, die in der Umgebung von Konstanz wild vorkommen und dort wohl schon im Mittelalter anzutreffen waren, von denen man aber auch weiß, daß man sie damals nutzte und sogar anbaute, um sie als Gewürze, Gemüse und Färbepflanzen zu verwenden.

Im Konstanz der Zeit um 1300 standen somit − nach bisherigem Wissensstand − für die Ernährung etwa 70 Pflanzenarten zur Verfügung. Dies ist eine beachtliche Menge, denn auch in heutiger Zeit, bei offenen Weltmärkten und einem Riesenangebot exotischer Kulturpflanzen, wird es nur wenige Menschen geben, die sich regelmäßig von mehr als 70 Pflanzenarten ernähren. Zahlreiche Nahrungspflanzen von damals spielen heute keine Rolle mehr oder werden vor allem von Naturkost-Freunden geschätzt (Tendenz steigend). Ganz allgemein hat sich aber unser Speisezettel namentlich durch die Entdeckung und Erschließung der Neuen Welt (Einführung von Kartoffel, Mais, Tomate usw.) und durch die hervorragenden Transportmöglichkeiten für exotisches Obst seit dem Mittelalter erheblich gewandelt.

Hansjörg Küster

Nahrungspflanzen aus der Latrine 10 in Freiburg, Gauchstraße

Anläßlich der 1988/89 in der Freiburger Gauchstraße gemachten Ausgrabungen wurden vier Latrinen geborgen, von denen je eine Profilsäule in der Arbeitsstelle Hemmenhofen des Landesdenkmalamts Baden-Württemberg botanisch untersucht wurde. Eine der Latrinen, die eine 1,5 m mächtige Fäkalienverfüllung enthielt, fiel durch besonders deutliche Schichten von Fruchtsteinen auf. Diese Verfüllung konnte anhand der Keramikscherben in die Zeit von Mitte des 13. bis Anfang des 14. Jahrhunderts datiert werden. Somit erlauben die in dieser Latrine 10 enthaltenen Samen und Fruchtsteine, ein ungefähres Bild der Ernährung des mittelalterlichen Menschen in Freiburg zu entwerfen. Nach ihrem Verwendungszweck lassen sich die in Freiburg gefundenen Überreste von Nahrungspflanzen in vier Gruppen einteilen:

Die Getreidearten

Daß nur Spelzenreste der Rispenhirse und Spindelglieder des Roggens nachgewiesen wurden, bedeutet nicht, daß die Freiburger zu jener Zeit keine anderen Getreidearten kannten. Da jedoch Getreidekörner bereits durch das Schroten oder Mahlen, spätestens aber beim Kauen und Verdauen zerstört werden, sind Latrinen kaum dazu geeignet, Rückschlüsse auf die einzelnen Getreidearten zu ziehen. Funde verkohlter Vorräte sind in diesem Zusammenhang aufschlußreicher. Die in den Latrinenproben darum zahlreich enthaltenen Kleiestücke zeigen jedoch zumindest, daß Getreide ein wichtiger Bestandteil der Ernährung war.

Gewürze und Gemüse

Da Blatt- oder Wurzelgemüse im allgemeinen vor der Ausbildung der Samen oder Früchte verwendet werden, sind auch sie recht selten in Latrinen vertreten. Gewürzpflanzen hingegen, von welchen man auch die Samen nutzt, wie beispielsweise der Dill, sind häufiger nachweisbar. Die Freiburger kannten erwiesenermaßen Wacholder, Dill, Bohnenkraut und Sellerie, die sowohl als Gewürze wie auch als Arznei dienen mochten (Knollen- beziehungsweise Bleichsellerie waren hingegen damals noch nicht bekannt; sie entstanden erst im 17. Jahrhundert durch Auslesezüchtung). Gartenmelde und Beta-

Von oben nach unten: Roggen mit Kornblume, Saatweizen, Felddinkel, Dinkel

Archäobotanisch nachgewiesene Nahrungs- und Nutzpflanzenarten in Südwestdeutschland und der Schweiz

Ort	Getreide	Oel- und Faser-pflanzen	Hülsen-früchte	Obst Nüsse	Gemüse Gewürze	Heil- und Zier-pflanzen	Färbe-pflanzen
Heidelberg	7	3	1	41	24	14	1
Villingen	9	5		29	17	15	2
Tübingen	5	3	1	23	18	16	
Konstanz	9	5	3	27	23	8	1
Freiburg	2	4		20	10	4	
Ulm	8	1		19	6	7	
Zürich	1	3	1	20	5	9	1
Kirchheim / Teck	1	1	1	12	4	3	
Ladenburg	1	1		16	3		
Rottweil	1			4	3	6	
Eschelbronn	3	1		8	1		
Schaffhausen	3	1	3	6			
Sindelfingen	1	2		7			
Bruchsal	2	1		1	3		

Oben: Der Schnitt durch die Latrine an der Freiburger Gauchstraße zeigt in mehreren Schichten eine auffallende Häufung von Kirschsteinen.

Oben rechts: Aus der Tabelle geht die Vielzahl der Arten bei den Nahrungs- und Nutzpflanzen des hohen und späten Mittelalters hervor, die aufgrund archäobotanischer Untersuchungen in Latrinen in Südwestdeutschland und der Schweiz ermittelt wurde.

Sechszeilige Gerste

Rübe oder Mangold wurden sicher als gekochtes Gemüse genossen, Gemüseportulak und Gurke wiederum eignen sich sowohl als Salat wie auch als Gemüse, wobei Gurken, gesalzen oder sauer eingelegt, auch in der Vorratshaltung eine Rolle gespielt haben mögen. Schließlich ist anzunehmen, daß der Speisezettel auch durch verschiedene Wildkräuter, wie beispielsweise die Brennessel, Beifuß oder Wegerich, bereichert wurde.

Öl- und/oder Faserpflanzen
Mohn-, Lein- und Hanfsamen waren für den mittelalterlichen Menschen eine wichtige Ölquelle. Welche Rolle Hanf, vor allem aber Lein als Faserpflanzen spielten, wird erst klar, wenn man sich vergegenwärtigt, daß Seide oder Baumwolle im Mittelalter nur für die Reichen erschwinglich waren.

Obst und Nüsse
Da die Früchte beziehungsweise Samen von Nüssen und vielerlei Obstarten eine sehr harte Schale besitzen, zersetzen sie sich kaum und sind deshalb meist in großen Mengen in Latrinen zu finden. Das meiste Obst wurde zur damaligen Zeit sicher noch nicht in Gärten angebaut, sondern wuchs wild im Wald, an Waldrändern und in Hecken. So etwa die Haselnuß, Erdbeeren, Kratzbeeren, Brombeeren, Himbeeren, Heidelbeeren, Hagebutten und Schlehen. Birnen, Süß- und Sauerkirschen, Pflaumen, Zwetschgen und Walnuß mögen sowohl kultiviert als auch von verwilderten Bäumen und Hecken gesammelt worden sein. Schwarze Maulbeere und Pfirsich hingegen waren sicher Kulturpflanzen, da sie wild in diesen Breitengraden nicht vorkommen. Auch ein Import dieser Früchte läßt sich ausschließen, da Maulbeere und Pfirsich nicht lange haltbar und für den Transport ungeeignet sind.

Die zahlreich gefundenen Traubenkerne können von Rosinen, von frischverzehrten Trauben oder aber aus Abfällen der Weinbereitung stammen — daß Wein in der Umgebung von Freiburg angebaut wurde, ist anzunehmen, zumal der nahegelegene Kaiserstuhl auch heute noch ein bekanntes Weinanbaugebiet ist. Der Anbau von Feigen ist zwar an geschützten Stellen möglich, wahrscheinlicher ist jedoch, daß getrocknete Früchte aus dem Mittelmeerraum importiert wurden.

Trockenfrüchte wie Feigen, Rosinen, Dörrzwetschgen und Hutzelbirnen waren sicher als Süßungsmittel von großer Bedeutung, da Honig relativ selten und teuer und der Zucker in Europa noch unbekannt war. Auch viele exotische Nahrungspflanzen waren um 1300 noch nicht bekannt und viele einheimische Kulturpflanzen noch nicht so hochgezüchtet wie heute. Außerdem waren die Konservierungsmöglichkeiten im Mittelalter sehr beschränkt. Wer einen möglichst vielseitigen Speisezettel anstrebte, mußte deshalb die in der Umgebung wachsenden Wildpflanzen umfassend zu nutzen wissen und die natürlichen Konservierungsarten kennen. Es liegt deshalb auf der Hand, daß die Nahrungsbeschaffung und -zubereitung damals äußerst zeitraubend war.

Marion Sillmann

Die Situation in Südwestdeutschland

Die derzeitigen Kenntnisse über Nahrungs- und Nutzpflanzen im hohen und späten Mittelalter beruhen in Südwestdeutschland auf der archäobotanischen Untersuchung von Latrinen in 14 Städten (vgl. Tabelle Seite 294) und von Siedlungsgruben in weiteren 12 Städten oder Gemeinden. Da in Latrinen die Getreide aufgrund der besonderen Ablagerungs- und Erhaltungsbedingungen nicht optimal erfaßt werden können, stellen die Siedlungsgruben mit ihrem verkohlten Inhalt diesbezüglich ein gutes Regulativ dar.

Die Zahl nachgewiesener Nutzpflanzen für die jeweiligen Städte, gegliedert in Nutzungsgruppen, geht aus Tabelle 1 hervor. Die daraus ersichtlichen großen Unterschiede sind in erster Linie eine Folge des Untersuchungsstands und der Qualität des untersuchten Materials. Erst in zweiter Linie dürften regionale Unterschiede in der Ernährungsweise durchschlagen. Dort, wo am meisten Bodenproben in gutem Erhaltungszustand untersucht wurden, wurden auch die meisten Nutzpflanzen nachgewiesen. So steht Heidelberg mit 123 Nutzpflanzen, darunter 76 Nahrungspflanzen, an erster Stelle, gefolgt von Villingen mit 106 Nutzpflanzen, Tübingen mit 85 und Konstanz mit 76. Die für die Kalorienversorgung wichtigste Gruppe der Nahrungspflanzen waren die Getreide. Von den zehn nachgewiesenen Getreidearten wurde in den Latrinen am häufigsten die Rispenhirse gefunden, gefolgt von Roggen und Dinkel. Hafer, Gerste und Einkorn wurden in knapp der Hälfte der Orte gefunden, Saatweizen und Emmer in einem Drittel. Kolbenhirse wurde an drei Orten, Reis nur in Heidelberg nachgewiesen. Stellt man diesem Ergebnis die Untersuchungen an verkohltem Material aus Siedlungsgruben gegenüber, so ist dort Roggen mit Abstand am häufigsten, gefolgt von Gerste, Dinkel, Hafer und Saatweizen. Weniger wichtig waren Emmer und Einkorn, sehr selten die Hirsen. Zwar dürfte dieses Ergebnis die tatsächliche Bedeutung der Getreidearten besser widerspiegeln, doch gilt dies leider nur für ländliche oder vorstädtische Verhältnisse, die nicht unbedingt mit denen der Städte identisch sein müssen. Als gemeinsamen Nenner kann man jedoch immerhin festhalten, daß in Südwestdeutschland wie in den benachbarten Landschaften Roggen das wichtigste Getreide war. Daneben hatten Gerste, Hafer und Dinkel eine große Bedeutung. Saatweizen und die altertümlichen Arten Einkorn und Emmer spielten nur eine untergeordnete Rolle.

Solange indes nicht auch Latrinen aus ländlichen Gebieten und Siedlungsgruben in den Städten untersucht sind, bleibt ungewiß, ob in den Städten mehr Hirse verzehrt wurde als auf dem Land. Reis kam erst im späten Mittelalter als teure Delikatesse in Gebrauch und ist als Bestandteil der Nahrung vernachlässigbar.

Die Versorgung mit pflanzlichen Fetten und Ölen stützte sich hauptsächlich auf Schlafmohn und Kulturlein sowie Rübsen. Ob als vierte Ölpflanze wie in Norddeutschland Leindotter angebaut wurde, ist aufgrund der geringen Zahl von Nachweisen sehr zweifelhaft, da dieser auch wild als Unkraut, unter anderem in Leinfeldern, vorkommen kann. Die Leinpflanze wurde wohl aber hauptsächlich zur Fasergewinnung angepflanzt, ebenso wie der Hanf, für den man aufgrund von pollenanalytischen Untersuchungen einen großflächigen Anbau erst ab dem 12. Jahrhundert annehmen kann.

Für die Versorgung mit pflanzlichem Eiweiß standen die Hülsenfrüchte Linse, Erbse und Ackerbohne zur Verfügung. Auffallenderweise wurde die in der Urnenfelderzeit und in römischer Zeit hier häufige Ackerbohne bislang nur in Konstanz gefunden.

Für den Nachweis von Obst und Nüssen bieten Latrinen ideale Voraussetzungen. Entsprechend breit ist hier die Palette mit insgesamt 52 Arten. Zwar ist die Entscheidung, ob es sich um Wild- oder Kulturobst handelt, im Einzel-

Oben: Zwergweizen. Unten: Linse

Oben: Lein. Unten: Erbse

fall nicht immer einfach, doch kann man von 14 sicheren Arten von Kulturobst ausgehen, während weitere 7 Arten vermutlich sowohl wild wuchsen als auch angebaut wurden. Ferner gab es zusätzlich 31 wildwachsende Arten, die gesammelt wurden.

Was die Anteile der verschiedenen Arten betrifft, so läßt sich zunächst ein allgemein üblicher Standard feststellen. Dazu gehören, geordnet nach Häufigkeit, Weintrauben, Birnen, Äpfel, Süßkirschen, Pflaumen, Sauerkirschen, Walnüsse, Feigen und Maulbeeren beim Kulturobst, sowie beim Wildobst Wald-Erdbeeren, Himbeeren, Brombeeren, Heidelbeeren, Haselnüsse, Hagebutten, Kratzbeeren, Schlehen und die Beeren des Schwarzen Holunders. Auch bei diesen allgemein verbreiteten Obstarten läßt sich eine Abhängigkeit der Häufigkeit vom jeweiligen Naturraum feststellen, die für eine lokale Produktion spricht. So ist die Heidelbeere dort, wo in der Umgebung basenarme Gesteine anstehen, beispielsweise in Heidelberg, Villingen und Freiburg, häufiger als anderswo. An klimatisch weniger begünstigten Orten wie Villingen, Ulm, Kirchheim/Teck oder Rottweil ist die Maulbeere sehr selten oder fehlt ganz. Manche Arten wurden offenbar nur fakultativ als Wildobst genutzt und fehlen dadurch mancherorts. Dazu gehören Weißdorn, Judenkirsche (hier kann das Fehlen zum Teil auch klimatisch bedingt sein), Vogelbeere, Attich, Roter Hartriegel, Schneeball u. a. Andere Arten sind aufgrund der Größe ihrer Diasporen in den Latrinen untervertreten und waren vermutlich weiter verbreitet, als die Fundsituation vermuten läßt. Dazu zählen Zwetschge, Gelber Hartriegel, Pfirsich, Eßkastanie, Mandel und Aprikose. Immerhin tauchen die vier letztgenannten vornehmlich dort auf, wo das Klima auch lokalen Anbau ermöglicht. Ausnahmen, wie Pfirsiche in Zürich und Kirchheim sowie Aprikosen in Villingen, bestätigen die Regel. Während die Pfirsiche unter Umständen vor Ort produziert worden sein können, ist dies bei Aprikosen auf der Baar nicht anzunehmen; hier muß es sich um importierte Früchte handeln. Als weitere sichere Belege für Obstimport können Feige und Granatapfel (Heidelberg, Konstanz und Villingen) angesehen werden. Einige der seltener gefundenen Obstarten bedürfen dennoch eines Kommentars: Stachel- und Johannisbeere (Nachweis in Heidelberg und Konstanz) wurden erst im späten Mittelalter kultiviert. Der Sanddorn könnte in Heidelberg von natürlichen Vorkommen am Rhein stammen. In Tübingen dagegen ist an Import oder Anpflanzung zu denken. Bei Quitte und Mispel ist die geringere Zahl von Nachweisen vielleicht auf Probleme bei der Bestimmung zurückzuführen, und schließlich beschränken bei der Stechpalme das Areal und die vielleicht nur fakultative Nutzung ihr Vorkommen in Latrinen. Zusammenfassend kann beim Obst eine reiche und regional differenzierte Palette beobachtet werden, mit einem nicht zu unterschätzenden Anteil von wild gesammeltem Obst und nur wenigen importierten Arten.

Bei Gemüse und Gewürzen sind die Forschungsergebnisse aufgrund schlechterer Nachweischancen lückenhafter, doch kann auch hier ein allgemeiner Standard festgestellt werden, der mit Dill, Fenchel, Petersilie, Runkelrübe/Mangold, Sellerie und Gurke Arten des Hausgartens umfaßt, die teilweise (Gurke) erst im Mittelalter in Gebrauch kamen, großenteils aber schon in römischer Zeit oder noch früher (Dill, Sellerie) Tradition hatten. Aber auch bei Kohl, Gelber Rübe, Senf, Bohnenkraut, Kümmel, Koriander, Hopfen, Wacholder, Beifuß, Gartenmelde, Brunnenkresse und Fuchsschwanz kann man aufgrund schlechter Nachweismöglichkeiten eine recht allgemeine Verbreitung und Nutzung nur vermuten, zumal Gelbe Rübe, Kümmel, Hopfen, Wacholder, Beifuß und Brunnenkresse in mehr oder weniger großer Entfernung wildwachsend zur Verfügung standen. Die Palette wird vervollständigt durch seltener gefundene kultivierte Gemüse- oder Salatpflanzen wie etwa Rettich, Paprika (am Ende des Mittelalters), Gartenkresse, Schildampfer (bereits von den Römern eingeführt) und Spinat, und durch angepflanzte Gewürze wie Ysop, Basilikum, Raute und Winter-Bohnenkraut, ergänzt durch wild Gesammeltes wie Ackersalat, Portulak, Wilder Majoran, Pastinak und Bimbernell. Auch hier fallen Fernimporte wie Pfeffer kaum ins Gewicht.

Die Gruppe der Heil- und Zierpflanzen ist schwierig abzugrenzen, da sie zahlreiche Wildpflanzen enthält, bei denen eine Nutzung naheliegt, die aber auch nur zufällig von ihrem nahegelegenen Standort in die Latrine gelangt sein könnten. Andererseits wurden zahlreiche Pflanzen nicht berücksichtigt, bei denen eine Nutzung heutzutage nicht mehr üblich ist, die aber damals durchaus genutzt worden sein könnten. Es seien deshalb aus der langen Liste nur einige Arten herausgegriffen, die entweder überhaupt nicht wild oder jedenfalls nicht in städtischer Umgebung vorkommen, wodurch eine Nutzung sehr wahrscheinlich ist. Davon wurden die Ringelblume (Konstanz, Villingen), die Linde (Villingen, Kirchheim), das Christophskraut (Heidelberg), die Tollkirsche (Villingen) und das Tausendgüldenkraut (Tübingen) wohl als Heilpflanzen genutzt, während Akelei, Gartennelke (Heidelberg, Konstanz), Primel (Freiburg, Tübingen, Zürich), Schleierkraut (Konstanz, Tübingen), Nachtviole, Blaustern und Hiobsträne (Konstanz) vor allem der Zierde dienten.

Eine kleine, aber dennoch wichtige Gruppe von Nutzpflanzen in einer Zeit, als es noch keine Anilinfarben, aber dennoch einen Bedarf an bunten Textilien gab, sind die Färbepflanzen. Die Färberkamille liefert einen gelben Farbstoff, der aus den Blüten gewonnen wird. Sie wurde in Konstanz und Zürich gefunden. In Zürich wurden bezeichnenderweise an der »Gerberstraße« gleich zwei Färbepflanzen aus der Familie der Rötegewächse nachgewiesen, die echte Färberröte, aus welcher der bekannte rote Krapp-Farbstoff gewonnen wurde, und der Färber-Meister. In Heidelberg wurde der zum Gelb- oder Grünfärben verwendete Färberwau nachgewiesen.

Als letztes sei eine Gruppe von Nutzpflanzen erwähnt, denen bisher oft keine Beachtung geschenkt wurde, obwohl sie gerade in Latrinen häufig vorkommen, weil sie das damals ebenfalls noch nicht verfügbare Toilettenpapier ersetzten: Es sind dies Moose, von denen man bislang etwa 40 verschiedene Arten nachweisen konnte. Sprosse von Schachtelhalmen hingegen wurden vermutlich zum Polieren des Zinngeschirrs benutzt.

Dieser knappe Überblick sollte zeigen, welche Erkenntnisse die Archäobotanik aus Latrinen und Bodenschichten über die Ernährung im Mittelalter herauszuziehen vermag, aber auch andeuten, daß man angesichts der reichen Quellen in Städten und Siedlungen mit diesen Bemühungen diesbezüglich eigentlich erst am Anfang steht.

MANFRED RÖSCH

Die Fleischküche

Aufschlüsse über die mittelalterlichen Wirtschafts- und Ernährungsgrundlagen lassen sich im allgemeinen aus schriftlichen Quellen gewinnen. Durch die Untersuchung archäologischer Funde ist sodann eine Überprüfung dieser Überlieferungen und weiterer Informationen möglich. So geben die bei archäologischen Grabungen zutage geförderten Knochenreste bei sachgemäßer Untersuchung unter anderem Auskunft über die Landwirtschaft und die Tierhaltung in der damaligen Zeit, und darüber hinaus über das Konsumverhalten der Bevölkerung.

In der Regel werden die Siedlungsabfälle an sich als Zeugnisse der wirtschaftlichen Gegebenheiten einer bestimmten Zeit angesehen. Bei Grabungen im Umfeld mittelalterlicher Baubestände erfaßt man jedoch gelegentlich auch die zu einem Haus gehörenden Fäkaliengruben, die Latrinen. Diese für einen ganz bestimmten Zweck angelegte Grube diente ihren Benützern auch als willkommene Abfalldeponie: Man versenkte dort nicht nur zerscherbtes Koch- und Eßgeschirr, sondern auch anfallende Knochenabfälle. So lassen sich an einer Latrine in Konstanz (WEKA-S7) aufgrund der in den einzelnen Schichten deponierten Knochen die Eßgewohnheiten der verschiedenen Generationen von Hausbewohnern ablesen, die im Lauf der Zeit das Haus und die Latrine benutzt haben.

Die Schichtbildung in der Latrine ist eine Folge der Ablagerung verschiedenartiger Füllmaterialien. Die Untersuchung der Knochenfunde belegt zwei von der Zusammensetzung der einzelnen Nahrungsmittel her unterschiedliche Konsumverhalten: Während die unteren zwei Schichten (885 und 911) nur knapp 60 Prozent Reste von Haussäugerarten enthalten, sind aus den übrigen, darüberliegenden Schichten über 93 Prozent Knochen von Haussäu-

Oben: Kriechen. Unten: Zibaten

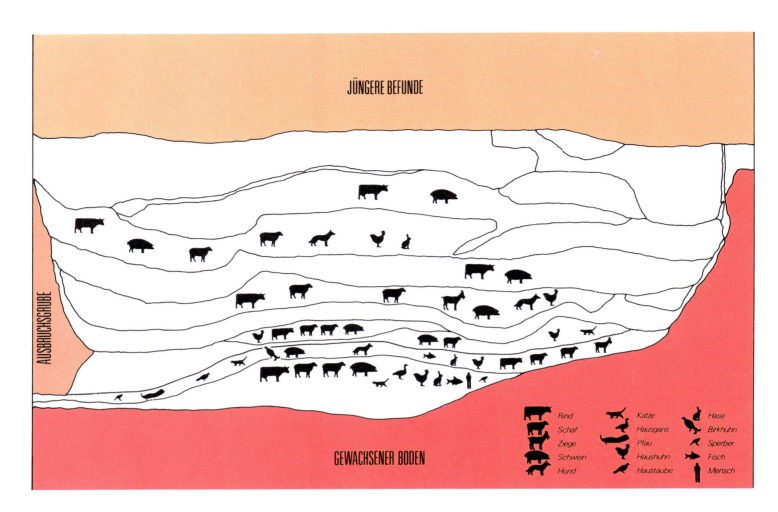

JÜNGERE BEFUNDE

AUSBRUCHSGRUBE

GEWACHSENER BODEN

Rind		Katze		Hase	
Schaf		Hausgans		Birkhuhn	
Ziege		Pfau		Sperber	
Schwein		Haushuhn		Fisch	
Hund		Haustaube		Mensch	

Am Schnitt durch eine Konstanzer Latrine (Wessenbergstraße/Katzgasse) lassen sich aufgrund der in den einzelnen Schichten gefundenen Tierknochen die Eßgewohnheiten der verschiedenen Generationen von Hausbewohnern ablesen, die das Haus und die Latrine benutzt haben.

getieren belegt. Noch eindeutiger wird dieser Unterschied bei den Resten geschlachteten Hausgeflügels. Die Bewohner des Hauses, auf die die untersten Ablagerungen in der Latrine zurückgehen, haben sich nicht nur in beträchtlichem Maß von Hühnerfleisch ernährt; auch der exotische Hühnervogel Pfau wurde geschlachtet und gebraten. Tauben kamen bei ihnen häufiger auf den Tisch als Gänsebraten. Aus den oberen Schichten dagegen liegt kein einziger Fund von Pfauen- oder Taubenknochen vor, der auch auf einen Verzehr dieser Tiere schließen ließe. Der Speisezettel der frühen Bewohner des Hauses umfaßte aber auch Wildvögel. So belegen die Knochen, daß neben den für unsere Begriffe wohlschmeckenden Tieren wie Auerhuhn, Birkhuhn und Rebhuhn auch Greifvögel wie Habicht und Sperber gejagt wurden.

Die – aus heutiger Sicht – eher ausgefallenen Ernährungsgewohnheiten lassen sich auch an den Knochenresten der Wirtschaftstiere ablesen. Am häufigsten geschlachtet wurden Schafe und Ziegen, seltener das Schwein. Das Rind spielt in den unteren Ablagerungen noch eine geringere Rolle als in den oberen. Zerschlagene Hundeknochen zeugen davon, daß auch dieses Tier geschlachtet und für die Zubereitung portioniert wurde. Besonders bemerkenswert ist aber der verhältnismäßig große Anteil von Katzenknochen; in den unteren Schichten beläuft er sich auf über 12 Prozent aller Funde. Am häufigsten wurden die paarigen Extremitäten nachgewiesen, während Teile von Kopf und Rumpf sehr selten sind. Zwar sind jeweils direkt am Knochen keine eindeutigen Zerlegungsspuren festzustellen, doch darf man wohl aufgrund des selektierten Materials auch bei den Katzenknochen davon ausgehen, daß es sich um Reste verspeister Tiere handelt.

Zusammenfassend lassen sich aus den Funden aus der Latrine von Konstanz folgende Schlüsse ziehen: Das untersuchte Material stammt aus zwei unterschiedlichen Schichten. Die untere, ältere Schicht geht auf eine Bevölkerungsgruppe zurück, die – zumindest was das Fleisch betrifft – von der heutigen Norm deutlich abweichende Ernährungsgewohnheiten aufzeigt. Rind- und Schweinefleisch wurden weniger gegessen, während offenbar Geflügelfleisch, sei es von Haus- oder von Wildvögeln, ausgesprochen beliebt war. Die darüberliegende jüngere Ablagerung hingegen zeugt von einer nach heutigen Vorstellungen weniger ausgefallenen Fleischküche. Sie setzte sich in der Hauptsache aus Fleisch von Schafen, Ziegen, Schweinen und — in etwas geringerem Maß — von Rindern und Hühnern zusammen.

MOSTEFA KOKABI

Glas

Hohlglasformen des 13. und 14. Jahrhunderts in Südwestdeutschland und der nördlichen Schweiz

Für kaum eine andere Fundmaterialgruppe aus der Zeit um 1300, vielleicht ausgenommen die Holzgefäße, war die Tätigkeit der Mittelalterarchäologie in den vergangenen zwei Jahrzehnten so fruchtbar wie für die Gläser. Vor allem durch die Grabungen in Altstädten und auf Burgen trat eine Fülle von mittelalterlichen Gläsern zutage, die das von der älteren Forschung seit den zwanziger und dreißiger Jahren gezeichnete Bild geradezu revolutionierten. Neben der Entdeckung zahlreicher neuer, bislang völlig unbekannter Formen gelang es, die chronologischen Ansätze für einige Typen zu korrigieren, weil sie nun erstmals in datierbaren Fundzusammenhängen geborgen werden konnten.

Als besonders ergiebig an Glasfunden erwiesen sich die Latrinen und Abfallgruben privater und öffentlicher Gebäude in Städten. Aus ihnen stammen die meisten der zusammengesetzten Gläser, da zumindest die letzte Füllung dieser Entsorgungsgruben nicht mehr ausgehoben wurde. Das Fundgut konnte so unter relativ geschützten Lagebedingungen sicher überdauern.

Ungleich weniger günstig wirkt sich auf den Erhaltungszustand von Gläsern die Lagerung in »normalen« Schichtbefunden aus, wie sie bei Grabungen den Regelfall darstellen. Oft lassen sich hier nur sehr kleine, manchmal gerade noch fingernagelgroße Scherben bergen. Aber die Hohlgläser des 13.

Konstanz: Latrine Wessenbergstrasse/Katzgasse				
	Befund Schichten 911 + 885	%	Befund restliche Schichten	%
Pferd	–		1	0,4
Rind	39	7,0	59	23,9
Schaf	21	} 21,1	11	} 42,1
Schaf/Ziege	94		88	
Ziege	3		5	
Schwein	87	15,5	64	25,9
Hund	18	3,2	2	0,8
Katze	68	12,1	1	0,4
	330	58,9	231	93,5
Hausgans	2	0,4	–	
Haushuhn	178	31,8	13	5,3
Haustaube	15	2,7	–	
Pfau	1	0,2	–	
	196	35,1	13	5,3
Iltis	3	0,5	–	
Hase	3	0,5	3	1,2
	6	1,0	3	1,2
Auerhuhn	1	0,2	–	
Birkhuhn	1	0,2	–	
Rebhuhn	1	0,2	–	
Habicht	13	2,3	–	
Sperber	4	0,7	–	
	20	3,6	–	
Fisch	8	1,4	–	
	8	1,4	–	
Total	560	100	247	100

Oben: Die Tabelle macht — in Ergänzung der Graphik auf der gegenüberliegenden Seite — deutlich, daß in der Zeit, in der die beiden untersten (ältesten) Schichten der Latrine benutzt wurden, der Speisezettel in Bezug auf das Fleisch sehr viel abwechslungsreicher war und insbesondere eine Vielzahl verschiedener Haus- und Wildvögel umfaßte. Die darüberliegenden jüngeren Schichten hingegen zeugen von einer viel kleineren Auswahl, die vorwiegend aus Schaf-, Ziegen- und Schweinefleisch bestand.

Links: Der Ausschnitt aus der um 1470 datierten Wandmalerei im Haus Münsterhof 6 in Zürich zeigt einen Liebesgarten, in dem sich die Liebenden einander widmen, während ein Diener mit einem Nuppenbecher in der Hand bereitsteht.

und 14. Jahrhunderts haben zum Teil so charakteristische Merkmale, daß sich meist auch noch kleinste Fragmente einer bestimmten Gefäßform zuweisen lassen. Feinchronologische Untersuchungen sollten zwar möglichst an vollständig zusammensetzbaren Stücken, das heißt überwiegend an Latrinenfunden, vorgenommen werden. Aber auch unscheinbare Scherben liefern brauchbare Anhaltspunkte für die Datierung, wenn sie beispielsweise aus Kontexten stammen, für die historische Überlieferungen vorliegen, für die dendrochronologische Daten zur Verfügung stehen oder für die durch Münz-, Keramik- oder sonstige Kleinfunde eine präzise zeitliche Einordnung möglich ist.

Da die meisten Glasformen von hohem technischem und künstlerischem Niveau zeugen, wurde bislang nur selten eine Datierung ins 13. und 14. Jahrhundert erwogen. Wenn überhaupt ein solch früher Zeitansatz in Betracht gezogen wurde, dann nur unter der Prämisse, daß es sich bei diesen zarten farblosen und feingetönten Gläsern um Importe aus Italien, wenn nicht gar aus dem Nahen Osten handeln müsse. In neueren Arbeiten wird indes die Ansicht vertreten, daß diese Auffassung nicht länger haltbar sei. Die inzwischen etwas besser bekannten Glasformen aus Italien unterscheiden sich nämlich nicht unbeträchtlich von den zeitgleichen Gefäßen nördlich der Alpen. Allein schon die Menge und Mannigfaltigkeit der Gläser aus gesicherten Kontexten des 13. und 14. Jahrhunderts sprechen gegen eine Zuweisung an nur einen Herstellungsort, lassen eher vermuten, daß es zahlreiche Glashüttenregionen gegeben hat. Die beschränkte Verbreitung einzelner Formen oder ganzer Gattungen, wie etwa die der Kelchgläser auf hohem Fuß und der Bleigläser, stützen die These mehrerer Produktionszentren.

Zur Zeit ist eine Tendenz feststellbar, die Datierung aller farblosen Gläser sowie jener mit kobaltblauen Auflagen oder auch der Kelchgläser auf hohem Fuß auf die zweite Hälfte des 13. und das 14. Jahrhundert zu beschränken. Dadurch entsteht jedoch eine künstliche Lücke in der Glasentwicklung, die bis um 1450 reicht. Während sich das erste Auftreten der Formen verhältnismäßig gut fassen läßt, entzieht sich das Verschwinden der Gläser oder der Übergang in andere Formen bisher weitgehend unserer Kenntnis.

In den meist summarisch behandelten Glasgruppen ist zweifellos chronologisch Unterschiedliches zusammengefaßt. Dies erklärt sich aus der – mit Ausnahme der Nuppenbecher – noch immer geringen Anzahl von Belegstücken innerhalb der einzelnen Gruppen und dem Mangel an gut datierten Fundkomplexen mit Hohlgläsern des 13. und 14. Jahrhunderts.

Ansätze für eine regionale und chronologische Gliederung gibt es bisher nur für die nuppenbesetzten Gläser, deren Mengen an manchen Fundorten, wie beispielsweise in Konstanz, ins Unübersehbare angewachsen sind. Wenn also an dieser Stelle Glasfundgruppen aus einem bestimmten Raum (Südwestdeutschland/Nordschweiz) vorgestellt werden, so kann das nicht heißen, daß damit jeweils eigenständige Regionalgruppen faßbar werden. Neufunde können das Bild sehr schnell relativieren; ein Typ oder eine Variante können weiter verbreitet sein als bisher angenommen, oder aber das Typenspektrum in den bearbeiteten Landschaften kann sehr viel größer sein, als es zunächst den Anschein hatte. Trotzdem scheint der Versuch gerechtfertigt, die Eigentümlichkeiten der einzelnen Glasformen der Zeit um 1300 zu benennen und, wenn möglich, zu Gruppencharakteristika zusammenzufassen. Auf dieser Basis sind bei weiterer Beschäftigung mit der Materie neue Ergebnisse zu erwarten.

Emailbemalte Becher

Eine besondere Stellung unter den mittelalterlichen Hohlgläsern nehmen die seltenen Funde von farblosen emailbemalten Bechern des 13. und 14. Jahrhunderts ein. Die in der Forschung über lange Zeit kontrovers beurteilten Gläser kommen in Süddeutschland und in der Schweiz bislang ausschließlich in einer Gefäßform vor: als konisch ausladender Becher auf glattem Fadenfuß. Innen- wie Außenseite der Becherwandung sind mit Pigment- und Emailfarben bemalt. Die Zweiteilung in eine hohe Bildzone sowie eine Frieszone, die jeweils durch horizontale Linien gerahmt sind, ist stereotypes Schema der Dekorationsfolge. Während die Frieszone in der Regel mit einer Inschrift versehen ist, ist für die Bildzone eine Anzahl unterschiedlicher Motive bekannt. Als Bildthemen finden sich hier häufig Darstellungen von

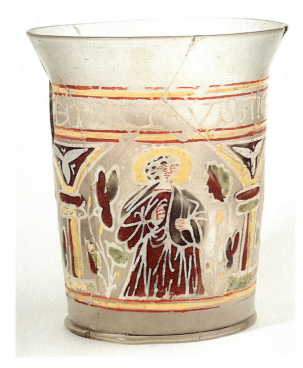

Emailbemalter Becher. Fundort: Mainz, Willigisstraße

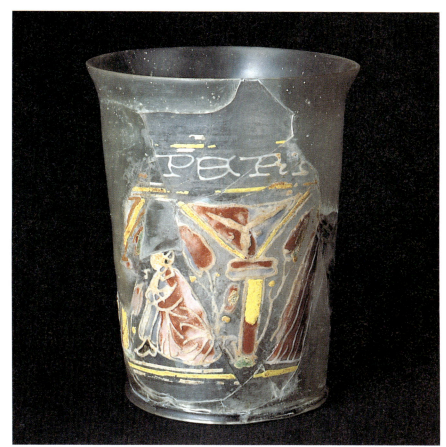

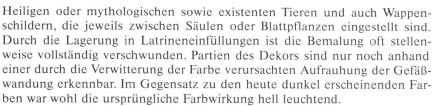

Heiligen oder mythologischen sowie existenten Tieren und auch Wappen-schildern, die jeweils zwischen Säulen oder Blattpflanzen eingestellt sind. Durch die Lagerung in Latrineneinfüllungen ist die Bemalung oft stellen-weise vollständig verschwunden. Partien des Dekors sind nur noch anhand einer durch die Verwitterung der Farbe verursachten Aufrauhung der Gefäß-wandung erkennbar. Im Gegensatz zu den heute dunkel erscheinenden Far-ben war wohl die ursprüngliche Farbwirkung hell leuchtend.

Eine Datierung der nur in kleinen Bruchstücken erhaltenen Becher aus der Zeit vor der zweiten Hälfte des 13. Jahrhunderts konnte bislang nicht mit Sicherheit vorgenommen werden. Das vergleichsweise große Verbreitungsge-biet solcherart dekorierter Gläser erstreckt sich vom Nahen Osten bis nach Vorderasien. Auffällig ist eine Fundhäufung in Mitteleuropa und hier beson-ders in Deutschland und der Nordschweiz. Neufunde sind von der Stadtburg Marbach am Neckar, aus dem sogenannten staufischen Keller in Ettlingen sowie der Burg Reichenstein über Neckargmünd – hier vergesellschaftet mit türkisgrünen Nuppenbechern und farblosen Trichterbechern – bekannt geworden.

Gewisse wiederkehrende Motive in den Darstellungen lassen an einen einzi-gen oder einige wenige Produktionsorte denken. In der jüngeren Forschung ist vor allem Murano vor Venedig in Betracht gezogen worden. Schriftquellen belegen hier die Tätigkeit namentlich genannter Bechermaler gegen Ende des 13. und anfangs des 14. Jahrhunderts. Weitere, aufgrund der Funddichte dies-seits der Alpen vermutete Werkstätten dürften als wahrscheinlich angenom-men werden. Allerdings wurden beim Verkauf der Produkte einer Werkstatt durchaus auch weite Transportwege zurückgelegt, wie dies zwei emailbe-malte Becher aus Konstanz und Mainz aus der Hand ein und desselben Bechermalers zeigen. Die Übereinstimmungen beim Bordürenmotiv, der Farbgebung und der Schrift weisen beide Gläser als Arbeiten des in der Inschrift genannten *Magister Pertrus* aus.

Nuppenbecher

Trotz einer inzwischen reichen Materialbasis an farblosen und insbesondere hell- bis blaugrünen Nuppengläsern (sogenannten Schaffhauser Nuppen-bechern) ließ sich bisher kaum eine der offenen Fragen nach Entstehung,

Oben links: Emailbemalter Becher. Fundort: Konstanz, Katzgasse

Oben: Emailbemalter Becher. Fundort: Breisach, Kapu-zinergasse

Nuppenbecher, seiner Größe wegen als »Riesenbecher«
bekannt. Fundort: Schaffhausen, Alte Abtei

»Schaffhauser Nuppenbecher«; Krautstrünke. Fundort:
Heidelberg, Kornmarkt

Provenienz, feinchronologischer Unterteilung und Laufzeit der Gruppe
befriedigend lösen. Die zur Zeit vorliegenden Ergebnisse sind wie folgt kurz
zusammenzufassen: Das Hauptverbreitungsgebiet der Gläser mit aufgeschmolzenen Glastropfen liegt im südlichen Deutschland unter Einschluß
des Elsaß, der nördlichen Schweiz und Österreichs. Daneben sind Exemplare
aus Fundorten in Mittel- und Norddeutschland, Italien, Jugoslawien, Ungarn,
der Tschechoslowakei, Griechenland, Ägypten und Syrien bekannt. Für den
Untersuchungsraum wie auch für andere Regionen mangelt es an sicher zu
datierenden Fundkomplexen. Während im süddeutsch-nordschweizerischen
Gebiet kein Nachweis für das Auftreten von Nuppengläsern vor der Mitte des
13. Jahrhunderts vorliegt, wurde aus dem apulischen Brindisi der Fund von
Becherfragmenten mit Nuppenzier bekanntgegeben, die vergesellschaftet

mit einer im Jahr 1209 geschlagenen Münze Friedrichs II. geborgen wurden. Nachdem David Whitehouse in seiner kritischen Neubetrachtung der Funde aus den Glashütten von der Korinther Agora (bisher in das 11./12. Jahrhundert datiert) in einer überzeugenden Argumentation nunmehr eher eine Datierung ins 13./14. Jahrhundert vorschlägt, stellen die Nuppenbecherfragmente aus Brindisi den ältesten Beleg in Europa dar. Für ähnlich früh wird das Bodenfragment eines farblosen Nuppenbechers mit glattem Standring aus Torcello angesehen.

Eine gewisse Einhelligkeit herrscht unter Fachleuten darüber, daß die völlig farblosen Gläser an den Anfang der Entwicklung zu stellen seien. Ein glatter Standfaden, das gemeinsame Auftreten von blauen und farblosen Nuppen auf demselben Gefäß und besonders kleine, meist dicht gesetzte Nuppen werden ebenfalls als signifikante Merkmale für eine frühe Entstehungszeit angesehen. Auch lassen sich in dieser Gruppe eine Vielzahl von singulären Sonderformen ausmachen. Als Beispiel hierfür steht ein napfartiger Becher mit kleinen Nuppen aus Konstanz, der im Raum diesseits der Alpen ohne Parallelen ist.

Dem undekorierten Mündungsrand dieser Becher wird in der Diskussion zur Chronologie zunehmend Bedeutung geschenkt. Jürg Schneider hat in der von ihm entwickelten zeitlichen Abfolge von Nuppenbecherfunden aus der Nordschweiz deutlich gemacht, daß anhand typologischer Unterschiede, die vor allem im Bereich des Becherrands liegen, eine Gruppe älterer und jüngerer Nuppenbecher unterschieden werden kann. Danach gehören Nuppenbecher, deren Gefäßwandung vom Standfuß bis zur Randlippe ohne Knick aufragen, einem älteren Typus an. Den jüngeren Typus, der sich im späten 13. Jahrhundert durchzusetzen beginnt, vertreten hingegen die Nuppenbecher, deren Ränder in einem Knick trichterförmig ausladen. Die gleichsam schalenförmig angelegten kurzen Mündungsränder zeigen die Formentwicklung der Nuppenbecher im 14. Jahrhundert auf.

Die farblosen Varianten scheinen gegen Ende des 14. Jahrhunderts zu verschwinden, während in den türkisblauen Schaffhauser Bechern die unmittelbaren Vorformen zu den klassischen Krautstrünken der Spätgotik faßbar sind. Das gemeinsame Vorkommen eines Schaffhauser Nuppenbechers mit mehreren frühen Krautstrünken in einer dendrochronologisch auf 1399/1400 datierten Latrine des Heidelberger Kornmarkts legt es nahe, die Ablösung des älteren durch den jüngeren Bechertyp im frühen 15. Jahrhundert anzusetzen.

Oben links: Farbloser Nuppenbecher. Fundort: Konstanz, Katzgasse

Oben: Nuppenbecher. Fundort: Breisach

Schlaufenfadenbecher. Fundort: Konstanz, Katzgasse

Schlaufenfadenbecher und Gläser mit Horizontalfadenauflagen

Die Gruppe der Becher mit Fadenauflagen ist im behandelten Raum nur durch relativ wenige Stücke belegt. Ein vollständiger Schlaufenfadenbecher aus Konstanz verdeutlicht die Merkmale der Gruppe: Der zylindrische Gefäßkörper schließt mit einem weit ausladenden Trichterrand ab, den Übergang markiert ein Halsfaden. Auf der Wandung befinden sich vertikale Schlaufenfäden, alternierend farblos und blau. Die vorliegenden Schlaufenfadengläser wie auch die Becher mit Horizontalfadenauflage haben keinen blauen Rand, der Standfaden ist als Zackenfuß gebildet. Weitere Fragmente von Schlaufenfadengläsern sind in Südwestdeutschland aus Freiburg i. Br., Marbach a. N., Pforzheim, Sindelfingen und Langenburg-Unterregenbach, in der Schweiz von den Burgen Bischofstein, Dübelstein, Engenstein und Scheidegg sowie aus Basel und Schaffhausen zu nennen. Soweit die Fundumstände eine Datierung erlauben, deuten sie auf eine Verwendung der Gläser im 13. und 14. Jahrhundert hin.

Noch seltener scheinen die Becher mit horizontaler Fadenauflage gewesen zu sein. Den Gefäßkörper gliedern auch hier farblose und blaue Glasfäden, wobei die farblosen glatt oder gekniffen sein können, die blauen dagegen stets glatt bleiben. Das Exemplar aus Breisach wurde aus einer Grube geborgen, deren Verfüllung in das ausgehende 13. Jahrhundert datiert wird. Mehrere kleinste Fragmente eines weiteren Bechers brachten die Grabungen in Marbach a. N. zum Vorschein. Da es sich sowohl bei den Schlaufenfadengläsern als auch bei den Bechern mit Horizontalfäden um Formen handelt, die in Italien und Südfrankreich völlig unbekannt sind, wird man die Produktionsorte im Bereich ihrer Hauptverbreitung, das heißt in Süddeutschland oder der Nordschweiz suchen müssen.

Farblose Rippenbecher

Neben den Nuppengläsern repräsentieren die farblosen Rippenbecher die umfangreichste Fundgruppe der Gläser des 13. und 14. Jahrhunderts. Der Typ weist mehrere Spielarten auf, denen aber die annähernd zylindrische Grundform mit unterschiedlich stark abgesetztem und ausbiegendem Rand gemeinsam ist. Neben den besonders häufigen Bechern mit senkrechten Rippen, deren »Nase« meist kräftig vorspringt, sind auch einige Exemplare mit schräg um den Gefäßkörper ziehenden Rippen bekanntgeworden. Der Standfaden ist häufig in der Art eines großzügigen Wellenfußes gebildet, der durch das Andrücken des Glasfadens entstand. Zackenfüße, wie sie bei den Nuppengläsern und weiteren Glasformen die Regel sind, kommen hier anscheinend nicht vor. Bis auf wenige Ausnahmen sind alle farblosen Rippenbecher mit einem kobaltblauen Lippenfaden versehen. Diese Eigentümlichkeit und die mittels Einblasen in ein Model erzeugte Rippenzier der Wandung verbindet sie mit den zeitgleichen Scheuern.

Neben völlig farblosen Stücken sind zahlreiche Exemplare zu nennen, die einen deutlichen Farbstich aufweisen. Der violette, rauchbraune oder auch gelbliche Beiton darf wohl als ein Hinweis auf die nicht ganz geglückte Entfärbung gewertet werden.

Als Vorbilder können Becher mit modelgeblasenen Rippen gedient haben, wie sie aus der Glashütte von Korinth bekannt sind. Die Hauptvorkommen liegen im süddeutsch-schweizerischen Raum, aber auch im Rheinland und im mittleren und nördlichen Deutschland traten Rippenbecherfunde zutage. Zur Laufzeit des Typs stehen nur wenige Aussagen zur Verfügung, insgesamt scheint die Blüte in die zweite Hälfte des 13. und 14. Jahrhunderts zu fallen. Besonders aufschlußreich ist in diesem Zusammenhang ein Fundkomplex aus dem verbrannten Steinhaus in Langenburg-Unterregenbach, Kreis Schwäbisch Hall, der durch Münzen in das zweite Viertel des 13. Jahrhunderts datiert ist.

Außer zahlreichen Trichterrändern aus entfärbtem Glas, die zu Nuppenbechern, Schlaufenfaden- oder anderen Gläsern in entsprechender Form gehört haben können, sind farblose Rippenbecher hier erstmals von der Jahrhundertmitte sicher faßbar.

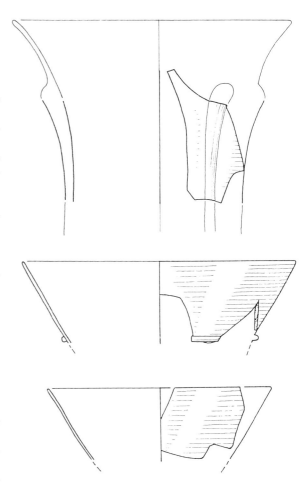

Umrißtypen von Trichterrändern sowie ein Rippenbecher. Fundort: Verbranntes Steinhaus Langenburg-Unterregenbach.

Scheuern

Bei den als Scheuern oder Köpfen bezeichneten tassenartigen Trinkgefäßen handelt es sich um eine Form, die nicht allein aus Glas, sondern auch aus Holz, Keramik (vgl. Beitrag »Keramik«, Seite 320), Metall und sogar Bergkristall und Serpentinstein gefertigt wurde.

Der Gefäßaufbau ist bei allen erhaltenen Glasscheuern nahezu gleich: Auf einen gedrückt-bauchigen Körper folgt eine mehr oder weniger abgesetzte, steile Mündungszone, die Lippe schmückt ein kobaltblauer Faden. Die seitliche Handhabe ist als geschlossener Ringgriff ausgebildet. Fast alle bisher bekannten farblosen Exemplare besitzen eine durch kräftige senkrechte oder schräg verlaufende Rippen belebte Wandung. Bei mehreren gebogenen Wandungsfragmenten aus farblosem Glas mit modelgeblasenen Rippen, so etwa aus Breisach, dem mittelfränkischen Burgstall Obernordenberg bei Rothenburg o.d.T. sowie von den Burgen Mandelberg bei Bösingen, Kreis Freudenstadt, Ruine Hofen bei Grabenstetten, Kreis Reutlingen, Schalksburg bei Laufen und Bischofstein bei Sißach BL dürfte es sich gleichfalls eher um Teile von Scheuern als, wie früher vermutet, von Kelchgläsern oder Schälchen handeln.

Doppelscheuern, bei denen das untere Gefäß mit einem zweiten Becher als Deckel versehen ist, sind in Glas, anders als in den eingangs genannten übrigen Materialien, bisher nicht nachgewiesen. Über Laufzeit und Herkunftsgebiet(e) lassen sich kaum präzise Angaben machen. Daß farblose Scheuern im 13. und 14. Jahrhundert in Gebrauch waren, ist hinreichend gesichert. Aus einer nach 1400 (Dendrodatum) verfüllten Latrine auf dem Heidelberger Kornmarkt stammt eine sehr dünnwandige entfärbte Scheuer mit blauem Randfaden. Vergesellschaftet war sie mit einem späten Nuppenbecher der Schaffhauser Art und mehreren frühen Krautstrünken. Selbst wenn es sich bei diesem Fund um ein Altstück handeln sollte, dürfte es wohl kaum später als im ausgehenden 14. Jahrhundert entstanden sein. Angesichts der herrschenden Auffassung, alle farblosen Scheuern datierten ins 13. und 14. Jahr-

Oben: Farblose Scheuer. Fundort: Heidelberg, Kornmarkt

Rechts: Farblose Scheuer. Fundort: Konstanz, Katzgasse

Fragmente von farblosen optisch geblasenen Bechern. Fundort: Konstanz, Katzgasse

hundert, erhebt sich die Frage, ob diese Gefäßform bis zum ersten Auftreten der Exemplare aus grünem oder andersfarbigem Glas im späten 15./16. Jahrhundert tatsächlich für etliche Jahrzehnte aus dem Repertoire der Glasbläser verschwand. Möglicherweise handelt es sich um eine nur scheinbare Lücke, die auf einem zu eng gefaßten chronologischen Rahmen beruht.

Wie auch für andere Formen aus farblosem Glas mit blauem Fadendekor, hält die Forschung eine Herstellung von Scheuern in heimischen Hütten inzwischen für wahrscheinlicher als eine Entstehung in Venedig oder anderen Zentren südlich der Alpen.

Optisch geblasene Becher

Das Aufschmelzen von Nuppen sowie die Dekoration der gläsernen Becherwandung mit Rippen waren die im Mittelalter am häufigsten angewandten Formtechniken zur Verzierung der Gläser. Bei den modelgeblasenen Bechern mit Rippendekor wurde zunächst die Glasblase in eine entsprechende Form eingebracht. Nach Entfernen des Models wurde der Becher weiter aufgeblasen, so daß die Rippen, die auf der Wandung zunächst ein scharfes Relief zeichnen, immer mehr verrundet und verschwommen erscheinen. Diese Herstellungstechnik bezeichnet man als »optisches Blasen«. Während Horizontal- und Diagonalrippen nur bei Gläsern aus schwach grün gefärbter Glasmasse vorkommen, wurden farblose Becher mit horizontalem Punktdekor verziert. Ein weiteres charakteristisches technologisches Merkmal ist die extreme Dünnwandigkeit solcherart verzierter Becher. Die Standfläche der ausnahmslos niederen Becher entsteht durch das Hochstechen des Bodens. Die beiden vollständigen Gefäße aus dem Fundkomplex der Oberen Augustinergasse in Konstanz repräsentieren den Typus der grünen, optisch geblasenen Becher mit Diagonalrippen. Sie können in die zweite Hälfte des 14. Jahrhunderts datiert werden.

Schalen

Zu den herausragenden Hohlglasfunden im Spektrum mittelalterlicher Glasformen zählen Fragmente von farblosen Schalen mit blauem Randfaden sowie Schalen mit blauem Fadendekor. Einen Hinweis auf die Herkunft solcherart dekorierter Gefäße liefern Hüttenfunde aus Südfrankreich, für die eine Datierung ins 14. Jahrhundert erwiesen werden konnte. Die Fragmente einer Schale, die bei einer Grabung auf dem Gelände der ehemaligen Deutschordenskommende in Freiburg zutage traten, zeigen eine auffällige Motivparallele sowie technologische Übereinstimmungen zu jenen südfranzösischen Stücken. Über dem gekniffenen farblosen Standfaden ist die Wan

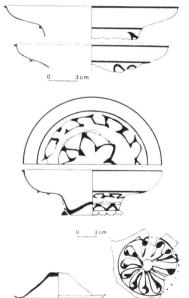

Oben: Farblose Schale mit blauer Fadenauflage am oberen Rand. Fundort: angeblich Mainz/Speyer

Links: Farblose Schalen mit blauem Fadendekor aus Frankreich (Umzeichnungen nach D. Foy: Le verre médiéval) Der Boden solcher Schalen ist bisweilen mit Fadenauflagen in Voluten- und Zackenform dekoriert, meist mit einem einzigen Faden, der in den Voluten tropfenartig dick aufliegt.

Links außen: Farbloser Becher mit blauem Fadendekor. Fundort: Konstanz, Katzgasse

dung mit einem stilisierten vegetabilen Dekor versehen. Diese blaue Fadenauflage ist offensichtlich vor dem Aufsetzen des gekniffenen Standfadens aufgeschmolzen worden und läuft auf der Gefäßunterseite weiter. Die Freiburger Fragmente lassen im Ansatz weiterhin die Randzone der Schale, die weit über Standfuß und Bodenzone hinausschwingt und offenbar ungeschmückt war, erkennen. Analog zu den französischen Hüttenfunden ist eine weitere blaue Fadenauflage am Gefäßrand zu vermuten. Ein Vergleich der Schalen mit einem motivisch eng verwandten Becher aus Konstanz schließlich läßt das stilisierte Blütenmotiv erkennen, das auf dem Becher vollständig erhalten ist.

Schalen sind in der Regel nur durch einzelne Rand- und Bodenstücke aus wenigen süddeutschen Fundkomplexen nachgewiesen, so daß bislang ein verläßlicher Überblick zum Typenspektrum nicht möglich ist. Es scheint sich

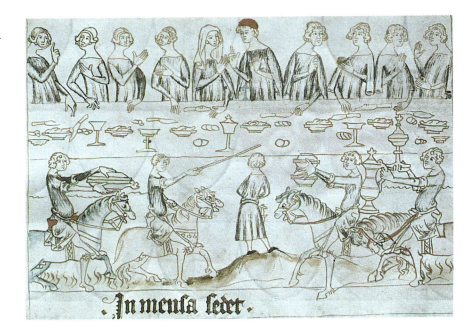

Das Gastmahl des Erzbischofs von Trier aus dem Bilderzyklus von Kaiser Heinrichs Romfahrt. Auf der gedeckten Tafel fehlen auch Glaswaren nicht.

Farblose Rippenflasche mit Fadenauflage. Fundort: Nürnberg, Obere Krämergasse

jedoch abzuzeichnen, daß beim Typus der einfachen Schale mit blauer Randfadenauflage im Gegensatz zu den Schalen mit Fadendekoration keine gekniffenen Standfäden vorkommen.

Kelchgläser

Die grazilen grünen Kelchgläser auf hohem Fuß oder Stiel gehören zu den wenig geläufigen Formen im Glasbestand südlich des Mains. Das einzige bisher bekannte Fragment mit Rippenkuppa in Baden-Württemberg stammt aus der Latrine des Augustinerklosters in Freiburg und kann erst nach 1278, dem Jahr der Niederlassung der Augustiner-Eremiten in der Stadt, in den Abfall gelangt sein. Die Fundkonzentration in Nordfrankreich und im Rhein-Maas-Gebiet lassen die Produktionsorte dort vermuten. Funde aus Paris (Louvre, Cour Napoléon) und Metz sowie zahlreiche zeitgenössische Abbildungen belegen ein Weiterleben bestimmter Ausprägungen der Kelchgläser auf hohem Fuß bis in die ersten Jahrzehnte des 15. Jahrhunderts.

Rippenflaschen mit Fadenauflagen

Farblose Rippenflaschen mit blauen und farblosen Fadenauflagen sind im gläsernen Fundgut des 13. und 14. Jahrhunderts nur vereinzelt mit einigen Fragmenten vertreten. Meist sind lediglich der Mündungsrand oder Bodenfragmente erhalten, so daß Anhaltspunkte über die ehemalige Form des Gefäßkörpers, wie dies bislang einzig eine fast vollständige Flasche aus Nürnberg zeigt, fehlen. Außerdem ist neuerdings auch die Zuweisung der Fragmente an den Gefäßtyp der Flaschen unsicher geworden. Farblose Krüge mit Fadenauflagen, die bislang im Typenspektrum der Gläser des 13./14. Jahrhunderts diesseits der Alpen fehlten, sind nun aus dem reichen Glasinventar einer Konstanzer Latrine geborgen worden. Im Vergleich mit den oberen Halsbereichen von Flaschen sind Unterschiede hier nicht erkennbar.
Ein Charakteristikum bei den Flaschen- und Krugfragmenten aus süddeutschen Fundkomplexen ist ihre außerordentlich gute Glasqualität. Die einfachen Trichtermündungen sind regelmäßig mit einem blauen Randfaden oder einem plastisch aufgeschmolzenen Spiralfaden dekoriert. Der lange Flaschenhals zeigt im oberen Bereich häufig eine schmale seitliche Ausstülpung, die durch eine schwache Stauchung der Glasblase entstanden ist. Kurz oberhalb des Übergangs zur Gefäßschulter ist der untere Halsbereich mit blauen und farblosen, teilweise gekniffenen Fadenauflagen dekoriert. Die wenigen extrem dünnwandigen Halsschulter- und Gefäßkörperfragmente sind mit optischen Rippen versehen. Bodenstücke, deren Zuweisung weiterhin unsicher bleibt, sind wahrscheinlich als Zackenfuß oder als hohle Wulstfüße gearbeitet worden.
Flaschenhälse, die aus der Basilica dei SS. Maria e Donato auf Murano stam-

men und grob in den Zeitraum zwischen der zweiten Hälfte des 12. und dem 15. Jahrhundert datieren, sowie Fragmente von Flaschen und Krügen aus Tarquinia aus dem späten 14. Jahrhundert zeigen Übereinstimmungen der Dekorationssysteme. Allerdings können auch hier die markanten Farbunterschiede kaum einen Zusammenhang in bezug auf ihre Herkunft anzeigen.

In den farblosen Rippenflaschen mit blauer Spiralfadenauflage dürften die Vorformen der Kuttrolfe des 15. Jahrhunderts zu sehen sein. In einem Latrinenkomplex des Heidelberger Kornmarkts erscheinen die ältesten, noch der ersten Hälfte des 15. Jahrhunderts zugewiesenen Kuttrolfe als Gefäße mit kleinem, kugeligem Körper, langem, immer geradem Hals und flacher, weitmündiger Kopfschale.

Flaschen mit innerem Stauchungsring und doppelkonische Flaschen

Die ältesten Nachweise für (nahezu) farblose Flaschen mit innerem Stauchungsring, in denen man die Vorläufer der doppelkonischen Flaschen sieht, sind aus Straßburg und Basel bekannt und datieren ins 12. Jahrhundert.

Eine Vorstellung von der Gestalt dieser Flüssigkeitsbehälter vermag die bisher einzige annähernd vollständige Flasche mit gedrückt-kugeligem Körper, innerem Stauchungsring und deutlichem Halskropf aus der Basler Augustinergasse (vor etwa 1280) zu vermitteln. Der Flasche wurde ein einfach hochgestochener Boden zugewiesen. Ob der farblose Stülpfuß aus der Stadtburg von Marbach a. N., wie er für die grünen doppelkonischen und birnenförmigen Flaschen typisch ist, gleichfalls zu einer Flasche mit Stauchungsring gehörte oder aber zu einer anderen Gefäßform (Krug, Kännchen?), muß offenbleiben.

Sehr viel häufiger finden sich im 13. und 14. Jahrhundert Reste von gestauchten Flaschen aus grünem Glas. Der Erhaltungszustand ist in der Regel ausgesprochen schlecht. Im Boden überdauern meist nur die dicken Gefäßteile wie Hals, Stauchungsring und Stülpfuß. Über das ursprüngliche Aussehen dieser Flaschen können Funde aus der spätmittelalterlichen Spessart-Glashütte in Laudengrund, Forstbezirk Schöllkrippen, Anhaltspunkte liefern.

Links außen: Farbloser Krug mit Fadenauflagen. Fundort: Konstanz, Katzgasse

Links: Kuttrolf. Fundort: Heidelberg, Kornmarkt

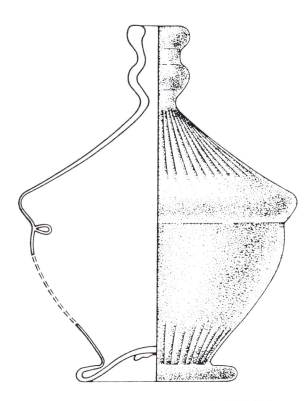

Gestauchte Flasche. Fundort: Forstbezirk Schöllkrippen, Spessartglashütte im Laudengrund

Die wohl populärste Darstellung eines Nuppenbechers findet sich in der Manessischen Liederhandschrift (Anfang 14. Jahrhundert). Ein Minnesänger reicht der vor ihm sitzenden adligen Dame den Becher.

Charakteristisch sind außer der zur Korrosion neigenden grünen Glasmasse der Hals mit ausgeprägter, wulstiger Lippe und betontem Kropf, der nun schon deutlich doppelkonische Gefäßumriß mit über den Stauchungsring auskragender Schulter und der Stülpfuß. Die Verkröpfung unter dem Rand wird im Lauf der Zeit immer schwächer, bis sie bei Exemplaren des späteren 15. und des 16. Jahrhunderts gänzlich verschwindet. Ob die halbkugelige Ausformung des Flaschenunterteils als chronologisches oder regionales Merkmal zu werten ist, läßt sich anhand der württembergischen Funde noch nicht sicher entscheiden. Neben glattwandigen Stücken treten auch solche mit gerippter Wandung auf, die durch das Einblasen in ein Model erzielt wurde, wie an Oberteilen vom Ulmer Münsterplatz zu erkennen ist. Allein die enormen Fundmengen sprechen gegen eine Provenienz ausschließlich aus dem Spessart, da sie die Kapazität der dortigen Hütten im 13. und 14. Jahrhundert bei weitem überstiegen haben dürften. Es ist wahrscheinlicher, daß diese gotischen Gebrauchsflaschen in allen süddeutschen Hüttenregionen in großen Mengen gefertigt wurden.

Die Benutzer der Gläser

Die wenigen erhaltenen Darstellungen, die Gläser der Zeit um 1300 zeigen, sind in der weltlichen, höfischen Sphäre angesiedelt. Der adligen Gesellschaftsschicht war also der Umgang mit erlesenen Glasgefäßen selbstverständlich. Können demnach mittelalterliche Glasfunde im innerstädtischen Bereich gemeinhin als Indikator für die Hinterlassenschaft adliger Stände mit gehobenem Lebensstandard gewertet werden? Oder ist im Lauf des 13./14. Jahrhunderts mit einer veränderten Sozialstruktur zu rechnen, die es möglich macht, daß weite Bevölkerungsschichten in den Besitz derartiger Luxusgüter gelangten? Häufig lassen die Befundzusammenhänge, aus denen die hier vorgestellten Gläser stammen, keine gesicherten Aussagen über die Benutzer der Gläser zu. Allein die angewachsene Fundmenge kostbarer Hohlglasfragmente aus mittelalterlichen Stadtkernbereichen müssen aber sicher als Indiz für eine veränderte städtische Sozialstruktur in Betracht gezogen werden. Untersuchungen zu einigen Wohnquartieren in Konstanz belegen ein allmähliches Anwachsen einer Bürgerschicht, die durch Handel beziehungsweise Fernhandel zu Wohlstand gekommen war. Es sind hier die Mitglieder des kaufmännisch und händlerisch orientierten sogenannten jüngeren Patriziats, die ab der Mitte des 13. Jahrhunderts gleichfalls als Grundeigentümer auftreten. Zudem dürften die Besitzer von Handwerksbetrieben des gehobenen Bedarfs, wie Kupfer- und Goldschmiede, den Funden nach zu urteilen, ebenfalls zu den Benutzern der Gläser gezählt werden.

Weitgehend ungeklärt ist immer noch die Frage nach der Herkunft der Gläser. So ist nach einer – in der Forschung unbestrittenen – Annahme diesseits der Alpen mit den Produktionsstätten der grünen Nuppenbecher des »Schaffhauser Typs« zu rechnen. Die Herstellung der farblosen, häufig sehr luxuriös anmutenden Gläser wurde lange Zeit allein venezianischen Glasbläsern zugetraut. Doch sprechen Fundaufkommen und Typenverbreitung vieler Glasformen für eine eigenständige Glashüttenlandschaft im südwestdeutsch-schweizerischen Raum. Leider fehlen schriftliche Überlieferungen, und Hüttengrabungen, die sichere Nachweise liefern könnten, bleiben ein Desiderat. Eine formale Betrachtung, wie sie bei unterschiedlichen Hohlglastypen zur Anwendung kam, zeigt, daß allein über meßbare Parameter nur wenige Formprinzipien feststellbar sind, die für alle Fundlandschaften Gültigkeit hätten. Publikationen widmen sich meist der Vorstellung einzelner Fundorte; eine flächendeckende Vorlage der Glasfunde für ganze Regionen oder gar Länder, die einige Fragen beantworten könnte, steht noch aus.

Es ist für die Zukunft damit zu rechnen, daß naturwissenschaftliche Untersuchungsmethoden, welche die chemische Zusammensetzung der Gläser bestimmen, in Korrelation mit geophysikalischen Untersuchungen wichtige Aufschlüsse geben können. Fragen zur Herkunft der Rohstoffe, die Lokalisation der Herstellungsplätze sowie der Handel mit Rohstoffen und Fertigprodukten werden für die Erforschung der mittelalterlichen Hohlgläser der nächsten Jahre von zentraler Bedeutung sein.

Christine Prohaska-Gross / Andrea Soffner

Tischgerät aus Holz

Holzgeschirr aus Freiburg und Konstanz

Hölzerne Gefäße und Holzlöffel sind auf den Tischen und Tafeln heutiger Industriegesellschaften ein ungewohnter Anblick. Hingegen verzeichnete man in einem Inventar des Schlosses Sigmundskron in Tirol 1487 »24 hültzen täler, gemain« und »36 hültzne täler, new«. Ebenso ungewöhnlich sind Holzfunde bei mittelalterarchäologischen Ausgrabungen in der Schweiz sowie in Süd- und Südwestdeutschland. Doch durch die mittelalterliche Entsorgungspraxis der Konstanzer, die mit ihren Abfällen die Landgewinnung am Bodensee auf eine feste Grundlage stellten, und diejenige der Freiburger Augustiner-Bettelmönche, die ihre Latrine gleichermaßen als »Müllschlukker« gebrauchten, stehen für den südwestdeutsch-schweizerischen Raum Holzfunde in Quantitäten und Qualitäten zur Verfügung, wie sie sonst nur »aus dem Norden« bekannt sind.

Während bei der Keramik der Zusammenhang zwischen Gefäßtyp, Machart und Funktion recht deutlich erfaßt werden kann und zudem regionale Unterschiede existieren, entziehen sich Holzgefäße weitestgehend einer typologisch-chronologischen wie auch einer räumlichen Eingrenzung. Dies liegt nicht allein am Fehlen regionaler Untersuchungen, sondern ist als Folge einer Formenkontinuität zu sehen, die sich über das gesamte Mittelalter zu erstrecken scheint. So läßt sich etwa eine Holzschale aus dem alemannischen Gräberfeld Oberflacht kaum von einer Konstanzer Schale aus der Zeit um 1300 unterscheiden.

Der Blick in das Bodenarchiv von Freiburg und Konstanz offenbarte ein weitreichendes Typenspektrum gedrechselter, geböttcherter und geschnitzter Gefäße und Gegenstände aus nahezu jedem Bereich mittelalterlicher Sachkultur. Die funktionale Zuweisung dieser Funde läßt allerdings schnell die Grenzen archäologischer Interpretation sichtbar werden, erschließt doch das archäologische Fundgut zumeist nur mittelbar Lebensrealitäten. Sind anhand des Sachgutkomplexes Holz Aussagen über einen unterschiedlichen Ausstattungsstand möglich? Repräsentieren die unterschiedlichen Funde die jeweils anderen Lebenskreise und Lebensrealitäten? Spiegelt sich in ihrer möglichen Gleichartigkeit eine von der Lebensform unabhängige »Alltags-

Oben links: In der Szene mit der Fußwaschung am Elisabethenschrein in Marburg (Mitte 13. Jahrhundert) sind geböttcherte Becher sowie eine Kanne mit Ringgriff zu sehen

Oben: Johannesfigur im Chor des Kölner Doms (um 1322). Der Apostel hält in der Hand einen geböttcherten Becher.

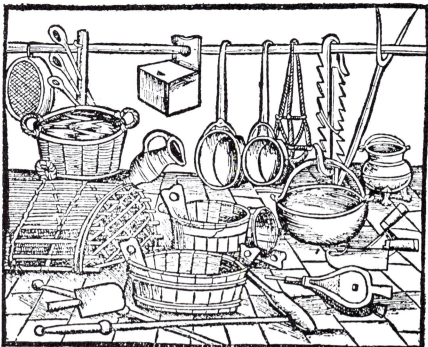

Ganz oben: Die Illustration in der Schweizer Bilderchronik von Diebold Schilling d.J. (Luzerner Schilling,
1513) zeigt den »Küeffer Hans«, der zwei geböttcherte
Kannen mit Deckel und Griff trägt.

Oben: In der Darstellung der Bewirtung eidgenössi-
scher Hilfstruppen vor den Toren Berns aus der Spiezer
Bilderchronik Diebold Schillings d.Ä. (1485) sieht man
im Vordergrund eine geböttcherte Kanne mit Deckel
und Griff sowie einen geböttcherten Eimer mit Griffdauben.

Oben rechts: Geböttcherte Eimer, Salzkästchen, Körbe
usw. in einer Illustration zu »Gedichte vom Hausrat
aus dem 15. und 16. Jahrhundert« (Th. Hampe, l899).

kultur«? Oder erfaßt der Archäologe in erster Linie durch die Quellenlage
und den Erhaltungszustand bedingte Unterschiede?

Neben Fässern und Tonnen dienten kleinere Gefäße wie Eimer, Bottiche
oder Fäßchen der Aufbewahrung und dem Transport fester und flüssiger
Stoffe. Von den Großgefäßen haben sich zwar meist nur Bruchstücke erhalten, doch kann die Produktevielfalt leicht anhand mittelalterlicher Bildquellen veranschaulicht werden. Allein die Luzerner Handschrift des Diebold
Schilling von 1513 bildet ein weites Spektrum an hölzerner Sachkultur aus
verschiedensten Lebenskreisen ab. So kann diese Quelle trotz ihres zeitlichen Abstands zur hier behandelten Periode herangezogen werden, denn
gerade im Bereich der geböttcherten Gefäße läßt sich eine ausgesprochene
Formenkontinuität nachweisen, mit der auch eine gleichbleibende Funktion
einhergeht. Anders als gedrechselte Holzgefäße, bei denen eine Bildidentifi-
kation bereits aufgrund der Machart und Farbwahl sehr schwierig ist, sind die
geböttcherten Gefäße durch ihr charakteristisches Aussehen gut erkennbar,
wenngleich ohne eingehende Quellenkritik eine Bildinterpretation in bezug
auf Sachgut problematisch bleibt.

Geböttchertes war aufgrund seiner einfachen Herstellbarkeit so beliebt und
präsent, daß es wiederholt zu Ausführungen in anderen Materialien wie Ton
oder Metall, aber auch Glas, kam — ein Formentausch, der nicht nur bei
geböttcherten, sondern auch bei gedrechselten Gefäßen zu erkennen ist.
Kleinere Daubenschälchen mit einer Höhe von 6 bis 9 cm und einem Randdurchmesser zwischen 10 und 12 cm sind als Becher oder Trinkschale
Bestandteil nahezu jeden Tisches und jeder Tafel. Die Mehrzahl der kleinen
Becher aus Konstanz stammt aus Schichten des späten 13. Jahrhunderts, in
denen entsprechendes keramisches Inventar weitgehend fehlt, während Daubengefäße aus der Zeit des 14. und 15. Jahrhunderts kaum mehr nachzuweisen sind. Das kann aber auch nur daran liegen, daß sich im Fundgut keine
Stücke aus dieser Gefäßgruppe genügend gut erhalten haben. Jedenfalls sind
andernorts trotz der vermehrten Benutzung von Metall- und Glasgefäßen
zahlreiche Daubenfunde aus spätmittelalterlichen Fundzusammenhängen
bekannt.

Schalen und Teller

Zur Ausstattung des Tisches gehören außer den geböttcherten Gefäßen vor
allem Schalen und Näpfe, Teller und Brettchen. Neben einigen kleinen Freiburger Schälchen mit einem Randdurchmesser von 6–8 cm, die unter
Umständen zum Anrühren oder als Gewürzschälchen dienten und für die
sich Parallelen im keramischen Inventar anführen lassen, erscheinen auch

Doppelkopf, Teller und Tellergestell, dargestellt in einer Illustration zu den »Statuta Collegii Sapientiae« von Johann Kehrer.

Teller mit abgesetztem Standfußboden und zentrierter Kehlung auf der Innenseite (spätes 13./frühes 14. Jahrhundert). Das in Freiburg gefundene Stück ist mit einer Bodenmarke versehen.

die zahlreichen Schalen und Näpfe mit einem Randdurchmesser von 10—15 cm und einer Höhe von 4—6 cm dem heutigen Betrachter eher klein. Diese meist einfach gedrechselten Gefäße weisen in der Mehrzahl einen gekehlten Standboden auf. Es handelt sich um steilmuldenförmige Gefäße, deren Rand auf der Innenseite durch einen Grat, auf der Außenseite durch eine Kehlung, weitaus seltener durch einen Stab oder eine Kombination von Stab und Kehlung, abgesetzt ist. Der Randabschluß ist meist einfach abgedreht, dreieckig abgeschrägt oder abgerundet, und manchmal erlaubte sich der Drechsler als zusätzliches Verzierungselement eine schmale Kehlung auf der Randinnenseite. Die Gefäße, in der Mehrzahl ohne sauberen Finish, besitzen ebenso wie die Teller oftmals einen firnisartigen Überzug im Schaleninneren.

In weitaus geringerer Zahl sind flachmuldige Schalen vertreten, deren Fahne nahezu horizontal ausschwingt und vom Steigbord durch einen S-förmigen Übergang abgesetzt ist, der auf der Außenseite durch sauber herausgedrehte Stäbe gegliedert wurde.

Einen weiteren Typ repräsentieren Schalen mit steil aufgestelltem, auf der Außenseite durch einen Falz abgesetztem Rand. Zu diesen Gefäßen gehörten sicherlich Flach- und Stülpdeckel mit einer zentral herausgedrehten

Ganz oben: Oval verzogene Schale aus Buchenholz (14. Jahrhundert) mit abgesetztem Standboden, mit einer Bodenmarke versehen. Fundort: Kostanz

Oben: Schale aus Kirschbaumholz mit konischem Standfuß und halbkugeligem Gefäßkörper. Dieses Gefäß aus dem späten 13. Jahrhundert gehört zu den wenigen Schalen aus dem ausdrucksstarken Kirschbaumholz , dessen Farbigkeit und Masur durch den Verzicht auf Zierelemente besonders gut zum Ausdruck kommt. Fundort: Konstanz

Oben rechts: Fragment einer Schale aus Buchenholz mit schwach abgesetztem Standboden und nach außen abgesetztem, verdicktem Randabschluß. Die Innenseite ist teilweise verkohlt. Fundort: Konstanz, Fischmarkt/Münzgasse

Rechts unten: Diese in Konstanz gefundene Schale aus Kirschbaumholz ist auf der Außenseite durch Spitzstab und Spitzkehle gegliedert. Fundort: Konstanz

Handhabe, die sich auch in Holz gefertigt erhalten haben. Etwas größer sind dagegen die flachen Teller mit einem Durchmesser von 15—20 cm und einer Höhe bis zu 3 cm, deren Boden als Standfuß oder angedeuteter Standring gedreht wurde. Ist auf der Außenseite die Fahne vom Steigbord nicht nur durch einen Grat, sondern auch durch Drehrillen deutlich gegliedert, so wurde die Innenseite leicht konkav herausgedreht und der Randabschluß etwas abgesetzt. Durch die Drehrillen, welche auf der Innenseite Fahne von Steigbord trennen, wird ein Unterschied angedeutet. Schnittspuren auf der Innenseite der Teller zeugen hier ebenso vom häufigen Gebrauch wie abgenutzte Drehrillen auf der Innenseite der Schalen von häufigem Putzen.

Nur noch bruchstückhaft sind schließlich Platten erhalten, die als Tranchierplatten oder Unterlagen anstelle von Brot benutzt wurden. Da Funde von Platten selten (bekannt sind solche aus Budapest) und ikonographisch nicht einfach zu erkennen sind, darf auch in Konstanz eine Funktion als Vorlageplatte nicht ausgeschlossen werden, da diese Platten aufgrund ihrer sauberen Verarbeitung einen qualitativ hochwertigen Eindruck machen; eine Verwendung als Flachdeckel ist aufgrund des schlechten Erhaltungszustands weder sicher nachzuweisen noch auszuschließen. Geflochtene Körbe dienten nicht nur dem Transport, sondern auch als »schusselkorb mit teller und schusselen«; sie gehören allerdings, wie die Spanschachtel und Dosen, nicht auf den Tisch.

Behälter

Spanschachteln zur Aufbewahrung nicht nur trockener Stoffe, sondern auch als Schatullen und Reliquienbehälter gebraucht, vervollständigen das Typenspektrum der hölzernen Gefäße, zu dem auch noch Büchsen und Dosen gehören. Die im Hirnholz gedrehten zylindrischen Gefäße mit einem Durchmesser von 4-20 cm und Höhen bis zu 18 cm sind auf der Außenseite sauber abgedreht und meist mit paarweisen Kehlungen verziert. Der auf der Außenseite durch einen Falz abgesetzte und auf der Innenseite leicht abgeschrägte

Links außen: Dose aus Ahornholz. Fundort: Latrine des Freiburger Augustinerklosters

Links: Konische Dose aus Ahornholz aus dem 15. Jahrhundert. Solche Dosen wurden mit Steck- oder Stülpdeckeln verschlossen und dienten wohl zur Aufbewahrung von Küchenkräutern und Gewürzen.

Diese vier Löffel aus Konstanz stammen alle aus dem 14./15. Jahrhundert. Löffel dieser Art dienten zur Aufnahme von festen oder halbflüssigen Speisen wie Suppe, Brei und Gewürztunken. Der unterste Löffel mit dem Kerbschnittmotiv auf dem Stiel ist aus Ahorn, die anderen drei aus Eibenholz. Das zweite Stück von oben weist auf dem Stiel die Inschrift »St.Afra« auf. Der Name der in Süddeutschland häufig verehrten Märtyrerin wie auch die Verzierung am Ende des Stiels legen eine Verwendung als Tauf- oder sogenannten Apostellöffel nahe.

Rand verrät, daß zu den meisten dieser Dosen ein Stülpdeckel gehörte, der auch in verschiedenen Formen erhalten ist. Aufgrund des häufigen Vorkommens dieser Büchsen im Kloster der Augustiner-Eremiten wird man natürlich zuerst an die Aufbewahrung von Kräutern, Gewürzen, sonstigen Arzneien oder Reliquien denken, doch auch in der »stadtbürgerlichen Lebensrealität« wurde dieses — keineswegs aus Buchsbaum gefertigte, wie der Name vermuten ließe — Gefäß vielseitig genutzt; als Salzbüchse ebenso wie zur Aufbewahrung von Löffeln oder Nadeln, als Behältnis für Schriftstücke (neben Briefladen und ähnlichen Möbelstücken) so gut wie als Streusandbüchse zum Trocknen des Geschriebenen.

Besteck

Löffel, in Dosen und Gestellen aufbewahrt oder zusammen mit dem Messer als persönliche Habe getragen, treten in den unterschiedlichsten Ausführun-

gen auf. Einfachere Exemplare sind aus Ahorn oder Nadelholz geschnitzt, qualitätvollere aus Eibe gedrechselt. Neben den Fingern und dem Messer dienten sie mit ihren verschiedenen Laffenformen zur Aufnahme fester wie auch (halb)flüssiger Nahrung, denn Gabeln kommen verstärkt erst ab der frühen Neuzeit in Mode. Die Ausformung der Laffe und des Stiels ist nicht nur Indikator für eine unterschiedliche zeitliche Einordnung, sondern veranschaulicht auch die Handhabung, die von einem Umklammern des Stiels mit der gesamten Hand bis zu einem Umgreifen mit Daumen und Zeigefinger reicht. Neben reinen Holzlöffeln lassen sich »hiltzi loffel mit silberi stil« oder Löffel mit einem Holzstiel und einer metallenen Laffe nachweisen — kostbare Gegenstände, wie sie beispielsweise *ad mensam abbatis*, am Tisch des Abts des Lilienfelder Klosters, anzutreffen waren. Singulär ist bislang eine aus dem 14. und 15. Jahrhundert stammende Gruppe von Löffeln und Löffelgriffen. Gefaltete oder ineinandergreifende Hände, aufwendig geschnitzt, ruhen am Ende des Stiels, auf dem sich Namen verschiedener Heiliger wie Jakob, Simon oder der Märtyrerin Afra finden und dessen hartes Eibenholz durch den häufigen Gebrauch abgenutzt ist. Inschrift und Stielgestaltung stellen ein eindrucksvolles Zeugnis mittelalterlicher Volksfrömmigkeit aus der Bischofsstadt am Bodensee dar, für das sich allerdings eine Reihe europäischer Parallelen anführen läßt. Messerspatel, nachträglich leicht aus Daubenböden herzustellen, wurden nicht nur bei der Verwendung von Salz und Butter, sondern auch zum Anrühren von Salben und Kosmetika und zum Streichen von Honig benutzt; Rührlöffel und Kellen dienen im Haushalt ebenfalls unterschiedlichen Zwecken.

Kannen

Leider nur punktuell sind dagegen im archäologischen Fundspektrum gewisse andere Gefäße zu erschließen; gerade sie würden einen Einblick in die gehobene Tischkultur oder festliche Handlungen ermöglichen: »holtzine kannen mit lid« [Deckel], geböttchert oder gedrechselt, als Schenk- oder Mischkanne bei Tisch, als Wasserkanne zum Transport und zum Reinigen der Hände beim Mahl oder als Altarkanne beim Gottesdienst sowie »holtzin gedreyt fleschen und holtzin becherli« als Schenk- und Trinkgefäße sind Raritäten bei Ausgrabungen. Entsprechende Funde liegen aus Bad Windsheim, Basel, Budapest, Plzen/ČSFR und Ulm vor, und so kann man das Aussehen der stark fragmentierten Konstanzer und Freiburger Stücke rekonstruieren. Auf einem Monatsbild, dem personifizierten Januar, kann nicht nur die Einbindung der städtischen Gesellschaft in den umgebenden agrarischen Lebensraum abgelesen werden, es läßt sich neben einem Daubenbecher auch eine auf dem Kamin stehende Kanne erkennen. Ob es sich bei dieser Kanne mit Ringgriff allerdings um eine Holzkanne oder um eine Kanne aus Metall handelt, bleibt offen. Die steilwandige Holzkanne aus Freiburg stellt jedenfalls drechseltechnisch ein Meisterwerk dar, denn sie wurde aus einem Stück gedreht und auf der Außenseite durch Stab-Kehlung-Kombinationen verziert. Zwei weitere solche Kannen sind aus Magdeburg sowie aus der Pfalz des thüringischen Landgrafen, dem Runneberg, bekannt.

Trinkgefäße

Repräsentativen Charakter besaßen die aus Konstanz und Freiburg bekannten Pokale und Doppelköpfe, letztere mit einem als zweites Trinkgefäß benutzbaren Deckel. Sie stammen aus Schichten des späten 13. bis 15. Jahrhunderts und dokumentieren nicht den »Alltag«, sondern gehören, wie bildliche und schriftliche Quellen belegen, zum Bereich »festlicher Handlungen«. Der kirchlich sanktionierte Trunk der Johannesminne, der verbrüdernde Trunk in der Zunft oder Gilde, der besiegelnde Trunk bei Ratssitzungen — Pokale und Doppelköpfe verraten mittelalterliche, gemeinschaftsstiftende Trinkkultur. Angesichts der Vielzahl solcher Gefäße im Freiburger Kloster erinnert man sich auch der Funktion der Bettelordensklöster in den Städten; die Klöster boten städtischen Institutionen oder Zünften einen stimmungsvoll-sakralen Rahmen für ihre realpolitischen Entscheidungen.
Neben kugelförmigen Bechern mit kelchfußartigem Hohlfuß finden sich auch stark gebauchte Typen mit Standring. Beide Formen weisen einen spitz abgedrehten, steil aufgestellten Rand auf; da, wo die Erhaltungsbedingungen günstig waren, sind noch eine, teilweise auch zwei horizontal herausgedrehte

Ganz oben: Auf dieser Miniatur aus der Manessischen Liederhandschrift (um 1300) werden ein hölzerner Pokal sowie eine Kanne mit Ringgriff gezeigt.

Oben: Dieser aus 20jährigem Ahornholz hergestellte Krug stammt aus der Latrine des Freiburger Augustinerklosters. Die Außenseite ist durch vier Paare unterschiedlich breiter Kehlungen gegliedert, auf der Innenseite fanden sich Reste eines weißlichen Überzugs. Das Gefäß ist 14—15 cm hoch.

Handhaben in Form von Grifflappen oder Ösen zu finden. Schalenartiger wirken dagegen zwei aus Konstanz erhaltene Gefäße mit abgesetztem Standfuß und einem halbkugeligen Gefäßkörper, dessen Wandung direkt in einen steil aufgestellten Rand übergeht. Die Verzierung der Pokale ist bewußt unscheinbar gehalten, so daß Holzstruktur und Holzfarbe zum alleinigen Verzierungsträger werden; lediglich am Rand, im Bereich der Schulter sowie am Standfuß und auf den Handhaben finden sich schmale Kehlungen. Pokale und Doppelbecher sind aus mittelalterlichen Fundzusammenhängen, beispielsweise aus Braunschweig, Freiberg, Jihalva/CSFR, Mülenen und Klosterneuburg bekannt und finden sich in Form kunsthandwerklich gefertigter Stücke als Pokale von Bruderschaften, Zünften oder Patriziergesellschaften des späten Mittelalters. Neben aufwendigen Doppelköpfen aus Metall und artverwandten Typen aus Keramik (Fußbecher) und Glas (Scheuer) kommen ebenso »tannen beslagen koppflin« vor: Hier wurden der Mündungsrand oder Teile des Rand-Wandungsumbruchs eines Gefäßes aus Nadelholz mit Edelmetallen beschlagen und eingefaßt. Anders als die einfachen Holznäpfe wurden die kostbaren Stücke mitunter vererbt und tauchen so als »maserin köpflin mit silber beschlagen« in Testamenten auf.

Das spanabdrehende Herausarbeiten aus dem Holz steht in engem Zusammenhang mit den Elementen der Gestaltung. Bei gedrechselten Holzgefäßen zeigt sich dabei ein Zusammenspiel von Holzfarbe und Holzstruktur, Formgebung und Verzierungselementen. Bei den gedrechselten Gefäßen bestehen diese nahezu immer aus Kehlungen und Stäben unter Beibehaltung der Drehrillen. Bereits durch die tangentiale Lage der Gefäße im Holz wird — je nach Betrachtungspunkt — eine interessante Maserung in Form U-förmig ver-

Ebenfalls in der Freiburger Klosterlatrine wurde dieser Pokal mit Deckel, ein sogenannter Doppelkopf, gefunden. Solche Pokale wurden beim gemeinsamen Trunk benutzt, beispielsweise beim Abschluß von Verträgen, aber auch zum Minnetrunk. Es ist nicht erwiesen, ob die beiden Teile ursprünglich zusammengehörten; während der Pokal aus Eibe besteht, wurde der Deckel aus Fichte gearbeitet.

Oben: Pokal aus Konstanz aus dunklem Kirschbaumholz. Das bauchige Gefäß besaß ursprünglich möglicherweise einen Henkel.

Rechts: Pokal aus Birkenholz mit konisch abgesetztem Standfuß. Fundort: Konstanz, Hertie-Parkhaus

Eingebrannte und geschnitzte Marken auf Gefäßen aus Freiburg und Konstanz.

laufender Bänder (Gefäßansicht), schleifenartiger Formen bei unterschnittenen Gefäßen (Gefäßaufsicht) oder elliptischer, zwiebelringartiger Strukturen (Gefäßaufsicht) erzielt. Offenbar waren sich die Produzenten der Gefäße im klaren darüber, daß nach dem Verblassen von Maserung und Farbigkeit des Holzes nur noch die Form erhalten blieb. So stellten sie repräsentative Gefäße wie Pokale und Becher mit einem zunächst äußerst geringen Formenspektrum unter Verwendung von Wurzelmaser her. Bemalte Holzgefäße des 11. bis 14. Jahrhunderts aus Kamien Pomorskie und Novgorod, ein Pokal des späten 12. Jahrhunderts aus Höxter oder Teller des 16. Jahrhunderts mit Monatsdarstellungen lassen darauf schließen, daß neben plastischen Zierelementen auch flächenhafte Verzierungen zur Anwendung kamen.

Zahlreiche Schalen und Teller — vor allem aus Freiburg, weniger aus Konstanz —, weisen eingestempelte, seltener geschnitzte Marken auf der Gefäßunterseite auf. Diese Zeichen unterscheiden sich nicht nur erheblich von den Händlermarken, wie sie beispielsweise im hanseatischen Raum auf Tonnen und Fässern zu finden sind, sie heben sich mit ihren meist ausgeprägt heraldischen Merkmalen auch stark von den einfacher ausgeführten Hausmarken ab. Allerdings wird es sich in beiden Fällen eher um »Besitzermarken« und nicht um Zeichen des Herstellers im Sinn von Handwerkerzeichen gehandelt haben; auch eine apotropäische Funktion wird im einen oder anderen Fall nicht völlig auszuschließen sein. Eine Korrelierung der Marken mit entsprechenden Hausmarken und Wappen ist meist nicht möglich; aufgrund des häufigen Vorkommens der gotischen Majuskel A, die sich vom späten 13. Jahrhundert bis in die Mitte des 15. Jahrhunderts immer wieder auf Holzgeschirr findet, kann man ohne weiteres auf die Eigentümer schließen — es waren die Freiburger Augustiner, die zur Markierung der Böden meist denselben Stempel benutzten. Der Buchstabe A als erster Buchstabe des Alphabets hatte darüber hinaus auch eine religiöse wie apotropäische Bedeutung. Neben einfach gestempelten Gefäßen gibt es auch solche, bei denen das A mit einem Symbol überprägt wurde oder wo man umgekehrt ein A auf das Symbol brannte.

1502 vermachte Albrecht Tiffers testamentarisch dem Zisterzienserinnenkloster Baidt und seiner dort als »ébtissin« wirkenden Base einen großen beschlagenen hölzernen Becher »mit mins herren, herr Diethelms Stums saligen Wappen daruff«. Gefäße können somit auf recht unterschiedlichen Wegen ins Kloster gelangt sein, denn neben dem Besitz des Klosters als Rechtskörper und dem Individualbesitz der einzelnen Mönche ist an Besitztümer zu denken, die dem Kloster durch Schenkgeber zukamen. Stiftungen und Schenkungen an Kirche und Klöster waren im Mittelalter ein geeignetes Mittel zur Erlangung ewigen Seelenheils, und bei Schenkungen muß es sich nicht immer um »stiftungsprädestiniertes« Gerät handeln. Im übrigen können Sachgüter auch aus den testamentarischen Verfügungen ehemaliger Konventualen stammen, denn auch bei den Mendikanten wurde das Gebot der persönlichen Armut zunehmend aufgeweicht und die Dotierung akzeptiert. Schließlich ist auch an Gefäße zu denken, die im Zug von Veranstaltungen, die im Kloster stattfanden, benötigt wurden.

Erst vom 14. Jahrhundert an werden Gefäße aus Metall und Glas zum exklusiven Tischgerät und halten als Indikatoren einer zunehmenden Urbanisierung Einzug in die »städtische Lebensrealität«. So, wie am Übergang vom 13. zum 14. Jahrhundert beim Kochgeschirr die Keramik durch Metallgefäße abgelöst und Keramik zum Tischgeschirr wird, wird auch das Holzgeschirr allmählich durch Keramik und Glas verdrängt. Vom 14. Jahrhundert an tauchen »neue« Gefäßformen auch im Keramikspektrum auf, die große Ähnlichkeit mit ihren hölzernen Vorgängern zeigen. Holzgefäße werden von nun an vornehmlich zur Vorratshaltung benutzt, oder sie stellen, wie Pokale und Maserschalen, exzeptionelle Stücke dar. Trotz der im Vergleich zu den Keramik- oder Glasfunden geringen Zahl hölzerner Gefäße läßt sich in Konstanz und Freiburg ein Schwerpunkt im späten 13. und frühen 14. Jahrhundert erkennen, dem eine allmähliche Abnahme im Lauf des 14. bis 16. Jahrhunderts folgt. Ob das in Konstanz an den schon erwähnten Erhaltungsbedingungen liegt oder ob da wirklich ein Materialwechsel stattfand, bleibt abzuwarten, denn gerade archivalische und bildliche Quellen belegen nicht nur die Beliebtheit edler »holtzin kopplin«, sondern auch einfacher Holzschalen und Holzteller bis weit ins späte 15. Jahrhundert hinein. Anfangs des 16. Jahrhunderts bezahlte das Heilig-Geist-Spital in Luzern dem Handwerker Hans Treier, der am »Oberen Grund« wohnte, »Vss um hultzin schusslen«. Schriftliche Quellen des 12. und 13. Jahrhunderts wie beispielsweise das Einkünfteregister des Klosters Corvey belegen ebenfalls die Wertschätzung hölzernen Geschirrs, so daß für die Zeit vor und um 1300 in weitaus stärkerem Maße, als dies im Vergleich zur »harten Ware« Keramik, Glas und Metall belegt werden kann, von einem vielfältigen und reichlich vorhandenen Spektrum an hölzernem Tischgeschirr auszugehen ist. Dieses Tischgeschirr wurde nicht nur auf dem Land, bei »pfaffen, ritter und gebure« (Hugo von Trimberg) benutzt, auch die differenzierte städtische Gesellschaft mit ihrer »koufmanschaft«, ihren »antwercliute« und den »edel liute« (Konrad von Ammenhausen) gebrauchte die »hultzin schusslen«.

Ulrich Müller

Auf dieser Illumination aus dem Graduale von Sankt Katharinental (um 1312) sind hölzerne Doppelkopf-Pokale abgebildet.

Oben links: Solche Spatel dienten im 14. Jahrhundert zur Aufnahme von Butter und Honig, aber auch zum Anrühren von Kosmetika. Dieses Exemplar vom Konstanzer Fischmarkt ist aus Fichte gearbeitet und rund 8 cm lang.

Keramik

Einführung

Die Behandlung des Themas »Keramik in der Stadt um 1300« ist gleichbedeutend mit einer allgemeinen Betrachtung der Keramik in der Zeit um 1300, oder besser — damit den noch immer bestehenden Datierungsschwierigkeiten Rechnung getragen wird — der Keramik des 13. und 14. Jahrhunderts. Der damalige Grundbestand an Geschirr in städtischen Haushalten unterscheidet sich nicht generell von jenem in den zeitgleichen Klöstern und Burgen, ja selbst Dörfern. Speziell »städtische« Keramik im Sinn von »in der Stadt selbst nur für den städtischen Gebrauch hergestelltem Geschirr« ist in den einzelnen Untersuchungsgebieten derzeit noch unbekannt — und war vielleicht überhaupt nicht vorhanden. Die im direkten städtischen Umfeld arbeitenden Töpfereien, wie etwa jene in Wimpfen am Berg, Kreis Heilbronn, belieferten die umliegenden dörflichen Siedlungen und Burgen mit, während Erzeugnisse ländlicher Betriebe auch in den benachbarten Städten benutzt wurden.

Weit stärker als zwischen den Fundplatzkategorien (Stadt—Burg—Kloster—Dorf) sind die Unterschiede zwischen einzelnen Landschaften; sie sollen im folgenden deutlich herausgestellt werden. Deshalb erfolgt eine getrennte Schilderung der einzelnen Regionen Mittelneckar, Breisgau und Oberschwaben.

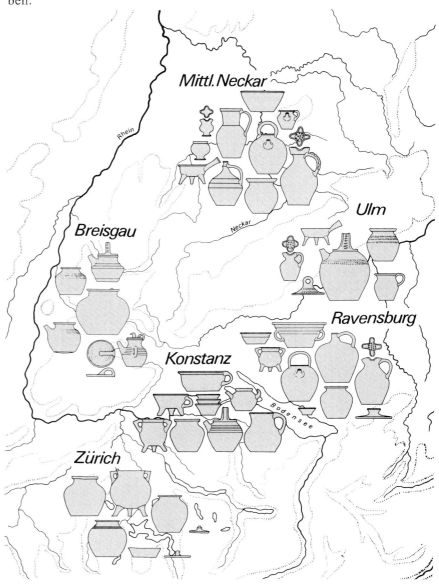

Übersicht über die wichtigsten Gefäßformen der in diesem Beitrag behandelten Fundorte und -regionen.

Die Darstellung der Keramik des 13. und 14. Jahrhunderts kann sinnvollerweise nur auf dem Hintergrund der vorausgehenden romanischen Epoche erfolgen, denn nur so sind die vielen Neuerungen klar hervorzuheben, welche sich in der Zeit nach 1200 allenthalben bemerkbar machen. So ist hier notwendigerweise eine knappe Skizze des derzeit bekannten Formenschatzes dieses älteren Abschnitts vorauszuschicken.

Von der spätmerowingisch-karolingischen Zeit an läßt sich eine kontinuierliche Verminderung des Typenbestandes erkennen, bis schließlich im Hochmittelalter fast nur noch Vorrats- und Kochtöpfe sowie Kannen übrigbleiben. Letztere entsprechen in den meisten süddeutschen Landschaften den Töpfen, sie sind lediglich zusätzlich mit zwei rand- oder schulterständigen Henkeln und einer Ausgußtülle versehen. Im Lauf des 12. Jahrhunderts tritt dann als eine der wenigen Innovationen vielerorts die Bügelkanne hinzu. Die über Koch- und Vorratstopf sowie einige Kannen hinausgehenden Gefäßformen des Hochmittelalters (von der getrennt zu behandelnden Ofenkeramik ist hier wohlgemerkt nicht die Rede), das heißt Teller, Schalen, Schüsseln und Becher sowie weitere Flüssigkeitsbehälter, bestehen jedoch ausschließlich oder zumindest überwiegend aus Holz.

Nach 1200 beginnt sich das Bild zu wandeln. Dies dürfte nicht zuletzt auf das Aufkommen der schnellrotierenden Drehscheibe zurückzuführen sein, welche die handgetriebene Töpferscheibe nun überall verdrängt. Die Formenvielfalt wird nun rasch größer. Die Vorgänge im einzelnen darzulegen ist Aufgabe der folgenden regionalen Kapitel. Vorausgreifend sollen hier nur die wichtigsten Neuerungen in ihrer Gesamtheit kurz erwähnt werden.

Beim Kochgeschirr treten jetzt neben den Töpfen Spezialgefäße mit drei Beinchen auf, die — je nach Landschaft — entweder pfannenartig offen mit hohem Stielgriff (seltener mit bandartigem Henkel oder zapfenförmiger Handhabe) oder topfartig geschlossen gestaltet sind. Die Hochstellung auf Beinen erlaubt eine gezieltere Erwärmung von unten, während der direkt in der Asche der Feuerstelle plazierte Topf nur von den Seiten her »beheizt« werden kann. Diese effizientere Nutzung des Herdfeuers hat eine bessere Qualität der zubereiteten Speisen zur Folge (man muß sich dabei immer vergegenwärtigen, daß ein Gutteil der mittelalterlichen Ernährung aus gekochten Breien besteht). Diese bedeutende Verbesserung dürfte in Anlehnung an Metallgefäße erfolgt sein, denn gegossene Bronzedreifußgefäße, sogenannte Grapen, lassen sich bereits ab dem 12. Jahrhundert nachweisen.

Bei den Flüssigkeitsbehältern tauchen nun erstmals seit der Merowingerzeit wieder Henkelkrüge auf. Auch ihr Wiedererscheinen ist wohl auswärtigen Impulsen zu verdanken. Im späten 12. und beginnenden 13. Jahrhundert sind nämlich im Rheinland zur Zeit des Übergangs von der helltonigen, bemalten »Pingsdorfer« Keramik zu den Vor- und Frühformen dunkeltonigen Steinzeugs Krüge mit zylindrischem Hals faßbar. Die betonte Riefung des Gefäßkörpers und manchmal sogar angeknetete Standringe (sogenannte Wellenfüße) finden sich denn auch auf den frühesten Krügen der südwestdeutschen grauen Irdenware wieder, doch bleiben diese Formen offenbar auf den nördlichen Oberrhein beschränkt. Die südbadisch-nordschweizerischen, oft beidseitig glasierten Krüge des 13./14. Jahrhunderts zeigen diese Merkmale nie.

Im Gefolge der Krüge treten nun auch tönerne Trinkbecher auf. Wie bei den Krügen, mit denen sie funktional eng zusammenhängen, sind die Vorbilder der Becher im Rheinland der Zeit um 1200 zu suchen. Weitere Flüssigkeitsbehälter entwickeln sich im Verlauf des hier behandelten Zeitraums ohne erkennbare äußere Einflüsse. So etwa die enghalsigen Flaschen mit seitlichem Henkel und die Krüge mit mehrpaßartig ausgeformter Mündung und innerem Siebeinsatz. Als keineswegs seltene Sonderform sind die spätestens um 1300 aufkommenden Kannen mit fest angebrachtem, klappbarem Verschluß zu nennen. Ihre Gesamtform wie auch die sehr spezielle Art der Dekkelanbringung lassen wiederum auf eine Herleitung von Formen des Metallgeschirrs schließen.

Ein weiteres Beispiel für das Vordringen der Keramik in Bereiche, welche zuvor Gefäßen aus anderen Materialien vorbehalten waren, bilden die tönernen Feldflaschen, die mit Beginn des späten Mittelalters in ganz verschiedenen Varianten (mit oder ohne Standvorrichtungen, mit oder ohne separate Ausgußtülle, mit rand- oder schulterständigen Henkeln) anzutreffen sind.

Unentbehrlich werden im Verlauf des 13. Jahrhunderts an vornehmen Tafeln die aus Keramik hergestellten Gießgefäße in Tiergestalt, die sogenannten Aquamanilien, samt den zugehörigen metallenen Auffangbecken für das Waschwasser. Obgleich schon zur Zeit der Kreuzzüge bekannt, kommen diese Gerätschaften erst nach 1200 vermehrt vor. Vor allem in vermögenden städtischen Haushalten, in denen man sich die »fürstlichen« Greifen-, Löwen- und Fabelwesenaquamanilien aus (Edel-)Metall nicht leisten kann, benutzt man die billigeren keramischen Substitute. Die Übernahme der verfeinerten Speisegewohnheiten des Adels führt dazu, daß nun auch außerhalb von Burgen und Klöstern das Händewaschen vor, während und nach dem nur mit Fingern und Messer genossenen Essen üblich wird.

Auch die Leuchter gehören, wie die Aquamanilien, zur Kategorie der »Prunkkeramik« mit zusätzlich praktischem Wert. Durch den hohen, hohlen Schaftfuß, welcher bemalt, plastisch dekoriert oder profiliert sein kann, wird ein an sich unscheinbares, rein funktionelles Schalenlämpchen zu einem weiteren optisch eindrucksvollen Bestandteil einer wohlausgestatteten Tafel.

Für eben diese gut bestückte Tafel bevorzugt man vor allem in den nördlichen Regionen Südwestdeutschlands Keramik, welche jedoch dort nicht hergestellt wird. Es ist charakteristisch für diesen späten Abschnitt des Mittelalters, daß nun hauptsächlich für den Tischgebrauch spezifische Töpfereiprodukte in großer Zahl angefertigt und teilweise über sehr weite Strecken zum Benutzer verbracht werden. Dies gilt vor allem für das rheinische Steinzeug, das dank seiner überragenden Qualität vom 14. Jahrhundert an Verbreitung bis nach England und Skandinavien findet, später sogar in außereuropäische Länder exportiert wird. Für die vom Niederrhein aus gesehen flußaufwärts gelegenen, hier behandelten Landstriche dagegen ist der Stellenwert dieses Steinzeugs eher gering zu veranschlagen. Qualitativ hochstehende Erzeugnisse aus anderen, näher gelegenen Töpfereien sind hier im 13. und 14. Jahrhundert weitaus verbreiteter.

Insbesondere für den nördlicheren Oberrheinraum gewinnt eine häufig an- oder teilgesinterte Keramikart, die zwischen der normalen, porösen Irdenware und dem völlig flüssigkeitsundurchlässigen Steinzeug steht, große Bedeutung. Nach der vorherrschend dunklen Oberflächenfärbung von lila über bläulich bis bräunlich wird sie als »manganviolette Ware« bezeichnet. Ganz am Ende der hier zur Diskussion stehenden Periode, nämlich um die Mitte oder in der beginnenden zweiten Hälfte des 14. Jahrhunderts, gewinnt dann hauptsächlich am Oberrhein eine andere Keramiksorte an Bedeutung, die ebenfalls dem Rhein-Main-Raum (Töpferei Dieburg in Südhessen) entstammt. Diese gelbe Irdenware mit brauner (Teil-)Engobierung scheint die »manganviolette Ware« als Trinkgeschirr zu haben.

Im Mittelneckarraum gilt für diese Zeit die »rotbemalte Feinware« aus der Remstaltöpferei von Buoch nahe Waiblingen als herausragende Qualitätskeramik. Ihr scheint im Bodenseegebiet eine flächig rot engobierte Ware (»Ware mit kirschrotem Überzug«) entsprochen zu haben. In Südbaden und der nordwestlichen Schweiz schließlich dürften die glasierten Ausführungen des Normalgeschirrs diesem Typus in etwa entsprochen haben.

Zusammenfassend läßt sich sagen, daß all diese Entwicklungsschritte nach 1200 eine erhebliche Ausweitung des Formenschatzes bewirkten, wobei zum Teil in Holz oder Metall schon vorhandene Gefäßformen durch die Keramikproduktion übernommen werden. Ferner ist die Annahme begründet, daß nun breitere Käuferschichten Tafelgeschirr von gehobener Qualität verlangen und auch bezahlen können; denn dieses ist teurer als die normale, überall lokal gefertigte Irdenware. Zu den Abnehmern dieser entweder dunklen, oft teilgesinterten beziehungsweise glasierten oder den hellen, bemalten oder engobierten Waren zählen die materiell besser gestellten Stadtbewohner mindestens ebensosehr wie der inzwischen um die ehemals unfreien Ministerialen vermehrte Adel. In diesen zahlenmäßig nicht unbedeutenden Kreisen strebt man sehr danach, seiner Umwelt den neu errungenen Lebensstandard deutlich vor Augen zu führen. Dies läßt sich gerade mit einer reich gedeckten Tafel und entsprechendem Zubehör mit wenig Aufwand recht wirkungsvoll bewerkstelligen. Nicht von ungefähr fällt in diese Zeit auch das Wiederaufleben des gläsernen Trinkgeschirrs, das nach dem Ende der Karolingerzeit für lange Jahrhunderte nur eine ganz untergeordnete Rolle spielte – sofern es überhaupt in Gebrauch war. Die gesteigerte Nachfrage läßt vom

13. Jahrhundert an im Spessart zahlreiche Hütten entstehen, die mit den Herstellern des oben genannten Qualitätsgeschirrs durchaus auf eine Stufe zu stellen sind.

Uwe Gross

Keramik im Breisgau

Die Landschaft am südlichen Oberrhein bildet ganz im Gegensatz zu ihrer langen Tradition politischer Teilung eine geographische Einheit. Während Schwarzwald, Jura und Vogesen eine naturräumliche Grenze setzen, ergeben sich über die burgundische Pforte im Südwesten und das offene Rheintal nach Norden augenfällige Zonen ökonomischer und kultureller Kontaktmöglichkeiten, deren Auswirkungen sich auch im Bild der mittelalterlichen Keramik finden lassen. Aber gerade hier spiegeln sich die durch Gebietsherrschaften und politische Interessen um die Jahrtausendwende entstandenen Wirtschafts- und Handelsstrukturen eher wider, als es die geographischen Vorgaben einer Nord-Süd-Verkehrsverbindung erwarten ließen.

Abgesehen von den generellen Gemeinsamkeiten hochmittelalterlicher Keramik — Bevorzugung des reduzierenden Brandes, Zunehmen der Formvarianz mit der beginnenden Verstädterung, Ablösen anderer Materialien durch Ton — zeichnet sich das Keramikspektrum am südlichen Oberrhein durch eine durchaus eigenständige, sich von den Räumen mittleres und nördliches Elsaß, mittlerer Neckar- oder Bodenseeraum absetzende Entwicklung aus. In einem Raum, der in etwa durch die Städte Basel im Süden und dem nördlich von Freiburg gelegenen Elztal im Norden eingegrenzt werden kann, sind Warenarten und Formenbestand nahezu deckungsgleich. Der beschriebene Raum entspricht dem Gebiet des klassischen Breisgaus und dessen auch noch in nachzähringischer Zeit wirksamer politischer wie kultureller Verbindung mit der Bischofsstadt Basel.

Zur Keramik des Mittelalters kann forschungsgeschichtlich zumindest auf badischer Seite des südlichen Oberrheins auf nur sehr wenige Beiträge verwiesen werden. Die in diesem Zusammenhang immer wieder zitierte Arbeit U. Lobbedeys, die Ergebnisse der Mittelalterarchäologie in Basel, welche sich allerdings bislang noch nicht in einer zusammenfassenden Keramik-Publikation niederschlagen konnten, eine Altgrabung auf der Burg Lützelhardt in der Ortenau und die Arbeit über das mittelalterliche Breisach von M. Schmaedecke sind die wenigen Orientierungshilfen bei der Suche nach den Eigenarten der keramischen Traditionen im Breisgau. Allerdings kann auf eine Serie von Stadtkerngrabungen des Landesdenkmalamts in Freiburg in jüngster Zeit verwiesen werden, welche auch für die Keramikforschung einen breiten Fundus lieferten. Das hierbei zutage geförderte Material erlaubt im Vergleich zu den angrenzenden keramischen Provinzen ein erstes skizzierendes Resümee.

Geringe Variationen in Magerungen, Dekoranwendung, Qualität und Brandhärte entsprechen der für das Hochmittelalter anzunehmenden engen regionalen Selbstversorgung mit Alltagsgeschirr. Das keramische Formengut des Breisgaus zeigt sich in geradezu auffälliger Abschottung gegenüber Einflüssen aus dem nur wenig nördlicher liegenden Straßburger Raum — eine Feststellung, die sich in ihrer Haupttendenz auch für das benachbarte südliche Elsaß bis dato abzuzeichnen scheint. Auch hier ist die Gemeinsamkeit mit den in Basel und Freiburg bekannten Formen höher als der Einfluß von Warenarten aus dem nördlichen Elsaß. Sichtbare Eigenheiten des Keramikspektrums am südlichen Oberrhein, welche das Gebiet als Wirtschafts- und Kulturraum in seiner Binnenstruktur homogen und gegen äußere Stil- und Markteinflüsse durchaus resistent erkennen lassen, verdeutlichen sich zunächst anhand einiger Gemeinsamkeiten beim Ausschluß gleicher Formen und Warenarten.

So ist etwa der auffällig geringe Anteil an Importkeramik an allen Fundplätzen des Gebiets zu nennen. In Frage kämen dabei insbesondere Importe von Keramik aus dem nördlichen Elsaß sowie aus den Räumen unterer und oberer Neckar und dem Bodenseeraum. Es sei hier auf die bereits im Zusammenhang mit der rotbemalten Elsässer Ware festgestellten geringen Kon-

Töpfe des älteren (oben) beziehungsweise jüngeren Typs (unten) aus Freiburg.

Neben den unglasierten Töpfen kommen im Freiburger Material schon um 1300 auch glasierte, teilweise gehenkelte Exemplare vor.

takte zu Straßburg verwiesen: lediglich im Basler Fundgut befinden sich einige wenige Stücke dieses Typs.

Zwar kam diese Keramik vor der hier zu betrachtenden Zeit auf, doch ergibt sich für die späteren bemalten Warenarten aus dem nördlichen Elsaß wie auch für die imitierte Pingsdorfer Ware oder die rotbemalte Feinware ein ebensolcher Befund. Bemalte Ware setzt sich zumindest in Freiburg erst nach dem Aufkommen der keramischen Glasur und der sich herausbildenden Malhorntechnik in der frühen Neuzeit durch. Ebenfalls ein gemeinsames Indiz stellt der überaus geringe Anteil an Dreifuß-Gefäßen und Pfannen dar; dies sowohl in Basel als auch in Breisach bis hin zum fast gänzlichen Fehlen dieser Gefäße im Freiburger Fundgut. Gleichfalls selten sind irdene Trinkbecher. Der Grund hierfür mag in der lang anhaltenden Bevorzugung hölzerner Trinkgefäße liegen, deren Auftreten und Verbreitung in großer Zahl sich an der Fülle des aus der Augustinerlatrine in Freiburg geborgenen Materials verdeutlicht.

Henkelkrüge und -kannen sind um 1300 nur schwach vertreten und finden erst später breiteren Eingang in das Repertoire des ansässigen Töpferhandwerks. Dafür setzt die Vorliebe für Kerb- und Riefendekor auf Töpfen oder Bügelkannen schon sehr früh ein, und die Töpfer beginnen schon in der zweiten Hälfte des 13. Jahrhunderts mit Bleiglasuren zu arbeiten.

Das Freiburger Keramikmaterial ist gekennzeichnet durch die im Hochmittelalter bevorzugte reduzierende Brennweise. Trotzdem ist stets auch ein gewisser Anteil an oxidierend gebrannter Irdenware vorhanden. Dieser Anteil scheint im 12. Jahrhundert größer zu sein, wird im 13. Jahrhundert eher gering, um schließlich im ausgehenden 14. Jahrhundert zu dominieren. Beide Warenarten sind im wesentlichen auf der Töpferscheibe hergestellt, parallel dazu findet sich jedoch stets auch handgeformte und nachgedrehte Keramik. Grundsätzlich vermittelt die Keramik um 1300 den Eindruck, daß bei zunehmender Zahl und Varianz der Formen und des Dekors die Brandqualität im Vergleich zur Ware des 12. Jahrhunderts nachläßt. Die Magerungsanteile lassen sich am Scherben lediglich nach rheinnahem, stärker abgerundetem — weil länger transportiertem — Material und rheinfernen, eher brekziöseren Anteilen aus dem Schwarzwald oder den Vogesen klassifizieren, eine Beobachtung, die den nur kleinräumigen Austausch der Keramik als Handels- oder Transportgut unterstreicht.

Töpfe

Als direkte Nachfolger der älteren, grauen Drehscheibenware sind die Töpfe des Freiburger Materials zu betrachten. Diese Verwandtschaft zeigt sich deutlich in den langen, bauchigen Gesamtformen, hohen Halszonen, ausgepräg-

ten Leistenrändern, gelegentlich auch mit Kragleisten, während Wulstränder nicht mehr auftreten. Auffallend lange hält sich der Linsenboden neben dem sich nur zögerlich einführenden ebenen Standboden. Ein ebensolches Festhalten an traditionellen Mustern zeigt sich anhand des Schulterbereichs der Töpfe, der zum Teil noch immer Kerbverzierung mit Rollrädchen aufweist. Im wesentlichen wird jedoch eine breite Palette von Riefenmustern gepflegt, von schmalen, feinen Ritzen mit geringer Tiefe bis hin zu breiten Wellen in Fingerabstand. Deren Kuppen sind des öfteren abgeschliffen und wirken dadurch glänzend. Der Brand in reduzierender Atmosphäre ist zumeist regelmäßig, es gibt jedoch Unterschiede in der Härte. Die ab der Mitte des 14. Jahrhunderts beginnende Tendenz zur Bildung von Karniesrändern geht auch mit einer größeren Sorgfalt beim Brand einher. Die Riefenverzierung wird beibehalten, immer häufiger tritt eine erhabene Abschlußleiste hinzu. Als Besonderheit ergänzen in Freiburg bereits um 1300 grautonige, innen und außen glasierte Töpfe mit Leistenrändern das Keramikinventar.

Henkelschüsseln

Henkelschüsseln sind im mittelalterlichen Fundgut am Oberrhein eine Rarität. Dennoch ist ein gewisses Interesse berechtigt, da die in Freiburg gefundenen Exemplare durchweg Bleiglasuren tragen. Aufgrund ihres bisher auf eine einzige Fundstelle (Augustinerklostergrube) beschränkten Vorkommens kann man wohl annehmen, daß es sich um Gebrauchs- und Tafelgeschirr einer sozial gehobeneren Bevölkerungsschicht handelt. Unglasierte, grautonige Henkelschüsseln hingegen sind aus Staufen südlich von Freiburg bekannt. Unglasierte Pendants zu den oberrheinischen Henkelschüsseln finden sich im Material aus Ulm (Dreikönigsgasse und Spital/Dreifaltigkeitshof), glasierte in jenem der Burg Schönenwerd im Kanton Zürich. Bei der Gebrauchskeramik aus den Freiburger Stadtgrabungen hingegen fehlen Henkelschüsseln bisher gänzlich, wie denn auch alle weitmundige Geschirrkeramik erst in der nachfolgenden Zeit die bis dahin sicher hölzernen Schalen und Schüsseln zu ersetzen beginnt; dann aber in Form von Gefäßen aus oxidierend gebranntem Ton mit Innenglasur.

Zu den frühen Gefäßformen mit beidseitiger Glasur zählen in Freiburg auch konische Schüsseln mit randständigem Henkel.

Neben unglasierten Bügelkannen sind vom späten 13. Jahrhundert an glasierte Henkelkrüge gebräuchlich.

Deckel

Die häufigste Deckelform ist der Flachdeckel mit seitlich zum Rand angesetztem Ösengriff, sowohl in grautoniger als auch in rottoniger Variante. Der Rand ist zumeist konisch abgeschlossen, jedoch gibt es auch hochgezogene Wulstränder ebenso wie Deckel mit flachem, rundem Rand. Die Oberfläche ist mit Kerbmuster, Rosettenstempel oder verschieden breiten Wellenlinien verziert. Bei der rottonigen Ware kommen auch unverzierte Stücke vor. Eine weitere Form bildet ein breitrandiger, konischer beziehungsweise gewölbter Hohldeckel mit Knaufgriff. Davon wurden in Freiburg nur rottonige Beispiele gefunden. Des öfteren ist im Zentrum des Knaufs eine kleine Öffnung eingelassen. Selten sind Deckel in glockenartiger Form mit geöffnetem Knauf und zum Rand führendem Bandhenkel. Diese Form ist möglicherweise erst eine Entwicklung des ausgehenden 14. Jahrhunderts.

Kannen

Im hier behandelten Gebiet kommen Kannen nur in Form von Bügelkannen der reduzierend gebrannten jüngeren Drehscheibenware mit Leistenrand vor. Sie weisen einen bauchigen Gefäßkörper mit rundlichem Querschnitt auf. Der Bügelhenkel ist teils gekniffelt, teils auch nur mit einfachem Strichkerbmuster verziert. Im Schulterbereich weisen die Gefäße zumeist eine Kerbmuster- oder Rillenzier auf. Wenige Exemplare haben Linsenböden, ansonsten überwiegt der ebene Standboden. Da sich die Gefäße außer durch den Bügelhenkel und die Ausgußtülle durch nichts von der sonst geläufigen Topfform unterscheiden, ist ihre mengenmäßige Bedeutung für den Freiburger Keramikraum noch nicht genau zu definieren.

Dreifußgefäße

Dreifußgefäße sind in Freiburg um 1300 selten. Dreibeintöpfe mit Ösenhenkel sind jedoch im Fundgut Basels und Breisachs vertreten, eine Dreibeinpfanne mit Tüllengriff ist zumindest aus Staufen bekannt. Diese Gefäßform scheint sich erst im ausgehenden 14. Jahrhundert durchgesetzt zu haben, zwar durchweg in rottoniger und zumeist glasierter Ausführung. Daß sich Töpfe und Pfannen im Lauf der Zeit gegenseitig ausgeschlossen hätten, ist zumindest am südlichen Oberrhein nicht festzustellen. Die auffällig niedere Zahl solcher Gefäße im Fundgut läßt sich dadurch erklären, daß die technisch-ökonomischen Vorteile der Dreifußgefäße bei der Energieausnutzung auch durch — beispielsweise eiserne — Dreifußringe erzielt werden konnten.

Aquamanilien

In Freiburg fanden sich bisher nur zwei Exemplare von Waschwassergefäßen, wie sie bei Tisch benutzt wurden, davon eines nur in fragmentarischer Form. Weitere Aquamanilien sind aus Basel und Staufen bekannt. Beim Freiburger Stück handelt es sich um ein Gefäß in Frauengestalt in Verbindung mit einem Tierkörper, welcher bis zum Ansatz der Beine aus einem Teil zylinderförmig gearbeitet wurde. Die als Einzelteile gefertigten Beine, die Frauenfigur und die Ausgußtülle wurden sodann mit dem aus dem Rücken der Frauengestalt herausschwingenden Griff mit dem Gefäßkörper verbunden. Ein schmales, zwischen dem Hinterkopf und dem darunter ansetzenden Henkel ausgespartes Loch diente dem Einfüllen des Wassers. Die Glasur ist entsprechend der jeweils vorherrschenden Brennatmosphäre von brauner bis olivgrüner Farbe. Kleidung, Zopf und Hände der Frauengestalt sind gelblichgrün, der Armreif dunkelbraun glasiert. Sowohl der Stil als auch die Glasurfarbenkombination legen die Vermutung nahe, daß es sich wohl eher um ein dem Ende des 14. Jahrhunderts zurechenbares Stück handelt, jedoch kann das Vorhandensein solcher Aquamanilien in Freiburg durchaus schon für die Zeit um 1300 angenommen werden.

Öllämpchen

Öllämpchen in verschiedenen Formen sind aus Freiburg, Staufen, der Burg Schwarzenberg bei Waldkirch, Breisach und Basel bezeugt. Es gibt sowohl kugelig-runde Schalen mit nur geringer Ausformung der Schneppe und nach innen gezogenem Rand, als auch stark konische Schälchen mit schmalem Standboden und Lippenrand. Leuchter sind hingegen zumindest im Freiburger Keramikgut nicht bekannt.

Eine weitere typische Form der frühen Freiburger Glasurkeramik repräsentieren die Kännchen mit fixiertem Deckel, die von Metallvorbildern beeinflußt sind.

Frühes Steinzeug

Frühes Steinzeug ist in nur bruchstückhafter Form aus den verschiedenen Grabungsplätzen vorhanden. Etwas mehr Material konnte aus der Augustinerlatrine geborgen werden. Es handelt sich hierbei um zwei Becher und einen kleinen Krug sowie um zwei Tassen und Fragmente weiterer Gefäße. Einer der Becher ist sicher der Art nach dem manganvioletten Frühsteinzeug zuzuschreiben, wie es aus dem Rhein-Main-Raum bekannt ist. Die anderen Becher und Krüge weisen die Merkmale der Siegburger Tradition auf.

Kännchen mit fixiertem Deckel

Ebenfalls zum Fundinventar der Freiburger Augustinerklostergrube gehören Kännchen mit fixiertem Deckel. Sie fallen insbesondere durch ihren seitlich auf der Höhe des Umbruchs angebrachten Henkel auf. Dieser berührt im Gegensatz zu den aus Hessen und dem Rhein-Neckarraum bekannten Vergleichsstücken die am Gefäßrand angebrachte Halteöse nicht. Während bei den Kännchen aus der Augustinerlatrine die Deckel-Fixierung genau gegenüber der Ausgußtülle und der Henkel stets auf der linken Seite des Gefäßes angebracht sind, haben Henkel und Halteöse bei den vergleichbaren Gefäßen aus Hessen stets Kontakt; der Deckelhalter wird zum Überhenkel. Ein aus der Kapellenkirche in Rottweil bekanntes Stück hat wie die Freiburger Kännchen den Henkel an der linken Körperseite, die Abbruchstelle des Dekkelhalters befindet sich jedoch über dem seitlich angebrachten Henkel. Die Deckel der Freiburger Kännchen sind verziert mit einem in der Mitte befindlichen Deckelknopf, welcher entweder in Form einer zum Ausguß hin abgebogenen Zipfelmütze oder eines abgeflachten Kegels in der Regel den Haltering überragt. Die Kännchen sind durchweg bauchig geformt, der Hals schwingt sanft trichterförmig aus und endet mit einem leicht verstärkten Lippenrand mit Deckelfalz. Eine besonders augenfällige Verzierung in Form dreier aufgesetzter Kerbleisten bei einem der Kännchen gibt einen deutlichen Fingerzeig auf das metallene Vorbild dieses Gefäßtyps, das sich bereits in der Imitation der Deckelfixierung erkennen läßt.

Einen Querschnitt durch das Formenspektrum einer Töpferei des 14. Jahrhunderts vermitteln die Töpfe, Krüge, Flaschen, Becher und Deckel aus Wimpfen am Berg.

Glasuren

Glasuren auf Irdenwaren tauchen im Südwesten des deutschen Sprachgebiets am Ende der Völkerwanderungszeit erstmals auf, ihre Provenienz ist jedoch in den meisten Fällen ungeklärt. Im relativ klar umgrenzbaren geographischen Raum des südlichen Oberrheins scheint die Keramikglasur wohl am Ende des Jahrhunderts ihren festen Platz im Repertoire des Töpfereihandwerks erreicht zu haben, dies im Zug einer für das Hochmittelalter und dessen städtische Entwicklung allgemein zu beobachtenden stürmischen Innovation der Keramik. Die Glasur übernimmt, zumindest zu Beginn ihrer nun regelmäßigen Anwendung, als Teil dieser Entwicklung die Rolle der Extravaganz. Ihr technischer Nutzen in Form höherer Dichte, Härte und Glätte für das keramische Gefäß spielte dabei zunächst nur eine nebensächliche Rolle. Die Glasur hat ausschließlich Zierfunktion, wobei sich gelegentlich Tradition und neuer Chic verbünden, so zum Beispiel bei den Töpfen mit Leistenrändern: Kerbmuster und Riefenverzierung werden weiterhin verwendet, die Glasur gibt dem Ganzen das neue Aussehen, obwohl hierdurch die Wirkung der traditionellen plastischen Verzierung teils verringert wird, teils sogar völlig verschwindet. Ähnliches gilt für die neuen Möglichkeiten der Farbvarianz; erst allmählich wurde neben ästhetischen Kriterien auch eine sich anbahnende Entfernung von der Tradition des reduzierenden Brands in Betracht gezogen.

Stephan Kaltwasser

Der Mittelneckarraum

Töpfe

Für einen Teil der Fundorte dieses Raums kann der gemeinhin als typisch gotisch angesehene Karniesrandtopf tatsächlich als charakteristischster Bestandteil des keramischen Fundstoffs gelten. Anderswo, besonders am östlichen Kraichgaurand und in der Zone westlich des Neckars von Stuttgart bis an den Schwarzwald, bestimmen jedoch abweichend proportionierte Gefäße mit anderer Rand- und Oberflächengestaltung das Bild.

Die Ausgangssituation für die Entwicklung der spätmittelalterlichen Keramik im Mittelneckerraum unterscheidet sich von derjenigen weiter im Westen und Norden insofern, als am mittleren Neckar bis ins beginnende 13. Jahrhundert hinein »nachgedrehte« Keramik vorhanden ist, aus der später die »jüngere Drehscheibenware« entsteht. Durch die Übernahme der schnellaufenden Fußtöpferscheibe, die hier zuvor zwar durchaus schon bekannt ist, jedoch nur von den Herstellern bestimmter (Qualitäts-)Waren (so etwa »ältere, gelbtonige Drehscheibenware« und Buocher »rotbemalte Feinware«) benutzt wird, finden in den Jahrzehnten nach 1200 stärkere Veränderungen statt, als dies etwa am nördlichen Oberrhein der Fall ist. Im Mittelneckarraum bringt die verbesserte Drehtechnik, die nun meist mit einheitlich grauem Reduktionsbrand einhergeht, schlankere, im Lauf der Zeit immer stärker schulterbetonte Gefäße hervor, bei denen auch die zuvor blockartig verdickten Leistenränder immer länger und dünner werden, was schließlich in der Zeit um 1250 zu den bekannten Karniesrandbildungen führt.

Im Gegensatz zu den bauchigen romanischen Töpfen, aber ganz ähnlich den zeitgleichen Gefäßen am nördlichen Oberrhein, weisen die Karniesrandtöpfe des 13. und 14. Jahrhunderts häufig breit geriefte (gewellte) Oberflächen auf. Gegen oder nach dem Ende des hier betrachteten Zeitraums reduziert sich dieser Dekor dann zu einer auf den Schulterbereich begrenzten engen Riefung oder Rillung, oft gegliedert oder eingefaßt von waagrechten Graten.

Bei vielen Gefäßen des westlich an Stuttgart angrenzenden Raums bis zum östlichen Schwarzwaldrand ist ein Festhalten an den altertümlich wirkenden kugelig-bauchigen Formen und den leistenartigen Randbildungen festzustellen. Damit geht nicht selten auch eine stärkere plastische Belebung des oberen Gefäßkörpers durch mehrere scharfe, aus der Wandung von innen herausgearbeitete Grate einher.

Die Bodenform der Gefäße des mittleren Neckarraums sind sehr einheitlich; anders als am gesamten Oberrhein oder in der Nordwestschweiz mit ihrem Nebeneinander von Wackel- und Planböden kommen hier ausschließlich Standböden vor. Diese sind rauh, uneben oder mit einem plastischen Zeichen versehen, wenn es sich noch um späte »nachgedrehte« Keramik handelt, glatt beziehungsweise mit parallelen oder schlaufenförmigen Abschneidespuren versehen, wenn bereits »jüngere Drehscheibenware« vorliegt.

Wenngleich Kugeltöpfe kein konstitutives Element des spätmittelalterlichen Geschirrsatzes in der hier betrachteten Region darstellen, müssen sie doch im 13. und 14. Jahrhundert bekannt gewesen sein. Rundbodige Gefäße wie etwa der Münzschatzbehälter aus dem Heilbronner Clara-Kloster kommen wahrscheinlich von Westen her aus dem nördlichen Oberrheinraum oder von Nordosten her aus dem Maingebiet an den mittleren Neckar.

Karniesrandtopf des 14. Jahrhunderts aus Kirchheim/Teck.

Deckel

Die Vielfalt an Deckelformen ist im Mittelneckarraum größer als in anderen Landschaften. Sehr häufig sind hier die großen Scheiben- oder Flachdeckel mit zentralem Zylinder-(»Napf«-)Griff. Innerhalb ihres weiten Verbreitungsgebiets zwischen Württembergisch-Franken im Norden und Oberschwaben im Süden sind hier besonders Exemplare mit einem zusätzlichen Seitenhenkel beliebt. Außer der weit überwiegenden Verzierung mittels Riefen oder Einstichen begegnet man ab und zu auch Rollstempeldekor. Hohldeckel, deren gewölbte beziehungsweise konische Mittelpartie stärker ausgeprägt ist als bei den breitrandigen oberrheinischen Ausführungen, sind gleichfalls sehr zahlreich. Die unterschiedliche Ausformung der Griffe erlaubt bei ihnen die Unterscheidung mehrerer Varianten. Die langlebigste Art, welche sich mit nur geringen Modifikationen bis in den neuzeitlichen Geschirrbestand hinein verfolgen läßt, ist die Form mit dem einfachen Knaufgriff.

Statt der scheibenartigen Knäufe, die als Fragmente im Fundmaterial sehr oft mit Becherfüßen verwechselt werden, kommen auch gelochte, ösenartige Griffe vor. Weniger häufig stößt man auf Deckel mit schälchenförmig offenen Oberteilen; sie sind in den nördlich und östlich angrenzenden Landstrichen bis ins 14. Jahrhundert besser bezeugt.

Eine für das Gebiet am Mittelneckar typische Besonderheit sind konische Verschlüsse, deren Wandung »gestuft« wirkt. An der Stufung setzt ein enger

Grapen aus Wimpfen am Berg. Unter den insgesamt seltenen Dreibeintöpfen im Mittelneckarraum nimmt dieser wegen seines bandförmigen Henkels eine Sonderstellung ein.

Ösenhenkel an, der zur Deckelspitze hinaufgeführt ist. Besonders aufwendig gearbeitete einschlägige Stücke aus der Töpferei von Buoch bei Waiblingen zeigen auf dem breiten Fuß Rollstempelung in Gestalt von Weinranken.

Bügelkannen

Die in den rheinnahen Landstrichen Südwestdeutschlands nur spärlich vorhandenen Bügelkannen sind entlang des südlichen und mittleren Neckars — und darüber hinaus im ganzen übrigen Süddeutschland und der nördlichen Schweiz — im späten Mittelalter die verbreitetste Form von Flüssigkeitsbehältern. Da außer ihnen in Fundkomplexen des 13.–14. Jahrhunderts andere demselben Zweck dienende Gefäßformen oft völlig fehlen, wurden sie dort wohl auch als Schenkgefäße für den Gebrauch bei Tisch verwendet.

Die Veränderungen innerhalb der hier interessierenden spätmittelalterlichen Periode sind sowohl an den Gefäßformen wie an bestimmten Details abzulesen. Die Gesamterscheinung der Kannen folgt den allgemeinen Entwicklungstendenzen der Zeit, die zu schlankeren, steileren Bildungen mit zunehmender Betonung des oberen Gefäßdrittels hinführen. Ist bei den rundlichbauchigen Exemplaren vor und um 1200 noch ein massiver, im Querschnitt rundlicher, hochovaler oder vielkantiger Bügel vorherrschend, so wird dieser bei den jüngeren Kannen in der Regel vom gekehlten (»eingesattelten«) Tragehenkel abgelöst, der sich nun meist steiler über die Gefäßmündung erhebt. In manchen Fällen nähert sich diese Handhabe in der Seitenansicht schon einem Dreiviertelkreis an.

Vereinzelt sind bei jüngeren Bügelkannen des 14. Jahrhunderts Rollstempelverzierungen zu beobachten; ansonsten ist für sie dieselbe Dekorlosigkeit kennzeichnend wie für den Großteil der zur »jüngeren Drehscheibenware« gehörenden Töpfe.

Becher

Eine der eingangs schon erwähnten bedeutenden Neuerungen im spätmittelalterlichen keramischen Formenschatz stellen die Trinkbecher dar. Anregungen aus dem Bereich der niederrheinischen Spätpingsdorf- und Frühsteinzeugtöpfereien führen im 13. Jahrhundert hierzulande zur Herstellung von grauen, gerieften Fußbechern. Frühe Beispiele für das Vorkommen dieser Gefäßform (gedrückt-kugelige Becher mit kurzen Rändern und kleinen Füßen) im Mittelneckarraum liefert beispielsweise die Töpferei in Wimpfen am Berg. Anders als weiter im Westen fehlen im Neckarland im 13. und 14. Jahrhundert die fußlosen Becher fast völlig. Dafür ist der Entwicklungsablauf bei den gefußten Bechern besser zu überblicken. Unter Bewahrung der rundlichen Mittelpartie werden die Ränder länger, die Füße höher; die Gesamtform verliert das Gedrungene der frühen Beispiele, hingegen wird die von Beginn an vorhandene Riefung beibehalten.

Eine Variante der Becher zeigt eine vierpaßförmige Ausgestaltung der Mündungspartie, wie wiederum Funde aus der Töpferei an der Rappenauer Straße in Bad Wimpfen belegen.

Flaschen

Zu den am spätesten faßbaren Flüssigkeitsbehältern gehören die enghalsigen Flaschen mit weitem Seitenhenkel. Sie sind allem Anschein nach erst um oder nach 1300 entwickelt worden. Im Gegensatz zu etlichen anderen mittelalterlichen Gefäßformen ist ihnen dann allerdings auch ein längeres Nachleben bis in die Neuzeit beschieden.

Die Flaschen dienen nicht, wie Krüge oder bestimmte Kannenformen, als Schenkgefäße bei Tisch, sondern als (Wasser-)Transport- und Vorratsgefäße (so werden etwa die neuzeitlichen Spätformen der Henkelflaschen häufig als Ölkrüge interpretiert). Der enge Hals hat dabei den Vorzug, die Verdunstung des Inhalts zu verringern, darüber hinaus läßt er sich durch Zubinden oder mit einem Stöpsel leicht verschließen.

Feldflaschen

Transportable Flüssigkeitsgefäße mit einer oder zwei abgeflachten Seiten findet man sowohl in Städten als auch in anderen Siedlungen des späten Mittelalters. Sie zeigen, daß auch die Stadtbevölkerung mobil war und sich für Reisen mit Wegzehrung ausgerüstet hat, wie dies Mönche oder Bauern taten.

Flasche, Kanne mit Klappdeckel und Henkelkrug: Drei typische Flüssigkeitsbehälter der sogenannten rotbemalten Feinware aus Buoch, der Qualitätskeramik im nördlichen Schwaben des 12. bis 14. Jahrhunderts.

Die vom frühen Mittelalter an gut bekannten hölzernen Feldflaschen stellt man in Süddeutschland ab dem 13. Jahrhundert im Zug der eingangs erwähnten Erweiterung des Formenschatzes auch aus Ton her, erst gegen Ende des Mittelalters folgen dann metallene und auch gläserne Ausführungen.

Bei gleicher Grundform können starke Detailunterschiede festgestellt werden. So setzen die Henkel beidseits der Öffnung einmal an deren Rand, einmal darunter an. Sodann kann auf der Vorderseite zusätzlich eine Ausgußtülle vorhanden sein. Zudem ist dort bisweilen ein Tonwulst kreisförmig aufgelegt, welcher der Flasche im liegenden Zustand festen Halt verschafft. Auf der Unterseite muß ein ebensolcher Wulst als Standring angebracht werden, wenn nicht stummelartige Beinchen einen guten Stand garantieren. Als Dekor kommt neben Wellen- und Rillenzier bei den Flaschen der »rotbemalten Feinware« auch Gitterbemalung zur Anwendung. Die Vierkantösen zur Fixierung des ledernen Trageriemens auf den Schultern der spätmittelalterlichen Metallfeldflaschen fehlen bei den Tonflaschen des 13./14. Jahrhunderts noch.

Rotbemalte Feinware

Ein Großteil der Gefäßformen des 13. und 14. Jahrhunderts, die in den Städten, aber auch auf den Burgen und in den Klöstern des Mittelneckarraums auf wohlbestückten Tafeln in Gebrauch waren, kann stellvertretend durch Erzeugnisse der »rotbemalten Feinware« veranschaulicht werden. Die gut bekannte Produktenpalette dieser Töpferei erklärt sich aus dem glücklichen Sonderfall, daß hier einmal ausnahmsweise am Herstellungsort selbst, in

Ganz oben: Die Bügelkanne tritt in der Buocher Feinware als normalgroßes Gefäß ebenso häufig auf, wie in Miniaturausführung.

Oben: Als zweite geläufige Kleinform erscheint das Kännchen mit seitlich oder hinter der Ausgußtülle angebrachtem Henkel.

Buoch, Gemeinde Remshalden, Rems-Murr-Kreis, Untersuchungen der Abfallhalden möglich waren. Bei den bemalten Gefäßen liegt das Schwergewicht eindeutig bei den Flüssigkeitsbehältern für den Tischgebrauch. *Bügelkannen* werden hier in sehr großer Zahl gefertigt, was die bereits erwähnte Bedeutung dieser Gefäßform während des 12.–14. Jahrhunderts in den rheinferneren Landstrichen Südwestdeutschlands unterstreicht. Angesichts der gleichfalls zahlreich vorhandenen Krüge und Kannen, mit denen ein weit gezielteres Schenken in die recht engen, kaum 10 cm breiten Öffnungen der Glas- und Keramikbecher möglich war, dürfte es sich aber bei den Bügelkannen der »rotbemalten Feinware« — zumindest teilweise — eher um, unter anderem auch für den Transport benützte, Wasserbehälter gehandelt haben.

Als eine der ersten Produktionsstätten des mittleren Neckarraumes nimmt die Buocher Töpferei im Lauf des 13. Jahrhunderts *Krüge* in ihr Formenrepertoire auf, während man andernorts in dieser Region weiterhin meist nur Bügelkannen fertigt. Die starke Ausrichtung ihrer Produktion auf die Ansprüche der Begüterten, bei denen engmündige Trinkbecher aus Glas und Ton eine große Rolle spielen, wohingegen in weniger wohlhabenden Haushalten die leichter zu füllenden weiten Holzdaubenbecher in Verwendung bleiben, machen diese progressive Rolle verständlich.

Bezeichnend für den Vorsprung der Buocher Töpfer gegenüber anderen Betrieben ist auch die Tatsache, daß sie sehr schnell die Produktion um Kannen erweitern, die mit ihrem fest angebrachten Klappdeckel Metallkannen imitieren. Darüber hinaus eignet man sich diese »Fremdform« hier stärker an als beispielsweise in den oberrheinischen Töpfereien, indem man sie wie das übrige Geschirr hell brennt und mit dem für die »Buocher Feinware« typischen weitmaschigen roten Gitterdekor überzieht.

Der Bestand an Bechern ist ähnlich groß wie jener an Schenkgefäßen. Zu den bereits bei der gemeinen grauen Keramik erwähnten Fußbechern, die in Buoch sowohl helltonig mit Rotbemalung wie auch deutlich metallnachahmend – dunkel mit geglätteter Oberfläche vorkommen, treten weitere Ausprägungen. So gibt es flachbodige Stücke mit Vierpaßmündung, breite, tassenartige Exemplare mit Seitenhenkel (sogenannte Scheuern), und schließlich schlichte, konische Ausführungen, die den zeitgleichen hölzernen Daubenbechern nachempfunden sein müssen.

Für die Hygiene bei Tisch stellt man die verschiedensten fabelwesen- und tiergestaltigen Aquamanilien her. Aber auch bei den liturgisch bedingten Handwaschungen des Priesters während der Messe können solche Aquamanilien Verwendung finden. Zur wohlgedeckten Tafel gehören aber auch die hohen Leuchter, die — mit Öl oder Talg gefüllt — Licht spenden. Neben unverzierten oder rot bemalten Stücken gibt es Exemplare, deren Oberteil figural gestaltet ist. Ein — obwohl dekorlos — besonders eindrucksvolles Exemplar von mehr als 40 cm Höhe aus den Grabungen in Marbach a. N. verfügt über vier Dochte.

Offene Gefäßformen

Schalen, Schüsseln oder Teller sind in der Zeit um 1300 im mittleren Neckarraum — aber keineswegs nur dort — recht selten. Erst im 15. Jahrhundert steigt ihr Anteil am gesamten Geschirrbestand etwas an, bedingt durch das Aufkommen von konischen, meist bereits glasierten Henkelschalen. Breite Verwendung finden offene Formen jedoch erst in den nachmittelalterlichen Jahrhunderten.

Aufgrund der schriftlichen Überlieferung und durch die archäologische Erforschung verfüllter Brunnen und Kloaken mit ihren für organische Materialien günstigen Erhaltungsbedingungen wird deutlich, daß diese Gefäßformen überwiegend aus Holz hergestellt werden. Selbst in herrschaftlichen Haushaltungen müssen sie noch im 15. Jahrhundert neben Metallgeschirr (Silber, vor allem aber Zinn) in riesigen Mengen vorhanden sein. Eine Rechnung von 1438 aus Schloß Zwingenberg an der hessischen Bergstraße besagt nämlich, daß man dort von einem Schüssler bei einem einzigen Kauf 4200 (!) Holzgefäße erwarb.

Viel häufiger als die wenigen Schalen- und Schüsselbruchstücke sind im keramischen Fundgut des Mittelneckarraums seit dem 13. Jahrhundert kleine, pfannenartige Gefäße mit hohem Griff und drei Beinchen anzutreffen. Sie stellen, gemeinsam mit den Kochtöpfen und einigen Metallgefäßen, das

eigentliche Kochgeschirr der Zeit dar. Im Gegensatz zu den südlicheren Regionen besitzen diese Dreibeinpfännchen im 13. und 14. Jahrhundert fast nie eine Innenglasur. Mit dem Auftreten der Glasur im Verlauf des 15. Jahrhunderts geht dann auch das typische zipfelartige Umschlagen der Füßchenspitzen einher. Eine merkliche Größenzunahme, welche die Zubereitung größerer Portionen zugelassen hätte, erfolgt nicht vor dem 16. Jahrhundert. Der Durchmesser der mittelalterlichen Exemplare in Südwestdeutschland übersteigt 14–15 cm nie. Diese offenen Dreibeingefäße stellen augenscheinlich eine äußerst erfolgreiche Konkurrenz für die demselben Zweck dienenden Dreibeintöpfe, die sogenannten Grapen, dar, welche denn auch im Fundgut des Mittelneckarraums und der nördlichen Schwäbischen Alb kaum in Erscheinung treten.

Uwe Gross

Das tiergestaltige Gießgefäß für Handwaschwasser (Aquamanile) aus Faurndau zeigt auf dem Körper dieselbe Gitterbemalung, wie sie für die Mehrzahl der Gefäße aus Buocher »rotbemalter Feinware« charakteristisch ist.

Der Raum Oberschwaben

Um sich einen Überblick über die Tongefäße des 13./14. Jahrhunderts in Oberschwaben zu verschaffen, stützt man sich stellvertretend auf Funde aus Ulm und Ravensburg. Während die Ulmer Funde, zumindest ausschnittweise, bereits mehrfach in Publikationen vorgelegt wurden und besonders das stratifizierte Material vom Weinhof in der von U. Lobbedey aufgestellten südwestdeutschen Keramikchronologie eine wichtige Rolle spielt, war das Keramikspektrum aus dem übrigen Oberschwaben — mit Ausnahme der Funde vom »Schlössle« bei Hummertsried — lange Zeit weitgehend unbekannt. Erst die seit 1980 vom Landesdenkmalamt durchgeführten Grabungen auf der Veitsburg bei Ravensburg und in der Stadt selbst erbrachten eine fast lückenlose Keramikabfolge vom beginnenden Hochmittelalter bis ins 19. Jahrhundert, die hier für das 13. und 14. Jahrhundert zusammenfassend vorgestellt werden soll.

Leider noch unpubliziert sind die keramischen Funde aus den jüngst durchgeführten stadtkernarchäologischen Untersuchungen in Biberach und Mengen, die den Überblick über das mittelalterliche Tongeschirr Oberschwabens vervollständigen und verfeinern könnten.

Unterschiede bei den Gefäßformen, den auftretenden Warengruppen und in der Herstellungstechnik teilen Oberschwaben in zwei keramische Regionen ein, deren Grenzen sich noch nicht sicher umreißen lassen. Während die durch Oberschwaben ziehende Grenze sich im westlichen Bereich vermutlich an der Donau orientiert, verläuft sie im östlichen Teil südlich von Biberach. Die wichtigsten Unterschiede innerhalb des hier zu betrachtenden Zeitraums zeigen sich in der Herstellungstechnik und der Gefäßformentwicklung: Nördlich dieser Grenze setzt sich ab 1200 allmählich die Herstellung auf der Fußtöpferscheibe und mit ihr die schlanke gotische Gefäßform durch. Der bereits bei der handaufgebauten, nachgedrehten Ware überwiegend angewandte Reduktionsbrand, der dem Scherben eine graue Tönung verleiht, wird auch bei der Drehscheibenware beibehalten. Im südlichen Oberschwaben werden die Gefäße bis nach der Mitte des 14. Jahrhunderts überwiegend von Hand aufgebaut und sorgfältig nachgedreht. Auch die kugelig-bauchige Gefäßform der Romanik bleibt dort bis weit ins 14. Jahrhundert hinein gebräuchlich. Während man im Hochmittelalter sowohl oxidierend als auch reduzierend gebrannte Ware herstellte, weist der Gefäßscherben im 13. und 14. Jahrhundert überwiegend einen grauen Kern und eine rote Mantelung auf. Hier muß einer anfangs reduzierenden Brennatmosphäre soviel Sauerstoff zugeführt worden sein, daß sich die Gefäßoberfläche rötlich färbte. Im Lauf des 14. Jahrhunderts kommt reduzierend gebrannte Keramik hauptsächlich in Form von geglätteter Ware wieder in Gebrauch. Sie vermag aber die rötliche Ware, die vom späteren 14. Jahrhundert an verstärkt oxidierend, also unter Zufuhr von Sauerstoff, gebrannt wird, nicht zu verdrängen.

Die nördliche Region zeigt mit dem frühen Aufkommen der Fußtöpferscheibe und der gotischen Gefäßform deutliche Beziehungen zum mittleren Neckarraum, Bayerisch-Schwaben und Franken, während sich das südliche Oberschwaben mit dem längeren Festhalten an der traditionellen romanischen Form und der Nachdrehtechnik eher am Bodenseeraum, dem südlichen Oberrhein und der Nordschweiz orientiert. In Ravensburg sind zwar Einflüsse aus dem Norden beziehungsweise Osten zu erkennen, Importware fehlt jedoch auch in hochmittelalterlicher Zeit fast vollständig. Besonders auffallend ist das Fehlen der im Neckarraum üblichen rotbemalten Feinware, die allerdings auch in Ulm nur in Form weniger Import- beziehungsweise Imitationsstücke vorliegt. Quasi als Ersatz wurde in Ravensburg — wie auch in Konstanz — ein eigener Typus von Feinware hergestellt, der sich durch den orangeroten Engobeüberzug auf der Gefäßaußenseite auszeichnet. Engobiert wurden hauptsächlich Flüssigkeitsbehälter wie Bügelkannen und Flaschen, mehrfach sind kleine Miniaturgefäße wie Vierpaßkrüge oder Bügelkannen vorhanden, einmal findet sich ein Krug mit Überhenkel. Bei den wenigen engobierten Töpfen scheint es sich überwiegend um Siebtöpfe zu handeln. Darüber hinaus kommt Engobe auch bei Sparkassen vor. Im 13. Jahrhundert ist auf den Gefäßen zusätzlich eine rote Streifen- und Wellenlinienbemalung zu beobachten, die jedoch nach der Mitte des 14. Jahr-

Links: Topf mit Karniesrand aus Ulm/Rosengasse, reduzierend gebrannte, graue Drehscheibenware. Die Löcher im Boden wurden erst nachträglich eingestochen. Eine verkohlte Schicht im Gefäßinnern belegt, daß der Topf ursprünglich als Kochtopf verwendet wurde. Siebtöpfe treten im 13./14. Jahrhundert nur selten auf.

Oben: Kleiner Topf aus Ulm/Donaustraße mit Wulstrand, reduzierend gebrannte, graue Drehscheibenware.

hunderts nicht mehr auftritt. Als weitere bisher bekannte Fundpunkte engobierter Ware sind lediglich Konstanz und Schaffhausen anzuführen.

Glasiert wurden Gefäße in Ravensburg bereits im 14. Jahrhundert. Die Fehlbrände aus dem Fundmaterial vom Marienplatz zeigen deutlich, daß nach der Mitte des 14. Jahrhunderts beim Glasurbrand immer noch experimentiert wurde. Bei den Gefäßformen handelt es sich überwiegend um Schüsseln, seltener Kännchen, deren Form nicht immer deutlich zu erkennen ist. Die helle, gelbgrüne Glasur wurde meist ohne pastose Unterlage aufgetragen, doch sind auch glasierte Scherben vorhanden, die sattgrüne Töne auf weißer Engobeunterlage zeigen. Die Brenntechnik entspricht derjenigen der rotgemantelten Gefäße, wobei der Glasurauftrag eine rötliche Färbung verhinderte.

In Ulm sind die frühesten glasierten Scherben ebenfalls aus dem 14. Jahrhundert bekannt, doch treten sie dort im Vergleich zu den Ravensburger Stücken eher selten in Erscheinung.

Welchen historischen Hintergrund beziehungsweise politischen und wirtschaftlichen Einfluß die sich durch Oberschwaben ziehende »keramische« Grenze widerspiegelt, konnte bislang nicht geklärt werden. Für die östliche Abgrenzung könnte man zwar die Bistumsgrenze Augsburg in Anspruch nehmen, dem widerspricht jedoch die Keramik aus Memmingen, die im Gegensatz zu den Funden aus Ulm oder auch Kempten Parallelen zu Ravensburg aufweist. Aufallend sind die engen Beziehungen von Ravensburg zum Bodenseeraum, insbesondere zu Konstanz, die sich auf der Reichenau bis ins Frühmittelalter zurückverfolgen lassen. Im Vergleich zum Konstanzer Material sind bei der Ravensburger Keramik jedoch deutlich Einflüsse aus dem Norden beziehungsweise Osten zu erkennen, die wiederum eine Brücke zur Region Ulm–Biberach schlagen. Weitere archäologische Untersuchungen und Materialvorlagen werden erforderlich sein, um ein klareres Bild zu bekommen.

Töpfe

Nördlich der keramischen Grenze setzt sich vom späten 13. Jahrhundert an die schlanke gotische Form mit Karniesrand durch. Daneben kommen

Links im Bild ein Dreifußtopf aus Ravensburg daneben ein beidseitig glasiertes Ravensburger Dreifußpfännchen mit Ausgußtülle und tüllenförmigem Griff, das ursprünglich einen Klappdeckel besaß. In Ulm wurden hauptsächlich einfache Töpfe, in Ravensburg dagegen Dreifußtöpfe zum Kochen verwendet. Das originelle Dreifußpfännchen wurde als Tafelgeschirr verwendet.

jedoch auch noch schlanke Töpfe mit Leisten- oder Wulstrand vor. Die typische Riefenverzierung auf der Schulter wird in Ulm selten mit einer Stempelverzierung ergänzt oder durch eine solche ersetzt. Als Unikum ist ein Gefäß mit Buchstabenrollstempel vom Weinhof anzuführen. Im südlichen Oberschwaben werden die kugelig-bauchigen romanischen Formen mit Leisten- oder Wulsträndern beibehalten. Die Schulterbereiche sind teilweise mit Riefen oder Rillen verziert. In beiden Regionen überwiegt eindeutig der Standboden.

Dreifußgefäße

Eine technische Verbesserung für den Kochbereich stellen die Dreifußtöpfe und -pfannen dar, die in der Regel jedoch je nur in bestimmten Gegenden vorkommen. In Ravensburg überwiegen, zumindest nach der Mitte des 14. Jahrhunderts, Dreifußtöpfe gegenüber den einfachen Kochtöpfen. Aus Ulm sind sowohl Dreifußtöpfe als auch -pfannen bekannt, die aber gegenüber den Töpfen in der Minderheit bleiben. Als Sondergefäß kann das aus Ravensburg stammende Dreifußgefäß mit Ausgußtülle und einem Tüllengriff als Handhabe bezeichnet werden. Die Öffnung wurde mit einem Deckel verschlossen, der an einem Überhenkel befestigt war. Das Unikat, bei dem es sich um einen Fehlbrand handelt, ist außen und innen glasiert, der Tüllengriff ist zusätzlich mit Kerben verziert. Vergleichbare Formen sind aus Konstanz bekannt.

Henkeltöpfe

Eine auffallende Erscheinung unter den Ulmer Gefäßen sind einhenkelige Karniesrandtöpfe, die hier offenbar bereits im 14. Jahrhundert hergestellt wurden. Die bis in die Neuzeit weit verbreitete Gefäßform tritt an anderen Fundorten erst im 15. Jahrhundert in Erscheinung.

Deckel

In Ulm überwiegen Deckelformen mit breitem, flachem Rand — der häufig mit einem Stempelmuster oder Wellenlinien verziert ist —, kleinem Hohlkörper und Ösengriff. Daneben finden sich auch andere Typen, wie etwa Flachdeckel mit zylindrischem Knauf oder Knopfgriff, sowie einfache konische Deckel.

Bei den seltener auftretenden Ravensburger Deckeln sind die Knäufe meist als Schälchen ausgebildet. Sie weisen meist einen kleinen Hohlkörper und einen breiten, meist unverzierten Rand auf. Es kommen jedoch auch koni-

Der verzierte Topfdeckel mit Ösenhenkel aus Ulm entspricht einer dort häufig belegten Form.

Innen glasierte Henkelschüssel aus Ravensburg; der als Hand ausgebildete Henkel findet sich auch bei Konstanzer Schüsseln.

sche Formen mit kurzem Rand vor. Zwischen Hohl- und Flachdeckel ist ein Exemplar mit kleinem zylindrischem Griff einzuordnen. Einfache konische Deckel mit Knopfgriff sind ebenfalls vertreten.

Schüsseln

Vereinzelt sind kleine, schalenartige Gefäße und einfache, konische Schüsseln aus Ravensburg bereits aus romanischer Zeit bekannt. Im 13. Jahrhundert ist dieser Gefäßtyp dann mehrfach in Form von konischen Schüsseln mittlerer Größe sowie grobwandigen Exemplaren mit weiter Mündung vertreten. Im Lauf des 14. Jahrhunderts nimmt der prozentuale Anteil der Schüsseln rapide zu, die nun in großer Anzahl in verschiedenen Größen und Varianten hergestellt werden.

Bei den kleinen, konischen Schüsselchen, die mit geringen Abweichungen alle gleich groß sind, liegt eine Verwendung als Hohlmaß nahe. Möglicherweise wurden in ihnen Nahrungsmittel abgepackt. Darüber hinaus könnten sie natürlich auch auf der Tafel als Schälchen für Gewürze, Süßspeisen und ähnliches benutzt worden sein.

Daneben gibt es große, weitmündige Schüsseln mit zwei in der Gefäßmitte angebrachten kleinen, ösenförmigen Henkeln, die das Tragen erleichtern sollten. Der obere Teil der Wandung ist häufig wellblechartig gerillt. Bei einigen

Oben: Kanne mit vierpaßförmigem Ausguß und Sieb-einsatz aus Ravensburg. Entsprechende Kannen gehö-ren zu den wenigen grauen Gefäßen des Ravensburger Geschirrs.

Rechts: Bügelkanne aus Ulm mit Rollrädchenverzie-rung. Bügelkannen waren sowohl in Ulm als auch in Ravensburg die am häufigsten gebrauchten Flüssig-keitsbehälter. Typisch ist die graue Farbe für die Ulmer Kannen, während die Ravensburger Exemplare mit einer roten Engobe überzogen waren.

wenigen Schüsseln, von denen eine als Handhabe einen einseitigen Griffstiel oder -lappen besaß, ist zusätzlich der Rand verziert.

Auffallend ist die große Zahl von Schüsseln mit Innenglasur. Die Varianten reichen von sehr großen, flachen Stücken bis zu kleinen, konischen Exempla-ren. Bei einigen Schüsseln mittlerer Größe ist der randständige Henkel als auf dem Schüsselrand aufliegende Hand ausgebildet. Die aufwendige Verzie-rung spricht dafür, daß diese Schüsseln zum Auftragen der Speisen dienten. In Ulm gibt es in romanischer Zeit ebenfalls kleinere, schalenartige Gefäße und spätestens im 13. Jahrhundert große, grobwandige Schüsseln, teilweise mit verziertem Rand und Stielgriff als Handhabe. Spätestens im 15., vermut-lich aber bereits im 14. Jahrhundert werden konische Schüsseln mit einem randständigen Henkel auf der Drehscheibe hergestellt.

Kannen und Krüge

Bügelkannen finden sich im gesamten Oberschwaben. Bei den Ravensburger Exemplaren handelt es sich ausschließlich um engobierte Feinware. Die älte-ren, dem 13. und vermutlich auch noch der ersten Hälfte des 14. Jahrhun-derts zuzuordnenden Stücke sind auf Schulter und Henkel zusätzlich mit dunkleren, braunroten Engobestrichen bemalt.

Die Ulmer Bügelkannen gehören der reduzierend gebrannten »jüngeren Drehscheibenware« an. Sie zeigen die Entwicklung der rundlich-bauchigen Gefäßkörper mit massivem, meist rundlichem Henkelquerschnitt zu schlankeren Formen mit gesatteltem Bügelhenkel, wie sie sich auch im mittleren Neckarraum ablesen läßt. Bei den Ravensburger Exemplaren weisen die nach Mitte des 14. Jahrhunderts zu datierenden Kannen die schlanke Form der späten Bügelkannen auf, während für die älteren Stücke die Gefäßform in keinem Fall rekonstruiert werden konnte. Auffallend ist dagegen die Entwicklung der Henkelformen: Dem breiten, leicht gesattelten Bandhenkel folgt nach der Mitte des 14. Jahrhunderts ein extrem gesattelter Henkeltyp. Seltener sind mit Fingerkerben verzierte, gekniffelte Henkel. Bügelkannen wurden beiderorts auch in Miniaturform hergestellt.

Die besonders in romanischer Zeit beliebten Doppelhenkelkannen mit Tülle sind in Ulm verbreiteter und finden sich dort auch noch im 15. Jahrhundert. In Ravensburg hingegen liegen nur vereinzelte Exemplare aus dem späteren 14. Jahrhundert vor.

Eine seltene Gefäßform sind kleine Henkelkännchen, die überwiegend zur Gruppe der rotbemalten Feinware gehören. Aus Ulm sind zwei Exemplare bekannt. Bei einem Stück handelt es sich um graue, jüngere Drehscheibenware, beim anderen um eine Imitation bemalter Ware. Erwähnenswert sind ferner zwei Kannen aus Ulm, die bereits der zweiten Hälfte des 14. Jahrhunderts angehören dürften. Das eine Exemplar war mit einem Überhenkel versehen, an dem ursprünglich ein Deckel befestigt war. Ein entsprechender Gefäßtyp findet sich — wie bereits erwähnt — in Ravensburg bei der engobierten Feinware. Bei der zweiten Kanne mit gekniffeltem Henkel und Mittelleiste ist auf der Randinnenseite eine Öse angebracht. Es ist indessen wenig wahrscheinlich, daß sie als Deckelbefestigung diente.

An Krügen liegen sowohl aus Ulm als auch aus Ravensburg einige Exemplare mit vierpaßförmiger Mündung und einem Siebeinsatz vor. Dieser Gefäßtyp kommt jedoch offensichtlich erst nach der Mitte des 14. Jahrhunderts auf. Die reduzierend gebrannten grauen Krüge wurden auf der Drehscheibe hergestellt. Die Glättung auf der Außenseite verleiht den Gefäßen einen beinahe metallischen Glanz. Die vor allem im Raum Ulm und in Bayerisch-Schwaben verbreitete Krugform liegt auch aus Ravensburg mit einem erheblichen Anteil vor, während sie in Konstanz gänzlich fehlt.

Flaschen

Flaschen dienten sowohl zum Wassertransport als auch zur Vorratshaltung und sind vom 15. Jahrhundert an ein weitverbreiteter Gefäßtyp. In Ravensburg gab es sie schon um die Mitte des 14. Jahrhunderts, und sie gehören zusammen mit den Bügelkannen zu den am häufigsten hergestellten Gefäßformen innerhalb der engobierten Ware. In Ulm scheinen Flaschen im 14. Jahrhundert weitgehend zu fehlen, wenngleich sie im benachbarten Raum Heidenheim durchaus vorhanden sind.

Becher

Tönerne Trinkbecher fehlen sowohl in Ravensburg als auch in Ulm. Die einzige Ausnahme bildet ein auf der Veitsburg bei Ravensburg als Lesefund geborgenes Stück, eine sogenannte Scheuer, die in das 13./14. Jahrhundert zu datieren ist.

Aquamanilien

Fabelwesen- oder tiergestaltige Aquamanilien, die an der Tafel zum Händewaschen verwendet wurden, sind aus beiden Orten bekannt. Es handelt sich in beiden Fällen um reduzierend gebrannte, geglättete Ware. Vom Ravensburger Exemplar ist nur noch ein Teil des Unterkörpers mit den beiden Vorderfüßen erhalten, von einem der Ulmer Stücke der als. menschlicher Kopf ausgebildete Ausguß. Auf dem Kopf mit dem nur grob ausgearbeiteten Gesicht sitzt eine Kopfbedeckung, deren Rand leider abgebrochen ist.

Leuchter und Öllämpchen

Leuchter und Öllämpchen aus dem 13./14. Jahrhundert liegen lediglich aus Ulm vor. Das Leuchterfragment zeigt eine besonders aufwendige Ausformung. Die Schale ist wie ein Öllämpchen mit Schneppe geformt. Auf der gegenüberliegenden Seite scheint der Leuchterfuß anthropomorph ausgebildet gewesen zu sein, vorhanden ist noch eine Hand, die sich auf die Leuchterschale legt.

Kopf eines Aquamaniles aus Ulm. Fabelwesen- oder tiergestaltige Aquamanilien wurden bei Tisch zum Händewaschen verwendet.

Feuerstülpe

Aus Ravensburg liegen Fragmente von außen engobierten Feuerstülpen vor, in deren Wandung mehrere Löcher ausgeschnitten wurden. Feuerstülpen sind Teile der Küchenausstattung; mit ihnen konnte die Glut auf dem Herd abgedeckt werden. Sie sind im südwestdeutschen Raum relativ selten, in der Schweiz und in Österreich kommen sie hingegen häufiger vor.

DOROTHEE ADE-RADEMACHER

Keramikgeschirr aus Konstanz

Wie man aus den Schriftquellen weiß, war die Stadt Konstanz gegen Ende des 13. Jahrhunderts ein blühendes Gemeinwesen, das aufgrund des Vertriebs von Bodenseeleinwand bereits über internationale Kontakte verfügte, die unter anderem den gesamten Mittelmeerraum und den Vorderen Orient umfaßten. Was die schriftlichen Quellen nicht vermitteln, ist eine Vorstellung von der Ausgestaltung des Lebens der Stadtbewohner mit Sachgütern, also jenen Gegenständen, mit denen die Menschen der damaligen Zeit tagtäglich zu tun hatten, womit sie ihren Alltag bewältigten.

Seit Mitte der achtziger Jahre wird die Konstanzer Altstadt durch Grabungen des Landesdenkmalamts Baden-Württemberg intensiv archäologisch erforscht. Die bei den Grabungen zutage geförderten Fundgegenstände tragen dazu bei, das lückenhafte Bild zu ergänzen. Für die hier zu behandelnde Zeit des ausgehenden 13. Jahrhunderts liegen vor allem von den archäologischen Untersuchungen am Konstanzer Fischmarkt und beim »Hertie-Parkplatz« umfangreichere Fundkomplexe vor. Die in der Ausstellung gezeigten Konstanzer Keramikgefäße stammen daher in der Hauptsache von diesen beiden Fundplätzen. Besonders der Konstanzer Fischmarkt erwies sich als Glücksfall, denn dank des dort gefundenen umfangreichen Materialkomplexes (unter anderem rund 80 000 Keramikfragmente) ist man erstmals in der Lage, einen typischen Querschnitt durch die Sachkultur der spätmittelalterlichen Stadt Konstanz zu ermitteln.

Die Produktionsstätten

Bevor man das Keramikgeschirr eines Haushalts der Zeit um 1300 vor allem im Hinblick darauf betrachtet, welche Informationen es über die Eß-, Trink- und Tischsitten der Stadtbewohner gibt, empfiehlt es sich, zunächst einen Blick in die örtlichen Werkstätten zu werfen, in denen dieses Geschirr hergestellt wurde. Dabei zeigt sich, daß das Konstanzer Töpfereigewerbe nicht nur über eine breitgefächerte und optisch attraktive Produktepalette verfügte, sondern auch in technischer Hinsicht als fortschrittlicher und gut organisierter Handwerkszweig in Erscheinung tritt. Dies läßt sich besonders gut daran erkennen, daß die Töpfer bereits in der Lage waren, qualitätvolle glasierte Gefäße herzustellen, ein Produktionsverfahren, das mehrere Arbeitsgänge und gute technische Fertigkeiten voraussetzte. Darüber hinaus zeichnet einige ihrer Produkte noch eine weitere Besonderheit aus: Zur Abdichtung der Gefäßoberfläche benutzte man – neben der Glasur – auch einen flüssigen Tonschlicker, Engobe genannt, dessen hoher Eisenanteil in Kombination mit einer oxydierenden Brennweise den Gefäßen einen leuchtend roten Farbton verleiht.

Die Kenntnis zweier verschiedener Verfahren der Oberflächenabdichtung ist unter mehreren Gesichtspunkten bemerkenswert. Zum einen beschränkt sich der Oberflächenauftrag nicht – wie sonst üblich – auf Flüssigkeitsbehälter wie Bügelkannen, Krüge, Kännchen und Aquamanilien, sondern er wurde auch bei Dreifußschüsseln beziehungsweise Pfannen und Schüsseln benutzt. Interessant ist ferner, daß es verschiedene Gefäßarten gibt – dazu gehören Dreifußschüsseln, Schüsseln, Aquamanilien und Kännchen – bei denen beide Formen der Oberflächenabdichtung, und zwar unabhängig voneinander, angewandt wurden. Diese Beobachtung gewinnt an Bedeutung, wenn man dieselben Gefäßtypen in der Zeit nach 1300 betrachtet und dabei feststellt, daß sie dort nur noch als glasiertes Geschirr vorkommen.

Das ausgehende 13. Jahrhundert war demnach offensichtlich der Zeitabschnitt, in dem sich das technisch entwickeltere Verfahren der Glasurherstel-

An Belegen für Kontakte zwischen Konstanz und dem Mittelmeerraum fehlt es nicht. Hier Fragmente einer Kanne. Florentinische Fayence, 14./15. Jahrhundert. Neben diesem jüngeren Beispiel findet sich im Konstanzer Fundgut auch Importkeramik aus der Zeit um 1300.

Dreifußkochtöpfe, die sogenannten Grapen, sind in Konstanz besonders zahlreich vorhanden. Charakteristische Merkmale für das 13./14. Jahrhundert sind die einfachen, zapfenartigen Füße und die rundstabigen, abgeknickten Henkel.

lung im Konstanzer Töpfereigewerbe durchzusetzen beginnt. Die Fortschrittlichkeit dieser Entwicklung läßt sich daran ermessen, daß die Produktion glasierter Keramik in den angrenzenden Regionen Südwestdeutschlands mit zeitlicher Verzögerung erst im Lauf des 14. Jahrhunderts einsetzt. Die Frage, woher die Konstanzer Töpfer ihre Kenntnisse zur Glasurherstellung hatten, läßt sich aufgrund mangelnder Beweise derzeit nur spekulativ beantworten. In Erwägung zu ziehen ist ein Einfluß aus Frankreich oder Italien (wo die Herstellung glasierten Geschirrs damals bereits auf eine längere Tradition zurückblickte), was angesichts der Fernhandelsbeziehungen zwischen Konstanz und diesen Ländern durchaus plausibel wäre.

Keramikgefäße im städtischen Haushalt

Ein unentbehrliches Utensil im städtischen Konstanzer Haushalt scheinen die Dreifußtöpfe gewesen zu sein. Während die Vorbilder dieser Gefäßform aus dem kostbareren Werkstoff Metall gefertigt waren, ging man von der Mitte des 13. Jahrhunderts an dazu über, diese auch aus Ton herzustellen. Der im Vergleich zum traditionellen Topf größere praktische Nutzen dieser Gefäße – die dreibeinige Standvorrichtung garantierte eine bessere Stabilität auf der Feuerstelle, der abgerundete Boden bewirkte eine größere Hitzeeinwirkung und somit bessere Garmöglichkeiten – verhalf ihnen offensichtlich zu einem raschen Siegeszug in die Konstanzer Haushalte. Zwar blieben gewöhnliche Töpfe, die demselben Zweck dienten wie die Dreifußtöpfe, nämlich dem Kochen, weiterhin in Gebrauch, jedoch in geringerem Umfang. Zum keramischen Kochgeschirr zählen des weiteren Dreifußschüsseln und Pfannen, deren Anzahl jedoch im Vergleich zu den Dreifußtöpfen ebenfalls deutlich niedriger ist. Dies und die Tatsache, daß sie stets eine engobierte beziehungsweise glasierte Innenseite aufweisen, gibt Anlaß zur Vermutung, daß sie der Zubereitung spezieller Gerichte dienten.

Neben dem Kochgeschirr gehörten verschiedene Formen von Flüssigkeitsbehältern zur festen Ausstattung der Konstanzer Haushalte. Besonders beliebt waren dabei offenbar die Bügelkannen, die sowohl zum Transport von Flüssigkeiten benutzt werden konnten, als auch bei Tisch als Schenkgefäße in Gebrauch waren.

341

Einfacher Topf des 13. Jahrhunderts zum Kochen oder zur Vorratshaltung.

Dreifußschüsseln mit seitlichem Ösenhenkel erscheinen im beginnenden Spätmittelalter vor allem im Bodenseeraum und der Nordschweiz. Ihre Innenseiten sind in der Regel engobiert oder glasiert.

Für die Hygiene bei Tisch sorgten die optisch besonders reizvollen, figürlich gestalteten Aquamanilien, deren man sich vor, während und/oder nach dem Essen zur Reinigung der Hände bediente. Die individuell angefertigten und qualitativ hoch entwickelten Erzeugnisse dieser Art aus Konstanz machen deutlich, daß die örtlichen Töpfer nicht nur über eine fortgeschrittene Technik, sondern auch über ausgezeichnete künstlerische Fähigkeiten verfügten. Noch etwas ist in diesem Zusammenhang bemerkenswert: Allein vom Konstanzer Fischmarkt liegen vierzig Fragmente dieser Gefäßgattung vor, der größte bislang bekannte Fundbestand dieser Art von einer Grabungsstelle.

Oben links: Weit seltener als die Grapen sind die dreifüßigen Pfannen im Konstanzer Fundmaterial faßbar. Sie dürften genau wie die Dreifußschüsseln der Zubereitung spezieller Gerichte gedient haben.

Oben: Bügelkannen in unterschiedlicher Größe bilden auch im Konstanzer Fundgut des 13. und 14. Jahrhunderts die Hauptmasse der Flüssigkeitsbehälter.

Links: Die aus anderen Landschaften gut bekannten Aquamanilien zeigen — sofern sie nicht glasiert sind — in Konstanz, anders als am mittleren Neckar, keine Bemalung, sondern eine flächig aufgetragene rote Engobe.

Dies macht auch deutlich, welchen Lebensstil bereits ein Großteil der Stadtbevölkerung gegen Ende des 13. Jahrhunderts pflegte.

Eine spezielle Form von Flüssigkeitsbehältern stellen die kleinen Kännchen dar, die teilweise einen fest angebrachten Klappdeckel besitzen. Ihr nur vereinzeltes Auftreten im archäologischen Fundmaterial läßt annehmen, daß sie wohl vorwiegend in betuchteren Haushalten in Gebrauch waren. Genauere Hinweise auf ihren Verwendungszweck ergeben sich aus den häufig zu beobachtenden Nutzungsspuren in Form einer angeschmauchten Oberfläche, womit ihre Verwendung als Kochgefäß zweifelsfrei nachgewiesen wäre. Vielleicht bereitete man in ihnen heiße Getränke, etwa Kräutertee oder ähnliches, zu? Ob diese Vermutung zutrifft, läßt sich nur schwer beweisen; fest steht jedoch, daß die intensiven Auslandsbeziehungen der Stadt auch Auswirkungen auf die Ernährungsgewohnheiten hatten, was durch die Überreste exotischer Früchte, beispielsweise von Granatäpfeln oder Datteln, sowie fremder Gewürze hinlänglich belegt ist.

Seltenere Ausführungen kleiner Kannen zeichnen sich durch hornförmig gebogene oder ösenartige Henkelbildungen aus.

Gegen Ende des 13. Jahrhunderts hält ein Keramikgefäß Einzug in den städtischen Konstanzer Haushalt, das bis in unsere Gegenwart hinein einen bedeutenden Platz im Geschirrinventar einnimmt: die Schüssel. Mit ihr erweitert sich nicht nur das Formenspektrum der Keramikgefäße, sondern es ergeben sich nun auch vielfältigere Möglichkeiten der Zubereitung und Bevorratung sowie des Anrichtens der Speisen.

Seltenere Formen

Neben diesen Grundformen, die quasi das Standardgeschirr eines Konstanzer Haushalts gegen Ende des 13. Jahrhunderts repräsentieren, gab es weitere Gefäße mit spezieller Zweckbestimmung. Dazu zählen beispielsweise kleine Schälchen, bei denen es sich offenbar um eine Konstanzer Spezialität handelt, denn vergleichbare Gefäße sind aus dem umliegenden südwestdeutschen und nordschweizerischen Raum bislang nicht bekannt. Die Größennormen dieser Schälchen legen die Vermutung nahe, daß sie als eine Art »Meßbecher« benutzt wurden. Das Fehlen jeglicher Nutzungs- oder Abnutzungsspuren, wie sie sonst bei den meisten Gefäßen zu beobachten sind, könnte ein Hinweis darauf sein, daß sie überwiegend mit trockenen Substanzen – denkbar wären etwa Kräuter oder Gewürze – Kontakt hatten. Vielleicht wurden sie sogar mit diesen verkauft, dienten also als Abgabegefäße.

Zu den im archäologischen Fundmaterial seltener vertretenen Gefäßen gehören auch die Spardosen, die jedoch einen Hinweis auf den Wohlstand zumindest einiger Stadtbewohner liefern, denn sparen kann nur, wer über ausreichende Geldmittel verfügt.

An das Ende der Betrachtung des Konstanzer Keramikgeschirrs sei ein Gefäß gestellt, das vielleicht nicht unbedingt in einem »normalen« Haushalt zu suchen ist, das aber durch seine spezifische Zweckbestimmung Einblick in einen weiteren Lebensbereich der Stadt um 1300 gewährt. Es handelt sich dabei um die obere Hälfte eines Destillierapparats, den sogenannten »Rosenhut«. Als Ergänzung dazu muß man sich ein schüsselförmiges Gefäß vorstellen, in dem das Destillat erhitzt wurde. In dem darauf aufsitzenden Destillierhelm wurde das dabei entstehende Kondensat aufgefangen und mittels einer Ausgußtülle in ein Auffanggefäß abgeführt. Benutzt wurden diese Apparate wohl vor allem im medizinisch-pharmazeutischen Bereich, in alchemistischen Laboratorien oder Schnapsbrennereien. Der Konstanzer Destillierhelm ist einer der wenigen archäologischen Belege für diesen Bereich mittelalterlicher Alltagskultur in der Zeit des ausgehenden 13. Jahrhunderts.

Angesichts der gesamten Palette an Konstanzer Keramikgefäßen wird deutlich, daß die Haushalte dieser Stadt in der Zeit um 1300 bereits über ein ausgesprochen vielfältiges Angebot an Keramikgeschirr verfügten, dessen Verwendung vor allem den Bereich der Küche und des Eßtisches erfaßt. Das dabei indirekt vermittelte Bild der Eß-, Trink- und Tischsitten der Stadtbewohner jener Zeit ist jedoch lückenhaft. So fehlt beispielsweise im Bereich der Nahrungszubereitung eine weitere Gartechnik, nämlich das Braten, völlig. Die dazu benutzten Kochgeräte – beispielsweise Bratspieße oder Bratroste – waren aus Metall, ebenso wie Kessel, die zur Zubereitung größerer Speisemengen erforderlich waren und wofür sich das keramische Kochgeschirr mit seinem relativ geringen Fassungsvermögen nicht unbedingt eignete. Durch die Möglichkeit des Einschmelzens und der Wiederverwendung von Metallgegenständen haben sich diese Objekte nur in seltenen Fällen erhalten. Daß Küchengerät aus Metall im Konstanzer Haushalt eine wichtige und im Lauf des Spätmittelalters zunehmende Bedeutung hatte, ist zwei Hinweisen zu entnehmen: in den Konstanzer Bürgertestamenten des 14. und 15. Jahrhunderts werden sie als Erbgut erwähnt, darüber hinaus hat die statistische Auswertung des umfangreichen Materialkomplexes vom Konstanzer Fischmarkt, der die Zeitspanne vom ausgehenden 13. bis zum Ende des 15. Jahrhunderts umfaßt, gezeigt, daß der Anteil des keramischen Kochgeschirrs am gesamten Formenspektrum in der Zeit nach 1300 deutlich zurückgeht. Zwar sind beispielsweise Dreifußtöpfe nach wie vor im Haushalt gebräuchlich, verglichen mit dem ausgehenden 13. Jahrhundert jedoch in deutlich geringerer Anzahl. Hingegen gehören nun Schüsseln vermehrt zum festen Geschirrinventar. Übertragen auf deren Anwendungsbereiche, die vor allem die Zubereitung, Konservierung und das Anrichten der Speisen umfaßt, deutet sich somit eine Verlagerung des Gebrauchs spätmittelalterlichen Keramikgeschirrs vom Kochsektor in andere Bereiche der Nahrungszubereitung an, eine Entwicklung, die im ausgehenden 13. Jahrhundert ihren Abschluß findet.

MARINA JUNKES

Oben links: Glasierte Schüsseln gehören auch in Konstanz vom späten 13. Jahrhundert an zum festen Geschirrbestand.

Oben: Das anthropomorphe Gefäß aus der Oberen Augustinergasse diente zur Destillation. Es bezeugt alchimistische Tätigkeit oder Schnapsbrennerei in Konstanz schon für das späte 13. Jahrhundert.

Stadt und Umwelt

Die Umwelt der mittelalterlichen Stadt

Mitteleuropa war jahrtausendelang eine nahezu reine Agrarlandschaft. Fast alle Menschen, die in ihr lebten, waren Bauern. Sie erzeugten die Nahrungsmittel, die sie für ihre eigene Ernährung brauchten; sie lagerten Korn unter primitiven Bedingungen im Haus oder in einer Erdmiete, wo das Lagergut feucht werden konnte und dann mit einfachen Mitteln getrocknet werden mußte. Rohstoffe zum Bau von Häusern und Brennstoff standen für den bäuerlichen Bedarf in ausreichender Menge zur Verfügung.

Dörfliche Siedlungen bildeten sich in der Landschaft an ganz charakteristischen Stellen, nämlich an leicht geneigten Talhängen. Dort waren sie von ihrer Wirtschaftsfläche umgeben: Wasser und das Holz der Wälder feuchter Standorte fanden sich hangabwärts; im Mittelalter lagen dort auch die Viehweiden. Oberhalb der Siedlungen, auf den trockenen Ebenen und Hügelzügen, befanden sich die Äcker. Bäuerliche Siedlungen waren nicht immer ortsfest; sie wurden von Zeit zu Zeit verlagert. Die Gründe dafür sind nicht bekannt, es läßt sich nur feststellen, daß Siedelplätze aufgegeben, andere neu gegründet wurden — stets am halben Hang, in der Nähe des Wassers, aber nicht unmittelbar am Bach.

Als sich in der bis zu 6000 Jahre lang agrarisch geprägten Kulturlandschaft städtische Siedlungen ausbreiteten, begann eine tiefgreifende Umgestaltung der Umwelt. Wohl wurde auch in der Stadt von den Ackerbürgern Landwirtschaft betrieben, aber für die Anlage und Bedeutung städtischer Siedlungen waren Gegebenheiten der agrarischen Produktion nicht länger maßgebend. Der leicht geneigte Hang an einer Talflanke war nicht der ideale Kristallisationspunkt, von dem aus eine Stadt wachsen konnte. Zum einen wäre die Anlage einer Befestigung dort viel zu aufwendig gewesen, zum andern waren die Wasservorkommen zu weit vom Zentrum der Siedlung entfernt. Während dörfliche Siedlungen zur Not mit dem Wasser eines kleinen Rinnsals auskommen konnten, war der Wasserbedarf einer Stadt ungleich höher: Es wurde nicht nur sehr viel Trink- und Brauchwasser benötigt, sondern das Wasser mußte auch die städtischen Mühlen antreiben, in denen das Mehl für die zahlreiche Bevölkerung gemahlen wurde. Ferner war das Gewässer auch Kloake der Stadt; je schneller sich das Wasser darin bewegte und Abfälle abtransportierte, desto besser für die Stadtbewohner.

Das Beispiel Ulm

Wie der Stadtwerdungsprozeß in der Landschaft verlief, läßt sich besonders gut am Beispiel von Ulm zeigen. Die Agrarsiedlungen des hohen Mittelalters lagen auf halber Höhe an Abhängen, vor allem im Bereich einer Höhenlage zwischen 474 und 476 m; dieser Bereich liegt etwa 5 bis 8 m über dem des Wasserspiegels der Donau. Auch die hochmittelalterliche Fernstraße verlief in dieser Höhenlage am sanft geneigten Hang im Osten des heutigen Ulmer Stadtzentrums. Sie berührte die Siedlung südwestlich des späteren

Siedlungslage einer dörflichen Siedlung des hohen Mittelalters an einem Nebenbach der Donau (Dorfwüstung Gaimersheim bei Ingolstadt). So könnte die Landschaft östlich von Ulm um 1300 ausgesehen haben.

Linke Seite: Die Bauern in der Umgebung der Städte produzieren um 1300 längst nicht mehr nur für den Eigenbedarf; sie müssen zunehmend auch die Städte versorgen, wie dieses Monatsbild aus dem Castello di Buonconsiglio in Trento besonders schön zeigt. Mit dem im 14. Jahrhundert einsetzenden Auf- und Ausbau städtischer Territorien wird die Landschaft zunehmend zum Hinterland, werden die Bauern im Umland zu wichtigen Nahrungsmittellieferanten für die Städte, die sich nicht selbst versorgen konnten.

Die Lage hochmittelalterlicher Siedlungen im Stadtgebiet von Ulm. Die dunkelblauen (unter 472 m) und die hellblauen (472–474 m) Bereiche liegen nur wenig oberhalb der Donau; diese Grünlandgebiete wurden wohl regelmäßig bei Hochwasser überflutet. Bei den gelben (über 478 m) und den braunen (476–478 m) Bereichen handelt es sich um Land, das für den Ackerbau prädestiniert war. Die Siedlungen und die Trasse der hochmittelalterlichen Fernstraße schließlich befanden sich in einer Höhenlage zwischen 474 und 476 m (grüner Bereich).

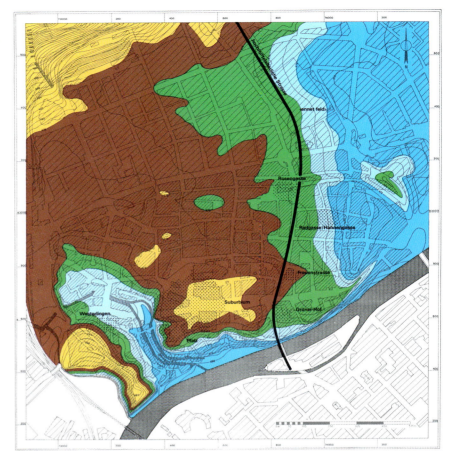

Münsters nicht, von der die Stadtentwicklung ausging, sondern nur die ländlichen Siedlungen weiter im Osten. Die Lage dieser Siedlungen war aus agrarischer Sicht günstiger: Östlich von ihnen dehnten sich weite Niederungen mit Grünland, im Westen, in etwas größerer Höhenlage, war Ackerland verfügbar. Unterhalb des späteren Münsters war der Überschwemmungsbereich des Grünlands viel kleiner.

Die Lage am Steilhang zur Blau und zur Donau war zwar nicht unbedingt ideal für ein Dorf, aber prädestiniert für die Anlage einer Stadt: An den Steilhängen konnten sehr wirkungsvolle Befestigungen gebaut werden, das Stadtzentrum lag dicht an den Gewässern, so daß die Versorgung mit Wasser und die Entsorgung möglich waren. Die Wasserschüttung der Blau ist so stark, daß sie städtische Mühlen antreiben konnte. Verband man die entstehende Stadt Ulm mit der Siedlung Westerlingen auf der gegenüberliegenden Blauseite durch eine Befestigungsanlage, kamen die Mühlen innerhalb der Stadt zu liegen. Diese konnte somit bei einer Belagerung kaum ausgehungert werden. Diese Stadtlage war so günstig, daß die dörflichen Siedlungen der Umgebung »geschluckt« wurden und zu Wüstungen verkamen. Die Stadt dagegen florierte und dehnte sich aus, natürlich auch deswegen, weil hier ein bequemer Übergang über die Donau gegeben war.

Städte konnten sich nicht selbst versorgen. Nahrungsmittel wurden zumindest teilweise aus dem dörflichen Umland bezogen, und die Bauern, die bisher nur sich selbst versorgt hatten, mußten oder konnten nun Nahrungsmittel an die Städte liefern. Dies bedingte eine intensivere Landwirtschaft, denn es mußten im dörflichen Bereich Überschüsse erzeugt werden. Die Dörfer und ihre Ackerflächen blieben daher fortan in der Regel ortsfest. Die Dreifelderwirtschaft, also das Rotationssystem zwischen Wintergetreideanbau, Sommergetreideanbau und Brache, wurde sanktioniert. Durch Düngung sollte dem Boden so viel wie möglich abgerungen werden; die Erträge stiegen aber nur geringfügig, weil es noch keinen Mineraldünger gab. So erschloß man neue Agrarlandschaften, zum Beispiel im Schwarzwald. Auch die Weideflächen wurden erweitert; denn Fleisch war gerade in den »besseren Kreisen« der Stadtbevölkerung gefragt.

Die Nutzung der Wälder

Gleichzeitig benötigte man auch bedeutend größere Mengen an Brennholz, weshalb auch die bäuerliche Niederwaldnutzung zunahm; man schlug alle paar Jahrzehnte sein Holz an der gleichen Stelle und ließ dann die Gehölze aus Baumstümpfen und Wurzelbrut wieder austreiben. Weil nun aber einige Pflanzen diese rücksichtslose Behandlung besser vertragen als andere, veränderte sich mit der Zeit die Zusammensetzung der Wälder. Anstelle früherer Buchenwälder breiteten sich Eichen und vor allem Hainbuchen aus; viele der heute weitverbreiteten Eichen-Hainbuchen-Wälder sind in jener Zeit entstanden.

Das Holz der Buche wurde auch zur Holzkohle-Herstellung verwendet. Buchenholzkohle war in einer Zeit, als Steinkohle noch nicht verfügbar war, der einzige Brennstoff, mit dem sich sehr hohe Temperaturen zur Schmelze von Glas und Metallen erzielen ließen; nach beiden Materialien bestand in der Stadt eine ungeheure Nachfrage. Überall entstanden Köhlereien und in deren Nähe dann Glashütten und Erzverhüttungsbetriebe.

Bauholz wurde über große Distanzen in die Städte transportiert. Ein besonders begehrtes Bauholz lieferte die Weißtanne, ein Baum, der im südwestlichen Mitteleuropa nur in den Alpen und ihrem Vorland, auf der Südwestalb und im Schweizer Jura, am oberen Neckar und im Schwarzwald heimisch ist. Von dort aus ließ sich Tannenholz in die Städte flößen oder triften. Aus dem Alpenvorland kam es nach Zürich und Konstanz, aus dem Schwarzwald in die Städte am Rhein, aus der Rottweiler Umgebung ins schwäbische Unterland und aus dem Kemptener Raum nach Ulm. Im Schwarzwald gab es so viele Tannen, daß man davon auch in fernere Gegenden exportieren konnte: Die Bezeichnung »Holländertanne« für einen besonders hohen, gut gewachsenen Baum spricht für sich.

Allmählich wurden viele Waldgebiete völlig gerodet, was die Bodenerosion verstärkte, denn das Regenwasser, das zuvor von den Bäumen und ihren Wurzeln festgehalten worden war, floß nun in weit größeren Mengen ab und schwemmte den fruchtbaren Humus davon. So verursachte das beginnende Wachstum der Städte einen bisher ungekannten Raubbau an fast der gesamten Landschaft Mitteleuropas. Die ursprünglichen Wälder wurden beseitigt oder in Sekundärwälder überführt, in denen andere Gehölze wuchsen als zuvor. Agrarische Produktionsflächen wurden so weit wie möglich ausgedehnt, die Produktion intensiviert. Und wer dachte schon an Umweltschutz? Immer wieder kam es in der Stadt und auf dem Land deshalb zu Versorgungskrisen. Dies änderte sich erst im Zeitalter der Industrialisierung. Nun war Steinkohle verfügbar, der ökologische Druck auf die Wälder ließ erheblich nach, und man konnte mit der Aufforstung eine »Wiedergutmachung« beginnen. Revolutionär wirkte sich auch die Einführung von Mineraldünger aus, der zu einer Vervielfachung der Erträge führte. Man konnte nun darauf verzichten, Ländereien brach liegen zu lassen, und man begann mit dem Anbau neuer Kulturpflanzen, vor allem der Kartoffel. Die agrarische Nutzfläche wurde intensiver bewirtschaftet, viele nur extensiv nutzbare Flächen konnten aufgegeben und aufgeforstet werden, obwohl gerade in der Zeit der Industrialisierung die Bevölkerungszahlen erheblich anwuchsen. So entging Mitteleuropa um Haaresbreite einer ökologischen Katastrophe riesigen Ausmaßes, die eine direkte Folge des ökologisch unkontrollierten urbanen Wachstums im Mittelalter war. Ohne die Einführung von Steinkohle und Mineraldünger wäre das frühe urbane System, wie es sich im Mittelalter etabliert hatte, nicht länger überlebensfähig gewesen.

Die Industrie siedelte sich vor allem deswegen am Rand vieler Städte an, weil man dort, wo sich im Mittelalter die Mühlräder drehten, auch die Turbinen mit Wasserkraft betreiben konnte. In Ulm, Esslingen, Winterthur und Zürich entstanden solche Industriequartiere. In Meersburg war aber für eine Industrieansiedlung schlicht kein Platz vorhanden (obwohl es eine städtische Mühle gab), und in Konstanz reichte das Gefälle des Seerheins zwischen Ober- und Untersee zwar zum Betreiben der Mühlen aus, offenbar aber nicht zum Antrieb vieler Turbinen. So wurde Konstanz nicht von Industrie geprägt, im Gegensatz zum bis dahin vergleichsweise unbedeutenden Singen am Hohentwiel.

Diese Erkenntnisse über die Beziehung zwischen Stadt und Umwelt stehen

Illustration aus der Schweizer Chronik des Christoph Silberisen (16. Jahrhundert), die die Ureinwohner des Kantons Schwyz beim Roden des Waldes zeigt.

größtenteils nicht in den Geschichtsbüchern. Sie sind das Resultat der »Öko-archäologie«, die sich auf die Betrachtung der Topographie, der Pollendiagramme und der Pflanzenreste stützt, die man bei Ausgrabungen städtischer und ländlicher Siedlungen findet. Die Umwelt der Stadt lag für die Chronisten früherer Jahrhunderte nicht im Zentrum des Interesses. Sie fand in der Regel nur Erwähnung, wenn Bodenerosion, Nahrungsmittelverknappung und Wasserverunreinigung katastrophale Ausmaße annahmen. Heute ist man in dieser Hinsicht um einiges sensibler geworden; die Umweltprobleme des Mittelalters müssen interdisziplinär von Archäologen und Naturwissenschaftlern erforscht werden, damit die Umweltschädigung der Gegenwart objektiver beurteilt werden kann.

HANSJÖRG KUSTER

Wasser und Luft

Botanische Untersuchungen zur Umweltverschmutzung in der mittelalterlichen Stadt

In einer Stadt, einer Ansammlung vieler Menschen auf engstem Raum, wird Abfall produziert, vor allem in Form von Fäkalien und gewerblichem Müll. Dies ist eine banale Feststellung, die Johannes von Tepl in seinem »Ackermann aus Böhmen« im späten Mittelalter so formulierte: ». . .ein iegliches ganz gewurktes mensche hat neun locher in seinem leibe, aus den allen fleußet so vnlustiger vnd vnreiner vnflat, das nicht vnreiners gewesen mag«. Wie sah dieser Unrat aus und wie ging man mit ihm um? Mit naturwissenschaftlichen Methoden lassen sich Antworten auf diese Fragen finden.

Vom 13. Jahrhundert an gab es hinter den städtischen Häusern Latrinen. Botanische Untersuchungen der Latrinen-Inhalte zeigen, daß es sich dabei um Universal-Abfallsammler handelte; die Latrine war Müllschlucker und Plumpsklo in einem. Ganz dicht nebeneinander findet man bei Untersuchungen Überreste menschlicher Fäkalien sowie Küchen- und Gewerbeabfälle. Unter dem Mikroskop lassen sich Fäkalienreste an ihrer »Grundmasse« erkennen, die sich aus winzigen Fetzen von Getreidekorn — Häuten, Feigen- und Erdbeerkernen zusammensetzt. Dies sind Pflanzenteile, die den Weg durch Magen und Darm relativ unversehrt überstehen. Wo hingegen in einer Latrine viele größere Pflanzenreste gefunden werden (beispielsweise Kirsch- und Pflaumenkerne, Pfirsichsteine, Eßkastanien- und Walnußschalen), hat man es mit Küchen- oder Speiseabfällen zu tun. Zu den Gewerbeabfällen im weitesten Sinn, die der Botaniker nachweisen kann, gehören auch Kapselbruchstücke vom Lein, die in großen Mengen bei der Flachsaufbereitung anfallen und ebenfalls in die Latrine geworfen wurden. In Konstanzer Latrinen liegen diese unterschiedlichen Abfälle in nächster Nähe zueinander, ein Anzeichen dafür, daß der mittelalterliche Mensch nicht einmal eine elementare Form der Müllsortierung kannte. Aber er sorgte immerhin dafür, daß sich die organische Substanz rascher zersetzte: Viele Latrinen in Konstanz und in anderen Städten sind gekalkt worden. In gekalkten Latrinen weisen die meisten Pflanzenteile charakteristische Zersetzungsspuren auf, und nur in wenigen Fällen gelingt es, diese Reste noch zu bestimmen.

Die Latrinengruben reichten oft bis in den Bereich des Grundwassers hinein, und sie lagen ganz in der Nähe von Trinkwasserbrunnen. Man kann sich leicht ausmalen, wie es da um die Hygiene und die Qualität des Trinkwassers bestellt gewesen sein mag.

Wenn die Latrine voll war, wurde sie ausgenommen. Normalerweise brachte man den Latrineninhalt als organischen Dünger auf die Felder. In Konstanz verwendete man Latrineninhalte vom 13. bis zum 15. Jahrhundert aber auch zur Auffüllung des Bodensee-Ufergeländes. Bodenproben aus den Auffüllschichten haben oft eine sehr ähnliche Zusammensetzung an pflanzlichen Resten wie diejenigen aus den Latrinen, nur zeigt es sich, daß die Proben aus Auffüllschichten stärker durchmischt sind. Hier gelingt es nur selten, einen Abfalltyp in einer Probe genau zu definieren, was klar zeigt, daß die Abfälle

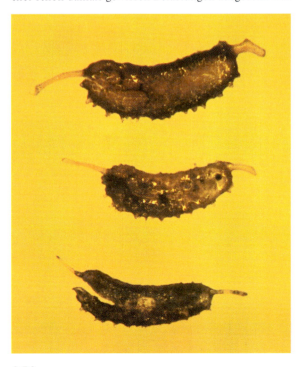

Samen des Teichfadens in etwa 12–14 facher Vergrößerung. Diese Wasserpflanze, die vor allem in verunreinigtem Wasser üppig gedeiht, konnte mittels botanischer Analysen in Konstanz nachgewiesen werden; ein Beleg dafür, daß der See durch die Auffüllung mit Latrineninhalt, aber auch durch die Gewerbebetriebe sicher schon damals gewissen Belastungen ausgesetzt war.

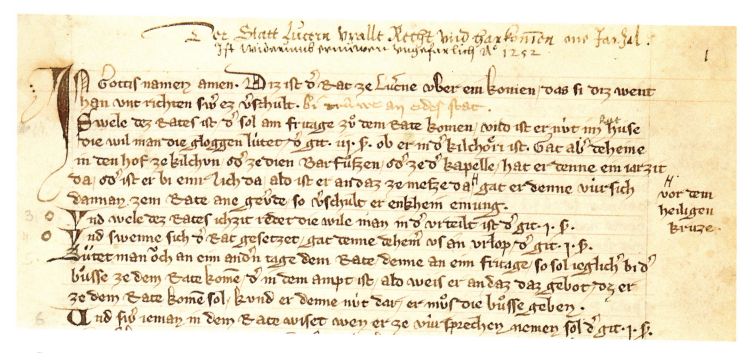

Titelblatt des ältesten Luzerner Ratsbüchleins von 1252, in dem nebst mancherlei Anweisungen zur Sauberhaltung der Stadt bereits von »Blatten«, also einer einfachen Form von Straßenbelag, die Rede ist.

am Bodensee-Ufer sekundär deponiert wurden. Daraus resultierte natürlich eine Gewässer-Verunreinigung ersten Ranges. Auch das geht aus den botanischen Analysen hervor: Es breitete sich der Teichfaden aus, eine Pflanze, die zwar auch im sauberen Wasser vorkommt, in Massen aber nur dort, wo ein Gewässer eutrophiert beziehungsweise verunreinigt wird.

Zur Gewässerverunreinigung haben aber sicher ebensosehr die vielen Gewerbebetriebe der Stadt beigetragen, man denke nur etwa an die umweltbelastenden Gerbereien. Und auch die Luft wurde damals schon durch die Gewerbebetriebe verschmutzt. Dies zeigt sich an den Ablagerungen von Schwermetallen aus der Luft in normalerweise mineralarmen Hochmooren. In einem Moor im Ostallgäu beispielsweise wurden in mittelalterlichen Torfschichten erhöhte Konzentrationen von Blei und Cadmium festgestellt, und zwar zeitlich parallel zu einer starken Nutzung der Buche in den Wäldern. Nicht die einzige, aber eine sehr wahrscheinliche Interpretation dieses Befundes: Aus Buchenholz wurde Holzkohle gebrannt, mit der in der Nähe des Moors in primitiven Schmelzöfen Erz verhüttet wurde. Blei und Cadmium, die im verhütteten Erz als Spurenelemente enthalten waren, gelangten in die Atmosphäre und wurden von dort auf den Moorflächen abgelagert. Luft- und Wasserverunreinigung hatten damit schon damals ein beachtliches Ausmaß angenommen; mittelalterliche Städte und mittelalterliches Gewerbe schufen Umweltprobleme. Diese wurden zwar auch zu jener Zeit bereits erkannt, doch dachte man erst in Ansätzen darüber nach, wie man der Umweltbelastung Herr werden könnte.

HANSJÖRG KÜSTER

Versorgung und Entsorgung der mittelalterlichen Stadt

Versorgung und Entsorgung im Spiegel der Schriftquellen

In heutigen Gesellschaften ist die Ver- und Entsorgung weitgehend an die dafür zuständigen Verwaltungen delegiert. Man wird sich dessen erst bewußt, wenn einmal etwas nicht mehr funktionieren sollte: Wenn Wasserleitungen bersten oder wenn das Abflußrohr verstopft ist. Daß sich heute der einzelne verhältnismäßig wenig um die Beschaffung von Lebensmitteln, die Versorgung mit Wasser und um die Beseitigung der Abfälle und der Fäkalien

Die Ehgräben – hier derjenige an der Köngengasse in Zürich in einer Aufnahme aus dem Jahr 1939 – dienten in den Städten hauptsächlich zur Entsorgung von Fäkalien und allerhand Abfällen.

zu kümmern braucht, ist einerseits bequem, anderseits ein Teil der heutigen Umweltproblematik. Art und Ausbaugrad der Versorgung und Entsorgung in den Gemeinwesen haben eine lange Geschichte. Der Entwicklungsprozeß verlief zunächst langsam, beschleunigte sich dann aber im 19. Jahrhundert mit dem Wachstum der Städte und mit der als Antwort darauf entstehenden Hygienebewegung beträchtlich. Wie das alles anfing, ist unter anderem auch den – allerdings nur im beschränkten Maß zur Verfügung stehenden – Schriftquellen der werdenden Stadt um 1300 zu entnehmen.

Gestank, Lärm und Rauch, Umweltverschmutzung und der Schutz der engeren Umwelt sind im Mittelalter noch vornehmlich Probleme der sich allmählich entwickelnden städtischen Gemeinschaften und Kommunen. Das Zusammenleben auf engstem Raum in der Stadt führt zu gegenseitigen Belästigungen und zu umweltschädigenden Immissionen, und zwar sowohl im häuslichen wie zunehmend auch im gewerblichen Bereich der Stadt. Zur häuslichen Entsorgung standen in der Stadt, vor allem in der spätmittelalterlichen Stadt, bereits planmäßig angelegte und entwickelte Systeme zur Abwasserbeseitigung und zur Wasserversorgung zur Verfügung. Zur Abfall- und Kehrichtbeseitigung, vor allem aber natürlich zur Verrichtung der Notdurft, wurden allerorten Abortgruben angelegt, wie man sie auch heute noch in vielen Städten und Dörfern antrifft. Für Stadtkernarchäologen sind solche Kloaken unter anderem eine wichtige Quelle, denn diese Gruben enthalten Überreste oft aus mehreren Jahrhunderten, was freilich nicht bedeutet, all diese Kloaken wären seit ihrer Inbetriebnahme nie mehr geräumt worden. Räumungen waren dabei, was die Kosten und Verpflichtungen der Besitzer betrifft, klar geregelt.

Nicht nur im privaten, auch im öffentlichen Bereich war man im übrigen um Hygiene und Sauberkeit bemüht; hier war es vor allem die Verschmutzung der Stadt durch allerlei Unrat, gegen die behördlich eingeschritten wurde. Hauptverschmutzer waren, soweit dies aus den Quellen hervorgeht, die auf den städtischen Straßen und Gassen herumstreunenden Schweine aus der städtischen Viehhaltung. Dazu gesellte sich die gewerblich bedingte Verschmutzung, an der vor allem die Metzger, Gerber, Weißgerber und Färber beteiligt waren, deren Abfälle in zum Teil verheerendem Ausmaß die Städte und hier wieder die Bäche und Flüsse verunreinigten.

Im folgenden werden die Ent- und Versorgung der mittelalterlichen Stadt im Spiegel der frühesten Ratsquellen dargestellt. Probleme der Versorgung und Entsorgung in Mangelgesellschaften wie denjenigen des Mittelalters unterscheiden sich dabei grundlegend von denjenigen unserer heutigen Überflußgesellschaft. So gilt es zunächst einmal, die Bereiche abzustecken, auf die die städtischen Obrigkeiten Einfluß nahmen. Kommunale Aufsicht über die Entsorgung fing bereits mit dem Baurecht und bei der Bauaufsicht an. Dabei ging es meist um die unzähligen Nachbarschaftsstreitigkeiten wegen der von Abtritten, Gruben und Gräben ausgehenden Geruchsimmissionen. Andere Quellen wiederum nehmen Bezug auf die offenbar verbreitete Verschmutzung und das Verstellen öffentlichen Raums mit Mist und Holz, auf die Verunreinigung fließender und stehender Gewässer in der Stadt und in der näheren Umgebung, vor allem aber auch auf die gewerblichen Immissionen. Die Gebote gegen Verschmutzungen aller Art lassen so, zusammen mit einer ganz bescheidenen Lebensmittelkontrolle, Ansätze einer öffentlichen Gesundheitsfürsorge erkennen. Daneben begannen Kommunen, aber auch städtische Klöster damit, größere Ver- und Entsorgungssysteme zu errichten, über deren Betrieb und Unterhalt man da und dort aus den Quellen etwas erfährt. Zu diesen Systemen gehörten neben den Vorratshäusern und den Wasserversorgungen über Tüchelleitungen und öffentliche Brunnen vor allem die »Stadtbäche«, künstlich umgeleitete Wasserläufe, die nach mehrfacher Nutzung, so der Entnahme von Trink- und Wirtschaftswasser, am Ende auch noch zur Spülung der Ehgräben verwendet wurden. Schließlich will dieser Beitrag noch die Stadtökologie beleuchten, welche von Sparsamkeit und Mangel an Rohstoffen geprägt war und ungleich weniger Abfall produzierte als unsere heutige Gesellschaft.

Rechtshistorische Aspekte der Versorgung und Entsorgung

Die geregelte Entwässerung und die Beseitigung von Abfall und Kot spielte bereits im mittelalterlichen Baurecht eine wichtige Rolle. Zwar sind auch Bei-

In der rechtsufrigen Altstadt von Zürich läßt sich die Doppelfunktion der Ehgräben als Grundstücksgrenze und Kloake deutlich ablesen: In regelmäßiger Folge wechseln die sich gegen die Limmat neigenden Häuserzeilen, Gassenzüge und Ehgräben — die im Bereich der im Bild aneinanderstoßenden Dachtraufen verlaufen — ab. Oben ein Ausschnitt aus dem Murerplan von 1576, unten derselbe Bereich des Limmatufers in einer Ende des 19. Jahrhunderts entstandenen Aufnahme.

spiele »wilder« Bebauungen bekannt, namentlich in den Vorstädten, doch entstanden die meisten Städte und Stadterweiterungen auf parzelliertem Boden. Stein- und feste Holzbauten — leichtere Konstruktionen wurden zum beweglichen Besitz gezählt — durften nur auf klar umgrenzten, sozusagen »baureifen« Parzellen, den »Ehhofstätten«, errichtet werden.

Während anfänglich der weltliche oder kirchliche Grundherr solche Ehhofstätten verlieh und damit faktisch auch die Aufsicht über die Bauausführung hatte, redete bald einmal auch der Rat, so in Zürich mit dem Richtebrief von 1305, bei der Ausgestaltung und Anwendung des Bau- und Bodenrechts mit. Was der Besitz einer solchen Ehhofstätte im Hinblick auf die Entsorgung alles bedeuten mochte, erfährt man aus einer Zürcher Urkunde von 1269. Damals verkaufte ein Bürger an die Prediger ein Baugrundstück, das die Mönche zur Verbreiterung ihres Zuganges zur Kirche benötigten. Als Grundherr mußte der Probst des Großmünsters nicht nur den Verkauf bewilligen,

Die Miniatur zu Boccaccios Decamerone zeigt einen Ehgraben und darüber einen hölzernen Abtritt.

sondern auch die auf der Parzelle haftenden privatrechtlichen Bau- und Nutzungsrechte wieder löschen. Demnach durften darauf zukünftig weder Mist, Steine oder Holz gelagert noch irgendwelche Bauten erstellt werden. Gleichzeitig wurde auch das Recht gelöscht, die Parzelle mit Urin und Unrat zu verschmutzen, und die Einleitung von Dachabwässern und Fäkalien von den Nachbargrundstücken wurde ebenso untersagt wie die Errichtung hervorstehender Überbauten, zum Beispiel Lauben. Da der Rat bereits damals die Aufsicht über den öffentlichen Grund führte, mußte er seine Einwilligung zu diesem Rechtsgeschäft geben, dem so zu entnehmen ist, daß ein Grundeigentümer seine Ehhofstätte grundsätzlich auch als Entsorgungsplatz benützen konnte und darauf Unrat aller Art lagern und Abwässer zur Versickerung bringen durfte.

Das Baurecht regelte auch diejenigen Fälle, in denen Besitzer von einander benachbarten Grundstücken die Entsorgung in gegenseitiger Absprache gemeinschaftlich lösten, sei es mit Ehgruben, sei es durch Ehgräben.

Ehgruben waren Fäkaliengruben aller Art, in die über feste Leitungen oder Gräben aufgrund rechtsverbindlicher Absprachen die Abwässer aus den verschiedenen Liegenschaften eingeleitet und so entsorgt wurden. Um die Leerung dieser Gruben kam es nicht selten zu Streitigkeiten. So erwähnt das Konstanzer Ratsbuch von 1376 eine Auseinandersetzung zwischen Konrad Bürk und Johan Lind um die Räumung der Gruben zwischen den Häusern der beiden. Auf die Klage Konrad Bürks, wonach von alters her beide Parteien die Grube zu gleichen Kosten zu räumen gehabt hätten, konterte Johan Lind mit dem Argument, daß im Haus von Bürk früher eine Trinkstube war und sich darin jetzt eine Schule befände mit vielen Kindern, die das stille Gemach praktisch für sich allein beanspruchten. In seinem, Linds Haus dagegen wohnten kaum mehr als fünf, höchstens sechs Menschen. Der Rat schloß sich insofern der Argumentation von Johan Lind an, als er beschließt, daß dieses Mal Konrad Bürk zwei Teile und Johan Lind einen Teil der Kosten für die Räumung tragen sollten. In Zukunft aber sollten, um Konrad Bürk und seinen Erben nicht zu Schaden kommen zu lassen, wieder beide Teile gleichermaßen an den Kosten beteiligt sein. In einer ähnlichen Auseinandersetzung stritt man sich um die Grube am Markt, wobei Zeugen vor dem Rat verhört werden mußten, um zu klären, durch welches Haus die Grube früher geleert worden war.

Auch im Fall Hartzer versus Byssen wurden mehrere Zeugen verhört, um die Frage nach den anteilsmäßigen Kosten für die Räumung zu klären. Dabei gab Konrad Spekker unter Eid zu Protokoll, daß er nie etwas anderes gehört hätte, als daß der Hartzer zwei Nächte, sein eigenes Haus eine Nacht und dasjenige der Biß auch eine Nacht die Grube zu räumen hatten. Ähnlich sagte auch Bischof, der Suter aus, und so entschied der Rat, es sei an dieser Regelung festzuhalten. Der Hartzer sollte also zwei Nächte lang räumen und die beiden andern Häuser je eine Nacht lang; und zwar so lange, bis die Grube leer wäre. Aus diesen Urteilen wird deutlich, daß die unangenehme Arbeit des Räumens der »Wüstgruben« (Wüst bedeutet Kot oder Abfall) immer nachts zu geschehen hatte, und daß außerdem meist mehrere Häuser an eine Grube angeschlossen waren, diese also gemeinsam beziehungsweise entsprechend ihrem Anteil zu räumen hatten.

Als Ehgräben wurden Grenzgräben bezeichnet, die im bäuerlichen Flurrecht allein zur Entwässerung, in städtischen Überbauungen dann vorwiegend zur Entsorgung von Fäkalien und Abfall aller Art dienten. Im baulichen Befund kommt die doppelte Funktion der Ehgräben als Kloake und Grundstücksgrenze besonders schön in der rechtsufrigen Zürcher Altstadt zum Ausdruck, wo sich Gasse, Häuserzeile und Ehgräben in regelmäßiger Folge, gleichsam fischgrätenartig gegen die Limmat hinziehen. Rechtlich waren die Anstößer der Gräben verpflichtet, die Ehgräben zu unterhalten und sporadisch von Fäkalien und Abfall zu reinigen.

Versäumte ein Hausbesitzer seine Pflichten, so kam es auch hier häufig zu Anklagen und Verfahren. So klagten in Konstanz 1378 die Nachbarn gegen Cünrat Sunnentag, weil er den Graben an seinem Haus nicht instand halte, wie dies von alters her seine Pflicht gewesen sei. Vom Rat wurde Sunnentag daraufhin unter Strafandrohung eine Frist gesetzt, bis zu der er den Graben zu richten hatte. Überwacht wurde er dabei nicht von den Sieben zum Bau, sondern von seinen Nachbarn, den Klägern. Mit gutem Grund: wenn die

Mehrheit der Nachbarn, die an diesem Graben beteiligt waren und deren Häuser oberhalb des Sunnentags Haus lagen, nach dem benannten Termin noch einmal geklagt hätten, wäre er der Buße von 10 Pfund Pfennig verfallen.

Es ist verständlich, daß die Entsorgung auf dem eigenen Grundstück oder allenfalls entlang der Parzellengrenze vor allem bei Verdichtung der städtischen Überbauung Anlaß zu zwischennachbarlichem Streit gab. Bereits der Sachsenspiegel hatte sich dieses Themas angenommen, als er für die Abtritte, die »Privete«, einen minimalen Grenzabstand vorschrieb. Überliefert sind aus dieser Zeit um 1300 auch Auseinandersetzungen darüber, daß Nachbars Ehgrube überlief und umliegende Gebäulichkeiten verschmutzte oder gar beschädigte. Streitigkeiten dieser Art nahmen im Lauf der Zeit zu; in Zürich beklagten sich im 16. Jahrhundert die zuständigen Baubehörden über die Häufung von »Abtrittstreitigkeiten«. Nach dem Bamberger Stadtrecht wollte der Rat darum nur noch Streitfälle schlichten, die sich auf die ursprünglichen Grenzen der Ehhofstätten bezogen. Wenn also Grundbesitzer eine Parzelle weiter aufteilten, weigerte sich der Rat, überhaupt noch einen Schiedsspruch zu fällen.

Die Unterhalts- und Säuberungspflicht galt indes nicht nur an der »hinteren« Grundstücksgrenze und entlang den Ehgräben, sondern auch nach vorn gegen die Gasse hin, wie dies etwa das Luzerner Ratsbüchlein belegt: »... und ein ieglicher wirt (Haushaltvorstand) sol ze der wuchen einest vor siner tür schoren (kehren) und schön machen bifür...«.

Im weiteren Verlauf der Entwicklung verpflichteten städtische Obrigkeiten — so in Nürnberg im 14. Jahrhundert — die Bürger dazu, die dank der wöchentlichen Straßenreinigung entstandenen Abfallhaufen zweimal jährlich in einer gemeinsamen Aufräumaktion aus der Stadt zu entfernen. Im 15. und dann vor allem im 16. Jahrhundert wurde die Straßenreinigung dadurch kommunalisiert, daß die Anwohner einer Gasse den Straßenkot zu einer öffentlichen Deponie (in Zürich »Swirre« genannt) bringen mußten, von wo

Bereits um 1300 wurden in den Städten Gebote und Verbote im Zusammenhang mit der Nutzung der Ehgräben und der Anlage von Latrinen erlassen; einer der ältesten Belege ist im Zürcher Richtebrief von 1305 enthalten. Von etwa 1500 an wurde die Leerung der Ehgräben durch die städtische Obrigkeit organisiert. Noch bis weit ins 19. Jahrhundert hinein dienten die ursprünglichen Trenngräben zwischen den Grundstücken zur Entsorgung von Abfällen. Oben links der Ehgraben vom Schlegel in Konstanz in einer historischen Aufnahme. Rechts zwei anläßlich der Grabungen beim Haus »zum Roten Ochsen« an der Niederdorfstraße in Zürich (1983) freigelegten Fäkaliengruben.

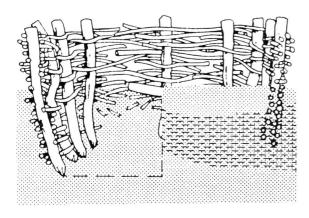

Schon im 13. und 14. Jahrhundert war man darauf bedacht, eine Verschmutzung insbesondere des Trinkwassers durch Fäkalien und andere Abfälle zu verhindern. So wurden die Kloaken auf verschiedenste Weise ausgekleidet. Während dies anfänglich noch mit einfachen Brettern geschah, zeigen diese rekonstruierten Beispiele aus Braunschweig Gruben, deren Wände mit Rutengeflecht (ganz oben; 13. Jahrhundert) sowie mit Bruchsteinmauern (oben; 14. Jahrhundert) verstärkt waren.

ihn jeweils am Samstagnachmittag städtische Karrer abholten. Mit der Straßenreinigung hängt auch die Straßenpflästerung zusammen. Sie setzte wohl zunächst auf privater Basis im Gassenbereich der Häuser und bei größeren öffentlichen Bauvorhaben ein, zum Beispiel bei Marktplätzen. Einfache, öffentliche Straßenbeläge, so die im Luzerner Ratsbüchlein erwähnten »Blatten«, gab es schon um 1300. Auch die Anfänge des institutionalisierten Straßenunterhalts reichen wohl an die Wende des 14. zum 15. Jahrhundert zurück, was sich sowohl in der Chronistik wie auch in Eiden und Ordnungen für städtische »Gassenbesetzer« niederschlägt. Da, wo die Bürger mitmachten und auch über die nötigen Mittel verfügten, leisteten sie einen beachtlichen Beitrag an die Hygiene in der mittelalterlichen Stadt, wenn sie bereit waren, Straßendreck zu beseitigen und stinkende Kloaken zu sanieren. Ein entsprechendes Beispiel sind etwa die Basler Dolengemeinschaften.

Andererseits zeigt ein Eintrag im Zürcher Ratsmanual von 1470 auch, daß die Bürger aus der Pflicht zum Unterhalt der Gassen einen eigentlichen »Verschmutzungsanspruch« ableiteten. Der Rat konnte bei einem gewissen Rudolf Rubli nur durchsetzen, daß er mit seinem Mist auf seiner Seite der Gasse blieb, statt den ganzen Durchgang zu verstellen, obwohl die Zürcher Stadtbücher zahlreiche einschlägige Verbote enthalten.

Sauberhaltung des öffentlichen Grundes, Gewässerschutz

Grundsätzlich war die Entsorgung im Mittelalter anfänglich Privatsache, doch bald erließ der Rat auch in diesem Bereich Gebote und Verbote. Eine der ältesten diesbezüglichen Verfügungen findet sich im Zürcher Richtebrief von 1305; sie untersagte den Bürgern nach eigenem Gutdünken Ehgräben auszuheben, wohl mit Rücksicht auf die städtischen Bodenlimitationen. Faktisch wurden die Ehgräben dadurch, vor allem auch wenn die Anlieger ihre Unterhaltspflichten vernachlässigten, zum »Niemandsland« und schließlich zum öffentlichen Grund. Noch heute führen in Zürich die öffentlichen Kanalisationsleitungen deswegen durch die ehemaligen Ehgräben. Ebenfalls bereits um 1300 erließen städtische Obrigkeiten Vorschriften über Ehgräben; 1326 verfügte der Zürcher Rat, daß »nieman stroh noch ander Ding« in einen bestimmten Ehgraben schütten dürfe, da er offensichtlich immer wieder verstopft zu werden drohte. Stroh wurde jeweils in der Absicht in die Ehgräben gelegt, um die festen Schmutzstoffe daran zu binden und sie später als Dünger verwenden zu können. Im 15. Jahrhundert zeigten sich dann offensichtliche Mängel der rein privaten Entsorgung. Die Öffentlichkeit mußte einschreiten, und auf Stadtkosten vernachlässigte Ehgräben und Gruben leeren lassen. Die periodische Leerung der Ehgräben und Fäkaliengruben war dabei stets mit großen Geruchsbelästigungen verbunden, so daß man vom 14. Jahrhundert an begann, die Leerungen und Reinigungen auf die Nacht- und Winterszeit zu verlegen, wie dies das Luzerner Ratsbüchlein festhält: »Ez ensol ouch nieman enhein e graben rumen tages bi 3 Schilling.«

Es scheint, daß Erlasse dieser Art im Zusammenhang mit der Pest zunahmen, weil üble Gerüche immer wieder als Ursache für diese schlimme Seuche betrachtet wurden. Zugleich ist den frühen Ratserlassen über die Ehgrabenräumung auch zu entnehmen, daß es auf die Leerung von Kloaken spezialisierte Handwerker gab. In Nürnberg waren es die »Pappenheimer«, in München die »Goldgrübler« und in Schaffhausen die »Ehgrabenrumer«. Vielerorts war es auch üblich, den Scharfrichter oder die Totengräber zur Beseitigung der Fäkalien herbeizurufen, Personen also, die ohnehin schon eine stigmatisierte Tätigkeit ausübten.

Zahlreiche Ratserlasse beschäftigten sich mit der Sauberkeit und Freihaltung öffentlicher Flächen. Dem Zürcher Stadtarzt wurde 1319 verboten, »unreinen Weißel«, also gebrauchtes Verbandszeug, auf die Straße zu werfen. Den Kölner Fleischmengern untersagte der dortige Rat 1336, »unflat«, in diesem Fall wohl Schlachtabfälle, auf die Straße zu schütten. Gemäß dem in der ersten Hälfte des 14. Jahrhunderts begonnenen Luzerner Ratsbüchlein durften die Leute weder unreines Wasser noch Loderasche (Buchenasche zur Gewinnung von Waschlauge) noch gewöhnliche Asche und Erde auf die Gasse schütten. Beim Aderlaß der Pferde mußten die Schmiede das abtropfende Blut mit einem Kübel auffangen, um die Straße nicht zu verschmutzen. Auch untersagte der Rat, auf der Gasse Eingeweide auszuwaschen. Gebrauchtes Badewasser durfte, so ein Zürcher Ratserlaß, nicht in den Hin-

Links: Der Ausschnitt aus dem Murerplan (1576) zeigt gleich mehrere Formen der Umweltbelastung: im Vordergrund der rauchende Kamin der Färberei auf dem Münsterhof, im Hintergrund der Viehmarkt. Tiere — vor allem Schweine — ließ man noch um 1300 auch außerhalb der Marktzeiten in den Straßen und Gassen der Stadt frei laufen.

Oben: Darstellung der Eichelmast eines Schweins in der Kalenderinitiale eines Salemer Breviers (1288).

terhof, sondern mußte in die »Runse« in der Mitte der Gasse geschüttet werden, dies als Beitrag zur Reinhaltung der Gasse. Vor allem aber streunten allenthalben Schweine auf der Suche nach Abfällen durch die Stadt. Der Dominikaner Felix Fabri bezeichnete die Schweine Ende des 15. Jahrhunderts als das gröbste Übel überhaupt. Da und dort lassen die Quellen auch durchblicken, daß die Verschmutzungen in der Stadt nicht überall im selben Maß geduldet wurden: So verbot der Zürcher Rat anfangs des 14. Jahrhunderts, wohl auf eine Beschwerde adliger oder geistlicher Herren hin, vor deren Häusern Mist zu lagern. Dennoch diente die Straße bis weit ins 19. Jahrhundert hinein als Werkplatz und als »Abwasserkanal«: Selbst vor Bürgerhäusern lagen bis in die Neuzeit hinein Mist- und Abfallhaufen.

Die Verordnungen in Konstanz wie auch diejenigen in Ulm betrafen vornehmlich die Viehhaltung auf Stadtgebiet. In Konstanz wurden die Verhältnisse 1377 geregelt. Demnach sollte derjenige, der mehr als ein Schwein auf die Straße läßt, von jedem Haupt 5 Schilling Pfennig Buße bezahlen. Diese Buße ging zur einen Hälfte an die eingesetzten Pfänder, zur anderen Hälfte an die Stadt. Für jedes an einem Sonntag auf der Straße frei herumlaufende Schwein solle der Besitzer 2 Schilling Haller, für ein Mutterschwein gar 10 Schilling Haller bezahlen. Daß es sich bei diesen Verordnungen nicht um Neuerungen handeln kann, zeigt die Tatsache, daß zu der ersten erhaltenen Ämterliste des 2. Rats von 1376 die Pfänder(beamten) für Mist und Schweine bereits aufgeführt sind; sie werden im folgenden bei jeder Sitzungsperiode des Kleinen Rates neu bestimmt. 1429 findet sich erneut eine Ratsordnung, die sich mit den Schweinen befaßt. Darin wird eine Allmendordnung für Schweine festgelegt, da sie auf dem »Brül« und dem »Ußerfeld« den Leuten großen Schaden zugefügt hatten. In denselben Zusammenhang gehört auch eine Bestimmung aus dem gleichen Jahr über die Straßenreinigung. Ihr ist zu entnehmen, daß in der Stadt nach wie vor Schweine und sonstiges Vieh gehalten werden. Der Rat weist darum an, daß in Zukunft niemand seinen Mist mehr als acht Tage in der Stadt liegen lassen soll. Der »buwmaister« wird mit der Überwachung beauftragt und soll nötigenfalls den Mist wegschaffen lassen.

Dem Schutz der Gewässer auf städtischem Territorium gelten um 1300 eine ganze Reihe weiterer Ratsbeschlüsse. Gerade in diesem Bereich verhindert das zähe Nachleben antiker Hygienevorstellungen indes eine fortschrittliche

Beim Bau von Klöstern wurde früh schon der Versorgung mit Trink- und der Entsorgung des Abwassers größte Bedeutung beigemessen, was sich heute noch an den erhaltenen Bauten ablesen läßt, so etwa beim Quellhäuschen des Kartäuserklosters Mount Grace Priory in Yorkshire aus dem 14. Jahrhundert (unten) sowie im Kloster Royaumont bei Paris, wo ein Kanal als Latrinengraben diente und zugleich ein Wasserrad antrieb (ganz unten).

Politik. Hier stand zunächst nicht der Schutz der Gewässer vor Verschmutzung im Vordergrund der Gesetzgebung, sondern die möglichst rasche Beseitigung von Abfällen und Fäkalien aus dem Bereich der menschlichen Siedlungen. Nach dem Vorbild der römischen Spüllatrinen – antike Städte besaßen ja äußerst effiziente Einrichtungen zur Wasserversorgung und -entsorgung – übernahm die mittelalterliche Kloster- und Spitalarchitektur die direkte Einleitung der Fäkalien in die Fließgewässer. Spitalbauten, vor allem aber die Krankentrakte der Klöster, kamen so vielfach direkt über oder an natürliche oder künstliche Wasserläufe zu liegen. Auch die Konstitutionen von Melfi Kaiser Friedrichs II. fußen noch auf der antiken Lehrmeinung, wonach abgegangene Tiere nicht zu verscharren, sondern deren Kadaver in die Flüsse zu werfen waren. Bei der geringen Besiedlungsdichte im Hochmittelalter konnte das noch angehen. Die Quellen verraten indes, daß der Schutz der Gewässer vor allem bei kleinen, wenig wasserführenden Vorfluten schon damals zum Thema werden konnte. Zunächst wird also untersagt, Kadaver in die Flüsse zu werfen; allmählich werden städtische Abdecker eingestellt. Ebenso mehren sich die Bestimmungen gegen das Einleiten von Fäkalien in die Fließgewässer – freilich ohne durchgehenden Erfolg. Noch 1867 weigerte sich der Kanton Zürich, die Abtritte des Rathauses, die direkt in die Limmat entwässerten, zu sanieren.

Sorgen vergleichbarer Art hatte um 1290 auch die Stadt Erfurt. Der dortige Rat wollte verbieten, Latrinenausgüsse in die fließenden Gewässer zu richten. Es waren dann allerdings ausgerechnet die Stiftsgeistlichen, die als Hausbesitzer beim Papst gegen das Verbot Einspruch erhoben. Schutzbestimmungen wurden vielerorts auch für die durch die Stadt führenden Bäche erlassen, deren Wasser zu Wirtschaftszwecken genutzt wurde. Eindrückliches Beispiel dafür ist der Nürnberger Fischbach, zu dessen Schutz bestehende Latrinen nach Anweisung des städtischen Baumeisters saniert werden mußten. Neuanlagen mußten einen Minimalabstand von zehn Schuh haben.

Die meisten der erwähnten und späteren Gewässerschutzbestimmungen entsprangen dabei natürlich nicht einem Umweltschutzgedanken moderner Prägung, sondern regelten handfeste Nutzungskonflikte. Hier lagen sich die Tuchwalker (beim Bearbeiten weißer Tücher) mit den (Schwarz)Färbern und die Gerber mit den Inhabern der Fischereirechte in den Haaren.

Gewerbeimmissionen sind ein weiterer Gegenstand, der seinen Niederschlag im Schriftgut findet, und dies nicht nur, soweit es die Gewässerverschmutzung betrifft. Im Mittelalter waren Wohnen und Arbeiten meist nicht voneinander getrennt, Produktionsstätten und Wohnhäuser waren vielfach eins. Reine Industriegebiete im heutigen Sinn gab es dagegen nicht. Dennoch herrschte innerhalb der mittelalterlichen Städte eine bemerkenswerte Segregation. Betriebe, die Schmutz, Gestank oder Lärm erzeugten oder auf Wasserkraft angewiesen waren, waren auf ganz bestimmte Quartiere beschränkt, während die meist auch besseren Wohnlagen fast ausschließlich den bürgerlichen und ritteradligen Oberschichten vorbehalten waren. Eindrücklich belegt dies eine Kartierung der immissionsträchtigen Gewerbe in der Stadt Zürich für die Mitte des 15. Jahrhunderts: Das besonnte, rechte Limmatufer rund um das Großmünster erweist sich dabei als bevorzugtes Wohnquartier ohne störende Gewerbe. Soweit sich dies anhand der ältesten noch vorhandenen Steuerbücher (1370) zurückverfolgen läßt, waren die Verhältnisse auch im 14. Jahrhundert nicht viel anders. Im mittelalterlichen Verkehrs- und Geschäftszentrum rund um die Rathausbrücke vermengten sich dagegen Häuser von Reichen und Wohlhabenden mit Liegenschaften, in denen auch schmutzverursachende Gewerbe untergebracht waren, und auch das städtische Schlachthaus lag in diesem Raum. Hier war das Geschäft also entschieden wichtiger als die Wohnlage. Im übrigen aber befanden sich die von immissionsträchtigen Betrieben durchsetzten Gebiete eher im Niederdorf entlang der Limmat oder, von der übrigen Stadt leicht abgesondert, im »neuen« Augustinerquartier.

Zürich war dabei kein Sonderfall; Felix Fabris Beschreibung der Stadt Ulm Ende des 15. Jahrhunderts läßt auf eine differenzierte sozialtopographische Gliederung der Stadt schließen. Streitfälle verraten im übrigen auch, daß man es trefflich verstand, störende Betriebe von Wohngebieten fernzuhalten, wie dies etwa bei einer Schmiede der Fall war, der man den Zuzug an die Zürcher Strehlgasse verwehrte.

Oben: Abtritterker vom Spätmittelalter bis in die Neuzeit: Abtritterker in der Stadtmauer am 1865 abgetragenen Rennwegtor in Zürich nach einer Zeichnung von Franz Hegi (links). Ebenfalls an einem Turm der Stadtbefestigung angebracht ist der Abtritterker in der Darstellung von Sargans aus der Berner Chronik des Diebold Schilling (Mitte). Der Abtritterker an einer Mühle in Sluny (YU) wurde in den siebziger Jahren, als diese Aufnahme entstand, noch benutzt, wie die Fäkalienspuren an der Mauer zeigen.

Der zur Stadtbefestigung Zürichs gehörende »Danziger« des Klosters Oetenbach im Murerplan (1576). Die Abtrittanlage überwölbte einen Kanal der Sihl, in den die Fäkalien entsorgt wurden.

Andere Ratsverfügungen wieder betrafen die Sanierung bestehender Betriebe: Ein Zürcher Färber mußte auf die Klagen seiner Nachbarn einen Abzugskamin über seinem Kessel erstellen. Verdrängung der lästigen Gewerbeimmissionen in die Vorstadt, Einschränkung jener Haushaltungsarbeiten, die mit Belästigungen und Feuergefahren einhergehen, und das Verbot der im Gewerberecht bereits allgemein verpönten Nachtarbeit, all das findet sich im Luzerner Ratsbüchlein geregelt: »Ouch sol nieman enhein habern in der stat sie den, noch gerwern bi 10 Schilling. In dien vorstetten ist

Zu den großen Gewässerverschmutzern gehörten im Mittelalter die Gerber, deren Betriebe sich naturgemäß in der Nähe von Fließwässern befanden. Bei archäologischen Grabungen stößt man auch immer wieder auf Überreste von Gerberbottichen, wie etwa im »Haus zum Wolf« im Zürcher Niederdorf (ganz oben) oder am Gerbergässlein in Basel, wo deutlich die im Negativ erhaltenen Daubenfugen und die Weidenruten zu erkennen sind, die den Bottich umspannten (oben).

ez erloubt tags und nüd nachts bi 10 Schilling. Und swer dehein gunpost oder krut südet uf derheiner tili, oder nachts, der git 10 Schilling als dik (oft) er ez tuot«.

Versorgung mit Lebensmitteln und Trinkwasser, hygienische Kontrollen

Wichtige Themen in den Rechtsquellen sind auch Verfügungen zum Schutz des Trinkwassers und der Lebensmittel. In München etwa durften die Fäkaliengruben Ende des 15. Jahrhunderts nur noch bis auf die Höhe einer bestimmten Lehmschicht abgetieft werden, damit sie nicht in die grundwasserführenden Schichten hinabreichten und diese verschmutzten. Sodbrunnen wurden denn auch allgemein weit tiefer abgetieft als die Fäkaliengruben. In vielen Städten gab es überdies einschneidende Bestimmungen zum Schutz der öffentlichen Brunnen.

In den Zürcher Stadtbüchern wie im Luzerner Ratsbüchlein finden sich überdies Bestimmungen, die in Richtung eines »Konsumentenschutzes« gehen, indem man sich darum bemüht, verdorbene Ware vom Verkauf auszuschließen. Die Fischmarktordnungen beider Städte enthalten Hygienebestimmungen und außerdem Vorschriften zur Aussonderung von trichinenverseuchtem, »finnigen« oder sonstwie verdorbenem Fleisch. Und wer öffentlich Wein ausschenkte, mußte die Maße mindestens einmal wöchentlich auswaschen.

Eine wichtige Rolle in der Versorgung der Stadt mit Lebensmitteln und Handelswaren spielt vom Ende des 14. Jahrhunderts an das Kaufhaus, oder, wie es auch genannt wurde, das Gredhaus. Hier wurden die Waren angeliefert und weiterverkauft. Wie sehr der Handel bereits »international« organisiert war, zeigt sich deutlich am Beispiel von Konstanz: Der Bau des dortigen Kaufhauses wurde durch eine Kaufleutedelegation aus Mailand angeregt, die sich diese infrastrukturelle Verbesserung zum Vertrieb ihrer Waren wünschte. In engem Zusammenhang mit dem städtischen Kaufhaus stehen die Unterkäufer, wenn auch das Amt wesentlich älter ist. Die ganzen im Zusammenhang mit dem Fernhandel getätigten Käufe und Verkäufe in der Stadt liefen dabei über die Unterkäufer, die zwischen Käufer und Verkäufer vermittelten und selbst keinen eigenen Geschäftsbetrieb besaßen. Kam ein Händler in die Stadt und wollte seine Waren verkaufen, mußte er sich an den für seinen Bereich zuständigen Unterkäufer wenden, der ihm dann kreditwürdige und redliche Käufer seiner Waren vermittelte. Die Honorierung der Unterkäufer erfolgte durch Käufer und Verkäufer gemeinsam, nach Sätzen, die der Rat festsetzte.

Eine weitere Aufgabe des Unterkäufers bestand in der fiskalischen und gewerbepolizeilichen Überwachung des Kleinhandels in der Stadt. Außerdem wirkte er als Zeuge bei Geschäftsabschlüssen und als fachmännischer Berater, der die Marktverhältnisse am Platz am besten kannte und wußte, was an Waren gerade benötigt wurde. Die Einrichtung des Unterverkaufs sorgte dafür, daß alle Krämer mit Waren gleich guter Qualität versorgt wurden, und sie verhinderte die Konzentration wirtschaftlicher Macht im Versorgungsbereich der Stadt in wenigen Händen. Über die ihm verpflichteten Unterkäufer war der Rat zudem ständig über die Versorgungslage der Stadt informiert.

Betrieb und Unterhalt der Versorgungs- und Entsorgungssysteme

In Städten mit systematisierten Ver- und Entsorgungseinrichtungen kann parallel dazu auch die Entstehung eines spezifischen Schriftguts beobachtet werden. Während parallel dazu die Planung und der Bau solcher Einrichtungen in den Schriftquellen um 1300 kaum dokumentiert sind, erfährt man über den Betrieb und den Unterhalt schon mehr. Insbesondere der Betrieb solcher Anlagen erforderte vielfach eigenes Personal, was zwangsläufig zu einer zunehmenden Verwaltungstätigkeit führte. So ist etwa in den Berner Quellen vom Anfang des 15. Jahrhunderts an ein städtischer Bachmeister nachweisbar, der die Aufsicht und Kontrolle über den Stadtbach und über die Ehgräben führte.

Welch große Bedeutung der Versorgung der Stadt mit frischem und sauberem Wasser beigemessen wurde, zeigt sich auch darin, daß man die Brunnen-

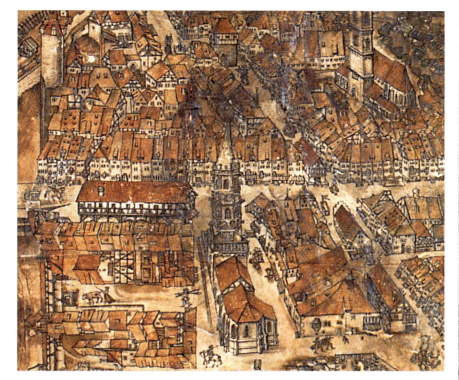

meister recht früh schon vereidigte. In den Konstanzer Ämterlisten tauchen 1377 zum ersten Mal Namen auf, von »Bürgern, die zu den brunnen luegen«. Es sind dies Eglof Blarrer, Gruber und Dentz Cristan. Daß allerdings das Amt des Brunnenmeisters als solches schon länger bestand, geht ebenfalls aus den Ämterlisten hervor, in denen sich der Geschlechtsname Brunnenmaister des öftern findet. In den Satzungen der Stadt Konstanz ist 1390 erstmals von den Stadtbrunnen die Rede, und zwar in einer Brunnenordnung, die verbietet, daß nachts von »betten zit« bis Tagesanbruch in den Trögen gewaschen wird. Schon früher, 1382, wurde den Totengräbern verboten, ihr Geschirr in den Brunnen zu waschen.

Die nächste Brunnenordnung erscheint 1433 in den Satzungen. Dabei werden gleichzeitig die Stadtbrunnen und deren Pfänder, zwei je Brunnen, erwähnt. Während diese Liste 11 Brunnen enthält, figurierten auf jener von 1381 lediglich acht, 1390 sind es neun. Für die Sauberhaltung des Brunnens bei der Metzi findet sich eine gesonderte Satzung, die die Metzger dazu verpflichtet, diesen Brunnen nach ihrer Arbeit zu reinigen und von Mist freizuhalten. Daß die Brunnen nicht nur kontrolliert, sondern wenn nötig auch ausgebessert wurden, zeigt eine Anweisung an einen gewissen Altwegger, den Brunnenmeister von 1387. Der sollte bei der Stuben anfangen zu graben und die verfaulten »Tüthel« und andere schadhaften Teile auswechseln. Falls mehr Schaden zu beheben wäre oder wenn die Kosten zu hoch würden, kümmerte sich der Rat selbst darum. 1388 wird der Brunnenmeister der Stadt dafür, daß er die Brunnen der Stadt nicht in »ehren« gehalten hat, mit einer empfindlichen Strafe von 10 Pfund Haller belegt.

Zum System der Versorgung der Stadt mit Wasser gehören auch die Wasserleitungen, die »Tolen«, um die sich der Rat beziehungsweise der Brunnenmeister zu kümmern hatte. Wie weit um 1300 Wasserleitungen bereits verbreitet waren, werden wohl dereinst archäologische Ausgrabungen in Städten noch weisen. Das Zürcher Ratsbuch hält für das Jahr 1300 einen Streitfall zwischen Nusplinger, einem Patrizier und ständigen Ratsmitglied, und den Augustinern fest, wobei Nusplinger fordert, daß die Dolen bei den Augustinern entfernt würden, damit der Fluß (des Wüstgrabens) durchgehen könne. Der Rat entscheidet gegen Nusplinger und stützt sich dabei auf einen Ratsbeschluß von 1345, in dem festgelegt wurde, daß kein Wüstgraben durch die Dolen gehen soll, einzig »luter«, also reines Wasser.

Schriftlich geregelt wurde auch die Zuteilung des Wassers, wie sich das deutlich in einer 1364 niedergeschriebenen Ordnung der Stadt Villingen zeigt. In die Nutzung des Wassers der Birsach teilten sich demzufolge die Müller, die

Oben links: Die Vogelschau Rottweils in diesem Ausschnitt aus der sogenannten Pürschgerichtskarte (1564) zeigt links vom Kirchturm das der Versorgung der Stadt mit Waren dienende Kaufhaus.

Ganz oben: Auch auf Burgen waren Aborterker gebräuchlich. Hier jener am Wohnturm der Burg Neu-Süns bei Paspels (Kt. Graubünden) aus dem 13. Jahrhundert.

Oben. Bei Grabungen auf dem Zürcher Münsterhof wurde diese mittelalterliche »Straßenpflästerung« aus Lesesteinen freigelegt.

Ausschnitt aus dem Prospekt der Stadt Ravensburg von David Mieser (1625). Durch den Straßenzug (rechts von der Bildmitte) verläuft der Stadtbach, der zugleich noch eine Mühle antrieb.

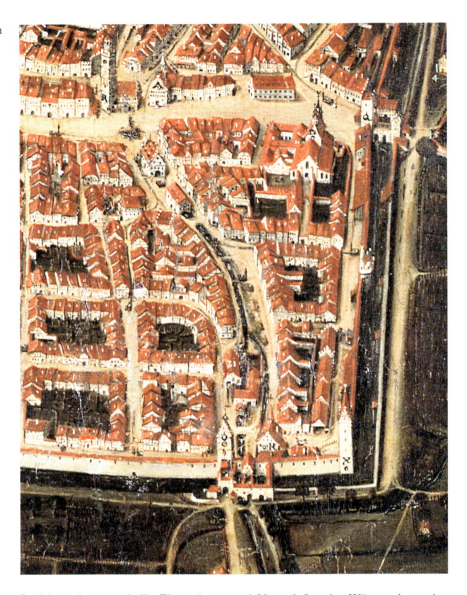

Stadtbewohner und die Eigentümer und Nutznießer der Wässerwiesen im Umfeld der Stadt. Die Ordnung schreibt dann im Detail vor, wie das Wasser in die einzelnen Quartiere und Gassen der Stadt geleitet und verteilt werden müsse. Auf seinem Weg durch die Stadt wurde es zunehmend verschmutzt und floß schließlich durch unterirdische Kanäle (sogenannte »Tollen«) in die Stadtgräben, nachdem nachweislich die Barfüßer das Abwasser des Stadtbachs zur Spülung ihres »Privetes« benutzt hatten. Im Hinblick auf die Wasserversorgung nahm man denn auch besondere Rücksicht auf die durch die Stadt führenden Flüsse. So waren überall flußabwärts gelegene, ganz bestimmte Stellen zur Entsorgung vorgesehen, oder die Einleitung von Schmutz war auf bestimmte Zeiten beschränkt. Beispiele dafür finden sich in den Städten Nürnberg, Luzern und Ulm.

Ökologie und Hygiene

Über die Sauberkeit und Hygiene der mittelalterlichen Stadt ist schon viel geredet und geschrieben worden. Heute werden Fragen wie diejenige nach Schmutz und Abfall differenzierter betrachtet, weil neuerdings auch ökologische Aspekte berücksichtigt werden. Bei geschlossenen Kreisläufen verringern sich nämlich zwangsläufig auch die Entsorgungsprobleme. In einer mittelalterlichen Stadt herrschten teilweise Zustände wie heute noch in einem Bauerndorf: Zwar trifft man dort auf Mist- und Abfallhaufen, doch stößt man kaum auf überfüllte Abfallgruben oder auf Kot in den Gewässern.

Auch die archäologischen Befunde sind in diesem Bereich uneinheitlich. Während in den einen Städten die Kloaken während Jahrhunderten nicht geleert und schließlich gänzlich »vergessen« wurden, sind solche Gruben

362

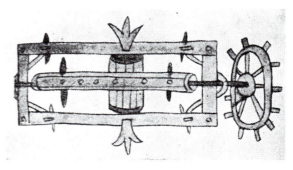

Für die Trinkwasserversorgung wurde auch schon im Mittelalter die Technik eingesetzt: Links in einer Darstellung aus den »Wickiana« (16. Jahrhundert) das von der Limmat angetriebene Schöpfrad auf der Zürcher Rathausbrücke (erwähnt im 14./15. Jahrhundert), rechts die »Konstruktionszeichnung« für einen mit einer Haspel angetriebenen Tüchel- (oder Deuchel-) bohrer, mit dem man Wasserleitungen herstellte (um 1430).

anderswo eher die Ausnahme. Anläßlich der Zürcher Münsterhofgrabung entdeckte man an der Bodenverkleidung einer Fäkaliengrube Abnützungsspuren, die offenbar von der regelmäßigen Leerung der Grube herrührten. Es gab somit Orte, die die Inhalte der Kloaken zur Bewirtschaftung der Fluren innerhalb und außerhalb der Stadt heranzogen, und andere, in denen die Fäkalien im Boden liegenblieben oder diskret beseitigt wurden. In der Stadt Zürich waren Mist, tierische und menschliche Fäkalien sowie weitere organische Abfälle recht gefragt: Dieser Dünger wurde, wie aus Schifferordnungen und städtischen Marktordnungen ersichtlich ist, auf dem See- und Flußweg aus der Stadt gebracht und in die Rebberge ausgetragen. Vor allem die geistlichen Grundherren bestanden bei der Ausstellung von Pacht- und Leihverträgen auf einer regelmäßigen Düngung der Äcker und Reben, entweder aus der hofeigenen Viehhaltung oder durch die Zufuhr von außen.

Ganz anders waren die Verhältnisse in Nürnberg, wenn man dem Baumeisterbuch von Endres Tucher vom Ende des 15. Jahrhunderts Glauben schenken will. Tucher berichtet von einem völlig ungeeigneten Brunnenschacht, der bis aufs Grundwasser hinunter mit Fäkalien verklebt war und nur mit großem Aufwand behelfsmäßig saniert werden konnte. Außerdem verlangte der Baumeister, die Leute sollten nur so viel Kot in die Pegnitz schütten, wie das Wasser verkraften könne. Dünger war wohl in der vom Fernhandel geprägten Stadt weit weniger gefragt als in Zürich. Eine Urkunde von 1218 erwähnt denn auch, das Umland von Nürnberg sei weder mit Reben noch mit fruchtbaren Ackerfluren gesegnet.

Unterschiede gab es auch in der Behandlung von nichtorganischen Abfällen; darunter machte der Bauschutt den weitaus größten Teil aus. In Ulm, wo es zur Schaffung und Verfestigung von Baugrund keiner Materialien bedurfte, existierte nach Felix Fabri etwas unterhalb der Stadt an der Donau eine jedermann zugängliche Abraumhalde. Anders gestalteten sich die Verhältnisse in der Stadt Zürich, wo bis weit in die Neuzeit der Bauschutt nach Anweisung des Stadtbaumeisters an bestimmten Stellen deponiert werden mußte. Zunächst setzte der Stadtbaumeister Schutt für die Planierungen im Umfeld der Ringmauern ein, später für Aufschüttungen im Bereich der Limmatufer, und schließlich im 18. Jahrhundert auch noch zur Verfestigung der Unterlage in den sumpfigen Niederungen im Vorfeld der Stadt.

Charakteristisch für die mittelalterliche Wirtschaft war es, daß man Abfälle tunlichst vermied und für die Wiederverwertung zahlreicher Stoffe sorgte, denen man heute kaum noch Beachtung schenken würde. Wo in Schriftquellen von Gewerben die Rede ist, trifft man häufig auf reparaturbezogene Handwerke, so die Gewerbe der Flickschuster und der Altwalker (Wiederaufbereitung von gebrauchten Stoffen). Auch Gebrauchtwarenmärkte waren weit verbreitet. Eigentümlich muten heute Zürcher Ratsverfügungen an, die die Abgabe von »Rindsadern« verlangten. Gemeint waren Sehnen von geschlachteten Rindern, die für die Herstellung von Armbrüsten gebraucht wurden. Daß es Ende des 15. Jahrhunderts in Zürich zu einem Prozeß kam, weil jemand den Faßbindern den Weinstein von den Faßdauben abgekratzt hatte, erklärt sich dadurch, daß man gelösten Weinstein im Färbereigewerbe unter anderem als Stabilisierungsmittel benutzte. Vom haushälterischen

Blick in die Berner Spitalgasse von Westen (um 1680) mit dem »Stadtbach« in der Straßenmitte, der von den Abwässern der Brunnen gespiesen wurde. Nach mehreren Nutzungen wurde das Wasser schließlich vom »Bachmeister« zum Spülen der Ehgräben verwendet.

Umgang mit Wasser zeugt auch eine der ältesten Zürcher Feuerschutzverordnungen von 1314: Gebrauchtes Wasser sollte zum Feuerlöschen im Haus aufgehoben werden, so daß für den Notfall stets ein voller Eimer zum Feuerlöschen bereitstand.

Die im 11. und 12. Jahrhundert einsetzende Urbanisierung führte zu einer radikalen Veränderung der mittelalterlichen Welt und der Lebensbedingungen in den zahlreichen neuen und vielfach rasch wachsenden Städten. Das Zusammenleben zahlreicher Menschen in der Stadt brachte neue Probleme mit sich, Probleme der Versorgung, der Entsorgung und Sorgen mit den Gewerbebetrieben in der Stadt. Zwar war die Stadt des Mittelalters noch weitgehend eine Wiederverwertungsgesellschaft, doch die Vielzahl von Menschen, die nun auf engem Raum zusammengepfercht lebten, und die Entstehung neuer, vielfach auch lästiger Gewerbe erzeugten Unbehagen, Gestank und Abfall. Die Art, damit umzugehen, war an sich nicht neu; ähnlich verfuhr man bereits im antiken Rom: Die Gewerbe wurden in die Außenbezirke der Stadt verbannt, die Häuser bekamen Sickergruben, die Straßen wurden mit Kanalisationen versehen: Dazu bedurfte es keiner großen Theorien, praktische, sinnliche Erfahrungen genügten dazu vollauf. Umweltschutz, sofern dieser Begriff auf das Mittelalter überhaupt anwendbar ist, entstand aus der konkreten urbanen Situation, auf die man pragmatisch und tastend zu reagieren versuchte, wie das die Schriftquellen denn auch immer wieder belegen.

EDGAR HÖFLER/MARTIN ILLI

Aus dem Hausbuch der Mendelschen Zwölfbrüderstiftung (um 1425): Straßenreiniger, der hohe hölzerne Trippen trägt.

Versorgung und Entsorgung nach dem archäologischen Befund

Der gegenwärtige Forschungsstand erlaubt es noch nicht, einen repräsentativen Überblick über die Organisation der Entsorgung in den mittelalterlichen Städten Baden-Württembergs und der Nordostschweiz allein auf der Basis archäologischer Zeugnisse zu geben. Systematisch wurden Entsorgungseinrichtungen des 13. und 14. Jahrhunderts archäologisch nur punktuell, nur in einzelnen Städten und mit regional sehr unterschiedlicher Intensität untersucht, so vor allem in Freiburg, Zürich, Schaffhausen, Villingen, Konstanz, Breisach und Ulm; klösterliche Entsorgungsanlagen, wie die Latrine im Augustiner-Eremitenkloster in Freiburg oder im Kloster zu Allerheiligen in Schaffhausen, bleiben hier außer Betracht. Anstelle eines archäologisch-historischen Geamtüberblicks beschränkt sich die vorliegende Darstellung auf die Konstanzer Befunde.

In Konstanz selbst verfügt man dabei erst für die Zeit ab dem mittleren Drittel des 13. Jahrhunderts über sichere, gut datierte Hinweise auf die Anlage systematischer Entsorgungseinrichtungen. Bis heute liegt dagegen kein sicher datierter Befund vor, der in die Zeit vor 1200 zurückreicht. Anders ist die Situation bei Städten wie Freiburg, Zürich und Villingen, deren Befunde weiter zurückreichen.

In der Stadt Konstanz gab es im 13. Jahrhundert, so belegen es die archäologischen Befunde, zwei grundsätzlich verschiedene Formen der Fäkal- und Abfallentsorgung. Die Latrinen (in den mittelalterlichen Quellen »schissgruob«, »sprachhus« oder »privathüslin« genannt) verweisen dabei auf die private Zuständigkeit für Abfall- und Fäkalentsorgung auf den einzelnen Hofraiten. Eine zweite, halböffentliche Form der Entsorgung erfolgt in Konstanz über »Eh- oder Wuostgräben«, vor allem auf der seewärtigen »Wachstumsseite« der Stadt, die durch systematische Auffüllungen alten Ufergeländes von etwa 1200 an entstand.

Diese Auffüllungen stellen eine dritte, nunmehr öffentliche Form der Abfallentsorgung in den alten Flachwasserzonen mit einer gemischten Primär- und Sekundärentsorgung dar. Dabei wurde ein doppelter Effekt erzielt: Baulandgewinnung und Entsorgung konnten sinnvoll miteinander verbunden werden. Die vierte nachweisbare Form der Abfallentsorgung ist dann bereits reine »Sekundärentsorgung«: es handelt sich um das Ausbringen von Latrineninhalten und anderen Abfällen auf die Ackerflächen rund um die mittelalterliche Stadt, wo sie als Dünger dienten. Erhalten hat sich davon in Konstanz bis heute ein »Scherbenschleier«, der sich über das unbebaut gebliebene, da in unmittelbarer Grenznähe gelegene, seit dem Mittelalter linksrheinisch als Ackerland genutzte Tägermoos legt. Mangels datierter Befunde bleiben hier weitere Aspekte öffentlicher Entsorgung und Reinigung außer Betracht, so die Straßensäuberung, die Entsorgung des Oberflächen- und Dachflächenwassers, die Gossen oder »Runsen«, wie man sie in Zürich kennt, die Stadtbäche, darunter die »Bächle« in Freiburg, deren Entstehung bereits zur Gründungszeit von Freiburg zwar jüngst von Klaus Grewe wieder vorgetragen wurde, aber bis heute nicht gesichert ist. Auch die gefaßten Schmutzwasserbäche, die »Tolen«, die im Übergangsbereich von öffentlicher zu privater Entsorgung stehen, bleiben unerwähnt, da es so gut datierte Befunde, wie sie für die Schlüsselgasse 3 in Zürich vorliegen, in Konstanz nur vereinzelt gibt.

Die Latrinenentsorgung

Zwei großflächig untersuchte Konstanzer Areale, die Obere Augustinergasse und das Gebiet zwischen Katzgasse 3 und Katzgasse 9, vermitteln einen guten Überblick über Lage und Bauformen mittelalterlicher Abortgruben. An erster Stelle steht dabei die Obere Augustinergasse, wo auf einem rund 1200 m² umfassenden Hinterhofareal bei Rettungsgrabungen 1986/87 Reste von Grundstücksgrenzen und mehreren Latrinen entweder teilweise oder vollständig geborgen werden konnten.

Eingetieft in den gewachsenen Boden beziehungsweise in eine erste Planier-

Unten: Eine gepflasterte Straßenoberfläche aus der Konstanzer Konradigasse (14. Jahrhundert)

Unten links: Übersichtsplan über die Latrinen und Abzugsgräben des 13./14. Jahrhunderts an der Oberen Augustinergasse in Konstanz

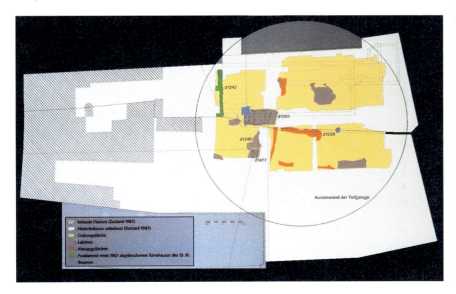

Grabung Obere Augustinergasse, Konstanz: Querschnitt durch eine nicht ausgesteifte Fäkalgrube (unten), Übersicht über vier in- bzw. nebeneinanderliegend eingetiefte Latrinen (unten Mitte), Schnitt durch eine Latrine des 14. Jahrhunderts (ganz unten). Gut sichtbar sind die alternierenden Fäkal- und Lettenschichten.

schicht des 13. Jahrhunderts, ließen sich dabei zwischen schmalen Gräben, die wohl als Grundstückseinteilungen und zugleich als Abzugsgräben zu interpretieren sind, insgesamt 8 Latrinen des späten 13., des 14. und des ausgehenden 15. Jahrhunderts nachweisen. Wiederholt haben sich im Feuchtboden Holzbefunde erhalten, die auch eine exakte dendrochronologische Datierung der Entsorgungsbefunde erlauben. Die Abortgruben selbst liegen dabei erwartungsgemäß in charakteristischer Randlage, möglichst dicht an den durch Gräben gekennzeichneten Grenzen der einzelnen Hofraiten.

An erster Stelle zu nennen sind hier mehrere schlichte, nicht ausgesteifte offene Erdgruben mit einer Grundfläche von einem bis zu maximal 7 m² und einer Tiefe von 1,5 m. Die älteste Grube datiert in die zweite Hälfte des 13. Jahrhunderts (dendrochronologische Datierung 1240, ohne Waldkante). Bemerkenswert ist hier insbesondere die »Konzentration« von bis zu vier Gruben auf engstem Raum. Jeweils innerhalb nur kurzer Zeit aufgegeben und dann wieder neu angelegt, sind sie zum Teil überschneidend ineinander eingetieft. Die Verfüllung zeigt alternierende Bänder von Fäkalschichten und dicken grauen Tonschichten. Möglicherweise wurden die Tonpakete bei Teilentleerungen zur Geruchsisolierung eingebracht.

Die Erdgruben besaßen auch keine Lettenauskleidung an den Außenwänden. Dies im Gegensatz zu einer großen, holzausgesteiften Latrine, die im Feuchtboden hervorragend konserviert wurde. Sie zeigt besonders anschaulich die aufwendige Konstruktion privater Entsorgungsanlagen. Im vorliegenden Fall verfügte sie über ein Fassungsvermögen von mindestens 90 m³ (das alte »Gebrauchsniveau« war nicht erhalten geblieben), und sie präsentiert sich als fast senkrecht ausgehobene, langrechteckige Grube. Die Seiten waren mit Letten ausgekleidet, am oberen Rand saß auf der Außenseite der Lettenauskleidung eine dichte Reihe senkrecht gesetzter Schindeln, deren Funktion nicht bekannt ist. Die vier Innenseiten der Latrine waren mit dicht gesetzten, grob zugerichteten Bohlen ausgekleidet, die in den Ecken und auf den Längs- und Schmalseiten von je zwei ebenfalls rechteckig zugehauenen Vertikalständern fixiert wurden. Zusätzlich sicherten dünne Rundhölzer und grob zugerichtete Balken als Quersprieße die Latrine gegen den äußeren Erddruck. Der Boden der Latrine besaß keine Holzauskleidung, die Konstruktion des Aufgehenden war an keiner Stelle erhalten. Einzig in die Latrine verstürzte Bretter der Abdeckung sowie ein in der Verfüllung geborgener Klositz sind von der aufgehenden Konstruktion erhalten geblieben. Die Brandspuren am Klositz könnten erklären, warum die nach Ausweis der dendrochronologischen Daten 1301 erbaute Latrine aufgegeben wurde: vermutlich war das Klohäuschen abgebrannt. Nach Ausweis des homogenen Fundmateriales ist diese Latrine nur sehr kurze Zeit, kaum länger als ein halbes Jahrhundert, benützt worden, und sie wurde auch niemals zur Gänze entleert, was angesichts der zahlreichen Quersprieße auch erhebliche Schwierigkeiten geboten hätte.

Wohl ebenfalls nur kurze Zeit diente eine weitere spätmittelalterliche Latrine an der Oberen Augustinergasse ihrem Zweck. Sie war rechteckig eingetieft und besaß keine Aussteifungen; nach der Aufgabe wurde sie mit Holzbrettern abgedeckt. Das dendrochronologisch ermittelte Datum 1477 gibt einen *terminus ad quem* für die Aufgabe und einen *terminus ante quem* für die Datierung des Fundinventars, das durchweg der zweiten Hälfte des 15. Jahrhunderts angehört. Zugleich zeigt dieser Befund auch, welche Folgen aufgelassene Latrinenschächte in den Hofraiten nach sich zogen: Im Lauf der Zeit sackten die Fäkalschichten zusammen, die darüberliegenden Planierschichten rutschten nach, und es entstanden Senken in den Hofarealen; die Holzabdeckung des Latrinenschachts sollte dies verhindern.

Nicht endgültig geklärt ist die Funktion zahlreicher weiterer, zum Teil großflächiger Gruben, die im Grabungsgebiet angetroffen wurden. Sie scheinen teilweise durch Stichgräben miteinander verbunden gewesen zu sein. Gruben wie Gräben sind gleichermaßen mit umgesetztem Fäkal- und Tonmaterial verfüllt; sie dienten wohl ursprünglich nicht der Entsorgung und wurden erst sekundär verfüllt. Möglicherweise wurden sie ursprünglich von Handwerkern, vielleicht den Gerbern benutzt, oder sie stehen im Zusammenhang mit der Textilverarbeitung, da in der großen, in das Jahr 1301 datierten Latrine große Mengen von Leinkapseln gefunden wurden, die die Textilherstellung in diesem Quartier belegen.

Obere Augustinergasse, Konstanz: Links: Übersicht über die große holzausgesteifte Latrine (1301d). Links Mitte: Detailaufnahme des Holzverbaues der Latrine (1301d). Links unten: Der Latrinensitz »in situ«. Unten: Aufsicht auf die Holzabdeckung einer aufgegebenen spätmittelalterlichen Latrine (1477d) Ganz unten: Übersicht über eine sekundär mit Fäkalmaterial verfüllte Handwerker(?)grube.

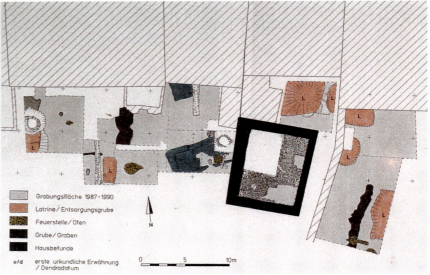

Ganz oben: Aufsicht auf die große spätmittelalterliche Latrine hinter der Liegenschaft Katzgasse 3 in Konstanz.

Oben Mitte: Die Latrinen hinter der Katzgasse 9 (Aufsicht auf eine schlichte, unverschalte Erdgrube in ausgenommenem Zustand und Ansicht des Latrinenschachts der dendrochronologisch 1229 datierten Grube).

Oben: Konstanz, Brückengasse 5/7; Blick auf einen gemauerten, rechteckigen Latrinenschacht in noch nicht ausgenommenem Zustand.

Oben rechts: Übersicht über die Latrinen hinter den Liegenschaften Katzgasse 3–9: 1 13. Jh., 2 14. Jh., 3 15. Jh., 4 16. Jh., 5 17. Jh., 6 nicht datierte Baubefunde, 7 nicht untersuchte Hofflächen, L Latrine, B Brunnen, d/n dendrochronologische/urkundliche Daten.

Ein weiteres Beispiel privater Entsorgungsstruktur förderten die Grabungen in den Höfen der Liegenschaften Katzgasse 3 bis 9 zutage. Das Quartier, unmittelbar westlich der Kathedrale gelegen, war nachweislich ab der Spätlatènezeit besiedelt. Vom 13. Jahrhundert an befanden sich die Grundstücke, soweit urkundlich faßbar, weitgehend in den Händen der Domherren sowie des Stadtpatriziats. Im Gegensatz zur Oberen Augustinergasse, wo die rückwärtige Hofbebauung des 19. Jahrhunderts die älteren Grundstückseinteilungen im Aufgehenden beseitigt hatte, sind hier auch im Aufgehenden die Grundstücksabgrenzungen noch teilweise erhalten.

Auf dem Grundstück Katzgasse 3 konnten hinter dem 1424 neu errichteten Zunfthaus zur Katze drei Latrinen erfaßt werden. Zwei Gruben (1,9 × 2,3 m, Tiefe 2,1 m; 3,5 × 2 m, Tiefe 0,9 m), unmittelbar an der großen steinernen Parzellengrenze zwischen der Katzgasse 3 und 5 angelegt, datieren ins 14. Jahrhundert und sind als schlichte Erdgruben eingetieft. Holzaussteifungen oder gar Verbretterungen haben sich im Mineralboden auch als Verfärbung nicht erhalten. Bereits ins frühe 15. Jahrhundert datiert dann die dritte, etwa 70 bis 80 m³ Volumen fassende Abtrittgrube mitten im Hof der Liegenschaft. Reste einer hölzernen Ausschalung lassen eine Sicherung der Grube vermuten. Hinweise auf eine Queraussteifung haben sich jedoch nicht erhalten. Die Latrine war, wie auch die beiden anderen Gruben auf diesem Grundstück, in »vollem« Zustand aufgegeben worden. Der stratigraphisch kaum mehr trennbare Inhalt und das sehr homogene keramische Fundspektrum weisen beide auf eine sehr kurze, nicht mehr als eine Generation umfassende Nutzungsdauer hin. Ebenfalls mit Horizontalbrettern ausgesteift war die große Latrine nördlich des romanischen Turmhauses Katzgasse 5, die ins 13. Jahrhundert datiert und erstmals den Beleg für eine weitgehend entleerte und ausgeputzte Abtrittgrube erbrachte. Der archäologische Befund erklärt diese bislang einzigartige Beobachtung: Das Fundament des unmittelbar benachbarten Turmhauses Katzgasse 5 hatte offensichtlich unter der aus der Abortgrube ausgetretenen Feuchtigkeit gelitten. Zur Sanierung wurde das Gebäudefundament mit einer Lehmpackung abgedichtet, die Grube selbst entleert und aufgegeben. Gefüllt hingegen blieben die beiden weiteren Gruben hinter der Katzgasse 9. Die eine zeigt wiederum eine aufwendige Holzaussteifung (Fläche 4,25 m², Dendrodatum 1229, ohne Waldkante, Splint 1220), die zweite — mit einem extrem reichen Fundinventar aus der Zeit um 1300 (darunter zwei fast vollständig erhaltene emailbemalte Becher) — war als schlichte Erdgrube von 3 m Länge, 1,5 m Breite und 1,2 m Tiefe angelegt (zum botanischen und zoologischen Befund vgl. die Beiträge »Kultur- und Nutzpflanzen in Konstanz«, Seite 292 und »Die Fleischküche«, Seite 297).

Zusammenfassend läßt sich feststellen: Die private Entsorgung der Konstanzer Haushalte stützt sich auf zwei Latrinentypen, auf schlichte Erdgruben und auf mit unterschiedlichem Aufwand holzausgesteifte Gruben. Der zimmermannstechnische Einsatz bemaß sich offensichtlich nach der Größe der Gruben: Bislang fanden sich Holzaussteifungen nur in sehr großen, 70 bis

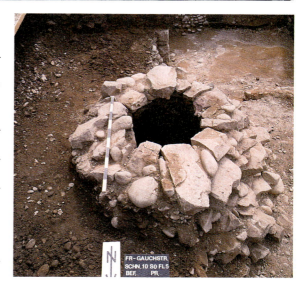

90 m³ umfassenden Abtritten. Im Zeitraum zwischen der zweiten Hälfte des 13. Jahrhunderts und dem 15. Jahrhundert veränderten sich die Gruben offenbar typologisch kaum. Ebensowenig gibt es bis heute eindeutige Hinweise darauf, daß Größe und Ausstattung der Grube mit der Qualität des geborgenen Fundinventars korrelieren, was Rückschlüsse auf den Status der Erbauer beziehungsweise der Nutzer zulassen würde. Nur einmal konnte in Konstanz bislang ein gemauerter Latrinenschacht angetroffen werden; im Hinterhof der Brückengasse 5 wurde im Zug von Aushubarbeiten ein rechteckig gemauerter Latrinenschacht des 14. Jahrhunderts freigelegt.

Im Gegensatz zu Konstanz sind aus Zürich zahlreiche Beispiele steingefaßter, trockengemauerter »Schissgruben« bekannt. Ihre Durchmesser liegen bei 3 bis 4 m, sie sind zwischen 4 und 6 m abgetieft. Sowohl die Latrinenschächte in der Froschaugasse 7, hinter dem Neumarkt 15, wie diejenigen hinter dem Vorderen und Hinteren Roten Ochsen (Niederdorfstraße 4/6) waren im frühen 16. beziehungsweise im frühen 14. Jahrhundert sorgfältig entleert und mit verdichtbarem Füllmaterial zugeschüttet worden. Geleert war auch die gemauerte Latrine 8 (2,5 × 2 m Fläche) aus dem 14./15. Jahrhundert auf dem Münsterhof, lediglich die trockengemauerte Latrine des mittleren 12. Jahrhunderts, die bis ins mittlere 13. Jahrhundert benützt wurde, blieb in gefülltem Zustand erhalten und erbrachte hervorragende paläobotanische und zoologische Befunde. Drei von vier weiteren, deutlich kleineren Fäkaliengruben (Kantenlänge zwischen 0,7 und 1,5 m) wiesen eine Aussteifung auf, so die Abfallgrube 1, mit ihrem großen, aufwendig gezimmerten Blockverbau, der dank drei Dendrodaten in die Zeit zwischen 1132 bis 1148 datiert werden kann. Angesichts dieser frühen Datierung ist jedoch darauf hinzuweisen, daß bei den dendrochronologischen Datierungen der Konstanzer Latrinen auffiel, daß hier zum Teil größere Mengen von Bauholz erst sekundär zum Latrinenbau verwendet wurden.

Aus Freiburg sind holzausgesteifte Latrinen bislang nicht bekannt. Den Zürcher Befunden vergleichbar sind jedoch die runden, gemauerten Latrinenschächte mit einem Durchmesser von rund 2 bis 3 m und einer Tiefe von bis zu 5 m (Gauchstraße, Schloßberggarage, Deutschordenskommende und Harmoniegelände; die ältesten Befunde stammen aus dem ausgehenden 12. und frühen 13. Jahrhundert). Eine Freiburger Besonderheit scheint die Kuppelüberwölbung des Latrinenrands zu sein. Wie in Zürich, so wurden auch in Freiburg die Latrinenschächte lange Zeit benützt und immer wieder sorgfältig entleert. Auch aus Ulm sind gemauerte Latrinen des 14. Jahrhunderts (Grüner Hof, Frauenstraße, Rosengasse) und aus der Zeit um 1500 (Münsterplatz/Neuer Bau) bekannt. Bislang konnten dort jedoch nur die gemauerten

Ganz oben links: Zürich, Froschaugasse: trockengemauerter Latrinenschacht

Ganz oben: Zürich, Münsterhof: Blick auf den gemauerten Latrinenschacht 4

Oben: Freiburg, Gauchstrasse: Blick auf einen kuppelförmig überwölbten Latrinenschacht mit Abwurfloch

0   10   20 cm

Oben: Sitzbrett eines Plumpsklosetts aus dem 13. Jahrhundert (Zürich, Münsterhof)

Rechts: Sitzbrett eines Abtrittes aus Konstanz (Obere Augustinergasse). Die Latrine wurde nach Ausweis der Dendrodaten 1301 gebaut, der Sitz dürfte in dieselbe Zeit datieren

Fassungen der Schächte auf der Sohle von Baugruben ergraben werden; diese Fäkaliengruben waren mit reichem Fundmaterial verfüllt. Unbekannt ist, ob sie kuppelüberwölbt oder mit einer flachen Holzverbretterung abgedeckt waren.

Eine trockengemauerte Latrine ist auch aus Villingen bekannt (Rietgasse 27/29). Wie in Freiburg und Zürich, so fällt auch hier die lange Nutzungsdauer der Latrine auf. Sie wurde im 14. Jahrhundert angelegt und bis ins 17. Jahrhundert benützt und dabei niemals vollständig entleert; im Unterschied zu den Freiburger Latrinen ist sie allerdings nur 1,5 m eingetieft, besitzt jedoch eine Grundfläche von über 10 m². Charakteristisch für die frühe Entsorgung in Villingen sind indes einfache Erdgruben, die durch Faschinengeflecht ausgekleidet waren. Die Nutzungszeit der bislang ältesten, faschinenausgekleideten Grube aus der Gerbergasse 1 datiert ein 1210 gefälltes Verfüllholz. Soweit man bis heute weiß, gehörten in der Regel jeweils ein bis zwei solcher Gruben, die höchstens 1,5 m eingetieft waren und einen Durchmesser von rund 2 m aufwiesen, zu einer Liegenschaft. In Konstanz konnte bislang nicht eine einzige faschinenausgekleidete Abortgrube erfaßt werden, aus Villingen kennt man andererseits bisher noch keine bretterverschalten Gruben. Am Schluß seien ein paar Grubenbefunde aus Breisach erwähnt. Zwar interpretiert der Ausgräber quadratische und runde Gruben mit einem Durchmesser von 1 bis 2 m und einer Eingrabungstiefe von ursprünglich etwa 5 m nicht ausdrücklich als Fäkalschächte; auffallend ist auch das Fehlen jeglicher Art von Aussteifung. Die Mehrzahl der Gruben kann jedoch den oben genannten Latrinenschächten zugeordnet werden; dazu fügt sich auch das Fundmaterial aus der zweiten Hälfte des 13. Jahrhunderts.

Diese knappe Übersicht zeigt, daß beim Latrinenbau in jeder Stadt mit charakteristischen Bauformen zu rechnen ist. Neben örtlichen Spezifika bestimmt mit Sicherheit der jeweils anstehende gewachsene Boden die gewählte Konstruktionsart. Im weichen, glazialen Konstanzer Sand und Ton ist es leichter, großflächige Gruben anzulegen, die dann freilich auch bei einer relativ geringen Tiefe ausgesteift werden mußten. Tiefe sodartige Anlagen wie in Freiburg oder Zürich, die bis zu 5 m unter die Oberfläche hinabgetrieben wurden, wären im weichen Konstanzer Baugrund nur schwer zu realisieren gewesen, vor allem wäre man hier sehr schnell auf den hoch anstehenden Grundwasserspiegel gestoßen. Auch die von Ort zu Ort ganz unterschiedliche Nutzungsdauer und Frequenz der Entleerung könnten ihre Ursache in der Konstruktion der Anlagen haben: Die steingefaßten Latrinen sind wesentlich leichter zu leeren als die nicht oder teilweise nur schwach verbauten Erdgruben. Vor Verallgemeinerungen sollte man sich jedoch hüten.

Aufgehendes aus Ausstattung

Greifbare archäologische Befunde, die Hinweise auf den aufgehenden Bestand der Abtritte geben könnten, fehlen weitgehend. Insbesondere für die weitab der Häuser, an den entfernten Rändern der Grundstücke eingetieften Abortgruben reichen die spärlichen Befunde zur Rekonstruktion aufgehender Bauten in keiner Weise aus. Beim Zürcher Münsterhof lassen die zahlreichen Brettschindeln in der Verfüllung der Abortgrube 4 eine Überdachung des Abtritts vermuten, und damit stimmen analoge Beobachtungen in Konstanzer Gruben der Zeit um 1300 und des frühen 15. Jahrhunderts überein. Ein anschaulicheres Bild liefert einzig die bekannte Darstellung des Baschi Hegner aus den »Wickiana« (um 1564), der auf dem Weg zum Abtritt die Treppe hinunterstürzt. Das zweisitzige Plumpsklo schützt ein schmaler, ziegelgedeckter Überstand, auf der verbretterten Rückseite ist ein strohgefülltes Körbchen angebracht. Vermutlich benutzte man als Ersatz für Toilettenpapier einst nicht nur Stroh, sondern auch Moos und in Stücke gerissene Textilien. Klositze des 13. beziehungsweise des frühen 14. Jahrhunderts sind bislang nur aus Zürich und Konstanz bekannt geworden.

Eh- oder Wuostgräben

Die Wuostgräben folgen der Grenze zwischen den rückwärtigen Schmalseiten zweier von Gassen oder Straßen ausgehender Grundstücke und führen, dem Geländegefälle folgend, in Konstanz zum Seeufer beziehungsweise zum Stadtrand. Das Konstanzer »Buoch der wuostgraben und thollen und profatten« (1460 begonnen und weitergeführt bis 1636) nennt insgesamt 15 Ehgräben. Besonders gut erhalten ist bis heute der Ehgraben »Zum Helffandt«, der durch zwei Quartiere hindurch bis zum östlichen Stadtrand führt. Die Funktion dieser Gräben ist in Konstanz (da noch in Funktion) gut ablesbar. Die Aborterker — Rucksäcken vergleichbare, an die Liegenschaften angehängte Abtritte — entwässern gemeinschaftlich in die Ehgräben. Die Abwässer werden spätestens seit dem 19. Jahrhundert über Fallrohre gefaßt. Die Reinigung der Ehgräben war, dies ist den Schriftzeugnissen zu entnehmen, gemeinsame Aufgabe der Anstößer, die der Stadt für die Reinigung Gebühren zu entrichten hatten; das Konstanzer Wuostgrabenbuoch etwa verzeichnet die Einnahmen und Ausgaben für diese Reinigung.

Die Datierung der Anlage dieser Gräben ist bis heute schwierig; gänzlich auszuschließen ist jedoch die bis in jüngste Zeit geäußerte Vermutung, wonach die Gräben hochmittelalterlichen oder noch älteren Stadtmauerverläufen folgten. Für eine sichere zeitliche Einordnung wären monumentenarchäologische Untersuchungen der anstoßenden Gebäude sowie archäologische Untersuchungen in den Gräben selbst notwendig. Nur ein Teilstück des durch kürzlich erfolgte Eindolung allerdings stark gestörten Ehgrabens »Zum Helffandt« konnte ergraben werden. Hier hatten sich Fragmente einer aus drei Brettern gefügten, breiten Ablaufrinne erhalten, die nach Ausweis der Dendrodaten allerdings erst 1669 angelegt wurde. Aller Wahrscheinlichkeit nach geht die Entstehung dieser Ehgräben in Konstanz mit dem Prozeß der Versteinerung, das heißt mit dem Stadtumbau ab dem frühen 13. Jahrhundert, einher. Dieser *terminus post quem* gilt jedenfalls für alle Wuostgräben im erst nach 1200 gewachsenen Fischmarktquartier. In die selbe Zeit wird im übrigen die Entstehung der Zürcher Ehgräben datiert. Die in den Bildquellen des 19. Jahrhunderts überlieferte Stadtgestalt entspricht jedoch in ihrer baulichen Verdichtung sicher nicht der Situation des 13. und wohl auch nicht derjenigen des 14. Jahrhunderts, sie ist vielmehr das Ergebnis innerstädtischer Verdichtung auch auf den rückwärtigen Grundstücksteilen, die sich bis ins 19. Jahrhundert hinzog. Vermutlich entwickelten sich die von hohen Mauern umfassten Ehgräben aus den Abzugsgräben entlang den Grundstücksgrenzen, wie sie an der Oberen Augustinergasse nachgewiesen

Der Ehgraben zum Helffandt in Konstanz in der Mitte des 19. Jahrhunderts (Foto: German Wolf)

sind; darin zeigt sich auch eine Funktionskontinuität. Auch für Zürich nimmt Martin Illi an, daß die Ehgräben auf die Abzugs- beziehungsweise Grenzgräben zurückgehen; dafür spricht auch die Herkunft des Wortes »Eh«, das etwas für alle Zeiten Festgesetztes, eine festgesetzte Grenze, bezeichnete. Baubefunde für Abtritterker des 13. oder 14. Jahrhunderts sind bislang einzig in Zürich bekannt geworden. Im »Hinteren Rehböckli«, Preyergasse 16, befand sich seit 1310 ein Wandnischenabtritt, dessen hölzernes Fallrohr auf die leicht geneigte Gasse führte (vgl. Beitrag »Steinbau«, Seite 225). Im »Goldstein«, Münstergasse 21, reicht eine ähnliche Konstruktion gar ins mittlere 13. Jahrhundert zurück. In Schriftquellen sind solche Anlagen verschiedenen Orts für das 14. Jahrhundert belegt. Wie sie ausgesehen haben könnten, verraten einzig jüngere Bildquellen, so der Zürcher Murerplan (1576), der zum Teil auf mehrere Stockwerke verteilte und daher versetzt angeordnete Abtritterker zeigt.

Öffentliche Entsorgung durch Aufschüttung

Die aus niederländischen oder norddeutschen Städten bereits länger bekannten, flächigen Baulandgewinnungen durch Bauschutt, Müll-, Dung- und Fäkalplanierungen konnten in Südwestdeutschland in Konstanz erstmals flächig erfaßt werden. Gesichert sind solche Planierungen inzwischen in mehreren Bereichen der Seeseite der Stadt. Südlich und nördlich der Liegenschaft des Klosters Salem am unteren Fischmarkt, die im Schutz einer Umfassungsmauer innerhalb kurzer Zeit mit »sauberem«, nahezu sterilem Sand und Kies aufgefüllt wurde, erstrecken sich weite Flächen, die über einen längeren Zeitraum hinweg und offensichtlich von verschiedensten Gruppen aufgefüllt wurden. Besonders deutlich wird dies im schmalen Grabungsfeld am Fischmarkt zwischen Münzgasse und Salmannsweilerhof sichtbar. Ab dem letzten Drittel des 13. Jahrhunderts werden dort in die Flachwasserzone im wesentlichen drei Kategorien von Abfall und Müll entsorgt: An erster Stelle stehen der »Hausmüll«, also zerbrochene und unbrauchbar gewordene Gerätschaften des täglichen Gebrauchs (Glas, Keramik, Holz usw.) und Fäkalien. Sowohl Fäkalien wie der Hausrat, der, gemessen an den Latrineninventaren, extrem zerkleinert worden sein muß, gelangten als »Sekundärablagerung« an diesen Platz. An zweiter Stelle stehen Handwerkerabfälle, die, soweit sich das überblicken läßt, im Rahmen der Primärentsorgung dort abgelagert wurden. Besonders deutlich wird dies an den Abfällen aus der Paternoster- und Würfelproduktion, da sich im Fundmaterial alle Stufen des Produktionsprozesses bis hin zu den sehr kleinen Würfelrohlingen nachvollziehen lassen, was bei mehrfacher Umlagerung der Produktionsabfälle nicht in dieser Dichte zu erwarten wäre. Nachgewiesen sind ferner Abfälle von Fein- und Grobschmieden und von Flickschustern. An dritter Stelle dann steht die Ablagerung von Bauschutt. Die langandauernde Entsorgungs- und Auffülltätigkeit reicht hier bis ins ausgehende 15. Jahrhundert, dann erst werden die so gewonnenen Grundstücke bebaut. Ähnliche Befunde traten auch bei Kanalisationsarbeiten in den Nachbargassen zutage. Zwei in ihrer Art sehr unterschiedliche Auffüllvorgänge ließen sich auch auf der Konstanzer Marktstätte nachweisen. Die westliche Platzhälfte wird vor der Mitte des 12. Jahrhunderts mit organisch hoch angereicherten Schichten aufgefüllt, die eine relativ geringe Ausbeute an Kleinfunden erbrachten. Die Osthälfte der Marktstätte hingegen wird, und zwar im Zusammenhang mit der Verlagerung des Hafenbeckens, in der zweiten Hälfte des 14. Jahrhunderts ausschließlich mit Kies, Sand und Bauschutt aufplaniert, der, wie die verkohlten Hölzer und die verbrannten Kachelofenteile verraten, von städtischen Brandstellen abgeräumt worden war. Der Grund für die ausschließliche Verwendung von verdichtbarem Material liegt auf der Hand: Dieses Areal sollte innert kürzester Zeit als fester, begehbarer Platz zur Verfügung stehen.

Diese quasi »öffentliche« Müll- und Abfallentsorgung, über die Konstanzer Schriftquellen nicht orientieren, bezweckt freilich nicht einzig und allein die Gewinnung von Bauland, wie man zunächst vielleicht annehmen möchte; die Entsorgung erfolgt beispielsweise auch auf der Konstanzer Rheinbrücke, über die »verseichte Betten« in den Rhein geworfen wurden, nicht anders als in Zürich: Gewerbeabwässer wie feste Abfälle entsorgte man hier in die Limmat, die sie fortschwemmte. Die Folgen der Entsorgung von Fäkalien, Gewerbeabfällen und anderem Unrat in fließende Gewässer oder, wie im

Eine Grabung im Konstanzer Ehgraben zum Helffandt: zwischen den rezenten Verdohlungen haben sich nur noch spärliche Reste archäologischer Befunde erhalten, so Reste einer rinnenartigen Holzauskleidung.

Fall von Konstanz, ebenso in stehende Flachwasserzonen, dürften den Zeitgenossen nicht verborgen geblieben sein; der archäologische Nachweis des Teichfadens (zaniccellia palustris) dokumentiert jedenfalls die Eutrophierung der Flachwasserzone schon zu jener Zeit. So zeigen sich erstmals in der Stadt um 1300 die Grenzen des Wachstums: Die Freiflächen in der im 14. Jahrhundert beständig wachsenden Stadt gingen zurück, das zur Entsorgung anfallende Abfallvolumen nahm jedoch stetig zu. Verschiedenste Düfte und Gerüche bis hin zum schier unerträglichen Gestank waren Teil der mittelalterlichen Stadtluft und Anlaß zu ernsthafter Besorgnis. Denn den Miasmen, den üblen Gerüchen, schrieb man im Mittelalter krankmachende Wirkung zu.

Die Wasserversorgung — ein Ausblick

Untrennbar verbunden mit der städtischen Entsorgung ist die Versorgung der Bürger mit Wasser: Im süddeutschen Raum und in der Nordostschweiz beruht sie vor allem auf innerstädtischem Quell- und Grundwasser, außerdem wurde Flußwasser verbraucht. Die häusliche Wasserversorgung lag dabei vornehmlich in den Händen der einzelnen Stadtbürger, die sich über Sodbrunnen auf ihren Hofraiten versorgten; gelegentlich waren mehrere Haushaltungen zu Brunnengemeinschaften zusammengeschlossen. Vielfältiger sind die Formen der öffentlichen, kollektiven Wasserversorgung. Neben Ziehbrunnen kommt hier den Leitungsnetzen, die unter anderem die öffentlichen Laufbrunnen speisen, große Bedeutung zu. Bereits 1315 werden für Schaffhausen im Zusammenhang mit Brunnenbauten Wasserleitungen erwähnt. Aus Freiburg wird für das Jahr 1317 berichtet, daß von einer bestehenden städtischen Leitung eine Röhre für die Augustiner-Eremiten abgezweigt wird, und ein Jahr später ist vom großen, aus dem Netz gespeisten Laufbrunnen am Rathaus die Rede. 1333 stellt die Stadt dann einen Brunnenmeister ein, der die bestehenden Leitungen warten soll. Diese waren als Gefälleleitungen angelegt: Von höher gelegenen, gefaßten Quellen führten sie das Wasser in die Stadt hinein, wobei eine derartige Installation grundsätzlich auf eine geeignete Topographie angewiesen war. Für Zürich sind die ältesten städtischen Quellbrunnen, die die Röhrenbrunnen in flußferneren Stadtanlagen speisen sollten, erst ab 1430 urkundlich verbürgt (Leitung vom Fuß des Üetlibergs); der älteste Quellbrunnen, in einem nahe der Stadt gelegenen Weinberg gefaßt, war von Predigermönchen um 1231 errichtet worden. Auf eine natürliche Wasserzufuhr stützte sich auch die Wasserversorgung der Stadt Villingen. Für das Jahr 1364 ist urkundlich ausführlich belegt, wie das Brigachwasser durch einen Kanal in die Stadt hineingeführt und dort verteilt wurde. Für den Bau der Leitungen selbst wurden verschiedenste Materialien verwendet; neben den Holzrohren (»Deicheln«), wie man sie fast überall findet, wurde in Augsburg im 14. Jahrhundert auch mit Ton- und Eisenrohren experimentiert; ferner gibt es Hinweise auf den Gebrauch von Bleirohren.

In flußnahen Städten spielen Schöpfräder eine besondere Rolle. Der älteste diesbezügliche Beleg für Zürich datiert ins Jahr 1382 und bezieht sich vermutlich auf das »Untere Rad« auf der Unteren Limmatbrücke, das obere Rad wird erstmals im frühen 15. Jahrhundert genannt. Die Schöpfräder speisten unmittelbar auf der Brücke installierte Brunnen, denen eine wichtige Funktion in der öffentlichen Wasserversorgung zukam. Auch Wasserkünste sind in der Region bereits seit dem 14. Jahrhundert bekannt; so wird zum Beispiel in Ulm um 1340 im Gremlinger Turm eine Kunst installiert.

All diese Hinweise entstammen den Schriftquellen, die ab dem ausgehenden 13. Jahrhundert zunehmend besser über die städtische Wasserversorgung orientieren und ab dem 14. Jahrhundert reichlich fließen. In ausgesprochenem Gegensatz dazu stehen die archäologischen Zeugnisse. Repräsentativ läßt sich dies am Beispiel der Stadt Zürich zeigen, einer Stadt, die archäologisch intensiv betreut wird und für die aus der Zeit um 1300 ausschließlich Sodbrunnen bekannt sind. Die Situation in den anderen Städten ist kaum besser, auch hier sind aus der fraglichen Zeit ausschließlich Sodbrunnen bekannt. Sämtliche bekannten erhaltenen Teile von Leitungen, so die in großer Zahl aufgefundenen Holzdeichel, sind, soweit überhaupt datiert, frühestens spätmittelalterlich, wie beispielsweise die Deichelleitungen auf dem Münsterhof in Zürich. Die ins 13. und 14. Jahrhundert zu datierenden Frag-

Ganz oben: Die vier versetzten Abritterker der »Neuen Sammlung« (Spital) in Zürich, nach J. Murer, 1576

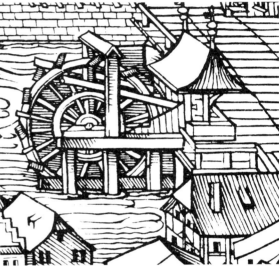

Oben: Zürich: Die Schöpfräder an der Limmat, Ausschnitt aus dem Murer-Plan, 1576.

373

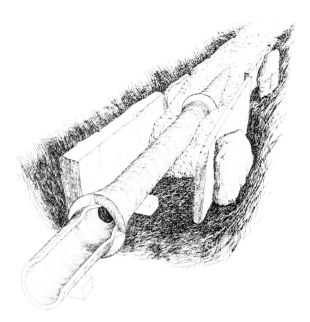

mente von Tonleitungen stammen aus dem klösterlichen Bereich, so Teile von Tonrohren aus dem Zürcher Predigerkloster. Mit welcher Vielfalt im Leitungsbau man im klösterlichen Bereich zu rechnen hat, dokumentiert sehr anschaulich das erste Wasserleitungssystem im Kreuzgang des Klosters Mariental aus der Zeit um 1300. Es zeigt Leitungen aus Dachziegeln, aus Bleiröhren und eine gut erhaltene Tonröhrenleitung. Die qualitätvollen Tonrohre stammen aus einer Feinware-Töpferei in Remshalden Buoch, die offensichtlich diese Rohre in größeren Mengen produzierte.

Die archäologisch schlechte Überlieferungsanlage im Bereich der Laufbrunnen, vor allem aber bei den Wasserleitungen mag ihren Grund darin haben, daß diese zumindest teilweise im öffentlichen Straßenraum verliefen und durch moderne Kanalisationsbauten meist vollständig zerstört wurden. Die hölzernen Deichel mußten überdies sehr häufig ausgewechselt werden, was kostenintensiv und aufwendig war. In Konstanz jedenfalls wurden beim Bau der Schwemmkanalisation, die erst in den siebziger und achtziger Jahren dieses Jahrhunderts in Angriff genommen wurde, nach Augenzeugenberichten Leitungen, vor allem Deichelleitungen, gleich meterweise beseitigt.

JUDITH OEXLE

Die bei archäologischen Untersuchungen auf dem Zürcher Münsterhof zutage geförderten tönernen Wasserleitungsrohre. Oben eine Rekonstruktionszeichnung, unten die ergrabenen Leitungsfragmente.

Stadt und Umland – dargestellt am Beispiel der Waldnutzung im Umland des mittelalterlichen Konstanz

Dank der umfangreichen archäologischen Grabungen in der Altstadt von Konstanz durch das Landesdenkmalamt Baden-Württemberg steht heute eine große Zahl von Eichenhölzern für die dendrochronologische Analyse in Stuttgart-Hohenheim zur Verfügung. Aus dem Gesamtmaterial ragen drei große Komplexe mit umfangreichen Holzproben besonders heraus; sie waren daher für weitergehende Untersuchungen besonders geeignet. An erster Stelle stehen dabei Bauholzserien des 10. Jahrhunderts aus den Begleitgrabungen zur Kanalisationssanierung in der Salmannsweiler-, der Hohenhausgasse und der Zollernstraße (»Kanalisation«). Archäologisch gehören die Hölzer zu Stegkonstruktionen, die vom Altsiedelland des 10. Jahrhunderts in die ehemalige Flachwasserzone hineinführten und als Schiffsländen dienten. Die Hölzer datieren im wesentlichen aus einer Schlagphase des Winters 994/995.

Der zweite umfangreiche Bauholzkomplex datiert in das mittlere 13. Jahrhundert. Er stammt aus der Grabung Obere Augustinergasse/Hertie und ist vor allem durch Eichen aus den Jahren 1250–1253 belegt. Diese Hölzer wurden fast ausnahmslos in Zweitverwendung in Befunden der Zeit um 1300 geborgen. Wo sie in Primärverwendung auftreten, darf wohl ein Zusammenhang mit der Erschließung der dem Grabungsgelände unmittelbar benachbarten Konstanzer Neugasse vermutet werden, deren Parzellierung und Bebauung für das Jahr 1252/53 urkundlich belegt ist.

Der dritte große Komplex schließlich stammt aus dem Grabungsareal Fischmarkt/Münzgasse, den Grabungen im Salmannsweilerhof also (vgl. Beitrag »Konstanz«, Seite 53). Zwei Schlagphasen sind hier besonders gut belegt: die Jahre 1269–1271 und 1311/12. Der erste Zeitraum entspricht der Errichtung der großen Umfassungsmauer, die das neu gewonnene Ufergrundstück zum See hin umschloß, der zweite deckt sich mit der Errichtung der »Herberge« des Salemer Stadthofs, aus dessen Bauzeit die Eichen stammen.

Durch umfangreiche Kurvenvergleiche gelang es nun erstmals für Konstanz, diejenigen Probenserien aus den verschiedenen Grabungen zusammenzustellen, die aufgrund signifikanter Übereinstimmungen ihrer Wachstumsmuster mit hoher Wahrscheinlichkeit aus demselben Waldgebiet stammen. Daß diese Eichenhölzer tatsächlich in eng begrenzten Waldgebieten in der unmittelbaren Umgebung von Konstanz gewachsen sein müssen, ließ sich anhand weiterer Kriterien (gemeinsamer Wuchsbeginn, Lichtwuchsreaktionen) bestätigen. Die Analyse der Wuchsparameter zeigte außerdem, daß die Eichen aller Bauphasen aus gut mit Wasser versorgten, zum Teil auch sehr

Im 16. Jahrhundert stellt der Schweizer Chronist Silberisen die Landnahme der Schwyzer dar, wie man sich das damals vorgestellt haben mochte. Im Gegensatz zur Mittelwaldwirtschaft als einer gezielten Waldnutzung, zeigt die Bildquelle eine flächige Rodung, bei der der gesamte Bestand unabhängig vom Alter abgeholzt wurde.

feuchten Standorten stammen mußten. Die Nutzung sehr feuchter Waldgebiete wird im übrigen auch durch die große Menge von Erlenholz belegt, die im Spickpfahlrost der »Herberge« 1311/12 verbaut wurde. Die Struktur der Eichenbestände zum Zeitpunkt des Einschlags der Hölzer, die Art des menschlichen Eingriffs und der daraus resultierende Wandel im Waldbestand im Verlauf des 10. sowie vom 13. bis zum frühen 14. Jahrhundert wurde anhand sehr einfacher Kriterien rekonstruiert:

An erster Stelle steht der Wachstumsbeginn einer ausreichend großen Gruppe von Bäumen, der Aufschluß über den Zeitpunkt der Verjüngung von Beständen nach vorausgegangenen Einschlägen gibt. Daraus ergibt sich zugleich das Wuchsalter der Bäume, das gestörte Altersklassenstrukturen der Wälder ablesen läßt. Ferner erlaubt die Untersuchung von Bauhölzern, die aus Kernwüchsen oder Stockausschlägen stammen, Rückschlüsse auf die altersmäßige Beschaffenheit der Wälder im entsprechenden Zeitabschnitt. Und schließlich können anhand von Lichtwuchsreaktionen frühere Eingriffe in die Waldbestände datiert werden.

Die Struktur der Baumalter als Hinweis auf Holzeinschläge

Über die Altersklassenstruktur mitteleuropäischer Eichen- und Buchenwälder ist wenig bekannt. Unsere Laubwälder sind seit der Jungsteinzeit gerodet oder zumindest durch häufige Holzeinschläge verändert worden. Grundsätzlich ist jedoch davon auszugehen, daß die ältesten Baumgenerationen in Eichen-Urwäldern sicher über 500jährig waren. Im Spessart sind derartige Starkeichenbestände in Resten bis ins 20. Jahrhundert hinein erhalten geblieben.

Solche Starkeichen fehlen in den Eichenbauhölzern des mittelalterlichen Konstanz bereits im 10. Jahrhundert. Schon zu diesem Zeitpunkt konnte also der Holzeinschlag nicht mehr in ungestörten Urwäldern erfolgt sein. Die Ende des 10. Jahrhunderts gefällten Eichen haben Wuchsalter zwischen 80 und 120 Jahren, die älteste Eiche hat ganze 230 Wuchsjahre. Daraus geht eindeutig hervor, daß der Bestand schon im 9. Jahrhundert intensiv genutzt wurde.

Das Wuchsalter der Eichenbestände, aus denen das Bauholz des 13. und

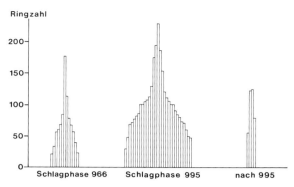

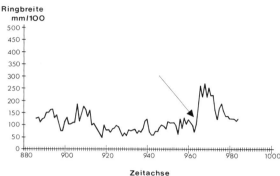

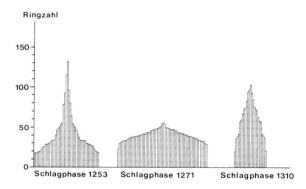

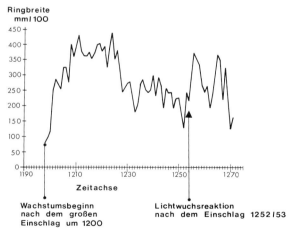

Graphiken von oben nach unten:
Altersklassenstruktur der Bauhölzer des ausgehenden 10. Jahrhunderts.
Lichtwuchsreaktion im Jahr 964, dokumentiert an einem Eichenholz aus der Grabung Konstanz, Kanalisation.
Altersklassenstruktur der Eichenhölzer des 13. beziehungsweise 14. Jahrhunderts in Konstanz
Lichtwuchsreaktion einer Gruppe von Eichenstämmen aus dem Areal des Salmannsweilerhofs.

14. Jahrhunderts geschlagen wurde, liegt nochmals deutlich unter dem des 10. Jahrhunderts. Gerade vier Proben erreichten Wuchsalter von mehr als 100 Jahren, über 80 Prozent des Bauholzes wurden aus Eichen mit weniger als 50 Ringen verzimmert. Die starken Einschläge des 13. Jahrhunderts zogen weitere Veränderungen der Bestände nach sich. In der Schlagphase von 1253 treten immerhin noch einige im Minimum über 50- bis zu maximal 130jährige Bäume auf; schon beim Einschlag 1269–1271 hingegen werden ausschließlich ganz junge Eichen mit Altern zwischen 30 und 50 Jahren genutzt. Erst in den Einschlägen 1311/12 kann wieder auf 50- bis über 100jährige Bäume zurückgegriffen werden.

Die Struktur der Eichenwälder um Konstanz wurde außerdem durch Verjüngungsphasen verändert, die als Folge starker vorausgegangener Einschläge zu verstehen sind. Dies läßt sich erstmals für den Bestand des 9. Jahrhunderts nachweisen. Hier zeigen auffallende zeitliche Häufungen der Wachstumsanfänge von Stockausschlägen zwischen 885 und 910 ein Nachwachsen von Eichen, das durch Auflichtungen nach Fällungen zwischen 880 und 890 erfolgt sein muß.

Ganz eindeutig wird dieser Zusammenhang dann in den Bauhölzern des 13. Jahrhunderts. Die Konstruktionen der Jahre 1253 (Sekundärverwendung) und 1271 wurden aus Eichen gefertigt, die ihr Wachstum zwischen 1195 bis 1210 begonnen hatten. Dies gilt sowohl für die Kernwüchse als auch für die Stockausschläge. Die frappierend einheitliche Altersklassenstruktur der Bestände, in denen die großen Einschläge Mitte bis Ende des 13. Jahrhunderts erfolgten, ist demnach auf vorausgegangene Fällungen zurückzuführen, bei denen das entsprechende Waldgebiet erstmals zwischen 1195 und 1210 fast vollständig abgeholzt wurde.

Lichtwuchsreaktionen und Schlagphasen

Eine weitere Möglichkeit der Rekonstruktion früherer Eingriffe in die Bestände sind abrupte Zunahme der Ringbreiten, die von der Forstwissenschaft als sogenannte »Lichtwuchsreaktionen« der verbliebenen Bäume auf Durchforstungen bezeichnet werden. Solche sprunghaften Anstiege der Ringbreiten lassen sich im Konstanzer Eichenbauholz mehrfach feststellen und dienen dazu, Fällungstätigkeiten in den Waldbeständen nachzuweisen und zu datieren.

Lichtwuchsreaktionen finden sich zunächst an einzelnen Hölzern des 10. Jahrhunderts, und zwar für die Jahre 856, 910, 921, 931, 961, 963 und 964. Für die Zeit zwischen 961 und 964 jedenfalls ist durch mehrere Proben ein größerer Holzeinschlag in der unmittelbaren Umgebung der um 994/995 geschlagenen und verbauten Eichen belegt. Sehr aussagekräftige Nachweise von Lichtwuchsreaktionen finden sich vor allem für die ausgedehnten Fällungen der Jahre 1250–1253; besonders deutlich treten sie in den Wachstumskurven der Eichen auf, die für den 1269–1271 erfolgten Bau der Umfassungsmauer des Salemer Stadthofs gefällt worden sind. Das Kurvendiagramm zeigt dabei den ungestörten Wuchsverlauf der 1252 gefällten Bäume; die ein Jahr später, 1253, geschlagenen Bäume zeigen eine markante Zunahme der Ringbreiten für dieses Jahr. Die erst 1271 niedergelegten Eichenstämme wiederum weisen für die Jahre 1252–1254 erwartungsgemäß eine ausgeprägte Lichtwuchsreaktion auf. Dies ist ein eindeutiger Nachweis dafür, daß die 1272 geschlagenen Bäume tatsächlich aus der unmittelbaren Nachbarschaft der Eichen stammen, die während der großen Schlagphase um 1250 gefällt worden waren. Besonders bemerkenswert ist daran auch, daß das entsprechende Holz auf zwei ganz verschiedenen Arealen und somit für verschiedene Bauherren in der Stadt Konstanz verwendet wurde.

Verjüngung durch Stockausschläge — ein Hinweis auf Mittelwaldwirtschaft

Die erstaunlich homogene Altersstruktur der Eichenhölzer der Mitte des 13. Jahrhunderts ist auf ein gleichzeitiges Nachwachsen der Eichen nach den starken Einschlägen des Zeitraums von 1200 bis 1220 zurückzuführen. Dies

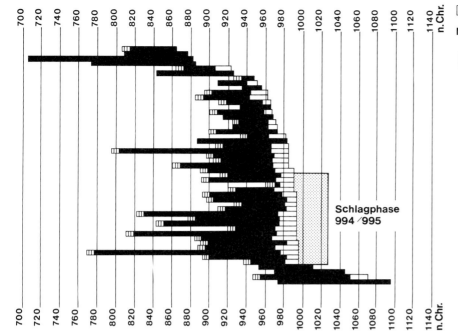

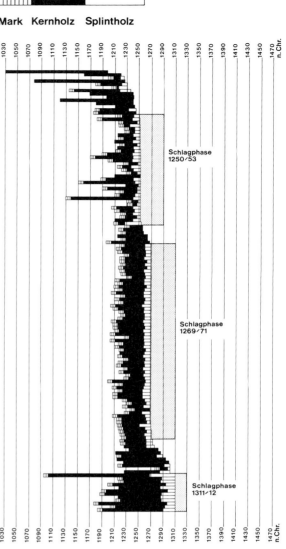

ist ein erster Hinweis auf die im Mittelalter übliche Waldnutzung in Form des Mittelwaldbetriebs mit Kernwüchsen und Stockausschlägen. Zugleich zeichnet sich an diesem großen Holzbedarf erstmals der Beginn des großen Stadtumbaus von Konstanz ab, der rein archäologisch bislang nur an wenigen Stellen gefaßt werden konnte.

Stockausschläge lassen sich von Kernwüchsen — das sind Eichenstämme, die aus auskeimenden Eicheln nachgewachsen sind — sehr leicht unterscheiden. Die Konstanzer Stockausschläge weisen in den ersten Wuchsjahren außergewöhnlich hohe Zuwüchse mit Ringbreiten über 5 mm auf, die dann aber schnell auf normale Zuwachsraten zurückfallen. Stockausschläge besitzen also ein ausgeprägtes Wachstumsmuster. Ein Vergleich der Daten läßt einen deutlichen Unterschied zwischen den Waldbeständen des 10. und jenen des 13. Jahrhunderts erkennen. Bei den Eichenhölzern aus den Waldstandorten des 10. Jahrhunderts ist zwar bereits ein gewisser Anteil von Stockausschlägen (14 Hölzer gegenüber 35 Kernwuchshölzern) festzustellen; die Verjüngung nach einer vermuteten Einschlagphase um 890 wird aber noch ausschließlich von Kernwüchsen gebildet. Das Vorkommen von Stockausschlägen weist aber auf jeden Fall auf eine starke Auflichtung des Waldes im 9. Jahrhundert hin. Eindeutig ein Ergebnis des Mittelwaldbetriebs, in dem die Baumschicht alle 20 bis 40 Jahre abgehauen und durch neu nachwachsende Stockausschläge ersetzt wird, sind auch die Waldbestände des 13. Jahrhunderts. 60 von 140 ausgewerteten Hölzern im untersuchten Bauholzbestand wurden aus Stockausschlägen gezimmert, die zweifelsohne als Folge der vorausgegangenen Schlagphase von 1200—1220 nachgewachsen waren. Zur selben Zeit wuchsen auch die anderen 70 untersuchten Hölzer, allerdings als Kernwüchse, nach. In der Einschlagphase des Jahres 1271 wurden neben wenigen Stockausschlägen, die offenbar 1252 verschont geblieben waren, ausschließlich Kernwüchse genutzt. Dies zeigt, daß man sich beim Einschlag 1250—1253 vor allem auf Stockausschläge beschränkte, um die Kernwüchse zu schonen. 1271 waren diese dann hiebreif; die rund 70jährigen Überstände wurden als Bauholz von hoher Qualität eingesetzt. Der somit ablesbare Abhieb von Stockausschlägen in einem Turnus von etwa 20 Jahren und von Kernhölzern alle rund 60 bis 80 Jahre ist charakteristisch für die Nutzung von Mittelwäldern, wie sie bis ins letzte Jahrhundert in allen Laubholzgebieten Mitteleuropas verbreitet war.

Ganz oben: Die Schlagphase von 994/995 im Eichenbestand der Grabung Konstanz, Kanalisation

Oben: Die Schlagphasen 1250/52, 1269/71 und 1311/12 im Spiegel der Eichenbestände aus der Grabung Konstanz, Obere Augustinergasse/Hertie und Fischmarkt.

Zusammenfassung

Grabungen in der mittelalterlichen Altstadt von Konstanz haben dendrochronologisch datierte Eichenhölzer aus Bauphasen vom Ende des 10. Jahrhun-

Auf einem Versuchsgelände am Stadtrand Zürichs experimentiert die Forstabteilung der Eidgenössischen Technischen Hochschule seit einigen Jahren mit dem Ziel, einen mittelalterlichen Eichen-Mittelwald zu rekonstruieren. Hier ein Ausschnitt mit Stockausschlägen und intaktem Überbau.

derts und von der Mitte des 13. Jahrhunderts bis zum frühen 14. Jahrhundert geliefert. Neben den dendrochronologisch direkt dokumentierten Fällungsphasen konnten anhand von Wuchsanalysen indirekt weitere, offenbar großflächige Einschläge in der Umgebung der Stadt nachgewiesen werden. Dies gelang anhand von signifikanten Häufungen zeitgleicher Wachstumsanfänge im Probenmaterial – ein Beleg für das Nachwachsen von Eichen nach vorausgegangener Auflichtung der Bestände. Durch die Feststellung solcher Verjüngungsphasen konnten Holzeinschläge erstmals ins Ende des 9. und des 10. Jahrhunderts datiert werden. Eine ausgeprägte Fälltätigkeit wird aber vor allem durch das Nachwachsen einer Eichengeneration in den ersten beiden Jahrzehnten des 13. Jahrhunderts dokumentiert. Abrupte Zuwachsanstiege (Lichtwuchsreaktionen) dokumentieren sehr deutlich die Auswirkungen der Fällungen 1252 auf den verbleibenden, erst 1269-1271 gefällten Eichenbestand.

Die starke Nutzung der Eichenwälder verändert den Altersaufbau der Bestände. Schon im 10. Jahrhundert sind keine Starkeichen mehr gefällt worden. Ende des 13. Jahrhunderts werden in Konstanz ausschließlich ganz junge, 30—50jährige Eichenstämme genutzt, die alle erst aus den Einschlägen des 13. Jahrhunderts nachgewachsen waren. Das Auftreten von Stockausschlägen bereits im 10. Jahrhundert zeigt darüber hinaus, daß schon damals

Nach dem Fällen der großen Bäume entwickeln sich im Bereich der Baumstrünke die für den Mittelwald charakteristischen Stockausschläge.

keine Urwaldbestände mehr zur Verfügung standen. Um die Mitte des 13. Jahrhunderts steigt auch der Anteil von Stockausschlägen im Eichenbauholz an — ein typisches Indiz für Mittelwaldwirtschaft. Insgesamt zeigen die Ergebnisse eine intensive Nutzung mit großflächigen Einschlägen von Eichenbeständen in der Umgebung von Konstanz an. Spätestens ab 1250 werden die Wälder planmäßig im Mittelwaldbetrieb zur Bauholzgewinnung genutzt. Dieser Befund stimmt außerordentlich gut mit den archäologischen Daten überein: Nicht nur für Dachstühle und Innenausbauten der neu errichteten Liegenschaften des ausgehenden 12. und beginnenden 13. Jahrhunderts wurde in Konstanz Holz gebraucht. In erheblichem Umfang wurde es wohl darüber hinaus für Gründungen im Feuchtgebiet eingesetzt. Allein für die Spickpfahlroste unter der »Herberge« wurden rund 6000 m³ Holz — allerdings vor allem Fichte, Tanne, Buche und Erle — verarbeitet.

Darüber hinaus lassen sich aber, gestützt auf die dendrochronologischen Daten, weitere für den Stadtumbau relevante Beobachtungen machen. Feststellbar ist ein großer Waldeinschlag für die Jahre 1250–1253, der nach dem jetzigen Kenntnisstand höchstwahrscheinlich in einen ursächlichen Zusammenhang zur Erstbebauung der Neugasse, einem ursprünglich als Obstgarten genutzten Neubaugebiet am südlichen Stadtrand, zu bringen ist. Noch bedeutsamer ist aber, daß sich der Beginn des Stadtumbaus um 1200 und die damit verbundenen Eingriffe in den Waldbestand erstmals deutlich erkennen lassen; sie sind im archäologischen Befund bislang nur schwach sichtbar geworden. In ersten Umrissen zeichnet sich ferner ab, in welchem Umfang die wachsende und sich wandelnde Stadt nicht nur im siedlungsgeographischen, sondern auch im umweltgeschichtlichen Sinn verändernd auf das Stadtumland einwirkte.

BERND BECKER/JUDITH OEXLE

Stadt und Mensch

Städte im Aufbruch und Wandel

In Europa waren zwischen 1240 und 1300 jährlich etwa 300 neue Städte gegründet worden. Im 14. Jahrhundert verlangsamte sich dieser Prozeß und kam etwa um 1400 zum Stillstand. In diesen grob skizzierten Verlauf ordnet sich auch die deutsche Stadtgeschichte ein. Um etwa 1300 ebbte in den Altsiedelgebieten und mit einer Phasenverschiebung von ungefähr zwei Generationen selbst im ostelbischen Kolonisationsland die hochmittelalterliche Stadtgründungswelle ab.

Stadtgründung war im Hochmittelalter Herrschaftspolitik mit neuen Mitteln gewesen: Planmäßigkeit des Stadtgrundrisses, mit Betonung des rechteckigen Marktplatzes (auf dem nie vergessen wurde, einen Brunnen anzulegen) und mit einer oft klar erkennbaren Einteilung in Stadtviertel. Fürstlicher Gründerwillen hatte so im deutschen Südwesten, im Elsaß und am Niederrhein ein dichtes Städtenetz entstehen lassen. Nur eine Stadt, Straßburg, hatte im Elsaß bestanden, bevor im 12. Jahrhundert fünf neue, darunter Hagenau, hinzukamen, zu denen sich bis zur Mitte des 13. Jahrhunderts 14 und in den nächsten hundert Jahren gar 70 weitere gesellten.

Die hochmittelalterliche Stadt war – um mit Carl Haase zu sprechen – in den meisten Fällen ein Sonderfall der Burg gewesen. Um 1300 aber wird sichtbar, daß eine Unterströmung die Welle der Stadtgründungen begleitet hat: Verselbständigung und Eigenständigkeit des urbanen Lebensraums. Das zeigt sich schon im Äußeren, in der Entwicklung der Befestigung. Was um 1200 noch eine Wall- und Grabenbefestigung gewesen war, in Ansätzen bestenfalls mit einem versteinerten Palisadenzaun versehen, erscheint hundert Jahre später demjenigen, der sich einer Stadt nähert, als ein wuchtiges Fortifikationssystem mit dickeren Mauern, mit Toren, die durch Zugbrücken gesichert sind, mit Türmen, die nicht nur die Stadt sichern, sondern auch das Umland beherrschen sollen. Einbezogen in den neuen Mauerring sind inzwischen die im hohen Mittelalter noch im Vorfeld liegenden Pferde-, Milch- und Holzmärkte.

So markant sich der Strukturwandel urbaner Siedlung in der Entwicklung der Befestigungen auch ausnehmen mag, so darf doch eine bürgerliche Lebensform für die Zeit um 1300 in ihrer Eigenständigkeit nicht überschätzt werden. Ein zeitgenössisches Rechtssprichwort stellt bündig klar: »Bürger und Bauer trennt nichts denn Hag und Mauer.« Ein solches Wort zwingt zu beherzigen, was Wilhelm Arnold schon 1854 in seiner Verfassungsgeschichte der deutschen Freistädte festgestellt hatte: Es sei ein »Fehler, daß man die Städte gleich anfangs für das hält, was sie zuletzt geworden sind«; man solle sich bewußt bleiben, »wie unendlich langsam die Umbildung der Lebensverhältnisse durch die Städte erfolgte«. Allzu leicht schieben sich in die Vorstellung von der hochmittelalterlichen Stadt Assoziationen an die Bürgerkultur des ausgehenden Mittelalters, an verfeinerte Tischsitten, an ein ausgebildetes statutarisches Regelwerk, an einen festgelegten Rechtsstatus ein. Um 1300 aber war selbst die verfassungsgeschichtliche Eigenart deutscher Städte noch nicht festgeschrieben. Reichsstädte gab es noch nicht. Der König war Stadtherr wie andernorts der Fürst. Die Bischofsstädte, die mit ihrer kulturstützenden Geistlichkeit nicht von ungefähr den Lebensweg Konrads von Würzburg bestimmt hatten, waren erkennbar noch

Linke Seite: Blick in eine mittelalterliche Stadt an einem Markttag um etwa 1300. Der Schweizer Künstler Jörg Müller hat die Stadt nach urkundlichen und archäologischen Quellen akribisch rekonstruiert und dazu vier Bilder geschaffen, die hier und auf den folgenden Seiten in Ausschnitten wiedergegeben werden. Das Bild zeigt das für die Zeit typische Nebeneinander von Holz- und von Steinbauten, jenseits der Stadtmauer geht die bewirtschaftete Fläche rasch einmal in unbebautes Land über.

Unten: Durch das obere Tor führt die Straße über die Brücke hinaus zu einem Kloster, das jedenfalls nicht von Bettelmönchen erbaut wurde: Der romanische Baustil verweist auf eine frühere Bauzeit, die Lage vor der Stadt am ehesten auf ein Benediktinerkloster. Möglich, daß die Brücke an Stelle eines älteren römischen Flußübergangs errichtet wurde. Die Burg im Hintergrund dürfte zu jener Zeit bereits mehr Repräsentations- als Herrschaftscharakter besessen haben.

Ganz unten: Klar grenzt die Stadtmauer die eigentliche Stadt von der vorstädtischen, lockeren Bebauung ab. Erst im Lauf der Zeit werden sich auch hier die Bauten verdichten, werden die Hausfluchten bis an die Liegenschaftsgrenze vorgezogen, entsteht aus der vorstädtischen Siedlung eine Vorstadt, die ihrerseits wieder ummauert wird.

nicht der verfassungsgeschichtliche Sonderfall von Kommunen, die sich von ihrer Stadtherrschaft emanzipiert hatten. Zwar war in den rheinischen Bischofssitzen die Entwicklung zur Freistadt in vollem Gange, aber noch war nicht erkennbar, daß etwa Straßburg und Basel von den Reichsstädten zu unterscheidende, nur dem Reich, aber nicht dem König unterstehende freie Städte werden würden, daß hingegen Würzburg (endgültig im Jahre 1400) mit dem Versuch scheitern sollte, sich von der Herrschaft seines Bischofs zu lösen.

Unübersehbar ist im ausgehenden 13. Jahrhundert das Bemühen der Kommunen – gleichviel ob späterer Reichsstädte, Freistädte oder landesherrlicher Städte –, die Rechte des herrschaftlichen Vogtes, Richters oder Schultheißen immer enger einzugrenzen, mit der Selbstverwaltung der Bürger größere Freiräume zu schaffen. Die Stellung des Stadtherrn wird unterhöhlt, wenn zum Beispiel Ulm die Rechte des Reichvogts 1255 schriftlich fixiert und damit indirekt die königliche Gebotsgewalt limitiert. Nicht immer läßt sich das Problem so einfach lösen wie im Fall des reichen Erfurt, das 1290 die Vogtei einfach aufkauft, aber allenthalben zeigt sich in der Verflechtung von herrschaftlichen und kommunalen Interessen die verfassungsbildende Kraft der letzteren. Dem trägt zum Beispiel das Stadtrecht für Wien 1296 Rechnung, in dem der Herzog seinem Richter auferlegt, nichts zu tun, *daz der stat schedlich sei, als libe im unser hulde sei.* (Hier liegt gewiß keine unverbindliche Absichtserklärung vor, denn in der Fortsetzung wird dem Richter ganz konkret verboten, eine neue Steuer aufzusetzen.)

Am verfassungsgeschichtlichen Beispiel sollte angedeutet werden, daß in der Stadt um 1300 Entwicklungen erkennbar sind, die erst später Konturen erhalten, daß aber die Ergebnisse späterer Zeiten nicht bereits für die Welt am Ausgang des Hochmittelalters in Anspruch genommen werden dürfen. Das gilt für alle Bereiche urbanen Lebens, für Wirtschaft und Handel, für die materielle und die geistige Kultur.

Angesichts der Vielgestaltigkeit urbaner Siedlungen, von der großen verkehrsreichen Bischofsstadt bis hin zum kleinen, mit Stadtrecht privilegierten Burgflecken, einer Vielgestaltigkeit, die mit Ausnahme der später entstehenden Bergstädte bereits um 1300 in Erscheinung tritt, sind Bemühungen um eine Typologie schwierig. Denn nur umrißhaft, kaum faßbar zeichnen sich einzelne Stadttypen ab, zu erkennen sind die Unterschiede, aber nicht präzise zu definieren. Während um 1500 sich allein von der Größe her eine bedeutende Reichsstadt mit 30000 Einwohnern von einer Mittelstadt mit etwa 5000 Einwohnern und erst recht von einer Ackerbürgerstadt deutlich abhebt, sind 200 Jahre zuvor die Größenunterschiede durchaus nicht so signifikant. Anstelle von Zahlen, die nicht zur Verfügung stehen, weisen die Stadtgrundrisse auf quantitative Größenunterschiede hin und können dabei täuschen; denn das einheitliche Gebilde Stadt hat sich vielfach noch gar nicht durchgesetzt. Das 1220 gegründete Kleinbasel zum Beispiel bleibt noch lange eine topographisch und rechtlich eigenständige Siedlung. Sonderrechte der Neustädte, der Vorstädte, ja auch kirchlicher Immunitäten bilden – was ein Stadtgrundriß selten offenbart – Gemeinden innerhalb der Gemeinden. Das beste Beispiel ist Braunschweig, das um 1300 bereits aus fünf Siedlungen zusammenwächst, aber immer noch weit entfernt ist von bürgerlichem Gemeinschaftsgefühl und von dessen Grundlage, der Rechtseinheit.

Nur bedingt taugt die Chronologie in der Stadtgeschichte für die Typologie. Gewiß, an Rhein und Donau bilden Bischofsstädte mit römischer Tradition in ihrem früh entwickelten Austausch städtischer und kirchlicher Aufgaben, mit ihrer nicht nur handelsorientierenden, sondern auch kirchlichen Mittelpunktsfunktion einen eigenen urbanen Typ. Die jungen Bergstädte des 15. Jahrhunderts stellen kommunale Sonderfälle dar. Ansonsten aber legt nicht das Gründungsdatum, sondern die zentralörtliche Funktion einer Siedlung im Rahmen des hochmittelalterlichen Wandlungsprozesses deren Charakter fest.

Auch der rechts- und verfassungsgeschichtliche Zugriff taugt nur bedingt für eine urbane Typologie. Der Unterschied zwischen Reichsstadt und Landstadt, den erst die Reichsmatrikel des 15. Jahrhunderts verfassungsmäßig zutage treten lassen, sagt über die Bedeutung einer Stadt nichts aus. In Schwaben gab es nach dem Untergang der Staufer kleine Reichsstädte wie Weil der Stadt oder Isny, die sich an Bedeutung mit dem bischöflichen Würzburg oder dem herzoglichen München nicht im entferntesten messen konnten. Der damit sich ergebenden, hier nur anzudeutenden definitorischen Schwierigkeit sei begegnet, indem vom Markt ausgehend Annäherungen an die Unterschiedlichkeit urbaner Gestaltung unternommen werden.

Weniger die verfassungsgeschichtliche Bindung als die Gestalt der wirtschaftlichen Austauschfunktion unterscheidet die Städte. Die größere Stadt, die bedeutende Königsstadt oder die rheinische Bischofsstadt, war charakterisiert durch eine Vielzahl von Sondermärkten, von Korn-, Holz-, Milchmärkten und andern mehr. Diese Vielfalt, in der sich zugleich die größere Anziehungskraft ausdrückt, unterschied sie von all jenen, ebenfalls mit Stadtrecht begabten Siedlungen, in denen nur ein einziger Markt für den Warenaustausch in einem engeren Umkreis sorgte. Diese kleineren Städte aber, noch fest im agrarischen Umfeld verwurzelt, bildeten die Hauptmasse urbaner Siedlungen in Deutschland am Ausgang das Hochmittelalters.

Urbanität

In den größeren Städten Deutschlands werden um 1300 bereits die Konturen dessen sichtbar, was vereinfacht Urbanität genannt sei. Dieser Ausdruck darf allerdings nicht überdecken, daß die Stadt immer noch Teil eines agrarisch orientierten wirtschaftlichen Systems ist, daß sich noch keine spezifisch städtischen Messen entwickelt hatten (selbst die Frankfurter Messe ist noch im ersten Viertel des 14. Jahrhunderts Austauschplatz von Agrarprodukten), daß – um ein alltagsgeschichtliches Beispiel zu wählen – Bürger und Bauern durch den gleichen Schmutz der Gassen wateten. Wenn etwa 1271 als aufsehenerregendes Ereignis in Basel notiert wird, daß im Bauch eines alten Haushahns zwei Eier gefunden wurden, so erinnert diese Sensation daran, daß Tierhaltung von Geflügel bis hin zu Schweinen auch in der urbanen Welt selbstverständlich ist. Die Einwohner wissen, wie abhängig sie von der agrarischen Produktion sind, die Reicheren haben ihre Gärten vor der Stadt, und die Bedürfnisse der Stadt erzwingen landwirtschaftliche Intensivkulturen in einem weiteren Umkreis. Nur ein Beispiel: Wo viele Herren zusammenkommen, braucht man nicht nur viele Ställe, sondern auch Pferdefutter, um die zahlreichen Pferde zu versorgen. Wicken werden deshalb unter anderem als eigene Sonderkultur um die Städte angebaut. Urbanität also, hier charakterisiert durch eine Vielzahl von Pferden, ist zu Beginn des 14. Jahrhunderts noch nicht als klare Alternative zur Rustikalität zu verstehen, ist noch mit agrarischen Faktoren durchsetzt, erinnert als Kulturbegriff daran, daß »cultura« ursprünglich Ackerbau bedeutet.

Gewiß erhebt sich die Gefahr der überlagernden Assoziationen aus späteren Zeiten mit dem Begriff Urbanität. Er hat jedoch als Bezeichnung eines kulturellen Entwicklungsstandes Vorzüge gegenüber den üblichen Bezeichnungen »bürgerliche Kultur«, »Bürgerlichkeit«, bei denen ebenso gefährliche Assoziationen mit neuzeitlichen Erscheinungen naheliegen. In ihrer rechtlichen und sozialen Neutralität umfaßt Urbanität alle in der Stadt Wohnenden, auch den Stadtadel und die hohe Geistlichkeit, und ist dem eingeschränkten Begriff »Bürgerlichkeit« vorzuziehen.

Urbanität als Ausdruck für Veränderungstendenzen der Stadt um 1300 soll auch den Zusammenhang von Verfassungs- und Kulturgeschichte herstellen. Daß Verfassung auch ein kulturgeschichtlich wirksamer Faktor ist, sei an einem Beispiel belegt. Die Nachrichten, die uns, spärlich nur, über Spielleute um 1200 in den Städten begegnen, zeigen, daß diese als Teil des »gernden« Volkes noch der Adelskultur in der Stadt zuzuordnen sind, dem herrschaftlichen Element. Sie gehören zu einer Welt, in der Steintürme, befestigte Burgen gewissermaßen innerhalb der Stadt, von herrschaftsbewußten Familien und ihrer Klientel künden. Zur Repräsentation dieser Herrschaftsgeschichte gehört auch die Musik. Deswegen wird in einer Augsburger Hochzeitsordnung des 13. Jahrhunderts Rücksicht auf die Spielleute der Geschlechter genommen, werden gegenüber dem »ussern spilman«, dem eigentlichen Fahrenden aus der Fremde, diejenigen privilegiert, »die in diser stat gesezzen sint mit dem hus, oder die herren hie habent, der gesint si sint und der brot sie essent«.

Wenn anfangs des 14. Jahrhunderts Musikanten als »des Rades Spellude« erwähnt werden, so muß das nicht mit städtischer Spielmann übersetzt werden. Vielmehr sind diese Fahrenden der Oligarchie des Rates direkt zugeordnet. Wenn ihre Nachfolger aber »der stadt spilman« genannt werden und stolz das Stadtwappen auf der Brust tragen, so ist eine Entwicklung eingetreten, die zwar nicht allenthalben die Oligarchie patrizischer Geschlechter beseitigte, sie aber doch an den gemeinen Nutz, an das Stadtganze band. Aus »des rades spelludten«

Ganz oben: Verdichtetes Bauen, der vielfach in diesen Jahren eben erst errichtete Mauerbering und ein Kranz von Kirchen, die die einfachen Bürgerhäuser und die stolzen Steinbauten der Stadt weit überragen, all dies sind Merkmale der selbstbewußt gewordenen mittelalterlichen Stadt.

Oben: Dem städtischen Selbstbewußtsein entsprechen in jenen Jahren auch der Bau neuer oder der Umbau oder die Erweiterung bestehender Kirchen, die sich dabei auch neuer, von Frankreich beeinflußter Bauformen bedienen.

Um 1300 erweitern manche Städte ihren Bering und beziehen dabei vorstädtische Siedlungsflächen mit in die Befestigungsanlage ein. Den neu in die Stadt zugezogenen Bettelorden wird dabei vielfach ein Stück Bauland direkt an der Mauer zugewiesen. Hier dürfen sie nicht nur ihre Klöster und Kirchen errichten, hier sollen sie zugleich einen Beitrag zum Mauerbau leisten.

werden Stadtpfeifer. Das verdeutlicht nicht nur einen verfassungsgeschichtlichen Prozeß, sondern auch eine in gesellschaftliche Wandlungen einbeschlossene Veränderung der Musikkultur: Vom Unterhaltungsvergnügen einer Oberschicht hin zur Aufgabe und Funktion für alle Bürger. Diese Nahtstelle, an der ein kaum beachteter Zusammenhang von Verfassungs- und Kulturentwicklung sichtbar wird, kann unter der Lupe der Sozialgeschichte präziser beschrieben werden. Denn die sich entwickelnde Urbanität verändert die Lebensform von Fahrenden. Sie werden bedingt Seßhafte. So wird über die Heldentat eines Spielmanns im »Bellum Waltherianum« 1265 berichtet: »nu was ein varende man gesessen zu Strasburg genant Bitterphil«.

Der Wandel zur Urbanität hin ist um 1300 den Menschen bewußt geworden. Ein oberrheinischer Dominikaner vermerkte mit dem Selbstbewußtsein des Zeitgenossen gegenüber der Vergangenheit, was sich seit hundert Jahren im Elsaß alles verändert habe – innerhalb der reichen spätmittelalterlichen Chronistik eine der wenigen Ausnahmen, die den Alltag in seinen Wandlungen für geschichtsfähig halten. Andere Chronisten in jener, in der Geschichtsschreibung um 1300 erstaunlich produktiven elsässisch-oberrheinischen Städtelandschaft notieren, was ihnen an aufsehenerregenden Neuerungen begegnet, zum Beispiel (um beim Exempel der allmählichen Lösung aus ländlichen Lebensbedingungen zu bleiben): Säuberung der verdreckten, durch Vieh verkoteten Straßen – »Die Bürger von Colmar leiteten den Bach durch die Viertel der Stadt.« Diese radikale Form der Müllabfuhr praktizierten auch die Straßburger. Daß es dazu aufwendiger Technik bedurfte, ist wegen eines traurigen Umstandes zum Jahre 1292 notiert: »Der Erfinder und Meister jenes Pumpwerkes, mit dem zu Straßburg die Breusch durch die Straßen geleitet wurde, starb nach einem Sturz von diesem Werk.«

Der Dreck auf den Straßen und die Probleme seiner Beseitigung sind unmittelbare Folge des Wachstums, das sich auch als Siedlungsverdichtung in der baulichen Gestalt zeigt. Verschwunden sind um 1300 die früheren Gartenareale innerhalb der Mauern. Enger zusammengerückt sind die Häuser. Holz ist das wichtigste Baumaterial, das etwa die Ratsherrn von Colmar ihren Bürgern zum Bau von 400 neuen Häusern anweisen. Den Stadtrand, wo die ärmeren Leute wohnen, säumen lehmverkleisterte einstöckige Katen, nur in ihrer engen Bebauung von den ärmlichen Behausungen auf dem Land unterschieden. Wo zur Innenstadt hin die Bauten höher werden, verbinden primitive Treppen, unfallträchtig, die Stockwerke. Die Fenster sind nicht verglast, sondern werden durch hölzerne Rahmen verschlossen.

Steinhäuser sind selten, sie können für ihren Besitzer namenbildend werden. Sie stehen in unmittelbarer Marktnähe, der Pfarrkirche benachbart, in der Innenstadt, wo sich Reichtum konzentriert. Bisweilen erheben sich hier sogar Türme, wehrhafte Gebäude, errichtet, um gegebenenfalls Feinde abwehren zu können. Machtbewußte Bürger wohnen darin, Stadtadelige, die sich ihrer Sonderstellung bewußt sind. Geziert sind diese Bauten durch Steinkreuzfenster, deren oberer Teil verglast ist, während der untere durch Holzladen verschlossen wird.

Die Wohnverhältnisse begannen sich langsam zu kultivieren. Die beheizbare Stube drang bereits in oberdeutsche Bürgerhäuser, natürlich nur die der wohlhabenden Schichten, vor, die Eßgeräte verfeinerten sich. Wie dünn aber der zivilisatorische Firnis war, zeigt sich zum Beispiel daran, daß Irdenware fast noch als Kostbarkeit gilt. Deshalb notiert der Chronist zum Jahre 1283, daß in Schlettstadt der Töpfer starb, der zuerst solche Gefäße glasiert habe.

Das Straßennetz besteht aus breiteren, zwei Fuhrwagen Platz lassenden Straßen, die auf die Tore hinführen und mit einem Geflecht von schmalen Gassen verknüpft sind. Bebauungsblöcke entstehen, weil freie Plätze geschaffen werden, um in Feuergefahren Flächenbrände zu verhindern. Das Stadtbild stellt, von den Kirchtürmen überragt, meist ein Oval dar, das von mehrstöckigen Häusern im Zentrum zu niedrigen, schmalen Behausungen abflacht. Hier leben keine freien Eigentümer als Hoch und Niedrig nebeneinander. Das Feudalrecht am Boden macht vor den Stadtmauern nicht halt.

In Erbleihe haben die Reichen der Stadt Haus und Boden gegen Zinsen ausgegeben. Wie bei der bäuerlichen Leihe ist auch hier die Pflicht, den verliehenen Besitz instand zu halten, bezeugt. Der agrarischen Grundrente entspricht die städtische Hausrente. Hausteilungen und Verleihungen einzelner dieser Teile gehören schon ausgangs des 13. Jahrhunderts zur Liegenschaftsnutzung. Kompliziert wie das Gassengewirr sind die verschichteten Besitzverhältnisse. Der Markt, das Zentrum städtischer Wirtschaft, der größte freie Platz im Stadtbild,

ist mitnichten Begegnungsstätte für einen freien Handel. Die Verkaufsstände der Handwerker sind vielfach Eigentum der Oberschicht, werden gegen Zins vergeben.

Die Führungsschichten

Die Häuser in einer Stadt zeigen, was hinter der Formel steht, mit der das ganze 14. Jahrhundert hindurch die Gesamtheit einer Stadtgemeinde ausgedrückt wird: »Wir Bürger reich und arm.« Reich und arm benennen dabei weniger ökonomische als politisch-soziale Sachverhalte. Der arme Mann ist der Untertan, der Reiche derjenige, der Herrschaft und Macht innehat. Mit einem um 1500 aufkommenden humanistischen Kunstbegriff wird die Oberschicht der Reichen, die, engversippt, die Ratssitze unter sich vergibt, in antikisierender Manier als Patriziat bezeichnet. Für die Welt um 1300 ist es jedoch nötig, bei einem großen Teil dieser Oberschicht zugleich Stadtadel mitzudenken, sich an die wehrhaften Häuser etwa in Regensburgs Innenstadt zu erinnern, um eine Vorstellung von Macht und damit auch von Herrschaftskonflikten innerhalb der Stadt zu gewinnen; denn in den großen Städten hatte sich damals eine Ratsverfassung noch nicht so weit herausbilden können, daß sie Gegensätze unter den Geschlechtern in genossenschaftlicher Disziplinierung begrenzen konnte. Offene Fehde kann, so gut wie in italienischen Kommunen, auch in den deutschen zwischen den führenden Familien des Stadtadels aufbrechen. Konrad von Würzburg hatte in Basel solche tiefgreifenden Spannungen erfahren müssen, in die teilweise seine Gönner verwickelt waren: Beispiel für Geschlechterkämpfe, wie sie etwa eine Generation später in Straßburg zwischen den Zorn und den Mülnheim zum offenen Ausbruch kamen. Solche Kämpfe, die massiert um die Wende des hohen zum späten Mittelalter auftreten, zeigen: Die genossenschaftliche Ausbildung

Arm und reich leben in der mittelalterlichen Stadt nahe beieinander, wenn auch nicht unbedingt in der hier dargestellten Art und Weise. Je nach Besitzer und Benützer unterscheiden sich Baulichkeiten und Wohnräume jedoch zum Teil erheblich voneinander. Während in Bürgerstuben der Kachelofen bereits weit verbreitet und die Küche vom Wohnraum separiert ist, sind in einfacheren Haushaltungen Wohnraum und Küche noch eins.

Noch sind um l300 die Straßen und Gassen in der mittelalterlichen Stadt nur in den seltensten Fällen gepflästert, auf den Straßen selbst treiben sich Schweine herum und ernähren sich von den Abfällen. Die öffentlichen Brunnen gehören zu den neueren Errungenschaften, die Abwässer jedenfalls fließen noch lange offen durch die Ehgräben, von denen man ansatzweise im Bildvordergrund einen erkennen kann. Der Schnitt durch Hauswand, Böden und Decken veranschaulicht, wie um l300 in Holz gebaut wurde (vgl. Beitrag »Fachwerkbau« auf Seite 248).

der Ratsverfassung brauchte Zeit, war um 1300 noch nicht abgeschlossen; ihre Entwicklung richtete sich nicht nur gegen den Stadtherrn, sondern auch gegen die friedensstörenden Geschlechterinteressen im Innern.

Von Stadt zu Stadt verschieden hatten sich um 1300 die Führungseliten herausgebildet; soziale Angleichungsprozesse, die Verschmelzung von ministerialischer und kaufmännischer Oberschicht zum »Patriziat«, können ebenso sichtbar werden wie ständische Auseinanderentwicklungen. In Worms zum Beispiel vollzieht sich in jener Zeit ein Differenzierungsvorgang zwischen Ritter- und Ratsgeschlechtern. Die Führungselite spaltet sich. Spannungen werden offenbar, als 1281 das Wormser Domkapitel beschließt, keine »Bürger« mehr aufzunehmen, eine gegen die Ratsgeschlechter gerichtete Bestimmung, mit der die adelskirchliche Zusammensetzung des Kapitels für die Folgezeit festgeschrieben wird. Der Anlaß dieser Bestimmung – Bürger seien in die Höfe der Kapitulare eingedrungen und hätten Frevel verübt – ist stadtspezifisch, die Trennung aber zwischen den Führungsgruppen (wobei es vor allem um die Nutzung des kirchlichen Pfründereichtums geht) ist ein allgemeiner Vorgang in den deutschen Bischofsstädten. Für die von Handel und gewerblicher Produktion geprägten Städte hingegen ist eher die Verschmelzung, die Versippung der Führungsschichten um 1300 erkennbar.

Die soziale Mobilität, Aufstiegs- und Abstiegsmobilität, ist in einigen Städten gar nicht, in anderen Städten wie in Lübeck sehr deutlich zu erkennen. Hier wird Ende des 13. Jahrhunderts die alte Kaufmanns- und Ratselite durch »Neureiche«, durch eine wohlhabend gewordene Fernhändlerschicht, abgelöst. Möglicherweise ist das nur ein Zeichen für die in nordwestdeutschen Städten zu beobachtende Intensivierung des Fernhandels in einem solchen Maß, daß von einem Qualitätssprung gesprochen werden könnte. In Oberdeutschland hingegen ist eine solche Entwicklung nicht sprunghaft, sondern kontinuierlich erfolgt.

Wieviel Gewalt in einer mittelalterlichen Stadt noch um 1300 die alltäglichen

Verhältnisse prägt, zeigen etwa die in jener Zeit festwerdenden Familiennamen der großen Geschlechter, in Köln etwa der Hardevust, der Gir, der Overstolz. Das ist nur ein Widerschein dessen, was ohne geregelten Austrag von Konflikten einfach nach den Prinzipien von Macht und Ohnmacht geordnet worden ist. Gewalt zeigt sich noch ungetarnt. Die Urbanität hat noch wenig zivilisatorische Kraft im Hinblick auf die Humanisierung des Umgangs entwickeln können. Wegen Verführung eines jungen Mädchens (wahrscheinlich aus Kreisen der herrschenden Familien) erleidet 1297 in Basel ein junger Geistlicher das Schicksal Abälards. Seine abgeschnittenen Geschlechtsteile werden mitten in der Stadt aufgehängt. Selbst wo die Strafen dem Rechtsbrauch entsprechen, zeigen sie sich noch von unverhüllter, auf Abschreckung berechneter Brutalität. Der Falschmünzer, der später enthauptet werden wird, erleidet – zum Beispiel 1275 in Colmar – noch die von den Rechtsspiegeln angedrohte Strafe: Er wird in einem großen Kessel gesotten. In den Quellen finden sich immer wieder Hinweise darauf, daß das Faustrecht, das Recht des Stärkeren, um 1300 nicht überwunden war. Das friedenssichernde Regelwerk städtischer Statuten wurde selbst in den größeren Kommunen wie Straßburg, Nürnberg, Ulm erst langsam mit dem 14. Jahrhundert entwickelt. Faktisch ist die Stadt zuvor noch kein Friedensbereich. Es sind die Gründe zu vergegenwärtigen, die das ganze Spätmittelalter hindurch die Stadträte bewogen, das Tragen von Rüstungen, von langen Messern und Schwertern zu untersagen, durch stete Wiederholung auf den rechtlichen Austrag von Streitigkeiten zu dringen und bereits die Drohung mit blanker Waffe unter Strafe zu stellen.

Gewalt ist zweifellos kein Spezifikum der urbanen Welt. An den Schulverhältnissen zeigen sich wie üblich allgemeinere gesellschaftliche Probleme. So bestimmt das Stadtrecht für Wien, daß der Unfug von Schülern von ihren Lehrern *mit starchen pesem slegen* gesühnt werden soll. Geprügelt wurde das ganze Mittelalter hindurch in den Schulen; eine solche Bestimmung zeigt aber den Versuch, Gewalt und Recht zu verbinden.

Wenn in den städtischen Statuten des 13. Jahrhunderts immer wieder gegen das Ausheischen aus dem Haus Vorkehrungen getroffen werden, gegen Herausforderung von Bürgern und gegen die sogenannte »Heimsuchung«, so wird andeutungsweise sichtbar, wie sehr sich auf engstem Raum soziale Konfliktstoffe geballt haben mußten. So sehr jedoch die vorhandene Bereitschaft zum gewalttätigen Konfliktaustrag, das Gewaltpotential im Innern, betont werden muß, so ist ebenso festzustellen: Um 1300 ist in den Städten jener Zustand überwunden, von dem 1230 das Privileg Kaiser Friedrichs II. für Regensburg ausgegangen war: Für die Reinigungseide wurde eine unterschiedliche Eidesformel festgelegt, je nachdem ob der Frieden in der Stadt geschworen worden sei oder nicht. Schon eine Generation später galt die Stadt im allgemeinen als ein Friedensbereich. Mit der Aufnahme ins Bürgerrecht wurde indirekt dieses gelobt. Ein eigener Friedensschwur war nicht mehr nötig. Aus einem Schwurverband war durch das Bürgerrecht ein Rechtsverband geworden.

Das Bürgerrecht vereinte arm und reich im »Gemeinwerk«, zum Beispiel beim Ausheben und Säubern der Stadtgräben. Für alle Bürger galten die gleichen Pflichten, von denen die Reichen sich allerdings freikaufen konnten. Nicht nur im Verteidigungsfall, sondern schon beim Läuten der Sturmglocke waren alle Bürger aufgerufen, sich zu sammeln. Gemeinsame Pflichten: Am schmerzlichsten drückte sich dies für die Bürger in der Steuerzahlung aus. Auch wenn es damals keine Steuergerechtigkeit gab, so war diese Pflicht doch allen gemeinsam: *es sülen stiwern arme und rich, ieder man nach seinen staten.*

Stadt und Kirche, Bürger und Kleriker

Der Lebenslauf Konrads von Würzburg reflektiert Typisches in der Entwicklung oberdeutscher Urbanität: Die Anfänge literarischer Stadtkultur liegen in kirchenreichen Städten, in den Bischofsresidenzen mit ihrer Vielzahl von Klöstern und Stiftungen. Der Begriff Urbanität, indifferent gegenüber rechtlichen und sozialen Sondergruppen unter den Stadtbewohnern, erweist sich insofern als tragfähig, als er diese Vermischungen von kirchlicher und städtischer Kultur aufzeigen kann. Ein einfaches Beispiel für diesen Vorgang: Der Basler Gassenname Agtoten leitet sich von aquaeductus ab, denn die Klöster hatten als erste die Wasserleitungen entwickelt, hölzerne »Dolen«, die durch Eisenbeschläge miteinander

Nicht unbedingt im Zentrum, aber im Mittelpunkt der mittelalterlichen Stadt steht die Kirche, in der man den Erlöser zugegen weiß, die als Institution den Alltag strukturiert und das Jahr mit seinen zahlreichen kirchlichen Festen verläßlich gliedert. An den Kirchen, ihren Geistlichen und deren Privilegien entzündet sich allerdings zu jener Zeit bereits auch der Konflikt zwischen Bürgerrecht und Klerikerprivilegien. Ein weiterer Mittelpunkt der Stadt ist das Kaufhaus, ein Indiz für die Intensivierung von Handel und Verkehr in jener Zeit ist auch der Bau solider, tragfähiger Brücken. »Nicht mehr die Flußübergänge machen die Stadt, die Stadt erfordert die Brücke.«

verbunden wurden. Oberrheinische Städte begannen um 1300 diesen Fortschritt zu übernehmen, der in kleineren Kommunen noch lange auf sich warten ließ. Auch in Salzburg war die Kirche, waren Domkapitel und die Benediktiner von St. Peter Wegbereiter der künstlichen Wasserversorgung, als sie Mitte des 13. Jahrhunderts einen Stollen durch den Mönchsberg trieben. Wie wichtig diese Pionierleistung war, zeigt sich um 1300 allerorten. In Breslau wurde 1272 eine Wasserleitung erbaut, in Lübeck ließen 1294 die Bierbrauer durch ein großes Schöpfrad Wasser aus der Wakenitz durch Rohrleitungen, längsdurchbohrte Baumstämme, in die Stadt pumpen.

Am Beispiel der Wasserversorgung – die reparaturanfälligen Brunnen werden zumeist erst im 14. Jahrhundert gebohrt – sollte die Bedeutung der Kirche für die Ausbildung der laikalen Kultur angedeutet werden. Selbst bei den verwickelten Verhältnissen der Literatur ist im Prinzip der gleiche Vorgang auszumachen. Deshalb ist bei literarischen Zirkeln aber weder genetisch noch sachlich eine Unterscheidung zwischen »bürgerlich« und »kirchlich« zu treffen. Es waren immer nur einzelne, die in der Dichtung mehr als Unterhaltung sahen und über soziale Unterscheidungen hinweg Gleichgesinnte suchten. (Man muß sich den Pfründenreichtum Würzburgs verdeutlichen, um die Sonderstellung des von Klerikern und Laien gebildeten Kreises um Michael de Leone, vielleicht sogar die Isolation einer geistig interessierten Gruppe innerhalb der stadtbildprägenden Geistlichkeit, zu sehen.)

Unabhängig von der Frage urbaner Kultur ist die nach dem Miteinander von Klerikern und Laien in dem engen städtischen Raum zu stellen. Vor allem in den kirchenreichen Bischofsstädten mußte es zu einem spannungsreichen Verhältnis kommen. Bei der Beschreibung dieser Konflikte ist indes zu bedenken, das *civis* und *clericus* nur im rechtlichen, nicht aber im sozialen Sinn eindeutige Begriffe sind. Den reichen Kaufmann trennen vom kleinen Handwerker ebenso große Unterschiede wie den adeligen Domherrn vom schlichten Bettelmönch. Das erfordert aber auch beim Thema Kirche und Stadt eine genauere Berücksichtigung der sozialen Strukturen. Die Oberschicht war den großen, reich dotierten Stiften und Abteien innerhalb und außerhalb der Kommune verbunden, wo ihre Kinder und Verwandten mit auskömmlichen Pfründen versorgt waren. Der kleine Mann hingegen sah in den Mendikanten seine Kirche repräsentiert, in jenen Bettelmönchen, deren Klöster inmitten oder in der Nachbarschaft städtischer Armutsbezirke lagen. Populär waren diese Bettelorden, in denen der monastische Gedanke seine spezifisch urbane Gestalt gewonnen hatte, die das alte Prinzip der *stabilitas loci* aufgelöst und sich der Mobilität geöffnet hatten.

Um 1300 zeichnet sich bereits ein Thema ab, das im ganzen Spätmittelalter für Konfliktstoff sorgte: Die Konkurrenz innerhalb der Mauern zwischen Bürgerrecht und Klerikerprivilegien. Was zunächst im Kampf um die Stadtfreiheit ein Oberschichtsproblem in der Auseinandersetzung zwischen Bischof und Domkapitel und bürgerlichen Geschlechtern war, betraf alsbald auch den gemeinen Mann. Er seufzte unter Steuern, Wachdiensten, Verpflichtungen zum Gemeindienst und sah die vielen Geistlichen – schon an der Stadtkirche einer Kleinstadt amtierten bis zu 30 Vikare und Altaristen –, die all diese Lasten nicht zu tragen hatten und dennoch den Schutz der mauerbewehrten Stadt genossen. Noch nicht so vernehmlich ist um 1300 der Ruf des gemeinen Mannes nach dem »Mitleiden« der Geistlichkeit an den städtischen Lasten. Es scheint so, als hätte er vor allem Interesse an den wirtschaftlichen Implikationen des Kampfes der Stadträte um die Begrenzung der geistlichen Handels- und Zollfreiheit gehabt, weniger an den Bemühungen um die Besteuerung von Kirchenbesitz innerhalb der Stadtmauern.

Alle Spannungen zwischen Geistlichen und Weltlichen stellen nicht, noch nicht, die Autorität des Klerikers in Frage. Erst mit dem Kampf des avignonesischen Papsttums gegen Ludwig den Bayern entsteht in den reichs- und kaisertreuen oberdeutschen Städten die Pfaffenfeindschaft als allgemeinere Erscheinung. Eine Generation zuvor noch wird dem Geistlichen nicht nur in der Kirche, sondern auch in der Welt Respekt gezollt. Ein Beispiel: Bei der Bürgermeisterwahl in Ulm steht man vor der Schwierigkeit, eine geheime Wahl zu bewerkstelligen; denn öffentlich will man sich bei so viel Rivalität zwischen den Geschlechtern nicht erklären. Schreiben können nur die wenigsten; eine Stimmurne ist nicht realistisch. Man verfällt auf den Ausweg, eine *persona religiosa vel sacerdos vel alia persona, cui fides adhibetur,* heranzuziehen; ihr sollen die Wahlmänner im Vertrauen erklären, für wen sie sich entschieden haben. Es liegt auf der Hand,

Handel, Gewerbe und die vielfältigsten Formen der häuslichen Selbstversorgung finden in der mittelalterlichen Stadt auf engstem Raum statt. Während der Krämer in seiner Tuchlaube Stoffe feilbietet, stampfen Vater und Sohn in einem Bottich die im nahen Rebberg vor der Stadt geernteten Trauben, um aus dem Saft in den Wintermonaten Wein herstellen zu können.

daß solch einem Mann unbedingte Integrität, die Wahlmanipulationen ausschloß, zugebilligt werden mußte. Bezeichnenderweise wurde zunächst an einen Geistlichen gedacht.

Über die Seelsorge hinaus ist der Laie auf die Kirche angewiesen, auf eine schriftgewohnte Institution in einer noch weitgehend nichtschriftlichen Welt. Selbst der Kaufmann beginnt erst um 1300 Lesen und Schreiben zu lernen. Der bischöfliche Offizial ist nach wie vor Urkundenbeauftragter auch des Rates, er ist der Notar, dessen Sitz vor der Domtür von den Laien selbst in weltlichen Geschäften aufgesucht wird. Ein städtisches Notariat ist allenfalls in Ansätzen entwickelt. Es braucht noch zwei, drei Generationen, bis Kapitalien oder Rentenbriefe für fromme Stiftungen beim Rat hinterlegt werden; um 1300 ist noch die Kirche Empfänger und Verwalter aller Seelgeräte.

Kennzeichen der mittelalterlichen Stadt ist vor allem der Markt, am Anfang der Entwicklung zur Stadt steht vielfach zunächst einmal die Verleihung des Marktrechts an einen bestimmten Ort. Markt bedeutet nicht zuletzt Import und Export und vielfach einen ausgedehnten Fernhandel, der in den Händen der ortsansässigen Kaufleute liegt. Für die Bürger und Einwohner der Stadt ist der städtische Markt aber vor allem der Ort, wo sie sich versorgen, wo sie Gläser und Geschirr, Tuche und Kleider, Käse, Fisch, Wildbret, Brot und alles weitere Lebensnotwendige finden – und wo sie sich notfalls unter freiem Himmel auch einmal einen Zahn ziehen lassen können.

Handel und Gewerbe

In der Vielzahl der Märkte ist als Eigentümlichkeit der mittelalterlichen Großstadt um 1300 die Vielfalt der Produktions- und Handelsformen zu erkennen. Das unterscheidet diese Städte von jenen, die sich auf der Grundstufe der Ackerbürgerstädte weiterentwickelt hatten, die als Mittelstädte ihre wirtschaftliche Basis in einem speziellen Produkt wie etwa Siegener Schwerter, Siegburger

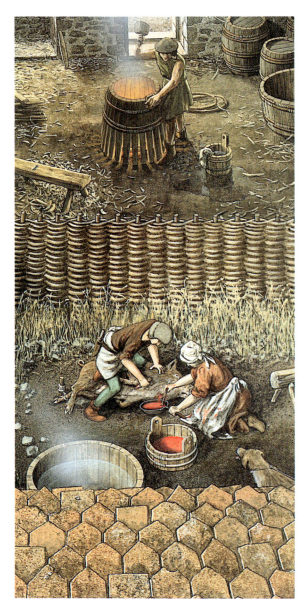

In seiner Werkstatt zur ebenen Erde fügt ein Küfer aus sorgfältig zubehauenen Dauben eben ein Faß zusammen, während in einem benachbarten Hinterhof oder Garten, von der
Werkstatt durch einen geflochtenen Zaun getrennt, ein Ehe-
paar gerade ein Schwein schlachtet. Die Frau fängt in einer
Pfanne das Blut auf, das zu Blutwürsten verarbeitet wird,
danach wird das Schwein in den Bottich mit heißem Wasser
gelegt, damit sich die Borsten besser von der Schwarte lösen
lassen.

Irdenware oder Einbecker Bier fanden. Die Großstädte hingegen charakterisiert Produktionsvielfalt. Zum Beispiel stellen in Worms Pfeilmacher, Armbruster, Schwertfeger und Sporer Kriegsartikel her, ein *perminter* liefert den Beschreibstoff für die Geistlichkeit, 1276 ist schon ein *apothecarius* bezeugt, damals hauptsächlich noch ein Krämer mit Süßwaren und Konfekt für die Wohlhabenderen. In einer solchen Stadt gibt es bereits eine vagierende Unterschicht, die sich bei den Garköchen versorgen muß.

Mittelpunkt des Handels mit lukrativen Waren ist das Kaufhaus, als städtische Einrichtung häufig schon an der Schwelle zum Spätmittelalter bezeugt. Hier findet die Warenschau statt, hier werden unter Aufsicht des Rates die Warengeschäfte abgeschlossen.

Der Kaufmann gehört zum Mittelalter allgemein. Seine Tätigkeit wird durch Rechte und Landfrieden geschützt, dennoch ist um 1300 die Entwicklung eines eigenen Kaufmannsstandes abgeschlossen, einer durch gleiche Interessenlage charakterisierten Fernhändlerschicht, die Teil der Urbanität ist. Diese Entwicklung zu einem eigenen, an die Stadt gebundenen Stand kann am einfachsten am Beispiel des Zweikampfes dargestellt werden. Alle Städte bemühten sich im 12. und 13. Jahrhundert durch kaiserliche und fürstliche Privilegien, ihre Bürger in fremden Städten von der Verpflichtung zu befreien, einem »kämpflichen Gruß« zu antworten. Das ist in seiner Absicht ein Sonderrecht für Kaufleute, deren mündliche Geschäftsverträge nicht mehr dem damals noch gebräuchlichen Beweismittel des Kampfrechtes unterliegen sollen.

Der Kaufmann um 1300 beginnt langsam die Schrift zu entdecken. Erste Kaufmannsbücher entstehen, der Weg zum bargeldlosen Verkehr, der von der Schriftlichkeit vorgezeichnet ist, ist aber noch weit. Das früheste erhaltene deutsche Kaufmannsbuch, das Handlungsbuch der Holzschuher, zeigt, daß Addition und Subtraktion selbst von Großhandelskaufleuten nicht sicher beherrscht werden.

Für die Intensivierung von Handel und Verkehr gibt es einen aufschlußreichen Indikator: Die Entstehung der Brücken. Der Bau von Steinbrücken in Regensburg oder Würzburg steht noch vor der eigentlichen Epoche des Brückenbaus, dem 13. Jahrhundert. Jetzt machen nicht mehr die Flußübergänge die Stadt (Schweinfurt, Frankfurt), sondern die Stadt fordert die Brücke. Voll Staunen über den eingetretenen Wandel während der vorangegangenen Generationen notierte 1282 der Colmarer Chronist, daß eine Frau gestorben sei, die sich noch der Zeiten erinnern konnte, als unterhalb von Konstanz niemand auf einer Brücke den Rhein hatte überschreiten können.

Brücken sind nicht nur Indikatoren für die Verdichtung von Handel und Verkehr, für ein engmaschiger geknüpftes Wegenetz, sondern auch unter den Bedingungen der Zeit imponierende technische Meisterleistungen: Stauung des Stroms, Umleitung des Flußbettes, Bau von Pumpkammern bei schwieriger Fundamentierung: Der technische Aufwand macht verständlich, dass die teure Brücke eine eigene Rechtsperson bildete, für deren Unterhalt liegende Güter und Kapitalien gewidmet waren. Mit der Haltbarkeit dieser auf hölzernen Bohlen zu überquerenden Bauten ist es nicht gut bestellt. Hochwasser und Eisgang gefährden die steinernen Pfeiler, Menschenansammlungen wie etwa 1286 anläßlich eines Schifferstechens in Straßburg halten die Bohlen nicht aus. 1275 ertranken beim Einsturz der Basler Rheinbrücke fast hundert Menschen.

Zur Entwicklung der Urbanität und zur Abschätzung ihres erreichten Ausmaßes bieten die ausgangs des 13. Jahrhunderts aufkommenden Nachnamen ebenso wertvolle Aufschlüsse wie zur Frage der sozialen Differenzierung der Stadtbevölkerung. Viele Bürger sind noch nachnamenlos, sie zählen nicht; bei vielen ist der Nachname noch nicht verfestigt, ist Berufsname, unterscheidet zum Beispiel die vielen Hinz nach ihrer Tätigkeit, also Hinz Drechsler oder ähnlich. Vornehme werden nach den Kennzeichen ihrer bemalten Häuser genannt, etwa Rebstock und Kirschbaum oder wie die Speyerer Geschlechter Hahn, Schaf, Kranich. Spitznamen beginnen sich zu Familiennamen zu verfestigen so wie in Worms die Unbescheiden, in Lüneburg die offenbar sehr eigensinnigen Sulfwolt. Hierher gehören auch die Verfestigungen von äußerlichen Merkmalen zu Familiennamen wie Holtmund und Schwarzbart in Worms.

Namensgebung zeigt, wie differenziert und offenbar auch wie kompliziert das Zusammenleben von Menschen in einer Stadt geworden war. Sie zeigt Verfestigungen und zugleich Fluktuation. In der Stadt mit ihrer mangelnden Hygiene, mit ihrem oft typhusverseuchten Grundwasser überstieg die Mortalitätsrate stets die der Geburten. Sie war angewiesen auf den Neubürger. Und dieser wird häufig mit Herkunftsort und Beruf bezeichnet, etwa in Basel der Feinbäcker, der aus dem Wallis stammt: *Burcardus dictus Walliser pistor.*

Gewerbedifferenzierung gibt sich in den entstehenden Nachnamen kund. Es sind zunächst die wohlhabenderen Gewerbe, die Bäcker und Metzger, die Paternostermacher und Goldschmiede, Gewerbe, die zugleich Handwerk und Handel treiben, die namengebend werden. Schon beginnt neben dem Brotbeck der Bretzeler, der Bretzelbäcker, zu stehen, neben dem Gerber der Taschenmacher, der »täscheler«. Die Abhängigkeit der größeren Städte von der Nahrungsmittelversorgung, das Aufkommen eines überregionalen, ansatzweise schon internationalen Ochsenhandels zeigt sich in Nachnamen wie »Rintkauf« als Bezeichnung eines Händlers. Namen wie Rindermann und Rinzügel erinnern an ursprüngliche Viehtreiber, die eines Familiennamens würdig geworden sind, nachdem ihnen, offenbar über den Handel, der Aufstieg aus der Schicht der Namenlosen geglückt ist.

Differenzierung und genossenschaftlicher Zusammenschluß sind um 1300 gestaltende Faktoren des Handwerks. Konfliktträchtiger Alltag steht hinter der Genossenschaftsbildung, die sich unter den verschiedensten Namen als Zunft, Gilde, Amt, Gaffel, Zeche, Innung usw. vollzogen hatte. Natürlich dominieren dabei gemeinsame wirtschaftliche Interessen, denn es sind die wohlhabenden Handwerker, die Nahrungsmittelzünfte der Bäcker und Metzger, sowie die Gewerbe, die für den Bedarf der Vornehmen produzieren und zugleich Handel treiben wie Schuhmacher und Kürschner, deren Zusammenschlüsse am frühesten bezeugt sind; aber diese wirtschaftlichen Interessen bemänteln sich in gemeinsamer Frömmigkeitsübung, erzwingen eine Disziplinierung nach innen, konfliktregulierend, denn sie mußten in konfliktgeladener Umwelt durchgesetzt werden.

Die Stadt um 1300 war arm an Unterhaltung. Eine Sensation war es schon, wenn die Frau Rudolfs von Habsburg in den Garten der Basler Dominikaner ein Stachelschwein bringen ließ, »damit man an ihm Gottes wunderbare Schöpfung schauen könne«. Staunenswertes wurde übertrieben: »In Basel lebte ein gewisser Boppo, ein Mann von nur mittlerer Größe, der aber die Kraft von zehn, zwanzig, ja noch mehr Männern gehabt haben soll.« Es waren Sensationen, wenn Rudolf von Habsburg mit einem Kamel oder der Bischof mit einem Neger in die Stadt kamen. (Überhaupt wurden die hohen Herren, deren Auftreten Nachrichten- und Unterhaltungswert hatte, auf Schritt und Tritt beobachtet. Man wußte in Basel, daß der König einen Käfig für seinen Papagei gekauft hatte.)

Abwechslung in dieser an Unterhaltung armen Welt bringen die »Spielleute«. Unter diesem Sammelbegriff verbergen sich Unterhaltungskünstler in allen Gestalten, vom Possenreißer bis zum fahrenden Sänger. »Ein herumschweifender Geistlicher fing in Basel Schlangen, mit denen er erstaunliche Dressurkunststücke ausführte.« Und schon 1276 erscheint einer der späteren »Seilriesen«, der im Spätmittelalter häufigen Äquilibristen, in Basel, »ein Mann von schwächlichem Körperbau«. Ein solcher Artist braucht die Stadt. Nur hier findet er ein an Zahl und Vermögen ausreichendes Publikum, nur hier findet er die hohen Gebäude, um seine Kunst zeigen zu können: »Er stieg auf Händen und Füßen an einem vom Glockenturm des Doms zum Haus des Kantors gespannten Seil herab.«

Der Spielmann gehört zum mittelalterlichen Fest. Urbanität erweist sich auch darin, daß sich nicht nur fahrende *ioculatores* in der Stadt bei Tänzen, Festen und Hochzeiten einfinden, sondern daß schon einige von ihnen hier seßhaft werden können. (Die Unehrlichkeit des Spielmanns, die »Sachsen-« und »Schwabenspiegel« postuliert hatten, ist in der Forschung weit überschätzt worden; sie ist allen Nachrichten zufolge eher Rechtsfiktion als Rechtsrealität.) So wird schon in einer Augsburger Hochzeitsordnung des ausgehenden 13. Jahrhunderts von Spielleuten gesprochen, *die in dieser stat gesezzen sint mit dem haus oder die herren hie habent, der gesint si sint und der brot sie essent.* Unterhaltungskünstler, die entweder mit einem eigenen Haus, also mit dem Bürgerrecht, ansässig sind, oder wie die sogenannten patronisierten Fahrenden zum Gesinde eines reichen Bürgers oder sogar zu einer adelsähnlichen Hofhaltung im städtischen Wohnturm gehören, solche Spielleute werden aber in dieser Hochzeitsordnung von dem *ussern spilman,* dem Fahrenden, abgegrenzt. Auch wenn der *ioculator* in der Stadt ansässig geworden war, galt er doch immer noch als fahrender Mann. Es fiel zum Beispiel dem Chronisten des »Bellum Waltherianum«

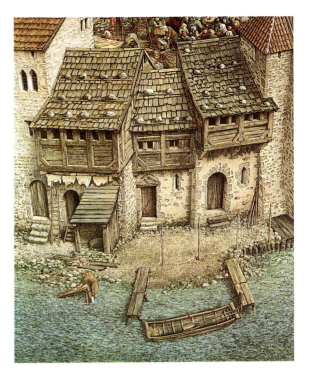

Abseits der belebten Gassen und am Wasser, das er zu seiner Arbeit benötigt, geht ein Gerber seiner Arbeit nach. In der mittelalterlichen Stadt haben die Gewerbe ihren festen Platz, und der wird unter anderem durch die Immissionen bestimmt, die mit einem Gewerbe verbunden sind. Metzger und Gerber benötigen viel Wasser; ihre Betriebe befinden sich darum vorzugsweise an Bächen oder Flüssen, in die sie das Blut der geschlachteten Tiere einleiten oder an denen sie die Häute von den Haaren befreien können.

Oben: Darstellung eines Knaben zu Pferd, der einen
Drachen steigen läßt. Aus »Bellifortis« von Konrad Keyser
(Eichstätt, um 1405).

Spätmittelalterliche Tier- und Reiterfigürchen sowie Ton-
helme aus Konstanz.

Zwei Erwachsene lassen vor dem Thron Salomos Turnier-
Marionetten miteinander kämpfen. Illustration aus dem
»Hortus Deliciarum« von Herrad von Landsberg, (2. Hälfte
12. Jahrhundert, Umzeichnung).

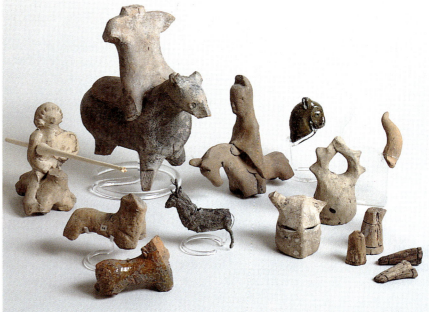

gar nicht der Widerspruch auf, wenn er von einem fahrenden Mann Bitterpfeil
sprach, der in Straßburg »gesezzen« war. In diesem Zusammenhang verliert
auch die Bezeichnung Konrads von Würzburg als *vagus* viel von ihrer Auf-
fälligkeit. Wenn Chronisten den Schlangenbeschwörer und den Kraftmeier, den
Neger und den Spielmann eigens erwähnen, so weist das auf den Alltag der Stadt
um 1300 zurück. Dieser Alltag war, wenn alles gut ging, arm an Abwechslung.
Negativ war fast alles, was ihn unterbrach: Aufregung und Zank und Preis-
treibereien und Warenfälschung, ganz zu schweigen von Hungersnot, Teuerung
und Krieg. Bedürfnis bestand nach ungefährlicher Abwechslung, die von
schlichter Schaulust bis hin zu geistigem Vergnügen reichte.

ERNST SCHUBERT

Minne en miniature – Kinderspiel im mittelalterlichen Konstanz

In den Grabungen im Konstanzer Stadtgebiet konnte in den vergangenen Jahren
ein breites Spektrum an Spielzeug geborgen werden, das in unerwarteter Vielfalt
mittelalterliches Kinderspiel illustriert und erläutert. Während sich die geläufigen Darstellungen mittelalterlichen Kinderspiels noch häufig auf spätmittelalterliche und frühneuzeitliche Darstellungen stützt, sind die Konstanzer Funde geeignet, die mittelalterliche Lebenswelt des Kindes im ausgehenden 13. und 14.
Jahrhundert anhand zeitgenössischer Gegenstände zu veranschaulichen.
Im Gegensatz zur immer wieder formulierten »Absenz« mittelalterlicher Kindheit, kann es keinen Zweifel daran geben. daß in der mittelalterlichen Familie, in
der Hausgemeinschaft, Kindern ein ihnen gemäßer Platz zugestanden wurde.
Kaum wird man angesichts der archäologischen Funde Ph. Ariès darin folgen
können, daß es keine Eigenständigkeit mittelalterlicher Kindheit gab, daß es
Kindheit als Lebensabschnitt, der sich deutlich vom Erwachsensein unterschied,
vor dem 17./18. Jahrhundert nicht gegeben habe. Konrad von Megenberg notiert
in der Mitte des 14. Jahrhunderts im Kapitel 14 seiner Ökonomik: »Auch soll das
Kind mit geziemenden Spielen und zuträglicher Bewegung beschäftigt und einer
gesunden Luft ausgesetzt werden. Geziemende Kinderspiele sind das Puppenspiel, das Herumrollen von Holzspielzeug und sich Selbst im Spiegel betrachten.
Denn Kindheit kennt noch das Erstaunen über kleinste Dinge und ist mit
Einfachem zufrieden« (Übertragung K. Arnold). Windrädchen, Drachen, Seifenblasen, Papierspielzeug, Seile sind Spielzeuge, die sich dem archäologischen
Nachweis entziehen; selbst Spielzeug aus organischem Material, vor allem aus

Holzkreisel, Tonmurmeln und Miniaturgefäße aus Freiburg und Konstanz.

Holz, ist nicht häufig belegt; wahrscheinlich wurde unbrauchbar gewordenes Holzspielzeug schlicht verbrannt.

Zugleich erlaubt das archäologische Fundgut nicht immer, eine sichere Trennlinie zwischen Kinderspiel und Spiel der Erwachsenen zu ziehen. So zeigt etwa der Hortus Deliciarum der Herrad von Landsberg (zweite Hälfte 12. Jahrhundert) zwei Erwachsene, die mit Marionettenfiguren eine Turnierszene nachspielen. Eine kleine Gruppe von Tonspielzeug aus Konstanz hingegen kann unzweifelhaft als Kinderspielzeug interpretiert werden. Daß auch Erwachsene damit gespielt haben, so etwa mit den Murmeln, ist nicht auszuschließen und für Zürich sogar durch Schriftquellen belegt; gefertigt wurden die Stücke jedoch vor allem für Kinder.

Das hier vorgestellte Spielzeug stammt fast durchweg vom Konstanzer Fischmarkt, dem spätmittelalterlichen Auffüllgebiet an der Seeseite der Stadt Konstanz. Zum Teil wird es in zerbrochenem Zustand als Abfall dorthin gelangt sein: die Tonpüppchen sind häufig an der »Sollbruchstelle« zwischen Körper und Hals gebrochen. Andere Stücke aber, vor allem die Murmeln, könnten beim Spiel verlorengegangen und im feuchten Uferschlamm nicht mehr wiedergefunden worden sein.

Durchaus eindeutig ist die Funktion zahlreicher Murmeln, die nach Art der zeitgleichen Konstanzer Irdenware gefertigt sind und wohl in großer Zahl in denselben Werkstätten hergestellt wurden. Einige der Murmeln tragen die charakteristische kirschrote Engobe oder olivgrüne Glasurspritzer, wie sie für die Irdenware jener Zeit typisch sind. Belegt ist ferner eine Murmel aus Stein. Nicht eindeutig ins Mittelalter zu datieren sind hingegen Glasmurmeln, die erst für das frühe 17. Jahrhundert – beispielsweise in Zwischenböden von Konstanzer Stadthäusern – nachweisbar sind.

Zum alltäglichen Spielzeug gehörten sicher auch die hölzernen Kreisel, die zumindest ein Beispiel für das ehedem bestimmt sehr vielfältige Holzspielzeug darstellen. Sie stammen aus Freiburg, aus der Latrine des Augustiner-Eremitenklosters. Aufgrund der dortigen Befundsituation sind sie innerhalb des Spätmittelalters zeitlich nicht genauer einzuordnen.

Noch rarer ist Spielzeug aus Metall, da es eher eingeschmolzen als weggeworfen wurde. Unter den wenigen erhaltenen Stücken besonders hervorzuheben sind ein kleiner Hirsch aus Zinnblech, ein Pfau und ein Reiterfigürchen mit detail-

Oben: Drei Tierfigürchen aus Konstanz.

Übersicht über die Tonpüppchen aus Konstanz (spätes 13. und 14. Jahrhundert).

liert gearbeitetem Zaumzeug. Alle Stücke sind dem 14. Jahrhundert zuzuweisen. Immer wieder als Salbgefäße gedeutet wurden Miniaturgefäße, die zum »figürlichen« Tonspielzeug überleiten, das quantitativ am besten belegt ist, da das Rohmaterial in beliebiger Menge und damit billig zur Verfügung stand und die fertigen Produkte relativ robust und langlebig waren. Diese kleinen Miniaturgefäße sind den größeren Vorbildern exakt nachempfunden; neben der Verenakanne (vgl. Beitrag »Zurzach«, Seite 206) en miniature sind winzige Henkelkrüge beziehungsweise Dreifußtöpfe mit hellolivgrüner Glasur erhalten. Ausgezeichnete Analogien dazu liegen beispielsweise aus der Töpferei in Remshalden/Buoch im Rems-Murr-Kreis vor, die neben der Gebrauchskeramik, spezialisierten Kleingefäßen wie Bügelkännchen, auch winzige Töpfchen und Ausgußgefäße in der typischen rotbemalten Feinware produzierte.

Die weitaus größte Gruppe unter dem getöpferten Spielzeug bilden jedoch die Tonfigürchen. Dabei ist an erster Stelle eine Gruppe von außerordentlich ähnlichen weiblichen Figuren zu nennen. Ihr konisch zulaufender Körper ist innen hohl gearbeitet, der ebenfalls konische Hohlraum reicht bis knapp über Brusthöhe. Ein Gewand ist meist nicht ausgebildet oder dann nur in zarten Längskanneluren angedeutet; die Rückseite ist meist nur grob abgestrichen. Knapp über der Taille sind die Hände gekreuzt, über der Brust zeigt sich gelegentlich der Gewandausschnitt. Bei einigen Stücken scheint ein vorderer Gewandverschluß sichtbar, andere zeigen auf der Brustmitte eine Art Medaillon. Eine der Tonfiguren fällt durch einen mantelartigen Überwurf besonders auf, zwei lange Zöpfe deuten die Haartracht an. Leider ist kein einziges Stück vollständig erhalten, alle sind an der empfindlichsten Stelle zwischen Kopf und Körper entzweigebrochen. Einzelne erhaltene Köpfe vermitteln jedoch eine gute Vorstellung von den kompletten Figuren, da sie zum Teil bis hin zur zeitgenössischen Haubentracht detailgenau gearbeitet sind. Von dieser Gruppe mit Hohlkörper heben sich zwei wesentlich kleinere, massiv gefertigte Figurenfragmente ab, denen jedoch auch der Kopf fehlt. Die beiden »Damen« mit hochgeschnürtem Busen und schlanker Taille raffen zierlich ihr Gewand.

Als »männliche Pendants« steht ihnen eine ganze Gruppe von Pferdchen, Reiterfiguren und Helmen gegenüber. Plump und ungestalt zeigt sich dabei eine vielleicht schon ins 15. Jahrhundert zu datierende Reiterfigur, deren Konstanzer Fundort nicht gesichert ist. Sehr zierlich gearbeitet sind dagegen zwei weitere, gut erhaltene Reiterfigürchen. Den einen Reiter charakterisiert ein weiter, mantelartiger Überwurf mit zipfelmützenartiger Kapuze. Der andere präsentiert sich unzweifelhaft als Turnierreiter mit Schild und (heute verlorener) eingelegter Lanze. Dazu fügen sich exzellent zwei fast vollständige Helme mit phantasievoller Helmzier, von einem dritten Helm ist nur ein Horn der Helmzier erhalten. Einer der Helme ist sehr detailgetreu den zeitgenössischen Topfhelmen mit Mittelgrat und Helmzier nachempfunden.

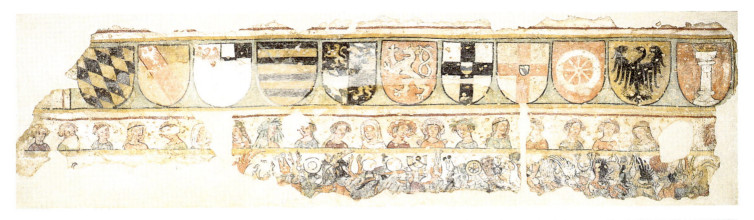

Lange Zeit wurde dieses »Turnierspielzeug« den mittelalterlichen Jungen zugeordnet, während man die Tonpuppen als vermeintliches Mädchenspielzeug betrachtete. Der Schlüssel zum Verständnis dieser mittelalterlichen Spielzeugwelt liegt jedoch wohl darin, daß man »männliches« und »weibliches« Spielzeug als Einheit begreift. Denn die Tonfigürchen lassen sich unschwer als die weiblichen Zuschauer beim Turnier interpretieren, ihnen galt die tapfere Leistung der kleinen Turnierreiter. Aus Bildquellen, so etwa dem Fresko an der Marktstraße 63 in Ravensburg, aber auch den zeitgenössischen Darstellungen in der Manessischen Liederhandschrift, ist man ausgezeichnet über dieses Szenario unterrichtet. Nicht Knaben- und Mädchenspiele, sondern »Minne en miniature«, eine verkleinerte Welt der Erwachsenen, das in den Städten des Spätmittelalters nachgelebte höfische Vorbild, spiegelt sich im Spielzeug der Stadtkinder des ausgehenden 13. und 14. Jahrhunderts wider.

JUDITH OEXLE

Ganz oben: Das Außenfresko am Gebäude Marktstraße 63 in Ravensburg zeigt im unteren Bildfeld Frauen in zeitgenössischer Tracht als Zuschauerinnen bei einem Keulenturnier.

Oben: Zwei Reiterfigürchen aus Konstanz.

Lanificium

Lanificium plura
Mechanica operatur
que in te vendo etc.

Rodericus Eps Zamorensis post hanc primam ponit
2ª fabrilem et militari
3ª Nauigatoriam
4ª Venatoriam
5ª Pastoralem Agricult
6ª Theatricam
7. Medicinam.

Handwerk und Handel

Töpfereien und ihr Absatzgebiet

Die Bestände an Keramikfunden haben in jüngster Zeit dank zahlreicher mittelalterarchäologischer Untersuchungen in Südwestdeutschland stark zugenommen. Dies ermöglicht denn auch Aussagen zur Keramikversorgung der Städte, Klöster, Burgen und Dörfer im späten Mittelalter. Es muß allerdings darauf hingewiesen werden, daß die nachfolgenden Ausführungen teilweise nur auf ersten Eindrücken bei der Durchsicht neuerer und neuster Fundkomplexe basieren, deren abschließende Bearbeitung erst noch erfolgen muß.

Der Grundbedarf an irdenem Geschirr wurde, wie in den Jahrhunderten zuvor, auch im späteren Mittelalter noch aus lokalen Quellen gedeckt. Eine Vielzahl kleiner Töpfereien muß im ländlichen Raum und im direkten Umfeld der Städte gearbeitet haben – so etwa die mehrfach erwähnten und in der Ausstellung durch Fundmaterial vertretenen Betriebe von Wimpfen am Berg und Winterthur. Seltener wird man Keramik innerhalb der Städte selbst erzeugt haben, war doch dort die Feuergefahr viel zu groß. Die Töpfereien sind bis auf einige wenige Ausnahmen jedoch vorläufig nur anhand ihrer Produkte, nicht aber durch Fabrikationseinrichtungen (Öfen, Tonentnahme- und -aufbereitungsgruben usw.) oder zugehörige Gebäude (Trocken- beziehungsweise Stapelschuppen, Werkstätten) zu lokalisieren. Besonders gut läßt sich der beschränkte Absatzraum dieser Hafnereien im Fall der Produktionsstätte von Musberg, Stadt Leinfelden Echterdingen nachweisen, da es sich bei deren Erzeugnissen um charakteristische helltonige Ware mit hohen Sand- und Glimmeranteilen handelt. Die Abnehmer dieser Gefäße bewohnten den Raum zwischen Eßlingen und Stuttgart. Schon im benachbarten Tübinger Umland westlich Musbergs beziehungsweise im östlich angrenzenden Filstal um Göppingen fehlen jegliche Nachweise für die Verwendung von Musberger Keramik. Anhand formaler Eigenheiten, besonders bei Bechern (unter anderem deren hohl gearbeiteten Füßen), ist es möglich, die begrenzte Verbreitung der Erzeugnisse eines weiteren Betriebs wenigstens ansatzweise zu ermitteln: Die Töpferei an der Rappenauer Straße in Bad Wimpfen/Berg stellte Trinkgefäße her, deren Gebrauch auf den nicht weit entfernten Burgen Weibertreu bei Weinsberg und Löwenstein sowie im nur etwa 20 km südwestlich gelegenen Schwaigern nachgewiesen werden konnte.

Unterschiedliche Absatzgebiete

Für die Verteilung der »gemeinen« Gebrauchskeramik im Umkreis weniger Kilometer um die Herstellungsorte gibt es außerhalb des hier behandelten Raums auch schriftliche Zeugnisse. So lassen beispielsweise nordhessische oder oberfränkische Quellen des Spätmittelalters erkennen, daß Distanzen von 30 km in der Regel nicht überschritten wurden.

Bei den qualitätvollen Warenarten mit Produkten für den Tafelgebrauch liegen die Verhältnisse dagegen anders. Es wurde bereits hervorgehoben (vgl. Beitrag »Keramik; Einführung«, Seite 320), daß das rheinische Steinzeug, der Massen-

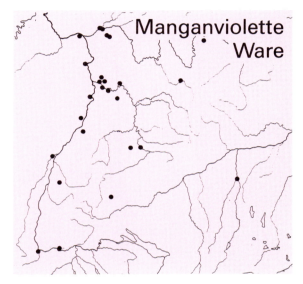

Manganviolette Ware

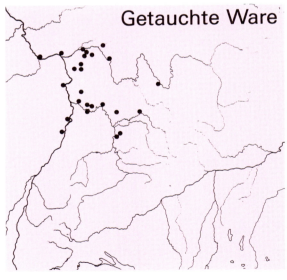

Getauchte Ware

Gegenüberliegende Seite: Zu den bedeutendsten Handwerken des Mittelalters überhaupt zählte die Textilherstellung. Wiedergegeben sind auf dieser Illustration aus einer englischen Handschrift ein Trittwebstuhl (oben) und ein Tischwebgerät (unten).

exportartikel schlechthin, durch den der Fernhandel mit Keramik im späten Mittelalter belegt wird, im deutschen Südwesten nur spärlich vorkommt; an vielen durchaus auch bedeutenderen Orten fehlt es sogar ganz. Welche Erzeugnisse wurden denn hier als hochwertiges Tafelgeschirr verwendet? In der erwähnten Einführung zum Kapitel über die Keramikformen des 13. und 14. Jahrhunderts war schon die Rede von einigen regional bedeutenden Erzeugnissen, die in den Landschaften südlich des Mains dem gehobenen Tischgebrauch dienten. Von diesen werden drei im folgenden etwas näher betrachtet.

Manganviolette Ware

Die »manganviolette Ware« entstand im 13. und 14. Jahrhundert im Rhein-Main-Raum in engster Abhängigkeit von der (Früh-)Steinzeugproduktion am Niederrhein. Ihr Ausstrahlungsbereich ist nach Norden hin kaum abgrenzbar. Südlich des Mains hingegen läßt er sich glücklicherweise recht gut erkennen. Mainaufwärts muß sich die »manganviolette Ware« mindestens bis in den Würzburger Raum ausgebreitet haben, wo der Münzschatzbecher aus Röttingen gefunden wurde. Rheinaufwärts folgt das Verbreitungsgebiet dem Fluß bis etwa auf die Höhe von Heidelberg auf dem rechten und Speyer auf dem linken Ufer. Gelegentliche Vorkommen am südlichen Ober- und am Hochrhein bis nach Basel stehen als Einzelfunde ebenso isoliert da wie einige Belege aus Schwaben.

Getauchte Ware

Eine ganz ähnliche Streuung weist die sich mit der »manganvioletten Ware« zeitlich überschneidende, sie im wesentlichen aber ablösende »getauchte Ware« auf. Im südhessischen Dieburg gefertigt, tritt sie ab der Mitte und in der zweiten Hälfte des 14. Jahrhunderts deutlich in Erscheinung. Im Osten greift sie gleichfalls bis ins Würzburgische aus. Im Süden findet man ihre Spuren bis auf die Höhe von Speyer beziehungsweise Ettlingen; im Südosten ist sie über den Heilbronner Raum hinaus an Kocher und Jagst vorhanden.

Rotbemalte Feinware

In scharfem geographischem Kontrast zu diesen beiden Warenarten steht die zeitgleiche »rotbemalte Feinware« aus der Remstaltöpferei von Remshalden-Buoch bei Waiblingen. Während sie im Norden noch knapp bis nach Hohenlohe-Franken nachgewiesen werden kann, bilden im Nordwesten der Neckar mit der Enz, im Westen der Schwarzwald, im Süden die obere Donau, im Osten die Schwäbische Alb die Grenze ihres Verbreitungsgebiets. Dessen Schwerpunkt liegt im Mittelneckarraum mit der direkt anschließenden nördlichen Alb. Gerade diese sehr klare Abgrenzung ihrer räumlichen Ausdehnung eröffnet nun Erklärungsmöglichkeiten, die bei genaueren Untersuchungen auch für die Interpretation der Verbreitungskarten einiger anderer Warenarten aufschlußreich sein könnten.

Territoriale Kriterien

Die Landschaften mit nennenswertem Aufkommen an Buocher Feinware sind nahezu deckungsgleich mit dem Herrschaftsgebiet der Grafen von Württemberg im 14. Jahrhundert. Vor allem im Nordwesten setzen die Vorkommen nördlich der Enz fast schlagartig aus, obwohl keine natürlichen Hindernisse in Gestalt von Gebirgen oder größeren Flüssen den Weg in Richtung Kraichgau und Oberrhein versperrten. Hier scheint also ein Zusammenhang mit der territorialen Grenze zwischen württembergischen und pfälzischen, bischöflich-speyrischen und badischen Besitzungen evident. Ähnliches gilt für die Regionen im Süden und besonders im Osten, wo die Verbreitung schon etwa 60 km von der Produktionsstätte am westlichen Rand des Nördlinger Rieses aussetzt.

Die engen Bande zwischen den Grafen von Württemberg, deren eine Stammburg im nahen Beutelsbach im Remstal lag, und der »rotbemalten Feinware« müssen im 13. Jahrhundert geknüpft worden sein. Damals traten die Württemberger in Buoch in die Besitznachfolge der Staufer ein, was auch die Verfügungsgewalt über die lukrative Töpferei umfaßt haben dürfte.

Die klar definierbare Verbreitung der »Feinware« aus der Remstal-Töpferei hängt sicherlich mit dem Verkauf ihrer Erzeugnisse auf den städtischen Märkten

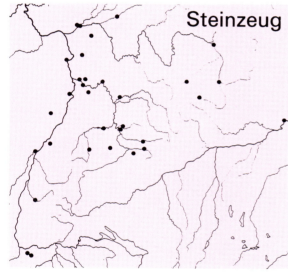

Steinzeug

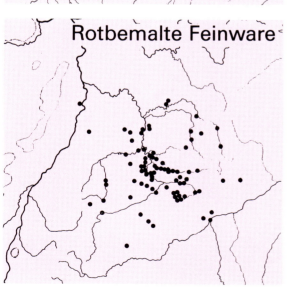

Rotbemalte Feinware

zusammen, die im späten Mittelalter von den württembergischen Landesherren kontrolliert wurden und von denen man Konkurrenzprodukte fernzuhalten versuchte. Wie erfolgreich man dabei war, zeigt das fast völlige Fehlen anderer zeitgleicher bemalter Waren im Kernraum der Buocher Produkte.

Fragt man auf dem Hintergrund der territorialen Zugehörigkeit und »Gebundenheit« der Buocher Feinware nach den Verhältnissen im Umlaufgebiet der zuvor beschriebenen »manganvioletten« beziehungsweise »getauchten (Dieburger) Ware«, so stößt man auf andere Gegebenheiten. Als bedeutendste politische Faktoren sind dort neben den Erzbischöfen von Mainz und den Bischöfen von Worms, Speyer und Würzburg die Pfalzgrafen bei Rhein/Kurfürsten der Pfalz zu nennen. Die Besitzungen aller dieser verschiedenen Herrschaften durchdringen einander jedoch im Mittelrhein-Untermain-Neckarmündungsgebiet auf engem Raum derartig, daß kein annähernd so eindeutiges Bild wie bei der »rotbemalten Feinware« entstehen konnte. Erkennbar wird nur, daß die Verteilung über Märkte an oder in der Nähe von größeren Wasserstraßen erfolgt sein muß, abseits deren die »manganviolette« Ware nurmehr selten vorkommt oder ganz fehlt.

Die am Rand des Hauptverbreitungsgebiets der »getauchten Ware« aus Dieburg gelegenen Plätze mit einschlägigen Funden – wie etwa Heilbronn-Horkheim (Burg) und (Alt-)Krautheim an der Jagst (Kirche) – deuten darauf hin, daß auch hier besitzmäßige Zusammenhänge eine Rolle spielten. Da die Horkheimer Burg im Spätmittelalter kurpfälzisch war, die Krautheimer Kirche zu Mainz gehörte, ist wohl anzunehmen, daß in beiden Fällen engere Verbindungen zum primären Verbreitungsraum dieser Warenart weiter im Westen und Norden bestanden.

Für die versprengt anmutenden Vorkommen von Sonderstücken der »rotbemalten Feinware« in Speyer (Aquamanile aus dem Speierbach) und in Bruchsal (bemaltes Tischglöckchen in der bischöflich-speyrischen Burg) wiederum könnten persönliche Verbindungen verantwortlich sein. Denkbar ist, daß geistliche oder weltliche Verwaltungsbeamte diese am Oberrhein gefundenen Stücke einst aus dem Mittelneckarraum dorthin mitbrachten, wo die Bischöfe von Speyer im Zentrum des Verbreitungsgebiets der Buocher Feinware, in Marbach am Neckar und in Eßlingen, über bedeutenden Besitz verfügten.

Hafnerin an der Töpferscheibe auf einer Spielkarte des um 1450 in Südwestdeutschland entstandenen sogenannten »Hofämterspiels«.

Ökonomische Kriterien

Die aufgezeigten Verbreitungsmuster machen wohl deutlich, daß auch im späten Mittelalter im südwestlichen Deutschland das keramische Tafelgeschirr von wohlhabendem Klerus, Adel und Bürgertum höchstens über mittlere Distanzen von 100–120 km verhandelt wurde. Gründe dafür waren die mit zunehmender Entfernung vom Herstellungsort gerade beim mühsamen Landtransport auf den schlechten Straßen und Wegen stetig steigende Gefahr des Bruchverlusts und die bei jedem Territorienwechsel stärkere Belastung durch Zölle, ferner durch

Dieburger Ware: Becher und Krug aus Schönau/Odenwald.

399

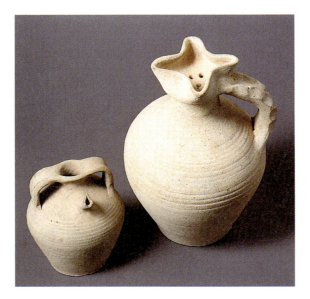

Ganz oben: Doppelhenkelkännchen und Vierpaßkrug aus Musberg.

Oben: Manganviolette Ware/Frühsteinzeug: Becher aus Schönau/Odenwald (links) und Freiburg.

Marktabgaben am Verkaufsort. Diese den angestrebten Gewinn erheblich beeinträchtigenden Faktoren wirkten sich aber allem Anschein nach nicht nur auf die regionalen Qualitätswaren aus. Sie erklären auch den insgesamt geringen Anteil des rheinischen Steinzeugs am keramischen Fundaufkommen aus dem 14. und 15. Jahrhundert in Südwestdeutschland. Während holländische Flußzollabrechnungen oder Einfuhrlisten englischer Seehäfen sowie niederländische, britische und skandinavische Bodenfunde belegen, daß riesige Mengen von rheinischem Steinzeug flußabwärts nach Norden verhandelt wurden, gibt es lediglich schwache – und zudem späte – Anhaltspunkte für Verkaufsaktivitäten in südlicher Richtung. Siegburger Erzeugnisse waren im 16. Jahrhundert lediglich auf den Frankfurter Messen, allenfalls noch in Worms, anzutreffen.

Dies ist der Hintergrund, auf dem die nur spärliche Versorgung des nördlichen Oberrheinraums verständlich wird, an den sich mit dem Kraichgau im Osten sofort eine fundleere Zone anschließt. Darüber hinaus ergeben sich Hinweise auf eine Bevorzugung des Flußwegs, möglichst in der weniger beschwerlichen Fließrichtung, gegenüber dem langsameren, größere Bruchverluste verursachenden Landtransport; ebenso zeichnet sich die Nutzung wassernaher städtischer Märkte als Verkaufsplätze ab. Bei der Betrachtung der Keramik für den gehobenen Tafelgebrauch, bei der es sich im hier interessierenden Zeitraum vorwiegend um Trinkgeschirr handelte (keramisches Eßgeschirr kam erst mit Fayence und Porzellan beziehungsweise den davon abhängigen Irdenwareformen während des 16. und 17. Jahrhunderts auf), darf die starke Konkurrenz des Glases nicht unberücksichtigt bleiben. Anders als die nicht gänzlich durchgesinterten oder nicht einmal angesinterten Scherben der »manganvioletten«, der »getauchten Dieburger« und der »rotbemalten Buocher Ware« ist Glas völlig flüssigkeitsundurchlässig, wie daneben nur echtes Steinzeug. Es ist deshalb zu vermuten, daß in manchen Regionen südlich des Mains gar kein wesentlicher Bedarf nach Steinzeug oder anderem tönernen Qualitätsgeschirr herrschte, da die kaufkräftige und repräsentationsbedachte Oberschicht schon vom 13. Jahrhundert an auf Glas zurückgreifen konnte, das in den heimischen Hütten der süddeutschen Waldgebiete gefertigt wurde.

Uwe Gross

Ein Töpferofen aus Winterthur

1984 wurde in der Winterthurer Altstadt im Hinterhof der Liegenschaft Untertor 25 ein Töpferofen ausgegraben. Aufgrund der Keramikfunde kann er in die Zeit um 1400 datiert werden. Das Auffinden von Töpferöfen gehört – trotz einiger neuerer Funde – immer noch zu den Seltenheiten bei archäologischen Untersuchungen. Im vorliegenden Fall handelt es sich um den bisher einzigen spätmittelalterlichen Töpferofen aus dem schweizerischen Raum. Andere Fundbeispiele stammen aus dem Frühmittelalter, wie etwa ein im Kanton Baselland ausgegrabener Ofen aus dem 8.–10. Jahrhundert.

Konstruktionsmerkmale

Der Winterthurer Brennofen hatte einen ovalen Grundriß. Er war rund 2,5 m lang, seine Breite betrug gegen 2 m. Vor der Einfeuerungsöffnung war eine Arbeitsgrube eingetieft, was dem Töpfer beim Brennen die Arbeit erleichterte. Sie muß schon bald nach der Auflassung des Ofens mit Töpfereiabfall verfüllt worden sein. Vom einstigen Brennofen waren leider nur noch der Boden aus Lehm und auf der einen Seite wenige Zentimeter der Wandung erhalten. Diese bestand im untersten Teil aus mindestens zwei Lagen von Hohlziegeln, und zwar aus gewöhnlichen, halbzylindrisch gewölbten Dachziegeln, wobei es sich bei einigen davon, der unregelmäßigen Krümmung und der narbigen Oberflächenstruktur nach zu schließen, wohl um Ziegelfehlbrände gehandelt haben muß, die hier eine Weiterverwendung fanden. Mehrere Reste von Ziegelfehlbrand lagen auch in der Auffüllung der Arbeitsgrube. Eine Besonderheit stellt die Gewölbekonstruktion des Ofens dar: Töpfe wurden ineinandergestellt und überspannten so als Bogen den Brennraum. Die Zwischenräume wurden mit Lehm verstrichen, dem zur Festigung Stroh beigemischt worden war. Reste solcher

Wölbtöpfe und entsprechende Negativabdrucke an verziegeltem Lehmverstrich fanden sich vor allem im Innern des Ofens. Das Winterthurer Exemplar ist dem Typus des sogenannten liegenden Brennofens zuzuordnen. Die Einfeuerung, der Brennraum und die Abzugsöffnung liegen hintereinander; die Flammenführung ist horizontal. Dies im Unterschied zum stehenden Ofen, wo der Feuerraum und die davon durch eine Lochtenne getrennte Brennkammer sowie die Abzugsöffnung übereinander angeordnet sind; die Flammenführung ist dabei senkrecht. Im vorliegenden Fall war der hintere Ofenteil bereits bei der Ausgrabung zerstört, und es muß daher offenbleiben, wie er ursprünglich aussah. Dort hinten muß sich aber neben einem Abzug für die Rauchgase auch die Einsetzöffnung zum Beschicken des Brennraums mit Gefäßen befunden haben. Vielleicht wurde diese Öffnung beim Brand nur unvollständig verschlossen, so daß die Rauchgase noch abziehen konnten. Im vorderen Drittel des Ofens trennte ein zweiteiliges Feuergitter (Ständer) den Brennraum von der Einfeuerung ab. In Verbindung mit der Stapelung des Brennguts konnten so drei Feuerzüge offengehalten werden. Erhalten waren allerdings nur noch die beiden untersten Elemente. Bei einem vergleichbaren Beispiel aus Mecklenburg reichte ein solches Gitter nachweislich bis zur Decke hinauf.

Bis heute sind erst wenige mittelalterliche Brennöfen bekannt, bei denen Gefäße in der Konstruktion verbaut wurden. Das beste Vergleichsbeispiel eines Gewölbes, bei dem wie in Winterthur Wölbtöpfe in Kranztechnik angeordnet waren, wurde im tschechischen Bakov nad Jizerou gefunden und stammt aus dem 15. Jahrhundert. Hingegen läßt sich diese Technik noch heute im Mittelmeerraum beobachten, und auch in Ungarn gab es bis vor wenigen Jahrzehnten in dieser Tradition erbaute Brennanlagen.

Vielfältiges Angebot

Die aufgefundenen Keramikreste, die wie erwähnt hauptsächlich in der Arbeitsgrube lagen, lassen auf eine vielfältige Produktion schließen. Sie reichte von Töpfen und Dreibeingefäßen zum Kochen über Bügelkannen und Flaschen als

Oben links: Rekonstruktion des Töpferofens von Winterthur (14./15. Jahrhundert). Eingefeuert wird von der Arbeitsgrube aus (links). Der Feuerraum reicht bis zum zweiteiligen Feuergitter. Im daran anschließenden Brennraum (rechts) wird das Brenngut aufgestapelt. Hinten – hier nicht sichtbar – muß man sich eine Öffnung zum Einsetzen der Ware vorstellen, die auch als Rauchabzug dient.

Oben: Die Freilegung des Töpferofens in Winterthur. Der Boden des Ofens war mit Teilen des eingestürzten Gewölbes bedeckt, die hier mit Hilfe eines Staubsaugers freigelegt werden.

Unten links: Zwei Wölbtöpfe aus der Gewölbekonstruktion des Töpferofens. Davor ein verziegelter Rest des Lehmverstrichs mit dem Negativabdruck der Rillenverzierung eines Wölbtopfs. Die Wölbtöpfe entsprechen den damals gebräuchlichen Topfformen; der stehende Wölbtopf ist 14 cm hoch.

Unten: Geschirrkeramik aus der Winterthurer Töpferwerkstatt. Von links nach rechts: Hinten ein Dreibeingefäß und eine Bügelkanne, vorn ein flacher Deckel, ein kleines Dreibeingefäß und ein Lämpchen. Alle Objekte sind rot gebrannt; die Höhe der Bügelkanne beträgt 31,5 cm.

Flüssigkeitsbehälter bis zu Schüsseln, Talglämpchen und Deckeln. Ferner wurden für den Bau von Stubenöfen mehrheitlich einfache, napfförmige, vereinzelt aber auch aufwendige, figürlich verzierte Kacheln hergestellt. Dieses vielseitige Angebot war ausgerichtet auf eine Käuferschaft aus Winterthur und der näheren Umgebung und stellt ein Beispiel für nicht spezialisiertes Hafnerhandwerk in einer Kleinstadt dar, das die verschiedensten Bedürfnisse abdeckte. Wegen fehlender Vergleichsfunde sind vorläufig noch keine umfassenden Aussagen über die räumliche Verbreitung der Keramik aus dieser Werkstatt möglich.

Der Anteil an glasierter Ware ist auffallend gering. Am häufigsten vertreten sind die Dreibeinkochtöpfe, die ins oder ans Feuer gestellt wurden, wobei bisweilen mangelhaft angesetzte Füße beim Brand wieder abgefallen waren. Die Gefäße wurden auf der schnellaufenden Töpferscheibe mit Fußantrieb aufgedreht. Eine Drehgeschwindigkeit von etwa 60 Umdrehungen pro Minute reichte aus für ein Zentrieren und Aufbrechen des Tons. Nach dem Trocknen wurden die Gefäße bei etwa 900 Grad Celsius gebrannt; als Brennmaterial ist Pappel- und Fichtenholz nachgewiesen.

Aus der Zeit, in der diese Werkstatt betrieben wurde, stammen auch die ersten schriftlichen Quellen zum Töpferhandwerk in dieser Gegend: 1405 wurden in einer Harnischanleite zwei Hafner aufgeführt, und 1420 verkaufte der Hafner Hans Morgenstern sein Haus, das ganz in der Nähe des Winterthurer Töpferofenfundes lag.

PETER LEHMANN

Textilproduktion in der mittelalterlichen Stadt

In der Stadt um 1300 spielen die Textilproduktion und der Handel mit Textilien eine bedeutende Rolle. Der Grundbedarf der Stadtbewohner an Kleidung muß gedeckt werden, darüber hinaus wird mit Textilien gehandelt. Vom 12. Jahrhundert an findet man deshalb Weber und Weberinnen nicht mehr nur in Klöstern und im bäuerlichen Hausgewerbe, sondern auch in den entstehenden Städten. Deren Anwachsen und die vermeintlichen Vorzüge städtischen Lebens verlocken viele mittellose Landweber, in die neuen Zentren zu ziehen, wo sie dank steigendem Bedarf an Textilien bei der bürgerlichen Bevölkerung mehr Arbeit und bessere Löhne erwarten können als auf dem Land. Stadtweber zu werden, ist in dieser Zeit nicht schwer; viele Zünfte sind erst im Entstehen begriffen, ihre Aufnahmebedingungen aufgrund (noch) weniger Mitglieder nicht besonders streng. Weben muß nicht erst erlernt werden, und die Investitionen (für Webstuhl und Rohmaterial) sind verhältnismäßig gering.

Mit der Zeit wird jedoch die Konkurrenz unter den Webern immer größer, die

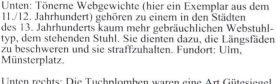

Unten: Tönerne Webgewichte (hier ein Exemplar aus dem 11./12. Jahrhundert) gehören zu einem in den Städten des 13. Jahrhunderts kaum mehr gebräuchlichen Webstuhltyp, dem stehenden Stuhl. Sie dienten dazu, die Längsfäden zu beschweren und sie straffzuhalten. Fundort: Ulm, Münsterplatz.

Unten rechts: Die Tuchplomben waren eine Art Gütesiegel für die Qualität der geprüften Ware. Sie sind aus Blei und wurden an einem Stoffende befestigt und dann geprägt. Die Prägung gibt den Ort der Stoffschau und die Qualität des Stoffes an. Fundort: Konstanz, Fischmarkt.

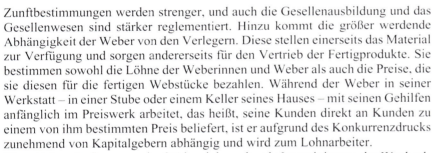

Oben links: Konstanz, Haus zur Kunkel, Darstellung einer Weberin am Trittwebstuhl (sogenannte »Weberfresken«, nach 1319/20)

Oben: Darstellung eines Webers am Trittwebstuhl aus dem Hausbuch der Mendelschen Zwölfbrüderstiftung (um 1425).

Zunftbestimmungen werden strenger, und auch die Gesellenausbildung und das Gesellenwesen sind stärker reglementiert. Hinzu kommt die größer werdende Abhängigkeit der Weber von den Verlegern. Diese stellen einerseits das Material zur Verfügung und sorgen andererseits für den Vertrieb der Fertigprodukte. Sie bestimmen sowohl die Löhne der Weberinnen und Weber als auch die Preise, die sie diesen für die fertigen Webstücke bezahlen. Während der Weber in seiner Werkstatt – in einer Stube oder einem Keller seines Hauses – mit seinen Gehilfen anfänglich im Preiswerk arbeitet, das heißt, seine Kunden direkt an Kunden zu einem von ihm bestimmten Preis beliefert, ist er aufgrund des Konkurrenzdrucks zunehmend von Kapitalgebern abhängig und wird zum Lohnarbeiter.

Die mit dem Aufkommen der Städte einhergehende Intensivierung der Wechselbeziehungen zwischen Politik und Wirtschaft wirkt sich zunehmend auch auf den Fernhandel, den Händler – also die Kaufleute – wie auch auf den Handwerker aus. Besonders der zunehmende Import von Baumwolle ab dem 12. Jahrhundert und deren Verarbeitung zu Barchent, einem Baumwoll-Leinenmischgewebe, läßt das Verlagssystem immer mehr an Bedeutung gewinnen.

Produktionsstädte und Handelszentren

Schaut man sich die mittelalterliche Städtelandschaft an, so lassen sich in bezug auf die Textilproduktion verschiedene Kategorien feststellen: Es gibt Städte mit ausgeprägten Webzünften sowie Städte, die vorwiegend mit Textilien handeln, die sie aus dem Umland beziehen. Ferner lassen sich Wollweberstädte und Leinenweberstädte unterscheiden. In Straßburg, Villingen und Freiburg beispielsweise wird vorwiegend Wolle verwebt. In Ulm, Konstanz, St. Gallen sowie den kleinen Städten Oberschwabens und der Schwäbischen Alb wird Leinen beziehungsweise Baumwolle verarbeitet. Ulm, mit seiner bedeutenden Baumwollproduktion im späten Mittelalter, und Straßburg, die mächtige Wollweberstadt, sind »Handwerkerstädte«, Konstanz und St. Gallen hingegen »Handelsstädte«.

Konstanz ist vom späten 12. Jahrhundert an zudem eine bedeutende Fernhandelsstadt. Sie liegt in einem ausgesprochenen »Leinenrevier«, der Bodenseelandschaft. Hier werden Flachs und Hanf angebaut, versponnen, von Land-

403

Konstanz, Haus zur Kunkel, »Weberfresken«: Hecheln (oben) und Spinnen (unten).

webern zu Stoffen verwoben und in die Stadt geliefert. Zwar sind in Konstanz Weber schon von der Mitte des 12. Jahrhunderts an urkundlich erwähnt, und die städtische (Leinen-)Weberei spielt eine gewisse Rolle in der Bischofsstadt (es gibt hier auch eine Leinenweberzunft); viel gewichtiger ist jedoch der Handel mit der Leinwand. Die Leinwandordnung von 1283 reglementiert den Leinenhandel. Sie dient dazu, den heimischen Markt zu regeln, die Qualität zu kontrollieren sowie das Gewerbe zu erhalten und zu mehren. Die Weber sind davon nur mittelbar betroffen, die Bestimmungen gelten vor allem für Käufer. Die Konstanzer Handelsleute besuchen in dieser Zeit die Messen in der Champagne und handeln mit Oberitalien, außerdem wird Bodenseeleinwand nach Spanien, Nordafrika und in die Levante exportiert.

Hohes Qualitätsbewußtsein

Schon im Mittelalter muß jedes handwerkliche Produkt, jeder Handelsartikel den jeweiligen Qualitätsansprüchen genügen. Jeder Töpfer, jeder Schmied und jeder Weber ist durch zünftische Bestimmungen verpflichtet, qualitätvolle Ware herzustellen. So wird denn auch die für den Export bestimmte Leinwand strengsten Qualitätskontrollen unterzogen, bevor sie die Stadt verläßt. Die sogenannte »Schau« ist die wichtigste Einrichtung dieser Art. In Ulm werden im Jahr 1346 zwei Leinwandschauer durch die Zünfte eingesetzt, zehn Jahre später gibt es in Ravensburg »Rohschauer« und in Zürich Leinwandzeichner; in Konstanz bestanden vermutlich zu jener Zeit ähnliche Einrichtungen. »Geschaut« werden die rohe (ungebleichte), die gebleichte und die gefärbte Leinwand sowie unterschiedliche Stoffsorten. Als Qualitätszeichen werden an den Stoffballen unterschiedliche Bleisiegel angebracht.

Das Handwerksgerät

Die ersten Webgeräte, die der Mensch benutzte, waren wohl zwei stabile, glatte, parallel zueinander liegende und befestigte Baumstämme, zwischen denen man Fäden hin- und herspannte. In diese Längsfäden (Kettfäden) wurden dann mit der Hand in einer Art Stopftechnik die Querfäden (Schußfäden) eingetragen. Das erste große, in Europa entwickelte und bis ins hohe Mittelalter gebräuchliche Webgerät ist der senkrecht stehende Gewichtswebstuhl mit mechanischer Fachbildung, das heißt mit der Möglichkeit, verschiedene Fadengruppen der Längsfäden gleichzeitig anzuheben oder zu senken. In den dadurch entstehenden Zwischenraum, das »Fach«, wird ein Querfaden eingetragen. Der Name dieses Webstuhls bezieht sich auf die Gewichte aus Steinen oder Ton, die die Kette beschweren und straff halten. Dieser Webstuhltyp läßt sich anhand von Bildquellen für das 13. Jahrhundert nachweisen (vgl. Beitrag »Winterthur«, Seite 127). Aus der Mitte dieses Jahrhunderts stammt die wohl früheste bekannte Abbildung eines an einem horizontalen Trittwebstuhl arbeitenden Webers. Dieser arbeitet mit der »neuen« Technik der Fachbildung durch Tritte oder Pedale, die hier mit Rollen verbunden und in einem Gestell am Webstuhl angebracht sind. Er tritt ein Pedal, wodurch ein Schaft mit einem Teil der Kettfäden gehoben oder gesenkt wird, worauf er in das so entstandene »Fach« nun den Faden eintragen kann. Auf diesem Webstuhl können (beliebig) lange Stoffe hergestellt werden; bei nur zwei Tritten ist die Möglichkeit der Musterbildung hingegen beschränkt. Die Entwicklung der Weberei zum Handwerk mit eigenen Zünften, die damit verbundene Organisation des Gewerbes, der vermehrte Bedarf an qualitätvollen Textilien und die damit einhergehende Produktionssteigerung führen bald schon zu technischen Verbesserungen des einfachen Gewichtswebstuhls; er wird durch den Trittwebstuhl abgelöst. Der sogenannte »Weberzyklus« in Konstanz zeigt die Darstellung einer Weberin, die an einem einfachen Leinenwebstuhl mit geschlossenem Rahmen arbeitet. Diese »Weberfresken« im »Haus zur Kunkel«, kurz vor 1316 entstanden, sind ein einmaliges Zeugnis profaner Wandmalerei des 14. Jahrhunderts. Die 21 Fresken zeigen die Rohstoffverarbeitung, die Vorbereitungsarbeiten zum Weben, das Weben selbst sowie in einem zweiten Teil die Seidenverarbeitung. Deutlich sichtbar sind im Bild der Weberin die einzelnen Handlungsabläufe: Mit der linken Hand »schießt« die Frau das Schiffchen mit der Garnspule durch das Fach, die Rechte bewegt die Lade, mit

Oben links: Eine Auswahl von tönernen Spinnwirteln aus Konstanz (spätes 12.–14. Jahrhundert).

Oben: Konstanz, Haus zur Kunkel, »Weberfresken«: Schären.

den Füßen tritt sie die Pedale, die die Schäfte mit den entsprechenden Kettfäden heben und senken. Daneben ist ein Kind mit einer Vorbereitungsarbeit beschäftigt; es spult Garn für das Schiffchen. Hans Weber, der im Hausbuch der Mendelschen Zwölfbrüderstiftung (15./16. Jahrhundert) wiedergegebene Mönch, arbeitet an einem »raffinierteren« Webstuhl mit vier Tritten, einem vierfachen Rollenzug und (vermutlich) vier Schäften. Er hat damit viele Mustermöglichkeiten und webt wohl keine einfache Leinwand, sondern eher eine Stoffart wie Zwilch oder Köper. Der horizontale Trittwebstuhl des Mittelalters entwickelt sich in den folgenden Jahrhunderten weiter, wird verbessert; Form und Technik jedoch bleiben gleich. Er ist der »klassische« Webstuhltyp, auf dem fast alle tradtionellen Muster auch heute noch gewebt werden.

Die Verarbeitung des Rohmaterials

Auch über die verschiedenen Verarbeitungsschritte des Rohmaterials Flachs (und Hanf) geben zeitgenössische Bildquellen, wie die bereits erwähnten »Weberfresken«, Aufschluß. So weiß man heute, wie das entsprechende Arbeitsgerät im Mittelalter ausgesehen haben muß und welches die verschiedenen Arbeitsgänge waren. Leinen wird aus den Stengelfasern des Flachses gewonnen und durchläuft verschiedene Vorbereitungsphasen wie Raufen, Riffeln, Rösten, Dörren, Brechen, Schwingen und Hecheln. Erst danach kann es versponnen werden. Ein Bild aus dem »Weberzyklus« zeigt das »Hecheln« der Flachsfasern, den letzten Schritt vor dem Verspinnen der Fäden. Deutlich sieht man, wie die Frau ein Büschel Fäden durch (eiserne oder hölzerne) Zähne zieht. Dieser Vorgang wird mehrfach wiederholt. Der Flachs wird sozusagen ausgebürstet, die kürzeren Fasern von den längern getrennt. Die Hechel selbst ist hier ein Holzbrett, das die Frau vor sich auf dem Schoß hält.
Eine weitere Abbildung aus der Konstanzer Freskenfolge ist dem Spinnen gewidmet: Bis ins hohe Mittelalter wird die Handspindel, das älteste Spinngerät der Welt, zum Spinnen benutzt. Mit den Fingern der linken Hand werden eine oder mehrere Fasern aus dem sogenannten Docken gezogen und auf die in der rechten Hand gehaltene Spindel gedreht. Deutlich zu erkennen sind die herunterhängende Spindel links neben der sitzenden Frau, das zopfartige Faserbündel, der Docken. Auch die Handbewegungen der Frau lassen sich gut nachvollziehen. Der gesponnene Faden kann nun für das Weben weiterverwendet werden. Der nächste entscheidende Arbeitsschritt ist das »Kettenschären«: Das Kettmaterial, die Längsfäden, müssen in eine zum Weben geeignete Form gebracht werden. Dazu benötigt man einen Schärrahmen, ein Spulengatter und Kettspulen. Die

Kleiner spätmittelalterlicher Beutel aus Taft aus dem Augustinerkloster in Freiburg. Die Grundform ist rechteckig, der Beutel wurde durch eine durch Löcher gezogene Schnur an der Öffnung zusammengezogen. Außenkanten und Öffnungsränder des Beutels sind durch farbige Überwindlingsstiche betont. Am unteren Rand sind rosettenartige Seidenknoten angenäht, die in ihrer Mitte ursprünglich Fransenbüschel zusammenhielten.

Fragment eines spätmittelalterlichen Leinengewebes aus Freiburg (Augustinerkloster). Leinen, Köperbindung, 13 Kett- und 10 Schußfäden pro cm.

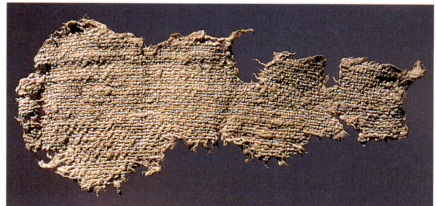

Fragment eines spätmittelalterlichen Schleiergewebes aus Freiburg (Augustinerkloster). Seide, Leinwandbindung, 52–58 Kett- und 45–50 Schußfäden pro cm.

Fragment eines spätmittelalterlichen Taftstoffes mit Nähten (Freiburg, Augustinerkloster). Seide, Leinwandbindung, 36–37 Kett- und 31–33 Schussfäden pro cm.

Anzahl der Spulen ergibt die Gesamtfadenzahl, bestimmt also die Feinheit und Breite des späteren Stoffs. Die Umdrehungen der Fäden auf dem Schärrahmen schließlich bestimmen die Länge der Kette. Auch dieser Vorgang wird durch die Konstanzer Fresken belegt: Man sieht das Schärgestell, den Schärrahmen mit den aufgewickelten Fadenbündeln sowie ein weiteres interessantes Detail, das sogenannte »Einlesebrettchen« in der rechten Hand, durch das die Kettfäden in einer geordneten Reihenfolge laufen.

Zusammenfassend läßt sich sagen, daß man über Textilproduktion und -handel in der Stadt des 13. und 14. Jahrhunderts recht gut Bescheid weiß. Die Produktionsformen sind bereits arbeitsteilig und marktorientiert, technische Erneuerungen finden statt, und ansatzweise lassen sich auch schon Tendenzen in Richtung Frühkapitalismus erkennen. Dieses aussagekräftige Gesamtbild ist das Ergebnis einer »Spurensuche«, die sich an Schrift- und Bildquellen wie an Funden und Befunden der Archäologie gleichermaßen orientiert.

HILDEGARD STORZ-SCHUMM

Holzhandwerk in Konstanz und Freiburg

»Forez i granz e gastines« – eine Waldsteppe ist der Wald, wüst und leer. Für den normannischen Troubardor Benoît de Saint-Maure und seine Zeitgenossen haftete dem Wald etwas Bedrohliches an. Aber der Wald prägte nicht nur das Bewußtsein der im Wald, in der Nähe des Waldes und fernab des Waldes Lebenden, er war zugleich Grundstofflieferant und Energieträger bis weit in die Zeit der Industrialisierung hinein. Der Baum deckte – von der Wurzel über den Stamm bis zur Krone – die vielfältigsten Bedürfnisse der mittelalterlichen Gesellschaft ab. Holz als Rohstoff ist somit nicht nur Informationsträger in bezug auf umwelthistorische und Datierungsfragen; die aus Holz gefertigten Produkte geben ihrerseits Auskunft über zahlreiche Aspekte des Lebens im Mittelalter. Die Produkte sagen viel aus über die Gewohnheiten früherer Handwerker bei der Auswahl der Hölzer und ihrer Verwendung innerhalb bestimmter Herstellungstechniken, und auch zu den angewandten Holzbearbeitungstechniken lassen sich am Fundstück wertvolle Informationen ablesen. Von Bedeutung ist dabei die Frage nach den Zusammenhängen zwischen Holzart und Herstellungstechnik einerseits (Werkstofftreue) sowie Herstellungstechnik und Funktion andererseits (Herstellungstreue).

Aufgrund seiner Struktur gehört Holz zu den Rohstoffen mit einer äußerst weiten Streuung der Eigenschaften. So achtete man nicht nur bei den großen Bauhölzern sehr genau auf die Holzqualität, sondern auch die Böttcher und Drechsler bevorzugten feinjähriges Nadelholz und grobjähriges Laubholz, in Freiburg waren dies meist 25jährige Hölzer ohne weitere Astfehler.

Das Spektrum der im mittelalterlichen Konstanz in größeren Mengen verarbeiteten Holzarten ist im Vergleich zu anderen Orten recht gering, denn neben den Nadelhölzern Fichte, Tanne und Eibe wurden vor allem Buche, Ahorn, Kirsche,

Rekonstruktionszeichnung einer Drehbank

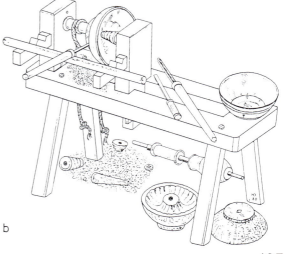

b

Darstellung eines Böttchers aus dem Hausbuch der Mendel-schen Zwölfbrüderstiftung (15. Jahrhundert).

Buchsbaum sowie Eiche häufiger verarbeitet. Die benutzten Hölzer stimmen weitgehend mit denjenigen aus schweizerischen (Mülenen, Meilen/Friedberg, Zürich/Münsterhof), französischen (Charavines) und süddeutschen (Sindelfingen, Bad Windsheim, Pforzheim, Würzburg) Fundkomplexen überein. Buchenholz aus Mischwäldern – beispielsweise jenen des Bodanrücks –, die je nach Flachgründigkeit des Bodens, Exposition, Neigung und Feuchtigkeitsverhältnissen daneben Ahorn, Eiche, Esche oder Nadelhölzer wie Eibe und Weißtanne in unterschiedlichen Anteilen aufweisen, wird im näheren Umland anzutreffen sein, wobei der hohe Anteil von Eibe wie auch von Ahorn eine durch den Menschen vorgenommene Auslese widerspiegelt. Eibe ist rezent an den steilen, windgeschützten Hängen im Gebiet des Bodanrücks anzutreffen; Feld- und Spitzahorn bevorzugen laubfeuchte Lage in Misch- und Auenwäldern. Kirschbaum und Kernobstgewächse werden wenigstens teilweise ebenfalls aus dem näheren Umland kommen; natürliche Buchsbaumvorkommen finden sich im Bereich des Solothurner Jura, der Basler Gegend sowie im Elsaß und teilweise im Südschwarzwald. Aus dem Bregenzer Wald, im Einzugsgebiet von Konstanz, schlugen auch die Petershausener Mönche das Bauholz zur Wiedererrichtung ihres 1159 abgebrannten Klosters. Die im Fundspektrum nur vereinzelt auftretenden Holzarten wie Schneeball, Hasel, Hartriegel, Wacholder und Weißdorn entsprechen der Gehölzflora in der näheren Umgebung (Überlinger See).

Erkenntnisse über den Zusammenhang zwischen Holzart, Herstellungstechnik und Funktion sind häufig nicht nur von der Verfügbarkeit der jeweiligen Ressourcen, sondern auch von der archäologischen Quellenbasis abhängig. Deutlich läßt sich dies anhand der verwendeten Nadelhölzer Tanne und Fichte bei den geböttcherten Gefäßen belegen, denn bei den archäologisch erschlossenen Typen handelt es sich nahezu ausschließlich um Kleingefäße (Daubenschalen). Geböttcherte Großprodukte wie Fässer und Tonnen fehlen dagegen weitgehend, wenngleich gerade für sie öfter Laubholz verarbeitet wurde, wie Küferrechnungen aus Freiburg zeigen. Mehrere Holzarten verwendete man auch bei der Herstellung geböttcherter Kannen, deren Tüllen aus sorgfältig ausgewählten Aststücken gefertigt und vielleicht noch mit Metall beschlagen wurden. Innerhalb der Funktionsgruppen »Spielzeug«, »Werkzeug und Gerät« sowie »Persönliche Gegenstände« sind die Zusammenhänge zwischen Holzart, Herstellungstechnik und Funktion nicht unmittelbar zu erfassen. Dies liegt daran, daß innerhalb der einzelnen Gruppen kleinere Mengen von Gegenständen (beispielsweise Kreisel, Holzflöten usw.) vorliegen, deren Verwendungszweck, abgesehen von der übergeordneten Funktion (Spiel, Musik usw.), höchst unterschiedlich sein konnte. Bei größeren Fundmengen läßt sich dagegen erkennen, daß beispielsweise Kämme – wie an vielen anderen Orten auch – mehrheitlich aus Buchsbaum geschnitzt und Perlen ausschließlich aus Kirsche gedreht wurden, während für Spielzeug vermutlich das gerade zur Verfügung stehende Holz Verwendung fand und man bei Messer- und Werkzeuggriffen neben Ahorn gezielt hartes und elastisches Buchsbaum- und Eibenholz verarbeitete.

Demgegenüber können die oben genannten Zusammenhänge an Gegenständen aus dem Bereich der »Bevorratung und Nahrungsaufnahme« in Konstanz deutlicher erfaßt werden. Während für geböttcherte Produkte ausschließlich Nadelholz verwendet wurde, bevorzugten die Drechsler Ahorn und Buche. Letzteres eignet sich zwar aufgrund seiner Neigung zum Werfen nicht besonders gut zum Drechseln; es könnte jedoch als »Billig-Variante« verwendet worden sein. Zwischen dem späten 13. und dem beginnenden 16. Jahrhundert scheint sich indes ein Holzartenwechsel abzuzeichnen, indem vermehrt Ahornholz verarbeitet wurde. Allerdings muß hier sorgsam interpretiert werden; voreilige wirtschaftsgeschichtliche Schlüsse wären verfehlt, denn der Fundanteil der Holzgefäße aus Schichten des späten 13. Jahrhunderts ist enorm.

Kirsche und Eibe wurden vor allem für repräsentative Gefäße, wie etwa Pokale, verwendet. Beide Hölzer liefern sehr dekorative Oberflächen und sind zudem gut zu verarbeiten. Daß die Wahl des Holzes nicht ausschließlich von herstellungstechnischen Erwägungen abhängig war, zeigt sich darin, daß auch Tanne und Fichte zu Pokalen verarbeitet wurden. Obwohl ihr Holz nicht einfach zu drehen ist, wurde es vermutlich ebenfalls aufgrund seiner Maserung und Farbe benutzt.

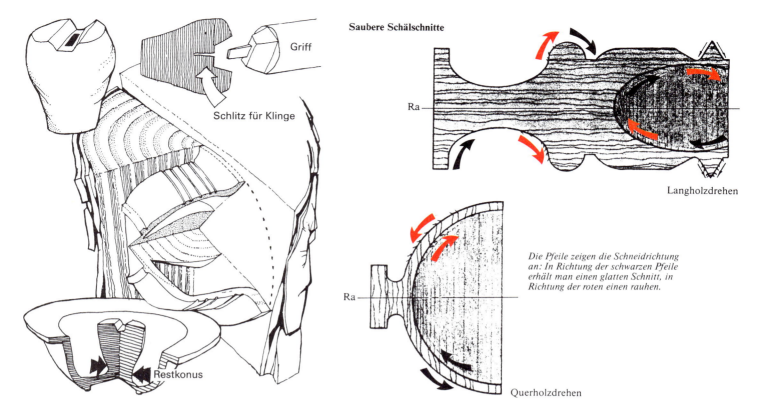

Griff

Schlitz für Klinge

Ra

Langholzdrehen

Restkonus

Ra

Die Pfeile zeigen die Schneidrichtung an: In Richtung der schwarzen Pfeile erhält man einen glatten Schnitt, in Richtung der roten einen rauhen.

Querholzdrehen

Drehen

Obgleich Handwerkerdarstellungen und -beschreibungen aus der Zeit vom 12. bis zum 14. Jahrhundert recht selten sind, kann davon ausgegangen werden, daß sowohl auf der Schnurzugdrehbank als auch auf der Wippdrehbank gearbeitet wurde. Der Goldschmied Roger von Helmarshausen alias Theophilus Presbyter verfaßte im frühen 12. Jahrhundert ein handwerkstechnisches Kompendium, in welchem sich eine Beschreibung einer Schnurzugdrehbank findet, und in der »Bible moralisée« des späten 13. Jahrhunderts ist eine Nonne an der Wippdrehbank abgebildet. Hier läßt sich trotz Ungenauigkeiten in der Wiedergabe die typische Körperhaltung erkennen: Der Oberkörper unterstützt die spanabhebende Wirkung des Werkzeugs, das mit der rechten Hand am Schaft gehalten wird, während die linke Hand den Angriffspunkt unterstützt und fixiert. Sowohl die Schnurzug- als auch die Wippdrehbank führen zu einer intermittierenden Drehbewegung bei einer vergleichsweise niedrigen Drehzahl. Beim Hinuntertreten des Trittbretts läuft das Werkstück »richtig« herum, und eine Spanabnahme ist möglich. Beim Rücklauf muß der Drechsler mit der Spanabnahme aussetzen. Die Wippdrehbank, die durch das tischhohe Gestell und den Pedalantrieb eine ergologischere Gestaltung aufweist und damit ein bequemeres, produktiveres Arbeiten ermöglicht, stellt eine echte Prozeßinnovation des 12. Jahrhunderts dar, die sich in europäischen Randregionen bis weit ins 20. Jahrhundert hinein erhalten hat.

Mit beiden Maschinen war ein Drehen im Langholz und Hirnholz ebenso möglich wie im Querholz, ein Arbeiten zwischen den Spitzen der Einspannung (Kugeln, Möbelteile) gleichermaßen wie ein Fliegenddrehen mit einseitiger Einspannung (Gefäße). Befinden sich beim Drehen von Langholz (Möbel, Kreisel) die Fasern parallel zur Rotationsachse, so daß ein schälender Schnitt im Weichholz und ein schabender Schnitt im Hartholz recht einfach zu realisieren sind, so verlangt das Querholzdrehen (Schalen, Teller) weitere technische Fertigkeiten und ein umfangreicheres Werkzeugsortiment. Hier verläuft die Maserung im Idealfall rechtwinklig zur Rotationsachse, wobei das Hirnholz nach außen zeigt. Beim Drehen von Schalen beispielsweise trifft der Handwerker an den Innen- und Außenflächen der Schale zweimal auf Hirnholz, welches am günstigsten quer zur Faser geschnitten wird; der sauberste Schnitt entsteht, wenn an den Außenflächen vom kleineren Durchmesser (Boden) zum größeren Durchmesser (Rand) gedreht und entsprechend auf der Innenseite vom

Langholz- und Querholzarbeiten

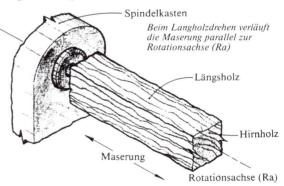

Spindelkasten

Beim Langholzdrehen verläuft die Maserung parallel zur Rotationsachse (Ra)

Längsholz

Hirnholz

Maserung

Rotationsachse (Ra)

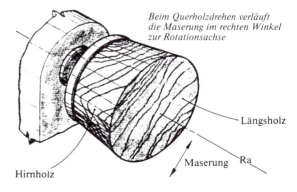

Beim Querholzdrehen verläuft die Maserung im rechten Winkel zur Rotationsachse

Längsholz

Maserung

Ra

Hirnholz

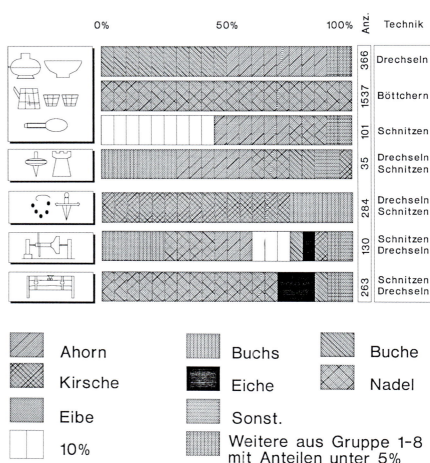

		Anz.	Technik
	0%　　　50%　　　100%	366	Drechseln
		1537	Böttchern
		101	Schnitzen
		35	Drechseln Schnitzen
		284	Drechseln Schnitzen
		130	Schnitzen Drechseln
		263	Schnitzen Drechseln

Ahorn　　　　　Buchs　　　　　Buche

Kirsche　　　　Eiche　　　　　Nadel

Eibe　　　　　　Sonst.

10%　　　　　Weitere aus Gruppe 1-8
mit Anteilen unter 5%

Oben: Abdrehspuren an der Bodenunterseite (oberes Bild) und ein Astloch an der Randaußenseite (unteres Bild) eines gedrehten Gefäßes.

Oben rechts: Tabelle: Relativer Holzanteil innerhalb einzelner Funktionsgruppen. Die Symbole beziehen sich auf folgende Funktionsgruppen (von oben nach unten): Bevorratung und Nahrungsaufnahme, Spiel und Zeitvertreib, Persönliche Gegenstände, Werkzeug und Gerät, Mobiliar.

Rand zum Boden gearbeitet wird. Diese Schnittführung ist an den Gefäßen aus Freiburg und Konstanz deutlich erkennbar, da auf eine abschließende Überarbeitung der Gefäße häufig verzichtet wurde. Nahezu alle Teller und Schalen wurden im Querholzdrehen aus dem Werkstück gearbeitet, wie der tangentiale Faserverlauf zeigt.

Das Drehen zwischen den Spitzen stellt die einfachste Form dar. Auf diese Art wurden Möbelteile, Kreisel oder auch Kugeln hergestellt, wobei gerade die Herstellung der letzteren genaue Kenntnisse voraussetzt, um die entsprechende Kugelform sauber zu drehen. Bei einem Fliegenddrehen ist das Werkstück lediglich einseitig befestigt. Wo heute dem Handwerker ein reiches Sortiment an Futtern und Klemmen zur Verfügung steht, mußte sich der Drechsler im Mittelalter mit Spundfuttern und ähnlichem behelfen und das Gefäß vermutlich unter Verwendung von Pech oder Teer zusätzlich fixieren. Während ein Drehen zwischen den beiden Spitzen für Schalen und Teller noch möglich war, mußten Dosen, Pokale und Flaschen fliegend gedreht werden. Deren Herstellung erforderte wiederum besondere Kenntnisse, denn hier wurde die Innenseite unter Verwendung von Ausdrehhaken und -stählen herausgedreht, die zu weiträumigen Rührbewegungen und häufigem Ansatzwechsel zwangen. Die mitunter groben Drehrillen im Gefäßinnern sprechen für sich, und Spuren des Abdrehens auf der Bodeninnenseite oder Eindrücke des Dorns informieren über bestimmte Herstellungsphasen und Arbeitsgewohnheiten. Beim Herausdrehen der Griffe und Henkel bewährte sich die Wippdrehbank besonders, da der Drechsler infolge der Vor- und Rücklaufbewegung die Rohform zunächst stehenlassen konnte. Pokale wurden bevorzugt im Hirnholz, also zentral, aus dem Werkstück gearbeitet, doch wurden – wie auch bei den Dosen und Deckeln – Gefäße gefunden, die in der Technik des Querholzdrehens gefertigt wurden. Nicht nur in Konstanz und Freiburg bediente man sich edlerer Holzarten. So ist eine ganze Reihe von Pokalfunden bekannt (Mülenen CH, Würzburg D, Rottweil D), bei denen »besondere« Hölzer (Eibe, Nußbaum, Apfel/Birne) verarbeitet wurden, und auch für die großen Pokale spätmittelalterlicher Zünfte oder Bruderschaften verwendete man gerne Maser des Nußbaums oder der Kirsche.

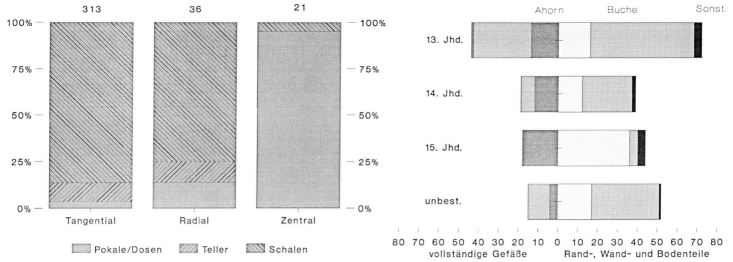

Böttchern

Während es sich bei geböttcherten Fässern und Tonnen um vielbenutzte und strapazierte Behältnisse handelte, deren Herstellung ein paßgenaues Arbeiten verlangte, wurden die Daubenschalen ohne größeren Aufwand gefertigt, indem die einzelnen Dauben zusammengefügt und dann abschließend überarbeitet wurden. Größere Stücke, wie Eimer oder Bottiche, wurden aus einzelnen Dauben, die bereits auf der Fügebank vorgefertigt worden waren, zusammengesetzt. Bei den kleinen Schalen war dies nicht nötig – das Gefäß wurde »direkt« geböttchert. Dabei kommen neben sonst gleichmäßig breiten Dauben wiederholt einzelne sehr schmale oder sehr breite Dauben an derselben Schale vor; ein Indiz für ein nachträgliches Anpassen und Einsetzen einer »Schlußdaube«. Die Dauben spaltete man radial aus dem Stamm, wobei man auf eine möglichst gradlinige Faserung achtete; beim Zusammenfügen wurden kernzugewandte Seiten mit kernzugewandten Seiten und kernabgewandte Seiten mit kernabgewandten Seiten zusammengesetzt, um eine einheitliche Schwundrichtung zu erhalten und einen weiteren Verzug auszugleichen. Durch die Verwendung der stark harzenden Fichte war ein entsprechendes Dichtungsmittel gleich im Rohstoff enthalten, möglicherweise verstopfte man aber Unregelmäßigkeiten an den Bodenrändern noch mit Lieschgras oder dichtete größere Objekte mit Teer oder Pech ab.

Die Dauben in Konstanz und Freiburg weisen unabhängig von ihrer Höhe nahezu gleiche Proportionsverhältnisse auf, und zeitbedingte Unterschiede in der Herstellungstechnik oder der Daubenform, wie sie etwa in Zürich, Höxter oder Lübeck vermutet werden, lassen sich auch nicht erkennen. Während die Daubenschalen aus Konstanz immer mit zwei Reifen gebunden wurden, kommen in Freiburg auch Dauben mit nur einem Bindungsring vor. Die große Ähnlichkeit der Daubengefäße in Freiburg legt die Vermutung nahe, daß, wie dies bei den gedrechselten Gefäßen angenommen wird, die Daubenschalen entweder innerhalb eines kurzen Zeitraums oder nach kaum geänderten Maßen gefertigt wurden.

Beim Zusammensetzen der Schalen rutschte schon hie und da beim Bearbeiten der Kerben für die Reifen das Messer aus, und auch beim Zuschneiden der Böden nahm man es nicht so genau. Die Randinnenseite wurde bei den Trinkbechern deutlich abgeschrägt, aber auch bei kleineren Bottichen faste man die Innenseite leicht ab, um beispielsweise das Ausgießen zu erleichtern. Ebenso wurde die Standfläche nachbearbeitet, indem man an Innen- und Außenseite die Form nachschnitt; so entstand gerade bei kleineren Bechern im Bodenbereich eine polygonale Form.

Zusammengehalten wurden diese kleinen Schälchen und Becher durch Birken- oder Weidenruten, für größere Eimer und Bottiche sind neben Holzbändern mit entsprechenden Schlössern auch Metallreifen belegt, die mit Treibholz und Schlegel auf das Gefäß getrieben wurden. Die Böden wurden bei kleineren Gefäßen aus einem Stück geschnitten, größere wurden aus zwei oder drei Teilen verzapft. Die späteren Bodeninnenflächen wurden meist gehobelt, die Ränder oftmals einseitig abgefast; deutlich zu erkennen sind die Schnittspuren, wenn der Böttcher gegen die Faser schnitt und das Holz ausfranste.

Oben links: Die Lage der Gefäße im ursprünglichen Holzblock beim Drechseln (Konstanz).

Oben: Der Anteil verschiedener Holzarten bei Schalen und Tellern (13.–15. Jahrhundert).

411

Oben: Hölzerne Gefäße und Fragmente, darunter eine Dose (oben rechts im Bild), die senkrecht aus einem astfreien Ahornstück gedreht wurde. Die Außenseite ist poliert, Fundort: Konstanz. Beim kleinen Stück links außen handelt es sich um Drechselabfall.

Oben rechts: Spanschachtel und geböttcherter Eimer mit Griffdauben. Fundort: Freiburg.

Ein Korbboden aus Freiburg läßt die Herstellungstechnik und die Arbeitsgänge sehr deutlich erkennen.

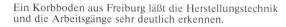

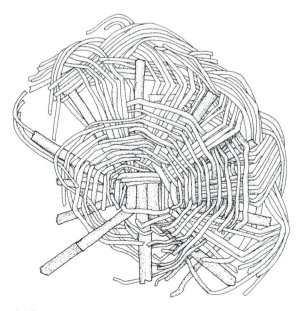

Körbe

Als universale Behältnisse dienten Körbe und Spanschachteln, die allerdings aufgrund ihrer Zerbrechlichkeit selten im archäologischen Fundgut nachzuweisen sind. Die Herstellungstechnik des in Freiburg gefundenen Korbs unterscheidet sich nicht von derjenigen eines heutigen Korbmachers. Als Rohstoff dienten Weidenruten, die nach einer Vorbehandlung zunächst sternförmig in einer Vielzahl von Einzelschritten zusammengeflochten wurden und das Grundgerüst für den Boden bildeten. Anschließend erfolgte das Aufbrechen des Bodenstocks, so daß anstelle des ursprünglichen Bodenkreuzes ein strahlenförmiges Gebilde entstand, welches durch das Umflechten mit den Bodenruten den Korbboden bildete. Der Rumpf entstand dabei in der sogenannten gezogenen Arbeit: Der Korbmacher flocht die Ruten in sich über- und unterkreuzenden Bögen um den Boden und zog das Gebilde anschließend auf die gewünschte Größe zusammen. Dadurch erhielt das anfänglich platte Werkstück die Form des Korbs.

Spanschachteln

Verglichen mit der Herstellung eines Korbs, die in einer Vielzahl von Einzelschritten erfolgte, war die Fertigung einer Spanschachtel, wie sie aus dem Augustinerkloster in Freiburg bekannt ist, weitaus einfacher. Leicht spaltbares Fichten- oder Tannenholz wurde mit dem Beil oder Ziehmesser abgebohlt und dann mit einem Hobel abgespant oder mit einem Spalteisen in die gewünschte Rohform gebracht. Neben diesen Nadelhölzern wurde auch biegsames Birken-, Espen- oder Weidenholz verarbeitet. Die gewässerten Holzstücke zog der Spanschachtelhersteller auf eine Schablone, oder er brachte sie mit einem »Spankamm« in Form. Das so entstandene Gehäuse mußte nur noch geschlossen und mit dem Boden verbunden werden. Der Boden konnte mit kleinen Holzstiften eingezapft oder aber – wie beim erwähnten Stück aus Freiburg – einfach durch eine schleifenartige Verbindung eingesetzt werden. Das Schließen des Gehäuses gleicht in gewisser Weise demjenigen der geböttcherten Gefäße. Zwar ist aus anderen Funden eine Vielzahl zum Teil recht komplizierter Verschlüsse bekannt, doch bei der Schachtel aus Freiburg beschränkte man sich auf das zweifache Verschlingen des Bandes.

Anders als die zahlreichen Gewerbeabfälle der Konstanzer Paternosterer sowie des leder- und metallverarbeitenden Gewerbes erlauben die Holzabfälle und Herstellungsspuren meist keine Unterscheidung bestimmter Berufszweige oder Produktionsphasen, so daß man weitgehend auf Schriftquellen angewiesen ist.

Böttcher sind in den schriftlichen Quellen sehr früh für Freiburg (1283, 1294) und später auch für Konstanz belegt. Hingegen finden sich keine schriftlichen Hinweise auf Drechsler. Da dies nicht nur in Konstanz und Freiburg, sondern in zahlreichen anderen Städten (Straßburg, Frankfurt) mit hochspezialisiertem Gewerbe der Fall ist, steht zu vermuten, daß die Drechsler meist in Zünften ver-

Oben links: Darstellung eines Schlachters auf einem Glasgemälde aus Semur-en-Auxois (um 1460/1470).

Oben: Ein Bauer mit dem Pflug und zwei Ochsen auf dem Feld, Glasgemälde aus der Kathedrale von Sens (um 1210).

wandter Berufe, wie etwa derjenigen der Zimmerleute, organisiert waren; schon für das Frühmittelalter läßt sich keine eindeutige Trennung zwischen dem Zimmermann, dem Tischler und dem Drechsler erkennen. Und auch wenn andernorts von Auseinandersetzungen zwischen Stadtklöstern und Zünften über die handwerkliche Tätigkeit der Eremiten die Rede ist, so fehlen doch jegliche Hinweise auf eine Betätigung der Augustiner als Böttcher und Drechsler, wenngleich sich andere Gewerbe im Kloster nachweisen lassen.

ULRICH MÜLLER

Das Rind

Das Rind als vielseitiger Rohstofflieferant

Der Stammesvater des Hausrinds ist der Ur oder Auerochse (Bos primigenius). Der Ur war einst in weiten Teilen Europas, Asiens und Nordafrikas verbreitet. Das letzte Exemplar, eine Kuh, wurde 1927 in Polen von einem Wilderer erlegt. Nachweise der ältesten Formen der Rinderhaltung in Mesopotamien, dem eigentlichen Kerngebiet der Domestikation, liegen nicht vor. Der bislang früheste Beleg für Rinderhaltung stammt aus Griechenland. Die Nutzbarkeit des Hausrinds ist, wie man weiß, sehr vielseitig. Das Rind ist, im Gegensatz zum Schwein, für den Menschen sowohl im Lauf seines Lebens als auch nach seiner Schlachtung von Nutzen. Darüber hinaus tritt der Wiederkäuer, und somit auch das Rind, in Mangelsituationen nicht als direkter Nahrungskonkurrent des Menschen auf, sondern kann aufgrund seines Verdauungssystems auch mit minderwertigen Proteinen und mit Stickstoffverbindungen nichteiweißhaltiger Natur auskommen und befriedigende Leistungen erbringen. Diese Fähigkeit, Nahrungsmittel, die für den Menschen ohne oder nur von geringem Nutzen sind, in hochwertiges tierisches Eiweiß umzuwandeln, erklärt seine überragende Bedeutung als Nahrungslieferant.

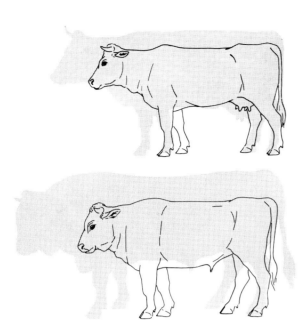

Größenvergleich zwischen heutigen Rindern (schattiert) und Rinderrassen des Mittelalters (Umrißzeichnung).

Milch

Zu den vom Tier stammenden Bestandteilen menschlicher Ernährung gehören die Milch und ihre Verarbeitungsprodukte. Die Milchgewinnung ist relativ einfach und im Vergleich zum Fleisch mit einem Drittel des Futteraufwands zu erzielen. Wann genau der Mensch zum ersten Mal eine Kuh gemolken hat, weiß man nicht. Ägyptische Darstellungen aus dem Alten Reich belegen indessen bereits die Gewinnung von Kuhmilch. Über die Weiterverarbeitung der Milch gibt ein Fund aus dem germanischen Emden Aufschluß; dort ist der Deckel einer Butterkanne nachgewiesen. Über die Menge der gewonnenen Milch liefern die schriftlichen Quellen nur spärliche Angaben, man kann jedoch von einer jährlichen Milchleistung von 500 bis 600 Liter pro Kuh ausgehen.

Dünger

Mit dem Anwachsen der Bevölkerung im 13. Jahrhundert weitete sich der Getreidebau stark aus. In den Getreideanbaugebieten diente das Rind zusätzlich als Arbeitstier und Dunglieferant. Die Funktion des Rinds als Dungproduzent war und ist in der Tat bedeutender, als man auf Anhieb annehmen möchte. Die heute täglich anfallende Menge von Kot und Harn bei den Rindern beträgt etwa 8 Prozent des Lebendgewichts. Die kleineren mittelalterlichen Rinder hatten wohl ein Durchschnittsgewicht von etwa 200 bis 250 kg, demnach müßte jedes Tier pro Tag 16 bis 20 kg Kot und Harn abgelassen haben. Und der mittelalterliche Bauer, der bereits an die Grenzen des Flächenanbaus stieß, schätzte sicher diesen Dung als Mittel zur Verbesserung der Bodenqualität. In manchen Pacht- und Leihverträgen wurde auch eine Düngepflicht des Pächters vereinbart. Nach einem Pachtvertrag aus dem Jahr 1328 in Hessen mußte der Pächter jährlich ein Zehntel des Landes düngen. Das Düngemittel bestand hauptsächlich aus den Abfällen der Tierhaltung. In vegetationsarmen Gebieten hingegen, wie etwa in Kleinasien und im Vorderen Orient, wurde und wird der getrocknete Rindermist auch als Brennstoff genutzt.

Arbeitskraft

Der Besitz von Rindvieh war für die Bewältigung des täglichen Lebens praktisch unerläßlich. Abgesehen von seiner Bedeutung als Milch- und Düngerlieferant spielte es auch eine wichtige Rolle als Arbeitskraft beim Ackerbau und beim Transport von Waren. Schon im Alten Ägypten benutzte man das Rind für alle anfallenden schweren Zugarbeiten, vor allem aber zum Pflügen, und das war wohl im Mittelalter nicht anders, wobei nicht nur Ochsen, sondern auch Kühe eingesetzt wurden. Zum Dreschen des Getreides etwa trieben die Bauern Rinder in der Tenne in Kreis herum, und mancherorts wurden sie eingespannt, um schwere Mühlräder zu drehen. Während die ergrabenen Knochenfunde nichts über die Milch- und Dungleistung aussagen, liefern sie hin und wieder eindeutige Indizien für den Einsatz des Rinds als Zugtier. So läßt sich etwa an der Abflachung des Hornzapfens erkennen, dass ein Tier ein Stirnjoch getragen hat, und auch die Verbreiterung der distalen Gelenkrolle von Mittelhand- und Mittelfußknochen weist auf eine Beanspruchung als Zugtier hin.

Fleisch

Die große Bedeutung des Hausrinds als Schlachttier liegt wohl auf der Hand. Zu allen Zeiten war Rindfleisch einer der Hauptbestandteile der menschlichen Nahrung. Bis ins 11. Jahrhundert herrschte in Mitteleuropa eine Rinderproduktion, die durch extensive Haltung auf großen Weideflächen, eine hohe Viehzahl je 100 Einwohner bei geringer Bevölkerungsdichte und einen entsprechend hohen Verbrauch von Fleisch pro Kopf der Bevölkerung gekennzeichnet war. Nach den Überlieferungen sollen etwa 33 kg Rindfleisch pro Kopf und Jahr verzehrt worden sein – in der Bundesrepublik Deutschland waren es 1986 »nur« 23,5 kg.

Abgesehen vom Fleisch wurden schließlich auch die Haut und das Horn sowie die Knochen der geschlachteten Rinder zur Weiterverarbeitung genutzt. Funde belegen eine große Vielfalt von Produkten aus Rinderknochen, darunter sowohl profane Gegenstände wie Kämme, Nadeln, Schlittenkufen, Knöpfe, Spielsteine und Würfel als auch Objekte für den sakralen Gebrauch, wie etwa Paternoster-Perlen (vgl. Beitrag »Knochen, Geweih und Horn«).

MOSTEFA KOKABI

414

Das Gedicht von der Kuh.

Manch einer preist seines Herzens Liebste.
Ich aber muß still und überlaut darüber klagen, daß man gute Glocken für Tugendlose läutet.
Man läutet alten Frauen, wenn sie gestorben sind.
Das ist ein großer Aufwand.
Man sollte für die guten Kühe eifrig und schön läuten: Die Kuh gibt weiße Milch, die rein ist und belebend und auf die man stolz ist.
Gut gesalzen, in Formen geschüttet werden auch gute Käse aus ihr. Dicke und dünne Molke ist die Freude der Kinder.
Von Brei aus Milch und Hirse erwächst auch ein kräftiges Schreien.
Wenn man ruft: »Es ist angerichtet«, werden alle froh.
Dazu die frische Butter: Zwischen Bologna und Salerno ist sicherlich nie ein besseres Nahrungsmittel als die gefunden worden.
Man benötigt sie, um Leckerbissen zuzubereiten. Zusammen mit Rüben ergibt sie ein Pflegemittel für uns Menschen.
Mit dem Unschlitt leuchtet man.
Aus dem Kopf, dem Hirn, stellt man Würste her.
Mit den zähen Sehnen – auch sie sind von Nutzen – drischt man Getreide, reines und vermischtes.
Wer einen guten Rindfleischbraten hat, bekommt eine Suppe; hat er ein gutes Stück, dann findet sich ein Leckerbissen, der Mark genannt wird: davon werden die Menschen stark.

Aus den Knochen stellt man große und kleine Würfel her, die flink auf dem Brett rollen.
Schon mancher böse Mensch hat dabei alles verspielt, so daß er über sich selbst wütend wurde.
Aus dem Horn werden sodann gute Kämme.
Vor allem kleine Kinder pflege man damit gut, wie man es aus gutem Grund tun soll.
Vom Horn hat man auch gerne Laternen.
Stellt man ein Licht hinein, so kann man sie auch im Wind benutzen.
Ich erzähle Euch noch mehr vom Horn: Wem der Rücken schmerzt, dem reibt man ihn damit.
Dann haben die Jäger einen Brauch, den sie sich gewählt haben: sie umwickeln das Horn mit einem Riemen, daß sie damit blasen können.
Wer Vögel aufziehen will, Lerchen oder Finken, tränkt sie daraus.
Ebenso umgibt man den Bolzen (der Armbrust) vorne mit Kuhhorn.
Sodann fertigt man kraftvoll aus dem Horn das Heft des Messers.
So sehen die Schreiber ihre Hörner kaum leer; sie (entnehmen daraus Tinte und) schreiben den Leuten.
Aus den Häuten macht man durch die, der mit dem Leder sachgemäß umgehen kann, gute breite Stiefel zum Schutz der Füße und Sohlen.

Es ist kaum zu leugnen, daß auch der Kleidersaum damit geschützt wird.
Man verzichtet auch nicht auf Brustleder, Trichter und Helmhorn.
Dann faßt man die Sporen in Leder.
Des weiteren will ich nicht davon ablassen, Euch den Schlauch zu nennen: darin lagert man Wein.
Auch er ist aus Rindleder.
Und erst die nützlichen Kummete, worin die Pferde ziehen, ferner die Jochriemen, mit denen die Kühe ziehen.
Niemand wird das bestreiten können: Mancher schnürt sich mit breiten und schmalen Gürteln, die man überall trägt.
Die Ringe aus Knochen daran tragen Männer und Frauen.
Wer der Handschuhe und Fingerhüte bedarf, dem nützt es (das Leder); Ledersäcke und Taschen stellt man aus den Häuten her und Flaschen, Trichter und Zapfen zur Aufbewahrung des Weines, Stricke und Scheiden für Schwert und Messer, sowie schöne Futtersäcke für das Vieh.
Noch mehr kann ich anführen: Die Blasebalge sind zu nennen, die der Wunsch der Schmiede sind.
Sodann ist da noch der wertvolle Schwanz: daraus entstehe ein guter Peitschenwedel; wenn man Pferde beschlagen muß, kann man sie damit züchtigen.
Daß die Orgeln schön laut erklingen, kommt von der Haut.
Aus den Sehnen macht man eine Hängevorrichtung für den Glockenschwengel.

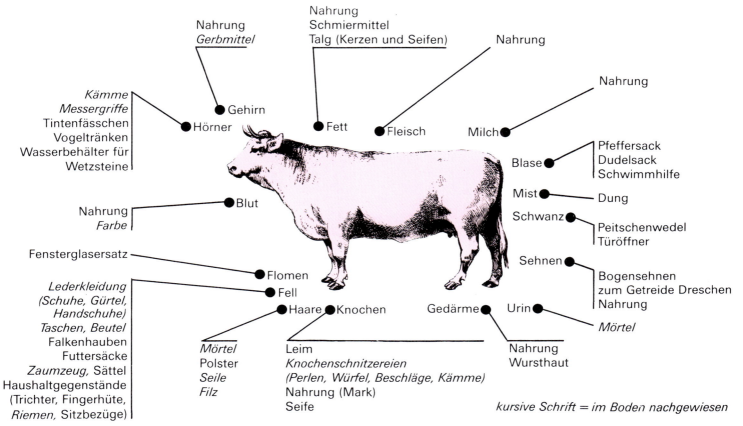

Falkenhauben, Hundebänder, Armleder, Beinbekleidung, Waffenhandschuhe von der Kuh: alles ist aus Leder, das die Kuh liefert, wie wir es vernommen haben.
Ich erwähne die Decke, aus Häuten macht man Säcke, die man über Kopfbedeckung und Helm zieht, damit sie vor Staub geschützt und schön bleiben, sowie den Rost fernhalten. Dann überzieht man Schild und Buckel mit Sehnen und Kuhhäuten, dies erzähle ich den Leuten.
Den Riemen am Kesselhut tragen alle guten Ritter und Knappen.
Ein Sitz aus Haut ist gut für den Hintern.
Sitzt ein Bischof darauf, so bemüht er sich um Weisheit. Auch das soll nicht ausgespart bleiben; man hat die Haut zur Freude.
Und ich will Euch noch mehr erzählen: In den hängenden Wagen spannt man Kuhhäute, darauf sitzen die Bräute.
Mehr noch erzähle ich von der Haut: Man stellt große wertvolle Bücher her, aus denen man singt und vorliest. Bei Trompeten und Trommeln, die aus Häuten entstanden sind, soll man nicht trauern.
Es sind keinesfalls nur Träume: Peitschen, Halftern, Zaumzeug, Steigleder, Bindriemen, Hinterreif, Vorderzeug, Handtaschen macht man.
Mit Gegenleder und Gurten turniert ein Mann besser. Schöne Sättel rüstet man allein mit Leder und Bein aus. Jetzt muß ich mir Mühe geben: Die Kinder spielen mit Würfeln.
Auch an die Kissen auf den Bänken, die mit Häuten überzogen sind, ist zu denken.

Das muß man glauben.
Die Holzschuhe sind noch da, auf denen man gut geht, weite und enge Schuhe, auch kurze und lange, die manchmal knarren.
Aus dem Haar stellt man Polster, Seil und Filz her; man macht Zaumzeugteile, den Kindern einen Ball aus Haaren, dem alle nachlaufen, wenn man ihn gespielt wird.
Den Schwanz nagelt man an die Tür; damit zieht man sie auf und zu.
All das kommt von der Kuh.
Noch ist das Lob nicht vollendet, das der Kuh zu zollen ist: Sie wirft junge, kecke Kälber, aus denen Farren, Ochsen werden.
Wenn man die fetten Kalbsdärme gesotten und geröstet ißt, dann sind sie nahrhaft, und man bekommt doch noch seinen Kopf durch sein Gewand.
All das ist nicht gelogen: Armbrust und Hornbogen taugten gar nicht, sie brächen entzwei, wenn es nicht die guten, zähen Sehnen gäbe, die die Kuh liefert.
Mit dem Zerf spannt man für einen, der davonrennt, die Treibsehnen der Armbrust.
Es ist eine wahre Freude.
Sodann nimmt man schwarze und graue Klauen und droht mit einem Vaterunser, um dem Teufel einen Schrecken einzujagen.
Ihr denkt vielleicht, ich wolle Euch nur schön reden und vergesse fast die Blase, die sich gut zum Pfeffersack eignet.
Am Feiertag wird sie auch zum Dudelsackspiel verwandt.

Wer Hunde verjagen will, der binde ihnen eine Blase an die Schwänze, so daß sie denken, es sei ihr Untergang, und schrecklich heulen; Knaben, ja Kinder überhaupt, und junge Menschen lernen mit ihrer Hilfe schwimmen, wenn sie im Wasser sind.
Die Leute, die kein Fensterglas haben, tun folgendes: Sie machen einen Rahmen, bespannen ihn mit dem guten Flomen und beziehen damit, nach guter alter Sitte, ihre Fenster.
Leber, Nieren, Lunge, Herz, Schlund, Zunge, Milz, Sülze, Füße, alles fein zermahlen, vielerlei feines Gedärm, weißer als ein Hermelin: ich hätte es nicht verschmerzt, wenn ich den Magen vergessen hätte und das ebensogute Euter, das man auf dem Feuer röstet, sowie den dicken Mastdarm.
Mit dem warmen Dünger bestreicht man den Boden.
Wer schlechte Äcker düngen will, der muß dazu Mist nehmen.
Man sollte eher die Leiche einer Kuh beweinen als die eines üblen alten Weibes.
Daß die Jungen lebensfroh sind, bekümmere die Alten schon immer.
Noch mehr Nutzen, den die Kuh spendet, kennt der K ö n i g nicht.
Jetzt endet die Erzählung über die Kuh.
Das soll Euch nicht verdrießen.

Eines der Gedichte des Königs von Odenwald aus der Würzburger Liederhandschrift (14. Jahrhundert).

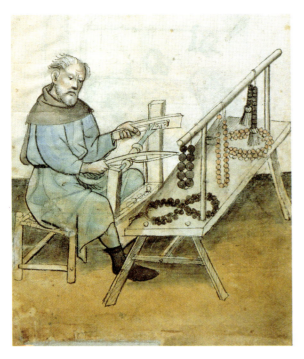

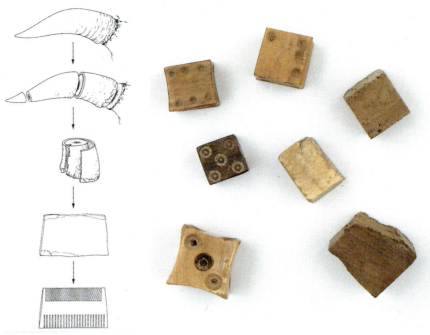

Oben: Ein Paternosterer an seiner Werkbank. Auf dem Tisch sind mehrere Arten von Paternosterschnüren zu sehen. Darstellung aus dem Hausbuch der Mendelschen Zwölfbrüderstiftung zu Nürnberg.

Oben Mitte: Die Herstellung von Kämmen aus Rinderhorn

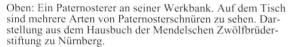

Oben rechts: Kleine Knochenwürfel aus den Grabungen von Konstanz

Horn-, Geweih- und Knochenverarbeitung

Was haben ein Gummibärchen und ein Diafilm gemeinsam? Grundstoff für beide Produkte ist Knochen, ein Werkstoff, der auch schon im Mittelalter breite Verwendung fand. Im Gegensatz zum – wie bei den erwähnten Beispielen – völlig aufbereiteten Knochen läßt sich bei Gegenständen, die aus Geweih und Horn gefertigt sind, das Ursprungsmaterial auch heute noch leicht erkennen. Sie sind als Messergriffe, Knöpfe oder Kämme im Handel. Im Mittelalter hingegen wurden auch die Knochen meist so unmittelbar verwendet, daß sie nach der Bearbeitung unschwer noch als solche erkannt werden konnten. Sowohl Knochen wie auch Geweih und Horn lassen sich gut mit dem Beil und der Säge zurichten. Dabei ist bis heute umstritten, ob sie im Mittelalter vorher in heißem Wasser eingeweicht wurden, das Pflanzenzusätze enthielt, um die Bearbeitung zu erleichtern.

Geweih und Horn

Geweih läßt sich sehr gut verarbeiten, da es sehr biegsam ist. Es fällt aber naturgemäß seltener an als Horn und Knochen, und bei der Bearbeitung entsteht viel Abfall, so daß es im Vergleich zu den am häufigsten verwendeten Knochen nicht sehr ergiebig ist. Aus Geweih wurden unter anderem Kämme, Messergriffe, Nadeln und Pfrieme und sogar Schlüssel hergestellt. Rinderhörner verarbeitete man überwiegend zu Haarkämmen. Dazu wurde der Mittelteil der Hornscheide aufgeschnitten, weichgemacht und flachgepreßt. Die so entstandene Hornplatte wurde noch etwas in Form gebracht und anschließend von einer Kante her mit der Säge in regelmäßigen Abständen eingeschnitten, so daß feine Zinken entstanden. Ein weiteres Produkt aus Horn waren Laternenscheiben. Sie bestanden aus dünnen, durchscheinenden Hornplatten – eine billige und robuste Alternative zum sehr teuren Glas.

Vielseitige Knochen

Knochen lassen sich ebenfalls nicht ohne Vorbereitung verarbeiten. Sie müssen ausgekocht werden, um die noch anhaftenden Fleischreste und einen Teil des Knochenfetts zu entfernen. Aus den Röhrenknochen von Adlern, Gänsen, Schafen und Ziegen fertigte man gern Pfeifchen und Flöten. Dazu wurden zunächst die Gelenke abgesägt, so daß man ein Knochenrohr erhielt. Dann waren nur noch ein Aufschnitt und eine Anblasvorrichtung notwendig, für eine Flöte außerdem noch Grifflöcher. Selbstverständlich wurden jeweils für bestimmte Zwecke jene Knochen benutzt, die man am wenigsten verändern mußte, um zum gewünschten Werkstück zu kommen. Die Rippen von Rind und Pferd etwa sind dünn und flach. Aus ihnen ließen sich deshalb am leichtesten filigrane

Schnitzereien herstellen, wie sie als Verzierung auf Holzkästchen angebracht wurden, ähnlich den uns heute noch bekannten elfenbeinverzierten Schatullen. Weitaus am häufigsten aber wurden die Mittelhand- und Mittelfußknochen zur Knochenschnitzerei verwendet. Da sie kaum Fleisch tragen, mußten sie nicht für den Kochtopf portioniert werden, wie das häufig bei den Rippen oder Schulterblättern geschah. Zudem sind diese Metapodien recht groß, gerade geformt und besitzen viel Knochensubstanz. Damit waren sie zur Verarbeitung besonders gut geeignet. Aus ihnen ließen sich Knochenscheite herstellen, die zu vielen verschiedenen Produkten weiterverarbeitet werden konnten. Dazu genügte es, nach dem Auskochen des Knochens die Gelenke mit dem Beil zu entfernen und den verbliebenen Schaft längs zu vierteln oder zu achteln und anschließend zu glätten. Aus diesen Knochenscheiten wurden sehr viele beinerne Gegenstände gefertigt; zwei dieser Produkte sollen im folgenden näher vorgestellt werden:

Oben links: Gürtelschnalle aus Knochen. Fundort: Konstanz

Oben: Zwei Riemenzungen aus Knochen. Fundort: Konstanz

Paternosterperlen

Bei Grabungen in Konstanz wurden große Mengen von Abfällen aus der Knochenverarbeitung gefunden, deren Form davon zeugt, daß in dieser ehemaligen Bischofsstadt über Jahrhunderte hinweg eine rege Produktion von Paternosterschnüren stattgefunden hat. Paternosterschnüre sind die Vorläufer der heutigen Rosenkränze, mit denen aber nicht der Rosenkranz, sondern die Psalmen gebetet wurden. Die Kränze wiesen entweder für jedes Gebet eine Perle auf – womit sie im Höchstfall immerhin aus 150 Perlen bestanden –, oder sie waren in neutrale Zähleinheiten aufgeteilt, beispielsweise 5 Gesetze à 10 Perlen, eine Aufteilung, wie sie auch heute noch für den Rosenkranz gebräuchlich ist. Dabei wurde die lange Paternosterform mit 150 Perlen weitgehend von Frauen benutzt, die kurze mit 10–25 Perlen nur von Männern. Kostbarere Paternosterperlen bestanden häufig aus Koralle, Bernstein, Silber oder anderen edlen Materialien. Aber auch die wesentlich billigeren Knochenperlen fanden guten Absatz. Sie wurden mit Hilfe einer Werkbank gefertigt: Ein in einer Führung laufender Hohlbohrer fräste aus dem oben erwähnten Knochenscheit zunächst die Hälfte der Perle, daraufhin wurde das Scheit umgedreht und die andere Perlenhälfte ausgebohrt. Der Antrieb des Bohrers erfolgte durch einen Bogen; die fertigen Perlen fielen in eine Auffangschale.

Unten: Astragalen von Schaf und Ziege, die als Würfel verwendet wurden. Fundort: Konstanz

Drei Paternosterkränze. Fundort: Konstanz

Würfel

Auch zur Herstellung von Würfeln wurden Knochenscheite verwendet. Zunächst formte man daraus Stäbe mit quadratischem Querschnitt, die anschließend poliert wurden. Von diesen wurden die Würfelrohlinge abgesägt und danach die Augen eingebohrt, die man abschließend mit Farbe versah. So entstanden die kleinen Knochenwürfel, die zum Beispiel beim Tric-Trac-Spiel (Backgammon) Verwendung fanden. Daneben gab es noch eine andere Art von Knochenwürfeln; die Astragalen (Sprungbeine) von Schaf und Ziege. Sie wurden weitgehend in ihrer natürlichen Form belassen und nur an den beiden Schmalseiten etwas beschliffen, damit sie beim Wurf auf diesen Seiten eine gewisse Stabilität erreichen konnten. Die Würfel rollten denn auch kaum; sie fielen nur auf 4 Seiten. Diese Würfelform ist im Orient auch heute noch bekannt.

MARIANNE SCHUCK

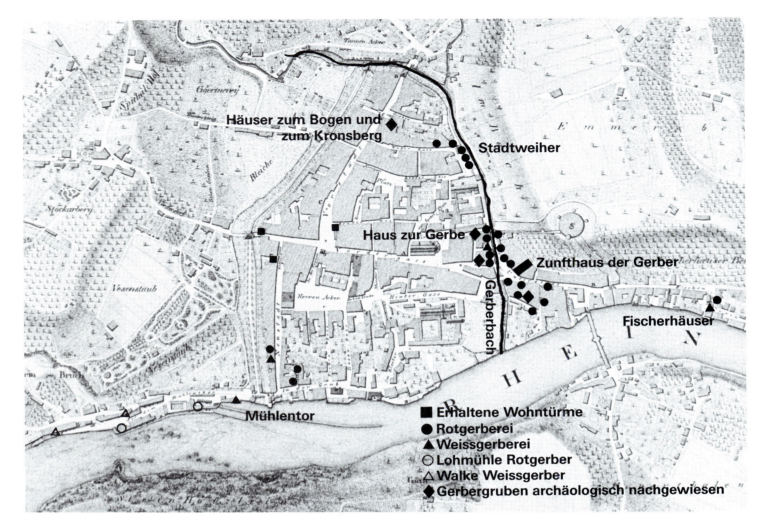

Häuser zum Bogen und zum Kronsberg

Stadtweiher

Haus zur Gerbe

Zunfthaus der Gerber

Gerberbach

Fischerhäuser

R H E I N

B R E

Mühlentor

■ Erhaltene Wohntürme
● Rotgerberei
▲ Weissgerberei
⊙ Lohmühle Rotgerber
△ Walke Weissgerber
◆ Gerbergruben archäologisch nachgewiesen

Ganz oben: Kartierung der Gerberhäuser von 1817 auf dem Schaffhauser Stadtplan von J. L. Peyer von 1820.

Oben: Situation der Gerberei aus dem 12./13. Jahrhundert im Hinterhof der Häuser zum Bogen und zum Kronsberg an der um 1200 entstandenen Stadtmauer.

Gerber und Gerbereien

Die Gerber im mittelalterlichen Schaffhausen

Belege für Lederarbeiten sind schon aus der Altsteinzeit bekannt. Die Bekleidung unserer ältesten Vorfahren bestand aus Tierhaut, Felle fanden Verwendung beim Bau von Zelten und dienten als Decken und Matten. Ungegerbt werden Häute jedoch hart und brüchig oder sie verfaulen rasch. Deshalb wohl zählt die Fettgerbung zu den ältesten Erfindungen der Menschheit überhaupt. Im Mittelalter gehörte die Gerberei zu den bedeutenderen Handwerkszweigen; sie wurde sowohl in Klöstern als auch in den Städten ausgeübt. Vom 13./14. Jahrhundert an waren die Gerber in einflußreichen Zünften zusammengeschlossen, und noch heute legen die stattlichen Zunft- und Gerberhäuser dafür ein beredtes Zeugnis ab.

Standort und Anlage

Die Gerbereibetriebe befanden sich meist in einem eigenen Stadtviertel, wie es sie in Städten des Nahen Ostens noch heute gibt. Dies hatte vor allem zwei Gründe: Zum einen ist für die Gerberwerkstatt die Verfügbarkeit von fließendem Wasser eine unabdingbare Voraussetzung. Zum andern verursacht dieses Handwerk erhebliche Geruchsbelästigungen und verschmutzt die Gewässer, weshalb eine Randlage an einem Bach oder Fluß, und zwar dort, wo diese die Stadt auf direktestem Weg wieder verlassen, bevorzugt wurde. Wo sowohl ein Fluß als auch Bäche vorhanden waren, wurde der Standort am flacheren Gewässer gewählt, da hier die für die Gerberei notwendigen Stege und Pfähle zum Wässern der Häute einfacher eingerichtet werden konnten. Diese Situation findet sich in Schaffhausen, Rottenburg, Ulm und Colmar. In der Nähe der Gerberviertel ließen sich häufig auch die Färber, Metzger, Fischer und Schiffer nieder.

Der archäologische Befund

Gerber sind in Schaffhausen erstmals 1278 erwähnt. Aus dieser Zeit ließ sich 1982 im Hinterhof der Häuser »Zum Bogen« und »Zum Kronsberg« eine Feingerberei nachweisen. Sie lag an der frühesten Stadtmauer, an einem nach der Stadterweiterung um die Mitte des 13. Jahrhunderts umgeleiteten Lauf der Durach. 39 Gruben konnten archäologisch untersucht werden, sie hatten als Bottiche für die Gerberei gedient und waren anschließend mit Schutt und Abfällen gefüllt worden. Die meisten der unterschiedlich großen Gruben waren rund und hatten das Profil einer umgekehrten Glocke, nur vereinzelt zeigten sie senkrechte Wände und eine flache Sohle. Hier fanden die Ausgräber zuweilen Pföstchen, die vom Flechtwerkausbau der Gruben stammen. In manchen Fällen konnte auch ein Lehmmantel beobachtet werden, der wohl zur Abdichtung der Grube diente.

In den Verfüllungen dieser Gruben fanden sich auffallend viele Tierschädel und -füße. Der Metzger lieferte den Gerbern die Tierhäute offenbar samt Schädel und Füßen. Besonders häufig sind die Überreste von Schafen und Ziegen, deren Häute für die Feingerberei bevorzugt wurden. Zudem waren die Tierschädel so aufgebrochen, daß sowohl Gehirn als auch die Nasenhöhlen beziehungsweise die Nasenschleimhäute entfernt werden konnten, was eine Nutzung für die Sämischgerberei nahelegt. Die chemischen Untersuchungen der Grubensohlen schließlich erbrachten spärliche Nachweise von Kali-Alaun, was abermals den Schluß auf Feingerberei zuläßt. Tannin hingegen, das den Rot- oder Lohgerbern als Gerbmittel diente, wurde hier nicht gefunden. Aber auch die zahlreichen in den zuletzt zur Abfallbeseitigung benutzten Gerbergruben entdeckten Perlnoppengläser passen gut ins Bild eines gehobenen Haushalts, wie er wohl bei den im allgemeinen angesehenen und begüterten Feingerbern üblich war. Zusammen mit der Keramik weisen sie auf eine Benutzungszeit im 12. und 13. Jahrhundert hin.

Ein neues Gerberviertel

Zu Beginn des 14. Jahrhunderts wird an dieser Stelle die Gerberei aufgegeben. Ein eigentliches Gerberviertel entsteht nun am Unterlauf der Durach, hier später Gerberbach genannt, wo auch das 1376/77 erstmals erwähnte Zunfthaus zur Gerberstube liegt. Die anhaltende Bedeutung des Gerberhandwerks in Schaffhausen ergibt sich auch aus der Volkszählung von 1766. Von 761 Handwerkern übten 43 den Beruf des Rotgerbers, 10 jenen des Weißgerbers aus. Die Kartierung der Gerberhäuser nach den Brandkatasterbüchern von 1817 zeigt, daß sich die Gerber zwar nach wie vor um das Zunfthaus konzentrierten. Weitere Betriebe finden sich aber sowohl innerhalb wie auch außerhalb der Stadtmauern im Bereich des Stadtweihers (beim ehemaligen Webertörlein), in den Fischerhäusern sowie um das Mühlentor. Hier befanden sich auch die gemeinschaftlich benutzten Lohmühlen der Rotgerber sowie die Walken der Weißgerber. Interes-

Einblick in eine Gerberei des 16. Jahrhunderts. In der Bildmitte ein Gerber in einer mit Flechtwerk ausgekleideten Grube. Holzschnitt von Jost Ammann.

Gerbergrube mit Pföstchenlöchern von Flechtwerkwänden, wie sie in der Abbildung oben zu sehen sind. Grabungsbefund Haus zum Bogen.

419

Gerberei

Die Herstellung von Leder umfaßt mehrere Arbeitsgänge. Ausgangsprodukt ist die »grüne Haut«, das heißt die Haut, die der Gerber – gewöhnlich vom Metzger – nach der Schlachtung erwirbt. Um eine Fäulnisbildung zu vermeiden, wird diese mit Salz eingerieben und in kühlen Kellern aufbewahrt. Nach einer ersten Reinigung im Wasser, bei der loser Schmutz, Fett, Blut sowie das Salz entfernt werden, legt man die Häute auf den Schabebaum und schabt die Haare mit dem Schabeeisen ab. Zur Lockerung der restlichen Haare kommt die Haut für einige Tage in den Äscher, in ein Bad aus Wasser, Kalkmilch und Asche oder aus anderen basisch reagierenden Substanzen. Danach wird die Haut auf dem Schabebaum vollständig abgeschabt und nochmals im Bad gespült.

Für den eigentlichen Gerbvorgang legt der Gerber die Haut für bis zu einem halben Jahr in mit Gerbmittel gefüllte Gerbergruben oder Bottiche. Die bindegewebigen Teile der Haut werden so mit Gerbstoffen imprägniert, wodurch sie beim späteren Trocknen mehr oder weniger getrennt bleiben. Dies verleiht dem Leder Geschmeidigkeit und Haltbarkeit. Nach dem Gerben erfolgt ein weiteres Spülen im Wasser und das Abtropfen im Freien auf Stangengerüsten. Das eigentliche Trocknen erfolgt auf Trockenböden oder Galerien im Dachgeschoß des Gerberhauses. Danach wird das Leder zugerichtet, bevor es auf dem Markt zum Verkauf kommt. Das heißt, es wird durch Walzen und Klopfen geglättet, minderwertige Stellen werden entfernt sowie die Ränder abgeglichen.

Im Mittelalter wurde zwischen den beiden Berufsgattungen Rot- oder Lohgerber und den höher gestellten Feingerbern (Weiß- und Sämischgerberei) unterschieden:

Die Rot- oder Lohgerbung:
Pflanzliche Gerbung zur Herstellung schwerer Leder (zum Beispiel Schuhsohlen, Sättel, Zaumzeug, derbe Kleidung, Trinkbecher usw.). Gerbmittel war Tannin aus Eichen, seltener Fichtenrinde). Weniger gebräuchliche pflanzliche Gerbstoffe waren Hölzer, Früchte, Blätter und Blattgallen.

Die Weißgerbung:
Chemische Gerbung zur Herstellung feiner Leder, meist von Schaf oder Ziege (feine Lederkleidung, Oberleder, Handschuhe usw.). Gerbmittel ist hier der Kali-Alaun, eine Aluminiumverbindung, die mit Salz und Wasser angesetzt wird.

Die Sämisch- oder Fettgerbung:
Sie dient zur Herstellung feiner Leder. Gerbmittel sind Trane und Fette aus Knochen und Gehirn sowie Nasenschleimhäuten der Tiere, die wie bei der Weißgerbung ins Leder gewalkt, das heißt geklopft werden, bis das Fett die ganze Haut durchdrungen hat.

sant ist auch der Umstand, daß sich die Werkstätten zu jener Zeit zum Teil nach wie vor im Wohnhaus befanden. Andere wieder wurden bis zu 500 Meter vom Wohnhaus entfernt errichtet. Die Trennung von Arbeitsplatz und Wohnhaus, die andernorts bereits im späteren 16. Jahrhundert einsetzt, ist also in Schaffhausen offenbar nur zum Teil verwirklicht worden.

BEATRICE RUCKSTUHL

Die Entwicklung des Gerberhauses am Beispiel des Hauses »Zur Gerbe« in Schaffhausen

Das Haus »Zur Gerbe« liegt unmittelbar südlich des Hauses »Zum Krautbad«, das seinerseits an das ehemalige Fallgatter angrenzte. Dieses kleine Bollwerk mit zweiteiligem Durchlaß für die Durach und turmartigem Oberbau verstärkte die markante Ecke in der Stadtmauer, wo diese sich vom Schwabentor herkommend mit jener vom Munot trifft. Das Haus »Zur Gerbe« war das erste einer Reihe von neun Gerberhäusern, die sich der Durach entlang gegen den Rhein hinziehen. Der mit Ausnahme der Fassade bevorstehende Totalabbruch veranlaßte das Amt für Vorgeschichte, im Frühjahr 1988 baugeschichtliche Untersuchungen durchzuführen und die nicht unterkellerten Zonen auszugraben. Obwohl das westliche Drittel des Gebäudes bereits 1968 einem Neubau hatte weichen müssen, zeigen die gewonnenen Erkenntnisse, daß hier über Jahrhunderte das Gerberhandwerk betrieben wurde und wie sich Haus und Handwerk entwickelten. Bilderbuchartig legen sie dar, wie aus einzelnen freistehenden Bauten des 12. und 13. Jahrhunderts durch An- und Umbauten bis im 15. und 16. Jahrhundert die heutigen, geschlossenen Gassenfronten heranwuchsen.

Die ältesten Siedlungsreste

Die Besiedlung dieses Platzes setzte lange vor der um 1200 entstandenen Stadtbefestigung in den Anfängen der Stadt ein. In einem Sondiergraben nördlich des Gebäudes zeigte sich eine 2,7 m² messende Grube; ob es sich dabei um ein Grubenhaus gehandelt hat, läßt sich nicht eindeutig belegen. Auf ihrer flachen Sohle fand sich eine Scherbe aus dem 14. Jahrhundert. Südlich davon liegt ein bis zu 80 cm starkes Paket aus kiesigem Humus, das Keramikscherben aus der Zeit vom 11. bis zur ersten Hälfte des 13. Jahrhunderts enthielt. Als weitere Hausabfälle fanden sich Tierknochen, die ausschließlich von Haustieren stammten. Von einem ältesten, spätestens in der ersten Hälfte des 13. Jahrhunderts entstandenen Steinbau hat sich die südöstliche, aus Lesesteinen gemauerte Ecke bis auf eine Höhe von 4,5 m erhalten. Seine Erweiterung gegen den Bach hin ließ sich durch die Mauerreste eines etwa einen Meter in das Erdreich eingetieften, mit einem Lehmestrich versehenen Kellers nachweisen. Von diesen später weitgehend abgebrochenen Bauten stammen wohl ein romanisches Säulchenfragment und ein um 1220 datierter Türsturz aus Eichenholz, die später im Wohnturm Verwendung fanden.

Der Wohnturm eines Gerbers

Das herausragende Ergebnis der Untersuchungen bildet zweifellos der noch weitgehend erhaltene Wohnturm. Er konnte aufgrund der Untersuchungen vor dem Abbruchhammer gerettet werden. Ein dendrochronologisch datierter Balkenstumpf der ehemaligen Laubenkonstruktion zeigt, daß der Turm wohl 1299 errichtet wurde – eine Datierung, die gut mit der kunstgeschichtlichen Datierung der frühgotischen Fenster übereinstimmt. Gegen den Bach hin lagen drei Gerbergruben, von denen eine in ihrer Füllung Keramik aus dem Ende des 13. oder der ersten Hälfte des 14. Jahrhunderts enthält. Sie weisen den Turmbesitzer als Gerber aus. Mit der Übernahme von bisher dem Adel vorbehaltenen Bauformen äußert sich hier das steigende Selbstbewußtsein der Handwerker, das schließlich zur Bildung der Zünfte führt. Der Schaffhauser Gerberturm ist allerdings kleiner als die mächtigeren Adelstürme, von denen sich der Turm »am Ort«, der Turm in der Neustadt sowie die untere Hälfte des Obertorturms erhalten haben. Er mißt außen 5,3 x 6,2 m und weist neben einem Keller nur zwei Obergeschosse auf. Das zweihäuptige Mauerwerk aus plattigen Kalkbruchsteinen hat eine Dicke von 90 cm und verjüngt sich gegen oben durch geschoßweise innere Absätze auf 65 cm. Außen findet sich ein grober, ungeglätteter Putz

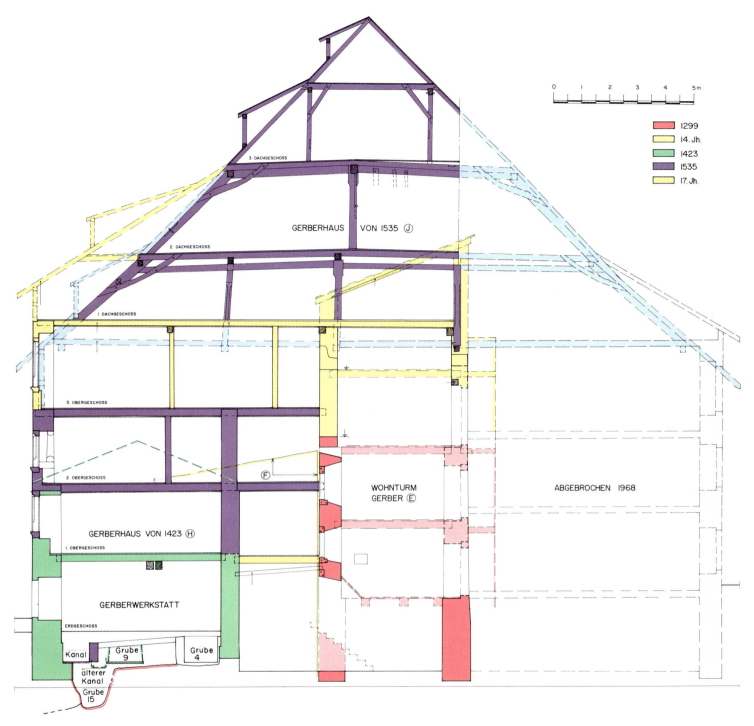

3. DACHGESCHOSS

GERBERHAUS VON 1535 (J)

2. DACHGESCHOSS

1. DACHGESCHOSS

3. OBERGESCHOSS

WOHNTURM GERBER (E)

ABGEBROCHEN 1968

2. OBERGESCHOSS

(F)

GERBERHAUS VON 1423 (H)

1. OBERGESCHOSS

GERBERWERKSTATT

ERDGESCHOSS

Kanal — Grube 9 — Grube 4

älterer Kanal

Grube 15

Legend:
- 1299
- 14. Jh.
- 1423
- 1535
- 17. Jh.

0 1 2 3 4 5m

in pietra rasa-Technik, der die Steinköpfe teilweise sichtbar läßt; innen ein feiner, geglätteter und vollständig deckender Putz. Die Wohngeschosse wurden von der Westfassade her durch stockwerkweise angebrachte Hocheingänge erschlossen, die über hölzerne Außentreppen mit Lauben erreicht wurden. Auf der Ostseite, vom Gerberwerkplatz her zugänglich, liegt der Kellerabgang mit Treppe. Seine geschrägte Leibung reicht 60 cm über den Erdgeschoßboden, was eine in den Innenraum vorspringende Verschalung notwendig machte. Ebenfalls auf dieser Seite befindet sich eine weitere Tür. Sie führt in das als Küche dienende Hochparterre und weist ein rundbogiges Gewände aus Randengrobkalk auf. Zwei Wandnischen zur Aufbewahrung von Geschirr und Gerätschaften finden sich im Rauminnern, eine weitere außerhalb im Bereich der Laube bei der Südwestecke. Hinweise auf Herd oder Ofen fehlen. Sie dürften mit der größtenteils zerstörten Nordwand verlorengegangen sein. Beide Wohngeschosse erhielten nur wenig Luft und Licht durch zwei in der Ostfassade liegende, spitzbogige, gefaste Zweierfenster (Biforen). Daneben zeigt sich in dem als Schlafraum ge-

Querschnitt Haus zur Gerbe mit der baulichen Entwicklung.

421

Das Gerberviertel von Schaffhausen: Am unteren Bildrand die neun Gerberhäuser am Gerberbach. Rechts das Haus zur Gerbe (X). Zur Durchlüftung der Trockenräume im Dach dienen die durchlaufenden Dachgauben sowie die Lüftungsöffnungen im Giebelfeld des ersten giebelständigen Hauses links unten. Aufnahme von 1879.

nutzten Obergeschoß eine trichterförmige, sich von innen nach außen verjüngende Abzugsöffnung. Etwa 8 m östlich des Turms, nur wenige Meter vom Bach entfernt, liegt der ehemalige Gerberwerkplatz. Hier ist das Terrain etwa 1 m abgetieft worden, wie die fehlenden gewachsenen Schichten sowie ein Stützmäuerchen auf der Nordseite zeigen. Drei Gruben, die in Größe, Form und Füllung mit jenen der 1982 entdeckten Gerberei aus dem 12./13. Jahrhundert beim Haus »Zum Bogen« identisch sind, belegen die Gerbertätigkeit. Hier wie dort zeigten sich im Füllmaterial viele kleine Fischresten, die mit dem durch Kanäle hergeleiteten Frischwasser in die Gruben gelangt sein könnten. Auch hier fällt im Füllmaterial der hohe Spongiosa-Anteil (Knochenbälkchenstruktur) auf, der auf Sämischgerberei hinweisen könnte (in der Spongiosa befindet sich das Knochenmark, das sich zur Fettgerbung eignet).

Aufstockung und Erweiterung im 14. Jahrhundert

Durch eine erste Aufstockung erhielt der Gerberturm im 14. Jahrhundert ein drittes Obergeschoß. Als einzige Öffnung ließ sich ein weiterer Hocheingang mit dem bereits erwähnten, wiederverwendeten Eichensturz nachweisen. Im Gegensatz zum älteren Teil ist der Innenputz hier zwar deckend, aber nicht geglättet ausgeführt. Die Südwand des Turms wurde gegen Osten, möglicherweise bis auf die heutige Fassadenflucht, verlängert. Sie gehört zu einem Gebäude auf dem südlichen Nachbargrundstück, übernimmt die ursprüngliche Turmhöhe und weist gegen Osten eine Neigung von 11 Grad auf. Eine Erweiterung nach Nordwesten bringt den Anbau G. Er weist in der Ostwand ein rundbogiges Türgewände auf und ist dreigeschossig, bis auf die Höhe der ersten Turmaufstockung, ausgeführt worden. Massive Brandrötungen auf dem Mauerwerk zeigten, daß die bisher beschriebenen Bauten durch einen Brand beschädigt worden sind. Der Turm erhält ein viertes Geschoß, dessen Putze nun innen und außen sowohl deckend als auch geglättet sind. Ein Sparrennegativ in der vollständig erhaltenen Südwand belegt ein von Westen nach Osten um 22 Grad geneigtes Pultdach; die Gesamthöhe des Turms beträgt im Westen 14 m ab Terrainoberkante. Etwas später erhält auch der Anbau G ein viertes Geschoß.

Das Gerberhaus von 1423

Mit einem zweigeschossigen, 7,5 x 11 m messenden Neubau H, der Teile von C und F einbezieht, wächst die Liegenschaft schließlich auf die heutige Flucht der Bachstraße. Die Balkenlage des Erdgeschosses wird durch einen Unterzug mit einem Stud getragen, wodurch eine 3 m hohe Halle entstand, in welcher die nun im Hausinnern liegende Gerberwerkstatt Platz fand. Das benötigte Frischwasser lieferte ein vom Gerberbach abgezweigter Kanal, der im Hausinnern der Ostwand entlang floß und die südlich anstoßenden Gerberhäuser ebenfalls mit Wasser versorgte. Reste einer Kieselpflästerung sowie zwei Gerbergruben haben sich von der Einrichtung erhalten. Sie weisen einen Durchmesser von 1,2 m bei einer Tiefe von 50 cm auf. Die Wände bestehen aus vermörtelten, abgeschroteten Biberschwanzziegeln, die auf einem 5 cm starken Mörtelboden stehen. In der Nordostecke des Obergeschosses ließen sich die Überreste einer wohl geheizten Bohlenstube nachweisen. Ihre Eichenbalken wie auch jene der Erdgeschoßdecke sind im Herbst/Winter 1422 geschlagen worden. Was die Bewohner betrifft, so ist im ersten Steuerbuch von 1392 mit einem Maig(er) ein erster »gärwer« an der »Hampelgassen« (Ampelngasse) erwähnt, der leider nicht näher lokalisiert werden kann. 1455 jedoch wird mit Ulrich Schmid, Zunftmeister der Gerber von 1469–1497, erstmals ein Hausbesitzer namentlich faßbar. Später werden der Hof zwischen E und H überdeckt und in der Ost- und Westwand des Turmkellers 3 m weite Bogenöffnungen ausgebrochen, was die Unterkellerung von Bau G voraussetzt. Vielleicht wurden hier die grünen Häute gelagert.

Fallgatterbollwerk am Haus zum Krautbad. An das Haus in der Bildmitte ist ein Lohkäsständer angelehnt. Er diente zum Trocknen der als Brennmaterial verwendeten Lohekuchen.

Das Gerberhaus von 1535

1535 werden alle bisher beschriebenen Bauten unter einem von der Ampelngasse bis zur Bachstraße reichenden 25 m weiten Dach vereinigt. Ein Glied der heutigen Häuserzeile ist damit entstanden. Dazu sind Bau C größtenteils abgebrochen, die Bauten E und G um ihr oberstes Geschoß gekürzt, H und F aufgestockt und die neue Giebelwand zwischen G und H eingefügt worden. Wie bis anhin liegt im Erdgeschoß die Gerberwerkstatt mit ihrem nun erneuerten Frischwasserkanal. Zwei Gerbergruben in der Nordostecke mit Durchmessern von 1,2 m bei einer Tiefe von 60 cm dürften aus dieser Zeit stammen. Ihre dickwandige gemauerte Konstruktion besteht sowohl bei den Wänden als auch bei der Sohle aus vermörtelten Backsteinen, die mit vereinzelten Kalksteinen durchsetzt sind. Ein äußerer Lehmmantel machte die Gruben dicht. Ein Kamin in der erneuerten Nordwand ermöglichte ferner das Aufstellen eines Heizkessels, um das Wasser für den Gerbprozeß erhitzen zu können. Auch die Nordwand der Bohlenstube im 1. Obergeschoß wurde versteinert, darüber ist eine zweite Wohnung mit einer Stube im Zentrum mit Staffelfenstern und einer runden Fenstersäule entstanden. Sie ist umgeben von einer Kammer im Norden, Eingang und Küche mit Rauchfang im Nordwesten und Vorratsraum im Südwesten sowie einem Abtritt (?) im Süden. Von der Ausstattung haben sich nur die Reste einer entsprechend dem reformatorischen Zeitgeist einfachen Schwarz-Fassung der Architekturteile erhalten. Das dritte Obergeschoß erhielt gegen den Bach hin ein Fachwerk, vielleicht war es – wie bei Gerberhäusern üblich – als Galerie gestaltet. Wahrscheinlich sind in diesem Geschoß die getrockneten Leder zugerichtet worden, bevor sie auf dem Markt zum Verkauf kamen. Die Räume des nun von den Anbauten umgebenen Turms waren nun gefangen und dürften nur noch als Nebenräume genutzt worden sein. Der mächtige, 12 m hohe Sparrendachstuhl ist zweifach liegend und nur im 6. Obergeschoß stehend ausgeführt. Andreaskreuze dienten der Windaussteifung. Hier hängten die Gerber ihre Häute zum Trocknen auf. Durchgehende Gauben dienten der Durchlüftung; nur im obersten Dachgeschoß sind sparrenbreite Gauben vorhanden. Aufzugstüren in der nördlichen Giebelwand ermöglichten mittels handbetriebenen Spindeln den Transport der Häute ins Dach. Die dendrochronologische Datierung von 13 Konstruktionshölzern aus Eiche und Weißtanne zeigt, daß dieser Bau 1535 errichtet worden ist. Die Ratsprotokolle des gleichen Jahres liefern eine eindrückliche Bestätigung dieser Datierung: einem Uli Hanser, genannt Wettlach, der ab etwa 1510 Besitzer dieser Liegenschaft war, mußte städtisches Flößholz zugesprochen werden, da er zu bauen begonnen hatte, ohne im Vorjahr das dafür benötigte Holz zu bestellen.

Die jüngsten Umbauten

Letzte Veränderungen spielen sich alle im 1535 erreichten Bauvolumen ab. Gegen Ende des 16. Jahrhunderts bringt eine erste Renovation eine Wendeltreppe anstelle der einläufigen Treppe, wodurch vor den Wohnungen und der Werkstatt großzügige Vorplätze entstehen. Gleichzeitig zusammenhängend wird das Holzwerk rot bemalt und mit schwarzen Begleitlinien gefaßt. Im Verlauf des 17. Jahrhunderts wird das 3. Obergeschoß zu einem repräsentativen Wohngeschoß umgebaut. Die Raumhöhe wird im östlichen Gebäudeteil durch Verkürzen der stehenden Hölzer der Dachkonstruktion und das Anheben der Deckenbalken von 2,3 m auf 3 m vergrößert. Die Fachwerkkonstruktion wird durch Mauerwerk mit 3 Kreuzstockfenstern ersetzt, die Traufe um 2 m angehoben und im 4. Obergeschoß eine durchgehende Galerie erstellt. Eine Gelbfassung des Holzwerks tritt an die Stelle der Rotfassung. 1666 erfolgt der Umbau der Gerberwerkstatt, 1690 erhält die ehemalige Bohlenstube im 1. Obergeschoß ein Renaissancetäfer und ein Halberkerfenster. Diese größtenteils auf Repräsentation ausgerichteten Umbauten fallen in die Zeit, als die Rotgerberfamilie Müller im Besitz der Liegenschaft war (1593–1739). Sie stellte in jeder Generation den Zunftmeister; ihr Wappen hat sich auf dem 1710 erstellten Portal der Gerberstube erhalten.

Ein interessantes Detail zum Gerberhandwerk ist auf einem 1850 entstandenen Bild des bereits erwähnten Schutzgatterbollwerks zu sehen: ein Lohkäsständer, der neben diesem Bollwerk an ein Haus angelehnt ist. Die Gerber trockneten hier ihre Lohe (Rindenreste), nachdem diese in Formen zu festen Kuchen gepreßt worden waren. Diese konnten danach als Brennmaterial verkauft werden. Zu Beginn des 20. Jahrhunderts ist das goldene Handwerk der Gerber endgültig durch die industrielle Gerbung verdrängt worden. Bis dahin waren in der Schaffhauser Werkstatt noch sechs Gerbergruben in Betrieb gewesen.

Kurt Bänteli

Schuhe und Schuhhandwerk

Schuhe gehörten schon im Mittelalter zu den gebräuchlichsten Erzeugnissen des lederverarbeitenden Gewerbes, und Schuhe, oder zumindest Teile davon, kommen auch immer wieder bei archäologischen Grabungen zum Vorschein, obwohl der Werkstoff Leder, ein Naturprodukt, sich im Boden verhältnismäßig schnell zersetzt. Unter bestimmten Voraussetzungen, nämlich immer dort, wo die das Leder zerstörenden Mikroorganismen aufgrund von Sauerstoffmangel nicht tätig werden konnten, bleibt das Fundgut aus Leder erhalten. Obwohl man Leder in verschiedenen Verwendungsformen antrifft, sind es die Schuhe, die weitaus am häufigsten vertreten sind. Dies liegt zum einen sicher daran, daß die Schuhmacherei innerhalb der Lederverarbeitung den zahlenmäßig bedeutendsten Produktionszweig darstellte, zum andern trugen eine verhältnismäßig einfache Konstruktionsweise der Schuhe sowie die schlechten Straßen- und Wegverhältnisse zu einem raschen Verschleiß des Schuhwerks und damit zu erhöhter Nachfrage bei. Wer sich allerdings nicht häufig neue Schuhe leisten konnte, brachte die alten zum Flickschuster oder reparierte sie eigenhändig. Dafür gibt es zahlreiche Hinweise an den archäologischen Schuhfunden.

Wie hoch jedoch der individuelle Schuhverbrauch gewesen ist, weiß man im einzelnen nicht. Spätmittelalterlichen Schriftquellen zufolge muß er aber erheblich gewesen sein. Daraus geht etwa hervor, daß Knechte zusätzlich zum Lohn noch 3 bis 8 Paar Schuhe pro Jahr erhielten, oder daß eine Familie mit Angehörigen und Gesinde innerhalb eines halben Jahres über 100 Paar Schuhe benötigte. Die Kurzlebigkeit der Schuhe und die daraus resultierende Vielzahl von Funden bietet denn auch der Archäologie die besten Voraussetzungen dafür, über die Entwicklung von Stil und Fertigungstechniken, also über Mode und Handwerk, Näheres zu erfahren. Darüber hinaus geben die Schuhfunde auch Auskunft über den sozialen Stand der Träger. Schließlich kann ein gut erhaltener Schuh etwas über den Gesundheitszustand der Füße seines ehemaligen Besitzers aussagen: Vom Normalen abweichende Abnutzungsspuren oder punktuell aus dem Schuh herausgeschnittenes Leder beispielsweise lassen auf eine Deformierung des Fußes oder schmerzhafte Entzündungen schließen.

Angesichts des enormen Schuhbedarfs in der mittelalterlichen Stadt verbrauchten also zweifellos die Schuhmacher den überwiegenden Teil der zur Verfügung stehenden Lederhäute. Anfangs gerbten sie die eingekauften Tierfelle noch selbst, doch vollzog sich mit dem Entstehen der Zünfte eine schrittweise Abgrenzung der einzelnen Gewerbe zueinander. So wurde beispielsweise im Jahr 1413 in Konstanz festgelegt, daß die Schuhmacher keine Rohhäute mehr kaufen durften. Das Gerben war nunmehr allein Sache der Gerber.

Ein Flickschuster, dargestellt im Hausbuch der Mendelschen Zwölfbrüderstiftung zu Nürnberg (15./16. Jahrhundert).

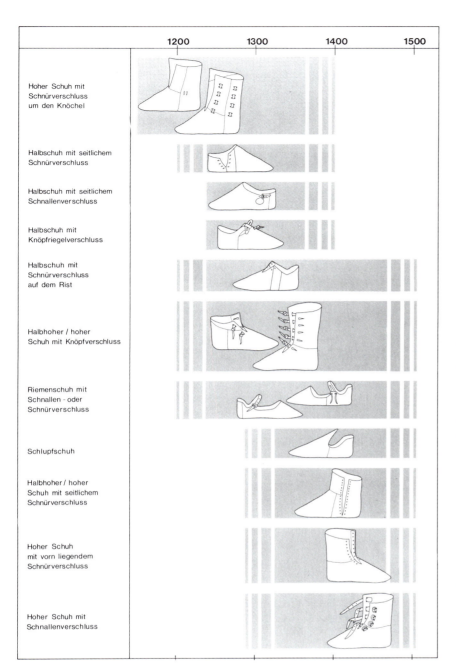

	1200	1300	1400	1500
Hoher Schuh mit Schnürverschluss um den Knöchel				
Halbschuh mit seitlichem Schnürverschluss				
Halbschuh mit seitlichem Schnallenverschluss				
Halbschuh mit Knöpfriegelverschluss				
Halbschuh mit Schnürverschluss auf dem Rist				
Halbhoher / hoher Schuh mit Knöpfverschluss				
Riemenschuh mit Schnallen- oder Schnürverschluss				
Schlupfschuh				
Halbhoher / hoher Schuh mit seitlichem Schnürverschluss				
Hoher Schuh mit vorn liegendem Schnürverschluss				
Hoher Schuh mit Schnallenverschluss				

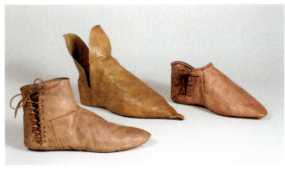

Ganz oben: Hohe Schuhe mit unterschiedlichen Verschluß-arten: Von links nach rechts: Schnürverschluß um den Knö-chel, seitlicher Schnallenverschluss, vorn liegender Schnür-verschluß.

Oben: Halbschuhe mit unterschiedlichen Verschlußarten: Von links nach rechts: halbhoch mit seitlicher Verschnürung, ohne Verschnürung (Schlupfschuh), seitliche Verschnürung.

Links: Konstanz, Grabung Fischmarkt, Übersicht über die Schuhtypen.

Die Schuhmacher ihrerseits gehörten aber nicht nur zu den ältesten, sondern zu-gleich zu den wirtschaftlich und politisch einflußreicheren Zünften in der mittel-alterlichen Stadt. Ein Schuhmachermeister besaß eine Werkstatt und vielleicht einen Verkaufsraum, er beschäftigte Gesellen und Lehrlinge. Weniger angese-hen waren dagegen die Flickschuster und Altmacher, die auf sich gestellt in klei-nen Werkstätten oder über Land ziehend ihr Handwerk ausübten.

Flickschuster und Altmacher

Obgleich das Handwerk der Flickschuster und der Altmacher ebenso wichtig war wie das der Schuhmacher, erreichten sie nie das Ansehen, das diese genos-sen. Aufgabe des Flickschusters war es, verschlissenes, kaputtes Schuhwerk zu reparieren, während der Altmacher abgetragene Schuhe aufkaufte, sie erneuerte und dann wieder verkaufte. Hinweise auf die Ausübung dieser Handwerksarten finden sich in Hülle und Fülle an Schuhfunden. Als Beispiel seien nur die im Fundmaterial häufig vorkommenden Sohlenflicken genannt.
Welche Bedeutung das Handwerk des Flickschusters und des Altmachers ins-besondere für den unteren Stand hatte, geht aus einer Handwerksbeschreibung

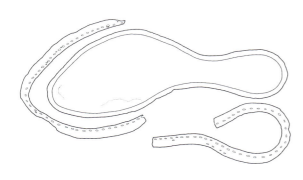

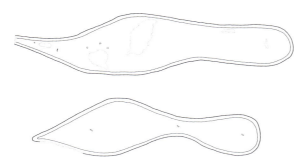

Zeichnungen von Schuhfragmenten: Rechte Sohle mit runder Spitzenpartie und zweiteiligem Randstreifen (oben) und rechte Sohlen mit Schnabelspitzen (unten). Datierung: Zweite Hälfte des 14. Jahrhunderts.

des 17. Jahrhunderts hervor: »Wie nun das Doppeln der Schuhe eine ohnedem nützliche Sache ist, wodurch man offt ein neues Paar erspahren kan, so ist dieses Handwerck denen Armen um so viel desto zuträglicher, weil sie nicht nur selbige mehrmals flicken, sondern auch wann sie nicht so viel erübrigen, daß sie die neuen Schuhe dem Schuster bezahlen können, altgeflückte Schuhe bei dem Altmacher kauffen, und je so wohl darinnen hurtig fortlauffen....« (M. Wagner, Handwerck um 1700).

Die Herstellungstechniken

Nur selten gelingt es, eine Schuster-Werkstatt archäologisch aufzuspüren. Mitunter ist es jedoch möglich, anhand von Abfallkonzentrationen eine ursprünglich lederverarbeitende Werkstatt näher zu lokalisieren. Ebenso stammt aus den seinerzeit in Hinterhöfen, Kloaken oder Stadtgräben über Jahre deponierten Abfällen die Großzahl der Schuhfunde – vor allem wohl Schuhe, die ausgedient hatten und weggeworfen worden waren. Diese beiden Fundquellen ermöglichen es den Archäologen denn auch, ein Bild des Schuhhandwerks und der damals gängigen Schuhmode zu rekonstruieren.

Für die Herstellung von Schuhen verwendete man in erster Linie Häute von Ziegen, Schafen, Kälbern und Rindern. Eine Londoner Zunftregel aus dem Jahr 1303 besagt, daß es den Schuhmachern nicht erlaubt war, unterschiedliche Lederarten an einem Schuh zu verarbeiten. Daß diese Vorschrift allerdings auch übertreten wurde, beweisen Lederartenanalysen. Im Lauf des Mittelalters fand ein Wechsel in der Verwendung der verschiedenen Lederarbeiten statt: Während das Schuhwerk des 8. bis 12. Jahrhunderts vor allem aus Ziegenleder hergestellt wurde, bevorzugte man vom 13. Jahrhundert an Kalb- und Rindsleder.

Der Ausschnitt der Einzelteile für die Herstellung von Schuhen aus der Lederhaut erfolgte mit einem geschweiften Zuschneidemesser. Dieses für die Lederverarbeitung typische Werkzeug taucht auch immer wieder auf bildlichen Darstellungen als Kennzeichen des Schuhhandwerks auf. Um unnötigen Verschnitt zu vermeiden, lagen den Schuhen ökonomisch durchdachte Schnittmuster zugrunde. Je nach Schuhform oder Geschicklichkeit des Zuschneiders waren hie und da Ergänzungen im Oberleder erforderlich. Diese mehr oder weniger kleinen Lederstücke entnahm man dem Schnittabfall. Das um den Fuß herumgeschlagene Oberleder wurde an der inneren Fußseite vernäht. Gegen die Mitte des 14. Jahrhunderts ging man allgemein dazu über, Vor- und Rückfuß getrennt zuzuschneiden.

Mittelalterliches Schuhwerk wurde wendegenäht gearbeitet, das heißt, man nähte Ober- und Sohlenleder über einem hölzernen Leisten auf links (Fleischseite des Leders) zusammen und wendete anschließend die wasserabstoßende Narbenseite nach außen. Die Nahtlöcher wurden mit einer Ahle vorgestochen. Als »Faden« diente pech- oder wachsgetränkter Zwirn. Das Nähgarn wurde mit Hilfe von Wildschweinborsten durch die Einstichlöcher geführt. Meistens nähte man

Unten: Rechte Holztrippe; erhalten sind die Holzsohle mit zwei Absätzen sowie diverse Lederfragmente (um 1500).

Unten rechts: Rekonstruktionszeichnung einer Holztrippe.

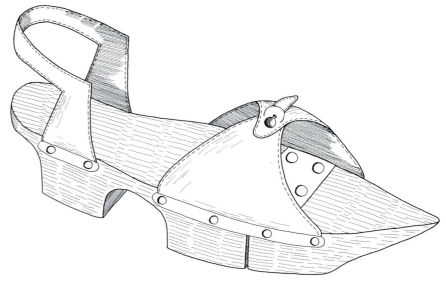

gleichzeitig mit zwei Fäden, wobei sich die Fäden in der Nahtlängsachse bei jedem Stich überkreuzten. Auch die während des Fadenanzugs eintretende typische Körperhaltung mit beidseitig ausgestreckten Armen findet sich deshalb auf vielen bildlichen Darstellungen des Schusterhandwerks wieder. Mit Beginn des 13. Jahrhunderts setzte langsam eine Differenzierung in der Fertigungstechnik ein. Zuerst verstärkte man die Verbindungsnaht von Sohlen- und Oberleder mit einem schmalen Lederstreifen. Hin und wieder doppelte man dann auch einzelne Sohlenpartien oder die gesamte Sohlenfläche mit einer Brandsohle. Auch stärker beanspruchte Partien am Oberleder wie Fersen-, Ballen- und Verschlußregion wurden immer häufiger mit einer zweiten Lederschicht von innen versteift. Schließlich führten diese fertigungstechnischen Verbesserungen schrittweise zum erstmals im 15. Jahrhundert auftretenden rahmengenähten Schuhwerk.

Die Formen

Die Formenvielfalt mittelalterlichen Schuhwerks war den Funden nach zu urteilen relativ groß. Man unterschied Halbschuhe von höheren Schuhformen und Stiefeln. Details wie unterschiedliche Schnittmuster, Verschlußarten und Verzierungen sorgten für zahlreiche Variationen. Man darf voraussetzen, daß es – abgesehen von der Größe – keine Unterschiede zwischen Männer-, Frauen- und Kinderschuhen gegeben hat. Anders verhielt es sich dagegen mit der Kennzeichnung von Standesunterschieden, denn der Schuh als Teil der Bekleidung war gleichzeitig Spiegel des gesellschaftlichen Rangs seines Besitzers: Während die Fußbekleidung des einfachen Mannes in erster Linie zum Schutz gegen Kälte, Nässe, Schlag und Stoß dienen sollte, also zweckmäßig sein mußte, legte der Patrizier darüber hinaus Wert auf vornehme Kleidsamkeit, die seiner übrigen Standestracht entsprechen sollte. Allerdings ist einschränkend anzumerken, daß nur sehr selten einmal der extravagante Schuh eines reichen Mannes geborgen wird. Und die ärmsten Mitglieder der städtischen Gesellschaft wiederum liefen vermutlich barfuß oder trugen Schuhe aus Stroh oder Holz, die nicht erhalten sind. Das bedeutet, daß der Forschung in erster Linie die Schuhe der breiten Schicht des städtischen Bürgertums, bestehend aus Kaufleuten, Handwerkern und Gewerbetreibenden, zur Verfügung stehen.

Zu den verbreitetsten Modellen gehörte die höhere Schuhform mit einem Schaft, der über den Knöchel reichte. Diese eher nach praktischen und weniger nach ästhetischen Gesichtspunkten entwickelte Schuhform mit einer Verschnürung um den Knöchel durch zwei bis zu mehreren Ösenpaaren ist relativ häufig in Kindergrößen überliefert. Im 14. Jahrhundert geht man zu einer seitlichen oder am Schienbein befindlichen Verschnürung über. Daneben kommen dann auch Schuhe mit Knöpf- oder Knebelverschluß vor. Auch Schaftstiefel, das heißt Schuhe mit einem hohen geschlossenen Schaft, gehörten vom 13. Jahrhundert an zum mittelalterlichen Schuhrepertoire. Wer es sich leisten konnte, trug mit feinem Leder unterfütterte Stiefel. Am ausgeprägtesten ist die modische Entwicklung bei den Halbschuhen, wobei auch hier die Formenvielfalt in erster Linie durch unterschiedliche Verschlußarten bestimmt wird. Verschiedene Verschnürungen – um den Knöchel, seitlich oder auf dem Fuß – kommen ebenso vor wie Riemen-, Schnallen-, Knöpf- oder Knebelverschluß. Aber auch elegante Schlupfschuhe ohne Verschluß wurden getragen, ebenso wie auf dem Fuß weit ausgeschnittene Halbschuhe einerseits und eher hochgeschlossene Formen andererseits. Bisweilen findet man auch besonders üppig, zumeist in Durchbrucharbeit, verzierte Modelle, deren Besitzer wohl zu den vermögenderen Bürgern zählten. Diese leisteten sich auch hölzerne Überschuhe, die sogenannten Trippen; sie dienten vordergründig als Schutz vor dem Straßenschmutz, gleichzeitig hob man sich aber durch die hinzugewonnene Größe vom Allgemeinvolk ab. Auf zeitgenössischen Darstellungen sind es daher auch immer wieder reiche Bürger und Edelleute, die ihre Schnabelschuhe mit Trippen tragen.

CHRISTIANE SCHNACK

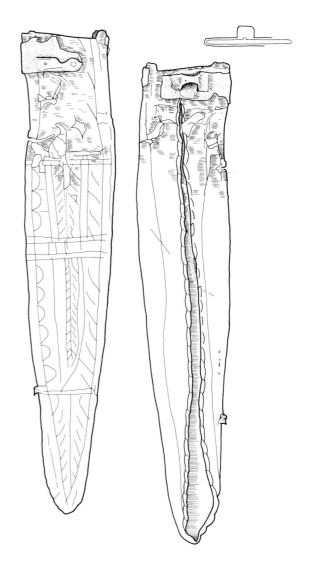

Nicht nur Schuhfunde belegen das Lederhandwerk in Konstanz: Messerscheide aus Kalbleder mit Naht auf der Rückseite sowie einer Metallklammer aus Eisen (15. Jahrhundert).

Oben: Roggen. Unten: Dinkel.

Handel und Import von Nahrungsmitteln

Pflanzliche Nahrung von nah und fern

Das Thema der pflanzlichen Ernährung im Mittelalter ist zwar schon dort behandelt worden, wo es um Essen und Trinken ging (vgl. Seite 289), doch ist es auch in einem anderen Zusammenhang von Bedeutung: Pflanzliche Nahrungsmittel waren nämlich auch Handelsgüter, und zwar solche, von denen die Existenz einer Stadt abhing. Zum Wesen einer Stadt gehört es, daß sie einerseits vom Land abhängig ist und andererseits den Mittelpunkt dieses ländlichen Umfelds darstellt. Die Versorgung der Stadt mit Lebensmitteln erfolgt durch die Produktion im dörflichen Bereich. Dieses logistische System, das noch heute die Regel ist, wurde in Mitteleuropa im Mittelalter aufgebaut.

In den schriftlichen Quellen ist häufig die Rede von den drückenden Abgaben, mit denen die ländliche Bevölkerung im Mittelalter belastet war, doch darf man nicht vergessen, daß diese Abgaben für die Stadt absolut lebensnotwendig waren, denn dort lebten Menschen, die sich primär mit Handel und Gewerbe, aber nicht mit der Produktion von Nahrungsmitteln beschäftigten. Allerdings kann davon ausgegangen werden, daß damals auch viele Stadtbewohner ihre eigenen Äcker besaßen, also sogenannte »Ackerbürger« waren. In den Bodenschichten mittelalterlicher Städte finden sich häufig Überreste der Getreidereinigung, also Unkraut, Stroh und Spelzen. Es wurde also innerhalb der Stadtmauern Getreide gereinigt, eventuell sogar dort gedroschen. Dabei kann es sich nur um Korn gehandelt haben, das die Stadtbewohner selbst anbauten – Getreide aus dem Umland hätten sie nur in gereinigtem Zustand erhalten. Leider läßt sich nicht feststellen, wieviel Getreide von den Stadtbewohnern selbst angebaut wurde und welche Mengen aus dem Umland in die Stadt gelangten. Bei der Wahl der Getreidearten hielt man sich in der Stadt meist an das, was auch in den Dörfern der Umgebung üblich war. So war etwa in den Dörfern Schwabens Dinkel sehr verbreitet, und Dinkel war auch in den Städten sehr geschätzt. Dies im Gegensatz zu Bayern, wo viel mehr Roggen angebaut wurde. Interessant ist in diesem Zusammenhang, daß man entsprechend in Schwaben den Dinkel oder den nahe mit ihm verwandten Weizen als »Korn« bezeichnet, während in Bayern der Roggen »Korn« genannt wird. Auf die Idee, schwäbischen Dinkel gegen bayrischen Roggen zu tauschen oder zu handeln, scheint man im Mittelalter nicht gekommen zu sein; jedenfalls deutet nichts darauf hin. In den Bodenschichten von Ingolstadt findet man vor allem Roggen, in Kempten und Konstanz Dinkel. Dabei spielte sicher eine gewisse Rolle, daß die Handelswege von Schwaben nach Bayern schwierig zu begehen waren, weil sie über unberechenbare Voralpenflüsse, wie etwa den Lech, führten. Vor allem aber bestand wohl grundsätzlich keine Notwendigkeit, schwäbisches »Korn« gegen bayrisches »Korn« zu tauschen; Getreide wurde allgemein nicht über große Distanzen transportiert.

Früchte

Beerenfrüchte, die in den Wäldern in der Umgebung der Städte gesammelt wurden, gelangten in großer Menge in die Stadt – entweder als Frischobst oder in Form von Mus oder Marmelade. In einem Topf des späten 14. Jahrhunderts aus Konstanz fand man eine Kruste mit angebrannten Erdbeerkernen – dabei handelt

Blühendes Leinfeld.

es sich offenbar um die Reste von Eingekochtem. Während Walderdbeeren in vielen Wäldern und vor allem auf Waldlichtungen in der Umgebung der Städte zu finden waren, mußte man zum Sammeln von Heidelbeeren oft weitere Wege zurücklegen. Heidelbeerbüsche wachsen nämlich nur auf ärmeren, versauerten Böden, und die gab es nicht in der Umgebung jeder Stadt. Wenn nun in Konstanz, einer Stadt, die vor allem von kalkreichen Moränen- und Molassestandorten umgeben ist, dennoch zahlreiche Heidelbeerkerne gefunden werden, muß man davon ausgehen, daß diese Beeren aus größerer Entfernung herbeigeschafft wurden. Im Umkreis von etwa 10 bis 20 km um Konstanz herum kommen Heidelbeeren nur auf wenigen Plätzen vor, nämlich dort, wo die Moräne sandig ist oder Molassesande anstehen, etwa bei Hegne und Markelfingen. Ausgedehntere Heidelbeervorkommen sind sogar erst in noch größerer Entfernung anzutreffen: auf Altmoränenstandorten bei Pfullendorf zum Beispiel. Weil die Konstanzer aber nachweislich über gute Verbindungen in dieses Gebiet verfügten, ist nicht auszuschließen, daß die Heidelbeeren von dort aus in die Stadt gebracht wurden.

Gewürze
Gewisse Pflanzen kamen von noch weiter her in die Städte des Mittelalters. Aufgrund der langen Transportwege waren sie denn auch sehr teuer und kostbar; entsprechend selten sind sie in Abfallschichten mittelalterlicher Städte nachzuweisen. Pfefferkörner zum Beispiel wurden einzeln abgewogen und verkauft; man achtete also streng auf jedes Korn und paßte auf, daß es nicht versehentlich verlorenging. Aus der Zeit um 1300 ist denn auch kein einziger Fund von Pfefferkörnern bekannt. Aus schriftlichen Quellen weiß man aber, daß der lukrative Handel mit Pfeffer den mittelalterlichen Kaufleuten sehr am Herzen lag, daher der Spitzname »Pfeffersäcke«.

Import von Saat- und Pflanzgut

Neben den zum unmittelbaren Verzehr bestimmten Vegetabilien importierte man aber auch Pflanzen aus dem sonnigen Süden, um sie in der Nähe der mitteleuropäischen Städte zu kultivieren. Dazu gehörten mit Sicherheit Maulbeere, Eßkastanie und Mandel; aber auch Pfirsich sowie zahlreiche Gewürze und Gartenpflanzen wurden in unseren Breiten angepflanzt. Es ist deshalb im Einzelfall oft schwer zu entscheiden, ob eine Pflanze wirklich importiert oder in der Umgebung der Städte angebaut wurde. Wo wurden beispielsweise Mandeln, Maulbeeren und Eßkastanien importiert, und wo wuchsen entsprechende Bäume in der Nähe der Städte? Diese Frage ist besonders im Fall von klimatisch günstig gelegenen Städten schwer zu beantworten. Zweifelsfrei kann zum Beispiel nur vom Granatapfel und der Feige angenommen werden, daß sie aus dem Mittelmeergebiet importiert wurden. Der Fund von Granatapfelkernen in Konstanz ist eine besondere Rarität, Feigen dagegen lassen sich häufig nachweisen, und zwar oft in sehr großer Zahl. Möglicherweise dienten sie als Süßstoff in einer Zeit, in der man Zucker noch nicht in großem Umfang verwendete. Feigenkerne sind aber – mit ganz wenigen Ausnahmen – bisher nur in städtischen Siedlungen nachgewiesen worden, was darauf schließen läßt, daß ihre Verwendung weitgehend der Stadtbevölkerung vorbehalten war.

Am schwierigsten ist es, die Funde von Traubenkernen zu beurteilen. Ihnen sieht man nicht an, ob es sich um Reste der Weinherstellung handelte oder ob Weinbeeren beziehungsweise Rosinen gegessen wurden. Ferner wurden sowohl Rosinen, also getrocknete Weinbeeren, wie Wein auch als Fertigprodukte importiert. Wo Wein angebaut werden konnte, trank man aber wohl vor allem den heimischen »guten Tropfen«. Aber es gab auch eine ganze Reihe von Städten, in deren Umgebung das Klima eine Anlage von Weinbergen nicht erlaubte. In solche Städte mußte – auch aus religiösen Gründen (Meßwein) – Wein importiert werden. Aus den Schriftquellen weiß man beispielsweise, daß die Ulmer ihren Wein aus Esslingen bezogen. Die Stadt am mittleren Neckar verdankte im Mittelalter dem Weinbau einen großen Teil ihrer wirtschaftlichen Kraft, war sie doch die nächstgelegene Bezugsquelle der großen Gebiete der Schwäbischen Alb und Oberschwabens, wo man keinen Wein anbauen konnte.

Von oben nach unten: Schlafmohn, Eßkastanienbaum, Granatapfel.

HANSJÖRG KÜSTER

Die Rolle des Geldes und die Geldformen

Im Zusammenhang mit dem Austausch von Waren und nicht zuletzt zur Abgeltung von Dienstleistungen war Geld auch im Mittelalter von größter Wichtigkeit. Während im rein bäuerlichen Umfeld Tauschgeschäfte dem Wirtschaftsleben durchaus genügen konnten, war dies in den Städten kaum mehr für alle Bereiche möglich. Dienstleistungen – und darunter ist Kriegsdienst so gut wie Handwerkerarbeit zu verstehen – konnten nicht allein mit Naturalien abgegolten werden, sondern erforderten leicht zu transportierende und auch allgemein anerkannte Geldformen. Von der Karolingerzeit an hatte sich das Edelmetall Silber nördlich der Alpen als Zahlungsmittel durchgesetzt. Das wesentlich kostbarere Gold war dafür zu selten und wurde überdies im hier behandelten Gebiet nicht gewonnen. In den Schriftquellen beziehen sich praktisch alle Wertangaben beziehungsweise Informationen zu Zahlungen auf Silber, genauer auf bestimmte Mengen reinen Silbers. Eine häufig verwendete Maßeinheit ist dabei die »Mark«, die je nach Ort und Zeit etwa 230 g Silber wog. Praktisch war die Mark ein Silberbarren, der mit einer Waage auf sein Gewicht zu überprüfen war. Die Reinheit des Silbers mußte zusätzlich festgestellt werden, kann doch Silber, ohne daß dies optisch festzustellen wäre, stark mit anderen Metallen legiert werden. Münzen, also mit Stempeln geprägte Silberstücke, traten im Zahlungsverkehr wohl eher begleitend zu den Barren in Erscheinung, waren aber für kleinere Beträge weitaus geeigneter und, da in Gewicht und Erscheinung genormt, auch ohne Feinwaage in ihrem Wert bestimmbar. Für die eigentliche Wertgarantie, sowohl was das Gewicht als auch den Silbergehalt anging, war somit fortan die prägende Macht verantwortlich. Die Vielzahl der Münzformen entspricht einer Vielzahl von solchen Mächten. Es kann angemerkt werden, daß das Münzrecht geradezu als Hauptmerkmal von Souveränität und Autorität gelten kann. So wurden etwa die Münzrechte der deutschen Fürsten erst 1918 endgültig beseitigt, und in der Schweiz vermochte der Bundesstaat erst 1850 endgültig die Münzhoheit der Kantone zu brechen.

Für die mittelalterliche Stadt war das Münzrecht keineswegs eine Selbstverständlichkeit. In Zürich blieb das Fraumünsterstift und damit letztlich die Äbtissin bis ins 15. Jahrhundert alleinige Münzherrin, in Konstanz war der Bischof bis 1367 Münzherr und gelangte Ende des 15. Jahrhunderts wieder zu diesem, im übrigen nur vom Kaiser zu verleihenden, Recht. Die Vorteile, die die Münzen als genormte und sozusagen staatlich garantierte Silbermengen für Handel und Verkehr brachten, wurden indes durch die Unzahl von Formen und Gewichten stark eingeschränkt, denn diese Vielfalt begünstigte die Entstehung eines ganzen Apparats zur Kontrolle, Bewertung und Erkennung von Münzsorten. Gewichte und Feingehalte mußten überprüft, Listen und Tabellen erstellt werden, um die Übersicht über die zirkulierenden Stücke zu wahren und mit ihnen überhaupt Geschäfte tätigen zu können. Das Leben in der Stadt um 1300 wurde deshalb durch diese Fülle von verschiedenen Geldsorten wohl eher kompliziert.

Die Fundkategorien

Die Archäologie zieht heute aus drei Kategorien von Münzfunden Informationen zu Handel und Verkehr, nämlich den Schatzfunden, den Funden aus Kirchen sowie den – anteilmäßig seltensten – Einzelfunden aus dem Siedlungsgebiet. Bei den Schatzfunden handelt es sich um absichtlich verborgene Mengen von Münzen und/oder Edelmetall. Sie geben Aufschluß darüber, welche Stücke offensichtlich bevorzugt und deshalb beiseite gelegt wurden. In Kirchen, wo Klingelbeutel und Opferstock gefüllt wurden, fiel immer wieder Geld zu Boden, meist Kleingeld, das leicht in Ritzen und Spalten verschwand und an diesem Ort auch weniger leicht aufgehoben und mitgenommen werden konnte. Schließlich weist einiges darauf hin, daß in Kirchen auch gerne Münzen »geopfert« wurden, die beim Krämer oder Wirt offensichtlich nicht angenommen worden waren. Dieses bunte Durcheinander illustriert deshalb vor allem die zu jener Zeit gebräuchlichen Kleinsorten. Die wenigen zufällig verlorenen Stücke aus den mittelalterlichen Siedlungsgebieten der Städte schließlich sind deshalb besonders wertvoll, weil sie es ermöglichen, sich ein Bild von den zu jener Zeit allgemein zirkulierenden Zahlungsmitteln zu machen.

Übersichtskarten: Die Herkunft der Münzfunde in Konstanz (1050–1350). Wichtigste Prägestätten, von denen die in Konstanz gefundenen Münzen stammen (1350–1500).

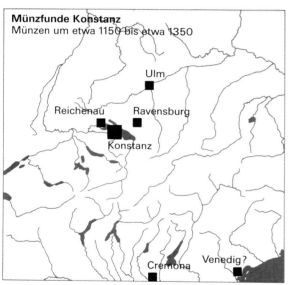

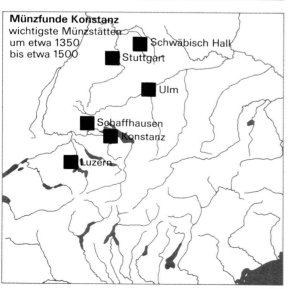

Handel und Verkehr im Spiegel der Münzfunde

Wertvolle Informationen zu Handel und Verkehr liefert auch die Identität der jeweiligen Münzherren. So fallen etwa in Konstanz die Stücke aus Norditalien auf, die direkt mit den ebenfalls festgestellten Importen aus dem Süden übereinstimmen und auch die Handelsroute über die Bündnerpässe in die Poebene aufzeigen. Es erstaunt auch nicht, daß Münzen aus Konstanz in Italien, so etwa in der St. Peterskirche in Rom, als Opfergaben auftauchen. Die geringen Mengen erlauben aber wenige weiterführende Aussagen. Schatzfunde sind hinsichtlich der Verbreitung der einzelnen Münzen wesentlich schwieriger zu deuten, sind doch die Vergrabungsumstände unterschiedlich und meist nicht so klar zu bestimmen. Außergewöhnlich ist der Fall der beiden Schatzfunde aus Winterthur, die wohl beide von Stadtbewohnern in Sicherheit gebracht worden sind und damit nur gerade auf die »Spargewohnheit« derselben schließen lassen. Kirchenfunde bieten dagegen ein weitaus bunteres Spektrum, das vor allem etwas über die weiten Einzugsgebiete für Münzen aussagt.

Münzen gehören indes keineswegs zu den besonders häufigen Funden. Gerade Stücke aus Edelmetall – und um 1300 dienten praktisch ausschließlich solche als Zahlungsmittel – sind selten zu finden. Bei den andauernden Grabungen des Landesdenkmalamts in Konstanz wurden bis anhin über 450 Münzen gefunden. Etwa 250 davon entfallen auf die Kirche St. Stephan und gelangten erst ab Beginn des 15. Jahrhunderts in den Boden. Die zahlreichen übrigen Grabungsflächen haben – verglichen mit anderen Materialgruppen – außerordentlich wenige Münzen erbracht. Dies trotz sorgfältigster Untersuchungsmethoden und Schlämmung des Aushubmaterials. Nur etwa 15 Münzen sind in die Zeit von 500–1350 n. Chr. zu datieren. Auffällig ist, daß bereits unter diesen wenigen Stücken solche aus entfernten Gegenden – vor allem aus Italien – auftauchen. Zusammen mit Konstanzer Münzen in auswärtigen Funden zeigen sie Handelswege und Verkehrsströme (wie unter anderem die Pilgerwege) auf.

Eine Auswahl von Münzen verschiedenen Alters aus Grabungen in Konstanz. Ihre Datierung bewegt sich zwischen etwa 1050 und 1400.

Spätmittelalterlicher Geldbeutel aus Leder. Fundort vermutlich Konstanz.

Entwicklung und Ausblick

Das Geldwesen erlebte im Verlauf des 13. und 14. Jahrhunderts im allgemeinen einen Aufschwung, dies nicht zuletzt als Folge des starken Südhandels und der Entwicklung in Italien. Im späten 14. Jahrhundert setzte sich auch in Südwestdeutschland und der nördlichen Schweiz der Goldgulden als neue Großmünze allmählich durch und verdrängte als Hauptzahlungsmittel das Silber. Gleichzeitig wurden die Silbermünzen, trotz aller Versuche, dies zu verhindern, tendenziell geringwertiger; kleinere Nominale wurden in stark legiertem Silber geprägt. Die Städte vermochten mit dem Anwachsen ihrer politischen und wirtschaftlichen Macht die Prägetätigkeit zu dominieren, dabei trat im Lauf der Zeit auch eine Verringerung der Prägeorte ein, und überregionale Mächte (so etwa die Württemberger) machten ihren Einfluß im Geldwesen geltend. Das Problem der verschiedenen Münzsorten wurde durch den Abschluß von Münzverträgen angegangen, die die Vertragspartner zur Prägung gleichhaltiger Silbermünzen verpflichten sollten.

Hansjörg Brem

Werkstattabfälle eines Feinschmiedes des 14./15. Jahrhunderts: Zinn(?)streifen, aus denen kreisrunde Formen ausgestanzt sind, aus den Auffüllschichten am Konstanzer Fischmarkt.

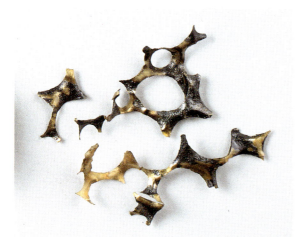

Metallfunde aus Konstanzer Grabungen

Unter dem reichen Fundmaterial der Grabungen auf dem Konstanzer Fischmarkt hebt sich eine Gruppe besonders hervor: Realien aus verschiedenen Metallen sowie Abfälle aus der Metallverarbeitung aus der Zeit vom ausgehenden 13. bis zum frühen 15. Jahrhundert. Im Interesse einer möglichst umfassenden Darstellung mittelalterlichen Lebens anhand archäologischer Funde sollen an dieser Stelle erstmals einige ausgewählte und bereits restaurierte Metallfunde vorgestellt werden. Dies, obwohl bislang erst ein geringer Teil des Fundmaterials vom Fischmarkt und aus anderen Grabungen in Konstanz erfaßt und restauriert ist, die

Eisenfunde nur zu einem kleinen Teil geröntgt sind und auch Metallanalysen der zahlreichen Legierungen (Bronze, Messing, Zinn/Blei) noch ausstehen. Es liegt deshalb auf der Hand, daß dieser Beitrag sich im wesentlichen auf eine Übersicht über die verschiedenen Fundgruppen beschränkt, da weitergehende Interpretationen oder gar Schlußfolgerungen im jetzigen Zeitpunkt wissenschaftlich nicht vertretbar wären.

Grob- und Feinschmiede

Vom Volumen her stehen die spätmittelalterlichen Abfälle der Eisenverarbeitung an erster Stelle; große Mengen Eisenschlacke sowie einige Eisenbarren belegen, daß im Umfeld des Fischmarktareals Grobschmiede arbeiteten, wobei ihnen wahrscheinlich die Auffüllung des Ufergebiets als willkommene Entsorgungsstelle für Produktionsabfälle in Werkstattnähe diente. Daneben sind aber auch Feinschmiede anhand von Produktionsabfällen nachweisbar: Dünne Blechstreifen – vermutlich aus Zinn – etwa, aus denen dicht an dicht kreisrunde Formen ausgestanzt sind. Die weitere Bearbeitung und die Funktion der Plättchen, die dabei entstanden sein müssen, ist allerdings nicht bekannt. Ebenfalls in den Kontext der Buntmetallverarbeitung gehören die zahlreich aufgefundenen Gußtiegel.

Gold- und Silberschmiede

Eindeutige Hinweise auf Gold- und Silberschmiede lassen sich beim jetzigen Forschungsstand im Fundmaterial vom Konstanzer Fischmarkt noch nicht aussondern. Die Bedeutung der Konstanzer Goldschmiede läßt sich jedoch anhand gleich mehrerer Kunstwerke belegen, die mit gutem Grund Konstanzer Werkstätten zugeschrieben werden und die vornehmlich aus dem kirchlichen Bereich stammen. Dazu gehören so herausragende Stücke wie der Reichenauer Markusschrein (zwischen 1303 und 1306), der Johannes- und Paulusschrein (Anfang des 14. Jahrhunderts) sowie der Wettinger Stifterkelch (um 1300). Um 1300 erlebt die »Konstanzer Goldschmiedeschule« eine erste große Blüte, die bis ins 15. Jahrhundert andauert, da die Silberstadt Augsburg Konstanz allmählich zu überflügeln beginnt. Bereits für das 13. Jahrhundert ist ein Konstanzer Goldschmied namentlich genannt: Konrad von Hausen (nachweisbar zwischen 1275 und 1281), dem je ein Reliquienkästchen im Konstanzer Münsterschatz sowie im Churer Dommuseum zugeschrieben wird. Zwischen 1222 und 1296 nennen die Schriftquellen insgesamt 5 Goldschmiede, zwischen 1300 und 1400 werden 15, in der ersten Hälfte des 15. Jahrhunderts 36 und bis 1525 weitere 40 Goldschmiede genannt. Die Gründung einer eigenen Zunft erfolgte bereits im frühen 14. Jahrhundert, von 1371 an waren zwei Meister der Zunft ständig im Rat vertreten, was die Bedeutung dieses Handwerkszweigs für die Stadt noch unterstreicht.
Die kunsthandwerklich herausragenden Beispiele aus kirchlichem Besitz wie auch die urkundlichen Nennungen stellen limitierte, nicht vermehrbare Quellen dar; höchstens neue Zuweisungen könnten den Bestand an Konstanzer Werkstücken allenfalls noch vergrößern. Um so bedeutender ist der archäologische Quellenzuwachs an metallenen Realien, die sich allerdings qualitativ mit den Goldschmiedearbeiten nicht messen können. Dafür vertreten sie um so anschaulicher das Alltagsgerät – vom Fingerhut über Pilgerzeichen bis hin zum Werkzeug.

Geräte, Werkzeuge, Waffen

Breit gefächert und vielfältig sind die Funde von Geräten und Werkzeugen aus Eisen: neben Mistgabeln und Hacken aus der Zeit um 1300 ist eine Gruppe von drei meißelartigen Werkzeugen aus der Grabung Marktstätte (spätes 14. Jahrhundert) besonders bemerkenswert. Den Geräten zuzuordnen ist auch ein ebenfalls aus dem 14. Jahrhundert stammendes breites Messer mit geschweiftem Rücken, dessen Holzgriff noch erhalten ist; es läßt sich am ehesten als Schlacht- oder Metzgermesser interpretieren.
Auch die Angriffs- und Defensivwaffen bilden eine äußerst vielfältige Fundgruppe: Neben zahllosen Armbrustbolzen, Pfeileisen, Rädchensporen, Bruch-

Werkzeug und Waffen: Eiserner Meißel aus dem späten 14. Jahrhundert. Fundort: Marktstätte (ganz oben). Ein Metzgermesser (oben Mitte) und ein Dolch mit erhaltenem Holzgriff (oben), beide 14. Jahrhundert. Fundort: Fischmarkt.

Fingerhüte, Stecknadeln, Nähnadel und Toilettegerät aus Konstanz (Marktstätte und Fischmarkt, 14. Jahrhundert).

Ganz oben links: Ahle aus Bronze oder Messing (Marktstätte, 14. Jahrhundert).

Ganz oben rechts: Schmucknadel mit kleinem Vogelaufsatz (Fischmarkt, 14. Jahrhundert).

Oben: Schmuckkette aus Bronze- oder Messingdraht (Marktstätte, spätes 14. Jahrhundert).

stücken von Trensen sowie Fragmenten metallbesetzter Handschuhe und Ringbrünnen wurde am Fischmarkt eine ganze Anzahl Dolche gefunden, darunter ein außergewöhnlich gut erhaltenes Exemplar mit geschweiftem hölzernem Griff, durchgenieteter Griffangel, geschweifter Parierstange und einer kurzen zungenförmigen Klinge mit dreieckigem Querschnitt; die ebenfalls metallene Knaufstange ist nicht mehr vorhanden. Dieses Stück ist ins 14. Jahrhundert zu datieren und erweist sich formal als Vorläufer des jüngeren, für das 15. Jahrhundert gut belegten sogenannten »Schweizerdolchs«.

Haushaltgeräte, Tracht, Dekorationsstücke

Weitere Funde aus Buntmetall sind eher dem häuslichen Bereich zuzuordnen; dazu gehören Bestandteile der Tracht ebenso wie Kleingeräte für häusliche Handarbeiten, Einrichtungsgegenstände oder Stücke mit reinem Dekorationscharakter.

Zunächst ein Blick in ein mittelalterliches »Nähkästchen«: Drei Fingerhüte aus der Grabung auf der Konstanzer Marktstätte sind ins ausgehende 14. Jahrhundert zu datieren. Eine aus Messing hergestellte Ahle sowie eine kräftige Nadel wurden wohl bei der Leder- beziehungsweise der Stoffverarbeitung benützt. Zahlreiche Messingnadeln mit kleinem Kugelkopf, wie sie auch andernorts gefunden wurden, datieren ebenfalls ins 14./15. Jahrhundert und sind am ehesten als Stecknadeln anzusehen.

Als Bestandteil des Trachtenschmucks hingegen ist mit ziemlicher Sicherheit eine weitere Messingnadel vom Fischmarkt zu deuten: Das Kopfende ist nicht von einem schlichten metallenen Kugelkopf gekrönt, sondern es wurden eine Messing- und eine grüne Glasperle auf die Nadel gesteckt, darüber sitzt als Abschluß eine kleine Vogelplastik. Ebenfalls zur weiblichen Tracht gehört ein schlichtes Kettchen aus Messingdraht (Marktstätte, spätes 14. Jahrhundert), dessen einzelne gebogene Glieder mit Messingdraht dicht umwickelt sind. Der einfache, S-förmige Schließhaken greift ohne weitere Sicherung in das große ovale, aus tordiertem Draht geformte Endstück der Kette. Möglicherweise zu Fibeln gehörten zwei ebenfalls auf der Marktstätte gefundene Preßblechscheiben aus Messing. Die größere, fünfzonige Scheibe (14. Jahrhundert) mit äußerem und innerem Perlrand und zentralem Rosettendekor weist drei Nietlöcher auf, durch die das Schmuckblech mit der Grundplatte verbunden war. Das Fehlen von Nietlöchern in der kleineren Scheibe (13. Jahrhundert), die mit einem Adlermotiv und schmalem Wulstrand geschmückt ist, läßt vermuten, daß sie um die Grundplatte herumgebördelt war.

Nicht geschlechterspezifisch ist dagegen eine bronzene Schelle, die auf dem Gewand aufgenäht war und in spätmittelalterlichen Bildquellen immer wieder das Narrengewand schmückt. Der persönlichen Hygiene beider Geschlechter diente Toilettebesteck, wie etwa ein kleiner Nagelreiniger mit tordiertem Schaft. Auch eine Riechkugel aus dem 14. Jahrhundert, aus Zinn oder Blei in der verlorenen Form gegossen, gehört zu diesem Bereich des Alltagslebens: mit wohlriechenden Aromastoffen gefüllt sollte sie unangenehme, als gesundheitsgefährdend betrachtete Gerüche vertreiben. Ganz allgemein ins häusliche Milieu verweist ein aus Blei gegossener Leuchter vom Fischmarkt (14./frühes 15. Jahrhundert). Die schwere Leuchterschale wie auch die eigentliche Kerzenhalterung sind stark deformiert. Die ursprüngliche Funktion eines Zinn- oder Silberglöckchens (Fischmarkt, um 1300) mit erhaltenem Klöppel und rhombischer Öse ist nicht bekannt. Sicher in den Bereich der privaten Frömmigkeit gehört hingegen eine kleine, aus Blei oder Zinn gegossene Muttergottes mit Kind (erste Hälfte 14. Jahrhundert). In diesen Zusammenhang läßt sich auch eine Gruppe von Herdgüssen aus Zinn einordnen. Bei der Figur eines Mannes mit erhobenen Händen und reichgefältetem, hoch geschlossenem und kragenbesetztem Gewand, über das eine Schärpe gelegt ist, dürfte es sich wohl um ein Pilgerzeichen handeln. Rätselhaft bleibt hingegen ein höchst detailreicher Guß einer weiblichen, unbekleideten Person: Sie ist als Schmiedin zu erkennen, da sie auf einem Amboß ein Werkstück bearbeitet und vor einer Esse mit loderndem Feuer steht, die zusätzlich mit Schmiedewerkzeug, nämlich einer Zange, gekennzeichnet ist. Beide Stücke stammen vom Fischmarkt und sind stratigraphisch dem 14. Jahrhundert zuzuweisen. Gleiches gilt für die Darstellung eines Affen (?), der in der Rechten einen Stab und in der Linken ein spindelförmiges Gerät hält.

Links oben: Zwei Preßblechscheiben vermutlich von Fibeln (Marktstätte, 13. und spätes 14. Jahrhundert).

Mitte links: Riechkugel aus Blei, Glöckchen aus Zinn, bronzene Schelle (Fischmarkt, um 1300).

Links unten: Drei Herdgüsse aus Zinn (Fischmarkt, 14. Jahrhundert): Bei der Figur mit erhobenen Armen und reichem Gewand dürfte es sich um ein Pilgerzeichen handeln, unklar bleibt die Deutung der Schmiedin an Amboß und Esse sowie der Darstellung eines Affen (?).

Ganz oben: Leuchter aus Blei (Fischmarkt, 14./15. Jahrhundert).

Madonna mit Kind (Zinn- oder Bleiguß, Marktstätte, 14. Jahrhundert).

Schlußbemerkung

Dieser kurze Überblick, bei dem das äußerst vielfältige Fundspektrum aus Eisen fast vollständig entfallen mußte, mag eine erste Vorstellung von der Vielfalt der Konstanzer Metallfunde aus der Zeit vom 13. bis zum 15. Jahrhundert vermitteln. Neben den rein antiquarischen Aspekten verspricht die in Aussicht genommene Bearbeitung dieses Fundmaterials auch detaillierte Einblicke in Schmiedetechniken und Materialkunde des späten Mittelalters. In diesem Zusammenhang ist neben den bereits erwähnten vielfältigen Legierungen auch auf die elaborierten Oberflächenveredelungen hinzuweisen; auffällig ist besonders die häufig anzutreffende Verzinnung von Eisengegenständen. Ebenso gilt es den Hinweisen auf Emailverarbeitung (Grubenschmelz) nachzugehen; die Ergebnisse werden die Brücke zur ebenfalls gesicherten Glasverarbeitung im mittelalterlichen Konstanz schlagen.

Judith Oexle

Kirche und Frömmigkeit

Klöster, Stifte, Bettelordenshäuser, Beginen und Begarden

In kirchlichen Belangen war im alemannischen Raum in der Zeit um 1300 der Adel noch immer die dominierende Kraft. Die adlige Grundherrenschicht stand seit dem Frühmittelalter in enger Verbindung mit den kirchlichen Institutionen, doch hatten manche von diesen, etwa die Klöster des traditionellen Benediktinerordens in St. Gallen und auf der Reichenau, an der Schwelle zum Spätmittelalter ihre einstige Bedeutung verloren. Dagegen erlangte eine Reihe von Siedlungen, die im unmittelbaren Umfeld solcher Klöster und Stifte entstanden waren, den Status einer Stadt wie beispielsweise St. Gallen, Radolfszell oder Säckingen. Die vom 11. Jahrhundert an vom burgundischen Raum ausgehenden monastischen Reformbewegungen der Cluniazenser und der Zisterzienser, deren Niederlassungen abseits der Siedlungen in eremo errichtet wurden, waren mit ihren zentralistischen Organisationsformen weitgehend an die Stelle der älteren Orden getreten. Ihre Ausbreitung erreichte im Bistum Konstanz allerdings bei weitem nicht die Dichte des Ursprungsgebiets, denn hier vertraten Klöster wie Hirsau und St. Blasien ähnliche Reformbestrebungen.

Stadt und Pfarrkirche

Im süddeutschen Raum nahmen Adel und Bischof, Klöster und Stifte als Inhaber des Kirchensatzes (ius patronatus) bestimmenden Einfluß auf die Pfarrkirchen. Sie verwalteten Güter und Zehnt, womit der Unterhalt des Priesters wie auch die Baulast der Kirche, die sich im Spätmittelalter allerdings vielfach auf die Chorzone beschränkte, zu bestreiten waren. Da der Überschuß an Einnahmen dem Patronatsherrn verblieb, bildete der Kirchensatz einen Kapitalwert, den er als persönlichen Besitz betrachtete und an dem weder der Bischof als Lehensherr noch das Gemeinwesen der Gläubigen, dem zu dieser Zeit zumeist der Unterhalt für das Laienschiff oblag, Anteil hatten. Dem Bischof verblieb die Bestätigung des Pfarrers, wobei jedoch selbst darin dem Patronatsherrn in Form der Kollatur ein entscheidendes Mitspracherecht zustand. In den Städten wie auf dem Land standen die kirchlichen Institutionen aufgrund von Patronatsrechten und Kastvogteien weitgehend unter der Kontrolle der von Adel und Kirche getragenen Grundherrschaft. In den im 12. und 13. Jahrhundert in großer Zahl entstandenen Gründungsstädten manifestierte sich diese Autorität besonders deutlich, wenn die Stadtkirche einer bereits bestehenden dörflichen Pfarrei außerhalb der Stadt unterstellt wurde. Im Gegensatz zu den gewachsenen Städten wie etwa Zürich, die gewöhnlich eigene Pfarrsprengel bildeten, hatten sich Neugründungen wie beispielsweise Villingen oder Bern bestehenden Strukturen anzupassen und mußten sich deshalb vielfach mit Filialkirchen minderen Rechts begnügen, denen im Prinzip das Recht der Taufe und der Bestattung nicht zustand. Nur selten, wie etwa im Fall von Winterthur, ist eine bestehende Kirche zum Kernpunkt einer Stadtgründung geworden. In Ulm und in Bern beispielsweise wurde erst im Spätmittelalter eine Pfarrkirche in der Stadt gebaut oder eine bestehende Filial-

Gegenüberliegende Seite: Detail eines Chorfensters der Stadtkirche St. Dionysius in Esslingen mit der Darstellung des heiligen Vitalis, der als Patron der Stadt im 13. Jahrhundert durch den heiligen Dionysius allmählich verdrängt wurde.

Ganz oben: Im Zentrum der kyburgischen Stadtgründung in Winterthur stand eine ältere Kirche, wie sie die Vedute des Winterthurer Künstlers H. Pfau von 1702 zeigt.

Oben: Büste des Turmbaumeisters von Freiburg i. Br. Die um 1260–1280 entstandenen Skulpturen am Münster von Freiburg stellen innerhalb des Bistums Konstanz ein einzigartiges Ensemble von Plastiken dar, die von der Kathedralgotik Frankreichs beeinflußt sind.

zur Pfarrkirche erhoben. Bei manchen dieser Städte blieb die Pfarrkirche außerhalb des Beringes, wie in Reutlingen, Villingen und in Luzern; dies, obschon, wie beispielsweise in Villingen, die Stadtkirche die außerhalb gelegene Pfarrkirche an Größe weit übertraf. Solche patronatsrechtlichen Konstellationen waren nicht selten Anlaß zu Auseinandersetzungen zwischen der Bürgerschaft und dem Patronatsherrn.

Die kirchliche Architektur der hier betrachteten Städte war bis ins 13. Jahrhundert durch romanische, teils sogar noch durch frühmittelalterliche Formen geprägt, während in Frankreich der gotische Kathedralbau die älteren Baumuster zu jener Zeit weitgehend abgelöst hatte. Einzig am Münster in Freiburg i. Br. und in Esslingen wird von der ersten Hälfte des 13. Jahrhunderts an unter dem Einfluß des Kathedralbaus in Straßburg eine Rezeption gotischer Architekturformen faßbar. Die in den wichtigsten Teilen aus dem 10. und 11. Jahrhundert stammende Bischofskirche in Konstanz erfuhr in der Zeit um 1300 zwar einzelne Umbauten, ein umfassender Neubau unterblieb jedoch. Anregungen zur Ausbreitung der neuen Bauformen in der Diözese waren deshalb von der Kathedralkirche nicht zu erwarten.

Die Etablierung der Bettelorden

Wichtige Impulse für den städtischen Kirchenbau brachte dagegen die Etablierung der Bettelorden, vor allem der Franziskaner und der Dominikaner, in geringerem Maß auch der Augustiner-Eremiten sowie, vorwiegend nördlich des Rheins, der Karmeliten. Für diese im Prinzip besitzlosen, von Spenden der Gläubigen lebenden Orden standen neben dem monastischen Offizium mit seinem Gedächtnischarakter die missionarische Predigt und die Seelsorge im Vordergrund, die ihre Entfaltungsmöglichkeit hauptsächlich in den Städten als den Ballungszentren fanden.

Obwohl eine Reihe von Kommunen im 13. Jahrhundert ihr Stadtgebiet erweitert hatte, fand sich nicht immer, wie beispielsweise für die Predigermönche in der Neustadt von Bern, genügend freier Raum zur Errichtung von Klosteranlagen. Auch in Gründungsstädten war das Areal bis hin zur Stadtmauer rasch überbaut, wie jüngste archäologische Untersuchungen in Burgdorf, Unterseen und Wangen an der Aare, alle im Kanton Bern, aufzuzeigen vermochten. Die im Bistum Konstanz mit den Franziskanern in Freiburg i. Br. um 1226 und mit den Dominikanern in Zürich um 1230 einsetzenden Niederlassungen der Bettelorden mußten vorerst da und dort mit provisorischen Stätten außerhalb oder mit behelfsmäßigen Anlagen innerhalb der Stadt vorliebnehmen. Der endgültige Bauplatz im Innern des Berings lag vielfach an der Stadtmauer, jedoch nur ausnahmsweise auf unbebautem Terrain wie in Bern. Wie jüngste archäologische Unter-

438

suchungen in Esslingen, Rottweil, Freiburg i. Br., Ulm und auch in Basel zeigen, kamen hier die Konvente auf ein durch Abbruch bestehender Bauten geschaffenes Areal zu liegen, wobei sich zur Zeit noch nicht genau abschätzen läßt, welcher Art und Bedeutung die Bebauung war, die den Bettelorden weichen mußte. Gelegentlich, wie dies möglicherweise bei den Predigern in Zürich der Fall war, sind den Bettelorden bestehende Kirchenbauten als Kern einer neuen Klosteranlage überlassen worden. Während in Bern die Besiedlung einer kurz zuvor durch die Erweiterung des Berings eingegrenzten Neustadt mit der Niederlassung der Predigerbrüder einsetzte, ist das Dominikanerkloster in Basel, das außerhalb der Mauer an eine Ausfallstraße zu liegen kam, zum sakraltopographischen Schwerpunkt einer erst später in den Bering einbezogenen Vorstadt geworden. Es ist in diesem Zusammenhang bemerkenswert, daß die Prediger etwa in Freiburg i. Br. oder in Bern von der Stadtkommune zur Gründung einer Niederlassung berufen worden sind, wobei ihnen, wie im Fall von Bern, in der eben gegründeten Neustadt offenbar eine pfarrkirchenähnliche Funktion zugedacht war.

Neben Predigt und Seelsorge fiel den Bettelorden, nicht ohne deren anfängliches Widerstreben, eine weitere Aufgabe in der Betreuung von Frauenklöstern, in der Cura monialium zu, besonders weil sich die älteren Orden, vor allem die Zisterzienser, der Inkorporation von Frauenkonventen zunehmend widersetzten. Vom ausgehenden 12. Jahrhundert an waren als Folge sowohl der demographischen Entwicklung wie auch einer allgemeinen Frömmigkeitsbewegung religiöse Vereinigungen von Frauen (Sammnungen) entstanden, die weitgehend von mildtätigen Gaben lebten. Diese sogenannten Beginen lebten, ohne Ordensgelübde abzulegen, in ordensähnlichen Gemeinschaften und widmeten sich der Armenfürsorge sowie der Krankenpflege und Sterbebegleitung, vielfach an Siechenhäusern und Spitälern. Das zumeist aus Legaten hervorgegangene Hospital, das zugleich Pflegestätte, Pilgerherberge und Armenasyl war, entwickelte sich im Spätmittelalter zu einer wichtigen Sozialaufgabe der Bürgerschaft. Spitalbauten befanden sich oft, wie in Freiburg i. Br., an verkehrsgünstiger Lage, manchmal jedoch auch, wie in Burgdorf, an abgelegener Stelle am Stadtbach bei den stinkenden Schlächtereien und Gerbereien, oder, wie in Bern, gar außerhalb des Berings, wie dies sonst nur für Siechenhäuser die Regel war.

Solche Sammnungen von Beginen und auch von Begarden waren bis zu Beginn der Neuzeit häufig und oft zahlreich in den Städten vertreten, wo sie nicht selten, wie etwa in Zürich, ganze Häuserzeilen belegten. »Da es nach der Auffassung der Zeit keine wahre religio ohne ordo geben konnte« (Ruh), trachtete man danach, diese losen Beginengemeinschaften in monastische Lebensformen überzuführen, was zu einer zentralen organisatorischen Aufgabe der Bettelorden wurde. So sind die meisten der weiblichen Mendikantenklöster unserer Gegenden aus solchen Vereinigungen von Beginen hervorgegangen. Diese Frauenklöster waren jedoch nur ausnahmsweise, wie im Fall des Zürcher Oetenbachklosters, innerhalb der Stadtmauern gelegen; vielfach waren sie in Stadtnähe, manchmal auch auf dem offenen Land angesiedelt. In der strengen Klausur des Ordenslebens drängte die mystisch ausgerichtete Spiritualität dieser Frauen, die Vita contemplativa, die weltliche Fürsorge, die Vita activa, in den Hintergrund. Durch den Totendienst, besonders in der Form von Jahrzeitbegehungen, vermochten diese Frauen jedoch auch in der Abgeschiedenheit ihrer klausurierten Konvente in mannigfacher Weise für die Welt zu wirken.

Eine breite Schicht von Wohltätern

Die allgemeine Frömmigkeitsbewegung, gewandelte Jenseitsvorstellungen etwa durch die »Geburt des Fegefeuers« (Le Goff) und verstärkt individuell geprägte Andachtsformen einerseits sowie die oft nachlässige seelsorgerische Betreuung durch den Pfarrklerus andererseits brachten den Mendikanten in den Städten einen überwältigenden Zulauf. So enthielten nahezu alle testamentarischen Verfügungen von Konstanzer Bürgern im 15./16. Jahrhundert Zuwendungen zugunsten der ansässigen Franziskaner, Dominikaner und Augustiner. In den Städten konnten sich die Mendikanten auf eine breite Schicht von Wohltätern stützen, die ihnen Boden, Baumaterial und Geldmittel zur Verfügung stellten. Die zunehmende Monetarisierung der Wirtschaft, die sich bis anhin hauptsächlich auf Natural- und Dienstleistungen abgestützt hatte, bildete dazu eine wich-

Die Städte Rottweil und Villingen besaßen in ihrem Bering außer den Ordensniederlassungen zwar eindrückliche Stadtkirchen, die jedoch als Kapellen von einer außerhalb der Stadt liegenden Pfarrkirche abhängig waren (Pürschgerichtskarte der Stadt Rottweil von 1564).

tige Voraussetzung. Die Beschaffung und Verwaltung der Spenden verlangte eine entsprechende Organisation, die ab dem 13. Jahrhundert in der Schaffung von Baufonds, den sogenannten fabricae ecclesiae, an diesen Kloster- wie auch an Pfarrkirchen faßbar wird. Die Geldspenden ermöglichten zudem eine überregionale Materialbeschaffung sowie den Beizug von bauhandwerklichen Spezialisten. Dies trug maßgeblich zur raschen Verbreitung der am französischen Kathedralbau entwickelten Bautechniken und -formen der gotischen Architektur bei, wogegen sich frühe Bauten wie die Predigerkirche von Konstanz (nach 1236) noch vorwiegend an regionalen Bautraditionen orientiert hatten.

Während des 13. und frühen 14. Jahrhunderts dürften in Europa weit über hundert Mendikantenklöster gleichzeitig im Bau gewesen sein. So zählten 1277 allein die Prediger über 400, im Jahr 1358 bereits über 600 Niederlassungen. Allerdings verhinderte die geringe Einwohnerzahl der im Bistum Konstanz gelegenen Städte eine allzu große Dichte der Niederlassungen. Die beiden wichtigsten Bettelorden, die Dominikaner und die Franziskaner, waren daher nur in Bern und Ulm sowie in Esslingen, Freiburg i. Br., Konstanz und Zürich gemeinsam vertreten, in den letzten vier der genannten Städte zusammen mit je einem Augustiner- oder Karmeliterkloster. Kleine Städte waren dagegen offenbar vielfach nicht in der Lage, einem Bettelordenskloster die wirtschaftliche Grundlage zu sichern.

Die Schicht der Wohltäter beschränkte sich nicht allein auf das Bürgertum der Handwerker und Kaufleute, sondern umfaßte auch den zu dieser Zeit vermehrt in den Städten ansässig werdenden Adel, nördlich des Rheins vielfach auch den adligen Stadtherrn, der nicht selten mit der Schenkung von Bauparzellen die Niederlassung der Mendikanten begünstigte. Die Förderung durch den Hochadel konzentrierte sich mit Vorliebe auf Frauenklöster der Bettelorden, was sich auch im häufigen Eintritt von Familienmitgliedern äußerte. So gründeten und förderten die Kyburger zwar einerseits mit den Chorherrenstiften von Heiligenberg bei Winterthur und in Beromünster sowie der Zisterze Wettingen als dynastische Grablegen bestimmte Männerinstitutionen traditioneller Orden, doch unterstützten sie andererseits neben den Zisterzienserinnenklöstern in Fraubrunnen und in der Maigrauge auch Frauenkonvente des Predigerordens wie jene in Töß und St. Katharinental oder die Klarissen in Paradies bei Schaffhausen.

Trotz dieser breiten gesellschaftlichen Abstützung mußten die Mendikanten die Mittel für den Bau ihrer Klosteranlagen gewöhnlich mühsam zusammenbetteln. Die Terminierbezirke, das heißt die Gegenden, in denen die Mönche der einzelnen Niederlassungen um Almosen betteln durften, beschränkten sich nicht auf die Städte, sondern umfaßten auch das weitere Umland und waren unter den ein-

Rekonstruktionsplan der ehemaligen Kirche des an der Stadtmauer gelegenen Niederspitals von Burgdorf (BE).

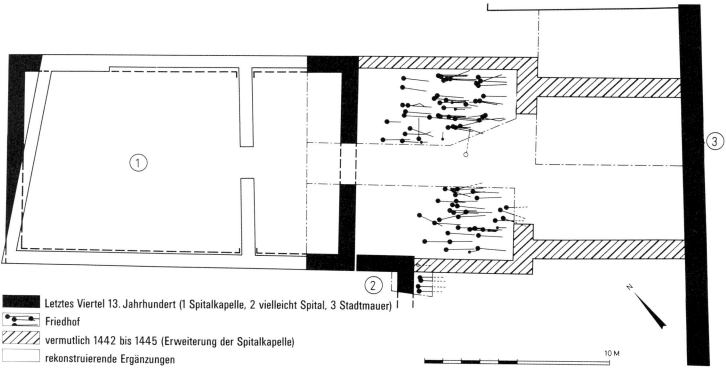

Letztes Viertel 13. Jahrhundert (1 Spitalkapelle, 2 vielleicht Spital, 3 Stadtmauer)

Friedhof

vermutlich 1442 bis 1445 (Erweiterung der Spitalkapelle)

rekonstruierende Ergänzungen

10 M

440

zelnen Orden genau festgelegt. Innerhalb der Städte scheint es zudem zwischen den einzelnen Konventen Absprachen gegeben zu haben. So lassen sich in Zürich vor allem anhand der von den einzelnen Orden betreuten Beginengemeinschaften gegeneinander abgegrenzte Einflußbereiche erahnen.

Das Ablaßwesen, das dem Gläubigen gegen materielle Zuwendungen eine gewisse Abgeltung der Strafen im Fegefeuer für läßliche Sünden in Aussicht stellte, war zwar nicht eine Erfindung der Mendikanten; sie nutzten es jedoch erfolgreich als Mittel zur Beschaffung ihres Lebensunterhalts sowie zur Bestreitung der Baulasten. Diese Art der Mittelbeschaffung war auf eine entsprechende Bereitschaft der Gläubigen angewiesen und deshalb auch Schwankungen ausgesetzt, was den vielfach langsamen und nicht selten durch Unterbrechungen verzögerten Fortgang ihrer Bauvorhaben begreiflich macht. So mußte die Bautätigkeit am Zürcher Oetenbachkloster zeitweilig eingestellt werden, da den Schwestern die Mittel fehlten, »den knechten ze lonen, die inen stein trugent«. Auch erforderten der unerwartet starke Zulauf der Bürger sowie die rasche Zunahme der Ordensleute oftmals Vergrößerungen von Kirche und Konventbauten noch während der Bauzeit. Solche Gründe mögen erklären, weshalb bei den Predigerklöstern in Basel, Bern und Zürich sowie bei der Franziskanerkirche in Luzern und in Freiburg/Üe. während des Bauvorgangs vielfach Plan- und Konzeptänderungen vorgenommen wurden oder weshalb es nach anfänglichen Provisorien schon bald zu Erweiterungen oder Neubauten kam. Die schmucklose Einfachheit der Mendikantenkirchen ist nicht allein nur Ausdruck des Armutsideals dieser Orden; sie widerspiegelt ein gutes Stück auch die Schwierigkeiten bei der Beschaffung der für solche Großbauten erforderlichen enormen Geldsummen.

Stadt und Mendikanten

Während die Kosten für einen Klosterbau im Früh- und Hochmittelalter gewöhnlich von einem einzigen adligen Stifter aufgebracht worden waren, wurden die Klöster der Mendikanten zu einer kollektiven Bauaufgabe. Damit hatten diese aber auch Repräsentationsfunktionen des städtischen Kollektivs zu übernehmen. Die weitgehende Finanzierung der Bettelordensbauten durch die Bürgerschaft hatte zur Folge, daß dieser ein gewisses Verfügungsrecht über Kirche und Klostergebäude eingeräumt wurde. Ratssitzungen und öffentliche Rechtsgeschäfte fanden, besonders in der Zeit vor der Errichtung eigentlicher Ratshäuser, häufig in diesen Konventen statt. Zudem dienten sie als Gastresidenzen, da sie oft über das größte Raumangebot in der Stadt verfügten und

Die Niederlassungen der Orden und Stifte in und um Freiburg i. Br., wie sie die Vedute von Gregorius Sickinger von 1589 wiedergibt.

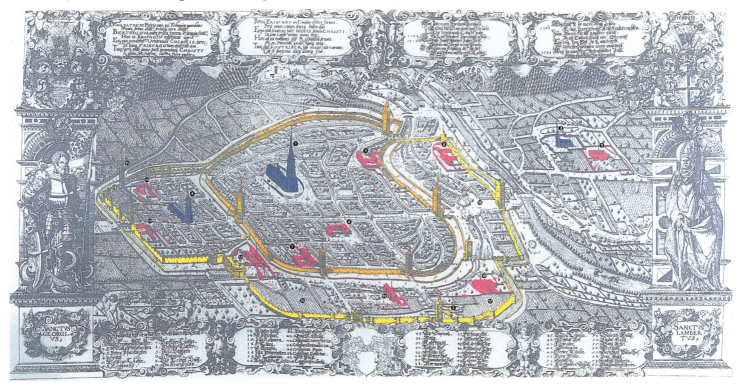

441

Die Niederlassungen der Dominikaner und Franziskaner im Bistum Konstanz im 13./14. Jahrhundert entsprechend dem Historischen Atlas von Baden-Württemberg, für die Schweiz ergänzt.

die repräsentativste Ausstattung für durchreisende weltliche und geistliche Würdenträger boten. So stiegen beispielsweise im Jahr 1414 König Sigismund und 1418 Papst Martin V. bei ihren Besuchen in Bern jeweils bei den Dominikanern ab. Die Einflußnahme der Stadt konnte zuweilen recht weit reichen. Die Berner Bürgerschaft etwa schrieb den Predigern, denen sie bei deren Niederlassung im Jahr 1269 ein Grundstück zur Verfügung stellte, mit Peter und Paul das Patrozinium der Kirche vor und verlangte zudem, daß ein Altar in der Leutkirche der Muttergottes geweiht werde. Die am Stadtrand gelegenen Konvente waren vielfach zum aufwendigen Unterhalt der angrenzenden Stadtmauer verpflichtet. Augenfällig zeigte sich die Verknüpfung von Stadt und Konvent in der Präsentation von Ehren- und Siegeszeichen in den Bettelordenskirchen, wie dies gelegentlich aus Archivalien oder, wie bei der Predigerkirche in Basel, aus archäologischen Untersuchungen hervorgeht.

Die Bauvorhaben der Bettelorden konnten gelegentlich aber auch mit städtischen Interessen kollidieren. So mußte der Bau der Franziskanerkirche in Freiburg i. Br. einem bestehenden Wegrecht angepaßt werden, was zu einer auffallend asymmetrischen Ausbildung des Nordseitenschiffes führte. Umgekehrt erlangten diese städtischen Orden auch über rein kirchliche Belange hinaus Wirkung und Einfluß auf die Bürgerschaft. Als Beispiel, das in seiner Bedeutung nicht

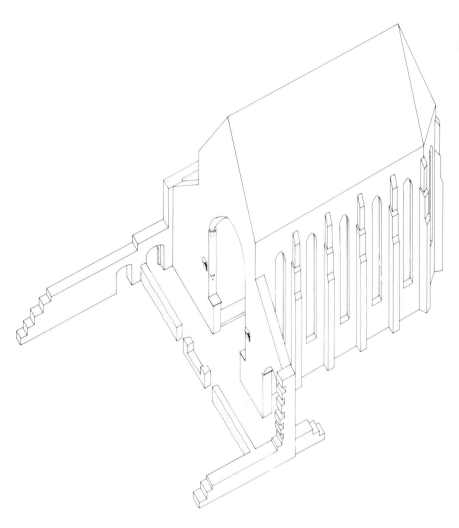

Planaufnahme des 1988/89 archäologisch teiluntersuchten Predigerklosters von Bern (heute: Französische Kirche). Kirche und Kloster sind in mehreren Bauabschnitten entstanden, wobei an der Kirche zuerst das Mönchschor fertiggestellt worden ist.

unterschätzt werden sollte, sei auf das regelmäßige Läuten zu den Stundengebeten hingewiesen, das den Tageslauf der städtischen Bevölkerung gliederte. Öffentliche Uhren oder sogenannte Zeitglocken waren in unseren Gegenden vor der zweiten Hälfte des 14. Jahrhunderts kaum bekannt. Noch im Jahr 1465 ist in der Zunftordnung der Stadt Chur festgehalten, daß das Tagwerk der Handwerker dann beendet sei, »so man zuo den predigern complet lutet«.

Im ganzen spiegelt sich die Stellung der Bettelorden in der Stadt recht deutlich in der topographischen Situation ihrer Klöster. Die meisten Klosterbauten lagen am Rand der Stadt, die Kirche der Stadt zugewandt, die Konventbauten dagegen abgeschirmt auf seiten der Stadtmauer, offenbar, um damit der monastischen Abgeschiedenheit Genüge zu tun. Die großräumigen Kirchen der Bettelorden mit ihren langgestreckten, manchmal über das Schiff emporragenden Chorbauten setzten im Stadtbild dominierende Akzente. In schmucklosen gotischen Formen als Saalbauten oder als dreischiffige Basiliken errichtet, in unserer Gegend gewöhnlich mit flachgedecktem Schiff, gelegentlich, wie bei den Dominikanern in Bern und möglicherweise auch in Freiburg i. Br., mit offenem Dachstuhl, wurden diese Kirchen durch mächtige Lettnerbauten in das Mönchschor für die Stundengebete und ins ausgedehnte Schiff als der zur Predigt bestimmten Leutkirche geschieden. Damit war in diesen Mendikantenkirchen die im Kirchenbau weitgehend verlorengegangene Identität von architektonischem und liturgischem Raum wieder zurückgewonnen. Wie bei zahlreichen andern Bettelordensbauten ging bei der Predigerkirche in Bern die Errichtung des Mönchschors dem Bau des Langhauses als Leutkirche voran. Hauptaltar und Messe und die damit verbundenen Fürbitten für Donatoren hatten bei den Orden offensichtlich den Vorrang vor der Errichtung gedeckter Predigträume. Dies offenbar umso mehr, als auch später noch, besonders in den ländlichen Bereichen des Terminierbezirks, Predigten der Dominikanerbrüder und auch der Angehörigen der übrigen Bettelorden vielfach unter freiem Himmel gehalten wurden.

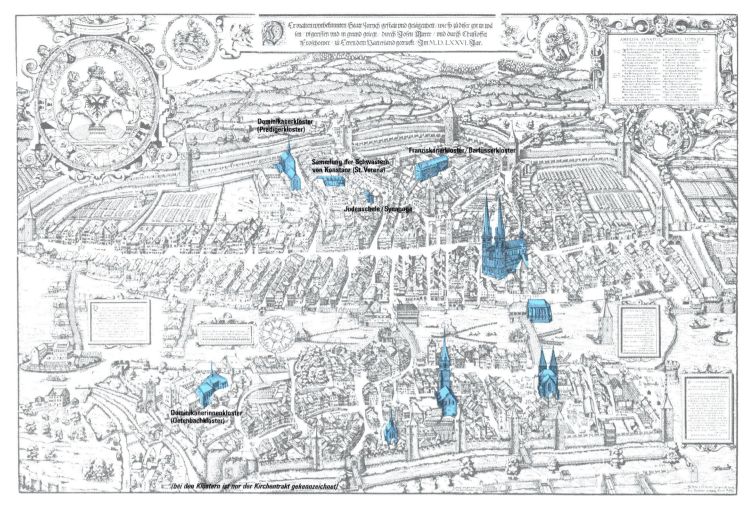

Der 1576 gezeichnete Murerplan von Zürich gibt eindrücklich das durch die Kirchenbauten geprägte mittelalterliche Stadtbild wieder.

Die Mendikanten sind eine spezifisch städtische Erscheinung, und sie waren es, die die kirchlichen Belange der Stadt in der Zeit um 1300 entscheidend prägten. Der Pfarrklerus scheint die geistlichen Bedürfnisse der Gläubigen, vor allem des Bürgertums, nicht in allen Belangen voll erfaßt zu haben. Er nahm jedoch die Impulse der Bettelorden, auch in äußerlichen Dingen, allmählich auf. Die Pfarrkirchen wurden vorerst jedoch nur zurückhaltend den gotischen Bauformen angepaßt. Während etwa bei den Stadtkirchen von Freiburg i. Br. und Esslingen die Rezeption gotischer Bauformen den Bettelordensbauten gar voranging, vermochten sich bei den Pfarrkirchen vor allem südlich des Rheins die neuen Bauformen erst im 15. und 16. Jahrhundert verbreitet durchzusetzen. Dabei war nicht die Vielgliedrigkeit des Kathedralbaus, sondern die von den Mendikantenkirchen bevorzugte überschaubare Einfachheit bei der Baugestaltung dominierend. So entstanden etwa in Aarau, Bern und Winterthur in Anlehnung an die Bettelordensarchitektur neue Stadtkirchen. In Freiburg i. Br. und Ulm sind zwar große Anlagen im Stil der Kathedralgotik begonnen, aber erst im 16. Jahrhundert, teils gar erst im 19. Jahrhundert, vollendet worden.

Nicht nur am Beispiel solcher Großbauten zeigt sich deutlich das finanzielle Potential des Bürgertums. Auch die Ausstattung der Stadt- und der Bettelordenskirchen widerspiegelt in den Vergabungen von reich ausgestatteten Retabeln, Antependien, Monstranzen und sonstigem liturgischem Gerät sowie in der Stiftung von großzügig dotierten Kapellen und Kapellennischen den Wohlstand des Bürgers. Als Spender treten neben Privaten zunehmend Zünfte und die vielfach aus Berufsvereinigungen hervorgegangenen Bruderschaften auf. Besonders eindrücklich manifestiert sich der Spendenanfall an monumentalen Wandbildern zum Beispiel in der Dominikanerkirche in Konstanz oder an Glasmalereien etwa in der Pfarr- und in der Predigerkirche zu Freiburg i. Br. sowie in der Pfarrkirche in Esslingen. Damit verwandelten sich nicht nur die städtischen Pfarrkirchen, sondern auch die ursprünglich schmucklosen Gotteshäuser der Bettelorden im Lauf der Zeit zu reich ausgestatteten Kirchenräumen.

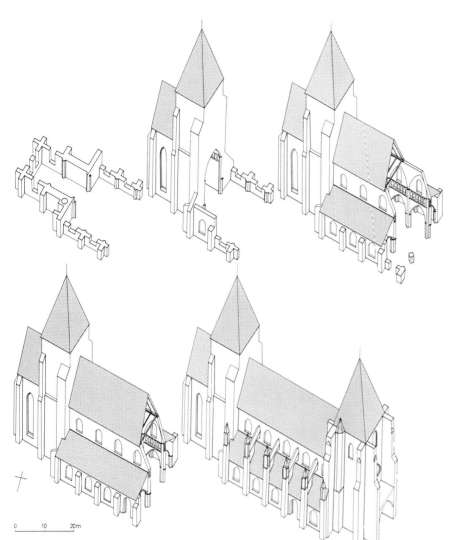

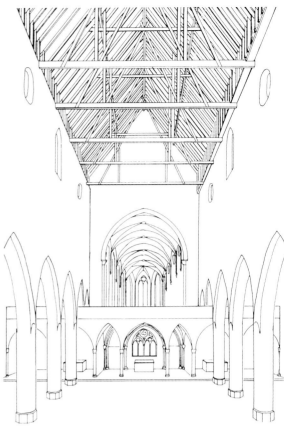

Oben: Rekonstruierte Innenansicht der Berner Prediger-kirche (heute: Französische Kirche), die um 1310 fertig-gestellt war.

Links: Exemplarische Bauentwicklung der Stadtkirche von Freiburg i. Üe.

Bestattung und Totengedächtnis

Frömmigkeit und kirchliches Leben dieser Zeit wurden durch die Erfahrung des in Krieg, Hungersnöten und Epidemien allgegenwärtigen Todes entscheidend geprägt. Die zugleich beängstigende und hoffnungsvolle Vision des Jüngsten Gerichts, dessen bildliche Darstellung zuvor an der Eingangsseite der Kirche zu finden war, wurde nun vielfach an der Chorbogenwand den Gläubigen unmittelbar vor Augen geführt. Auch die Zurschaustellung der Gebeine in Beinhäusern und später, vom 15. Jahrhundert an, die Totentanzbilder, die, wie die jüngeren Zyklen von Bern und Basel, häufig auf den Friedhofmauern von Predigerkirchen erschienen, waren als Mahnmal der menschlichen Vergänglichkeit gedacht. Die feingefächerte Standestypologie dieser Bilder wies den Betrachter tröstend darauf hin, daß der Tod dereinst alle sozialen Unterschiede beseitigen werde.

Die neuen Formen individueller Heilssuche führten dazu, daß das Innere der Kirchen nun auch als Ort für Grabstätten, gewissermaßen als überdachter Friedhof, *coemeterium subteglatum,* gefragt war. Dabei war es jetzt weniger, wie dies im frühen Mittelalter der Fall war, die Nähe der Reliquien, die Bestattung ad sanctos also, die man durch die ausgewählte Lage des Grabes erstrebte, sondern eher eine direkte Teilhabe am Kultus, im besondern an den Fürbitten der Mönche und Laien, die eine rasch zunehmende Nachfrage nach solchen Grablegen in Pfarr- und Ordenskirchen bewirkte. Dies ist um so bemerkenswerter, als die Kirche seit je die Beisetzung im Kirchenraum bekämpfte und sie nur für Dignitäre und ausgewählte Potentaten tolerierte. In der archäologischen Forschung zeichnet sich jedoch deutlich ab, daß das neuerliche Auftreten von Bestattungen im Innern von Kirchen in unserem Gebiet weitgehend auf die Städte beschränkt blieb und ländliche Pfarrkirchen davon wenig betroffen waren.

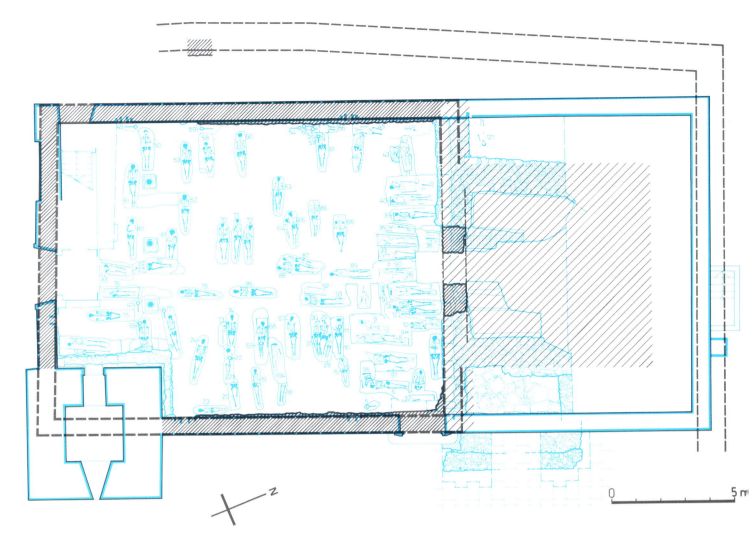

0   5 m

Grabungsplan mit Bestattungen in der Stadtkirche von Unterseen bei Interlaken (BE).

Die städtischen Pfarrkirchen und Kapellen füllten sich mit Gräbern, wie archäologische Untersuchungen in Wangen an der Aare und in Unterseen bei Interlaken sowie in Esslingen und Villingen gezeigt haben. Ein großer Anteil an Bestattungen in Kirchen fiel den Bettelorden zu, die sich bereitwillig in den Dienst dieser Heilssuche und der damit verbundenen Totenfürsorge stellten. Obschon das Generalkapitel der Dominikaner noch 1250 gemahnt hatte, quod in nostris ecclesiis sepulture non fiant (daß in unseren Kirchen keine Bestattungen vorgenommen werden sollen), öffneten die Mendikanten, denen der Spendenanfall aus Beerdigung und Jahresgedächtnis äußerst zustatten kam, schon bald ihre Gotteshäuser der Bestattung, die so gewissermaßen zu »Eigenkirchen« der Bürger wurden. Ihre Friedhöfe, Kirchenräume und Kreuzgänge füllten sich mit Gräbern, anfänglich oft zum Nachteil des Stadtklerus, zu dessen Privileg die Bestattung und die Nutzung diesbezüglicher Spenden zunächst gehört hatten und der nun eine empfindliche Schmälerung des damit verbundenen Einkommens in Kauf nehmen mußte. Die Auseinandersetzung um das Bestattungsrecht konnte derart heftige Formen annehmen, daß beispielsweise Erzbischof Wernher von Mainz 1261 den gegen die Grablege in Konventkirchen opponierenden Klerikern mit der Exkommunikation drohen mußte.

In der Franziskanerkirche in Ulm, einer der wenigen vollständig ausgegrabenen Bettelordenskirchen, zeigen die in mehreren Lagen angeordneten Gräber, daß man jeden verfügbaren Platz belegte, um der Nachfrage genügen zu können. Die Situation der um 1492/93 erbauten und mit der Reformation 1536 säkularisierten Predigerkirche des Städtchens Coppet am Genfersee gibt eine deutliche Vorstellung von der Bestattungsdichte in Mendikantenkirchen, wenn auch das Beispiel aus dem hier behandelten engeren zeitlichen und geographischen Rahmen fällt. In den rund 40 Jahren wurden im Langhaus etwas mehr als 80 Gräber angelegt, was im Durchschnitt zwar nur zwei Bestattungen pro Jahr ergibt, jedoch genügte, um den verfügbaren Platz vollständig zu belegen.

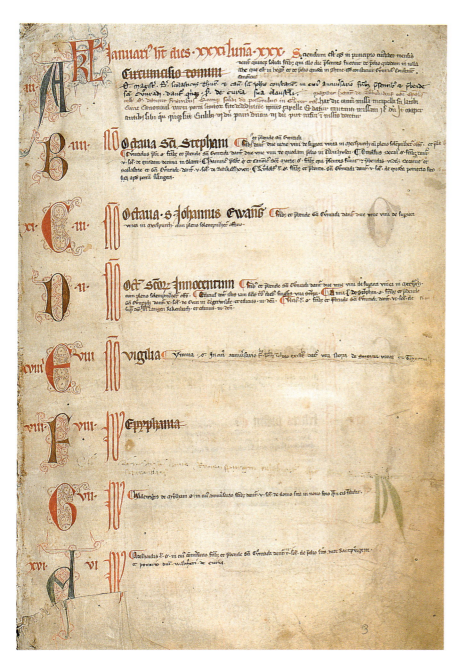

Totengedenkbuch (Anniversar), Verzeichnis der Jahresgedächtnisse des Münsters von Konstanz (13.–15. Jahrhundert).

Eine solche zeitlich geringe Bestattungsdichte in Kirchenräumen mag erstaunen, weist aber darauf hin, daß die Kriterien der Auslese beschränkt waren. Ansehen der Person und Umfang der Spende dürften ausschlaggebend gewesen sein. Trotzdem scheint es der wirtschaftliche Aufschwung des 13. und des beginnenden 14. Jahrhunderts einer breiteren Schicht von Bürgern ermöglicht zu haben, sich bisher dem Adel vorbehaltene Bestattungsprivilegien zu verschaffen. Andererseits sind erbliche Grablegen des Hochadels bis weit ins Spätmittelalter hinein kaum in städtischen Kirchen anzutreffen. Einen Sonderfall als Grabstätte hochadliger Stiftung stellt das franziskanische Doppelkloster in Königsfelden dar, das zum Gedächtnis des 1308 erschlagenen Königs Albrecht I. von seiner Witwe gestiftet wurde. Als Memorialstätte des Hochadels stellt es innerhalb der Bettelorden eine Ausnahme dar, und eine Ausnahme bildet es auch durch seine Lage abseits einer Stadt sowie als Doppelkloster, wobei dem Männerkonvent vor allem die Wahrung des liturgischen Stiftungsauftrags zugedacht war.

Wie archäologische Ausgrabungen zeigen, sind die Verstorbenen zumeist ohne besondere Beigaben beigesetzt worden. Oft wurden sie nur in ein Leichentuch eingeschlagen der Erde übergeben. Daneben verbreitete sich auch die Verwendung von Totenbrettern und Sargkisten, wobei festzuhalten ist, daß das Bestattungsbrauchtum regionale Unterschiede zeigt. Da und dort finden sich als Beigaben Münzen und im späteren Mittelalter gelegentlich auch Paternoster, die

447

Deckplatte des für Ulrich von Regensberg errichteten Tischgrabes aus dem Barfüßerkloster Zürich, um 1280. Die Platte wurde in dem wenige Jahre nach der Reformation errichteten Bollwerk beim ehemaligen Oetenbachkloster als Gesims einer Schießscharte wiederverwendet und bei dessen Schleifung im Jahr 1903 aufgefunden.

Betschnur, an der man die verrichteten Gebete abzählen konnte. Auf diesen Brauch dürften die Mendikanten insofern einen bestimmenden Einfluß ausgeübt haben, als sie unter gewissen Voraussetzungen das Beten von Vaterunserreihen als Ersatz für das Offizium anerkannten. Jakobsmuscheln in den Gräbern finden sich als Zeichen dafür, daß der Verstorbene die damals verbreitete Pilgerfahrt zum Grab des Apostels Jakobus des Älteren im spanischen Santiago de Compostela unternommen hatte. Aber auch das Heilige Grab in Jerusalem und die Grabstätten der Apostelfürsten Petrus und Paulus in Rom zählten zu den bevorzugten Zielen der Pilger. Es fällt jedoch auf, daß mit Ausnahme der Jakobsmuscheln Pilgerabzeichen in mittelalterlichen Gräbern praktisch fehlen.

Im lokalen Rahmen spielten Prozessionen, Kirchweih- und Patronatsfeste eine wichtige Rolle, wie überhaupt der das tägliche Leben des Bürgers bestimmende Kirchenkalender mit seinen zahlreichen Heiligenfesten mannigfaltige Abwechslungen im arbeitsreichen Dasein bot. Die Zahl der Kleriker nahm, bedingt durch Stiftungen von Altaristenstellen und Kaplaneien, stark zu; so gab es am Münster in Freiburg im Jahr 1364 insgesamt 41 Pfründen. Vielerorts entstanden Kaplanskollegien mit der Verpflichtung zur Teilnahme an sonn- und feiertäglichen Gottesdiensten. Daraus erklärt sich auch das Vorhandensein von Chorgestühl und Lettner in Pfarrkirchen oder gar in Stadtkirchen ohne Pfarrechte, wie man sie etwa in Villingen, Reutlingen und in Freiburg i. Br. findet.

Neue Formen der Andacht

Neue Heilige, zum Beispiel die Ordensheiligen Franziskus und Dominikus, wurden kanonisiert, und die Verehrung mancher, teils seit langem bekannter Heiliger trat in den Vordergrund. Dazu gehörten etwa Maria Magdalena, die 14 Nothelfer und Christophorus als Beschützer vor dem jähen Tod, dessen Bedeutung mit der zunehmenden Mobilität der spätmittelalterlichen Gesellschaft wuchs. Im städtischen Umfeld bedeutsam wurden Fürbitter verschiedener Gewerbe wie der heilige Bartholomäus, Patron der Gerber, Lederarbeiter, Handschuh- und Schuhmacher, Buchbinder, Fellhändler, Schneider und – als Lieferanten von Häuten – auch der Schlächter.

Eindrücklich änderte sich zu dieser Zeit das Bild des Erlösers. War Christus zuvor mit offenen Augen und gelegentlich mit königlicher Krone als Triumphator über den Tod dargestellt worden, so sah man ihn nun dornenbekrönt und oftmals blutüberströmt als den Leidenden am Kreuz hängen. Es entstanden neue Bildtypen im Sinn von Andachtsbildern wie der Schmerzensmann, das Vesperbild (Pietà) oder die Johannesminne – das Bild des schlafenden Lieblingsjüngers an der Brust des Herrn – als isolierte Darstellungen aus größeren Bildzusammenhängen der Passion Christi. Es sind dies Darstellungen, die der Vorstellungswelt der Mystik jener Zeit nahestehen, Vorstellungen, wie sie in den Schriften eines Eckhart, Seuse, Tauler oder in den besonders im Bodenseeraum verbreiteten dominikanischen Schwesternbüchern ihren Niederschlag fanden.

Glasmalereien aus der Predigerkirche von Freiburg i. Br., um 1280–1300, mit Darstellungen der Muttergottes (links) und des Evangelisten Johannes (rechts).

In ähnlicher Weise wie bei der Darstellung Christi läßt sich auch ein Wandel des Marienbildes feststellen, wobei hier von der kultbildhaften Strenge etwa im Motiv der *Sedes sapientiae* abgerückt wurde und an dessen Stelle zunehmend Darstellungen mit bewegteren und individuellen, mütterlichen Zügen traten. Wie bei den Christusdarstellungen, so werden auch beim Marienbild neue inhaltliche Formen, beispielsweise diejenige der Schutzmantelmadonna, als Andachtsbilder faßbar. All diese neuen Ausdrucksformen sind zwar kein spezifisch städtisches Phänomen, sie haben jedoch in den zahlreichen Stiftungen an städtische Welt- und Ordenskirchen ihre größte Verbreitung und Ausstrahlung gefunden.

Neue liturgische Formen, etwa in der Einsetzung des Altarssakraments, entstanden durch die Einführung des Fronleichnamsfestes im Jahr 1246, dessen Offizium dem Dominikaner Thomas von Aquin zugeschrieben wird. Generell hatten die Bettelorden einen großen Anteil an der Popularisierung der Eucharistie im späteren Mittelalter. So ist etwa die *Elevatio corporis,* das präsentierende Hochhalten der Hostie in der Meßfeier, von der Dominikanerliturgie ins *Missale Romanum* übernommen worden. Zur Sichtbarmachung dieser liturgischen Geste ist in der Rückwand des Lettners vielfach ein fensterartiger Durchblick geschaffen worden, der eine visuelle Teilhabe des Volkes bei der Zelebrierung am Hochaltar ermöglichte. Wie einzelne Beispiele zeigen, scheint man zu diesem Zweck sogar eine Verschiebung des für das Chorgebet bestimmten Lesepults aus der Achse des Chorraums in Kauf genommen zu haben.

Die aus der persönlichen Teilhabe an der Passion Christi entstandene Leidensmystik gipfelte in Bußübungen in Form von geistiger und körperlicher Züchtigung. Büßerbewegungen wie die Reuerinnen, die beispielsweise in Freiburg i. Br. und Basel eine klösterliche Niederlassung besaßen, oder wie die umher-

Oben links: Der Fürstenbergkelch aus Villingen aus der 2. Hälfte des 13. Jahrhunderts. Beispiel einer Stiftervergabung.

Ganz oben eine Jakobsmuschel aus einem Grab in der Pfarrkirche von Twann (BE), darunter die Darstellung eines Devotionalienstandes vor der Wallfahrtskirche in Santiago de Compostela, wo solche Jakobsmuscheln verkauft wurden.

Veränderte Sicht des Gekreuzigten: links Kruzifix aus dem Anfang des 12. Jahrhunderts, rechts davon ein Kruzifix aus dem 1. Viertel des 14. Jahrhunderts.

Oben rechts außen: Holzstatue der Maria Magdalena, um 1250, aus dem Reuerinnenkloster in Freiburg i. Br.

Rechts: Zwei Andachtsbilder. Links: Vesperbild; rechts: Johannesminne.

ziehenden Geißler fanden zunehmende Verbreitung. Der Übersteigerung solcher Bewegungen suchte die Kirche mit verstärkter Überwachung zu begegnen, mit der sie vornehmlich die mit der Ketzerbekämpfung vertrauten Dominikaner beauftragte. Solche inquisitorische Nachstellungen vermochten jedoch selten genug klare Grenzen der Rechtgläubigkeit zu setzen. Vielmehr waren sie dazu angetan, eine Grauzone zwischen intensiv gelebten Formen der Frömmigkeit und der Häresie zu schaffen und damit zu einer verbreiteten Verunsicherung der Gläubigen beizutragen.

Das kirchliche Leben des 13. und 14. Jahrhunderts bildete den Hintergrund, vor dem sich die gesellschaftliche Auseinandersetzung zwischen dem sozial an Bedeutung gewinnenden Bürgertum und dem an wirtschaftlichem Einfluß verlierenden Adel abspielte. Die Städte vermochten besonders auch in kirchlichen Belangen vielfach die Initiative an sich zu ziehen, sei es durch die Förderung oder gar durch die Berufung einzelner Bettelorden, sei es durch die Gründung von Kollegiatstiften. Der politische, wirtschaftliche und gesellschaftliche Umbruch dieser Zeit bewirkte tiefgreifende Umwälzungen auch in geistlichen Dingen, indem überkommene, vorwiegend vom adligen Mönchtum

Die Entwicklung des Marienbildes: links eine Sedes sapientiae aus der Mitte des 12. Jahrhunderts, rechts Muttergottes aus Endingen (AG), vor 1300.

getragene Frömmigkeitsformen eine breitere gesellschaftliche Abstützung fanden, sich aber gleichzeitig im Sinn einer vertieften Innerlichkeit zu verstärkt individualistisch geprägten Andachtsformen veränderten. Das weitgehend geschlossene Weltbild des hochmittelalterlichen Menschen war in Auflösung begriffen. Tragende Schicht dieses Umbruchs war die städtische Gesellschaft, Motor der Entwicklung die Bettelorden, ein Zusammenspiel, das sich innerhalb jener Zeitspanne heranbildete, in der sich die Städte des alemannischen Raums eben anschickten, sich der Dominanz des Adels zu entziehen – eine Entwicklung, die südlich des Rheins zu autonomen Stadtstaaten geführt hat, während nördlich davon der Einfluß des Adels weiterhin dominierend blieb.

(Wertvolle Anregungen und kritische Hinweise verdanken die Verfasser Frau Prof. Dr. Barbara Scholkmann, Tübingen, und Frau Dr. Kathrin Utz Tremp, Freiburg/Üe., sowie den Herren Dr. Peter Schmidt-Thomé und Dr. Matthias Untermann, beide Freiburg i. Br.)

Peter Eggenberger/Georges Descœudres

Das Fallbeispiel Esslingen

Die Präsenz geistlicher Institutionen in einer Stadt und die Art, in der sich diese in den Bauvorhaben manifestiert, läßt sich in exemplarischer Weise in Esslingen belegen. Bald nach 1200 – die erste Stadtrechtserwähnung stammt von 1229 – wird Esslingen zur Stadt im Rechtssinn, und vom Ausgang des 13. Jahrhunderts an ist sie Freie Reichsstadt. Entstehung und frühstädtische Entwicklung verdankt der Ort wesentlich einer »geistlichen Wurzel«, der Zelle mit den Reliquien des heiligen Vitalis, die schon in karolingischer Zeit bezeugt ist. Die bauliche Gestalt der hoch- und spätmittelalterlichen Stadt mit der staufischen Kernstadt, deren Mauerbering 1241 erwähnt wird, und den vier Vorstädten, von denen drei bis um 1350 in die Ummauerung einbezogen werden, formt sich im Verlauf des 13. und bis Mitte des 14. Jahrhunderts. Danach und bis zum Ende Esslingens als Freie Reichsstadt erfährt die Stadt keine wesentlichen Veränderungen mehr.

Im selben Zeitraum nimmt auch die kirchliche Topographie der Stadt jene Gestalt an, die sich in großen Teilen auch heute noch im Stadtbild ablesen läßt.

Esslingen in einer Darstellung von Andreas Kieser, 1683 (ganz oben), darunter der Kern der mittelalterlichen Stadt in einer Luftaufnahme.

Katalog des kirchlichen Besitzes in Esslingen:

Kirchen und Kapellen

Stadtkirche St. Dionysius (Pfarrkirche)
Als »cella« 777 n. Chr. erstmals erwähnt; wird von Abt Fulrad aus Saint-Denis testamentarisch seinem Kloster vermacht. Um 1220 bis in die zweite Hälfte des 14. Jahrhunderts Bau der heutigen Kirche. Ältester erhaltener Baubestand: Anfang des 13. Jahrhunderts.

Frauenkirche
Anstelle einer 1267 urkundlich faßbaren Marienkapelle. 1321 Beschluß des Stadtrates zum Bau einer »Bürgerkirche«. Baubeginn der Frauenkirche vor 1325; im ersten Viertel des 16. Jahrhunderts Abschluß der Bauarbeiten. Ältester erhaltener Baubestand: Langhaus, erste Hälfte des 14. Jahrhunderts, Chor, um 1340/50. Nördlich von St. Dionysius.

Ehemalige Allerheiligenkapelle (Stadtarchiv)
Ehemalige Friedhofskapelle bei St. Dionysius; 1324 erstmals urkundlich erwähnt. Anfang des 13. Jahrhunderts errichtet (ältester erhaltener Baubestand). Heutiger Baubestand: romanische Kapelle mit späteren Umbauten. Südlich von St. Dionysius.

Ehemalige Ägidienkapelle
Ehemals von Friedhof umgeben. 1268 erstmals als »...de pomerio iuxta capellam sancti Egidi« urkundlich erwähnt, profaniert. Möglicherweise identisch mit Ottilienkapelle. Ilgenplatz/Ottilienplatz, östlich von St. Dionysius.

St. Agnes-Kapelle
1316 urkundliche Erwähnung der auf dem (Spital-)Friedhof stehenden Agneskapelle; abgegangen. Weststadt (»Agnespromenade«, »St. Agnesbrücke«).

St. Jakobskapelle
1313 erstmals urkundlich erwähnt; abgegangen. Pliensauvorstadt.

Heilig-Kreuz-Kapelle
1349 erstmals urkundlich erwähnt; abgegangen. An der äußeren Pliensaubrücke.

Nikolauskapelle
1350 erstmals urkundlich erwähnt; profaniert. Um 1300 errichtet. Heutiger Bestand: Spätgotischer Bau. Auf der »Inneren« Brücke.

Liebfrauenkapelle
1351 erstmals urkundlich erwähnt; abgegangen, genaue Lokalisation nicht möglich. Vor dem Vogelsangtor.

Abgegangene Kapellen, die zwar erst im 15. und 16. Jahrhundert erwähnt sind, jedoch aller Wahrscheinlichkeit nach bereits im 13./14. Jahrhundert bestanden haben. Genaue Lokalisation nicht möglich:

Christi-erbärmend Kapelle
1414 erstmals urkundlich erwähnt (»ad miseri coedres Domini«). Vor dem Schmelztor.

St. Cyrillus-Kapelle
1509 erstmals urkundlich erwähnt (»Sankt Cyrilli Capelkirch daselbst uff der Hauptstat vor dem Brugkentor«). Westlich der Pliensaubrücke.

Ehemalige Leonhardtskapelle
Vor dem Obertor.

Klöster und Klosterkirchen

Ehemaliges Dominikanerkloster (Prediger)
1221 Niederlassung der Mönche in der Mettinger Vorstadt. 1233 Baubeginn der Klosterkirche St. Paul am heutigen Standort; 1268 Weihe der Kirche; 1291 Erweiterung der Klosteranlage; 1482 Erneuerung der Gewölbe in der Kirche; 1810 Abbruch der Klausur. Heutiger Baubestand: Kirche und Reste der Klausur. Ältester erhaltener Baubestand: Kirche, 13. Jahrhundert. Nordwestlich St. Dionysius am Mettinger Tor.
Archäologische Daten:
Bei Sanierung und Umbauten im Westflügel der in das 13. Jahrhundert zurückgehenden Klausur wurden 1987/88 Teile der spätmittelalterlichen Fassung des Gebäudes freigelegt sowie die Reste einer Unterbodenheizung archäologisch untersucht. Die zur Primäranlage gehörende, von einem Raum außerhalb der Klausur betriebene Unterbodenheizung wurde vermutlich im 14. Jahrhundert durch eine Neukonstruktion ersetzt, für die ein im zu beheizenden Raum stehender Kachelofen angenommen werden muß. Die Aufgabe der Heizung erfolgte im Zusammenhang mit Um- und Neubauten; in der Verfüllung des Heizraums fanden sich Ornamentfliesen unterschiedlicher Entstehungszeit, die einen Eindruck von der Ausstattung des Klosters vermitteln. Wichtig für die historische Topographie Esslingens ist die Beobachtung, daß vor Errichtung des Großbaus ein umfangreicher Bodenauftrag erfolgte, der im Bereich der Heizanlage eine Mächtigkeit von mehr als 2 m besitzt und aufgrund der Keramikfunde ins 13. Jahrhundert zu datieren ist.

Ehemaliges Franziskanerkloster (Barfüßer)
1206 erstmals urkundliche Erfassung der Barfüßer auf dem Steckenberg; 1237 Niederlassung des Ordens in Esslingen. 1237 Baubeginn (Inschrift an Strebepfeiler im Chor) der Klosterkirche St. Georg (»Hintere Kirche«); Anfang 14. Jahrhundert Bau des Chors; 1668 Abbruch der Klausur; 1840 Abbruch des Kirchenschiffs. Heutiger Baubestand: Chor der Klosterkirche, zugleich ältester erhaltener Baubestand. Südöstlich St. Dionysius am Holzmarkt.

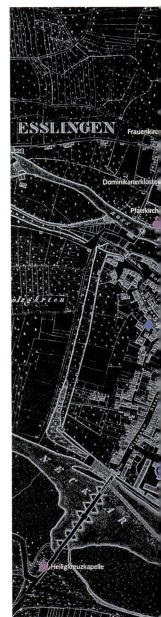

Ehemaliges Karmeliterkloster
1271 durch Esslinger Bürger gestiftet, gleichzeitig Niederlassung des Ordens in Esslingen; 1334 Klosterkirche erstmals erwähnt; abgegangen. Ende des 13. Jahrhunderts Bau der Klosteranlage; 1662 Abbruch der Kirche, 1783 Abbruch der Klausur. In der Obertorvorstadt.
Archäologische Daten:
Im Vorgriff auf einen Großbau wurden 1990/91 in jenem Bereich archäologische Untersuchungen durchgeführt, in dem sich 1271 die Karmeliter auf gestiftetem Grund außerhalb der Kernstadt ansiedelten. Die hier entstehende Obertorvorstadt wurde im 14. Jahrhundert mit einer Mauer gesichert.
Trotz der nachfolgenden Überbauung des Gebiets konnte die Klosteranlage noch in weiten Bereichen erfaßt werden. Die Reste belegen eine auf Wohlstand deutende Ausbaustufe im späten Mittelalter. Unter den Gebäuden wurden

452

Kloster
Kirche
Kapelle
Pfleghöfe auswärtiger Klöster
Pfleghof mit eigener Kapelle
Spital
Salem
Kaisheim
Bebenhausen
Augustinerkloster
Konstanz
Katharinenspital mit Spitalkirche
Blaubeuren
Speyer
Fürstenfeld
Allerheiligenkapelle
Denkendorf
Franziskanerkloster
Nikolauskapelle
Agidien(Ilgen)kapelle
Karmeliterkloster
St. Klarakloster (Franziskanerinnen)
Adelberg
Kloster (Dominikanerinnen)

die Überreste älterer Bebauung angetroffen, die Aufschluß über die Verhältnisse zur Zeit der Klostergründung geben.

Ehemaliges Augustinerkloster
1268 Niederlassung der Mönche in Esslingen, 1274 Einführung der Regeln des heiligen Augustinus. Ab 1282 Bau des Klosters; 1481 Neubau der Kirche; um 1500 Neubau der Klausur; 1668 Zerstörung des Klosters; 1705 Anlage vollständig abgetragen. Nördlich der Stadt, unterhalb der Burg.

Ehemaliges Dominikanerinnenkloster (»Sirnauer Hof«)
1241 Verlegung des Dominikanerinnenklosters von Kirchheim/Teck nach Sirnau; 1292 aus Sicherheitsgründen Übersiedlung nach Esslingen in die Pliensau; abgegangen. Seit 1292 Anlage als »Sirnauer Hof« bezeugt. Pliensauvorstadt.

Ehemaliges Klarissinnen-Kloster
Um 1300 Niederlassung in Esslingen; 1302 erstmals erwähnt. 1351 Neubau des Klosters nach Brand; 1704 Einsturz der Kirche. Ältester erhaltener Baubestand: Teile des spätgotischen Klausurgebäudes, zugleich heutiger Baubestand. Obertorvorstadt.

Pfleghöfe

Speyrer Pfleghof
1213 Schenkung Friedrichs II. (Pfarrkirche und Zehnt) an das Domkapitel Speyer. Doppelte Funktion für den Pfleghof: Pfleghof des Speyrer Domkapitels und Pfarrhof der Stadtkirche. 1230 Pfleghof als »domus lapidea« erstmals erwähnt; um 1500 Neubau des Hauptgebäudes; 1753 Umbauten und Sicherungsmaßnahmen. Heutiger Baubestand: Zwei Hauptbauten und drei Nebenflügel, 16. Jahrhundert. Ältester erhaltener Baubestand: Heutiges Untergeschoß aus der Mitte des 13. Jahrhunderts. Archivstraße/Zehentgasse südöstlich von St. Dionysius.

Salemer (Salmannsweiler) Pfleghof mit Kapelle
1227 und 1229 erstmals urkundlich erwähnt durch Schenkungen der Esslinger Bürger an das Kloster. 1227 Pfleghof als bestehend genannt; 1282 Kapelle erstmals urkundlich erwähnt; 1509 Umbau und Erweiterung; 1743 und 1754 Um- und Erweiterungsbauten. Heutiger Baubestand: Hauptbau hauptsächlich 16. Jahrhundert. Ältester erhaltener Baubestand romanisch. An der nördlichen Stadtmauer neben der Frauenkirche.

Bebenhäuser Pfleghof mit Kapelle
1232 Schutzprivileg Papst Gregors IX. für Esslinger Besitz des Klosters; 1330 Stiftung einer Kapelle; 1257 Pfleghof erstmals genannt; 1770 Umbau und Erneuerung. Heutiger Baubestand: Hauptgebäude von 1770 mit Resten aus dem 16. Jahrhundert, Anbauten an der westlichen Hofseite. Ältester erhaltener Baubestand: Portale an der Südfassade, Fenster, um 1515. Heugasse/Webergasse.

Denkendorfer Pfleghof
1387 erste urkundliche Nennung, als das Kloster Denkendorf sich dem Schutz der Reichsstadt Esslingen unterwirft, außerdem Verleihung des Bürgerrechts. Pfleghof zuerst in Mettinger Vorstadt, dann in der Vorstadt am Schönenberg, schließlich nach 1400 Ansiedlung am Holzmarkt. 1807 Neubau, dem der heutige Baubestand entspricht. Ältester erhaltener Baubestand: evtl. noch »gotisch« (Erdgeschoß). Holzmarkt/Landolinsgasse.
Archäologische Daten:
Auf dem rückwärtigen Teil der Parzelle des erst im Spätmittelalter an dieser Stelle bezeugten Pfleghofs wurden im Hinblick auf ein geplantes Neubauvorhaben Probegrabungen durchgeführt. Abgesehen von den deckenden Schichten umfaßt hier die archäologische Substanz die Zeitspanne vom 12. bis zum 14. Jahrhundert. Die feingliedrige stratigraphische Abfolge läßt eine Unterteilung in sieben einander teilweise überlagernde bauliche Eingriffe zu. Besondere Bedeutung kommt den ausschnitthaften Untersuchungen dadurch zu, daß die Reste von Holzbebauung dendrochronologisch datierbar waren und damit wenigstens partiell eine Feingliederung des Fundmaterials ermöglichten. Weiter deutet das Fundmaterial auf einen gehobenen sozialen Hintergrund, was insofern über den einfachen Befund hinausgeht, als es die Vermutung zuläßt, daß hier möglicherweise ein Adelssitz bestand, der dann an das Kloster Denkendorf überging.

Blaubeurer Pfleghof
1238 Steuerbefreiung für Besitz in Esslingen. Ab wann der Pfleghof in Esslingen unterhalten wurde, ist nicht bekannt. 1551 Erteilung einer Genehmigung zum Neubau des Klosterhofs. 1575 Neubau, dem der heutige Baubestand entspricht. 1771 Abbruch der Neben- und Anbauten. Beutauvorstadt.

Adelberger Pfleghof mit Kapelle (sog. Doppelkapelle)
1349 Pfleghof erstmals als »Freihof« erwähnt; 1791 abgebrochen. Obertorvorstadt.

Ehemaliger St. Blasischer Pfleghof
1265 Besitz in Esslingen erstmals urkundlich erwähnt; 1277 Bürgerrecht. 1265 Pfleghof erstmals erwähnt; um 1910 abgebrochen. Pliensauvorstadt.

Kaisheimer (Kaisersheimer) Pfleghof mit Kapelle
1293 Schenkung eines Hauses mit Hofstatt am Schönenberg (Burg); 1299 Schenkung erweitert; Stiftung einer Kapelle, diese 1304 geweiht. In der ersten Hälfte des 14. Jahrhunderts Bau des Pfleghofs; 1528 Umbau und östlicher Anbau; 1664 Erweiterung der Kapelle; 1775 Umbau des Hauptgebäudes; Kapelle vor 1919 abgebrochen. Heutiger Baubestand: Hauptgebäude. Ältester erhaltener Baubestand: Unterbau des Hauptgebäudes aus der ersten Hälfte des 14. Jahrhunderts (Entstehungszeit). Burgsteige nördlich von St. Dionysius.

Konstanzer Pfleghof
1327 erstmals urkundlich erwähnt (Bürgerrecht für das Konstanzer Domkapitel). Domkapitel Konstanz ohne Besitz in Esslingen; der Standort Esslingen diente zur Verwaltung der im mittleren Neckarraum angesiedelten Besitzungen. Genaue Entstehungszeit des Pfleghofs nicht bekannt; Reste einer Holzkonstruktion von 1518 (Umbau?); 1584–1594 Neubau, dem der heutige Baubestand entspricht; 1770 Anbau. Webergasse/Augustinergasse.

Fürstenfelder Pfleghof mit Kapelle
1317 Genehmigung zum steuerfreien Erwerb von Haus- und Grundbesitz, Verleihung der Bürgerrechte. 1321 Weihe der Kapelle; 1390 erstmalige Nennung des Pfleghofs; 1448 Umbau der Kapelle; 1541 und 1701 Brandzerstörung und Wiederaufbau des Pfleghofs. Heutiger Baubestand: Gebäude von 1702 (massiv errichtet). Ecke Heugasse/Strohgasse.

Andere kirchliche Einrichtungen

Katharinenhospital
1232 erstmals in Schutzprivileg Gregors IX. erwähnt; 1247 dem Augustinerorden unterstellt. 1247 Baubeginn der Spitalkirche; 1485 Neubau durch Matthäus Böblinger; 1495 Weihe; 1484 Neubau des Spitals nach Brand; 1811 Abbruch des gesamten Gebäudekomplexes des Spitals (einziger erhaltener, zum Spital gehörender Bau: Kelter von 1582, sogenanntes »Kielmeyerhaus«). Nördlich von St. Dionysius, heute Marktplatz.

Plan und Text
Margarete Walliser

Darstellung von vier der insgesamt zehn Pfleghöfe, die bis gegen 1350 innerhalb der Stadtmauern Esslingens entstanden und die klösterliche Präsenz in der Stadt dokumentieren.

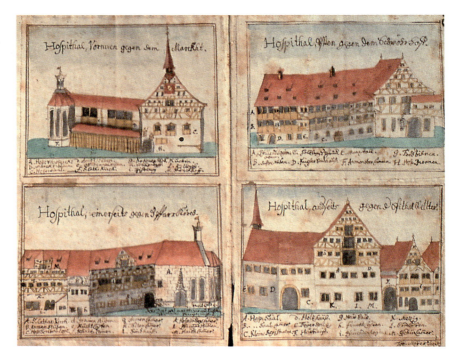

Zu der schon vor 777 durch einen ersten Bau belegten ältesten Kirche Sankt Vitalis (der späteren Dionysius-Kirche), die lange vor der Verleihung des Stadtrechts als Pfarrkirche fungiert und dies dann auch weiterhin tut, kommen nach 1200 in rascher Folge sechs Bettelordensniederlassungen hinzu – darunter zwei Frauenklöster – von denen vier in den Vorstädten Platz finden. Als zweite Kirche wird auf Beschluß des Rats und mit Spenden der Bürgerschaft ab 1321 die Frauenkirche gebaut. Von den zahlreichen Kapellen, die bis zum Spätmittelalter nachweisbar sind, sind die meisten bis zur Mitte des 14. Jahrhunderts errichtet worden. Gleichzeitig erwerben auswärtige Klöster Besitzungen sowohl in der Stadt selbst wie auch auf der zugehörigen Markung – vor allem, um sich den Zugriff auf die begehrten Weinberge an den Hängen des Neckartals zu sichern. Die klösterliche Präsenz in der Stadt dokumentiert sich durch insgesamt zehn Pfleghöfe, die bis um 1350 innerhalb des Mauerberings erbaut werden. Schließlich wird ab 1232 der ebenfalls unter geistlicher Administration stehende große Komplex des Katharinenspitals mit einer eigenen Kirche errichtet.

Ein Blick auf die Lage der Sakralbauten und der kirchlichen Liegenschaften innerhalb der Stadt macht sofort deutlich, wie sehr die kirchlichen Bauten im Stadtbild dominieren. Ganz besonders gilt dies für den östlichen Bereich des staufischen Stadtkerns, wo Stadtkirche und Frauenkirche, Dominikanerkloster und Katharinenspital, Allerheiligen- und Agneskapelle sowie die Pfleghöfe der Klöster Salem, Blaubeuren, Kaisheim und Speyer dicht beieinander liegen, so daß sich hier beinahe ein ganzes Stadtquartier in geistlicher Hand befindet.

Es verwundert deshalb auch nicht, daß sich am Beispiel Esslingen besonders gut aufzeigen läßt, wie der Rat der Stadt versucht, die sich ständig ausdehnende Macht der Kirche zu begrenzen und die Übernahme von Liegenschaften innerhalb der Stadt durch auswärtige geistliche Institutionen zu unterbinden. Die durch kaiserliche und päpstliche Privilegien gesicherte Steuer- und Abgabenfreiheit, von der die auswärtigen Klöster in der Stadt profitieren, bedeuteten für das städtische Gemeinwesen eine schwere Belastung. Im Kampf gegen die »tote Hand« verhelfen zwei einschneidende Maßnahmen der Stadt zum Erfolg. Zum einen sichert sich die Stadtregierung 1321 das Patronatsrecht an sämtlichen Altären und Kapellen in der Stadt. Die zahlreichen Stiftungen von Esslinger Bürgern kommen somit von da an Geistlichen zugute, die von der Stadt abhängig sind, und sie gehen außerdem jetzt an die Esslinger Kapellen und Kirchen und nicht mehr an auswärtige Klöster. Noch bedeutsamer aber ist, daß es der Stadt im Jahr 1330 gelingt, vom Kaiser ein Privileg zu erhalten, das der Geistlichkeit den Erwerb von Grundstücken im Esslinger Zehntbezirk untersagt und ihr darüber hinaus gebietet, alles gestiftete Gut binnen Jahresfrist wieder an Esslinger Bürger zu veräußern. Auch die in der Stadt selbst gelegenen Klöster

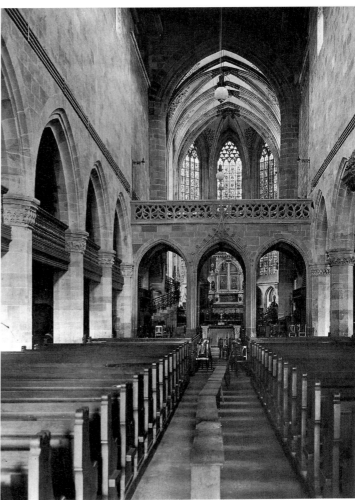

Die Stadtkirche von Esslingen in einer Außenaufnahme aus den zwanziger Jahren dieses Jahrhunderts (oben links) und Blick ins Kircheninnere (oben).

dürfen bloß noch mit Liegenschaften außerhalb der Markung oder dann mit Geldbeträgen bedacht werden. Mit diesen beiden Maßnahmen waren die Ausdehnungsmöglichkeiten geistlicher Institutionen innerhalb der Stadt weitestgehend eingeschränkt, die kirchliche Topographie Esslingens festgeschrieben. Lediglich einem einzigen Kloster gelang es später noch, einen Pfleghof in der Stadt zu errichten.

Zur Kenntnis der Entstehung und Entwicklung kirchlicher Bauten in Esslingen haben archäologische Untersuchungen Wesentliches beigetragen. Am Anfang steht dabei die 1960–1963 durchgeführte Ausgrabung in der Stadtkirche St. Dionysius, die zugleich zur Institutionalisierung der Archäologie des Mittelalters innerhalb der archäologischen Denkmalpflege führte. Weitere Grabungen fanden 1987/88 im Klausurtrakt des ehemaligen Dominikanerklosters sowie auf einem Teilbereich des Grundstücks statt, auf dem sich der Denkendorfer Pfleghof befand. 1990/91 schließlich erfolgte die archäologische Untersuchung des im 18. Jahrhundert abgegangenen Klosters der Karmeliter.

Die Grabungen haben nicht nur Aufschluß über Entstehung und Entwicklung der kirchlichen Bauten und geistlichen Niederlassungen gegeben, sondern auch über die Entwicklung der städtischen Topographie. Dies gilt insbesondere für die neueren Untersuchungen, die deutlich machen, wie sehr die Anlage von zum Teil ausgedehnten kirchlichen Baukomplexen zu weitreichenden baulichen Veränderungen im Stadtgefüge führte. Die Baumaßnahmen führten nicht nur zu gewaltigen Aufschüttungen, wie dies zur Baulandgewinnung bei der Errichtung des Dominikanerklosters erforderlich war, es kam auch zu umfangreichen Eingriffen in das schon bestehende Baugefüge der Stadt, wie sich dies am Abriß mehrerer Bürgerhäuser für den Bau der Niederlassung der Karmeliter belegen läßt. Gerade auch dieses Beispiel einer mittelalterlichen »Flächensanierung« macht deutlich, in welchem Ausmaß die Herausbildung der kirchlichen Topographie in das allmählich gewachsene Gefüge einer mittelalterlichen Stadt verändernd eingriff.

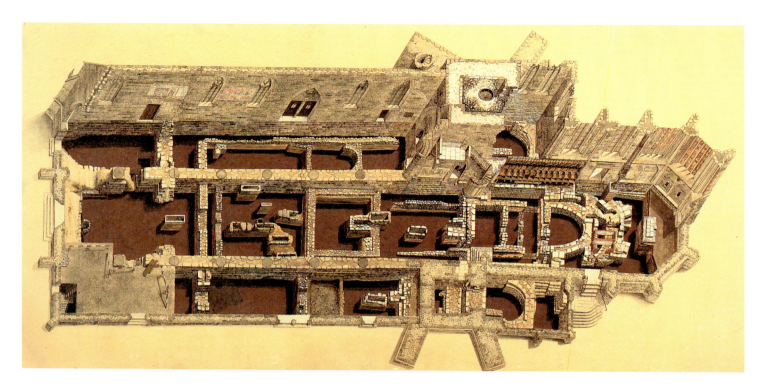

Farbige Isometrie der sämtlichen Grabungsbefunde der
Stadtkirche St. Dionysius.

Die Stadtkirche St. Dionysius:
Von der »Cella« zur Pfarrkirche der Bürger

Kirchlicher Mittelpunkt der Stadt Esslingen war und ist die seit dem Übertritt der
Bürgerschaft zur Reformation protestantische Stadtkirche St. Dionysius. Am
Westrand des staufischen Stadtkerns gelegen, dominiert sie mit ihrer charakteristischen Silhouette, den beiden durch einen überdachten Gang verbundenen
Osttürmen, dem dreischiffigen niedrigeren Langhaus und dem hochstrebenden
Chor noch heute das Bild der Altstadt, zusammen mit dem mächtigen spätgotischen Westturm der nahegelegenen Frauenkirche. St. Dionysius, die ihr benachbarte Frauenkirche und die zwischen diesen beiden Sakralbauten gelegene, heute
als katholische Pfarrkirche genutzte ehemalige Klosterkirche der Dominikaner
legen auch heute noch eindrucksvoll Zeugnis ab für die herausragende Bedeutung der Kirche in der mittelalterlichen Stadt.

Charakteristisch für die Baugeschichte von St. Dionysius und ihrer Vorgängerbauten – und dies gilt für alle Phasen der Entwicklung – ist der enge Zusammenhang zwischen der Kirche und der sie umgebenden Siedlung, der späteren
Stadt. Daran ermißt sich zum einen die Bedeutung eines frühmittelalterlichen
Sakralbaus für die Entstehung und Entwicklung der vorstädtischen Siedlung.
Zum andern illustrieren die zahlreichen Veränderungen, denen der Bau unterworfen war, wie die Kirche im Verlauf der Stadtwerdung in ihre Funktion hin-
einwächst, die darin besteht, als Mittelpunkt des religiösen Lebens der Bürger
von der Taufe bis zum Begräbnis zu dienen. Diese Entwicklung ist dank der
durch G. P. Fehring durchgeführten archäologischen Ausgrabung und der in diesem Zusammenhang erfolgten bauarchäologischen Erforschung der bestehenden
Kirche – einschließlich der Untersuchung und Datierung der Dachstühle – exakt
nachvollziehbar. Hinzu kommt, daß sich in Esslingen eine frühe Schriftquellen-
überlieferung und die Ergebnisse der Archäologie lückenlos zueinanderfügen,
was sonst höchst selten der Fall ist.

Der Anfang: die Vitaliszelle

Die Keimzelle nicht nur der späteren Stadtkirche, sondern auch der Stadt selbst
ist eine geistliche Niederlassung. Fulrad, Abt von St. Denis bei Paris und als
Leiter der königlichen Hofkanzlei einer der einflußreichsten Männer seiner Zeit,
errichtet bei einer schon bestehenden Kirche, die ihm ein alamannischer Adliger
geschenkt hat, eine Cella, ein kleines Kloster, und vermacht dieses im Jahr 777

seiner Abtei. Es handelt sich um eine »politische« Gründung: Eingebunden in ein System weiterer Zellen, die sich vom Elsaß über den inneralamannischen Raum bis an die Grenze zu Bayern erstrecken, dient sie der Sicherung dieses Raums für das fränkische Reich und ist Station an einem Verbindungsweg nach dem noch gefährdeten Osten. Der Platz erscheint sorgfältig ausgewählt. Er liegt an einer wichtigen Fernhandelsstraße und außerdem an einem Fluß, der als Verkehrsweg genutzt und an dieser Stelle durch eine Furt gequert werden kann. Die kleine geistliche Niederlassung erhält von ihrem Gründer zudem ein kost-

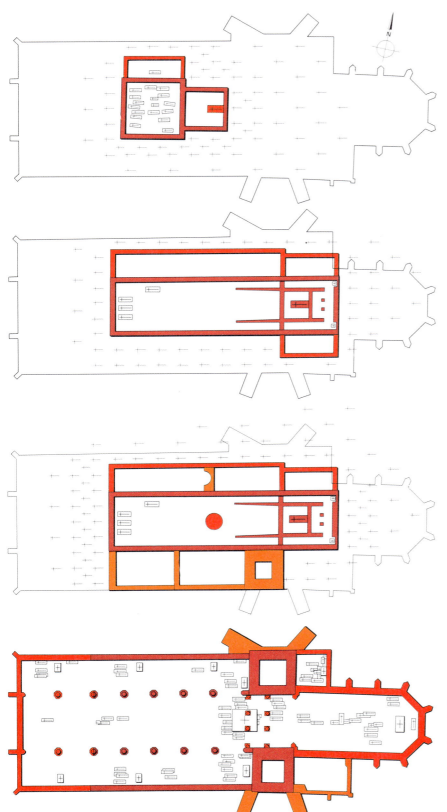

Grundrißabfolge der Stadtkirche von Esslingen gemäß dem archäologischen Befund, von oben nach unten:

Grundriß der Kirche St. Vitalis I mit Innenbestattungen und Friedhof.

Grundriß der Kirche St. Vitalis, Bau II

Grundrißplan der An- und Umbauten an St. Vitalis II

Grabungsgrundriß der Stadtkirche St. Dionysius

Grab des heiligen Vitalis (oben), Grabstein aus der Innenbestattung von Bau I mit Inschrift; Knabengrab des Nordman (oben rechts).

Das Schmuckensemble stellt einen sogenannten Versteckfund dar, der in einer Außenbestattung des Baus I geborgen werden konnte.

bares Geschenk: die Reliquien des heiligen Vitalis, eines wahrscheinlich stadtrömischen Märtyrers.

Die Ausgrabungen haben unter der Stadtkirche umfangreiche Überreste der ersten Kirche, St. Vitalis I, wieder sichtbar gemacht. Sie stammen von einem Saalbau mit einem Annex im Norden, den der Konvent wohl für sich nutzte. Im Chor war das große Märtyrergrab angelegt worden, das Kirchenschiff war zugleich Begräbnisstätte. 17 Bestattungen kamen hier zum Vorschein; bei den Toten handelt es sich sehr wahrscheinlich um Klosterbewohner. Im näheren Umkreis müssen sich Siedlungsbereiche befunden haben, die schon zu merowingischer Zeit bestanden hatten, archäologisch bis jetzt jedoch nur spurenweise zu fassen sind. Was vorhanden ist, sind die Überreste der Menschen, die im Umkreis der Kirche gelebt haben müssen. Sie liegen in dem ausgegrabenen Friedhof bestattet, der sich rings um die Kirche erstreckt. Bereits dieser Begräbnisplatz zeigt, daß schon der erste Esslinger Kirchenbau aus dem 8. Jahrhundert mehr war als nur Sakralbau für den Konvent und Verehrungsstätte des Heiligen. Zumindest teilweise erfüllte St. Vitalis I die Aufgaben einer Pfarrkirche für die umliegenden Siedlungsbereiche.

Zelle und Markt – Die Kirche St. Vitalis im 9. Jahrhundert

Rund hundert Jahre nach der Gründung der Zelle wird die erste Kirche, St. Vitalis I, aufgegeben. Es entsteht ein großer Neubau, der mit 40 m Länge zu den größten bisher bekanntgewordenen Kirchenbauten Süddeutschlands aus jener Zeit gehört. Bemerkenswert ist seine Grundrißgestalt; sie zeigt ein einfaches langgestrecktes Rechteck, sehr wahrscheinlich ohne (im Außenbau) baulich ausgeschiedene Chorpartie. Das Langhaus selbst ist einschiffig. Differenziert ausgestaltet ist aber der Ostteil im Innern. Hier wurde eine Krypta eingebaut: Zwei langgestreckte, gewinkelte Stollen führen aus dem Schiff in eine kleine, dreischiffige und zweijochige gewölbte Halle, an deren Westseite, in Verbindung zum darübergelegenen Hauptaltar, ein neues Reliquiengrab angelegt wird. Die Krypta dient der Verehrung des Heiligen, und so ist es verständlich, daß sie in diesem Neubau architektonisch besonders behandelt und herausgehoben wurde. Zahllose Kerzenrußspuren an den noch erhaltenen Wandteilen der Krypta zeugen von den Gläubigen, die am Vitalisgrab vorbeizogen oder hier zum Gebet verweilten. Ein langgestreckter Anbau im Norden des Langhauses war wohl der Nutzung durch die Klostergemeinschaft vorbehalten. Außerdem finden sich zwei den Chor flankierende Annexe.

Kurz bevor dieser Neubau entstanden sein muß, wird Esslingen erneut auch in den Schriftquellen faßbar. Im Jahr 866 erhält das Kloster St. Denis eine Bestätigung seines Eigentumsrechts an der Zelle; gleichzeitig findet sich die Nachricht, daß hier ein Markt besteht. Seine Bedeutung erhellt allein schon aus der Tatsache, daß es sich dabei um den zweitältesten Nachweis eines Markts im ostfränkischen Reich überhaupt handelt.

Die Entstehung des Markts dürfte, ebenso wie das umfangreiche Neubauprojekt von St. Vitalis II, auf die Initiative des westfränkischen Klosters St. Denis zurückgehen, dessen Titelheiliger, Dionysius, möglicherweise schon damals neben Vitalis in Esslingen Verehrung erfuhr und der Vitalis dann bis gegen Ende des Mittelalters fast vollständig verdrängt haben wird.

Die Gründe, die zur Einrichtung des Markts gerade bei der Vitaliszelle geführt haben, sind unschwer zu erkennen. Es ist zum einen die schon genannte Gunst der Lage, die Tatsache, daß sich der Platz am Neckar für einen Markt als besonders geeignet erwies. Hinzu kommt aber ein zweites: Wie an anderen vergleichbaren Orten auch, so dürften der Zulauf zum Heiligen und zu der zu seiner Verehrung errichteten Stätte in St. Vitalis II in einem engen Zusammenhang zum Markt stehen. Ansammlungen von Menschen aus religiösen Gründen waren auch für den Marktbetrieb nützlich und förderten die wirtschaftliche Entwicklung. Zelle und Markt ergänzen sich in ihren Funktionen, der Markt wird, so der Wortlaut der Schriftquelle, bei der Zelle abgehalten. Beide zusammen bilden so gemeinsam die Grundlage für die Entstehung eines »vorstädtischen« Gemeinwesens, aus dem sich die spätere Stadt entwickeln kann.

Vom 10. bis zum 12. Jahrhundert: Vergrößerung und Funktionswandel

Während der beiden nächsten Jahrhunderte erlebte die Kirche St. Vitalis II eine dichte Abfolge von Um- und Anbauten im Äußern wie im Innern. Um 1200 wird das Langhaus im Norden und Süden erheblich vergrößert, so daß seine Außenmaße fast schon an diejenigen des Neubaus im 13. Jahrhundert heranreichen. Außen wird der Bau durch einen im Südosten angefügten Turm bereichert. Das Innere des Langhauses ist nun eine dreiteilige Anlage mit dem alten karolingischen Kirchenschiff und beidseitig angefügten, mehrfach veränderten Kapellen-

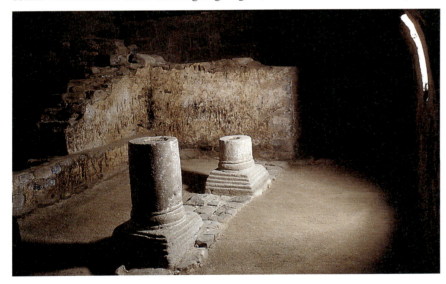

Links: Blick in die zu Bau II der Vitaliskirche gehörigen Krypta.

Unten: Vier Bruchstücke farbiger Gläser aus der einstigen Kirchenausstattung des Baus II der Vitaliskirche, darunter das Bruchstück eines besonders schönen Glaskameo.

459

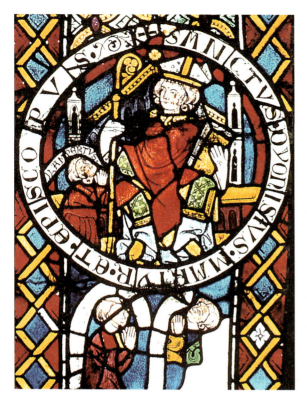

Neuzeitliche Glasscheibe im Chor der Stadtkirche mit der Darstellung des heiligen Dionysius, der um 1200 den heiligen Vitalis als Stadtheiligen zu verdrängen beginnt.

anbauten. Der Fußboden im Schiff wird erneuert, Teile der Innenausstattung werden umgestaltet. Nur Chor und Krypta bleiben in ihrem baulichen Bestand weitgehend unverändert, wobei die Krypta ihre ursprüngliche Funktion als Stätte der Heiligenverehrung inzwischen verloren hat und die verehrten Reliquien in den Hauptaltar der Oberkirche transferiert worden sein dürften.

Als Bestattungsplatz diente das Kircheninnere damals kaum noch, denn es finden sich im Langhaus von St. Vitalis II nur vier Gräber, die in der Zeit seines Bestehens dort angelegt worden sind. Drei von ihnen, unmittelbar vor der Westwand gelegen, müssen noch während der Bauzeit im 9. Jahrhundert Verstorbene aufgenommen haben. Dicht und kontinuierlich belegt erscheint dagegen der rund um die Kirche angelegte Friedhof, wie dies die archäologisch untersuchten Teilbereiche bezeugen. Auch hier sind die bei der Kirche bestatteten Toten, wie schon bei St. Vitalis I, praktisch die einzigen archäologisch faßbaren Hinweise auf eine der Kirche benachbarte Siedlung, denn die verschiedenen archäologischen Aufschlüsse im Bereich der Altstadt haben bisher nur vereinzelt Spuren aus dem Zeitraum vor 1200 erbracht.

Daß diese Siedlung existierte und bereits eine überörtliche Bedeutung hatte, bezeugen jedoch andere Quellen. Sie verraten auch, daß in Esslingen im Zeitraum von zwei Jahrhunderten die politischen Kräfteverhältnisse wesentlichen Veränderungen unterworfen waren. Das Kloster St. Denis vermag offensichtlich seinen weit entfernten Außenbesitz bereits vom 10. Jahrhundert an nicht mehr wirksam für sich zu sichern, ein Restitutionsversuch im Jahr 1146 bleibt ohne Erfolg. Statt dessen festigen die Herzöge von Schwaben ihren Einfluß in Esslingen. Die Bedeutung, die der Ort für sie gewinnt, zeigt sich unter anderem darin, daß sie hier neben Zürich und Breisach ihre dritte Münzstätte einrichten. Eine Pfalz wurde zuletzt nördlich der Stadtkirche, im Bereich des späteren Pfleghofs vom Kloster Salem, vermutet. So scheint es nur folgerichtig, wenn der Ort 1077 »oppidum« genannt wird. An der klösterlichen Niederlassung scheinen die Herzöge von Schwaben offensichtlich kein Interesse gehabt zu haben. Der Konvent überlebt nicht bis ins Hochmittelalter, ein letzter indirekter Nachweis für seine Existenz datiert ins Jahr 1106. Die Bedeutung der geistlichen Wurzeln Esslingens zeigt sich immerhin noch daran, daß die hier geprägten Münzen Name und Bildnis des heiligen Vitalis tragen. Wahrscheinlich um die Mitte des 12. Jahrhunderts gelangt der Ort in den Besitz der Staufer.

Die Ergebnisse der archäologischen Ausgrabung zur baulichen Entwicklung von St. Vitalis II fügen sich nahtlos in dieses Bild ein. Sie zeigen eine Kirche, die kontinuierlich vergrößert und intensiv genutzt wird. Die nachweisbaren Veränderungen lassen auch nichts mehr erkennen, was sich funktional der Nutzung durch einen Konvent zuordnen ließe. St. Vitalis II vermittelt so das Bild eines Gotteshauses, das immer wieder den sich steigernden Raumbedürfnissen eines wachsenden Gemeinwesens angepaßt wurde.

Der bestehende Bau: Kirche für die städtische Bürgerschaft

Im Jahr 1213 schenkt Friedrich II. die Esslinger Kirche an das Domkapitel zu Speyer. Dies geschieht zu einer Zeit, in der die staufische Stadt Esslingen ihre bauliche und politische Gestalt annimmt. Wenig später, im Jahr 1219, wird in der Umschrift auf einem Siegel die »Universitas populi de esselingen«, das heißt die Esslinger Bürgerschaft, in der Überlieferung greifbar. Es kann kaum ein Zufall sein, daß man in eben jenen Jahren anstelle der alten Vitaliskirche den Neubau einer Kirche in Angriff nimmt. In einem Bauprozeß, der sich über fast zwei Jahrhunderte hinzieht, entsteht so die heutige Esslinger Stadtkirche.

Obwohl nicht in städtischem Besitz, sondern in jenem des Speyrer Domkapitels, war St. Dionysius die Pfarrkirche der Stadt. Die bauliche Gestalt der Kirche, die schriftliche Überlieferung und archäologische Befunde belegen dies. Spätestens vom 14. Jahrhundert an war die Stadt für den Bau zuständig, und es spricht viel für die Vermutung, daß es das aufstrebende Gemeinwesen und nicht das Domkapitel von Speyer war, das als treibende Kraft hinter dem um 1220 begonnenen großen Neubauprojekt einer repräsentativen Stadtkirche stand, zumal im gleichen Zeitraum dank der Niederlassung mehrerer Bettelorden weitere Kirchenbauten in der Stadt entstehen.

Bei der Grabung freigelegtes Taufsteinpostament aus der An- und Umbauphase an der Kirche St. Vitalis II (oben links), Blick in den zu Bau II gehörigen Außenfriedhof (oben).

Die Baugeschichte der Kirche St. Dionysius in ihrer heutigen Gestalt ist durch die Ausgrabungen und bauarchäologischen Untersuchungen geklärt. Der Neubau setzt im Osten mit einer noch während des Baus in der Planung veränderten Choranlage und den unteren Geschossen der beiden Türme ein. Das alte Langhaus wird provisorisch abgetrennt und dient zunächst noch weiter als Gottesdienstraum, ein weiterer Beleg dafür, wie dringlich der Bedarf dafür in der Stadt des 13. Jahrhunderts offenbar ist. Von der Mitte des 13. Jahrhunderts an wird das Langhaus neu errichtet, und zwar als dreischiffige, flachgedeckte Basilika. Es folgt das in den Fundamenten noch erkennbare Projekt eines mächtigen Westturms, der, wenn er zur Ausführung gelangt wäre, den Bau eindeutig als Stadtkirche charakterisiert hätte und den Sakralbau noch monumentaler hätte erscheinen lassen. Offenbar wurden andere Prioritäten gesetzt. Statt den Westturm auszuführen, zieht man es vor, die beiden Osttürme aufzustocken, und im 14. Jahrhundert wird das Langhaus um zwei Joche nach Westen erweitert – eine Baumaßnahme, die sich kaum anders als mit einem erheblich gestiegenen Raumbedarf erklären läßt, der wiederum die rasche Zunahme der Bevölkerung in der Stadt widerspiegelt.

Ebenfalls im 14. Jahrhundert wird die kleine Choranlage aus der ersten Phase des Neubaus durch den großen, das Langhaus überragenden Chor ersetzt, der einer erheblich angewachsenen Zahl von Klerikern Platz bietet. Der Chor selbst wird Ende des 15. Jahrhunderts durch einen aufwendig gestalteten Lettner vom Langhaus abgetrennt, der eine ältere Chorschranke ersetzt. In die gleiche Zeit fällt auch der Bau der Sakristei, nachdem kurz zuvor die statische Sicherung des Nordturms durch zwei mächtige Strebepfeiler notwendig geworden war. Ähnliche Sicherungsmaßnahmen drängten sich später auch für den Südturm auf, ebenso die Verklammerung der beiden Türme durch einen Zuganker, der sich unter dem Steg verbirgt, durch den die Türme heute verbunden erscheinen.

Der 1321 gefaßte Beschluß des Rats, in Esslingen eine zweite ausschließlich durch die Bürger finanzierte Kirche zu bauen, führte im 14. Jahrhundert zur Errichtung der Frauenkirche, einer der ältesten Hallenkirchen in Schwaben und zugleich von hohem künstlerischem Rang.

Dennoch blieb St. Dionysius weiterhin Mittelpunkt des kirchlichen Lebens der Stadt. Den archäologischen Untersuchungen ist es zu verdanken, daß man heute auch mehr über die besondere Funktion für die Bürgerschaft der Kirche als Begräbnisplatz weiß. Etwa hundert spätmittelalterliche und neuzeitliche

461

Vitalispfennig mit HEINRICUS (ohne R) und zu SAT-TAS entstellter beziehungsweise verwilderter SVITALIS-Umschrift.

Oben rechts: 49 Münzen des 14. Jahrhunderts aus der Stadtkirche St. Dionysius, die als Verlustfunde geborgen werden konnten.

Rechts: Blick in die Grabung von 1962, die den Chor mit älteren Choranlagen zeigt.

Bestattungen liegen im Mittelgang zwischen dem Kirchengestühl, oder sie gruppieren sich um die teils archäologisch nachgewiesenen, teils durch eine Häufung von Bestattungen erschließbaren zehn Altäre, über die der Bau bis zur Reformation verfügte und deren Patrozinien über die Schriftquellen zu erschließen sind. Außer Geistlichen der Kirche sind hier zum überwiegenden Teil Angehörige von Esslinger Bürgerfamilien beigesetzt worden, die durch zahlreiche Meßpfründstiftungen auf die verschiedenen Altäre nicht nur für ihr Seelenheil sorgten, sondern sich darüber hinaus offenbar auch einen Begräbnisplatz in der Stadtkirche sicherten. Auch nach der Einführung der Reformation wird weiterhin in der Kirche bestattet, wenngleich die Zahl der nachmittelalterlichen Gräber geringer erscheint als die der spätmittelalterlichen Grablegen. Intensiv weiter belegt wurde auch der nach wie vor bei der Kirche gelegene Friedhof, der allerdings durch den Neubau von St. Dionysius und die Erweiterungsbauten im Westen und Osten allmählich kleiner und im Jahr 1810 aufgelassen wird.

Einer Innenbestattung des 17. Jahrhunderts entstammt auch der singuläre Befund der Totenmaske eines Bewohners von Esslingen. Die Leiche des im Alter von rund fünfzig Jahren verstorbenen Mannes, der wahrscheinlich in einer Familiengrablege vor der Chornordwand beigesetzt worden war, wurde mit Kalk übergossen, ein bei Innenbestattungen in St. Dionysius wie anderswo häufig geübter Brauch, der wahrscheinlich das Verwesen des Leichnams beschleunigen sollte. Die Kalkmasse erstarrte indes so schnell, daß sie im Negativ die Totenbüste bewahrt hat. Der bei der Ausgrabung wiederentdeckte Grabstein ermöglicht zudem die recht plausible Identifizierung des Toten. Mit diesem Totenbildnis tritt aus der anonymen Abfolge der vielen Generationen von Menschen, die während mehr als 1300 Jahren hier gelebt haben, ein Individuum hervor – ein Mensch, für den wie für die zahllosen anderen, deren Namen und Antlitz wir nicht kennen, die Stadtkirche von Esslingen mit ihren Vorgängerbauten die äußere Hülle ihres religiösen Lebens und oft auch ihre letzte Ruhestätte war.

Barbara Scholkmann

Ganz oben: Pilgermuscheln aus der Außenbestattung zur Dionysiuskirche.

Oben: Das im Kalkabguß erhaltene Totenbildnis eines rund 50 Jahre alten Mannes aus einer Innenbestattung in der Stadtkirche

In der Festprozession durch die Stadt

Stadttopographie und Herrschaftsansprüche im Liber Ordinarius des Zürcher Großmünsters

Aus dem Zürcher Großmünster ist ein »Regiebuch« für den Ablauf der Gottesdienste überliefert, das in seinem Detailreichtum zu den aufschlußreichsten Texten seiner Art zählt. Der sogenannte »Liber Ordinarius« wurde 1260 vom großen Gelehrten und Kantor am Großmünster, Konrad von Mure, verfaßt und in den darauf folgenden Jahren um zahlreiche Nachträge ergänzt. Die darin überlieferten Prozessionen sind als Quellen zur Stadtgeschichte bisher noch wenig beachtet worden. Dabei bieten sie über die liturgischen (gottesdienstlichen) Belange hinaus einen reichen Einblick in die topographischen, baulichen und herrschaftlichen Verhältnisse Zürichs. Im folgenden soll anhand einiger ausgewählter Beispiele gezeigt werden, wie sich in einer Stadt kurz vor 1300 alte Abhängigkeiten und neue Herrschaftsansprüche im Prozessionswesen und der damit verflochtenen Heiligenverehrung äußern können.

Die Zürcher Sakrallandschaft

Schon um das Jahr 1000 hatte in Zürich eine ungewöhnlich reiche Sakrallandschaft bestanden, wie sie selbst manche Bischofsstadt nicht besaß. Die Anfänge des Großmünsters reichen ins 8. Jahrhundert zurück, von der Pfarrkirche St. Peter ist ein karolingischer Vorgängerbau archäologisch erfaßt, und um die Mitte des 9. Jahrhunderts gründete König Ludwig der Deutsche das Damenstift Fraumünster. Spätestens in ottonischer Zeit kam die Wasserkirche hinzu, ebenso die in ihrem Grundriß einzigartige Pfalzkapelle auf dem Lindenhof. Der ehe-

malige Kapellenkranz außerhalb der Stadtmauer, St. Stephan (westlich der heutigen Bahnhofstraße), St. Johann und Paul (unweit von St. Stephan) und St. Leonhard (westlich des heutigen Central), ist zwar erst im 13. Jahrhundert bezeugt. Manches weist aber auch hier auf ein höheres Alter hin; St. Stephan war möglicherweise als erste aller Zürcher Kirchen gegründet worden. Hinzu kommen die Jakobs-Rotunde beim Fraumünster und die Marien- und Michaelskapelle beim Großmünster. Im Gegensatz zu verschiedenen Bischofsstädten, die im 10. und 11. Jahrhundert mit ihren Kirchenbauten eine Kreuzesform (Paderborn, Utrecht) oder die Sakraltopographie Roms oder Jerusalems (Konstanz) nachzeichnen, fehlt aber in Zürich ein übergeordnetes System.

Um 1300 bestand das alte Kirchenbild noch in großen Teilen. Abgetragen waren lediglich die Jakobus-Rotunde und die Pfalzkapelle; diese scheint zusammen mit der ehemaligen Pfalz auf dem Lindenhof untergegangen zu sein. Fraumünster, Großmünster und St. Peter besaßen den Status von Pfarreien. Die Äbtissin der Fraumünsterabtei war formelle Stadtherrin und Herrin aller den Heiligen Felix und Regula gewidmeten Kirchen, Besitzungen und Leute. Das Großmünster mit seinen 24 Kanonikaten hatte sich innerhalb der Diözese Konstanz zum bedeutendsten Stift nach der Domkirche entwickelt, ein Rang, den es sich angeblich 1320, sicher aber 1410 durch päpstliche Bulle bestätigen ließ. Mit den Predigern und Barfüßern setzten die Ordensniederlassungen ein, das Schwesternhaus St. Verena und die Spitalkapelle waren neu gegründet worden.

Die städtischen Prozessionen

Das liturgische Jahr kannte eine Vielzahl wiederkehrender Prozessionen. Zum größeren Teil fanden sie in den einzelnen Kirchen und in deren unmittelbarer Umgebung, im Kreuzgang und im Kirchhof, statt. An einigen Festen verließ die Prozessionsgemeinde jedoch ihr Gotteshaus, so zum Beispiel an den drei Tagen vor Christi Himmelfahrt, den sogenannten Bittagen, wenn die einzelnen Pfarreien die andern Kirchen des Orts besuchten. Zu herausragenden Anlässen konnten sich die verschiedenen Pfarreien einer Stadt in gemeinsamer Prozession vereinigen. In Zürich war dies am Palmsonntag und am Mittwoch nach Pfingsten der Fall, wenn man von Großmünster, Fraumünster und St. Peter her auf den Lindenhof, den Festplatz auf dem höchsten Hügel der Stadt, zog. Solche Großereignisse stehen mit der städtischen Topographie und Gesellschaft in einer Wechselbeziehung. Neben dem religiösen Erlebnis, das die Prozession vermittelt, dokumentiert sie auch den gesellschaftlichen Rang ihrer Teilnehmer und reagiert mit ihren Stationen auf symbolisch und herrschaftlich belegte Plätze. Der Liber Ordinarius enthält nur Angaben zu den Gebräuchen des Großmünsters. Mit Sorgfalt werden dabei die eigenen Ansprüche und, wo es nicht anders geht, die Verpflichtungen andern gegenüber verzeichnet. Auch wer und was unerwähnt bleibt, ist Teil des Textes und verdient Aufmerksamkeit.

Straßen und Brücken

Die Namen der Straßen und Gassen, durch die sich die Prozessionen bewegt haben, sind im Liber Ordinarius nicht überliefert. Aus praktischen Gründen darf man aber annehmen, daß man die weiten Gassen den engen vorgezogen hat. Für den Palmsonntag, den Dienstag der Bittwoche und den Fidestag setzt der Liber Ordinarius die Existenz von Limmatübergängen voraus. Zur Verfügung stehen sowohl die direkte Verbindung zwischen Fraumünster, Wasserkirche und Großmünster, die Obere oder Münsterbrücke als auch die Untere oder Rathausbrücke (beide sind urkundlich 1221 erstmals faßbar). Für den Fall, daß Hochwasser den Übergang zur Wasserkirche – den »saltus ad Aquaticam« – verhindern sollte, sah der Liber Ordinarius ein Alternativprogramm vor. Die Rathausbrücke, Nachfolgerin eines römerzeitlichen Übergangs, wird für die Bittprozession am Dienstag vor Auffahrt als selbstverständlich vorausgesetzt. Auf der Rückkehr von St. Johannes und Paul wird nämlich »in foro«, im Marktbereich, Karl der Große angerufen. Dieser Marktbereich hatte, unter Einbezug der Brücke, schon lange vom linken auf das rechte Limmatufer übergegriffen. Während der Pfingstmittwochsprozession im Jahr 1375 stürzte die Rathausbrücke ein. Bei der Beschreibung dieser Katastrophe wird auch der Platz vor

Ganz oben: Siegelbild von Konrad von Mure, um 1260. Am 1. Mai 1259 bestätigte Bischof Eberhard von Konstanz die Schaffung des Kantoramts am Zürcher Großmünster. Es wurde dem bisherigen Scholastikus Konrad von Mure übertragen, der damit für den »reibungslosen« und »ordentlichen« Vollzug gottesdienstlicher Handlungen verantwortlich wurde, wozu er den Liber Ordinarius verfaßte. Durch verschiedene Schulschriften berühmt geworden, führte Konrad mehrere Siegel. Um 1260 läßt er sich in vornehmstem Stil als Gelehrter am Lesepult porträtieren.

dem alten Kornhaus (der heutige Weinplatz) als Ort bezeugt, wo sich Fraumünster- und Großmünstergemeinde zur Prozession auf den Lindenhof zu vereinen pflegten.

Stadtmauer und Stadttore

Der Liber Ordinarius geht von der Realität einer Stadtmauer aus, auch wenn er sie nur in einem einzigen Fall erwähnt, nämlich bei der Situierung von Sankt Stephan: die Kirche lag »extra muros«. Natürlich interessieren im Zusammenhang mit den Prozessionswegen primär die Stadttore, weil hier die Prozessionen aus- und eingingen. Zu jener Zeit dürften Niederdorftor, Oberdorftor, Lindentor und Rennwegtor bestanden haben. Bei den beiden »portae civitatis«, durch welche die Prozessionen in der Bittwoche vor die beiden Stadthälften rechts und links der Limmat zogen, handelt es sich um das Niederdorftor und wohl um das Rennwegtor.

Palmprozession

Größtes Interesse verdient im Liber Ordinarius des Großmünsters die Palmprozession. Nicht nur handelt es sich dabei um den ältesten bisher bekannten liturgischen Beleg für die Verwendung einer Palmeselfigur, aus dem Text kann auch erschlossen werden, wie sich Palmprozession und weltlicher Herrscherempfang spiegeln. Das kann hier des beschränkten Platzes wegen nur an der Führungsrolle im Ritual gezeigt werden.

Ziel der Prozession war der Lindenhof, wo bis zu ihrer Zerstörung im frühen 13. Jahrhundert die Pfalz gestanden hatte. Der Ort wurde offenbar als jenes »Kastell« am Ölberg interpretiert, in dem die Jünger für den Einzug Christi in Jerusalem den Esel (beziehungsweise die Eselin) beschafft hatten. Die Prozessionsfeier vereinigte die drei Pfarreien Fraumünster, Großmünster und St. Peter, in Umgang und Gebet, was aber nur gegen Widerstand erfolgte. Der Liber Ordinarius enthält nämlich neben dem Prozessionsformular einen gerichtlichen Vergleich von 1256, aus dem hervorgeht, daß die Chorherren des Großmünsters in der Pflicht des Fraumünsters stehen: Sie müssen die Gesänge der mittleren Statio gemeinsam mit den Stiftsdamen auf dem Lindenhof leisten und werden dafür von diesen entlöhnt. Das Ritual stammt offenbar aus einer Zeit, da die Äbtissin noch den unbestrittenen Vorrang vor dem Großmünster innegehabt hatte und die Prozession, die die Verehrung des Christuskönigs zum Inhalt hat, zwischen den beiden königlichen Polen Fraumünster und Pfalz ausgelegt worden war.

Die Bittprozessionen vor Christi Himmelfahrt (Bittage, Rogationes)

Nach allgemeinem Brauch fanden auch in Zürich in den drei Tagen vor Christi Himmelfahrt die Bittprozessionen (Bittage, Rogationes) statt, die zu den umliegenden Kirchen führten. Jede Pfarrei besuchte für sich die anderen Ortskirchen und Kapellen. Das Großmünster beehrt dabei aber nur die alten Institutionen; die neuen Bettelorden werden keines Besuchs gewürdigt. Das Großmünster zählte mit dem Geschwisterpaar Felix und Regula zu jenen herausragenden Kirchen, die über eigene Märtyrer verfügten. Damit noch nicht genug, sah man in keinem geringeren als Karl dem Großen den Kirchengründer. Diese drei Hausheiligen wurden in der Litanei (Anrufung um Fürbitte) besonders hervorgehoben. Am ersten Bittag blieb das Großmünster diesseits der Limmat und begab sich auf der rechtsufrigen Hauptverkehrsachse zur St. Leonhardskapelle außerhalb der Stadtmauer. Auf dem Rückweg wurde beim Eintritt in die Stadt der heilige Felix angerufen, auf dem Markt (»in medio foro«) der heilige Karl (der Große) und beim Betreten des Großmünsters die heilige Regula. Am zweiten Tag bewegte sich die Prozession durch das linksufrige Zürich. Sie führte zuerst zum Fraumünster, das ebenfalls Felix-und-Regula-Reliquien besaß und die Geschwister als Kirchenpatrone verehrte. Merkwürdigerweise wird dieser Umstand von der Großmünsterprozession aber völlig außer acht gelassen; statt dessen wird den

Liber Ordinarius des Großmünsters, Pergamenthandschrift von 1260 mit späteren Nachträgen. Kaum Kantor geworden, verfaßte Konrad von Mure 1260 den Liber Ordinarius. Die sorgfältig auf Pergament geschriebene Handschrift enthält ausführliche Regieanweisungen für alle Gottesdienste (Liturgie) des Kirchenjahres. Von den Lesungen, Gesängen und Gebeten sind jeweils nur die Anfänge notiert (Initien); der Volltext war den dafür bestimmten Büchern zu entnehmen (Psalterium, Antiphonar, Graduale). Aufgrund der gemachten Erfahrungen ergänzte man den Liber Ordinarius schon in den ersten Jahren seines Gebrauchs um zahlreiche Nachträge. Er wurde damit zu einem der detailreichsten Texte seiner Art überhaupt. Die hier wiedergegebene Seite beschreibt die Palmprozession und enthält kleiner geschriebene Nachträge.

Gegenüberliegende Seite unten: Eine Palmeselfigur war wahrscheinlich schon im ausgehenden 10. Jahrhundert in Augsburg in Gebrauch, womit der Typ zu den ältesten plastischen Kultbildern der christlichen Kunst zählt. Zu den frühesten erhaltenen Beispielen zählt der abgebildete Palmesel aus Steinen (SZ). Im Liber Ordinarius findet sich der bisher älteste bekannte Beleg für die Verwendung eines solchen Bildwerks.

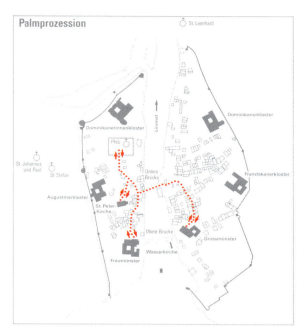

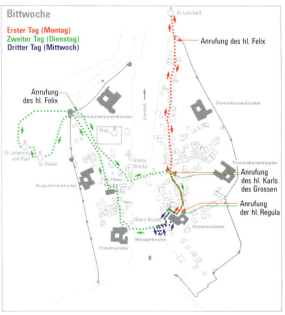

Ganz oben: Plan der Zürcher Sakraltopographie und Bebauung im 13. Jahrhundert mit dem Verlauf der Palmprozession. Am Palmsonntag vereinten sich die drei Pfarreien Fraumünster, Großmünster und St. Peter zum gemeinsamen Zug auf den Lindenhof. Belegt sind der Ausgangsort sowie die Statio auf dem Lindenhof. Die Routen sind aufgrund der Gassenweite und dem für die Pfingstmittwochsprozession belegten Treffpunkt am Weinplatz erschlossen. In der Palmprozession wurde vom Großmünster eine Palmeselfigur mitgeführt. Auf dem Lindenhof sang man das Königslob (Gloria Laus) und streute die geweihten Palmzweige über den Palmesel. Nach der Rückkehr feierten die drei Pfarreien das Hochamt in ihrer eigenen Kirche.

Plan der Zürcher Sakraltopographie und Bebauung im 13. Jahrhundert mit den Bittprozessionen des Großmünsters an den drei Tagen vor Christi Himmelfahrt. Auf dem Rückweg wurde in der Litanei des ersten und zweiten Tages beim Betreten der Stadt der heilige Felix, auf dem Markt der heilige Karl der Große und bei der Rückkehr ins Großmünster die heilige Regula angerufen. So belegte das Großmünster die ganze Stadt mit den eigenen Kirchenpatronen.

Altären der heiligen Fides und des heiligen Stephanus die Reverenz erwiesen. Als nächste Station folgte die Pfarrkirche St. Peter. Von hier ging die Prozession weiter zu den beiden vor der Stadt gelegenen Kapellen St. Stephan und St. Johannes und Paul. Auf dem Rückweg wandte man sich beim Betreten der Stadt in der Litanei wie am Vortag an den heiligen Felix, auf dem Markt an Karl den Großen und am Großmünsterportal an die heilige Regula. Am dritten Tag erhielt das Großmünster von den Damen des Fraumünsters Besuch, die laut einer um 1326 aufgezeichneten Prozessionsordnung auf der Rückkehr ins eigene Kloster noch in der Wasserkirche Station machten. Während das Fraumünster-Programm somit die beiden Hauptkirchen und die drei Felix-und-Regula-Patrozinien einschließt und den dritten der Bittage als Höhepunkt gestaltet, bewegt sich das Großmünster auf eigenem Territorium und besucht einzig die seit 1257 inkorporierte Wasserkirche.

Zweierlei fällt bei diesen Bittagsprozessionen auf: Die Großmünsterprozessionen der beiden ersten Tage berühren beide Stadthälften. Nach dem Liber Ordinarius wird Karl der Große jeweils gleichsam als Stadtpatron auf dem Markt im Zentrum der Stadt hervorgehoben. Das Großmünster spielt sich hier quasi als Stadtherr auf, schließt das ganze städtische Territorium der mittlerweile drei Pfarreien ein und drückt einem der wichtigen städtischen Zentren den Stempel des eigenen (legendarischen) Gründers auf. In der städtischen Ikonographie bleibt Karl der Große hingegen bedeutungslos. Dafür verehrte die Stadt den heiligen Exuperantius als Genossen von Felix und Regula und führte diesen 1225 erstmals im Stadtsiegel. Der Liber Ordinarius würdigt nun seinerseits diesen neuen Stadtheiligen keines Wortes, obschon sich sein Grab aus städtischer Sicht im Großmünster bei den Gräbern von Felix und Regula hätte befinden müssen. Karl der Große und Exuperantius erscheinen als Eigenheilige des Großmünsters beziehungsweise der Stadt, und jede Seite versucht erfolglos, die ihren der Gegenseite aufzudrängen.

Ähnlich verhält es sich mit dem Felix-und-Regula-Kult im Fraumünster. Laut Liber Ordinarius verweigern die Großmünsterchorherren bei ihrem Besuch im Fraumünster den Stadtpatronen ihre Verehrung. Das Großmünster beanspruchte offenbar den Felix-und-Regula-Kult für sich allein. Vielleicht darf man in diesem Zusammenhang das um 1300 entstandene, nur in Nachzeichnung überlieferte Wandgemälde im Querhaus des Fraumünsters als bewußte Dokumentation eines nicht unbestrittenen Reliquienbesitzes verstehen. Hier zeigt das Fraumünster mit eindringlicher Deutlichkeit, wie die Translation von Felix-und-Regula-Gebeinen vom Großmünster ins Fraumünster erfolgt ist. Im gleichen Zusammenhang ist auch das sogenannte Weihegedicht des Ratbert zu sehen. Es handelt sich um einen wohl im 14. Jahrhundert gefälschten Bericht über Bau und Weihe des karolingischen Fraumünsters. Ihm zufolge soll der Konstanzer Bischof nach der Reliquienübertragung im Fraumünster die Verehrung von Felix und Regula als Kirchenpatrone befohlen haben.

Pfingstmittwochsprozession

Der bereits erwähnte Bericht über den Brückeneinsturz im Jahr 1375 wirft ein grelles Licht auf die zunehmende Konkurrenz zwischen Fraumünster und Großmünster. Die Pfingstmittwochsprozession, die im mittleren 13. Jahrhundert entstanden sein dürfte, war Zürichs bedeutendster jährlich wiederkehrender Festanlaß. Sie galt der Verehrung der Stadtpatrone und erflehte von diesen Schutz und Gedeihen für das Gemeinwesen. Merkwürdigerweise fehlt gerade die Pfingstmittwochsprozession im Liber Ordinarius und in den Statutenbüchern des Großmünsters. Im Zürcher Richtebrief von 1304 steht ein von der Stadt mit Einwilligung der Äbtissin und offenbar unter Ausschluß des Großmünsters beschlossener Passus, der sich auf »altes Recht und Gewohnheit« beruft. Ihm ist zu entnehmen, daß die Pfingstmittwochsliturgie in den Händen der drei Bettelorden – Prediger, Barfüßer und Augustiner – lag. Unter drei Zelten lasen sie auf dem Lindenhof unablässig Messen, unter dem vierten, dem Burgerzelt, wurde ein prachtvolles Hochamt gefeiert, dessen Zelebration die Bettelorden im Jahresturnus unter sich teilten. Das Großmünster hatte zwar seine Reliquienschreine zur Verfügung zu stellen, übte aber weder eine aktive Funktion aus, noch bezog es besondere Einnahmen aus der Prozession. Offensichtlich steckt dahinter ein Konflikt zwischen Fraumünster und Bettelorden auf der einen und dem Groß-

münster auf der andern Seite; in der Brückenkatastrophe von 1375 fand er seinen dramatischen Höhepunkt. Wenn man sich auf den Chronisten Brennwald verlassen kann, liefert er dafür implizit auch eine Erklärung: »und diewil man etwas wesens da trieb von des vorgangs wegen«, da sich also durch das Gerangel um den Vortritt (der Propst des Großmünsters versuchte, die Führung der Prozession auf Kosten der Äbtissin an sich zu reißen) der Menschenstrom auf der Brücke staute, kam diese zum Einsturz.

Schluß

Prozessionen nach Zeit und nach Art ihrer Wirksamkeit zu befragen bietet die Möglichkeit, alte Verhältnisse sichtbar zu machen und veränderte Herrschaftssituationen unter neuem Blickwinkel wahrzunehmen. So tritt auf der einen Seite in der Palmprozession die einstige Intensität des königlichen Areals zwischen Pfalz und Fraumünster geradezu plastisch hervor. Auf der andern Seite enthält eine Quelle wie der Liber Ordinarius aber auch präzise Hinweise auf die Situation zum Zeitpunkt seines Entstehens, also auf Zürich kurz vor 1300. Deutlich zeichnet sich dabei die Rivalität zwischen dem mächtig gewordenen Großmünster und dem auf Verteidigung formaler Rechte bedachten Fraumünster ab. Die inzwischen stark und selbstbewußt agierende Bürgerschaft fungierte zwischen beiden als Richter und entschied verschiedentlich gegen das Großmünster. Eine weitere Stärkung der ohnehin mächtigen Propstei sollte verhindert werden. Gleichzeitig konnte die Bürgerschaft im Windschatten des real schwächeren Fraumünsters ihre eigene Position ausbauen und das Kloster für den Machtverlust gegenüber der Stadt mit der Bestätigung des Vorrangs bei den Prozessionen entschädigen.

Dieser Aufsatz beruht auf einem ausführlichen Kommentarbeitrag in der demnächst erscheinenden Edition: Der Zürcher Liber Ordinarius von Konrad von Mure (Zentralbibliothek Zürich Ms. C 8b), hrsg. von Heidi Leuppi.

CHRISTINE BARRAUD WIENER / PETER JEZLER
(MIT UNTERSTÜTZUNG VON HEIDI LEUPPI)

Übertragung der Felix-und-Regula-Reliquien vom Großmünster ins Fraumünster. Ehemaliges Wandgemälde aus dem frühen 14. Jahrhundert im südlichen Querhaus des Fraumünsters in einer Aquarellkopie von Franz Hegi (1747–1850). Unter Glockengeläut wird im zweitürmigen Fraumünster die Prozession mit den Reliquien von Felix und Regula empfangen. Angeführt von einem Kreuzstäbler, tragen König Ludwig der Deutsche und nicht weniger als sieben Bischöfe die beiden Reliquienschreine. Ein Engel bestreut den vorderen mit Rosen. Unter den Schreinen knien Krüppel und einfaches Volk, um von den Reliquien heilende Wirkung zu erlangen. Das Bild dokumentiert aus der Sicht des Fraumünsters den eigenen Reliquienbesitz, der laut Liber Ordinarius vom Großmünster liturgisch nicht anerkannt worden ist.

Krankheit und Tod

Medizin und Gesundheitsfürsorge

In der mittelalterlichen Stadt stand eine ganze Reihe von Personenkreisen und Institutionen für die Gesundheitsvorsorge und Krankenpflege zur Verfügung. An erster Stelle hatte die Primärgruppe, die Großfamilie mit ihrem Gesinde, für ihre Mitglieder zu sorgen. Die beginnende Popularisierung der landessprachlichen Fachliteratur unterstützte den Hausvater bei der Pflege und der einfachen Therapie der Hausgenossen. Wichtig für den Laien waren diagnostische und vor allem diätetische Texte, die Regimina mit Regeln zur Erhaltung und Wiedererlangung der Gesundheit. Zuständig für die Vermittlung spezialisierten medizinischen Wissens waren vom Frühmittelalter an vor allem die Klöster und Stifte, in deren Infirmarien und Bibliotheken Ärzte und ihr Hilfspersonal ausgebildet werden konnten. Solche Klerikerärzte waren bis ins 15. Jahrhundert tätig. Mehr und mehr stellte sich die Kirche, in Rückbesinnung auf die eigentlichen Aufgaben des Priesters, deren ärztlicher Berufsausübung entgegen. Damit wurde der Anteil der Laien unter den Ärzten immer größer, die als universitär ausgebildete *buchartzete* oder *physici* praktizierten. Aufgrund ihrer teuren akademischen Ausbildung und ihrer geringen Zahl fanden sie ihre Klienten vor allem in der Oberschicht.

Wichtiger für die medizinische Versorgung der breiten Bevölkerung waren die *wundartzete,* die wundärztlichen Praktiker. Sie übernahmen die Behandlung von Wunden und Knochenbrüchen, Abszessen, Geschwülsten und Verbrennungen. Dabei suchten sie nicht nur durch chirurgische Eingriffe, sondern auch durch medikamentöse Behandlungen wie die Applikation von Pulvern, Pflastern, Salben, durch Räucherungen oder Einläufe Heilung zu verschaffen. Durch die Verwendung einfacherer, einheimischer Medikamente verstanden es die Wundärzte auch, auf die wirtschaftlichen Möglichkeiten der Unterschicht einzugehen. Das zunehmend größer werdende Repertoire operativer Eingriffe führte unter den Ärzten zu einer vielfältigen Spezialisierung. *Zenbrecher, stein-, hoden- oder ougenschnider* konnten als fahrende Ärzte mit ihren Fertigkeiten ein großes Gebiet versorgen. Die im handwerklichen Lehrbetrieb ausgebildeten Chirurgen schlossen sich – anders als die akademisch gebildeten Ärzte – den zünftischen Organisationen der Städte an.

Eine eigene Gruppe von Ärzten stellten die Judengemeinden der Städte. Da Juden nicht zu den Universitäten zugelassen waren, stand ihre Ausbildung in eigener Tradition, die ärztliche und chirurgische Tätigkeit umfaßte. Obwohl *kein kristaner sich ir rât sol nemen,* war das Vertrauen in ihre Kunst groß. Von besonderem Interesse für das öffentliche Gesundheitswesen ist die Anstellung von Stadtärzten durch die Kommunen, wie das im Verlauf des 14. Jahrhunderts häufiger wurde. Kleriker- und Laienärzte, aber auch Wundärzte übernahmen als *der stadt gesworner (wunt-)arczt* gegen Besoldung und Niederlassungsrecht, aber auch mit dauernder Residenzpflicht die Behandlung der Bürger – *zu bescheiden-lich lone.* Dazu konnte ihnen die Beaufsichtigung der Apotheker, gerichtsmedizinische Beurteilungen, die Feldchirurgie oder die Lepraschau übertragen werden. Neben diesen Medizinalberufen waren, in unscharfer Abgrenzung der Kompetenzen und mit entsprechenden Streitigkeiten, noch andere Berufsgattungen heilkundlich tätig, so die Bader und Reiber (Masseure) in ihren Bade-

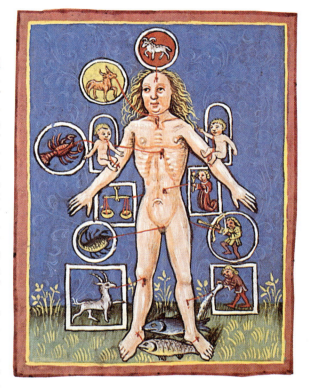

Das Motiv des Tierkreiszeichenmannes, das die Verbindung der Monatszeichen mit bestimmten Organen herstellt, zeigt die mittelalterliche Vorstellung der Einbindung des Menschen in seine Umgebung und in den Kosmos. Der theoretische Teil der mittelalterlichen Medizin beschäftigt sich erstens mit der Physiologie und Anatomie des Menschen, den *res naturales,* das heißt mit der Zusammensetzung und Verteilung der vier Säfte und ihrer Korrelation mit den Organen, Jahreszeiten, Sternbildern, aber auch mit den geistig-seelischen Eigenschaften. Zweitens untersucht sie die Krankheiten als die widernatürlichen Dinge, die *res contra naturam,* und drittens die sogenannten nicht natürlichen Dinge, die *res non naturales,* Bedingungen der Umgebung wie Luft und Licht, aber auch Vorgänge des Innern wie Essen und Trinken, Verdauen und Ausscheiden, Ruhe und Bewegung, Wachen und Schlaf und das Gefühlsleben, die durch Verschiebung der Gleichgewichte zu Krankheiten führen können. Die praktische Medizin teilt sich in die Pharmazie *(materia medica),* Chirurgie *(chirurgia)* und die für das Mittelalter wichtige Diätetik *(diaeta).*

Gegenüberliegende Seite: Ein Arzt versorgt die Kopfverletzung eines Patienten. Darstellung aus einem französischen Manuskript des frühen 14. Jahrhunderts.

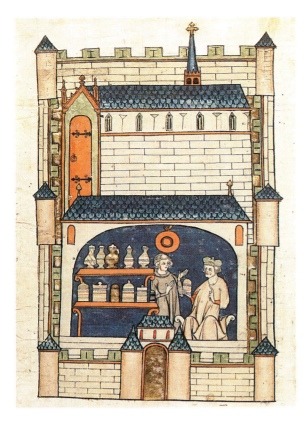

Apotheke in einer Darstellung des 14. Jahrhunderts. Die Zunahme der medizinischen Kenntnisse führte dazu, daß neben den Ärzten auch die Apotheker einen eigenen Berufsstand bildeten. Wie das Klosterhospital konnte auch die Klosterapotheke in der Stadt öffentliche Funktionen übernehmen. Daneben spezialisierten sich Gewürzhändler zu Apothekern, die sich um die Beschaffung der oft nicht-einheimischen Ingredienzen der Heilmittel, deren Herstellung und Aufbewahrung kümmerten. Auf der Abbildung erkennt man mitten in der Stadt – hier stellvertretend dargestellt durch Stadtmauer und Kirche – hinter dem niedergeklappten Laden den Apotheker vor seinem Gestell mit den kostbaren Töpfen zur Aufbewahrung der Medikamente und ihrer Grundstoffe.

stuben oder die Scherer, die kleine Eingriffe wie Zahnziehen, aber auch den therapeutisch und prophylaktisch breit eingesetzten Aderlaß durchführten. Schließlich begannen sich die Apotheker als weiterer eigenständiger Berufsstand zu formieren, der sich mit der Herstellung und Lagerung der Heilmittel beschäftigte. Die Wichtigkeit der öffentlichen Apotheken für die Gesundheitsfürsorge drückt sich in den Apothekerverordnungen und -eiden aus, die vom frühen 14. Jahrhundert an gerade auch im süddeutschen Raum nachweisbar werden. Sie verlangen die Trennung von Arzt- und Apothekerberuf, reglementieren die Berufsausbildung durch Festsetzung der Lehrzeit und Prüfung, ordnen die behördliche Überwachung der Arzneimittelherstellung an und setzen die Kosten der Heilmittel fest.

Die zentrale Institution der städtischen Fürsorge wurde in der Zeit um 1300 das städtische Hospital. Aufgenommen wurden neben den *armen siechen* auch die Schwachen und Bedürftigen der verschiedensten (Rand-)Gruppen: Das Spital war Armen- und Waisenhaus, Altersheim, Geburtsklinik und Gassenküche in einem. Entsprechend der breit angelegten Zweckbestimmung im Sinn einer Pflegeanstalt und nicht eines modernen Spitals war die medizinische Betreuung in diesen Spitälern oft rudimentär und wurde erst spät durch die Anstellung eines (Wund-)Arztes verbessert. Träger der Spitäler waren seit je Klöster und Stifte, vom 12. Jahrhundert an auch spezialisierte Spitalorden wie die Johanniter oder die Hospitaliter zum Heiligen Geist. In den Spitälern sollten, ganz im Sinn benediktinischer Wohltätigkeit, die allen zugute kam, die darum baten, alle Fremden, besonders aber die Armen, wie Christus aufgenommen werden. Diese fehlende Risikodifferenzierung, aber auch Faktoren wie die zunehmende Klerikalisierung der Ordensspitäler und damit die stärkere Betonung des klösterlichen Elements, begünstigten in den Städten die Entstehung anderer Organisationsformen. Wichtig wurde dabei das Bruderschaftsspital, das von einer »congregatio« frommer Männer und Frauen unter der Leitung des Spitalmeisters betrieben wurde. Immer mehr versuchten die Bürgerschaften überdies, die Kontrolle über diese für ihr Gemeinwesen wichtigen Institutionen zu gewinnen. Durch den vom Rat gewählten Spitalpfleger nahmen sie Einfluß auf die Verwaltung. Mit dieser Kommunalisierung konnten neue Zweckbestimmungen und – durch strengere Kontrollen der Herkunft und des Grads der Bedürftigkeit – ein rationeller Einsatz der Mittel erreicht werden: *nymand von den unseren, geschwigen der frömbden, darin zu nemmen, der von hus zu hus geen und das heilig almusen vordern möge.* Zunehmend wichtiger wurde das Spital auch für die Altersversorgung der Stadtbewohner. Neben den gemeinen Pfründen für die armen Hausbrüder wurde, je nach Einsatz der Mittel, eine Herren- oder Mittelpfründe mit entsprechend besserer Unterkunft und Verpflegung gewährt. Die Einrichtung von Elendenherbergen oder Bruderstuben für die Aufnahme fremder Kranker und Armer verrät die beginnende Spezialisierung des Hospitalwesens, wie es zuvor einzig für die Versorgung der Leprösen schon immer der Fall gewesen war. Der Aussatz war seit der Spätantike in Europa verbreitet; die Zeit gegen Ende des 12. Jahrhunderts erlebte indes den Höhepunkt der Auseinandersetzung mit dieser Krankheit. Es hat um 1300 nicht mehr Leprafälle gegeben als früher, doch es war eben die Zeit, in der sich die neue Armenfürsorge in den Städten organisierte und zur Ausbreitung der Leprosenhäuser führte.

Die Spekulationen der medizinischen Wissenschaft im Rahmen ihrer humoralpathologischen Vorstellungen über die Ursache der Lepra und entsprechende Therapievorschläge waren kaum von Nutzen. Die eigentliche Leistung bestand hier in der Erarbeitung einer zuverlässigen Diagnostik. Diese Lepraschau wurde anfänglich von den *schawern,* meist selbst kranken Leprosenmeistern, vorgenommen, vom 13. Jahrhundert an jedoch mehr und mehr durch Stadtärzte durchgeführt. Bei positivem Befund veranlaßte das Sendgericht die Einweisung in das Siechenhaus. Dabei konnte und wollte man die totale Sequestration der Leprösen nach altem germanischem Recht – sie waren wie Tote, *tamquam mortui,* aus der Gesellschaft verstoßen worden – nicht durchführen. Schon wegen der Finanzierung der zahlreich entstehenden Siechenhäuser ließ ein liberalisiertes Leprosenrecht den Kranken Vermögensverwaltung und Erbrecht. Die Isolierung der Leprösen scheint aber diese Plage erfolgreich zurückgedrängt zu haben.

Auch die allgemeinen Maßnahmen zur Verbesserung der öffentlichen Hygiene basierten zum Teil auf Erkenntnissen der zeitgenössischen Medizin. Markt- und Begräbnisverordnungen, das Bemühen um einwandfreie Wasserversorgung, um Abfall- und Abwasserbeseitigung und die Reglementierung des Badewesens

gehören zwar nur am Rand zur medizinischen Versorgung, sie bildeten aber einen wichtigen Beitrag zur Hebung der Gesundheit der Stadtbewohner.

Das Bemühen um die Entwicklung des öffentlichen Gesundheitswesens ist wohl eine der bedeutendsten Leistungen der mittelalterlichen Medizin. Dazu gehören neben der Einrichtung von Spital- und Pflegeplätzen für die Bürger auch die Anstellung kompetenter Stadtärzte, das Fernhalten von Pfuschern und die Überwachung des Apothekerwesens. Die Behörden übernahmen indes meist nur die Verwaltung, während die Finanzierung der privaten Initiative überlassen blieb. Sowohl die »Wachablösung des Mönchtums« (Mollat) in der Armen- und Krankenpflege wie die Kommunalisierung der Spitäler bedeuteten aber keine Säkularisierung: Das geschärfte Bewußtsein der Laien für die neue Armut in den Städten verstand den Dienst am Kranken als Dienst an Christus selbst, sei es in der direkten Ausübung der Krankenpflege, sei es durch fromme Stiftungen für karitative Einrichtungen. Die Spekulationen über den Zusammenhang von Krankheit und Sünde, wie man sie etwa zur Erklärung der Ursache der Lepra anstellte, gaben der Fürsorge für die Aussätzigen einen besonderen Stellenwert. Dabei unterstanden die religiösen Stiftungen dem kanonischen Recht und genossen damit den Schutz der kirchlichen Instanzen, die sich der Kommunalisierung der Spitäler dabei nicht etwa entgegenstellte. Für wie wichtig man die Vergabungen für Jahrzeiten und Seelgerät zugunsten von Spital und Siechenhaus hielt, zeigt der Ratserlaß in Zürich von 1336, der Stiftungen von Grundbesitz an Kirchen und Klöster verbot, davon aber die *durftigen* des Spitals und *die an der Syl,* das Leprosenhaus, ausnahm.

Dieser kurze Blick auf die mittelalterliche Medizin und das sich entwickelnde städtische Medizinalwesen verrät einen ganzheitlichen Ansatz zur Gesundheitsfürsorge, wie er auch heute noch seine Gültigkeit haben sollte.

Roger Seiler

Lepröse vor der Stadt, aus dem Miroire Historial des Vincent de Beauvais, um 1333–1350. Ursache der Lepra war nach Meinung der mittelalterlichen Medizin das Verderben oder Überhandnehmen der schwarzgalligen Leibessäfte, das durch verschiedenste Einwirkungen hervorgerufen wurde, so beispielsweise durch unmäßigen Genuß von Wein oder bestimmter Speisen, aber auch durch die verdorbene Atemluft oder durch Geschlechtsverkehr mit Aussätzigen. Der Lepröse wird in der mittelalterlichen Kunst durch Krankheitssymptome – knotige Auftreibungen und Farbveränderungen der Haut, Verstümmelungen an Händen und Füßen – ebenso charakterisiert wie durch die Zeichen seiner Ausgrenzung aus der menschlichen Gesellschaft, die besondere Kleidung und durch Warnwerkzeuge wie Horn oder Klapper.

Sterben, Tod und Friedhof

Die Beschreibung der Totenbräuche außereuropäischer Kulturen ist in völkerkundlichen Standardwerken wie auch in populären Reiseberichten eine Selbstverständlichkeit. Dagegen waren, mit wenigen Ausnahmen, Sterben und Tod in der herkömmlichen Geschichtsschreibung bis vor kurzem tabu. Erst die Arbeiten

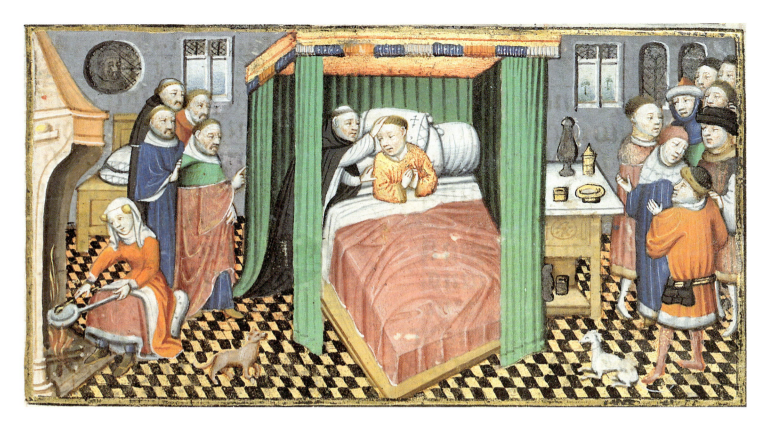

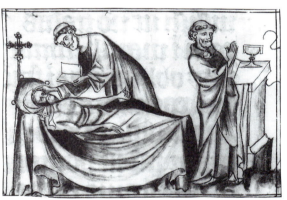

vorwiegend französischer Historiker, allen voran Philippe Ariès und Jacques Le Goff, sind der sich wandelnden, kollektiven Einstellung zum Tod nachgegangen und haben die enormen Veränderungen deutlich gemacht, die sich im Lauf der Zeit im Verhältnis der Gesellschaft zu Sterben und Tod vollzogen.

Erstens pflegten historische Gesellschaften, ausgeprägter als die heutigen, Geburt, Initiation, Hochzeit und Tod mit rituellen Handlungen zu begleiten. Die Riten rund um das Sterben und den Tod standen in engem Zusammenhang mit den Jenseitsvorstellungen, und diese wiederum waren durch die Lehre vom Fegefeuer geprägt, wie sie vor allem die Bettelorden mit dem Mittel der Volkspredigt breiteren Schichten vermittelt hatten. Zweitens beginnen sich in der Stadt um 1300 bescheidene Anfänge des kommunalisierten Begräbniswesens abzuzeichnen. Drittens interessiert an dem Thema der topographische Aspekt: Die Kartierung der spätmittelalterlichen Begräbnisplätze bietet einen anschaulichen Einblick in die gesellschaftlichen Strukturen der Stadt.

Die Sterberituale

Will man die Begräbnisrituale einer schriftlosen Gesellschaft erforschen, so stehen dazu meist nur »stumme« Funde und Fundzusammenhänge zur Verfügung. Hilfreich sind dabei beispielsweise die Orientierung der Gräber, die Auskleidung von Grabgruben oder -kammern, die Position der Bestattung und natürlich die Beigaben. Für die Zeit um 1300 vermitteln indes neben dem Spaten auch Bild- und Schriftquellen wichtige Informationen, die sich gesamthaft zu einem recht aufschlußreichen Bild zusammenfügen lassen.

Die Vorbereitung auf den herannahenden oder auch den noch fernen Tod beginnt mit dem Testament. Anders als heute, da Vermächtnisse hauptsächlich vermögensrechtliche Fragen regeln, ging es in den letztwilligen Verfügungen im Mittelalter vor allem auch um die Sorge für die Zeit nach dem biologischen Tod. Häufig wurde im Testament eine Pfarrkirche oder ein Kloster als Begräbnisort bezeichnet. Das mittelalterliche Kirchenrecht respektierte ausdrücklich die religiös begründete, freie Grabwahl der Gläubigen. Manchmal bestimmen die Testatoren auch den genauen Ort ihres Grabes. Das konnte nahe bei einem Altar oder bei einem bestimmten Heiligenbild auf dem Friedhof sein. In einem Testament aus der Stadt Lausanne von 1330 liest man beispielsweise: *In cimisterio vero fratrum Predicatorum Lausannensium eligo sepulturam ante portam*

ecclesie ante qua est aqua benedicta. (Ich wähle meine Begräbnisstätte im Friedhof der Dominikaner in Lausanne, vor der Kirchenpforte, wo sich das Weihwasser[becken] befindet.) Bei dieser Verfügung spielte wohl auch die Hoffnung mit, es würden dereinst einmal ein paar Tropfen Weihwasser auf das Grab fallen. Weihwasser schützte nach gängiger Glaubensvorstellung die Toten vor dem Zugriff böser Mächte. Manche der Testatoren wiederum wollten sich im Hinblick auf die Auferstehung einen bevorzugten Platz sichern, denn man war der Meinung, Christus werde am Weltenende zuerst in den Kirchen erscheinen. Von der Wahl eines Grabes möglichst nahe bei den Reliquien eines Heiligen versprach man sich überdies dessen Fürbitte und Beistand beim Jüngsten Gericht. Schließlich hing die Vorsorge für ein Grab auch damit zusammen, daß gekennzeichnete Gräber im Mittelalter grundsätzlich käuflich waren oder daß man sich die Bestattung im Grab eines früher verstorbenen Verwandten wünschte.

Mit dem Testament wurde zudem für die Begräbnisfeierlichkeiten und das Totengedächtnis vorgesorgt. Wichtig war den Testatoren, daß an den dazu bestimmten Tagen für ihr und ihrer Vorfahren Seelenheil gebetet wurde, da man die Fürbitte der Lebenden für die Verstorbenen als nötig und unerläßlich ansah. Wie die Grabplastik zeigt – Tote werden vielfach nicht als Leblose, sondern nur als Schlafende oder Meditierende (sogenannte »Gisants«) dargestellt –, hielt man Verstorbene nicht für wirklich tot. Besonders wichtig war in diesem Zusammenhang die Hilfe für die im Fegefeuer schmachtende Seele. Vergabungen wurden darum an die Bedingung geknüpft, Totenfürsorge zu leisten. So vermachte 1491 die Zürcherin Beri Bidermann ihrer Dienstmagd einen Mantel und ein Tuch, damit diese ihr Grab aufsuche und dabei für ihre Seele bete: *Beri Biderman ordent, macht und verschafft ir Jungfrowen (Dienstmagd) ein »Arras Mantel«(...) und ein »gebest Tüchli« (...) für ihren lon (Lohn) (...) und auch das die selb, ir Jungfrow (Magd) über daz grab gange (das Grab besuche) nach iren tod und got für sy pitte.* (STAZ B VI 308, fol 277 r.)

Nahte der Tod, so rief man den Priester und manchmal auch Beginen zum Krankenbett. Im Hinblick auf das Jüngste Gericht mußte die sterbende Person reumütig ihre Sünden bekennen und das Glaubensbekenntnis nachbeten. Dazu verfügten die Priester mit den sogenannten »Anselmischen Fragen« über ein vorbereitetes Formular. Weiter erhielt der sterbende Mensch das »Viatikum«, die Kommunion und die letzte Ölung. Am Krankenbett wurde, nach Möglichkeit durch den Sterbenden selbst, auch Fürsprache für die Aufnahme der Seele in den Himmel geleistet *(commendatio animae)*. Ursprünglich nur im klösterlichen Ritual bekannt, wurde später auch in Bürgerhäusern eine spezifische Sterbeliturgie (Psalmen, Litanei) zelebriert. Kurz vor dem Eintritt des Todes wurden die Sterbenden aus dem Bett genommen und auf den nackten Boden, auf Stroh oder auf eine Decke aus Ziegenhaar gelegt. Manchmal wurde auch nur Erde auf die Brust gestreut. All diese archaischen Rituale hatten ihren Ursprung im Glauben an die heilende Kraft der Erde, sollten die Aufnahme in der Unterwelt erleichtern und waren Zeichen der humilitas.

Ein Glockenzeichen zeigte den Eintritt des Todes an. Alsogleich setzte die Leichenpflege ein. Damit die Seele aus dem leblosen Körper entweichen konnte, wurde ihm der Mund geöffnet, die Augenlider hingegen geschlossen. Der Leichnam wurde gewaschen und üblicherweise mit einem einfachen Büßerhemd bekleidet, die Kleriker wurden im priesterlichen Ornat bestattet. Laien hegten vielfach den Wunsch, in der Mönchskutte begraben zu werden. Häufig wurden Tote auch nur in ein Tuch eingenäht. Oftmals verrichteten Beginen diesen Totendienst.

Totenwache und Leichengeleit

Während der Nacht hielten die Angehörigen und Nachbarn die Totenwache. Sie bestand aus einem nächtlichen Stundengebet mit Lesungen, Gebeten und Gesang. Da und dort ist den Quellen aber auch zu entnehmen, daß das einfache Volk die Totenwache mit »heidnischen« Gesängen, rituellen Tänzen, Beschwörungen, Essens- und Trinkgelagen oder »ausgelassenem Treiben« begleitete. Kulturanthropologen beobachten nicht selten, daß sich die Trauer ins Gegenteil verkehrt. Es ist dies eine Möglichkeit, sich vom Tod abzugrenzen.

Mit der Bestattung wartete man nicht lange. Meist schon am ersten Morgen nach dem Tod segnete der Leutpriester den Leichnam aus, das heißt, er entließ die verstorbene Person aus dem Pfarrverband. Das Leichengeleit entsprach dem gesellschaftlichen Ansehen des Toten und den wirtschaftlichen Möglichkeiten. Bei Standesbegräbnissen ging ein »Chor« der Totenbahre voran – Schüler, eine Abordnung von Klerikern oder gar ein ganzes Kapitel. Die Geistlichen sangen während des Geleits vornehmlich Psalmen und Responsorien (Wechselgesänge), und sie führten außerdem Prozessionskreuze und -fahnen sowie Weihwassergefäße und Rauchpfannen mit. Hinter dem Leichnam folgte dann die Trauergemeinde, und am Schluß gingen zuweilen Arme und Beginen mit.

Solche Prozessionen waren im allgemeinen sehr teuer. Das Zürcher Großmünster machte sie gar von einer Jahrzeitstiftung abhängig. Bei weniger vermögenden Bürgern nahmen mit Ausnahme des Leutpriesters kaum höhergestellte Geist-

Unten: Zu den ersten Verrichtungen nach dem Ableben und der Einsargung des Toten zählte die Totenwache im Haus des Verstorbenen, die mit Lesungen aus dem Alten Testament und Psalmengesang begangen wurde. (Französisches Stundenbuch, um 1410/20)

Unten rechts: Totenmesse »presente corpore«, das heißt in Anwesenheit des Leichnams in der Kirche. Nur Geistliche und hochgestellte Persönlichkeiten wurden zur Totenfeier in die Kirche oder, wie hier, gar in den Chor getragen. (Miniatur des niederländischen Meisters Zweder van Culemborg, um 1435)

liche am Leichengeleit teil. Gern lud man jedoch Bettelmönche und Kapläne zum Begräbnis und verköstigte sie zum Dank für ihre Präsenz. Zweck der sich in der Stadt um 1300 etablierenden Zünfte und Handwerkerbruderschaften war es unter anderem auch, die Feierlichkeit des Leichengeleits und der Totenfeiern in Würde zu begehen. Beim Tod eines Mitglieds der Bahre zu folgen, war in den meisten Zunftordnungen als Pflicht festgehalten. Die Vereinigung bestimmte aus ihrer Mitte die Leichenträger, und mit Wachsspenden und Bußgeldern finanzierten die Zünfte und Bruderschaften Kerzen und die Totenopfer.

Exequien

Wenn im Zürcher Großmünster eine Leichenprozession durch das Portal in den Friedhof einschwenkte, wurden sämtliche Glocken geläutet. Der Leichnam des verstorbenen Chorherrn oder begüterten Laien wurde im Schiff aufgebahrt, und der Sakristan zündete vier große Wachskerzen an. Danach begannen die Exequien, die kirchlichen Totenfeiern. Zunächst wurden an verschiedenen Altären bis zu drei Totenmessen gleichzeitig gesungen, beim Begräbnis eines Chorherrn zelebrierte der Leutpriester des Fraumünsters eine zusätzliche Messe. Das anschließende Abschiedsritual wies ursprünglich den Charakter einer *commendatio* auf, doch im Lauf des Spätmittelalters wandelte es sich zur Absolution. Der Leichnam wurde dazu in den Chor hinaufgetragen, die Mitbrüder stellten sich mit brennenden Kerzen in den Händen auf beiden Seiten des Toten auf und sangen drei Responsorien. Nach dem Gebet folgte der eigentliche Bestattungsakt. Unter Psalmengesang wurde der Leichnam zum offenen Grab im Kreuzgang getragen. Leichname von Laien blieben für die Absolution im Schiff und wurden danach auf dem Kirchhof oder in der Kirche beigesetzt.

Den eigentlichen Bestattungsakt beschreiben die Quellen des Großmünsters nicht näher, er ist aber in zahlreichen anderen Quellen überliefert. Nach der Besprengung mit Weihwasser und der Beräucherung mit Weihrauch ging man sogleich zur Grablegung über. Diese erfolgte sehr behutsam und nach einem ganz bestimmten Ritual. Es ist im 13. Jahrhundert in einem im Spätmittelalter vielbenutzten Handbuch für Priester näher beschrieben worden: *Auch sol man ain alzo pegraben, daz man yme das hawp (Haupt) cher gegen dem undergang der sunn und die fuzz gegen orient, also das er lig, gleichz als er pett (betet) ...* (Durandus von Mende, Rationale, in einer Nürnberger Übersetzung des 15. Jahrhunderts).

In der Regel blickten die Toten nach Osten, die Hände verschränkt, als würden sie beten. Bei Ausgrabungen stößt man in der Regel auf drei verschiedene mögliche Gebetsgebärden: Im Schoß gefaltete Hände, über dem Bauch verschränkte Arme sowie auch über der Brust gekreuzte Unterarme. Diese Beobachtungen stimmen mit der Grabplastik und mit bildlichen Darstellungen von Verstorbenen weitgehend überein. Grabbeigaben sind im Spätmittelalter im Vergleich zum Frühmittelalter eher selten. Nur hochgestellte Adelige wurden damals noch mit der Waffe in der Hand bestattet. Allerdings sind solche Beigaben häufig wieder entfernt worden, weil die Beisetzungen in Steinsarkophagen erfolgten. Als einziges Relikt der ritterlichen Grabtracht kommen bei Grabungen gelegentlich noch schmucklose Gürtelschnallen zum Vorschein. Klerikern wurde liturgisches Gerät beigegeben, häufig auch nur billige Imitationen von Meßkelchen. Eine typisch spätmittelalterliche Grabbeigabe ist auch die Jakobsmuschel, Ausweis einer Wallfahrt nach Santiago de Compostela.

Bereits in mittelalterlichen Ritualen ist auch der Erdwurf des Priesters mit der Schaufel bezeugt. Nach der Beerdigung kehrte die Trauerprozession in die Kirche zurück. Dort wurde, parallel zum Abschluß der normalen Pfarrmesse, die letzte Totenmesse zu Ende zelebriert.

Die sorgfältigen Grablegungen machen deutlich, daß die spätmittelalterliche Gesellschaft das Leben nach dem biologischen Tod nicht als völlig abgeschlossen betrachtete. Dem Ableben folgte bis zum Jüngsten Gericht ein Zwischenzustand – eine Zeit, in der der Körper im Grab ruhte und betend der Auferstehung harrte. Für die Bestattungsbräuche entscheidend war die Vorstellung, daß sich beim Jüngsten Gericht Körper und Seelen wieder vereinigen. Daneben verfestigte sich vom 13. Jahrhundert an die Lehre vom Fegefeuer. Sie geht davon aus, daß im Zwischenzustand die Seelen für ihre Sünden büßen müssen. Nur die

Ganz oben: Nach Abschluß der Totenmesse wird dem Verstorbenen die Absolution erteilt, bevor sich die Prozession mit dem Sarg in Richtung Friedhof bewegt (Flämische oder belgische Miniatur, um 1450)

Oben: Selten dargestellt ist in den Stundenbüchern die Leichenprozession von der Kirche zur letzten Ruhestätte. Kerzentragende Mönche führen die Prozession an, an der Kleriker und Mitglieder der Trauergemeinde teilnehmen. Der Sarg wird von zwei Priestern und zwei Franziskanern getragen, dem Sarg folgen weitere Trauergäste mit Kerzen in der Hand. Im Friedhof sieht man einen Buckligen ein Grab ausheben. (Stundenbuch, vermutlich aus Rouen, Anfang des 16. Jahrhunderts)

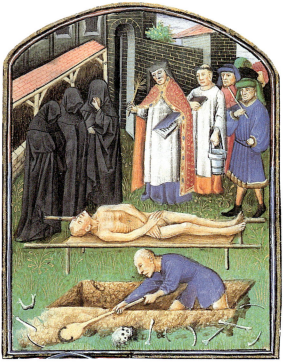

Ganz oben: Während die Leichenprozession beim Grab eintrifft, beendigt der Totengräber gerade seine Arbeit. Die Knochen, die er aus der frisch geschaufelten Grube entfernt, zeugen auch von der dichten Belegung spätmittelalterlicher Friedhöfe.

Oben: Auch hier hebt der Totengräber noch das Grab aus, während der Priester den Leichnam ein letztes Mal mit Weihwasser besprengt. (Amiens, um 1430)

Heiligen erreichen unmittelbar nach dem Tod die Gottesnähe. Stirbt jemand im Zustand der Todsünde, verfällt der Gestorbene der ewigen Verdammnis.

Die weniger vermögenden Bürgerinnen und Bürger mußten sich mit bescheideneren Begräbnisfeierlichkeiten begnügen. Die Toten wurden in solchen Fällen nach Beendigung des Leichenzugs nicht in der Kirche aufgebahrt, sondern unter Umständen gleich bestattet, und das Totenamt wurde zuerst nicht am Begräbnistag selbst gehalten, sondern erst bei einer späteren Gelegenheit. Bezeichnend dafür ist eine Ordnung der Zürcher Schuhmachergesellen aus dem 15. Jahrhundert, nach der die Begräbnisgottesdienste im Franziskanerkloster jeweils am Sonntag zusammen mit der Messe zelebriert wurden. Spätmittelalterlichen Quellen ist auch zu entnehmen, daß Begräbnisse wegen der hohen Kosten auch ohne Glockengeläute, Messe und priesterlichen Beistand begangen wurden. Auch individuelle Totengedächtnisse kannten die breiteren Bevölkerungsschichten der spätmittelalterlichen Stadt kaum. Dazu waren die kollektiven Gedächtnisse an Allerseelen und an den Stiftungstagen der Patrone der Bruderschaften und Zünfte da.

Das Totengedächtnis

Im gesamten indogermanischen Kulturbereich wurden jeweils an bestimmten Tagen nach dem Tod oder Begräbnis Gedächtnisfeiern begangen. Im Spätmittelalter setzten sich der Siebente, der Dreißigste und das Jahrzeit (Anniversar) als Gedenktage durch. In der Regel wurde am Vorabend eine Vigilie gesungen, ein Teil des Totenoffiziums also. Für hochgestellte Persönlichkeiten wurde das ganze nächtliche Stundengebet gehalten. Am jeweiligen Gedächtnistag selbst wurde eine Totenmesse gesungen und gegen Bezahlung auch eine »Grabvisitation« durchgeführt. Kleriker und Schüler zogen dabei in Prozession singend zur Grabstätte, um dort zu beten. Außerdem beräucherten sie das Grab und besprengten es mit Weihwasser. Die Gräber wurden jeweils für die Visitation vorbereitet: Ein Tuch wurde ausgebreitet, Standkerzen und manchmal gar eine Scheinbahre wurden aufgestellt, um die Präsenz des Toten zu versinnbildlichen, und vielfach wurden auch grüne Zweige als Sinnbild des ewigen Lebens aufs Grab gestreut. Oft war mit dem Gedächtnis außerdem eine Armenspeisung verknüpft.

Der Beginn der kommunalen Zuständigkeit

Um 1300 verließen die zunächst noch weitgehend kirchlich geprägten Sterbe- und Begräbnisrituale den engen Rahmen der Klostergemeinschaften und wurden einer breiteren Öffentlichkeit zugänglich gemacht. Eine wesentliche Rolle spielten dabei die Zünfte und die Handwerkerbruderschaften. Ähnlich wie die modernen Sozialversicherungen zogen diese Korporationen von ihren Mitgliedern Beiträge ein, mit denen sie die bedürftigen Mitglieder bei Krankheit und Tod fnanziell unterstützten. Sie schafften auch eigene Trauerutensilien wie Totenbahren und Bahrtücher an und stifteten für die Totenfürsorge wichtige Kerzen und ganze Altäre. Ohne Zünfte und Bruderschaft wäre für viele Einzelfamilien das feierliche Begräbnis unerschwinglich gewesen.

Um 1300 lassen sich in den Städten auch bescheidene Ansätze zu einem kommunalen Begräbniswesen erkennen. Grundsätzlich betrachtete die Kirche die Bestattung als Werk der Barmherzigkeit. Deshalb wurden unter anderem Kaplaneien für Arme, Armenkapellen mit Kirchhöfen (Köln), ganze Totengräberpfründen, aber auch nur Beiträge für die Anschaffung und den Unterhalt von Werkzeug (Schaufeln, Pickel, Grabscheit) gestiftet. Eindrückliches Beispiel dafür ist die Stadt Esslingen, wo 1340 ein Bürger ein Haus und Ländereien für ein Totengräberamt spendete. Diese Immobilien zu verwalten und das Amt zu verleihen, war Sache des Rats und der Zünfte. Dadurch kam Esslingen zu einem »Bestattungsamt«; das Begräbnis war für die Einwohner kostenlos. Der Rat wachte darüber, daß der Totengräber die in der Stiftungsurkunde im einzelnen festgelegten Pflichten erfüllte. In anderen Städten wie zum Beispiel Zürich und Bern war es Sache der Kirche, die Totengräber zu bestellen. Diese Beamten erhielten keinen Lohn, hatten aber das Recht, von den Leuten Gebühren für ihre Arbeit zu verlangen. Um die Höhe dieser Taxen wurde häufig gestritten, so daß

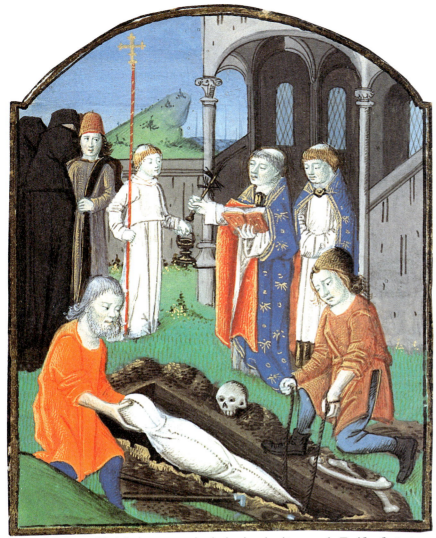

Vom 18. Jahrhundert an wird es üblich, den Sarg schon am Morgen vor der Bestattung zuzunageln. Anders im Spätmittelalter: Teilweise wird der Sarg nur dazu benützt, um den Verstorbenen darin zum Friedhof zu tragen. Dort wird der Leichnam aus dem Sarg gehoben, ein letztes Mal ausgesegnet und dann nackt oder nur in ein Tuch gehüllt in die Erde gebettet, wie das die Abbildung auf der gegenüberliegenden Seite unten zeigt. Häufiger wurden die Toten sorgfältig in Tücher eingenäht und auf diese Weise bestattet. Die über der Brust oder den Unterleib gekreuzten Arme entsprachen einer Gebärde des Gebets auch noch im Tod.

die weltlichen Obrigkeiten vermittelnd einschreiten und Tarife festsetzen mußten. Diese Ordnungen zeigen auch, daß Begräbnisse offenbar eine Belastung für die Stadtbewohner darstellten, denn je nach Art des Grabgeläutes gewährten gewisse Tarifordnungen eine Art Sozialvergünstigung. Nach den Tarifen zu schließen, waren Beisetzungen in Gemeinschaftsgräbern übrigens auch außerhalb von Seuchenzeiten die Regel. Zudem versuchten städtische Behörden, den Kirchen, Spitälern sowie Beginen und Begarden die Pflicht zum Begräbnis der Armen zu übertragen. In gleicher Weise sorgten die Räte auch für Hygiene: Als Mindesttiefe für ein Grab galt im 14. Jahrhundert eine Elle (gemessen zwischen Sargdeckel und Oberfläche). In Reaktion auf die Pestepidemien waren die weltlichen Obrigkeiten zuweilen auch für die rasche Bestattung der Opfer besorgt und stellten auf eigene Rechnung Totengräber und Leichenträger ein. Gezielte seuchenpolizeiliche Maßnahmen wurden aber erst gegen Ende des 15. Jahrhunderts ergriffen.

Der topographische Aspekt: Die Kirchhöfe

Die spätmittelalterliche Stadtgesellschaft begrub ihre Toten nicht in Reih und Glied auf einem abgelegenen »Zentralfriedhof«. Kirche und Friedhof waren fest miteinander verbunden, außerdem galt allgemein die Ansicht, Friedhöfe gehörten in die Siedlungen hinein. In der Stadt Zürich zum Beispiel gab es um 1300 je einen Friedhof bei den drei Pfarrkirchen Großmünster, Fraumünster und Sankt Peter. Die drei Bettelorden der Prediger, Franziskaner und Augustiner und das Frauenkloster Oetenbach bemühten sich nach ihrer Niederlassung in der Limmatstadt mit Erfolg ebenfalls um päpstliche Begräbnisrechte. Im 13. Jahrhundert stritten sich die Ordensklöster mit dem angestammten Pfarrklerus um die Totenbestattung, denn dank den Begräbnissen fielen den Kirchen unter ande-

Die beiden Begräbnisszenen geben Einblick in die Anlage eines mittelalterlichen Kirchhofs. Auf den frischen Gräbern stehen Holzkreuze, die den Teufel vom Besuch des Grabs abhalten sollten. Rings um den Friedhof werden die Schädel und Knochen der Toten in Beinhäusern oder sonstwie gut sichtbar aufbewahrt. (Oben flandrisches Stundenbuch, um 1460, unten französisches Stundenbuch, um 1440)

rem Legate, Totenopfer, Stolgebühren (für die Amtshandlung der Priester) und Vergabungen für das Totengedenken zu. Zur Schlichtung des Streits um die Nebenverträge aus der Totenfürsorge und den Bestattungen mußte der Papst angerufen werden, der dabei salomonisch entschied: Nachdem der Leutpriester den Leichnam ausgesegnet hatte, durften die Bettelorden alle weiteren Exequien zelebrieren, sofern die verstorbene Person dies begehrt hatte. Ein Viertel der Einnahmen mußten sie aber dem Pfarrklerus als *portio canonica* abtreten.

Neben der Grablege in den Pfarr- und Klosterfriedhöfen gilt es auch noch die Sonderbestattung zu berücksichtigen. Spitäler und Leprosenhäuser hatten ihre eigenen, geweihten Friedhöfe. Mit dem Eintritt in oder der Verpfründung an eine solche Anstalt erloschen nämlich die Bindungen zur Pfarrkirche. Nach anfänglicher Diskriminierung wurde den Juden ebenfalls erlaubt, durch kirchliches und weltliches Recht geschützte Begräbnisplätze anzulegen. Diese befanden sich nach antiker Tradition vor den Stadttoren. Leute, die mit einem Kirchenbann belegt verstarben, Selbstmord begangen hatten oder zum Beispiel wegen Ketzerei oder Sodomie hingerichtet worden waren, durften nicht auf einem geweihten Friedhof begraben werden. Ihr Leichnam wurde ohne Zeremoniell auf einer Richtstätte unter dem Galgen verscharrt, verbrannt oder ins Wasser geworfen.

Die soziale Segregation, wie sie in der spätmittelalterlichen Stadt zu beobachten ist, gilt auch im Hinblick auf den Tod. Das Begräbnis in Kirchen war im Hochmittelalter nur Klerikern und einem kleinen Kreis von Laien, meist Stiftern und Wohltätern, vorbehalten. Noch im 13. Jahrhundert befinden sich Gräber von Rittergeschlechtern außerhalb des Großmünsters auf dem Friedhof, allerdings in liturgisch bedeutsamer Lage vor dem Hauptportal. Etwas später gelang es der Oberschicht, sich vermehrt Gräber in Kirchen, Seitenkapellen und in Kreuzgängen zu verschaffen, oder man baute sich gar eigene Grabkapellen. Der Mittelstand, der über etwas Vermögen verfügte, erwarb sich nach Möglichkeit Gräber auf den Kirchhöfen. Urkunden und Einträge in Ratsbüchern belegen, daß diese Grabstellen wie Immobilien gehandelt und oftmals schon kurze Zeit nach der Handänderung wieder belegt wurden. Daneben erwarben auch Zünfte und Bruderschaften Gemeinschaftsgräber in Kirchen, Kreuzgängen und auf Friedhöfen. Für die einfachen Pfarreiangehörigen gab es überdies noch einen Bezirk in liturgisch weniger bedeutsamer Lage, »hinter« der Kirche, so in Biberach an der Riss. Diese Gräber durften jeweils nur während kurzer Zeit mit einem schlichten Kreuz, einem Holzpflock oder einem »Totenbrett« markiert werden. Fremde und Spitalarme schließlich kamen ganz an die Friedhofsmauer zu liegen, außerhalb des Umgangs, auf dem die Prozessionen durch den Friedhof zogen. Bei der Auswertung spätmittelalterlicher Gräberfunde ist deshalb dem Fundzusammenhang große Aufmerksamkeit zu schenken, da er interessante Schlüsse auf die soziale Herkunft der Bestatteten zuläßt.

Die Kirchhöfe der spätmittelalterlichen Städte und Dörfer wurden allesamt auch profan genutzt, und zwar dienten sie als Spiel- und Vergnügungsplätze, als Treffpunkte, als Ort des Asyls, als Werkplatz, als Gerichtsstätte und als Marktplatz. Der Glaube an das Weiterleben der Toten führte zu einer ausgelebten Gemeinschaft mit den Verstorbenen. Noch in der Reformationszeit wurden selbst in Städten Brote auf die Gräber gelegt, gedacht als Totenspeisung. Die Sage vom hilfreichen Totenheer belegt, daß man sich im Kriegsfall nicht nur aus Verlegenheit im Kirchhof verschanzte, sondern im Kampf auf die Unterstützung der Verstorbenen zählte. Wo Stadtmauern fehlten, wurden darum oftmals die Kirchhöfe befestigt und als Stützpunkte oder Fluchtburgen genutzt. Wenn man auf den Kirchhöfen zu Gericht saß, zählte man auch auf die Hilfe der Ahnen bei der Rechtsfindung. Die vielfältigen Verwendungen der Kirchhöfe waren nicht allein durch die magischen Beziehungen zwischen Lebenden und Toten bestimmt. Im Hochmittelalter waren Markt- und Pfarrrechte oft vielfach miteinander verknüpft, so daß sich im Lauf der Zeit Begräbnis- und Marktplatz zu überlagern begannen. Da die Friedhöfe geweiht waren, durften auf ihnen keine Gewalttaten verübt werden. Deshalb boten sie sich als Verhandlungsorte auch heftigst zerstrittener Parteien an: Die blanke Waffe durfte beispielsweise auf keinem Kirchhof gezückt werden. Bei Festen und Spielen konnten Störenfriede auf den Friedhöfen bestraft und mindestens für die Kosten der Wiederweihe belangt werden. Schließlich waren die Kirchhöfe schon ihrer zentralen Lage wegen vielbegangene Plätze, die sich damit als Orte der Kommunikation anboten: Auf den Friedhöfen wurden Arbeiter angeworben und öffentlich Maße angeschlagen.

Es gibt Anzeichen dafür, daß in der Stadt um 1300 bereits auch versucht wurde, die Bereiche der Lebenden und der Toten mit baulichen Maßnahmen voneinander zu scheiden, denn die Empfindungen gegenüber dem Tod und den Verstorbenen waren stets ambivalent. Die Angst vor den wiederkehrenden, schadenstiftenden Toten war jedenfalls sehr verbreitet. Ein Beispiel für die einsetzende räumliche Trennung ist die Umgestaltung des Zürcher Münsterhofs. Ursprünglich war der ganze Platz mit Bestattungen belegt, doch allmählich wurde der Friedhof bis auf einen schmalen Streifen der Kirche entlang zurückgenommen. Der so gewonnene Raum diente fortan allein als öffentlicher (Markt-) Platz. Der Bau von Ratshäusern, Zunfthäusern und die Anlage öffentlicher Plätze ließ im Lauf des Spätmittelalters die profane Nutzung der Friedhöfe hinfällig werden. Immer wieder erhielten aber die städtischen Unterschichten Zuzug vom Land, wo der Kirchhof noch immer Mittelpunkt des dörflichen Lebens war, und diese Geisteshaltung begleitete die Zuzüger auch in die Stadt. Erst von der Reformation und Gegenreformation an bekämpfte die städtische Obrigkeit mit einer Flut von Mandaten erfolgreich die Profanierung der Kirchhöfe.

MARTIN ILLI

Der anthropologische Befund

Der Heidelberger Spitalfriedhof

Während der Ausgrabungen im Bereich des Kornmarkts in Heidelberg konnte zwischen Februar und August 1987 auch ein Teil des dort angetroffenen Spitalfriedhofs untersucht werden. Dieser Friedhof steht eindeutig im Zusammenhang mit verschiedenen Baubefunden, so den Spitalgebäuden und einer kleinen Spitalkapelle. Bei den Grabungen wurden die Skelettreste aus 249 Gräbern sowie eine große Menge dazwischenliegender Streuknochen aus gestörten Gräbern geborgen. Aus organisatorischen Gründen war es allerdings nicht möglich, die gesamte Fläche mit schätzungsweise 700 Gräbern wissenschaftlich zu erforschen.

Das Spital wird kurz vor 1300 erstmals urkundlich erwähnt, und nach den schriftlichen Quellen zu schließen, konnte der Belegungsbeginn des Friedhofs in die Zeit zwischen Mitte und Ende des 13. Jahrhunderts angesetzt werden. Spätestens ab 1430 sollen dann hier keine Bestattungen mehr vorgenommen worden sein. Aufgrund von mittlerweile an Sargresten gewonnenen Dendrodaten läßt sich die Belegungszeit heute auf die Jahre von 1272 bis 1405 eingrenzen, wobei das jüngste Datum einem unsicheren Befund entstammt. Daraus ergibt sich eine Belegungsdauer von etwa 130 Jahren. Das Spital selbst wurde 1556 ins Dominikanerkloster verlegt.

Die Funktionen mittelalterlicher Spitäler

Im Zusammenhang mit Krankheitsbildern und Todesursachen sind die vielfältigen Funktionen der mittelalterlichen Spitäler von besonderem Interesse. Sie waren nicht nur Krankenhäuser im heutigen Sinn, sondern auch Wöchnerinnenstation, Altersheim und in vielen Fällen noch Herberge für durchreisende Pilger. Neben der Versorgung von Akutkranken oblag den Spitälern speziell auch die Fürsorge für Gebrechliche und Krüppel, für Arme und Waisen. Gesunde Pfründner kauften sich ein, um die Obhut für den Lebensabend sicherzustellen.

Die Caritas war im Mittelalter ausschließlich Angelegenheit der Kirche mit ihren Orden und Klöstern. Auch das Aussätzigenrecht des 12. Jahrhunderts war Sendsache und fiel in den Kompetenzbereich der Kirche. Das Zeitalter der Kreuzzüge führte zur Gründung einer Anzahl neuer Spitalorden. Daneben entstanden Hospitäler aufgrund von privaten Stiftungen oder waren von Laienbruderschaften getragen. Die Städte unterhielten zunächst keine Spitäler in eigener Verwaltung. Nach dem raschen Aufschwung des Städtewesens im 12. und 13. Jahrhundert gingen diese Anstalten indes zunehmend in die Zuständigkeit der Stadt über. Das 14. Jahrhundert gilt denn auch als die Epoche der »Verbürgerlichung im Spitalwesen«. Neben den Spitälern und den da und dort anzutreffenden sogenannten Elendenherbergen in den Städten selbst entstanden besonders vom 13. Jahrhundert an außerhalb der Stadt auch noch Leprosenhäuser, Siechen- oder sogenannte Gutleuthöfe. Dort wurden die Aussätzigen von

Zu den wenigen im ursprünglichen Bauzustand weitgehend erhaltenen Leprosenhäusern der Schweiz zählt das ehemalige Siechenhaus am Ortsrand von Burgdorf. Ein Siechenhaus wird 1316 urkundlich erstmals erwähnt, der heutige spätgotische Hausteinbau datiert von 1472. Die Siechenkapelle St. Bartholomäus entstand 1445/46.

479

Unten: Drei Bestattungen nebeneinander mit unterschiedlicher Haltung der Arme.

Unten Mitte: Sargreste mehrerer Bestattungen in situ in einem Grabungsschnitt.

Ganz unten: Bestattung eines 12- bis 14jährigen Mädchens in rechtsseitiger Hocklage. Die Verstorbene war nicht in einem Sarg, aber möglicherweise in einem Leichentuch beerdigt worden.

Unten rechts: Übersicht über einen Grabungsschnitt. Im Profil sind mindestens sechs Bestattungslagen übereinander zu erkennen.

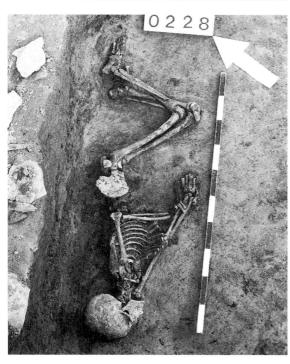

der übrigen Einwohnerschaft abgesondert. Daher stammt auch die Bezeichnung »Aussatz« für Lepra. Hinweise auf Leprosorien gibt es bereits aus dem 4. Jahrhundert. Sowohl die Spitäler als auch die Leprosenhäuser hatten in der Regel eigene Kirchen und Friedhöfe. Gegenüber ihren Insassen verfügten die Anstalten über das Erb- und Seelsorgerecht. Sieht man von den Kirchen einmal ab, so waren es vor allem die Hospitäler, seltener die Armenhäuser und Schulen, die einen Nutzen aus großzügigen Stiftungen und Legaten zogen. So mußten oft Tausende von Messen für das Seelenheil eines Stifters gelesen werden.

Bestattungsort und Bestattungsweise

Nach dem Zwölftafelgesetz durfte im Frühmittelalter kein Toter innerhalb der Stadt begraben werden. Erst später wurde der Friedhof in unmittelbarer Umgebung der Kirche gebräuchlich. Die Bestattung in der Kirche selbst war allerdings kirchlichen Amtsträgern und privilegierten Laien vorbehalten. Größere Gemeinschaftsgräber, wie sie im 13./14. Jahrhundert zunächst zur »Bewältigung« der großen Massen von Toten nach Epidemien und Hungersnöten angelegt wurden, wurden ab dem 16. Jahrhundert für Verstorbene aus bescheidenen Verhältnissen üblich. Beinhäuser sind spätestens vom 14. Jahrhundert an belegt. Auch wenn nicht immer streng nach sozialem Status unterschieden wurde, waren die Friedhöfe – im Gegensatz zu Bestattungen im Kircheninnern – doch meist die Ruhestätten der Armen und der kleinen Kinder. Im Spitalfriedhof waren demgegenüber – abgesehen von Nuancen bei der Grablege – offenbar alle gleich.

480

Die Gräber im Heidelberger Spitalfriedhof lagen in bis zu elf Schichten übereinander. Die Toten wurden meist in gestreckter Rückenlage mit über dem Becken, dem Bauch oder der Brust gekreuzten, seltener seitlich am Körper anliegenden Armen beerdigt. In wenigen Fällen waren die Beine leicht angewinkelt, oder die Unterschenkel lagen übereinander. Die Toten waren überwiegend in west-östlicher Richtung orientiert, mit dem Kopf im Westen. Die einfachen Brettersärge der Erwachsenen sind aufgrund ihrer uneinheitlichen Abmessungen wohl von Fall zu Fall angefertigt worden. Bei Bestattungen ohne Sarg ist anzunehmen, daß die Verstorbenen zumindest in ein Leichentuch eingeschlagen oder eingenäht waren, eine Sitte, die spätestens ab dem 13. Jahrhundert greifbar wird. Nur einmal wurden in einem normalgroßen Sarg zwei Individuen – zwei etwa gleichaltrige, rund 30- bis 40jährige Frauen – gefunden. Föten, Neugeborene und Säuglinge waren meist zwischen zwei gegeneinandergelegten Firstziegeln, die ursprünglich wahrscheinlich noch mit Tüchern umwickelt waren, beigesetzt worden. Diese Form der Bestattung war bislang nur aus mittelalterlichen Befunden aus dem Saarland und aus Lothringen bekannt. In Heidelberg wurden in Einzelfällen auch noch ältere Kinder bis zum Alter von etwa sechs Jahren im Kopf- und Oberkörperbereich mit Firstziegeln abgedeckt.

Bis auf die zahlreichen Streuknochen, die schätzungsweise noch einmal rund 100 Individuen repräsentieren, wurden mittlerweile alle Skelettreste präpariert, einer vorläufigen Alters- und Geschlechtsbestimmung unterzogen und im Hinblick auf pathologische Veränderungen makroskopisch untersucht. Die Altersverteilung geht aus der Graphik auf Seite 000 hervor. Bei der Beurteilung dieser Kurve muß selbstverständlich berücksichtigt werden, daß sowohl Belegung als auch Friedhof eines Spitals wohl keinen repräsentativen Bevölkerungsquerschnitt widerspiegeln. Das hängt mit der Funktion der mittelalterlichen Spitäler zusammen. Auch Pestfriedhöfe weisen eine von den üblichen Nekropolen abweichende Altersstruktur auf. Während Seuchen oder andere Infektionskrankheiten besonders die physiologisch Schwächsten – nämlich die kleinen Kinder und die Alten – heimsuchen, sind in einem Spital wahrscheinlich nur bestimmte Personen- oder Bevölkerungsgruppen anzutreffen.

Die Altersverteilung, wie sie für den Heidelberger Spitalfriedhof nun vorliegt, wird vor allem durch das absolute Maximum bei den Frühadulten geprägt. Die Altersstufe der 25- bis 30jährigen macht allein fast 18 Prozent der Verstorbenen aus. Alle Älteren sind mit zunehmendem Alter kontinuierlich geringer vertreten. Immerhin noch etwa 9 Prozent sind der Altersstufe »senilis« zuzuordnen. Bei den Kindern fällt der relativ geringe Anteil an Kleinkindern auf. Da aber nur ein Teil der Friedhofsfläche und wahrscheinlich nur etwa ein Drittel der Bestatteten ausgegraben werden konnte, darf vermutet werden, daß sich eine größere Zahl verstorbener Neugeborener, Säuglinge und Kleinkinder möglicherweise in einem der nicht erfaßten Bereiche konzentrierte. Auch auf regulären Friedhöfen ist diesem Personenkreis oft ein bestimmter Bereich zugewiesen worden. Die Relation von Kindern und Jugendlichen zu Erwachsenen beträgt 27,1 zu 72,9 Prozent. Die durchschnittliche Lebenserwartung liegt insgesamt bei etwas mehr als 33 Jahren, das mittlere Sterbealter der Männer bei 42,6 und dasjenige der Frauen bei 38,7 Jahren. Der mit etwa vier Jahren relativ deutliche Unterschied zwischen den Geschlechtern ergibt sich aus deren unterschiedlicher Altersverteilung. Hier scheinen sich besonders die geburts- und kindbettspezifischen Belastungen der jüngeren Frauen bemerkbar zu machen.

Ein weiterer Befund des Spitalfriedhofs entspricht ebenfalls den Erwartungen. Es gibt mehrere Indizien dafür, daß hier Personen aus unterschiedlichen sozialen Schichten vertreten sind. Zum einen lassen sich ausgeprägte Robustizitätsunterschiede innerhalb der Geschlechter feststellen, was nicht zuletzt auch die größere Variationsbreite und das mannigfaltigere Typengemisch innerhalb einer Stadt gegenüber einer eher homogenen Landbevölkerung dokumentiert. Zum anderen sind sowohl relativ junge Individuen mit massiven degenerativen Veränderungen als auch besonders alte mit auffallend geringen Verschleißerscheinungen vertreten. Ein Teil der Erwachsenen hat unter erheblichen Mangelerscheinungen gelitten, andere sind in dieser Hinsicht völlig symptomfrei. Ein Sargdeckel mit einer rechteckigen Öffnung über dem Kopf könnte bedeuten, daß der Verstorbene vielleicht noch für eine gewisse Zeit aufgebahrt war, andere Personen sind ohne Sarg und in ihrer Totenhaltung eher nachlässig beigesetzt worden. Hierbei kann natürlich auch die jeweilige Todesursache eine wesentliche Rolle gespielt haben.

Unten: Doppelbestattung zweier nahezu gleichaltriger – 30 bis 40 Jahre und 30 (- 40) Jahre – Frauen in einem Sarg (Siehe auch Seite 484 oben).

Unten Mitte: Der Oberkörper dieses 4- bis 6jährigen Kindes war bei der Bestattung mit einem Firstziegel abgedeckt worden.

Ganz unten: Altersverteilung der auf dem Spitalfriedhof in Heidelberg bestatteten und anthropologisch untersuchten Individuen. Insgesamt wurden die Skelettreste von 249 Personen erfaßt, die zahlreichen Streuknochen sind nicht enthalten. Ab einem Alter von etwa 15 bis 19 Jahren konnten geschlechtsspezifische Kurven erstellt werden.

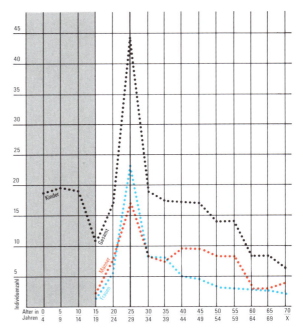

481

Oben: Bestattung eines maturen Mannes in abweichender Totenhaltung.

Unten: Der Herr von Sachsendorf, der sich im Dienst seiner Dame angeblich Fuß und Bein gebrochen hat, wird verarztet: Während ein Betreuer den Verunfallten festhält, schient ein Arzt das Bein. Aus der Manessischen Liederhandschrift.

Unten rechts: Rechtes Ellenbogengelenk eines etwa 40jährigen Mannes mit degenerativen Veränderungen; A distales Ende des Oberarmknochens, B proximales Ende der Speiche (Maßstab 1:1). Der Gelenkknorpel war teilweise verschlissen und die Gelenkenden durch Reibung gegeneinander blankgeschliffen.

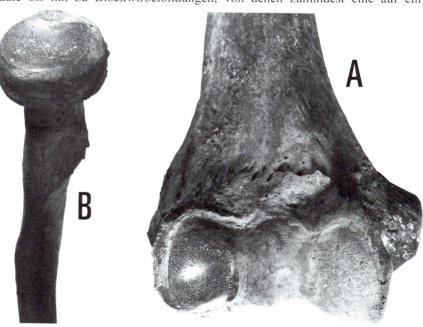

Die Relation von Männern zu Frauen liegt in der untersuchten Stichprobe bei 84 zu 67. Der daraus resultierende Maskulinitätsindex von 1254 dokumentiert einen deutlichen Männerüberschuß, eine Tendenz, wie sie für hoch- und spätmittelalterliche Serien durchaus nicht untypisch ist und selbst noch für eine organisch gewachsene Stadtbevölkerung denkbar wäre. Das durchschnittliche Heiratsalter der Frauen, die mit 16 bis 20 Jahren die Ehe schlossen, hat sicherlich mit zu deren »Übersterblichkeit« in der frühadulten Altersgruppe beigetragen. Andere Quellen belegen, daß Frauen in den unteren sozialen Schichten überrepräsentiert waren und rund 50 Prozent aller Kinder das 14. Lebens-jahr nicht erlebten.

Krankheiten und Todesursachen

Die demographischen Parameter einer Bevölkerung sind von vielen Faktoren abhängig, unter anderem von den verfügbaren Ressourcen und der Populationsdichte. Die Kapazitätsgrenze des Bevölkerungswachstums im Früh- und Hochmittelalter war – regional verschieden – offenbar um 1300 erreicht. In der Mitte des 14. Jahrhunderts überrollte dann die zweite große Pestwelle ganz Europa, und mindestens ein Drittel – in den Städten bis zu 70 Prozent – der Bevölkerung wurde dahingerafft. Obwohl bereits für das 12. Jahrhundert Abwasserrinnen, so unter anderem in Konstanz, nachgewiesen sind, leisteten die allgemein katastrophalen hygienischen Bedingungen in den Städten der Ausbreitung von Infektionskrankheiten gewaltig Vorschub. Weder die Lepra noch Typhus, weder Cholera, Ruhr oder später die sogenannte Franzosenkrankheit hatten jedoch solch verheerende Auswirkungen auf die Bevölkerungsentwicklung wie die Pest.

Bei etwa der Hälfte der auf dem Heidelberger Spitalfriedhof bestatteten Individuen können krankhafte Veränderungen am Knochen festgestellt werden. Jeder von diesen weist im Schnitt mindestens zwei pathologische Erscheinungen auf. Selbstverständlich machte nicht jeder Befund einen Spitalaufenthalt erforderlich. Hier muß aber auch noch mit einer erheblich größeren »Dunkelziffer« an Krankheiten und Verletzungen gerechnet werden, die innere Organe oder andere Weichteile betreffen und keine Spuren am Skelett hinterlassen. Bei dieser Erhebung sind Veränderungen im Bereich des Kauapparates, wie Karies, intravitale Zahnverluste, Parodontopathien und Zahnstein, nicht miteinbezogen. Im Vergleich zu anderen mittelalterlichen Serien liegen die Erkrankungen der Zähne und Kiefer eher über dem Durchschnitt. Knapp 73 Prozent aller Individuen weisen Karies auf, bei den Erwachsenen mehr als 85 Prozent. 16 Prozent aller Milchzähne sind bereits kariös. Parodontose/itis läßt sich bei etwa 56 Prozent aller Gebisse feststellen, intravitaler Zahnausfall bei mehr als 67 Prozent aller Erwachsenen. Reste von Zahnstein sind bei über 71 Prozent der Individuen erhalten. Von Zahn- und Mundhygiene kann daher kaum gesprochen werden.

Die weitaus häufigsten Symptome – bei fast 36 Prozent aller Bestatteten – sind verschiedene Stadien von Degenerationserscheinungen im Bereich der Wirbelsäule bis hin zu Blockwirbelbildungen, von denen zumindest eine auf ein

Trauma zurückgeht. Am meisten sind die Hals- und Lendenwirbelsäule betroffen. Besonders ausgeprägte Spondylosis deformans fand sich bei einem etwa 70- bis 80jährigen Mann, dessen vergleichsweise geringe Zahnkronenabrasion darauf schließen läßt, daß er zumindest während eines oder zweier Jahrzehnte nur Breinahrung zu sich nahm oder einer höheren Sozialschicht zuzuordnen ist. Hier deutet sich vielleicht ein Zusammenhang mit den weiter oben beschriebenen Funktionen des Spitals als Pflegestation oder Altersheim an. Vielfach waren die großen Gelenke wie Hüfte, Schulter, Knie und Ellbogen von Arthrose betroffen. Besonders starke rheumatische Veränderungen weist ein 50- bis 60jähriger Mann in Form fortgeschrittener Arthrose beider Schulter- und Hüftgelenke auf. Er war in seinen Bewegungsmöglichkeiten sicherlich stark eingeschränkt. In einem anderen Fall ist extreme Altersosteoporose festzustellen. Die eingebrochenen Wirbelkörper einer maturen Frau deuten auf Knochentuberkulose hin.

Die zweite große Gruppe von Veränderungen am Knochen stellen die Frakturen und Verletzungen dar, die auf häusliche oder Arbeitsunfälle oder auch Händel im weitesten Sinn zurückzuführen sind. In der Mehrzahl handelt es sich dabei um Rippen- und Unterarmbrüche, seltener um Oberschenkelfrakturen oder Schädelverletzungen. Am häufigsten dürften Stürze als Ursache in Frage kommen, zumindest einmal liegt eine typische Parierfraktur vor. Das linke Joch- und das Schläfenbein eines etwa 50jährigen Mannes sind durch einen scharfkantigen Gegenstand teilweise abgetrennt beziehungsweise gespalten worden und wieder verheilt. Das Opfer hat bei dieser Auseinandersetzung sehr wahrscheinlich sein linkes Auge eingebüßt. Im Bereich der Halswirbelsäule und des rechten Ellbogengelenks weist dieser Mann zudem äußerst massive Verschleißerscheinungen auf. Das rechte Unterkiefergelenk war entzündet, mindestens 10 Zähne waren bereits zu Lebzeiten des Mannes ausgefallen, einige der verbliebenen bis unter den Zahnhals abgekaut. Am Oberkiefer sind deutliche Anzeichen fortgeschrittener Parodontitis festzustellen. Drei Zähne sind kariös, und sechs Zähne weisen Wurzelabszesse auf. Alle Gelenke sind mehr oder weniger stark degenerativ verändert.

Gebrochene Extremitätenknochen waren im allgemeinen, wenn überhaupt, nur mangelhaft eingerichtet und geschient worden. Neben einer komplizierten Fraktur und Luxation des linken Oberschenkels mit anschließender Atrophie sowie einer verheilten Fraktur der rechten Speiche weist die obere der beiden be-

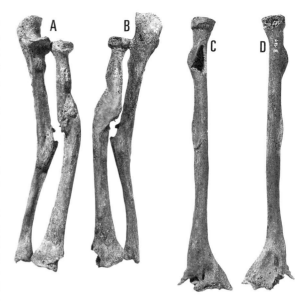

Oben: Linke Elle und Speiche eines adulten Mannes mit in Fehlstellung verheiltem Schrägbruch im Bereich der Schaftmitte (links); A Palmar-, B Dorsalansicht (Maßstab 2:3).

Linke Speiche eines 30- bis 40jährigen Mannes mit verheilter, wahrscheinlich durch Sturz auf die Handfläche entstandener Stauchungsfraktur im Bereich des Handgelenks (rechts); C Palmar-, D Dorsalansicht (Maßstab 2:3).

Unten: Schädel eines etwa 50jährigen Mannes mit verheilter Fraktur des linken Joch- und Schläfenbeins; Frontal- und linke Seitenansicht. Die Verletzung geht auf die Einwirkung eines länglichen, scharfkantigen Gegenstandes zurück (Maßstab 1:2).

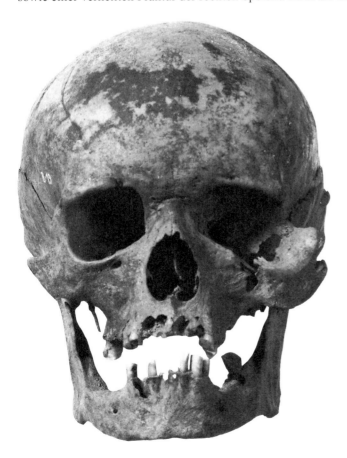
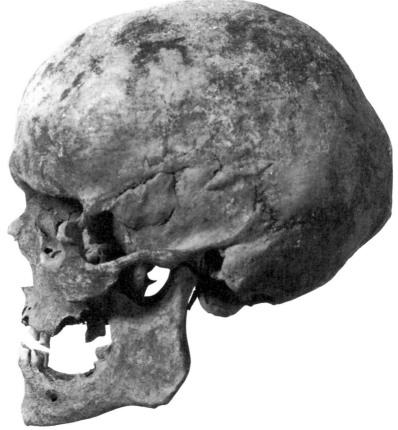

Rechts: Lateralansicht des linken Hüftbeins (A) und Dorsalansicht des oberen Endes des linken Oberschenkelknochens
(B) der zuoberst liegenden, 30- bis 40jährigen Frau aus
der Doppelbestattung (vgl. Seite 481 oben). Auf dem Darm-
bein hat sich nach nicht wiedereingerenkter Luxation oberhalb des Acetabulums ein sekundäres Hüftgelenk gebildet.
Am Oberschenkelknochen ist eine verheilte Schenkelhals-
fraktur mit starker Kallusbildung festzustellen. Beide Erscheinungen gehen sicherlich auf ein und dasselbe Ereignis
zurück. Als Ursache kommt beispielsweise ein Sturz aus
großer Höhe in Betracht (Maßstab 2:3).

Rechts unten: C Verwachsung (Ankylose) des linken Knie-
gelenks einer adulten Frau. Die tatsächlich etwa rechtwinklig fixierte Stellung des Ober- und Unterschenkels wurde
für die Aufnahme in eine günstigere Position gedreht. Eine
Fortbewegung war nur noch unter Zuhilfenahme von Krük-
ken möglich (Maßstab 1:2). D Rechte Elle und Speiche
eines maturen Mannes mit sogenannter Nearthrose im Bereich des distalen Schaftendes. Die Hand ist oberhalb des
Handgelenks abgetrennt worden, der verbliebene Stumpf
verheilt (Maßstab 2:3). E + F Rechter Oberschenkelknochen
eines erwachsenen Mannes mit fortgeschrittener hämato-
gener Osteomyelitis; Ventral- und Dorsalansicht. Knochenmarkentzündung durch Streuung von Eitererregern nach
einer Infektion (Maßstab 1:2).

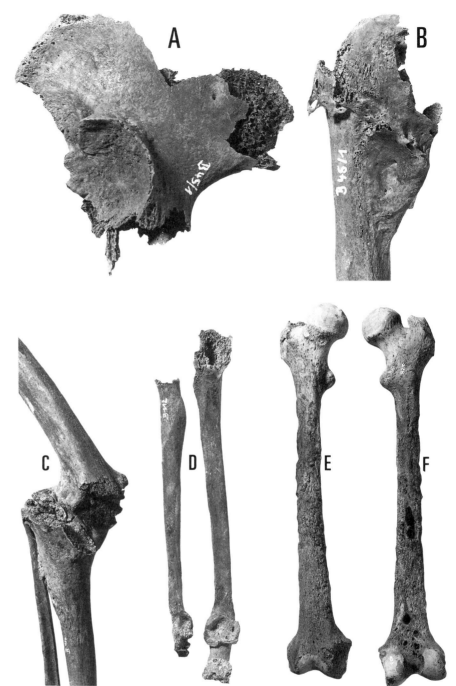

reits erwähnten, gemeinsam beigesetzen Frauen eine unverheilte Schnittspur am
rechten Scheitelbein auf. Als Folge eines Traumas ist die etwa rechtwinklige
Versteifung des linken Knies einer adulten Frau anzusehen. Diese Person konnte
sich nur noch mit Hilfe von Krücken fortbewegen. Eine andere Form der
Gewalteinwirkung bezeugen die rechte Elle und Speiche eines spätmaturen
Mannes. Hier handelt es sich möglicherweise um einen Amputationsstumpf.
Bei einigen Individuen läßt sich Osteomyelitis in verschiedenen Stadien nach-
weisen. In den meisten Fällen scheint es sich um die hämatogene Form der
Knochenmarkentzündung zu handeln. Einmal ist die sogenannte Säuglingsosteomyelitis vertreten. Sie könnte zum Beispiel auf eine Nabelschnurinfektion
zurückgehen. Bei zwei Kleinkindern lagen wahrscheinlich leichte bis mittlere
Ausprägungsgrade eines Hydrocephalus vor. Erhöhter Hirndruck kann hierbei
zu zentralnervösen Ausfallerscheinungen bis hin zum Tode führen.
Als indirekter Hinweis auf eine ansteckende Krankheit könnte der mit (un-
gelöschtem?) Kalk bedeckte Oberkörper eines erwachsenen Mannes angesehen
werden. Bei Kircheninnenbestattungen scheint ein solcher Vorgang allerdings
eher auf die Beschleunigung der Zersetzung und gleichzeitig die Vermeidung der

durch die Verwesung entstehenden Geruchsbelästigung abzuzielen. In vielen Fällen war der Leichnam dann zusätzlich auf Hobelspäne gebettet worden, die die sich bildenden Fäulnissäfte aufsaugen sollten.

Anzeichen von Mangelernährung (Anämie) oder Parasitenbefall sind bei den Skelettresten vom Spitalfriedhof erwartungsgemäß relativ häufig festzustellen. Auch rachitisch deformierte Knochen, die auf Vitamin-D-Mangel zurückgehen, oder Mineralisationsstörungen der Zähne, die auf zeitweise Unterversorgung hindeuten, können mehrfach diagnostiziert werden. Wenn auch die vorliegende Stichprobe aus dem Heidelberger Spitalfriedhof letztlich nur punktuelle Hinweise zur Morbidität der damaligen Bevölkerung liefert, so lassen sich doch bereits daraus vereinzelte Ansatzpunkte im Hinblick auf die vielfältigen Funktionen eines mittelalterlichen Spitals gewinnen.

(Die Angaben zur Ausgrabung des Spitalfriedhofs am Kornmarkt und die Datierung beruhen auf mündlichen Mitteilungen von Herrn Dr. D. Lutz und Frau Dr. Ch. Prohaska-Gross, beide Landesdenkmalamt Baden-Württemberg, Außenstelle Karlsruhe, Archäologie des Mittelalters. Die im Rahmen der Präparationsarbeiten von Frau T. Uldin, Tübingen, durchgeführten vorläufigen Alters- und Geschlechtsbestimmungen wurden vom Verfasser stichprobenartig verifiziert.)

Joachim Wahl

Zur Bevölkerungsstruktur einer mittelalterlichen Stadt

Skelettserien aus Friedhöfen stellen Abbilder der lebenden Bevölkerungen dar. Sofern verzerrende äußere Einwirkungen auf die Zusammensetzung eines Gräberfeldes ausgeschlossen werden können und hinreichend große Individuenzahlen zur Verfügung stehen, gestattet die Untersuchung der Gebeine zuverlässige Aussagen über Bevölkerungsstruktur und -prozesse. Am Beispiel zweier Friedhöfe zur Stadtkirche St. Johann in Schaffhausen, die eine Belegungszeit vom 12. bis ins mittlere 14. Jahrhundert und vom ausgehenden 14. bis ins 15. Jahrhundert umfassen, sollen mögliche demographische Zustände einer mittelalterlichen Stadt erläutert werden. Dabei wird deutlich, daß der Bevölkerungsaufbau wesentlich vom jeweiligen Entwicklungsstadium einer Siedlung, aber auch von zahlreichen äußeren Ursachen abhängt. Die Bevölkerungsstichprobe aus dem hochmittelalterlichen Friedhof von Schaffhausen zeigt mit 1083 Männern auf je 1000 Frauen einen leichten Männerüberschuß. Im Spätmittelalter scheint hingegen mit nur 750 Männern auf je 1000 Frauen ein deutlicher Mangel an Männern bestanden zu haben. Die Abhängigkeit des Geschlechterverhältnisses von ökonomischen Faktoren, insbesondere von der Art und vom Umfang der anstehenden Arbeiten, ist bekannt und hinreichend belegt. Zudem sind unausgewogene Sexualrelationen kennzeichnend für Orte mit starker Einwanderung; das Ungleichgewicht der Geschlechter gilt daher als typisches Merkmal der Stadtdemographie. Mittelalterliche Städte weisen häufig mehr oder weniger ausgeprägte Frauenüberschüsse auf, die in der Regel mit zunehmender Siedlungsgröße ansteigen. Diesen Überschüssen liegt nach Ansicht von Historikern im wesentlichen der Zustrom alleinstehender Frauen zu den städtischen Dienstbotenstellen zugrunde. Der ungewohnte Frauenmangel im hochmittelalterlichen Schaffhausen erklärt sich dagegen möglicherweise aus dem historisch nachgewiesenen raschen Wachstum, das die Stadt im 12. und vor allem im 13. Jahrhundert erlebte. Der damit verbundene Bedarf an Arbeitskräften könnte vorübergehend einen überproportionalen Zustrom an Männern bewirkt haben. Die Geschlechterrelation, wie man sie im jüngeren Friedhof antrifft, entspricht mit ihrem Frauenüberschuß im wesentlichen den Verhältnissen zu zahlreichen anderen Städten im europäischen Hoch- und Spätmittelalter.

Die Sterbeordnungen ergeben aus beiden Friedhöfen trotz leichter Unterschiede ein recht ähnliches und für eine damalige Stadt weitgehend charakteristisches Bild. Kennzeichnend für mittelalterliche Verhältnisse ist eine enorm hohe Kindersterblichkeit mit Werten zwischen 40 und 50 Prozent. Solche Werte trifft man noch heute bei Bevölkerungen ohne ausreichende medizinische Versorgung an. Der weitaus größte Teil der Kinder verstarb bereits im ersten Lebensjahr. Bei zunehmendem Alter sank die Sterbehäufigkeit stark ab und verharrte bei 9- bis 12jährigen Jugendlichen und Früherwachsenen auf niedrigen Werten. Nähere

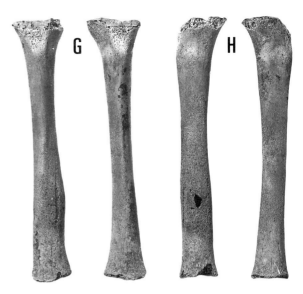

Rechtes und linkes Schienbein eines ein- bis zweijährigen Säuglings mit sogenannter Säuglingsosteomyelitis; G Ventral-, H Medialansicht. Durch bakterielle Infektion hervorgerufene Knocheneiterung. Das Kind ist wahrscheinlich infolge einer Blutvergiftung gestorben (Maßstab 1:1).

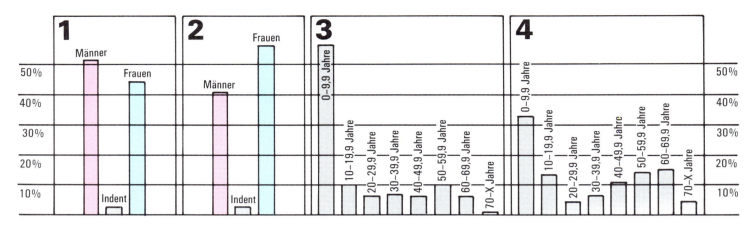

1 Männer / Frauen / Indent

2 Männer / Frauen / Indent

3 0–9,9 Jahre / 10–19,9 Jahre / 20–29,9 Jahre / 30–39,9 Jahre / 40–49,9 Jahre / 50–59,9 Jahre / 60–69,9 Jahre / 70–X Jahre

4 0–9,9 Jahre / 10–19,9 Jahre / 20–29,9 Jahre / 30–39,9 Jahre / 40–49,9 Jahre / 50–59,9 Jahre / 60–69,9 Jahre / 70–X Jahre

Geschlechtsverteilung und Altersgliederung am Beispiel zweier Friedhöfe bei der Stadtkirche St. Johann in Schaffhausen. Von links nach rechts:
Geschlechtsverteilung der Erwachsenen aus der älteren Bevölkerungsstichprobe von St. Johann in Prozenten; Männer 37 (52,1 %), Frauen 32 (45,1 %), Indeterminabel 2 (2,8 %).
Geschlechtsverteilung der Erwachsenen aus der jüngeren Bevölkerungsstichprobe von St. Johann in Prozenten; Männer 32 (42 %), Frauen 44 (56,4 %), Indeterminabel 2 (2,6 %).
Geschlechtsneutrale Altersgliederung der Gesamtstichprobe aus dem älteren Friedhof von St. Johann in Prozentwerten.
Geschlechtsneutrale Altersgliederung der Gesamtstichprobe aus dem jüngeren Friedhof von St. Johann in Prozentwerten.

Der Gedenkstein zur Gründung des Münsters von Ulm 1377 als Illustration zur Ungleichheit des Menschen im Mittelalter: Der Patrizier und seine Frau nehmen einen Verwaltungsakt vor - und dem Baumeister wird die Arbeit aufgelastet.

man sich dem 40. Altersjahr, nahm auch die Sterblichkeit langsam zu. Ab dem 50. Lebensjahr mußte mit einer starken Zunahme der Todesfälle gerechnet werden, die Hauptsterblichkeit fiel in der Regel ins 6. Dezennium; das 7. oder gar 8. Jahrzehnt erreichten nur wenige Menschen.

Dabei sind geschlechtsbedingte Unterschiede zu beobachten. Während für die Männer zwischen dem 20. und dem 40. Lebensjahr die Sterberate normalerweise auf einem gleichmäßig tiefen Niveau verharrte, verstarben im gleichen Lebensabschnitt annähernd doppelt so viele Frauen. Diese Übersterblichkeit jüngerer Frauen wird aus der Belastung durch Schwangerschaft und Geburt bei gleichzeitig unvermindert hoher Arbeitsleistung erklärt. Im hochmittelalterlichen Friedhof von Schaffhausen betrug der Anteil an Kindern und Jugendlichen mehr als 62 Prozent der Gesamtstichprobe. Dieser ungewohnt hohe Wert hängt mit der Lage der Grabungsfläche zusammen; die Freilegung eines eigentlichen Kinderfriedhofs bewirkte in der Statistik eine Übervertretung der Nichterwachsenen. Allerdings wurde diese Kinderecke des Friedhofs in der Endphase des hochmittelalterlichen Gottesackers belegt und fiel damit in die Zeit der großen Seuchenzüge um die Mitte des 14. Jahrhunderts. Es mag also damals durchaus eine reale Übersterblichkeit von Kindern bestanden haben. Daneben zeichnet sich der hochmittelalterliche Friedhof durch eine erhöhte Anzahl an jungverstorbenen Männern aus. Dies könnte eine Folge der überdurchschnittlichen körperlichen Belastung beim Auf- und Ausbau der Stadt gewesen sein.

Bei den Toten aus dem jüngeren Friedhof von St. Johann sind die Kinder mit 44 Prozent normal vertreten, hingegen bestand ein merklich überhöhter Anteil an betagten Männern, die ein Alter von 60 oder mehr Jahren erreicht hatten. Dies stellt wahrscheinlich den Ausdruck einer sozialen Auslese dar. Die begehrten Bestattungsplätze in der unmittelbaren Nähe der Kirche waren im Spätmittelalter häufig den Angehörigen einer bessergestellten Oberschicht vorbehalten, die in der Regel auch mit einer deutlich höheren Lebenserwartung rechnen durfte. Aus den Sterbeordnungen lassen sich denn auch die Lebenserwartungen der mittelalterlichen Schaffhauser abschätzen. Normalerweise konnte ein Neugeborenes damals mit einer Lebensdauer von etwa 27 bis 32 Jahren rechnen. Aufgrund des überhöhten Kinderanteils errechnet sich für die ältere Stichprobe ein Wert von kaum 20 Jahren, während sich im spätmittelalterlichen Friedhof die Lebenserwartung mit rund 31 Jahren im Rahmen des Gewohnten bewegte. Die Übersterblichkeit jüngerer Frauen ergab während des gesamten Mittelalters hier eine Verminderung der mittleren Lebenserwartung; im allgemeinen mußte eine 20jährige Frau mit einer um sechs bis acht Jahre kürzeren Lebensdauer rechnen als ein Mann gleichen Alters. Dies zeigen auch die beiden Friedhöfe aus dem mittelalterlichen Schaffhausen: in jener Zeit durfte ein 20jähriger Mann noch mit weiteren 37,8 Jahren rechnen; eine gleichaltrige Frau durfte sich im Durchschnitt nur 29,5 zusätzliche Lebensjahre erhoffen. Erst für die höheren Altersgruppen und nach der Menopause zeichnet sich eine Angleichung der geschlechtsspezifischen Werte oder sogar eine höhere Lebenserwartung der Frauen und damit eine Annäherung an die heutigen Verhältnisse ab.

ANDREAS CUENI

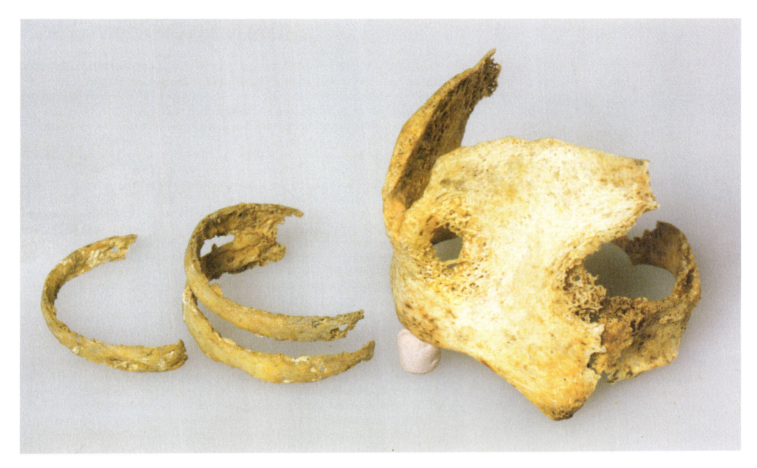

Ulm und die soziale Schichtung im Mittelalter

Das Mittelalter ist eine Zeit der Ungleichheit: In Stadt und Land herrschen Adel und Klerus, unterstützt von Händlern und frühen Bankern. Handwerker und (Voll-)Bauern bilden eine Mittelschicht, darunter finden sich die Häusler, Tagelöhner, Beiwohner und Besitzlosen. Nicht nur ist die Bandbreite der Rechte und des Besitzes groß, auch der Wechsel von einer in die andere Standesgruppe und vom einen in einen andern Beruf ist sehr schwer. Die Gesellschaft war im Mittelalter weitgehend immobil. Dies war freilich nicht immer so: Zur Völkerwanderungszeit und noch im Frühmittelalter war die Sozialordnung erheblich weniger breit gefächert und weniger streng. Im Mittelalter bestimmte die Schichtzugehörigkeit das Schicksal des Menschen in weiten Bereichen. Da waren seine Rechte bei der politischen Mitsprache ebenso betroffen wie dann, wenn es um einen standesgemäßen Prozeß ging. Die Menge an Arbeit und deren Prestige wurden durch die Schichtzugehörigkeit bestimmt, so wie die Menge an überhaupt verdienbarem Einkommen. Und schließlich waren Kleidung, Haartracht und sonstige äußere Attribute festgeschrieben, damit stets klar war, wes Standes Kind jemand war. Vor diesem Hintergrund ist die Grabung auf dem Münsterplatz Ulm zu sehen (J. Oexle 1991, vgl. auch Beitrag »Ulm«, Seite 165). Dabei wurden neben den Grundmauern des ehemaligen Franziskanerklosters ausgedehnte Grabfelder gefunden. Von etwa 1200 bis 1500 n. Chr. wurden die Toten sehr dicht beieinander bestattet, die Befunde waren deshalb gestört. Gut 600 Gräber mit einer noch weit höheren Zahl von Individuen konnten unterschieden werden. Neben der Erfassung der einzelnen Skelette erlaubt diese Ausgangslage auch Rückschlüsse auf die biologische Geschichte städtischer Bevölkerungsgruppen, obwohl sich die Bearbeitung erst im Anfangsstadium befindet. Die Grundlage für die Rekonstruktion der Sozialgliederung im mittelalterlichen Ulm bilden zunächst die unterschiedlichen Gruppen von Gräbern:
– Gräber in Kirche und Chor, »ad sanctos« (bei den Heiligen) waren privilegiert und teuer, und sie waren also wohl der Oberschicht vorbehalten.
– Gräber außerhalb der Kirche waren dann bestenfalls noch von Angehörigen der Mittelschicht belegt, die überwiegende Mehrheit wohl von solchen der untersten sozialen Schicht.

Dieser verknöcherte Kehlkopfknorpel und die Ringe der Luftröhre zeigen eine Extremform rheumatischer Erkrankungen – die indessen im mittelalterlichen Ulm sehr häufig vorkam.

487

Der ergrabene Befund gibt hier nicht mehr her: Grabbeigaben fehlen im Mittelalter allgemein, und auch die Grubengröße oder ähnliche Kriterien liefern keine indirekten Indizien für die gesellschaftliche Stellung der einzelnen Menschen. So muß denn der Mensch selbst als Geschichtsquelle dienen. Folgende Grundfragen beziehungsweise Mutmaßungen sollen geklärt werden:

– Läßt sich für die Differenzierung nach Orten (innerhalb/außerhalb der Kirche) sagen, daß hier soziale Unterschiede maßgeblich sind?

– Sind die körperlichen Unterschiede eher groß oder eher klein? Zu welchen sozialen Schichten gehörten die vor dem Ulmer Münster Bestatteten?

– Sagen die Überreste der mittelalterlichen Bewohner Ulms etwas aus über die Belastungen, denen sie zu Lebzeiten ausgesetzt waren?

Die bisherigen Forschungen der Anthropologen haben eine ganze Reihe von Maßstäben für die Beantwortung dieser Fragen geliefert. So sind etwa Angehörige der sozialen Oberschichten im Körperbau in der Regel größer, schlanker, schmalgesichtiger, langköpfiger als jene der Grundschicht; der Unterschied zwischen den Geschlechtern ist in bezug auf Größe und Robustizität bei der Oberschicht geringer; schließlich ist das Spektrum an Belastungssymptomen und Krankheiten in der Oberschicht anders; so finden sich beispielsweise weniger Gelenkserkrankungen und rheumatische Schäden, weniger Zahnabrasion, dafür aber mehr Karies. Hinter diesen Unterschieden stehen humanbiologische Faktoren: unterschiedliche innergesellschaftliche Mikroumwelten, unterschiedliche Ernährung und unterschiedliche Belastung. Ein genauerer Blick auf die einzelnen Bestattungen auf dem Ulmer Münsterplatz bestätigt zunächst die erste Hypothese: in der Kirche lagen Menschen, die im Durchschnitt 5 cm größer waren als die außerhalb der Kirche Begrabenen (vorläufiger Wert nach Untersuchung nur einer Teilgruppe). Dieser Wert spricht indes nach der bisherigen Erfahrung dafür, daß damit weder das obere noch das untere Ende der sozialen Skala getroffen wurde. Welche der beiden Gruppen in dieser Skala aber ist es, die nicht das Extrem darstellt? Gab es oberhalb der in der Kirche Bestatteten noch eine Gesellschaftsschicht? Oder aber gehörten die Leute im Gräberfeld nicht zu den Ärmsten? Die Antwort findet sich im Spektrum der Krankheiten bei den außerhalb der Kirche Begrabenen:

– Bei Männern kommen sehr häufig verknöcherte Kehlköpfe vor. Dies ist vorrangig ein Indiz für eine hohe körperliche Arbeitsbelastung und das Leben in einer schlechten, kalten und feuchten Behausung. Rheumatische Erkrankungen jeglicher Art sind die Folge, im Extremfall ist dann der Kehlkopf mit betroffen.

– Die überaus kräftigen Muskelansatzmarken des Bewegungsapparats sprechen für eine früh in der Kindheit einsetzende, starke und andauernde körperliche Arbeitsbelastung. Auch die früh einsetzende und ausgeprägte Gelenksdegeneration hat die selben Ursachen.

– Durch das harte Brot der Armen, das auch noch mit dem Abrieb billiger Mühlsteine verunreinigt war, wurden die Zähne außergewöhnlich früh abradiert. Bisweilen öffnete sich dann sogar die Oberfläche der Zahnhöhle, und es entstand ein Abszeß an der Wurzelspitze. Zwar läßt sich dieses Krankheitsbild durchaus auch bei der Oberschicht feststellen, doch war hier Karies die Ursache, die ihrerseits wiederum bedingt war durch die im allgemeinen weichere Nahrung.

So wird sich denn, wenn die anthropologische Analyse einmal abgeschlossen ist, wohl sagen lassen, daß die außerhalb der Kirche, im Gräberfeld Bestatteten arm dran waren. So arm, daß sie nur zur Grundschicht gehört haben können. Das

Unten: Schon früh waren die Zähne bei dieser nur gut 20jährigen Frau abradiert. Alle Höcker sind schon verrundet. Zusätzlich sieht man hier einen drastischen Kariesschaden mit Wurzelspitzenabszeß.

Unten rechts: Ein gebrochenes und verkürzt geheiltes Schienbein – daneben kräftige Ansatzstellen von Muskeln und Bändern an den Knochenenden als Reaktion des Körpers auf hohe mechanische Arbeitsbelastung.

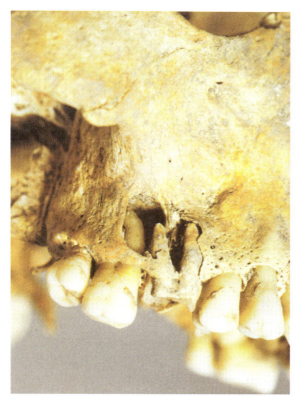

würde dann auch bedeuten, daß die in der Kirche Bestatteten gar nicht zur Oberschicht gehörten (die ja auch im Münster liegen könnte). Offen bleibt hingegen, ob man außerhalb der Kirche nicht gar die Überreste jener Gruppe der »misera plebs«, der armen Schlucker, gefunden hat, die nach H. E. Specker »zwar im Schrifttum auftauchen, nicht aber im Boden«: Es wären dies die wirklich »Letzten«, Besitz- und Rechtlosen, oft auch Wohnsitzlosen, Ziel von Spott und Verachtung der anderen. Diese Frage aber bleibt vorderhand unbeantwortet; Schriftquellen, der Boden und auch die Skelette sagen hierzu (noch?) nichts aus.

FRIEDRICH W. RÖSING

Oben: Bei Pestepidemien kam es vielfach zu Massenbestattungen wie hier im belgischen Tournai.

Unten: Das Zürcher Augustinerkloster auf dem Stadtprospekt von Jos Murer, 1576. Der einstige Klostergarten, der zur Pestzeit als Notfriedhof genutzt wurde, ist hier bereits ein Platz mit einem quadratischen Holzbrunnen.

Ein Notfriedhof im Klostergarten der Augustiner in Zürich

Der Orden der Augustinereremiten

Die Augustiner waren die letzten großen Klostergründer im mittelalterlichen Zürich. Der »Ordo Fratrum Eremitarum S. Augustini« war auf Betreiben Papst Alexanders IV. aus der Vereinigung verschiedener Eremitorien hervorgegangen. Mit der päpstlichen Bulle »Licet Ecclesia catholica« vom 13. April 1256 schuf Alexander die rechtliche Grundlage und entzog im folgenden Jahr den Orden der bischöflichen Gerichtsbarkeit. Die im Titel genannte Bezeichnung »Eremitarum« wurde 1969 getilgt, weil er kein Wesensmerkmal des Ordens zum Ausdruck brachte, sondern lediglich an seine Entstehung aus der Eremitenbewegung des Hochmittelalters erinnerte. Da an der Wiege des Ordens keine überragende Gründergestalt stand, wählte man Augustinus, den Regelvater, zur *omnis nostrae actionis exempla et regula* (Vorbild und Richtschnur für all unser Tun). Die Tätigkeit nach außen war und blieb nicht auf bestimmte apostolische oder karitative Aufgaben beschränkt; der Orden hat vielmehr seinen Dienst zu tun, wo immer die Kirche ihn verlangt. Das Reformstreben der Augustinereremiten entsprach einem Bedürfnis: Im Zug zahlreicher Neugründungen ging die Ausbreitung von Italien aus so rasch voran, daß der Orden 1295 bereits 16, im Jahr 1329 sogar 24 Provinzen umfaßte. Er erstreckte sich von Irland und England bis

Blick auf das Ausgrabungsareal auf dem heutigen Münzplatz, der im 14. Jahrhundert noch ein Klostergarten war.

nach Polen und Ungarn, von Portugal und Spanien bis Kreta, Rhodos und Zypern. Die deutsche Ordensprovinz, die am Ende des 13. Jahrhunderts gegen 80 Konvente zählte, wurde 1299 in vier Provinzen geteilt. Die rheinisch-schwäbische umfaßte auch das Elsaß und die Schweiz. Die »schwarzen Mönche« – nach ihrer Ordenstracht, einem schwarzen Habit mit spitz zulaufender Kapuze und ledernem Gürtel so benannt – kamen um 1270 nach Zürich. Hier erwarben sie bei den »Strohhöfen« des Werner Strouhmeier zehn kleine, nicht überbaute Hofstätten. Wie den etwas früher eingezogenen Dominikanern (Predigern) und Franziskanern (Barfüßern) wurde auch den Augustinern ein noch nicht überbautes Gebiet nahe der geplanten oder bereits aufgeführten ersten Stadtmauer zugewiesen. Der Bau ihrer Kirche und Klosteranlage erfolgte zwischen 1274 und 1284. Bereits 1303 erhielten die Augustiner in Zürich vom Papst das Recht, in ihrer Kirche und in ihrem Immunitätsbereich zu beerdigen, was ihnen wichtige Einkünfte garantierte. Als die Augustiner 1270 das Areal beim heutigen Münzplatz erwarben, war es ein Baumgarten, ein »pomarium«. 1330 wird dieser in einer Urkunde als Augustinergarten bezeichnet. Er diente wahrscheinlich als Vorhof der Kirche. Erst 1426 wird dieser Vorhof ausdrücklich als Kirchhof erwähnt. Doch auch auf der gegenüberliegenden Seite der Klosteranlage hatten die Augustiner 1362 von den Erben des ersten Bürgermeisters von Zürich, dem 1361 hochverschuldet verstorbenen Rudolf Brun, ein Hofgrundstück erworben, auf dem sie ihr Bestattungsrecht wahrnehmen konnten. Salomon Vögelin erwähnt 1879, daß verschiedene vornehme Zürcher Familien, namentlich die Manesse, Müllner und Biber, in der Kirche oder allenfalls im Kreuzgang der Augustiner ihre Grablege hatten. Auf Jos Murers Stadtprospekt von 1576 ist der Münzplatz als Freiraum mit einem Brunnen dargestellt.

Der Friedhof

Im Kanalisationsgraben, der sich quer unter dem heutigen Münzplatz hindurchzieht, kamen bei Grabungen immer wieder einzelne menschliche Knochen und schließlich eine trocken ummauerte Grube von etwa 3 m Breite und Tiefe zum Vorschein. Erstaunlich für die Archäologen waren dabei die dichte Abfolge von Bestattungen und die Grube mit ihrem recht unsorgfältig gefügten Steinmantel, der mit einer Fäkalienkruste verklebt war. Über Abfällen und Fäkalien auf dem Schachtgrund lag sandig-erdiges Material, durchmischt mit Bauschutt, darunter etwas römische Keramik, vor allem aber mit unglasierten Kochtopfscherben aus dem späten 13. und 14. Jahrhundert. All dies läßt vermuten, daß die Grube im 14. Jahrhundert aufgegeben und mit zusammengekratztem Schutt gefüllt wurde. Über und neben dem zugeschütteten Schacht lagen die erwähnten Bestattungen, von denen man bisher nichts gewußt hatte. In einfachen Erdgräbern ruhten auf einer Fläche von etwa 30 m² 35 Bestattete. Dies entspricht einer erstaunlich dichten Belegung. Knochen-Überreste von mindestens 9 weiteren Skeletten lagen im aufgeschütteten Erdreich verstreut, weit über dem Bestattungsniveau entlang der Nordfassade der Kirche. Von diesen ganz andersfarbigen Knochen muß angenommen werden, daß sie ursprünglich und für längere Zeit im trockenen Erdreich - etwa im Kircheninnern oder im Kreuzgang – gelegen hatten. Sie sind wohl erst nach der Säkularisierung des Klosters im Zusammenhang mit der Anhebung des Platzniveaus so weit nach außen gelangt. Aufgrund der schichtweisen Abfolge der Gräber lassen sich drei Bestattungsphasen erkennen. Insgesamt dreimal sind hier in kurzen zeitlichen Abständen jeweils mehrere streng geordnete Grabreihen angelegt worden, die in Nord-Süd-Richtung verliefen. Diese Anordnung war in Zürich sonst unbekannt. Die einzelnen Bestattungen lagen geostet, parallel zur Kirche. Offenbar hatte man sich zu dieser Anordnung entschlossen, um auf engstem Raum und in kurzer Zeit für viele Verstorbene eine letzte Ruhestätte zu schaffen. Kaum zwei der Verstorbenen sind im übrigen genau gleich beigesetzt worden. Beim einen liegen die Arme ausgebreitet entlang dem Körper, bei andern lagen sie überkreuzt über dem Körper, einzelne hatten ihre Hände zum letzten Gebet gefaltet oder zeigten ganz unübliche Armhaltungen. Einige lagen mit ihrem Körper leicht zur Seite geneigt, wie wenn der Totengräber die Grabsohle unsorgfältig ausgehoben hätte. Etliche Tote wieder lagen so im Grab, als hätte sich niemand die Mühe genommen, die Körper sorgfältig zur ewigen Ruhe zu betten. Auch konnten weder Särge noch Totenbretter nachgewiesen werden, obwohl solche bereits 300 Jahre früher in Zürich zeitweilig üblich waren. Doppelbestattungen – sowohl Frau neben Mann wie auch Frau mit Kind – kommen neben Einzelbestattungen vor. Bei einigen Gräbern gewinnt man den Eindruck, die Toten seien eng in Tücher gehüllt bestattet worden, andere wurden offenbar im Alltagskleid beigesetzt, wie metallene Gegenstände – so unter anderm Gürtelschnallen – vermuten lassen. Einzelne Gewandhäftchen verraten, daß die Verstorbenen gelegentlich auch im einfachen Büßerhemd beerdigt worden sind. Unmittelbar vor der Benutzung des Areals als Friedhof muß zudem ein Fäkalienschacht aufgefüllt und eingeebnet worden sein. Durch die allmähliche Verdichtung des Füllmaterials sanken einzelne Bestattungen um über einen halben Meter ab. All dies führt zum Schluß, daß der auf dem Münzplatz freigelegte Friedhof in kurzer Folge dreimal dicht und eher unsorgfältig, vielleicht gar hastig und nur kurzfristig, belegt worden ist: ein Notfriedhof aus dem 14. Jahrhundert. Der Friedhof auf dem Areal des ehemaligen Augustinerklosters ist wohl während einer Seuchenzeit benutzt worden. Die unsorgfältigen Bestattungen, die gedrängte Bestattungsordnung und das Fehlen einheitlicher Bestattungsrituale sind ebenso Hinweise darauf wie die Verteilung der Sterbealter. Kleinkinder und »Schulkinder« fehlen gänzlich; auf zwei männliche Bestattungen entfallen drei weibliche. Dies hängt wohl mit der häufigeren Pflegetätigkeit der Frauen zusammen. Hinweise auf tödlich verlaufene Unfälle fehlen ganz. Die Augustinereremiten müssen demnach während einer Seuche auf ihrem Klosterareal einen Notfriedhof angelegt haben, um der Bevölkerung auf ihre Weise zu helfen. Die Mönche taten sich in solch schweren Zeiten damit besonders hilfreich hervor, da es ihnen ihr Regelvater Augustinus zur Pflicht gemacht hatte, jeden Christen zu bestatten, weil der Verstorbene ein durch Gott erschaffener und durch Christus erlöster Mensch sei, der der Auferstehung der Toten entgegengehe. Die Augustiner stellten somit ihren Baumgarten den Verstorbenen von Zürich zur Verfügung, nachdem sie den Schacht eingeebnet hatten.

Die Pestjahre in der Mitte des 14. Jahrhunderts

Ein solcher Notfriedhof läßt unweigerlich an die verheerenden Pestjahre in Europa zwischen 1347 und 1352 denken. Von China gelangte die Pest über die drei Hauptkarawanenwege durch Indien, Persien und Rußland in den Vorderen Orient, wo sie auf italienische Handelsschiffe übersprang. Michael von Piazza, ein Franziskanerbruder, berichtete, daß die Seuche im Oktober 1347 auf 12 genuesischen Galeeren Messina auf Sizilien erreichte, unaufhaltsam ganz Europa durchquerte, bis hinauf in den höchsten Norden, und sich von Portugal und Island im Westen bis nach Rußland im Osten verbreitete. Obwohl sie früher schon unzählige Male Europa heimgesucht hatte – besonders verheerend im 6. Jahrhundert –, waren die Folgen des Schwarzen Todes doch nie so katastrophal wie während des »großen Sterbens« in der Mitte des 14. Jahrhunderts. Über diesen Pestzug und seine Auswirkungen ist man zum Teil recht genau informiert.

Gut anderthalb Meter tiefer als die heutige Pflästerung lag das Niveau des spätmittelalterlichen Augustinergartens (oben). Wenig behutsam und vielfach eng beieinander wurden die Toten bestattet, die in Zürich der Pest zum Opfer fielen (unten).

Kaum zwei Bestattungen wurden in gleicher Weise vorgenommen, und etliche Tote liegen so im Grab, als ob sich niemand die Mühe genommen oder die Zeit dazu gefunden hätte, die Körper sorgfältig zur ewigen Ruhe zu betten.

In Europa starben innerhalb von drei bis vier Jahren 25 bis 50 Millionen Menschen, ein Viertel bis ein Drittel der damaligen Bevölkerung. In den Städten erkrankten wegen der hohen Ansteckungsgefahr, der hohen Bevölkerungsdichte und ungenügender hygienischer Verhältnisse mehr Menschen als auf dem Land. In Lübeck starben 9 von 10 Einwohnern, in Frankreich verloren allein bis zum Jahr 1348 drei Viertel aller Menschen ihr Leben, Italien büßte die Hälfte seiner Bewohner ein, in London überlebte nur jeder zehnte, einzelne Städte und Dörfer starben ganz aus, Zypern wurde vollständig und Island beinahe entvölkert, in Basel kamen 14 000 Leute ums Leben. Von Zürich dagegen weiß man über die Pestjahre im 14. Jahrhundert nur wenig. »Leider hat sich niemand die Mühe genommen, die Leiden und Verluste der Zürcher Bürger der Nachwelt zu überliefern«, schreibt schon Dändliker 1908. Einzig der Geißlerzüge gedenkt die Zürcher Chronik, ohne jedoch Einzelheiten mitzuteilen.

Die Pest in der Schweiz und in Zürich
Verantwortlich gemacht für die Verbreitung des Schwarzen Todes wurden Minderheiten, besonders die Juden, aber auch Hexen, die als äußeres Zeichen ihrer Verbundenheit mit dem Teufel angeblich Pferdefüße und hauerartige Zähne besaßen. Dichtung und Wahrheit waren in den schrecklichen Pestzeiten oft eng beisammen, Recht und Ehre galten wenig, und wo keine Schuldigen zu finden waren, wurden Sündenböcke geschaffen. In das schweizerische Mittelland gelangte der Schwarze Tod über den damals wichtigen Alpenübergang des Lukmaniers. Im Herbst 1348 brach die Pest, von Italien kommend, in Bellinzona aus, im Dezember war sie bereits im Kloster Disentis, im Mai 1349 im Kloster Pfäfers, und im folgenden Herbst erreichte sie Zürich. Hier wurden in der Folge viele Brunnen und Schächte eingeebnet. Am St.-Mathis-Abend (23. Februar) 1348 kam es zur ersten überlieferten Judenverfolgung in Zürich. Unter Bürgermeister Rudolf Brun wurden zahlreiche Juden festgenommen und unbarmherzig verbrannt. Viele unserer alltäglichen Gewohnheiten und Redewendungen erinnern noch heute an die Pestzüge, die Europa bis ins 17. Jahrhundert fast regelmäßig heimsuchten. Das höfliche »Gesundheit« nach dem Niesen geht auf die Pestjahre zurück, als Niesen und Nasenbluten oft erste Anzeichen der tödlichen Krankheit waren. Der Gestank, der in Städten und Dörfern von verende-

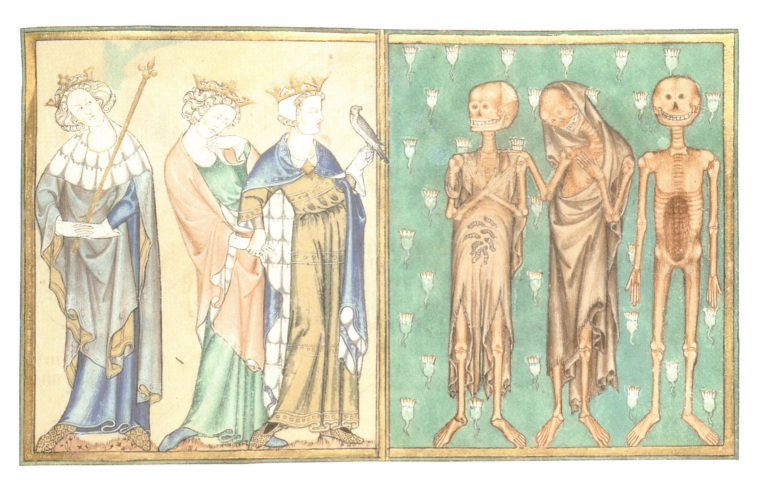

tem Vieh und von den meist einsam gestorbenen Menschen ausging, muß alles Vorstellbare übertroffen haben. Eilends wurden die Kadaver von Mensch und Vieh aus Häusern und Ställen geschafft und auf Plätzen und Gassen zu Haufen aufgeschichtet. Pestknechte, Randfiguren der damaligen Gesellschaft, bemühten sich, die fallenden Körper karrenweise wegzuschaffen. Sterbezimmer wurden verrammelt, Räucherwerk aus Weinrebe, Lorbeerzweigen und anderem grünem Holz in solchen Mengen abgebrannt, daß die Spatzen »tot von den Dächern fielen«. In den befallenen Städten stank es »wie die Pest«. Die Totentänze aus späteren Pestjahren sind ebenso Zeugen jener Zeit wie die Gedenkmünzen, die am Ende einer Pestepidemie von den Überlebenden in Dankbarkeit geprägt worden sind. Sitten und Bräuche, Anstand und Recht zerfielen in diesen schweren Zeiten. Die einen nahmen das Zeichen Gottes an und zogen in großen Horden, in Erwartung des nahenden Weltendes, in Selbstkasteiung sühnend durch das Land: Die Geißlerzüge gehörten zum Bild der Pestjahre. Sie nahmen ihren Ausgang 1348 in der Steiermark, schürten die Judenverfolgungen wesentlich und entarteten bald derart, daß ihnen geistliche und weltliche Oberhäupter mit Gewalt entgegentreten mußten und sie schließlich unterdrücken konnten. Andere wieder genossen, was Gott ihnen noch gelassen hatte. Boccaccios Decamerone ist ein beredtes Zeugnis dafür.

HANSUELI F. ETTER

Das Wissen um die Vergänglichkeit alles Irdischen und das Bewußtsein, dem ewigen Richter dereinst Rechenschaft ablegen zu müssen über das Tun und Treiben auf Erden begleitete den mittelalterlichen Menschen auf Schritt und Tritt. Das memento mori, die Mahnung, sich stets den Tod vor Augen zu halten, darauf gefaßt und vorbereitet zu sein, galt dabei für Hoch und Niedrig, für Könige wie für Bettler gleichermassen, wie dieses Bild aus einem Totentanz des frühen 14.Jahrhunderts drastisch verdeutlicht.

Anhang

Dank der Herausgeber

In erster Linie möchten wir hier den technischen Betrieben danken, die den Satz, die Lithos, den Druck und das Binden besorgten und die in den letzten Tagen und Wochen vor dem unumstösslichen Erscheinungstermin des Katalogs alles nur Erdenkliche unternahmen, um Terminverzögerungen bei der Ablieferung der Manuskripte und die Folgen des Streiks in Deutschland erfolgreich aufzufangen. Der Dank gilt hier vor allem Herrn Dieter Schroeter von Typobauer in Ostfildern und den Herren Schatt und Zöpfel von der Firma Offset-Satz AG in Zürich, Herrn Walter Wettstein von der Firma Pesavento Photolithos in Zürich, den Herren Konrad Vater und Sohn, Brunner und Eberhard von der Druckerei Fotorotar AG in Egg, Herrn Kern von der Druckerei Wolfensberger in Zürich für den Plakatdruck und den Verantwortlichen bei der Buchbinderei Schumacher AG in Schmitten. Schliesslich geht unser Dank auch an Herrn Paul Müller, Korrektor, der die Satzabzüge schnell und gewissenhaft korrigiert hat.

Danken möchten wir selbstverständlich auch all jenen Autorinnen und Autoren, die ihre Textbeiträge zum vereinbarten Termin an die Katalogredaktion ablieferten, später dann auch speditiv die Bildunterschriften verfassten und die zur Illustration des jeweiligen Beitrags vorgesehenen Karten, Graphiken und Pläne in praktisch druckfertigem Zustand vorlegten.

Einen entscheidenden Beitrag an die durchgehend gleichbleibende Qualität der Abbildungen im Katalog leisteten die beiden Photographinnen Manuela Gygax, Zürich/Ludwigshafen (Bodensee) und Manuela Schreiner, Konstanz, die einen grossen Teil der archäologischen Funde speziell für diesen Katalog photographierten.

Für die Koordination zwischen Zürich und Konstanz, zwischen Ausstellungsgestaltern und Katalogredaktion sorgten insbesondere Hilde Storz-Schumm, Konstanz, und Lia Thalmann, Zürich, für die reibungslose Zusammenarbeit zwischen Ausstellungsmachern, Katalogredaktion und dem Schweizerischen Landesmuseum in Zürich danken wir Herrn Direktor Dr. Andres Furger sowie den Herren Ueli Stahel und Peter Wegmann.

Im übrigen hätte der Katalog nicht in so reichem Mass illustriert werden können, wenn wir nicht auf den Rat, die Hilfe und die Unterstützung zahlreicher Archive, Museen, Bibliotheken und Sammlungen hätten zurückgreifen können, die uns aussergewöhnlich speditiv und unbürokratisch mit Bildmaterial beliefert haben.

Einen der wichtigsten Beiträge zum Gelingen des Katalogs leistete indes Heinz Schnieper. Ihn als Graphiker zu bezeichnen, wäre wohl irreführend, denn Heinz Schnieper besorgte nicht nur die Gestaltung und den Umbruch der 512 Seiten und kümmerte sich nicht nur um das exakte Anschreiben der 851 Abbildungen für die Lithoanstalt, er fungierte auch als ruhender Pol und Drehscheibe zwischen Herausgeber, Redaktion, technischen Betrieben und nicht selten auch der Autorinnen und Autoren, die sich bisweilen mit Sonderwünschen an ihn wandten. Was vielfach nur als Skizze, Anregung oder Entwurf vorlag, zeichnete Heinz Schnieper zu lesbaren und verständlichen Graphiken und Karten um, und schliesslich gestaltete er auch die Werbemittel zum Katalog und zur Ausstellung, vom Briefkopf über das Plakat bis zu den Kleininseraten. Ihm möchten wir hier deshalb ganz besonders herzlich danken.

MARIANNE UND NIKLAUS FLÜELER

Erratum

Seite 107: Die beiden Bilder einer mittelalterlichen Latrine sind beim Layout versehentlich quer- statt hochformatig eingepasst worden.

Bildnachweis

Abkürzungen:

BAZ	Baugeschichtliches Archiv Zürich
LDA BW (Stuttgart)	Landesdenkmalamt Baden-Württemberg
SLM	Schweizerisches Landesmuseum, Zürich
ZBZ	Zentralbibliothek Zürich

14	Sammlung Antiquarische Gesellschaft Zürich
15	Rosgartenmuseum, Konstanz
16	BAZ, Photo W. Gallas
18	BAZ, Photo P. Scheidegger
19	Landesbildstelle Württemberg, Stuttgart
19	Landesbildstelle Württemberg, Stuttgart
20	BAZ
21	BAZ, Photo Beringer und Pampaluchi
22	LDA BW
24	BAZ
26	LDA BW
27	BAZ
28/29	LDA BW, Photo Manuela Gygax
30	LDA BW (o.)
30	LDA BW, Mostefa Kokabi (u.)
31	LDA BW, Photo Manuela Gygax
32	LDA BW
35/36	BAZ
42/43	Germanisches Nationalmuseum, Nürnberg
45–48	Heinz Engel, Olten
52	Rosgartenmuseum, Konstanz T 925
54	LDA BW (o.)
54	V.l.n.r.: Rosgartenmuseum, Konstanz; M. Binder, Nachruf auf Konrad Beyerle, 1934; A. Eckerle, Nachruf auf Alfons Beck, 1969
54	Aus: Otto Raggenbass, Trotz Stacheldraht, Konstanz 1985 (u.)
55	LDA BW
56	LDA BW, Photos Manuela Gygax
57	LDA BW, Photos Manuela Gygax
57	Photo Max Gessler, Brugg (u.r.)
58	LDA BW
59	Rosgartenmuseum, Konstanz
60–63	LDA BW
64	Rosgartenmuseum, Konstanz
65	LDA BW
66	LDA BW
67	Rosgartenmuseum, Konstanz
68	ZBZ, Sign. Ms A 75
70	BAZ
71	Jörg Müller, Biel (o.)
71	SLM (u.)
72/73	SLM
74	BAZ (o.)
74	BAZ, Zeichnung Beat Scheffold (u.)
75	SLM
76	BAZ
77	BAZ (o.)
77	BAZ, Zeichnungen Marianne Mathys (u.)
78	BAZ, Zeichnung Marianne Mathys (o.)
78	BAZ, Zeichnung Beat Scheffold (u.)
79	BAZ
80	BAZ (o.)
80	BAZ, Zeichnung Marianne Mathys (u.)
81	Jörg Müller, Biel
82	BAZ
83	BAZ, Zeichnung Beat Scheffold
84	BAZ, Zeichnung Felix Wyss
85/86	BAZ
87	SLM
88	Universitätsbibliothek Heidelberg, Cod.Pal.Germ. 848, (Grosse Heidelberger Liederhandschrift »Codex Manesse«) fol. 371r (o.)
88	BAZ (u.)
89	Aargauische Kantonsbibliothek, Aarau Ms Wett F 16:1, Seite 159
90	SLM (1, 2, 3)
90	BAZ (4)
90/91	SLM (5, 6)
91	BAZ (7, 8)

496

405 LDA BW, Photo Manuela Schreiner (r.)
406 LDA BW
407 LDA BW (o.)
407 Rekonstruktion nach den Angaben des
Theosophilus Presbyter – RG A Bd. 6 (u.)
408 Stadtbibliothek Nürnberg, Amb. 317. 2°,
M I, fol. 103v
409 Aus: J.W. Barber, Excavations on
Iona 1979 (o.l.)
409 R. Raffam. Drechseln. Ravensburger
Holzwerkstatt Band 6, Ravensburg 1990
(o.r. und u.)
410 Photo Ulrich Müller (l.)
410 Graphik Ulrich Müller (r.)
411 Graphiken Ulrich Müller
412 LDA BW, Photos Manuela Gygax (o.)
412 LDA BW, Umzeichnung
nach Ulrich Müller (u.)
413 Lauros-Giraudon, RL 341, Paris, France,
15e s, Eglise Nôtre-Dame, vue intérieure.
Vitrail des bouchers, Semur-en-Auxois (o.l.)
413 Ministère de la culture, Inventaire
Général, Dijon, 1992 (o.r.)
414 BAZ
415 Heinz Schnieper nach Marianne Schuck
416 Stadtbibliothek Nürnberg, Amb. 317. 2°,
M I, fol. 13r (l.)
416 Zeichnung nach Ingrid Ulbricht (M.)
416 LDA BW, Photos Manuela Schreiner (r.)
417 LDA BW, Photo Manuela Gygax (o.)
417 LDA BW, Photos Manuela Schreiner (u.)
418 Grundkarte: Stadtarchiv Schaffhausen,
Bearbeitung Heinz Schnieper
nach Kurt Bänteli
418 Amt für Vorgeschichte, Schaffhausen (u.)
419/421 Amt für Vorgeschichte, Schaffhausen
422 Archiv Photo Koch, Schaffhausen
423 Museum zu Allerheiligen, Schaffhausen
424 Stadtbibliothek Nürnberg, Amb. 317. 2°,
fol. 6v
425 Christiane Schnack (l.)
425 LDA BW, Photos Manuela Gygax (r.)
426 LDA BW (o.)
426 LDA BW, Photo Manuela Schreiner (u.l.)
426 LDA BW (r.)
427 LDA BW
428–429 Photos Hansjörg Küster, München
430 LDA BW, Graphik Heinz Schnieper
431–435 LDA BW, Photos Manuela Gygax
436 Stadtarchiv Esslingen,
Photo Fritz Schwäble
438 Stadtbibliothek Winterthur (o.)
438 Augustinermuseum Freiburg i. Br.,
Inv.-Nr. S10/01 (u.)
439 Stadtmuseum Rottweil,
Photo Manuela Gygax
440 Atelier d'archéologie médiévale, Moudon,
für den Archäologischen Dienst des
Kantons Bern
441 LDA BW, Photo Manuela Gygax
442 Zeichnung Heinz Engel, Olten
443 Atelier d'archéologie médiévale, Moudon,
für den Archäologischen Dienst des
Kantons Bern
444 Bearbeitung Heinz Schnieper
nach Angaben der Autoren
445/446 Atelier d'archéologie médiévale, Moudon,
für den Archäologischen Dienst des
Kantons Bern
447 Vorlage und Aufnahme Generallandes-
archiv Karlsruhe
448 SLM (o.)
448 Augustinermuseum Freiburg i. Br.,
Inv.-Nr. 85.167 M und 68. 84/168 M (u.)
449 Stadtarchiv Villingen (l.)
449 Archäologischer Dienst des Kantons
Bern (o.r.)
449 Akademie der Wissenschaft und der
Literatur Mainz, Corpus vitrearum Medii
Aevi Deutschland, Freiburg i. Br. (u.r.)
450 Augustinermuseum Freiburg i. Br.,
D 55/49 S104/D V.K. Alber 2762 (o.l.)
450 Augustinermuseum Freiburg i. Br.,
Photo L. Lepoutre S.A. (o.M.)
450 Augustinermuseum Freiburg i. Br.,

Photo P. + J. Tiberglien (o.r.)
450 Augustinermuseum Freiburg i. Br.,
Photo L. Lepoutre S.A. (u.l.)
450 Städtische Galerie Liebighaus Frankfurt
a.M., Inv.-Nr. 1447, Photo Werner Neu-
meister, München (u.r.)
451 SLM (l.)
451 Augustinermuseum Freiburg i. Br.,
Photo Hans Peter Vieser (r.)
452 Hauptstaatsarchiv Stuttgart,
H 107/15 Nr 7 (o.)
452 LDA BW, Photo Otto Braasch (M.)
453 LDA BW (u.)
454 LDA BW
455 Stadtarchiv Esslingen
456–459 LDA BW
460 Stadtarchiv Esslingen,
Photo Fritz Schwäble
461 LDA BW
462 Württembergisches Landesmuseum
Stuttgart (l. und o.r.)
462 LDA BW (u.r.)
463 LDA BW
464 Staatsarchiv des Kantons Zürich (o.)
464 SLM (u.)
465 ZBZ, Ms C 8b, fol. 43r
466 Heinz Schnieper
nach Angaben von Heidi Leuppi
467 BAZ
468 The British Library, London,
Stone Ms 1977, fol. 2
469 ZBZ, Codex C65, 1469, fol. 41v
470 The British Library, London,
Sloane Ms 1977, fol. 49v
471 Bibliothèque de l'Arsénal, Paris,
Ms 5080 fol. 373r
472 © The Pierpont Morgan Library 1992
M. 87, fol. 3 (o.)
472 Bodleian Library, Oxford, Ms Douce 313,
fol. 395r, 394v (u.)
473 Koninklijke Bibliotheek, Den Haag,
76 F2, fol. 169r
474 The Walters Art Gallery, Baltimore,
W. 276, fol. 111 (l.)
474 The Walters Art Gallery, Baltimore,
W. 168, fol. 166v-167 (r.)
475 The Walters Art Gallery, Baltimore,
W. 267, fol. 86 (o.)
475 The Walters Art Gallery, Baltimore,
W. 424, fol. 62 v (u.)
476 The British Library, London,
Add. Ms 35313, fol. 159 (o.)
476 The Walters Art Gallery, Baltimore,
W. 249, fol. 119
478 The Walters Art Gallery, Baltimore,
W. 197, fol. 175v (o.)
478 The British Library, London,
Add. Ms 18751, fol. 163 (u.)
479 Photo Niklaus Flüeler,
Punktum Bildarchiv Zürich
480–481 LDA BW
481 Heinz Schnieper nach Joachim Wahl (u.)
482 LDA BW (o.)
482 Universitätsbibliothek Heidelberg,
Cod.Pal.Germ. 848, (Grosse Heidelberger
Liederhandschrift »Codex Manesse«)
fol. 158r (u.l)
482 LDA BW (u.r.)
483–485 LDA BW
486 Graphik Heinz Schnieper
nach Andreas Cueni (o.)
486 Friedrich W. Rösing, Universität Ulm (u.)
487/488 Friedrich W. Rösing, Universität Ulm
489 Copyright Bibliothèque royale Albert 1er,
Bruxelles, Ms 130 76-77 fol. 24v (o.)
489 Punktum Bildarchiv, Zürich (u.)
490–492 BAZ
493 The British Library, London,
Arundel Ms 83, fol. 127

Literatur

Die Literaturhinweise sind grundsätzlich so in dieses Verzeichnis aufgenommen worden, wie sie der Redaktion von den einzelnen Autoren geliefert wurden. Abgesehen von einer allgemeinen Angleichung der Darstellung wurde auf eine durchgehende Vereinheitlichung der Abkürzungen usw. verzichtet.

Einleitende Beiträge

Die mittelalterliche Stadt als Forschungsfeld der Archäologie

AMMANN, Hektor, Die Möglichkeiten des Spatens in der mittelalterlichen Städteforschung der Schweiz, in: Zeitschrift für schweizerische Geschichte 23, 1943, S. 1–28

BARLEY, W.M. (Hrg.), European Towns: their Archeology and early History, London 1977

BESELER, Hartwig und Gutschow, Niels, Kriegsschicksale deutscher Architektur. Verluste – Schäden – Wiederaufbau. Eine Dokumentation für das Gebiet der Bundesrepublik Deutschland, 2 Bde, Neumünster 1988

BOOCKMANN, Hartmut, Geschichte im Museum? Zu den Problemen und Aufgaben des Deutschen Historischen Museums, München 1987

BORGER, Hugo, Aufgaben und Aspekte der Stadtarchäologie, in: Denkmalpflege in Baden-Württemberg 18, 1989, S. 32–44

CARVER, Martin, Underneath English Towns. Interpreting Urban Archaeology, London 1987

DENECKE, Dietrich, Stadtkern und Stadtkernforschung. Ein Beitrag zur Terminologie und Fragestellung, in: Städteforschung. Veröffentlichungen des Instituts für vergleichende Städtegeschichte Reihe A 27, Köln/Wien 1987, S. 11–21

FEHRING, Günter P., Arbeiten der Archäologie des Mittelalters in Baden-Württemberg. Nachrichtenblatt der Denkmalpflege in Baden-Württemberg 13, 1970

FEHRING, Günter P., Methodische Möglichkeiten und Grenzen der Archäologie des Mittelalters, in: Blätter für deutsche Landesgeschichte 122, 1986, S. 193–205

FEHRING, Günter P., Stadtarchäologie in Deutschland, in: Kölner Jahrbuch für Vor- und Frühgeschichte 23, 1990, S. 605–611

FEHRING, Günter P., Zur Geschichte und Situation der Stadtarchäologie in der Bundesrepublik Deutschland – Anlass und Ziel des Kolloquiums. Stadtarchäologie in Deutschland und den Nachbarländern. Ergebnisse, Verluste, Konzeptionen. Lübecker Schriften zur Archäologie und Kulturgeschichte 14, 1988, S. 9ff

HEIGHWAY, C.M. (Hrg.), The Erosion of History. Archaeology and Planning in Towns. Council for British Archaeology – Urban Research Committee, London 1972

JANKUHN Herbert, Möglichkeiten und Grenzen archäologischer Stadtkernforschung, in: Genetische Ansätze der Kulturlandschaftsforschung. Festschrift für Helmut Jäger. Würzburger Geographische Arbeiten 60, Würzburg 1983, S. 389–403

JANSSEN, Walter, Die mittelalterliche Stadt als Problem der Archäologie, in: Städteforschung. Veröffentlichung des Instituts für vergleichende Städtegeschichte, Reihe A/27, Köln/Wien 1987, S. 3–10

LUTZ, Dietrich, Probleme der Stadtsanierung aus archäologischer Sicht, in: Denkmalpflege in Baden-Württemberg 14, 1985, S. 76–83

LUTZ, Dietrich, Stadtsanierung oder Quellenverlust für die Landesgeschichte Baden-Württembergs, in: Die Alte Stadt 15, H. 1, 1988, S. 23–40

OEXLE, Judith, Mittelalterliche Stadtarchäologie in Baden-Württemberg. Gedanken zu Standort und Perspektiven, in: D. Planck (Hrg.), Archäologie in Württemberg. Ergebnisse und Perspektiven, Stuttgart 1988, S. 381–411

OEXLE, Judith, Stadterneuerung und Stadtarchäologie. Gedanken zur Kooperation, in: Denkmalpflege in Baden-Württemberg 18, 1989, S. 51–65

SAFARTIJ, Herbert, Stadtkernforschung in den Nieder-

landen – eine Bilanz, in: Städteforschung. Veröffentlichungen des Instituts für vergleichende Städtegeschichte, Reihe A 27, 1989
SCHADEK, Hans, Vorstädtische Siedlung und »Gründungsstädte« der Zähringer – der Beitrag der Archäologie zur Entstehungsgeschichte von Markt und Stadt. Archäologie und Geschichte des ersten Jahrtausends in Südwestdeutschland, Sigmaringen 1990, S. 387–416
SCHÄFER, Hartmut, Mittelalterarchäologie in Sakralbauten. Bemerkungen zum Forschungsstand, in: Archäologie in Württemberg. Ergebnisse und Perspektiven, Stuttgart 1988, S. 413–428
SCHÄFER, Hartmut, Risanamento urbano e archeologia medievale, in: Restauro e città 8/9, 1988, S. 99–108
SCHÄFER, Hartmut, Stadtgründung und Stadtburg im hohen Mittelalter. Archäologische Untersuchungen und Fragestellungen in Marbach/Neckar. Lübecker Schriften zur Archäologie und Kulturgeschichte 14, 1988
SCHNEIDER, Jürg E., Probleme stadtarchäologisch-historischer Forschung in der Schweiz, dargestellt am Beispiel Zürich, in: Lübecker Schriften zur Archäologie- und Kulturgeschichte 14, 1988, S. 119–125
SCHNEIDER, Jürg E., Eugster, Tobias, Analyse der Bausubstanz Altstadt Zürich, Zürich 1986
STEPHAN, Hans Georg, Archäologie und Stadtgeschichte. Reflexionen zu Möglichkeiten, Grenzen und Nutzen archäologischer Stadtforschung in der Bundesrepublik Deutschland, in: Gedenkschrift für Jürgen Driehaus, Mainz 1990, S. 287–323
STEPHAN, Hans Georg, Urban archaeology research in Germany: a regional review of medieval topographic development, in: Urban historical geography, 1988, S. 53–86
STEUER, Heiko, Bestandsaufnahmen der archäologischen Forschungsergebnisse zur Stadt des Mittelalters und ihren Anfängen, in: Siedlungsforschung. Archäologie – Geschichte – Geographie 4, 1986, S. 225–237
STEUER, Heiko, Stadtarchäologie in Köln, in: Städteforschung. Veröffentlichungen des Instituts für vergleichende Städtegeschichte, Reihe A 27, Köln/Wien 1987, S. 61–102
STEUER, Heiko, Standortverschiebungen früher Siedlungen. Von der vorrömischen Eisenzeit bis zum frühen Mittelalter, in: Person und Gemeinschaft im Mittelalter. Festschrift für Karl Schmidt, Sigmaringen 1988, S. 25–59
STEUER, Heiko, Zum Stand der archäologisch-historischen Stadtforschung in Europa. Bericht über ein Kolloquium 1982 in Münster, in: Zeitschrift für Archäologie des Mittelalters 12, 1984, S. 35–2
SYDOW, Jürgen, Städte im deutschen Südwesten. Ihre Geschichte von der Römerzeit bis zur Gegenwart, Stuttgart 1987
VAN ES, Wilhelm A. u.a. (Hrg.), Het bodemarchief bedreigd. Archeologie en planologie on de binnensteden van Nederland, Amersfoort/s'Gravenhage 1982
VOGT, Emil, Der Lindenhof in Zürich. Zwölf Jahrhunderte Stadtgeschichte aufgrund der Ausgrabungen 1937/38, Zürich 1948

Der Beitrag der Stadtarchäologie aus der Sicht des Historikers

Alltag und Fortschritt im Mittelalter, Veröffentlichung des Instituts für mittelalterliche Realienkunde Österreichs 8, Wien 1986
Die Erforschung von Alltag und Sachkultur des Mittelalters. Methode – Ziel – Verwirklichung, Veröffentlichung des Instituts für mittelalterliche Realienkunde Österreichs 6, 1984
Handwerk und Sachkultur im Spätmittelalter, Veröffentlichung des Instituts für mittelalterliche Realienkunde Österreichs 11, Wien 1988
Das Leben in der Stadt des Spätmittelalters, Veröffentlichung des Instituts für mittelalterliche Realienkunde Österreichs 2, Wien 1977
BERNHARDT, Walter (Hrg.), Acht Jahrhunderte Stadtgeschichte. Vergangenheit und Gegenwart im Spiegel der Kommunalarchive in Baden-Württemberg, Sigmaringen 1981
ENNEN, Edith, Die europäische Stadt des Mittelalters. Göttingen 1972 (mit Literaturverzeichnis)

ISENMANN, Eberhard, Die deutsche Stadt im Mittelalter, Stuttgart 1988
JANKUHN, Herbert, Schlesinger, Walter, Steuer, Heiko (Hrg.), Vor- und Frühformen der europäischen Stadt im Mittelalter, 2 Teile, Göttingen 1974/75
KEYSER, Erich (Hrg.), Badisches Städtebuch, Deutsches Städtebuch Bd. IV/2 Teilbd., Stuttgart 1959
KEYSER, Erich, Stoob, Heinz (Hrg.), Bayerisches Städtebuch, Deutsches Städtebuch Bd. V Teil 2, Stuttgart 1974
KEYSER, Erich (Hrg.), Württembergisches Städtebuch, Deutsches Städtebuch Bd. IV/2 Teilbd., Stuttgart 1962
SYDOW, Jürgen, Städte im deutschen Südwesten. Ihre Geschichte von der Römerzeit bis zur Gegenwart, Stuttgart 1987

Das Denkmalrecht in Baden-Württemberg und in Zürich

Analyse der Bausubstanz Altstadt Zürich, Broschüre des Büros für Archäologie der Stadt Zürich, Zürich 1986
Baugesetzbuch (BauGB) in der Fassung vom 8. 12. 1986 (BG Bl. I S. 2253)
Gesetz zum Schutz der Kulturdenkmale (Denkmalschutzgesetz - DSchG) vom 25. Mai 1971 in der Fassung vom 6. 12. 1983 (Gesetzblatt Baden-Württemberg, Seite 797), geändert durch Gesetz vom 27. 7. 87 (Gesetzblatt S. 230)
HESS, Jürg, Der Denkmalschutz im zürcherischen Planungs- und Baugesetz, Diss. Zürich 1986
IMHOLZ, Robert, Die Denkmalschutz-Bestimmungen des zürcherischen Planungs- und Baugesetzes, Dokumente und Informationen zur Schweizerischen Orts-, Regional- und Landesplanung, veröffentlicht vom Institut für Orts-, Regional- und Landesplanung der ETH Zürich, Zürich 1982
Landesbauordnung für Baden-Württemberg (LBO) in der Fassung vom 28.11.1983 (Gesetzblatt S. 770)
MAIER, Wolfgang, Denkmalschutz in Baden-Württemberg, in: Praxis der Gemeindeverwaltung, 180. Nachlieferung, Wiesbaden 1991
MÖRSCH, Georg, Die Wirklichkeit von Denkmälern in: Schweizer Ingenieur und Architekt, Nr. 9, 1984, S. 143ff
STROBL, Heinz, Majocco, Ulrich, Birn, Helmuth, Kommentar zum Denkmalschutzgesetz Baden-Württemberg, Stuttgart 1989

Die Städteportraits

Das Werden einer Städtelandschaft

AMMANN, Hektor, Vom Lebensraum der mittelalterlichen Stadt, in: Festschrift für Friedrich Huttenlocher, Bonn/Bad Godesberg 1963, S. 284–316, bes. S. 294ff
BADER, Karl S., Schriften zur Landesgeschichte, Sigmaringen 1983, S. 111
BENDER, Wilhelm, Zwinglis Reformationsbündnisse, Zürich/Stuttgart 1970, S. 14ff, 22f, 23, 26, 42 und 80
BLICKLE, Peter, Friede und Verfassung, in: Innerschweiz und frühe Eidgenossenschaft, Bd. 1, Olten 1990, S. 15–202, bes. S. 36ff, S. 188f
ENGEL, Evamaria, Städtebünde im Reich von 1226 bis 1314, in: Konrad Fritze, u.a. (Hrg.), Hansische Studien III, Weimar 1975, S. 177–209, bes. S. 180
FEGER, Otto, der Konstanzer Richtebrief, in: Aus Verfassungs- und Landesgeschichte. Festschrift für Theodor Mayer. Bd. 2 Lindau/Konstanz 1955, S. 131–148, bes. S. 194f
FÜCHTNER, Jörg, Die Bündnisse der Bodenseestädte bis zum Jahre 1390. Veröffentlichungen des Max-Planck-Instituts für Geschichte 8, Göttingen 1970, S. 29ff, 43, 65, 91, 103f u. 192
HOFACKER, Hans Georg, Die Schwäbischen Reichslandvogteien im späten Mittelalter. Spätmittelalter und frühe Neuzeit 8, Stuttgart 1978, S. 150f, 180ff, 190, 195 und 223
KNÖPFLI, Albert, Probleme des Begriffes »Kunstlandschaft«, aufgezeigt am Beispiel des Bodenseegebietes, Unsere Kunstdenkmäler 23, 1972, S. 112–122
LARGIADER, Anton, Bürgermeister Rudolf Brun und die Zürcher Revolution von 1336, Mitteilungen der

Antiquarischen Gesellschaft Zürich XXXI. 5, Zürich 1936, S. 68ff
MAURER, Helmut, Konstanz im Mittelalter, Bd. 1, Konstanz 1989, S. 179
MECKSEPER, Cord, Das Städtische Traufenhaus in Süddeutschland, Alemannisches Jahrbuch 1971/72 (1973), S. 299–315, bes. 308ff
MEYER, Johannes (Hrg.), Der Schaffhauser Richtebrief, Schaffhausen 1857. zu Backöfen S. 30, § 47
OBST, Karin, Der Wandel in den Bezeichnungen für gewerbliche Zusammenschlüsse des Mittelalters. Germanische Arbeiten zu Sprache und Kulturgeschichte 4, Frankfurt/Bern/New York 1983, S. 157–168 und S. 233ff
OEXLE, Judith, Stadtarchäologie in Konstanz – Grabungen im Sanierungsgebiet Wessenbergstrasse-Katzgasse, Archäologische Ausgrabungen in Baden-Württemberg 1988, 1989, S. 276–281
RUOFF, Wilhelm H., Der Richtebrief von Zürich und sein Verhältnis zur Richtebriefgruppe Konstanz – St. Gallen – Schaffhausen. Schaffhauser Beiträge zur vaterländischen Geschichte 43, 1966, S. 25–42
RUOFF, Wilhelm H., Der Zürcher Richtebrief und sein Verhältnis zu den Richtebriefen von Konstanz, St. Gallen und Schaffhausen. Masch.schr., Zürich 1966
RUSER, Konrad, Die Urkunden und Akten der oberdeutschen Städtebünde vom 13. Jahrhundert bis 1549, Bd. 1, Göttingen 1979, S. 409ff. dort Verweis auf die Drucke
SCHAUFELBERGER, Walter, Der Wettkampf in der Alten Eidgenossenschaft. Schweizer Heimatbücher 156–158, Bern 1972, S. 19 u. s. 37–58, bes. S. 40 u. 45f
SCHMIDT-WIEGAND, Ruth, Die Bezeichnungen Zunft und Gilde in ihrem historischen und wortgeographischen Zusammenhang, in: Berent Schwineköper (Hrg.), Gilden und Zünfte. Vorträge und Forschungen XXIX, Sigmaringen 1985, S. 31–52, bes. S. 5ff
SCHNEIDER, Jürg E., Zürichs Rindermarkt und Neumarkt. Entstehung und Entwicklung eines Quartiers. Mitteilungen der Antiquarischen Gesellschaft in Zürich Bd. 56, Zürich 1989, S. 101ff
SCHULER, Peter Johannes, Die Rolle der schwäbischen und elsässischen Städtebünde. Blätter für deutsche Landesgeschichte 114, 1978, S. 659–694
STAMM, Liselotte, Der »heraldische Stil«: Ein Idiom der Kunst am Ober- und Hochrhein im 14. Jahrhundert, in: Revue d'Alsace 1981, S. 37–54, 38ff
STAMM, Liselotte, Zur Verwendung des Begriffes Kunstlandschaft am Beispiel des Oberrheins im 14. und frühen 15. Jahrhundert, Zeitschrift für Schweizerische Archäologie und Kunstgeschichte 41, 1984, S. 85–91, insbes. S. 85–87.
VON STROMER, Wolfgang, Die Gründung der Baumwollindustrie in Mitteleuropa. Monographien zur Geschichte des Mittelalters 17, Stuttgart 1978, S. 11–15
VON STROMER, Wolfgang, Gewerbereviere und Protoindustrien in Spätmittelalter und Frühneuzeit, in: Hans Pohl (Hrg.), Gewerbe- und Industrielandschaften vom Spätmittelalter bis ins 20. Jahrhundert. VSWG. Beiheft 78, Wiesbaden, 1986, S. 39–111, bes. S. 55 und 108ff
WIRZ, Hans Georg, Der Zürcher Richtebrief und seine Beziehungen zum Stadtrecht von Konstanz, St. Gallen und Schaffhausen, in: Festgabe Hans von Greyerz, Bern 1967, S. 213–233, bes. S. 228
Zürcher Stadtbücher I. 1, Zürich 1899, S. 210f, Nr. 416

Konstanz

DUMITRACHE, Marianne, Sondagen im Konstanzer Areal Dammgasse-Raueneckgasse-Sigismundstrasse, in: Archäologische Ausgrabungen in Baden-Württemberg 1991, Stuttgart 1992, S. 265–267
DUMITRACHE, Marianne, Zur Fortsetzung der archäologischen Grabungen auf dem Marktstätte in Konstanz, in: Archäologische Ausgrabungen in Baden-Württemberg 1990, Stuttgart 1991, S. 236–240
MAURER, Helmut, Geschichte der Stadt Konstanz I. Konstanz im Mittelalter. Von den Anfängen bis zum Konzil, Konstanz 1989 (mit umfangreicher Bibliographie)

MAURER, Helmut, Geschichte der Stadt Konstanz II. Konstanz im Mittelalter. Vom Konzil bis zum Beginn des 16.Jahrhunderts, Konstanz 1989 (mit umfangreicher Bibliographie)
OEXLE, Judith, Zur Siedlungsgeschichte des Konstanzer Stadthügels, in: Die Konstanzer Münsterweihe von 1089, Freiburg 1989, S. 7–26 (mit älterer Literatur vor 1989)
OEXLE, Judith, Stadtarchäologie in Konstanz, in: Archäologische Ausgrabungen in Baden-Württemberg 1989, Stuttgart 1990, S. 303–309
OEXLE, Judith, Zum Fortgang der Grabungen in der Wessenbergstrasse-Katzgasse in Konstanz, in: Archäologische Ausgrabungen in Baden-Württemberg 1990, Stuttgart 1991, S. 240–243
OEXLE, Judith, Grabungen im Areal des ehemaligen Klosters Petershausen, Stadt Konstanz, in: Archäologische Ausgrabungen in Baden-Württemberg 1991, Stuttgart 1992, S. 267–272

Zürich

Zu den hier nicht erwähnten urgeschichtlichen Befunden vgl. die nach wie vor grundlegende Arbeit von Emil Vogt und die beiden jüngsten Ueberblicke mit weiterführender Literatur:

ETTER, Hansueli, Baur, Urs, Schneider, Jürg E. u.a., Die Zürcher Stadtheiligen Felix und Regula. Legenden, Reliquien, Geschichte und ihre Botschaft im Licht moderner Forschung, Zürich 1988
GUTSCHER-SCHMID, Charlotte, Bemalte spätmittelalterliche Repräsentationsräume in Zürich. Untersuchungen zur Wandmalerei und baugeschichtliche Beobachtungen anhand von Neufunden 1971–80, in: Nobile Turegum multarum copia rerum. Drei Aufsätze zum mittelalterlichen Zürich, Jürg E. Schneider (Hrg.), Zürich 1982, S. 75–127
HEGI, Franz, MERZ, Walter, Die Wappenrolle von Zürich. Ein heraldisches Denkmal des 14. Jahrhunderts. Mit den Wappen aus dem Haus »Zum Loch«, Zürich/Leipzig 1930
KNOEPFLI, Albert, Die Kunstgeschichte des Bodenseeraumes von der Karolingerzeit bis zum frühen 17. Jahrhundert, Konstanz 1961/69
MEIER, Thomas, SABLONIER, Roger, Der Zürcher Münsterhof. Städtische Baugeschichte und Stadtpolitik im 13 Jahrhundert, in: Jürg E. Schneider, Daniel Gutscher, u.a., Der Münsterhof in Zürich. Schweizer Beiträge zur Kulturgeschichte und Archäologie des Mittelalters 9 und 10, Olten 1982, S. 20–40
MEYER, Ernst, Zürich in römischer Zeit, in: Emil Vogt, Ernst Meyer, Hans Conrad Peyer, Zürich von der Urzeit zum Mittelalter, Zürich 1971, S. 105–162 (mit älterer Literatur)
PEYER, Hans Conrad, Zürich im Früh- und Hochmittelalter, in: Emil Vogt, Ernst Meyer, Hans Conrad Peyer, Zürich von der Urzeit zum Mittelalter, Zürich 1971, S. 163–227 (mit älterer Literatur)
RUOFF, Ulrich, Die Ufersiedlungen am Zürichsee, in: Die ersten Bauern, Bd. I, Schweizerisches Landesmuseum Zürich, (Hrg.), 1990, S. 145–159
SCHNEIDER, Jürg E., Der städtische Hausbau im südwestdeutsch-schweizerischen Raum, in: Zeitschrift für Archäologie des Mittelalters, Beiheft 4, Köln 1986, S. 17–38
SCHNEIDER, Jürg E., GUTSCHER, Daniel, ETTER, Hansueli F., HANSER, Jürg, Der Münsterhof in Zürich. Bericht über die Stadtkernforschungen 1977/78. Schweizer Beiträge zur Kulturgeschichte und Archäologie des Mittelalters 9 und 10, Olten 1982
SCHNEIDER, Jürg E., HANSER, Jürg, Wandmalerei im Alten Zürich, Zürich 1986
SCHNEIDER, Jürg E., Turicum: Zürich in römischer Zeit, in: Turicum-Vitudurum-Iuliomagus. Drei Vici in der Ostschweiz. Festschrift Otto Coninx, Zürich 1985, S. 39–167
SCHNEIDER, Jürg E., Zürichs Rindermarkt und Neumarkt. Entstehung und Entwicklung eines Quartiers. Archäologie – Bau- und Kunstgeschichte – Geschichte, Zürich 1989
SCHNEIDER, Jürg E., Zürichs Weg zur Stadt. Archäologische Befunde zur Frühen Stadtgeschichte (7. bis 13. Jahrhundert), in: Nobile Turegum multarum copia rerum. Drei Aufsätze zum mittelalterlichen

Zürich, Jürg E. Schneider (Hrg.), Zürich 1982, S. 2–37
SIEGFRIED-WEISS, Anita, Zürcher, Andreas, Die neolithische und bronzezeitliche Besiedlung im Kanton Zürich, in: Archäologie der Schweiz, Bd. 13, Basel/Liestal 1990, S. 47–66
VOGT, Emil, Der Lindenhof in Zürich, Zürich 1948
VOGT, Emil, Urgeschichte Zürich, in: Emil Vogt, Ernst Meyer, Hans Conrad Peyer, Zürich von der Urzeit zum Mittelalter, Zürich 1971, S. 9–104 (mit älterer Literatur)
WOLLKOPF, Peter (Hrg.), Ritter, Heilige, Fabelwesen. Wandmalerei. Konstanzer Museumsjournal, Konstanz 1988
WÜTHRICH, Lucas, Wandgemälde. Von Müstair bis Hodler. Katalog der Sammlung des Schweizerischen Landesmuseums Zürich, Bern 1980

Freiburg im Breisgau

ADAM, Ernst, Das Freiburger Münster. Grosse Bauten Europas 1, Stuttgart 1968
ALBERT, Peter Paul, WINGENROTH, Max, Freiburger Bürgerhäuser aus vier Jahrhunderten, Augsburg/Stuttgart 1923 (Nachdruck Freiburg 1976)
BAUER, Clemens, Wirtschaftsgeschichte der Stadt Freiburg im Mittelalter, in: Freiburg im Mittelalter. Wolfgang Müller (Hrg.), Veröffentlichung des Alemannischen Instituts 29, Bühl 1970, S. 50–76
BERT, Paul, ROSENSTIEL, Volker, HUMPERT, Klaus, Umbau der Freiburger Altstadt, in: Deutsche Bauzeitung 7, 1978, S. 22ff
BEYERLE, Franz, Untersuchungen zur Geschichte des älteren Stadtrechts von Freiburg i. Br. und Villingen a. Schw. Deutschrechtliche Beiträge V, H.1, Heidelberg 1910
BLATTMANN, Marita, Die Freiburger Stadtrechte zur Zeit der Zähringer. Rekonstruktion der verlorenen Urkunden und Aufzeichnungen des 12. und 13. Jahrhunderts. Veröffentlichungen aus dem Archiv der Stadt Freiburg i. Br. 27, 2 Bde., Freiburg/Würzburg 1991
BÜTTNER, Heinrich, Zum Städtewesen der Zähringer und Staufer am Oberrhein während des 12. Jahrhunderts, in: Zeitschrift für die Geschichte des Oberrheins 105, Neue Folge 66 (1957), S. 63–88
DIEL, Josef, Der Tiefkeller im Bereich Oberlinden. Zeugnisse der baulichen Entwicklung Freiburgs im 12. und 13. Jahrhundert, in: Stadt und Geschichte. Neue Reihe des Stadtarchivs Freiburg i. Br. Heft 2, Freiburg 1981
DIEL, Josef, ECKER, Ulrich, KLUG, Wolfgang, SÜSS, Rolf, Stadt und Festung Freiburg 1, Karten und Pläne zur Geschichte der Stadbefestigung. Veröffentlichungen aus dem Archiv der Stadt Freiburg i. Br. 22, Freiburg 1988
DIEL, Josef, KLUG, Wolfgang, Festung Freiburg, die bauliche Entwicklung vom 30jährigen Krieg bis zur Mitte des 18. Jahrhunderts, in: Stadt und Festung Freiburg 2. Aufsätze zur Geschichte der Stadtbefestigung. Hans Schadek und Ulrich Ecker (Hrg.), Veröffentlichung aus dem Archiv der Stadt Freiburg i. Br. 22, Freiburg 1988, S. 13ff
EHRLER, Joseph, Stadtverfassung und Zünfte Freiburgs im Breisgau, in: Jahrbuch für Nationalökonomie und Statistik. 3. Folge 41, 1911, S. 729–757 und 3. Folge 44, 1912, S. 449–475/743–768
ERDMANN, Wolfgang, Die Ergebnisse der Rettungsgrabung 1969 im Münster Unserer Lieben Frau zu Freiburg im Breisgau, in: Nachrichtenblatt der Denkmalpflege in Baden-Württemberg. Jahrgang 13, 1970, Heft 1
FINGERLIN, Gerhard, Der Zähringer Burgberg, eine neuentdeckte Höhensiedlung der Völkerwanderungszeit, in: Die Zähringer. Eine Tradition und ihre Erforschung. Karl Schmid (Hrg.), Veröffentlichungen zur Zähringer Ausstellung in Freiburg I, Sigmaringen 1986
FLAMM, Hermann, Der wirtschaftliche Niedergang Freiburgs i. Br. und die Lage des städtischen Grundeigentums im 14. und 15. Jahrhundert. Volkswirtschaftliche Abhandlungen der badischen Hochschulen 8, 3. Suppl., Karlsruhe 1905
FLAMM, Hermann, Geschichtliche Ortsbeschreibung der Stadt Freiburg im Breisgau, Bd. II, Häuserstand

1400–1806, Freiburg 1903, Veröffentlichungen aus dem Archiv der Stadt Freiburg 4, Nachdruck: Freiburg 1978
FLECKENSTEIN, Josef, Bürgertum und Rittertum in der Geschichte des mittelalterlichen Freiburg, in: Freiburg im Mittelalter. Wolfgang Müller (Hrg.), Veröffentlichung des Alemannischen Instituts 29, Bühl 1970, S. 77–95
FLEISCHER, Godehard, Stadtgemeinde – Verfassung und Verwaltung, Stadtrecht und Stadtgeschichte, in: Freiburg im Breisgau. Stadtkreis und Landkreis. Amtliche Kreisbeschreibung. Statistisches Landesamt Baden-Württemberg (Hrg.) in Verbindung mit der Stadt Freiburg i. Br. und dem Landkreis Freiburg. Bd. I, 2, Freiburg 1965, S. 854–870
Freiburg im Breisgau. Die Stadt und ihre Bauten, Badischer Architekten- und Ingenieurverein (Hrg.), Freiburg 1898
HAMM, Ernst, Die Städtegründungen der Herzöge von Zähringen in Südwestdeutschland, Freiburg 1932
Hefele, Friedrich, Freiburger Urkundenbuch. 3 Bde. Texte und 3 Bde. Tafeln, Freiburg 1940–1958
KELLER, Hagen, Die Zähringer und die Entwicklung Freiburgs zur Stadt, in: Die Zähringer. Eine Tradition und ihre Erforschung, Karl Schmid (Hrg.), Veröffentlichungen zur Zähringer Ausstellung I, Sigmaringen 1986, S. 17ff
KELLER, Hagen, Über den Charakter Freiburgs in der Frühzeit der Stadt, in: Festschrift für Berent Schwineköper zu seinem 70 Geburtstag. Helmut Maurer und Hans Patze (Hrg.), Sigmaringen 1982, S. 249–282
METZ, Rudolf, Edelsteinschleiferei in Freiburg und im Schwarzwald und deren Rohstoffe, Lahr 1961
NEHLSEN, Hermann, Cives et milites de Friburg. Ein Beitrag zur Geschichte des ältesten Freiburger Patriziats, in: Schau-ins-Land 84/85, 1966/67, S. 79–124
NEHLSEN, Hermann, Die Freiburger Patrizier-Familie Snewlin. Veröffentlichungen aus dem Archiv der Stadt Freiburg i. Br. 9, Freiburg 1967
NOACK, Werner, Das Kirchliche Freiburg in der Vergangenheit, in: Schau-ins-Land 77, 1959, S. 18ff
NOACK, Werner, Fragen des Kunsthistorikers an den Historiker im Zusammenhang mit der Vorgeschichte der Freiburger Stadtgründung, in: Schau-ins-Land 73,1955, S. 3ff
NOACK, Werner, Freiburg im Breisgau in alten Ansichten und Plänen, in: Badische Heimat, Bd. 16, 1929, S. 36ff
OSTENECKE, Volker, Die romanischen Bauteile des Freiburger Münsters und ihre stilgeschichtlichen Voraussetzungen. Studium zur spätromanischen Baukunst am Oberrhein, Köln 1973
OTT, Hugo, Die Burg Zähringen und ihre Geschichte, in: Die Zähringer. Eine Tradition und ihre Erforschung. Karl Schmid (Hrg.), Veröffentlichungen zur Zähringer Ausstellung in Freiburg I, Sigmaringen 1986, S. 5ff
POINSIGNON, Adolf, Geschichtliche Ortsbeschreibung der Stadt Freiburg i. Br. I. Bd. Bauperioden. Gemarkung. Wasserversorgung. Friedhöfe. Strassen und Plätze. Freiburg 1891. Veröffentlichungen aus dem Archiv der Stadt Freiburg i. Br. 2, Nachdruck Freiburg 1978
RUSER, Konrad, Die Urkunden und Akten der oberdeutschen Städtebünde, 2 Bde., Göttingen 1979–1988
SCHADEK, Hans, Burg und Stadtbefestigung von Freiburg bis zum Ende des 16. Jahrhunderts, in: Stadt und Festung Freiburg 2. Aufsätze zur Geschichte der Stadtbefestigung. Hans Schadek und Ulrich Ecker (Hrg.), Veröffentlichungen aus dem Archiv der Stadt Freiburg i. Br. 22, Freiburg 1988, S. 9ff
SCHADEK, Hans, Vorstädtische Siedlung und »Gründungsstädte« der Zähringer. Der Beitrag der Archäologie zur Entstehungsgeschichte von Markt und Stadt, in: Archäologie und Geschichte des ersten Jahrtausends in Südwestdeutschland. Hans Ulrich Nuber, Karl Schmid, Heiko Steuer und Thomas Zotz (Hrg.), Bd. 1, Sigmaringen 1990, S. 417ff
SCHADEK, Hans, SCHMID, Karl (Hrg.), Die Zähringer. Anstoss und Wirkung, Veröffentlichungen zur Zähringer Ausstellung in Freiburg II, Sigmaringen 1986
SCHADEK, Hans, SCHMIDT-THOMÉ, Peter, Die Stadtbefestigung von Freiburg i. Br. in der Zähringerzeit. Archivalische und archäologische Befunde, in: Die

Zähringer. Schweizer Vorträge und Forschungen. Veröffentlichung zur Zähringer Ausstellung in Freiburg III, Sigmaringen 1990, S. 351ff
SCHLIPPE, Joseph, Die drei grossen Bettelordenskirchen in Freiburg, in: Freiburg im Mittelalter. Wolfgang Müller (Hrg.), Veröffentlichung des Alemannischen Instituts 29, Bühl 1970, S. 109–140
SCHMIDT, Leo, Kellerkartierung und Hausforschung in Freiburg i. Br., in: Denkmalpflege in Baden-Württemberg 14, 1985, Heft 2, S. 112ff
SCHMIDT, Leo, SCHMIDT-THOMÉ, Peter, Ein Keller aus der Frühzeit der Stadt Freiburg, in: Denkmalpflege in Baden-Württemberg 10, 1981, Heft 2
SCHMIDT-THOMÉ, Peter, VEDRAL, Bernhard, Die Stadtbefestigung der mittelalterlichen Vorstadt Neuburg von Freiburg, in: Archäologische Ausgrabungen in Baden-Württemberg 1987, Stuttgart 1988, S. 264ff
SCHMIDT-THOMÉ, Peter, VEDRAL, Bernhard, Die Stadtbefestigung Freiburgs vom Ende der Zähringerzeit, in: Archäologische Ausgrabungen in Baden-Württemberg 1988, Stuttgart 1989, S. 286ff
SCHWINEKÖPER, Berent, Historischer Plan der Stadt Freiburg im Breisgau (vor 1850). Veröffentlichungen aus dem Archiv der Stadt Freiburg im Breisgau 19, Freiburg 1975
SCHWINEKÖPER, Berent, Zu den Topographischen Grundlagen der Freiburger Stadtgründung, in: Wolfgang Müller (Hrg.), Freiburg im Mittelalter. Veröffentlichungen des Alemannischen Instituts 29, Bühl/Baden 1970, S. 7–23
SCOTT, Tom, Relations between Freiburg im Breisgau and the surrounding countryside in the age of South-West German agrarian unrest before the Peasant's War circa 1450–1520, 2 Bde, Cambridge 1973
STADELBAUER, Jörg, Die Innenstadt von Freiburg im Breisgau. Beharrung und Wandel von baulicher Gestalt und städtischen Funktionen im historischen Altstadtbereich und seinen Randgebieten, in: Freiburger Geographische Mitteilungen 1980, Heft 2
STEUER, Heiko, Zur Frühgeschichte des Erzbergbaus und der Verhüttung im südlichen Schwarzwald. Literaturübersicht und Begründung eines Forschungsprogramms, in: Archäologie und Geschichte des ersten Jahrtausends in Südwestdeutschland. Hans Ulrich Nuber, Karl Schmid, Heiko Steuer und Thomas Zotz (Hrg.), Bd. 1, Sigmaringen 1990, S. 287ff
STÜLPNAGEL, Wolfgang, Der Boden Freiburgs vor und nach Gründung der Stadt, in: Schau-ins-Land 83, 1965, S. 70ff
STÜLPNAGEL, Wolfgang, Die Kirche, in: Freiburg im Breisgau. Stadtkreis und Landkreis. Amtliche Kreisbeschreibung. Statistisches Landesamt Baden-Württemberg (Hrg.) in Verbindung mit der Stadt Freiburg i. Br. und dem Landkreis Freiburg, Bd. I, 2, Freiburg 1965, S. 916–934
STÜLPNAGEL, Wolfgang, Stadtherrschaft, in: Freiburg im Breisgau. Stadtkreis und Landkreis. Amtliche Kreisbeschreibung. Statistisches Landesamt Baden-Württemberg (Hrg.) in Verbindung mit der Stadt Freiburg i. Br. und dem Landkreis Freiburg, Bd. I, 2, Freiburg 1965, S. 842–854
UNTERMANN, Matthias, Ausgrabungen auf dem »Harmonie«-Gelände in der Freiburger Altstadt, in: Archäologische Ausgrabungen in Baden-Württemberg 1990, Stuttgart 1991, S. 243ff
UNTERMANN, Matthias, KALTWASSER, Stefan, Archäologische Untersuchungen in der Altstadt von Freiburg im Breisgau, in: Archäologische Ausgrabungen in Baden-Württemberg 1990, Stuttgart 1991, S. 299ff
Urkundenbuch der Stadt Freiburg im Breisgau. Heinrich Schreiber (Hrg.), Bd. I, 1 und 2, Freiburg 1828
VEDRAL, Bernhard, Altstadtsanierung und Wiederaufbauplanung in Freiburg im Breisgau 1925–1951, in: Stadt und Geschichte. Neue Reihe des Stadtarchivs Freiburg i. Br. 8, Freiburg 1985
ZETTLER, Alfons, Zähringerburgen. Die Zähringer. Schweizer Vorträge und Forschungen. Karl Schmid (Hrg.), Veröffentlichungen zur Zähringer Ausstellung III, Sigmaringen 1990, S. 95ff

Rottweil

ELBEN, Ruth, Das Patriziat der Reichsstadt Rottweil, Stuttgart 1964

GILDHOFF, Christian, Grabung am Königshofweg in Rottweil, in: Archäologische Ausgrabungen in Baden-Württemberg 1989, Stuttgart 1990, S. 292ff
GILDHOFF, Christian, Grabungen im ehemaligen Dominikanerkloster der Stadt Rottweil, in: Archäologische Ausgrabungen in Baden-Württemberg 1987, Stuttgart 1988, S. 204ff
GILDHOFF, Christian, Sondierung bei der Villa Duttenhofer im Bereich der ehemaligen Hochbrücktorvorstadt von Rottweil, in: Archäologische Ausgrabungen in Baden-Württemberg 1989, Stuttgart 1990, S. 289ff
GOESSLER, Peter, Das römische Rottweil hauptsächlich auf Grund der Ausgrabungen vom Herbst 1906, 1907
GREINER, Hans, (Hrg.), Das ältere Recht der Reichsstadt Rottweil, Stuttgart 1900
GRUBE, Georg, Die Verfassung des Rottweiler Hofgerichts, Rottweil 1969
GÜNTER, Heinrich, (Hrg.), Urkundenbuch der Stadt Rottweil, 1. Bd., Stuttgart 1896
HECHT, Konrad, Die Rottweiler Dominikanerkirche in der Gotik. Kleine Schriften des Stadtarchivs Rottweil 3, 1974
HECHT, Winfried, Der Rottweiler Königshof im Spätmittelalter, in: Deutsche Königspfalzen. Beiträge zu ihrer historischen und archäologischen Erforschung Bd. III, 1979, S. 221–230
HECHT, Winfried, Die Johanniterkommende Rottweil, Rottweil 1971
HECHT, Winfried, Rottweil und der Habicht von Chur, in: Der Geschichtsfreund 125 (1972), S. 209–214
IRTENKAUF, Wolfgang, (Hrg.), Die Rottweiler Hofgerichtsordnung (um 1430), Göppingen 1981
JATTKOWSKI, Helmut, Die Rottweiler Pfarrkirchen bis 1530. Diss.iur. Masch.schr. Tübingen 1950
KLAPPAUF, Lothar, Kapellenkirche Rottweil. Jubiläum und Wiedereröffnung, 1983. Neue archäologische Beobachtungen im Heiligkreuz-Ort, Rottweiler Heimatbl. 39, 1978, Nr. 6
KLAPPAUF, Lothar, Rottweil. Untersuchungen zur Frühgeschichte der Stadt auf Grund der Ausgrabungen 1975 bis 1979 im Bereich des ehemaligen »Königshofes«. Diss.phil. Masch.schr., Freiburg i. Br. 1980
KLAPPAUF, Lothar, Zu den Ergebnissen der Grabungen 1975–1979 im Gebiet des ehemaligen Königshofes von Rottweil am Neckar. Archäologisches Korrespondenzblatt 12, 1980, S. 399ff
KLAPPAUF, Lothar, Zum Stand der Ausgrabungen 1975–1977 auf dem Rottweiler Königshof, in: Deutsche Königspfalzen. Beiträge zu ihrer historischen und archäologischen Erforschung, Bd. III, 1979, S. 221–245
LEIST, Jörg, (Hrg.), Reichsstadt Rottweil. Studien zur Stadt- und Gerichtsverfassung bis zum Jahre 1546, Rottweil 1962
MACK, Eugen, Das Rottweiler Steuerbuch von 1441, Tübingen 1917
MAURER, Helmut, Der Herzog von Schwaben, 1978
MAURER, Helmut, Der Königshof Rottweil bis zum Ender der staufischen Zeit, in: Deutsche Königspfalzen. Beiträge zu ihrer historischen und archäologischen Erforschung Bd. III, 1979, S. 211–220
MECKSEPER, Cord, Rottweil. Untersuchungen zur Stadtbaugeschichte im Hochmittelalter, 2 Bde. Diss. Stuttgart, Stuttgart 1970
MERKLE, J. A., Das Territorium der Reichsstadt Rottweil in seiner Entwicklung bis zum Schluss des 16. Jahrhunderts, Stuttgart 1913
NAU, Elisabeth, Die Währungsverhältnisse am oberen Neckar in der Zeit von ca. 1180 bis 1333, in: Zeitschrift für württembergische Landesgeschichte 12, 1953, S. 190–220
OHNGEMACH, Ludwig, Das Rottweiler Spital. Diss.phil. Tübingen, Rottweil 1989 (im Druck)
Ortskernatlas Baden-Württemberg 3.1. Stadt Rottweil, Landkreis Rottweil, bearbeitet von Peter Findeisen
PLANCK, Dieter, Rottweil. Philipp Filtzinger, Dieter Planck, Bernhard Cämmerer (Hrg.) Die Römer in Baden-Württemberg, 3, 1986, S. 521ff
QUARTHAL, Franz (Hrg.), Zwischen Schwarzwald und Schwäbischer Alb. Das Land am oberen Neckar, 1984
REICHENMILLER, Margareta, Das ehemalige Reichsstift und Zisterzienserinnenkloster Rottenmünster, Stuttgart 1964

RUCKGABER, Heinrich, Geschichte der Frei- und Reichsstadt Rottweil, 3 Bde., Rottweil 1835–1838
RÜSCH, Alfred, Das römische Rottweil. Führer zu archäologischen Denkmälern in Baden-Württemberg 7, 1981
SCHMIDT-THOMÉ, Peter, ECKSTEIN, Günter, BURKARD, Artur, Die Kapellenkirche in Rottweil. Baugeschichtliche Untersuchung und statische Sanierung im Schiff und Chor. Denkmalpflege in Baden-Württemberg 12, 1983, S. 147ff
STEINHAUSER, August, Die Rottweiler Stadtbefestigung von der Staufferzeit bis zum Dreissigjährigen Krieg, Rottweil 1976
SYDOW, Jürgen, Städte im deutschen Südwesten, 1987
WHITE, Gary L., Die römischen Thermen auf dem Nikolausfeld zu Rottweil am Neckar. Studien zur Baugeschichte und historischen Bedeutung. Magisterarbeit Freiburg, 1989 (in Vorbereitung für Druck, in: Fundber. Bad.-Württ.)

Winterthur

LEHMANN, Peter, Ein spätmittelalterlicher Töpferofen aus der Winterthurer Altstadt. Archäologisch-historische Auswertung der Grabung Untertor 21–25 (Arbeitstitel). Berichte der Zürcher Denkmalpflege, Archäologische Monographien 12 (in Vorbereitung, erscheint 1992)
MEIER, Hans-Rudolf, Die Renaissance der Terrakottaplastik in der Spätgotik. Zum Fund einer Heiligenfigur bei der Stadtkirchengrabung in Winterthur, in: Unsere Kunstdenkmäler 42, 1991, S. 24–31
WINDLER, Renata, Neues zur Winterthurer Stadtbefestigung. Die Ausgrabungen in der Alten Kaserne (Technikumstrasse 8). Nachrichten des Schweizerischen Burgenvereins 63, 1990, S. 90–100
WINDLER, Renata, Stadtkern im Boden. Begleitschrift zur gleichnamigen Ausstellung über Stadtkernarchäologie in Winterthur. Winterthurer Jahrbuch 37, 1990, S. 97–110

Marbach am Neckar

KLEIN, Ulrich, SCHÄFER, Hartmut, Der Münzschatz von Marbach a. N., in: Archäologische Ausgrabungen in Baden-Württemberg 1986, Stuttgart 1987, S. 296ff.
MUNZ, Eugen, KLEINKNECHT, Otto, Geschichte der Stadt Marbach am Neckar, Stuttgart 1972
SCHÄFER, Hartmut, Burg, Schloss und Stadt Marbach am Neckar, in: Denkmalpflege in Baden-Württemberg 9, 1982, S. 59ff
SCHÄFER, Hartmut, Stadtgründung und Stadtburg im hohen Mittelalter. Archäologische Untersuchungen und Fragestellungen in Marbach/Neckar, in: Lübecker Schriften zur Archäologie und Kulturgeschichte 14, S. 29ff

Ravensburg

ADE-RADEMACHER, Dorothee, MÜCK, Susanne, »Mach Krueg, Haeffen, Kachel und Scherbe«. Funde aus einer Ravensburger Hafnerwerkstatt vom 16. bis 19. Jahrhundert. Archäologische Informationen aus Baden-Württemberg 11, Stuttgart 1989
ADE-RADEMACHER, Dorothee, RADEMACHER, Reinhard, Der Veitsberg bei Ravensburg. Vorgeschichtliche Höhensiedlung und mittelalterlich-frühneuzeitliche Höhenburg (Ravensburg-Veitsburg). Forschungen und Berichte der Archäologie des Mittelalters in Baden-Württemberg (in Druck)
DREHER, Alfons, Geschichte der Reichsstadt Ravensburg. 2 Bde., Weissenhorn und Ravensburg 1972
DREHER, Alfons, Ravensburg. Chronik des Kreises Ravensburg. Landschaft, Geschichte, Brauchtum, Kunst. Hinterzarten/Schwarzwald 1976
EITEL, Peter, Ravensburg. Grundrisse mittelalterlicher Städte III. Historischer Atlas von Baden-Württemberg, Beiwort zur Karte IV, 8, Stuttgart 1976
MÜCK, Susanne, Frühneuzeitliche Ofenkachelmodel aus der Werkstatt des Andreas Mauselin aus Ravensburg, Magisterarbeit, Tübingen 1990
MÜLLER, Karl Otto, Die oberschwäbischen Reichsstädte. Ihre Entstehung und ältere Verfassung. Stuttgart 1912

Ortskernatlas Baden-Württemberg, Heft 4.1; Stadt Ravensburg. Bearbeitet von Wolf Deiseroth, Stuttgart 1988

RÜMMELE, Ernst, SCHMIDT, Erhard, Bauarchäologische Untersuchungen im Waaghaus der Stadt Ravensburg, in: Archäologische Ausgrabungen in Baden-Württemberg 1986, Stuttgart 1987, S. 241–246

SCHMIDT, Erhard, Baugeschichtliche Beobachtungen im Gebäude Marktstr. 40 in Ravensburg, in: Archäologische Ausgrabungen in Baden-Württemberg 1989, Stuttgart 1990, S. 342–344

WIELAND, Georg, Besitzgeschichte des Reichsstifts Weissenau, in: Weissenau in Geschichte und Gegenwart, Peter Eitel (Hrg.), Sigmaringen 1973, S. 107–218

Regensberg

EUGSTER, Erwin, Adlige Territorialpolitik in der Ostschweiz. Kirchliche Stiftungen im Spannungsfeld landesherrlicher Verdrängungspolitik, Diss. Zürich 1991

FIETZ, Hermann, Die Kunstdenkmäler des Kantons Zürich II, Basel 1943, S. 115–123

HEDINGER, Heinrich, Geschichte des Städtchens Regensberg, 3. Auflage, Schweizer Heimatbücher, Bern 1969, S. 140–143

SABLONIER, Roger, Adel im Wandel. Eine Untersuchung zur sozialen Situation des ostschweizerischen Adels um 1300. Veröffentlichungen des Max-Planck-Institutes für Geschichte 66, Göttingen 1979

STUCKI, Fritz, Herren von Regensberg, in: Handbuch, genealogisches, zur Schweizergeschichte, Schweizerische heraldische Gesellschaft (Hrg.), Bd. IV, Zürich/Fribourg 1980

WÜTHRICH, Lukas, Regensberg, Schweizerische Kunstführer Serie 30, Nr. 297, Bern 1981

Ulm

BESELER, Hartwig, GUTSCHOW, Niels, Kriegsschicksale deutscher Architektur II, Neumünster 1988, S. 1292ff

DURTH, Werner, Träume in Trümmern, Braunschweig/Wiesbaden 1989

EBERLE, Immo, Siedlung und Pfalz Ulm, in: Zeitschrift für württembergische Landesgeschichte 41, 1982, S. 431–457

ERNST, Max, Das Kloster Reichenau und die älteren Siedlungen der Markung Ulm, in: Ulm und Oberschwaben. Mitteilungen des Vereins für Kunst und Altertum in Ulm und Oberschwaben 23, 1924, S. 3–79

ERNST, Max, Zur älteren Geschichte Ulms, in: Ulm und Oberschwaben, 30, 1937, S. 85ff

ERNST, Max, Zur Geschichte des Reichenauer Hofes in Ulm, in: Ulm und Oberschwaben 26, 1929, S. 71ff

FEHRING, Günter P., Die Stadtkerngrabung des Staatlichen Amtes für Denkmalpflege Stuttgart auf dem Weinhof in Ulm, in: Ulm und Oberschwaben 38, 1967, S. 31–36

GROSCHOPF, P., Alte Blau-Ablagerungen im Stadtgebiet von Ulm und ihre siedlungsgeschichtliche Bedeutung, in: Mitteilungen des Vereins für Naturwissenschaft und Mathematik in Ulm 23, 1950, S. 13–20

GUTBIER, Reinhard, Die Stadtkerngrabung am Grünen Hof in Ulm. Zweiter Vorbericht, in: Ulm und Oberschwaben 42/43, 1978, S. 9–27

GUTHER, Max, Ulm an der Donau. Zerstörung und Neuaufbau einer alten Reichsstadt, in: Schwäbische Heimat 5, 1954, S. 147–155

KNUSSMANN, Rainer, Vergleichende Biologie des Menschen, Stuttgart 1980

KRAUS, Carl, Zwei geschichtlich wichtige Zufallsgrabungen, in: Ulm und Oberschwaben 31, 1941, S. 63–71

MAIER, Dirk, Zu den archäologischen Untersuchungen vor dem Neuen Bau und auf dem Münsterplatz in Ulm 1988, in: Ulm und Oberschwaben, 45/46, 1990, S. 311–323

MAURER, Helmut, Der Herzog von Schwaben, Sigmaringen 1978

MEYER, Werner, Hirsebrei und Hellebarde, Basel 1984

NAGEL, Günther, Das mittelalterliche Kaufhaus und seine Stellung in der Stadt, Berlin 1971, u.a. S. 141–162

OEXLE, Judith, Archäologische Untersuchungen im Grünen Hof in Ulm (Verwaltungsneubau Donaustrasse), in: Archäologische Ausgrabungen in Baden-Württemberg 1987, Stuttgart 1988, S. 323–326

OEXLE, Judith, Der Ulmer Münsterplatz im Spiegel der archäologischen Quellen. Archäologische Informationen 21, 1991

OEXLE, Judith, Neue Ergebnisse der Grabungen auf dem Ulmer Münsterplatz, in: Archäologische Ausgrabungen in Baden-Württemberg 1990, Stuttgart 1991, S. 259–267

OEXLE, Judith, Stadtarchäologie in Ulm, in: Archäologische Ausgrabungen in Baden-Württemberg 1988, Stuttgart 1989, S. 312–323

OEXLE, Judith, Stadtarchäologie in Ulm, in: Archäologische Ausgrabungen in Baden-Württemberg 1989, Stuttgart 1990, S. 313–321

RIEBER, Albrecht, Fragen der Ulmer Besiedlungs- und Baugeschichte im Licht geologischer Erkenntnisse, in: Mitteilungen des Vereins für Naturwissenschaft und Mathematik in Ulm 23, 1950, S. 312

RIEBER, Albrecht, Reutter, Karl, Die Pfalzkapelle in Ulm, 2 Bde., Weissenhorn 1974

RÖSING, Friedrich W., SCHIDETZKY, Ilse, Sozialanthropologische Differenzierungen bei mittelalterlichen Bevölkerungen. Acta Musei Nationalis Pragae 43B, 1987, S. 77–102

SCHLESINGER, Walter, Pfalz und Stadt Ulm bis zur Stauferzeit. Festvortrag bei der Schwörfeier der Stadt Ulm am 16. Juni 1966, in: Ulm und Oberschwaben 38, 1967, S. 9–30

SCHMIDT, Erhard, Die historisch-topographische Situation des Grünen Hofes im Rahmen der Ulmer Stadtgeschichte, in: Forschungen und Berichte zur Archäologie des Mittelalters 7, Stuttgart 1981, S. 304–308

SCHMIDT, Erhard, Ergebnisse einer Sondiergrabung auf dem südlichen Münsterplatz in Ulm, in: Archäologische Ausgrabungen in Baden-Württemberg 1986, Stuttgart 1987, S. 249–252

SCHMIDT, Erhard, Ergebnisse einer Sondiergrabung auf dem südlichen Münsterplatz in Ulm, in: Denkmalpflege in Baden-Württemberg 16, 1987, S. 169–172

SEEWALDT, Christa, Vor- und Frühgeschichte, in: Der Stadt- und Landkreis Ulm. Amtliche Kreisbeschreibung Bd. I und II, Ulm 1972 und 1977

SPECKER, Eugen, Reichsstadt und Stadt Ulm bis 1945, in: Der Stadtkreis Ulm. Amtliche Kreisbeschreibung, Ulm 1977, S. 33–324

WESTFALEN, Thomas, Die Ausgrabung Rosengasse in Ulm, in: Archäologische Ausgrabungen in Baden-Württemberg 1990, Stuttgart 1991, S. 268–273

Westfalen, Thomas, Grabungen in der Rosengasse in Ulm. Archäologische Ausgrabungen in Baden-Württemberg 1989, Stuttgart 1990, S. 322–326

WORTMANN, Reinhard, Die Kirchenbauten in Ulm von den Anfängen bis zur Gegenwart, in: Kirchen und Klöster in Ulm. E. Specker und H. Tüchle (Hrg.), Ulm 1979, S. 560–562

ZANKL, Franz Rudolf, Die Stadtkerngrabung am Grünen Hof, im Südostbereich des staufischen Ulm. Vorbericht über die erste Grabungskampagne, in: Ulm und Oberschwaben 40/41, 1973, S. 9–26

Böblingen, Sindelfingen, Herrenberg

ADE-RADEMACHER, Dorothee, Merowingerzeitliche Funde aus Sindelfingen und dem Oberen Gäu, Diss. Masch.schr. Universität Tübingen

ARNOLD, Susanne, Weitere Untersuchungen im Bereich der Wüstung Reistingen, Stadt Herrenberg, Kreis Böblingen, in: Archäologische Ausgrabungen in Baden-Württemberg 1989, Stuttgart 1990, S. 277ff

Beschreibung der württembergischen Oberämter, Stuttgart, 1824ff. Hier: Oberamt Böblingen, 1850. Oberamt Herrenberg, 1855

Böblingen. Beiträge zur Geschichte von Dorf, Burg und Stadt bis zum Beginn der Neuzeit, Böblingen 1953

Das Königreich Württemberg, eine Beschreibung nach Kreisen, Oberämtern und Gemeinden, Neckarkreis, Stuttgart 1910

DECKER-HAUFF, Hans Martin, Herrenberg 1382 bis 1982, in: Aus Schönbuch und Gäu, 1983

Der Kreis Böblingen, Heimat und Arbeit, Stuttgart 1983

Fürstliche Witwen auf Schloss Böblingen. Ausstellungskatalog, Böblingen 1987

GRÄSSLE, Helmut, Sindelfingen, Dorf, Stadt und Stift, Sindelfingen 1954

GROSS, Uwe, Neue Beobachtungen im Bereich der Wüstung Reistingen, Stadt Herrenberg, Kreis Böblingen, in: Archäologische Ausgrabungen in Baden-Württemberg 1988, Stuttgart 1989, S. 256ff

Handbuch der historischen Stätten Deutschlands, VI, Baden-Württemberg, Hrg von Max Miller (t) und Gerhard Taddey, 2. Auflage Stuttgart 1980

KLÄGER Erich, Bildatlas zum Böblinger Museumsaufbau, Böblingen 1986

KLÄGER Erich, Böblingen, Eine Reise durch die Zeit, Böblingen 1979

KLÄGER Erich, Böblingen in alten Ansichten, Böblingen 1976

OEXLE, Judith, Mittelalterliche Stadtarchäologie in Baden-Württemberg, Archäologie in Württemberg. Ergebnisse und Perspektiven archäologischer Forschung, Stuttgart 1988

SCHÄFER, Hartmut, Die Stiftskirche von Herrenberg, in: Tübingen und das Obere Gäu, Führer zu archäologischen Denkmälern in Deutschland 3, 1983, S. 144ff

SCHEMPP, Eugen, Die mittelalterliche Besiedlung der mittelalterlichen Markung, in: Aus Schönbuch und Gäu 8, 1956

SCHEMPP, Eugen, Mittelalterliche Fachwerkhäuser in Sindelfingen, in:Sindelfinger Jahrbuch 1975, Sindelfingen 1976.

SCHEMPP, Eugen, Sindelfingen um 1525, in: Sindelfinger Jahrbuch 1971, Sindelfingen, 1972.

SCHOLKMANN, Barbara, Archäologische Untersuchungen in der ehemaligen Stiftskirche St. Martin in Sindelfingen, in: Forschungen und Berichte der Archäologie des Mittelalters in Baden-Württemberg IV. S. 1977ff. Mit Beiträgen von Hartmut Schäfer (Zur Baugeschichte der ehemaligen Stiftskirche St. Martin in Sindelfingen), und Elisabeth Nau (Der Münzschatz aus der Martinskirche von Sindelfingen).

SCHOLKMANN, Barbara, Sindelfingen, Obere Vorstadt 33. Eine archäologische Untersuchung auf dem Grundstück des Firstsäulenhauses, in: Sindelfinger Jahrbuch 1985, S. 366ff

SCHOLKMANN, Barbara, Sindelfingen/Obere Vorstadt. Eine Siedlung des hohen und späten Mittelalters, Forschungen und Berichte der Archäologie des Mittelalters in Baden-Württemberg III, 1978

SCHOLKMANN, Barbara, Stadtarchäologie und Stadtgeschichtsforschung: Das Beispiel Sindelfingen, in: Oberdeutsche Städte im Vergleich. Regio. Forschungen zur schwäbischen Regionalgeschichte II, 1989, S. 56ff

STACHEL, Günter, Keramische Streufunde auf der Sindelfinger Markung, in: Stadt Sindelfingen, Jahresbericht 1967, S. 279ff

SYDOW, Jürgen J., Städte im deutschen Südwesten, Mainz 1987

SCHMOLZ, Traugott, 750 Jahre Herrenberg, Herrenberg 1978

SCHMOLZ, Traugott, Herrenberg, Chronik einer Stadt, Herrenberg 1987

SCHMOLZ, Traugott, Herrenberg, Eine kleine Stadtgeschichte, Herrenberg 1970

UNGRICHT, Hans Martin, Texte zur Ausstellung: Böblingen, eine stadt sucht ihre Wurzeln, Stadtarchiv Böblingen,1990

WEISERT, Hermann, Die Städte der Tübinger um den Schönbuch. Die Pfalzgrafen von Tübingen, Hans Martin Decker-Hauff, Franz Quarthal und Wilfried Setzler (Hrg.), Sigmaringen, 1981, S. 39ff

WEISERT, Hermann, Geschichte der Stadt Sindelfingen 1500 bis 1807, Sindelfingen 1963

WEISERT, Hermann, Geschichte der Stadt Sindelfingen, Sindelfingen 1975

WEISERT, Hermann, Ist Böblingen älter als Sindelfingen? in: Stadt Sindelfingen, Jahresbericht 1963, S. 358ff

Württembergisches Städtebuch, Erich Keyser (Hrg.), (Deutsches Städtebuch IV, 2), Stuttgart 1962

Glanzenberg

AMMANN, Hector, Eine Stadt entsteigt dem Boden, Zeitschrift für Schweizerische Geschichte 26, Jg. 1946, S. 257ff

AMMANN, Hector, HEID, Karl, Die Möglichkeiten des Spatens in der mittelalterlichen Städteforschung der Schweiz, Zeitschrift für Schweizerische Geschichte 23, 1943, Heft l: H. Ammann: Allgemeines; K. Heid: Burg und Städtchen Glanzenberg a.d. Limmat

AMMANN, Hector, Zur Geschichte des schweizerischen Städtewesens, Zeitschrift für Schweizerische Geschichte 26, 1946, S. 513ff

DONATI, Pierreangelo, Airolo: Capella dell'ospizio del San Gottardo, in: Notiziario archaelogico ticinese S. 1973–1976, 3ff. SA. aus: Bolletino storico della Svizzera italiana, Bd. 89, 1977

DRACK, Walter, Geschichte und Anlage der Burg und Stadt Alt-Eschenbach bei Inwil, Innerschweizer Jahrbuch für Heimatkunde, 19/20, 1959/60, S. 131ff.

DRACK, Walter, Glanzenberg, Burg und Stadt. Bericht über die Freilegungs- und Sicherungsarbeiten von 1975 und 1980/81, Unterengstringen, 2. Aufl. 1984

FLÜCKIGER, R., Mittelalterliche Gründungsstädte zwischen Freiburg und Greyerz als Beispiel einer überfüllten Städtelandschaft im Hochmittelalter, in: Friburger Geschichtsblätter, Bd. 63, 1983/84, Freiburg/Schweiz 1984, S. 9–350

FRANSIOLI, Mario, Der Gotthard und sein Hospiz, Schweizer Kunstführer, Serie 32, Nr. 317–318, 2. Aufl. 1987

GLAUSER, Fritz, Verkehr im Raum Luzern-Reuss-Rhein im Spätmittelalter. Verkehrsmittel und Verkehrswege, in: Jahrbuch des Historischen Gesellschaft Luzern, Bd. 5, 1987, S. 2ff

GLOGGNER, Hans, Chronik der Stadt Zürich, hrg. von J. Dierauer, in: Quellen zur Schweizergeschichte, Bd. 18, Basel 1990

HEID, Karl, Die Burg Schönenwerd bei Dietikon. Bericht über ihre Ausgrabung durch Freiwillige in den Jahren 1930 bis 1935, Dietikon 1937

HEID, Karl, Glanzenberg. Bericht über die Ausgrabungen 1937–40, Neujahrsblatt von Dietikon 1953, Dietikon 1953

HOFER, Paul, Die Stadtgründungen des Mittelalters zwischen Genfersee und Rhein, in: H. Boesch, P. Hofer, Flugbilder der Schweizer Stadt, Bern 1963, S. 85ff

Johannes von Winterthur, Chronik, hrg. von F. Baethgen, in: Monumenta Germaniae Historica, Scriptores nova series, Bd. 3, Berlin 1924

KLÄUI, Paul, Geschichte der Stadt Kaiserstuhl, in: P. Kläui, E. Maurer, H. Welti: Kaiserstuhl, Aargauische Heimatführer, Aarau 1955, S. 6ff

KLÄUI, Paul, Hochmittelalterliche Adelsherrschaften im Zürichgau, Mitteilungen der Antiquarischen Gesellschaft Zürich, Bd.40, Heft 2, 1960

KLÄUI, Paul, Zur Geschichte der Regensbergerfehde, Neue Zürcher Zeitung vom 17. Juli 1947, Nr. 1391

LAUR-BELART, Rudolf, Studien zur Eröffnungsgeschichte des Gotthardpasses mit einer Untersuchung über die Stiebende Brücke und Teufelsbrücke, Zürich 1924

MÜLLER, Pater Iso, Der Gotthard-Raum in der Frühzeit, Schweizerische Zeitschrift für Geschichte 7, 1957, S. 433ff.

PEYER, Hans Conrad, Grenzen und Märkte in der Schweizergeschichte, Mitteilungen der Antiquarischen Gesellschaft Zürich, Bd. 48, Heft 3, 1979

SCHIB, Karl, Die Eröffnung des Gotthardpasses, in: W. Drack/K. Schib, Illustrierte Geschichte der Schweiz, Bd. 1, Einsiedeln/Zürich/Köln 1958, S. 215ff

SCHIENDORFER, Max, Johannes Hadlaub, Die Gedichte des Zürcher Minnesängers, Zürich 1986

SCHNEIDER, Hugo, Die Burgruine Alt-Regensberg im Kanton Zürich, Bericht über die Forschungen 1955–57, Olten und Freiburg i. Br. 1979

STUCKI, Fritz, Freiherren von Regensberg, Genealogisches Handbuch zur Schweizergeschichte, Bd. 4, 1980, S. 205ff

ZIEGLER, Peter, Die Regensberger Fehde von 1267, Küsnachter Jahrsblätter, S. 3ff

ZIMMERMANN, Werner, Die Manessische Liederhandschrift im Spiegel von Wahrheit und Dichtung, Manesse-Almanach auf das 40. Verlagsjahr, Zürich 1984, S. 311ff

Zurzach

AMMANN, Hektor, Die Zurzacher Messe im Mittelalter, in: Taschenbuch der Historischen Gesellschaft des Kantons Aargau, Aarau 1923

AMMANN, Hektor, Nachträge zur Geschichte der Zurzacher Messe im Mittelalter, in: Argovia 48, 1936, S. 101–124

AMMANN, Hektor, Neue Beiträge zur Geschichte der Zurzacher Messe im Mittelalter, Aarau 1930

BODMER, Walter, Die Zurzacher Messe von 1530 bis 1856, in: Argovia 74, 1962

BRUCKNER, Albert, Scriptoria Medii Aevi Helvetica 7, Genf 1955, S. 135–149

GEUENICH, Dieter, Zurzach – ein frühmittelalterliches Doppelkloster?, in: Festschrift für Berent Schwineköper, Sigmaringen 1982, S. 29–43

HARTMANN, Martin, Eine spätrömische und eine mittelalterliche Rheinbrücke in Zurzach AG, in: Archäologie der Schweiz 10 (1987), S. 13–15

HERZOG, Hans, Zurzacher Messen, in: Taschenbuch der Historischen Gesellschaft des Kantons Aargau, Aarau 1898

HUBER, Johann, Die Kollaturpfarreien und Gotteshäuser des Stifts Zurzach, Klingnau 1868

HUBER, Johann, Die Urkunden des Stiftes Zurzach, Aarau 1873

HUBER, Johann, Geschichte des Stifts Zurzach. Ein Beitrag zur schweizerischen Kirchengeschichte, Klingnau 1869

KLÄUI, Paul, MAURER, Emil, WELTI, Hermann J., Kaiserstuhl. Aargauische Heimatführer, 2, Aarau 1955

LAUR-BELART, Rudolf, SENNHAUSER, Hans Rudolf, ATTENHOFER, Edward, REINLE, Adolf, EDELMANN, Walter, Zurzach. Aargauische Heimatführer, 6, Aarau 1960

MARCHAL, Guy P., St. Verena in Zurzach, in: Helvetia Sacra, Abt. II/2, Bern 1977, S. 597–627

MITTLER, Otto, Geschichte der Stadt Klingnau, Aarau 1967

MOTTIER, Yvette, Die Flächengrabung auf dem Rathausareal von Zurzach, in: Jahresschrift 1965, Historische Vereinigung des Bezirks Zurzach, Zurzach 1965, S. 6–11

REINLE, Adolf, Die Heilige Verena von Zurzach, Legende – Kult – Denkmäler. Ars Docta, 6, Basel 1948

SCHMEDDING, Brigitta, Mittelalterliche Textilien in Kirchen und Klöstern der Schweiz, Katalog, Bern 1978

SENNHAUSER, Hans Rudolf, Katholische Kirchen von Zurzach, Zurzach 1983

SENNHAUSER, Hans Rudolf, Römische Spolien im Fundament des Verena-Münsters von Zurzach, in: Archäologie der Schweiz, 3, 1980, S. 60–63

SENNHAUSER, Hans Rudolf, St. Verena und das Zurzacher Münster, Zurzach 1982

WELTI, Hermann J., Aus der Geschichte des alten Rathauses Zurzach, in: Jubiläumsschrift 12, Zurzach 1974/75, 50 Jahre Historische Vereinigung des Bezirks Zurzach 1925–1975, Zurzach 1975, S. 37–48

WELTI, Hermann J., Das Jahrzeitbuch des Stifts Zurzach 1378–1711, Zurzach 1979

WIEDEMER, Hans Rudolf, Zu den Ausgrabungen auf dem Rathausareal in Zurzach, in: Jahresschrift 1965, Historische Vereinigung des Bezirks Zurzach, Zurzach 1965, S. 1–2

Die Lebenskreise

Der städtische Hausbau

BRAUNE, Michael und NAGEL, Birgitta, Archäologische Untersuchungen auf dem Waisenhausplatz-Areal in Pforzheim, Archäologische Ausgrabungen in Baden-Württemberg 1986, Stuttgart 1987, S. 277–280

Die Schweizer Bilderchronik des Luzerners Diebold Schilling 1513, Alfred A. Schmid (Hrg.), Luzern1981

Die Zähringer, Anstoss und Wirkung. Veröffentlichungen zur Zähringer Ausstellung in Freiburg II, Sigmaringen 1986

ERZINGER, Andy, Archäologie im Kanton Luzern 1984: Luzern, Regierungsgebäude, in: Jahrbuch der Historischen Gesellschaft Luzern, Nr. 3, 1985

FLORINI, Francisci Philippi, Allgemeiner Kluger und Rechtsverständiger Haus-Vatter, Nürnberg 1722; Faksimile, Stuttgart 1981

FOY, Danièle, Le verre médiéval et son artisanat en France méditerranéenne, Paris 1988, S. 232

FRANZ, Rosmarie, Der Kachelofen. Entstehung und kunstgeschichtliche Entwicklung vom Mittelalter bis zum Ausgang des Klassizismus, Graz 1969

FREY, Peter, Der Kernbau der »Alten Post« in Aarburg – ein neuentdeckter Adelssitz, in: Archäologie der Schweiz 2, 1989

FRIES, Holger, Archäologische Ausgrabungen in Schwäbisch Gmünd Ostalbkreis, in: Archäologische Ausgrabungen in Baden-Württemberg 1989, Stuttgart 1990, S. 335–336

GOLL, Jürg, Ziegelgeschichte ist Kulturgeschichte, in: Schweizer Baublatt Nr. 56 und Nr. 61/62, 1987

GOLL, Jürg, Kleine Ziegelgeschichte, Zur Einordnung der Ziegelfunde aus der Grabung St. Urban, 1984

GOLL, Ursula und Jürg, Projekt Konstanz, Die Baukeramik aus der archäologischen Grabung am Fischmarkt in Konstanz, mit einem Beitrag von Judith Oexle, 1987

GROSS, Uwe, Mittelalterliche Keramik zwischen Neckarmündung und Schwäbischer Alb. Bemerkungen zur räumlichen Entwicklung und zeitlichen Gliederung. Forschungen und Berichte der Archäologie des Mittelalters in Baden-Württemberg, Bd. 12, Stuttgart 1991

GROTE, Michèle, Zur Ziegelentwicklung der Zuger Ziegel vom Ende des 15. bis Ende des 19. Jahrhunderts, 1987

GUEX, François, Bruchstein, Kalk und Subventionen, Das Zürcher Baumeisterbuch als Quelle zum Bauwesen des 16. Jahrhunderts, Zürich 1986

GUEX, François, Quellen zur Ziegelherstellung im alten Zürich, 1987

GUTSCHER, Daniel, Karolingische Holzbauten im Norden der Fraumünsterabtei. Bericht über die Rettungsgrabungen 1981–83 auf dem Zürcher Münsterhof, in: Zeitschrift für Schweizerische Archäologie und Kunstgeschichte, Bd. 41, Zürich 1984, S. 207ff

GUTSCHER, Daniel und KELLENBERGER, Heinz, Die Rettungsgrabung in der Burgdorfer Marktlaube 1985, in: Archäologie im Kanton Bern, Bern 1990

GUTSCHER-SCHMID, Charlotte, Bemalte spätmittelalterliche Repräsentationsräume in Zürich. Untersuchungen zur Wandmalerei und baugeschichtliche Beobachtungen anhand von Neufunden 1971–80, in: Nobile Turegum multarum copia rerum, S. 75–127

HEGI, Franz, MERZ, Walter, Die Wappenrolle von Zürich. Ein heraldisches Denkmal des 14. Jahrhunderts. Mit den Wappen aus dem Haus »Zum Loch«, Zürich/Leipzig 1930

HOCHSTRASSER, Markus, Zur Ziegelentwicklung im Kanton Solothurn, 1985

ILLI, Martin, Von der Schissgruob zur modernen Stadtentwässerung, Zürich 1987

Jahresberichte der Stiftung Ziegelei-Museum Meienberg, Cham

JENISCH, Bertram, SCHMIDT-THOMÉ, Peter, Ausgrabung im ehemaligen Franziskanergarten an der Rietgasse in Villingen, Archäologische Ausgrabungen in Baden-Württemberg 1986, Stuttgart 1987, S. 232–236

KASPAR, Norbert, RAIMANN, Alfons, Die Anfänge der Stadt Diessenhofen, Unsere Kunstdenkmäler 4/1988

KELLER, Beatrice, Tätigkeitsberichte der Kantonsarchäologie, in: Tugium 3/1987

KNÖPFLI, Albert, Die Kunstgeschichte des Bodensee-raumes von der Karolingerzeit bis zum frühen 17. Jahrhundert. Konstanz 1961/1969
KNÖPFLI, Albert, Kunstgeschichte des Bodensee-raumes, Bd. 2, Sigmaringen, 1969
KRAUSS, Karl, Vom Materialwissen und den Bautech-niken der alten Baumeister, Nachrichtenblatt des Landesdenkmalamtes Baden-Württemberg, Stuttgart, Oktober 1985
KURZ, Manfred, SCHOLKMANN, Klaus, Ein Fachwerk-haus von 1412 in Blaubeuren, Nachrichtenblatt des Landesdenkmalamtes Baden-Württemberg, Stuttgart, Oktober 1981
LAUN, Reiner, LUTZ, Dietrich, Ein steinernes Stadt-haus aus dem Jahr 1229, in: Denkmal-pflege in Baden-Württemberg 17, 1988, S. 112–121
LAVICKA, Pavel, Hauptphasen der baulichen Entwick-lung an der Stadthausgasse 14–20, von den mittel-alterlichen Kernhäusern bis ins 20. Jahrhundert, in: Basler Zeitschrift für Geschichte und Altertumskunde, Bd. 83, Basel 1983, S. 365ff
LUTZ, Dietrich, Die sog. Hühnerfautei in Schönau, Rhein-Neckar-Kreis, Archäologische Ausgrabungen in Baden-Württemberg 1983, Stuttgart 1984, S. 220–224
MATT, Christoph Ph., BING, Christian, Turmbauten und frühe Steinhäuser an der Schneidergasse in Basel, in: Nachrichten des Schweizerischen Burgen-vereins 2, 1984, Olten 1984, S. 62ff
MECKEL, Carl Anton, Ein romanisches Haus in Frei-burg im Breisgau, in: Die Denkmalpflege 12, 1910, 2728, Nachdruck in: Schauinsland 104, 1985, S. 247–255
MEYER, Werner, Harzgewinnung in Amsteg-Silenen, in: Der Geschichtsfreund Nr. 140, 1981
OEXLE, Judith, Stadtkerngrabungen in Konstanz, Archäologische Ausgrabungen in Baden-Württem-berg 1986, Stuttgart 1987, S. 253–267
REINLE, Adolf, Die Kunstdenkmäler des Kantons Luzern, Bd. II, Die Stadt Luzern, 1. Teil, Basel 1953
RITZMANN, Hans, Kurzbericht über die baugeschicht-lichen Untersuchungen der Häuser Aeschenvorstadt 60–66, in: Jahresberichte der archäologischen Bodenforschung Basel-Stadt, 1988
SAURMA-JELTSCH, Liselotte, Das stilistische Umfeld der Miniaturen, in: Codex Manesse. Die Grosse Heidelberger Liederhandschrift. Heidelberg 1988, S. 302–349
SCHÄFER, Hartmut, Archäologie in Schwäbisch Gmünd, in: Archäologische Denkmalpflege in Baden-Württemberg 19, Stuttgart 1990, S. 56–61
SCHÄFER, Hartmut, Archäologische Ausgrabungen in der Kirche des ehemaligen Augustinerklosters in Schwäbisch Gmünd, Ostalbkreis, in: Archäologische Ausgrabungen in Baden-Württemberg 1984, Stutt-gart 1985, S. 214–216
SCHÄFER, Hartmut, Drei spätmittelalterliche Gerbe-reien in Geislingen, Kreis Göppingen, in: Archäo-logische Ausgrabungen in Baden-Württemberg 1984, Stuttgart 1985, S. 263–265
SCHÄFER, Hartmut, Grabung »Brandstatt« in Schwä-bisch Gmünd Ostalbkreis, in: Archäologische Aus-grabungen in Baden-Württemberg 1988, Stuttgart 1989, S. 290– 296
SCHIB, Karl, Die Rechtsquellen des Kantons Schaff-hausen, Das Stadtrecht von Schaffhausen II, Das Stadtbuch von 1385, Aarau 1967
SCHMAEDECKE, Michael, Stadtarchäologie in Breis-ach a. Rh., Kreis Breisgau-Hochschwarzwald, in: Archäologische Ausgrabungen in Baden-Württemberg 1983, Stuttgart 1984, S. 200–205
SCHMID, Beate, Ausgrabungsbeginn auf dem »Vieh-marktplatz« in Biberach/Riss, in: Archäologische Ausgrabungen in Baden-Württemberg 1986, Stutt-gart 1987, S. 247–249
SCHMIDT, Erhard, Archäologische Untersuchung im Bebenhäuser Pfleghof in Tübingen, In: Archäolo-gische Ausgrabungen in Baden-Württemberg 1985, Stuttgart 1986, S. 246–248
SCHMIDT, Erhard, Archäologische Untersuchungen im ehemaligen Kornhaus der Stadt Tübingen,

Nachrichtenblatt des Landesdenkmalamtes Baden-Württemberg, Stuttgart, Juli 1990
SCHNEIDER, Jürg E., GUTSCHER, Daniel, ETTER Hans-ueli, HANSER, Jürg, Der Münsterhof in Zürich. Be-richt über die Stadtkernforschung 1977/78. Schweiz-er Beiträge zur Kulturgeschichte und Archäologie des Mittelalters, Bde. 9/10, Olten 1982
SCHNEIDER, Jürg E., Zürichs Rindermarkt und Neu-markt. Entstehung und Entwicklung eines Quartiers. Archäologie – Bau- und Kunstgeschichte – Ge-schichte, Zürich 1989
SCHNEIDER, Jürg E., BERTI, Daniel A., Baugeschicht-liche Untersuchungen im Haus »Zum Paradies« an der Kirchgasse 38 in Zürich. Ein Beitrag zur Monu-mentenarchäologie in der Zürcher Altstadt, in: Zeit-schrift für Schweizerische Archäologie und Kunstge-schichte, Bd. 41, Zürich, 1984, S. 161ff
SCHNEIDER, Jürg E., Der Städtische Hausbau im süd-westdeutsch-schweizerischen Raum, in: Zeitschrift für Archäologie des Mittelalters. Beiheft 4, Köln 1986. S. 17–38
SCHNEIDER, Jürg E., HANSER, Jürg, Das Has »Zum Goldenen Apfel« am Rindermarkt 18 in Zürich. Ein Beitrag zur Monumentenarchäologie in der Zürcher Altstadt, in: Nachrichten des Schweizerischen Bur-genvereins 63, 1990, S. 81–88
SCHNEIDER, Jürg E., HANSER, Jürg, Wandmalerei im Alten Zürich, Zürich 1986
SCHNEIDER, Jürg E., KOHLER, Thomas M., Mittel-alterliche Fensterformen an Zürcher Bürgerhäusern. Ein Beitrag zur Monumentenarchäologie in der Zürcher Altstadt, in: Zeitschrift für Schweizerische Archäologie und Kunstgeschichte, Bd. 40, Zürich 1983, S. 157ff
SCHNEIDER, Jürg E., HANSER, Jürg, Zürich, ein spät-mittelalterliches Zentrum der Ofenkeramik, in: Turicum 10/4, 1979, S. 12–25
SCHNEIDER, Jürg E., WYSS, Felix, HANSER, Jürg, Das Haus »Zum Hinteren Rehböckli« an der Preyergasse 16 in Zürich. Ein Beitrag zur Monumentenarchäo-logie in der Zürcher Altstadt, in: Nachrichten des Schweizerischen Burgenvereins 62, 1989, S. 33–39
SCHNEIDER, Jürg E., Zürichs Weg zur Stadt. Archäo-logische Befunde zur frühen Stadtgeschichte (7.–13. Jahrhundert), in: Jürg E. Schneider (Hrg.), Nobile Turegum multarum copia rerum. Drei Aufsätze zum mittelalterlichen Zürich, Zürich 1983, S. 3ff
SCHNYDER, Rudolf, Die Baukeramik und der mittel-alterliche Backsteinbau des Zisterzienserklosters St. Urban, Bern 1958
SCHNYDER, Rudolf, Schalltöpfe von St. Arbogast in Oberwinterthur, in: Zeitschrift für Schweizerische Archäologie und Kunstgeschichte, 4/1981
SCHOCH, Werner, SCHWEINGRUBER, Fritz, Die Bestim-mung der Holzreste, in: Jürg E. Schneider, Daniel Gutscher u. a., Der Münsterhof in Zürich. Schweizer Beiträge zur Kulturgeschichte und Archäologie des Mittelalters 9 und 10, Olten 1982, S. 265–266 und Tafel 95
SCHOLKMANN, Barbara, Der Bautopf aus dem Haus Schützenstrasse 7 in Saulgau, Juli 1982
SCHOLKMANN, Barbara, Sindelfingen, Obere Vorstadt, Eine Siedlung des hohen und späten Mittelalters, Stuttgart 1978
SCHWEIZER, Jürg, Die Kunstdenkmäler des Kantons Bern, Landband I: Die Stadt Burgdorf, Basel 1985
Stadt im Wandel: Katalog der Landesausstellung Niedersachsen 1985, Cord Meckseper (Hrg.), Stutt-gart-Bad Cannstatt, 1985
STROBEL, Richard, Das Bürgerhaus in Regensburg – Mittelalter. Das deutsche Bürgerhaus, Bd. XXIII, Tübingen 1976. STROBEL, Richard, Ein mittelalter-liches Steinhaus in Wimpfen am Berg, in: Forschun-gen und Berichte der Archäologie des Mittelalters in Baden-Württemberg 8, Stuttgart 1983, S. 415–421
STROBEL, Richard, Inventarisieren. Als Beispiel das Buhlgässle in Schwäbisch Gmünd, in: Denkmal-pflege in Baden-Württemberg 19, 1990, S. 48–55, hier 52
SUTER Cutler, Elisabeth, Tonröhren, Zur Geschichte ihrer Herstellung und Verwendung vom handwerk-lichen bis zum industriellen Produkt, 1988
SUTER Cutler, Elisabeth, Vom Leitfossil zum Stief-kind der Archäologie, Das Problem der Datierung handgemachter Tonröhren, 1989

TAUBER, Jürg, Herd und Kamin. Zur Heizung im romanischen Haus, in: Zeitschrift für Archäologie des Mittelalters, Beiheft 4/1986, S. 93–110.
TAUBER, Jürg, Herd und Ofen im Mittelalter. Schwe-izer Beiträge zur Kulturgeschichte und Archäologie des Mittelalters 7. Olten und Freiburg i. Br. 1980
TESCHAUER, Otto, Neue Beobachtungen zur Bauge-schichte des Klosters Hirsau, Stadt Calw, in: Archä-ologische Ausgrabungen in Baden-Württemberg 1986, Stuttgart 1987, S. 211–215
TREUE, Wilhelm, u.a., Das Hausbuch der Mendel-schen Zwölfbrüderstiftung zu Nürnberg. Deutsche Handwerkerbilder des 15. und 16. Jahrhunderts, Bd. 2. München 1965
TSCHUDIN, Gisela, Zürichs Kirchgasse im Laufe der Jahrhunderte, in: Das Haus »Zum Paradies« und die Kirchgasse in Zürich. Hans Konrad Rahn (Hrg.), Zürich 1984, S. 9–38
UNTERMANN, Matthias, Hochmittelalterliche Stein-bauten in Schwäbisch Gmünd, Ostalbkreis, in: Archäologische Ausgrabungen in Baden-Württem-berg 1987, Stuttgart 1988, S. 276–279
UNTERMANN, Matthias und KALTWASSER, Stephan, Archäologische Untersuchungen in der Altstadt von Freiburg i. Br., Archäologische Ausgrabungen in Baden-Württemberg 1989, Stuttgart 1990, S. 299–303
UNTERMANN, Matthias, KALTWASSER, Stephan, Archäologische Untersuchungen in der Altstadt von Freiburg i. Br, in: Archäologische Ausgrabungen in Baden-Württemberg 1989, Stuttgart 1990, S. 299–303
Urkundenbuch der Stadt Basel, bearbeitet von Rolf Wackernagel u.a., Bd. 1, Basel 1890, Nr. 49
Urkundenbuch der Stadt und Landschaft Zürich. Johann Escher, Paul Schweizer (Hrg.), Bd. VII, Zürich 1908, Nr. 2533, S. 124
WIEDENAU, Anita, Katalog der romanischen Wohn-bauten in westdeutschen Städten und Siedlungen, Tübingen
WINDLER, Renata, Stadtarchiv im Boden. Archäo-logische Ausgrabungen in der Winterthurer Altstadt. Separatdruck aus dem Winterthurer Jahrbuch, 37. Jahrgang, 1990
WITTMANN, Werner, Rottweiler Dachziegel, Rottweil 1985
WOLFF, Heinz, Das Pflaster in Geschichte und Gegenwart, München 1987
WOLKOPF, Peter (Hrg.), Ritter, Heilige, Fabelwesen. Wandmalerei, Konstanzer Museumsjournal 1988
WÜTHRICH, Lucas, Wandgemälde. Von Müstair bis Hodler. Katalog der Sammlung des Schweizerischen Landesmuseums Zürich, Bern 1980
ZANEK, Theodor, Das romanische Schwäbisch Gmünd, in: Einhorn-Jahrbuch Schwäbisch Gmünd 1988, S. 113–123

Essen und Trinken

ADE-RADEMACHER, Dorothee, Die spätmittelalter-lichen und frühneuzeitlichen Funde vom Marktplatz in Ravensburg, Masch.schr., 1991
ADE-RADEMACHER, Dorothee, Rademacher, Rein-hard, Der Veitsberg bei Ravensburg. Vorgeschichtliche Höhensiedlung und mittelalterlich-frühneuzeitliche Höhenburg (Ravensburg-Veitsburg). Forschungen und Berichte der Archäologie des Mittelalters in Baden-Württemberg (im Druck)
BAUMGARTNER, Erwin und Krueger, Ingeborg, Phö-nix aus Sand und Asche. Glas des Mittelalters. Aus-stellungskatalog Rheinisches Landesmuseum Bonn und Historisches Museum Basel, München 1988
BAUMGARTNER, Erwin, Glas des späten Mittelalters. Die Sammlung Karl Amendt. Ausstellungskatalog Kunstmuseum Düsseldorf, Düsseldorf 1987
BAUMGARTNER, Erwin und Krueger, Ingeborg, Zu Gläsern mit hohem Stiel oder Fuss der 13. und 14. Jahrhunderts, in: Bonner Jahrbücher, 1985, S. 363ff
BAUR, Paul, Testament und Bürgerschaft. Alltags-leben und Sachkultur im spätmittelalterlichen Kon-stanz. Konstanzer Geschichts- und Rechtsquellen 31, 1989
BEHLING, Lottlisa, Die Pflanzen in der mittelalterlichen Tafelmalerei, Köln/Graz, 1967
BERGER, Ludwig, Die Ausgrabungen am Peterberg in Basel. Ein Beitrag zur Frühgeschichte Basels, 1963

503

BITSCH, Irmgard, Ehlert, Trude, Ertzdorf, Xenjav (Hrg.), Essen und Trinken in Mittelalter und Neuzeit, Sigmaringen 1987

BAUER, Ingo, Das Verhältnis zwischen »erdenen« und »hilzernen« Gefässen im niederbayrischen Verlassenschaftsinventaren des 17. und 18. Jahrhunderts. Ostbayrische Grenzmarken 10, 1968, S. 237–254

BRÜCKNER, Helmut, Die mittelalterlichen Gebrauchgeschirre im Städtischen Historischen Museum zu Frankfurt a. M., Schriften des Historischen Museums, Frankfurt 2, 1926, S. 15ff

BÜCHNER, Robert, Alltag und Festtag in Stams, Rattenberg und anderen Klöstern des Spätmittelalters. Ein Beitrag zur Sachkulturforschung. Innsbrucker historische Studien, Bde. 7/8, 1985, S. 9–98

DEXEL, Walter, Holzgerät und Holzform. Deutsches Ahnenerbe, Bd. 2, Berlin 1943

DÜWEL, Klaus, Über Nahrungsgewohnheiten und Tischzuchten des Mittelalters, in: B. Herrmann (Hrg.), Umwelt in der Geschichte. Beiträge zur Umweltgeschichte, Göttingen 1989, S. 129–149

DREIER, Franz Adrian, Venezianische Gläser und Façon de Venise. Katalog Kunstgewerbemuseum, Berlin 1989

ESCH, Arnold, Überlieferungschance und Überlieferungszufall als methodisches Problem des Historikers. Historische Zeitschriften 240, 1985, S. 529–570

FOY, Danièle, Le verre médiéval et son artisanat en france méditerranéenne. Editions du CNRS, Paris 1988, S. 232

FOY, Danièle, Sennequier, Geneviève, A travers le verre du moyen âge á la renaissance. Ausstellungskatalog Musée des Antiquités de Seine-Maritime à Rouen, Rouen 1989

GASPARETTO, Astone, Il medioevo, in: Rosa Barovier Mentasi (Hrg.), Mille anni dell'arte del vetro a Venezia. Ausstellungskatalog, Venedig 1982, S. 39ff

GROSS, Uwe, Das Aquamanile der »rotbemalten Feinware« aus Speyer. Bemerkungen zu den mittelalterlichen tönernen Giessgefässen, Pfälzer Heimat 1983, Heft 4, S. 146ff

GROSS, Uwe, Mittelalterliche Keramik zwischen Neckarmündung und Schwäbischer Alb. Forschungen und Berichte der Archäologie des Mittelalters in Baden-Württemberg 12, 1991

GROSS, Uwe, Zur mittelalterlichen Keramikproduktion in Buoch. Buocher Hefte 6, 1987, S. 3ff

HAASE, Max, Neues Hausgerät, neue Häuser, neue Kleider – Eine Betrachtung der städtischen Kultur im 13. und 14. Jahrhundert sowie ein Katalog der metallenen Hausgeräte. Zeitschrift für Archäologie des Mittelalters 7, 1979, S. 7–84

HAMMEL, Karl, Burgruine Lützelhardt bei Seelbach, Landkreis Lahr. Ein Beitrag zur Datierung mittelalterlicher Keramik. Badische Fundberichte 19, 1951, S. 87ff

HEIERLE, Paul, Die Gefässbezeichnungen in den Basler Beschreibbüchern. Wortgeschichtliche Untersuchungen. Diss. Basel. Basel 1969

HEJNA, Antonin, Das »Schlössle« zu Hummertsried. Forschungen und Berichte der Archäologie des Mittelalters in Baden-Württemberg 2, 1974, S. 31ff

HENISCH, Barbara A., Fast and Feast. Food in Medieval Society. Pennsylvania State University Press, London 1978

JACQUAT, Christiane, PAWLIKA, Barbara, SCHOCH, Werner, Die mittelalterlichen Pflanzenfunde. Schweizer Beiträge zur Kulturgeschichte und Archäologie des Mittelalters 10, Zürich, S. 3–14

JANSSEN, H. L., De materiele Cultuur van de middeleuwse stedelijke kloosters in Nederland als problem von die historische interpretatie van archeologische gegevens, in: Ons Geestelijk 59, 1985, S. 313–343

KAHSNITZ Rainer, BRANDL, Rainer, Aus dem Wirtshaus zum Wilden Mann. Funde aus dem mittelalterlichen Nürnberg. Ausstellungskatalog Germanisches Naitonalmuseum, Nürnberg 1984

KAISER-GUYOT, Marie.-Th., Manger et boire au Moyen Age. Un thème à la recherche de son histoire, Francia 15, 1987, S. 793–800

KALTWASSER, Stephan, Auf den Spuren mittelalterlicher Keramikglasur – glasierte Geschirrkeramik des Freiburger Augustinerermitenklosters. Archäologische Nachrichten Baden 45, 1991, S. 33ff

KARG, Sabine, JACOMET, Stefanie, Pflanzliche Makroreste als Informationsquellen zur Ernährungs-

geschichte des Mittelalters in der Schweiz und Süddeutschland, Archäologie & Museum 19, Liestal 1991

Klösterliche Sachkultur des Spätmittelalters. Veröffentlichung des Instituts für mittelalterliche Realienkunde Österreichs, Bd. 3, Wien 1980

KLUGE-PINSKER, Antje, Der befestigte Hof Goldstein bei Frankfurt a. M. – Niederrad, Frankfurter Beitrag zur Mittelalterarchäologie I, 1986, S. 138ff

KOCH, Robert, Mittelalterliche Trinkbecher aus Keramik von der Burg Weibertreu bei Weinsberg. Forschungen und Berichte zur Archäologie des Mittelalters 6, 1979, S. 47ff

KOCH, Robert, Mittelalterliche Gefässdeckel aus dem Neckargebiet. Jahrbuch des Historischen Vereins Heilbronn 29, 1979/1981, S. 165ff

KOCH, Robert, Tischgeschirr aus Keramik im süddeutschen Raum (1150–1250). Zur Lebensweise in der Stadt um 1200, H. Steuer (Hrg.), in: Ergebnisse der Mittelalter-Archäologie. Zeitschrift für Archäologie des Mittelalters, Beih. 4, 1986, S. 159ff

KÖRBER-GROHNE, Udelgard, Pollen-, Samen- und Holzbestimmungen aus der mittelalterlichen Siedlung unter der Oberen Vorstadt in Sindelfingen (Württemberg), in: Barbara Scholkmann, Sindelfingen, Obere Vorstadt.- Forschungen und Berichte zur Archäologie des Mittelalters in Baden-Württemberg 3, Stuttgart 1978, S. 184–198

KÖRBER-GROHNE, Udelgard, Samen, Fruchtsteine und Druschreste aus der Wasserburg Eschelbronn bei Heidelberg. Forschungen und Berichte zur Archäologie des Mittelalters in Baden-Württemberg 6, Stuttgart 1979, S. 113–127

KÖRBER-GROHNE, Udelgard, Nutzpflanzen in Deutschland, Stuttgart 1987

KRIMM Stefan, Die mittelalterlichen und frühneuzeitlichen Glashütten im Spessart. Studien zur Geschichte des Spessartglases 1, Aschaffenburg 1982

KÜSTER, Hansjörg, Granatäpfel (Punica granatum L.) im mittelalterlichen Konstanz. Archäologisches Korrespondenzblatt 18, Mainz, S. 103–107

KÜSTER, Hansjörg, Mittelalterliche Pflanzenreste aus Konstanz am Bodensee, in: Udelgard Körber-Grohne, Hansjörg Küster (Hrg.), Archäobotanik. Symposium der Universität Hohenheim/Stuttgart vom 11.–16. Juli 1988. Dissertationes Botanicae 133, Berlin/Stuttgart 1989, S. 201–216

LANG, Walter, zur Produktion farbloser Butzenscheiben während des Spätmittelalters im Nassachtal, Gemeinde Uhingen, in: Hohenstaufen Helfenstein. Historisches Jahrbuch für Kreis Göppingen 1, 1991, S. 19ff

LAURIOUX, B., Le moyen age à table, Paris 1989

LECIEJEWCZ, Lech, TABACZYNSKA, Eleonora, TABACZYNSKI, Stanislav, Trocello: Scavi 1961–1962. Rom 1977, S. 130, Abb.113/114

LEMMER, Manfred, Schultz, Eva-Luise, Die lere von der kocherie. Von mittelalterlichem Kochen und Speisen, Leipzig 1969

MAIER, Ursula, Nahrungspflanzen des späten Mittelalters aus Heidelberg und Ladenburg nach Bodenfunden aus einer Fäkaliengrube und einem Brunnen des 15./16. Jahrhunderts. Forschungen und Berichte zur Archäologie des Mittelalters in Baden-Württemberg 8, Stuttgart, S. 139–183

MAIER, Ursula, Pflanzenhaltige Bodenproben aus der mittelalterlichen Bischofsburg in Bruchsal. Forschungen und Berichte zur Vor- und Frühgeschichte in Baden-Württemberg 31, Stuttgart 1988, S. 403–417

MAURER, Helmut, Konstanz im Mittelalter, 1990

MENJOT, Jean, (Hrg.), Manger et boire au moyen age. Publication de la faculté de lettres et sciences humaines de Nice. Belles lettres tom. 27, 28, Paris 1984

MÜLLER, Ulrich, Holzfunde aus Freiburg/Augustinerkloster und Konstanz. Herstellung und Funktion einer Materialgruppe aus dem späten Mittelalter. Diss.phil. Kiel, Kiel 1992

OEXLE, Judith, Archäologische Untersuchungen am Konstanzer Fischmarkt, in: Archäologische Ausgrabungen in Baden-Württemberg 1984, Stuttgart 1985, S. 244–250

OEXLE, Judith, Die Grabungen am Fischmarkt zu Konstanz. Archäologische Befunde zur Geschichte des Salmannsweilerhofes, in: Erhalten historisch bedeutsamer Bauwerke. Sonderforschungsbereich 315 der Universität Karlsruhe Jb. 1986, S. 305–330

PROHASKA, Christine, Bemerkungen zu Hohlglasfunden aus Baden-Württemberg (Südwestdeutschland), in: Annales du 11ème congrès de l'Association Internationale pour l'Histoire du verre, Amsterdam 1990.

PROHASKA, Christine, Farblose Rippenbecher. Ein Trinkglastypus des 13. und 14. Jahrhunderts, in: Archäologisches Korrespondenzblatt 16, 1986, S. 467–471

PRÜSSING, Gerlinde und Peter, Ein spätmittelalterlicher Töpfereibezirk in Dieburg, Kreis Darmstadt-Dieburg. Arch. Denkm. Hessen 89, 1991

RIPPMANN, Dorothee, u.a., Basel Barfüsserkirche. Grabungen 1975–1977. Ein Beitrag zur Archäologie und Geschichte der mittelalterlichen Stadt. Schweizer Beiträge zur Kulturgeschischte und Archäologie des Mittelalters 13, 1987, S. 140ff

RÖSCH, Manfred, Mittelalterliche Pflanzenreste vom Krautmarkt in Kirchheim/Teck, Kreis Esslingen, in: Archäologische Ausgrabungen in Baden-Württemberg 1987, Stuttgart 1988, S. 253–254

RÖSCH, Manfred, Archäobotanische Untersuchungen an einem mittelalterlichen Grubenhaus in Ulm, in: Archäologische Ausgrabungen in Baden-Württemberg 1987, Stuttgart 1988, S. 327–328

RÖSCH, Manfred, Botanische Untersuchungen an hochmittelalterlichen Siedlungsgruben vom Kelternplatz in Tübingen, in: Archäologische Ausgrabungen in Baden-Württemberg 1990, Stuttgart 1991, S. 252–256

RÖSCH, Manfred, Pflanzenreste aus einer spätmittelalterlichen Latrine und aus einem Keller der Frühen Neuzeit im Bereich des ehemaligen Augustinerklosters in Heidelberg, in: Maureen Carroll-Spillecke u.a., Heidelberg-Universitäts-Tiefmagazin, Materialhefte zur Vor- und Frühgeschichte in Baden-Württemberg, Stuttgart 1992 (im Druck)

SCHÄFER, Harmut, GROSS, Uwe, »Rotbemalte Feinware« aus einer Töpfereiabfallhalde in Remshalden-Buoch, Rems-Murr-Kreis. Archäologisches Korrespondenzblatt 11, 1981, S. 355ff

Schmidt-Thomé, Peter, Hölzernes Alltagsgeschirr und Spiele aus einer mittelalterlichen Abfallgrube in Freiburg, in: Dieter Planck (Hrg.), Der Keltenfürst von Hochdorf. Methoden und Ergebnisse der Landesarchäologie. 1985, S. 463ff

SCHMIDT-THOMÉ, Peter, Hölzernes Tischgeschirr des 13. Jahrhunderts, in: Heiko Steuer (Hrg.), Zur Lebensweise der Stadt um 1200. Ergebnisse der Mittelalter-Archäologie. Bericht über ein Kolloquium in Köln vom 31. Januar bis 2. Februar 1984. Zeitschrift für Archäologie des Mittelalters, Beih. 4, Bonn 1986, S. 129–158

SCHNEIDER, Jürg E., Noppenbecher des 13. Jahrhunderts, in: Zeitschrift für Schweizerische Archäologie und Kunstgeschichte 37, 1980, S. 224ff

SCHOLKMANN, Barbabra, Die Auqamanilien aus Bebenhausen und Jettenburg. Fundberichte Baden-Württemberg 14, 1989, S. 669–691

SCHOLKMANN, Barbara, Sindelfingen/Obere Vorstadt. Eine Siedlung des hohen und späten Mittelalters. Forschung und Berichte der Archäologie des Mittelalters in Baden-Württemberg 7, 1981, S. 303ff

Scholkmann. Barbara, Mittelalterliches Holzgerät aus Südwestdeutschland. Zu Forschungsproblematik und Forschungsstand eines Sachgutkomplexes. Zeitschrift für Archäologie des Mittelalters 10, 1982, 101–131

SHANKS, Michael und TILLEY, Christopher, Social Theory and Archaeology. Polity Press, Cambridge 1987

SOFFNER, Andrea, Nuppenbecher des 13. und 14. Jahrhunderts aus Konstanz. Zur Stilentwicklung eines herausragenden Hohlglastypus im Spätmittelalter, Magisterarbeit Köln 1987

SOSSON, Jean P., (Hrg.), Iconografische bronnen en materiele cultuur. Handelingen van de studiedag op 19 oktober !984, Bruxelles 1985

WAMSER, Ludwig, Glashütten im Spessart. Denkmäler früher Industriegeschichte des Spessartglases. Ausstellungskatalog Lohr am Main, München 1984, S. 27, Abb.2

WHITEHOUSE, David, Glasmaking at Corinths: a reassessment, in: Atelier de verrier et antiquité à la periode pré-industrielle. 4ème rencontre Rouen 24.–25. Nov. 1989, S. 73ff

504

WILLERDING, Ulrich, Paläo-ethnobotanische Befunde über die Lebens- und Umweltverhältnisse im Mittelalter, in: Bernd Herrmann, Rolf Sprandel, Determinanten der Bevölkerungsentwicklung im Mittelalter, Weinheim 1987, S. 109–125

ZANKL, Franz Rudolf, Die Stadtkerngrabung am Grünen Hof, im Südostbereich des staufischen Ulm. Vorbericht über die erste Grabungskampagne, in: Ulm und Oberschwaben 40/41, 1973, S. 9ff

Stadt und Umwelt

ABEL, Wilhelm, Agrarkrisen und Agrarkonjunktur. Eine Geschichte der Land- und Ernährungswissenschaft Mitteleuropas seit dem hohen Mittelalter. 3. Aufl., Hamburg/Berlin 1978

BECKER Bernd, Dendrochronologie und Paläoökologie subfossiler Baumstämme aus Flussablagerungen. Ein Beitrag zur nacheiszeitlichen Auenentwicklung im südlichen Mitteleuropa. Mitteilungen der Kommission für Quartärforschung der Österreichischen Akademie der Wissenschaften, Band 5, 1982.

BILLAMBOZ, André, Zeitmesser Holz. Jahresringe erzählen Baugeschichte. Archäologie in Deutschland, Heft 1, 1986, S. 26–31

CORBIN, Alain, Pesthauch und Blütenduft, 1982

DIRLMEIER, Ulf, Die kommunalpolitischen Zuständigkeiten und Leistungen süddeutscher Städte im Spätmittelalter, in: Jürgen Sydow (Hrg.), Städtische Versorgung und Entsorgung im Wandel der Geschichte, Stadt in der Geschichte 8, 1981, S. 113–150

DIRLMEIER, Ulf, Zu den Lebensbedingungen in der mittelalterlichen Stadt: Trinkwasserversorgung und Abfallbeseitigung, in: Bernd Herrmann (Hrg.), Mensch und Umwelt im Mittelalter, Stuttgart 1986, S. 159–159

FUCHS, Josef, Stadtbäche und Wasserversorgung in mittelalterlichen Städten Südwestdeutschlands, in: J. Sydow (Hrg.), Städtische Versorgung und Entsorgung im Wandel der Geschichte. Stadt in der Geschichte 8, 1981, S. 29–42

GREWE, Klaus, Die Wasserversorgung im Mittelalter. Geschichte der Wasserversorgung 4, Mainz 1991 (mit weiterführender Literatur)

HANSER, Jürg, Eine alte Wasserleitung in Zürich macht Geschichte, Wassertropfen 1/92 der Wasserversorgung Zürich

HEINE, Günter, Umweltbezogenes Recht im Mittelalter, in: Bernd Herrmann (Hrg.), Umwelt in der Geschichte, Göttingen 1989, S. 111–128

HILBING, O., Pollenanalytische Untersuchungen am Buchendorfer Weiher, Landkreis Starnberg (Oberbayern). Ein Beitrag zur mittelalterlichen und frühneuzeitlichen Landschaftsgeschichte, in: H.H.Schmidt, 6000 Jahre Ackerbau und Siedlungsgeschichte im oberen Würmtal bei München, München 1991, S. 15-27

HIRSCH, Fritz, Konstanzer Häuserbuch Bd. 1, Bauwesen und Häuserbau, Heidelberg 1906

ILLI, Martin, Von der Schissgruob zur modernen Stadtentwässerung, Zürich 1987

JENISCH, Bertram, Allhie zuo Vilingen. Eine Stadt des Mittelalters im Streiflicht. Archäologische Informationen in Baden-Württemberg 15, 1990

KÖRBER-GROHNE, Udelgard, Nutzpflanzen in Deutschland, Stuttgart 1987

KÜSTER, Hansjörg, KAA, Rainer, REHFUESS, Karl-Eugen, Beziehungen zwischen der Landnutzung und der Deposition von Blei und Cadmium in Torfen am Nordrand der Alpen. Naturwissenschaften 75, 1988, S. 611–613

KÜSTER, Hansjörg, KAA, Rainer, REHFUESS, Karl-Eugen, Torfchemische Untersuchungen am Auerberg, in: Hansjörg Küster, Vom Werden einer Kulturlandschaft, Weinheim 1988, S. 165–172

KÜSTER, Hansjörg, Mittelalterliche Eingriffe in Naturräume des Voralpenlandes, in: Bernd Herrmann (Hrg.), Umwelt in der Geschichte, Göttingen 1989, S. 63–76

KÜSTER, Hansjörg, Mittelalterliche Pflanzenreste aus Konstanz am Bodensee, in: Udelgard Körber-Grohne, Hansjörg Küster (Hrg.), Archäobotanik, Berlin/Stuttgart 1989, S. 201–216

KÜSTER, Hansjörg, Vom Werden einer Kulturlandschaft. Vegetationsgeschichtliche Studien am Auerberg (Südbayern). Quellen und Forschungen zur

prähistorischen und provinzialrömischen Archäologie 3, Weinheim 1988

KÜSTER, Hansjörg, Wo der Pfeffer wächst, München 1987

LANG, Gerhard, Die Vegetation des westlichen Bodenseegebietes, Jena 1973

Luzerns ältestes Ratsbüchlein, ca. 1300 – 1402, ed. Weber P.X., Geschichtsfreund 65, 1910, S. 3–55

MOLLOW, Das Rote Buch der Stadt Ulm

MÜLLER, Helmut, Pollenanalytische Untersuchung eines Quartärprofils durch die spät- und nacheiszeitlichen Ablagerungen des Schleinsees (Südwestdeutschland). Geologische Jahrbücher 79, 1962, 493–526

OEXLE, Judith, Der Ulmer Münsterplatz im Spiegel archäologischer Quellen. Archäologische Informationen aus Baden-Württemberg 21, Stuttgart 1991

Paläoökologie subfossiler Baumstämme aus Flussablagerungen. Ein Beitrag zur nacheiszeitlichen Auenentwicklung im südlichen Mitteleuropa. Mitteilungen der Kommission für Quartärforschung der Österreichischen Akademie der Wissenschaften, Bd. 5. 1982, 12 Seiten

POTT, Richard, Entstehung von Vegetationstypen und Pflanzengesellschaften unter dem Einfluss des Menschen, Düsseldorfer Geobotanische Kolloquien 5, 1988, 27–54

RÖSCH, Manfred, Geschichte der Nussbaumer Seen (Kanton Thurgau) und ihrer Umgebung seit dem Ausgang der letzten Eiszeit aufgrund quartärbotanischer, stratigraphischer und sedimentologischer Untersuchungen. Mitteilungen der thurgauischen Naturforschenden Gesellschaft 45, Frauenfeld 1983

SCHMAEDECKE, Michael, Archäologische Ausgrabungen in Breisach am Rhein 1984–1986. Archäologische Informationen aus Baden-Württemberg 1, 1987

SCHMIDT-THOMÉ, Peter, Archäologische Befunde zur Entsorgung mittelalterlicher Städte am Beispiel Freiburg. Archäologische Informationen aus Baden-Württemberg 7, H. 2.1984, S. 125–135

SCHNEIDER, Jürg E., GUTSCHER, Daniel, ETTER, Hansueli, HANSER, Jürg, Der Münsterhof in Zürich. Bericht über die Stadtkernforschungen 1977/78. Schweizer Beiträge zur Kulturgeschichte und Archäologie des Mittelalters 9, 1982

Schneider, Jürg E., Wyss, Felix, Das Haus »Zum Hinteren Rehböckli«, an der Preyergasse 16, Zürich. Nachrichten des Schweizerischen Burgenvereins 5/1989, S. 33–39

SCHNEIDER, Jürg E., WYSS, Felix, Der »Hohe Brunnen« Schlüsselgasse 3, Zürich, Zürcher Denkmalpflege 1987/88, Zürich 1991, S. 29–32

SCHWARZ, Klaus, Archäologisch-topographische Studien zur Geschichte frühmittelalterlicher Fernwege und Ackerfluren. Materialhefte zur Bayerischen Vorgeschichte A 45, Kallmünz 1989

SMETTAN, Hans, Naturwissenschaftliche Untersuchungen im Kupfermoor bei Schwäbisch Hall. Ein Beitrag zur Moorentwicklung sowie zur Vegetations- und Siedlungsgeschichte der Haller Ebene, in: Hansjörg Küster, Der prähistorische Mensch und seine Umwelt. Festschrift für Udelgard Körber-Grohne. Forschungen und Berichte zur Vor- und Frühgeschichte in Baden-Württemberg 31, Stuttgart, 1988, S. 81–122

SMETTAN, Hans, Pollenanalytische Untersuchungen zur Vegetations- und Siedlungsgeschichte der Umgebung von Sersheim, Kreis Ludwigsburg. Fundberichte aus Baden-Württemberg 10, 1985, S. 367–421

SPURK, Marco, Dendrochronologische Untersuchungen an mittelalterlichen Eichenhölzern aus den Grabungen der Altstadt von Konstanz. Diplomarbeit Institut für Botanik, Universität Hohenheim, 1992

SUTER, Elisabeth, Von Wasser und Brunnen im Alten Zürich, Zürich 1981

SYDOW, Jürgen (Hrg.), Städtische Versorgung und Entsorgung im Wandel der Geschichte, Veröffentlichungen des südwestdeutschen Arbeitskreises für Stadtgeschichtsforschung, Sigmaringen 1981

UNTERMANN, Matthias, Ausgrabungen auf dem »Harmonie«-Gelände in der Freiburger Altstadt, in: Archäologische Ausgrabungen in Baden-Württemberg 1990, Stuttgart 1991, S. 243–246

UNTERMANN, Matthias, KALTWASSER, Stephan, Archäologische Untersuchungen in der Altstadt von Freiburg i. Br., in: Archäologische Ausgrabungen in

Baden-Württemberg 1989, Stuttgart 1990, S. 299–303

UNTERMANN, Matthias, Kloster Mariental in Steinheim an der Murr. Römisches Bad, Grafenhof, Kloster. Führer zu archäologischen Denkmalen in Baden-Württemberg 13, 1991

Urkundenbuch von Stadt und Landschaft Zürich, Nr. 1387

VON TEPL, Johannes, Der Ackermann aus Böhmen, Stuttgart 1969

Stadt und Mensch

ARIES, Philippe, Geschichte der Kindheit, 1. Auflage, München 1977

ARNOLD, Klaus, Kind und Gesellschaft in Mittelalter und Renaissance. Beiträge und Texte zur Geschichte der Kindheit, Reihe B, Bd. 2, Paderborn 1980

BOOS, Heinrich, Geschichte der rheinischen Städtekultur mit besonderer Berücksichtigung der Stadt Worms, Bd. 3, Berlin 1899

FRASER, Antonia, Spielzeug. Die Geschichte des Spielzeugs in aller Welt, 1966

GLÄSER, Manfred, Mittelalterliche Spielzeugfunde, in: Die Hanse. Lebenswirklichkeit und Mythos, Bd. 1, Hamburg 1989, S. 441f

GROSS, Uwe, Mittelalterliche Keramik zwischen Neckarmündung und schwäbischer Alb. Forschungen und Berichte zur Archäologie des Mittelalters in Baden-Württemberg 12, 1991

ISENMANN, Eberhard, Die deutsche Stadt im Spätmittelalter, Stuttgart 1988

KEUTGEN, Fritz, Urkunden zur städtischen Verfassungsgeschichte, Berlin 1901, Neudruck Aalen 1965

KÜHNEL, Harry, (Hrg.), Alltag im Spätmittelalter, Graz–Wien–Köln 1986, 3. Auflage, v.a. S. 157–178

SCHUBERT, Ernst, Einführung in die Grundprobleme der deutschen Geschichte im Spätmittelalter, Darmstadt 1992, S. 97–153

SCHÜTTE, Sven, Spielen und Spielzeug in der Stadt des späten Mittelalters, in: Aus dem Alltag der mittelalterlichen Stadt. Hefte des Focke Museums 62, Bremen 1982, S. 201–210.

WATERSTADT, E., Kinderspielzeug im Mittelalter, in: B. Trier (Hrg.), Ausgrabungen in Minden. Bürgerliche Stadtkultur des Mittelalters und der Neuzeit, Münster 1987, S. 147–154

Handwerk und Handel

ABEL, Wilhelm, Deutsche Agrargeschichte, Bd.2, Stuttgart 1978

ALCEMADE, M., Zur Auswertung der spätmittelalterlichen Metallfunde aus Konstanz. Methode und Stand der Bearbeitung, in: Archäologische Ausgrabungen in Baden Württemberg 1989, Stuttgart 1990, S. 310–312

BAART, Jan M. u.a., Ogravingen in Amsterdam, Amsterdam 1977, London Museum, Medieval Catalogue, 1954

BAART, Jan M., Mittelalterliche Holzfunde aus Amsterdam. Der Zusammenhang zwischen Holzart und Geräteform. Zeitschrift für Archäologie des Mittelalters 10, 1982, S. 51–62

BÄNTELI, Kurt, CUENI, Andreas, ETTER, Hansueli, RUCKSTUHL, Beatrice, Die Stadtkirche St. Johann in Schaffhausen, Ergebnisse der Ausgrabungen und Bauuntersuchungen 1983–1989, Schaffhauser Beiträge zur Geschichte 67, 1990, 13ff

BÄNTELI, Kurt, Zur Baugeschichte der Schaffhauser Stadtbefestigung, Ergebnisse baugeschichtlicher Untersuchungen 1982–1989, Schaffhauser Beiträge zur Geschichte 66, 1989, S. 93ff

BARNYCZ-GUPIENIEC, Romana, Naczynia drewniane z Gdanska w X–XIII wieku. Acta Arch. Univ. Lodziensis Nr. 8, Lodz 1959

BARTHEL, Hans-Joachim, STECKER, Horst und TIMPEL, Wolfgang, Eine mittelalterliche Produktionsstätte für Knochenwürfel, Alt Thüringen 16, 1979, S. 137–171, Taf.20–22

BLOMQVIST, Ragnour, Medeltida skor i Lund. Fynden fra kvarteret Apotekaren N:R5, Kulturen 1938, 1939, S. 189–219

BOESSNECK, Joachim, Die Domestikation und ihre Folgen. Tierärztliche Praxis 13, Stuttgart 1985, S. 479–497

BOESSNECK, Joachim, Die Tierwelt des Alten Ägypten, München 1988.

BOHNSACK, Almut, Spinnen und Weben, Entwicklung von Technik und Arbeit im Textilgewerbe, Hamburg 1981

BRADE, Christine, Die mittelalterlichen Kernspaltflöten Mittel- und Nordeuropas, Göttinger Schriften zur Vor- und Frühgeschichte 14

CRAMER, Johannes, Gerberhaus und Gerberviertel in der mittelalterlichen Stadt, Studien zur Bauforschung 12, 1981

Das Hausbuch der Mendelschen Zwölfbrüderstiftung zu Nürnberg. Deutsche Handwerkerbilder des 15. und 16. Jahrhunderts. Wilhelm Treue u.a. (Hrg.), München 1965, S. 24, 29, 122, 123, 262

DUMA, György, Mit Töpfen überwölbte keramische Öfen, Acta Ethnographica Academiae Scientarum Hungaricae, Band 15, 1966, S. 93–160

DUMENSNIL, Marie Chr., Évolution et practiqųe d'une technique traditionnelle: le tournage sur bois. École des Hautes Études en Sciences Sociales. Musée des Arts et Traditions Populaires, Paris 1982

EGLOFF, Wilhelm, Ein Fass wird aufgesetzt. Die Arbeit des Küfers. Schweizerische Gesellschaft für Volkskunde, Sterbendes Handwerk, Heft 7, Basel 1966

ENGEL, Franz, Die mittelalterlichen Töpferöfen von Dümmer und Granzin, Hammaburg 3, 1951, S. 78–87

FREY, Bad Wimpfen I. Osteologische Untersuchungen an Schlacht- und Siedlungsabfällen aus dem römischen Vicus von Bad Wimpfen. Forschungen und Berichte zur Vor- und Frühgeschichte in Baden-Württemberg, Bd.39, Stuttgart 1991

FRIENDSHIP-TAYLOR, Diana E., SWANN, June M., THOMAS, Sue (Hrg.) Recent Research in Archaeological Footwear. Association of Archaeological Illustrators and Surveyors, Technical Paper 8, London 1987

GALL, Günter, Deutsches Ledermuseum. Deutsches Schuhmuseum. Katalog Heft 6, 1980

GANSSER-BURCKHARDT, A., Die frühzeitliche Handwerkersiedlung am Petesberg in Basel. Zeitschrift für Schweizerische Archeologie und Kunstgeschichte 2, 1940, S. 10–29

GEERTS, H., De cuperie, het verdwenen en bijna vergeten kuipersambacht, Jaarboek Twente 7, 1969, S. 115–127

MAURER, Helmut, Geschichte der Stadt Konstanz, Bd. I, Konstanz im Mittelalter I, von den Anfängen bis zum Konzil, Konstanz 1989

GOUBITZ, Olaf, Lederresten uit de stadt Groningen, het schoeisel. Varia Bio-Arch., 72, 1987, S. 147–169

GOUBITZ, Olaf Versierd schoeisel. Kostuum 1987, S. 19–26

GREW, Francis, de Neergaard, Margrethe, Shoes and Pattens, Medieval Finds from London 2, London 1988

GROENMAN-VAN WAATERINGE, Willy, Die Entwicklung der Schuhmode in 2500 Jahren, Die Kunde N.F. 25. 1974, S. 111–120

GROENMAN-VAN WAATERINGE, Willy, Die Lederfunde von Haithabu. Berichte über die Ausgrabungen in Haithabu 21, 1984

GROENMAN-VAN WAATERINGE, Willy, Die Stellung der Lübecker Lederfunde im Rahmen der Entwicklung der mittelalterlichen Schuhmode. Lübecker Schriften für Archäologie und Kulturgeschichte 4, 1980, S. 169–174

GROENMAN-VAN WAATERINGE, Willy, Leather from Medieval Svendborg. The Archaelogy of Svendborg, Denmark, No. 5, 1988

GROENMAN-VAN WAATERINGE, Willy, Mittelalterliche Lederfunde aus der Lübecker Innenstadt, Lübecker Schriften für Archeologie und Kulturgeschichte 17, 1988, S. 170–173

GROENMAN-VAN WAATERINGE, Willy, Velt, L. M., Schuhmode im späten Mittelalter. Funde und Abbildungen, Zeitschrift für Archäologie des Mittelalter 3, 1975, S. 95–119

GUTSCHER, Daniel, Schaffhauser Feingerberei im 13. Jahrhundert, Ergebnisse der Grabungen im Areal der Häuser zum Bogen und zum Kronsberg in der Vorstadt, Schaffhauser Beiträge zur Geschichte 61, 1984, S. 150ff

HACKENS, Tony, u.a. (Hrg.), Bois et Archéologie. Wood and Archaeology. Pact 22, 1988

HAMPE, Roland, WINTER, Adam, Bei Töpfern und Zieglern in Süditalien, Sizilien und Griechenland, Mainz 1965

HRDLICKA, L., Die mittelalterlichen Töpferöfen mit keramischen Gewölben aus Bakov nad Jizerou, Archeologicke rozhledy 19, 1967, S. 510–524

JÄFVERT, Ernfrid, Skomod och skotillverkning fran medeltiden till våra dagar, Nordiska Museets Handlingar 10, 1938

JÄFVERT, Ernfrid, Skor och skomakeriteknik under Medeltiden, Fornvännen 32, 1937, S. 27–58

JANSSEN, Walter, Handwerksbetriebe und Werkstätten in der Stadt um 1200, Zur Lebensweise in der Stadt um 1200, 1986, S. 301ff

KOKABI, Mostefa, Viehhaltung und Jagd im römischen Rottweil. Arae Flavia I, Forschungen und Berichte zur Vor- und Frühgeschichte in Baden-Württemberg, Bd.28, Stuttgart 1988

KRÄUSSLICH, Horst, Rinderzucht, Stuttgart 1981

KÜSTER, Hansjörg, Granatäpfel (Punica granatum L.) im mittelalterlichen Konstanz. Archäologisches Korrespondenzblatt 18, 1988, S. 103–107

KÜSTER, Hansjörg, Wo der Pfeffer wächst. Ein Lexikon zur Kulturgeschichte der Gewürze, München 1987

MÄMPEL, Uwe, Keramik. Von der Handform zum Industrieguss, Reinbeck bei Hamburg 1985

MACGREGOR, Arthur, CURREY, J.D., Mechanical properties as conditioning factors in the bone an antler industry of the 3rd to the 13th century AD, Journal Arch. Science 10, 1983, S. 71–77

MANE, Perrine, Images médiévales du tonnelier en France, Ethnologie Francaise 17, 1987, S. 401–409

McGRAIL, Sean (Hrg.), Woodworking techniques before A.D. 1500, British Arch. Rep, 129, Oxford 1982

MÜLLER, Ulrich, Holzfunde aus Freiburg/Augustinerkloster und Konstanz. Herstellung und Funktion einer Materialgruppe aus dem späten Mittelalter, Diss.phil. Kiel, Kiel 1992

NILSSON, Tunnan, Containers föregångare, Kulturen 1987, S. 40–54

NORMAN, G. A., Tredreiere og tredreienbenker, Maihaugen 1957–1960, S. 51–80

OSTAP, Melania, Das Böttchergewerbe in den Dörfern Baia und Bogata (Kreis Suceava), Cibinium 1974–1978, S. 249–272

RAFFAN, Richard, Drechseln. Ravensburger Holzwerkstatt Bd.6, Ravensburg 1990

REIMERS, Christian, Vogel, Volker, Knochenpfeifen und Knochenflöten aus Schleswig. Ausgrabungen in Schleswig, Berichte und Studien 7, Neumünster 1989, S. 19–42

RITZ, Gieslind, Die christliche Gebetszählschnur, Phil.Diss., München 1955, S. 45

SCHIA, Erik, Skomaterialet fra »Mindets tomt«, in: Helge I. Hoeg u.a., De arkeologiske Utgravninger i Gamlebyen, Oslo. I. Feltet »Mindets tomt«. Stratigrafi, Topografi daterende Funngrupper, 1977, S. 121–201 und S. 250–252

SCHIA, Erik, Sko og støvler, in: De arkeologiske Utgravninger i Gamlebyen, Erik Schia (Hrg.), Oslo 3 »Sondre Felt«. Stratigrafi, Bebyggelserester og daterende Funngrupper, 1987, S. 329–412

SPANNAGEL, Fritz, Das Drechslerwerk, Ravensburg 1940

STORZ-SCHUMM, Hildegard, »Warf und Wefel«, Produktionsabläufe in der Weberei des späten Mittelalters und der frühen Neuzeit, Magisterarbeit, Konstanz 1985

STRAUCH, Dieter, Bader, Wolfgang, Tietjen, Cord, Abfälle aus der Tierhaltung, Stuttgart 1977

ULBRICHT, Ingrid, Die Geweihverarbeitung in Haithabu. Die Ausgrabungen in Haithabu 7, Neumünster 1978, S. 46–50

ULBRICHT, Ingrid, Die Verarbeitung von Knochen, Geweih und Horn im mittelalterlichen Schleswig. Ausgrabungen in Schleswig 3, Neumünster 1984, S. 8

VON GLEICHENSTEIN, E., GRAF DOUGLAS, Chr. A., Gold und Silber aus Konstanz. Meisterwerke der Goldschmiedekunst des 13.–18. Jahrhunderts. Ausstellungskatalog Rosgartenmuseum 1985. Konstanz 1985

WAGNER, M., Handwerk um 1700. Holländische und deutsche Kupferstiche mit Beschreibungen von Christoph Weigel und Betrachtungen von Abraham a Santa Clara, 1985, S. 192ff

WEBER, Paul, Der Schumacher. Ein Beruf im Wandel der Zeit, 1988

WIELANDT, Friedrich, Das Konstanzer Leinengewerbe, 1. Geschichte und Organisation, 2. Quellen, Konstanzer Stadtrechtsquellen, Konstanz 1950

ZEUNER, Frederik, Geschichte der Haustiere, München 1967

Kirche und Frömmigkeit

Während für Baden-Württemberg mindestens für die Zeit zwischen 1945 und 1980 eine reiche Bibliographie zur Archäologie des Mittelalters vorhanden ist (LUTZ Dieter: Bibliographie zur Archäologie des Mittelalters in Baden-Württemberg 1945–1980, in: Zeitschrift für Archäologie des Mittelalters 9 [1981], 145–202), die die grosse Zahl der Forschungen an Stadtkirchen auflistet, fehlt eine gleichartige Zusammenstellung für den schweizerischen Raum. Für Deutschland beschränken sich die Autoren des Beitrags »Klöster, Stifte, Bettelordenshäuser, Beginen und Begarden« daher auf grundlegende sowie früher und später erschienene Publikationen; für die Schweiz hingegen führen sie auch die Literatur über die Forschungen an Kirchen kleinerer Städte an, ohne aber Anspruch auf Vollständigkeit zu erheben.

Adelhausenstiftung Freiburg i. Br. (Hrg.), 750 Jahre Dominikanerinnenkloster Adelhausen, Freiburg im Breisgau, Ausstellungskatalog, Freiburg i. Br. 1985

ANDERES Bernhard, Die Kunstdenkmäler des Kantons St. Gallen, Bd. IV, Der Seebezirk, Basel 1966, S. 330, 338f

ANSTETT, Peter, Die Stadtkirche St. Dionysius in Esslingen am Neckar, Teil 2: Die Baugeschichte der Stadtkirche von der Spätromanik bis zur Neuzeit. Forschungen und Berichte der Archäologie des Mittelalters in Baden-Württemberg (Hrg.), Landesdenkmalamt Baden-Württemberg 13 (erscheint 1992)

Augustinermuseum Freiburg, Führer durch die Sammlungen, Freiburg i. Br. 1978.

Ausstellung zur Wiedereröffnung des Münsters »Unserer Lieben Frau«, Villingen, 1982.

BADSTÜBNER, Ernst Kirchen der Mönche, Die Baukunst der Reformorden im Mittelalter, Berlin 1980.

BADSTÜBNER, Ernst, Kirchen und Klöster der Bettelorden im sozialen und gestalterischen Gefüge der mittelalterlichen Stadt, in: Wissenschaftliche Zeitschrift der Friedrich–Schiller-Universität Jena, Gesellschafts- und Sprachwissenschaftliche Reihe 30/5, 1981, S. 323–335

BADSTÜBNER, Ernst, Klosterbaukunst und Landesherrschaft, in: Architektur des Mittelalters, Funktion und Gestalt, von Friedrich Möbius und Ernst Schubert (Hrg.), Weimar 1984, S. 184–239

BAUR, Ludwig, Die Ausbreitung der Bettelorden in der Diöcese Konstanz, in: Freiburger Diöcesan-Archiv, NF 1 (1900) S. 1–101 und NF 2 (1901), S. 1–107

BAUR, Paul, Testament und Bürgerschaft. Alltagsleben und Sachkultur im spätmittelalterlichen Konstanz, Sigmaringen 1989

BECK, Marcel u.a., Königsfelden. Geschichte, Bauten, Glasgemälde, Kunstschätze, Olten/ Freiburg i. Br. 1970

BECKSMANN, Rüdiger, Deutsche Glasmalerei des Mittelalters, Eine exemplarische Auswahl, eine Ausstellung des Instituts für Auslandbeziehungen, Stuttgart/Bad Cannstatt 1988

BECKSMANN, Rüdiger, Die mittelalterliche Glasmalereien in Schwaben von 1350 bis 1550, Berlin 1986

BERNHARDT, Walter, 450 Jahre Reformation in Esslingen, Ausstellungskatalog, Esslingen 1981

BERNHARDT, Walter, Die Dominikanerr und Franziskaner in Esslingen, Esslinger Studien 28, 1989, S. 1–24

BERNHARDT, Walter, Die Geschichte der Pfleghöfe. Ausstellungskatalog, Die Pfleghöfe in Esslingen, Esslingen 1982

BERNHARDT, Walter, Die Quellen zur Geschichte der Esslinger Stadtkirche St. Dionysius im Mittelalter. Esslinger Studien 22, 1983, S. 85–10

BERNHARDT, Walter, Esslingen im Früh- und Hochmittelalter, Gedanken zur Geschichte und Topographie. Esslinger Studien 23, 1984, S. 7–44

BINDING, Günther, Beiträge über Bauführung und Baufinanzierung im Mittelalter, Köln 1974

BINDING, Günther, Der Baubetrieb zu Beginn der Gotik, in: Zur Lebensweise der Stadt um 1200, Ergebnisse der Mittelalter-Archäologie, Bericht über ein Kolloquium in Köln vom 31. Januar bis 2. Februar 1984, Köln 1986

BINDING, Günther, Die Franziskanerbaukunst im deutschen Sprachgebiet, in: 800 Jahre Franz von Assisi, Franziskanische Kunst und Kultur des Mittelalters, Niederösterreichische Landesausstellung, Harry Kühnel (Hrg.), Krems 1982

BINDING, Günther, Masswerk, Darmstadt 1989

BINDING, Günther, NUSSBAUM, Norbert, Der mittelalterliche Baubetrieb nördlich der Alpen in zeitgenössischen Darstellungen, Darmstadt 1978

BINDING, Günther, UNTERMANN, Matthias, Kleine Kunstgeschichte der mittelalterlichen Ordensbaukunst in Deutschland, Darmstadt 1985

BIRCHLER, Linus, Die Kunstdenkmäler des Kantons Zug, II. Halbband, Basel 1935 (Beginenhaus heutiges Kloster Maria Opferung: S. 337–338)

BLANCK, Walter, Dominikanische Frauenmystik und die Entstehung des Andachtsbildes um 1300, in: Alemannisches Jahrbuch 1964/65, S. 57–86

BOOZ, Paul, Die Baumeister der Gotik, Kunstwissenschaftliche Studien 27, München/Berlin 1956

BORST, Arno, Mönche am Bodensee, 610–1525, Bodensee-Bibliothek 5, Sigmaringen 1985

BORST, Otto, Die Esslinger Altstadt, Materialien zu Ihrer Erneuerung, Stuttgart 1972

BORST, Otto, Esslingen am Neckar, Geschichte und Kunst einer Stadt, 2. Auflage, Esslingen 1967

BORST, Otto, Geschichte der Stadt Esslingen am Neckar, Esslingen 1977

BORST, Otto, Historischer Atlas Baden-Württemberg, Karte IV/8: Grundrisse mittelalterlicher Städte, III Esslingen, Beiwort, S. 13,16

BRAUNFELS, Wolfgang, Abendländische Klosterbaukunst, Köln 1969

COESTER, Ernst, Die einschiffigen Cistercienserinnenkirchen West- und Süddeutschlands von 1200 bis 1350, Quellen und Abhandlungen zur mittelrheinischen Kirchengeschichte 46, Mainz 1984 (mit Exkurs über die Kirchen der weiblichen Bettelorden)

DEHIO, Georg, Handbuch deutscher Kunstdenkmäler, Baden-Württemberg, 1964, S. 116–122

DEJUNG, Emanuel, ZÜRCHER Richard, Die Kunstdenkmäler des Kantons Zürich, Bd. VI, Die Stadt Winterthur und die Stadt Zürich, Basel 1952 (Stadtkirche Winterthur: S. 45–53; Dominikanerinnen-Kloster Töss: S. 319–331)

DESCOEUDRES, Georges, BACHER, René, Archäologische Untersuchungen im Frauenkloster St. Peter am Bach, Schwyz, in: Mitteilungen des Historischen Vereins des Kantons Schwyz 79, 1987, S. 33–116

DESCOEUDRES, Georges, Mittelalterliche Dominikanerinnenkirchen in der Zentral- und Nordostschweiz, in: Mitteilungen des Historischen Vereins des Kantons Schwyz 81, 1989, S. 39–77

DESCOEUDRES, Georges, TREMP Utz, Kathrin, Das ehemalige Predigerkloster in Bern. Bauuntersuchungen und Ausgrabungen 1988–1990 in der Französischen Kirche und im angrenzenden Bereich der ehemaligen Konventgebäude, Bern 1992

DE SESSEVALLE, F., Histoire générale de l'ordre de Saint François, Paris 1935

Die Kunst- und Altertumsdenkmale im Königreich Württemberg, Neckarkreis, Esslingen 1906, S. 175–215

Die Pfleghöfe in Esslingen, Ausstellungskatalog, Esslingen 1982

DOBERER, Erika, Der Lettner. Seine Bedeutung und Geschichte, in: Mitteilungen der Gesellschaft für vergleichende Kunstforschung in Wien 9, 1956, S. 117–122

DÖLLINGER, Ignaz, Beiträge zur Sektengeschichte des Mittelalters, 2 Bde., 1890, reprogr. Nachdruck 1982

DONIN, Kurt Richard, Die Bettelordenskirchen in Österreich, Zur Entwicklungsgeschichte der österreichischen Gotik, Baden bei Wien 1935 (vgl. Besprechung: FRANKL, Paul, Die Bettelordenskirchen in Österreich, in: Kritische Berichte, Heft 1, 1937, S. 21–25)

DÖRR, Otmar, Das Institut der Inklusen in Süddeutschland, Münster 1934

DUFT, Johannes, ZIEGLER Ernst, St. Gallen. Kloster und Stadt, St.Gallen 1985

EGGENBERGER, Peter, KELLENBERGER, Heinz, Oberwil bei Büren an der Aare, Reformierte Pfarrkirche, Bern 1985

EGGENBERGER, Peter, STÖCKLI, Werner, Archäologische Untersuchungen in der Pfarrkirche von Wangen an der Aare, in: Jahrbuch des Oberaargaus 1981, S. 169–196

EGGENBERGER, Peter, STÖCKLI, Werner, Die Predigerkirche in Basel (Materialhefte zur Archäologie in Basel 2), Basel 1985, S. 81–134

EGGENBERGER, Peter, ULRICH-BOCHSLER Susi, SCHÄUBLIN, Elisabeth, Beobachtungen an Bestattungen in und um Kirchen im Kanton Bern aus archäologischer und anthropologischer Sicht, in: Zeitschrift für Schweizerische Archäologie und Kunstgeschichte 40, 1983, S. 221–240

EGGENBERGER, Peter, STÖCKLI, Werner, Neue Untersuchungen zur Baugeschichte der Kathedrale Freiburg, in: Freiburger Geschichtsblätter 61, 1977, S. 43–63

ELM, Kaspar (Hrg.), Stellung und Wirksamkeit der Bettelorden in der städtischen Gesellschaft, Berliner historische Studien 3, Ordensstudien 2, Berlin 1981

ESCHER, Konrad, Die Kunstdenkmäler des Kantons Zürich, Bd. IV, Die Stadt Zürich, Erster Teil, Basel 1939 (Fraumünster: S. 185–190; Predigerkirche: S. 206–240; Barfüsserkloster: 241–248; Augustinerkirche: S. 253–270; Dominikanerinnen im Oetenbachkloster: S. 270–276)

Esslingen, St. Dionysius – Die Grabungsbefunde und Bauuntersuchungen der Jahre 1960–1963

FEHRING, Günter P., Die Ausgrabungen des staatlichen Amtes für Denkmalpflege Stuttgart in der Evangelischen Stadtpfarrkirche St. Dionysius zu Esslingen. 1200 Jahre Stadtkirche St. Dionysius und Vitalis in Esslingen 2. Auflage, Esslingen 1963

FEHRING, Günter P., Die Ausgrabung in der Stadtkirche zu Esslingen am Neckar. Vorläufiger Schluss bericht. Zeitschrift des Deutschen Vereins für Kunstwissenschaft 19, 1965, S. 1–34

FEHRING, Günter P., SCHOLKMANN, Barbara, Die Stadtkirche St. Dionysius in Esslingen am Neckar, Teil l: Die Grabungsbefunde von der Vorgeschichte bis zur Neuzeit und die Ergebnisse zur Besiedlungs- und Baugeschichte bis zum Beginn des 13. Jahrhunderts

FLECKENSTEIN, Josef, Fulrad von St. Denis und der fränkische Ausgriff in den süddeutschen Raum. Studien und Vorarbeiten zur Geschichte des grossfränkischen und frühdeutschen Adels, G. Tellenbach (Hrg.), 4. 1957, S. 9–39

FRAUENFELDER, Reinhard, Die Kunstdenkmäler des Kantons Schaffhausen, Bd. I, Die Stadt Schaffhausen, Basel 1951 (Barfüsserkloster: S. 169–175; Spitalkirche: S. 208)

FUCHS, Josef, Die Anfänge des Franziskanerklosters in Villingen, in: Villingen und die Westbaar, Bühl/Baden 1972, S. 148–154

GANTNER, Joseph, Kunstgeschichte der Schweiz II, Frauenfeld 1947

GEREMEK, Bronislaw, Geschichte der Armut. Elend und Barmherzigkeit in Europa, Zürich/München 1988

GERMANN, Georg, Bauetappen des Berner Münsters, in: Unsere Kunstdenkmäler 36, 1985, S. 263–269

GIESE, Leopold, Bettelordenskirchen, in: Reallexikon zur deutschen Kunstgeschichte, Bd. 2, Stuttgart 1948, S. 394–444

GILDHOFF, Christian, Grabungen im ehemaligen Dominikanerkloster der Stadt Rottweil, in: Archäologische Ausgrabungen in Baden-Württemberg 1987, Stuttgart 1988, S. 204–208

Glanz der Kathedrale, 900 Jahre Konstanzer Münster, Ausstellung im Rosgartenmuseum Konstanz, Konstanz 1989

GROSS, Werner, Die abendländische Architektur um 1300, Stuttgart 1947

GRÜBEL, Isabel, Bettelorden und Frauenfrömmigkeit im 13. Jahrhundert. Das Verhältnis der Mendikanten zu Nonnenklöstern und Beginen am Beispiel Strassburg und Basel, Kulturgeschichtliche Forschungen 9, München 1987

GRUNDMANN, Herbert, Religiöse Bewegungen im Mittelalter. Untersuchungen über die geschichtlichen Zusammenhänge zwischen der Ketzerei, den Bettelorden und der religiösen Frauenbewegung im 12. und 13. Jahrhundert und über die geschichtlichen Grundlagen der deutschen Mystik, mit einem Anhang: Neue Beiträge zur Geschichte der religiösen Bewegungen im Mittelalter, Lübeck 1977

GRZYBKOWSKI, Andrzej, Das Problem der Langchöre in Bettelordens-Kirchen im östlichen Mitteleuropa des 13. Jahrhunderts, in: Architectura 13, 1983, S. 152–168

GUTIEREZ, David, Geschichte des Augustinerordens, Würzburg 1981

HAAS, Alois M., Todesbilder im Mittelalter, Fakten und Hinweise in der deutschen Literatur, Darmstadt 1989

HÄBERLE, Alfred, Die Grafen von Kyburg und ihre kirchlichen Stiftungen, in: Die Grafen von Kyburg, Kyburger-Tagung 1980 in Winterthur, Schweizerische Beiträge zur Kulturgeschichte und Archäologie des Mittelalters 8, S. 53–68

HECHT, Konrad, Die Rottweiler Dominikanerkirche in der Gotik, Zum gotischen Bauzustand der Predigerkirche in Rottweil, Ergebnisse einer im Frühjahr 1971 durchgeführten Bauuntersuchung, Kleine Schriften des Stadtarchivs Rottweil 3, Rottweil 1974

HEIMBUCHER, Max, Die Orden und Kongregationen der katholischen Kirche, 2 Bde., Paderborn 1933/1934, Neudruck 1965

HEIZMANN, Ludwig, Die Klöster und Kongregationen der Erzdiöcese Freiburg in Vergangenheit und Gegenwart, München 1930

Helvetia sacra, Abteilung V, Der Franziskanerorden, Bd. 1, Bern 1978

HILBERLING, Brigitta, Das Dominikanerkloster St. Nikolaus auf der Insel vor Konstanz, Sigmaringen/München 1969

HINNEBUSCH, William A., The History of the Dominican Order, 2 Bde., New York 1966/1973

HOEGGER, Peter, Die Kunstdenkmäler des Kantons Aargau, Bd. VI, Der Bezirk Baden I, Baden, Ennetbaden und die oberen Reusstalgemeinden, Basel 1976 (Baden, Stadtkirche: S. 92–105)

HOFER, Paul, Die Kunstdenkmäler des Kantons Bern, Bd. I, Die Stadt Bern, Basel 1952 (Spitalbauten: S. 345–429)

HOFER, Paul, Mojon, Luc, Die Kunstdenkmäler des Kantons Bern, Bd. V, Die Stadt Bern, Die Kirchen: Antonierkirche, Französische Kirche, Heiliggeist- und Nydeggkirche, Basel 1969 (Predigerkirche: S. 46–156)

HORAT, Heinz, Sakrale Bauten, Ars helvetica Bd. III, Disentis 1988

HUIZINGA, Johan, Herbst des Mittelalters, 11. Aufl., Stuttgart 1975

Hülle, W., Funde vom ehem. Reutlinger Franziskanerkloster, in: Reutlinger Geschichtsblätter, NF 1, 1958/59, S. 94–96

HÜMPFNER, W., Äussere Geschichte der Augustiner-Eremiten in Deutschland, in: Festschrift St. Augustinus 430–1930, Köln 1930, S. 147–196

JATON, Philippe, Un sujet de reflexion: la notion d'»original« en architecture, à l'image de trois églises des Ordres Mendiants, dans: Das Denkmal und die Zeit. Festschrift für Alfred A. Schmid, Heinz Horat (Hrg.), Luzern 1990, S. 158–165

JETTER, Dieter, Das europäische Hospital. Von der Spätantike bis 1800, Köln 1986

JEZLER, Peter, Der spätgotische Kirchenbau in der Zürcher Landschaft. Die Geschichte eines »Baubooms« am Ende des Mittelalters, Wetzikon 1988

KAISER, Gert, Der tanzende Tod, Frankfurt a. M. 1983

KEYSER, Erich (Hrg.), Deutsches Städtebuch, IV Südwestdeutschland, 2. Land Baden-Württemberg, Teilband Württemberg, Stuttgart 1962, Artikel Esslingen, S. 68–81

KIMPEL, Dieter, Die Entfaltung der gotischen Baubetriebe, in: Architektur des Mittelalters, Funktion und Gestalt, Friedrich Möbius und Ernst Schubert (Hrg.), Weimar 1984, S. 246–272

KIMPEL, Dieter, Oekonomie, Technik und Form in der hochgotischen Architektur, in: Bauwerk und Bildwerk im Hochmittelalter, Karl Clausberg u.a. (Hrg.), Giessen 1981, S. 103–126

KNÖPFLI, Albert, Die Kunstdenkmäler des Kantons Thurgau, Bd. III, Der Bezirk Bischofszell, Basel 1962 (Spital Bischofszell: S. 136)

KNÖPFLI, Albert, Die Kunstdenkmäler des Kantons Thurgau, Bd. IV, Das Kloster St. Katharinenthal, Basel 1989

Koch, Ad., Die frühesten Niederlassungen der Minoriten im Rheingebiete und ihre Wirkung auf das kirchliche und politische Leben, Leipzig 1881

Koepf, Hans, Die Baugeschichte der Esslinger Pfleghöfe. Ausstellungskatalaog: Die Pfleghöfe in Esslingen, Esslingen 1982, S. 111–192

Konow, Helma, Die Baukunst der Bettelorden am Oberrhein, Berlin 1954

Köster, Kurt, Pilgerzeichen-Studien, Neue Beiträge zur Kenntnis eines mittelalterlichen Massenartikels und seiner Überlieferungsformen, in: Bibliotheca docet, Festgabe für C. Wehmer, Amsterdam 1963, S. 77–100.

Kühnel, Harry (Hrg.), 800 Jahre Franz von Assisi, Franziskanische Kunst und Kultur des Mittelalters, Niederösterreichische Landesausstellung, Krems 1982

Kühnel, Harry u.a., Klösterliche Sachkultur des Spätmittelalters, Veröffentlichungen des Instituts für mittelalterliche Realienkunde Österreichs 3, Wien 1980

Kunzelmann, Adalbero, Geschichte der deutschen Augustiner-Eremiten, 5 Bde. (Cassiacum 26, 1–5), Würzburg 1969–1974

Lauer, Hermann, Die Klöster in der Baar, in: Badische Heimat 8,1921, S. 106–112

Le Goff, Jacques, Die Arbeitszeit in der »Krise« des 14. Jahrhunderts: Von der mittelalterlichen zur modernen Zeit, in: J. Le Goff, : Für ein anderes Mittelalter. Zeit, Arbeit und Kultur im Europa des 5.–15. Jahrhunderts, Weingarten 1987, S. 29–42

Le Goff, Jacques, Die Geburt des Fegefeuers, Stuttgart 1984

Leistikow, Dankwart, Hospitalbauten des Antoniterordens, in: Jahrbuch der Koldewey-Gesellschaft 1980, Bericht der 30. Tagung in Colmar 1978, S. 92–99

Leistikow, Dankwart, Hospitalbauten in Europa aus zehn Jahrhunderten, Ein Beitrag zur Geschichte des Krankenhausbaues, Ingelheim 1967

Linck, Otto, Mönchtum und Klosterbauten Württembergs im Mittelalter, Stuttgart 1953

Linck, Otto, Vom mittelalterlichen Mönchtum und seinen Bauten in Württemberg, Veröffentlichungen des württembergischen Landesamtes für Denkmalpflege 5, Augsburg 1931

Löhr, G. M., Der Dominikanerorden und seine Wirksamkeit im mittelrheinischen Raum, in: Archiv für mittelrheinische Kirchengeschichte 4, 1952, S. 120–156

Marchal, Guy, Einige Überlegungen zu einem kirchengeschichtlichen Aspekt der vergleichenden Städtegeschichte, in: Zeitschrift für historische Forschung 9, 1982, S. 461–473

Maurer, Emil, Die Kunstdenkmäler des Kantons Aargau, Bd. III, Das Kloster Königsfelden, Basel 1954

Maurer, Emil, Königsfelden, Schweizerische Kunstführer, Gesellschaft für Schweizerische Kunstgeschichte (Hrg.), Basel 1986

Maurer, Helmut, Das Stift St.Stephan in Konstanz, Germania Sacra NF 15, Bistum Konstanz 1, Berlin/New York 1981

Meckseper, Cord, Kleine Kunstgeschichte der deutschen Stadt im Mittelalter, Darmstadt 1982

Meersseman, Gilles Gérard, Dossier de l'ordre de la pénitence au 13e siècle, Fribourg 1961

Meersseman, Gilles Gérard, L'architecture dominicaine au XIIIe siècle. Législation et pratique, in: Archivum Fratrum Praedicatorum 16, 1946, S. 136–190

Meuthen, Erich, Stift und Stadt als Forschungsproblem in der deutschen Geschichte, in: Stift und Stadt am Niederrhein, Klever Archiv 5, Kleve 1984, S. 9–26

Mischlewski, Adalbert, Grundzüge der Geschichte des Antoninerordens bis zum Ausgang des 15. Jahrhunderts, Bonner Beiträge zur Kirchengeschichte 8, Köln/Wien 1976

Mojon, Luc, Die Kunstdenkmäler des Kantons Bern, Bd. IV, Die Stadt Bern, Das Berner Münster, Basel 1960 (Spitalbauten: S. 345–429)

Moosbrugger-Leu, Rudolf, Die Predigerkirche in Basel, Materialhefte zur Archäologie in Basel 2, Basel 1985, S. 11–80

Moraw, Peter, Über Typologie, Chronologie und Geographie der Stiftskirche im deutschen Mittelalter, in: Untersuchungen zu Kloster und Stift, Veröffentlichungen des Max-Planck-Instituts für Geschichte 68, Göttingen 1980, S. 9–37

Müller, Wolfgang, Mittelalterliche Formen kirchlichen Lebens am Freiburger Münster, in: Freiburg im Mittelalter, Veröffentlichungen des Alemannischen Institutes 29, 1970, S. 141–181

Müller, Wolfgang, Stadtgründung und Pfarrei, Zur Topographie der Pfarrkirchen der Ortenau im Mittelalter, in: Die Ortenau, Veröffentlichungen des Historischen Vereins für Mittelbaden 61, 1981, S. 51–71

Nau, Elisabeth, Stadt und Münze im Frühen und Hohen Mittelalter, Esslinger Studien 10, 1964

Noak, Werner, Das kirchliche Freiburg in der Vergangenheit, in: Schau-ins-Land, Zeitschrift des Breisgau-Geschichtsvereins 77, 1959, S. 18–31

Oberst, Johannes, Die mittelalterliche Architektur der Dominikaner und der Franziskaner in der Schweiz, Zürich und Leipzig 1927

Oexle, Judith, Stadtarchäologie in Ulm, in: Archäologische Ausgrabungen in Baden-Württemberg 1988, Stuttgart 1989, S. 312–323

Oexle, Judith, Würfel- und Paternosterhersteller, in: Der Keltenfürst von Hochdorf. Methoden und Ergebnisse der Landesarchäologie. Katalog der Ausstellung, Stuttgart 1985, S. 455–562

Ortskernatlas Baden-Württemberg, Heft 1.1: Stadt Esslingen am Neckar, Stuttgart 1985

Peyer, Hans Conrad, Der Empfang des Königs im mittelalterlichen Zürich, in: Hans Conrad Peyer, Könige, Stadt und Kapital. Aufsätze zur Wirtschafts- und Sozialgeschichte des Mittelalters. Roger Sablonier (Hrg.) Zürich 1982, S. 53–68

Philipp, Klaus Jan, Pfarrkirchen – Funktion, Motivation, Architektur. Eine Studie am Beispiel der Pfarrkirchen der schwäbischen Reichsstädte im Spätmittelalter, Marburg 1987

Poeschel, Erwin, Die Kunstdenkmäler des Kantons St. Gallen, Bd. II, Die Stadt St. Gallen: Erster Teil, Basel 1957 (Dominikanerinnen-Kloster St. Katharinental: S. 136–153; Beginenhaus bei St. Leonhard: S. 152–156; Beginenhaus bei St. Georgen und St. Wibroda: S. 174–175; Beginenhaus heutiges Kloster Notkersegg: S. 208–212; Spital: S. 222–224, Siechenkapelle: S. 226–230)

Radtke, Horst-Gottfried, Geschichtliche Grundlagen zum Archäologischen Stadtkataster Esslingen am Neckar, Akten Landesdenkmalamt Baden-Württemberg 1991

Recht, Roland (éd.), Les bâtisseurs des cathédrales gothiqueS. Catalogue de l'Exposition, Strassbourg 1989

Reicke, Sigfried, Das deutsche Spital und sein Recht im Mittelalter, Stuttgart 1932

Reinle, Adolf, Die Ausstattung deutscher Kirchen im Mittelalter, Darmstadt 1988

Reinle, Adolf, Die Kunstdenkmäler des Kantons Luzern, Bd. II, Die Stadt Luzern, I. Teil, Basel 1953 (Franziskanerkloster: S. 221–266; Spitalbauten, Siechenhaus: S. 267–278)

Remijin, Jan C., Kirchengeschichte von Unterseen, Interlaken 1979.

Rippmann, Dorothee u.a., Basel, Barfüsserkirche, Grabungen 1975–1977, Ein Beitrag zur Archäologie und Geschichte der mittelalterlichen Stadt, Schweizer Beiträge zur Kulturgeschichte und Archäologie des Mittelalters 13, Olten/Freiburg i. Br. 1987

Roder, Christian, Die Franziskaner in Villingen, in: Freiburger Diöcesan-Archiv, NF 5, 1904, S. 232–312

Rosenfeld, Hellmut, Der mittelalterliche Totentanz. Entstehung, Entwicklung, Bedeutung, 3. Aufl., Köln/Graz 1974 (Vgl. Rezension der 1. Aufl. durch F. P. Pickering, in: Euphorion 79, 1955, S. 483–488

Ruh, Kurt, Meister Eckhart. Theologe, Prediger, Mystiker, München 1985

Ruoff, Ulrich, Die archäologischen Untersuchungen in der Predigerkirche, in: Zürcher Denkmalpflege, 9. Bericht, 3. Teil, Stadt Zürich, Zürich 1989, S. 23–29. (Vgl. dazu: H. R. Sennhauser: St. Ursen – St. Stephan – St. Peter. Die Kirchen von Solothurn im Mittelalter, in: Solothurn. Beiträge zur Entwicklung der Stadt Im Mittelalter, Zürich 1990, S. 83–219, bes. S. 122–124.)

Ruoff, Ulrich, Schneider, Jürg E. u.a., St. Peter in Zürich, Archäologische Unternehmungen und Restaurierung, in: Zeitschrift für Schweizerische Archäologie und Kunstgeschichte 33, 1976, S. 1–59

Schäfer, Hartmut, Eine mittelalterliche Heizanlage im Dominikanerkloster in Esslingen. Archäologische Ausgrabungen in Baden-Württemberg 1987, Stuttgart 1988, S. 196–199

Schäfer, Hartmut, Mittelalterarchäologie in Sakralbauten, in: Archäologie in Württemberg, Stuttgart 1988, S. 413–427

Schäfer, Hartmut, Gross, Uwe, Ausgrabungen auf dem Grundstück des Denkendorfer Pfleghofs in Esslingen am Neckar. Archäologische Ausgrabungen in Baden-Württemberg 1989, Stuttgart 1990, S. 326–332

Schäfer, Hartmut, Gross, Uwe, Das Karmeliterkloster in der Obertorvorstadt in Esslingen. Archäologische Ausgrabungen in Baden-Württemberg, 1990, Stuttgart 1991

Schelb, Bernhard, Inklusen am Oberrhein, in: Freiburger Diöcesan-Archiv 68, NF 41, 1941, S. 174–253

Schlippe, Joseph, Die drei grossen Bettelordenskirchen in Freiburg, in: Freiburg im Mittelalter 29, 1970, S. 109–140

Schmid, Alfred A., Dominikaner, in: Reallexikon zur deutschen Kunstgeschichte, Bd. 2, Stuttgart 1948, S. 129–154

Schmidt-Thomé, Peter, Neue Befunde zur Baugeschichte der Kapellenkirche in Rottweil und zur frühen Stadtentwicklung, in: Kapellenkirche Rottweil 1983, Jubiläum und Wiedereröffnung, Rottweil 1983, S. 10–29

Schmidt-Thomé, Peter, Zur mittelalterlichen Baugeschichte der ehemaligen Franziskanerklosterkirche St. Martin in Freiburg, in: St. Martin in Freiburg im Breisgau, Geschichte des Klosters, der Kirche und der Pfarrei, München/Zürich 1985, S. 125–137

Schneider, Jürg E., Hänser, Jürg Die Kirche St. Peter, in: Zürcher Denkmalpflege, 9. Bericht, 3. Teil, Stadt Zürich 1969–1979, Zürich 1989, S. 12–16

Scholkmann, Barbara, St. Dionysius in Esslingen und der Heilige Vitalis. Archäologie in Deutschland 2, 1990, S. 6–9

Schöller, Wolfgang, Die rechtliche Organisation des Kirchenbaus im Mittelalter vornehmlich des KathedralbauS. Baulast – Bauherrenschaft – Baufinanzierung, Köln/Wien 1989

Schuster, Otto, Kirchengeschichte von Stadt und Bezirk Esslingen. Esslingen 1946

Schweizer, Jürg, Die Kunstdenkmäler des Kantons Bern, Landbd. I, Die Stadt Burgdorf, Basel 1985 (Barfüsserkloster: S. 368–370; Niederspital: S. 370–379)

Simon, André, L'ordre des Pénitentes de Ste Marie-Madeleine en Allemagne au XIIIe siècle, Fribourg 1918

Sölch, Gisbert M., Die Eigenliturgie der Dominikaner, Düsseldorf 1957

Stegmaier, Günter, Zur Frühgeschichte der Villinger Frauenklöster und ihrer Topographie, in: Villingen und die Westbaar, Bühl/Baden 1972, S. 155–174

Steinhart, Josef, Ein unbekannter Brief des Konstanzer Bischofs Heinrich von Tanne an die Freiburger Dominikaner aus dem Jahr 1237, Zugleich ein Beitrag zu den Anfängen der Dominikaner in der Stadt Freiburg, in: Schau-ins-Land, Zeitschrift des Breisgau-Geschichtsvereins 101, 1982, S. 47–64

Steinmann, Judith, Zürich (Fraumünster), in: Helvetia Sacra, Abt. III., Bd. 1, 3. Teil, Bern 1986, S. 1994–2019

Stengele, Benvenut, Augustiner Nonnenkloster im Bistum Konstanz, in: Freiburger Diöcesan-Archiv 20, 1889, S. 307–313

Stengele, Benvenut, Das ehemalige Franziskaner-Minoriten-Kloster in Villingen, in: Freiburger Diöcesan-Archiv, NF 3 (1902), S. 193–218

Stettler, Michael, Die Kunstdenkmäler des Kantons Aargau, Bd. I, Die Bezirke Aarau, Kulm, Zofingen, Basel 1948 (Stadtkirche Zofingen: S. 41–44; Stadt- und Stiftskirche Zofingen: S. 322–326)

Stettner, Walter, Pfarrei und mittelalterliche Stadt zwischen oberem Neckar und oberer Donau, in: Zeitschrift für württembergische Landesgeschichte 25, 1966, S. 131–181

Stotz, Peter, Die bisher Ratpert zugeschriebenen Verse über Bau und Weihung von Bertas Fraumünsterkirche in Zürich, in: Peter Stotz, Ardua spes mundi. Studien zu lateinischen Gedichten aus Sankt Gallen, Bern und Frankfurt a. M. 1972, S. 217–248

Straganz, Max, Zur Geschichte der Minderbrüder im Gebiete des Oberrheins, in: Freiburger Diöcesan-Archiv 28, NF 1, 1900, S. 319–395

508

STÜDELI, Bernhard E.J., Minoritenniederlassungen und mittelalterliche Stadt. Beiträge zur Bedeutung von Minoriten- und andern Mendikantenanlagen im öffentlichen Leben der mittelalterlichen Stadtgemeinde, insbesondere der deutschen Schweiz (Franziskanische Forschungen 21), Werl 1969

UHLAND, Robert, Die Esslinger Klöster im Mittelalter, Esslinger Studien 8. 1961, S. 7–42

VONSCHOTT, Hedwig, Geistiges Leben im Augustinerorden am Ende des Mittelalters und zu Beginn der Neuzeit, Historische Studien 129, Berlin 1915

VON WYSS, Georg, Geschichte der Abtei Zürich, Mitteilungen der Antiquarischen Gesellschaft in Zürich 8, Zürich 1851–1858

WAUER, Edmund, Enstehung und Ausbreitung des Klarissenordens besonders in den deutschen Minoritenprovinzen, Leipzig 1906

WEHRLI-JOHNS, Martina, Geschichte des Zürcher Predigerkonvents (1230–1524), Mendikantentum zwischen Kirche, Adel und Stadt, Zürich 1980

WEIHER, Otto, Klöster am Oberrhein, in: Blätter aus der Markgrafschaft 1920/21, S. 53–64

WERNER Ernst, Erbstösser, Martin, Ketzer und Heilige, Das religiöse Leben im Hochmittelalter, Wien 1986

Wilms, Hieronymus, Geschichte der Dominikanerinnen, Dülmen 1920

Württembergisches Städtebuch, E. Keyser (Hrg.), 1962 (Artikel Esslingen, S. 68–81)

Krankheit und Tod

ACSÁDI, Gyögy, Nemeskéri, Janos, History of Human Life Span and Mortality, Budapest 1970

ARIES, Philippe, Geschichte des Todes, 3. Auflage, 1987

ARNOLD, Klaus, Die Einstellung zum Kind im Mittelalter, in: Bernd Herrrmann (Hrg.), Mensch und Umwelt im Mittelalter, 1986, S. 53–64

Aussatz, Lepra, Hansen-Krankheit. Ein Menschheitsproblem im Wandel, Jörn Henning Wolf (Hrg.), Kataloge des Deutschen Medizinhistorischen Museums, Heft 4 und Beihefte, Bd. 1, Würzbürg 1982 und 1986

BAADER, Gerhard, KEIL, Gundholf (Hrg.), Medizin im mittelalterlichen Abendland. Wege der Forschung, Bd. 363, Darmstadt 1982

BACH, Adelheid, SIMON, Klaus, Sterblichkeit des Menschen im historischen Verlauf unter besonderer Berücksichtigung ihrer Geschlechtsspezifik, Alt-Thüringen 15, 1978, S. 7–17

BOOCKMANN, Hartmut, Die Stadt im späten Mittelalter, München/Zürich 1987

BRUNNER, Conrad, Über Medizin und Krankenpflege im Mittelalter in Schweizerischen Landen. Veröffentlichungen der Schweizerischen Gesellschaft für Geschichte der Medizin und der Naturwissenschaften, Bd. 1, Zürich 1922

BUHRMANN, Dieter, KASPER, Bernd, KAUFMANN, Rolf, Krankheit und Heilung – Armut und Hilfe, Ausstellungskatalog, 1983–1984

BUHRMANN, Dieter, KASPER, Bernd, KAUFMANN, Rolf, Krankheit und Tod im ausgehenden Mittelalter, Ausstellungskatalog 1983

CASELITZ, Peter, Zur Osteoarchäologie eines neuzeitlichen Bestattungsplatzes auf dem Kirchenhügel St. Wilhadi zu Bardowick, Kreis Lüneburg, 1. Demographie, in: Archäologische Untersuchungen in Bardowick 1979–1982, Wolfgang Hübener, Hamburger Beiträge zur Archäologie 10, 1983, S. 129–226

CUENI, Andreas, ETTER, Hansueli, Die mittelalterlichen Menschen von Schaffhausen, in: Kurt Bänteli, Andreas Cueni, Hansueli Etter, Beatrice Ruckstuhl, Die Stadtkirche St. Johann in Schaffhausen. Schaffhauser Beiträge zur Geschichte 67, 1990, S. 141–234

DAENDLIKER, Karl, Geschichte der Stadt und des Kantons Zürich, Zürich 1903

DIEPGEN, Paul, Frau und Frauenheilkunde in der Kultur des Mittelalters, Stuttgart 1963

DIRLMEIER, Ulf, Zu den Lebensbedingungen in der mittelalterlichen Stadt: Trinkwasserversorgung und Abfallbeseitigung, in: Bernd Herrmann (Hrg.), Mensch und Umwelt im Mittelalter, 1986, S.150–159

ENNEN, Edith, Die Frau in der mittelalterlichen Stadt, in: Bernd Herrmann (Hrg.), Mensch und Umwelt im Mittelalter, 1986, S. 35–52

ETTER, Hansueli, Rudolf Brun, Zürichs erster Bürgermeister, Unpubliziertes Manuskript, 1991

ETTER, Hansueli, Die Bevölkerung vom Münsterhof, in: Jürg Schneider, Daniel Gutscher, Hansueli Etter, Jürg Hanser, Der Münsterhof in Zürich. Schweiz. Beiträge zur Kulturgeschichte und Archäologie des Mittelalters, Bd. 9, 1982

ETTER, Hansuelif, SCHNEIDER, Jürg E., Die Pest in Zürich. Der Pestfriedhof des 14. Jahrhunderts im ehemaligen Augustinergarten am Münzplatz, Turicum 4, 1982, S. 43–49

FISCHER, Alfons, Geschichte des deutschen Gesundheitswesens, Bd. 1, Berlin1922, Reprint Hildesheim 1965

GOLTZ, Dietlinde, Mittelalterliche Krankheitslehre und Therapie. Pharmazeutische Zeitung 120, 1975, S. 790–795

GRUPE, Gisela, Die »Ressource Frau« – Aussagemöglichkeiten der Biowissenschaften, in: Werner Affeldt (Hrg.), Frauen in Spätantike und Frühmittelalter. Lebensbedingungen – Lebensnormen – Lebensformen. Tagungsbeiträge 1987, 1990, S. 105–114

GRUPE, Gisela, Umwelt und Bevölkerungsentwicklung im Mittelalter, in: Bernd Herrmann (Hrg.), Mensch und Umwelt im Mittelalter, 1986, S. 24–34

HAAS, Alois M., Todesbilder im Mittelalter, Fakten und Hinweise in der deutschen Literatur, Darmstadt 1989

HERRMANN, Bernd, Anthropologische Zugänge zu Bevölkerung und Bevölkerungsentwicklung im Mittelalter, in: Bernd Herrmann, Rolf Sprandel, Determinanten der Bevölkerungsentwicklung im Mittelalter, Acta Humaniora, Weinheim 1987, S. 55–72

Hygiene im Mittelalter, Ciba Zeitschrift Nr. 46, 4, 1937

ILLI, Martin, Wohin die Toten gingen, Begräbnis und Friedhof im Alten Zürich, DisS. Universität Zürich, Zürich 1992 (im Druck)

ILLI, Martin, »Swanne ein Mensch stirbet …«. Vortragsmanuskript 1990

IMBERT, Jean, les hôpitaux en droit canonique, in: L'église et l'état au moyen age, vol. 8, Paris 1947

KEIL, Gundolf, Seuchenzüge des Mittelalters, in: Bernd Herrmann (Hrg.), Mensch und Umwelt im Mittelalter, Acta Humaniora, Weinheim 1986, S. 109–128

KNUSSMANN, Rainer, Vergleichende Biologie des Menschen, Stuttgart 1980

KUSCHE, Brigitte, Zur »Secreta mulierum« – Forschung, Janus 62, 175, S. 108–123

LUTZ, Dietrich, Archäologische Stadtkernforschung in Heidelberg II. Das Heilig-Geist-Spital auf dem Kornmarkt. Archäologische Ausgrabungen in Baden-Württemberg 1987, Stuttgart 1988, S. 302–306

MEYER, Werner, Hirsebrei und Hellebarde, Basel 1984

MOLLAT, Michel, Die Armen im Mittelalter, München 1984

NEMESKÉRI, Janos, Die archäologischen und anthropologischen Voraussetzungen paläodemographischer Forschungen, Prähistorische Zeitschrift 47, 1972, S. 5–46

OEXLE, Judith, Der Ulmer Münsterplatz im Spiegel archäologischer Quellen, Stuttgart 1991

OTT-STELLWAG, Jutta, Stomatologische Befunde an mittelalterlichen Schädeln aus dem Spitalfriedhof in Heidelberg, Zahnmed. Diss. Tübingen (in Vorbereitung)

PASCHE, Véronique, »Pour le salut de mon âme«, Les Lausannois face à la mort (XIVe siècle), Cahiers lausannois d' histoire médiévale, Lausanne 1989

PITZ, Ernst, 1987 Oekonomische Determinanten der Bevölkerungsentwicklung im Mittelalter, in: Bernd Herrmann, Rolf Sprandel, Determinanten der Bevölkerungsentwicklung im Mittelalter. Acta Humaniora, Weinheim 1987, S. 155–171

PROBST, Christian, Das Hospitalwesen im hohen und späten Mittelalter und die gesellschaftliche Stellung des Kranken, Sudhoffs Archiv 50, 1966, S. 246–258

REICKE, Siegfried, Das deutsche Spital und sein Recht im Mittelalter, 2 Teile Kirchenrechtliche Abhandlungen, Heft 111–114, Stuttgart 1932, Reprint Amsterdam 1961

RÖSING, Friedrich W., SCHWIDETZKY, Ilse, Sozialanthropologische Differenzierungen bei mittelalter-

lichen Bevölkerungen. Acta Musei Nationalis Pragae 43 B, 1987, S. 77–102

SCHIB, Karl, Geschichte der Stadt und Landschaft Schaffhausen, Schaffhausen 1972

SCHILLING, Diebold, Die grosse Burgunder Chronik, Zentralbibliothek Zürich

SCHIPPERGES, Heinrich, Der Garten der Gesundheit. Medizin im Mittelalter, München/Zürich 1985

SCHMITZ, Rudolf, Stadtarzt – Stadtapotheker im Mittelalter, in: Bernhard Kirchgässner, Jürgen Sydow (Hrg.), Stadt und Gesundheitspflege, Stadt in der Geschichte, Veröffentlichungen des Südwestdeutschen Arbeitskreises für Stadtgeschichtsforschung, Bd. 9, Sigmaringen 1982, S. 9–25

SCHMITZ, Rudolf, Verbreitung der Pest und Entstehung der ersten Medizinalverordnungen, in: Pharmazeutische Zeitung 112, 1967, S. 489–496

SCHULTZ, Michael, TESCHLER-NICOLA, Maria, Krankhafte Veränderungen an den Skeletten aus dem Karner der St. Martins-Kirche in Klosterneuburg, Niederösterreich I–IV. Annalen des Naturhistorischen Museums Wien 89, 1987, S. 225–311

SCHWIDETZKY, Ilse, 1981 Entwicklungen und Fragestellungen der prähistorischen Anthropologie. Archäologie und Naturwissenschaften 2, S. 204–219

SIES, Rudolf, Das »Pariser Pestgutachten« von 1348 in altfranzösischer Fassung. Untersuchungen zur mittelalterlichen Pestliteratur, Bd. 4, Pattensen 1979

STICKER, G, Abhandlungen aus der Seuchengeschichte und Seuchenlehre, Bde. I/1 und 2, Giessen 1908/1910

STÜBER, Karl, Commendatio animae, Sterben im Mittelalter, Bern 1976

SYDOW, Jürgen, Kanonistische Fragen zur Geschichte des Spitals in Südwestdeutschland. Historisches Jahrbuch 83, 1964, S. 54–68

SYDOW, Jürgen, Spital und Stadt in Kanonistik und Verfassungsgeschichte des 14. Jahrhunderts, in: Der deutsche Territorialstaat im 14. Jahrhundert, Vorträge und Forschungen, Bd. 13, Konstanzer Arbeitskreis für mittelalterliche Geschichte (Hrg.), Sigmaringen 1970

VÖGELIN F., Salomon, Das alte Zürich, Zürich 2. Auflage 1878/79

VON STEYNITZ, Jesko, Mittelalterliche Hospitäler der Orden und Städte als Einrichtungen der sozialen Sicherung, Berlin 1969

ZIMMERMANN, Volker, Die mittelalteriche Frakturbehandlung im Werk von Lanfrank und Guy de Chauliac, in: Würzburger medizinhistorische Mitteilungen 6, 1988, S. 5–18